Springer-Lehrbuch

Dennis Bock

Strafrecht Besonderer Teil 1

Nichtvermögensdelikte

2. Auflage

Dennis Bock
Institut für Kriminalwissenschaften
Christian-Albrechts-Universität zu Kiel
Kiel, Deutschland

ISSN 0937-7433   ISSN 2512-5214 (electronic)
Springer-Lehrbuch
ISBN 978-3-662-66537-4   ISBN 978-3-662-66538-1 (eBook)
https://doi.org/10.1007/978-3-662-66538-1

Die Deutsche Nationalbibliothek verzeichnet diese Publikation in der Deutschen Nationalbibliografie; detaillierte bibliografische Daten sind im Internet über https://portal.dnb.de abrufbar.

© Der/die Herausgeber bzw. der/die Autor(en), exklusiv lizenziert an Springer-Verlag GmbH, DE, ein Teil von Springer Nature 2018, 2024

Das Werk einschließlich aller seiner Teile ist urheberrechtlich geschützt. Jede Verwertung, die nicht ausdrücklich vom Urheberrechtsgesetz zugelassen ist, bedarf der vorherigen Zustimmung des Verlags. Das gilt insbesondere für Vervielfältigungen, Bearbeitungen, Übersetzungen, Mikroverfilmungen und die Einspeicherung und Verarbeitung in elektronischen Systemen.
Die Wiedergabe von allgemein beschreibenden Bezeichnungen, Marken, Unternehmensnamen etc. in diesem Werk bedeutet nicht, dass diese frei durch jede Person benutzt werden dürfen. Die Berechtigung zur Benutzung unterliegt, auch ohne gesonderten Hinweis hierzu, den Regeln des Markenrechts. Die Rechte des/der jeweiligen Zeicheninhaber*in sind zu beachten.
Der Verlag, die Autor*innen und die Herausgeber*innen gehen davon aus, dass die Angaben und Informationen in diesem Werk zum Zeitpunkt der Veröffentlichung vollständig und korrekt sind. Weder der Verlag noch die Autor*innen oder die Herausgeber*innen übernehmen, ausdrücklich oder implizit, Gewähr für den Inhalt des Werkes, etwaige Fehler oder Äußerungen. Der Verlag bleibt im Hinblick auf geografische Zuordnungen und Gebietsbezeichnungen in veröffentlichten Karten und Institutionsadressen neutral.

Springer ist ein Imprint der eingetragenen Gesellschaft Springer-Verlag GmbH, DE und ist ein Teil von Springer Nature.
Die Anschrift der Gesellschaft ist: Heidelberger Platz 3, 14197 Berlin, Germany

Wenn Sie dieses Produkt entsorgen, geben Sie das Papier bitte zum Recycling.

Vorwort

Der vorliegende Band ist der zweite eines dreiteiligen Gesamtwerks zur Darstellung des materiellrechtlichen Pflichtfachwissens im Grundstudium (Allgemeiner Teil; Besonderer Teil – Nichtvermögensdelikte; Besonderer Teil – Vermögensdelikte), aber auch zur prägnanten Wiederholung und Vertiefung in der Phase der „Übungen" und der Examensvorbereitung. Die Darstellung ist aus den grundständigen Vorlesungen zum materiellen Strafrecht an der Christian-Albrechts-Universität zu Kiel hervorgegangen und daher basisdidaktisch orientiert. Die Publikation soll eine Nutzung außerhalb des Teilnehmerkreises der Vorlesungen ermöglichen; ein Wunsch, der verschiedentlich an mich herangetragen wurde.

Die nun vorliegende Neuauflage der Darstellung zum „Strafrecht Besonderer Teil" dient der Aktualisierung in Haupttext und wissenschaftlichem Apparat inkl. neuester Rspr. sowie verschiedentlichen Korrekturen von Errata aller Art (mein Dank gilt allen, die mit ihrem Feedback dazu beigetragen haben).

Ich habe mich zur Anfertigung einer eigenen Reihe entschieden, obwohl an Lehrwerken kein Mangel besteht, da ich ein eigenes Konzept verfolgen wollte. Die Texte sind nach folgenden Überlegungen entstanden:

1. Die Darstellung soll in systematisch geordneter Form das grundlegende Rüstzeug für die Bearbeitung der strafrechtlichen Klausuren von der Zwischenprüfungs- bis zur Examensklausur enthalten. Das schließt insbesondere Aufbauschemata sowie Definitionen der examensrelevanten Gesetzesmerkmale ein.
2. Wo erforderlich, sind die zu besprechenden Gesetzestexte mit abgedruckt. Dieses Vorgehen wird im Kollegenkreise unterschiedlich beurteilt; zuzugeben ist, dass Studierende sich früh an eine gleichzeitige Handhabung von Lehrbuch und Gesetzessammlung gewöhnen sollten. Die „Serviceleistung" des Normabdrucks zielt aber erstens darauf, den Leser zu noch häufigerer und intensiverer Beschäftigung mit dem Gesetzestext anzuhalten, zweitens, ein normorientiertes Lernen auch dort zu ermöglichen, wo es die äußeren Umstände nicht erlauben, ein Gesetzeswerk zusätzlich aufzuschlagen (z. B. in der Bahn oder im Freien).
3. In den drei Bänden finden sich zahlreiche Beispielsfälle, von denen die große Mehrheit aus weitgehend wortgetreuen Originalentscheidungen besteht. Auf diesem Wege sollen dem Leser nicht nur prüfungstypische Fallkonstellationen

erläutert und Auslegungsfragen veranschaulicht werden; im Sinne eines „Casebooks" soll das Werk möglichst viele neuere und klassische Entscheidungen der höchstrichterlichen Rechtsprechung (d. h. zunächst einmal die Sachverhalte) nahebringen. Gerade skurrilere Geschehnisse – vom „Sirius-" über den „Katzenkönig-" bis zum „Taschenbuch"-Fall – verankern Wissen im Gedächtnis. Die Verwendung echter Sachverhalte soll auch das Bewusstsein der Studierenden dafür offenhalten, dass die Strafrechtspflege ernste soziale Konflikte mit schwersten Folgen für Beschuldigte und Geschädigte in verantwortungsvoller Weise zu bewältigen hat. Die Konzentration auf die Rechtsprechung soll nicht dazu anregen, Fälle auswendig zu lernen, sondern ist neben der Praxisrelevanz der Rechtsprechung auch der Tatsache geschuldet, dass „echte" Fälle erfahrungsgemäß häufig schriftlich und mündlich abgeprüft werden. Zwar konnten die Beispielsfälle im zur Verfügung stehenden Rahmen nicht komplett gelöst werden, geschweige denn im Gutachtenstil; stets finden sich aber Hinweise auf die Kernproblematik sowie auf zur Entscheidung ergangene didaktische und wissenschaftliche Anmerkungen zur eigenständigen Vertiefung. Zur inhaltlichen und stilistisch-methodischen Anwendung und Erweiterung des grundständig Erlernten dienen meine ebenfalls im Springer-Verlag erschienenen Fallsammlungen „Wiederholungs- und Vertiefungskurs Strafrecht" (drei Bände). Die Beispielsfälle eignen sich auch für eine Behandlung im Rahmen privater Arbeitsgemeinschaften.

4. Da „Streitstände" das strafrechtliche Ausbildungsgeschehen prägen, nehmen diese auch in der vorliegenden Darstellung großen Raum ein. Ziel war es, ein für Klausuren erlernbares – in der Komplexität also des Öfteren reduziertes, im Stil schlicht gehaltenes – Meinungs- und Argumentationsspektrum abzubilden, weitgehend unter Konzentration auf die h. M. und Hintanstellung der Entwicklung eigener Positionen. Vollständigkeit strafrechtlichen Wissens kann es kaum geben, auch nicht eine lückenlose Darstellung des im Examen abprüfbaren Stoffes. Es ist aber sehr wohl Ziel dieser Reihe, dass, wer die Bände durchgearbeitet hat (inkl. des z. T. erforderlichen Auswendiglernens von Definitionen oder Auslegungskontroversen), sich ruhigen Gewissens strafrechtlichen Prüfungen stellen kann, gerade auch deshalb, weil die Summe der aufgezeigten Streitigkeiten und Argumentationsmuster Problembewusstsein ausbildet und vielfältige Anregungen zur Bewältigung neuer oder unbekannter Zweifelsfragen gibt.

5. Bei der Gestaltung des wissenschaftlichen Apparats habe ich die Literaturnachweise im Hinblick auf Lehrbücher und Kommentare auf das Nötigste beschränkt. Umfangreicher fallen die Hinweise auf weiterführende Aufsätze aus. Die Rechtsprechungsnachweise mussten aus Platzgründen ganz exemplarisch bleiben, sodass entweder ältere, aber bekannte Entscheidungen angeführt werden oder die aktuellsten. Für weitere Fundstellen muss auf die Großkommentare zum StGB verwiesen werden. Dies täuscht die Studierenden hoffentlich nicht über die enorme praktische, aber auch wissenschaftliche Bedeutung der Rechtsprechung hinweg.

Ich danke meinem aktuellen Lehrstuhlteam (Magnus Wittern, Moritz Karlisch, Sina Ruge, Antonia Krüger, Bennett Wickert, Tobias Wiehoff) sowie ehemaligen Mitarbeiterinnen und Mitarbeitern für wertvolle Unterstützung bei der Erstellung und Überarbeitung dieses Lehrbuchs.

Für Verbesserungsvorschläge und Feedback aller Art bin ich dankbar, bitte per E-Mail an: dbock@law.uni-kiel.de.

Kiel Dennis Bock
Juni 2024

Inhaltsverzeichnis

1. **Kapitel: Allgemeines** 1
2. **Kapitel: Straftaten gegen das Leben, §§ 211ff. StGB** 3
   A. Allgemeines 3
   B. Totschlag, § 212 StGB 4
      I. Aufbau 4
      II. Allgemeines 4
      III. Tatbestand 5
         1. Objektiver Tatbestand 5
            a) Allgemeines 5
            b) Einen Menschen 5
            c) Anderen 8
            d) Tötet 8
         2. Subjektiver Tatbestand 9
      IV. Rechtswidrigkeit 13
      V. Schuld 13
      VI. Rechtsfolgen 13
         1. Allgemeines 13
         2. Besonders schwerer Fall, § 212 II StGB 13
         3. Minder schwerer Fall des Totschlags, § 213 StGB 14
            a) Allgemeines 14
            b) Sog. provozierter Totschlag/Totschlag nach
               Provokation, § 213 1. Var. StGB 14
            c) § 213 2. Var. StGB: Sonst minder schwerer Fall 16
   C. Mord, § 211 StGB 16
      I. Allgemeines 17
         1. Grundlagen 17
         2. Mord als Qualifikation des Totschlags? Systematik der
            Tötungsdelikte; Folgewirkung für § 28 StGB 18
      II. Mord aufgrund sog. objektiver Mordmerkmale, § 211 II 2.
          Gruppe StGB 21
         1. Aufbau 21
         2. Allgemeines 21

3.	Tatbestand	21
	a) Objektiver Tatbestand	21
	b) Subjektiver Tatbestand	45
4.	Rechtswidrigkeit	45
5.	Schuld	45
6.	Rechtsfolgen	45

III. Mord aufgrund sog. subjektiver Mordmerkmale,
§ 211 II 1. und 3. Gruppe StGB 46
    1. Aufbau 46
    2. Allgemeines 46
    3. Tatbestand 46
       a) Objektiver Tatbestand 46
       b) Subjektiver Tatbestand 46
    4. Rechtswidrigkeit 71
    5. Schuld 71
    6. Rechtsfolgen 71

D. Tötung auf Verlangen, § 216 StGB 71
  I. Aufbau 71
  II. Allgemeines 72
  III. Tatbestand 73
    1. Objektiver Tatbestand 73
       a) Tötung 73
       b) Das ausdrückliche und ernstliche Verlangen des Getöteten 81
       c) Durch ... zur Tötung bestimmt 83
    2. Subjektiver Tatbestand 83
  IV. Rechtswidrigkeit 83
  V. Schuld 83
  VI. Rechtsfolgen 83
  VII. Sonstiges 84

E. Exkurs: Geschäftsmäßige Förderung der Selbsttötung,
§ 217 StGB a. F. 84

F. Fahrlässige Tötung, § 222 StGB 84
  I. Aufbau 84
  II. Erläuterungen 85

G. Aussetzung, § 221 StGB 85
  I. Allgemeines 85
  II. Grunddelikt, § 221 I StGB 86
    1. Aufbau 86
    2. Tatbestand 87
       a) Objektiver Tatbestand 87
       b) Subjektiver Tatbestand 92
    3. Rechtswidrigkeit 92
    4. Schuld 92
    5. Rechtsfolgen 92
    6. Sonstiges 92

Inhaltsverzeichnis

	III. Qualifikation, § 221 II Nr. 1 StGB	93
	1. Aufbau	93
	2. Erläuterungen	93
	IV. Erfolgsqualifikation des § 221 II Nr. 2 StGB	94
	1. Aufbau	94
	2. Erläuterungen	94
	V. Erfolgsqualifikation des § 221 III StGB	95
	1. Aufbau	95
	2. Erläuterungen	95
	H. Schwangerschaftsabbruch, §§ 218ff. StGB	95
3.	**Kapitel: Straftaten gegen die körperliche Unversehrtheit, §§ 223ff. StGB**	99
	A. Allgemeines	99
	B. (Sog. einfache) Körperverletzung, § 223 StGB	99
	I. Aufbau	99
	II. Allgemeines	100
	III. Tatbestand	100
	1. Objektiver Tatbestand	100
	a) Eine andere Person	100
	b) Körperlich mißhandelt oder an der Gesundheit schädigt	100
	2. Subjektiver Tatbestand	105
	IV. Rechtswidrigkeit	105
	V. Schuld	105
	VI. Rechtsfolgen	105
	VII. Sonstiges	105
	C. Gefährliche Körperverletzung, § 224 StGB	106
	I. Aufbau	106
	II. Allgemeines	107
	III. Tatbestand	107
	1. Objektiver Tatbestand	107
	a) Die Körperverletzung begeht	107
	b) § 224 I Nr. 1–5 StGB	108
	2. Subjektiver Tatbestand	124
	IV. Rechtswidrigkeit	124
	V. Schuld	125
	VI. Rechtsfolgen	125
	IV. Sonstiges	125
	D. Körperverletzung mit Todesfolge, § 227 StGB	125
	I. Aufbau	125
	II. Allgemeines	126
	III. Tatbestand	126
	1. Objektiver Tatbestand	126
	a) Die Körperverletzung (§§ 223 bis 226a StGB)	126
	b) § 227 I StGB	126
	2. Subjektiver Tatbestand	132

IV. Rechtswidrigkeit 132
V. Schuld 133
VI. Rechtsfolgen 133
VII. Sonstiges 133
E. Schwere Körperverletzung, § 226 StGB 134
　I. Allgemeines 134
　II. § 226 I StGB 135
　　1. Aufbau 135
　　2. Allgemeines 135
　　3. Tatbestand 135
　　　a) Objektiver Tatbestand 135
　　　b) Subjektiver Tatbestand 143
　　4. Rechtswidrigkeit 143
　　5. Schuld 143
　　6. Rechtsfolgen 143
　　7. Sonstiges 144
　II. § 226 II StGB 144
　　1. Aufbau 144
　　2. Allgemeines 144
　　3. Tatbestand 145
　　　a) Objektiver Tatbestand 145
　　　b) Subjektiver Tatbestand 145
　　4. Rechtswidrigkeit 145
　　5. Schuld 145
　　6. Rechtsfolgen 145
　　7. Sonstiges 145
F. Verstümmelung weiblicher Genitalien, § 226a StGB 146
G. Fahrlässige Körperverletzung, § 229 StGB 146
　I. Aufbau 146
　II. Erläuterungen 146
H. Mißhandlung von Schutzbefohlenen, § 225 StGB 147
　I. Allgemeines 147
　II. Grunddelikt, § 225 I StGB 149
　　1. Aufbau 149
　　2. Tatbestand 150
　　　a) Objektiver Tatbestand 150
　　　b) Subjektiver Tatbestand 163
　　3. Rechtswidrigkeit 163
　　4. Schuld 163
　　5. Rechtsfolgen 163
　　6. Sonstiges 164
　III. Qualifikation, § 225 III StGB 165
　　1. Aufbau 165
　　2. Erläuterungen 166

IV. Exkurs: Verletzung der Fürsorge- oder Erziehungspflicht,
§ 171 StGB 167
 1. Aufbau 167
 2. Allgemeines 167
 3. Tatbestand 168
   a) Objektiver Tatbestand 168
   b) Subjektiver Tatbestand 174
 4. Rechtswidrigkeit 174
 5. Schuld 174
 6. Rechtsfolgen 174
 7. Sonstiges 174
J. Beteiligung an einer Schlägerei (oder an einem von mehreren
verübten Angriff), § 231 StGB 175
 I. Aufbau 175
 II. Allgemeines 175
 III. Tatbestand 177
   1. Objektiver Tatbestand 177
     a) Schlägerei oder von mehreren verübter Angriff 177
     b) Sich an … beteiligt 181
   2. Subjektiver Tatbestand 182
 IV. Durch die Schlägerei oder den Angriff der Tod eines
 Menschen oder eine schwere Körperverletzung verursacht 182
   1. Allgemeines 183
   2. Durch … verursacht worden ist 183
   3. Strafbarkeit des durch die schwere Folge Geschädigten 184
   4. Strafbarkeit eines bei Verursachung der schweren Folge
      noch nicht oder nicht mehr Beteiligten 185
   5. Gerechtfertigt herbeigeführte schwere Folge 186
 V. Rechtswidrigkeit 188
   1. Bedeutung des § 231 II StGB 188
   2. Insbesondere: Einwilligung (?) 188
 VI. Schuld 189
 VII. Rechtsfolgen 189
 VIII. Sonstiges 190

4. **Kapitel: Straftaten gegen die persönliche Freiheit,
§§ 232ff. StGB** 191
A. Allgemeines 191
B. Freiheitsberaubung, § 239 StGB 191
 I. Allgemeines 192
 II. Grunddelikt, § 239 I StGB 192
   1. Aufbau 192
   2. Tatbestand 193
     a) Objektiver Tatbestand 193
     b) Subjektiver Tatbestand 198

3. Rechtswidrigkeit	199
4. Schuld	199
5. Rechtsfolgen	199
6. Sonstiges	199
III. Erfolgsqualifikationen des § 239 III StGB	199
1. § 239 III Nr. 1 StGB	199
a) Aufbau	199
b) Erläuterungen	200
2. § 239 III Nr. 2 StGB	200
a) Aufbau	200
b) Erläuterungen	200
IV. Erfolgsqualifikationen des § 239 IV StGB	201
1. Aufbau	201
2. Erläuterungen	201
C. Nötigung, § 240 StGB	201
I. Aufbau	201
II. Allgemeines	202
III. Tatbestand	202
1. Allgemeines	202
2. Objektiver Tatbestand	203
a) Einen (anderen) Menschen	203
b) Gewalt oder Drohung mit einem empfindlichen Übel	203
c) Handlung, Duldung oder Unterlassung	216
d) Mit, durch, zu einer	218
3. Subjektiver Tatbestand	219
IV. Rechtswidrigkeit	219
1. Allgemeines	219
2. Als verwerflich anzusehen, § 240 II StGB	220
a) Allgemeines	220
b) Verwerflichkeit des angestrebten Zwecks	220
c) Verwerflichkeit des Nötigungsmittels	221
d) Verwerflichkeit des Verhältnisses von Mittel und Zweck	221
V. Schuld	222
VI. Rechtsfolgen	222
1. Allgemeines	222
2. Besonders schwerer Fall, § 240 IV StGB	222
a) Allgemeines	222
b) § 240 II 2 Nr. 1 StGB	222
c) § 240 II 2 Nr. 2 StGB	222
VII. Sonstiges	222
D. Bedrohung, § 241 StGB	223
I. Allgemeines	223
II. Grunddelikte: § 241 I–III StGB	224

1. § 241 I StGB 224
   a) Aufbau 224
   b) Tatbestand 224
   c) Rechtswidrigkeit 226
   d) Schuld 226
   e) Rechtsfolgen 226
   f) Sonstiges 226
2. § 241 II StGB 228
   a) Aufbau 228
   b) Tatbestand 228
   c) Rechtswidrigkeit 229
   d) Schuld 229
   e) Rechtsfolgen 229
   f) Sonstiges 229
3. § 241 III StGB 229
   a) Aufbau 229
   b) Tatbestand 229
   c) Rechtswidrigkeit 230
   d) Schuld 230
   e) Rechtsfolgen 230
   f) Sonstiges 230
III. Qualifikation, § 241 IV StGB 230
   1. Aufbau 230
   2. Allgemeines 231
   3. Tatbestand 231
      a) Objektiver Tatbestand 231
      b) Subjektiver Tatbestand 232
   4. Rechtswidrigkeit 232
   5. Schuld 232
   6. Rechtsfolgen 232
E. Nachstellung (sog. Stalking), § 238 StGB 232
   I. Allgemeines 233
   II. Grunddelikt, § 238 I StGB 235
      1. Aufbau 235
      2. Tatbestand 235
         a) Objektiver Tatbestand 235
         b) Subjektiver Tatbestand 238
      3. Rechtswidrigkeit 238
      4. Schuld 238
      5. Rechtsfolgen 238
         a) Allgemeines 238
         b) Besonders schwerer Fall, § 238 II StGB ... 239
      6. Sonstiges 240

   III. Erfolgsqualifikation, § 238 III StGB 240
    1. Aufbau 240
    2. Erläuterungen 240
 F. Zwangsheirat, § 237 StGB 241
 G. Menschenraub, § 234 StGB 242
   I. Aufbau 242
   II. Allgemeines 242
   III. Tatbestand 243
    1. Objektiver Tatbestand 243
     a) Einer anderen Person 243
     b) Sich bemächtigt 243
     c) Mit Gewalt, durch Drohung mit einem empfindlichen
      Übel oder durch List 244
    2. Subjektiver Tatbestand 245
     a) Vorsatz 245
     b) Um sie in hilfloser Lage auszusetzen oder dem
      Dienst in einer militärischen oder militärähnlichen
      Einrichtung im Ausland zuzuführen 245
   IV. Rechtswidrigkeit 247
   V. Schuld 247
   VI. Rechtsfolgen 248
   VII. Sonstiges 248
 H. Sonstige Straftaten gegen die persönliche Freiheit 248

5. Kapitel: Beleidigungstatbestände (Straftaten gegen die Ehre), §§ 185ff. StGB 255
 A. Allgemeines 255
 B. Beleidigung, § 185 StGB 256
   I. Allgemeines 256
   II. Grunddelikt, § 185 StGB 257
    1. Aufbau 257
    2. Tatbestand 257
     a) Objektiver Tatbestand 257
     b) Subjektiver Tatbestand 271
    3. Rechtswidrigkeit 272
     a) Allgemeines 272
     b) Wahrnehmung berechtigter Interessen, § 193 StGB 272
    4. Schuld 276
    5. Rechtsfolgen 276
    6. Sonstiges 276
   III. Qualifikationen 278
    1. Allgemeines 278
    2. Qualifikationen in § 185 StGB 278
     a) Aufbau 278
     b) Erläuterungen 279

   3. Gegen Personen des politischen Lebens gerichtete
    Beleidigung, üble Nachrede und Verleumdung, § 188 StGB 280
    a) Aufbau 280
    b) Erläuterungen 281
C. Üble Nachrede, § 186 StGB 282
 I. Allgemeines 282
 II. Grunddelikt, § 186 StGB 282
  1. Aufbau 282
  2. Tatbestand 282
   a) Objektiver Tatbestand 282
   b) Subjektiver Tatbestand 283
  3. Wenn nicht diese Tatsache erweislich wahr ist 283
  4. Rechtswidrigkeit 284
  5. Schuld 284
  6. Rechtsfolgen 284
  7. Sonstiges 284
 III. Qualifikationen 285
D. Verleumdung, § 187 StGB 285
 I. Allgemeines 285
 II. Grunddelikt, § 187 StGB 285
  1. Aufbau 285
  2. Tatbestand 286
   a) Objektiver Tatbestand 286
   b) Subjektiver Tatbestand 286
  3. Rechtswidrigkeit 286
  4. Schuld 286
  5. Rechtsfolgen 286
  6. Sonstiges 286
 III. Qualifikationen 287
E. Verunglimpfung des Andenkens Verstorbener, § 189 StGB 287
 I. Aufbau 287
 II. Allgemeines 288
 III. Tatbestand 288
 IV. Rechtswidrigkeit 290
 V. Schuld 290
 VI. Rechtsfolgen 290
 VII. Sonstiges 290
F. Verhetzende Beleidigung, § 192a StGB 290
 I. Aufbau 290
 II. Allgemeines 291
 III. Tatbestand 291
  1. Objektiver Tatbestand 291
   a) Inhalt (§ 11 Absatz 3 StGB), der geeignet ist,
    die Menschenwürde anderer dadurch anzugreifen, dass
    er eine durch ihre nationale, rassische, religiöse oder

ethnische Herkunft, ihre Weltanschauung, ihre
Behinderung oder ihre sexuelle Orientierung bestimmte
Gruppe oder einen Einzelnen wegen seiner Zugehörigkeit
zu einer dieser Gruppen beschimpft, böswillig
verächtlich macht oder verleumdet 291
        b) An eine andere Person, die zu einer der vorbezeichneten
Gruppen gehört, gelangen lässt, ohne von dieser Person
hierzu aufgefordert zu sein 292
    2. Subjektiver Tatbestand 292
  IV. Rechtswidrigkeit 292
  V. Schuld 292
  VI. Rechtsfolgen 292
  VII. Sonstiges 292

6. Kapitel: Straftaten gegen den persönlichen Lebens- und Geheimbereich, §§ 201ff. StGB 293
  A. Verletzung der Vertraulichkeit des Wortes, § 201 StGB 293
    I. Allgemeines 293
    II. Grunddelikte, § 201 I, II StGB 294
      1. § 201 I Nr. 1 StGB 294
        a) Aufbau 294
        b) Tatbestand 295
        c) Rechtswidrigkeit 296
        d) Schuld 298
        e) Rechtsfolgen 298
        f) Sonstiges 298
      2. § 201 I Nr. 2 StGB 299
        a) Aufbau 299
        b) Tatbestand 299
        c) Rechtswidrigkeit 300
        d) Schuld 300
        e) Rechtsfolgen 300
        f) Sonstiges 300
      3. § 201 II 1 Nr. 1 StGB 300
        a) Aufbau 300
        b) Tatbestand 300
        c) Rechtswidrigkeit 301
        d) Schuld 301
        e) Rechtsfolgen 301
        f) Sonstiges 301
      4. § 201 II 1 Nr. 2 StGB 302
        a) Aufbau 302
        b) Tatbestand 302
        c) Rechtswidrigkeit 303
        d) Schuld 303

			e) Rechtsfolgen	303
			f) Sonstiges	303
	III.	Qualifikation, § 201 III StGB		303
		1.	Aufbau	303
		2.	Erläuterungen	303

B. Verletzung des höchstpersönlichen Lebensbereichs und von Persönlichkeitsrechten durch Bildaufnahmen, § 201a StGB 303
   I. Allgemeines 304
   II. § 201a I Nr. 1 StGB 305
      1. Aufbau 305
      2. Tatbestand 306
         a) Objektiver Tatbestand 306
         b) Subjektiver Tatbestand 308
      3. Rechtswidrigkeit 308
      4. Schuld 308
      5. Rechtsfolgen 308
      6. Sonstiges 308
   III. § 201a I Nr. 2 StGB 309
      1. Aufbau 309
      2. Tatbestand 309
         a) Objektiver Tatbestand 309
         b) Subjektiver Tatbestand 310
      3. Rechtswidrigkeit 310
      4. Schuld 310
      5. Rechtsfolgen 310
      6. Sonstiges 310
   IV. § 201a I Nr. 3 StGB 310
      1. Aufbau 310
      2. Tatbestand 311
         a) Objektiver Tatbestand 311
         b) Subjektiver Tatbestand 311
      3. Rechtswidrigkeit 311
      4. Schuld 311
      5. Rechtsfolgen 311
      6. Sonstiges 311
   V. § 201a I Nr. 4 StGB 312
      1. Aufbau 312
      2. Tatbestand 312
         a) Objektiver Tatbestand 312
         b) Subjektiver Tatbestand 313
      3. Rechtswidrigkeit 313
      4. Schuld 313
      5. Rechtsfolgen 313
      6. Sonstiges 313

VI. § 201a I Nr. 5 StGB ... 313
1. Aufbau ... 313
2. Tatbestand ... 313
   a) Objektiver Tatbestand ... 313
   b) Subjektiver Tatbestand ... 314
3. Rechtswidrigkeit ... 314
4. Schuld ... 314
5. Rechtsfolgen ... 314
6. Sonstiges ... 314

VII. § 201a II 1 StGB ... 315
1. Aufbau ... 315
2. Tatbestand ... 315
   a) Objektiver Tatbestand ... 315
   b) Subjektiver Tatbestand ... 315
3. Rechtswidrigkeit ... 315
4. Schuld ... 316
5. Rechtsfolgen ... 316
6. Sonstiges ... 316

VIII. § 201a II 2 StGB ... 316
1. Aufbau ... 316
2. Tatbestand ... 316
   a) Objektiver Tatbestand ... 316
   b) Subjektiver Tatbestand ... 316
3. Rechtswidrigkeit ... 316
4. Schuld ... 317
5. Rechtsfolgen ... 317
6. Sonstiges ... 317

IX. § 201a III Nr. 1 StGB ... 317
1. Aufbau ... 317
2. Tatbestand ... 317
   a) Objektiver Tatbestand ... 317
   b) Subjektiver Tatbestand ... 318
3. Rechtswidrigkeit ... 318
4. Schuld ... 318
5. Rechtsfolgen ... 318
6. Sonstiges ... 318

X. § 201a III Nr. 2 StGB ... 318
1. Aufbau ... 318
2. Tatbestand ... 319
   a) Objektiver Tatbestand ... 319
   b) Subjektiver Tatbestand ... 319
3. Rechtswidrigkeit ... 319
4. Schuld ... 319
5. Rechtsfolgen ... 319
6. Sonstiges ... 319

C. Verletzung des Briefgeheimnisses, § 202 StGB 320
I. Allgemeines 320
II. § 202 I Nr. 1 StGB 321
1. Aufbau 321
2. Tatbestand 321
   a) Objektiver Tatbestand 321
   b) Subjektiver Tatbestand 322
3. Rechtswidrigkeit 322
4. Schuld 322
5. Rechtsfolgen 322
6. Sonstiges 323
III. § 202 I Nr. 2 StGB 323
1. Aufbau 323
2. Tatbestand 323
   a) Objektiver Tatbestand 323
   b) Subjektiver Tatbestand 324
3. Rechtswidrigkeit 324
4. Schuld 324
5. Rechtsfolgen 324
6. Sonstiges 324
IV. § 202 II StGB 324
1. Aufbau 324
2. Tatbestand 325
   a) Objektiver Tatbestand 325
   b) Subjektiver Tatbestand 325
3. Rechtswidrigkeit 325
4. Schuld 325
5. Rechtsfolgen 325
6. Sonstiges 325
D. Ausspähen und Abfangen von Daten, strafbare Vorbereitung, Datenhehlerei, §§ 202a, b, c, d StGB 326
I. Ausspähen von Daten, § 202a StGB 326
1. Aufbau 326
2. Allgemeines 326
3. Tatbestand 327
   a) Objektiver Tatbestand 327
   b) Subjektiver Tatbestand 330
4. Rechtswidrigkeit 330
5. Schuld 330
6. Rechtsfolgen 330
7. Sonstiges 330
II. Abfangen von Daten, § 202b StGB 330
III. Vorbereiten des Ausspähens und Abfangens von Daten, § 202c StGB 331

IV. Datenhehlerei, § 202d StGB 332
1. Aufbau 332
2. Allgemeines 332
3. Tatbestand 334
   a) Objektiver Tatbestand 334
   b) Subjektiver Tatbestand 335
4. Rechtswidrigkeit 336
5. Schuld 336
6. Rechtsfolgen 336
7. Sonstiges 336

E. Verletzung von Privatgeheimnissen, § 203 StGB 336
I. Allgemeines 336
II. Grunddelikt, § 203 I–V StGB 339
1. Aufbau 339
2. Tatbestand 339
   a) Objektiver Tatbestand 339
   b) Subjektiver Tatbestand 344
3. Rechtswidrigkeit 344
4. Schuld 345
5. Rechtsfolgen 345
6. Sonstiges 345
III. Qualifikation, § 203 VI StGB 345
1. Aufbau 345
2. Erläuterungen 345

F. Verwertung fremder Geheimnisse, § 204 StGB 346

G. Verletzung des Post- oder Fernmeldegeheimnisses, § 206 StGB 346

7. Kapitel: Hausfriedensbruch, § 123 StGB; schwerer Hausfriedensbruch, § 124 StGB 349

A. Allgemeines 349

B. Hausfriedensbruch, § 123 StGB 351
I. Aufbau 351
II. Tatbestand 351
1. Objektiver Tatbestand 351
   a) In die Wohnung, in die Geschäftsräume oder in das befriedete Besitztum eines anderen oder in abgeschlossene Räume, welche zum öffentlichen Dienst oder Verkehr bestimmt sind 351
   b) Eindringt oder, wenn er darin verweilt, auf die Aufforderung des Berechtigten sich nicht entfernt 354
   c) Widerrechtlich, ohne Befugnis (?) 359
2. Subjektiver Tatbestand 360
III. Rechtswidrigkeit 360
IV. Schuld 360

	V. Rechtsfolgen	360
	VI. Sonstiges	360
	C. Schwerer Hausfriedensbruch, § 124 StGB	360

8. **Kapitel: Straftaten gegen die Staatsgewalt und die öffentliche Ordnung** ... 361
   A. Widerstand gegen Vollstreckungsbeamte, tätlicher Angriff auf Vollstreckungsbeamte, Widerstand gegen oder tätlicher Angriff auf Personen, die Vollstreckungsbeamten gleichstehen, §§ 113–115 StGB ... 361
       I. Widerstand gegen Vollstreckungsbeamte, § 113 StGB ... 361
           1. Aufbau ... 361
           2. Allgemeines ... 362
           3. Tatbestand ... 364
               a) Objektiver Tatbestand ... 364
               b) Subjektiver Tatbestand ... 368
           4. Tat nicht strafbar, wenn Diensthandlung nicht rechtmäßig, § 113 III StGB ... 368
           5. Rechtswidrigkeit ... 371
           6. Schuld ... 371
               a) Allgemeines ... 371
               b) Täter nimmt bei Begehung der Tat irrig an, die Diensthandlung sei nicht rechtmäßig, und er konnte den Irrtum nicht vermeiden und ihm war nach den ihm bekannten Umständen auch nicht zuzumuten, sich mit Rechtsbehelfen gegen die vermeintlich rechtswidrige Diensthandlung zu wehren, § 113 IV 2 1. Hs. StGB ... 371
           7. Rechtsfolgen ... 372
               a) Allgemeines ... 372
               b) § 113 IV StGB ... 372
               c) Besonders schwerer Fall, § 113 II StGB ... 372
           8. Sonstiges ... 373
       II. Tätlicher Angriff auf Vollstreckungsbeamte, § 114 StGB ... 373
           1. Aufbau ... 373
           2. Allgemeines ... 374
           3. Tatbestand ... 375
               a) Objektiver Tatbestand ... 375
               b) Subjektiver Tatbestand ... 375
           4. Wenn die Diensthandlung eine Vollstreckungshandlung im Sinne des § 113 I StGB ist: Tat nicht strafbar, wenn Diensthandlung nicht rechtmäßig, §§ 114 III i. V. m. 113 III StGB ... 375
           5. Rechtswidrigkeit ... 376

	6. Schuld	376
	7. Rechtsfolgen	376
	8. Sonstiges	376
	III. Widerstand gegen oder tätlicher Angriff auf Personen, die Vollstreckungsbeamten gleichstehen, § 115 StGB	376
	1. Allgemeines	376
	2. § 115 I StGB	376
	3. § 115 II StGB	377
	4. § 115 III StGB	377
	a) § 115 III 1 StGB	377
	b) § 115 III 2 StGB	377
B. Amtsanmaßung, § 132 StGB		377
	I. Aufbau	378
	II. Allgemeines	378
	III. Tatbestand	378
	1. Objektiver Tatbestand	378
	2. Subjektiver Tatbestand	380
	IV. Rechtswidrigkeit	380
	V. Schuld	381
	VI. Rechtsfolgen	381
C. Mißbrauch von Titeln, Berufsbezeichnungen und Abzeichen, § 132a StGB		381
	I. Aufbau	381
	II. Allgemeines	381
	III. Tatbestand	382
	1. Objektiver Tatbestand	382
	2. Subjektiver Tatbestand	382
	IV. Rechtswidrigkeit	382
	V. Schuld	382
	VI. Rechtsfolgen	383
D. Verwahrungsbruch, § 133 StGB		383
	I. Allgemeines	383
	II. Grunddelikt, § 133 I, II StGB	384
	1. Aufbau	384
	2. Tatbestand	384
	a) Objektiver Tatbestand	384
	b) Subjektiver Tatbestand	387
	3. Rechtswidrigkeit	387
	4. Schuld	387
	5. Rechtsfolgen	387
	III. Qualifikation, § 133 III StGB	387
	1. Aufbau	387
	2. Erläuterungen	387
E. Verstrickungsbruch; Siegelbruch, § 136 StGB		388
	I. Aufbau	388
	II. Allgemeines	389

Inhaltsverzeichnis

	III. Tatbestand	390
	1. Objektiver Tatbestand	390
	2. Subjektiver Tatbestand	391
	IV. Tat nicht strafbar, wenn die Pfändung, die Beschlagnahme oder die Anlegung des Siegels nicht durch eine rechtmäßige Diensthandlung vorgenommen ist, § 136 III StGB	391
	V. Rechtswidrigkeit	391
	VI. Schuld	391
	VII. Rechtsfolgen	391
	F. Sonstige Straftaten gegen die Staatsgewalt und die öffentliche Ordnung	391
9.	**Kapitel: Straftaten gegen die Rechtspflege**	**403**
	A. Allgemeines	403
	B. Aussagestraftaten, §§ 153ff. StGB	403
	I. Allgemeines	404
	II. Falsche uneidliche Aussage, § 153 StGB	404
	1. Aufbau	404
	2. Allgemeines	404
	3. Tatbestand	405
	a) Objektiver Tatbestand	405
	b) Subjektiver Tatbestand	415
	4. Rechtswidrigkeit	415
	5. Schuld	415
	6. Rechtsfolgen	415
	a) Allgemeines	415
	b) Aussagenotstand (und uneidliche Falschaussagen nicht Eidesmündiger), § 157 StGB	415
	c) Berichtigung einer falschen Angabe, § 158 StGB	419
	7. Teilnahme	420
	a) Allgemeines	421
	b) Teilnahme durch Prozessbeteiligte	421
	8. Sonstiges	422
	III. Meineid, § 154 StGB	423
	1. Aufbau	423
	2. Allgemeines	423
	3. Tatbestand	424
	a) Objektiver Tatbestand	424
	b) Subjektiver Tatbestand	427
	4. Rechtswidrigkeit	427
	5. Schuld	427
	6. Rechtsfolgen	427
	7. Sonstiges	427
	IV. Falsche Versicherung an Eides Statt, § 156 StGB	427
	1. Aufbau	427
	2. Allgemeines	428

```
        3. Tatbestand ........................................ 428
           a) Objektiver Tatbestand ........................... 428
           b) Subjektiver Tatbestand .......................... 431
        4. Rechtswidrigkeit ................................... 431
        5. Schuld ............................................. 431
        6. Rechtsfolgen ....................................... 431
        7. Sonstiges .......................................... 431
     V. Fahrlässiger Falscheid, fahrlässige falsche Versicherung
        an Eides Statt, § 161 StGB ............................ 431
        1. Aufbau ............................................. 431
        2. Allgemeines ........................................ 432
        3. Tatbestand ......................................... 432
        4. Rechtswidrigkeit ................................... 432
        5. Schuld ............................................. 432
        6. Rechtsfolgen ....................................... 432
    VI. Verleitung zur Falschaussage, § 160 StGB ................ 433
        1. Aufbau ............................................. 433
        2. Allgemeines ........................................ 433
        3. Tatbestand ......................................... 434
           a) Objektiver Tatbestand ........................... 434
           b) Subjektiver Tatbestand .......................... 435
        4. Rechtswidrigkeit ................................... 435
        5. Schuld ............................................. 435
        6. Rechtsfolgen ....................................... 435
        7. Sonstiges .......................................... 435
   VII. Versuch der Anstiftung zur Falschaussage, § 159 StGB .... 436
C. Falsche Verdächtigung, § 164 StGB ........................... 436
     I. Allgemeines ........................................... 436
    II. Grunddelikte, § 164 I und II StGB ...................... 438
        1. § 164 I StGB ....................................... 438
           a) Aufbau ........................................... 438
           b) Tatbestand ....................................... 438
           c) Rechtswidrigkeit ................................. 447
           d) Schuld ........................................... 447
           e) Rechtsfolgen ..................................... 447
           f) Sonstiges ........................................ 448
        2. § 164 II StGB ...................................... 448
           a) Aufbau ........................................... 448
           b) Tatbestand ....................................... 449
           c) Rechtswidrigkeit ................................. 450
           d) Schuld ........................................... 450
           e) Rechtsfolgen ..................................... 450
   III. Qualifikation, § 164 III StGB .......................... 450
        1. Aufbau ............................................. 450
        2. Erläuterungen ...................................... 450
```

D. Vortäuschen einer Straftat, § 145d StGB 450
    I. Allgemeines 451
    II. Grunddelikte, § 145d I und II StGB 452
        1. § 145d I Nr. 1 StGB 452
            a) Aufbau 452
            b) Tatbestand 452
            c) Rechtswidrigkeit 454
            d) Schuld 454
            e) Rechtsfolgen 454
            f) Sonstiges 455
        2. § 145d I Nr. 2 StGB 455
            a) Aufbau 455
            b) Tatbestand 455
            c) Rechtswidrigkeit 456
            d) Schuld 456
            e) Rechtsfolgen 456
        3. § 145d II Nr. 1 StGB 456
            a) Aufbau 456
            b) Tatbestand 456
            c) Rechtswidrigkeit 458
            d) Schuld 458
            e) Rechtsfolgen 458
            f) Sonstiges 458
        4. § 145d II Nr. 2 StGB 459
            a) Aufbau 459
            b) Tatbestand 459
            c) Rechtswidrigkeit 459
            d) Schuld 459
            e) Rechtsfolgen 459
    III. Qualifikation, § 145d III StGB 459
        1. Allgemeines 459
        2. § 145d III Nr. 1 StGB 460
            a) Aufbau 460
            b) Erläuterungen 460
        3. § 145d III Nr. 2 StGB 460
            a) Aufbau 460
            b) Erläuterungen 460
        4. § 145d III Nr. 3 StGB 461
            a) Aufbau 461
            b) Erläuterungen 461
E. Strafvereitelung § 258 StGB; Strafvereitelung im Amt,
§ 258a StGB 461
    I. Strafvereitelung § 258 StGB 461
        1. Allgemeines 461
        2. Sog. Verfolgungsvereitelung, § 258 I StGB 463

			a) Aufbau	463
			b) Tatbestand	463
			c) Rechtswidrigkeit	467
			d) Schuld	467
			e) Persönliche Strafausschließungsgründe, § 258 V, VI StGB	468
			f) Rechtsfolgen	469
			g) Sonstiges	469
		3.	Sog. Vollstreckungsvereitelung, § 258 II StGB	470
			a) Aufbau	470
			b) Tatbestand	470
			c) Rechtswidrigkeit	471
			d) Schuld	471
			e) Persönliche Strafausschließungsgründe, § 258 V, VI StGB	471
			f) Rechtsfolgen	471
	II.	Strafvereitelung im Amt, § 258a StGB		471
		1.	Allgemeines	471
		2.	Sog. Verfolgungsvereitelung im Amt, §§ 258a I i. V. m. § 258 I StGB	472
			a) Aufbau	472
			b) Erläuterungen	472
		3.	Sog. Vollstreckungsvereitelung im Amt, §§ 258a I i. V. m. § 258 II StGB	473
			a) Aufbau	473
			b) Erläuterungen	473
F. Nichtanzeige geplanter Straftaten, §§ 138, 139 StGB				473
	I.	Allgemeines		473
	II.	Vorsätzliche Nichtanzeige geplanter Straftaten		475
		1.	Aufbau	475
		2.	Tatbestand	475
			a) Objektiver Tatbestand	475
			b) Subjektiver Tatbestand	478
		3.	Rechtswidrigkeit	478
		4.	Schuld	478
		5.	Strafaufhebungsgründe, § 139 III und IV StGB	478
		6.	Rechtsfolgen	478
		7.	Sonstiges	478
	III.	Leichtfertige Nichtanzeige geplanter Straftaten, § 138 III StGB		478
		1.	Aufbau	478
		2.	Erläuterungen	479

10. Kapitel: Urkundenstraftaten, §§ 267ff. StGB ... 481
- A. Allgemeines ... 481
- B. Urkundenfälschung, § 267 StGB ... 482
  - I. Allgemeines ... 482
  - II. Grunddelikte, § 267 I StGB ... 483
    1. § 267 I 1. Var. StGB ... 483
       - a) Aufbau ... 483
       - b) Tatbestand ... 483
       - c) Rechtswidrigkeit ... 506
       - d) Schuld ... 506
       - e) Rechtsfolgen ... 507
       - f) Sonstiges ... 508
    2. § 267 I 2. Var. StGB ... 508
       - a) Aufbau ... 508
       - b) Tatbestand ... 508
       - c) Rechtswidrigkeit ... 512
       - d) Schuld ... 512
       - e) Rechtsfolgen ... 512
    3. § 267 I 3. Var. StGB ... 512
       - a) Aufbau ... 512
       - b) Tatbestand ... 512
       - c) Rechtswidrigkeit ... 514
       - d) Schuld ... 515
       - e) Rechtsfolgen ... 515
    4. Verhältnis von § 267 I 1.–3. Var. StGB zueinander; tatbestandliche Bewertungseinheit (?) ... 515
  - III. Qualifikation, § 267 IV StGB ... 516
    1. Aufbau ... 516
    2. Erläuterungen ... 516
- C. Fälschung technischer Aufzeichnungen, § 268 StGB ... 516
  - I. Allgemeines ... 516
  - II. Grunddelikte, § 268 I–III StGB ... 517
    1. § 268 I Nr. 1 1. Var. StGB ... 517
       - a) Aufbau ... 517
       - b) Tatbestand ... 518
       - c) Rechtswidrigkeit ... 521
       - d) Schuld ... 521
       - e) Rechtsfolgen ... 521
       - f) Sonstiges ... 521
    2. § 268 I Nr. 1 2. Var. StGB ... 522
       - a) Aufbau ... 522
       - b) Tatbestand ... 522
       - c) Rechtswidrigkeit ... 522

		d) Schuld	522
		e) Rechtsfolgen	522
	3.	§ 268 I Nr. 2 StGB	523
		a) Aufbau	523
		b) Tatbestand	523
		c) Rechtswidrigkeit	523
		d) Schuld	523
		e) Rechtsfolgen	523
	4.	§ 268 III StGB	523
		a) Aufbau	523
		b) Tatbestand	524
		c) Rechtswidrigkeit	526
		d) Schuld	526
		e) Rechtsfolgen	526
III.	Qualifikation, §§ 268 V I. V. m. 267 IV StGB		526
	1. Aufbau		526
	2. Erläuterungen		527

D. Urkundenunterdrückung, Veränderung einer Grenzbezeichnung, § 274 StGB 527
    I. Allgemeines 527
    II. § 274 I Nr. 1 StGB 528
        1. Aufbau 528
        2. Tatbestand 528
            a) Objektiver Tatbestand 528
            b) Subjektiver Tatbestand 530
        3. Rechtswidrigkeit 532
        4. Schuld 532
        5. Rechtsfolgen 532
        6. Sonstiges 532
    III. § 274 I Nr. 2 StGB 533
        1. Aufbau 533
        2. Tatbestand 533
            a) Objektiver Tatbestand 533
            b) Subjektiver Tatbestand 534
        3. Rechtswidrigkeit 534
        4. Schuld 534
        5. Rechtsfolgen 534
    IV. § 274 I Nr. 3 StGB 534
        1. Aufbau 534
        2. Erläuterungen 534

E. Falschbeurkundung im Amt, § 348 StGB 535
    I. Aufbau 535
    II. Allgemeines 535
    III. Tatbestand 535
        1. Objektiver Tatbestand 535

Inhaltsverzeichnis

    a) Ein Amtsträger; befugt, innerhalb seiner Zuständigkeit ... 535
    b) Öffentliche Urkunde, Register, Bücher oder Dateien 536
    c) Eine rechtlich erhebliche Tatsache 538
    d) Falsch beurkundet, einträgt oder eingibt 539
  2. Subjektiver Tatbestand 539
 IV. Rechtswidrigkeit 539
 V. Schuld 539
 VI. Rechtsfolgen 539
 VII. Sonstiges 539
F. Mittelbare Falschbeurkundung, § 271 StGB 539
 I. Allgemeines 539
 II. Grunddelikte, §§ 271 I, II StGB 540
  1. § 271 I StGB 540
    a) Aufbau 540
    b) Tatbestand 541
    c) Rechtswidrigkeit 542
    d) Schuld 542
    e) Rechtsfolgen 542
    f) Sonstiges 542
  2. § 271 II StGB 542
    a) Aufbau 542
    b) Tatbestand 542
    c) Rechtswidrigkeit 542
    d) Schuld 543
    e) Rechtsfolgen 543
 III. Qualifikation, § 271 III StGB 543
  1. Allgemeines 543
  2. Gegen Entgelt, § 271 III 1. Var. StGB 543
    a) Aufbau 543
    b) Erläuterungen 543
  3. In der Absicht, sich oder einen Dritten zu bereichern,
   § 271 III 2. Var. StGB 543
    a) Aufbau 543
    b) Erläuterungen 544
  4. In der Absicht, eine andere Person zu schädigen,
   § 271 III 3. Var. StGB 544
    a) Aufbau 544
    b) Erläuterungen 544
G. Fälschung beweiserheblicher Daten, § 269 StGB 544
 I. Allgemeines 545
 II. Grunddelikte, § 269 I StGB 545
  1. § 269 I 1. Var. StGB 545
    a) Aufbau 545
    b) Tatbestand 546
    c) Rechtswidrigkeit 551

                d) Schuld 551
                e) Rechtsfolgen 551
                f) Sonstiges 551
            2. § 269 I 2. Var. StGB 551
                a) Aufbau 551
                b) Tatbestand 552
                c) Rechtswidrigkeit 552
                d) Schuld 552
                e) Rechtsfolgen 552
        III. Qualifikation, §§ 269 III i. V. m. 267 IV StGB 552
            1. Aufbau 552
            2. Erläuterungen 552
    H. Mißbrauch von Ausweispapieren, § 281 StGB 553
        I. Allgemeines 553
        II. § 281 I 1 1. Var. StGB 553
            1. Aufbau 553
            2. Tatbestand 554
                a) Objektiver Tatbestand 554
                b) Subjektiver Tatbestand 555
            3. Rechtswidrigkeit 555
            4. Schuld 555
            5. Rechtsfolgen 555
            6. Sonstiges 555
        III. § 281 I 1 2. Var. StGB 555
            1. Aufbau 555
            2. Tatbestand 556
                a) Objektiver Tatbestand 556
                b) Subjektiver Tatbestand 556
            3. Rechtswidrigkeit 556
            4. Schuld 556
            5. Rechtsfolgen 556
    J. Sonstige Urkundenstraftaten; Geld- und Wertzeichenfälschung 556

11. Kapitel: Brandstiftungsstraftaten, §§ 306ff. StGB 563
    A. Allgemeines 563
    B. Brandstiftung, § 306 StGB 564
        I. Aufbau 564
        II. Allgemeines 564
        III. Tatbestand 565
            1. Objektiver Tatbestand 565
                a) § 306 I Nr. 1–6 StGB 565
                b) Fremde 568
                c) In Brand setzt oder durch eine Brandlegung ganz
                   oder teilweise zerstört 568
            2. Subjektiver Tatbestand 572

IV.	Rechtswidrigkeit	572
V.	Schuld	572
VI.	Tätige Reue, § 306e I, III StGB	572
VII.	Rechtsfolgen	573
	1. Allgemeines	573
	2. Minder schwerer Fall, § 306 II StGB	573

C. Schwere Brandstiftung, § 306a StGB 573
    I. Allgemeines 573
    II. § 306a I StGB 574
        1. Aufbau 574
        2. Tatbestand 575
            a) Objektiver Tatbestand 575
            b) Subjektiver Tatbestand 582
        3. Rechtswidrigkeit 582
        4. Schuld 582
        5. Tätige Reue, § 306e I, III StGB 582
        6. Rechtsfolgen 583
            a) Allgemeines 583
            b) Minder schwerer Fall, § 306a III StGB 583
        7. Sonstiges 583
    III. § 306a II StGB 583
        1. Aufbau 583
        2. Tatbestand 584
            a) Objektiver Tatbestand 584
            b) Subjektiver Tatbestand 585
        3. Rechtswidrigkeit 586
        4. Schuld 586
        5. Tätige Reue, § 306e I, III StGB 586
        6. Rechtsfolgen 586

D. Besonders schwere Brandstiftung, § 306b StGB 586
    I. Allgemeines 586
    II. § 306b I StGB 587
        1. Aufbau 587
        2. Tatbestand 587
            a) Objektiver Tatbestand 587
            b) Subjektiver Tatbestand 588
        3. Rechtswidrigkeit 588
        4. Schuld 588
        5. Tätige Reue, § 306e I, III StGB 588
        6. Rechtsfolgen 588
    III. § 306b II StGB 588
        1. Aufbau 588
        2. Allgemeines 589

		3.	Tatbestand 589
			a) Objektiver Tatbestand 589
			b) Subjektiver Tatbestand 590
		4.	Rechtswidrigkeit 593
		5.	Schuld 594
		6.	Tätige Reue, § 306e I, III StGB 594
		7.	Rechtsfolgen 594
		8.	Sonstiges 594

E. Brandstiftung mit Todesfolge, § 306c StGB 594
    I. Aufbau 594
   II. Erläuterungen 594

F. Fahrlässige Brandstiftung, § 306d StGB 595
    I. Allgemeines 595
   II. § 306d I 1., 2. Var. StGB 596
       1. Aufbau 596
       2. Erläuterungen 596
  III. § 306d I 3. Var. StGB 596
       1. Aufbau 596
       2. Erläuterungen 597
   IV. § 306d II StGB 597
       1. Aufbau 597
       2. Erläuterungen 597

G. Herbeiführung einer Brandgefahr, § 306f StGB 597
    I. Allgemeines 597
   II. § 306f I StGB 598
       1. Aufbau 598
       2. Erläuterungen 598
  III. § 306f II StGB 598
       1. Aufbau 598
       2. Erläuterungen 599
   IV. § 306f III StGB 599

12. Kapitel: Straßenverkehrsstraftaten 601

A. Allgemeines 601
B. Trunkenheit im Verkehr, § 316 StGB 602
    I. Allgemeines 602
   II. Vorsätzliche Trunkenheit im Verkehr, § 316 I StGB 603
       1. Aufbau 603
       2. Tatbestand 603
          a) Objektiver Tatbestand 603
          b) Subjektiver Tatbestand 611
       3. Rechtswidrigkeit 611
       4. Schuld 611
       5. Rechtsfolgen 611
       6. Sonstiges 612

Inhaltsverzeichnis

III. Fahrlässige Trunkenheit im Verkehr, § 316 II StGB	612
1. Aufbau	612
2. Erläuterungen	613
C. Gefährdung des Straßenverkehrs, § 315c StGB	613
I. Allgemeines	613
II. § 315c I StGB	614
1. § 315c I Nr. 1 StGB	614
a) Aufbau	614
b) Tatbestand	615
c) Rechtswidrigkeit	620
d) Schuld	622
e) Rechtsfolgen	622
f) Sonstiges	622
2. § 315c I Nr. 2 StGB	622
a) Aufbau	622
b) Tatbestand	622
c) Rechtswidrigkeit	625
d) Schuld	625
e) Rechtsfolgen	625
III. § 315c I I. V. m. III Nr. 1 StGB	625
1. § 315c I Nr. 1 i. V. m. III Nr. 1 StGB	625
a) Aufbau	625
b) Erläuterungen	626
2. § 315c I Nr. 2 i. V. m. III Nr. 1 StGB	626
a) Aufbau	626
b) Erläuterungen	626
IV. § 315c I I. V. m. III Nr. 2 StGB	626
1. § 315c I Nr. 1 i. V. m. III Nr. 2 StGB	626
a) Aufbau	626
b) Erläuterungen	627
2. § 315c I Nr. 2 i. V. m. III Nr. 2 StGB	627
a) Aufbau	627
c) Erläuterungen	627
D. Gefährliche Eingriffe in den Straßenverkehr, § 315b StGB	627
I. Allgemeines	628
II. Grunddelikte, § 315b I, IV, V StGB	629
1. § 315b I StGB	629
a) Aufbau	629
b) Tatbestand	629
c) Rechtswidrigkeit	640
d) Schuld	640
e) Tätige Reue	640
f) Rechtsfolgen	641
g) Sonstiges	641

2. § 315b I i. V. m. IV StGB 641
a) Aufbau 641
b) Erläuterungen 641
3. § 315b I i. V. m. V StGB 642
a) Aufbau 642
b) Erläuterungen 642
III. (Z. T. Erfolgs-)Qualifikation des § 315b I StGB, §§ 315b III i. V. m. § 315 III StGB 642
1. Allgemeines 642
2. §§ 315b III i. V. m. § 315 III Nr. 1 StGB 643
a) Aufbau 643
b) Erläuterungen 643
3. §§ 315b III i. V. m. § 315 III Nr. 2 StGB 643
a) Aufbau 643
b) Erläuterungen 644
E. Verbotene Kraftfahrzeugrennen, § 315d StGB 644
I. Allgemeines 644
II. Grunddelikte, § 315d I StGB 645
1. § 315d I Nr. 1 StGB 645
a) Aufbau 645
b) Tatbestand 646
c) Rechtswidrigkeit 650
d) Schuld 650
e) Rechtsfolgen 651
f) Sonstiges 651
2. § 315d I Nr. 2 StGB 651
a) Aufbau 651
b) Tatbestand 651
c) Rechtswidrigkeit 652
d) Schuld 652
e) Rechtsfolgen 653
f) Sonstiges 653
3. § 315d I Nr. 3 StGB 653
a) Aufbau 653
b) Allgemeines 654
c) Tatbestand 655
d) Rechtswidrigkeit 658
e) Schuld 658
f) Rechtsfolgen 658
III. Qualifikationen, § 315d II und IV; Erfolgsqualifikation, § 315d V StGB 658
1. § 315d II StGB 658
a) Aufbau 658
b) Erläuterungen 659

         2. § 315d IV StGB 659
            a) Aufbau 659
            b) Erläuterungen 659
         3. § 315d V StGB 659
            a) Aufbau 659
            b) Erläuterungen 660
F. Unerlaubtes Entfernen vom Unfallort, § 142 StGB 660
   I. Allgemeines 660
   II. § 142 I StGB 662
      1. Aufbau 662
      2. Tatbestand 663
         a) Objektiver Tatbestand 663
         b) Subjektiver Tatbestand 677
      3. Rechtswidrigkeit 678
      4. Schuld 678
      5. Sog. tätige Reue, § 142 IV StGB 678
      6. Rechtsfolgen 679
      7. Sonstiges 679
   III. § 142 II (I. V. m III) StGB 679
      1. Aufbau 679
      2. Allgemeines 679
      3. Tatbestand 680
         a) Objektiver Tatbestand 680
         b) Subjektiver Tatbestand 687
      4. Rechtswidrigkeit 687
      5. Schuld 687
      6. Sog. tätige Reue, § 142 IV StGB 687
      7. Rechtsfolgen 687

13. **Kapitel: Vollrausch, § 323a StGB** 689
    A. Allgemeines 689
    B. Vorsätzlicher Vollrausch 690
       I. Aufbau 690
       II. Tatbestand 691
          1. Objektiver Tatbestand 691
             a) Rausch 691
             b) Sich versetzt 691
             c) Durch alkoholische Getränke oder andere
                berauschende Mittel 691
          2. Subjektiver Tatbestand 692
       III. Wenn er in diesem Zustand eine rechtswidrige Tat begeht und
            ihretwegen nicht bestraft werden kann, weil er infolge des
            Rausches schuldunfähig war oder weil dies nicht
            auszuschließen ist 692
          1. Sog. Rauschtat 692

    2. Infolge des Rausches schuldunfähig oder dies war
       nicht auszuschließen 694
    IV. Rechtswidrigkeit 695
    V. Schuld 695
    VI. Rechtsfolgen 696
    VII. Sonstiges 696
  C. Fahrlässiger Vollrausch 697
    I. Aufbau 697
    II. Erläuterungen 697

14. Kapitel: Unterlassene Hilfeleistung; Behinderung von hilfeleistenden Personen, § 323c StGB 699
  A. Allgemeines 699
  B. Unterlassene Hilfeleistung, § 323c I StGB 700
    I. Aufbau 700
    II. Allgemeines 700
    III. Tatbestand 700
      1. Objektiver Tatbestand 700
         a) Bei Unglücksfällen oder gemeiner Gefahr oder Not 700
         b) Nicht Hilfe leistet 703
         c) Obwohl dies erforderlich und ihm den Umständen nach
            zuzumuten, insbesondere ohne erhebliche eigene
            Gefahr und ohne Verletzung anderer wichtiger
            Pflichten möglich ist 705
      2. Subjektiver Tatbestand 707
    IV. Rechtswidrigkeit 708
    V. Schuld 708
    VI. Rechtsfolgen 708
    VII. Sonstiges 708
  C. Behinderung von hilfeleistenden Personen, § 323c II StGB 709
    I. Aufbau 709
    II. Allgemeines 709
    III. Tatbestand 710
      1. Objektiver Tatbestand 710
         a) In diesen Situationen 710
         b) Eine Person, die einem Dritten Hilfe leistet oder
            leisten will 710
         c) Behindert 711
      2. Subjektiver Tatbestand 711
    IV. Rechtswidrigkeit 712
    V. Schuld 712
    VI. Rechtsfolgen 712
    VII. Sonstiges 712

15. Kapitel: Straftaten im Amt, §§ 331ff. StGB ... 713
- A. Allgemeines ... 713
- B. Bestechungsstraftaten, §§ 331ff. StGB ... 713
  - I. Allgemeines ... 713
  - II. Vorteilsannahme, § 331 StGB ... 715
    1. Allgemeines ... 715
    2. § 331 I StGB ... 716
       - a) Aufbau ... 716
       - b) Tatbestand ... 716
       - c) Rechtswidrigkeit ... 729
       - d) Schuld ... 729
       - e) Strafaufhebungsgrund: Nachträgliche Genehmigung, § 331 III 2. Var. StGB ... 729
       - f) Rechtsfolgen ... 729
    3. § 331 II StGB ... 730
       - a) Aufbau ... 730
       - b) Erläuterungen ... 730
  - III. Bestechlichkeit, § 332 StGB ... 730
    1. Allgemeines ... 730
    2. § 332 I (, III) StGB ... 731
       - a) Aufbau ... 731
       - b) Tatbestand ... 732
       - c) Rechtswidrigkeit ... 734
       - d) Schuld ... 734
       - e) Rechtsfolgen ... 734
       - f) Sonstiges ... 735
    3. § 332 II (, III) StGB ... 735
       - a) Aufbau ... 735
       - b) Erläuterungen ... 736
  - IV. Vorteilsgewährung, § 333 StGB ... 736
    1. Allgemeines ... 736
    2. § 333 I StGB ... 737
       - a) Aufbau ... 737
       - b) Tatbestand ... 737
       - c) Rechtswidrigkeit ... 738
       - d) Schuld ... 738
       - e) Strafaufhebungsgrund: Nachträgliche Genehmigung, § 331 III 2. Var. StGB ... 738
       - f) Rechtsfolgen ... 738
    3. § 333 II StGB ... 739
       - a) Aufbau ... 739
       - b) Erläuterungen ... 739

V. Bestechung, § 334 StGB 739
   1. Allgemeines 739
   2. § 334 I (, III) StGB 740
      a) Aufbau 740
      b) Erläuterungen 740
   3. § 334 II (, III) StGB 741
      a) Aufbau 741
      b) Erläuterungen 741
C. Rechtsbeugung, § 339 StGB 741
  I. Aufbau 741
  II. Allgemeines 742
  III. Tatbestand 742
   1. Objektiver Tatbestand 742
      a) Ein Richter, ein anderer Amtsträger oder ein
         Schiedsrichter 742
      b) Bei der Leitung oder Entscheidung einer Rechtssache ... 743
      c) Einer Beugung des Rechts schuldig macht 744
      d) Zugunsten oder zum Nachteil einer Partei 745
   2. Subjektiver Tatbestand 746
  IV. Rechtswidrigkeit 746
  V. Schuld 746
  VI. Rechtsfolgen 746
  VII. Sonstiges 746
D. Körperverletzung im Amt, § 340 StGB 747
  I. Allgemeines 747
  II. Vorsätzliche Körperverletzung im Amt 748
   1. Vorsätzliche sog. einfache Körperverletzung im Amt,
     §§ 340 I i. V. m. § 223 I StGB 748
      a) Aufbau 748
      b) Tatbestand 748
      c) Rechtswidrigkeit 749
      d) Schuld 749
      e) Rechtsfolgen 750
      f) Sonstiges 750
   2. Vorsätzliche qualifizierte Körperverletzung im Amt,
     (§§ 340 I, III i. V. m. §§ 224–227 StGB 750
  III. Fahrlässige Körperverletzung im Amt 750
   1. Aufbau 750
   2. Erläuterungen 750
E. Weitere Straftaten im Amt 750

1. Kapitel: Allgemeines

Im Besonderen Teil des StGB umschreibt der Gesetzgeber in den einzelnen Straftatbeständen strafbares Verhalten und legt Strafrahmen fest. Die folgende Darstellung orientiert sich an den Bedürfnissen des Ersten Staatsexamens.

Gem. den Ausbildungsverordnungen der Länder (z. B. § 3 IV Nr. 1 lit. c JAVO SH) sind hier nur Delikte des StGB relevant (sodass das Nebenstrafrecht trotz z. T. enormer Praxisrelevanz – vgl. nur BtMG, StVG, AO oder WaffG – hier nicht erläutert wird), freilich nicht einmal der gesamte Besondere Teil des StGB, sondern (nur) länderspezifisch in Randbereichen unterschiedlich ausgewählte Abschnitte (in Schleswig-Holstein z. B. der Sechste, Siebente, Neunte, Zehnte, Vierzehnte bis Dreiundzwanzigste, Fünfundzwanzigste, Siebenundzwanzigste und Achtundzwanzigste Abschnitt sowie aus dem Dreißigsten Abschnitt die §§ 331 bis 336; im Überblick der Elfte und Neunundzwanzigste Abschnitt sowie die übrigen Vorschriften des Dreißigsten Abschnittes). Auswahl und Umfang der Ausführungen werden ferner geprägt von den Usancen in Aufsichtsarbeiten und mündlichen Prüfungen, weshalb besonders häufig abgeprüften Delikten deutlich breiterer Raum gewidmet wird als eher selten abgeprüften.

Die Reihenfolge der Stoffdarstellung folgt nicht der numerischen Reihenfolge des StGB, sondern einer – konventionellen – rechtsguts- und insofern sachzusammenhangsorientierten Darstellungsweise.

Die Binnengliederung der einzelnen deliktsbezogenen Erläuterungen ist – nach einer jeweiligen Einführung inkl. Aufbauschema – am gängigen dogmatischen und prüfungsrelevanten System (Tatbestand, wiederum unterteilt in objektiven und subjektiven Tatbestand, Rechtswidrigkeit, Schuld, Strafe) ausgerichtet, wobei sich der weitaus größte Teil der Darstellung mit Tatbestandsfragen befasst. Diese etwas kommentarhaft und vielleicht hier und da kleinlich anmutende Herangehensweise dient neben der dogmatischen Übersichtlichkeit insbesondere der Einübung in ein normwortlautgetreues Arbeiten und somit zugleich einer Sicherheit bei der Verortung sog. Streitstände als Problem der Auslegung bestimmter strafgesetzlicher Begriffe.

2. Kapitel: Straftaten gegen das Leben, §§ 211ff. StGB

▶ **Didaktische Aufsätze**
- Krey, Grundfälle zu den Straftaten gegen das Leben, JuS 1971, 86, 141, 192, 248 und 306
- Mitsch, Grundfälle zu den Tötungsdelikten, JuS 1995, 787 und 888, JuS 1996, 26, 121, 213, 309 und 407
- Otto, Neue Entwicklungen im Bereich der vorsätzlichen Tötungsdelikte, Jura 2003, 612
- Kaspar/Broichmann, Grundprobleme der Tötungsdelikte, ZJS 2013, 249 und 346

A. Allgemeines

Der 16. Abschnitt des Besonderen Teils des StGB beinhaltet die Straftaten gegen das Leben (§§ 211–222 StGB).[1] Man spricht auch von Tötungsdelikten.

Das Grundrecht auf Leben nach Art. 2 II 1 GG (s. auch Art. 2 I EMRK) gebietet in seiner objektivrechtlichen Dimension den strafrechtlichen Schutz des menschlichen Lebens.[2]

---

[1] Zu den Straftaten gegen das Leben näher Krey JuS 1971, 86, 141, 192, 248 und 306; Mitsch JuS 1995, 787 und 888, JuS 1996, 26, 121, 213, 309 und 407; Otto Jura 2003, 612; Kaspar/Broichmann ZJS 2013, 249 und 346; Rechtsprechungsübersichten bei Eser NStZ 1981, 383 und 429; Eser NStZ 1983, 433; Eser NStZ 1984, 49; Altvater NStZ 1998, 342; Altvater NStZ 1999, 17; Altvater NStZ 2000, 18; Altvater NStZ 2001, 19; Altvater NStZ 2002, 20; Altvater NStZ 2003, 21; Altvater NStZ 2004, 23; Altvater NStZ 2005, 22; Altvater NStZ 2006, 86.

[2] Näher Lang, in: BeckOK-GG, Stand 15.01.2024, Art. 2 Rn. 249ff.; aus der Rspr. vgl. BVerfG U. v. 16.10.1977 – 1 BvQ 5/77 – BVerfGE 46, 160 = NJW 1977, 2255.

Die Straftaten gegen das Leben werden weithin als reformbedürftig angesehen, was insbesondere die Unterscheidung von Totschlag und Mord, die bzgl. letzterem absolut angedrohte lebenslange Freiheitsstrafe sowie Fragen der Sterbehilfe betrifft.[3]

B. Totschlag, § 212 StGB

I. Aufbau

I. Tatbestand
  1. Objektiver Tatbestand
    a) Einen Menschen
    b) Anderen
    c) Tötet
  2. Subjektiver Tatbestand
II. Rechtswidrigkeit
III. Schuld
IV. Rechtsfolgen
  1. Besonders schwerer Fall, § 212 II StGB
  2. Minder schwerer Fall, § 213 StGB

II. Allgemeines

Der Totschlag, § 212 StGB, ist nach h. M. der Grundtatbestand der vorsätzlichen Tötungsdelikte. Die weiteren vorsätzlichen Tötungsdelikte setzen sämtlich einen Totschlag voraus und normieren nur weitere Voraussetzungen.

---

[3] Zu Reformbestrebungen Fischer, StGB, 71. Aufl. 2024, vor § 211 Rn. 3ff.; näher Stock SJZ 1947, 529; Zinn SJZ 1948, 141; Radbruch SJZ 1948, 311; Busch FS Rittler 1957, 287; Rieß NJW 1968, 628; Arzt ZStW 1971, 1; Otto ZStW 1971, 39; Lackner JZ 1977, 502; Zipf FS Würtenberger 1977, 151; Woesner NJW 1978, 1025; Woesner NJW 1980, 1136; Geilen JR 1980, 309; Jähnke MDR 1980, 705; Gössel DRiZ 1980, 281; Eser/Koch ZStW 1980, 491; Gribbohm ZRP 1980, 222; Beckmann GA 1981, 337; Heine FS Brauneck 1999, 315; Kargl StraFo 2001, 365; Kargl JZ 2003, 1141; Köhne ZRP 2007, 165; Kreuzer FS Schöch 2010, 495; Hirsch FS Rissing-van Saan 2011, 219; Köhne JuS 2014, 1071; Deckers/Fischer/König/Bernsmann NStZ 2014, 9; Walter NStZ 2014, 368; Maas DRiZ 2014, 248; Bausback DRiZ 2014, 249; Höynck/Behnsen/Haug ZIS 2014, 102; Köhne ZRP 2014, 21; Krehl ZRP 2014, 98; Schuster ZRP 2014, 101; Höhne KJ 2014, 283; Schneider NStZ 2015, 64; Mitsch JR 2015, 122; Dölling DRiZ 2015, 260; Höffler/Kaspar GA 2015, 453; Merkel ZIS 2015, 429; Saliger ZIS 2015, 600; Kubiciel ZRP 2015, 194; Köhne NK 2015, 6; Kubiciel FS von Heintschel-Heinegg 2015, 267; Haas ZStW 2016, 316; Hauck HRRS 2016, 230; Duttge KriPoZ 2016, 92; Gerhold NK 2016, 231; Kreuzer NK 2016, 307; Preschany KriPoZ 2023, 267; zur Schaffung eines Tatbestands der leichtfertigen Tötung Rostalski GA 2017, 585; Freund/Rostalski JZ 2020, 241.

B. Totschlag, § 212 StGB

> **§ 212 StGB (Totschlag)**
> (1) Wer einen Menschen tötet, ohne Mörder zu sein, wird als Totschläger mit Freiheitsstrafe nicht unter fünf Jahren bestraft.
> (2) In besonders schweren Fällen ist auf lebenslange Freiheitsstrafe zu erkennen.

III. Tatbestand

1. Objektiver Tatbestand

▶ **Didaktischer Aufsatz**
- Kühl, Der objektive Tatbestand des Totschlags, JA 2009, 321

a) Allgemeines

Die gesetzliche Tatbestandsfassung ist in zweierlei Hinsicht missverständlich: Zum einen fehlt es an einer Klarstellung, dass die (versuchte) Selbsttötung nicht erfasst ist – während etwa in § 223 I StGB klargestellt wird: „andere Person"; [4] zum anderen ist die Wendung „ohne Mörder zu sein" als bloßer Hinweis auf die Qualifikation (h. L.) nach § 211 StGB überflüssig und ohne Bedeutung bei der Prüfung eines Totschlags. Insofern ausgelegt bzw. korrigiert, besteht der objektive Tatbestand des Totschlags darin, dass der Täter einen anderen Menschen tötet.

b) Einen Menschen

aa) Allgemeines

Tatobjekt des Totschlags ist ein anderer noch lebender Mensch, worunter – in Unterscheidung zum schwächeren Schutz der Abtreibungstatbestände gem. §§ 218ff. StGB und des ESchG – nur schon geborene Menschen[5] fallen.

Innerhalb des Menschenlebens erfolgt keine weitere Differenzierung; es gibt kein lebensunwertes Leben, insbesondere nicht aufgrund Todesgeweihtheit (z. B. aufgrund Krankheit oder Behinderung).[6]

---

[4] Obwohl im Wortlaut nicht enthalten, einhellige Auffassung, s. nur Kindhäuser/Hilgendorf, LPK, 9. Aufl. 2022, § 212 Rn. 1.
[5] Joecks/Jäger, StGB, 13. Aufl. 2021, vor § 211 Rn. 16ff.
[6] Eschelbach, in: BeckOK-StGB, Stand 01.02.2024, § 212 Rn. 3; aus der Rspr. vgl. zuletzt BGH B. v. 13.09.2018 – 5 StR 421/18 – NStZ 2019, 136 = StV 2021, 101 (Anm. Nestler Jura 2019, 558; Rückert NStZ 2019, 137); BGH U. v. 29.09.2021 – 2 StR 491/20 – NStZ 2022, 601 = StV 2023, 6 (Anm. LL 2022, 810; RÜ 2022, 97; Kudlich NStZ 2022, 604).

bb) Lebensbeginn

▶ **Didaktischer Aufsatz**
- Kaltenhäuser, Die Bedeutung der strafrechtlichen Fiktion der Menschwerdung für die Fallbearbeitung, JuS 2015, 785

Der Beginn des menschlichen Lebens i. S. d. §§ 211ff. StGB ist umstritten.[7]

Beispiel 1

BGH B. v. 11.11.2020 – 5 StR 256/20 (Berliner Zwillinge) – BGHSt 65, 163 = NJW 2021, 645 = NStZ 2021, 489 = StV 2021, 432 (Anm. Nestler Jura 2021, 590; Jäger JA 2021, 342; Eisele JuS 2021, 272; RÜ 2021, 170; famos 3/2021; Grünewald NJW 2021, 649; Peters NStZ 2021, 492; Neumann StV 2021, 462; Lorenz JR 2021, 340; Mitsch HRRS 2021, 297):

B1 und B2 waren als Ärzte in der Geburtsmedizin tätig. Z war mit Zwillingen schwanger. Bei einer Untersuchung zeigte sich bei einem der Zwillinge eine schwere Hirnschädigung, die zu Lähmungen, Spastiken und kognitiven Einschränkungen geführt hätte. Ferner wurde die Gefahr einer schwerwiegenden Beeinträchtigung des seelischen und körperlichen Gesundheitszustands der Z festgestellt. Sie wurde über die Möglichkeit eines selektiven Schwangerschaftsabbruchs durch Verschließung der Nabelschnur des betroffenen Fetus informiert. Da mit dem Eingriff das Risiko für den anderen Zwilling ansteigt, wenn der abgestorbene Fetus im Mutterleib bleibt, hat der Eingriff zeitnah mit der Geburt zu erfolgen. Daher sollte der Eingriff mindestens bis zur 34. Schwangerschaftswoche hinausgeschoben werden, um dem anderen Zwilling die Möglichkeit zur Entwicklung zu geben. In der 32. Woche setzten jedoch die Wehen ein, wobei nicht festgestellt werden konnte, dass es sich um Eröffnungswehen handelte. B1 und B2 entschlossen sich, einen Kaiserschnitt vorzunehmen und den gesunden Zwilling zu entbinden. Anschließend töteten sie entsprechend einem zwei Wochen zuvor gefassten Plan den geschädigten, aber lebensfähigen Zwilling mit einer Kaliumchloridinjektion. Sie wussten, dass dies kein anerkanntes Verfahren ist und sie dadurch einen Menschen töten würden.

---

[7] Hierzu Joecks/Jäger, StGB, 13. Aufl. 2021, vor § 211 Rn. 17ff.; näher Schwalm MDR 1968, 277; Lüttger JR 1969, 445; Lüttger JR 1971, 133; Lüttger FS Heinitz 1972, 359; Cremer MedR 1989, 301; Schlingensiepen-Brysch ZRP 1992, 418; Cremer MedR 1993, 421; Heun JZ 1996, 213; Höfling JZ 1996, 615; Heun JZ 1996, 618; Sternberg-Lieben JA 1997, 80; Spittler JZ 1997, 747; Merkel Jura 1999, 113; Herzberg/Herzberg JZ 2001, 1106; Küper GA 2001, 515; Herzberg FS Geilen 2003, 39; Hirsch FS Eser 2005, 309; Sowada GA 2011, 389; Kaltenhäuser JuS 2015, 785; aus der Rspr. vgl. zuletzt BGH U. v. 12.11.2009 – 4 StR 227/09 – NStZ 2010, 214 (Anm. Satzger JK 2010 StGB § 13/43; Hecker JuS 2010, 453; LL 2010, 315; RA 2010, 115; Stam HRRS 2011, 79); OLG Dresden U. v. 14.02.2014 – 2 OLG 25 Ss 788/13 – StV 2015, 120; LG Berlin U. v. 19.11.2019 – 532 Ks 7/16 (Anm. Duttge MedR 2020, 846); BGH B. v. 11.11.2020 – 5 StR 256/20 (Berliner Zwillinge) – BGHSt 65, 163 = NJW 2021, 645 = NStZ 2021, 489 = StV 201, 432 (Anm. Nestler Jura 2021, 590; Jäger JA 2021, 342; Eisele JuS 2021, 272; RÜ 2021, 170; famos 3/2021; Grünewald NJW 2021, 649; Peters NStZ 2021, 492; Neumann StV 2021, 462; Lorenz JR 2021, 340; Mitsch HRRS 2021, 297).

Im Operationsbericht wurde „Totgeburt" vermerkt. Das Verfahren eines selektiven Fetozids durch Verschließung der Nabelschnurgefäße wäre mit einem höheren Risiko für den gesunden Zwilling verbunden gewesen. ◄

War der nach Kaiserschnitt getötete Zwilling bereits ein Mensch i. S. d. § 212 I StGB?

Die Rspr.[8] und die h. L.[9] stellen auf den Beginn des Geburtsakts ab. Dieser ist gegeben beim Einsetzen der Eröffnungswehen (ggf. medikamentös herbeigeführt[10]). Bei operativer Entbindung (Kaiserschnitt) ist der die Eröffnungsperiode ersetzende Eingriff relevant.

Ein alternatives Konzept in der Literatur stellt auf die Vollendung der Geburt (vgl. § 1 BGB) ab.[11]

Vor Streichung der Privilegierung des § 217 StGB a. F. („Eine Mutter, welche ihr nichteheliches Kind in oder gleich nach der Geburt tötet, wird mit Freiheitsstrafe nicht unter drei Jahren bestraft.") sprach dessen Wortlaut für die Sichtweise der h. M. Das Argument gilt fort: Der Gesetzgeber beabsichtigte mit Aufhebung dieser Norm nicht, die Auslegung des Lebensbeginns zu beeinflussen. Der Lebensbeginn bereits mit Einsetzen des Geburtsvorgangs bewirkt überdies einen gesteigerten Rechtsgutsschutz des Kindes (insbesondere §§ 222, 229 StGB bzgl. Kunstfehlern bei der Geburt) und steht in einem sachgerechten Verhältnis zu den §§ 218ff. StGB.[12]

Das Kind muss im Zeitpunkt des Geburtsbeginns tatsächlich gelebt haben. Die weitere Lebensfähigkeit ist irrelevant.[13]

Bei **pränatalen Handlungen** des Täters ist entscheidend, wann die schädigende Wirkung auf das Opfer einsetzte: § 218 StGB greift, wenn die Kausalkette vor der Eröffnungswehe wirksam wird, § 212 StGB ist anwendbar, wenn die Kausalkette erst nach der Eröffnungswehe wirksam wird.[14]

cc) Lebensende

▶ **Didaktische Aufsätze:**
- Sternberg-Lieben, Tod und Strafrecht, JA 1997, 80
- Merkel, Hirntod und kein Ende, Jura 1999, 113

---

[8] S. o.
[9] S. nur Eisele, BT I, 6. Aufl. 2021, Rn. 40.
[10] Schneider, in: MK-StGB, 4. Aufl. 2021, vor § 211 Rn. 11.
[11] Etwa Merkel, in: NK-StGB, 6. Aufl. 2023, § 218 Rn. 40ff.
[12] Schneider, in: MK-StGB, 4. Aufl. 2021, vor § 211 Rn. 8.
[13] Eisele, BT I, 6. Aufl. 2021, Rn. 42; aus der Rspr. vgl. BGH U. v. 30.11.1956 – 5 StR 371/56 – BGHSt 10, 5 = NJW 1957, 191; BGH U. v. 18.06.1957 – 5 StR 164/57 – BGHSt 10, 291.
[14] Joecks/Jäger, StGB, 13. Aufl. 2021, vor § 211 Rn. 21 f.; aus der Rspr. vgl. OLG Karlsruhe B. v. 25.04.1984 – 1 Ws 261/83 – NStZ 1985, 314 (Anm. Jung NStZ 1985, 316; Geppert JK 1987 StGB vor § 211/3); BGH B. v. 11.11.2020 – 5 StR 256/20 (Berliner Zwillinge) – BGHSt 65, 163 = NJW 2021, 645 = NStZ 2021, 489 = StV 201, 432 (Anm. Nestler Jura 2021, 590; Jäger JA 2021, 342; Eisele JuS 2021, 272; RÜ 2021, 170; famos 3/2021; Grünewald NJW 2021, 649; Peters NStZ 2021, 492; Neumann StV 2021, 462; Lorenz JR 2021, 340; Mitsch HRRS 2021, 297).

- Kaltenhäuser, Die Bedeutung der strafrechtlichen Fiktion der Menschwerdung für die Fallbearbeitung, JuS 2015, 785
- Heyers, Wann ist der Mensch tot? Jura 2016, 709

Das Leben und damit die Eigenschaft als Mensch endet bei dessen Sterben, also mit dessen Tod. Tod ist das irreversible Ende des Lebens, sodass sich der Todeseintritt nach dem jeweiligen Stand der Medizin richtet.[15] Das Leben als Mensch endet[16] angesichts des heutigen Stands der Medizin nicht mehr mit dem klinischen Tod (Stillstand von Atmung und Kreislauf), sondern erst mit dem Gesamt-**Hirntod** (irreversibles Erlöschen aller Gehirnfunktionen), vgl. auch § 3 II Nr. 2 TPG („der endgültige, nicht behebbare Ausfall der Gesamtfunktion des Großhirns, des Kleinhirns und des Hirnstamms"), ferner § 16 TPG i. V. m. Richtlinien der Bundesärztekammer.[17]

Den Schutz der Totenruhe gewährleisten die §§ 168 StGB, 18f. TPG, ggf. auch Vermögensdelikte.

c) Anderen

Nur der vom Täter verschiedene Mensch ist taugliches Tatopfer.[18] Die von z. B. den §§ 223 I, 229 StGB („andere Person") abweichende Normfassung ist ein Versehen. Die (auch versuchte) Selbsttötung ist straflos. Dies gilt auch für die Teilnahme an der Tat eines anderen zu Lasten des Teilnehmers.

Im Hinblick auf die Mitwirkung an einer freiverantwortlichen Selbstgefährdung (inkl. Suizid) eines anderen Menschen ist die Strafbarkeit nach allgemeinen Lehren ausgeschlossen.[19]

d) Tötet

Töten ist das Verursachen des Todes. Da aber alle Menschen sterblich sind, genügt für ein Töten jede **Vorverlegung** des Todeszeitpunkts, also die Verkürzung des Lebens.[20] Auf eine etwaige Dauer des noch verbleibenden Lebens kommt es nicht an.

---

[15] Näher Schneider, in: MK-StGB, 4. Aufl. 2021, vor § 211 Rn. 14, 16.

[16] Näher Schönig NJW 1968, 189; Stratenwerth FS Engisch 1969, 528; Lüttger JR 1971, 309; Geilen FS Heinitz 1972, 373; Wolfslast MedR 1989, 163; Böhmer FS Geiger 1989, 181; Beckmann ZRP 1996, 219; Wagner/Brocker ZRP 1996, 226; Sengler/Schmidt MedR 1997, 241; Beckmann FS Bemmann 1997, 18; Madea/Henssge/Dettmeyer MedR 1999, 162; Tröndle FS H. J. Hirsch 1999, 779; Schmidt-Recla MedR 2004, 672; Schreiber FS Müller 2008, 685; Heyers Jura 2016, 709; Klein MedR 2020, 1007; aus der Rspr. vgl. BGH U. v. 12.02.1992 – 3 StR 481/91 – NJW 1992, 2581 = NStZ 1992, 333 (Anm. Dencker NStZ 1992, 311; Puppe JR 1992, 511; Otto JK 1993 StGB § 226/4; Pütz JA 1993, 285; Joerden NStZ 1993, 268).

[17] Zu Alternativkonzepten Schneider, in: MK-StGB, 4. Aufl. 2021, vor § 211 Rn. 20ff.

[18] Eser/Steinberg-Lieben, in: Schönke/Schröder, StGB, 30. Aufl. 2019, § 212 Rn. 2; Saliger, in: NK-StGB, 6. Aufl. 2023, § 212 Rn. 1.

[19] S. im Allgemeinen Teil bei der sog. objektiven Zurechnung sowie beim sog. unechten Unterlassungsdelikt; s. ferner u. bei § 216 StGB und bei § 323c StGB.

[20] Joecks/Jäger, StGB, 13. Aufl. 2021, § 212 Rn. 5; aus der Rspr. vgl. BGH B. v. 13.09.2018 – 5 StR 421/18 – NStZ 2019, 136 = StV 2021, 101 (Anm. Nestler Jura 2019, 558; Rückert NStZ 2019, 137); BGH U. v. 29.09.2021 – 2 StR 491/20 – NStZ 2022, 601 = StV 2023, 6 (Anm. LL 2022, 810; RÜ 2022, 97; Kudlich NStZ 2022, 604).

Eine „**Zerlegung**" des Tötens in einzelne Prüfungsschritte (Erfolg, Handlung, Kausalität, objektive Zurechnung, Täterschaft) erfolgt in Fallbearbeitungen bei Anlass, s. im Allgemeinen Teil.

2. Subjektiver Tatbestand

▶ **Didaktische Aufsätze**
- Geppert, Zur Abgrenzung von Vorsatz und Fahrlässigkeit, insbesondere bei Tötungsdelikten, Jura 2001, 55
- Hermanns/Hülsmann, Die Feststellung des Vorsatzes bei Tötungsdelikten, JA 2002, 140
- Müller, Die Abgrenzung von dolus eventualis und bewusster Fahrlässigkeit (unter Berücksichtigung der aktuellen Rechtsprechung zur „Hemmschwellentheorie"), JA 2013, 584
- Bechtel, Die Raser-Fälle als Katalysator vorsatzdogmatischer Diskussion, JuS 2019, 114

Der allgemeinen Regelung des § 15 StGB entsprechend erfordert der Totschlag Vorsatz.

Eventualvorsatz genügt, sodass sich die Grenzziehungsproblematik (sog. *dolus eventualis*/sog. bewusste Fahrlässigkeit) fortsetzt und aufgrund des erheblichen Unrechts- und Sanktionsgefälles zwischen Vorsatz- und Fahrlässigkeitsdelikt (§§ 212, 211 StGB bzw. § 222 StGB) intensiviert.[21]

In einer Fallbearbeitung gilt es, den Sachverhalt nach Indizien für bzw. gegen die Annahme von Tötungsvorsatz abzusuchen.

---

[21] Zum Tötungsvorsatz näher Schroth NStZ 1990, 324; Geppert Jura 2001, 55; Hermanns/Hülsmann JA 2002, 140; Hermanns JA 2002, 206; Verrel NStZ 2004, 309; Trück NStZ 2005, 233; Dannhorn NStZ 2007, 297; Schroth FS Widmaier 2008, 779; Heinke NStZ 2010, 119; Steinberg JZ 2010, 712; Steinberg/Stam NStZ 2011, 177; Müller JA 2013, 584; Puppe NStZ 2014, 183; Puppe ZIS 2014, 66; Fischer ZIS 2014, 97; Puppe ZIS 2015, 320; Franke StraFo 2016, 269; Vavra/Holznagel HRRS 2018, 467; aus der Rspr. vgl. zuletzt BGH U. v. 23.03.2022 – 6 StR 343/21 – NJW 2022, 3025 = NStZ 2022, 549; BGH B. v. 10.05.2022 – 5 StR 28/22 – NStZ 2024, 39 = StV 2023, 7; BGH U. v. 18.05.2022 – 6 StR 587/21 – NStZ 2023, 160; BGH U. v. 21.09.2022 – 6 StR 47/22 (Weidener Flutkanal) – NJW 2022, 3656 = NStZ 2023, 98 = StV 2023, 335 (Anm. Mitsch NJW 2022, 3659; Bosch Jura 2023, 237; Eisele JuS 2023, 182; Woring ZJS 2023, 684; LL 2023, 366; RÜ 2023, 165; famos 7/2023; Drees NStZ 2023, 100); BGH B. v. 13.10.2022 – 2 StR 327/22 – NStZ 2023, 234 = StV 2023, 331; LG Oldenburg U. v. 13.10.2022 – 5 Ks 800 Js 69047/14 (20/16) (Anm. Hillenkamp MedR 2023, 529); LG Oldenburg U. v. 13.10.2022 – 5 Ks 800 Js 70900/14 (23/19) (Anm. Hillenkamp MedR 2023, 529); BGH U. v. 16.02.2023 – 4 StR 211/22 (Moerser Raser) – NStZ 2023, 546 = StV 2024, 122 (Anm. LL 2023, 672; RÜ 2023, 505; Steins NStZ 2023, 548; Kaltenbach jurisPR-StrafR 9/2023 Anm. 3; Preuß NZV 2023, 365; Steinert SVR 2023, 236); BGH U. v. 23.03.2023 – 3 StR 277/22 – NStZ-RR 2023, 176; BGH U. v. 30.03.2023 – 4 StR 234/22 – NJW 2023, 2291 = NStZ-RR 2023, 245 = StV 2024, 83 (Anm. Sandherr NZV 2023, 570); BGH U. v. 13.04.2023 – 4 StR 429/22 – StV 2024, 107; BGH U. v. 07.06.2023 – 5 StR 80/23 – NStZ 2023, 729 = StV 2024, 111; vom BVerfG gebilligt: BVerfG B. v. 07.12.2022 – 2 BvR 1404/20 – NStZ 2023, 215 = StV 2024, 88 (Anm. Jahn JuS 2023, 272; Obermann NZV 2023, 127; Koehl SVR 2023, 151).

Ist zur Motivation des Täters nichts Näheres mitgeteilt, so wird es insbesondere auf die **objektive Lebensgefährlichkeit** der Tathandlungen ankommen.

Beispiel 2

BGH U. v. 22.04.1955 – 5 StR 35/55 (Lederriemen) – BGHSt 7, 363 = NJW 1955, 1688 (Anm. Roxin, Höchstrichterliche Rspr. AT, 1998, Nr. 7; Kaspar/ Reinbacher, Casebook AT, 2. Aufl. 2023, Fall 5; Fahl, Strafrechts-Klassiker, 2020, § 15 Rn. 3ff.; Engisch NJW 1955, 1690; Roxin JuS 1964, 53):

B hatte beschlossen, den G zu berauben. Seinen ursprünglichen Plan, ihm einen Lederriemen um den Hals zu werfen und ihn solange zu würgen, bis er bewusstlos würde, verwarf er zunächst, weil er erkannte, dass diese Art der Betäubung möglicherweise tödliche Folgen haben würde. Er beschloss daher, G mit einem Sandsack bewusstlos zu schlagen, weil er dies für weniger gefährlich hielt, da sich der Sandsack beim Aufprall der Kopfform anpasse und daher keine lebensgefährlichen Verletzungen eintreten könnten. In Ausführung seines Planes drang B in die Wohnung des schlafenden G ein und schlug ihm den Sandsack auf den Kopf. Dieser platzte allerdings, worauf G erwachte und sich zur Wehr setzte. Nun warf B dem G den sicherheitshalber mitgenommenen Lederriemen um den Hals und würgte ihn damit solange, bis dieser bewusstlos zu Boden fiel. Er nahm ihm das Geld ab und nahm dann, als er erkannte, dass G möglicherweise sterben könnte, sogar Wiederbelebungsversuche vor. Nachdem diese nicht zum Erfolg führten, hielt er G für tot und verschwand. G verstarb. ◄

Zu beachten ist aber, dass zum einen der Täter die objektive Lebensgefährlichkeit **erkannt** haben muss; zum anderen kann er selbst dann noch auf einen guten Ausgang zumindest dahingehend **vertraut** haben, dass kein anderer ums Leben kommt. Auch wenn derartiges Vertrauen Außenstehenden merkwürdig vorkommt, kann es dennoch vorgelegen haben bzw. tatrichterlich festgestellt worden sein; dass der Täter dieses Vertrauen nicht hätte haben dürfen, ist ein Fahrlässigkeitsvorwurf.

Beispiel 3

BGH U. v. 18.06.2020 – 4 StR 482/19 (Autorennen Kurfürstendamm) – BGHSt 65, 42 = NJW 2020, 2900 = NStZ 2020, 602 = StV 2021, 113 (Anm. Bosch Jura 2020, 1270; Eisele JuS 2020, 892; RÜ 2020, 641; Grünewald NJW 2020, 2906; Steinert NStZ 2020, 608; Kubiciel JZ 2020, 1114; Puppe ZIS 2020, 584; Preuß NZV 2020, 523; Koehl SVR 2020, 439; Wachter JR 2021, 146; Fromm DAR 2021, 13); LG Berlin U. v. 27.02.2017 – (535 Ks) 251 Js 52/16 (8/16) (Autorennen Kurfürstendamm) – NStZ 2017, 471 (Anm. Puppe, AT, 5. Aufl. 2023, § 9 Rn. 16ff.; Jäger JA 2017, 786; Jahn JuS 2017, 700; Kubiciel/Hoven NStZ 2017, 439; Grünewald JZ 2017, 1069; Puppe ZIS 2017, 439; Preuß NZV 2017, 303; Herzberg JZ 2018, 122; Momsen KriPoZ 2018, 76):

B1 und B2 befuhren am 01.02.2016 gegen 0.30 Uhr mit ihren hochmotorisierten Fahrzeugen den Kurfürstendamm in Berlin. B1 und B2, die nebeneinander vor einem roten Ampellicht zum Stehen gekommen waren, verständigten sich, ein „Stechen" auszutragen, das heißt eine Wettfahrt bis zur nächsten rot anzeigenden Ampelanlage. Sie fuhren zunächst zwei „Stechen" über eine Strecke von jeweils etwa 300 m, die B2, der über das deutlich stärker motorisierte Fahrzeug verfügte, für sich entschied, und entschlossen sich sodann spontan zu einem Autorennen über eine rund 1,6 km lange Strecke. B2 überholte B1, setzte sich anschließend weiter von seinem Kontrahenten ab und durchfuhr auf der linken Fahrspur als erster mit einer Geschwindigkeit von 90–100 km/h die Kurve an der Kaiser-Wilhelm-Gedächtniskirche, die den Übergang vom Kurfürstendamm in die Tauentzienstraße bildet. Die Geschwindigkeit des die rechte Fahrspur befahrenden B1 betrug hier bereits 120–130 km/h und lag im Bereich der Kurvengrenzgeschwindigkeit. Kurz vor dem Ausgang der Kurve missachteten beide die für ihre Fahrtrichtung rot anzeigende Lichtzeichenanlage und fuhren in die nunmehr gerade verlaufende Tauentzienstraße ein. Nach der Kurvenausfahrt nahmen B1 und B2 wahr, dass die Lichtzeichenanlage an der in etwa 250 m Entfernung auf gerader Strecke vor ihnen liegenden Kreuzung der Tauentzienstraße mit der Nürnberger Straße, dem späteren Kollisionsort, für ihre Fahrtrichtung rotes Licht abstrahlte. Sicht in die von rechts einmündende Nürnberger Straße bestand wegen der baulichen Gegebenheiten nicht. Dem – wie stets – nicht angeschnallten B1, der an dem hinter der Kreuzung liegenden Platz Bekannte erwartete, war bewusst, dass er jetzt maximal beschleunigen und das Risiko abermals steigern musste, um das Rennen noch zu gewinnen. Er gab deshalb „Vollgas" und beschloss, anstatt zu bremsen, was ihm in diesem Zeitpunkt noch möglich gewesen wäre, die vor ihm liegende Kreuzung auch bei rotem Ampellicht zu durchfahren. Dabei war ihm bewusst, dass trotz der Nachtzeit noch Pkw-Verkehr herrschte und er von rechts aus der Nürnberger Straße querende Fahrzeuge, deren Fahrer auf ihr grünes Ampellicht vertrauten und nicht mit einer akuten Gefahr für ihr Leben rechneten, erst zu einem Zeitpunkt würde wahrnehmen können, zu dem er keine Möglichkeit einer kollisionsverhindernden Reaktion mehr hätte. Mit querendem Lkw-Verkehr rechnete er nicht. Er hielt es für möglich, dass querende Fahrzeuge im Fall einer Kollision aufgrund der hohen Geschwindigkeit seines eigenen Fahrzeugs durch dieses weggestoßen werden und deren Insassen zu Tode kommen könnten. Dies nahm er jedoch in Kauf, um das Rennen zu gewinnen und das von einem Sieg ausgehende Gefühl der Überlegenheit und Selbstwertsteigerung zu verspüren. Für sich selbst, den B2 und dessen Beifahrerin rechnete er im Hinblick auf die moderne Sicherheitsausstattung der von ihm und B2 gesteuerten Fahrzeuge und der als möglich erkannten Unfallkonstellation, dem Frontalaufprall seines Fahrzeugs oder desjenigen des B2 auf den deutlich weniger geschützten Seitenbereich querender Pkw, nur mit leichten Verletzungen. Mit einem Zusammenstoß seines Fahrzeugs mit dem Fahrzeug des B2 rechnete er nicht. Ihm war ebenfalls bewusst, dass gegebenenfalls mehrere querende Fahrzeuge in eine Kollision verwickelt und auf dem Gehweg befindliche Fußgänger bei einer Kollision erfasst werden könnten. Auch hiermit fand er sich ab. B2 erkannte nach Durchfahren der Kurve, dass B1 das Rennen unter allen Umständen fortsetzen und gewinnen wollte, und gab ebenfalls „Vollgas". Etwa 90 m vom späteren Kollisionsort entfernt nahm B2 –

bei einer zu diesem Zeitpunkt gefahrenen Geschwindigkeit von rund 132 km/h – den Fuß kurz vom Gaspedal, weil er die sich abzeichnende Gefahr einer Kollision mit dem bevorrechtigten Querverkehr erkannte. Obwohl ihm bewusst war, dass zu diesem Zeitpunkt eine rechtzeitige Bremsung noch möglich war, entschied er sich, die von dem im Aufholen begriffenen, deutlich schneller fahrenden B1 auch unter diesen Bedingungen an ihn herangetragene Weiterführung des Rennens anzunehmen, um dieses – auch unter Inkaufnahme tödlicher Verletzungen der Insassen querender Fahrzeuge – zu gewinnen, und trat das Gaspedal wieder durch. B1 und B2 fuhren bei weiterhin rotes Licht abstrahlender Lichtzeichenanlage nahezu gleichzeitig in die Kreuzung ein. In der Kreuzung kollidierte das Fahrzeug des B1 ungebremst mit einer Geschwindigkeit von 160–170 km/h nahezu rechtwinklig mit dem Fahrzeug des G, der aus der Nürnberger Straße in Fahrtrichtung von B1 und B2 von rechts kommend regelkonform bei grünem Ampelsignal in den Kreuzungsbereich eingefahren war. Durch den Aufprall wurde der Pkw des G durch die Luft geschleudert und vollständig zerstört. G erlitt schwerste Verletzungen und verstarb noch am Unfallort. ◄

Einerseits ist das innerstädtische Fahren mit sehr hoher Geschwindigkeit enorm gefährlich, andererseits liegt nicht gänzlich fern, dass B1 und B2 – wenn auch völlig unvernünftigerweise – darauf vertrauten, es werde nicht zu einer Kollision kommen.[22]

Unklar ist, inwieweit bei der Würdigung der Indizien auf eine etwaige besondere Tötungs-**Hemmschwelle** einzugehen ist.[23]

Während in der älteren Rspr. – materiell-rechtlich – für den Tötungsvorsatz deutliche Anhaltspunkte für das Überschreiten einer (angeblichen) besonderen Tötungs-Hemmschwelle verlangt wurde, reduziert die neuere Rspr.[24] die Bedeutung einer solchen Hemmschwelle auf die prozessuale Frage einer – revisionsrechtlich überprüfbaren – sorgfältigen Beweiswürdigung (die natürlich auch bei allen anderen Verurteilungen geboten ist), vgl. § 261 StPO, Art. 6 II EMRK.

Ob eine besondere Tötungs-Hemmschwelle existiert – in der Literatur[25] vielfach zu Recht angezweifelt – kann dann in der Fallbearbeitung dahinstehen; es bleibt die Mahnung, den Tötungsvorsatz nur bei hinreichend substanziellen Beweisanzeichen anzunehmen und ggf. *in dubio pro reo* den Tötungsvorsatz zu verneinen. Ggf. greifen Fahrlässigkeitsdelikte (v. a. § 222 StGB) inkl. Vorsatz-Fahrlässigkeits-Kombinationen (z. B. § 227 StGB).

---

[22] Zum Tötungsvorsatz bei „Rasern" näher Walter NJW 2017, 1350; Schweiger HRRS 2018, 407; Zehetgruber KriPoZ 2018, 358; Bechtel JuS 2019, 114; Gründel ZJS 2019, 211; Steinert SVR 2019, 326.
[23] Hierzu Wessels/Hettinger/Engländer, BT 1, 47. Aufl. 2023, Rn. 29.
[24] BGH U. v. 22.03.2012 – 4 StR 558/11 – BGHSt 57, 183 = NJW 2012, 1524 = NStZ 2012, 384 = StV 2012, 658 (Anm. Bosch JK 2012 StGB § 15/9; von Heintschel-Heinegg JA 2012, 633; Jahn JuS 2012, 757; Heghmanns ZJS 2012, 826; LL 2012, 657; RÜ 2012, 369; RA 2012, 301; Leitmeier NJW 2012, 2850; Mandla NStZ 2012, 695; Sinn/Bohnhorst StV 2012, 661; Puppe JR 2012, 477; Fahl JuS 2013, 499; Trück JZ 2013, 179; Lederer StV 2014, 338).
[25] Z. B. Schneider, in: MK-StGB, 4. Aufl. 2021, § 212 Rn. 75ff.

IV. Rechtswidrigkeit

Es gelten die allgemeinen Grundsätze. Tötungsspezifische Fragen ergeben sich u. a. bei § 32 StGB (Gebotenheitseinschränkung), § 34 StGB (Abwägung Leben gegen Leben) und der Einwilligung; s. jeweils im Allgemeinen Teil.

V. Schuld

Es gelten die allgemeinen Grundsätze.

VI. Rechtsfolgen

1. Allgemeines

Zur (eher geringen) Bedeutung des Sanktionenrechts für die Fallbearbeitung im Ersten Staatsexamen s. im Allgemeinen Teil. Ebenso zu sich aus Normen des Allgemeinen Teils ergebenden Strafrahmenänderungen.

Gem. § 212 I StGB ist für den Totschlag eine Freiheitsstrafe nicht unter fünf Jahren angeordnet, wobei sich ein Höchstmaß von 15 Jahren aus § 38 II StGB ergibt.

2. Besonders schwerer Fall, § 212 II StGB

▶ Didaktischer Aufsatz
- Köhne, Totschlag in einem besonders schweren Fall, Jura 2011, 741

Gem. § 212 II StGB wird der Totschlag in besonders schweren Fällen mit lebenslanger Freiheitsstrafe bestraft.[26]

Ein besonders schwerer Fall liegt dann vor, wenn das Verschulden des Totschlägers außergewöhnlich groß ist, nämlich ebenso schwerwiegend wie das eines Mörders.[27] Da hierfür eine Gesamtwürdigung erforderlich ist, die in der Fallbearbeitung nicht möglich ist, wird die Norm fast niemals anzusprechen sein (eher einmal als Argument gegen eine extensive Handhabung des § 211 StGB); sie wird auch in der Praxis nur selten[28] angewendet.

---

[26] Hierzu näher Oske MDR 1968, 811; Warnken NJW 1969, 687; Momsen NStZ 1998, 487; Köhne Jura 2011, 741; aus der Rspr. vgl. zuletzt BGH B. v. 22.10.2015 – 4 StR 262/15 – NStZ 2016, 207 = NStZ-RR 2016, 73 = StV 2017, 538 (Anm. RÜ 2016, 300); BGH B. v. 07.08.2018 – 3 StR 47/18 – NStZ-RR 2018, 313; BGH U. v. 14.10.2021 – 4 StR 95/21 – NStZ 2023, 162 = StV 2022, 96; zur Verfassungsmäßigkeit BVerfG B. v. 24.04.1978 – 1 BvR 425/77 (Anm. Bruns JR 1979, 28).
[27] Fischer, StGB, 71. Aufl. 2024, § 212 Rn. 19.
[28] Eschelbach, in: BeckOK-StGB, Stand 01.02.2024, § 212 Rn. 57.

3. Minder schwerer Fall des Totschlags, § 213 StGB

a) Allgemeines

§ 213 StGB normiert den minder schweren Fall des Totschlags.[29]

> **§ 213 StGB (Minder schwerer Fall des Totschlags)**
> War der Totschläger ohne eigene Schuld durch eine ihm oder einem Angehörigen zugefügte Mißhandlung oder schwere Beleidigung von dem getöteten Menschen zum Zorn gereizt und hierdurch auf der Stelle zur Tat hingerissen worden oder liegt sonst ein minder schwerer Fall vor, so ist die Strafe Freiheitsstrafe von einem Jahr bis zu zehn Jahren.

Es handelt sich um eine Strafzumessungsregel,[30] die auch deshalb von großer praktischer Bedeutung ist,[31] weil sie auf die Strafzumessung mitverwirklichter Delikte[32] und die minder schweren Fälle der Körperverletzungsdelikte ausstrahlt.

In einer Fallbearbeitung ist allenfalls die vertypte 1. Var. anzusprechen.

Die Norm gilt nur für § 212 StGB (Wortlaut „Totschläger"), nicht aber für § 211 StGB[33] oder § 216 StGB.[34]

b) Sog. provozierter Totschlag/Totschlag nach Provokation, § 213 1. Var. StGB

§ 213 1. Var. StGB[35] setzt voraus, dass der Totschläger ohne eigene Schuld durch eine ihm oder einem Angehörigen zugefügte Misshandlung oder schwere Beleidigung von dem getöteten Menschen zum Zorn gereizt und hierdurch auf der Stelle zur Tat hingerissen worden war. War dies der Fall, so ist die Strafe zwingend zu mildern.[36]

In der Vorschrift verbinden sich zwei Grundgedanken: Zum einen trifft den Getöteten ein Mitverschulden am Geschehen, zum anderen befindet sich der Täter im

---

[29] Hierzu näher Eser FS Middendorff 1986, 65; Glatzel StV 1987, 553; Maatz FS Salger 1995, 91; Schneider NStZ 2001, 45; zu Reformüberlegungen Herde ZRP 1990, 458.

[30] Joecks/Jäger, StGB, 13. Aufl. 2021, § 213 Rn. 1; aus der Rspr. vgl. zuletzt BGH U. v. 26.02.2015 – 1 StR 574/14 – NStZ 2015, 582.

[31] Eser/Sternberg-Lieben, in: Schönke/Schröder, StGB, 30. Aufl. 2019, § 213 Rn. 1.

[32] Aus der Rspr. vgl. zuletzt BGH U. v. 07.02.2017 – 5 StR 483/16 – BGHSt 62, 36 = NJW 2017, 1763 = NStZ 2017, 408 (Anm. Bosch Jura 2017, 991; Kudlich JA 2017, 470; Eisele JuS 2017, 893; LL 2017, 701; RÜ 2017, 370; famos 7/2017; Grünewald NJW 2017, 1764; Theile ZJS 2018, 99).

[33] Joecks/Jäger, StGB, 13. Aufl. 2021, § 213 Rn. 1; näher Bernsmann JZ 1983, 45; Neumann FS Eser 2005, 431; aus der Rspr. vgl. zuletzt BGH B. v. 25.08.2010 – 1 StR 393/10.

[34] Eser/Sternberg-Lieben, in: Schönke/Schröder, StGB, 30. Aufl. 2019, § 213 Rn. 3; aus der Rspr. vgl. BGH U. v. 07.02.1952 – 3 StR 1095/51 – BGHSt 2, 258 = NJW 1952, 753 (Anm. Schönke NJW 1952, 754); BGH U. v. 15.05.1959 – 4 StR 475/58 (Hammerteich) – BGHSt 13, 162 = NJW 1959, 1738 (Anm. Behrisch NJW 1960, 471; Gallas JZ 1960, 649 und 686).

[35] Hierzu näher Geilen FS Dreher 1977, 357; Deckers FS Rieß 2002, 651.

[36] H. M., s. nur Fischer, StGB, 71. Aufl. 2024, § 213 Rn. 3.

Zorn und mithin einem Affekt. Entsprechend können lediglich solche dem späteren Täter zugefügten Provokationen die Annahme eines minder schweren Falls gemäß § 213 1. Var. StGB begründen, die nach ihrem Gewicht und den Umständen des Einzelfalls geeignet sind, die Jähtat als verständliche Reaktion auf das provozierende Verhalten des Opfers der nachfolgenden Tötungstat erscheinen zu lassen.[37]

Geboten ist eine objektive Betrachtung der Umstände; bei bloß vermeintlicher Kränkung etc. greift nur u. U. die 2. Var.[38]

Zur **Misshandlung** s. u. bei § 223 StGB. Allerdings wird in § 213 StGB ein Körperverletzungserfolg nicht vorausgesetzt,[39] sodass § 213 StGB insofern zweifelhaft weit[40] ausgelegt wird.

Zur **Beleidigung** s. u. bei § 185 StGB. Allerdings führen nur schwere Beleidigungen zur Strafmilderung, was freilich auch dann der Fall sein kann, wenn ein Tropfen das Fass zum Überlaufen bringt.[41] Eine Verhältnismäßigkeit zwischen der Schwere der Kränkung und der Tat ist nicht erforderlich.[42]

Der Begriff des **Angehörigen** richtet sich nach § 11 I Nr. 1 StGB.

§ 11 I Nr. 1 StGB (Personen- und Sachbegriffe)
(1) Im Sinne dieses Gesetzes ist
  1. Angehöriger:
  wer zu den folgenden Personen gehört:
  a) Verwandte und Verschwägerte gerader Linie, der Ehegatte, der Lebenspartner, der Verlobte, Geschwister, Ehegatten oder Lebenspartner der Geschwister, Geschwister der Ehegatten oder Lebenspartner, und zwar auch dann, wenn die Ehe oder die Lebenspartnerschaft, welche die Beziehung begründet hat, nicht mehr besteht oder wenn die Verwandtschaft oder Schwägerschaft erloschen ist,
  b) Pflegeeltern und Pflegekinder

---

[37] Eschelbach, in: BeckOK-StGB, Stand 01.02.2024, § 213 Rn. 7; Heger, in: Lackner/Kühl/Heger, StGB, 30. Aufl. 2023, § 213 Rn. 7; aus der Rspr. vgl. BGH B. v. 19.12.2018 – 3 StR 391/18 – NStZ 2019, 400 = StV 2021, 102 (Anm. Mitsch NStZ 2019, 401); BGH B. v. 22.01.2019 – 1 StR 585/18 – NStZ 2019, 471 = StV 2020, 120 (Anm. RÜ 2019, 507); BGH B. v. 31.05.2021 – 1 StR 123/21 – NStZ-RR 2021, 280 = StV 2022, 98.

[38] H. M., s. Kindhäuser/Hilgendorf, LPK, 9. Aufl. 2022, § 213 Rn. 2; aus der Rspr. vgl. zuletzt BGH U. v. 15.02.2023 – 5 StR 387/22 – NStZ-RR 2023, 142; BGH U. v. 04.04.2023 – 1 StR 488/22 – NStZ 2023, 604 = StV 2024, 111.

[39] Fischer, StGB, 71. Aufl. 2024, § 213 Rn. 4; aus der Rspr. vgl. zuletzt BGH B. v. 31.05.2021 – 1 StR 123/21 – NStZ-RR 2021, 280 = StV 2022, 98.

[40] Ebenso Schneider, in: MK-StGB, 4. Aufl. 2021, § 213 Rn. 12.

[41] Fischer, StGB, 71. Aufl. 2024, § 213 Rn. 5; aus der Rspr. vgl. zuletzt BGH B. v. 31.05.2021 – 1 StR 123/21 – NStZ-RR 2021, 280 = StV 2022, 98; BGH U. v. 04.04.2023 – 1 StR 488/22 – NStZ 2023, 604 = StV 2024, 111.

[42] Problematisch, näher Eser/Sternberg-Lieben, in: Schönke/Schröder, StGB, 30. Aufl. 2019, § 213 Rn. 11; aus der Rspr. vgl. zuletzt BGH B. v. 19.12.2018 – 3 StR 391/18 – NStZ 2019, 400 = StV 2021, 102 (Anm. Mitsch NStZ 2019, 401); BGH B. v. 22.01.2019 – 1 StR 585/18 – NStZ 2019, 471 = StV 2020, 120 (Anm. RÜ 2019, 507).

Da § 213 StGB verlangt, dass der Täter **ohne eigene Schuld** provoziert wurde, schließt ein Mitverschulden in Gestalt einer unmittelbaren eigene Veranlassung durch den Täter die Anwendbarkeit aus.[43]

Der Täter muss durch die Provokation **zum Zorn gereizt** und hierdurch **auf der Stelle zur Tat hingerissen** worden sein. Hierfür ist nicht entscheidend, ob sich die Tat als „Spontantat" darstellt; vielmehr kommt es darauf an, ob der durch die Provokation hervorgerufene Zorn noch angehalten und den Täter zu seiner Tat veranlasst hat (motivationspsychologischer Zusammenhang, wobei eine Mitmotivation genügt[44]).[45] Daran fehlt es insbesondere, wenn der Täter ohnehin zur Tat entschlossen war.[46]

c) § 213 2. Var. StGB: Sonst minder schwerer Fall

Ein sonst minder schwerer Fall nach § 213 2. Var. StGB kommt dann in Betracht, wenn in einer Gesamtbetrachtung gewichtige schuldmindernde Umstände vorliegen.[47]

In einer Fallbearbeitung ist dies i. d. R. nicht zu erörtern. Beispiele sind u. U. Kindstötungen,[48] eine Überschreitung der Grenzen der Notwehr, ohne dass § 33 StGB gegeben wäre[49] oder gesetzliche Milderungsgründe (§§ 13 II, 21, 23 II, 27 II 2 StGB),[50] die ggf. (soweit § 50 StGB nicht greift) kumulativ anzuwenden sind.[51]

C. Mord, § 211 StGB

▶ **Didaktische Aufsätze**
- Otto, Die Mordmerkmale in der höchstrichterlichen Rechtsprechung, Jura 1994, 141
- Schroeder, Grundgedanken der Mordmerkmale, JuS 1984, 275

---

[43] Fischer, StGB, 71. Aufl. 2024, § 213 Rn. 8; aus der Rspr. vgl. zuletzt BGH B. v. 12.01.2022 – 1 StR 462/21 – NStZ-RR 2022, 137.

[44] Aus der Rspr. vgl. zuletzt BGH B. v. 10.02.2022 – 1 StR 508/21 – NStZ 2023, 350 = StV 2023, 334.

[45] H. M., s. Fischer, StGB, 71. Aufl. 2024, § 213 Rn. 9 f.; aus der Rspr. vgl. zuletzt BGH B. v. 19.11.2019 – 2 StR 378/19 – NStZ 2020, 88 = StV 2020, 295; BGH B. v. 10.02.2022 – 1 StR 508/21 – NStZ 2023, 350 = StV 2023, 334.

[46] Fischer, StGB, 71. Aufl. 2024, § 213 Rn. 9a; aus der Rspr. vgl. zuletzt BGH B. v. 10.02.2022 – 1 StR 508/21 – NStZ 2023, 350 = StV 2023, 334.

[47] Eisele, BT I, 6. Aufl. 2021, Rn. 59; Fischer, StGB, 71. Aufl. 2024, § 213 Rn. 12; aus der Rspr. vgl. zuletzt BGH B. v. 10.02.2022 – 1 StR 508/21 – NStZ 2023, 350 = StV 2023, 334.

[48] Hierzu Fischer, StGB, 71. Aufl. 2024, § 213 Rn. 14; näher Zabel HRRS 2010, 403; aus der Rspr. vgl. zuletzt BGH U. v. 25.10.2017 – 5 StR 72/17 – NStZ-RR 2018, 14 = StV 2019, 231.

[49] Fischer, StGB, 71. Aufl. 2024, § 213 Rn. 13; aus der Rspr. vgl. zuletzt BGH B. v. 14.05.2019 – 3 StR 503/18 – NStZ-RR 2019, 344 = StV 2020, 118; BGH B. v. 10.02.2022 – 1 StR 508/21 – NStZ 2023, 350 = StV 2023, 334.

[50] Aus der Rspr. vgl. zuletzt BGH B. v. 23.03.2021 – 1 StR 52/21 – NStZ 2022, 479 = StV 2022, 311; BGH B. v. 11.04.2022 – 2 StR 21/22 – StV 2023, 334.

[51] Aus der Rspr. vgl. zuletzt BGH U. v. 04.04.2023 – 1 StR 488/22 – NStZ 2023, 604 = StV 2024, 111.

I. Allgemeines

1. Grundlagen

Seit 1941 stuft der Gesetzgeber zwischen Mord und Totschlag anhand sog. Mordmerkmale ab; zuvor erfolgte eine Differenzierung danach, ob eine Tötung mit Überlegung ausgeführt wurde.[52]

> **§ 211 StGB (Mord)**
> (1) Der Mörder wird mit lebenslanger Freiheitsstrafe bestraft.
> (2) Mörder ist, wer
> aus Mordlust, zur Befriedigung des Geschlechtstriebs, aus Habgier oder sonst aus niedrigen Beweggründen,
> heimtückisch oder grausam oder mit gemeingefährlichen Mitteln oder
> um eine andere Straftat zu ermöglichen oder zu verdecken,
> einen Menschen tötet.

Diese Methode hat zwar den Vorzug größerer Bestimmtheit – gerade auch im Vergleich zu einer Regelbeispiellösung –, es ist allerdings zweifelhaft, ob die Mordmerkmale des § 211 StGB geeignet sind, das schwerste Unrecht (und auch den aus der unterschiedlichen Bestrafung ersichtlichem Unrechtssprung gegenüber dem Totschlag) sachlich überzeugend festzulegen. Hinzu kommt eine zeittypisch-nationalsozialistische Diktion[53] („Der Mörder"; „Mörder ist, wer"), die heute keine Grundlage mehr hat. Alle Reformbestrebungen sind freilich bislang ohne gesetzgeberische Folgen geblieben.

Die Fassung des Mordtatbestands ist deswegen besonders brisant, weil die einzig vorgesehene Rechtsfolge für eine Verurteilung wegen Mordes die **lebenslange Freiheitsstrafe** ist, was **verfassungsrechtlich** problematisch ist (Schuldprinzip als Ausprägung des Rechtsstaatsprinzips).[54]

§ 57a StGB ermöglicht immerhin eine Strafaussetzung nach 15 Jahren (sofern nicht insbesondere nach § 57a I Nr. 2 StGB die besondere Schwere der Schuld

---

[52] Zur Historie Joecks/Jäger, StGB, 13. Aufl. 2021, § 211 Rn. 1f.; zu den Grundgedanken der Mordmerkmale Albrecht JZ 1982, 697; Schroeder JuS 1984, 275; Merkel ZIS 2015, 429.
[53] Näher zur Inbezugnahme der Tätertypenlehre Frommel JZ 1980, 559.
[54] Hierzu Eisele, BT I, 6. Aufl. 2021, Rn. 66; näher Beckmann DRiZ 1977, 108; Rüping JZ 1979, 617; Müller-Dietz Jura 1983, 568 und 628; Mährlein ZRP 1997, 376; Grünwald FS Bemmann 1997, 161; Köhne JR 2003, 5; Mitsch JZ 2008, 336; Höffler/Kaspar GA 2015, 453; aus der Rspr. vgl. LG Verden B. v. 05.03.1976 – 3 Ks 3/75 – NJW 1976, 980 (Anm. Hassemer JuS 1976, 542; Erichsen NJW 1976, 1721); BVerfG U. v. 21.06.1977 – 1 BvL 14/76 – BVerfGE 45, 187 = NJW 1977, 1525 (Anm. Sonnen JA 1977, 524; Hassemer JuS 1977, 833; Schmidhäuser JR 1978, 265; Griffel DRiZ 1978, 65; Barschkies DRiZ 1978, 209; Griffel DRiZ 1978, 304; Lange GS Schröder 1978, 217; Geilen GS Schröder 1978, 235; Rengier MDR 1979, 969 und 1980, 1; Beckmann GA 1979, 441; Walther JA 1996, 755); BVerfG B. v. 07.10.2008 – 2 BvR 578/07 – BVerfGK 14, 295 = NJW 2009, 1061 (Anm. Senge jurisPR-StrafR 25/2008 Anm. 1).

des Verurteilten die weitere Vollstreckung gebietet), sodass eine gewisse Abmilderung der Rigorosität der absolut angedrohten lebenslangen Freiheitsstrafe möglich ist.

> **§ 57a I 1 StGB (Aussetzung des Strafrestes bei lebenslanger Freiheitsstrafe):**
> Das Gericht setzt die Vollstreckung des Restes einer lebenslangen Freiheitsstrafe zur Bewährung aus, wenn
> 1. fünfzehn Jahre der Strafe verbüßt sind,
> 2. nicht die besondere Schwere der Schuld des Verurteilten die weitere Vollstreckung gebietet und
> 3. [...]

Allerdings gemahnt die hohe Strafe nach wie vor an eine **restriktive Auslegung** der Mordmerkmale.[55]

2. Mord als Qualifikation des Totschlags? Systematik der Tötungsdelikte; Folgewirkung für § 28 StGB

▶ **Didaktische Aufsätze**
- Maurach, Die Mordmerkmale aus der Sicht des § 50 StGB, JuS 1969, 249
- Geppert/Schneider, Mordmerkmale und Akzessorietät der Teilnahme (§ 28 StGB), Jura 1986, 106
- Vietze, Gekreuzte Mordmerkmale in der Strafrechtsklausur, Jura 2003, 394
- Engländer, Die Teilnahme an Mord und Totschlag, JA 2004, 410
- Geppert, Die Akzessorietät der Teilnahme (§ 28 StGB) und die Mordmerkmale, Jura 2008, 34
- Grünewald, Zur Abgrenzung von Mord und Totschlag – oder: Die vergessene Reform, JA 2012, 401
- Beer, §§ 28 Abs. 1 und 2 StGB in Zusammenhang mit der Teilnahme am Mord, ZJS 2017, 536

Es ist umstritten, wie sich die Tötungsdelikte der §§ 212, 211 und 216 StGB zueinander verhalten.[56]

---

[55] V. a. bei der Heimtücke, s. u.
[56] Hierzu Eisele, BT I, 6. Aufl. 2021, Rn. 141ff.; Hillenkamp/Cornelius, 40 Probleme aus dem Strafrecht BT, 13. Aufl. 2020, 1. Problem; Claß NJW 1949, 83; Schröder SJZ 1950, 560; Sax ZStW 1952, 393; Hardwig GA 1954, 257; Küper JZ 1991, 761, 862 und 910; Kargl JZ 2003, 1141; Neumann FS Lampe 2003, 643; Gössel ZIS 2008, 153; Grünewald JA 2012, 401; Kubik/Zimmermann StV 2013, 582; aus der Rspr. vgl. zuletzt BGH B. v. 19.08.2014 – 3 StR 283/14 – NStZ 2015, 46 = StV 2015, 4 und 287 (Anm. RÜ 2015, 174; Dehne-Niemann StV 2015, 288).

Relevant ist dies – abgesehen von gewissen methodischen und stilistischen Fragen der Fallbearbeitung – v. a. für Konstellationen der Teilnahme, wenn sich die Frage der Anwendbarkeit des **§ 28 StGB**[57] stellt.[58]

Nach der ganz h. L.[59] bildet der Totschlag gem. § 212 StGB das Grunddelikt, während der Mord gem. § 211 StGB eine Qualifikation und § 216 StGB eine Privilegierung darstellen.

Die Rspr.[60] geht demgegenüber davon aus, dass es sich um eigenständige Tatbestände handelt.

Die Mordmerkmale der **ersten und dritten Gruppe** sind nach der Rspr.[61] und der h. L.[62] **besondere persönliche Merkmale** i. S. d. § 28 StGB.

Während die Rspr. nun aufgrund ihres Verständnisses der Systematik der Tötungsdelikte **§ 28 I StGB** anwendet,[63] nimmt die h. L. einen Fall des **§ 28 II StGB** an. Dies führt dazu, dass es allein darauf ankommt, ob der Teilnehmer selbst das subjektive Mordmerkmal verwirklicht, sodass es in beide Richtungen zur Tatbestandsverschiebung (h. M.) kommen kann.

Beispiel 4

B1 tötete ohne besonderes Interesse den Erbonkel des B2. Der habgierige B2 hatte ihm für diese Tat eine Waffe überlassen. ◄

B ist Täter eines Totschlages, § 212 I StGB. Nach der h. L. führt die Habgier des B2 nach § 28 II StGB zu einer Tatbestandsverschiebung in Richtung Beihilfe zum Mord (§§ 211, 212 I, 27 I StGB). Die Rspr. kann dies mit der Anwendung des § 28 I StGB nicht berücksichtigen.

Beispiel 5

B1 tötete seinen Erbonkel aus Habgier. B2 hatte ihm (ohne eigene Habgier) für diese Tat eine Waffe überlassen. ◄

---

[57] Zu diesem s. im Allgemeinen Teil.
[58] Hierzu Joecks/Jäger, StGB, 13. Aufl. 2021, vor § 211 Rn. 10ff.; Claß NJW 1949, 83; Hall FS Schmidt 1961, 343; Maurach JuS 1969, 249; Jakobs NJW 1969, 489; Arzt JZ 1973, 681; Geppert/Schneider Jura 1986, 106; Vietze Jura 2003, 394; Engländer JA 2004, 410; Geppert Jura 2008, 34; Gössel ZIS 2008, 153; Dehne-Niemann/Wegemund HRRS 2010, 98; Beer ZJS 2017, 536.
[59] S. nur Kindhäuser/Hilgendorf, LPK, 9. Aufl. 2022, vor § 211 Rn. 8.
[60] S. o.; einzige Ausnahme ist ein (folgenlos gebliebenes) *obiter dictum* in BGH B. v. 10.01.2006 – 5 StR 341/05 – NJW 2006, 1008 = NStZ 2006, 286 = StV 2006, 579 (Anm. Satzger JK 2006 StGB § 211/50; Kudlich JA 2006, 573; LL 2006, 463; RÜ 2006, 194; RA 2006, 233; Küper JZ 2006, 608; Küper JZ 2006, 1157; Gasa/Marlie ZIS 2006, 194; Gropp FS Seebode 2008, 125).
[61] Z. B. BGH B. v. 10.06.2009 – 4 StR 645/08 – NStZ 2009, 627.
[62] S. nur Eisele, BT I, 6. Aufl. 2021, Rn. 141.
[63] Zu den Konsequenzen dieser Auffassung s. Fischer, StGB, 71. Aufl. 2024, § 211 Rn. 94ff.; eine Darstellung erfolgt hier nicht, da in der Fallbearbeitung stets der h. L. gefolgt werden sollte, s. sogleich.

Hier ist B1 Mörder, § 211 StGB. Mangels eigener Habgier des Gehilfen B2 kommt die h. L. zu einer Tatbestandsverschiebung nach § 28 II StGB in Richtung Beihilfe zum Totschlag (§§ 212 I, 27 I StGB). Die Rspr. würde B2 wegen Beihilfe zum Mord (§§ 211, 27 I StGB) bestrafen, die Strafe aber nach §§ 28 I, 49 I StGB mildern.

Die Rspr. führt für ihre Auffassung zunächst den Wortlaut an: § 211 StGB trägt die Bezeichnung Mord (und nicht etwa besonders schwerer Totschlag o. Ä.), ferner wird in den §§ 211, 212 StGB von „Mörder" und „Totschläger" gesprochen. Systematisch wird die Annahme der Selbstständigkeit durch die Reihenfolge der Tatbestände gestützt: Dass eine Qualifikation vor dem Grunddelikt geregelt wird, kommt (sonst) nirgends vor.

Zu folgen ist dennoch der h. L.: In den §§ 211 und 216 StGB ist die vorsätzliche Tötung jeweils vollständig enthalten, was für ein Stufenverhältnis spricht. Richtig ist zwar, dass z. B. auch der Raub (§ 249 StGB) als *delictum sui generis* und nicht als Qualifikation des Diebstahls (§ 242 StGB) gesehen wird, obwohl der Diebstahl vollständig enthalten ist; dies rechtfertigt sich aber aus dem besonderen Motivationszusammenhang zwischen der Nötigung und der Wegnahme. Dass der Mord eine eigenständige Bezeichnung trägt, hat allein historische Ursachen, die zudem, was die Begriffe „Mörder" und „Totschläger" angeht, im Nationalsozialismus, namentlich der überwundenen Tätertypenlehre, begründet liegen. Die Stellung des Mordes vor dem Totschlag lässt sich daraus erklären, dass der Gesetzgeber das schwerste Delikt voranstellen wollte. Die Tatbestände sind so aufeinander bezogen, dass die Annahme einer Selbstständigkeit damit unvereinbar wäre; so nimmt dann auch die Rspr. an, dass die Eigenständigkeit des § 211 StGB nicht der Möglichkeit einer Mittäterschaft nach § 25 II StGB[64] oder einer Vorfeldbeteiligung nach § 30 StGB entgegenstünde. Nicht zuletzt muss die Rspr. zu wenig überzeugenden Konstruktionen greifen, wenn Täter und Teilnehmer unterschiedliche Mordmerkmale verwirklichen (sog. gekreuzte Mordmerkmale), weil eine Milderung nach § 28 I StGB ein ungereimtes Ergebnis wäre.[65]

Nach alledem ist der Mord eine Qualifikation des Totschlags, sodass mit der h. L. stets im Hinblick auf subjektive Mordmerkmale § 28 II StGB anzuwenden ist.

Die objektiven Mordmerkmale der **zweiten Gruppe** sind keine besonderen persönlichen Merkmale i. S. d. § 28 StGB,[66] sodass sich Zweifelsfragen bei der Anwendung dieser Norm von vornherein nicht stellen.

---

[64] BGH U. v. 25.07.1989 – 1 StR 479/88 – BGHSt 36, 231 = NJW 1989, 2826 = NStZ 1990, 277 = StV 1990, 18 (Anm. Geppert JK 1990 StGB § 211/18; Schmitz JA 1990, 62; Hassemer JuS 1990, 148; Beulke NStZ 1990, 278; Timpe JZ 1990, 97; Küpper JuS 1991, 639; Rotsch JA-Ü 1992, 11).

[65] S. BGH U. v. 15.07.1969 – 5 StR 704/68 – BGHSt 23, 39 = NJW 1969, 1725 (Anm. Jakobs NJW 1970, 1089; Dreher JR 1970, 146); BGH U. v. 12.01.2005 – 2 StR 229/04 – BGHSt 50, 1 = NJW 2005, 996 = NStZ 2005, 381 = StV 2005, 662 (Anm. Valerius JA 2005, 682; Kudlich JuS 2005, 1051; LL 2005, RÜ 2005, 198; 603; RA 2005, 217; famos 4/2005; Jäger JR 2005, 477; Puppe JZ 2005, 902; Kraatz Jura 2006, 613).

[66] Eisele, BT I, 6. Aufl. 2021, Rn. 136ff.; aus der Rspr. vgl. BGH U. v. 20.02.1974 – 2 StR 448/73 – BGHSt 25, 287 = NJW 1974, 1005.

II. Mord aufgrund sog. objektiver Mordmerkmale, § 211 II 2. Gruppe StGB

1. Aufbau
  I. Tatbestand
   1. Objektiver Tatbestand
      a) Einen Menschen tötet
      b) Heimtückisch oder grausam oder mit gemeingefährlichen Mitteln
   2. Subjektiver Tatbestand
  II. Rechtswidrigkeit
  III. Schuld

2. Allgemeines
Die Trennung der Tatbestandsmerkmale in objektive und subjektive ist üblich, aber im Einzelfall nicht unproblematisch, namentlich dann, wenn objektive Merkmale subjektive Umstände berücksichtigen oder *vice versa*. Obwohl die Mordmerkmale in Rspr. und Lehre verbal streng in objektive (2. Gruppe) und subjektive (1. und 3. Gruppe) geschieden werden, ist doch anerkannt, dass die objektiven Mordmerkmale subjektive Aspekte enthalten, was teils schon in der Grunddefinition zum Ausdruck kommt. Aus Gründen des Sachzusammenhangs hat es sich aber eingebürgert, in solchen Fällen Subjektives bereits im objektiven Tatbestand zu prüfen. Es handelt sich um eine verallgemeinerbare Problematik, die zugleich die generelle Frage aufwirft, ob die dogmatische Zweiteilung sinnvoll ist (sowie bejahendenfalls, wieso sie nicht konsequent durchgeführt wird).

Die Mordmerkmale unterteilen sich in **drei Gruppen**, von denen lediglich die **mittlere** im objektiven Tatbestand geprüft wird (**objektive Mordmerkmale**). Soweit die Mordmerkmale auch subjektive Komponenten aufweisen, ist es zwar denkbar, die Prüfung des Mordmerkmals auf den objektiven und subjektiven Tatbestand aufzuteilen; aus Gründen des Sachzusammenhangs ist aber eine gemeinsame Prüfung im objektiven Tatbestand üblich.[67]

3. Tatbestand

a) Objektiver Tatbestand

aa) Einen Menschen tötet
Der Mord ist richtigerweise eine Qualifikation des Totschlags (s. o.); meist ist es übersichtlicher, das Grunddelikt vorab zu prüfen, sodass in der Qualifikationsprüfung nur kurz nach oben zu verweisen ist. Entscheidet man sich für eine gemeinsame Prüfung von Grunddelikt und Qualifikation, so sind die Totschlagsvoraussetzungen integriert zu prüfen.

---

[67] So auch Eisele, BT I, 6. Aufl. 2021, Rn. 75.

bb) Heimtückisch oder grausam oder mit gemeingefährlichen Mitteln

(1) Heimtückisch

▶ **Didaktische Aufsätze**
- Küper, „Heimtücke" als Mordmerkmal – Probleme und Strukturen, JuS 2000, 740
- Geppert, Zum Begriff der „heimtückischen" Tötung in § 211 StGB, vornehmlich an Hand neuerer höchstrichterlicher Rechtsprechung, Jura 2007, 270
- Kett-Straub, Die Tücken der Heimtücke in der Klausur, JuS 2007, 515
- Kaspar, Das Mordmerkmal der „Heimtücke", JA 2007, 699
- Köhne, Das Mordmerkmal „heimtückisch", Jura 2009, 748
- Ippolito, Heimtücke-Mord: Grundlagen und Vertiefung anhand aktueller höchstrichterlicher Rechtsprechung, JA 2023, 817

(a) Allgemeines

Als **Ausgangsdefinition**[68] ist zu verwenden: Heimtückisch handelt, wer eine auf Arglosigkeit beruhende Wehrlosigkeit des Opfers bewusst ausnutzt.[69]

Die diesem Unrechtsmerkmal zugrunde liegende **Unrechtssteigerung** besteht darin, dass der Täter das Opfer überrascht und daran hindert, gegen den Angriff auf sein Leben Maßnahmen zu ergreifen, was dem Täter die Tötung erleichtert.[70]

In der **Fallbearbeitung** kommt das Merkmal sehr häufig in Betracht, da eine gewisse Arg- und Wehrlosigkeit des Opfers im Hinblick auf einen tödlichen Angriff durch den Täter oft – ggf. bei lebensnaher Auslegung des Sachverhalts – anzunehmen sein wird.

(b) Arglosigkeit

(aa) Allgemeines

Arglos ist, wer sich im Zeitpunkt der Tat keines Angriffs versieht.[71]

---

[68] Zur Heimtücke näher Schaffstein FS Mayer 1966, 419; Schmoller ZStW 1987, 389; Küper JuS 2000, 740; Geppert Jura 2007, 270; Kett-Straub JuS 2007, 515; Kaspar JA 2007, 699; Rengier FS Küper 2007, 473; Köhne Jura 2009, 748; zu Reformüberlegungen Beck ZIS 2016, 10.

[69] Joecks/Jäger, StGB, 13. Aufl. 2021, § 211 Rn. 30; aus der Rspr. vgl. zuletzt BGH U. v. 24.05.2023 – 2 StR 320/22 – NStZ 2023, 545 = StV 2024, 107 (Anm. RÜ 2023, 779); BGH B. v. 13.09.2023 – 4 StR 40/23 – NStZ-RR 2024, 54 = StV 2024, 231; BGH U. v. 15.11.2023 – 1 StR 104/23 – NStZ 2024, 167.

[70] Schneider, in: MK-StGB, 4. Aufl. 2021, § 211 Rn. 149.

[71] Eisele, BT I, 6. Aufl. 2021, Rn. 94; aus der Rspr. vgl. zuletzt BGH B. v. 15.02.2022 – 4 StR 491/21 – NStZ 2022, 364 = StV 2023, 325 (Anm. Bosch Jura 2022, 781); BGH B. v. 05.04.2022 – 1 StR 81/22 – NStZ 2023, 33 = StV 2023, 321 (Anm. Jahn JuS 2022, 886; RÜ 2022, 573); BGH U. v. 11.05.2022 – 5 StR 361/21 – NStZ-RR 2022, 277; BGH B. v. 29.06.2022 – 1 StR 127/22 – NStZ-RR 2022, 307 = StV 2023, 319; BGH U. v. 24.05.2023 – 2 StR 320/22 – NStZ 2023, 545 = StV 2024, 107 (Anm. RÜ 2023, 779).

Problematisch ist, mit was für Angriffen das Opfer rechnen darf, ohne seine Arglosigkeit zu verlieren.[72]

Beispiel 6

BGH U. v. 17.09.2008 – 5 StR 189/08 – NStZ 2009, 30 (Anm. RA 2008, 772; Schneider NStZ 2009, 31):

G war seit ihrem 16. Lebensjahr im Jahre 2002 die Freundin des B. Nachdem sie ein Studium begonnen hatte, zog B im Frühjahr 2006 zu ihr. Seit Ende 2006 kam es zwischen beiden zunehmend zu Auseinandersetzungen wegen der Arbeitslosigkeit des B und seines Bierkonsums, in seltenen Fällen auch zu Handgreiflichkeiten. B hatte der G in den fünf Jahren ihrer Beziehung zweimal eine Ohrfeige gegeben, sie ihm vier- bis fünfmal. Im Verlauf des Tattages, 04.07.2007, hatte B in der gemeinsamen Wohnung in erheblichen Mengen Bier konsumiert. G, die den Tag zunächst an der Hochschule verbracht hatte und daran anschließend bis gegen 20 Uhr in einem Bekleidungsgeschäft gearbeitet hatte, kam gegen 21 Uhr in die Wohnung. Nach kurzer Zeit kam es zwischen ihr und dem B zu dem „üblichen Streit", der über zwei Stunden geführt wurde. In seinem Verlauf wurden Beleidigungen ausgetauscht und die G trat nach dem B, worauf dieser ihre Beine festhielt. Nachdem die G, die zwischenzeitlich ihre Jeans ausgezogen hatte und im Schneidersitz auf dem Bett saß, dem B eine Ohrfeige gegeben hatte, fasste der neben ihr kniende B sie am Hals, drückte sie nieder und würgte sie; dabei stützte er sich mit seinem gesamten Körpergewicht auf die G. Erst als er sah, dass G blau anlief und ihr die Zunge aus dem Mund ragte, ließ er von ihr ab. G verstarb unmittelbar danach durch Ersticken, was B bei Vornahme seiner Handlung zumindest billigend in Kauf genommen hatte. ◀

Schließt es die Arglosigkeit der G aus, dass sie den „üblichen Streit" in Form von Beleidigungen und kleineren Handgreiflichkeiten erwartet hatte, oder müsste sie von einem tödlichen Angriff ausgegangen sein?

Arglosigkeit setzt einerseits nicht voraus, dass das Opfer positiv glaubt, vor dem Täter sicher zu sein,[73] sodass ein gewisses Maß an Argwohn, dass es zu irgendeiner Feindseligkeit kommt, unschädlich ist; andererseits erlischt die Arglosigkeit nicht erst dann, wenn das Opfer mit einem Angriff auf sein Leben rechnet, sondern

---

[72] Hierzu Kindhäuser/Hilgendorf, LPK, 9. Aufl. 2022, § 211 Rn. 18; aus der Rspr. vgl. zuletzt BGH B. v. 15.02.2022 – 4 StR 491/21 – NStZ 2022, 364 = StV 2023, 325 (Anm. Bosch Jura 2022, 781); BGH B. v. 05.04.2022 – 1 StR 81/22 – NStZ 2023, 33 = StV 2023, 321 (Anm. Jahn JuS 2022, 886; RÜ 2022, 573); BGH B. v. 29.06.2022 – 1 StR 127/22 – NStZ-RR 2022, 307 = StV 2023, 319; BGH U. v. 24.05.2023 – 2 StR 320/22 – NStZ 2023, 545 = StV 2024, 107 (Anm. RÜ 2023, 779); BGH B. v. 29.08.2023 – 4 StR 137/23 – NStZ 2023, 729.

[73] Kindhäuser/Hilgendorf, LPK, 9. Aufl. 2022, § 211 Rn. 18; aus der Rspr. vgl. BGH U. v. 29.11.1978 – 2 StR 504/78 – BGHSt 28, 210 = NJW 1979, 378 (Anm. Meyer JR 1979, 441 und 485); BGH U. v. 04.07.1984 – 3 StR 199/84 – BGHSt 32, 382 = NJW 1985, 334 = StV 1984, 509 (Anm. Kühl, Höchstrichterliche Rspr. BT, 2002, Nr. 19; Jakobs JZ 1984, 996; Hassemer JuS 1985, 319; Meyer JR 1986, 133).

bereits dann, wenn es mit einem erheblichen Angriff auf seine Körperintegrität konkret rechnet.[74] Daher liegt auch dann keine Arglosigkeit vor, wenn sich das Opfer in der Gefährlichkeit des zu erwartenden Angriffs verschätzt hat.[75]

Ein bloß generelles Misstrauen (z. B. aufgrund Banden- oder Familienfehden, ggf. auch rollenbezogen, z. B. bei Polizisten) schließt die Arglosigkeit nicht aus.[76]

Arg- und Wehrlosigkeit des Opfers können auch nach einer vorangegangenen feindseligen Auseinandersetzung gegeben sein, wenn das Opfer diese für **beendet** erachtet und deshalb nicht mit einer Tätlichkeit rechnet. Auf **zurückliegenden Aggressionen** beruhende **latente Angst** beseitigt die Arglosigkeit nicht.[77]

Beispiel 7

BGH U. v. 05.02.1997 – 2 StR 509/96 – NStZ-RR 1997, 168 (Anm. Lesch JA 1997, 536):

Am 15.01.1995 kam es in einer Gaststätte zwischen dem B und dem Z, der sich zusammen mit seinem Kameraden G in diesem Lokal aufhielt, zu einer verbalen Auseinandersetzung. Anschließend verließ B für mindestens 20 min das Lokal. Nach seiner Rückkehr erfuhr er, dass sich Z auf der Toilette aufhielt. Er folgte ihm und sah, dass dieser mit dem Gesicht zur Wand vor einem Urinalbecken stand. B rief laut: „Hey!" und schoss mit seinem Revolver auf den Z, noch ehe dieser sich richtig umdrehen konnte. Er traf ihn seitlich in den Hals. Obwohl die Kugel die linke Halsseite durchbohrte, wurde Z nur unerheblich verletzt. B, der glaubte, Z getötet zu haben, begab sich dann in das Lokal, in dem niemand die Schüsse gehört hatte. Dort ging er zunächst an G, welcher der Tanzfläche zugewandt an der Bar saß, vorbei in Richtung Ausgang, stellte sich dann in zwei bis drei Meter Entfernung vor ihm auf und gab drei Schüsse auf ihn ab, von denen einer tödlich war. ◄

Nachdem der B für mindestens 20 min das Lokal verlassen hatte, rechneten Z und G ausweislich ihres Verhaltens nicht mehr mit Tätlichkeiten seitens des B und waren folglich arglos.

---

[74] Eisele, BT I, 6. Aufl. 2021, Rn. 99.

[75] Kindhäuser/Hilgendorf, LPK, 9. Aufl. 2022, § 211 Rn. 18; aus der Rspr. vgl. zuletzt BGH B. v. 15.02.2022 – 4 StR 491/21 – NStZ 2022, 364 = StV 2023, 325 (Anm. Bosch Jura 2022, 781); BGH B. v. 29.06.2022 – 1 StR 127/22 – NStZ-RR 2022, 307 = StV 2023, 319; zu vorausgegangenen einverständlichen Schlägereien Hofmann NStZ 2011, 66; aus der Rspr. vgl. BGH U. v. 20.08.2014 – 2 StR 605/13 – NStZ 2014, 574 (Anm. Liebhardt NStZ 2014, 575).

[76] Fischer, StGB, 71. Aufl. 2024, § 211 Rn. 37a; aus der Rspr. vgl. zuletzt BGH U. v. 13.05.2015 – 3 StR 460/14 – NStZ-RR 2015, 308; BGH B. v. 19.04.2017 – StB 9/17; BGH B. v. 31.07.2019 – AK 37/19 (LTTE) – NStZ-RR 2019, 309.

[77] Fischer, StGB, 71. Aufl. 2024, § 211 Rn. 37a; aus der Rspr. vgl. zuletzt BGH B. v. 23.07.2020 – 3 StR 77/20 – StV 2021, 110; BGH B. v. 09.09.2020 – 2 StR 116/20 – NJW 2021, 871 = NStZ 2021, 162 = StV 2021, 108 (Anm. Grünewald NStZ 2021, 163).

C. Mord, § 211 StGB

(bb) Fahrlässige Arglosigkeit (Normativierung) (?)

▶ **Didaktische Aufsätze**
- Zaczyk, Das Mordmerkmal der Heimtücke und die Notwehr gegen eine Erpressung, JuS 2004, 750
- Exner/Remmers, Viktimodogmatik durch die Hintertür der Heimtücke i. S. d. § 211 StGB? ZJS 2011, 14

Problematisch ist, ob ein Opfer auch dann arglos ist, wenn es zwar nicht konkret mit einem (erheblichen, s. o.) Angriff rechnete, aufgrund bestimmter Umstände aber sehr wohl mit einem solchen **hätte rechnen müssen**.[78]

An sich entspricht es der h. L.[79] und der Rspr.,[80] dass es solche normative Ausnahmen vom Gebot der faktischen Betrachtung, d. h. einen Ausschluss der Arglosigkeit aufgrund Fahrlässigkeit, nicht gibt.

Beispiel 8

BGH U. v. 10.11.2004 – 2 StR 248/04 – NStZ 2005, 688 (Anm. Mosbacher NStZ 2005, 690; LL 2006, 108):

Der Tat waren Streitigkeiten des B mit der später getöteten G, mit der er eine Beziehung unterhalten hatte, vorausgegangen. Diese wollte sich von ihm endgültig trennen und hatte ihm dies deutlich gemacht. B glaubte – zu Unrecht –, dass G ihn betrüge. Im Rahmen eines Streites forderte er von ihr die Herausgabe von Schlüsseln für ein Auto, das einem Bekannten gehörte. G verlangte dagegen von ihm Übergabe ihrer Wohnungsschlüssel, was er seinerseits ablehnte. Um G zur Herausgabe der Pkw-Schlüssel zu bewegen, ohne selbst die Wohnungsschlüssel aufgeben zu müssen, richtete B eine geladene Pistole auf G. Zu diesem Zeitpunkt hatte er noch nicht vor, G zu erschießen. Nach seiner einen vorrangigen Stellenwert einnehmenden Vorstellung, dass sich G einem anderen Mann zugewandt habe und deshalb sich von ihm trennen wolle, was B, verstärkt durch seine Persönlichkeitsstruktur mit narzisstischen Persönlichkeitszügen, als erhebliche Kränkung empfand, war er – zudem unter Drogeneinfluss stehend – affektiv äußerst angespannt und erregt. Gleichwohl nahm G die Drohung nicht ernst, da B über Jahre hinweg immer wieder solche – ohne Folgen – ausgestoßen hatte. Da sie sich sicher wähnte, dass B nicht abdrücken werde, sah sie davon ab, nach der Waffe zu greifen und so die mögliche Schussrichtung von sich abzuwenden, was ihr auf Grund der Entfernung von nur ca. einem Meter und der Tatsache, dass er die Waffe mit ausgestrecktem Arm vor ihr Gesicht hielt, möglich war. Dementsprechend erklärte sie dem (elfjährigen) Z auf dessen Flehen, dass er keine Angst

---

[78] Hierzu näher Hillenkamp FS Rudolphi 2004, 463; aus der Rspr. vgl. zuletzt BGH B. v. 18.11.2021 – 1 StR 397/21 – NStZ 2022, 288 = StV 2023, 329 (Anm. Nestler Jura 2022, 649; Jäger JA 2022, 697; Eisele JuS 2022, 370; Putzke ZJS 2022, 456; LL 2022, 381; RÜ 2022, 301; famos 5/2022; Nettersheim NStZ 2022, 290; Zeller/Thomas jurisPR-StrafR 16/2022 Anm. 5).
[79] Z. B. Eisele, BT I, 6. Aufl. 2021, Rn. 102.
[80] S. o.

zu haben brauche, es werde nichts passieren. Unmittelbar nach dieser Äußerung schoss B jedoch mit direktem Tötungsvorsatz aus einer Entfernung von maximal 2 cm G ins Gesicht, die tödliche Verletzungen erlitt. Bei der Schussabgabe kam es dem B darauf an, G für die durch ihre Abkehr von ihm beigebrachte Kränkung sowie ferner für die von ihm als Kränkung empfundene Aussage, er werde sowieso nicht schießen, zu sanktionieren. ◄

G nahm die Drohung des B trotz geladener Waffe nicht ernst, da B über Jahre hinweg immer wieder solche ohne Folgen ausgestoßen hatte, und wähnte sich sicher, dass B nicht abdrücken werde. Faktisch war die G arglos.

Selbst in Haustyrannen-Fällen[81] kann daher eine Arglosigkeit vorliegen.

Beispiel 9

BGH B. v. 01.12.2005 – 3 StR 243/05 – NStZ-RR 2006, 200 (Anm. RA 2006, 469):

Die Ehe der B1 mit G war von Tätlichkeiten und Demütigungen durch den ihr körperlich weit überlegenen G geprägt. Zu Beginn des Jahres 2004 unternahm B einen Selbsttötungsversuch mit Rattengift. Im Frühjahr 2004 entwickelte sich ein Liebesverhältnis zwischen ihr und B2, einem Mitarbeiter in der von B1 und G gemeinsam betriebenen Eisdiele. G schöpfte alsbald Verdacht und es kam zu vermehrten, zunehmend heftigeren Tätlichkeiten. Dabei drohte er, sich eine Pistole zu besorgen und „uns alle umzubringen", falls er herausfinde, dass ein Verhältnis bestünde. B sah sich vor die Alternative gestellt, „ich oder er", und sah keine andere Möglichkeit, ihrer Ehe zu entfliehen. In der Folgezeit kam es zunächst zu drei erfolglosen Tötungsversuchen. In den ersten beiden Fällen setzte sie ihm mit Rattengift versetzte Speisen vor. Da eine Wirkung ausblieb, bat sie den B2, Fingerhutpflanzen zu sammeln. Dieser gab ihr jedoch nur harmloses Pflanzenmaterial, das sie für giftig hielt. Auch die damit zubereiteten Speisen verzehrte G folgenlos. Nachdem sich die Sorge der B1 verstärkt hatte, G könne Beweise für die Liebesbeziehung finden, entschloss sie sich, von weiteren Vergiftungsversuchen abzusehen und den Tod durch eine Schusswaffe herbeizuführen. B2 besorgte einen Revolver und erschoss am 08.08.2004 nach einem gemeinsamen Tatplan auf der Rückfahrt von der Arbeitsstelle in dem von B1 geführten Pkw von der Rückbank aus den G. ◄

---

[81] Hierzu näher Hillenkamp FS Miyazawa 1995, 141; Widmaier NJW 2003, 2788; Welke ZRP 2004, 15; Adomeit/Beckemper JA 2005, 35; Haverkamp GA 2006, 586; Schneider NStZ 2015, 64; aus der Rspr. vgl. BGH U. v. 25.03.2003 – 1 StR 483/02 (Haustyrann/Familientyrann) – BGHSt 48, 255 = NJW 2003, 2464 = NStZ 2003, 482 = StV 2003, 665 (Anm. Kaspar/Reinbacher, Casebook AT, 2. Aufl. 2023, Fall 15; Fahl, Strafrechts-Klassiker, 2020, § 34 Rn. 2ff.; LL 2003, 777; RÜ 2003, 315; RA 2003, 463; famos 10/2003; Kargl Jura 2004, 189; Beckemper JA 2004, 99; Otto NStZ 2004, 142; Rengier NStZ 2004, 233; Hillenkamp JZ 2004, 48; Rotsch JuS 2005, 12).

Eine Ausnahme von der rein faktischen Betrachtung statuiert der BGH aufgrund eines „**Wertungsgleichklangs mit dem Notwehrrecht**".[82]

Beispiel 10

BGH U. v. 12.02.2003 – 1 StR 403/02 – BGHSt 48, 207 = NJW 2003, 1955 = NStZ 2003, 425 = StV 2003, 557 (Anm. Trüg JA 2003, 272; Martin JuS 2003, 716; LL 2003, 630; RÜ 2003, 265; RA 2003, 399; famos 5/2003; Schneider NStZ 2003, 428; Roxin JZ 2003, 966; Geppert JK 2004 StGB § 211/41; Bürger JA 2004, 298; Bendermacher JR 2004, 301; Quentin NStZ 2005, 128):

G hatte dem B in Teilbeträgen 6000 DM abgepresst. Er hatte ihm gedroht, ihm im Nichtzahlungsfalle wegen seines Handels mit sog. Raubkopien von CDs Schwierigkeiten bei der Polizei zu bereiten und ihn von Freunden zusammenschlagen zu lassen. Beide waren miteinander bekannt und hatten oft persönlichen Kontakt. Als B am Tattage morgens G in dessen Wohnung besuchte, verlangte dieser weitere 1000 DM. G drohte ihm erneut mit einer Anzeige wegen seiner illegalen Geschäfte. Um den B zur Zahlung zu veranlassen, rief G über die Notrufnummer die Polizei an, um „einen Termin" zu vereinbaren. Er kündigte überdies an, er werde mit Freunden das Geld von ihm eintreiben. B ließ sich jedoch nicht zur Zahlung bewegen und verließ schließlich die Wohnung des G. Abends suchte G den B in Begleitung des Z in dessen Wohnung auf. B ließ beide ein. Während Z Proviant und eine Flasche Wodka besorgte, stritten B und G lautstark miteinander. G hielt dem B vor, dass er seit drei Jahren von Sozialhilfe lebe und daneben illegal CDs verkaufe. Er forderte nunmehr vom B die Zahlung von 5000 DM. Nach Rückkehr des Z tranken die drei Anwesenden schließlich – am Wohnzimmertisch sitzend – drei Viertel des Inhalts einer Flasche Wodka, der B indessen lediglich etwa 0,2 cl. Als B auch auf die erneute, nun höhere Forderung des G nicht einging und diese ablehnte, drohte G, die Wohnzimmereinrichtung zu zerstören. B bot G darauf die Übergabe von 1200 DM an, die er in der Wohnung habe. Dies war G jedoch zu wenig; er bestand auf der Zahlung von 5000 DM und drohte im weiteren Verlauf erneut mit Polizei und Finanzamt sowie der Zerstörung der Sachen in der Wohnung oder aber der Mitnahme von Gegenständen im Wert von 5000 DM. Schließlich begann G, gegen die CD-Sammlung des B zu treten. B erklärte sich daraufhin bereit, den geforderten Betrag zu zahlen, wenn G seine Sachen in Ruhe ließe. Er ging ins Badezimmer seiner „Einraumwohnung mit offenem Küchenbereich" und holte dort eine Plastiktüte aus einem Versteck, in der sich 5000 DM und 500 US-Dol-

---

[82] Hierzu näher Widmaier NJW 2003, 2788; Zaczyk JuS 2004, 750; Küper GA 2006, 310; Kretschmer StraFo 2009, 189; allgemeiner zur Heimtücke bei Rechtfertigungslagen Hillenkamp FS Rudolphi 2004, 463; Roxin FS Widmaier 2008, 741; aus der Rspr. vgl. zuletzt BGH B. v. 18.11.2021 – 1 StR 397/21 – NStZ 2022, 288 = StV 2023, 329 (Anm. Nestler Jura 2022, 649; Jäger JA 2022, 697; Eisele JuS 2022, 370; Putzke ZJS 2022, 456; LL 2022, 381; RÜ 2022, 301; famos 5/2022; Nettersheim NStZ 2022, 290; Zeller/Thomas jurisPR-StrafR 16/2022 Anm. 5).

lar befanden. Zurück im Wohnzimmer überließ er Z die Tüte. Man vermochte nicht zu klären, ob Z dem B die Tüte aus der Hand riss oder ob der B sie an Z übergab. G stand zu diesem Zeitpunkt mit den Händen in den Hosentaschen im Wohnzimmer. Völlig überraschend für ihn, der „keinerlei Angriff erwartete", trat B hinter ihn, um ihn zu töten. Er war wütend darüber, dass G ihm das angesparte Geld wegnehmen wollte; er mochte sich von G nicht seine Existenz zerstören lassen. Blitzschnell riss er den Kopf des G zurück, schlug ihm mehrfach auf denselben und schnitt mit einem aus der Hosentasche gezogenen feststehenden, einseitig geschliffenen Küchenmesser mit einer Klingenlänge von 5,8 cm sofort mehrfach von links nach rechts durch den Hals. Dabei fügte er G mehrere bis auf die Wirbelsäule reichende Schnittverletzungen zu. G brach zusammen und verstarb umgehend. ◄

Faktisch glaubte G, die Situation unter Kontrolle zu haben, und erwartete keinerlei Angriff. Trotzdem spricht der BGH ihm normativ die Arglosigkeit ab, weil die Erpressung (§ 253 StGB) durch G ihrerseits einen Angriff darstelle, sodass – obwohl deren Voraussetzungen nicht vorliegen – der Rechtsgedanke der Notwehr (§ 32 StGB) auf die Situation übertragen werden müsse.

Wenn der BGH einem Erpresser die Arglosigkeit aufgrund seines Vorverhaltens abspricht, so liegt darin eine normativ begründete Fiktion, bei der zumindest der Widerspruch zur sonstigen Judikatur nicht überzeugt. Konsequenterweise gibt es einige Stimmen, die die Übertragung des Rechtsgedankens der Entscheidung auf andere Konstellationen, in denen der Getötete einigen Anlass zur Tötung bietet (am deutlichsten bei Haustyrannen), fordern.[83] Aber auch darüber hinaus passt der behauptete Wertungsgleichklang mit dem Notwehrrecht nicht, da die Anforderungen an einen Angriff i. S. d. § 32 StGB nicht sehr hoch sind (z. B. genügt die Verletzung jedes Rechtsguts), sodass der Verlust der Arglosigkeit in diesen Fällen kaum akzeptabel ist. Eine Unrechtsreduktion bei teilweiser Verwirklichung eines Rechtfertigungsgrundes ist der Strafrechtsordnung unbekannt. Es ist auch ganz grundsätzlich problematisch (das teilen auch andere viktimodogmatische Ansätze, z. B. beim Betrug), dem Opfer dessen faktische Arglosigkeit unter Hinweis auf die Gebotenheit von Misstrauen vorzuhalten.[84] Letztlich müsste stets untersucht werden, ob das Opfer etwas getan hat, was dazu Anlass gegeben hätte, dass es getötet wurde; abgesehen von schwierigen Grenzziehungen ist eine solche Mitverschuldensprüfung – anders im Zivilrecht, § 254 BGB – dem Strafrecht fremd.

---

[83] S. näher Rengier NStZ 2004, 233; Haverkamp GA 2006, 586; Fischer, StGB, 71. Aufl. 2024, § 211 Rn. 49ff.
[84] Näher Exner/Remmers ZJS 2011, 14.

(cc) Zeitpunkt der Arglosigkeit; Vorverlagerungen
Maßgeblicher Zeitpunkt für die Annahme der Arg- und Wehrlosigkeit ist grundsätzlich der Beginn der Tötungshandlung (**Versuchsbeginn**).[85] Eine Arglosigkeit nur bei der Tatvorbereitung genügt nicht.[86]

Der relevante Zeitpunkt wird aber dergestalt **vorverlagert**, dass der Täter auch dann heimtückisch handelt, wenn er zum Zeitpunkt der Tötungshandlung zwar offen feindselig vorgeht, dies dem Opfer aber keinerlei Verteidigung ermöglicht.[87] Das ist dann der Fall, wenn die Zeitspanne zwischen dem Erkennen der Gefahr und dem Angriff sehr gering ist, ferner wenn das Opfer mit Tötungsvorsatz in eine konstitutionell wehrlose Lage gebracht wurde (z. B. bei Hinterhalt, Geisterfahrt oder Fesselung). Abwehrversuche eines überraschten Opfers stehen der Heimtücke daher nicht entgegen. Abzustellen ist vielmehr auf den Zeitpunkt, in dem das Opfer seine geschützte Position verlässt.

(dd) Fähigkeit zum Argwohn

▶ **Didaktische Aufsätze:**
- Fahl, Schlaf als Zustand verminderten Strafrechtsschutzes? Jura 1998, 456
- Mitsch, Heimtückische Tötung von Neugeborenen, Säuglingen und kleinen Kindern, JuS 2013, 783

(aaa) Allgemeines
Arglos kann nur sein, wer zu Argwohn fähig ist.[88] Das Opfer muss physisch in der Lage sein, den drohenden Angriff als Auslöser möglicher Verteidigungsaktivitäten wahrzunehmen.[89]

---

[85] Eisele, BT I, 6. Aufl. 2021, Rn. 103; näher Küper GA 2014, 611; aus der Rspr. vgl. zuletzt BGH U. v. 22.03.2023 – 6 StR 324/22 – NStZ-RR 2023, 141 = StV 2024, 107 (Anm. Hecker JuS 2023, 1078); BGH U. v. 24.05.2023 – 2 StR 320/22 – NStZ 2023, 545 = StV 2024, 107 (Anm. RÜ 2023, 779); BGH B. v. 26.07.2023 – 6 StR 132/23 – StV 2024, 104; BGH B. v. 29.08.2023 – 4 StR 137/23 – NStZ 2023, 729.

[86] Joecks/Jäger, StGB, 13. Aufl. 2021, § 211 Rn. 32; aus der Rspr. vgl. BGH U. v. 04.07.1984 – 3 StR 199/84 – BGHSt 32, 382 = NJW 1985, 334 = StV 1984, 509 (Anm. Kühl, Höchstrichterliche Rspr. BT, 2002, Nr. 19; Jakobs JZ 1984, 996; Hassemer JuS 1985, 319; Meyer JR 1986, 133).

[87] Fischer, StGB, 71. Aufl. 2024, § 211 Rn. 35c; Schneider, in: MK-StGB, 4. Aufl. 2021, § 211 Rn. 170ff.; näher Küper GA 2014, 611; aus der Rspr. vgl. zuletzt BGH U. v. 11.05.2022 – 5 StR 361/21 – NStZ-RR 2022, 277; BGH B. v. 29.06.2022 – 1 StR 127/22 – NStZ-RR 2022, 307 = StV 2023, 319; BGH U. v. 25.01.2023 – 6 StR 163/22 – NStZ 2023, 315 = StV 2023, 316; BGH U. v. 22.03.2023 – 6 StR 324/22 – NStZ-RR 2023, 141 = StV 2024, 107 (Anm. Hecker JuS 2023, 1078); BGH U. v. 24.05.2023 – 2 StR 320/22 – NStZ 2023, 545 = StV 2024, 107 (Anm. RÜ 2023, 779); BGH B. v. 26.07.2023 – 6 StR 132/23 – StV 2024, 104; BGH U. v. 15.11.2023 – 1 StR 104/23 – NStZ 2024, 167.

[88] Hierzu Eisele, BT I, 6. Aufl. 2021, Rn. 95ff.; näher Mitsch JuS 2013, 783.

[89] Schneider, in: MK-StGB, 4. Aufl. 2021, § 211 Rn. 175.

Hieran fehlt es[90] bei sehr kleinen **Kindern** (jedenfalls unter sechs Monaten), ggf. bei geistig **Behinderten** sowie bei **Bewusstlosen**.

(bbb) Mangelnde Fähigkeit zum Argwohn beim Opfer zur Zeit der Tötungshandlung

(aaaa) Ausschaltung schutzbereiter und -fähiger Dritter
Ein heimtückisches Handeln kann allerdings zum einen darin liegen, dass der Täter die Schutzbereitschaft schutzfähiger Dritter zur Tatbegehung ausschaltet. Schutzfähiger Dritter ist jede Person, die den Schutz eines zum Argwohn Unfähigen vor Leib- und Lebensgefahr dauernd oder vorübergehend übernommen hat und diesen im Augenblick der Tat entweder tatsächlich ausübt oder dies deshalb nicht tut, weil sie dem Täter vertraut, z. B. Elternteile, Angehörige, Pflegekräfte.[91]

> **Beispiel 11**
>
> **BGH U. v. 18.10.2007 – 3 StR 226/07 – NStZ 2008, 93 = StV 2008, 353 (Anm. Bosch JA 2008, 389; Satzger JK 2008 StGB § 211/54; RÜ 2008, 104; RA 2008, 40; Mitsch NStZ 2008, 421; Winkler JurisPR-StrafR 4/2008 Anm. 3):**
>
> Zum Tatzeitpunkt betreuten ein Arzt, der B – ein ausgebildeter Krankenpfleger – und vier weitere Pflegekräfte die Patienten auf der chirurgischen Intensivstation eines Krankenhauses. Für den schwerkranken G, der sich nach mehreren Operationen wegen einer Krebserkrankung seit über zwei Wochen in einem künstlichen Koma befand, war vorrangig die Krankenschwester Z verantwortlich. B ging in das Krankenzimmer des G und verabreichte ihm über einen Venenkatheder ohne medizinische Indikation und ohne die erforderliche ärztliche Verordnung eine Überdosis eines Herzantiarrhythmikums. Etwa eine halbe Stunde später begab er sich nochmals zu G und stellte einen Perfusor ab, über den diesem ein für seinen Kreislauf lebenswichtiges Medikament zugeführt wurde. Dabei war ihm bewusst, dass G durch jede der beiden Handlungen in Lebensgefahr geraten würde. Anschließend unterdrückte er noch einen akustischen Alarm, der bei einem starken Blutdruckabfall auf dem Überwachungsmonitor ausgelöst wurde. G verstarb. ◄

Aufgrund des künstlichen Komas war G nicht in der Lage, Argwohn zu bilden. Es lässt sich allerdings darauf abstellen, dass der B durch das Unterdrücken des akustischen Alarms die Einsatzfähigkeit schutzfähiger Dritter, insbesondere der Z, ausschaltete. Nach dem BGH kommt es nicht einmal darauf an, dass er das Pflegepersonal gezielt ausschaltet, um die Tat ungehindert durchführen zu können.

---

[90] S. Joecks/Jäger, StGB, 13. Aufl. 2021, § 211 Rn. 37; aus der Rspr. vgl. zuletzt BGH B. v. 23.06.2020 – 2 StR 132/20 – NStZ-RR 2020, 313 = StV 2021, 111 (Anm. Hecker JuS 2021, 183); BGH B. v. 12.07.2023 – 6 StR 231/23 – NStZ 2023, 675 = StV 2024, 105 (Anm. Jäger JA 2023, 872; famos 10/2023; Hecker JuS 2024, 177; LL 2024, 97; RÜ 2024, 29).

[91] Eisele, BT I, 6. Aufl. 2021, Rn. 96; aus der Rspr. vgl. zuletzt BGH B. v. 23.06.2020 – 2 StR 132/20 – NStZ-RR 2020, 313 = StV 2021, 111 (Anm. Hecker JuS 2021, 183); BGH B. v. 12.07.2023 – 6 StR 231/23 – NStZ 2023, 675 = StV 2024, 105 (Anm. Jäger JA 2023, 872; famos 10/2023; Hecker JuS 2024, 177; LL 2024, 97; RÜ 2024, 29).

(bbbb) Ausschaltung natürlicher Abwehrinstinkte
Zum anderen genügt ein Unterdrücken der natürlichen **Abwehrinstinkte** des Opfers.[92]

Beispiel 12

BGH U. v. 07.06.1955 – 5 StR 104/55 (Babybrei) – BGHSt 8, 216 = NJW 1955, 1524 (Anm. Fahl, Strafrechts-Klassiker, 2020, § 211 Rn. 2ff.; Fahl JA 1999, 284):

Die zur Tatzeit fast 20-jährige verheiratete B hatte am 01.12.1953 ein Kind Hans-Peter geboren. Während der Empfängniszeit hatte sie mit Z1 Ehebruch getrieben. Sowohl sie als auch ihr Ehemann Z2 glaubten, dass das Kind von Z1. stamme. Z2 hatte der B vorher verziehen; er erklärte ihr aber am 21.12.1953, dass er sich scheiden lassen wolle. B sah den Grund hierfür in dem Kind. Sie äußerte Suizidgedanken und erklärte, auch das Kind mitnehmen zu wollen. Es gelang Z2, sie von ihrem Vorhaben abzubringen; er blieb aber bei seinen Scheidungsplänen. Am 22.12.1953 stand es für B fest, dass nur der Tod des Kindes ihre Ehe retten könne. Sie entschloss sich, das Kind mit Schlaftabletten (Sekundal-Tabletten) umzubringen. Sie mischte fünf Tabletten in den Brei des Kindes. Nachdem dieses davon gegessen hatte, schlief es ein und kam nicht wieder zu sich. Z2 fiel es auf, dass Hans-Peter ständig schlief. B beruhigte ihn mit den Worten, der Junge würde schon aufwachen, wenn er Hunger habe. Am Mittag des 23.12.1953 führte sie dem schlafenden Kind eine weitere aufgelöste Sekundal-Tablette zu und versuchte dasselbe am Morgen des 24.12. Als sie zu diesem Zeitpunkt ihrem Mann auf Befragen erklärte, dass der Junge immer noch schlafe, wollte dieser einen Arzt holen. B äußerte aber, man könne damit noch bis zum Abend warten. Am Abend erklärte sich dann B damit einverstanden, dass ein Arzt zugezogen würde. Der von Z2 geholte Arzt wies das Kind in ein Krankenhaus ein, wo es am Morgen des 25.12.1953 verstarb. Der Tod ist auf Kreislaufstörungen zurückzuführen, die durch die Einführung der Sekundal-Tabletten ausgelöst wurden. ◄

Ein kleines Kind ist grundsätzlich nicht zu Argwohn fähig. Anderes gilt, wenn ein Schlafmittel in die Nahrung des Kindes gemischt wird, weil das Kind anderenfalls das Mittel seines Geschmacks wegen nicht zu sich nehmen würde oder aufgrund seines Alters nicht in der Lage wäre, die Zahl der Tabletten zu schlucken. Auf diese Weise wird ein natürlicher Abwehrreflex überwunden.

(cccc) Herbeiführung der fehlenden Fähigkeit zum Argwohn
Beruht die konstitutionelle Unfähigkeit des Opfers gerade auf einem tötungsvorsätzlichen Handeln des Täters, so liegt in diesem Handeln bereits die Heimtücke.[93]

Beispiel 13

BGH B. v. 06.05.2008 – 5 StR 92/08 – NStZ 2008, 569 (Anm. Schroeder JR 2008, 391; Senge jurisPR-StrafR 16/2008 Anm. 2):

---

[92] H. M., z. B. Kindhäuser/Hilgendorf, LPK, 9. Aufl. 2022, § 211 Rn. 18.
[93] Joecks/Jäger, StGB, 13. Aufl. 2021, § 211 Rn. 37.

B, ein wohlhabender Metzgermeister, wurde von dem Bordellbetreiber G im November 2006 um 300.000 € betrogen. B erstrebte die Rückzahlung dieses Betrages und vereinbarte mit G für den späten Abend des 20.02.2007 einen Besuch in seinen Geschäftsräumen zur Übergabe einer Darlehenssumme von 25.000 €. Diesen Betrag wollte B als Teilrückzahlung behalten und G zur Zahlung der restlichen 275.000 € nötigen, widrigenfalls er G zu erschießen beabsichtigte. G weigerte sich indes auch unter Vorhalt eines Revolvers durch B, dessen Forderungen nachzukommen. Nach einer sich aus dem Arbeitszimmer in den Flur verlagernden Auseinandersetzung schoss der B dem G in den rechten Unterbauch. G sackte lebensgefährlich verletzt zusammen, der Tod wäre spätestens nach 30 min eingetreten. B verbrachte sein Opfer in den Zerlegeraum der Metzgerei und tötete es durch einen kräftigen Stich ins Herz. Nach Beseitigung des Pkw des G zerlegte B den Leichnam, fügte innere Organe den Schlachtabfällen hinzu, um ein späteres Auftreiben der Leichenteile zu verhindern und versenkte diese in einem See. ◄

Folglich liegt das heimtückische Verhalten des B in dem Schuss.

(dddd) Schlafende

Schlafende[94] sind an sich während der Dauer ihres Schlafes konstitutionell wehrlos. Dennoch entspricht es der Rspr.[95] und der ganz h. L.,[96] dass sie dann als arglos behandelt werden, wenn sie dies in dem Zeitpunkt waren, als sie sich schlafen legten; sie „nehmen ihre Arglosigkeit mit in den Schlaf".

Beispiel 14

BGH U. v. 25.03.2003 – 1 StR 483/02 (Haustyrann/Familientyrann) – BGHSt 48, 255 = NJW 2003, 2464 = NStZ 2003, 482 = StV 2003, 665 (Anm. Kaspar/Reinbacher, Casebook AT, 2. Aufl. 2023, Fall 15; Fahl, Strafrechts-Klassiker, 2020, § 34 Rn. 2ff.; LL 2003, 777; RÜ 2003, 315; RA 2003, 463; famos 10/2003; Kargl Jura 2004, 189; Beckemper JA 2004, 99; Otto NStZ 2004, 142; Rengier NStZ 2004, 233; Hillenkamp JZ 2004, 48; Rotsch JuS 2005, 12):

B erschoss am 21.09.2001 gegen Mittag ihren schlafenden Ehemann G mit dessen Revolver. Dieser hatte sie über viele Jahre hinweg durch zunehmend aggressivere Gewalttätigkeiten und Beleidigungen immer wieder erheblich verletzt und gedemütigt. Als sie die Tat beging, sah sie keinen anderen Ausweg mehr, um sich und auch die beiden gemeinsamen Töchter vor weiteren Tätlichkeiten zu schützen. [...] ◄

---

[94] Hierzu Kindhäuser/Hilgendorf, LPK, 9. Aufl. 2022, § 211 Rn. 18; näher Fahl Jura 1998, 456; aus der Rspr. vgl. zuletzt BGH U. v. 10.03.2006 – 2 StR 561/05 – NStZ 2006, 338 = StV 2006, 468 (Anm. Satzger JK 2006 StGB § 211/51; RÜ 2006, 252; RA 2006, 294); BGH U. v. 10.05.2007 – 4 StR 11/07 – NStZ 2007, 523 (Anm. Kudlich JA 2007, 901; Jahn JuS 2007, 960; RA 2007, 483; Geppert JK 2008 StGB § 211/53); BGH U. v. 21.11.2012 – 2 StR 309/12 – NStZ 2013, 158 = StV 2013, 631 (Anm. Bosch, JK 2013, StGB § 211/68; Jahn JuS 2013, 364; Theile ZJS 2013, 307; LL 2013, 280; RÜ 2013, 97; famos 9/2013; Bohnhorst/Skeries StV 2014, 340).

[95] S. o.

[96] S. Eisele, BT I, 6. Aufl. 2021, Rn. 97.

Bei der Tötung von Schlafenden zeigt sich besonders deutlich, dass das Merkmal der Heimtücke kaum geeignet ist, eine besondere Unwertsteigerung auszudrücken, erweist sich die Tötung im Schlaf doch gerade als ein Mittel der körperlich Schwächeren (z. B. i. d. R. Frauen), die zu einer Tötung ihres wachen Gegners nicht in der Lage wären.

(c) Wehrlosigkeit; beruhend auf Arglosigkeit

Das Opfer muss aufgrund seiner Arglosigkeit wehrlos gewesen sein, d. h. zur Verteidigung außerstande oder erheblich eingeschränkt.[97]

Die Wehrlosigkeit kann entfallen, wenn die nicht von vornherein gänzlich aussichtslose Möglichkeit bleibt, auf den Täter verbal einzuwirken, um den Angriff zu beenden,[98] ebenso bei Möglichkeit zum Ausweichen, zur Flucht oder zum Herbeirufen von Hilfe.[99]

Die Wehrlosigkeit muss gerade auf der Arglosigkeit beruhen[100] und darf nicht allein etwa aus einer allgemeinen körperlichen Unterlegenheit folgen.

(d) Bewusstes Ausnutzen

Der Täter muss die auf Arglosigkeit beruhende Wehrlosigkeit des Opfers bewusst ausnutzen.[101]

In einer Fallbearbeitung ist es üblich, dies aus Gründen des Sachzusammenhangs bereits im objektiven Tatbestand abhandeln; möglich ist aber auch eine Verortung im subjektiven Tatbestand anzusprechen.

Hierbei ist erforderlich, aber auch ausreichend, dass der Täter **erkennt** bzw. **annimmt**, dass die **Tötung** durch die Arg- und Wehrlosigkeit **erleichtert** wird, diese also nicht nur eine zufällige Begleiterscheinung ist: Der Täter erfasst die Arg- und Wehrlosigkeit des Opfers in ihrer Bedeutung für die hilflose Lage des Angegriffenen und die Ausführung der Tat in dem Sinne, dass er sich bewusst ist, einen durch seine Arglosigkeit gegenüber einem Angriff auf Leib und Leben schutzlosen Menschen zu überraschen.[102]

---

[97] Eisele, BT I, 6. Aufl. 2021, Rn. 104; aus der Rspr. vgl. zuletzt BGH U. v. 11.05.2022 – 5 StR 361/21 – NStZ-RR 2022, 277; BGH B. v. 29.06.2022 – 1 StR 127/22 – NStZ-RR 2022, 307 = StV 2023, 319; BGH B. v. 05.04.2022 – 1 StR 81/22 – NStZ 2023, 33 = StV 2023, 321 (Anm. Jahn JuS 2022, 886; RÜ 2022, 573); BGH U. v. 30.03.2023 – 4 StR 234/22 – NJW 2023, 2291 = NStZ-RR 2023, 245 = StV 2024, 83 (Anm. Sandherr NZV 2023, 570); BGH U. v. 24.05.2023 – 2 StR 320/22 – NStZ 2023, 545 = StV 2024, 107 (Anm. RÜ 2023, 779).

[98] Fischer, StGB, 71. Aufl. 2024, § 211 Rn. 39; aus der Rspr. vgl. BGH B. v. 19.06.2008 – 1 StR 217/08 – NStZ 2009, 29 (Anm. Puppe NStZ 2009, 208).

[99] Vgl. aus der Rspr. BGH U. v. 21.01.2021 – 4 StR 337/20 – NStZ 2021, 609 (Anm. Schneider NStZ 2021, 611).

[100] Fischer, StGB, 71. Aufl. 2024, § 211 Rn. 40; näher Küper FS Beulke 2015, 467; aus der Rspr. vgl. zuletzt BGH U. v. 24.05.2023 – 2 StR 320/22 – NStZ 2023, 545 = StV 2024, 107 (Anm. RÜ 2023, 779).

[101] Eisele, BT I, 6. Aufl. 2021, Rn. 105; näher Abraham NStZ 2021, 641.

[102] Vgl. aus der Rspr. zuletzt BGH U. v. 15.12.2021 – 6 StR 312/21 – NStZ-RR 2022, 47 = StV 2023, 327 (Anm. Eisele JuS 2022, 686; RÜ 2022, 573); BGH B. v. 05.04.2022 – 1 StR 81/22 – NStZ 2023, 33 = StV 2023, 321 (Anm. Jahn JuS 2022, 886; RÜ 2022, 573); BGH U. v. 11.05.2022 – 2 StR 445/21 – NStZ 2022, 541 (Anm. Schneider NStZ 2022, 543); BGH U. v. 25.01.2023 – 6 StR 163/22 – NStZ 2023, 315 = StV 2023, 316.

Weder ein länger erwogener Tatplan noch eine längere Überlegung sind erforderlich; kennt der Täter die Umstände, die die Tat zur heimtückischen machen, dann handelt er selbst dann heimtückisch, wenn er einer raschen Eingebung zur Tat folgt.[103] Es wird auch nicht vorausgesetzt, dass der Täter aus Falschheit oder Verschlagenheit mit besonderer List oder Tücke handelt.[104]

Fehlen kann es am Ausnutzungsbewusstsein insbesondere bei affektiven Spontantötungen, Rausch- und Verzweiflungstaten (auch unterhalb der Schwelle des § 21 StGB).[105]

Die Problematik ist verwandt mit der Frage des Eventualvorsatzes, ist der Sache nach das bewusste Ausnutzen doch kaum mehr als ein konkretes Fürmöglichhalten der Erleichterung der Tötung i. V. m. einer billigenden Inkaufnahme dieser Erleichterung.

Ob der Täter die Tat auch ohne Arg- und Wehrlosigkeit ausgeführt hätte, ist irrelevant.[106]

Auch auf die Beweggründe des Täters für die Tat kommt es grundsätzlich – zu einer Ausnahme s. sogleich – nicht an.[107]

Eine Ausnutzung allein der Wehrlosigkeit ist aber nicht ausreichend.[108]

Ein bewusstes Ausnutzen ist auch i. R. eines Unterlassungsdelikts möglich.[109]

---

[103] Fischer, StGB, 71. Aufl. 2024, § 211 Rn. 43; aus der Rspr. vgl. zuletzt BGH U. v. 11.05.2022 – 5 StR 361/21 – NStZ-RR 2022, 277; BGH U. v. 15.11.2023 – 1 StR 104/23 – NStZ 2024, 167.

[104] Kindhäuser/Hilgendorf, LPK, 9. Aufl. 2022, § 211 Rn. 21; aus der Rspr. vgl. BGH U. v. 04.10.1957 – 2 StR 330/57 – BGHSt 11, 15 = NJW 1958, 189 (Anm. Jescheck JZ 1958, 749); BGH B. v. 02.12.1957 – GSSt 3/57 – BGHSt 11, 139 = NJW 1958, 309 (Anm. Schwalm MDR 1958, 396).

[105] Kindhäuser/Hilgendorf, LPK, 9. Aufl. 2022, § 211 Rn. 21; aus der Rspr. vgl. zuletzt BGH U. v. 15.12.2021 – 6 StR 312/21 – NStZ-RR 2022, 47 = StV 2023, 327 (Anm. Eisele JuS 2022, 686; RÜ 2022, 573); BGH U. v. 11.05.2022 – 2 StR 445/21 – NStZ 2022, 541 (Anm. Schneider NStZ 2022, 543); BGH U. v. 11.05.2023 – 4 StR 421/22 – NStZ-RR 2023, 247 = StV 2024, 120 (Anm. RÜ 2023, 709; Bosch Jura 2024, 214).

[106] Schneider, in: MK-StGB, 4. Aufl. 2021, § 211 Rn. 188; aus der Rspr. vgl. BGH U. v. 15.05.1997 – 4 StR 118/97 (Steinewerfer) – NStZ-RR 1997, 294 (Anm. Martin JuS 1997, 85); BGH U. v. 04.12.2003 – 5 StR 457/03 – NStZ-RR 2004, 139 = StV 2004, 596 (Anm. Seebode StV 2004, 596).

[107] Fischer, StGB, 71. Aufl. 2024, § 211 Rn. 44; aus der Rspr. vgl. zuletzt BGH U. v. 19.06.2019 – 5 StR 128/19 – BGHSt 64, 111 = NJW 2019, 2413 = NStZ 2019, 719 = StV 2020, 101 (Anm. Bosch Jura 2019, 1218; Jäger JA 2019, 791; Eisele JuS 2019, 1124; Theile JuS 2019, 525; RÜ 2019, 641; Mitsch NJW 2019, 2416; Wachter NStZ 2019, 722; famos 2/2020; Momsen/Schwarze JR 2020, 232; Schauf NStZ 2021, 647).

[108] Schneider, in: MK-StGB, 4. Aufl. 2021, § 211 Rn. 178; aus der Rspr. vgl. BGH U. v. 09.06.1964 – 1 StR 105/64 – BGHSt 19, 321 = NJW 1964, 1578 (Anm. Willms JuS 1964, 503); BGH U. v. 04.07.1984 – 3 StR 199/84 – BGHSt 32, 382 = NJW 1985, 334 = StV 1984, 509 (Anm. Kühl, Höchstrichterliche Rspr. BT, 2002, Nr. 19; Jakobs JZ 1984, 996; Hassemer JuS 1985, 319; Meyer JR 1986, 133).

[109] Fischer, StGB, 71. Aufl. 2024, § 211 Rn. 45; aus der Rspr. vgl. BGH B. v. 07.07.2009 – 3 StR 204/09 – NStZ 2010, 87 = StV 2011, 92 (Anm. Kudlich JA 2009, 901; RA 2009, 595; famos 10/2009; Satzger JK 2010 StGB § 211/57; Hecker JuS 2010, 360; LL 2010, 310; Bachmann/Goeck NStZ 2010, 510; Berster ZIS 2010, 255).

(e) Feindliche Willensrichtung

Eine gewisse Einschränkung der wenig restriktiven subjektiven Komponente der Heimtücke ist das weitgehend anerkannte Erfordernis einer feindlichen Willensrichtung.[110] Hieran fehlt es, wenn der Täter zum vermeintlich Besten des Opfers handelt – Heimtücke ist dann ausgeschlossen.

Beispiel 15

BGH U. v. 08.05.1991 – 3 StR 467/90 – BGHSt 37, 376 = NJW 1991, 2357 = NStZ 1992, 34 = StV 1991, 347 (Anm. Kühl, Höchstrichterliche Rspr. BT, 2002, Nr. 22; Solbach JA 1991, 342; Otto JK 1992 StGB § 211/21; Roxin NStZ 1992, 35; Langer JR 1993, 133):

B war Fachschwester für Anästhesie und Intensivpflege in der Intensivstation eines Wuppertaler Krankenhauses, die Getöteten waren Patienten dieses Krankenhauses. Während ihres Dienstes hat B fünf schwerstkranken Patienten heimlich tödliche Injektionen verabreicht, um ihnen aus Mitleid weiteres von ihr als sinnlos angesehenes Leiden und einen Todeskampf zu ersparen, obwohl weder die Patienten noch deren Angehörige darum gebeten hatten. ◄

Zu unterscheiden sind derartige Konstellationen von Fällen, in denen der Täter nur seine Vorstellung über Würde und Wert des Lebens eines sterbenden Menschen durchsetzen will.[111]

(f) Bedürfnis einer weiter einschränkenden Auslegung

(aa) Allgemeines

Die nicht sehr engen Voraussetzungen der Heimtücke führen dazu, dass bisweilen Fallkonstellation als Mord und mithin mit zwingend lebenslanger Freiheitsstrafe zu verurteilen sind, die kaum als gegenüber dem Totschlag gesteigertes Unrecht zu bewerten sind, zumal ein heimliches Vorgehen eher das Regelbild einer vorsätzlichen Tötung sein dürfte.

Beispiel 16

BGH U. v. 25.03.2003 – 1 StR 483/02 (Haustyrann/Familientyrann) – BGHSt 48, 255 = NJW 2003, 2464 = NStZ 2003, 482 = StV 2003, 665 (Anm. Kaspar/

---

[110] S. Kindhäuser/Hilgendorf, LPK, 9. Aufl. 2022, § 211 Rn. 22; näher Geilen FS Spendel 1992, 519; Stam ZIS 2020, 336; aus der Rspr. vgl. zuletzt BGH U. v. 19.06.2019 – 5 StR 128/19 – BGHSt 64, 111 = NJW 2019, 2413 = NStZ 2019, 719 = StV 2020, 101 (Anm. Bosch Jura 2019, 1218; Jäger JA 2019, 791; Eisele JuS 2019, 1124; Theile JuS 2019, 525; RÜ 2019, 641; Mitsch NJW 2019, 2416; Wachter NStZ 2019, 722; famos 2/2020; Momsen/Schwarze JR 2020, 232; Schauf NStZ 2021, 647).

[111] Fischer, StGB, 71. Aufl. 2024, § 211 Rn. 48; aus der Rspr. vgl. zuletzt BGH U. v. 19.06.2019 – 5 StR 128/19 – BGHSt 64, 111 = NJW 2019, 2413 = NStZ 2019, 719 = StV 2020, 101 (Anm. Bosch Jura 2019, 1218; Jäger JA 2019, 791; Eisele JuS 2019, 1124; Theile JuS 2019, 525; RÜ 2019, 641; Mitsch NJW 2019, 2416; Wachter NStZ 2019, 722; famos 2/2020; Momsen/Schwarze JR 2020, 232; Schauf NStZ 2021, 647).

Reinbacher, Casebook AT, 2. Aufl. 2023, Fall 15; **Fahl**, Strafrechts-Klassiker, 2020, § 34 Rn. 2ff.; LL 2003, 777; RÜ 2003, 315; RA 2003, 463; famos 10/2003; Kargl Jura 2004, 189; Beckemper JA 2004, 99; Otto NStZ 2004, 142; Rengier NStZ 2004, 233; Hillenkamp JZ 2004, 48; Rotsch JuS 2005, 12):

B erschoss am 21.09.2001 gegen Mittag ihren schlafenden Ehemann G mit dessen Revolver. Dieser hatte sie über viele Jahre hinweg durch zunehmend aggressivere Gewalttätigkeiten und Beleidigungen immer wieder erheblich verletzt und gedemütigt. Als sie die Tat beging, sah sie keinen anderen Ausweg mehr, um sich und auch die beiden gemeinsamen Töchter vor weiteren Tätlichkeiten zu schützen. […] ◄

Hier wäre eine Verurteilung zu lebenslanger Freiheitsstrafe u. U. nicht schuldangemessen und verfassungswidrig.[112]

Über den Weg zu einem verfassungskonformen Ergebnis herrscht Streit.[113]

(bb) Sog. Tatbestandslösung in Form eines Erfordernisses eines Vertrauensbruchs (?)

Verbreitet[114] wird eine einengende Auslegung der Heimtücke dahingehend vertreten, dass ein verwerflicher Vertrauensbruch erforderlich sei.

Bei allem Verständnis dafür, die verfassungsgemäße Restriktion im Tatbestand vorzunehmen und dabei das Tückische der Heimtücke zu betonen, ist doch mit der Rspr.[115] und der h. L.[116] eine solche Einschränkung abzulehnen. Zwar ist richtig, dass nicht jede Tötung ohne offene Kampfansage als heimtückisch anzusehen sein

---

[112] Zu dieser Problematik Fischer, StGB, 71. Aufl. 2024, § 211 Rn. 46; näher Sonnen JA 1980, 35; Müller-Dietz Jura 1983, 568 und 628; Große NStZ 1996, 220; Bock/Mährlein ZRP 1997, 376; aus der Rspr. vgl. LG Verden Vorlegungsb. v. 05.03.1976 – 3 Ks 3/75 – NJW 1976, 980 (Anm. Hassemer JuS 1976, 542; Erichsen NJW 1976, 1721); BVerfG U. v. 21.06.1977 – 1 BvL 14/76 – BVerfGE 45, 187 = NJW 1977, 1525 (Anm. Sonnen JA 1977, 524; Hassemer JuS 1977, 833; Schmidhäuser JR 1978, 265; Griffel DRiZ 1978, 65; Barschkies DRiZ 1978, 209; Griffel DRiZ 1978, 304; Lange GS Schröder 1978, 217; Geilen GS Schröder 1978, 235; Rengier MDR 1979, 969 und 1980, 1; Beckmann GA 1979, 441; Walther JA 1996, 755); BGH U. v. 22.11.1994 – 1 StR 626/94 – NStZ 1995, 230 (Anm. Geppert JK 1996 StGB § 211/27; Winckler/Foerster NStZ 1996, 32).

[113] Zsf. Eisele, BT I, 6. Aufl. 2021, Rn. 68ff., 107f.

[114] Etwa Eser/Sternberg-Lieben, in: Schönke/Schröder, StGB, 30. Aufl. 2019, § 211 Rn. 26 (von ihnen als h. L. bezeichnet).

[115] Explizit BGH U. v. 24.02.1955 – 3 StR 543/54 – BGHSt 7, 218 = NJW 1955, 759; BGH U. v. 29.11.1978 – 2 StR 504/78 – BGHSt 28, 210 = NJW 1979, 378 (Anm. Meyer JR 1979, 441 und 485); BGH B. v. 26.01.1981 – 4 StR 430/80 – NStZ 1981, 181 (Anm. Hassemer JuS 1981, 694; Eser JR 1981, 177); BGH B. v. 19.05.1981 – GSSt 1/81 (türkischer Onkel) – BGHSt 30, 105 = NJW 1981, 1965 = NStZ 1981, 344 = StV 1981, 519 (Anm. Fahl, Strafrechts-Klassiker, 2020, § 211 Rn. 9ff.; Sonnen JA 1981, 638; Lackner NStZ 1981, 348; Bruns JR 1981, 358; Geilen JK 1982 StGB § 211/9; Kratzsch JA 1982, 401; Hassemer JuS 1982, 67; Günther NJW 1982, 353; Rengier NStZ 1982, 225; Köhler JuS 1984, 762; Hauf JA 1996, 546); BGH B. v. 19.12.2006 – 3 StR 464/06 – NStZ-RR 2007, 106; BGH B. v. 25.08.2010 – 1 StR 393/10.

[116] Z. B. Eisele, BT I, 6. Aufl. 2021, Rn. 69, 107.

darf, auch können gerade Schwache ihr Ziel oft nur durch einen Überraschungsangriff erreichen. Einen Vertrauensbruch zu verlangen, hieße aber, gerade den klassischen Hinterhalt in vielen Fällen (nämlich bei eher zufälligen Opfern ohne Nähebeziehung) außen vor zu lassen – ein wenig einleuchtendes Ergebnis, gerade im Hinblick auf angeheuerte (gedungene) Täter, zu denen das Opfer selten ein Vertrauensverhältnis hatte. Ohnehin wäre noch die Frage zu klären, was die Anforderungen an ein Vertrauensverhältnis sind; hier drohen Vagheit und Moralisierung.

Freilich kommen manche Tendenzen der h. M., die Arglosigkeit zu normativieren oder die Anforderungen an ein Ausnutzungsbewusstsein im Einzelfall eng zu handhaben (s. jeweils o.), dem Erfordernis eines Vertrauensbruchs der Sache nach bisweilen nahe.

(cc) Typenkorrektur (?)
In Teilen der Literatur wird eine sog. Typenkorrektur vertreten: Die Spielart der **negativen** Typenkorrektur[117] verneint den Mordtatbestand trotz Vorliegen eines Mordmerkmals, wenn aufgrund einer Gesamtwürdigung die Tötung ausnahmsweise nicht als besonders verwerflich anzusehen ist; die Lehre von der **positiven** Typenkorrektur statuiert ein ungeschriebenes Tatbestandsmerkmal der besonderen Verwerflichkeit.

Die Ergebnisse dieser Auffassung überzeugen durchaus; sachgerecht ist der sozusagen minder schwere Fall des Mordes bei z. B. Haustyrannen-Fällen ohne Weiteres. Das Abstellen auf eine besondere Verwerflichkeit bietet auch den Vorteil der Flexibilität angesichts der Komplexität menschlichen Handelns.

Allerdings[118] ist das Merkmal der besonderen Verwerflichkeit sehr vage. Zudem ist es die bewusste Entscheidung des Gesetzgebers, abschließende und zwingende Mordmerkmale zu formulieren (ansonsten hätte § 212 II StGB genügt). Die Entscheidung zwischen Mord und Totschlag darf nicht derart dem Rechtsanwender überlassen bleiben, sondern ist vom Gesetzgeber zu entscheiden (und ja auch entschieden worden).

---

[117] Eser/Steinberg-Lieben, in: Schönke/Schröder, StGB, 30. Aufl. 2019, § 211 Rn. 10.
[118] Explizite Ablehnung in der Rspr. bei OGH U. v. 24.08.1948 – StS 53/48 – OGHSt 1, 74 (Anm. Hartung SJZ 1949, 64); OGH U. v. 24.08.1948 – StS 55/48 – OGHSt 1, 81; KG U. v. 03.08.1949 – NJW 1950, 237 (Anm. Schönke NJW 1950, 238); BGH U. v. 16.01.1951 – 4 StR 58/50 – NJW 1951, 204; BGH U. v. 30.09.1952 – 1 StR 296/52 – BGHSt 3, 183 = NJW 1952, 1385; BGH U. v. 25.11.1952 – 1 StR 477/52 – BGHSt 3, 330 = NJW 1953, 391; BGH B. v. 22.09.1956 – GSSt 1/56 – BGHSt 9, 385 = NJW 1957, 70 (Anm. Jescheck JZ 1957, 386; Schwalm MDR 1957, 260); BGH B. v. 02.12.1957 – GSSt 3/57 – BGHSt 11, 139 = NJW 1958, 309 (Anm. Schwalm MDR 1958, 396); BGH U. v. 13.07.1978 – 4 StR 248/78 – BGHSt 28, 77 = NJW 1978, 2402 (Anm. Hassemer JuS 1979, 371; Sonnen JA 1980, 62); BGH B. v. 26.01.1981 – 4 StR 430/80 – NStZ 1981, 181 (Anm. Hassemer JuS 1981, 694; Eser JR 1981, 177); BGH U. v. 20.08.1981 – 4 StR 406/81 – StV 1981, 622; BGH U. v. 02.12.1987 – 2 StR 559/87 – BGHSt 35, 116 = NJW 1988, 2679 = NStZ 1989, 68 = StV 1988, 104 (Anm. Otto JK 1988 StGB § 211/16; Sonnen JA 1988, 405; Hohmann/Matt JA 1989, 134; Hassemer JuS 1989, 65; Schmidhäuser NStZ 1989, 55; Timpe NStZ 1989, 70; Laber MDR 1989, 861; Wohlers JuS 1990, 20); s. ferner Fischer, StGB, 71. Aufl. 2024, § 211 Rn. 53.

(dd) Weitere sog. Tatbestandslösungen

In der Literatur[119] werden eine Reihe weiterer Restriktionsvorschläge vertreten, die sich aber nicht durchsetz(t)en und auch kaum Bestimmtheitsgewinn erzielen – z. B. bei Betonung des Tückisch-Verschlagenen.

Auch die Anregung des BVerfG,[120] die Heimtücke auf im Voraus geplante Tötungen zu beschränken, hat die (Fach-)Rspr. abgelehnt, s. bereits o.

(ee) Sog. Rechtsfolgenlösung

▶ **Didaktische Aufsätze**
- Fünfsinn, Die Rechtsfolgenlösung zur Umgehung der lebenslangen Freiheitsstrafe bei Mord, Jura 1986, 136
- Reichenbach, Die Rechtsfolgenlösung des BGH als Weg zur schuldangemessenen Strafe beim Mord, Jura 2009, 176

Die (Fach-)Rspr.[121] vertritt eine Rechtsfolgenlösung, indem sie in analoger Anwendung der Strafmilderungen in §§ 13 II, 17 S. 2, 21, 23 II StGB den § 49 I Nr. 1 StGB in bestimmten Fällen anwendet und so die Möglichkeit einer zeitigen Freiheitsstrafe schafft, wenn Entlastungsfaktoren vorliegen, die den Charakter außergewöhnlicher Umstände haben, sodass das Gewicht des Mordmerkmals so verringert wird, dass jener Grenzfall eintritt, in welchem die Verhängung lebenslanger Freiheitsstrafe trotz der Schwere des tatbestandsmäßigen Unrechts wegen erheblich gemilderter Schuld unverhältnismäßig wäre.[122] Paradigmatisch sind wieder die Tötungen von Haustyrannen, s. o.

Gegen eine solche Handhabung spricht, dass es sich um richterlichen Gesetzesungehorsam handelt, da § 211 StGB keine derartige Strafmilderung vorsieht. Aufgrund § 49 I Nr. 1 StGB wird ferner die Mindeststrafe für Totschlag nach § 212 StGB unterschritten. Dass die Beibehaltung der Heimtücke-Definition möglich ist,

---

[119] Nachweise bei Fischer, StGB, 71. Aufl. 2024, § 211 Rn. 46ff.; Küper JuS 2000, 740 (746).

[120] BVerfG U. v. 21.06.1977 – 1 BvL 14/76 – BVerfGE 45, 187 = NJW 1977, 1525 (Anm. Sonnen JA 1977, 524; Hassemer JuS 1977, 833; Schmidhäuser JR 1978, 265; Griffel DRiZ 1978, 65; Barschkies DRiZ 1978, 209; Griffel DRiZ 1978, 304; Lange GS Schröder 1978, 217; Geilen GS Schröder 1978, 235; Rengier MDR 1979, 969 und 1980, 1; Beckmann GA 1979, 441; Walther JA 1996, 755).

[121] S. zuletzt BGH U. v. 06.04.2016 – 5 StR 504/15 – NStZ 2016, 469 (Anm. Jäger JA 2016, 629; Eisele JuS 2016, 947; LL 2016, 702; famos 8/2016; Drees NStZ 2016, 471; Hinz JR 2016, 576; Berster ZIS 2017, 139; Zehetgruber HRRS 2017, 31); BGH U. v. 21.02.2018 – 5 StR 267/17 – NStZ-RR 2018, 172 (Anm. Nestler Jura 2018, 755; RÜ 2018, 435; Hinz JR 2018, 588; Stam JZ 2018, 1055); BGH U. v. 19.06.2019 – 5 StR 128/19 – BGHSt 64, 111 = NJW 2019, 2413 = NStZ 2019, 719 = StV 2020, 101 (Anm. Bosch Jura 2019, 1218; Jäger JA 2019, 791; Eisele JuS 2019, 1124; Theile JuS 2019, 525; RÜ 2019, 641; Mitsch NJW 2019, 2416; Wachter NStZ 2019, 722; famos 2/2020; Momsen/Schwarze JR 2020, 232; Schauf NStZ 2021, 647); BGH U. v. 19.08.2020 – 5 StR 219/20 – NStZ 2021, 105 (Anm. Hecker NStZ 2021, 464).

[122] Zum Ganzen Eisele, BT I, 6. Aufl. 2021, Rn. 71f.; näher Frommel StV 1982, 533; Bruns FS Kleinknecht 1985, 49; Fünfsinn Jura 1986, 136; Jähnke FS Spendel 1992, 537; Müller-Dietz FS Nishihara 1998, 248; Börgers JR 2004, 139; Reichenbach Jura 2009, 176.

spricht nur scheinbar für diese Auffassung, da letztlich die gleiche Sachfrage wie bei der Typenkorrektur zu entscheiden ist, wenn auch auf Strafzumessungsebene. Die Vagheit, aber eben gleichermaßen die Flexibilität teilen Typenkorrektur und Rechtsfolgenlösung. Hier ist der Rechtsfolgenlösung freilich noch entgegenzuhalten, dass sie dem Täter den Schuldspruch wegen Mordes nicht erspart.

De lege lata existiert keine dogmatisch überzeugende und zugleich sachgerechte Lösung. Der Gesetzgeber muss tätig werden. In einer Fallbearbeitung bietet die Rechtsfolgenlösung eine ergebnisflexible Entscheidungsmöglichkeit.

(2) Grausam

▶ **Didaktischer Aufsatz**
- Köhne, Die Mordmerkmale „grausam" und „mit gemeingefährlichen Mitteln", Jura 2009, 265

Grausam[123] i. S. d. § 211 II StGB[124] tötet, wer seinem Opfer besonders starke Schmerzen oder Qualen körperlicher oder seelischer Art, die über das für die Tötung erforderliche Maß hinausgehen, aus gefühlloser, unbarmherziger Gesinnung zufügt.

Objektive und subjektive Aspekte der Grausamkeit werden aus Gründen des Sachzusammenhangs üblicherweise einheitlich im objektiven Tatbestand geprüft (vgl. auch o. zur Heimtücke).

Als Beispiele sind Folter, Verbrennen oder Verhungernlassen zu nennen; auch seelische Qual ist erfasst.[125]

An der von der h. M. vorausgesetzten verwerflichen Gesinnung[126] kann es v. a. bei Affekttaten fehlen.

Ob dem Täter eine schonendere oder noch grausamere Tatbegehung möglich gewesen wäre, ist irrelevant.[127]

Da das Opfer Schmerzen oder Qualen erleiden muss, wird die **Fähigkeit zur Leidensempfindung vorausgesetzt**,[128] an der es z. B. bei Bewusstlosen fehlt.

---

[123] Hierzu näher Küper FS Seebode 2008, 197; Köhne Jura 2009, 265; aus der Rspr. vgl. zuletzt BGH U. v. 15.03.2023 – 2 StR 462/21 – NStZ 2023, 600 = StV 2024, 107 (Anm. Drees NStZ 2023, 602).

[124] Vgl. auch das Merkmal grausam in § 131 StGB, hierzu Fischer, StGB, 71. Aufl. 2024, § 131 Rn. 7; aus der Rspr. vgl. BVerfG B. v. 20.10.1992 – 1 BvR 698/89 – BVerfGE 87, 209 = NJW 1993, 1457 = NStZ 1993, 75.

[125] Näher Schneider, in: MK-StGB, 4. Aufl. 2021, § 211 Rn. 136ff.

[126] Anders z. B. Schneider, in: MK-StGB, 4. Aufl. 2021, § 211 Rn.145ff.

[127] Fischer, StGB, 71. Aufl. 2024, § 211 Rn. 56; aus der Rspr. vgl. BGH B. v. 17.06.2004 – 5 StR 115/03 (Engel) – BGHSt 49, 189 = NJW 2004, 2316 = NStZ 2005, 36 (Anm. Bertram NJW 2004, 2278; von Münch JZ 2004, 184; Zöller Jura 2005, 552; Gribbohm NStZ 2005, 38; Bröhmer/Bröhmer NStZ 2005, 38).

[128] Kindhäuser/Hilgendorf, LPK, 9. Aufl. 2022, § 211 Rn. 24; aus der Rspr. vgl. zuletzt BGH B. v. 08.11.2016 – 5 StR 390/16 – BGHSt 61, 302 = NJW 2017, 1252 = NStZ 2017, 218 = StV 2017, 719 (Anm. Bosch Jura 2017, 493).

Abzustellen ist auf den **Zeitpunkt** der vom Vorsatz getragenen tödlichen Handlung: Zum einen muss der grausame Akt vor Abschluss einer den tödlichen Erfolg herbeiführenden Handlung vorgenommen worden sein;[129] zum anderen musste der Täter schon und noch Tötungsvorsatz gehabt haben, als grausame Handlungen stattfanden.[130]

Grausamkeit kann auch bei bloß bedingtem Tötungsvorsatz vorliegen.[131]

Grausam kann einerseits die **Tötungshandlung selbst** sein.

Hierbei kommt auch ein **Unterlassen** in Betracht, insbesondere ein Verhungern- oder Verdurstenlassen.[132]

Andererseits genügt es für die Annahme von Grausamkeit, wenn die **Begleitumstände** für das Opfer grausam waren.[133]

Beispiel 17

BGH U. v. 04.03.1971 – 4 StR 386/70 – BGHSt 24, 106 = NJW 1971, 1189 (Anm. Hassemer JuS 1971, 602):

Im Rahmen der sog. Judenaussiedlung im Grenzpolizeikommissariat Neu-Sandez wurde am 23.08.1942 auf der Wiese vor der Stadt die übrig gebliebene jüdische Bevölkerung unter Beteiligung des Soldaten B versammelt. Sie war den ganzen Tag über in brütender Hitze den erbarmungslosen Schlägen der Wachmannschaften mit Ochsenziemern und Reitpeitschen ausgesetzt und wusste um das ihr zugedachte Schicksal, den Tod durch Vergasung. Diese Menschen wurden dann am 24., 26. und 28.08.1942 in menschenunwürdiger Weise in Güterwaggons „hineingepresst" und dem Vernichtungslager zugeführt. Dies alles war dem B bekannt. Er kannte den allgemeinen Ablauf solcher Vernichtungsaktionen und den vorgesehenen Ablauf dieser „Aussiedlungsaktion"; er hat selbst die Mitteilung über das Eintreffen der Transportzüge nach Neu-Sandez gebracht und dort an der Vorbesprechung teilgenommen; er war auch am 23. und 28.08.1942 in Neu-Sandez und hat beim letzten Transport die Türen der Waggons geschlossen. ◄

Obwohl auch das Vergasen für sich genommen grausam sein kann, ergibt sich die Grausamkeit hier jedenfalls aus der langwierigen menschenunwürdigen Behandlung.

---

[129] Fischer, StGB, 71. Aufl. 2024, § 211 Rn. 57; aus der Rspr. vgl. BGH U. v. 17.05.1990 – 1 StR 99/90 – BGHSt 37, 40 = NJW 1990, 2632 = NStZ 1990, 491 = StV 1990, 454.

[130] Fischer, StGB, 71. Aufl. 2024, § 211 Rn. 57; aus der Rspr. vgl. zuletzt BGH U. v. 20.05.2015 – 2 StR 464/14 – NJW 2016, 179 = NStZ 2015, 639 (Anm. Heghmanns ZJS 2016, 102).

[131] H. M., s. Fischer, StGB, 71. Aufl. 2024, § 211 Rn. 58; aus der Rspr. vgl. BGH U. v. 21.03.1989 – 1 StR 16/89 – NJW 1989, 1739 = NStZ 1989, 363 = StV 1989, 433 (Anm. Heine JR 1990, 299).

[132] Fischer, StGB, 71. Aufl. 2024, § 211 Rn. 57; aus der Rspr. vgl. BGH U. v. 27.05.1982 – 4 StR 200/82 – NStZ 1982, 379; BGH B. v. 31.03.2004 – 5 StR 351/03; BGH B. v. 10.10.2006 – 5 StR 212/06 (Jessica); BGH B. v. 13.03.2007 – 5 StR 320/06 – NStZ 2007, 402 (Anm. RÜ 2007, 311; RA 2007, 264).

[133] Heger, in: Lackner/Kühl/Heger, StGB, 30. Aufl. 2023, § 211 Rn. 10; aus der Rspr. vgl. zuletzt LG Detmold U. v. 17.06.2016 – 4 Ks 9/15, 4 Ks – 45 Js 3/13 – 9/15 (Anm. Schulz-Merkel jurisPR-StrafR 25/2016 Anm. 3); BGH B. v. 08.11.2016 – 5 StR 390/16 – BGHSt 61, 302 = NJW 2017, 1252 = NStZ 2017, 218 = StV 2017, 719 (Anm. Bosch Jura 2017, 493).

(3) Mit gemeingefährlichen Mitteln

▶ **Didaktische Aufsätze**
- von Danwitz, Die Tötung eines Menschen mit gemeingefährlichen Mitteln, Jura 1997, 569
- Köhne, Die Mordmerkmale „grausam" und „mit gemeingefährlichen Mitteln", Jura 2009, 265
- Mitsch, Mord mit gemeingefährlichen Mitteln und „Mehrfachtötung", JA 2021, 726

Mit gemeingefährlichen Mitteln[134] tötet, wer ein Mittel einsetzt, das in der konkreten Tatsituation eine Mehrzahl von Menschen an Leib und Leben gefährden kann, weil der Täter die Ausdehnung nicht in seiner Gewalt hat.[135]

Es handelt sich um ein objektives Mordmerkmal, wobei allerdings die Rspr. bei der Bestimmung der Gemeingefährlichkeit Absichten des Täters berücksichtigt, s. u. „Klassische" gemeingefährliche Mittel sind z. B. Explosionen, Brunnenvergiftungen, Überschwemmungen oder Feuer (z. B. auch „Molotov-Cocktails").

Allerdings ist nicht eine allgemein-abstrakte Gemeingefährlichkeit des Mittels erforderlich, sondern es kommt auf den konkreten Einsatz des – letztlich beliebigen – Mittels an.[136]

Beispiel 18

BGH U. v. 16.08.2005 – 4 StR 168/05 – NStZ 2006, 167 (Anm. RÜ 2005, 585; RA 2005, 661; Satzger JK 2006 StGB § 211/47; Eidam JA 2006, 11; Jahn JuS 2006, 88; LL 2006, 323):

Der zur Tatzeit 63 Jahre alte B hielt sich am Vormittag des 21.06.2003 ab etwa 9 Uhr in dem von ihm und seiner Lebensgefährtin betriebenen Lokal „F." auf. Er hatte in der vorangegangenen Nacht nur ca. vier Stunden geschlafen und war bereits um 06.30 Uhr aufgestanden. Er war müde und fühlte sich durch den am Vortag genossenen Alkohol immer noch stark beeinträchtigt. Gleichwohl nahm er im Verlauf des Vormittags bis kurz vor Begehung der Tat weitere alkoholische Getränke zu sich. Wegen seines übermäßigen Alkoholkonsums und seines ungepflegten Aussehens kam es am späteren Vormittag zu einer Auseinandersetzung mit seiner Lebensgefährtin, die ihm deswegen Vorwürfe machte und drohte,

---

[134] Hierzu näher von Danwitz Jura 1997, 569; Köhne Jura 2009, 265; Zieschang FS Puppe 2011, 1301.

[135] Fischer, StGB, 71. Aufl. 2024, § 211 Rn. 59; aus der Rspr. vgl. zuletzt BGH B. v. 10.11.2022 – 4 StR 192/22 (Amokfahrt Volkmarsen) – NStZ 2023, 288 = StV 2023, 317 (Anm. Eisele JuS 2023, 469; LL 2023, 540; RÜ 2023, 301; Engländer NStZ 2023, 290); BGH U. v. 13.04.2023 – 4 StR 429/22 – StV 2024, 107; BGH B. v. 13.09.2023 – 4 StR 40/23 – NStZ-RR 2024, 54 = StV 2024, 231.

[136] Kindhäuser/Hilgendorf, LPK, 9. Aufl. 2022, § 211 Rn. 26; aus der Rspr. vgl. zuletzt BGH B. v. 10.02.2021 – 1 StR 500/20 – NStZ 2021, 361 = StV 2022, 93 (Anm. Eisele JuS 2021, 892; Schneider NStZ 2021, 362).

ihn noch am selben Abend zu verlassen. Gegen 14.15 Uhr verließ B das Lokal mit dem Bemerken, seinen Pkw, einen Chevrolet Camaro, in die Garage fahren zu wollen, obwohl seine Lebensgefährtin ihn gebeten hatte, dies wegen seiner Alkoholisierung zu unterlassen. Er startete den Motor, ließ ihn mehrfach aufheulen und lenkte das Fahrzeug sodann in einer etwa S-förmig verlaufenden, insgesamt 86 m langen Wegstrecke zunächst nach links über die S-Straße hinweg auf den gegenüberliegenden Gehweg in den dortigen Terrassenbereich des Eiscafés „D.". Ohne anzuhalten fuhr er, ein Bankgebäude passierend, auf dem Gehweg weiter, überquerte kurz vor Erreichen der N-Straße erneut die S-Straße und steuerte das Fahrzeug auf den gegenüberliegenden Gehweg in die Außenterrasse des Cafés „Fl.". Diese durchfuhr er über eine Strecke von ca. 10 m. Anschließend überquerte er die N-Straße und kam nach weiteren 20 m zum Stehen. B fuhr „zügig" mit etwa gleich bleibender Geschwindigkeit von max. 34 bis 37 km/h. Die Außenterrassen der beiden Cafés waren zu dieser Zeit voll besetzt, auf den Gehwegen herrschte Fußgängerverkehr. Während der Fahrt kollidierte das Fahrzeug des B mit mehreren Gegenständen, u. a. mit Mobiliar des Eiscafés „D.". Ein 68-jähriger Gast dieses Cafés wurde durch aufgeschleudertes Mobiliar getroffen und verletzt. Auf der Terrasse des Cafés „Fl." wurden zunächst vier erwachsene Personen und die 7-jährige Z1 vom Fahrzeug des B erfasst und gestreift und hierdurch verletzt. Schließlich erfasste B mit dem Fahrzeug den an einem Tisch sitzenden 29-jährigen Z2, der unter das Fahrzeug gezogen und bis zu dessen Stillstand 20 m mitgeschleift wurde. Z2 wurde lebensgefährlich verletzt. Drei weitere Personen konnten dem Fahrzeug des B durch einen rechtzeitigen Sprung zur Seite ausweichen. ◄

So kann auch der Chevrolet konkret ein gemeingefährliches Mittel sein, weil der B mit ihm eine Mehrzahl von Menschen an Leib und Leben gefährdet hat und aufgrund der Alkoholisierung die Ausdehnung der Gefahr nicht in seiner Gewalt hatte.[137]

Beispiel 19

BGH U. v. 04.12.2002– 4 StR 103/02 – BGHSt 48, 119 = NJW 2003, 836 = NStZ 2003, 266 = StV 2004, 135 (Anm. Geppert JK 2003 StGB § 315b/9; König JA 2003, 818; Martin JuS 2003, 620; LL 2003, 340; RÜ 2003, 170; RA 2003, 128; König JR 2003, 255; Berz/Saal NZV 2003, 198):

B verübte bei insgesamt 13 Gelegenheiten jeweils bei Dunkelheit Anschläge auf den Autobahnverkehr auf der BAB 15, indem er Gegenstände auf dort fahrende Kraftfahrzeuge warf, von Autobahnbrücken Gegenstände so herunterhängte, dass diese die Fahrzeuge in Höhe der Frontscheiben trafen, bzw. Steine und andere Gegenstände so auf der Fahrbahn aufstellte, dass Fahrzeuge dagegen stießen. In allen Fällen kam es zu Unfällen mit zumindest Sachschäden in unterschiedlicher Höhe. In zwei Fällen erlitten Insassen von Pkw auch Verletzungen. ◄

---

[137] Ähnliches gilt für Kraftfahrzeugrennen, hierzu Neumann Jura 2017, 160; Kubiciel/Hoven NStZ 2017, 439; Preuß NZV 2017, 105.

Die herabgeworfenen und herabgehängten Gegenstände sind gemeingefährliche Mittel, weil der B angesichts des dynamischen Verkehrs auf der Autobahn nicht unter Kontrolle hat, wohin sie treffen, und damit jeden unter ihm Hindurchfahrenden gefährdet. Erst recht kann er den Kausalverlauf nach einer Kollision mit dem Gegenstand weder abschätzen noch kontrollieren und gefährdet auf diese Weise ebenfalls die Verkehrsteilnehmer.

Problematisch ist, ob es sich um den Einsatz eines gemeingefährlichen Mittels handelt, wenn der betroffene Personenkreis **individualisierbar** ist.[138]

Beispiel 20

B sprengte ein Flugzeug mit einer Bombe, wobei alle Passagiere zu Tode kamen. ◄

Mehr Personen als die anwesenden Passagiere konnten nicht getötet werden.

Teilweise wird dies verneint,[139] teilweise[140] bejaht. Zutreffen dürfte ersteres, da nur dann die Gefahr einer Tötung oder Verletzung an sich Unbeteiligter droht, also eine Gefährdung der Allgemeinheit vorliegt (Wortlaut: *gemein*gefährlich); eine schlichte **Mehrfachtötung** genügt nicht.[141]

Ebenfalls mangelt es an einer Gemeingefährlichkeit, wenn zwar der Kreis potenzieller Opfer groß ist, aber letztlich nur eines getötet werden kann.[142]

Beispiel 21

BGH U. v. 01.09.1992 – 1 StR 487/92 – BGHSt 38, 353 = NJW 1993, 210 = NStZ 1993, 1136 = StV 1992, 573 (Anm. Geppert JK 1993 StGB § 211/23; von Heintschel-Heinegg JA 1993, 223; Jung JuS 1993, 518; Rengier JZ 1993, 364):

B richtete im Rahmen eines Streites aus einer Entfernung von 1,5 m die Pistole auf den Körper des Z1 und schoss in Tötungsabsicht, während Z1 in diesem Augenblick einen Faustschlag gegen den B führen wollte. Weil sich die Kontrahenten in Bewegung befanden, verfehlte das Geschoss sein Ziel und traf und verletzte einen vier Meter entfernt sitzenden Unbeteiligten. Das Lokal war mit ca. 70 Personen besetzt. Ferner wollte B seinen Gegner Z2 töten. Er gab ca. einen Meter vor der Schaufensterscheibe stehend durch diese hindurch einen Schuss

---

[138] Hierzu Eisele, BT I, 6. Aufl. 2021, Rn. 112f.
[139] Schneider, in: MK-StGB, 4. Aufl. 2021, § 211 Rn. 127.
[140] Eisele, BT I, 6. Aufl. 2021, Rn. 112f.
[141] Näher Mitsch JA 2021, 726; aus der Rspr. vgl. zuletzt BGH B. v. 14.04.2020 – 5 StR 93/20 – NJW 2020, 2973 = NStZ 2020, 614 = StV 2021, 111 (Anm. Eisele JuS 2020, 1221; RÜ 2020, 432; Zieschang NStZ 2020, 615; Sinn ZJS 2021, 92; famos 8/2021); BGH B. v. 10.11.2022 – 4 StR 192/22 (Amokfahrt Volkmarsen) – NStZ 2023, 288 = StV 2023, 317 (Anm. Eisele JuS 2023, 469; LL 2023, 540; RÜ 2023, 301; Engländer NStZ 2023, 290).
[142] Joecks/Jäger, StGB, 13. Aufl. 2021, § 211 Rn. 50; aus der Rspr. vgl. BGH U. v. 26.02.1993 – 3 StR 207/92 – NStZ 1993, 341 (Anm. Brocker NStZ 1994, 33).

auf den Kopf einer unweit hinter der Scheibe befindlichen Person ab, die er für Z2 hielt, bei der es sich aber um Z3 handelte. Das Geschoss durchschlug die Schaufensterscheibe, flog knapp am Kopf des Z3 vorbei durch den Raum des voll besetzten Lokals und schlug an der rückwärtigen Wand in die Holzvertäfelung ein. Ein Unbeteiligter wurde durch einige infolge des Schusses in den Gaststättenraum fliegende Glassplitter am Auge verletzt. Die Verletzung Dritter nahm B jeweils billigend in Kauf. ◄

Auf den ersten Blick gefährdet ein Schuss alle Personen, die in der Schussbahn getroffen werden könnten. Dies resultiert jedoch nur aus der Unfähigkeit, den weiteren Verlauf präzise vorherzubestimmen.

Bei der Beurteilung, ob einem Mittel Gemeingefährlichkeit zukommt, berücksichtigt die Rspr.[143] auch persönliche **Fähigkeiten und Absichten des Täters** im Hinblick auf den anvisierten Einsatz.

Umstritten ist, ob ein Mord durch Einsatz gemeingefährlicher Mittel auch durch **Unterlassen** möglich ist.[144]

Beispiel 22

BGH U. v. 04.02.1986 – 5 StR 776/85 – BGHSt 34, 13 = NJW 1986, 1503 = StV 1986, 430:

B hatte sich auf ein Bett gelegt und geraucht und war dabei eingeschlafen. Als er plötzlich erwachte, stand das Bett in Flammen. Er sprang auf, ergriff seine Jacke und verließ in Panik das Haus. Als er auf der Straße stand und es in der Wohnung brennen sah, fiel ihm ein, dass sich dort noch zwei Männer befanden. Obwohl er die ihnen drohende Gefahr erkannte, benachrichtigte er weder die Feuerwehr noch die Polizei. Er ging zu einem Bekannten und mit ihm in eine Gaststätte. Die Feuerwehr erschien alsbald am Brandort. Der eine Mann war in der Wohnung erstickt, der andere hatte aus ihr entkommen können. Er wurde mit Brandverletzungen ins Krankenhaus gebracht. ◄

Beispiel 23

BGH B. v. 07.07.2009 – 3 StR 204/09 – NStZ 2010, 87 = StV 2011, 92 (Anm. Kudlich JA 2009, 901; RA 2009, 595; famos 10/2009; Satzger JK 2010 StGB § 211/57; Hecker JuS 2010, 360; LL 2010, 310; Bachmann/Goeck NStZ 2010, 510; Berster ZIS 2010, 255):

---

[143] Zuletzt BGH B. v. 12.11.2019 – 2 StR 415/19 – NStZ 2020, 284 (Anm. Nestler Jura 2020, 636; Engländer NStZ 2020, 285); BGH B. v. 14.04.2020 – 5 StR 93/20 – NJW 2020, 2973 = NStZ 2020, 614 = StV 2021, 111 (Anm. Eisele JuS 2020, 1221; RÜ 2020, 432; Zieschang NStZ 2020, 615; Sinn ZJS 2021, 92; famos 8/2021); BGH B. v. 10.02.2021 – 1 StR 500/20 – NStZ 2021, 361 = StV 2022, 93 (Anm. Eisele JuS 2021, 892; Schneider NStZ 2021, 362); BGH B. v. 10.11.2022 – 4 StR 192/22 (Amokfahrt Volkmarsen) – NStZ 2023, 288 = StV 2023, 317 (Anm. Eisele JuS 2023, 469; LL 2023, 540; RÜ 2023, 301; Engländer NStZ 2023, 290).

[144] Hierzu näher Grünewald Jura 2005, 519.

B1 ging davon aus, dass seine Lebensgefährtin B2 die Beziehung mit ihm beendet hatte. Hierüber war er verzweifelt. Er beschloss deshalb, aus dem Leben zu scheiden, und öffnete die Gasleitung in seiner in einem Mehrfamilienhaus befindlichen Wohnung, um sich zu vergiften. Nachdem das Erdgas 10 bis 15 min ausgeströmt war, verschloss er den Gashahn wieder und führte ein Telefongespräch mit einer Freundin, in dessen Verlauf er sich beruhigte. Dieses beendete er, als B2 klingelte, um ihre Sachen abzuholen. Er öffnete ihr die Tür. Sodann ließ er es geschehen, dass B2 sich eine Zigarette anzündete. Die Flamme des Feuerzeuges entzündete das in dem Raum befindliche Luft-Gas-Gemisch; die hierdurch verursachte Explosion brachte das gesamte Haus zum Einsturz. Von den Trümmern wurde ein Mitbewohner des Hauses erschlagen. B1 und B2 erlitten schwere Verletzungen. ◄

Teile der Lehre nehmen die Möglichkeit eines Unterlassens ohne besondere Einschränkungen an.[145]

Die Rspr.[146] und die wohl h. L.[147] lehnen dies ab, wenn der Täter eine bereits vorhandene gemeingefährliche Situation (lediglich) ausnutzt.

Die h. M. ist zu kritisieren: Die besondere Schwere des Mordvorwurfs ist auch bei Unterlassen gerechtfertigt, da eine Berücksichtigung i. R. d. § 13 II StGB genügt. Das Erkennen und Ausnutzen einer bestehenden Gefahr ist der vorsätzlichen Schaffung einer solchen Gefahr durchaus vergleichbar, auch im Hinblick auf die Rücksichtslosigkeit des Täters. Wieso der Tötungsvorsatz im Zeitpunkt der Gefahrsetzung relevant sein soll, erschließt sich angesichts des Koinzidenzprinzips des § 8 StGB nicht.

b) Subjektiver Tatbestand

Zunächst muss der Täter Vorsatz bzgl. der Merkmale des § 212 I StGB aufweisen (ggf. genügt der Verweis auf die vorherige Totschlagsprüfung).

Hinzu kommt Vorsatz bzgl. der objektiven Mordmerkmale.

4. Rechtswidrigkeit

Es gelten die allgemeinen Grundsätze.

5. Schuld

Es gelten die allgemeinen Grundsätze.

6. Rechtsfolgen

Absolut angeordnete Strafe ist die lebenslange Freiheitsstrafe.

§ 213 StGB ist auf § 211 StGB nicht anwendbar, s. o.

Zur außergesetzlichen sog. Rechtsfolgenlösung der Rspr. s. o.

---

[145] Fischer, StGB, 71. Aufl. 2024, § 211 Rn. 61; Eisele, BT I, 6. Aufl. 2021, Rn. 116.
[146] S. BGH U. v. 04.02.1986 – 5 StR 776/85 – BGHSt 34, 13 (14).
[147] Etwa Wessels/Hettinger/Engländer, BT 1, 47. Aufl. 2023, Rn. 57.

III. Mord aufgrund sog. subjektiver Mordmerkmale, § 211 II 1. und 3. Gruppe StGB

1. Aufbau
I. Tatbestand
 1. Objektiver Tatbestand
    - Einen Menschen tötet
 2. Subjektiver Tatbestand
    a) Vorsatz
    b) Aus Mordlust, zur Befriedigung des Geschlechtstriebs, aus Habgier oder sonst aus niedrigen Beweggründen oder um eine andere Straftat zu ermöglichen oder zu verdecken
II. Rechtswidrigkeit
III. Schuld

2. Allgemeines
Die Mordmerkmale der ersten und dritten Gruppe werden im subjektiven Tatbestand geprüft. Zu den hier z. T. normierten qualifizierten Formen des Vorsatzes s. bereits im Allgemeinen Teil.

Da die sonst niedrigen Beweggründe schon ausweislich des Wortlauts („sonst") eine Auffangfunktion innehaben (bzw. andersherum die übrigen subjektiven Mordmerkmale gesetzliche Beispielsfälle und also *leges speciales* sind), sollten sie in einer Fallbearbeitung erst als letztes Mordmerkmal geprüft werden. Daher (und weil die sog. Verdeckungsabsicht bedeutsamer ist als die sog. Ermöglichungsabsicht) erfolgt die Reihenfolge der Darstellung abweichend von der des Normtexts.

3. Tatbestand

a) Objektiver Tatbestand
Zum Merkmal „einen Menschen tötet" s. o.

b) Subjektiver Tatbestand

aa) Vorsatz
Hierzu vgl. o.

bb) Aus Mordlust, zur Befriedigung des Geschlechtstriebs, aus Habgier oder sonst aus niedrigen Beweggründen oder um eine andere Straftat zu ermöglichen oder zu verdecken

(1) Allgemeines
Zur üblichen, aber eher unterkomplexen Unterteilung des § 211 II StGB in sog. objektive und subjektive Mordmerkmale s. o.

C. Mord, § 211 StGB

(2) Aus Mordlust

▶ **Didaktische Aufsätze**
- Köhne, Die Mordmerkmale „Mordlust" und „zur Befriedigung des Geschlechtstriebs", Jura 2009, 100
- Kühl, Die drei speziellen niedrigen Beweggründe des § 211 II StGB, JA 2009, 566

Aus Mordlust[148] tötet derjenige Täter, dessen Tathandlung auf einem Antrieb zum Töten beruht, der auf den Tötungsvorgang als solchen gerichtet ist.[149] Dies ist insbesondere bei Tötungen der Fall, die der Täter aufgrund von Freude an der Vernichtung eines Menschenlebens vornimmt.[150] Das Opfer ist in diesen Fällen beliebig.

Es handelt sich um das einzige Mordmerkmal, dessen Motivation in sich selbst liegt (Lust zum Mord); das gesteigerte Unwerturteil liegt darin begründet, dass in der mordlüstigen Tötung eine prinzipielle, vom individuellen Träger gelöste Missachtung fremden Lebens zum Ausdruck kommt.

Beispiel 24

BGH U. v. 15.04.1986 – 1 StR 651/85 – BGHSt 34, 59 = NJW 1986, 2120 = NStZ 1986, 454 (Anm. Geerds JR 1986, 519; Otto JK 1987 StGB § 211/15):

B nahm am 17.10.1984 tagsüber etwa 15 halbe Liter Bier zu sich; zuletzt hielt er sich in der Bahnhofsgaststätte in F. auf. Gegen 19.00 Uhr suchte er die außerhalb des Lokals im Untergeschoss des Bahnhofsgebäudes gelegene Toilette auf. Er empfand diesen abgelegenen und verlassenen Ort als unheimlich und dachte bei sich, wenn man hier jemanden umbringen würde, würde es niemand hören und bemerken. Danach ging er zur Bahnhofshalle zurück und setzte sich auf eine Bank im Gang der zu diesem Zeitpunkt menschenleeren Bahnhofshalle. Er erinnerte sich an einen Zeitschriftenartikel, in dem über die Tötung einer alten Frau durch zwei Jugendliche berichtet worden war, und dachte bei sich, wenn er einmal so etwas mache, dann mache er es so, dass man ihn nicht erwische. Als B am Ende dieser Überlegungen gerade von der Bank aufstehen wollte, ging die damals 21 Jahre alte G an ihm vorbei zu Toilette. Als er die junge Frau sah, dachte er bei sich, jetzt oder nie, und meinte dabei bei sich selbst, entweder bringe er diese Frau jetzt um oder er lasse es überhaupt bleiben. Er entschloss sich dann, das Mädchen zu töten, wobei er sich ausschließlich von dem Willen leiten ließ, einen Menschen vom Leben zum Tode zu befördern. Diesen Vernichtungshass

---

[148] Hierzu näher Grotendiek/Göbel NStZ 2003, 118; Köhne Jura 2009, 100; Kühl JA 2009, 566.
[149] Eisele, BT I, 6. Aufl. 2021, Rn. 80; aus der Rspr. vgl. zuletzt BGH U. v. 22.10.2014 – 5 StR 380/14 – BGHSt 60, 52 = NJW 2014, 3737 = NStZ 2015, 33 = StV 2015, 691 (Anm. Satzger Jura 2015, 767; Drees NStZ 2015, 35; Bartsch StV 2015, 718; Grünewald HRRS 2015, 162).
[150] Fischer, StGB, 71. Aufl. 2024, § 211 Rn. 8; aus der Rspr. vgl. zuletzt BGH B. v. 13.08.2019 – 5 StR 257/19 (Joker) – NStZ 2019, 680 = StV 2020, 690 (Anm. RÜ 2019, 253; Mitsch NStZ 2019, 681; Eckel StV 2020, 690).

vermochte B trotz des Zusammenwirkens seiner Alkoholisierung und seiner seelischen Abartigkeit zu erfassen. Er wartete einen Augenblick und ging dann ebenfalls die Treppe zur Toilette hinunter. In der Damentoilette packte er die am Waschbecken stehende G mit beiden Händen fest am Hals, um sie zu erwürgen. G gelang es, den Angriff abzuwehren und zu entkommen. ◄

Hier übte allein die Tötung eines Menschen eine besondere Faszination auf den B aus. Er wollte schlicht einen Menschen vom Leben zum Tode befördern und dabei nicht erwischt werden.

Als Fälle der Mordlust kommen u. a. sportliches Jagen, reiner Mutwille an einem Zufallsopfer, Langeweile, Neugier, Zeitvertreib, Unterhaltung, Angeberei, Mutprobe, Nervenkitzel oder sexuelle Stimulanz in Betracht.[151]

Zu beachten ist, dass das bloße Fehlen eines nachvollziehbaren Tötungsmotivs nicht für die Annahme von Mordlust genügt.[152] In einer Fallbearbeitung ist insofern Zurückhaltung geboten.

Triebhafte oder gefühlsmäßige Regungen stehen der Annahme von Mordlust nicht entgegen.[153]

Problematisch ist, ob Mordlust auch bei Eventualvorsatz möglich ist.[154]

Zwar verneinen dies die Rspr.[155] und die h. L.,[156] allerdings ist etwa bei sportlichem Jagen zum Zwecke des Nervenkitzels eine Annahme von Mordlust bei bloß bedingtem Tötungsvorsatz durchaus vereinbar.

Ebenso zweifelhaft ist es, wenn die h. M.[157] eine Verwirklichung durch Unterlassen für ausgeschlossen hält. So kann der Täter beispielsweise trachten, ein hilfsbedürftiges Opfer verdursten zu sehen.

Angesichts der in Fällen der Mordlust starken Abweichung der Täterpsyche von einer gesunden Geisteshaltung ist stets auch an eine Schuldunfähigkeit bzw. verminderte Schuldfähigkeit nach den §§ 20, 21 StGB zu denken.

---

[151] Kindhäuser/Hilgendorf, LPK, 9. Aufl. 2022, § 211 Rn. 9; aus der Rspr. vgl. zuletzt BGH B. v. 13.08.2019 – 5 StR 257/19 (Joker) – NStZ 2019, 680 = StV 2020, 690 (Anm. RÜ 2019, 253; Mitsch NStZ 2019, 681; Eckel StV 2020, 690).

[152] Kindhäuser/Hilgendorf, LPK, 9. Aufl. 2022, § 211 Rn. 9 gegen BGH U. v. 19.10.2001 – 2 StR 259/01 – BGHSt 47, 128 = NJW 2002, 382 = NStZ 2002, 84 = StV 2003, 19 (Anm. RÜ 2002, 168; Neumann JR 2002, 471; Otto JZ 2002, 567; Saliger StV 2003, 38).

[153] Fischer, StGB, 71. Aufl. 2024, § 211 Rn. 8; aus der Rspr. vgl. BGH U. v. 15.04.1986 – 1 StR 651/85 – BGHSt 34, 59 = NJW 1986, 2120 = NStZ 1986, 454 (Anm. Geerds JR 1986, 519; Otto JK 1987 StGB § 211/15); BGH U. v. 12.01.1994 – 3 StR 633/93 – NJW 1994, 2629 = NStZ 1994, 239 = StV 1995, 636 (Anm. Kühl, Höchstrichterliche Rspr. BT, 2002, Nr. 16; Fabricius StV 1995, 637); BGH B. v. 16.04.2007 – 5 StR 335/06 – NStZ 2007, 522 (Anm. Eisenberg/Schmitz NStZ 2008, 94).

[154] S. Joecks/Jäger, StGB, 13. Aufl. 2021, § 211 Rn. 12; aus der Rspr. vgl. BGH U. v. 26.02.1986 – 3 StR 18/86; BGH U. v. 19.10.2001 – 2 StR 259/01 – BGHSt 47, 128 = NJW 2002, 382 = NStZ 2002, 84 = StV 2003, 19 (Anm. RÜ 2002, 168; Neumann JR 2002, 471; Otto JZ 2002, 567; Saliger StV 2003, 38).

[155] S. o.

[156] Z. B. Joecks/Jäger, StGB, 13. Aufl. 2021, § 211 Rn. 12.

[157] Eser/Steinberg-Lieben, in: Schönke/Schröder, StGB, 30. Aufl. 2019, § 211 Rn. 15.

C. Mord, § 211 StGB

(3) Zur Befriedigung des Geschlechtstriebes

▶ **Didaktische Aufsätze**
- Köhne, Die Mordmerkmale „Mordlust" und „zur Befriedigung des Geschlechtstriebs", Jura 2009, 100
- Kühl, Die drei speziellen niedrigen Beweggründe des § 211 II StGB, JA 2009, 566

Zur Befriedigung des Geschlechtstriebs[158] tötet der Täter, wenn er geschlechtliche Befriedigung in der Tötung sucht („Lustmörder"),[159] wenn er sich an der Leiche des Getöteten sexuell befriedigen will (Nekrophilie)[160] oder wenn er bei Begehung eines Sexualdelikts mit bedingtem Tötungsvorsatz[161] handelt.[162] Bei alledem lässt der Wortlaut auch die Konstellation zu, dass der Geschlechtstrieb eines Dritten befriedigt werden soll.[163]

Aufgrund der subjektiven Fassung („zur") ist allein die **Zielrichtung** als Beweggrund zur Tötung[164] relevant, das tatsächliche Erreichen – Befriedigung – ist nicht erforderlich.[165] Es muss aber Befriedigung erstrebt werden, nicht lediglich Stimulanz.[166]

---

[158] Hierzu näher Köhne Jura 2009, 100; Kühl JA 2009, 566; Kritik bei Schorsch FS Venzlaff 1986, 169.

[159] S. Schneider, in: MK-StGB, 4. Aufl. 2021, § 211 Rn. 55; aus der Rspr. vgl. zuletzt BGH U. v. 04.07.2018 – 2 StR 245/17 – BGHSt 63, 161 = NJW 2019, 449 = NStZ 2019, 199 = StV 2020, 88 (Anm. Eisele JuS 2019, 497; Sinn ZJS 2019, 241; Kudlich NJW 2019, 453; Schiemann NStZ 2019, 186; Mitsch JR 2019, 262; Puschke HRRS 2019, 346); BGH B. v. 28.02.2023 – 4 StR 491/22 – NStZ-RR 2023, 271.

[160] Eisele, BT I, 6. Aufl. 2021, Rn. 81; aus der Rspr. vgl. OGH U. v. 23.01.1950 – StS 353/49 – OGHSt 2, 337; BGH U. v. 08.06.1955 – 3 StR 163/55 – BGHSt 7, 353 = NJW 1955, 1196; BGH U. v. 07.10.1981 – 2 StR 356/81 – StV 1982, 14; BGH U. v. 28.11.2007 – 2 StR 477/07 – BGHSt 52, 96 = NJW 2008, 1239 = NStZ 2008, 648 = StV 2008, 181 (Anm. RA 2008, 166; Herbst/Plüür HRRS 2008, 250).

[161] Eisele, BT I, 6. Aufl. 2021, Rn. 81; aus der Rspr. vgl. BGH U. v. 17.09.1963 – 1 StR 301/63 – BGHSt 19, 101 = NJW 1963, 2236; BGH U. v. 06.03.1978 – 1 StR 348/78; BGH U. v. 29.07.1982 – 4 StR 279/82 – NJW 1982, 2565 = NStZ 1982, 464 = StV 1983, 18; BGH U. v. 28.01.1992 – 5 StR 491/91 – StV 1992, 259.

[162] Zsf. Fischer, StGB, 71. Aufl. 2024, § 211 Rn. 9.

[163] Schneider, in: MK-StGB, 4. Aufl. 2021, § 211 Rn. 54.

[164] Aus der Rspr. vgl. zuletzt BGH B. v. 28.02.2023 – 4 StR 491/22 – NStZ-RR 2023, 271.

[165] Eisele, BT I, 6. Aufl. 2021, Rn. 81; aus der Rspr. vgl. OGH U. v. 23.01.1950 – StS 353/49 – OGHSt 2, 337; BGH U. v. 29.07.1982 – 4 StR 279/82 – NJW 1982, 2565 = NStZ 1982, 464 = StV 1983, 18; BGH U. v. 22.04.2005 – 2 StR 310/04 (Kannibale von Rotenburg) – BGHSt 50, 80 = NJW 2005, 1876 = NStZ 2005, 505 = StV 2005, 391 (Anm. Geppert JK 2005 StGB § 211/46a und b; Kubiciel JA 2005, 763; Kudlich JuS 2005, 958; LL 2005, 535; RÜ 2005, 365; RA 2005, 358; famos 7/2005; Schiemann NJW 2005, 2350; Kudlich JR 2005, 342; Otto JZ 2005, 799; Kreuzer StV 2007, 598; Momsen/Jung ZIS 2007, 162; Mitsch ZIS 2007, 197).

[166] Schneider, in: MK-StGB, 4. Aufl. 2021, § 211 Rn. 54; aus der Rspr. vgl. BGH U. v. 21.12.1951 – 1 StR 675/51 – BGHSt 2, 60 = NJW 1952, 392; BGH B. v. 10.05.2001 – 4 StR 52/01 – NStZ 2001, 598; BGH B. v. 13.08.2003 – 2 StR 243/03 – NStZ-RR 2004, 8.

Zu unterscheiden ist dies von einem erst nach der Tötung entstehenden Wunsch nach sexueller Betätigung.[167]

Nach der Rspr.[168] handelt der Täter auch dann zur Befriedigung des Geschlechtstriebs, wenn er eine Befriedigung erst bei der späteren Betrachtung eines **Videos** vom Tötungsakt und dem Umgang mit der Leiche finden will.

Beispiel 25

BGH U. v. 22.04.2005 – 2 StR 310/04 (Kannibale von Rotenburg) – BGHSt 50, 80 = NJW 2005, 1876 = NStZ 2005, 505 = StV 2005, 391 (Anm. Geppert JK 2005 StGB § 211/46a und b; Kubiciel JA 2005, 763; Kudlich JuS 2005, 958; LL 2005, 535; RÜ 2005, 365; RA 2005, 358; famos 7/2005; Schiemann NJW 2005, 2350; Kudlich JR 2005, 342; Otto JZ 2005, 799; Kreuzer StV 2007, 598; Momsen/Jung ZIS 2007, 162; Mitsch ZIS 2007, 197):

In der Vorstellung des B entstanden kurz vor Einsetzen der Pubertät Fantasien, in denen er sein Ziel, eine Person für immer bei sich zu haben und an sich zu binden, dadurch zu realisieren suchte, dass er diese Person sich einverleibte. Zielobjekt seiner Vorstellung war hierbei jeweils eine jüngere männliche Person. Angelehnt an Hausschlachtungen, die der B miterlebt hatte, malte er sich aus, wie er als Schlachter eine Person durch Abstechen tötete und dann, was er als besonderen Moment betrachtete, den Bauchraum aufschlitzte und das Objekt nach seiner Vorstellung ausweidete, um es dann zu verspeisen. Mit Einsetzen der Pubertät verband B mit diesen Fantasien einen Lustgewinn, was zur Folge hatte, dass er diese Fantasien zur Erregung während des Onanierens einsetzte und auch hierbei das Aufschlitzen und Ausweiden des Bauchraums als Höhepunkt erlebte. In der Regel gelangte er in seiner Fantasie nicht mehr bis zum Verzehren des Fleisches der geschlachteten Person, da er vorher seinen sexuellen Höhepunkt erreichte. Ungefähr ab 1999 beschäftigte sich B über das Internet immer stärker mit dem Thema Kannibalismus. Er stieß dabei auch auf eine Schlachtanleitung für den menschlichen Körper. Schließlich begann er, über Internetforen Männer zum Schlachten und Verspeisen zu suchen. In seinem Haus in W. richtete B einen „Schlachtraum" ein. Nach mehreren nicht i. S. d. B zielführenden Internetkontakten stieß er Anfang Februar 2001 im Internet auf das spätere Opfer G. G litt an einer progredienten Form des sexuellen Masochismus. Er knüpfte die Vorstellung des höchsten Lustempfindens an eine Penisamputation. Der dabei erwartete sexuelle Höhepunkt besetzte das Bewusstsein des G dermaßen, dass danach für ihn nichts mehr eine Rolle spielen sollte und sein Tod dem erwarteten ultimativen Hoch-

---

[167] Schneider, in: MK-StGB, 4. Aufl. 2021, § 211 Rn. 58; aus der Rspr. vgl. BGH U. v. 21.12.1951 – 1 StR 675/51 – BGHSt 2, 60 = NJW 1952, 392; BGH B. v. 10.05.2001 – 4 StR 52/01 – NStZ 2001, 598; BGH B. v. 13.08.2003 – 2 StR 243/03 – NStZ-RR 2004, 8.

[168] S. zuletzt BGH U. v. 06.04.2016 – 5 StR 504/15 – NStZ 2016, 469 (Anm. Jäger JA 2016, 629; Eisele JuS 2016, 947; LL 2016, 702; famos 8/2016; Drees NStZ 2016, 471; Hinz JR 2016, 576; Berster ZIS 2017, 139; Zehetgruber HRRS 2017, 31); BGH U. v. 21.02.2018 – 5 StR 267/17 – NStZ-RR 2018, 172 (Anm. Nestler Jura 2018, 755; RÜ 2018, 435; Hinz JR 2018, 588; Stam JZ 2018, 1055).

gefühl folgen konnte. Die natürliche Einsichts- und Willensfähigkeit des G war durch seine krankhafte seelische Störung in Form des extremen sexuellen Masochismus dergestalt eingeschränkt, dass er die Tragweite seines späteren Entschlusses, sich töten und schlachten zu lassen, nicht vollends rational überblickte. Zwischen B und G entwickelte sich ein reger E-Mail-Verkehr. Darin schilderte G seine sexuelle Präferenz der Penisamputation; B erläuterte seine Vorstellungen. Beide zeigten Bereitschaft, auf die jeweiligen Interessen des anderen einzugehen. Dem B war es nach seinen Angaben wichtig, sich eine sympathische Person einzuverleiben und somit eine untrennbare Bindung herzustellen. Dies war für ihn ebenso eine Bedingung für das Schlachten und Einverleiben, wie der Umstand, dass sich der zu Schlachtende freiwillig zur Verfügung stellte. Am 09.03.2001 reiste G mit dem Zug nach K., wo ihn B abholte. Man kam überein, das Vorhaben bereits an diesem Tage durchzuführen. Alsbald nach dem Eintreffen im Haus des B kam es im Schlachtraum zu sexuellen Handlungen. B biss G hierbei an verschiedenen Körperstellen, vor allem am Penis. Dabei ging er jedoch da er selbst sein Lustempfinden nicht an diese Handlungen knüpfte zögerlich und gehemmt vor. G beschloss daraufhin, nach Hause zurückzukehren, ohne sein Vorhaben ausgeführt zu haben. Nach einem Überredungsversuch, der vergeblich verlief, brachte der B den G schließlich am Nachmittag des gleichen Tages zum Bahnhof zurück. Dort besann sich G aber doch eines anderen. Mit Hilfe des B sollte die Abtrennung seines Penis wenigstens mit einem Messer realisiert werden. Beide kehrten zum Haus des B zurück und begaben sich in den Schlachtraum. Gegen 18.30 Uhr sagte G dann dem B, dass dieser ihm jetzt den Penis abschneiden möge, was beim zweiten Versuch auch gelang. B verband die Wunde des G, um zu verhindern, dass dieser auf Grund des Blutverlustes sofort ohnmächtig würde. Das ultimative Hochgefühl, welches G sich von der Penisamputation versprach, stellte sich allerdings nicht ein. Dennoch blieb G bei seinem Entschluss, dass dies für ihn der finale Akt sein sollte und der B ihn hernach spurlos beseitigen könne. Er untersagte dem B, einen Notarzt zu rufen. In den folgenden Stunden bereitete G sich auf das Sterben vor. Er erklärte dem B, dass er ihn Abstechen solle, sobald er bewusstlos geworden sei. Die irreversible Bewusstlosigkeit trat bei G gegen 04.00 Uhr morgens ein. B legte G daraufhin auf die Schlachtbank und installierte eine Videokamera so, dass sie das nun folgende Geschehen aufzeichnen konnte. Er hatte dabei vor, die Filmaufnahmen zu bearbeiten, (jedenfalls Teile daraus) an Kontaktpersonen im Internet zu versenden sowie gegebenenfalls weitere potenzielle Schlachtopfer mit der Vorführung des Videos zu locken. G lebte zu diesem Zeitpunkt noch. B kommentierte dies mit den Worten: „Dein Puls rast". Nach mehrfachem Zögern setzte er dem G zwei tödliche Halsstiche. Sexuell war er bei der Tötung nicht erregt. In der Folgezeit zerlegte B die Leiche des G entsprechend der Schlachtanleitung aus dem Internet. Auch dies nahm er auf Video auf. Seine einzelnen Handlungen kommentierte er dabei immer wieder, z. T. mit abfälligen Bemerkungen über die Fleischkonsistenz. Am 12.03.2001 nahm B zum ersten Mal Fleisch vom Körper des G in gebratener Form zu sich. Nach der Mahlzeit schaute er sich den von ihm aufgezeichneten Videofilm mindestens einmal an und onanierte dabei. Auch in der Folgezeit suchte B immer wieder wenn auch vergeblich weitere Opfer für ein Schlachten. Meist waren diese jedoch lediglich an einem Rollenspiel interessiert. Auch wenn sie sich bereits in seinem Schlachtraum befanden und zum Schlachten mit den Füßen nach oben aufgehängt waren, ließ B sofort von weiterem Tun ab, wenn sie dies wünschten. Aus dem Video gewonnene Fotografien übersandte B zweifach an eine weitere Person per E-Mail. Bei dem B liegt und lag zum Tatzeitpunkt eine schwere andere seelische Abartigkeit in Form einer Persönlichkeitsstörung mit schizoiden Zügen vor, die verbunden ist mit einer sexuellen Einengung auf den Fetisch Männerfleisch. B war jedoch zum Tatzeitpunkt weder in seiner Einsichtsfähigkeit noch in seiner Steuerungsfähigkeit erheblich beeinträchtigt. ◄

Für die Annahme der Rspr. ist anzuführen, dass auch in den Fällen, in denen die Befriedigung erst bei späterem Videokonsum eintreten soll, der Getötete das Bezugsobjekt der Sinneslust ist, wenn auch nur vermittelt über das Filmmaterial.

In der Literatur wird demgegenüber z. T.[169] ein unmittelbarer räumlich-zeitlicher Zusammenhang zwischen Tötung und Befriedigungsziel für erforderlich gehalten oder darauf hingewiesen, dass im obigen Fall der Getötete mit dem Vorgehen einverstanden war. Gegen solche Restriktionen spricht allerdings, dass der Wortlaut keine Einschränkung vorsieht. Die Vermeidung unangemessener Strafbarkeit mag im Einzelfall wie bei der Heimtücke im Wege einer Rechtsfolgenlösung zu suchen sein.[170]

Die Tötung eines schutzbereiten **Dritten** genügt nicht; das Tötungsopfer muss identisch sein mit der Person, gegen die sich sexuelle Begehrlichkeit richtet.[171] In Betracht kommt eine Ermöglichungsabsicht, s. sogleich.

(3) Aus Habgier

▶ **Didaktische Aufsätze**
- Köhne, Die Mordmerkmale „Habgier" und „sonst aus niedrigen Beweggründen", Jura 2008, 805
- Kühl, Die drei speziellen niedrigen Beweggründe des § 211 II StGB, JA 2009, 566

---

[169] Krit. ggü. dem BGH etwa Mitsch ZIS 2007, 197 (200); Kudlich JR 2005, 342 (343); Otto JZ 2005, 799.

[170] Hiergegen aber ausdrücklich BGH U. v. 21.02.2018 – 5 StR 267/17 – NStZ-RR 2018, 172 (Anm. Nestler Jura 2018, 755; RÜ 2018, 435; Hinz JR 2018, 588; Stam JZ 2018, 1055).

[171] Fischer, StGB, 71. Aufl. 2024, § 211 Rn. 9; Eisele, BT I, 6. Aufl. 2021, Rn. 83; aus der Rspr. vgl. BGH U. v. 22.04.2005 – 2 StR 310/04 (Kannibale von Rotenburg) – BGHSt 50, 80 = NJW 2005, 1876 = NStZ 2005, 505 = StV 2005, 391 (Anm. Geppert JK 2005 StGB § 211/46a und b; Kubiciel JA 2005, 763; Kudlich JuS 2005, 958; LL 2005, 535; RÜ 2005, 365; RA 2005, 358; famos 7/2005; Schiemann NJW 2005, 2350; Kudlich JR 2005, 342; Otto JZ 2005, 799; Kreuzer StV 2007, 598; Momsen/Jung ZIS 2007, 162; Mitsch ZIS 2007, 197).

Habgier[172] ist das Streben nach materiellen Vorteilen, das in seiner Hemmungs- und Rücksichtslosigkeit das erträgliche Maß weit übersteigt.[173]

Problematisch ist hieran, dass einerseits ein Gewinnstreben menschlich normal ist, andererseits aber jede Tötung aus finanziellen Motiven (für die der Täter also über Leichen geht) inakzeptabel ist.

Irrelevant ist, ob der Vorteil aus Sicht des Täters auch ohne die Tötung zu erlangen gewesen wäre.[174] Auch sind Größe und Dauerhaftigkeit des materiellen Vorteils unerheblich.[175]

Erstrebt werden muss eine unmittelbare Vermögensmehrung, es muss sich aber nicht um Vermögen des Getöteten handeln.[176]

Erfasst sind insbesondere drei Fallgestaltungen:

Zunächst ist der „klassische" **Raubmord** zu nennen.[177]

Ferner liegt Habgier bei einem Täter vor, der gegen **Entgelt** oder Belohnung handelt (gedungener Mörder).[178]

Drittens erfüllt auch die Tötung zur Erlangung einer **Erbschaft** oder **Versicherung** das Merkmal der Habgier.[179]

---

[172] Hierzu näher Paeffgen GA 1982, 255; Küper GS Meurer 2002, 191; Köhne Jura 2008, 805; Kühl JA 2009, 566.

[173] Joecks/Jäger, StGB, 13. Aufl. 2021, § 211 Rn. 17; aus der Rspr. vgl. zuletzt BGH B. v. 19.05.2020 – 4 StR 140/20 – NStZ 2020, 733 (Anm. RÜ 2020, 646; Mitsch NStZ 2020, 733; Jäger JA 2021, 167; Krell JR 2021, 849);
BGH U. v. 15.12.2021 – 6 StR 312/21 – NStZ-RR 2022, 47 = StV 2023, 327 (Anm. Eisele JuS 2022, 686; RÜ 2022, 573).

[174] Fischer, StGB, 71. Aufl. 2024, § 211 Rn. 10; aus der Rspr. vgl. zuletzt BGH B. v. 19.05.2020 – 4 StR 140/20 – NStZ 2020, 733 (Anm. RÜ 2020, 646; Mitsch NStZ 2020, 733; Jäger JA 2021, 167; Krell JR 2021, 849).

[175] Kindhäuser/Hilgendorf, LPK, 9. Aufl. 2022, § 211 Rn. 12; aus der Rspr. vgl. BGH U. v. 02.09.1980 – 1 StR 434/80 – BGHSt 29, 317 = NJW 1981, 136 (Anm. Geilen JK 1981 StGB § 211/6; Alwart JR 1981, 293); BGH U. v. 22.01.1981 – 4 StR 480/80 – NJW 1981, 932 (Anm. Geilen JK 1981 StGB § 211/8; Hassemer JuS 1981, 612; Franke JZ 1982, 525).

[176] Vgl. aus der Rspr. zuletzt BGH B. v. 19.05.2020 – 4 StR 140/20 – NStZ 2020, 733 (Anm. RÜ 2020, 646; Mitsch NStZ 2020, 733; Jäger JA 2021, 167; Krell JR 2021, 849).

[177] Joecks/Jäger, StGB, 13. Aufl. 2021, § 211 Rn. 17.

[178] Kindhäuser/Hilgendorf, LPK, 9. Aufl. 2022, § 211 Rn. 11; aus der Rspr. vgl. BGH U. v. 16.02.1993 – 5 StR 463/92 – NJW 1993, 2125 = NStZ 1993, 398 = StV 1993, 289; BGH B. v. 18.02.1993 – 1 StR 49/93 – NJW 1993, 1664 = NStZ 1993, 385 = StV 1993, 469 (Anm. Kühl, Höchstrichterliche Rspr. BT, 2002, Nr. 17; Otto JK 1994 StGB § 211/24); BGH U. v. 16.06.2003 – 2 StR 69/03 – StV 2004, 355.

[179] Kindhäuser/Hilgendorf, LPK, 9. Aufl. 2022, § 211 Rn. 11; aus der Rspr. vgl. BGH B. v. 18.02.1993 – 1 StR 49/93 – NJW 1993, 1664 = NStZ 1993, 385 = StV 1993, 469 (Anm. Kühl, Höchstrichterliche Rspr. BT, 2002, Nr. 17; Otto JK 1994 StGB § 211/24); BGH B. v. 09.02.1994 – 5 StR 668/93.

Umstritten ist, ob Habgier auch die **Vermeidung von Aufwendungen** erfasst.[180] Dies betrifft v. a. zum einen Fälle ersparter **Unterhaltszahlungen**.

Beispiel 26

BGH U. v. 22.10.1957 – 1 StR 435/57 – BGHSt 10, 399 = NJW 1957, 1808:
B versuchte Z zu töten, um von der Unterhaltslast für das von ihr erwartete Kind freizukommen. ◄

Zum anderen handelt es sich um Fälle, in denen ein Schuldner seinen **Gläubiger** tötet.

Die Rspr.[181] und die h. L.[182] bejahen die Habgier, die Gegenauffassung[183] verneint sie.

Zwar führt die verneinende Auffassung den Wortlaut und die mangelnde Vergleichbarkeit an – die Absicht, sich im Vermögen zu erhalten wiege leichter als jene, Vermögen zu erlangen. Recht zu geben ist aber der h. M.: Zum einen erfasst der Begriff der Habgier durchaus sowohl Fälle, in denen jemand etwas bekommen möchte, als auch solche, in denen er etwas behalten möchte; in beiden Fällen möchte der Täter etwas haben. Auch die wirtschaftliche, zivilrechtliche (im Zivilrecht ist die Befreiung von einer Forderung als Bereicherung, als Vermögensvorteil anerkannt) und teleologische Betrachtung spricht für eine Gleichbehandlung: Der Täter geht jeweils aus finanziellen Gründen über Leichen.

Ebenfalls habgierig handelt, wer eine bereits erlangte **Beute** endgültig **sichern** möchte und daher zur Tatbeendigung tötet.[184]

Umstritten ist, ob ein zivilrechtlicher **Anspruch** auf den Vermögensgegenstand die Habgier ausschließt.[185]

Zwar ist eine Tötung zur Durchsetzung zivilrechtlicher Ansprüche schweres Unrecht, auch enthält der Wortlaut keine Begrenzung – anders als in den §§ 242, 249 (Absicht rechtswidriger Zueignung), 253, 263 StGB (Absicht rechtswidriger Bereicherung). Allerdings strebt ein Täter, der einen Anspruch innehat, keinen Zugewinn

---

[180] Hierzu Fischer, StGB, 71. Aufl. 2024, § 211 Rn. 11; aus der Rspr. vgl. OGH U. v. 24.08.1948 – StS 55/48 – OGHSt 1, 81; BGH U. v. 25.07.1952 – 1 StR 272/52 – BGHSt 3, 132 = NJW 1952, 1026; BGH U. v. 30.09.1952 – 1 StR 296/52 – BGHSt 3, 183 = NJW 1952, 1385; BGH U. v. 13.11.1979 – 1 StR 526/79; BGH B. v. 18.02.1993 – 1 StR 49/93 – NJW 1993, 1664 = NStZ 1993, 385 = StV 1993, 469 (Anm. Kühl, Höchstrichterliche Rspr. BT, 2002, Nr. 17; Otto JK 1994 StGB § 211/24); BGH U. v. 02.03.1995 – 1 StR 595/94 – BGHSt 41, 57 = NJW 1995, 2365 = NStZ 1995, 493.

[181] S. o.

[182] S. nur Eisele, BT I, 6. Aufl. 2021, Rn. 86.

[183] Z. B. Joecks/Jäger, StGB, 13. Aufl. 2021, § 211 Rn. 19.

[184] Schneider, in: MK-StGB, 4. Aufl. 2021, § 211 Rn. 62; aus der Rspr. vgl. zuletzt BGH B. v. 16.02.2021 – 2 StR 391/20 – NStZ-RR 2021, 171 = StV 2022, 94.

[185] Zsf. Eisele, BT I, 6. Aufl. 2021, Rn. 87; aus der Rspr. vgl. zuletzt BGH U. v. 15.12.2021 – 6 StR 312/21 – NStZ-RR 2022, 47 = StV 2023, 327 (Anm. Eisele JuS 2022, 686; RÜ 2022, 573).

an, da bereits der Anspruch in sein Vermögen fällt. Die Bestrafung wegen Totschlags drückt das Unrecht hinreichend aus.

Habgier erfordert keine absichtliche Tötung, **Eventualvorsatz** genügt.[186]

Bei **Motivbündeln** handelt der Täter nur dann aus Habgier, wenn sie das Gesamtbild der Tat noch prägt, **bewusstseinsdominant** ist.[187] Fernziele sind irrelevant.

Habgier kann (daher) auch bei Handeln im Affekt vorliegen.[188]

Eine Rechtsfolgenlösung für Ausnahmefälle, in denen die lebenslange Freiheitsstrafe verfassungsrechtlich problematisch erscheint (s. o.) lehnt die Rspr. für die Habgier ab.[189] In der Tat dürfte eine umsichtige Subsumtion der Grunddefinition hinreichende Restriktion bieten.

(4) Um eine andere Straftat zu verdecken

▶ **Didaktische Aufsätze**
- Geppert, Zum Begriff der „Verdeckungsabsicht" in § 211, Jura 2004, 242
- Köhne, Die Mordmerkmale der dritten Gruppe, Jura 2011, 650

(a) Allgemeines

Das Merkmal der sog. Verdeckungsabsicht[190] (s. auch §§ 306b II Nr. 2, 315 III Nr. 1 lit. b StGB) birgt in der Fallbearbeitung zunächst ein **Aufbauproblem**: Da Inzidentprüfungen zu vermeiden sind, ist der Chronologie treu zu bleiben, sodass – entgegen der Regel, das schwerste Delikt an den Anfang zu stellen – das später zu verdeckende Delikt i. d. R. zuerst geprüft wird. Beim späteren Verweis nach oben ist aber darauf zu achten, dass es sich um ein subjektives Mordmerkmal handelt, bei dem die Tätervorstellung relevant ist und nicht die tatsächliche Rechtslage.

Das besondere Unrecht der Verdeckungsabsicht liegt darin, dass der Täter zur Durchsetzung seines egoistischen Ziels „über Leichen geht".[191]

---

[186] Ganz h. M., z. B. Eisele, BT I, 6. Aufl. 2021, Rn. 88; aus der Rspr. vgl. BGH B. v. 09.01.2004 – 2 StR 391/03 – NStZ 2004, 441.

[187] Fischer, StGB, 71. Aufl. 2024, § 211 Rn. 10; näher Alwart GA 1983, 433; aus der Rspr. vgl. zuletzt BGH B. v. 18.03.2020 – 4 StR 487/19 – NStZ 2020, 613.

[188] Kindhäuser/Hilgendorf, LPK, 9. Aufl. 2022, § 211 Rn. 11; aus der Rspr. vgl. BGH U. v. 25.07.1952 – 1 StR 272/52 – BGHSt 3, 132 = NJW 1952, 1026; BGH U. v. 13.11.1979 – 1 StR 526/79; BGH U. v. 02.09.1980 – 1 StR 434/80 – BGHSt 29, 317 = NJW 1981, 136 (Anm. Geilen JK 1981 StGB § 211/6; Alwart JR 1981, 293).

[189] BGH U. v. 15.11.1996 – 3 StR 79/96 – BGHSt 42, 301 = NJW 1997, 807 = NStZ 1997, 182 (Anm. Kühl, Höchstrichterliche Rspr. BT, 2002, Nr. 23; Otto JK 1997 StGB § 212/3; Martin JuS 1997, 661; Schöch NStZ 1997, 409; Sonnen NK 1997/2, 38; Dölling JR 1998, 160).

[190] Hierzu näher Köhler ZStW 1980, 121; Saliger ZStW 1997, 302; Geppert Jura 2004, 242; Köhne Jura 2011, 650.

[191] Schneider, in: MK-StGB, 4. Aufl. 2021, § 211 Rn. 218f.; aus der Rspr. vgl. BGH U. v. 13.09.1995 – 3 StR 360/95 – NStZ 1996, 81 (Anm. Otto JK 1996 StGB § 211/29; Fischer NStZ 1996, 416).

Die Verdeckungsabsicht ist als Mordmerkmal aber verfassungsrechtlich problematisch:[192] Die Angst davor, bestraft zu werden, und die Ergreifung von Selbstschutzmaßnahmen sind verständlich und werden in den §§ 257, 258 StGB auch strafausschließend berücksichtigt. Anders handhabt dies freilich § 252 StGB. Ein Täter, der sich – ggf. in Panik – seinen Fluchtweg freikämpft und insofern über Leichen geht, verdient jedenfalls nicht ohne Weiteres die absolut angedrohte lebenslange Freiheitsstrafe. Es ist problematisch, wie eine hinreichend restriktive Handhabung zu gewährleisten ist. Die Anregung des BVerfG[193] zur Beschränkung auf im Voraus geplante Tötungen hat der BGH[194] abgelehnt. Die wichtigste tatbestandliche Restriktion liegt in der Betonung, dass gerade die Verdeckung einer *anderen* Straftat beabsichtigt werden muss, s. u. I.Ü. ist für außergewöhnliche Fälle an die Rechtsfolgenlösung zu erinnern, s. o.

Grundfälle der Verdeckungsabsicht betreffen das Ausschalten von vorher Geschädigten, Tatzeugen (auch Polizisten), Mitwissern, Verfolgern oder Störern.

(b) Eine Straftat

§ 211 II StGB umfasst nur die Absicht zur Verdeckung einer Straftat i. S. v. § 11 I Nr. 5 StGB (inkl. Versuch etc.), nicht zur Verdeckung einer Ordnungswidrigkeit[195] oder Dienstpflichtverletzung,[196] geschweige denn einer bloßen Moralwidrigkeit.[197]

Die Tatschwere ist irrelevant.[198]

Ausreichend (aber auch notwendig) ist, dass es sich nach der **Vorstellung** des Täters um eine Straftat handelt, sodass es auf die wirkliche Begehung einer vor-

---

[192] Hierzu Joecks/Jäger, StGB, 13. Aufl. 2021, § 211 Rn. 57; näher Sonnen JA 1980, 35; aus der Rspr. vgl. BVerfG U. v. 21.06.1977 – 1 BvL 14/76 – BVerfGE 45, 187 = NJW 1977, 1525 (Anm. Sonnen JA 1977, 524; Hassemer JuS 1977, 833; Schmidhäuser JR 1978, 265; Griffel DRiZ 1978, 65; Barschkies DRiZ 1978, 209; Griffel DRiZ 1978, 304; Lange GS Schröder 1978, 217; Geilen GS Schröder 1978, 235; Rengier MDR 1979, 969 und 1980, 1; Beckmann GA 1979, 441; Walther JA 1996, 755).

[193] S. o.

[194] Z. B. BGH U. v. 02.12.1987 – 2 StR 559/87 – BGHSt 35, 116 = NJW 1988, 2679 = NStZ 1989, 68 = StV 1988, 104 (Anm. Otto JK 1988 StGB § 211/16; Sonnen JA 1988, 405; Hohmann/Matt JA 1989, 134; Hassemer JuS 1989, 65; Schmidhäuser NStZ 1989, 55; Timpe NStZ 1989, 70; Laber MDR 1989, 861; Wohlers JuS 1990, 20); zuletzt vgl. BGH B. v. 15.02.2017 – 2 StR 162/16 – NStZ 2017, 462 = StV 2017, 516 (Anm. Immel NStZ 2017, 463).

[195] Kindhäuser/Hilgendorf, LPK, 9. Aufl. 2022, § 211 Rn. 30; aus der Rspr. vgl. zuletzt BGH U. v. 15.02.2018 – 4 StR 361/17 – NStZ-RR 2018, 174 = StV 2018, 416 (Anm. Bosch Jura 2018, 753; RÜ 2018, 372); BGH B. v. 29.01.2020 – 4 StR 564/19 – NStZ-RR 2020, 141 = StV 2020, 587.

[196] Schneider, in: MK-StGB, 4. Aufl. 2021, § 211 Rn. 227.

[197] Eschelbach, in: BeckOK-StGB, Stand 01.02.2024, § 211 Rn. 88; aus der Rspr. vgl. BGH U. v. 24.02.1999 – 3 StR 520/98 – NStZ-RR 1999, 234 (Anm. LL 1999, 722; Otto JK 2000 StGB § 211/33; Bosch/Schindler Jura 2005, 77); LG Passau U. v. 15.01.2004 – Ks 101 Js 7109/03 – NStZ 2005, 101 (Anm. Schneider NStZ 2005, 103).

[198] Eser/Sternberg-Lieben, in: Schönke/Schröder, StGB, 30. Aufl. 2019, § 211 Rn. 32; näher Engländer GA 2018, 377; aus der Rspr. vgl. OGH U. v. 24.08.1948 – StS 53/48 – OGHSt 1, 74 (Anm. Hartung SJZ 1949, 64); BGH U. v. 18.05.2000 – 4 StR 647/99 – BGHSt 46, 73 = NJW 2000, 2517 (Anm. RÜ 2000, 427; Geppert JK 2001 StPO § 251 I/1; Rose JR 2001, 345; Sinn JZ 2001, 51).

herigen Straftat nicht ankommt.[199] Erst recht irrelevant ist die strafprozessuale Verfolgbarkeit, Anklage oder Aburteilung.[200]

Ob eine **tätereigene** oder **fremde** Straftat verdeckt werden soll, ist gleichgültig.[201]

(c) Zu verdecken

Der Täter muss die Tat **verdecken** wollen.

Daran fehlt es, wenn er sich vorstellt, dass **Tat und Täter bekannt** sind, und nur eine Verhaftung vermieden werden soll (Verschaffen eines zeitlichen Vorsprungs).[202] Um Verdeckungsabsicht handelt es sich aber, wenn zwar nach Vorstellung des Täters die Tat als solche entdeckt ist, seine **Täterschaft** hingegen noch nicht.[203] Auch dann dient die Tötung dazu, durch unerkanntes Entkommen der Strafverfolgung zu entgehen.

Entsprechend handelt der Täter sogar auch dann in Verdeckungsabsicht, wenn er zwar um seine Verdächtigung weiß, aber verhindern will, dass die **Tatumstände** weiter aufgedeckt werden.[204] Insofern wird der Wortlaut des Verdeckens teleologisch bedingt recht weit verstanden – die Straftat kann ja an sich nicht mehr verdeckt werden, sondern nur noch die individualisierte Täterschaft.

Eine Tötung zur Verdeckung liegt nicht vor, wenn der Täter annimmt, eine Aufdeckung der anderen Straftat werde unabhängig von der Verdeckungshandlung und von deren Tötungserfolg nicht eintreten. Es fehlt dann an der erforderlichen **(vorgestellten) Kausalität** einer möglicherweise objektiv „verdeckenden Handlung" für den subjektiv angestrebten Erfolg.[205] Auch das Erstreben zeitlicher Verzögerung der Aufdeckung reicht nicht aus.[206]

---

[199] Eisele, BT I, 6. Aufl. 2021, Rn. 121; Kindhäuser/Hilgendorf, LPK, 9. Aufl. 2022, § 211 Rn. 30; aus der Rspr. vgl. BGH U. v. 03.08.1978 – 4 StR 397/78 – BGHSt 28, 93 = NJW 1978, 2518 (Anm. Geilen JK 1979 StGB § 315 III/1; Rüth JR 1979, 516).

[200] Kindhäuser/Hilgendorf, LPK, 9. Aufl. 2022, § 211 Rn. 30; aus der Rspr. vgl. BGH B. v. 02.07.2004 – 2 StR 174/04 – NStZ-RR 2004, 333.

[201] Fischer, StGB, 71. Aufl. 2024, § 211 Rn. 63; aus der Rspr. vgl. BGH U. v. 02.12.1960 – 4 StR 453/60 – BGHSt 15, 291 = NJW 1961, 519 (Anm. Jescheck JZ 1961, 752; Fuhrmann JuS 1963, 19).

[202] Fischer, StGB, 71. Aufl. 2024, § 211 Rn. 68b; aus der Rspr. vgl. zuletzt BGH U. v. 30.09.2021 – 4 StR 170/21 – NStZ-RR 2021, 384 = StV 2022, 89 (Anm. Kudlich JA 2022, 77; Schladitz ZJS 2022, 269; RÜ 2022, 106; RÜ2 2022, 37).

[203] Fischer, StGB, 71. Aufl. 2024, § 211 Rn. 68a; aus der Rspr. vgl. zuletzt BGH U. v. 06.06.2019 – 4 StR 541/18 – NStZ 2019, 605 = StV 2020, 91 (Anm. Eisele JuS 2020, 180; Hinz JR 2020, 129); BGH B. v. 26.03.2020 – 4 StR 134/19 – NJW 2020, 2421 = NStZ 2020, 609 = StV 2021, 112 (Anm. Jäger JA 2020, 867; Schiemann NJW 2020, 2424; Drees NStZ 2020, 612; Bertlings jurisPR-StrafR 20/2020 Anm. 5; Momsen/Schwarze JR 2021, 421).

[204] Fischer, StGB, 71. Aufl. 2024, § 211 Rn. 68a; aus der Rspr. vgl. zuletzt BGH B. v. 30.03.2022 – 4 StR 356/21 – NStZ 2022, 476 = StV 2023, 322 (Anm. Kudlich JA 2022, 607; LL 2022, 685; RÜ 2022, 509; Drees NStZ 2022, 477).

[205] Fischer, StGB, 71. Aufl. 2024, § 211 Rn. 68; aus der Rspr. vgl. zuletzt BGH B. v. 24.04.2018 – 1 StR 160/18 – StV 2018, 736.

[206] Aus der Rspr. vgl. BGH U. v. 04.08.2021 – 2 StR 178/20 – StV 2022, 162.

Hinsichtlich der Verdeckungseignung der Tötung ist bei alledem die maßgebliche Beurteilungsbasis nicht die objektive Sachlage, sondern die darauf bezogene **Vorstellung** des Täters (die äußeren Gegebenheiten fungieren hierbei als Indizien).[207]

Unerheblich ist, ob die vorgestellte Aufdeckung der eigenen Täterschaft akut oder erst später droht; auch prophylaktisch begangene Verdeckungstötungen sind erfasst.[208]

Umstritten ist, ob die erstrebte Vermeidung **außerstrafrechtlicher Konsequenzen** der Tat für eine Verdeckungsabsicht genügt.[209]

Beispiel 27

BGH U. v. 31.01.1995 – 1 StR 780/94 – BGHSt 41, 8 = NJW 1995, 1910 = StV 1998, 19 (Anm. Kühl, Höchstrichterliche Rspr. BT, 2002, Nr. 21; Otto JK 1995 StGB § 211/26; Schmidt JuS 1995, 842; Küper JZ 1995, 1158; Brocker MDR 1996, 228; Saliger StV 1998, 19):

B1 und B2 hatten dem G wahrheitswidrig die Lieferung von 5 kg Haschisch versprochen und ihn so zu einer Vorauszahlung von 10.000 DM veranlasst. In der Folgezeit drängte G wiederholt auf die Übergabe des Rauschgiftes. Obwohl B1 und B2 eine Lieferung an G niemals ernsthaft in Erwägung gezogen hatten, rechneten sie nicht damit, dass ihr Betrug den Strafverfolgungsbehörden bekannt werden würde, da sie davon ausgingen, dass G sie nicht anzeigen werde, um nicht selbst als Drogendealer eingestuft zu werden. Dennoch fürchteten sie die Reaktion des G, wenn dieser die Gewissheit erlangen würde, dass er „abgelinkt" worden war. Sie beschlossen daher, G zu töten, damit der von ihnen zu seinem Nachteil begangene Betrug unentdeckt und sie damit im Besitz der 10.000 DM bleiben würden. G wurde von B1 mit einer Maschinenpistole erschossen, die B2 zuvor erworben und B1 zu diesem Zweck zur Verfügung gestellt hatte. ◄

B1 und B2 fürchteten nicht die Reaktion der Strafverfolgungsbehörden, sondern jene des G.

---

[207] Eschelbach, in: BeckOK-StGB, Stand 01.02.2024, § 211 Rn. 91; aus der Rspr. vgl. zuletzt BGH U. v. 30.09.2021 – 4 StR 170/21 – NStZ-RR 2021, 384 = StV 2022, 89 (Anm. Kudlich JA 2022, 77; Schladitz ZJS 2022, 269; RÜ 2022, 106; RÜ2 2022, 37); BGH B. v. 30.03.2022 – 4 StR 356/21 – NStZ 2022, 476 = StV 2023, 322 (Anm. Kudlich JA 2022, 607; LL 2022, 685; RÜ 2022, 509; Drees NStZ 2022, 477).

[208] Schneider, in: MK-StGB, 4. Aufl. 2021, § 211 Rn. 224.

[209] Hierzu Eisele, BT I, 6. Aufl. 2021, Rn. 123; Joecks/Jäger, StGB, 13. Aufl. 2021, § 211 Rn. 65f.; Kretschmer StraFo 2009, 189; aus der Rspr. vgl. BGH U. v. 15.10.1991 – 1 StR 442/91 – NJW 1992, 919 = NStZ 1992, 127 (Anm. Otto JK 1992 StGB § 211/22; Hohmann NStZ 1993, 183); BGH B. v. 12.01.1999 – 1 StR 622/98 – NStZ 1999, 243 (Anm. Otto JK 1999 StGB § 211/6); BGH U. v. 23.06.1999 – 3 StR 147/99 – NStZ 1999, 615; BGH U. v. 06.04.2005 – 5 StR 22/05 – NStZ-RR 2005, 201; BGH U. v. 17.05.2011 – 1 StR 50/11 – BGHSt 56, 239 = NJW 2011, 2223 = NStZ 2011, 579 = StV 2012, 85 (Anm. Jäger JA 2011, 792; Jahn JuS 2011, 942; RA 2011, 384; Brand NStZ 2011, 698; Steinberg JR 2011, 490; Theile ZJS 2011, 405; Brunhöber HRRS 2011, 513; Satzger JK 2012 StGB § 211/61).

Die Rspr.²¹⁰ und die wohl h. L.²¹¹ bejahen auch in diesen Fällen eine Verdeckungsabsicht.

Teile der Lehre²¹² sehen dies anders.

Obwohl die absolute lebenslange Freiheitsstrafe eine restriktive Auslegung gebietet, ist doch der h. M. zu folgen: Der Wortlaut enthält keine Restriktion auf die Vermeidung einer Strafverfolgung; Mord ist kein Rechtspflegedelikt. Der Unrechtsgehalt der Beseitigung eines Menschen, um aus einer Vortat keine negativen Konsequenzen zu erleiden, liegt auch in den Fällen vor, in denen diese Konsequenzen „privat" drohen.

(d) Um … zu

Erforderlich ist die Absicht der Verdeckung, sodass *dolus directus* ersten Grades diesbzgl. vorliegen muss.²¹³ Dem Täter muss es bei seinem Handeln gerade darauf ankommen, eine vorangegangene Tat zu verbergen.

Diese Absicht kann allerdings auch mit anderen Beweggründen (auch vorher gefassten) zur Tötung zusammenfallen; in diesem Falle eines sog. **Motivbündels** kommt es auf das bewusstseinsdominante Motiv an.²¹⁴

Problematisch ist, ob eine Verdeckungsabsicht auch bei **Eventual-Tötungsvorsatz** möglich ist.²¹⁵

> **Beispiel 28**
>
> **BGH U. v. 23.01.1958 – 4 StR 613/57 (Verfolger) – BGHSt 11, 268 = NJW 1958, 836 (Anm. Roxin, Höchstrichterliche Rspr. AT, 1998, Nr. 11; Kaspar/Reinbacher, Casebook AT, 2. Aufl. 2023, Fall 28; Fahl, Strafrechts-Klassiker, 2020, § 25 Rn. 39ff.; Schröder JR 1958, 427; Spendel JuS 1969, 314; Scheffler JuS 1992, 920; Dehne-Niemann ZJS 2008, 351):**

---

²¹⁰ S. o.
²¹¹ Eisele, BT I, 6. Aufl. 2021, Rn. 123.
²¹² Z. B. Joecks/Jäger, StGB, 13. Aufl. 2021, § 211 Rn. 65f.
²¹³ Kindhäuser/Hilgendorf, LPK, 9. Aufl. 2022, § 211 Rn. 32; aus der Rspr. vgl. OGH U. v. 08.03.1949 – StS 144/48 – OGHSt 1, 357; BGH U. v. 02.12.1960 – 4 StR 453/60 – BGHSt 15, 291 = NJW 1961, 519 (Anm. Jescheck JZ 1961, 752; Fuhrmann JuS 1963, 19); BGH U. v. 13.10.1987 – 5 StR 513/87 – StV 1988, 62.
²¹⁴ Kindhäuser/Hilgendorf, LPK, 9. Aufl. 2022, § 211 Rn. 32; Fischer, StGB, 71. Aufl. 2024, § 211 Rn. 68c; aus der Rspr. vgl. zuletzt BGH U. v. 19.08.2020 – 1 StR 474/19 – NJW 2021, 326 = NStZ 2022, 545 = StV 2021, 367 (Anm. Bosch Jura 2021, 456; RÜ 2021, 95; Mitsch NJW 2021, 330; Kinskofer HRRS 2021, 262; Heß HRRS 2021, 266; Magnus NStZ 2022, 548); BGH U. v. 30.09.2021 – 4 StR 170/21 – NStZ-RR 2021, 384 = StV 2022, 89 (Anm. Kudlich JA 2022, 77; Schladitz ZJS 2022, 269; RÜ 2022, 106; RÜ2 2022, 37).
²¹⁵ Hierzu Eisele, BT I, 6. Aufl. 2021, Rn. 124f.; näher Geilen FS Lackner 1987, 571; aus der Rspr. (auch zur Ermöglichungsabsicht, bei der das Problem ähnlich gelagert ist) vgl. zuletzt BGH U. v. 04.08.2021 – 2 StR 178/20 – StV 2022, 162 (Anm. Bock ZfIStW 2022, 563); BGH B. v. 30.03.2022 – 4 StR 356/21 – NStZ 2022, 476 = StV 2023, 322 (Anm. Kudlich JA 2022, 607; LL 2022, 685; RÜ 2022, 509; Drees NStZ 2022, 477); BGH U. v. 15.03.2023 – 2 StR 462/21 – NStZ 2023, 600 = StV 2024, 107 (Anm. Drees NStZ 2023, 602).

B1 versuchte zusammen mit B2 in der Nacht zum 21.04.1952, in das Lebensmittelgeschäft des Z einzudringen, um dort zu stehlen. Jeder von ihnen war dabei mit einer geladenen Pistole bewaffnet. Als B1 die Fensterscheibe des Schlafzimmers der Eheleute Z, das er für einen Büroraum gehalten hatte, eingedrückt und B2 die Fensterflügel ins Zimmer hinein aufgestoßen hatte, war Z ans Fenster gegangen, hatte die Fensterflügel wieder zugestoßen und sich „gestikulierend und wie ein Bär brüllend" vor das Fenster gestellt. B1 und B2 flohen. An der vorderen Hausecke bemerkte B2 rückwärts schauend, dass ihm in einer Entfernung von nicht mehr als zwei bis drei Metern eine Person folgte. Diese war B1. B2 hielt ihn aber für einen Verfolger und fürchtete, von ihm ergriffen zu werden. Um der vermeintlich drohenden Festnahme und der Aufdeckung seiner Täterschaft zu entgehen, schoss er auf die hinter ihm herlaufende Person; dabei rechnete er mit einer tödlichen Wirkung seines Schusses und billigte diese Möglichkeit. Das Geschoss traf B1 am rechten Oberarm und verletzte ihn. B1 und B2 hatten auch sonst bei ihren Diebesfahrten wiederholt geladene Schusswaffen bei sich. Über deren Verwendung hatten sie besprochen, dass auch auf Menschen gefeuert werden solle, wenn die Gefahr der Festnahme eines der Teilnehmer drohe. Jener Abrede entsprach auch der auf B1 abgegebene Schuss. B2 wollte ihn treffen, um ihn als den vermeintlichen Verfolger auszuschalten; er hielt auf ihn, um ihn auf alle Fälle, gleichviel an welcher Stelle des Körpers, zu treffen; es war ihm recht, wenn die Kugel dabei tödlich traf, wenn sie nur überhaupt träfe und den Getroffenen als Verfolger erledigte. ◄

B2 rechnete mit einer tödlichen Wirkung seines Schusses und billigte diese Möglichkeit. Er handelte folglich mit *dolus eventualis*. Gleichzeitig beabsichtigte er, der vermeintlich drohenden Festnahme und der Aufdeckung seiner Täterschaft zu entgehen, wozu die Tötung des Verfolgers aber nicht notwendig war. Genügt dies für die Annahme einer Verdeckungsabsicht?

Beispiel 29

BGH U. v. 23.11.1995 – 1 StR 475/95 – BGHSt 41, 358 = NJW 1996, 939 = NStZ 1996, 189 = StV 1998, 21 (Anm. Otto JK 1996 StGB § 211/28; Schmidt JuS 1996, 655; Fischer NStZ 1996, 416; Schroeder JZ 1996, 688; Mitsch JuS 1997, 788; Saliger StV 1998, 22):

Nachdem B seinen Bekannten G erstochen hatte, beschloss er, die Tatspuren dadurch zu verdecken, dass er das Haus in Brand setzte, wissend, dass in den oberen Stockwerken zwei Frauen wohnten und zu dieser Nachtzeit vermutlich schliefen, die durch den Brand getötet werden könnten. Diesen Erfolg nahm er billigend in Kauf; die Beseitigung der Spuren durch das Feuer war ihm wichtiger. In der Wohnung brannte es stark, doch griff das Feuer nicht auf das sonstige Gebäude über, sondern erlosch vorher mangels Sauerstoffs. ◄

Primär hatte B die Absicht, durch den Brand die Tatspuren zu verdecken und auf diese Weise die Aufklärung des vorhergegangenen Totschlages zu verhindern. Hinsichtlich des Todes der Frauen wies B lediglich Eventualvorsatz auf. Reicht dies für eine Verdeckungsabsicht?

Entgegen der ersten Intuition ist heute geklärt und auch zutreffend, dass eine Verdeckungsabsicht auch bei bloß bedingtem Tötungsvorsatz dann möglich ist, wenn der Täter sich nicht gerade vorstellt, der Todeserfolg sei für die Verdeckung erforderlich, sondern meint, die Tathandlung genüge zur Verdeckung (z. B. ein Inbrandsetzen). Dies entspricht auch dem Wortlaut, nach dem sich die Absicht allein auf die Verdeckung bezieht, nicht auf die Herbeiführung des Todeserfolgs.

Es liegt nach der Rspr.[216] auch dann Verdeckungsabsicht vor, wenn der Tod nur die **Begleiterscheinung** einer Verdeckungshandlung ist, weil von dem Getöteten keine Entdeckung drohte.

(e) Andere

Der Täter muss eine *andere* Straftat verdecken wollen.[217] Im Ansatz ist somit ein zweiaktiges Geschehen erforderlich, d. h. ein Sachverhalt, bei dem sich Vortat und Anschlusshandlung derart voneinander unterscheiden lassen, dass die Verdeckungstötung als rechtlich eigenständiger Akt erscheint.

Nach schwankender Entwicklung[218] gilt heute, dass eine zeitliche Zäsur – z. B. auch für ein längeres Überlegen oder abwägendes Reflektieren – zwischen Vortat und Tötung nicht (mehr) erforderlich ist, sodass beide Taten auch in **Tateinheit** i. S. d. § 52 StGB stehen können; auch die direkt im Anschluss an die Vortat **spontan** oder panikartig begangene Tötung kann mithin in der Absicht der Verdeckung einer anderen Straftat geschehen.

Beispiel 30

BGH U. v. 02.12.1987 – 2 StR 559/87 – BGHSt 35, 116 = NJW 1988, 2679 = NStZ 1989, 68 = StV 1988, 104 (Anm. Otto JK 1988 StGB § 211/16; Sonnen JA 1988, 405; Hohmann/Matt JA 1989, 134; Hassemer JuS 1989, 65; Schmidhäuser NStZ 1989, 55; Timpe NStZ 1989, 70; Laber MDR 1989, 861; Wohlers JuS 1990, 20):

Der damals als Zeitschriftenwerber tätige B suchte am 21.12.1985 die 73-jährige G in ihrer Wohnung auf, um sie zum Abonnieren einer Zeitschrift zu veranlassen. Seine Bemühungen hatten keinen Erfolg. Als ihm G einen kleineren Geldbetrag anbot, lehnte er empört ab und wollte – verärgert über die Zeitverschwendung – sofort die Wohnung verlassen. Dabei irrte er sich in der Richtung und öffnete die Schlafzimmertür. G fasste ihn von hinten an der Schulter und schrie ihn an, ob er sie denn nun auch noch „beklauen" wolle. B riss sich los und versetzte ihr mindestens drei Faustschläge. Infolge des letzten Schlags stürzte G nach hinten, schlug mit dem Kopf auf die Bettkante auf und blieb bewusstlos liegen. B hielt sie zunächst für tot, bemerkte dann jedoch, dass sich ihr Brustkorb hob und senkte. Er war über das, was er angerichtet hatte, schockiert. Voller Entsetzen und Angst dachte er sofort an die

---

[216] Vgl. zuletzt BGH B. v. 29.01.2020 – 4 StR 564/19 – NStZ-RR 2020, 141 = StV 2020, 587.

[217] Hierzu näher Grünewald GA 2005, 502; aus der Rspr. vgl. zuletzt BGH U. v. 09.12.2021 – 4 StR 167/21 – NJW 2022, 409 = NStZ 2022, 298 = StV 2022, 444 (Anm. Bosch Jura 2022, 648; Hecker JuS 2022, 462; LL 2022, 254; RÜ 2022, 171; Krumm NJW 2022, 412; Kudlich NStZ 2022, 300; Fahl JR 2022, 346; Hecker HRRS 2022, 147); BGH U. v. 15.03.2023 – 2 StR 462/21 – NStZ 2023, 600 = StV 2024, 107 (Anm. Drees NStZ 2023, 602).

[218] S. Sinn, in: SK-StGB, 10. Aufl. 2024, § 211 Rn. 78ff.

laufende Bewährungszeit aus seiner Verurteilung wegen einer ähnlichen Gewalttat. Ihm war auch bewusst, dass in einem weiteren Verfahren wegen einer ähnlichen Straftat Hauptverhandlungstermin anstand. In Gedanken daran geriet er in panische Angst, dass die Tat entdeckt und er deshalb bestraft werden könnte. Um das zu verhindern, entschloss er sich, G zu töten und sie damit als Tatzeugin zu beseitigen. Diesen Entschluss führte er aus, indem er G zunächst würgte, dann mit den Ärmeln seines Pullovers drosselte und ihr schließlich vier Messerstiche – in Herz und Lunge – versetzte, die den sofortigen Tod der G zur Folge hatten. ◄

Der enge zeitliche Zusammenhang zwischen Schlägen und Sturz einerseits und den Tötungshandlungen andererseits sowie die Identität der Tatorte hindert die Annahme einer anderen Tat i. S. d. § 211 II StGB nicht.

An einer *anderen* Straftat fehlt es allerdings, wenn eine einheitliche Tötungshandlung vorliegt und der Täter gewissermaßen nur die Tat verdecken will, die er gerade begeht; in diesen Fällen ändert auch eine zeitliche Zäsur nichts an der Einheitlichkeit der Tat(en).

Beispiel 31

BGH B. v. 10.05.2000 – 1 StR 617/99 – NStZ 2000, 498:
B, der in einer Hütte in der Gemarkung M. lebte, lag mit G im Streit. Er wollte G, der ihn aufgesucht und zur Rede gestellt hatte, vertreiben. Mit einem Kleinkalibergewehr schoss er deshalb zweimal in den Boden und schließlich aus einer Entfernung von höchstens 150 cm auf G. Der Schuss traf dieses unterhalb des linken Schlüsselbeins in die Brust und führte im weiteren Verlauf zum Tode. B befürchtete nun, G könne die Tat überleben und B wegen des Vorfalls bestraft werden. Um dies zu verhindern, versetzte er G mit einem stumpfen Werkzeug vier wuchtige Schläge auf den Kopf, die zu einer Impressionsfraktur des Schädeldaches führten. ◄

Freilich ist auch dann eine rechtserhebliche Zäsur möglich, wenn sich bereits die Vortat gegen Leib und Leben des Opfers richtet.[219]

(f) Unterlassen

▶ **Didaktischer Aufsatz**
 • Theile, Verdeckungsabsicht und Tötung durch Unterlassen, JuS 2006, 110

Es ist umstritten, ob ein Verdeckungsmord durch Unterlassen möglich ist.[220]

---

[219] Aus der Rspr. vgl. BGH U. v. 15.03.2023 – 2 StR 462/21 – NStZ 2023, 600 = StV 2024, 107 (Anm. Drees NStZ 2023, 602).
[220] Hierzu Kindhäuser/Hilgendorf, LPK, 9. Aufl. 2022, § 211 Rn. 38; Fischer, StGB, 71. Aufl. 2024, § 211 Rn. 72f.; näher Schlüchter FG 50 Jahre BGH IV 2000, 933; Haas FS Weber 2004, 235; Grünewald GA 2005, 502; Theile JuS 2006, 110; aus der Rspr. vgl. BGH U. v. 19.08.2020 – 1 StR 474/19 – NJW 2021, 326 = NStZ 2022, 545 = StV 2021, 367 (Anm. Bosch Jura 2021, 456; RÜ 2021, 95; Mitsch NJW 2021, 330; Kinskofer HRRS 2021, 262; Heß HRRS 2021, 266; Magnus NStZ 2022, 548); BGH U. v. 15.03.2023 – 2 StR 462/21 – NStZ 2023, 600 = StV 2024, 107 (Anm. Drees NStZ 2023, 602).

Die Rspr.[221] und die h. L.[222] bejahen dies.
Die Gegenauffassung[223] lehnt das ab.
Die Minderheitsauffassung führt an, dass ein Verdecken etwas Anderes als ein Nicht-Aufdecken sei. Dem ist allerdings entgegenzuhalten, dass § 13 I StGB eine Umformulierung der aktivischen Begriffe ermöglicht. Soweit eine Vergleichbarkeit des Unterlassens mit einer aktiven Verschleierung bezweifelt wird, ist darauf hinzuweisen, dass § 13 II StGB die geringere Unrechtsschwere eines Unterlassens berücksichtigt. Auch die Bemühung der sog. Entsprechungsklausel in § 13 I a. E. StGB überzeugt kaum: Ein Unterlassungstäter opfert gleichermaßen ein Menschenleben, um vor der Entdeckung kriminellen Unrechts sicher zu sein.

(5) Um eine andere Straftat zu ermöglichen

▶ **Didaktischer Aufsatz**
  • Köhne, Die Mordmerkmale der dritten Gruppe, Jura 2011, 650

Die sog. Ermöglichungsabsicht[224] – als Qualifikation auch in den §§ 306b II Nr. 2, 315 III Nr. 1 lit. b StGB normiert – birgt in der Fallbearbeitung ein **Aufbauproblem**: Um Inzidentprüfungen bei § 211 StGB zu vermeiden, wird es sich i. d. R. anbieten, das zu ermöglichende Delikt vorab, also unter Umdrehung der Chronologie und der Reihenfolge der Deliktsschwere zu prüfen, sofern es zumindest zum Versuch gelangte.

Das besondere Unrecht der Ermöglichungsabsicht liegt in der Skrupellosigkeit des Täters, der sogar tötet (über Leichen geht), um sein Ziel zu erreichen.[225]
Zur anderen Straftat s. o.
Es ist i. R. d. Ermöglichungsabsicht zulässig, dass die Tötungshandlung mit der Tathandlung des zu ermöglichenden Delikts **zusammenfällt**,[226] z. B. in den „klassischen" Raubmord-Fällen.[227]

---

[221] S. o.
[222] S. etwa Eisele, BT I, 6. Aufl. 2021, Rn. 133.
[223] Z. B. Joecks/Jäger, StGB, 13. Aufl. 2021, § 211 Rn. 73ff.
[224] Hierzu näher Köhne Jura 2011, 650.
[225] Eschelbach, in: BeckOK-StGB, Stand 01.02.2024, § 211 Rn. 77; aus der Rspr. vgl. zuletzt BGH U. v. 03.06.2015 – 2 StR 422/14 – NJW 2016, 1528 = NStZ 2015, 693 = StV 2017, 522 (Anm. Berster NStZ 2015, 694).
[226] Joecks/Jäger, StGB, 13. Aufl. 2021, § 211 Rn. 55; aus der Rspr. vgl. zuletzt BGH U. v. 03.06.2015 – 2 StR 422/14 – NJW 2016, 1528 = NStZ 2015, 693 = StV 2017, 522 (Anm. Berster NStZ 2015, 694).
[227] Fischer, StGB, 71. Aufl. 2024, § 211 Rn. 66; aus der Rspr. vgl. BGH U. v. 09.03.1993 – 1 StR 870/92 – BGHSt 39, 159 = NJW 1993, 1724 = NStZ 1993, 438 (Anm. Kühl, Höchstrichterliche Rspr. BT, 2002, Nr. 20; Jung JuS 1993, 873; Graul JR 1993, 510; Geppert JK 1994 StGB § 211/25; Schroeder JuS 1994, 294); BGH U. v. 07.10.1997 – 1 StR 418/97 – NStZ-RR 1998, 203.

Für ein (vorgestelltes) Ermöglichen ist es ausreichend, dass die andere Straftat **schneller** oder **leichter** begangen werden kann, nicht erforderlich ist es, dass der Täter die Tötung für ein notwendiges Mittel hält.[228]

Die Delikte müssen einander nicht eng folgen.[229]

Beispiel 32

BGH U. v. 22.04.2005 – 2 StR 310/04 (Kannibale von Rotenburg) – BGHSt 50, 80 = NJW 2005, 1876 = NStZ 2005, 505 = StV 2005, 391 (Anm. Geppert JK 2005 StGB § 211/46a und b; Kubiciel JA 2005, 763; Kudlich JuS 2005, 958; LL 2005, 535; RÜ 2005, 365; RA 2005, 358; famos 7/2005; Schiemann NJW 2005, 2350; Kudlich JR 2005, 342; Otto JZ 2005, 799; Kreuzer StV 2007, 598; Momsen/Jung ZIS 2007, 162; Mitsch ZIS 2007, 197):

In der Vorstellung des B entstanden kurz vor Einsetzen der Pubertät Fantasien, in denen er sein Ziel, eine Person für immer bei sich zu haben und an sich zu binden, dadurch zu realisieren suchte, dass er diese Person sich einverleibte. Zielobjekt seiner Vorstellung war hierbei jeweils eine jüngere männliche Person. Angelehnt an Hausschlachtungen, die der B miterlebt hatte, malte er sich aus, wie er als Schlachter eine Person durch Abstechen tötete und dann, was er als besonderen Moment betrachtete, den Bauchraum aufschlitzte und das Objekt nach seiner Vorstellung ausweidete, um es dann zu verspeisen. Mit Einsetzen der Pubertät verband B mit diesen Fantasien einen Lustgewinn, was zur Folge hatte, dass er diese Fantasien zur Erregung während des Onanierens einsetzte und auch hierbei das Aufschlitzen und Ausweiden des Bauchraums als Höhepunkt erlebte. In der Regel gelangte er in seiner Fantasie nicht mehr bis zum Verzehren des Fleisches der geschlachteten Person, da er vorher seinen sexuellen Höhepunkt erreichte. Ungefähr ab 1999 beschäftigte sich B über das Internet immer stärker mit dem Thema Kannibalismus. Er stieß dabei auch auf eine Schlachtanleitung für den menschlichen Körper. Schließlich begann er, über Internetforen Männer zum Schlachten und Verspeisen zu suchen. In seinem Haus in W. richtete B einen „Schlachtraum" ein. Nach mehreren nicht i. S. d. B zielführenden Internetkontakten stieß er Anfang Februar 2001 im Internet auf das spätere Opfer G. G litt an einer progredienten Form des sexuellen Masochismus. Er knüpfte die Vorstellung des höchsten Lustempfindens an eine Penisamputation. Der dabei erwartete sexuelle Höhepunkt besetzte das Bewusstsein des G dermaßen, dass danach für ihn nichts mehr eine Rolle spielen sollte und sein Tod dem erwarteten ultimativen Hochgefühl folgen konnte. Die natürliche Einsichts- und Willensfähigkeit des G war durch seine krankhafte seelische Störung in Form des extremen sexuellen Masochismus dergestalt eingeschränkt, dass er die Tragweite

---

[228] H. M., s. Kindhäuser/Hilgendorf, LPK, 9. Aufl. 2022, § 211 Rn. 34; Fischer, StGB, 71. Aufl. 2024, § 211 Rn. 64; aus der Rspr. vgl. zuletzt BGH U. v. 03.06.2015 – 2 StR 422/14 – NJW 2016, 1528 = NStZ 2015, 693 = StV 2017, 522 (Anm. Berster NStZ 2015, 694); BGH B. v. 14.03.2017 – 2 StR 370/16 – NStZ 2017, 583 = NStZ-RR 2017, 209 = StV 2017, 519 (Anm. Hecker JuS 2017, 1225; LL 2017, 695; Borutta jurisPR-StrafR 1/2018 Anm. 2).

[229] Fischer, StGB, 71. Aufl. 2024, § 211 Rn. 65.

seines späteren Entschlusses, sich töten und schlachten zu lassen, nicht vollends rational überblickte. Zwischen B und G entwickelte sich ein reger E-Mail-Verkehr. Darin schilderte G seine sexuelle Präferenz der Penisamputation; B erläuterte seine Vorstellungen. Beide zeigten Bereitschaft, auf die jeweiligen Interessen des anderen einzugehen. Dem B war es nach seinen Angaben wichtig, sich eine sympathische Person einzuverleiben und somit eine untrennbare Bindung herzustellen. Dies war für ihn ebenso eine Bedingung für das Schlachten und Einverleiben, wie der Umstand, dass sich der zu Schlachtende freiwillig zur Verfügung stellte. Am 09.03.2001 reiste G mit dem Zug nach K., wo ihn B abholte. Man kam überein, das Vorhaben bereits an diesem Tage durchzuführen. Alsbald nach dem Eintreffen im Haus des B kam es im Schlachtraum zu sexuellen Handlungen. B biss G hierbei an verschiedenen Körperstellen, vor allem am Penis. Dabei ging er jedoch da er selbst sein Lustempfinden nicht an diese Handlungen knüpfte zögerlich und gehemmt vor. G beschloss daraufhin, nach Hause zurückzukehren, ohne sein Vorhaben ausgeführt zu haben. Nach einem Überredungsversuch, der vergeblich verlief, brachte der B den G schließlich am Nachmittag des gleichen Tages zum Bahnhof zurück. Dort besann sich G aber doch eines anderen. Mit Hilfe des B sollte die Abtrennung seines Penis wenigstens mit einem Messer realisiert werden. Beide kehrten zum Haus des B zurück und begaben sich in den Schlachtraum. Gegen 18.30 Uhr sagte G dann dem B, dass dieser ihm jetzt den Penis abschneiden möge, was beim zweiten Versuch auch gelang. B verband die Wunde des G, um zu verhindern, dass dieser auf Grund des Blutverlustes sofort ohnmächtig würde. Das ultimative Hochgefühl, welches G sich von der Penisamputation versprach, stellte sich allerdings nicht ein. Dennoch blieb G bei seinem Entschluss, dass dies für ihn der finale Akt sein sollte und der B ihn hernach spurlos beseitigen könne. Er untersagte dem B, einen Notarzt zu rufen. In den folgenden Stunden bereitete G sich auf das Sterben vor. Er erklärte dem B, dass er ihn Abstechen solle, sobald er bewusstlos geworden sei. Die irreversible Bewusstlosigkeit trat bei G gegen 04.00 Uhr morgens ein. B legte G daraufhin auf die Schlachtbank und installierte eine Videokamera so, dass sie das nun folgende Geschehen aufzeichnen konnte. Er hatte dabei vor, die Filmaufnahmen zu bearbeiten, (jedenfalls Teile daraus) an Kontaktpersonen im Internet zu versenden sowie gegebenenfalls weitere potenzielle Schlachtopfer mit der Vorführung des Videos zu locken. G lebte zu diesem Zeitpunkt noch. B kommentierte dies mit den Worten: „Dein Puls rast". Nach mehrfachem Zögern setzte er dem G zwei tödliche Halsstiche. Sexuell war er bei der Tötung nicht erregt. In der Folgezeit zerlegte B die Leiche des G entsprechend der Schlachtanleitung aus dem Internet. Auch dies nahm er auf Video auf. Seine einzelnen Handlungen kommentierte er dabei immer wieder, z. T. mit abfälligen Bemerkungen über die Fleischkonsistenz. Am 12.03.2001 nahm B zum ersten Mal Fleisch vom Körper des G in gebratener Form zu sich. Nach der Mahlzeit schaute er sich den von ihm aufgezeichneten Videofilm mindestens einmal an und onanierte dabei. Auch in der Folgezeit suchte B immer wieder wenn auch vergeblich weitere Opfer für ein Schlachten. Meist waren diese jedoch lediglich an einem Rollenspiel interessiert. Auch wenn sie sich bereits in seinem Schlachtraum befanden und zum Schlachten mit den Füßen nach oben aufgehängt waren, ließ B sofort von weiterem Tun ab, wenn sie dies wünschten. Aus dem Video gewonnene Fotografien übersandte B zweifach an eine weitere Person per E-Mail. Bei dem B liegt und lag zum Tatzeitpunkt eine schwere andere seelische Abartigkeit in Form einer Persönlichkeitsstörung mit schizoiden Zügen vor, die verbunden ist mit einer sexuellen Einengung auf den Fetisch Männerfleisch. B war jedoch zum Tatzeitpunkt weder in seiner Einsichtsfähigkeit noch in seiner Steuerungsfähigkeit erheblich beeinträchtigt. ◄

B tötete den G, um ihn zu schlachten. Da durch das Schlachten „beschimpfender Unfug" am Körper eines verstorbenen Menschen i. S. d. § 168 I StGB verübt wird, hat B getötet, um eine Störung der Totenruhe zu ermöglichen. Der zeitliche Abstand ist dabei unschädlich.

Unter die Ermöglichungsabsicht fällt auch das Töten eines **Dritten**, der der Bezugstat im Wege stünde, z. B. eines Beschützers.[230]

Zu Überschneidungen mit der Habgier (z. B. Tötung zwecks Erlangung einer Versicherungssumme) s. o.[231]

Problematisch ist, ob eine Tötung zur **Beendigung** eines vollendeten Delikts (neben der Verdeckungsabsicht, s. o.) in Ermöglichungsabsicht begangen ist.[232]

Beispiel 33

BGH U. v. 23.05.1984 – 3 StR 117/84 – NStZ 1984, 453 = StV 1984, 409 (Anm. Otto JK 1985 StGB § 211/2; Seier JA 1985, 57):

B1 und B2 drangen in der Nacht zum 16.02.1983 in die Wohnung der 84 Jahre alten, blinden und schwerhörigen G ein, um dort zu stehlen. Sie sperrten die zunächst ahnungslose kleine gebrechliche Frau im Wohnzimmer und sodann in der Küche ein, während sie nach Beute suchten, die im Ergebnis nur aus Zigaretten, Streichhölzern und einem „Kuli" bestand. Als G merkte, dass jemand – es war B2 – die Küchentür zuhielt, begann sie zu rufen und gegen die Tür zu trommeln. B1 sagte zu B2, er wolle „der Oma eine vor die Birne hauen". Er hatte die Absicht, sie „vor den Kopf zu schlagen", um noch weiter nach Geld zu suchen. Er stieß die Küchentür, die zuletzt er zugehalten hatte, so heftig nach innen auf, dass G zu Boden stürzte und zusammengekauert liegenblieb. Entgegen seiner Erwartung war sie nicht still. Sie weinte und rief nach ihrer Tochter. Um sie jetzt um jeden Preis zur Ruhe zu bringen und vor Entdeckung durch ihre Nachbarn sicher zu sein, trat B1 heftig auf sie ein. Er stampfte drei- bis viermal wuchtig mit

---

[230] S. Fischer, StGB, 71. Aufl. 2024, § 211 Rn. 65f.; aus der Rspr. vgl. BGH U. v. 19.12.1979 – 3 StR 427/79 – NJW 1980, 792; BGH U. v. 05.04.2001 – 5 StR 495/00.

[231] S. Eschelbach, in: BeckOK-StGB, Stand 01.02.2024, § 211 Rn. 83; aus der Rspr. vgl. BGH U. v. 12.02.1998 – 4 StR 617/97 – NStZ 1998, 352 = StV 2000, 21; BGH U. v. 18.05.2000 – 4 StR 647/99 – BGHSt 46, 73 = NJW 2000, 2517 (Anm. RÜ 2000, 427; Geppert JK 2001 StPO § 251 I/1; Rose JR 2001, 345; Sinn JZ 2001, 51).

[232] Hierzu Kindhäuser/Hilgendorf, LPK, 9. Aufl. 2022, § 211 Rn. 34; aus der Rspr. vgl. zuletzt BGH B. v. 16.02.2021 – 2 StR 391/20 – NStZ-RR 2021, 171 = StV 2022, 94.

seinen grobstolligen festen Laufschuhen auf den Kopf- und Halsbereich der alten Frau. Dabei nahm er den tödlichen Ausgang der weiteren körperlichen Misshandlung in Kauf. G starb am 03.04.1983, ohne das Bewusstsein nach der Tat wiedererlangt zu haben. ◄

Der Raub (§ 249 I StGB) zulasten der G war nach Gewaltanwendung i. F. d. Einsperrens und Wegnahme der Gegenstände vollendet. Zur Beendigung gelangte er aber erst mit Sicherung der Beute. Fraglich ist, ob die Tötung zur Ermöglichung der Beendigung mit Ermöglichungsabsicht i. S. d. § 211 II StGB begangen worden ist.

Überzeugender ist es, das Beendigungsstadium der Verdeckungsabsicht zuzuweisen, da die formelle Grenze der Vollendung auch für das Ermöglichen gelten sollte.
Die Ermöglichung muss von der **Absicht** des Täters umfasst sein.[233]
Zu Motivbündeln s. o.
Ermöglichungsabsicht kann auch bei **bedingtem Tötungsvorsatz** vorliegen.[234]
Eine Anwendung der sog. Rechtsfolgenlösung lehnt die Rspr.[235] für das Mordmerkmal der Ermöglichungsabsicht ab.

(6) Sonst aus niedrigen Beweggründen

▶ **Didaktische Aufsätze**
- Schütz, Niedrige Beweggründe beim Mordtatbestand, JA 2007, 23
- Köhne, Die Mordmerkmale „Habgier" und „sonst aus niedrigen Beweggründen", Jura 2008, 805
- Kühl, Die sonst niedrigen Beweggründe des § 211 II StGB, JuS 2010, 1041
- Bosch, Niedrige Beweggründe, Jura 2015, 803

(a) Allgemeines
Den sonst niedrigen Beweggründen[236] kommt eine **Auffangfunktion** gegenüber den sonstigen subjektiven Mordmerkmalen zu („sonst"). In einer Fallbearbeitung sind sie daher erst nachrangig zu prüfen.[237]

---

[233] Kindhäuser/Hilgendorf, LPK, 9. Aufl. 2022, § 211 Rn. 32; aus der Rspr. vgl. BGH U. v. 13.09.1995 – 3 StR 360/95 – NStZ 1996, 81 (Anm. Otto JK 1996 StGB § 211/29; Fischer NStZ 1996, 416).
[234] Fischer, StGB, 71. Aufl. 2024, § 211 Rn. 67.
[235] BGH U. v. 21.02.2018 – 5 StR 267/17 – NStZ-RR 2018, 172 (Anm. Nestler Jura 2018, 755; RÜ 2018, 435; Hinz JR 2018, 588; Stam JZ 2018, 1055).
[236] Hierzu Paeffgen GA 1982, 255; Schütz JA 2007, 23; Köhne Jura 2008, 805; Schneider FS Widmaier 2008, 759; Kühl JuS 2010, 1041; Bosch Jura 2015, 803; Merkel ZIS 2015, 429; Helmers HRRS 2016, 90.
[237] Eschelbach, in: BeckOK-StGB, Stand 01.02.2024, § 211 Rn. 29; aus der Rspr. vgl. zuletzt BGH B. v. 07.11.2017 – 4 StR 327/17 – NStZ-RR 2018, 76 (Anm. Bosch Jura 2018, 533; RÜ 2018, 169).

Niedrig i. S. d. § 211 II StGB sind Beweggründe dann, wenn sie nach allgemeiner sittlicher Wertung auf tiefster Stufe stehen und deshalb besonders verwerflich, ja verächtlich sind, was im Wege einer Gesamtwürdigung zu ermitteln ist.[238]

Immer wieder genannte Leitgedanken sind ungehemmte Eigensucht und krasse Rücksichtslosigkeit (ethischer Solipsismus), ein eklatantes Missverhältnis zum Tatanlass oder die Missachtung des personalen Eigenwertes des Opfers.[239]

Bei der Annahme niedriger Beweggründe ist Zurückhaltung geboten, auch wenn es im Rahmen eigener Wertvorstellungen nicht immer leichtfällt, sich in die Situation des Täters hineinzuversetzen. Es ist zu fragen, ob die Motivation des Täters keinerlei menschliches Verständnis mehr verdient. Entbehrt das Motiv ungeachtet der Verwerflichkeit, die jeder vorsätzlichen und rechtswidrigen Tötung innewohnt, nicht jeglichen nachvollziehbaren Grundes, so ist es nicht als niedrig zu qualifizieren.[240]

In gewisser Weise besteht die Gefahr einer Beweislastumkehr, da der Täter in eigenem Interesse seine Beweggründe darlegen sollte. Hinzu kommen Grenzziehungsschwierigkeiten und die Gefahr der Moralisierung. Insbesondere ist zu beachten, dass das Fehlen eines nachvollziehbaren Beweggrunds bzw. einer moralischen Rechtfertigung nicht ausreicht.[241] Ebenso wenig kann man allein aus der objektiven Tathandlung (z. B. bei Brutalität) auf niedrige Beweggründe schließen.[242]

Umstritten ist, ob man menschlich nachvollziehbare Fernziele zu berücksichtigen hat.[243] Tatsächlich wird in diesen Fällen häufig ein menschlich noch verständliches Verhalten vorliegen, sodass es mit der Strafbarkeit wegen Totschlags sein Bewenden haben sollte.

Für die Ermittlung der Beweggründe ist der **Zeitpunkt** der Tötungshandlung relevant (nicht der der Planung).[244]

---

[238] Kindhäuser/Hilgendorf, LPK, 9. Aufl. 2022, § 211 Rn. 13; aus der Rspr. vgl. zuletzt BGH U. v. 11.05.2022 – 2 StR 445/21 – NStZ 2022, 541 (Anm. Schneider NStZ 2022, 543); BGH U. v. 15.06.2022 – 6 StR 23/22 – NStZ-RR 2022, 245 = StV 2024, 110; BGH B. v. 06.12.2022 – 5 StR 479/22 – NStZ 2023, 231 = StV 2023, 317; BGH U. v. 25.01.2023 – 1 StR 284/22 – NStZ-RR 2023, 142 = StV 2023, 316; BGH U. v. 15.03.2023 – 5 StR 432/22 (Anm. RÜ 2023, 369); BGH U. v. 14.06.2023 – 1 StR 399/22 – NStZ 2024, 88 = StV 2024, 105.

[239] S. Schneider, in: MK-StGB, 4. Aufl. 2021, § 211 Rn. 73ff.

[240] BGH B. v. 12.11.2019 – 1 StR 370/19 – NStZ-RR 2020, 142.

[241] Fischer, StGB, 71. Aufl. 2024, § 211 Rn. 18; aus der Rspr. vgl. zuletzt BGH B. v. 24.10.2018 – 1 StR 422/18 – NStZ 2019, 204 (Anm. RÜ 2019, 97).

[242] Heger, in: Lackner/Kühl/Heger, StGB, 30. Aufl. 2023, § 211 Rn. 5; aus der Rspr. vgl. BGH B. v. 21.02.2013 – 3 StR 496/12 – NStZ 2013, 470; BGH U. v. 22.10.2014 – 5 StR 380/14 – BGHSt 60, 52 = NJW 2014, 3737 = NStZ 2015, 33 = StV 2015, 691 (Anm. Satzger Jura 2015, 767; Drees NStZ 2015, 35; Bartsch StV 2015, 718; Grünewald HRRS 2015, 162).

[243] Hierzu Schneider, in: MK-StGB, 4. Aufl. 2021, § 211 Rn. 84f.; aus der Rspr. vgl. BGH U. v. 12.02.1998 – 4 StR 617/97 – NStZ 1998, 352 = StV 2000, 21; LG Passau U. v. 15.01.2004 – Ks 101 Js 7109/03 – NStZ 2005, 101 (Anm. Schneider NStZ 2005, 103).

[244] Eschelbach, in: BeckOK-StGB, Stand 01.02.2024, § 211 Rn. 31, 34; aus der Rspr. vgl. BGH U. v. 14.10.1954 – 4 StR 362/54 – BGHSt 6, 329 = NJW 1954, 1896 (Anm. Engisch GA 1955, 161); BGH U. v. 12.11.1980 – 3 StR 385/80 – NStZ 1981, 100; BGH U. v. 12.08.1997 – 1 StR 348/97 – NStZ-RR 1998, 133; BGH B. v. 28.07.1998 – 4 StR 293/98 – StV 2000, 76; BGH B. v. 27.03.2012 – 2 StR 476/11 – NStZ 2012, 443.

Auch eine mit **Eventualvorsatz** begangene Tötung kann aus niedrigen Beweggründen erfolgen.[245]

(b) Emotionen
Nicht jede Tötung, die aus negativen Gefühlen heraus verübt wird, ist eine solche aus niedrigen Beweggründen, da es sich um natürliche menschliche Regungen handelt, für die man je nach Einzelfall Verständnis aufbringen muss. Daher sind etwa Wut, Hass, Ärger, Eifersucht oder Rache nur dann niedrige Beweggründe, wenn sie ihrerseits auf niedrigen Beweggründen beruhen.[246]

Beispiel 34

BGH U. v. 08.08.2001 – 2 StR 504/00 – NJW 2001, 3794 = NStZ 2002, 270 = StV 2002, 525 (Anm. Martin JuS 2002, 198; Fezer NStZ 2002, 272; Köberer StV 2002, 527):

B1 geriet auf Grund eines leichten Anrempelns im Toilettenvorraum einer Gaststätte mit G in Streit. Die verbale Auseinandersetzung über die Bemerkung des G, B1 habe ihm ein Bein gestellt, wurde im Gastraum fortgesetzt und führte schließlich zu einem Lokalverweis für B1 durch den Gastwirt. B1 berichtete seinem Bruder B2 von dem Streit. Für das Lokalverbot machten die Brüder G verantwortlich und wollten es ihm heimzahlen. B2 sah in dem Geschehen eine Kränkung seines Bruders und diese als eigene Ehrverletzung an. Sie bewaffneten sich mit Dachlatten, warteten vor der Gaststätte auf G und wollten ihn angreifen, sobald er das Lokal verlassen würde. B1 stürzte sich mit der Dachlatte auf den Kontrahenten, sobald er herauskam. B2, der die bereit gelegte Latte nicht mehr ergreifen konnte, kam ihm zu Hilfe. B2 entschloss sich, das in seiner Tasche befindliche Springmesser einzusetzen. Mit erheblicher Wucht stach er fünfmal auf G ein, der infolge der Stichverletzungen verstarb. ◄

Handelte B2 auch aus einer negativen Emotion heraus – Rache für die vermeintliche Ehrverletzung –, muss diese ihrerseits auf niedrigen Beweggründen basieren. Entbehrt die Emotion eines rechtlich beachtlichen Grundes, so ist ein niedriger Beweggrund anzunehmen.

---

[245] Heger, in: Lackner/Kühl/Heger, StGB, 30. Aufl. 2023, § 211 Rn. 15; aus der Rspr. vgl. zuletzt BGH U. v. 22.10.2014 – 5 StR 380/14 – BGH U. v. 22.10.2014 – 5 StR 380/14 – BGHSt 60, 52 = NJW 2014, 3737 = NStZ 2015, 33 = StV 2015, 691 (Anm. Satzger Jura 2015, 767; Drees NStZ 2015, 35; Bartsch StV 2015, 718; Grünewald HRRS 2015, 162).

[246] Eschelbach, in: BeckOK-StGB, Stand 01.02.2024, § 211 Rn. 33; aus der Rspr. vgl. zuletzt BGH U. v. 30.03.2022 – 5 StR 358/21 – NStZ 2022, 740 = StV 2023, 324 (Anm. RÜ 2022, 714); BGH U. v. 11.05.2022 – 2 StR 445/21 – NStZ 2022, 541 (Anm. Schneider NStZ 2022, 543); BGH U. v. 15.06.2022 – 6 StR 23/22 – NStZ-RR 2022, 245 = StV 2024, 110; BGH B. v. 06.12.2022 – 5 StR 479/22 – NStZ 2023, 231 = StV 2023, 317; BGH U. v. 25.01.2023 – 1 StR 284/22 – NStZ-RR 2023, 142 = StV 2023, 316; BGH U. v. 14.06.2023 – 1 StR 399/22 – NStZ 2024, 88 = StV 2024, 105.

(c) Maßstab
Rechtlicher (insofern objektiver) Maßstab für die Bewertung der Niedrigkeit eines Beweggrundes sind die **deutschen** Wertvorstellungen.[247]

Bei Taten, die auf z. B. kulturell abweichenden Wertvorstellungen beruhen (z. B. „Blutrache", „Ehrenmord"), fehlt es nicht an der – objektiven – Niedrigkeit der Beweggründe, ggf. aber am Bewusstsein der Niedrigkeit, hierzu s. sogleich.

(d) Bewusstsein; Steuerungsfähigkeit
Der Täter muss sich der Umstände, die den Antrieb zum Handeln als besonders verwerflich erscheinen lassen, **bewusst** gewesen sein.[248] Insbesondere bei **Affekt- und Spontantaten** kann das zu bezweifeln sein: Vermag der Täter im Augenblick der Tat infolge seiner Erregung seine Antriebskräfte nicht mehr zu erkennen, oder, wenn er sie erkennt, nicht so zu **steuern**, dass sie als auslösendes Moment für die als besonders verwerflich eingestufte Tötungshandlung nicht mehr in Betracht kommen, kann ihm die Niedrigkeit dieser Beweggründe nicht zum Vorwurf gemacht werden.

(e) Fähigkeit zur zutreffenden Wertungserkenntnis
Der Täter handelt nur dann aus sonst niedrigen Beweggründen, wenn er zur Tatzeit in der Lage war, die objektive Wertung seiner Motive als niedrig zu erkennen; die Fähigkeit dazu kann z. B. bei Persönlichkeitsmängeln fehlen oder bei Ausländern, die den in ihrer Heimat gelebten Anschauungen derart intensiv verhaftet sind, dass sie deswegen die in Deutschland gültigen abweichenden sozialethischen Bewertungen ihrer Motive nicht in sich aufnehmen und daher auch nicht nachvollziehen können.[249]

Allerdings ist die Unfähigkeit zu einer solchen Wertungserkenntnis auch im Hinblick auf etwaige ausländische Wertvorstellungen keineswegs leichthin anzunehmen: Zum einen sind die weitaus meisten Ausländer hinreichend integriert, um die deutschen Maßstäbe zu erkennen; zum anderen sind „Ehrenmorde" etc. ggf. auch im jeweiligen Heimatland rechtlich scharf sanktioniert.

An der Wertungsfähigkeit fehlt es ferner dann nicht, wenn der Täter den Widerspruch zur allgemeinen Anschauung kennt und an seiner Bewertung gleichwohl uneinsichtig festhält.[250]

---

[247] Fischer, StGB, 71. Aufl. 2024, § 211 Rn. 29; aus der Rspr. vgl. zuletzt BGH U. v. 25.09.2019 – 5 StR 222/19 – NJW 2020, 943 = NStZ 2020, 86 = StV 2020, 91 (Anm. Nestler Jura 2020, 194; Grünewald NStZ 2020, 87); BGH U. v. 13.11.2019 – 5 StR 466/19 – NStZ-RR 2020, 40; BGH U. v. 11.11.2020 – 5 StR 124/20 – NStZ 2021, 226 = StV 2022, 94 (Anm. RÜ 2021, 174); BGH U. v. 06.01.2021 – 5 StR 288/20 – NStZ 2021, 287 (Anm. Schneider NStZ 2021, 288).
[248] Fischer, StGB, 71. Aufl. 2024, § 211 Rn. 16; Grotendiek/Göbel NStZ 2003, 118; aus der Rspr. vgl. zuletzt BGH U. v. 20.05.2021 – 6 StR 142/20 – NStZ 2021, 734; BGH U. v. 07.02.2022 – 5 StR 542/20, 5 StR 207/21 (Berliner Wettbüro) – NJW 2022, 1826 = NStZ 2023, 247; BGH U. v. 15.06.2022 – 6 StR 23/22 – NStZ-RR 2022, 245 = StV 2024, 110.
[249] Hierzu Fischer, StGB, 71. Aufl. 2024, § 211 Rn. 29ff.; aus der Rspr. vgl. zuletzt BGH U. v. 11.11.2020 – 5 StR 124/20 – NStZ 2021, 226 = StV 2022, 94 (Anm. RÜ 2021, 174).
[250] Schneider, in: MK-StGB, 4. Aufl. 2021, § 211 Rn. 111ff.; aus der Rspr. vgl. BGH B. v. 20.08.2004 – 2 StR 281/04 – NStZ-RR 2004, 361 (Anm. RA 2004, 717; Otto JK 2005 StGB § 211/42; Kudlich JuS 2005, 186); BGH U. v. 05.09.2007 – 2 StR 306/07.

(f) Mehrheit von Beweggründen (sog. Motivbündel)
Bei Motivbündeln kommt es auf das Hauptmotiv des Täters an (**Bewusstseinsdominanz**), welches der Tat – der Zeitpunkt der Tötungshandlung ist relevant – ihr Gepräge gab.[251]

(g) Einzelfälle
Hinsichtlich der Kasuistik sei auf entsprechende Fallgruppen-Sammlungen in der Lehrbuch- und Kommentarliteratur verwiesen.[252]

In einer Fallbearbeitung gilt es ohnehin, den Sachverhalt umfassend auszuwerten und bei der Bewertung der Motivation Aspekte für und gegen die Niedrigkeit anzuführen. Der Erkenntnisgewinn einer – zutreffend – auf den individuellen Einzelfall abstellenden Judikatur ist begrenzt; viele Entscheidungen sind zwangsläufig aufgrund der Vagheit des Mordmerkmals in Begründung und Ergebnis angreifbar.

4. Rechtswidrigkeit
S. o.

5. Schuld
S. o.

6. Rechtsfolgen
S. o.

D. Tötung auf Verlangen, § 216 StGB

▶ **Didaktischer Aufsatz**
- Steinhilber, Streifzug durch zentrale Rechtsfragen der ‚direkten Sterbehilfe' (§ 216 StGB), JA 2010, 430

I. Aufbau

I. Tatbestand
  1. Objektiver Tatbestand
     a) Tötung
     b) Das ausdrückliche und ernstliche Verlangen des Getöteten
     c) Durch ... zur Tötung bestimmt

---

[251] Fischer, StGB, 71. Aufl. 2024, § 211 Rn. 19; aus der Rspr. vgl. zuletzt BGH U. v. 19.08.2020 – 1 StR 474/19 – NJW 2021, 326 = NStZ 2022, 545 = StV 2021, 367 (Anm. Bosch Jura 2021, 456; RÜ 2021, 95; Mitsch NJW 2021, 330; Kinskofer HRRS 2021, 262; Heß HRRS 2021, 266; Magnus NStZ 2022, 548); BGH U. v. 25.01.2023 – 1 StR 284/22 – NStZ-RR 2023, 142 = StV 2023, 316; BGH U. v. 15.03.2023 – 5 StR 432/22 (Anm. RÜ 2023, 369); BGH U. v. 14.06.2023 – 1 StR 399/22 – NStZ 2024, 88 = StV 2024, 105.
[252] Z. B. Fischer, StGB, 71. Aufl. 2024, § 211 Rn. 22ff.

    2. Subjektiver Tatbestand
  II. Rechtswidrigkeit
 III. Schuld

II. Allgemeines

§ 216 StGB stellt die Tötung auf Verlangen unter Strafe.[253]

> **§ 216 StGB (Tötung auf Verlangen)**
> (1) Ist jemand durch das ausdrückliche und ernstliche Verlangen des Getöteten zur Tötung bestimmt worden, so ist auf Freiheitsstrafe von sechs Monaten bis zu fünf Jahren zu erkennen.
> (2) Der Versuch ist strafbar.

Die Tötung auf Verlangen ist nach zutreffender Auffassung eine **Privilegierung** des § 212 StGB.[254] Sie entfaltet gegenüber Totschlag und Mord eine Sperrwirkung.[255]

Der **Grund**[256] für die deutliche Strafmilderung liegt in der unrechtsmindernden suizidähnlichen Mitwirkung des Opfers, die zudem eine schuldmindernde Konfliktlage beim Täter auslöst.[257]

Der Grund, warum die Tötung auf Verlangen überhaupt strafbar ist, liegt in der (wohl und noch) herrschenden gesellschaftlichen Ablehnung einer aktiven Sterbehilfe, gespeist auch aus der Historie sowie religiösen oder philosophischen Vorstellungen. Befürchtet werden auch negative gesellschaftliche Folgen einer Freigabe (v. a. im Umgang mit alten und kranken oder behinderten Menschen).

Angesichts der BVerfG-Entscheidung zu § 217 StGB (s. u.) werden verfassungsrechtliche Bedenken auch gegen § 216 StGB angemeldet.[258] Zu Reform-

---

[253] Hierzu von Hirsch/Neumann GA 2007, 671; Steinhilber JA 2010, 430; Roxin FS Fischer 2018, 509.

[254] Zur strittigen Systematik der Tötungsdelikte s. o.

[255] Hierzu Joecks/Jäger, StGB, 13. Aufl. 2021, § 216 Rn. 25; näher Bernsmann JZ 1983, 45; Herzberg JZ 2000, 1093; aus der Rspr. vgl. RG U. v. 27.08.1919 – II 357/19 – RGSt 53, 293; BGH U. v. 07.02.1952 – 3 StR 1095/51 – BGHSt 2, 258 = NJW 1952, 753 (Anm. Schönke NJW 1952, 754); BGH U. v. 15.05.1959 – 4 StR 475/58 (Hammerteich) – BGHSt 13, 162 = NJW 1959, 1738 (Anm. Behrisch NJW 1960, 471; Gallas JZ 1960, 649 und 686).

[256] Näher Öz JR 2021, 428.

[257] Kindhäuser/Hilgendorf, LPK, 9. Aufl. 2022, § 216 Rn. 1.

[258] Näher Leitmeier NStZ 2020, 508; Öz JR 2021, 428; aus der Rspr. vgl. BGH B. v. 28.06.2022 – 6 StR 68/21 (Insulin) – BGHSt 67, 95 = NJW 2022, 3021 = NStZ 2022, 663 = StV 2023, 9 (Anm. Bosch Jura 2022, 1507; Jäger JA 2022, 870; Hecker JuS 2022, 1073; LL 2022, 754; RÜ 2022, 638; famos 10/2022; Grünewald NJW 2022, 3025; Hoven/Kudlich NStZ 2022, 667; Walter JR 2022, 621; Franzke/Verrel JZ 2022, 1116; Murmann ZfIStW 2022, 530; Pauli HRRS 2022, 281; Ofterdinger/Kuhli ZJS 2023, 170; Ziegler StV 2023, 65; Seifert HRRS 2023, 13; Zeller/Thomas jurisPR-StrafR 17/2023 Anm. 5; Rostalski MedR 2023, 179; Saliger MedR 2023, 222; Ibold GA 2024, 16).

überlegungen bzgl. einer umfassenden strafrechtlichen Neuregelung der Euthanasie/Sterbehilfe s. u.

III. Tatbestand

1. Objektiver Tatbestand

a) Tötung

aa) Allgemeines
Die Tötung auf Verlangen ist richtigerweise eine Privilegierung des Totschlags (s. o.); meist ist es übersichtlicher, das Grunddelikt vorab zu prüfen, sodass in der Privilegierungsprüfung nur kurz nach oben zu verweisen ist. Entscheidet man sich für eine gemeinsame Prüfung von Grunddelikt und Privilegierung, so sind die objektiven und subjektiven Totschlagsvoraussetzungen integriert zu prüfen.
I. R. d. § 216 StGB stellen sich insbesondere Fragen der Suizidbeteiligung und Euthanasie/Sterbehilfe.

bb) „Abgrenzung" von Teilnahme am Suizid und Fremdtötung

▶ **Didaktische Aufsätze**
- Herzberg, Beteiligung an einer Selbsttötung oder tödlichen Selbstgefährdung als Tötungsdelikt, JA 1985, 131, 177, 265 und 336
- Neumann, Die Strafbarkeit der Suizidbeteiligung als Problem der Eigenverantwortlichkeit des „Opfers", JA 1987, 244
- Engländer, Selbsttötung in „mittelbarer Täterschaft", Jura 2004, 234
- Herzberg, Eigenverantwortliche Selbsttötung und strafbare Mitverursachung, Jura 2004, 670
- Hecker/Witteck, Fahrlässige Tötung oder straflose Mitwirkung am Selbstmord bei Vornahme einer vom Suizidenten gesteuerten Tötungshandlung? JuS 2005, 397
- Kühl, Beteiligung an Selbsttötung und verlangte Fremdtötung, Jura 2010, 81
- Bechtel, Selbsttötung, Fremdtötung, Tötung auf Verlangen, JuS 2016, 882

Zur straflosen Mitwirkung an einem Suizid im Unterschied zur Fremdtötung s. bereits im Allgemeinen Teil bei der sog. **objektiven Zurechnung** (eigenverantwortliche Selbstgefährdung) sowie bei **§ 25 I 2. Var. StGB**.
Um eine Selbsttötung, deren Förderung oder Veranlassung straflos ist, handelt es sich dann nach h. M., wenn der Suizident zum einen im **Bewusstsein der Selbsttötung** und mit hinreichender **Einsichtsfähigkeit** handelt, zum anderen muss er selbst die **Tatherrschaft** über den lebensbeendenden Akt innehaben. Anderenfalls handelt es sich um eine Fremdtötung, die unter §§ 212, 211, 216 StGB fallen kann, wobei eine rechtfertigende Einwilligung mangels Dispositionsfähigkeit des Rechtsguts Leben nicht möglich ist.
Da eine vorsätzliche Mitwirkung an einer Selbsttötung straflos ist, ist dies **erst recht** bei **fahrlässiger** (Mit-)Verursachung einer freiverantwortlichen Selbsttötung im Hinblick auf § 222 StGB der Fall.

Richtigerweise muss Vergleichbares auch dann gelten, wenn der Täter als getäuschtes Werkzeug des Opfers agiert – fahrlässige aktive Sterbehilfe; **Suizid in mittelbarer Täterschaft**.[259]

Beispiel 35

OLG Nürnberg B. v. 18.09.2002 – Ws 867/02 – NJW 2003, 454 (Anm. Martin JuS 2003, 408; LL 2003, 336; Engländer JZ 2003, 747):
G fragte seine Ehefrau B bei einer Aussprache über die von ihr beabsichtigte Scheidung, ob sie sich vorstellen könne, ihn zu erschießen. Dann forderte er sie auf, eine unter einem Kissen verborgene Pistole zu nehmen und auf ihn zu schießen. Mit Hilfe des G überzeugte sich B, dass keine Patrone im Magazin war; erneut forderte G von B, auf seine Stirn oder Schläfe zu zielen. Schließlich tat B es und drückte ab. Da sie die im Lauf befindliche Patrone aus Unachtsamkeit übersah, starb G. ◄

B hatte keinen Vorsatz, den G zu töten. Die Strafbarkeit wegen fahrlässiger Tötung (§ 222 StGB) scheitert an der objektiven Zurechnung. G wusste im Gegensatz zu B, dass sich noch eine Patrone im Lauf befand, wodurch er die Tatherrschaft innehatte. Er handelte auch im einsichtigen Bewusstsein der Selbsttötung. Es handelt sich um Suizid des G in mittelbarer Täterschaft nach § 25 I 2. Var. StGB.

Beispiel 36

BGH U. v. 20.05.2003 – 5 StR 66/03 (Zivi) – NJW 2003, 2326 = NStZ 2003, 537 (Anm. Martin JuS 2003, 1137; RÜ 2003, 363; RA 2003, 534; Otto JK 2004 StGB § 216/7; Rautenkranz JA 2004, 190):
Der 20 Jahre alte B übernahm als Zivildienstleistender am 13.02.2001 ohne besondere Vorbereitung für die Dauer von zwei Wochen in der Z. in Hamburg die Tagesbetreuung (10 bis 16.30 Uhr) des 28 Jahre alten G. Dieser litt an stark ausgeprägter progressiver Muskeldystrophie vom Typus Duchenne und vermochte neben einzelnen Fingern – diese aber ohne Kraft – nur noch Mund und Zunge zu bewegen. Seine Arme und Beine waren in Beugestellung fixiert. Deformationen des Brustkorbs und der Wirbelsäule und eine starke Reduzierung der Atemmuskulatur ließen nur noch eine Atmungskapazität von 10 % eines Gesunden zu. Der Ausstoß von Kohlendioxyd wurde durch ein zeitweise an die Nase angeschlossenes Beatmungsgerät gefördert. G verfügte über einen herausragenden Intellekt. Er konnte seine Vorstellungen genau artikulieren und dank seiner guten Menschenkenntnis einschätzen, an welche der Pflegekräfte er sich zu wenden hatte, um auch ausgefallene Wünsche zu verwirklichen. Schon im Dezember 1999 hatte er in einem elektronischen Brief einer ihm nahe stehenden Pflegehilfe eine Selbsttötungsfantasie mitgeteilt. Er hatte geschildert, dadurch sexuell erregt zu werden, dass er in zwei miteinander verklebten Müllsäcken verpackt mit zugeklebtem Mund in einen Behälter geworfen würde, um sodann – mit weiteren Müllsäcken bedeckt – anschließend durch die Müllabfuhr in die Verbrennungsanlage gebracht und dort verbrannt zu werden. Er griff im Februar 2001 diese Gedanken auf und wollte sie mit

---

[259] Umstritten, hierzu Joecks/Jäger, StGB, 13. Aufl. 2021, § 216 Rn. 17ff.; näher Engländer Jura 2004, 234; Herzberg Jura 2004, 670; Herzberg NStZ 2004, 1; Hecker/Witteck JuS 2005, 397; Roxin FS Otto 2007, 441; Herzberg FS Puppe 2011, 497.

D. Tötung auf Verlangen, § 216 StGB

Hilfe des B verwirklichen. Zunächst hatte er diesen gebeten, ihm statt einer Hose eine Plastiktüte über den Unterleib bis zur Hüfte zu ziehen. Nachdem er dem B erläutert hatte, gern Plastik auf der Haut zu spüren, kam B diesem Verlangen nach. Am 22.02.2001 gegen 12.15 Uhr äußerte G den Wunsch, ihn in Müllsäcke verpackt in einen Müllcontainer zu legen. Auf Nachfragen des B versicherte er, dies schon öfter gemacht zu haben, und dass seine Bergung aus dem Container am Nachmittag sicher sei. B erfüllte in dem Bestreben, dem ihm anvertrauten Schwerstbehinderten so gut wie möglich zu helfen, alle bestimmt vorgebrachten Anweisungen, ohne sie kritisch zu hinterfragen. Er packte G nackt in zwei Müllsäcke, schnitt eine Öffnung für den Kopf in den oberen Müllsack und verklebte beide Säcke. Bis auf eine kleine Öffnung verschloss er ferner – auf besonderen Wunsch des G – dessen Mund mit Klebeband und legte ihn bei Außentemperaturen um den Gefrierpunkt in einen teilweise gefüllten Container. Weisungsgemäß stellte B den Rollstuhl in den Abstellraum, räumte die Wohnung auf und verließ die Pflegeeinrichtung durch einen Seiteneingang. Diese Maßnahmen hatte G angeordnet, um eine gegenüber anderen Pflegekräften wahrheitswidrig mitgeteilte Abwesenheit zu belegen. Eine deshalb erst am Abend erfolgte Suche nach ihm blieb ergebnislos. Am nächsten Morgen wurde sein Leichnam im Container entdeckt. Der Tod war durch Ersticken, möglicherweise in Kombination mit Unterkühlung eingetreten. Entweder hatte der obere Müllsack die Atemwege verlegt oder die ohnehin nur flache Atmung war durch einen auf den Brustkorb gelangten weiteren Müllsack unmöglich geworden. ◄

Dieser Fall liegt ähnlich. Zwar handelt es sich äußerlich um eine Fremdtötung, allerdings hatte das „Opfer" eine Wissensüberlegenheit, die die objektive Zurechnung des Täterverhaltens entfallen lässt.[260]

cc) Unterlassene Abwendung eines Suizids

▶ **Didaktische Aufsätze**
- Herzberg, Beteiligung an einer Selbsttötung oder tödlichen Selbstgefährdung als Tötungsdelikt, JA 1985, 131, 177, 265 und 336
- Neumann, Die Strafbarkeit der Suizidbeteiligung als Problem der Eigenverantwortlichkeit des „Opfers", JA 1987, 244

Zum Geschehenlassen eines Suizids im Hinblick auf §§ 216, 13 StGB s. beim sog. unechten Unterlassungsdelikt im Allgemeinen Teil. Richtigerweise entfällt entweder bereits die sog. Garantenstellung oder es mangelt jedenfalls an der Zumutbarkeit der Rettungshandlung(spflicht).

Zu § 323c I StGB s. u.

dd) Euthanasie, Sterbehilfe

▶ **Didaktische Aufsätze**
- Detering, § 216 StGB und die aktuelle Diskussion um die Sterbehilfe, JuS 1983, 418

---

[260] Strittig, s. obige Nachweise.

- Otto, Die strafrechtliche Problematik der Sterbehilfe, Jura 1999, 434
- Achenbach, Beteiligung am Suizid und Sterbehilfe, Jura 2002, 542
- Kühl, Rechtfertigung vorsätzlicher Tötungen im Allgemeinen und speziell bei Sterbehilfe, Jura 2009, 881
- Kubiciel, Gott, Vernunft, Paternalismus – Die Grundlagen des Sterbehilfeverbots, JA 2011, 86
- Brunhöber, Sterbehilfe aus strafrechtlicher und rechtsphilosophischer Sicht, JuS 2011, 401
- Bosch, Neuer Wein in alten Schläuchen – Neue Grenzziehung zwischen Tötung auf Verlangen und strafloser Suizidbeihilfe? Jura 2023, 923

Zur Strukturierung der Spielarten der Sterbehilfe[261] hat sich eine Terminologie herausgebildet, die auch hier zugrundegelegt wird. Ob diese nicht mehr Verwirrung

---

[261] Zu Euthanasie und Sterbehilfe näher Kohlhaas NJW 1973, 548; Simson FS Schwinge 1973, 89; Hirsch FS Welzel 1974, 775; Trockel NJW 1975, 1440; Helgerth JR 1976, 45; Zimmermann NJW 1977, 2101; Engisch FS Dreher 1977, 309; Meyer ZRP 1978, 188; Schmitt JZ 1979, 462; Detering JuS 1983, 418; Kaufmann MedR 1983, 121; Schmitt JZ 1985, 365; Kutzer MDR 1985, 710; Brändel ZRP 1985, 85; Hoerster NJW 1986, 1786; Schreiber NStZ 1986, 337; Arzt JR 1986, 309; Eser JZ 1986, 786; Schmitt MDR 1986, 617; Leonardy DRiZ 1986, 281; Wassermann DRiZ 1986, 291; Uhlenbruck ZRP 1986, 209; Schöch ZRP 1986, 236; Hirsch ZRP 1986, 239; Jäger FS Pongratz 1986, 365; Tröndle ZStW 1987, 25; Dölling MedR 1987, 6; Hirsch FS Lackner 1987, 597; Hoerster ZRP 1988, 1; Wilms/Jäger ZRP 1988, 41; Giesen JZ 1990, 929; von Lutterotti MedR 1992, 7; Schöttler ZRP 1992, 132; Kutzer NStZ 1994, 110; Pelzl KJ 1994, 179; Lilie FS Steffen 1995, 273; Verrel JZ 1996, 224; Rilinger GA 1997, 418; Otto Jura 1999, 434; Ankermann MedR 1999, 387; Fabricius FS Brauneck 1999, 405; Schreiber FS Deutsch 1999, 773; Schreiber FS Hanack 1999, 735; Schöch FS H. J. Hirsch 1999, 693; Eibach MedR 2000, 10; Kutzer MedR 2001, 77; Czerner MedR 2001, 354; Achenbach Jura 2002, 542; Kintzi DRiZ 2002, 256; Schimmelpfeng-Schütte MedR 2002, 146; Oduncu/Eisenmenger MedR 2002, 327; Storr MedR 2002, 436; Stackmann MedR 2002, 490; Witteck KritV 2003, 163; Strätling/Lipp/May/Kutzer/Glogner/Schlaudraff/Neuman/Simon MedR 2003, 483; Kutzer ZRP 2003, 209; Albrecht FS Schreiber 2003, 551; Arzt FS Schreiber 2003, 583; Stratenwerth FS Schreiber 2003, 893; Wolfslast FS Schreiber 2003, 913; Holzhauer ZRP 2004, 41; Schreiber FS Rudolphi 2004, 543; Beckmann DRiZ 2005, 252; Kutzer DRiZ 2005, 257; Landau ZRP 2005, 50; Oduncu MedR 2005, 437; Sternberg-Lieben FS Eser 2005, 1185; Ulsenheimer FS Eser 2005, 1225; Kusch NJW 2006, 261; Otto NJW 2006, 2217; Schreiber NStZ 2006, 473; Duttge NStZ 2006, 479; Janes/Schick NStZ 2006, 484; Lüderssen JZ 2006, 689; Ingelfinger JZ 2006, 821; Neumann/Saliger HRRS 2006, 280; Birkner ZRP 2006, 52; Zuck ZRP 2006, 173; Merkel FS Schroeder 2006, 297; Roxin FS Jakobs 2007, 571; Schreiber FS Jakobs 2007, 615; Verrel FS Jakobs 2007, 715; Neumann FS Herzberg 2008, 575; Putz FS Widmaier 2008, 701; Kühl Jura 2009, 881; Kubiciel JZ 2009, 600; Stratenwerth FS Amelung 2009, 335; Lorenz MedR 2010, 823; Kubiciel JA 2011, 86; Brunhöber JuS 2011, 401; Fischer FS Roxin 2011, 557; Rosenau FS Roxin 2011, 577; Magnus NStZ 2013, 1; Roxin GA 2013, 313; Pawlik FS Frisch 2013, 697; Kahlo FS Frisch 2013, 711; Streng FS Frisch 2013, 739; Pawlik FS Wolter 2013, 627; Duttge MedR 2014, 621; Jurgeleit NJW 2015, 2708; Henking JZ 2015, 174; Jäger JZ 2015, 875; Hoven ZIS 2016, 1; Herzberg ZIS 2016, 440; Hufen NJW 2018, 1524; Weilert MedR 2018, 76; Eser MedR 2018, 734; Hoven MedR 2018, 741; Joerden MedR 2018, 764; Hörnle JZ 2020, 872; Coenen KriPoZ 2020, 67; Berghäuser/Boer/Borasio/Hohendorf/Rixen/Spittler MedR 2020, 207; Rostalski JZ 2021, 477; Fischer HRRS 2021, 24; Pfeifer KriPoZ 2021, 172; Teichmann/Camprubi MedR 2021, 141; Bosch Jura 2023, 923; Ennuschat ZRP 2023, 197.

D. Tötung auf Verlangen, § 216 StGB

als Nutzen stiftet, ist zweifelhaft,[262] zumal nach der Entscheidung des BGH zum Behandlungsabbruch[263] und zu einer Insulin-Injektion.[264]

(1) Vorab: Sog. reine (echte) Sterbebegleitung
Unproblematisch zulässig sind Handlungen nach Eintritt des Hirntods und Hilfe im Sterben ohne lebensverkürzendes Risiko, hier mangelt es an einer kausalen Tötungshandlung.[265]

(2) Sog. aktive direkte Sterbehilfe; Behandlungsabbruch
Die aktive (direkte) Lebensverkürzung ist als Tötung zumindest **nach § 216 StGB strafbar**.[266] Die Einwilligung des Opfers ist unbeachtlich.

Diese rigide deutsche Haltung wird vielfach kritisiert; insbesondere angesichts der deutschen Vergangenheit und befürchteter Folgewirkungen für das gesellschaftliche Miteinander hat der Gesetzgeber das Verbot der aktiven Sterbehilfe aufrechterhalten.

Der EGMR hat das Verbot gebilligt.[267]

Die Redeweise vom Verbot aktiver Sterbehilfe ist allerdings nur noch mit der Einschränkung richtig, dass es bei einem **Behandlungsabbruch** nach der neueren Rspr. irrelevant ist, ob dieser durch ein reines **Unterlassen** stattfindet oder der Täter zu einem **aktiven Tun** greifen muss – Sterbehilfe durch **Unterlassen, Begrenzen oder Beenden einer begonnenen medizinischen Behandlung**.

---

[262] S. Fischer, StGB, 71. Aufl. 2024, vor § 211 Rn. 33ff.

[263] BGH U. v. 25.06.2010 – 2 StR 454/09 (Putz) – BGHSt 55, 191 = NJW 2010, 2963 = NStZ 2010, 630 = StV 2011, 277 (Anm. Kaspar/Reinbacher, Casebook AT, 2. Aufl. 2023, Fall 11; Bosch JA 2010, 908; Kubiciel ZJS 2010, 656; Hecker JuS 2010, 1027; LL 2010, 681; RA 2010, 505; famos 9/2010; Gaede NJW 2010, 2925; Verrel NStZ 2010, 671; Mandla NStZ 2010, 698; Geppert JK 2011 StGB § 216/8; Wolfslast/Weinreich StV 2011, 286; Hirsch JR 2011, 37; Schumann JR 2011, 142; Engländer JZ 2011, 513; Eidam GA 2011, 232; Walter ZIS 2011, 76; Dölling ZIS 2011, 345; Rissing-van Saan ZIS 2011, 544; Lanzrath/große Deters HRRS 2011, 161; Rosenau FS Rissing-van Saan 2011, 547; Joerden FS Roxin 2011, 593; Ast ZStW 2012, 612; Haas JZ 2016, 714).

[264] BGH B. v. 28.06.2022 – 6 StR 68/21 (Insulin) – BGHSt 67, 95 = NJW 2022, 3021 = NStZ 2022, 663 = StV 2023, 9 (Anm. Bosch Jura 2022, 1507; Jäger JA 2022, 870; Hecker JuS 2022, 1073; LL 2022, 754; RÜ 2022, 638; famos 10/2022; Grünewald NJW 2022, 3025; Hoven/Kudlich NStZ 2022, 667; Walter JR 2022, 621; Franzke/Verrel JZ 2022, 1116; Murmann ZfIStW 2022, 530; Pauli HRRS 2022, 281; Ofterdinger/Kuhli ZJS 2023, 170; Ziegler StV 2023, 65; Seifert HRRS 2023, 13; Zeller/Thomas jurisPR-StrafR 17/2023 Anm. 5; Rostalski MedR 2023, 179; Saliger MedR 2023, 222; Ibold GA 2024, 16).

[265] Eisele, BT I, 6. Aufl. 2021, Rn. 157.

[266] Eisele, BT I, 6. Aufl. 2021, Rn. 159; aus der Rspr. vgl. BGH U. v. 08.05.1991 – 3 StR 467/90 – BGHSt 37, 376 = NJW 1991, 2357 = NStZ 1992, 34 = StV 1991, 347 (Anm. Kühl, Höchstrichterliche Rspr. BT, 2002, Nr. 22; Solbach JA 1991, 342; Otto JK 1992 StGB § 211/21; Roxin NStZ 1992, 35; Langer JR 1993, 133); BGH U. v. 07.02.2001 – 5 StR 474/00 – BGHSt 46, 279 = NJW 2001, 1802 = NStZ 2001, 324 = StV 2001, 684 (Anm. Otto JK 2001 StGB § 34/3; Duttge NStZ 2001, 546).

[267] EGMR U. v. 29.04.2002 – 2346/02 – NJW 2002, 2851 (Anm. Otto JK 2003 StGB § 216/5; Dörr JuS 2003, 81).

Beispiel 37

BGH U. v. 25.06.2010 – 2 StR 454/09 (Putz) – BGHSt 55, 191 = NJW 2010, 2963 = NStZ 2010, 630 = StV 2011, 277 (Anm. Kaspar/Reinbacher, Casebook AT, 2. Aufl. 2023, Fall 11; Bosch JA 2010, 908; Kubiciel ZJS 2010, 656; Hecker JuS 2010, 1027; LL 2010, 681; RA 2010, 505; famos 9/2010; Gaede NJW 2010, 2925; Verrel NStZ 2010, 671; Mandla NStZ 2010, 698; Geppert JK 2011 StGB § 216/8; Wolfslast/Weinreich StV 2011, 286; Hirsch JR 2011, 37; Schumann JR 2011, 142; Engländer JZ 2011, 513; Eidam GA 2011, 232; Walter ZIS 2011, 76; Dölling ZIS 2011, 345; Rissing-van Saan ZIS 2011, 544; Lanzrath/große Deters HRRS 2011, 161; Rosenau FS Rissing-van Saan 2011, 547; Joerden FS Roxin 2011, 593; Ast ZStW 2012, 612; Haas JZ 2016, 714):

B1 ist ein für den Fachbereich des Medizinrechts, insbesondere auf Palliativmedizin spezialisierter Rechtsanwalt. Er beriet seit 2006 die beiden Kinder der 1931 geborenen G, nämlich B2 und deren Bruder B3. G lag seit Oktober 2002 nach einer Hirnblutung im Wachkoma. Sie war seither nicht ansprechbar und wurde in einem Altenheim gepflegt und über einen Zugang in der Bauchdecke, eine so genannte PEG-Sonde, künstlich ernährt. G, der nach einer Fraktur im Jahr 2006 der linke Arm amputiert worden war, war im Dezember 2007 bei einer Größe von 1,59 m auf ein Gewicht von 40 kg abgemagert. Eine Besserung ihres Gesundheitszustands war nicht mehr zu erwarten. Nachdem schon ihr Vater im Jahr 2002 eine Hirnblutung ohne schwerwiegende gesundheitliche Folgen erlitten hatte, hatte B2 ihre Mutter Ende September 2002 befragt, wie sie und ihr Bruder sich verhalten sollten, falls G etwas zustoßen sollte. Diese hatte darauf unter anderem erwidert, falls sie bewusstlos werde und sich nicht mehr äußern könne, wolle sie keine lebensverlängernden Maßnahmen in Form künstlicher Ernährung und Beatmung, sie wolle nicht an irgendwelche „Schläuche" angeschlossen werden. Zunächst war für G deren Ehemann als Betreuer bestellt und später zu dessen Unterstützung eine Berufsbetreuung eingerichtet worden. Die Berufsbetreuerin nahm seit Ende 2005 die Betreuung allein wahr, nachdem der Ehemann der Betreuten verstorben war. B2 teilte der Berufsbetreuerin im März 2006 mit, dass sie und ihr Bruder den Wunsch hätten, dass die Magensonde entfernt würde, damit ihre Mutter in Würde sterben könne. Hierbei berichtete B2 auch von dem mit ihrer Mutter im September 2002 geführten Gespräch, dessen Inhalt diese trotz der Bitte der Tochter, die Angelegenheit mit ihrem Ehemann zu besprechen und sodann schriftlich zu fixieren, nicht schriftlich niedergelegt hatte. Die Berufsbetreuerin lehnte die Entfernung der Magensonde unter Hinweis auf den ihr nicht bekannten mutmaßlichen Willen der Betreuten ab und blieb auch auf mehrere Interventionen des inzwischen mandatierten B1 bei ihrer Ablehnung. B1 bemühte sich in der Folgezeit zusammen mit B2 und deren Bruder um die Einstellung der künstlichen Ernährung. Auf seinen Antrag wurden beide Kinder im August 2007 zu Betreuern ihrer Mutter bestellt. Der behandelnde Hausarzt unterstützte das Vorhaben der Betreuer, weil aus seiner Sicht eine medizinische Indikation zur Fortsetzung der künstlichen Ernährung nicht mehr gegeben war. Die Bemühungen stießen aber auf Widerstand bei Heimleitung und -personal. Nachdem auch eine ausdrückliche Anordnung des Arztes zur Einstellung der künstlichen

D. Tötung auf Verlangen, § 216 StGB

Ernährung vom Pflegepersonal nicht befolgt worden war, schlug die Heimleiterin schließlich einen Kompromiss vor. Um den moralischen Vorstellungen aller Beteiligten gerecht zu werden, sollte sich das Personal nur noch um die Pflegetätigkeiten im engeren Sinn kümmern, während B2 und B3 selbst die Ernährung über die Sonde einstellen, die erforderliche Palliativversorgung durchführen und ihrer Mutter im Sterben beistehen sollten. Nach Rücksprache mit B1 erklärten sich B2 und B3 hiermit einverstanden. Demgemäß beendete B2 am 20.12.2007 die Nahrungszufuhr über die Sonde und begann, auch die Flüssigkeitszufuhr zu reduzieren. Am nächsten Tag wies die Geschäftsleitung des Gesamtunternehmens jedoch die Heimleitung an, die künstliche Ernährung umgehend wieder aufzunehmen. B2 und B3 wurde ein Hausverbot für den Fall angedroht, dass sie sich hiermit nicht einverstanden erklären sollten. Darauf erteilte B1 ihnen am gleichen Tag telefonisch den Rat, den Schlauch der Sonde unmittelbar über der Bauchdecke zu durchtrennen, weil gegen die rechtswidrige Fortsetzung der Sondenernährung durch das Heim ein effektiver Rechtsschutz nicht kurzfristig zu erlangen sei. Nach seiner Einschätzung der Rechtslage werde keine Klinik eigenmächtig eine neue Sonde einsetzen, sodass G würde sterben können. B2 folgte diesem Rat und schnitt Minuten später mit Unterstützung ihres Bruders den Schlauch durch. Nachdem das Pflegepersonal dies bereits nach einigen weiteren Minuten entdeckt und die Heimleitung die Polizei eingeschaltet hatte, wurde G auf Anordnung eines Staatsanwalts gegen den Willen ihrer Kinder in ein Krankenhaus gebracht, wo ihr eine neue PEG-Sonde gelegt und die künstliche Ernährung wieder aufgenommen wurde. Sie starb dort am 05.01.2008 eines natürlichen Todes auf Grund ihrer Erkrankungen. ◄

Prima facie stellt sich das Durchschneiden eines Schlauches als aktives Tun dar.

Die Rspr. stellt hier den aktiven Behandlungsabbruch zu Recht dem Unterlassen gleich und hält eine rechtfertigende Einwilligung für möglich. Die naturalistisch-zufällige oder wertend-unsichere Unterscheidung von Tun und Unterlassen – und damit der zwischen aktiver und passiver Sterbehilfe – sei zur Differenzierung der Fallkonstellationen ungeeignet. Wenn ein Patient das Unterlassen der Behandlung verlangen kann, dann müsse dies auch für Beendigung einer nicht (mehr) gewollten Behandlung gelten. Der Gesetzgeber habe mit § 1901a BGB gezeigt, dass der Patientenwille stärker berücksichtigt werden soll, vgl. auch Art. 1 I, 2 GG. Eine aufgezwungene Behandlung könne sogar die §§ 223ff. StGB verwirklichen. Der BGH begrenzt dies nicht auf irreversibel tödlich verlaufende Erkrankungen; allerdings wird der zugelassene Personenkreis auf Ärzte, Betreuer und Bevollmächtigte des Patienten sowie deren Hilfspersonen beschränkt.

Zugegebenermaßen wird dies kaum der in § 13 StGB gesetzlich vorgesehenen unterschiedlichen Behandlung von Tun und Unterlassen gerecht. Vorzugswürdig wäre eine Tätigkeit des Gesetzgebers. Die sachliche Richtigkeit des Ergebnisses im o. a. Fall dürfte freilich auf der Hand liegen. Eine andere generelle Lösung beträfe eine Neuausrichtung der Einwilligungsdogmatik im Hinblick auf die i. E. zweifelhafte Indisponibilität des Rechtsguts Leben oder eine abwägungssensible Anwendung des § 34 StGB.

Im engeren Bereich der Sterbehilfe hat sich jüngst der BGH (6. Strafsenat)[268] – auch unter Berufung auf eine verfassungskonforme Handhabung des § 216 StGB im Hinblick auf die BVerfG-Entscheidung zu § 217 StGB – für eine Irrelevanz der naturalistischen Einordnung als aktives Tun oder Unterlassen ausgesprochen – letztlich mit Erwägungen, die sich nicht in die bislang praktizierte Abgrenzung von Suizidbeihilfe und Tötung auf Verlangen einfügen. De lege lata dürfte eine Rechtfertigungslösung vorzuziehen sein gegenüber einer beliebig anmutenden Umdeutung von aktivem Tun zu einem Unterlassen, *de lege ferenda* bleibt die Neuregelung des gesamten Bereichs der Sterbehilfe durch den Gesetzgeber abzuwarten.

(3) Sog. aktive indirekte Sterbehilfe
Als aktive indirekte Sterbehilfe bezeichnet man die Vergabe von Palliativa, die eine lebensverkürzende Wirkung haben, deren Gabe aber ärztlich indiziert ist.[269] Die Lebensverkürzung muss unbeabsichtigt sein.

Es ist unstritig, dass in Fällen aktiver indirekter Sterbehilfe der **Arzt straflos** bleibt, nur über die Begründung herrscht Uneinigkeit.[270]

Die Tatbestandslösung verneint bereits aufgrund normativer Betrachtung eine Tötungshandlung, während andere Auffassungen eine Rechtfertigung nach § 34 StGB oder aufgrund Einwilligung annehmen. Allein letzteres wird sich mit der neueren Rspr. in ein stimmiges System fügen lassen.

(4) Sog. passive Sterbehilfe (Sterbenlassen) und Behandlungsabbruch
Unter passiver Sterbehilfe versteht man den Verzicht auf Maßnahmen, die das Sterben hinauszögern.[271]

---

[268] BGH B. v. 28.06.2022 – 6 StR 68/21 (Insulin) – BGHSt 67, 95 = NJW 2022, 3021 = NStZ 2022, 663 = StV 2023, 9 (Anm. Bosch Jura 2022, 1507; Jäger JA 2022, 870; Hecker JuS 2022, 1073; LL 2022, 754; RÜ 2022, 638; famos 10/2022; Grünewald NJW 2022, 3025; Hoven/Kudlich NStZ 2022, 667; Walter JR 2022, 621; Franzke/Verrel JZ 2022, 1116; Murmann ZfIStW 2022, 530; Pauli HRRS 2022, 281; Ofterdinger/Kuhli ZJS 2023, 170; Ziegler StV 2023, 65; Seifert HRRS 2023, 13; Zeller/Thomas jurisPR-StrafR 17/2023 Anm. 5; Rostalski MedR 2023, 179; Saliger MedR 2023, 222; Ibold GA 2024, 16).

[269] Hierzu Joecks/Jäger, StGB, 13. Aufl. 2021, vor § 211 Rn. 33f.; näher Herzberg NJW 1996, 3043; Kutzer GS Schlüchter 2002, 347; aus der Rspr. vgl. zuletzt BGH U. v. 30.01.2019 – 2 StR 325/17 – BGHSt 64, 69 = NJW 2019, 3253 = NStZ 2020, 29 = StV 2020, 296 (Anm. Kudlich JA 2019, 953; RÜ 2019, 781; Mitsch NJW 2019, 3255; Eisele JuS 2020, 80; Magnus NStZ 2020, 32; Lorenz JR 2020, 69; Rostalski HRRS 2020, 211; Lorenz/Vogel JR 2021, 471); BGH B. v. 26.05.2020 – 2 StR 434/19 – NStZ 2021, 164 = StV 2021, 115 (Anm. Eisele JuS 2021, 181; Merkel NStZ 2021, 166; Valerius JR 2021, 455; Duttge/Pfeifer MedR 2021, 730).

[270] S. o., z. B. Eisele, BT I, 6. Aufl. 2021, Rn. 158.

[271] Hierzu Eisele, BT I, 6. Aufl. 2021, Rn. 160ff.; aus der Rspr. vgl. BGH U. v. 13.09.1994 – 1 StR 357/94 (Kempten) – BGHSt 40, 257 = NJW 1995, 204 = NStZ 1995, 80 = StV 1995, 408 (Anm. Roxin, Höchstrichterliche Rspr. AT, 1998, Nr. 33; Otto JK 1995 StGB § 25 I/4 und 5 und § 212/2; Schmidt JuS 1995, 361; Schöch NStZ 1995, 153; Helgerth JR 1995, 338; Vogel MDR 1995, 337; Deichmann MDR 1995, 983; Merkel ZStW 1995, 545; Rönnau JA 1996, 108; Bernsmann ZRP 1996, 87; Dörner ZRP 1996, 93; Tolmein KJ 1996, 510; Stoffers Jura 1998, 580; Hiersche FS Hanack 1999, 697; Brammsen NStZ 2000, 337).

Bereits vor der Rspr. zum Behandlungsabbruch wurden allerdings unter die passive Sterbehilfe auch Handlungen gefasst, die bei naturalistischer Betrachtung aufgrund Energieeinsatzes ein Begehen sind.[272]

> **Beispiel 38**
>
> **LG Ravensburg U. v. 03.12.1986 – 3 Kls 31/86 – NStZ 1987, 229 (Anm. Otto JK 1987 StGB § 216/3; Roxin NStZ 1987, 345; Herzberg JZ 1988, 182; Tröndle FS Göppinger 1990, 595; Stoffers MDR 1992, 621):**
> B schaltete bei seiner an einer unheilbaren, im Endstadium begriffenen Krankheit leidenden Ehefrau auf deren Wunsch hin, sterben zu wollen, das Beatmungsgerät ab, was zur Folge hatte, dass seine Ehefrau eine Stunde später verstarb, wohingegen sie bei Weiterbeatmung noch mindestens 24 h gelebt hätte. ◄

Bei wertender Betrachtung (Schwerpunkt der Vorwerfbarkeit) wurde ein Unterlassen angenommen, da die Aktivität zur Nichtfortsetzung einer Behandlung der Sache nach einem schlichten Unterlassen der Weiterbehandlung gleichkommt.

Soweit die Nichtweiterbehandlung dem Selbstbestimmungsrecht und Recht des Patienten auf menschenwürdiges Sterben entspricht, erlischt die Garantenstellung (insbesondere) des Arztes. Bzgl. außenstehender Dritter gilt nunmehr das Gleiche.

Jedenfalls aber wäre eine Rechtfertigung wegen (ggf. mutmaßlicher) Einwilligung anzunehmen; auch § 34 StGB kann fruchtbar gemacht werden.[273]

Welche strafrechtliche Bedeutung bei alledem der zivilrechtlichen **Patientenverfügung** (§§ 1901a ff. BGB) zukommt, ist problematisch.[274] Eine Beachtlichkeit ist stets, aber auch nur soweit anzunehmen, wie die bürgerlich-rechtlichen Vorschriften konkreten Rechtsgutsbezug haben.

b) Das ausdrückliche und ernstliche Verlangen des Getöteten

Der Getötete muss seine Tötung ausdrücklich und ernstlich verlangt haben.

Dies ist die unmissverständliche Einwirkung des Getöteten auf den Täter, die vom freien Willen des Opfers getragen und zielbewusst auf die Tötung gerichtet ist.[275]

---

[272] Näher Sax JZ 1975, 137; Stoffers JA 1992, 138 und 177; Gropp GS Schlüchter 2002, 173; Czerner JR 2005, 94; Verrel FS Jakobs 2007, 715.

[273] Zum Ganzen Eisele, BT I, 6. Aufl. 2021, Rn. 160ff.

[274] Hierzu Eschelbach, in: BeckOK-StGB, Stand 01.02.2024, § 216 Rn. 5; näher Reus JZ 2010, 80; Coeppicus NJW 2011, 2085; Dölling FS Puppe 2011, 1365; Sternberg-Lieben FS Roxin 2011, 537; Kutzer FS Rissing-van Saan 2011, 337; Sternberg-Lieben/Reichmann NJW 2012, 257; Boemke NJW 2013, 1412; aus der Rspr. vgl. BGH B. v. 10.11.2010 – 2 StR 320/10 – NJW 2011, 161 = NStZ 2011, 274 = StV 2011, 282 (Anm. Satzger JK 2011 StGB § 216/9; Jäger JA 2011, 309; LL 2011, 315; RA 2011, 33; Verrel NStZ 2011, 276; Wolfslast/Weinrich StV 2011, 286; Olzen/Metzmacher JR 2011, 318).

[275] Hierzu zsf. Eisele, BT I, 6. Aufl. 2021, Rn. 209ff.; aus der Rspr. vgl. zuletzt OLG Hamburg B. v. 08.06.2016 – 1 Ws 13/16 – NStZ 2016, 530 (Anm. RÜ 2016, 640; Miebach NStZ 2016, 536; LL 2017, 27; Kraatz JR 2017, 299; Wilhelm HRRS 2017, 68; Duttge MedR 2017, 145); KG B. v. 12.12.2016 – 3 Ws 637/16 – 161 AR 160/16 – StV 2018, 304 (Anm. Ambrosy jurisPR-StrafR 5/2017 Anm. 3; Vogel StV 2018, 306).

Es handelt sich um ein objektives Tatbestandsmerkmal, bei dessen irriger Annahme § 16 II StGB anzuwenden ist.[276]

Das Verlangen kann auch an einen größeren, aber bestimmbaren Adressatenkreis gerichtet sein, z. B. an die Ärzteschaft einer Station.[277]

Das Merkmal der **Ausdrücklichkeit** soll nicht ausschließen, dass das Verlangen auch als Frage, Zeichen oder Geste kommuniziert werden kann.[278] Dem Merkmal kommt dann keine Bedeutung zu.

Angesichts des Wortlauts „Verlangen" genügt eine bloße **Einwilligung** des Opfers in die Tötung **nicht**, erst recht nicht eine mutmaßliche Einwilligung.[279]

Die Initiative für das Verlangen darf aber auch vom Täter oder einem Dritten ausgehen.[280]

Vom Verlangen des Opfers ist die Tat des Täters nur dann gedeckt, wenn dieser nicht signifikant von den Vorgaben des Opfers abweicht. Bedingungen und Beschränkungen – z. B. bzgl. der Tötungsart – sind zu beachten.[281]

Das Verlangen muss **ernstlich** sein; dies verlangt einen subjektiv frei verantwortlichen Willensentschlusses des Opfers, wofür bei dem Opfer eine gewisse innere Willensfestigkeit (sodass ein Verlangen in depressiver (oder berauschter) Augenblicksstimmung nicht genügt) sowie eine zureichende natürliche Einsichts- und Urteilsfähigkeit im Hinblick auf die Entscheidung bestehen muss und die Entscheidung muss frei von Mängeln getroffen worden sein.[282] Vernünftig muss das Verlangen nicht sein.

---

[276] Hierzu Kindhäuser/Hilgendorf, LPK, 9. Aufl. 2022, § 216 Rn. 4; näher Gierhake GA 2012, 291; aus der Rspr. vgl. BGH U. v. 14.09.2011 – 2 StR 145/11 – NStZ 2012, 85 = StV 2012, 90 (Anm. Hecker JuS 2012, 365).

[277] Eisele, BT I, 6. Aufl. 2021, Rn. 210.

[278] Fischer, StGB, 71. Aufl. 2024, § 216 Rn. 8; aus der Rspr. vgl. BGH B. v. 25.11.1986 – 1 StR 613/86 – NJW 1987, 1092 = NStZ 1987, 365 (Anm. Otto JK 1987 StGB § 216/2; Roxin NStZ 1987, 345; Herzberg JuS 1988, 771; Kühl JR 1988, 338; Herzberg NStZ 1989, 559).

[279] Kindhäuser/Hilgendorf, LPK, 9. Aufl. 2022, § 216 Rn. 3; aus der Rspr. vgl. RG U. v. 17.09.1934 – 2 D 839/33 – RGSt 68, 306.

[280] Joecks/Jäger, StGB, 13. Aufl. 2021, § 216 Rn. 7.

[281] Eschelbach, in: BeckOK-StGB, Stand 01.02.2024, § 216 Rn. 10; aus der Rspr. vgl. BGH B. v. 25.11.1986 – 1 StR 613/86 – NJW 1987, 1092 = NStZ 1987, 365 (Anm. Otto JK 1987 StGB § 216/2; Roxin NStZ 1987, 345; Herzberg JuS 1988, 771; Kühl JR 1988, 338; Herzberg NStZ 1989, 559).

[282] Fischer, StGB, 71. Aufl. 2024, § 216 Rn. 9; aus der Rspr. vgl. zuletzt BGH U. v. 03.07.2019 – 5 StR 132/18 – BGHSt 64, 121 = NJW 2019, 3092 = NStZ 2019, 662 = StV 2020, 106 (Anm. Kudlich JA 2019, 867; Kubiciel NJW 2019, 3033; Sowada NStZ 2019, 670; Engländer JZ 2019, 1049; Hillenkamp JZ 2019, 1053; Lorenz HRRS 2019, 351; Weißer ZJS 2020, 85; Rissing-van Saan/Verrel NStZ 2020, 121; Neumann StV 2020, 126; Grünewald JR 2020, 167; Stage/Hellmann jurisPR-StrafR 4/2020 Anm. 4; Spittler MedR 2020, 101); BGH U. v. 03.07.2019 – 5 StR 393/18 – BGHSt 64, 135 = NJW 2019, 3089 = NStZ 2019, 666 = StV 2020, 111 (Anm. RÜ 2019, 706; Kubiciel NJW 2019, 3033; Sowada NStZ 2019, 670; Engländer JZ 2019, 1049; Hillenkamp JZ 2019, 1053; Lorenz HRRS 2019, 351; Bosch Jura 2020, 96; Hecker JuS 2020, 82; Rissing-van Saan/Verrel NStZ 2020, 121; Neumann StV 2020, 126; Grünewald JR 2020, 167; Stage/Hellmann jurisPR-StrafR 4/2020 Anm. 5).

Das Verlangen muss im Zeitpunkt der Tötung noch **fortbestehen**.[283] Es ist jederzeit widerruflich.[284]

c) Durch ... zur Tötung bestimmt

Zur Tötung bestimmt i. S. d. § 216 I StGB ist der Täter dann, wenn sein Tatentschluss durch den Getöteten hervorgerufen wurde; der Täter darf nicht bereits als sog. *omnimodo facturus* vorher zur Tat endgültig entschlossen gewesen sein, vgl. § 26 StGB.[285]

Bei **Motivbündeln** ist eine handlungsleitende Mitmotivation erforderlich, aber auch ausreichend.[286]

2. Subjektiver Tatbestand

Nach allgemeinen Regeln ist im subjektiven Tatbestand Vorsatz nach § 15 StGB zu prüfen (zum einen bzgl. des Grunddelikts, ggf. unter Verweis auf die vorherige Prüfung; zum anderen bzgl. der privilegierenden Merkmale).

Bei irriger Annahme privilegierender Umstände – hier: des ausdrücklichen und ernstlichen Verlangens – gilt § 16 II StGB.

IV. Rechtswidrigkeit

Es gelten die allgemeinen Grundsätze. Zu Rechtfertigungslösungen im Bereich der Sterbehilfe s. o.

V. Schuld

Es gelten die allgemeinen Grundsätze.

VI. Rechtsfolgen

Der Strafrahmen umfasst Freiheitsstrafe von sechs Monaten bis zu fünf Jahren.
§ 213 StGB ist auf § 216 StGB nicht anzuwenden, s. o.

---

[283] Schneider, in: MK-StGB, 4. Aufl. 2021, § 211 Rn. 19ff.; aus der Rspr. vgl. BGH B. v. 25.11.1986 – 1 StR 613/86 – NJW 1987, 1092 = NStZ 1987, 365 (Anm. Otto JK 1987 StGB § 216/2; Roxin NStZ 1987, 345; Herzberg JuS 1988, 771; Kühl JR 1988, 338; Herzberg NStZ 1989, 559).

[284] Eschelbach, in: BeckOK-StGB, Stand 01.02.2024, § 216 Rn. 10.

[285] Hierzu Eisele, BT I, 6. Aufl. 2021, Rn. 216f.; näher Scheinfeld GA 2007, 695; aus der Rspr. vgl. RG U. v. 17.09.1934 – 2 D 839/33 – RGSt 68, 306.

[286] H. M., Eisele, BT I, 6. Aufl. 2021, Rn. 215; aus der Rspr. vgl. zuletzt BGH U. v. 21.02.2018 – 5 StR 267/17 – NStZ-RR 2018, 172 (Anm. Nestler Jura 2018, 755; RÜ 2018, 435; Hinz JR 2018, 588; Stam JZ 2018, 1055); BGH U. v. 04.07.2018 – 2 StR 245/17 – BGHSt 63, 161 = NJW 2019, 449 = NStZ 2019, 199 (Anm. Eisele JuS 2019, 497; Kudlich NJW 2019, 453; Schiemann NStZ 2019, 186; Mitsch JR 2019, 262); BGH U. v. 04.07.2018 – 2 StR 245/17 – BGHSt 63, 161 = NJW 2019, 449 = NStZ 2019, 199 = StV 2020, 88 (Anm. Eisele JuS 2019, 497; Sinn ZJS 2019, 241; Kudlich NJW 2019, 453; Schiemann NStZ 2019, 186; Mitsch JR 2019, 262; Puschke HRRS 2019, 346).

VII. Sonstiges

§ 216 II StGB normiert den Versuch der Tötung auf Verlangen.

Die Bestimmtheit des Täters aufgrund des Opferverlangens ist ein besonderes persönliches Merkmal i. S. d. § 28 II StGB.[287]

E. Exkurs: Geschäftsmäßige Förderung der Selbsttötung, § 217 StGB a. F.

§ 217 StGB stellte seit 10.12.2015 die geschäftsmäßige Förderung der Selbsttötung unter Strafe.

Das BVerfG hat im Jahre 2020 die Norm für verfassungswidrig erklärt.[288]

Reformüberlegungen und gesetzgeberische Aktivitäten haben bislang noch zu keiner Neuregelung geführt.[289]

F. Fahrlässige Tötung, § 222 StGB

I. Aufbau

   I. Tatbestand
      1. Den Tod eines (anderen) Menschen
      2. Verursacht
      3. Durch Fahrlässigkeit (objektive Fahrlässigkeit)
  II. Rechtswidrigkeit
 III. Schuld
      1. Allgemeines
      2. Subjektive Fahrlässigkeit

---

[287] H. M., s. nur Fischer, StGB, 71. Aufl. 2024, § 216 Rn. 14a; ausf. zur Teilnahme an § 216 StGB Engländer FS Krey 2010, 71.

[288] BVerfG U. v. 26.02.2020 – 2 BvR 2347/15, 2 BvR 651/16, 2 BvR 1261/16, 2 BvR 1593/16, 2 BvR 2354/16, 2 BvR 2527/16 – NJW 2020, 905 = NStZ 2020, 528 = NStZ-RR 2020, 104 = StV 2020, 285 (Anm. Klostermann Jura 2020, 664; Eifert Jura 2020, 771; Muckel JA 2020, 473; Sachs JuS 2020, 580; RÜ 2020, 315; famos 5/2020; Lang NJW 2020, 1562; Lindner NStZ 2020, 5050; Brunhöber NStZ 2020, 538; Hillenkamp JZ 2020, 618; Hartmann JZ 2020, 642; Schöch GA 2020, 423; Razzaghi/Kremer HRRS 2020, 137; Neumann NZWiSt 2020, 286; Siems KriPoZ 2020, 131; Lindner MedR 2020, 527; Duttge MedR 2020, 570; Kreß MedR 2020, 572; Grünewald JR 2021, 99).

[289] Hierzu Lindner ZRP 2020, 66; Kreuzer KriPoZ 2020, 199; Pfeifer KriPoZ 2021, 172; Rostalski GA 2022, 209; Gaede ZRP 2022, 73; Pietsch KriPoZ 2022, 148; Eberbach MedR 2022, 455; Hecker StV 2023, 57.

II. Erläuterungen

§ 222 StGB stellt die fahrlässige Tötung unter Strafe.

> **§ 222 StGB (Fahrlässige Tötung)**
> Wer durch Fahrlässigkeit den Tod eines Menschen verursacht, wird mit Freiheitsstrafe bis zu fünf Jahren oder mit Geldstrafe bestraft.

Der Tatbestand wirft keine Auslegungsfragen außerhalb der allgemeinen Tatbestands- und Fahrlässigkeitsdogmatik auf; s. jeweils im Allgemeinen Teil. Im Hinblick auf die Verursachung des Todes eines (anderen) Menschen sei auf die Erläuterungen zu § 212 StGB verwiesen, bzgl. der Fallgruppen-Kasuistik auf die einschlägige Kommentarliteratur.

Der Strafrahmen des § 222 StGB sieht Freiheitsstrafe bis zu fünf Jahren (im Minimum also ein Monat, § 38 II StGB) oder Geldstrafe (zu den Grenzen s. § 40 StGB) vor.

G. Aussetzung, § 221 StGB

▶ **Didaktische Aufsätze**
- Küper, Die Aussetzung (§ 221 Abs 1 StGB) als konkretes Gefährdungsdelikt, Jura 1994, 513
- Sternberg-Lieben/Fisch, Der neue Tatbestand der (Gefahr-)Aussetzung (§ 221 StGB n. F.), Jura 1999, 45
- Hacker/Lautner, Der Grundtatbestand der Aussetzung (§ 221 I StGB), Jura 2006, 274
- Wengenroth, Grundprobleme der Aussetzung, § 221 StGB, JA 2012, 584
- Ladiges, Die Aussetzung nach § 221 StGB, JuS 2012, 687

I. Allgemeines

§ 221 StGB stellt die Aussetzung unter Strafe.[290]

---

[290] Hierzu näher van Els NJW 1967, 966; Küper Jura 1994, 513; Sternberg-Lieben/Fisch Jura 1999, 45; Küper ZStW 1999, 30; Hacker/Lautner Jura 2006, 274; Heger ZStW 2007, 593; Hettinger/Wielant FS Herzberg 2008, 649; Wengenroth JA 2012, 584; Ladiges JuS 2012, 687; Stuckenberg FS Fischer 2018, 543.

> **§ 221 StGB (Aussetzung)**
> (1) Wer einen Menschen
>   1. in eine hilflose Lage versetzt oder
>   2. in einer hilflosen Lage im Stich läßt, obwohl er ihn in seiner Obhut hat oder ihm sonst beizustehen verpflichtet ist,
>
> und ihn dadurch der Gefahr des Todes oder einer schweren Gesundheitsschädigung aussetzt, wird mit Freiheitsstrafe von drei Monaten bis zu fünf Jahren bestraft.
> (2) Auf Freiheitsstrafe von einem Jahr bis zu zehn Jahren ist zu erkennen, wenn der Täter
>   1. die Tat gegen sein Kind oder eine Person begeht, die ihm zur Erziehung oder zur Betreuung in der Lebensführung anvertraut ist, oder
>   2. durch die Tat eine schwere Gesundheitsschädigung des Opfers verursacht.
> (3) Verursacht der Täter durch die Tat den Tod des Opfers, so ist die Strafe Freiheitsstrafe nicht unter drei Jahren.
> (4) In minder schweren Fällen des Absatzes 2 ist auf Freiheitsstrafe von sechs Monaten bis zu fünf Jahren, in minder schweren Fällen des Absatzes 3 auf Freiheitsstrafe von einem Jahr bis zu zehn Jahren zu erkennen.

Die 1998 neu gefasste[291] Norm schützt als konkretes Gefährdungsdelikt (und insofern im Vorfeld einer Verletzung) die Rechtsgüter Leben und körperliche Unversehrtheit.[292]

II. Grunddelikt, § 221 I StGB

1. Aufbau
 I. Tatbestand
  1. Objektiver Tatbestand
     a) Einen (anderen) Menschen
     b) § 221 I Nr. 1 oder 2 StGB
        aa) In eine hilflose Lage versetzt, § 221 I Nr. 1 StGB
        bb) In einer hilflosen Lage im Stich läßt, obwohl er ihn in seiner Obhut hat oder ihm sonst beizustehen verpflichtet ist, § 221 I Nr. 2 StGB
     c) Ihn dadurch der Gefahr des Todes oder einer schweren Gesundheitsschädigung aussetzt
  2. Subjektiver Tatbestand

---

[291] Frühere Fassung des § 221 I StGB: „Wer eine wegen jugendlichen Alters, Gebrechlichkeit oder Krankheit hilflose Person aussetzt, oder wer eine solche Person, wenn sie unter seiner Obhut steht oder wenn er für ihre Unterbringung, Fortschaffung oder Aufnahme zu sorgen hat, in hilfloser Lage verläßt, wird mit Freiheitsstrafe von drei Monaten bis zu fünf Jahren bestraft".
[292] Fischer, StGB, 71. Aufl. 2024, § 221 Rn. 1.

II. Rechtswidrigkeit
III. Schuld

2. Tatbestand

a) Objektiver Tatbestand

aa) Einen (anderen) Menschen
Tatopfer der Aussetzung ist ein (anderer, d. h. vom Täter verschiedener) Mensch.

bb) § 221 I Nr. 1 oder 2 StGB

(1) In eine hilflose Lage versetzt, § 221 I Nr. 1 StGB

(a) Hilflose Lage
Hilflose Lage – gemeinsames Merkmal in § 221 I Nr. 1 (dort freilich Zwischenerfolg) und Nr. 2 (dort Tatsituation) StGB – ist eine Situation, in der das Opfer außerstande ist, sich aus eigener Kraft vor drohenden Lebens- oder schweren Gesundheitsgefahren zu schützen und hilfsfähige und -bereite Personen fehlen.[293]

(b) In ... versetzt
Der Täter **versetzt** sein Opfer in eine hilflose Lage, wenn er diese für das Opfer verursacht oder steigert.[294]
Dies erfordert eine Erhöhung der Hilfsbedürftigkeit des Opfers oder eine Verringerung von dessen Hilfsmöglichkeiten.[295]

Beispiel 39

BGH U. v. 10.01.2008 – 3 StR 463/07 (Syrokowski) – NStZ 2008, 395 (Anm. RA 2008, 308; Gerhold NK 2009, 69):
Am 01.12.2002 gegen 02.45 Uhr verließ der 18-jährige Gymnasiast G eine Diskothek, in der er zusammen mit Freunden im Verlaufe der Nacht so viel Alkohol getrunken hatte, dass eine ihm nach seinem Tod entnommene Blutprobe 1,99‰ Alkohol enthielt. Am Oberkörper war er nur mit einem T-Shirt und einem dünnen Baumwollpullover bekleidet. Die Außentemperatur lag bei ca. vier Grad Celsius. Nachdem G wenige Hundert Meter von der Diskothek entfernt bewusst-

---

[293] Fischer, StGB, 71. Aufl. 2024, § 221 Rn. 7; näher Schroth NJW 1998, 2861; Ebel NStZ 2002, 404; aus der Rspr. vgl. zuletzt BGH U. v. 12.07.2017 – 5 StR 134/17 – NStZ 2018, 209 (Anm. RÜ 2017, 780; Jäger JA 2018, 230; LL 2018, 177); BGH U. v. 29.09.2021 – 2 StR 491/20 – NStZ 2022, 601 = StV 2023, 6 (Anm. LL 2022, 810; RÜ 2022, 97; Kudlich NStZ 2022, 604).

[294] Eschelbach, in: BeckOK-StGB, Stand 01.02.2024, § 221 Rn. 6; aus der Rspr. vgl. zuletzt BGH U. v. 12.07.2017 – 5 StR 134/17 – NStZ 2018, 209 = StV 2019, 557 (Anm. RÜ 2017, 780; Jäger JA 2018, 230; LL 2018, 177); BGH U. v. 29.09.2021 – 2 StR 491/20 – NStZ 2022, 601 = StV 2023, 6 (Anm. LL 2022, 810; RÜ 2022, 97; Kudlich NStZ 2022, 604).

[295] Kindhäuser/Hilgendorf, LPK, 9. Aufl. 2022, § 221 Rn. 8.

los und halb auf der Straße liegend von Polizeibeamten gefunden worden und nach einer Untersuchung durch herbeigerufene Rettungssanitäter wieder allein zurückgeblieben war, klingelte er am nahe gelegenen Haus der ihm unbekannten Eheleute Z und erklärte, er wolle in das Haus, er wohne dort, seine Eltern hätten es vor eineinhalb Stunden gekauft. Durch den mehrfach geäußerten Hinweis des Z, dass dies nicht der Fall sei, ließ er sich von der Vorstellung nicht abbringen, in diesem Haus zu wohnen. Weil G weiterhin versuchte, in das Haus zu kommen, verständigte Z die Polizei. Der Beamte der Einsatzleitstelle schickte daraufhin B1 und B2 zum Haus der Eheleute Z mit der Information, dass dort ein Jugendlicher an Türen und Fenstern randaliere. Auch teilte er ihnen zumindest mit, dass es im näheren Umfeld kurz vorher bereits einen Vorfall gegeben hatte. Als B1 und B2 mit ihrem Streifenwagen bei den Eheleuten Z ankamen, stand G vor dem Haus und telefonierte mit seinem Handy. Er hatte nun seinerseits bei der Einsatzleitstelle der Polizei angerufen und erklärt, dass er in sein Haus und dort schlafen wolle. Nachdem B1 und B2 von den Eheleuten Z über das Vorgefallene informiert worden waren und mit dem – sich dabei weiterhin desorientiert verhaltenden – G gesprochen hatten, war ihnen klar, dass dieser alkoholisiert, örtlich und situativ nicht orientiert und – aus welchen Gründen auch immer – nicht im Vollbesitz seiner geistigen Kräfte war. Sie hatten auch gesehen, dass er keine Jacke trug, was bei den herrschenden Witterungsbedingungen bei einem längeren Aufenthalt im Freien notwendig gewesen wäre. B1 forderte G schließlich auf, das Grundstück der Eheleute Z zu verlassen und sprach einen Platzverweis aus. G ging auch zunächst in Richtung der Diskothek, kehrte dann aber wieder zum Haus zurück. Auch die zunächst weggefahrenen B1 und B2 waren umgekehrt. Nachdem G über eine Absperrkette gestürzt war, führte ihn B1 mit den Worten: „Jetzt ist Schluss, Freundchen, du kommst jetzt mit und kannst dich ausnüchtern" zum Streifenwagen. In diesem Moment waren B1 und B2 entschlossen, G in den Polizeigewahrsam nach R. zu bringen. Nachdem G in das Dienstfahrzeug eingestiegen war und B1 und B2 seine Personalien sowie seine aktuelle Wohnanschrift festgestellt hatten, kamen B1 und B2 nunmehr zu der Ansicht, dass G doch kein Fall für den Gewahrsam in ihrer Dienststelle sei. Sie wollten ihn aber vom Grundstück der Eheleute Z wegbringen. Sie entschlossen sich daher, den Heranwachsenden in den benachbarten polizeilichen Zuständigkeitsbereich zu schaffen, um den ausgesprochenen Platzverweis durchzusetzen und einen Störer los zu sein. B1 und B2 fuhren in Richtung L., ließen G nach einer Fahrtstrecke von ca. 10 km hinter einem Ortsausgang etwa 8 km vor L. aus dem Streifenwagen aussteigen und fuhren davon. G ging zurück in die Richtung, aus der er mit B1 und B2 gekommen war. Er legte der Straße folgend eine Strecke von rund zwei km zurück und zog dabei die Schuhe sowie seine Strümpfe aus. Etwa eine Stunde später wurde er auf der Fahrbahn sitzend von einer für die herrschenden Sichtverhältnisse zu schnell fahrenden Pkw-Lenkerin angefahren und nach links auf den Grünstreifen geschleudert. Er verstarb unmittelbar darauf an den durch den Zusammenprall mit dem Pkw entstandenen schweren Verletzungen. ◀

G war für B1 und B2 erkennbar alkoholisiert, örtlich und situativ nicht orientiert und nicht im Vollbesitz seiner geistigen Kräfte. Des Weiteren war er für die herrschenden Witterungsbedingungen nicht ausreichend gekleidet. Trotzdem ließen B1 und B2 ihn rund 10 km hinter dem Ortseingang aus dem Streifenwagen aussteigen und fuhren davon. Damit versetzten sie ihn in eine hilflose Lage.

Erfasst wird nach h. M. auch der Fall, dass das Opfer sich **bereits in hilfloser Lage** befand,[296] wenn in der Täterhandlung eine Risikosteigerung lag.[297]

Hiergegen spricht mit Teilen der Lehre[298] allerdings *prima facie* der Wortlaut des Versetzens; letztlich führt die wohl h. M. dazu, dass (fast) jede Verursachung des Gefahrerfolgs als eigenständige Veränderung der Sicherheitslage des Opfers interpretiert werden kann und somit der Zwischenerfolg der hilflosen Lage aus dem Tatbestand quasi eliminiert würde. Zu folgen ist der h. M. dennoch, da es angesichts des Rechtsguts Leben durchaus angängig ist, die hilflose Lage nach dem Grad der (zunächst abstrakten) Lebensgefahr zu bestimmen und insofern eine Intensivierung des Risikos dem Schaffen des Risikos gleichzustellen, was zumindest für erhebliche Gefahrsteigerungen überzeugt. Hinzu kommt, dass es merkwürdig wäre, einem aktiv handelnden Garanten nur ein Im-Stich-Lassen nach § 221 I Nr. 2 StGB vorzuwerfen, obwohl er das akute Bedürfnis nach Hilfe aktiv geschaffen hat.

Fraglich ist, ob das Versetzen in eine hilflose Lage auch ohne **Veränderung des Aufenthaltsortes** möglich ist.[299]

Nach heute fast einhelliger Auffassung[300] ist dies der Fall. In der Tat gebietet der Wortlaut eine Ortsveränderung nicht, für eine einschränkende Auslegung gibt es keine Anhaltspunkte. Es entsprach auch dem Willen des Gesetzgebers, den Tatbestand entsprechend zu erweitern (der frühere Wortlaut war „verlassen"), sodass die Kritik an einem zu weit geratenen allgemeinen Lebens- und Leibesgefährdungsdelikt fehlgeht.

Problematisch ist, ob bei ganz kurzer **Dauer** der hilflosen Situation, aus der sofort eine Gefahr erwächst, eine hilflose Lage vorliegt.[301] Hier geht es um Sachverhalte, in denen der Täter sein Opfer mit einer einzigen Handlung sowohl in Todesgefahr bringt als auch in eine hilflose Lage versetzt, insbesondere um die Unterscheidung zum Totschlag.

---

[296] S. Kindhäuser/Hilgendorf, LPK, 9. Aufl. 2022, § 221 Rn. 8; aus der Rspr. vgl. zuletzt BGH U. v. 12.07.2017 – 5 StR 134/17 – NStZ 2018, 209 (Anm. RÜ 2017, 780; Jäger JA 2018, 230; LL 2018, 177).

[297] Problematisch, s. Kindhäuser/Hilgendorf, LPK, 9. Aufl. 2022, § 221 Rn. 8.

[298] Etwa Wolters, in: SK-StGB, 10. Aufl. 2024, § 221 Rn. 4.

[299] S. Kindhäuser/Hilgendorf, LPK, 9. Aufl. 2022, § 221 Rn. 8; Hillenkamp/Cornelius, 40 Probleme aus dem Strafrecht BT, 13. Aufl. 2020, 3. Problem; aus der Rspr. vgl. KG U. v. 31.08.1972 – (2) Ss 70/72 (27/72) (Anm. Schröder JR 1973, 73); BGH U. v. 05.03.2008 – 2 StR 626/07 – BGHSt 52, 153 = NJW 2008, 2199 (Anm. Jahn JuS 2008, 647; Brüning ZJS 2008, 419; Hardtung JZ 2008, 953; Satzger JK 2009 StGB § 221/6).

[300] Skeptisch aber wohl Jahn JuS 2008, 647 (648).

[301] Hierzu Fischer, StGB, 71. Aufl. 2024, § 221 Rn. 9f.; Kindhäuser/Hilgendorf, LPK, 9. Aufl. 2022, § 221 Rn. 7.

Zwar mag dies vom Wortlaut noch gedeckt sein, allerdings kann man kaum von einer wirklichen Lage sprechen, jedenfalls aber resultiert die begrenzte Abwehrfähigkeit des Opfers nicht aus einer Hilflosigkeit, sondern aus der raschen Zeitabfolge.

(2) In einer hilflosen Lage im Stich läßt, obwohl er ihn in seiner Obhut hat oder ihm sonst beizustehen verpflichtet ist, § 221 I Nr. 2 StGB

Das Im-Stich-Lassen in einer hilfloser Lage[302] umschreibt das Unterlassen der zur Abwendung der hilflosen Lage erforderlichen und zumutbaren Beistandsleistung.[303]

Es handelt sich um ein **echtes Unterlassungsdelikt**, auf das § 13 StGB (inkl. der Strafmilderung nach § 13 II StGB) daher nicht anwendbar ist.[304]

Das Im-Stich-Lassen erfordert **nicht** (bzw. nicht mehr, vorheriger Wortlaut: „in hilfloser Lage verlässt"), dass sich der Täter **räumlich entfernt**.[305]

Bei § 221 I Nr. 2 StGB handelt es sich um ein **Sonderdelikt**, welches nur durch einen Obhuts- oder Beistandsverpflichteten, bezogen auf Leib und Leben, begangen werden kann.[306]

Der Begriff der **Obhut** entspricht dabei dem Beschützergaranten i. S. d. Dogmatik zu § 13 StGB, die **Beistandspflicht** entspricht dem Überwachergaranten.[307] Die sich aus § 323c I StGB ergebende allgemeine Hilfeleistungspflicht genügt nicht.[308]

Eine darüber hinausgehende persönliche Nähebeziehung ist nicht erforderlich. Gleiches gilt bzgl. einer räumlichen Nähebeziehung.

cc) Ihn dadurch der Gefahr des Todes oder einer schweren Gesundheitsschädigung aussetzt

Taterfolg der Aussetzung ist die Gefahr des Todes oder einer schweren Gesundheitsschädigung.[309]

---

[302] Hierzu Eisele, BT I, 6. Aufl. 2021, Rn. 244ff.

[303] Joecks/Jäger, StGB, 13. Aufl. 2021, § 221 Rn. 11.

[304] Fischer, StGB, 71. Aufl. 2024, § 221 Rn. 12; aus der Rspr. vgl. zuletzt LG Weiden U. v. 20.08.2021 – 1 Ks 21 Js 8059/20 (Weidener Flutkanal) (Anm. Woring ZJS 2023, 684); BGH U. v. 29.09.2021 – 2 StR 491/20 – NStZ 2022, 601 = StV 2023, 6 (Anm. LL 2022, 810; RÜ 2022, 97; Kudlich NStZ 2022, 604); BGH U. v. 23.03.2023 – 3 StR 277/22 – NStZ-RR 2023, 176.

[305] Eisele, BT I, 6. Aufl. 2021, Rn. 245f.; aus der Rspr. vgl. BGH U. v. 30.09.1991 – 1 StR 339/91 – NJW 1992, 581 = NStZ 1992, 128 = StV 1992, 318 (Anm. Walther NStZ 1992, 231; Mitsch StV 1992, 319; Horn JR 1992, 248; Schroeder JZ 1992, 378); BGH U. v. 05.03.2008 – 2 StR 626/07 – BGHSt 52, 153 = NJW 2008, 2199 (Anm. Jahn JuS 2008, 647; Brüning ZJS 2008, 419; Hardtung JZ 2008, 953; Satzger JK 2009 StGB § 221/6).

[306] Eisele, BT I, 6. Aufl. 2021, Rn. 242.

[307] Joecks/Jäger, StGB, 13. Aufl. 2021, § 221 Rn. 13; aus der Rspr. vgl. zuletzt BGH U. v. 21.09.2022 – 6 StR 47/22 (Weidener Flutkanal) – NJW 2022, 3656 = NStZ 2023, 98 = StV 2023, 335 (Anm. Mitsch NJW 2022, 3659; Bosch Jura 2023, 237; Eisele JuS 2023, 182; Woring ZJS 2023, 684; LL 2023, 366; RÜ 2023, 165; famos 7/2023; Drees NStZ 2023, 100).

[308] Vgl. aus der Rspr. BGH U. v. 21.09.2022 – 6 StR 47/22 (Weidener Flutkanal) – NJW 2022, 3656 = NStZ 2023, 98 = StV 2023, 335 (Anm. Mitsch NJW 2022, 3659; Bosch Jura 2023, 237; Eisele JuS 2023, 182; Woring ZJS 2023, 684; LL 2023, 366; RÜ 2023, 165; famos 7/2023; Drees NStZ 2023, 100).

[309] Hierzu Eisele, BT I, 6. Aufl. 2021, Rn. 249ff.; zur früheren Gesetzesfassung Küper JZ 1995, 168.

Gefahr des Todes ist jede konkrete Lebensgefährdung; erfasst ist jede Situation, in der die Sicherheit einer bestimmten Person so stark beeinträchtigt war, dass es nur noch vom Zufall abhing, ob sie das Leben verliert oder nicht.[310]

Die Intensivierung einer bereits bestehenden Gefahr genügt.[311]

Problematisch ist die **Ersetzung** einer bereits bestehenden Gefahr durch eine andere.[312]

> **Beispiel 40**
>
> **BGH U. v. 22.06.1993 – 1 StR 264/93 – NJW 1993, 2628 = NStZ 1994, 84 (Anm. Otto JK 1994 StGB § 13/24; Jung JuS 1994, 262; Mitsch JuS 1994, 555; Hoyer NStZ 1994, 85):**
>
> B sah, als er gegen 01.00 Uhr nachts von einem Diskothekenbesuch heimfuhr, am Ortsausgang von G. die ihm gut bekannte G entlang der Straße gehen. Er hielt an, um sie mitzunehmen. Als sie einstieg, erkannte er sofort, dass sie stark berauscht war, und führte dies auf übermäßigen Alkoholkonsum zurück. Um ihren Vater nicht aufwecken zu müssen und auch sonst kein Aufsehen zu erregen, beschloss er, das Mädchen, wie bereits früher, in seiner Wohnung übernachten zu lassen. Er fuhr, in seinem Heimatort angekommen, in den Hof des von ihm bewohnten Anwesens und stellte das Fahrzeug direkt vor seiner Wohnungstür ab. Als Versuche, das Mädchen zu wecken, misslangen, entschloss sich B, es im Auto übernachten zu lassen. Hierbei war ihm klar, dass bei dem strengen Frost von mindestens minus 11,3 Grad Celsius sein im Freien stehendes Fahrzeug schnell auskühlen und die Kälte für das regungslos daliegende Mädchen zur Gefahr werden würde. Ungeachtet dessen bedeckte er die nur mit Jeans und T-Shirt bekleidete G lediglich mit einer einfachen Wolldecke und ließ sie so im Auto zurück. Als er am Morgen um 09.30 Uhr wieder nach ihr sah, lag sie leblos im Wagen. Der von ihm herbeigerufene Notarzt konnte nur noch ihren Tod feststellen. Die Todesursache war nicht zu klären. Die Obduktion ergab, dass die Verstorbene in einem Umfang Heroin konsumiert hatte, der geeignet war, den Tod herbeizuführen; es besteht aber auch die Möglichkeit, dass die Unterkühlung für den Tod ursächlich oder mitursächlich war. ◄

Gesetzt den Fall, dass die G an Unterkühlung gestorben ist, so ist festzustellen, dass B einerseits die Gefahren unterbunden hatte, die damit einhergingen, dass G um 01.00 Uhr nachts im stark berauschten Zustand entlang der Straße ging, aber andererseits die Gefahr der Unterkühlung geschaffen hatte.

---

[310] S. Eisele, BT I, 6. Aufl. 2021, Rn. 249ff.; aus der Rspr. vgl. BGH U. v. 05.12.1974 – 4 StR 529/74 – BGHSt 26, 35 = NJW 1975, 1175 (Anm. Roxin, Höchstrichterliche Rspr. AT, 1998, Nr. 91; Kaspar/Reinbacher, Casebook AT, 2. Aufl. 2023, Fall 21; Hassemer JuS 1975, 466); s. auch andere Delikte, die ein Merkmal konkreter Gefährdung beinhalten, z. B. §§ 239 III Nr. 2, 250 I Nr. 1 lit. c, II Nr. 3 lit. b, 306a II, 306b II Nr. 1, 315 I, 315a I, 315b I, 315c I StGB.

[311] H. M., s. Fischer, StGB, 71. Aufl. 2024, § 221 Rn. 15; aus der Rspr. vgl. zuletzt BGH U. v. 29.09.2021 – 2 StR 491/20 – NStZ 2022, 601 = StV 2023, 6 (Anm. LL 2022, 810; RÜ 2022, 97; Kudlich NStZ 2022, 604).

[312] Hierzu Eser/Sternberg-Lieben, in: Schönke/Schröder, StGB, 30. Aufl. 2019, § 221 Rn. 8.

Jedenfalls bei gänzlichem Austausch der Gefahrenquelle liegt eine zurechenbare Gefahrschaffung vor.

Eine **Gefahr einer schweren Gesundheitsschädigung**[313] liegt jedenfalls dann vor, wenn Folgen des § 226 StGB drohen. Jedoch wird weniger vorausgesetzt: Es genügen gravierende Erkrankungen von einiger Dauer oder eine nachhaltige Beeinträchtigung der Lebensqualität oder Arbeitskraft über einen mehrwöchigen Zeitraum.[314]

Auch bei individuellen Schadensdispositionen liegt eine zurechenbare Gefahr vor.[315]

Problematisch ist es, wenn hilflose Lage und konkrete Gefahr zeitlich und sachlich identisch sind: Zum etwaigen Ausschluss der hilflosen Lage s. o.

b) Subjektiver Tatbestand
Gem. § 15 StGB ist Vorsatz erforderlich.

3. Rechtswidrigkeit
Es gelten die allgemeinen Grundsätze.

4. Schuld
Es gelten die allgemeinen Grundsätze.

5. Rechtsfolgen
Der Strafrahmen des Grunddelikts in § 221 I StGB umfasst Freiheitsstrafe von drei Monaten bis zu fünf Jahren.

6. Sonstiges
Der Versuch ist nicht strafbar.

Daher ist umstritten, ob ein erfolgsqualifizierter Versuch bei § 221 II Nr. 2, III StGB möglich ist, vgl. im Allgemeinen Teil.

I.R.d. § 221 I Nr. 2 StGB greift für Teilnehmer ohne sog. Garantenstellung § 28 I StGB.[316]

Als bloßes konkretes Gefährdungsdelikt tritt die Aussetzung ggf. hinter vorsätzliche vollendete Verletzungs- und Tötungsdelikte zurück. Tateinheit mit einer Körperverletzung besteht aber dann, wenn die Gefährdung über die Verletzung

---

[313] Hierzu Eisele, BT I, 6. Aufl. 2021, Rn. 251; näher Schroth NJW 1998, 2861.

[314] Kindhäuser/Hilgendorf, LPK, 9. Aufl. 2022, § 221 Rn. 4; aus der Rspr. vgl. zuletzt BGH U. v. 26.01.2017 – 3 StR 479/16 – NStZ 2017, 410 (Anm. Satzger Jura 2017, 1452; Engländer NStZ 2018, 135).

[315] Aus der Rspr. vgl. BGH U. v. 18.04.2002 – 3 StR 52/02 – NJW 2002, 2043 = NStZ 2002, 542 = StV 2002, 332 und 423 (Anm. LL 2002, 692; RÜ 2002, 362; RA 2002, 437; famos 8/2002; Otto JK 2003 StGB § 250 I/10; Baier JA 2003, 107; Hellmann JuS 2003, 17; Degener StV 2003, 332; Schroth JR 2003, 248); BGH U. v. 20.03.2003 – 4 StR 527/02 – NStZ 2003, 662 (Anm. RA 2003, 445).

[316] H. M., Eschelbach, in: BeckOK-StGB, Stand 01.02.2024, § 221 Rn. 40.

hinausgeht.³¹⁷ Strittig ist das Verhältnis zum versuchten Totschlag; aus Klarstellungsgründen ist hier entgegen der Rspr.³¹⁸ Tateinheit zu bejahen.

Scheitert eine Aussetzung entgegen der Absicht des Täters am Eintritt einer hilflosen Lage, so kommt ggf. § 234 StGB in Betracht, s. u.

III. Qualifikation, § 221 II Nr. 1 StGB

1. Aufbau
  I. Tatbestand
    1. Objektiver Tatbestand
      a) Die Tat begeht
      b) Gegen sein Kind oder eine Person, die ihm zur Erziehung oder zur Betreuung in der Lebensführung anvertraut ist
    2. Subjektiver Tatbestand
  II. Rechtswidrigkeit
  III. Schuld

2. Erläuterungen

§ 221 II Nr. 1 StGB³¹⁹ enthält eine Qualifikation für den Fall, dass die Tat gegen das Kind des Täters oder eine Person begangen wird, die dem Täter zur Erziehung oder zur Betreuung in der Lebensführung anvertraut ist.

Die **Kindeseigenschaft** richtet sich nach dem Zivilrecht. Wie lange ein Kind des Täters unter die Norm fällt, ist umstritten.³²⁰ Jedenfalls volljährige Kinder dürften ausscheiden; nahe liegt eine Heranziehung der 14-Jahres-Grenze aus § 176 I StGB.

Zur Erziehung anvertraut ist eine Person dann, wenn der Täter die Verpflichtung hat, die Lebensführung der Person und die geistig-sittliche Entwicklung zu überwachen und zu leiten.³²¹

Zur Betreuung in der Lebensführung ist die Person **anvertraut**, wenn der Täter während einer gewissen Dauer jedenfalls auch für das geistig-sittliche Wohl verantwortlich ist.³²²

§ 221 II StGB sieht Freiheitsstrafe von einem Jahr bis zu zehn Jahren vor. In § 221 IV StGB ist ein (nur unbenannter) minder schwerer Fall der § 221 II StGB

---

³¹⁷ Fischer, StGB, 71. Aufl. 2024, § 221 Rn. 28; aus der Rspr. vgl. BGH U. v. 27.03.1953 – 1 StR 689/52 – BGHSt 4, 113 = NJW 1953, 1070 (Anm. Niethammer JZ 1953, 511).

³¹⁸ S. zuletzt BGH B. v. 27.09.2016 – 4 StR 391/16 – NStZ 2017, 90 = StV 2018, 745 (Anm. Puppe, AT, 5. Aufl. 2023, § 33 Rn. 23ff.; Bosch Jura 2017, 492; Bock NStZ 2017, 91); BGH B. v. 23.02.2021 – 3 StR 488/20 – StV 2022, 79; BGH U. v. 29.09.2021 – 2 StR 491/20 – NStZ 2022, 601 = StV 2023, 6 (Anm. LL 2022, 810; RÜ 2022, 97; Kudlich NStZ 2022, 604).

³¹⁹ Hierzu Fischer, StGB, 71. Aufl. 2024, § 221 Rn. 21.

³²⁰ Hierzu Fischer, StGB, 71. Aufl. 2024, § 221 Rn. 21.

³²¹ Joecks/Jäger, StGB, 13. Aufl. 2021, § 221 Rn. 29.

³²² Joecks/Jäger, StGB, 13. Aufl. 2021, § 221 Rn. 30; aus der Rspr. vgl. BGH U. v. 05.11.1985 – 1 StR 491/85 – BGHSt 33, 340 = NJW 1986, 1053 = NStZ 1986, 215 = StV 1986, 199 (Anm. Jakobs NStZ 1986, 216; Gössel JR 1986, 516).

normiert (Absenkung i. F. d. § 221 II StGB auf Freiheitsstrafe von sechs Monaten bis zu fünf Jahren).

Auf § 221 II Nr. 1 StGB ist § 28 II StGB anzuwenden.[323]

IV. Erfolgsqualifikation des § 221 II Nr. 2 StGB

1. Aufbau
I. Tatbestand
  1. Objektiver Tatbestand
    a) Die Tat
    b) § 221 II Nr. 2 StGB
      aa) Schwere Gesundheitsschädigung des Opfers
      bb) Hinsichtlich dieser Folge wenigstens Fahrlässigkeit, § 18 StGB (objektive Fahrlässigkeit)
      cc) „Durch ... verursacht"
  2. Subjektiver Tatbestand
    • Vorsatz bzgl. § 221 I StGB
II. Rechtswidrigkeit
III. Schuld
  1. Allgemeines
  2. Hinsichtlich dieser Folge wenigstens Fahrlässigkeit, § 18 StGB (subjektive Fahrlässigkeit)

2. Erläuterungen

§ 221 II Nr. 2 StGB enthält eine Erfolgsqualifikation;[324] zu diesem Deliktstyp s. im Allgemeinen Teil. Zum sog. gefahrspezifischen Zusammenhang[325] vgl. ferner u. bei § 227 StGB.

§ 221 II StGB sieht Freiheitsstrafe von einem Jahr bis zu zehn Jahren vor. In § 221 IV StGB ist ein (nur unbenannter) minder schwerer Fall der § 221 II StGB normiert (Absenkung i. F. d. § 221 II StGB auf Freiheitsstrafe von sechs Monaten bis zu fünf Jahren).

---

[323] Kindhäuser/Hilgendorf, LPK, 9. Aufl. 2022, § 221 Rn. 20.
[324] Fischer, StGB, 71. Aufl. 2024, § 221 Rn. 22; aus der Rspr. vgl. BGH U. v. 10.01.2008 – 3 StR 463/07 (Syrokowski) – NStZ 2008, 395 (Anm. RA 2008, 308; Gerhold NK 2009, 69); LG Kiel U. v. 17.09.2008 – 8 Ks 6/08 (Syrokowski).
[325] Zum diesem bei § 221 II Nr. 2, III StGB Fischer, StGB, 71. Aufl. 2024, § 221 Rn. 23; aus der Rspr. vgl. BGH B. v. NStZ 1983, 424 – NStZ 1983, 424 = StV 1983, 445; BGH U. v. 10.07.1985 – 3 StR 104/85 – NStZ 1985, 501 = StV 1986, 201 (Anm. Otto JK 1986 StGB § 221/2; Ulsenheimer StV 1986, 201); BGH U. v. 10.01.2008 – 3 StR 463/07 (Syrokowski) – NStZ 2008, 395 (Anm. RA 2008, 308; Gerhold NK 2009, 69); LG Weiden U. v. 20.08.2021 – 1 Ks 21 Js 8059/20 (Weidener Flutkanal) (Anm. Woring ZJS 2023, 684).

V. Erfolgsqualifikation des § 221 III StGB

1. Aufbau
I. Tatbestand
 1. Objektiver Tatbestand
    a) Die Tat
    b) § 221 III StGB
       aa) Tod des Opfers
       bb) Hinsichtlich dieser Folge wenigstens Fahrlässigkeit, § 18 StGB (objektive Fahrlässigkeit)
       cc) Verursacht ... durch
 2. Subjektiver Tatbestand
    • Vorsatz bzgl. § 221 I StGB
II. Rechtswidrigkeit
III. Schuld
 1. Allgemeines
 2. Hinsichtlich dieser Folge wenigstens Fahrlässigkeit, § 18 StGB (subjektive Fahrlässigkeit)

2. Erläuterungen
§ 221 III StGB enthält wie § 221 II Nr. 2 StGB eine Erfolgsqualifikation, vgl. o.

§ 221 III StGB sieht Freiheitsstrafe nicht unter drei Jahren (also bis maximal 15 Jahre, § 38 II StGB) vor. In § 221 IV StGB ist ein (nur unbenannter) minder schwerer Fall des § 221 III StGB normiert (Absenkung i. F. d. § 221 III StGB auf Freiheitsstrafe von einem Jahr bis zu zehn Jahren).

H. Schwangerschaftsabbruch, §§ 218ff. StGB

▶ Didaktische Aufsätze
  • Roxin, Probleme beim Schutz des werdenden Lebens, JA 1981, 226 und 542
  • Otto Jura, Die strafrechtliche Neuregelung des. Schwangerschaftsabbruchs, 1996, 135
  • Satzger, Der Schwangerschaftsabbruch, Jura 2008, 424

Auf eine Erläuterung wird aufgrund der Seltenheit dieser Delikte in Pflichtfachbereichsklausuren verzichtet. Die Lektüre des Gesetzestextes soll hier genügen.

> **§ 218 StGB (Schwangerschaftsabbruch)**
> (1) Wer eine Schwangerschaft abbricht, wird mit Freiheitsstrafe bis zu drei Jahren oder mit Geldstrafe bestraft. Handlungen, deren Wirkung vor Abschluß der Einnistung des befruchteten Eies in der Gebärmutter eintritt, gelten nicht als Schwangerschaftsabbruch im Sinne dieses Gesetzes.

(2) In besonders schweren Fällen ist die Strafe Freiheitsstrafe von sechs Monaten bis zu fünf Jahren. Ein besonders schwerer Fall liegt in der Regel vor, wenn der Täter
1. gegen den Willen der Schwangeren handelt oder
2. leichtfertig die Gefahr des Todes oder einer schweren Gesundheitsschädigung der Schwangeren verursacht.
(3) Begeht die Schwangere die Tat, so ist die Strafe Freiheitsstrafe bis zu einem Jahr oder Geldstrafe.
(4) Der Versuch ist strafbar. Die Schwangere wird nicht wegen Versuchs bestraft.

§ 218a StGB (Straflosigkeit des Schwangerschaftsabbruchs)
(1) Der Tatbestand des § 218 ist nicht verwirklicht, wenn
1. die Schwangere den Schwangerschaftsabbruch verlangt und dem Arzt durch eine Bescheinigung nach § 219 Abs. 2 Satz 2 nachgewiesen hat, daß sie sich mindestens drei Tage vor dem Eingriff hat beraten lassen,
2. der Schwangerschaftsabbruch von einem Arzt vorgenommen wird und
3. seit der Empfängnis nicht mehr als zwölf Wochen vergangen sind.
(2) Der mit Einwilligung der Schwangeren von einem Arzt vorgenommene Schwangerschaftsabbruch ist nicht rechtswidrig, wenn der Abbruch der Schwangerschaft unter Berücksichtigung der gegenwärtigen und zukünftigen Lebensverhältnisse der Schwangeren nach ärztlicher Erkenntnis angezeigt ist, um eine Gefahr für das Leben oder die Gefahr einer schwerwiegenden Beeinträchtigung des körperlichen oder seelischen Gesundheitszustandes der Schwangeren abzuwenden, und die Gefahr nicht auf eine andere für sie zumutbare Weise abgewendet werden kann.
(3) Die Voraussetzungen des Absatzes 2 gelten bei einem Schwangerschaftsabbruch, der mit Einwilligung der Schwangeren von einem Arzt vorgenommen wird, auch als erfüllt, wenn nach ärztlicher Erkenntnis an der Schwangeren eine rechtswidrige Tat nach den §§ 176 bis 178 des Strafgesetzbuches begangen worden ist, dringende Gründe für die Annahme sprechen, daß die Schwangerschaft auf der Tat beruht, und seit der Empfängnis nicht mehr als zwölf Wochen vergangen sind.
(4) Die Schwangere ist nicht nach § 218 strafbar, wenn der Schwangerschaftsabbruch nach Beratung (§ 219) von einem Arzt vorgenommen worden ist und seit der Empfängnis nicht mehr als zweiundzwanzig Wochen verstrichen sind. Das Gericht kann von Strafe nach § 218 absehen, wenn die Schwangere sich zur Zeit des Eingriffs in besonderer Bedrängnis befunden hat.

H. Schwangerschaftsabbruch, §§ 218ff. StGB

§ 218b StGB (Schwangerschaftsabbruch ohne ärztliche Feststellung, unrichtige ärztliche Feststellung)
(1) Wer in den Fällen des § 218a Abs. 2 oder 3 eine Schwangerschaft abbricht, ohne daß ihm die schriftliche Feststellung eines Arztes, der nicht selbst den Schwangerschaftsabbruch vornimmt, darüber vorgelegen hat, ob die Voraussetzungen des § 218a Abs. 2 oder 3 gegeben sind, wird mit Freiheitsstrafe bis zu einem Jahr oder mit Geldstrafe bestraft, wenn die Tat nicht in § 218 mit Strafe bedroht ist. Wer als Arzt wider besseres Wissen eine unrichtige Feststellung über die Voraussetzungen des § 218a Abs. 2 oder 3 zur Vorlage nach Satz 1 trifft, wird mit Freiheitsstrafe bis zu zwei Jahren oder mit Geldstrafe bestraft, wenn die Tat nicht in § 218 mit Strafe bedroht ist. Die Schwangere ist nicht nach Satz 1 oder 2 strafbar.

(2) Ein Arzt darf Feststellungen nach § 218a Abs. 2 oder 3 nicht treffen, wenn ihm die zuständige Stelle dies untersagt hat, weil er wegen einer rechtswidrigen Tat nach Absatz 1, den §§ 218, 219a oder 219b oder wegen einer anderen rechtswidrigen Tat, die er im Zusammenhang mit einem Schwangerschaftsabbruch begangen hat, rechtskräftig verurteilt worden ist. Die zuständige Stelle kann einem Arzt vorläufig untersagen, Feststellungen nach § 218a Abs. 2 und 3 zu treffen, wenn gegen ihn wegen des Verdachts einer der in Satz 1 bezeichneten rechtswidrigen Taten das Hauptverfahren eröffnet worden ist.

§ 218c StGB (Ärztliche Pflichtverletzung bei einem Schwangerschaftsabbruch)
(1) Wer eine Schwangerschaft abbricht,
  1. ohne der Frau Gelegenheit gegeben zu haben, ihm die Gründe für ihr Verlangen nach Abbruch der Schwangerschaft darzulegen,
  2. ohne die Schwangere über die Bedeutung des Eingriffs, insbesondere über Ablauf, Folgen, Risiken, mögliche physische und psychische Auswirkungen ärztlich beraten zu haben,
  3. ohne sich zuvor in den Fällen des § 218a Abs. 1 und 3 auf Grund ärztlicher Untersuchung von der Dauer der Schwangerschaft überzeugt zu haben oder
  4. obwohl er die Frau in einem Fall des § 218a Abs. 1 nach § 219 beraten hat,
wird mit Freiheitsstrafe bis zu einem Jahr oder mit Geldstrafe bestraft, wenn die Tat nicht in § 218 mit Strafe bedroht ist.

(2) Die Schwangere ist nicht nach Absatz 1 strafbar.

§ 219 StGB (Beratung der Schwangeren in einer Not- und Konfliktlage)

(1) Die Beratung dient dem Schutz des ungeborenen Lebens. Sie hat sich von dem Bemühen leiten zu lassen, die Frau zur Fortsetzung der Schwangerschaft zu ermutigen und ihr Perspektiven für ein Leben mit dem Kind zu eröffnen; sie soll ihr helfen, eine verantwortliche und gewissenhafte Entscheidung zu treffen. Dabei muß der Frau bewußt sein, daß das Ungeborene in jedem Stadium der Schwangerschaft auch ihr gegenüber ein eigenes Recht auf Leben hat und daß deshalb nach der Rechtsordnung ein Schwangerschaftsabbruch nur in Ausnahmesituationen in Betracht kommen kann, wenn der Frau durch das Austragen des Kindes eine Belastung erwächst, die so schwer und außergewöhnlich ist, daß sie die zumutbare Opfergrenze übersteigt. Die Beratung soll durch Rat und Hilfe dazu beitragen, die in Zusammenhang mit der Schwangerschaft bestehende Konfliktlage zu bewältigen und einer Notlage abzuhelfen. Das Nähere regelt das Schwangerschaftskonfliktgesetz.

(2) Die Beratung hat nach dem Schwangerschaftskonfliktgesetz durch eine anerkannte Schwangerschaftskonfliktberatungsstelle zu erfolgen. Die Beratungsstelle hat der Schwangeren nach Abschluß der Beratung hierüber eine mit dem Datum des letzten Beratungsgesprächs und dem Namen der Schwangeren versehene Bescheinigung nach Maßgabe des Schwangerschaftskonfliktgesetzes auszustellen. Der Arzt, der den Abbruch der Schwangerschaft vornimmt, ist als Berater ausgeschlossen.

§ 219b I, II StGB (Inverkehrbringen von Mitteln zum Abbruch der Schwangerschaft)

(1) Wer in der Absicht, rechtswidrige Taten nach § 218 zu fördern, Mittel oder Gegenstände, die zum Schwangerschaftsabbruch geeignet sind, in den Verkehr bringt, wird mit Freiheitsstrafe bis zu zwei Jahren oder mit Geldstrafe bestraft.

(2) Die Teilnahme der Frau, die den Abbruch ihrer Schwangerschaft vorbereitet, ist nicht nach Absatz 1 strafbar.

3. Kapitel: Straftaten gegen die körperliche Unversehrtheit, §§ 223ff. StGB

▶ **Didaktische Aufsätze**
- Wolters, Die Neufassung der Körperverletzungsdelikte, JuS 1998, 582
- Wallschläger, Die Körperverletzungsdelikte nach dem 6. Strafrechtsreformgesetz, JA 2002, 390
- Hardtung, Die Körperverletzungsdelikte, JuS 2008, 864, 960 und 1060

A. Allgemeines

Die §§ 223–231 StGB schützen die körperliche Unversehrtheit,[1] s. auch Art. 2 II 1 GG. Man spricht auch von Körperverletzungsdelikten.

Sie sind zum 01.04.1998 durch das 6. StrafRG neu gefasst worden.[2]

B. (Sog. einfache) Körperverletzung, § 223 StGB

I. Aufbau

I. Tatbestand
   1. Objektiver Tatbestand
      a) Eine andere Person
      b) Körperlich mißhandelt oder an der Gesundheit schädigt
   2. Subjektiver Tatbestand

---

[1] Näher Hardtung, in: MK-StGB, 4. Aufl. 2021, vor § 223 Rn. 1ff.; Schroeder FS H. J. Hirsch 1999, 725; aus der Rspr. vgl. BGH B. v. 11.06.2020 – 5 StR 157/20 – BGHSt 65, 36 = NJW 2020, 2347 (Anm. Bosch Jura 2020, 1144; von Heintschel-Heinegg JA 2020, 707; Singelnstein NJW 2020, 2349; Kulhanek JR 2020, 624).

[2] Hierzu Fischer, StGB, 71. Aufl. 2024, § 223 Rn. 1; näher Wolters JuS 1998, 582; Rengier ZStW 1999, 1; Krüger/Maurer JA 2018, 321.

II. Rechtswidrigkeit
III. Schuld
IV. Ggf. Strafantrag, § 230 StGB

II. Allgemeines

§ 223 StGB stellt die sog. einfache Körperverletzung unter Strafe.[3]

> **§ 223 StGB (Körperverletzung)**
> (1) Wer eine andere Person körperlich mißhandelt oder an der Gesundheit schädigt, wird mit Freiheitsstrafe bis zu fünf Jahren oder mit Geldstrafe bestraft.
> (2) Der Versuch ist strafbar.

III. Tatbestand

1. Objektiver Tatbestand

a) Eine andere Person

Person i. S. d. § 223 I StGB ist jeder Mensch. Die seit 1994 geltende Terminologie ist im Bestreben nach einer geschlechtsneutralen Formulierung Gesetz geworden.

Zum Menschen, auch in Abgrenzung zu Opfern pränatalwirkender Handlungen, s. o. bei § 212 StGB.[4]

Zweifelsfragen ergeben sich bei der Einwirkung auf abgetrennte oder ausgelagerte Körperteile, -flüssigkeiten oder -sekrete.[5] Gegen eine Erfassung dürfte der Wortlaut sprechen.

§ 223 I StGB stellt klar („**andere**"), dass Selbstverletzungen und die Beteiligung daran tatbestandslos sind (s. ferner im Allgemeinen Teil, verortet üblicherweise bei der „objektiven Zurechnung"). Für einverständliche Fremdgefährdungen und -verletzungen gilt die Einwilligungsbeschränkung des § 228 StGB.

b) Körperlich mißhandelt oder an der Gesundheit schädigt
aa) Körperlich mißhandelt

▶ Didaktischer Aufsatz
• Murmann, Die üble, unangemessene Behandlung, Jura 2004, 102

---

[3] Hierzu Eisele, BT I, 6. Aufl. 2021, Rn. 281ff.; Rechtsprechungsübersichten: Miebach NStZ-RR 2007, 65 und 329, Miebach NStZ-RR 2008, 193; Miebach NStZ-RR 2009, 97; Miebach NStZ-RR 2010, 33; Miebach NStZ-RR 2011, 33; Miebach NStZ-RR 2012, 225; Miebach NStZ-RR 2013, 265.
[4] Näher Weiß GA 1995, 373.
[5] Hierzu Fischer, StGB, 71. Aufl. 2024, § 223 Rn. 2.

B. (Sog. einfache) Körperverletzung, § 223 StGB

Die in § 223 I StGB aufgeführten Tathandlungen bzw. -erfolge – körperliche Misshandlung (im Normtext noch in alter Rechtschreibung) und Schädigung an der Gesundheit – stehen selbstständig nebeneinander und sind unabhängig voneinander zu bestimmen.[6]

Körperliche Misshandlung ist jede üble und unangemessene Behandlung, durch die das körperliche Wohlbefinden oder die körperliche Unversehrtheit mehr als nur unerheblich beeinträchtigt wird.[7]

Diese traditionelle Definition enthält Redundantes und Moralisierendes und verschleiert den Normcharakter als Erfolgsdelikt. Gemeint ist letztlich jede Handlung, die verursacht, dass das körperliche Wohlbefinden (eines anderen Menschen) mehr als nur unerheblich beeinträchtigt wird.

Zu beachten ist eine gewisse, aus Sicht eines objektiven Betrachters zu bestimmende, **Erheblichkeitsschwelle** oder Bagatellgrenze.[8]

Beispiel 41

BGH B. v. 17.04.2008 – 4 StR 634/07 – NStZ-RR 2009, 50:
B kam nach einer Party morgens früh zu seiner Freundin zurück, beschimpfte, schlug und trat sie und schnitt mit einem Küchenmesser ihre Haare („Dreadlocks") ab. ◄

Das Abschneiden der Haare liegt nach der Rspr. schon über dieser Erheblichkeitsschwelle.

Problematisch ist in diesem Zusammenhang, ob das Opfer (v. a. in Fällen ohne Substanz- oder Funktionsverlust) **Schmerz** erleiden muss[9] oder ob auch z. B. die Erregung von Ekel oder Angst genügt.

Beispiel 42

AG Lübeck U. v. 08.06.2011 – 746 Js 13196/11 (Anm. Hecker JuS 2012, 179):
B zog sein Sperma auf eine Einwegspritze, fuhr mit seinem Rennrad durch die Straßen, bis er eine Frau fand, die alleine unterwegs war, und bespritzte diese im Vorbeifahren mit seinem Sperma. Die Frau litt unter starkem Ekelgefühl. ◄

---

[6] Hardtung, in: MK-StGB, 4. Aufl. 2021, § 223 Rn. 3.

[7] Joecks/Jäger, StGB, 13. Aufl. 2021, § 223 Rn. 4; näher Rackow GA 2003, 135; Murmann Jura 2004, 102; Rechtsvergleich und Reformüberlegungen zur schädigungslosen Misshandlung (z. B. Stoß) bei Hochmayr ZStW 2018, 55; aus der Rspr. vgl. zuletzt BGH U. v. 04.03.2021 – 5 StR 509/20 – NStZ 2022, 224 (Anm. Eisele JuS 2021, 698; Hinz JR 2021, 405); OLG Hamm B. v. 21.04.2022 – 5 RVs 42/22 (Anm. Borutta jurisPR-StrafR 12/2022 Anm. 3).

[8] S. Eisele, BT I, 6. Aufl. 2021, Rn. 293; aus der Rspr. vgl. zuletzt OLG Hamm B. v. 21.04.2022 – 5 RVs 42/22 (Anm. Borutta jurisPR-StrafR 12/2022 Anm. 3); BGH B. v. 16.01.2024 – 4 StR 428/23 – NStZ-RR 2024, 125.

[9] Hierzu Hardtung, in: MK-StGB, 4. Aufl. 2021, § 223 Rn. 41ff.; Eisele, BT I, 6. Aufl. 2021, Rn. 293; aus der Rspr. vgl. zuletzt AG Braunschweig U. v. 29.10.2020 – 112 C 1262/20 (Anm. Lorenz JR 2021, 659); OLG Hamm B. v. 21.04.2022 – 5 RVs 42/22 (Anm. Borutta jurisPR-StrafR 12/2022 Anm. 3).

In der Tat lassen sich auch Beeinträchtigungen, die keine Schmerzen herbeiführen, unter den Wortlaut der körperlichen Misshandlung fassen, jedenfalls dann, wenn eine verständliche Opferreaktion ausgelöst wird, die von starkem Unwohlsein zeugt.

bb) An der Gesundheit schädigt
Eine Schädigung an der Gesundheit ist das Hervorrufen oder Steigern eines nicht nur unerheblich krankhaften (pathologischen), d. h. vom Normalzustand nachteilig abweichenden Zustandes körperlicher Art.[10]
    Hierzu zählen z. B. Wunden, Frakturen, Hämatome oder Infektionen.
    Die Dauer des Zustandes ist unerheblich.[11]
    Es gilt wieder eine **Bagatellgrenze**.[12]
    Ein Schmerzempfinden ist nicht erforderlich.[13]

cc) Einzelfälle
Es existiert eine umfangreiche Kasuistik. Es sei auf die Kommentarliteratur verwiesen.[14]
    Psychische Einwirkungen bzw. Schäden genügen für eine körperliche Misshandlung bzw. eine Gesundheitsschädigung grundsätzlich nicht; eine solche liegt aber bei physischen Manifestationen vor.[15]

Beispiel 43

OLG Zweibrücken B. v. 18.06.1990 – 1 Ss 238/89 – NJW 1991, 240 = NStZ 1990, 541):
    B trat an die Fahrerseite des Pkw des Z und sagte durch das geöffnete Fahrerfenster hindurch: „Ist noch was?" Sodann spuckte er Z ins Gesicht, sodass der Speichel von der Brille und der Wange auf die Oberbekleidung des Z tropfte. Dieser ekelte sich aufgrund dessen. ◄

---

[10] S. nur Joecks/Jäger, StGB, 13. Aufl. 2021, § 223 Rn. 9; aus der Rspr. vgl. zuletzt AG Braunschweig U. v. 29.10.2020 – 112 C 1262/20 (Anm. Lorenz JR 2021, 659); OLG Hamm B. v. 21.04.2022 – 5 RVs 42/22 (Anm. Borutta jurisPR-StrafR 12/2022 Anm. 3).
[11] Sternberg-Lieben, in: Schönke/Schröder, StGB, 30. Aufl. 2019, § 223 Rn. 5.
[12] Eisele, BT I, 6. Aufl. 2021, Rn. 297; aus der Rspr. vgl. zuletzt OLG Hamm B. v. 21.04.2022 – 5 RVs 42/22 (Anm. Borutta jurisPR-StrafR 12/2022 Anm. 3).
[13] Joecks/Jäger, StGB, 13. Aufl. 2021, § 223 Rn. 9.
[14] Z. B. Fischer, StGB, 71. Aufl. 2024, § 223 Rn. 4ff.
[15] Kindhäuser/Hilgendorf, LPK, 9. Aufl. 2022, § 223 Rn. 4; näher Bloy FS Eser 2005, 233; aus der Rspr. vgl. zuletzt BGH B. v. 16.08.2018 – 4 StR 255/18 – NStZ-RR 2019, 76; BGH B. v. 31.10.2018 – 3 StR 432/18 – NStZ-RR 2019, 173; BGH B. v. 12.03.2019 – 4 StR 63/19 (Flashbacks) – NStZ-RR 2019, 143 = StV 2020, 296 (Anm. Doerbeck JR 2020, 135); BGH B. v. 17.03.2020 – 1 StR 38/20 – NStZ-RR 2020, 212 = StV 2021, 118; AG Braunschweig U. v. 29.10.2020 – 112 C 1262/20 (Anm. Lorenz JR 2021, 659).

Das RG hatte einmal entschieden, dass Anspucken dann eine Körperverletzung sei, wenn es geeignet ist, Ekel hervorzurufen. Das OLG Zweibrücken stellte klar, dass Ekel allein nicht genügt, sondern darüber hinausgehend ein manifestierter pathologischer Zustand wie z. B. Übelkeit erforderlich ist.

Beispiel 44

OLG Düsseldorf B. v. 23.05.2002 – 2a Ss 97/02 – 41/02 II – NJW 2002, 2118 = StV 2003, 563 (Anm. Pollähne StV 2003, 563):
B rief bei dem Telefonanschluss des Z am 09.11.2000 um 0.43 Uhr, 1.12 Uhr und 1.15 Uhr sowie am 12.11.2000 um 04.30 Uhr und 04.32 Uhr an und machte Mitteilungen unterschiedlichen Inhalts im Zusammenhang mit einer vermeintlich begründeten Geldforderung gegen die K-GmbH, bei welcher der Z beschäftigt war. Die Familie des Z wurde durch die Telefonate jedes Mal empfindlich in ihrer Nachtruhe gestört, aus dem Schlaf gerissen und konnte zunächst nicht wieder einschlafen, da sie mit einem erneuten Anruf rechnen musste. Am jeweils nächsten Tag fühlten sie sich unausgeglichen, müde, gerädert und nervös. ◄

Das OLG sah die Symptome als „reine Befindlichkeitsstörungen ohne einen medizinisch bedeutsamen Krankheitswert" und verneinte die Körperverletzung.

Eine besondere Kontroverse betrifft die Behandlung des **ärztlichen Heileingriffs**.[16]

Beispiel 45

BGH U. v. 04.10.1999 – 5 StR 712/98 – BGHSt 45, 219 = NJW 2000, 885 = StV 2004, 371 (Anm. Geppert JK 2000 StGB § 226/9; RÜ 2000, 65; RA 2000, 212; Hoyer JR 2000, 473; Wasserburg StV 2004, 373):
B arbeitete als Facharzt für Gynäkologie im Krankenhaus A., in das die 24-jährige Z zur Entbindung ihres zweiten Kindes eingewiesen wurde. Ihr erstes Kind hatte Z fünf Jahre zuvor mittels Kaiserschnitts zur Welt gebracht. Während des Geburtsverlaufs verhielt sich Z unkooperativ, sie schrie lautstark und verweigerte schließlich eine aktive Mitwirkung bei der Geburt. Als durch falsche Atmung der werdenden Mutter die Gesundheit des Kindes zunehmend in Gefahr geriet, entschloss sich B, die Entbindung mittels Kaiserschnitts durchzuführen.

---

[16] Hierzu Eisele, BT I, 6. Aufl. 2021, Rn. 307ff.; näher Kaufmann ZStW 1961, 341; Niese FS Schmidt 1961, 364; Graefe/Clauß JR 1962, 254; Kohlhaas NJW 1963, 2348; Hardwig GA 1965, 161; Krauß FS Bockelmann 1979, 557; Bockelmann ZStW 1981, 105; Meyer GA 1998, 415; Kargl GA 2001, 538; Bollacher/Stockburger Jura 2006, 908; Gropp GA 2015, 5; aus der Rspr. vgl. zuletzt BGH U. v. 30.01.2019 – 2 StR 325/17 – BGHSt 64, 69 = NJW 2019, 3253 = NStZ 2020, 29 = StV 2020, 296 (Anm. Kudlich JA 2019, 953; RÜ 2019, 781; Mitsch NJW 2019, 3255; Eisele JuS 2020, 80; Magnus NStZ 2020, 32; Lorenz JR 2020, 69; Rostalski HRRS 2020, 211; Lorenz/Vogel JR 2021, 471); BGH B. v. 26.05.2020 – 2 StR 434/19 – NStZ 2021, 164 = StV 2021, 115 (Anm. Eisele JuS 2021, 181; Merkel NStZ 2021, 166; Valerius JR 2021, 455; Duttge/Pfeifer MedR 2021, 730).

Nachdem er erfolglos versucht hatte, Z über die geplante Kaiserschnittoperation aufzuklären, besprach er die Situation mit dem Ehemann der Z, der der Operation zustimmte. Bevor die Narkose eingeleitet wurde, stellte B der schon im Operationssaal befindlichen Z, angesichts der unmittelbar bevorstehenden Kaiserschnittoperation die Frage: „Frau Z, Sie wollen doch sicher keine Kinder mehr haben, wir wollen Sie gleich mit sterilisieren?" Z lehnte dies jedoch ab. Daraufhin nahm B von seinem Vorhaben, sie zu sterilisieren, zunächst Abstand. Während der Operation, die von B durchgeführt wurde, bildeten sich Risse in der Gebärmutter der Patientin. Es kam zu heftigen Blutungen, die jedoch alsbald zum Stillstand gebracht werden konnten. Aufgrund dieser Komplikationen führte B nunmehr bei der Patientin eine Tubensterilisation durch. Mit dieser Maßnahme wollte er eine erneute Schwangerschaft der Z, bei der er das Risiko eines Gebärmutterrisses mit lebensgefährlichen Folgen für Mutter und Kind befürchtete, sicher vermeiden. Z, die sich insgesamt drei Kinder gewünscht hatte, war mit der von B durchgeführten Sterilisation nicht einverstanden. ◄

Bevor an eine ausdrückliche oder mutmaßliche Einwilligung zu denken ist, stellt sich zunächst die Frage, ob die Tubensterilisation einen ärztlichen Heileingriff darstellt und ob dieser überhaupt den objektiven Tatbestand des § 223 I StGB erfüllen kann.

Teile der Literatur[17] sehen einen erfolgreichen Heileingriff unter bestimmten, wiederum umstrittenen Voraussetzungen bereits nicht als tatbestandsmäßig an: Z. T. wird auf den Erfolg des Eingriffs abgestellt, z. T. auf die Eingriffsvornahme *lege artis*, z. T. wird beides verlangt.[18]

Die Rspr.[19] und die wohl h. L.[20] hingegen bejahen den Tatbestand der Körperverletzung und nehmen unter den jeweiligen Voraussetzungen ggf. eine Rechtfertigung durch Einwilligung, mutmaßliche oder hypothetische Einwilligung an.

Zwar mutet es auf den ersten Blick merkwürdig an, gerade den Heileingriff als Körperverletzungserfolg anzusehen, zumal die Körperverletzungsdelikte nur die körperliche Unversehrtheit und nicht das Selbstbestimmungsrecht – hierfür vgl. die §§ 239, 240 StGB – schützen. Allerdings handelt es sich zum einen aufgrund der Schmerzen und ggf. Substanzverletzungen ohne Weiteres um körperliche, zunächst nachteilige, Einwirkungen. Der Arzt ist durch die Rechtfertigungsgründe ausreichend geschützt. Auch in anderen Berufen wird typischerweise tatbestandsmäßig und (erst) gerechtfertigt gehandelt, z. B. bei Polizei und Justiz. Einer Sonderkonstruktion für Heilberufe bedarf es nicht. Das Zivilrecht handhabt dies ebenso, was den §§ 630a ff. BGB (Behandlungsvertrag) zugrunde liegt. Ähnliches gilt bzgl. § 56c III StGB. Es entfallen auch gewisse Grenzziehungsschwierigkeiten zwischen

---

[17] Etwa Wolters, in: SK-StGB, 10. Aufl. 2024, § 223 Rn. 53ff.; Sternberg-Lieben, in: Schönke/Schröder, StGB, 30. Aufl. 2019, § 223 Rn. 32.
[18] Zsf. Hardtung, in: MK-StGB, 4. Aufl. 2021, § 223 Rn. 72ff.
[19] S. obige Nachweise.
[20] Z. B. Krey/Hellmann/Heinrich, BT 1, 17. Aufl. 2021, Rn. 217ff.

medizinischen und kosmetischen Behandlungen. Im Ergebnis wird so mittels § 223 StGB ein Schutz der Patientenautonomie gegen eigenmächtige Heileingriffe erzielt, der sich durchaus von einem sinnvollen Rechtsgutsverständnis erfassen lässt.

2. Subjektiver Tatbestand

Gem. § 15 StGB ist Vorsatz erforderlich.

IV. Rechtswidrigkeit

Es gelten die allgemeinen Grundsätze.

Für einverständliche Fremdgefährdungen und -verletzungen gilt die Einwilligungsbeschränkung des § 228 StGB.

V. Schuld

Es gelten die allgemeinen Grundsätze.

VI. Rechtsfolgen

Der Strafrahmen des § 223 I StGB sieht Freiheitsstrafe bis zu fünf Jahren (im Minimum also ein Monat, § 38 II StGB) oder Geldstrafe (zu den Grenzen s. § 40 StGB) vor.

VII. Sonstiges

Der **Versuch** der Körperverletzung ist nach § 223 II StGB strafbar.

Die Körperverletzung tritt als Durchgangsdelikt hinter vollendeten Tötungsdelikten in Gesetzeskonkurrenz zurück.

Früher war umstritten, in welchem Verhältnis eine versuchte Tötung zur zugleich begangenen vollendeten Körperverletzung steht.[21] Die ältere Rspr.[22] nahm an, dass auch in einem solchen Fall die Körperverletzung verdrängt werde. Heute entspricht es aber der einhelligen Auffassung in der Lehre[23] und der Rspr.,[24] dass aus Klarstellungsgründen die Annahme von Tateinheit geboten ist, damit der Körperverletzungserfolg dokumentiert wird. Schließlich führt nicht jede versuchte Tötung zur Körperverletzung.

---

[21] S. Joecks/Jäger, StGB, 13. Aufl. 2021, vor § 223 Rn. 25f.; näher Welzel FS von Weber 1963, 242.
[22] S. nur BGH B. v. 03.07.1981 – 3 StR 210/81 – BGHSt 30, 166 = NJW 1981, 2367 = NStZ 1981, 479 = StV 1981, 546 und 623 (Anm. Bruns JR 1982, 166).
[23] S. nur Joecks/Jäger, StGB, 13. Aufl. 2021, vor § 223 Rn. 25f.
[24] S. nur BGH U. v. 24.09.1998 – 4 StR 272/98 – BGHSt 44, 196 = NJW 1999, 69 = NStZ 1999, 30 = StV 1999, 149 und 422 (Anm. Kühl, Höchstrichterliche Rspr. BT, 2002, Nr. 24; Geppert JK 1999 StGB § 212/4; Kudlich JA 1999, 452; Martin JuS 1999, 298; LL 1999, 175; Satzger JR 1999, 203).

§ 230 StGB normiert ein eingeschränktes **Strafantragserfordernis**.

> **§ 230 StGB (Strafantrag)**
> (1) Die vorsätzliche Körperverletzung nach § 223 und die fahrlässige Körperverletzung nach § 229 werden nur auf Antrag verfolgt, es sei denn, daß die Strafverfolgungsbehörde wegen des besonderen öffentlichen Interesses an der Strafverfolgung ein Einschreiten von Amts wegen für geboten hält. Stirbt die verletzte Person, so geht bei vorsätzlicher Körperverletzung das Antragsrecht nach § 77 Abs. 2 auf die Angehörigen über.
> (2) Ist die Tat gegen einen Amtsträger, einen für den öffentlichen Dienst besonders Verpflichteten oder einen Soldaten der Bundeswehr während der Ausübung seines Dienstes oder in Beziehung auf seinen Dienst begangen, so wird sie auch auf Antrag des Dienstvorgesetzten verfolgt. Dasselbe gilt für Träger von Ämtern der Kirchen und anderen Religionsgesellschaften des öffentlichen Rechts.

C. Gefährliche Körperverletzung, § 224 StGB

▶ **Didaktische Aufsätze**
- Stree, Gefährliche Körperverletzung, Jura 1980, 281
- Heinrich, Die gefährliche Körperverletzung – Versuch einer Neuorientierung, JA 1995, 601 und 718
- Kretschmer, Die gefährliche Körperverletzung (§ 224 StGB) anhand neuer Rechtsprechung, Jura 2008, 916
- Wengenroth, Die Verwirklichung der gefährlichen Körperverletzung durch Unterlassen, JA 2014, 428
- Bosch, Gefahrenbetrachtung und Auslegung des Straftatbestands der gefährlichen Körperverletzung, Jura 2017, 909

I. Aufbau

I. Tatbestand
  1. Objektiver Tatbestand
    a) Die Körperverletzung begeht
    b) § 224 I Nr. 1–5 StGB
  2. Subjektiver Tatbestand
II. Rechtswidrigkeit
III. Schuld

II. Allgemeines

§ 224 StGB stellt die gefährliche Körperverletzung unter Strafe.[25]

> **§ 224 StGB (Gefährliche Körperverletzung)**
> (1) Wer die Körperverletzung
>   1. durch Beibringung von Gift oder anderen gesundheitsschädlichen Stoffen,
>   2. mittels einer Waffe oder eines anderen gefährlichen Werkzeugs,
>   3. mittels eines hinterlistigen Überfalls,
>   4. mit einem anderen Beteiligten gemeinschaftlich oder
>   5. mittels einer das Leben gefährdenden Behandlung
>
> begeht, wird mit Freiheitsstrafe von sechs Monaten bis zu zehn Jahren, in minder schweren Fällen mit Freiheitsstrafe von drei Monaten bis zu fünf Jahren bestraft.
> (2) Der Versuch ist strafbar.

Es handelt sich um eine **Qualifikation** der (sog. einfachen) Körperverletzung nach § 223 StGB.[26] Die Strafschärfung beruht in einem kleinsten gemeinsamen Nenner der sehr unterschiedlichen Varianten darauf, dass die in § 224 I StGB beschriebenen Begehungsweisen nach Auffassung des Gesetzgebers unwiderleglich vermutet eine gesteigerte abstrakte Gefährlichkeit (s. auch die gesetzliche Überschrift der Norm) für die Gesundheit und körperliche Unversehrtheit des Opfers mit sich bringen.[27]

Stellen sich bei der **Prüfung** des Grunddelikts keine besonderen Probleme und wird dieses bejaht, so bietet sich i. d. R. eine gemeinsame Prüfung der §§ 223, 224 StGB an. Anderenfalls bzw. grundsätzlich aber sollte abgeschichtet werden.

III. Tatbestand

1. Objektiver Tatbestand

a) Die Körperverletzung begeht

Bei abgeschichteter Prüfung genügt ein Hinweis auf die bereits erfolgte Prüfung des § 223 I StGB.

---

[25] Hierzu näher Stree Jura 1980, 281; Heinrich JA 1995, 601 und 718; Kretschmer Jura 2008, 916; Bosch Jura 2017, 909; zu Reformüberlegungen Lampe ZStW 1971, 177.
[26] Joecks/Jäger, StGB, 13. Aufl. 2021, § 224 Rn. 4; aus der Rspr. vgl. BGH B. v. 11.04.2023 – 4 StR 497/22 – NStZ-RR 2023, 256.
[27] S. nur Hardtung, in: MK-StGB, 4. Aufl. 2021, § 224 Rn. 1.

b) § 224 I Nr. 1–5 StGB

aa) Durch Beibringung von Gift oder anderen gesundheitsschädlichen Stoffen, § 224 I Nr. 1 StGB

(1) Gift

▶ **Didaktischer Aufsatz**
- Satzger, „Giftiges" im Strafrecht – Überlegungen zur kontextabhängigen Auslegung eines Tatbestandsmerkmals im StGB, Jura 2015, 580

Gift i. S. d. § 224 I Nr. 1 1. Var. StGB ist jede Substanz, die unter bestimmten Bedingungen chemisch oder chemisch-physikalisch geeignet ist, die Gesundheit zu schädigen.[28]

Es handelt sich um ein gesetzliches Beispiel eines gesundheitsschädlichen Stoffs (vgl. „anderen").

Die Substanz kann organisch oder anorganisch sein.

Beispiel 46

BGH U. v. 21.10.1983 – 2 StR 289/83 – BGHSt 32, 130 = NJW 1984, 442 = NStZ 1984, 165 (Anm. Geilen JK 1984 StGB § 229/2; Bottke NStZ 1984, 166; Stree JR 1984, 335; Schall JZ 1984, 337):

B sprühte aus einer Plastikflasche 30%ige Salzsäure ins Gesicht der schlafenden Z. Als diese hierdurch erschreckt hochfuhr und die Augen öffnete, tat er es erneut. Vor der Tat war die etwa 25 cm hohe Einliter-Flasche bis in Höhe von ca. 20 cm gefüllt gewesen. Nachher betrug diese nur noch 1 cm. Infolge Verätzung wurde das Sehvermögen der Z vermindert. ◀

Salzsäure (HCl) ist eine anorganische Substanz, die besonders geeignet ist, auf chemischem Wege die Gesundheit zu schädigen. Dabei kommt es für das „Gift" nach herrschender Ansicht nicht darauf an, dass es seine Wirkung im Körperinneren entfaltet.

Beispiel 47

BGH U. v. 10.10.1978 – 1 StR 345/78 – NJW 1979, 556:

B verabreichte Z1, Z2 und Z3 einen durch Aufkochen von Stechapfelsamenkörnern bereiteten Tee, nach dessen Genuss die drei Personen zunächst von Übelkeit und Beengtheitsgefühlen befallen wurden und dann in mehrstündige Bewusstlosigkeit versunken. In diesem Zustand nahm er sexuelle Manipulationen an ihnen vor. Bei Z1 und Z2 dauerten Halluzinationen noch tagelang an; Z3 verspürte Sehstörungen am Tage nach der Tat, im Übrigen litt sie noch wochenlang unter Depressionen; die Angstgefühle dauerten Monate an. ◀

Als Gift kommen auch Stoffe des täglichen Bedarfs in Betracht, z. B. Kochsalz.

---

[28] Joecks/Jäger, StGB, 13. Aufl. 2021, § 224 Rn. 7; aus der Rspr. vgl. BGH B. v. 02.05.2023 – 3 StR 65/23 – StV 2024, 120.

C. Gefährliche Körperverletzung, § 224 StGB

Beispiel 48

BGH U. v. 16.03.2006 – 4 StR 536/05 – BGHSt 51, 18 = NJW 2006, 1822 = NStZ 2006, 506 (Anm. Geppert JK 2006 StGB § 224/5; Bosch JA 2006, 743; Jahn JuS 2006, 758; LL 2006, 538; RÜ 2006, 312; RA 2006, 377; famos 6/2006):
  B lebte seit Ende 2002 zusammen mit Z und dessen aus einer anderen Beziehung stammenden, im März 2000 geborenen Tochter G. Ende November 2003 bekamen sie einen gemeinsamen Sohn. Am Nachmittag des Tattages (25.03.2004) befand sich B spätestens ab 16.30 Uhr allein mit beiden Kindern in ihrer Wohnung. Während sie im Wohnzimmer damit beschäftigt war, den Säugling zu füttern, begab sich G in die Küche und holte sich einen 200-g-Becher Schokoladenpudding mit Sahne aus dem Kühlschrank. Ersichtlich um den Pudding zusätzlich zu süßen, wie sie es zuvor bei Erwachsenen im Umgang mit Joghurt beobachtet hatte, wollte sie Zucker darüber streuen, nahm stattdessen aber irrtümlich eine Salzpackung und rührte ca. 32 g Kochsalz in die Süßspeise. Gleich beim ersten Kosten bemerkte sie, dass der Pudding ungenießbar war, und ließ ihn stehen. Als nunmehr B in die Küche kam und die auf dem Boden liegende Salzpackung sowie den ungegessenen Pudding sah, stellte sie G zur Rede, die ihr bedeutete, dass der Pudding widerwärtig schmecke und sie ihn nicht essen wolle. B wurde zornig. Obgleich sie richtig folgerte, dass das Mädchen versehentlich Salz in die Süßspeise eingerührt hatte, veranlasste sie das sich sträubende Kind zu dessen Erziehung und Bestrafung, die Schokoladencreme vollständig auszulöffeln. Sie nahm dabei zumindest billigend in Kauf, dass der Konsum dieser Speise bei dem Mädchen zu Magenverstimmungen, Bauchschmerzen oder Unwohlsein führen würde. Jedoch wusste sie weder, wie viel Salz genau die Süßspeise enthielt, noch war ihr bekannt, dass die Aufnahme von 0,5 bis 1 g Kochsalz pro Kilogramm Körpergewicht (G wog 15 kg) in aller Regel zum Tode führt. Wenig später klagte G über Übelkeit und musste erbrechen; auch setzte bei ihr alsbald starker Durchfall ein. Als sich der Zustand des Kindes im Verlauf der nächsten halben Stunde zusehends verschlechterte und es schließlich kaum mehr Reaktionen zeigte, brachte B das Mädchen ins Krankenhaus, wo es um 17.30 Uhr bereits im komatösen Zustand eintraf. Dort wurde sogleich eine extreme Hypernatriämie (Kochsalzintoxikation) festgestellt. Trotz Notfallbehandlung verstarb das Mädchen 34 h nach seiner Aufnahme. ◄

Dabei ist der Übergang vom Gewürz zum Gift fließend und abhängig von der verabreichten Dosis.

(2) Andere gesundheitsschädliche Stoffe
Gesundheitsschädliche Stoffe i. S. d. § 224 I Nr. 1 2. Var. StGB sind Substanzen, die nach ihrer Art und dem konkreten Einsatz zu einer erheblichen Gesundheitsbeschädigung geeignet sind; ob die Wirkung dabei mechanisch, biologisch, chemisch oder thermisch erfolgt, ist ohne Belang.[29] Das gesetzlich angeordnete Auffangverhältnis gegenüber dem Merkmal „Gift" ist zu beachten („anderen").

---

[29] Eisele, BT I, 6. Aufl. 2021, Rn. 324; aus der Rspr. vgl. BGH B. v. 28.03.2018 – 4 StR 81/18 – NStZ-RR 2018, 209 = StV 2020, 304 (Anm. RÜ 2018, 505; Krüger StV 2020, 304).

Beispiel 49

BGH U. v. 04.11.1988 – 1 StR 262/88 (HIV) – BGHSt 36, 1 = NJW 1989, 781 = NStZ 1989, 114 = StV 1989, 61 (Anm. Roxin, Höchstrichterliche Rspr. AT, 1998, Nr. 8; Puppe, AT, 5. Aufl. 2023, § 9 Rn. 22ff.; Sonnen JA 1989, 321; Hassemer JuS 1989, 761; Schlefofer NJW 1989, 2017; Helgerth NStZ 1989, 117; Prittwitz StV 1989, 123; Schünemann JR 1989, 89; Herzberg JZ 1989, 470; Nestler-Tremel NK 1989/3, 45; Frisch JuS 1990, 362):

B erfuhr, dass er mit HIV[30] infiziert ist. Er wurde von seinem Arzt über die möglichen Folgen umfassend aufgeklärt. Dennoch übte er auch weiterhin mit mehreren Partnern ungeschützten Geschlechtsverkehr aus, ohne diesen etwas von der Infizierung zu erzählen. Einer der Betroffenen infizierte sich und starb an der Krankheit. B gab an, er sei davon ausgegangen, es würde „schon nichts passieren". ◄

HI-Viren wirken auf biologischem Wege.[31]

Beispiel 50

OLG Dresden B. v. 29.06.2009 – 2 Ss 288/09 – NStZ-RR 2009, 337 (Anm. Jahn JuS 2010, 268; famos 1/2010):

B goss aus einer Thermoskanne heißen Kaffee über den Kopf der Z. Hierdurch erlitt Z Verbrühungen ersten Grades am Oberkörper und es rötete sich die Haut am Hals. ◄

Hier handelt es sich um eine thermische Wirkungsweise.

Stoff ist jede Materie, unabhängig von ihrem Aggregatzustand.[32] Elektrizität und Strahlungen unterfallen dem Stoffbegriff nicht.[33]

Problematisch ist, ob erhöhte **Anforderungen an die Gesundheitsschädlichkeit** zu stellen sind.[34]

---

[30] Zu HIV i. R. d. § 224 I Nr. 1 StGB Joecks/Jäger, StGB, 13. Aufl. 2021, § 224 Rn. 8; Kreuzer ZStW 1988, 786; Meier GA 1989, 207; Knauer GA 1998, 428; Teumer MedR 2010, 11; aus der Rspr. vgl. zuletzt LG Würzburg U. v. 13.06.2007 – 1 Ks 901 Js 9131/2005 (Anm. Jahn JuS 2007, 772); BGH U. v. 18.10.2007 – 3 StR 248/07 – NStZ 2009, 34 = StV 2008, 350; AG Nürtingen U. v. 10.03.2008 – 13 Ls 26 (HG) Js 97756/07 – StV 2009, 418 (Anm. LL 2009, 683).

[31] Zu entsprechenden Fragen bzgl. Corona-Viren s. Makepeace ZJS 2020, 189; Hotz NStZ 2020, 320.

[32] Hardtung, in: MK-StGB, 4. Aufl. 2021, § 224 Rn. 5; zu Rauch und Qualm vgl. aus der Rspr. LG Ravensburg U. v. 13.06.2022 – 5 Ns 53 Js 2250/21 – NStZ 2023, 501.

[33] Fischer, StGB, 71. Aufl. 2024, § 224 Rn. 5; aus der Rspr. vgl. BGH U. v. 12.08.1960 – 4 StR 294/60 – BGHSt 15, 113 = NJW 1960, 2254 (Anm. Schröder JR 1960, 466).

[34] Hierzu Kindhäuser/Hilgendorf, LPK, 9. Aufl. 2022, § 224 Rn. 4; aus der Rspr. vgl. RG U. v. 10.03.1919 – III 17/19 – RGSt 53, 210; BGH U. v. 21.10.1983 – 2 StR 289/83 – BGHSt 32, 130 = NJW 1984, 442 = NStZ 1984, 165 (Anm. Geilen JK 1984 StGB § 229/2; Bottke NStZ 1984, 166; Stree JR 1984, 335; Schall JZ 1984, 337); BGH U. v. 16.03.2006 – 4 StR 536/05 – BGHSt 51, 18 = NJW 2006, 1822 = NStZ 2006, 506 (Anm. Geppert JK 2006 StGB § 224/5; Bosch JA 2006, 743; Jahn JuS 2006, 758; LL 2006, 538; RÜ 2006, 312; RA 2006, 377; famos 6/2006).

C. Gefährliche Körperverletzung, § 224 StGB

Beispiel 51

OLG Dresden B. v. 29.06.2009 – 2 Ss 288/09 – NStZ-RR 2009, 337 (Anm. Jahn JuS 2010, 268; famos 1/2010):
B goss aus einer Thermoskanne heißen Kaffee über den Kopf der Z. Hierdurch erlitt Z Verbrühungen ersten Grades am Oberkörper und es rötete sich die Haut am Hals. ◄

In einer Thermoskanne aufbewahrter und nicht mehr kochend heißer Kaffee ist von vornherein nicht geeignet, größere Verletzungen als die eingetretenen herbeizuführen. Ist damit die Qualifikation zu § 223 I StGB durch das Tatmittel gerechtfertigt?

Während teilweise[35] jeglicher Gesundheitsschaden für ausreichend gehalten wird, verlangen andere eine Eignung zur Herbeiführung einer Folge des § 226 StGB[36] oder – so die h. M.[37] – eine Eignung zu *erheblichem* Gesundheitsschaden.

In der Tat lässt sich die erhöhte Strafe gegenüber § 223 StGB nur durch eine Unwertsteigerung zumindest in Gestalt einer abstrakten Gefahr erklären, die über einen schlichten Körperverletzungserfolg hinausgeht. Der Vergleich mit den anderen Varianten des § 224 I StGB zeigt, dass zumindest die Bagatellschwelle angehoben werden muss. Natürlich führt dies zu Subsumtionsschwierigkeiten im Einzelfall. Die Restriktion auf Folgen nach § 226 StGB birgt eine zu starke Einengung, grade auch wiederum im Vergleich zu den anderen Varianten des § 224 I StGB.

(3) Durch Beibringung
Beibringung ist das Herstellen einer Verbindung zwischen Stoff und Körper, sodass sich die gesundheitsschädigende Wirkung entfalten kann.[38]

Umstritten ist, ob dies auch Einwirkungen von **außen** erfasst.[39]

Beispiel 52

OLG Dresden B. v. 29.06.2009 – 2 Ss 288/09 – NStZ-RR 2009, 337 (Anm. Jahn JuS 2010, 268; famos 1/2010):
B goss aus einer Thermoskanne heißen Kaffee über den Kopf der Z. Hierdurch erlitt Z Verbrühungen ersten Grades am Oberkörper und es rötete sich die Haut am Hals. ◄

---

[35] Heinrich JA 1995, 718 (720).
[36] Etwa Wolters, in: SK-StGB, 10. Aufl. 2024, § 224 Rn. 9.
[37] S. nur Kindhäuser/Hilgendorf, LPK, 9. Aufl. 2022, § 224 Rn. 4.
[38] Fischer, StGB, 71. Aufl. 2024, § 224 Rn. 8; aus der Rspr. vgl. BGH B. v. 28.03.2018 – 4 StR 81/18 – NStZ-RR 2018, 209 = StV 2020, 304 (Anm. RÜ 2018, 505; Krüger StV 2020, 304).
[39] Hierzu Joecks/Jäger, StGB, 13. Aufl. 2021, § 224 Rn. 14f.; aus der Rspr. vgl. zuletzt BGH B. v. 17.02.2010 – 3 StR 10/10 – 3 StR 10/10; OLG Zweibrücken B. v. 23.02.2012 – 1 Ss 90/11 – NStZ-RR 2012, 371; BGH B. v. 28.03.2018 – 4 StR 81/18 – NStZ-RR 2018, 209 = StV 2020, 304 (Anm. RÜ 2018, 505; Krüger StV 2020, 304).

Die Rspr.[40] und die h. L.[41] bejahen dies, während die Gegenauffassung[42] nur innerlich wirkende Anwendungen akzeptiert.

Zu folgen ist der h. M., für die spricht, dass die Gefahr für das Opfer bei äußerlicher Einwirkung genauso groß sein kann wie bei innerlicher. Zwar birgt dies die Möglichkeit von Überschneidungen zwischen § 224 I Nr. 1 und 2 StGB, allerdings spricht wenig gegen eine ggf. kumulative Bejahung.

bb) Mittels einer Waffe oder eines anderen gefährlichen Werkzeugs, § 224 I Nr. 2 StGB

▶ **Didaktischer Aufsatz**
- Lanzrath/Fieberg, Waffen und (gefährliche) Werkzeuge im Strafrecht, Jura 2009, 348

(1) Waffe

Die Waffe i. S. d. § 224 I Nr. 2 1. Var. StGB[43] – gesetzlicher Unterfall der 2. Var. – wird im sog. technischen Sinne verstanden: Erfasst werden solche Werkzeuge, die ihrer Natur nach dazu bestimmt sind, auf mechanischem oder chemischem Wege Verletzungen beizubringen.[44]

Eine Indizwirkung kommt dabei dem Katalog in § 1 II WaffG zu; die Begriffe sind aber nicht deckungsgleich.[45]

Bei **Messern** kann sich die Frage stellen, ob es sich um ein solches handelt, welches für Angriffs- oder Verteidigungszwecke hergestellt wurde oder um ein Messer, welches als Alltagsgegenstand konzipiert ist.[46] Letzterenfalls kommt § 224 I Nr. 2 2. Var. StGB zur Anwendung.

---

[40] S. o.
[41] S. nur Eisele, BT I, 6. Aufl. 2021, Rn. 328.
[42] Paeffgen/Böse/Eidam, in: NK-StGB, 6. Aufl. 2023, § 224 Rn. 10.
[43] Hierzu näher Küper FS Hanack 1999, 569; Eckstein NStZ 2008, 125; Lanzrath/Fieberg Jura 2009, 348.
[44] Eisele, BT I, 6. Aufl. 2021, Rn. 335; aus der Rspr. vgl. zuletzt BGH B. v. 21.04.2015 – 4 StR 94/15 – StV 2015, 770 (Anm. RÜ 2015, 514); OLG Stuttgart B. v. vom 22.06.2015 – 2 Ss 209/15 (Anm. Meile jurisPR-StrafR 6/2016 Anm. 3).
[45] Paeffgen/Böse/Eidam, in: NK-StGB, 6. Aufl. 2023, § 224 Rn. 13; aus der Rspr. vgl. BGH B. v. 04.02.2003 – GSSt 2/02 – BGHSt 48, 197 = NJW 2003, 1677 = NStZ 2003, 606 = StV 2003, 336 (Anm. Geppert JK 2003 StGB § 250 II Nr. 1/4; Martin JuS 2003, 824; LL 2003, 409; RÜ 2003, 270; RA 2003, 373; famos 6/2003; Fischer NStZ 2003, 569; Baier JA 2004, 12; Erb JuS 2004, 653); BGH B. v. 21.04.2015 – 4 StR 94/15 – StV 2015, 770 (Anm. RÜ 2015, 514).
[46] S. Fischer, StGB, 71. Aufl. 2024, § 224 Rn. 19; aus der Rspr. vgl. zuletzt BGH B. v. 03.06.2008 – 3 StR 246/07 – BGHSt 52, 257 = NJW 2008, 2861 = NStZ 2008, 512 = StV 2008, 411 (Anm. Jahn JuS 2008, 835; Deiters ZJS 2008, 424; LL 2008, 739; RÜ 2008, 577; RA 2008, 508; Mitsch NJW 2008, 2865; Kasiske HRRS 2008, 378; Geppert JK 2009 StGB § 244 I Nr. 1 a/4; Foth NStZ 2009, 93; Peglau JR 2009, 162); OLG Köln U. v. 10.01.2012 – III-1 RVs 258/11 – NStZ 2012, 327 (Anm. Satzger JK 2012 StGB § 244/7; Kraatz NStZ 2012, 328).

C. Gefährliche Körperverletzung, § 224 StGB

(2) Anderes gefährliches Werkzeug

▶ **Didaktischer Aufsatz**
- Nestler, „Werkzeuge" im StGB, Jura 2023, 1134

(a) Allgemeines

Ein anderes gefährliches Werkzeug i. S. d. § 224 I Nr. 2 2. Var. StGB ist jeder Gegenstand, der (als Angriffs- oder Verteidigungsmittel) nach der Art seiner Verwendung im konkreten Fall geeignet ist, erhebliche Verletzungen zu verursachen.[47]

An die Erheblichkeit der potenziellen Verletzung stellt die h. M. der Sache nach allerdings keine besonderen Anforderungen.[48]

Beispiel 53

BGH U. v. 04.09.2001 – 1 StR 232/01 – NStZ 2002, 30 = StV 2002, 21 (Anm. Kühl, Höchstrichterliche Rspr. BT, 2002, Nr. 28; LL 2002, 185; RÜ 2002, 84; RA 2002, 106):
B drückte eine Zigarette auf der Brust und dem Arm des Z aus. Z erlitt dabei heftige Schmerzen und behielt eine Brandwunde zurück. ◀

Nach der Rspr. ist eine brennende Zigarette sogar regelmäßig ein gefährliches Werkzeug.

Auch und gerade Alltagsgegenstände sind erfasst.

Beispiel 54

BGH B. v. 16.01.2007 – 4 StR 524/06 – NStZ 2007, 405 (Anm. RA 2007, 207; Krüger NZV 2007, 482; Geppert JK 2008 StGB § 224 I Nr. 2/1):
Zwischen B und dem sich in das Fahrzeug des B beugenden Polizeibeamten Z, der den B an einer Weiterfahrt hindern wollte, kam es zunächst zu einer Rangelei. Z versuchte die Handbremse zu ziehen und kam hierbei quer im vorderen Innenraum des Fahrzeugs zu liegen. Im weiteren Verlauf der körperlichen Auseinandersetzung gelang es dem B, sein Fahrzeug rückwärts in Gang zu setzen, sodass es schließlich gegen eine Böschung stieß. Durch den Anstoß fiel der Polizeibeamte aus dem Fahrzeug auf einen Gehweg; er erlitt bei diesem Vorgang u. a. einen Bruch des Brustbeins, eine Schwellung am rechten Auge, Schürfwunden am Armgelenk und Prellungen mehrerer Rippen. ◀

---

[47] Eisele, BT I, 6. Aufl. 2021, Rn. 330ff. m. w. N. auch zu restriktiven Auffassungen in der Literatur; s. auch Sickor ZStW 2013, 788; aus der Rspr. vgl. zuletzt KG B. v. 05.11.2021 – (2) 121 Ss 100/21 (24/21) – NStZ 2022, 512; KG U. v. 25.07.2022 – (3) 161 Ss 93/21 (34/22) (Anm. Kudlich JA 2023, 168; RÜ 2023, 310); BGH B. v. 13.04.2023 – 4 StR 413/22 – NStZ 2023, 697 = StV 2023, 829 (Anm. Kulhanek NStZ 2023, 698).

[48] Zur Kasuistik Fischer, StGB, 71. Aufl. 2024, § 224 Rn. 14; aus der Rspr. vgl. zuletzt BGH B. v. 13.04.2023 – 4 StR 413/22 – NStZ 2023, 697 = StV 2023, 829 (Anm. Kulhanek NStZ 2023, 698).

Ein fahrendes Kraftfahrzeug kann nach der konkreten Verwendung gefährliches Werkzeug sein.[49]

Bei chemischen Substanzen[50] o. Ä. stellt sich ggf. die Frage des Verhältnisses zu § 224 I Nr. 1 StGB (bzw. die der kumulativen Anwendung).

Für § 224 I Nr. 2 StGB allerdings wird eine Einwirkung von außen verlangt.[51]

Beispiel 55

BGH B. v. 27.01.2009 – 4 StR 473/08 – NJW 2009, 3042 = NStZ 2009, 505 = StV 2009, 408 (Anm. Bosch JA 2009, 737):

B gab der Z, um aus deren Wohnung Geld und andere Wertgegenstände entwenden zu können, eine narkotisierende Substanz, so genannte „K.O.-Tropfen", in den Kaffee, nach deren Genuss Z für etwa drei Stunden bewusstlos wurde. ◄

Ein Mittel (Tropfen,[52] Tabletten, Pulver etc.), das seine Wirkung erst durch Absorption im Verdauungstrakt entfaltet, ist demnach kein Werkzeug i. S. d. § 224 I Nr. 2 StGB.

Die Frage, ob eine Flüssigkeit ein Werkzeug ist,[53] stellt sich in Fällen des Verbrühens.

Beispiel 56

OLG Dresden B. v. 29.06.2009 – 2 Ss 288/09 – NStZ-RR 2009, 337 (Anm. Jahn JuS 2010, 268; famos 1/2010):

B goss aus einer Thermoskanne heißen Kaffee über den Kopf der Z. Hierdurch erlitt Z Verbrühungen ersten Grades am Oberkörper und es rötete sich die Haut am Hals. ◄

Nach dem nicht zu überschreitenden Wortlaut „Werkzeug" muss es sich um einen körperlichen Gegenstand, um einen Stoff im festen Aggregatzustand handeln.[54]

---

[49] Vgl. auch BGH U. v. 25.04.2019 – 4 StR 442/18 – NStZ 2019, 608 (Anm. RÜ 2019, 576; Stam NStZ 2019, 610; Koehl SVR 2019, 471).

[50] S. Eisele, BT I, 6. Aufl. 2021, Rn. 333; aus der Rspr. vgl. BGH U. v. 21.11.1950 – 4 StR 20/50 – BGHSt 1, 1 = NJW 1951, 82; BGH U. v. 22.12.1993 – 3 StR 419/93 – NJW 1994, 1166 = NStZ 1994, 187 = StV 1994, 656 (Anm. Schmidt JuS 1994, 891; Kelker StV 1994, 657; Hauf JR 1995, 172).

[51] Eisele, BT I, 6. Aufl. 2021, Rn. 333; aus der Rspr. vgl. zuletzt BGH B. v. 16.07.2015 – 4 StR 117/15 – NStZ 2016, 407 = NStZ-RR 2015, 352 = StV 2016, 287 (Anm. Kulhanek NStZ 2016, 408).

[52] Zu „K.O.-Tropfen" vgl. aus der Rspr. zuletzt BGH B. v. 20.04.2017 – 2 StR 79/17 – NStZ-RR 2017, 251 = StV 2019, 93; BGH B. v. 06.03.2018 – 2 StR 65/18 – NStZ-RR 2018, 141 = StV 2020, 237.

[53] S. Joecks/Jäger, StGB, 13. Aufl. 2021, § 224 Rn. 23.

[54] Hardtung, in: MK-StGB, 4. Aufl. 2021, § 224 Rn. 15.

C. Gefährliche Körperverletzung, § 224 StGB

Auch **Tiere** – z. B. ein gehetzter Hund – können Werkzeuge sein.[55]
Eine Sonderproblematik bergen an sich gefährliche Gegenstände, deren Verwendung aber im konkreten Fall wenig gefährlich ist.[56]

Beispiel 57

BGH B. v. 17.04.2008 – 4 StR 634/07 – NStZ-RR 2009, 50:
B kam nach einer Party morgens früh zu seiner Freundin zurück, beschimpfte, schlug und trat sie und schnitt mit einem Küchenmesser ihre Haare („Dreadlocks") ab. ◄

(b) Körperteile; Bewehrung
Körperteile des Täters[57] scheiden nach der Rspr.[58] und der ganz h. L.[59] als Werkzeug aus.
Der Gegenauffassung[60] ist zwar zuzugeben, dass – v. a. bei entsprechendem Training – auch eine Handkante, eine geballte Faust oder ein Knie sehr gefährlich eingesetzt werden können. Der Wortlaut (vgl. § 1 StGB, Art. 103 II GG) „Werkzeug" impliziert aber ein vom Körper des Täters getrenntes Objekt. Ggf. greift § 224 I Nr. 5 StGB.
Jedenfalls bei **Bewehrung** allerdings kann eine Körperverletzung mittels eines gefährlichen Werkzeugs vorliegen, dies betrifft neben Schlagringen und spezifischen Handschuhen[61] insbesondere (festes) Schuhwerk des Täters.[62]

Beispiel 58

BGH U. v. 24.09.2009 – 4 StR 347/09 – NStZ 2010, 151 (Anm. von Heintschel-Heinegg JA 2010, 308; Hecker JuS 2010, 648; Zöller ZJS 2010, 671; RA 2010, 34; Heinke HRRS 2010, 428):

---

[55] Eisele, BT I, 6. Aufl. 2021, Rn. 330; aus der Rspr. vgl. RG U. v. 01.06.1883 – 1059/83 – RGSt 8, 315; BGH U. v. 26.02.1960 – 4 StR 582/59 – BGHSt 14, 152 = NJW 1960, 1022; OLG Hamm U. v. 30.10.1964 – 1 Ss 1163/64 – NJW 1965, 164; BGH B. v. 08.12.1998 – 4 StR 584/98 – NStZ-RR 1999, 174; BGH B. v. 30.09.2008 – 5 StR 227/08 – NStZ-RR 2008, 370.
[56] Fischer, StGB, 71. Aufl. 2024, § 224 Rn. 15.
[57] Hierzu näher Hilgendorf ZStW 2000, 811.
[58] OLG Köln B. v. 11.11.1993 – Ss 449/93 – StV 1994, 247; BGH B. v. 11.01.2011 – 4 StR 450/10.
[59] S. Joecks/Jäger, StGB, 13. Aufl. 2021, § 224 Rn. 22.
[60] Hilgendorf ZStW 2000, 811.
[61] Zu Quarzhandschuhen vgl. aus der Rspr. BGH U. v. 26.04.2012 – 4 StR 51/12 – NStZ 2012, 563; BGH U. v. 10.08.2016 – 2 StR 493/15 – StV 2017, 441 (Anm. RÜ 2017, 95); zu Boxhandschuhen als Sportgerät aber OLG Köln B. v. 04.04.2019 – 2 Ws 122/19 (Anm. Bosch Jura 2019, 1309; Jahn JuS 2019, 593; RÜ 2019, 505; RÜ2 2019, 181; Lorenz/Bade JR 2020, 324).
[62] Hierzu Kindhäuser/Hilgendorf, LPK, 9. Aufl. 2022, § 224 Rn. 9; Foth JZ 1973, 69; aus der Rspr. vgl. zuletzt BGH U. v. 25.01.2023 – 6 StR 298/22 – NStZ 2023, 410 = StV 2023, 533 (Anm. Lorenz/Wenglarczyk jurisPR-StrafR 10/2023 Anm. 4); BayObLG B. v. 02.02.2023 – 202 StRR 6/23 – NStZ 2023, 500 (Anm. Nestler Jura 2023, 776; Jahn JuS 2023, 601).

Am Abend des 06.01.2007 wurden B1, ein Polizeikommissar z. A., und die Polizeibeamtin B2 als Besatzung eines Funkstreifenwagens zu einem Einsatz in die Innenstadt von Dortmund gerufen, nachdem die unter Einfluss von Alkohol und Medikamenten stehende Ehefrau des Z1, die Z2, auf dem Rückweg von einer Feier auf dem Gehweg zusammengebrochen war und der Z1, der ebenfalls stark unter Alkoholeinfluss stand, den Abtransport seiner hilflos am Boden liegenden Ehefrau in ein Krankenhaus gewaltsam zu verhindern versuchte. Nachdem Z2 trotz anhaltenden Widerstandes ihres Ehemannes, der deswegen von B1 zu Boden gebracht werden musste, mit dem Rettungswagen abtransportiert worden war, beabsichtigten B1 und B2 nunmehr, Z1 zur Ausnüchterung in Gewahrsam zu nehmen und ihm zu diesem Zweck die Hände zu fesseln. Dadurch sollten Auseinandersetzungen mit unbeteiligten Passanten verhindert und die Vollstreckung des dem Z1 gegenüber ausgesprochenen Platzverweises gewährleistet werden. Dem widersetzte sich der immer noch auf dem Boden liegende Z1 erneut, u. a. durch wildes Strampeln, und biss B2 durch deren Jeanshose oberhalb des Knöchels in den unteren Bereich des rechten Schienbeins. B2 versetzte Z1 daraufhin mindestens zwei kurze Schläge auf den Kieferknochen oder direkt in sein Gesicht, um ihn zur Lockerung des Bisses zu veranlassen. Ohne Absprache mit ihr trat B1 im Anschluss daran mehrfach mit seinem Fuß, an dem er einen Dienstschuh trug, nicht bloß leicht, sondern durchaus heftiger in die Bauchgegend des Z1, wobei dieser jeweils kurz aufschrie. ◄

Leitsatz des BGH: „Der Schuh am Fuß des Täters ist regelmäßig dann als gefährliches Werkzeug i. S. v. § 224 I Nr. 2 StGB anzusehen, wenn es sich entweder um einen festen, schweren Schuh handelt oder wenn mit einem ‚normalen Straßenschuh' mit Wucht oder zumindest heftig dem Tatopfer in besonders empfindliche Körperteile getreten wird."

(c) Unbewegliche Gegenstände (?)

▶ **Didaktischer Aufsatz**
- Vogel, Von unbeweglichen Werkzeugen und unbeweglichen Argumenten – ein ganzheitlicher Blick auf § 224 I Nr. 2 StGB, JA 2018, 744

Umstritten ist, ob lediglich **bewegliche** Gegenstände vom Werkzeugbegriff erfasst sind.[63]

Beispiel 59

BGH U. v. 08.03.1988 – 1 StR 18/88 – NStZ 1988, 361 (Anm. Otto JK 1988 StGB § 15/4; Hassemer JuS 1988, 994):

---

[63] Hierzu zsf. Kindhäuser/Hilgendorf, LPK, 9. Aufl. 2022, § 224 Rn. 10; näher Vogel JA 2018, 744; aus der Rspr. vgl. BGH U. v. 06.09.1968 – 4 StR 320/68 – BGHSt 22, 235 = NJW 1968, 2115 (Anm. Schmitt JZ 1968, 304; Hassemer Jus 1969, 38); BGH B. v. 12.12.2012 – 5 StR 574/12 – StV 2013, 444 (Anm. Hecker JuS 2013, 948); OLG Koblenz B. v. 09.07.2014 – 2 OLG 3 Ss 198/13 – NStZ-RR 2014, 373.

C. Gefährliche Körperverletzung, § 224 StGB

B trat, nachdem es wegen ehelicher Spannungen unmittelbar zuvor zu einer kurzen verbalen Auseinandersetzung gekommen war, seitlich an seine Ehefrau heran, legte seinen linken Oberarm von hinten um ihren Nacken und den angewinkelten linken Unterarm nach vorne und von vorne um den Hals und drückte dann etwa 20 s lang stark zu; nachdem die sich zunächst noch wehrende Ehefrau aufgrund dieses Würgens bewusstlos geworden und zu Boden gesackt war, kniete er sich nun neben seine immer noch bewusstlose Frau, packte sie bei den Haaren, hob ihren Kopf etwa 8 bis 10 cm und stieß ihn aus dieser Höhe zweimal gegen den mit Kacheln belegten harten Flurboden. ◄

Ist der Flurboden gefährliches Werkzeug i. S. d. § 224 I Nr. 2 StGB?

Eine z. T. vertretene Auffassung[64] sieht unbewegliche Gegenstände als erfasst an. Die Rspr.[65] und die h. L.[66] lehnen dies ab.

Zwar ist der Minderheitsauffassung zuzugeben, dass es aus Sicht des Grads der Gefährdung des Opfers kaum einen Unterschied macht, ob seine Verletzung darauf beruht, dass etwas Bewegliches gegen das Opfer geführt wird oder das Opfer gegen etwas Unbewegliches. Das gilt erst recht, soweit es beim Vorliegen eines beweglichen Gegenstands auf die Bewegungsrichtung nicht ankommen soll, sodass es genügt, wenn das Opfer gegen den Gegenstand bewegt wird,[67] was aber ebenso zweifelhaft ist. Einer solchen, teleologischen Auslegung steht allerdings der Wortlaut entgegen (und somit § 1 StGB, Art. 103 II GG), sodass der h. M. zu folgen ist. Als Werkzeug wird im allgemeinen Sprachgebrauch nur etwas Bewegliches angesehen.

(d) Ärztliche Instrumente
Problematisch ist die Anwendbarkeit des § 224 I Nr. 2 StGB bei Verwendung ärztlicher Instrumente durch einen Arzt.[68]

Beispiel 60

BGH U. v. 22.02.1978 – 2 StR 372/77 (Zahnextraktion) – NJW 1978, 1206 (Anm. Roxin, Höchstrichterliche Rspr. AT, 1998, Nr. 29; Fahl, Strafrechts-Klassiker, 2020, vor § 32 Rn. 2ff.; Sonnen JA 1978, 464; Hassemer JuS 1978, 710; Rogall NJW 1978, 2344; Hruschka JR 1978, 519; Rüping Jura 1979, 90; Horn JuS 1979, 29; Bichlmeier JZ 1980, 53):

---

[64] Wolters, in: SK-StGB, 10. Aufl. 2024, § 224 Rn. 20.
[65] S. o.
[66] Etwa Kindhäuser/Hilgendorf, LPK, 9. Aufl. 2022, § 224 Rn. 10.
[67] S. Kindhäuser/Hilgendorf, LPK, 9. Aufl. 2022, § 224 Rn. 10; aus der Rspr. vgl. RG U. v. 02.11.1893 – 2581/93 – RGSt 24, 372.
[68] Hierzu Eisele, BT I, 6. Aufl. 2021, Rn. 332; näher Wolski GA 1987, 527; aus der Rspr. vgl. zuletzt OLG Karlsruhe B. v. 16.03.2022 – 1 Ws 47/22 (Zahnarztzange) – NStZ 2022, 687 = StV 2023, 21 (Anm. Nestler Jura 2022, 1006; Hecker JuS 2022, 684; RÜ 2022, 511; Vogel NStZ 2022, 688; Schröder WiJ 2022, 79; Horter MedR 2022, 754; famos 5/2023; Nussbaum JR 2023, 57).

Z litt seit Jahren ständig unter starken Kopfschmerzen, deren Ursache alle ärztlichen Bemühungen nicht hatten ergründen können. Bei neuerlichen ergebnislosen Untersuchungen äußerte sie die Absicht, sich alle plombierten Zähne ziehen zu lassen, weil nach ihrer Überzeugung ein Zusammenhang zwischen dem Leiden und den mit einer Füllung versehenen Zähnen bestehe. Der untersuchende Arzt war der Auffassung, dass eine solche Maßnahme medizinisch nicht geboten sei, konnte Z aber nicht von ihrer Meinung abbringen. Er überwies sie deshalb dem B als Zahnarzt, dem er die Sachlage telefonisch erläutert hatte. Auch B stellte fest, dass der Zustand der Zähne für die Kopfschmerzen der Z nicht ursächlich sein konnte, und teilte ihr den Befund mit. Z beharrte jedoch auf dem Wunsch nach einer Extraktion. Mit der Bemerkung, sie müsse es selbst wissen, ob sie die Zähne „heraus haben" wolle, erklärte er sich schließlich dazu bereit, an einem späteren Tag Zähne zu ziehen. Um sie hinzuhalten, entfernte er am 14.10.1975 zunächst zwei Zähne im Oberkiefer und drei Zähne im Unterkiefer der Z. Eine medizinische Indikation hierfür bestand nicht und wurde von B auch nicht angenommen; er hielt es lediglich für entfernt denkbar – ohne sich jedoch über eine solche Indikation zu vergewissern –, dass unbekannte psychosomatische Zusammenhänge ein Abklingen der Kopfschmerzen nach einer Zahnextraktion bewirken könnten. Z wiederum hat die Einwände des B gegen die verlangte Maßnahme nicht in den Wind geschlagen; sie war sich nicht gewiss, dass sich ihr Zustand bessern werde. Jedoch hielt sie die Extraktion für die einzige verbleibende Therapie, die sie – wie ihm klar war – aus Unkenntnis, Rat- und Hoffnungslosigkeit, jedoch nach seinem Eindruck auf Grund reiflicher Überlegung, begehrte. Am 29.10.1975 erschien die Z erneut und gelangte zu dem Assistenten des B. Dieser untersuchte Gebiss und Schädel; da er keine Veranlassung zur Entfernung von Zähnen sah, die Z aber darauf bestand, zog er den B hinzu. Diesem gegenüber wiederholte sie ihren Wunsch. B entfernte elf weitere Zähne, sodass der Oberkiefer nunmehr zahnlos war. Eine Besserung des Leidens ist nicht eingetreten. ◄

Die Rspr.[69] und die h. L.[70] scheiden **ärztliche Instrumente** aus dem Anwendungsbereich aus, wenn sie von einem Arzt in Ausübung seines Berufes – anders bei Laien – gebraucht werden. Dann liege keine Verwendung als Angriffs- oder Verteidigungsmittel vor. Es fehle an einer Steigerung der Gefährlichkeit gegenüber § 223 StGB. Vor dem Hintergrund der Tatbestandsmäßigkeit ärztlicher Heileingriffe ist dies allerdings wenig konsequent, zumal sich die Gefährlichkeit eines Skalpells o. Ä. auch bzgl. des konkreten beruflichen Einsatzes oft schwerlich bestreiten lässt.[71] Zur Vermeidung übermäßiger Härten ist die Annahme eines minder schweren Falles (§ 224 I StGB a. E.) geeignet.

---

[69] S. o.
[70] Etwa Eisele, BT I, 6. Aufl. 2021, Rn. 332.
[71] Krit. zur h. M. daher auch Sternberg-Lieben, in: Schönke/Schröder, StGB, 30. Aufl. 2019, § 224 Rn. 8.

C. Gefährliche Körperverletzung, § 224 StGB

(3) Mittels

Die Körperverletzung muss „mittels" der Waffe bzw. des gefährlichen Werkzeugs begangen sein.

Während dies z. T.[72] nur als Umschreibung einer Kausalitätsbeziehung angesehen wird, sieht die h. M.[73] hierin das Erfordernis eines Unmittelbarkeitszusammenhangs. Dies erinnert nicht nur terminologisch an die Anforderungen einer Erfolgsqualifikation und umschreibt letztlich Fragen der objektiven Zurechnung (hier: des Mitteleinsatzes bzgl. der Körperverletzung).

Relevant geworden sind v. a. Geschehnisse rund um Kraftfahrzeuge.[74]

Beispiel 61

OLG Jena B. v. 18.09.2007 – 1 Ss 191/07 – NStZ-RR 2008, 74 (Anm. LL 2008, 680):

Nach einem verbalen Streit ging Z an der Fahrerseite des Kleintransporters des B auf diesen zu und wollte ihm auf die Schulter klopfen, um ihn zu beruhigen. Dabei äußerte er, dass der B mal ein bisschen ruhiger machen solle, sonst müsse man ihn aus seinem Auto herausholen. In diesem Moment gab B Vollgas. Z hielt sich daraufhin an der Kleidung des B fest. Zudem stützte er sich auf dem Außenspiegel des Fahrzeuges auf, da er ein Holzbein hatte und sich abstützen musste. Diese Behinderung war dem B jedoch nicht bekannt gewesen. Auf Grund des rasanten Starts mit durchdrehenden Rädern in Richtung Ausfahrt musste Z loslassen und kam dabei zu Fall. Z erlitt in Folge des Unfalls einen Oberschenkelhalsbruch und Hautabschürfungen. Er musste stationär behandelt werden. ◄

Liegt ein unmittelbarer Zusammenhang zwischen Verwendung des Kleintransporters als gefährliches Werkzeug und dem Sturz als Körperverletzungserfolg vor?

---

[72] OLG Hamm B. v. 20.02.2014 – 1 RVs 15/14 – NStZ-RR 2014, 141 (Anm. Kudlich JA 2014, 474; Ernst DAR 2014, 594).

[73] Eisele, BT I, 6. Aufl. 2021, Rn. 336; näher Eckstein NStZ 2008, 125; aus der Rspr. vgl. zuletzt BGH B. v. 03.12.2020 – 4 StR 541/19 – NStZ 2021, 509 = StV 2022, 432; BGH B. v. 23.11.2021 – 4 StR 236/21 – NStZ-RR 2022, 49 = StV 2022, 168; BGH B. v. 13.09.2023 – 4 StR 40/23 – NStZ-RR 2024, 54 = StV 2024, 231.

[74] S. Eisele, BT I, 6. Aufl. 2021, Rn. 336; aus der Rspr. vgl. zuletzt BGH U. v. 04.02.2021 – 4 StR 403/20 – NStZ 2023, 232 (Anm. von Heintschel-Heinegg JA 2021, 521; Eisele JuS 2021, 558; LL 2021, 604; RÜ 2021, 299); BGH B. v. 10.06.2021 – 4 StR 312/20 – NStZ 2022, 101 = StV 2022, 74; BGH B. v. 14.09.2021 – 4 StR 21/21 – StV 2022, 24 (Anm. RÜ 2022, 30; Fahl JZ 2022, 366); BGH B. v. 23.11.2021 – 4 StR 236/21 – NStZ-RR 2022, 49 = StV 2022, 168; BGH B. v. 10.11.2022 – 4 StR 192/22 (Amokfahrt Volkmarsen) – NStZ 2023, 288 = StV 2023, 317 (Anm. Eisele JuS 2023, 469; LL 2023, 540; RÜ 2023, 301; Engländer NStZ 2023, 290); BGH U. v. 30.03.2023 – 4 StR 234/22 – NJW 2023, 2291 = NStZ-RR 2023, 245 = StV 2024, 83 (Anm. Sandherr NZV 2023, 570); BGH B. v. 13.09.2023 – 4 StR 40/23 – NStZ-RR 2024, 54 = StV 2024, 231.

Es ist erforderlich, dass das Auto auf den Körper des Geschädigten einwirkt; bei mittelbaren Verletzungen greift Nr. 2 allenfalls dann, wenn eine nach Art und Intensität typische Folge einer gefahrenträchtigen Einwirkung des Fahrzeugs auf den Körper des Geschädigten anzunehmen ist.

Dies liegt nicht bei einem Sturz aus dem Auto vor.[75]

Beispiel 62

BGH B. v. 16.01.2007 – 4 StR 524/06 – NStZ 2007, 405 (Anm. RA 2007, 207; Krüger NZV 2007, 482; Geppert JK 2008 StGB § 224 I Nr. 2/1):

Zwischen B und dem sich in das Fahrzeug des B beugenden Polizeibeamten Z, der den B an einer Weiterfahrt hindern wollte, kam es zunächst zu einer Rangelei. Z versuchte die Handbremse zu ziehen und kam hierbei quer im vorderen Innenraum des Fahrzeugs zu liegen. Im weiteren Verlauf der körperlichen Auseinandersetzung gelang es dem B, sein Fahrzeug rückwärts in Gang zu setzen, sodass es schließlich gegen eine Böschung stieß. Durch den Anstoß fiel der Polizeibeamte aus dem Fahrzeug auf einen Gehweg; er erlitt bei diesem Vorgang u. a. einen Bruch des Brustbeins, eine Schwellung am rechten Auge, Schürfwunden am Armgelenk und Prellungen mehrerer Rippen. ◄

Auch bei Schüssen auf einen Reifen und daraus folgendem Unfall mangelt es am Unmittelbarkeitszusammenhang.[76]

cc) Mittels eines hinterlistigen Überfalls, § 224 I Nr. 3 StGB

Ein hinterlistiger Überfall ist ein überraschender Angriff, bei dem der Täter seine Angriffsabsicht planmäßig-berechnend verdeckt, um dem Angegriffenen die Abwehr zu erschweren.[77]

Beispiel 63

BGH B. v. 15.07.2003 – 1 StR 249/03 – NStZ 2004, 93 (Anm. LL 2004, 261):

B und sein Begleiter – seit Wochen in Frankreich und Deutschland mittellos auf dem Rückweg in ihr Heimatland, nun seit Tagen im Ufergestrüpp des Rheins biwa-

---

[75] Eisele, BT I, 6. Aufl. 2021, Rn. 336; aus der Rspr. vgl. zuletzt BGH U. v. 04.02.2021 – 4 StR 403/20 – NStZ 2023, 232 (Anm. von Heintschel-Heinegg JA 2021, 521; Eisele JuS 2021, 558; LL 2021, 604; RÜ 2021, 299); BGH B. v. 23.11.2021 – 4 StR 236/21 – NStZ-RR 2022, 49 = StV 2022, 168; BGH B. v. 06.09.2022 – AK 27/22 – NStZ 2023, 159.

[76] Eisele, BT I, 6. Aufl. 2021, Rn. 336; aus der Rspr. vgl. BGH U. v. 22.12.2005 – 4 StR 347/0 – NStZ 2006, 572 = NStZ-RR 2006, 127 (Anm. Satzger JK 2006 StGB § 224/4; RA 2006, 186; König NZV 2006, 432); BGH B. v. 16.07.2015 – 4 StR 117/15 – NStZ 2016, 407 = NStZ-RR 2015, 352 = StV 2016, 287 (Anm. Kulhanek NStZ 2016, 408).

[77] Eisele, BT I, 6. Aufl. 2021, Rn. 337; aus der Rspr. vgl. zuletzt BGH B. v. 22.05.2019 – 1 StR 79/19 – NStZ-RR 2019, 253; BGH B. v. 18.09.2019 – 2 StR 156/19 – NStZ-RR 2020, 42; BGH B. v. 15.12.2020 – 3 StR 386/20 – NStZ 2022, 164 = StV 2022, 168 (Anm. Bosch Jura 2021, 728; Eisele JuS 2021, 799; RÜ 2021, 303; famos 6/2021; Ruppert NStZ 2022, 165).

C. Gefährliche Körperverletzung, § 224 StGB

kierend – besuchten zunächst Z an dessen Angelplatz, tauschten sich mit ihm 45 min lang freundschaftlich aus, unter ausführlicher Besichtigung der später geraubten Angelausrüstung, rauchten und tranken mit ihm – zwei Tage zuvor bei einem Kleintierzuchtverein gestohlenen – Wein. So von Freundlichkeit umgarnt und deshalb offensichtlich ohne jeden Zweifel an der Friedfertigkeit auch des B passierte Z bei seinem Aufbruch 1/2 h später unbefangen den Lagerplatz der beiden und verabschiedete sich noch mit einer grüßenden Handbewegung, um kurz darauf vom B, der ihm nachgeschlichen war, unvermittelt hinterrücks überfallen zu werden. ◄

Durch das freundliche Gespräch, die Besichtigung der Angelausrüstung, das Rauchen und Trinken haben B und sein Begleiter ihre Angriffsabsicht planmäßig-berechnend verdeckt, um dem Z, der dadurch auch tatsächlich ohne jeden Zweifel an ihrer Friedfertigkeit war, die Abwehr zu erschweren.

Bereits die Arbeitsdefinition weist eine – auch schon von Mordmerkmalen bekannte – Mischung aus objektiven und subjektiven Elementen auf.
Fallbearbeiter neigen in Fallbearbeitungen dazu, allzu rasch einen hinterlistigen Überfall zu bejahen. Zu beachten ist aber, dass das Merkmal enger als die Heimtücke nach § 211 StGB ist. Auch genügt das Ausnutzen eines Überraschungsmoments nicht; es ist erforderlich, dass der Täter zusätzliche Vorkehrungen trifft, um seinen Angriff zu verschleiern.[78]

dd) Mit einem anderen Beteiligten gemeinschaftlich, § 224 I Nr. 4 StGB
Was unter einer i. S. d. § 224 I Nr. 4 StGB gemeinschaftlich begangenen Körperverletzung zu verstehen ist, ist bereits im Ansatz umstritten.[79]

Beispiel 64

BGH U. v. 03.09.2002 – 5 StR 210/02 – BGHSt 47, 383 = NJW 2002, 3788 = NStZ 2003, 86 = StV 2002, 656 (Anm. Baier JA 2003, 365; Martin JuS 2003, 301; Geppert JK 2003 StGB § 224 I Nr. 4/2; LL 2003, 194; RÜ

---

[78] Fischer, StGB, 71. Aufl. 2024, § 224 Rn. 22; aus der Rspr. vgl. BGH B. v. 22.05.2019 – 1 StR 79/19 – NStZ-RR 2019, 253; zur Frage der subjektiven Anforderungen vgl. auch BGH B. v. 15.12.2020 – 3 StR 386/20 – NStZ 2022, 164 = StV 2022, 168 (Anm. Bosch Jura 2021, 728; Eisele JuS 2021, 799; RÜ 2021, 303; famos 6/2021; Ruppert NStZ 2022, 165).
[79] Hierzu Joecks/Jäger, StGB, 13. Aufl. 2021, § 224 Rn. 37ff., Hillenkamp/Cornelius, 40 Probleme aus dem Strafrecht BT, 13. Aufl. 2020, 5. Problem; Küper GA 1997, 301; Schroth NJW 1998, 2861; aus der Rspr. vgl. zuletzt BGH U. v. 17.05.2023 – 6 StR 275/22 – NJW 2023, 2060 = NStZ 2023, 607 = StV 2024, 113 (Anm. Bosch Jura 2023, 1098; Kudlich JA 2023, 694; Eisele JuS 2023, 883; Wagner ZJS 2023, 1414; RÜ 2023, 573; famos 9/2023; Krehl NStZ 2023, 609; Petersen ZfIStW 2023, 409; Moslehi HRRS 2023, 267; LL 2024, 25; Lorenz/Pschorr StV 2024, 134; Grünewald JR 2024, 172; Nussbaum KriPoZ 2024, 69); OLG Braunschweig U. v. 18.05.2022 – 1 Ss 42, 43/21 – NStZ-RR 2023, 25; BGH B. v. 17.01.2023 – 2 StR 459/21 – NJW 2023, 2209 = NStZ 2023, 605 = StV 2024, 119 (Anm. Bosch Jura 2023, 1226; Eisele JuS 2023, 881; Wagner ZJS 2023, 1414; RÜ 2023, 639; Petersen ZfIStW 2023, 409; Moslehi HRRS 2023, 267; Lorenz/Pschorr StV 2024, 134; Grünewald JR 2024, 172); BGH U. v. 19.04.2023 – 6 StR 497/22 (Anm. RÜ 2023, 509); BGH B. v. 28.11.2023 – 6 StR 490/23 – NStZ-RR 2024, 77.

2002, 558; RA 2002, 733; Stree NStZ 2003, 203; Heinrich JR 2003, 213; Schroth JZ 2003, 215; Küper GA 2003, 363; Paeffgen StV 2004, 77):

Am 26.05.2001 suchte B1 Streit mit dem in einer Gruppe Jugendlicher vor einer Diskothek stehenden Z1. Er hatte bemerkt, dass Z1 den anderen Jugendlichen demonstrativ das beschädigte Auto des B1 gezeigt hatte, das er als Fahrzeug eines Unfallflüchtigen identifiziert hatte. B1 begab sich in die Diskothek und bat dort B2 und B3, ihn bei einer Auseinandersetzung zu unterstützen. Beide folgten ihm, um ihn zumindest durch ihre Anwesenheit zu stärken. Sie hielten sich anschließend stets in unmittelbarer Nähe des B1 auf. B1 ging zunächst auf Z1 los, den er anpöbelte und bedrängte. Als sich Z2, um zu schlichten, dazwischenstellte, versetzte ihm B1 einen heftigen Faustschlag ins Gesicht. Z2 ging zu Boden, rappelte sich jedoch wieder auf und ging erneut auf B1 zu. Daraufhin wandten sich B1, B2 und B3 dem Z2 zu. Es entwickelte sich ein Gerangel, bei dem Z2, der gegen die Motorhaube eines geparkten Fahrzeugs gestoßen wurde, schließlich erneut zu Boden stürzte. Bei gewalttätigen Einwirkungen wurde Z2 von B1, B2 oder B3 erneut im Gesicht sowie am rechten Unterarm verletzt. Z2 sind, wahrscheinlich am Schluss der Auseinandersetzung, als er erneut zu Boden gegangen war, sieben Messerstiche in den Rücken versetzt worden. Wer die Messerstiche beigebracht hatte, konnte nicht geklärt werden. ◄

Wenn B2 und B3 nur als Gehilfen des B1 anzusehen sind, handelt es sich trotzdem um eine gemeinschaftliche Begehung oder ist dafür Mittäterschaft erforderlich?

Fraglich ist einerseits, ob die gemeinschaftliche Begehung Mittäterschaft voraussetzt, andererseits, ob eine Mittäterschaft für die Verwirklichung von § 224 I Nr. 4 StGB ausreicht. Während z. T.[80] eine parallele Auslegung zu § 25 II StGB befürwortet wird, legen die Rspr.[81] und die h. L.[82] § 224 I Nr. 4 StGB eigenständig aus, sodass einerseits ein Zusammenwirken von Täter und Teilnehmer genügen kann und andererseits eine Mittäterschaft nicht ohne Weiteres zur Verwirklichung des § 224 I Nr. 4 StGB führt.

Grund für die Auslegungsschwierigkeit ist der perplexe Wortlaut: Begehen können eine Tat an sich nur Täter i. S. d. § 25 StGB; auch wird dort das Wort „gemeinschaftlich" für die Mittäterschaft verwendet (§ 25 II StGB). Allerdings spricht § 224 I Nr. 4 StGB von „Beteiligung", worunter nach § 28 II StGB auch die Teilnahme fällt. Die Teleologie der Norm streitet für eine eigenständige Auslegung: Sinn der Straferhöhung ist die Erfassung einer gesteigerten Begehungsgefährlichkeit dadurch, dass zwei Personen zusammenwirken und dem Opfer unmittelbar gegenüber treten – gemeinsames Auftreten am Tatort. Durch eine Drohkulisse wird dann das Opfer in seiner Verteidigungsmöglichkeit beschränkt. Diese Drohkulisse kann aber auch bei gemeinsamem Auftreten von Täter und Gehilfen aufgebaut werden. Andersherum

---

[80] Z. B. Paeffgen/Böse/Eidam, in: NK-StGB, 6. Aufl. 2023, § 224 Rn. 24.
[81] S. o.
[82] S. nur Kindhäuser/Hilgendorf, LPK, 9. Aufl. 2022, § 224 Rn. 17.

C. Gefährliche Körperverletzung, § 224 StGB

führt bei zwei Mittätern, von denen einer abwesend ist – was nach der weiten Tatherrschaftslehre sowie der subjektiven Täterlehre der Rspr. möglich ist –, die Mittäterschaft nicht zu einer solchen Drohkulisse. Der Begriff der Gemeinschaftlichkeit ist mithin untechnisch i. S. e. einverständlichen Zusammenwirkens zu verstehen. Aus dem Vorliegen des § 224 I Nr. 4 StGB ist daher auch nichts für § 25 II StGB herzuleiten:[83] Bei Abwesenden gelten (nur) die allgemeinen Regeln zur Mittäterschaft.

Da es nach alledem auf die Einschüchterungssituation aufgrund zahlenmäßiger Überlegenheit ankommt, ist zum einen die Kenntnis des Opfers vom weiteren Beteiligten erforderlich,[84] zum anderen ist § 224 I Nr. 4 StGB bei einem Aufteilen der Täter auf gleich viele verschiedene Opfer nicht anzuwenden.[85] Auch genügt es nicht, wenn sich der Täter lediglich der Hilfe von Tatgenossen bei einer auf Grund seiner Tat zu erwartenden nachfolgenden Schlägerei gewiss ist.[86] Des Weiteren macht allein der Umstand, dass das Opfer außer vom Täter zuvor noch von anderen körperlich misshandelt worden ist, die Körperverletzung für den hinzutretenden Täter nicht zu einer mit einem anderen gemeinschaftlich i. S. d. § 224 I Nr. 4 StGB begangenen Tat.[87]

Weitere Probleme wirft die Begehung durch Unterlassen auf.[88]

ee) Mittels einer das Leben gefährdenden Behandlung, § 224 I Nr. 5 StGB

Die Anforderungen an die das Leben gefährdende Behandlung sind umstritten.[89]

---

[83] Fischer, StGB, 71. Aufl. 2024, § 224 Rn. 23; aus der Rspr. vgl. zuletzt BGH B. v. 07.08.2018 – 3 StR 74/18 – StV 2020, 303.

[84] Paeffgen/Böse/Eidam, in: NK-StGB, 6. Aufl. 2023, § 224 Rn. 25a; anders aber BGH U. v. 22.12.2005 – 4 StR 347/0 – NStZ 2006, 572 = NStZ-RR 2006, 127 (Anm. Satzger JK 2006 StGB § 224/4; RA 2006, 186; König NZV 2006, 432); Joecks/Jäger, StGB, 13. Aufl. 2021, § 224 Rn. 46.

[85] S. Kindhäuser/Hilgendorf, LPK, 9. Aufl. 2022, § 224 Rn. 15; aus der Rspr. vgl. zuletzt BGH B. v. 28.11.2023 – 6 StR 490/23 – NStZ-RR 2024, 77.

[86] Aus der Rspr. vgl. BGH B. v. 17.07.2012 – 3 StR 158/12 – NStZ-RR 2012, 341 (Anm. Kudlich JA 2013, 152).

[87] Fischer, StGB, 71. Aufl. 2024, § 224 Rn. 23; aus der Rspr. vgl. OLG Naumburg U. v. 10.06.2013 – 2 Ss 71/13 (Anm. von Heintschel-Heinegg JA 2013, 871).

[88] Hier vgl. aus der Rspr. BGH B. v. 17.01.2023 – 2 StR 459/21 – NJW 2023, 2209 = NStZ 2023, 605 = StV 2024, 119 (Anm. Bosch Jura 2023, 1226; Eisele JuS 2023, 881; Wagner ZJS 2023, 1414; RÜ 2023, 639; Petersen ZfIStW 2023, 409; Moslehi HRRS 2023, 267; Lorenz/Pschorr StV 2024, 134; Grünewald JR 2024, 172); BGH U. v. 17.05.2023 – 6 StR 275/22 – NJW 2023, 2060 = NStZ 2023, 607 = StV 2024, 113 (Anm. Bosch Jura 2023, 1098; Kudlich JA 2023, 694; Eisele JuS 2023, 883; Wagner ZJS 2023, 1414; RÜ 2023, 573; famos 9/2023; Krehl NStZ 2023, 609; Petersen ZfIStW 2023, 409; Moslehi HRRS 2023, 267; LL 2024, 25; Lorenz/Pschorr StV 2024, 134; Grünewald JR 2024, 172; Nussbaum KriPoZ 2024, 69).

[89] Hierzu näher Küper FS H. J. Hirsch 1999, 595; Beck ZIS 2016, 692; aus der Rspr. vgl. zuletzt BGH B. v. 20.12.2022 – 2 StR 267/22 (Anm. RÜ 2023, 371); KG U. v. 01.06.2023 – 3 ORs 24–25/23 – 161 Ss 56/23 (Anm. Nestler Jura 2024, 216); BGH U. v. 27.07.2023 – 3 StR 509/22 – NStZ-RR 2023, 367 = StV 2024, 116; BGH B. v. 13.09.2023 – 4 StR 40/23 – NStZ-RR 2024, 54 = StV 2024, 231; BGH B. v. 16.01.2024 – 4 StR 428/23 – NStZ-RR 2024, 125; BGH B. v. 23.01.2024 – 3 StR 455/23 – NStZ-RR 2024, 107; BGH U. v. 25.01.2024 – 3 StR 157/23 (Anm. Eisele JuS 2024, 370).

Nach der Rspr.[90] und der h. L.[91] liegt bereits dann eine das Leben gefährdende Behandlung vor, wenn nach den Umständen des Einzelfalls die Körperverletzungshandlung generell geeignet war, das Leben zu gefährden; eine konkrete Lebensgefährdung ist hiernach entgegen einer Minderheitsauffassung[92] nicht erforderlich.

Dass mit der h. M. zutreffenderweise keine konkrete Lebensgefahr zu verlangen ist, mag man bereits aus dem Wortlaut folgern – das Leben gefährdende Behandlung, nicht Lebensgefahr. Ferner entspricht es dem gesetzgeberischen Willen, in § 224 StGB besonders gefährliche Begehungsweisen zu erfassen, auch wenn sich diese Gefährlichkeit nicht konkret gefahrsteigernd ausgewirkt hat (z. B. bei Werkzeugeinsatz).

Aber auch bei der Ermittlung der (nur) abstrakten Gefährlichkeit – ein grundsätzliches Problem besteht darin, welche konkreten (unmittelbaren[93]) Aspekte einzubeziehen sind und welche nicht – ist sorgfältig der Grad des Risikos des Täterhandelns zu ermitteln. Beispielsweise bedeutet das Würgen eines Opfers[94] nur dann eine das Leben gefährdende Behandlung, wenn es hinreichend lang und intensiv geschah. Ähnliches gilt bei Schlägen oder Tritten an den Kopf[95] oder dem Anfahren mit dem Auto.[96]

2. Subjektiver Tatbestand

Gem. § 15 StGB ist Vorsatz erforderlich (zum einen bzgl. des Grunddelikts, ggf. unter Verweis auf die vorherige Prüfung; zum anderen bzgl. der qualifizierenden Merkmale).

I. R. d. § 224 I Nr. 5 StGB ist zu beachten, dass es ausreichend ist, dass der Täter Kenntnis der die Lebensgefährdung begründenden Umstände hat, es ist keine Bewertung als lebensgefährlich durch ihn erforderlich.[97]

IV. Rechtswidrigkeit

Es gelten die allgemeinen Grundsätze.

---

[90] S. o.

[91] S. Fischer, StGB, 71. Aufl. 2024, § 224 Rn. 27.

[92] Z. B. Paeffgen/Böse/Eidam, in: NK-StGB, 6. Aufl. 2023, § 224 Rn. 27f.

[93] Zum Unmittelbarkeitserfordernis vgl. aus der Rspr. zuletzt KG U. v. 01.06.2023 – 3 ORs 24–25/23 – 161 Ss 56/23 (Anm. Nestler Jura 2024, 216); BGH B. v. 13.09.2023 – 4 StR 40/23 – NStZ-RR 2024, 54 = StV 2024, 231.

[94] Hierzu Fischer, StGB, 71. Aufl. 2024, § 224 Rn. 31; aus der Rspr. vgl. zuletzt BGH B. v. 18.01.2022 – 2 StR 206/21 – NStZ-RR 2022, 205 = StV 2023, 534 (Anm. RÜ 2022, 643).

[95] Fischer, StGB, 71. Aufl. 2024, § 224 Rn. 30; aus der Rspr. vgl. zuletzt KG U. v. 01.06.2023 – 3 ORs 24–25/23 – 161 Ss 56/23 (Anm. Nestler Jura 2024, 216); BGH U. v. 25.01.2024 – 3 StR 157/23 (Anm. Eisele JuS 2024, 370).

[96] Aus der Rspr. vgl. OLG Zweibrücken B. v. 18.10.2018 – 1 OLG 2 Ss 42/18 – NStZ 2019, 678 (Anm. Eisele JuS 2019, 591).

[97] H. M., s. Kindhäuser/Hilgendorf, LPK, 9. Aufl. 2022, § 224 Rn. 21; aus der Rspr. vgl. zuletzt BGH B. v. 20.12.2022 – 2 StR 267/22 (Anm. RÜ 2023, 371); BGH B. v. 15.02.2023 – 4 StR 300/22 – NStZ-RR 2023, 177 = StV 2023, 531; LG Saarbrücken U. v. 31.03.2023 – 3 KLs 35/22 (Anm. Gräbener jurisPR-StrafR 21/2023 Anm. 2); BGH U. v. 27.07.2023 – 3 StR 509/22 – NStZ-RR 2023, 367 = StV 2024, 116.

V. Schuld

Es gelten die allgemeinen Grundsätze.

VI. Rechtsfolgen

Der Strafrahmen des § 224 I StGB sieht Freiheitsstrafe von sechs Monaten bis zu zehn Jahren vor.

§ 224 I StGB enthält aber auch die Möglichkeit der strafmildernden Annahme eines **minder schweren Falls,** z. B. bei Provokation (entsprechend dem Rechtsgedanken des § 213 StGB).[98] Dann gilt ein Strafrahmen von Freiheitsstrafe von drei Monaten bis zu fünf Jahren.

IV. Sonstiges

Der **Versuch** der gefährlichen Körperverletzung ist nach § 224 II StGB strafbar.

D. Körperverletzung mit Todesfolge, § 227 StGB

▶ **Didaktischer Aufsatz**
 • Ransiek, Körperverletzung mit Todesfolge, JA 2017, 912

I. Aufbau

I. Tatbestand
   1. Objektiver Tatbestand
      a) Die Körperverletzung (§§ 223 bis 226a)
      b) § 227 I StGB
         aa) Tod der verletzten Person
         bb) Hinsichtlich dieser Folge wenigstens Fahrlässigkeit, § 18 StGB (objektive Fahrlässigkeit)
         cc) Verursacht ... durch die Körperverletzung
   2. Subjektiver Tatbestand
      • Vorsatz bzgl. der Körperverletzung (§§ 223 bis 226a)

---

[98] Hierzu Fischer, StGB, 71. Aufl. 2024, § 224 Rn. 34; aus der Rspr. vgl. zuletzt BGH B. v. 15.12.2016 – 3 StR 417/16; BGH B. v. 07.06.2017 – 4 StR 197/17 – NStZ-RR 2017, 270 = StV 2018, 731; BGH U. v. 05.04.2018 – 1 StR 67/18 – NStZ-RR 2018, 371 = StV 2018, 740; BGH B. v. 29.08.2018 – 4 StR 248/18 – NStZ-RR 2018, 347; BGH B. v. 08.08.2023 – 6 StR 325/23 – NStZ-RR 2023, 313.

II. Rechtswidrigkeit
III. Schuld
1. Allgemeines
2. Hinsichtlich dieser Folge wenigstens Fahrlässigkeit, § 18 StGB (subjektive Fahrlässigkeit)

II. Allgemeines

§ 227 StGB stellt die Körperverletzung mit Todesfolge unter Strafe.[99]

> **§ 227 StGB (Körperverletzung mit Todesfolge)**
> (1) Verursacht der Täter durch die Körperverletzung (§§ 223 bis 226a) den Tod der verletzten Person, so ist die Strafe Freiheitsstrafe nicht unter drei Jahren.
> (2) In minder schweren Fällen ist auf Freiheitsstrafe von einem Jahr bis zu zehn Jahren zu erkennen.

Es handelt sich um eine **Erfolgsqualifikation** – zu diesem Deliktstyp s. im Allgemeinen Teil – der Körperverletzung in Gestalt einer Kombination von vorsätzlicher Körperverletzung und (aufgrund § 18 StGB) fahrlässiger Tötung (s. § 222 StGB).[100]

Der deutlich verschärfte Strafrahmen gegenüber diesen Delikten wird aus der Realisierung der spezifischen Gefahr der vorsätzlichen Körperverletzung in einem Todeseintritt heraus erklärt.

III. Tatbestand

1. Objektiver Tatbestand

a) Die Körperverletzung (§§ 223 bis 226a StGB)
Bei abgeschichteter Prüfung genügt ein Hinweis auf die bereits erfolgte Prüfung des Grunddelikts.

b) § 227 I StGB

aa) Tod der verletzten Person
Der Tod des Opfers muss eingetreten sein (als sog. schwere Folge). Das schließlich gestorbene Opfer muss das nämliche sein wie das vorsätzlich verletzte,[101] wie schon der Wortlaut klargestellt.

---

[99] Hierzu näher Ransiek JA 2017, 912.
[100] Eschelbach, in: BeckOK-StGB, Stand 01.02.2024, § 227 Rn. 1.
[101] Vgl. aus der Rspr. BGH U. v. 12.02.1992 – 3 StR 481/91 – NJW 1992, 2581 = NStZ 1992, 333 (Anm. Dencker NStZ 1992, 311; Puppe JR 1992, 511; Otto JK 1993 StGB § 226/4; Pütz JA 1993, 285; Joerden NStZ 1993, 268).

D. Körperverletzung mit Todesfolge, § 227 StGB

bb) Hinsichtlich dieser Folge wenigstens Fahrlässigkeit, § 18 StGB (objektive Fahrlässigkeit)

Zwar ist die Voraussetzung, dass der Täter wenigstens fahrlässig bzgl. der Herbeiführung des Todes gehandelt haben muss (vgl. insofern § 222 StGB, s. o.), nicht in § 227 StGB aufgeführt; sie ergibt sich aber aus der allgemeinen Regelung in § 18 StGB (hierzu s. im Allgemeinen Teil).

cc) Verursacht ... durch die Körperverletzung

▶ **Didaktische Aufsätze**
- Sowada, Das sog. „Unmittelbarkeits"-Erfordernis als zentrales Problem erfolgsqualifizierter Delikte Jura 1994, 643
- Laue, Ist der erfolgsqualifizierte Versuch einer Körperverletzung mit Todesfolge möglich? JuS 2003, 743

Aus der hohen Strafandrohung wird gefolgert, dass Körperverletzung und Todesfolge nicht nur in einem **kausalen** Zusammenhang verbunden sein müssen, sondern auch in einem sog. **Unmittelbarkeits- oder Gefahrverwirklichungszusammenhang**.[102] Im Tod muss sich die spezifische Gefahr der Körperverletzung niedergeschlagen haben.

Hierbei ist sehr fraglich, ob es sich nicht lediglich um eine **Ausprägung der allgemeinen Anforderungen an die objektive Zurechnung** handelt, also v. a. um Fragen der Realisierung des rechtlich missbilligten Risikos (deren Setzung bei § 227 StGB in der Verwirklichung des Grunddelikts liegt).[103] Ähnliches gilt bzgl. des Verhältnisses zu § 18 StGB. Dies erklärt auch starke Abweichungen kursierender Aufbauschemata.

Als besonders relevant erwiesen haben sich Konstellationen der **Selbstschädigung**[104] (z. B. panikartiges Fluchtverhalten oder Ausweichmanöver, ferner Nichtinanspruchnahme ärztlicher Behandlung) und solche des **Dazwischentretens**[105] des Täters selbst (z. B. bei Beseitigung einer vermeintlichen Leiche) oder eines Dritten.

---

[102] Näher Hierzu Geilen FS Welzel 1974, 655; Wolter GA 1984, 443; Hirsch FS Oehler 1985, 111; Sowada Jura 1994, 643; Altenhain GA 1996, 19; Küpper FS H. J. Hirsch 1999, 615; Laue JuS 2003, 743; Engländer GA 2008, 669; Stiebig FS Paulus 2009, 151; Steinberg NStZ 2010, 72; Kahlo FS Puppe 2011, 581; Freund FS Frisch 2013, 677; aus der Rspr. vgl. zuletzt BGH B. v. 14.05.2020 – 1 StR 109/20 – StV 2021, 120 (Anm. Kudlich JA 2020, 785); BGH B. v. 23.02.2021 – 3 StR 488/20 – StV 2022, 79; BGH B. v. 07.07.2021 – 4 StR 141/21 – NStZ 2021, 735 = StV 2022, 100 (Anm. Kudlich JA 2021, 871; RÜ 2021, 639; Schrott NStZ 2021, 736; LL 2022, 15).

[103] Näheres bei den Erläuterungen zum erfolgsqualifizierten Delikt im Allgemeinen Teil.

[104] Hierzu Fischer, StGB, 71. Aufl. 2024, § 227 Rn. 4; Steinberg JZ 2009, 1053; Stuckenberg FS Puppe 2011, 1039; aus der Rspr. vgl. zuletzt BGH B. v. 15.02.2017 – 4 StR 375/16 – BGHSt 62, 49 = NJW 2017, 2211 = StV 2018, 243 (Anm. Bosch Jura 2017, 1340; Kudlich JA 2017, 712; Jahn JuS 2017, 1032; RÜ 2017, 575; famos 11/2017; Ast NJW 2017, 2214; LL 2018, 18; Steinberg StV 2018, 246).

[105] Hierzu Fischer, StGB, 71. Aufl. 2024, § 227 Rn. 5a f.; aus der Rspr. vgl. zuletzt BGH B. v. 14.05.2020 – 1 StR 109/20 – StV 2021, 120 (Anm. Kudlich JA 2020, 785).

Beispiel 65

BGH U. v. 02.02.1960 – 1 StR 14/60 (Pistolenschlag) – BGHSt 14, 110 = NJW 1960, 683 (Anm. Kühl, Höchstrichterliche Rspr. BT, 2002, Nr. 30; Fahl, Strafrechts-Klassiker, 2020, § 22 Rn. 24ff.; Deubner NJW 1960, 1068; Stree GA 1960, 289):

B überwachte in der Nacht zum 10.01.1959 zusammen mit einem anderen Polizeibeamten in M. die Einhaltung der Polizeistunde. Als er gegen 01.40 Uhr die Gäste des Lokals „Wetterstein" zum Gehen aufforderte, wurde er von dem stark angetrunkenen G und zwei weiteren mit diesem zusammensitzenden Männern beschimpft und tätlich bedroht. Während der andere Polizeibeamte die drei zurückzuhalten suchte, zog B seine Dienstpistole, lud durch, sicherte und drohte zu schießen, wenn er angegriffen werde. Als er rückwärts in den Hausgang trat, folgten ihm die drei unter weiteren Beschimpfungen und Drohungen. Anschließend stellten sie ihn erneut auf der Straße. Sie vereinbarten, sie wollten es „heute darauf ankommen lassen", ob B tatsächlich schieße. G ging auf den B zu und beschimpfte ihn als Sauhund und Feigling. B zog darauf erneut seine Pistole und suchte rückwärtsgehend einer tätlichen Auseinandersetzung auszuweichen. G folgte dem B in kurzem Abstand und mit dem wiederholten Ruf: „Schieß doch, du Feigling". Als er nach dem vorgestreckten Arm des B fasste oder stieß, versetzte ihm dieser mit seiner Dienstpistole zwei Schläge auf den Kopf. G stürzte und lag ausgestreckt mit dem Gesicht nach unten auf der Straße. Darauf beugte oder kniete sich der B über ihn und stieß mit der Pistole nochmals gegen den Hinterkopf des am Boden Liegenden, wobei er wie bisher den Zeigefinger am Abzugsbügel hatte. In diesem Augenblick löste sich ein Schuss, der G in den Kopf traf und seinen Tod herbeiführte. ◄

Hat sich in dem tödlichen Schuss noch die spezifische Gefährlichkeit des Schlags realisiert?

Beispiel 66

BGH U. v. 30.06.1982 – 2 StR 226/82 (Hochsitz; Kunstfehler) – BGHSt 31, 96 = NJW 1982, 2831 = NStZ 1983, 21 = StV 1983, 61 (Anm. Kühl, Höchstrichterliche Rspr. BT, 2002, Nr. 31; Puppe, AT, 5. Aufl. 2023, § 10 Rn. 20ff.; Küpper JA 1983, 229; Hassemer JuS 1983, 227; Puppe NStZ 1983, 22; Schlapp StV 1983, 62; Hirsch JR 1983, 78; Stree JZ 1983, 75; Maiwald JuS 1984, 439):

B warf am 13.11.1980 im Wald den Hochsitz um, auf dem sein Onkel G, saß, um die Jagd auszuüben. Der Abstand zwischen der Sitzfläche des Hochsitzes und dem Waldboden betrug etwa 3,50 m. G fiel herunter und brach sich dabei den rechten Knöchel (Sprunggelenkfraktur). Der Bruch wurde in den Städtischen Kliniken in D operativ behandelt und mit Metallschrauben sowie einer Metalllasche stabilisiert. Am 02.12.1980 wurde G aus dem Krankenhaus entlassen. Weder hierbei noch vorher waren ihm blutverflüssigende Mittel gegeben oder Anweisungen darüber erteilt worden, wie er sich zuhause verhalten solle. Auch eine Nachbehandlung fand nicht statt. Zuhause war der Verletzte fast ausschließlich bettlägerig. Am 19.12.1980 wurde er mit akuter Atemnot in die Städtischen Kliniken in W eingeliefert, wo er noch am Morgen desselben Tages verstarb. Todesursache war – wie die Obduktion ergab – Herz-Kreislauf-Versagen infolge des Zusammenwirkens einer doppelseitigen Lungenembolie mit einer herdförmigen Lungenentzündung in beiden Lungenunterlappen; Embolie und Lungenentzündung hatten sich in Abhängigkeit zu dem verletzungsbedingten längeren Krankenlager entwickelt. ◄

Kann man den Tod noch hinreichend eng mit dem Umstürzen des Hochsitzes in Verbindung bringen, zumal ärztliche Kunstfehler hinzugetreten sind?

Zu unterscheiden sind zwei **Grundpositionen**.[106]

Die frühere Rspr.[107] und Teile der Lehre[108] folgen einer sog. **Letalitätslehre**, nach der die schwere Folge auf dem **Körperverletzungserfolg** beruhen muss. Dieser Ansicht zufolge würde dann der durch einen Schuss verursachte Tod nicht auf der durch den Schlag beigebrachten Kopfverletzung beruhen, ein Herz-Kreislauf-Versagen nicht auf der Sprunggelenkfraktur.

Die Gegenauffassung in der heutigen Rspr.[109] und der h. L.[110] lässt hingegen ausreichen, wenn die **Körperverletzungshandlung** die schwere Folge herbeiführt.

Eher rechtsunsicher ist eine zwischen den verschiedenen Erfolgsqualifikationen differenzierende Auffassung:[111] Verlange der erfolgsqualifizierende Tatbestand eine Verknüpfung mit der Tathandlung des Grunddelikts, so sei deren Verwirklichung ausreichend, verlange er dagegen eine Verknüpfung von Taterfolg und schwerer Folge, so sei ein Erfolgseintritt erforderlich. Einem solchen Vorgehen ist entgegenzuhalten, dass keine Kriterien für die Beurteilung, wann welcher Fall vorliegt, bekannt sind. In problematischen Fällen, wie gerade bei § 227 StGB – welcher sowohl von einer „Körperverletzung", als auch von „der verletzten Person" spricht, sodass nicht eindeutig geklärt werden kann, ob damit der Körperverletzungserfolg oder die Körperverletzungshandlung gemeint ist – führt dieses Vorgehen zu keinem Ergebnis.

Überzeugender ist die h. M. Zwar spricht § 227 StGB vom Tod der „verletzten Person", auch ist gegen eine restriktive Auslegung aufgrund der hohen Strafandrohung wenig einzuwenden, allerdings ist es gerade auch Schutzzweck des § 227 StGB, typische Folgen bereits der gefährlichen Handlung als solcher zu erfassen. Besonders deutlich wird dies bei der (konsequenterweise ebenfalls umstrittenen)

---

[106] S. Eisele, BT I, 6. Aufl. 2021, Rn. 371ff.; zur Rspr. s. o.

[107] S. nur BGH U. v. 02.02.1960 – 1 StR 14/60 (Pistolenschlag) – BGHSt 14, 110 (112); BGH U. v. 30.06.1982 – 2 StR 226/82 (Hochsitz; Kunstfehler) – BGHSt 31, 96 (99).

[108] Z. B. Hardtung, in: MK-StGB, 4. Aufl. 2021, § 227 Rn. 11.

[109] S. z. B. BGH U. v. 09.10.2002 – 5 StR 42/02 (Guben) – BGHSt 48, 34 = NJW 2003, 150 = NStZ 2003, 149 = StV 2003, 74 (Anm. Puppe, AT, 5. Aufl. 2023, § 20 Rn. 25ff.; Kaspar/Reinbacher, Casebook AT, 2. Aufl. 2023, Fall 4; Sowada Jura 2003, 549; Heger JA 2003, 455; Martin JuS 2003, 503; Laue JuS 2003, 743; LL 2003, 185; RÜ 2003, 26; RA 2003, 45; Hardtung NStZ 2003, 261; Puppe JR 2003, 123; Kühl JZ 2003, 637).

[110] S. Eisele, BT I, 6. Aufl. 2021, Rn. 372.

[111] Paeffgen/Böse/Eidam, in: NK-StGB, 6. Aufl. 2023, § 227 Rn. 25.

Frage des erfolgsqualifizierten Versuchs: Bei ausgebliebenem Erfolg des Grunddelikts schiede eine Anwendung des § 227 StGB immer aus, obwohl doch § 227 I StGB auf den gesamten § 223 StGB (also inkl. § 223 II StGB) verweist und auch bei „normalen Qualifikationen" eine Versuchsstrafbarkeit möglich ist. Die allgemeine Grenze der objektiven Zurechnung genügt als Korrektiv, freilich bleiben die Kriterien im Einzelfall vage. Härtefälle werden ggf. durch Annahme eines minder schweren Falles gem. § 227 II StGB gemildert.

Besonders problematisch ist ein vorsätzliches Dazwischentreten Dritter, wenn die schwere Folge durch einen **Mittäterexzess** herbeigeführt worden ist.[112]

Beispiel 67

BGH U. v. 19.08.2004 – 5 StR 218/04 (Schweinetrog) – NStZ 2005, 93 (Anm. Kudlich JuS 2005, 568; LL 2005, 314; RA 2005, 28; Heinrich NStZ 2005, 94):

Bei einer gemeinsamen Heimfahrt mit Fahrrädern zwangen B1, B2 und B3 den G, sich mit ihnen auf ein abgelegenes landwirtschaftliches Gelände und dort in einen großen Schweinestall zu begeben, wo sie weiterhin abwechselnd auf den Jungen einschlugen und ihn ängstigen wollten. Zweimal zwangen sie ihn, in die Steinkante eines Schweinetrogs zu beißen. B1 wollte ihn damit durch Nachstellen einer brutalen Mordszene aus einem Film, der jedenfalls auch B2 bekannt war, schockieren. Als der verängstigte Junge, der Aufforderung folgend, zum zweiten Mal in den Steintrog biss, entschloss sich B1 spontan aus einem Motivbündel von menschenverachtender Abenteuerlust und Imponierbedürfnis, die Filmszene vollends in die Realität umzusetzen. Er sprang G mit direktem Tötungsvorsatz mit beiden Füßen, an denen er Springerstiefel mit Stahlkappen trug, auf den Kopf. B2 und B3 hatten hiermit nicht gerechnet. Während sich B1, nunmehr schockiert, abwandte und zunächst abseits hielt, beschloss B3, das Opfer, das sichtbar schwerste Kopfzerquetschungen und Schädelbrüche erlitten hatte, endgültig zu beseitigen, um die Entdeckung der Tat zu verhindern. Er suchte gemeinsam mit B2 nach einem geeigneten Tatwerkzeug. B2 fand einen großen schweren Betonstein. Diesen warf er G zweimal auf den Kopf. Anschließend vergruben sie die Leiche des G in einer Jauchegrube. ◄

Ob man in der nicht nach § 25 II StGB zurechenbaren Exesshandlung des B1 eine Realisierung des Risikos der vorherigen Misshandlungen sehen kann, wird davon abhängen, wie groß das Eskalationsrisiko war. Bei einem besonders überraschenden Exzess wird es ferner an der Fahrlässigkeit der übrigen Beteiligten fehlen, da es dann an der Vorhersehbarkeit des Erfolgs mangelte.

Ebenfalls vom Vorsatzdelikt bekannt ist die Frage der eigenverantwortlichen **Selbstgefährdung** bzw. des Mitverschuldens des Geschädigten.

---

[112] Hierzu Joecks/Jäger, StGB, 13. Aufl. 2021, § 25 Rn, 92; näher Sowada FS Schroeder 2006, 621; Stuckenberg FS Jakobs 2007, 693; Isfen Jura 2014, 1087; aus der Rspr. vgl. zuletzt BGH B. v. 07.07.2021 – 4 StR 141/21 – NStZ 2021, 735 = StV 2022, 100 (Anm. Kudlich JA 2021, 871; RÜ 2021, 639; Schrott NStZ 2021, 736; LL 2022, 15).

D. Körperverletzung mit Todesfolge, § 227 StGB

Beispiel 68

BGH U. v. 30.09.1970 – 3 StR 119/70 (Rötzel/Balkonsturz) – NJW 1971, 152 (Anm. Kühl, Höchstrichterliche Rspr. BT, 2002, Nr. 32; Fahl, Strafrechts-Klassiker, 2020, § 227 Rn. 2ff.; Hassemer JuS 1971, 158; Schröder JR 1971, 206; Rengier Jura 1986, 143; Bartholme JA 1994, 373):

B brachte im Obergeschoss des mütterlichen Hauses der Hausgehilfin G eine tiefe Oberarmwunde und einen Nasenbeinbruch bei. Vor den fortdauernden Angriffen des B versuchte die verängstigte Frau durch das Fenster ihres Zimmers auf einen Balkon zu flüchten. Dabei stürzte sie ab und verletzte sich tödlich. ◄

Beispiel 69

BGH U. v. 17.03.1992 – 5 StR 34/92 (Fenstersturz) – NJW 1992, 1708 = NStZ 1992, 335 = StV 1993, 73 (Anm. Kühl, Höchstrichterliche Rspr. BT, 2002, Nr. 33; Geppert JK 1992 StGB § 226/3; Jung JuS 1992, 886; Graul JR 1992, 344; Mitsch Jura 1993, 18; Bartholme JA 1993, 127):

Dem B war von Bekannten berichtet worden, der G habe ihnen 8000 DM entwendet. Er erklärte sich für eine Belohnung von 1000 DM bereit, das Geld wiederzubeschaffen. Am Bahnhof fand er G. Nachdem B dem G einen Faustschlag ins Gesicht versetzt und gefragt hatte, ob er seine Schulden beglichen habe, führte G den B aus Angst vor weiteren Schlägen in die Wohnung eines Dritten, indem er vorgab, das Geld sei dort aufbewahrt. In der im zehnten Stockwerk gelegenen Wohnung schlug B den G eine halbe Stunde lang, um die Herausgabe des Geldes zu erzwingen, nachdem dieser – was B ihm nicht glaubte – sagte, dass das Geld nicht in der Wohnung sei. B schlug G mit einem Besenstiel kraftvoll auf die Stirn, was zu einer stark blutenden Platzwunde, einer Schädelprellung und zu einem Schädel-Hirn-Trauma ersten Grades führte. Aufgrund dieses Schlages war G fortan deutlich sichtbar benommen und litt an Bewusstseinsstörungen. Es folgten mehrere Faustschläge und Tritte, auch gegen den Kopf, die weitere Verletzungen hervorriefen. G war vor lauter Verzweiflung und Angst kaum noch in der Lage, zusammenhängend zu sprechen. Er bat darum, an das Fenster zu dürfen, worauf B das Wohnzimmerfenster öffnete. In diesem Moment schlug B kraftvoll mit einem Baseballschläger gegen das rechte Schienbein des G, der stöhnend zu Boden ging. B sagte nun zu G, er solle frische Luft schnappen, worauf dieser ersichtlich benommen zum offenen Fenster humpelte. Während sich B abwandte, ohne sich um G Gedanken zu machen oder nach ihm zu sehen, schaute dieser voller Angst vor einer Fortsetzung der schweren Misshandlung still aus dem Fenster. Unter dem durch seinen gegenwärtigen geistigen und körperlichen Zustand verursachten Eindruck, sich angesichts der Überlegenheit und Brutalität des B in einer völlig ausweglosen Lage zu befinden, geriet er in Panik, verlor völlig die Selbstkontrolle und ließ sich wortlos aus dem Fenster fallen. Der Sturz aus einer Höhe von 27 m war tödlich. Zum Todeszeitpunkt hatte G 0,4 Promille Alkohol im Blut. Neben der panischen Angst vor einer Fortsetzung der schweren Misshandlungen prägte ein Zustand der Benommenheit aufgrund des Schlages mit dem Besenstiel auf den Kopf die psychische Verfassung des G. ◄

Kann man jeweils von einer bzgl. des Todes freiverantwortlichen und mithin zurechnungsausschließenden Selbstschädigung sprechen?[113]

Eine strenge Erfolgslehre[114] muss zu einer Unterbrechung des Zurechnungszusammenhangs gelangen, da die Misshandlung als solche nicht tödlich verlaufen ist und die schwere Folge aus bloß nötigungstypischer Gefahr resultierte. Die h. L.[115] und die heutige Rspr.[116] nehmen jedenfalls dann keine Unterbrechung an, wenn es sich bei dem Opferverhalten um eine **nahe liegende und deliktstypische Reaktion** handelt. In der Tat lässt sich dann – ähnlich wie bei sonstigen Herausforderungs-, z. B. Retterfällen – kaum noch von einer Eigenverantwortlichkeit sprechen, da der Geschädigte aufgrund der vom Täter herbeigeführten Panik (man denke auch an den elementaren Selbsterhaltungstrieb) unfrei handelte.

Zu nennen ist ferner die Fallgruppe nicht in Anspruch genommener medizinischer Hilfe.

§ 227 StGB setzt keine Eigenhändigkeit voraus, sodass **Mittäter** des § 223 I StGB ggf. auch Mittäter bzgl. § 227 StGB sind (sofern jeder eigene Fahrlässigkeit aufweist, § 18 StGB), insbesondere betrifft dies Fälle des Mittäterexzesses.[117]

2. Subjektiver Tatbestand

Gem. § 15 StGB ist Vorsatz bzgl. des Grunddelikts erforderlich, ggf. unter Verweis auf die vorherige Prüfung.

Im Hinblick auf die sog. schwere Folge ist aufgrund § 18 StGB subjektive Fahrlässigkeit vorausgesetzt, die von der h. M. aber in der Schuld verortet wird.

IV. Rechtswidrigkeit

Es gelten die allgemeinen Grundsätze.

---

[113] Zur Relevanz des Opferverhaltens bei § 227 StGB Eisele, BT I, 6. Aufl. 2021, Rn. 375f.; Steinberg JZ 2009, 1053; Stuckenberg FS Puppe 2011, 1039.; aus der Rspr. vgl. BGH U. v. 09.10.2002 – 5 StR 42/02 (Guben) – BGHSt 48, 34 = NJW 2003, 150 = NStZ 2003, 149 = StV 2003, 74 (Anm. Puppe, AT, 5. Aufl. 2023, § 20 Rn. 25ff.; Kaspar/Reinbacher, Casebook AT, 2. Aufl. 2023, Fall 4; Sowada Jura 2003, 549; Heger JA 2003, 455; Martin JuS 2003, 503; Laue JuS 2003, 743; LL 2003, 185; RÜ 2003, 26; RA 2003, 45; Hardtung NStZ 2003, 261; Puppe JR 2003, 123; Kühl JZ 2003, 637); BGH U. v. 10.01.2008 – 5 StR 435/07 – NStZ 2008, 278 (Anm. Bosch JA 2008, 547; RÜ 2008, 236; RA 2008, 236); BGH B. v. 15.02.2017 – 4 StR 375/16 – BGHSt 62, 49 = NJW 2017, 2211 = StV 2018, 243 (Anm. Bosch Jura 2017, 1340; Kudlich JA 2017, 712; Jahn JuS 2017, 1032; RÜ 2017, 575; famos 11/2017; Ast NJW 2017, 2214; LL 2018, 18; Steinberg StV 2018, 246).

[114] So noch BGH U. v. 30.09.1970 – 3 StR 119/70 (Rötzel; Balkonsturz) – NJW 1971, 152.

[115] S. Eisele, BT I, 6. Aufl. 2021, Rn. 375.

[116] S. nur BGH U. v. 09.10.2002 – 5 StR 42/02 (Guben) – BGHSt 48, 34.

[117] Hierzu näher Sowada FS Schroeder 2006, 621; Stuckenberg FS Jakobs 2007, 693; aus der Rspr. vgl. zuletzt BGH B. v. 07.07.2021 – 4 StR 141/21 – NStZ 2021, 735 = StV 2022, 100 (Anm. Kudlich JA 2021, 871; RÜ 2021, 639; Schrott NStZ 2021, 736; LL 2022, 15).

V. Schuld

Zum einen gelten die allgemeinen Schuldvoraussetzungen.
Zum anderen muss der Täter aufgrund § 18 StGB subjektive Fahrlässigkeit bzgl. des Todes seines Opfers aufweisen.

VI. Rechtsfolgen

Gem. § 227 I StGB ist für die Körperverletzung mit Todesfolge eine Freiheitsstrafe nicht unter drei Jahren angeordnet, wobei sich ein Höchstmaß von 15 Jahren aus § 38 II StGB ergibt.
§ 227 II StGB regelt einen **minder schweren Fall**.[118] Hier gilt ein Strafrahmen der Freiheitsstrafe von einem Jahr bis zu zehn Jahren. Anwendungsfälle sind z. B. Provokationen, vgl. § 213 StGB.

VII. Sonstiges

Zu Versuchskonstellationen im Hinblick auf erfolgsqualifizierte Delikte s. im Allgemeinen Teil.
Auch eine Körperverletzung durch **Unterlassen** kann durch Verursachung der Todesfolge qualifiziert sein, jedenfalls sofern durch die Untätigkeit eine Lebensgefahr erheblich erhöht wird.[119]
§ 227 StGB verdrängt[120] aufgrund Spezialität § 222 StGB in Gesetzeskonkurrenz.[121]

---

[118] Hierzu Fischer, StGB, 71. Aufl. 2024, § 227 Rn. 11f.; aus der Rspr. vgl. zuletzt BGH B. v. 16.06.2020 – 2 StR 184/20 – NStZ-RR 2020, 273 = StV 2021, 31; BGH B. v. 09.03.2022 – 1 StR 21/22 – NStZ 2022, 550; LG Düsseldorf U. v. 16.11.2021 – 1 Ks 24/20 (Anm. Nestler Jura 2023, 386).

[119] Eschelbach, in: BeckOK-StGB, Stand 01.02.2024, § 227 Rn. 1; näher Ingelfinger GA 1997, 573; Jansen ZStW 2018, 1087; aus der Rspr. vgl. zuletzt BGH U. v. 22.11.2016 – 1 StR 354/16 – BGHSt 61, 318 = NJW 2017, 418 = NStZ 2017, 223 (Anm. Satzger Jura 2017, 992; Kudlich JA 2017, 229; Eisele JuS 2017, 561; Brüning ZJS 2017, 727; RÜ 2017, 167; Berster NJW 2017, 420; Lorenz NStZ 2017, 226; Jansen jurisPR-StrafR 2/2017 Anm. 1); BGH U. v. 26.01.2017 – 3 StR 479/16 – NStZ 2017, 410 = StV 2020, 311 (Anm. Satzger Jura 2017, 1452; Engländer NStZ 2018, 135); BGH U. v. 31.03.2021 – 2 StR 109/20 – StV 2022, 75 (Anm. Eisele JuS 2021, 986; RÜ 2021, 573).

[120] Zu Konkurrenzen bei § 227 StGB näher Widmann MDR 1966, 554; Hruschka GA 1967, 42.

[121] Fischer, StGB, 71. Aufl. 2024, § 227 Rn. 12; aus der Rspr. vgl. OGH U. v. 21.11.1949 – StS 405/49 – NJW 1950, 115; BGH U. v. 08.07.1955 – 2 StR 146/55 – BGHSt 8, 54 = NJW 1955, 1366; BGH U. v. 21.09.1965 – 1 StR 269/65 – BGHSt 20, 269 = NJW 1965, 2411 (Anm. Fuchs NJW 1966, 868).

Auch § 224 StGB wird nach zutreffender h. M. in allen Varianten verdrängt und nicht nur bzgl. § 224 I Nr. 5 StGB.[122] Der Grund hierfür liegt darin, dass sämtliche Varianten des § 224 I StGB eine erhöhte Lebensgefährlichkeit erfassen sollen, sodass sie hinter der tatsächlichen Realisierung dieser Lebensgefahr zurückstehen. Gegenüber den §§ 211ff. StGB ist § 227 StGB subsidiär.[123]

E. Schwere Körperverletzung, § 226 StGB

I. Allgemeines

§ 226 StGB stellt die schwere Körperverletzung unter Strafe.[124]

> **§ 226 StGB (Schwere Körperverletzung)**
> (1) Hat die Körperverletzung zur Folge, daß die verletzte Person
>   1. das Sehvermögen auf einem Auge oder beiden Augen, das Gehör, das Sprechvermögen oder die Fortpflanzungsfähigkeit verliert,
>   2. ein wichtiges Glied des Körpers verliert oder dauernd nicht mehr gebrauchen kann oder
>   3. in erheblicher Weise dauernd entstellt wird oder in Siechtum, Lähmung oder geistige Krankheit oder Behinderung verfällt,
>   so ist die Strafe Freiheitsstrafe von einem Jahr bis zu zehn Jahren.
> (2) Verursacht der Täter eine der in Absatz 1 bezeichneten Folgen absichtlich oder wissentlich, so ist die Strafe Freiheitsstrafe nicht unter drei Jahren.
> (3) In minder schweren Fällen des Absatzes 1 ist auf Freiheitsstrafe von sechs Monaten bis zu fünf Jahren, in minder schweren Fällen des Absatzes 2 auf Freiheitsstrafe von einem Jahr bis zu zehn Jahren zu erkennen.

Bei § 226 I StGB handelt es sich um ein erfolgsqualifiziertes Delikt,[125] für das § 18 StGB gilt § 226 II StGB ist hingegen eine „normale" (Vorsatz-)Qualifikation der Körperverletzung, allerdings mit erhöhten Anforderungen an den Vorsatz („absichtlich oder wissentlich"). Angesichts der strukturellen Unterschiede erfolgt eine getrennte Abhandlung.

---

[122] Eisele, BT I, 6. Aufl. 2021, Rn. 388; aus der Rspr. vgl. OGH U. v. 21.11.1949 – StS 405/49 – NJW 1950, 115; BGH B. v. 30.08.2006 – 2 StR 198/06 – NStZ-RR 2007, 76 (Anm. Geppert JK 2007 StGB § 227/3); a. A. Paeffgen/Böse/Eidam, in: NK-StGB, 6. Aufl. 2023, § 227 Rn. 35.

[123] Fischer, StGB, 71. Aufl. 2024, § 227 Rn. 12; aus der Rspr. vgl. BGH U. v. 21.09.1965 – 1 StR 269/65 – BGHSt 20, 269 = NJW 1965, 2411 (Anm. Fuchs NJW 1966, 868).

[124] Hierzu Eisele, BT I, 6. Aufl. 2021, Rn. 343ff.; Krey/Hellmann/Heinrich, BT 1, 17. Aufl. 2021, Rn. 272ff.

[125] Eschelbach, in: BeckOK-StGB, Stand 01.02.2024, § 226 Rn. 1.

E. Schwere Körperverletzung, § 226 StGB

II. § 226 I StGB

1. Aufbau
I. Tatbestand
  1. Objektiver Tatbestand
    a) Die Körperverletzung
    b) § 226 I StGB
      aa) § 226 I Nr. 1–3 StGB
      bb) Hinsichtlich dieser Folge wenigstens Fahrlässigkeit, § 18 StGB (objektive Fahrlässigkeit)
      cc) Zur Folge
  2. Subjektiver Tatbestand
    • Vorsatz bzgl. der Körperverletzung
II. Rechtswidrigkeit
III. Schuld
  1. Allgemeines
  2. Hinsichtlich dieser Folge wenigstens Fahrlässigkeit, § 18 StGB (subjektive Fahrlässigkeit)

2. Allgemeines
§ 226 I StGB ist ein erfolgsqualifiziertes Delikt, s. i. E. im Allgemeinen Teil. Bestimmte strukturelle und inhaltliche Aspekte des oben bei § 227 StGB Erörterten gelten auch i. R. d. § 226 I StGB.

3. Tatbestand

a) Objektiver Tatbestand

aa) Die Körperverletzung
Bei abgeschichteter Prüfung genügt ein Hinweis auf die bereits erfolgte Prüfung des Grunddelikts.

bb) § 226 I StGB

(1) § 226 I Nr. 1–3 StGB

(a) Sehvermögen, Gehör, Sprechvermögen oder Fortpflanzungsfähigkeit verloren, § 226 I Nr. 1 StGB
Sehvermögen i. S. d. § 226 I Nr. 1 StGB[126] ist die Fähigkeit, Gegenstände als solche visuell zu erkennen.[127]

---

[126] Zu den dortigen Merkmalen näher van Els NJW 1974, 1074.
[127] Joecks/Jäger, StGB, 13. Aufl. 2021, § 226 Rn. 5; aus der Rspr. vgl. RG U. v. 09.05.1924 – I 416/24 – RGSt 58, 173.

Gehör ist die Fähigkeit, artikulierte akustische Laute zu verstehen.[128] Da anders als bzgl. des Sehvermögens nicht auch der Verlust des Gehörs auf nur einem Ohr aufgeführt wird, muss das Gehör auf beiden Ohren verloren sein.[129]

Sprechvermögen ist die Fähigkeit zur artikulierten Rede.[130]

Fortpflanzungsfähigkeit umfasst die (männliche) Zeugungs- und die (weibliche) Gebärfähigkeit.[131] Bei Kindern wird auf die potenzielle Fortpflanzungsfähigkeit abgestellt.[132]

Verlust umfasst auch die wesentliche Herabminderung der Funktion.[133]

Vorausgesetzt wird eine Dauerhaftigkeit bzw. unabsehbare Langwierigkeit.[134]

Eine Korrektur(möglichkeit) durch **Hilfsmittel** ändert nach der h. M.[135] nichts am Verlust der (natürlichen) Körperfunktion.

Beispiel 70

BayObLG U. v. 20.04.2004 – 2 St RR 965/03 – NStZ-RR 2004, 264 (Anm. LL 2004, 753; famos 11/2004; Otto JK 2005 StGB § 226 I Nr. 1/10; Kudlich JuS 2005, 80):

Durch Faustschläge oder Fußtritte des B erlitt Z eine Ruptur des linken Augapfels. Z wurde in der Folgezeit dreimal operiert. Am 17.10.2000 wurde am linken Auge eine Bindehautrevision und eine Naht der Lederhaut bei eingerissenem Augapfel durchgeführt. Am 02.11.2000 wurde eine Glaskörperentfernung, eine Umgürtung des Augapfels, eine Absaugung der Linse sowie eine Befestigung der Netzhaut durch Lasereffekte und Kälteeffekte durchgeführt. Anschließend wurde das Auge mit Silikon-Öl gefüllt. Am 27.03.2001 wurde das linke Auge erneut eröffnet, das Silikon-Öl entfernt, ein an der Netzhaut ziehender Strang durchtrennt, die Netzhaut erneut gelasert und anschließend das Auge mit einem langsam resorbierbaren Gas gefüllt. Die Sehschärfe des verletzten linken Auges des Z unmittelbar nach der Verletzung betrug zunächst 0,05 (unter Zugrundele-

---

[128] Joecks/Jäger, StGB, 13. Aufl. 2021, § 226 Rn. 6.
[129] S. Hardtung, in: MK-StGB, 4. Aufl. 2021, § 226 Rn. 20, 23.
[130] Joecks/Jäger, StGB, 13. Aufl. 2021, § 226 Rn. 7.
[131] Fischer, StGB, 71. Aufl. 2024, § 226 Rn. 5; letzteres war aufgrund damaliger Gesetzesfassung früher problematisch (aber h. M.), hierzu Scheffler Jura 1996, 505; aus der Rspr. vgl. BGH U. v. 26.06.1957 – 2 StR 191/57 – BGHSt 10, 312 = NJW 1957, 1369; BGH U. v. 07.02.1967 – 1 StR 640/66 – BGHSt 21, 194 = NJW 1967, 737 (Anm. Willms JuS 1967, 380; Schröder JZ 1967, 368).
[132] Hardtung, in: MK-StGB, 4. Aufl. 2021, § 226 Rn. 25.
[133] Fischer, StGB, 71. Aufl. 2024, § 226 Rn. 2a ff.; aus der Rspr. vgl. zuletzt BGH B. v. 07.03.2017 – 1 StR 569/16 – StV 2020, 311.
[134] Kindhäuser/Hilgendorf, LPK, 9. Aufl. 2022, § 226 Rn. 2; aus der Rspr. vgl. RG U. v. 15.03.1937 – 3 D 120/37 – RGSt 71, 119.
[135] Problematisch; hierzu Joecks/Jäger, StGB, 13. Aufl. 2021, § 226 Rn. 26ff.; Wolters, in: SK-StGB, 10. Aufl. 2024, § 226 Rn. 7; a. A. etwa Hardtung, in: MK-StGB, 4. Aufl. 2021, § 226 Rn. 17f.; aus der Rspr. vgl. BGH B. v. 08.12.2010 – 5 StR 516/10.

gung eines angestrebten Normalwertes von 1,0). Mit den Korrekturhilfen (Kontaktlinse am linken Auge und eine Prismenbrille für beide Augen) beträgt das Sehvermögen des Z am linken Auge jetzt 0,5. Mit einer Verbesserung der Sehstärke am linken Auge ist derzeit nicht zu rechnen, eine Verschlechterung ist ebenfalls nicht zu erwarten. ◄

Abzustellen ist also darauf, dass das linke Auge von Z unmittelbar nach der Verletzung nur noch 5 % Sehschärfe aufwies, sodass die Funktion nahezu vollständig vermindert war. Die operative Wiederherstellung einer Sehkraft von 50 % ist hingegen unbeachtlich.

(b) Wichtiges Glied des Körpers verloren oder dauernd nicht mehr zu gebrauchen, § 226 I Nr. 2 StGB
Was ein Glied i. S. d. § 226 I Nr. 1 StGB[136] ist, ist umstritten.[137]

Beispiel 71

BGH U. v. 15.08.1978 – 1 StR 356/78 (Niere) – BGHSt 28, 100 = NJW 1978, 2345 (Anm. Kühl, Höchstrichterliche Rspr. BT, 2002, Nr. 29; Geilen JK 1979 StGB § 224/1; Ebert JA 1979, 277; Hassemer JuS 1979, 217; Hirsch JZ 1979, 109):
B verletzte durch einen in den Bauch geführten Messerstich den Z derart, dass dessen rechte Niere entfernt werden musste. ◄

Ist die – zweifellos wichtige – Niere ein Glied i. S. d. § 226 I Nr. 2 StGB?

Während recht extensive Auffassungen jedes Körperteil mit besonderer Funktion im Gesamtorganismus[138] (auch innere Organe, z. B. Niere, Lunge) oder doch jedes äußerliche Körperteil (z. B. auch Nase, Ohr)[139] hierunter fassen, sehen die Rspr.[140] und die wohl h. L.[141] nur äußerliche Körperteile, die mit einem Gelenk verbunden sind, als Glied an.
Für eine extensive Handhabung spricht der Opferschutz, da auch innere bzw. gelenklose Organe bzw. Körperteile wichtige Funktionen innehaben, sodass die Konsequenzen eines Verlusts schwer wiegen; allerdings lässt sich dies kaum noch mit dem Wortlaut vereinbaren. Den Schutz innerer Organe gewährleistet § 226 I Nr. 3 StGB hinreichend.

---

[136] Zu den dortigen Merkmalen näher van Els NJW 1974, 1074.
[137] Hierzu zsf. Eisele, BT I, 6. Aufl. 2021, Rn. 349; aus der Rspr. vgl. RG U. v. 03.03.1881 – 462/81 – RGSt 3, 391; RG U. v. 09.06.1882 – 1214/82 – RGSt 6, 346; RG U. v. 19.05.1930 – III 233/30 – RGSt 64, 201; OLG Neustadt U. v. 14.06.1961 – Ss 52/61 (Niere) – NJW 1961, 2076.
[138] Eisele, BT I, 6. Aufl. 2021, Rn. 349.
[139] Fischer, StGB, 71. Aufl. 2024, § 226 Rn. 6.
[140] S. o.
[141] S. Joecks/Jäger, StGB, 13. Aufl. 2021, § 226 Rn. 13.

Ein Körperglied ist **wichtig**, wenn sein Verlust eine wesentliche Beeinträchtigung des Körpers in seinen regelmäßigen Verrichtungen bedeutet.[142]

Umstritten ist, ob **individuelle** Verhältnisse bei der Wichtigkeit zu berücksichtigen sind.[143]

Beispiel 72

BGH U. v. 15.03.2007 – 4 StR 522/06 – BGHSt 51, 252 = NJW 2007, 1988 = NStZ 2007, 470 = StV 2007, 353 (Anm. Geppert JK 2007 StGB § 226/11; Bosch JA 2007, 818; Jahn JuS 2007, 866; LL 2007, 613; RÜ 2007, 364; RA 2007, 384; Hardtung NStZ 2007, 702; Paeffgen/Grosse-Wilde HRRS 2007, 363; Jesse NStZ 2008, 605):

B1 und B2 kamen überein, Z zu verprügeln und ihm auf diese Weise einen Denkzettel zu verpassen, weil er im Verdacht stand, das Patenkind des B2 sexuell missbraucht zu haben. Sie lockten Z deshalb mit seinem Fahrzeug an eine abgelegene Stelle, zogen ihn dort aus seinem Pkw heraus, brachten ihn zu Boden und schlugen und traten zunächst auf ihn ein. Sodann fixierten sie die rechte Hand des Z durch Festhalten seines Unterarms so, dass die Hand flach auf dem asphaltierten Boden lag. B1 schlug daraufhin mit einem scharfen Gipserbeil mehrfach und mit erheblicher Wucht gezielt auf die zu Boden gedrückte Hand des Z. Er trennte Z zwei Glieder des rechten Mittelfingers vollständig, den Zeige- und Ringfinger der rechten Hand nahezu vollständig ab. Während die Verletzung am Ringfinger folgenlos ausheilte, musste der Zeigefinger versteift werden und ist seither im Mittelgelenk nicht mehr beweglich. Z kann deshalb seine Faust nicht mehr schließen. Es ist ein erheblicher Kraftverlust in der rechten Hand eingetreten, ihre Funktionsfähigkeit ist erheblich eingeschränkt. Z ist verletzungsbedingt eine Minderung seiner Erwerbsfähigkeit in Höhe von 20 % zuerkannt worden. ◄

Ist im Hinblick auf den Zeigefinger auf den einzelnen Finger abzustellen und abstrakt dessen Wichtigkeit zu ermitteln oder muss die konkrete Disposition des Z berücksichtigt werden, dass infolge der Tat auch Mittel- und Ringfinger weitestgehend abgetrennt worden waren, sodass Z in der Benutzung der Hand stark eingeschränkt war, insbesondere die Faust nicht mehr schließen konnte?

Die frühere Rspr.[144] und Teile der Lehre[145] stellen rein abstrakte Betrachtungen an. Eine Gegenauffassung[146] vertritt einen stark individualisierenden Ansatz.

---

[142] Hierzu Eisele, BT I, 6. Aufl. 2021, Rn. 351; Kindhäuser/Hilgendorf, LPK, 9. Aufl. 2022, § 226 Rn. 4.

[143] Hierzu Joecks/Jäger, StGB, 13. Aufl. 2021, § 226 Rn. 14ff.; aus der Rspr. vgl. RG U. v. 09.06.1882 – 1214/82 – RGSt 6, 346; RG U. v. 10.11.1927 – II 779/27 – RGSt 62, 161; RG U. v. 19.05.1930 – III 233/30 – RGSt 64, 201; BGH U. v. 25.09.1990 – 5 StR 278/90 – NJW 1991, 990 (Anm. Geppert JK 1991 StGB § 212/1).

[144] RG U. v. 09.06.1882 – 1214/82 – RGSt 6, 346.

[145] Krey/Hellmann/Heinrich, BT 1, 17. Aufl. 2021, Rn. 275.

[146] Heger, in: Lackner/Kühl/Heger, StGB, 30. Aufl. 2023, § 226 Rn. 3.

E. Schwere Körperverletzung, § 226 StGB

Die neuere Rspr.[147] und die wohl h. L.[148] bemühen sich um einen „Mittelweg", indem ein an sich abstrakter Ansatz um Erwägungen zur individuellen Situation (z. B. zum Beruf) des Opfers ergänzt wird.

Für die Berücksichtigung individueller Verhältnisse beim Opfers spricht die Ausgestaltung des § 226 StGB als konkretes Verletzungsdelikt. Die Außerachtlassung körperlicher Besonderheiten des Tatopfers widerspräche auch insofern der Einzelfallgerechtigkeit im Hinblick auf Menschen unterschiedlicher körperlicher Beschaffenheit. Zu achten ist allerdings, dass keine völlige Loslösung von der abstrakten Wichtigkeit des Gliedes für den Körper erfolgt, da dies vom Wortlaut nicht mehr gedeckt wäre. Gerade angesichts dessen, dass i. R. d. § 226 I StGB die schwere Folge nur von Fahrlässigkeit umfasst sein muss (§ 18 StGB) schadet eine zu extensive Handhabung der Rechtssicherheit. Es drohen auch ins Zynische umschlagende Subsumtionsfragen, wann für das Opfer ein bestimmter Körperteil wichtig genug ist. Eine abstrakt-objektive Bestimmung der Wichtigkeit eines Gliedes wird dem Opfer auch hinreichend gerecht, wenn diese Anforderungen nicht überspannt werden.

Zum Verlust s. o. bei § 226 I Nr. 1 StGB.

Das Opfer kann das wichtige Glied **nicht mehr gebrauchen**, wenn so viele Funktionen ausgefallen sind, dass die faktische Wirkung einem Verlust gleichkommt.[149]

Zur Unbeachtlichkeit bloß künstlicher Ausgleichsmaßnahmen s. o.

(c) In erheblicher Weise dauernd entstellt oder in Siechtum, Lähmung oder geistige Krankheit oder Behinderung verfallen, § 226 I Nr. 3 StGB

(aa) In erheblicher Weise dauernd entstellt
In erheblicher Weise dauernd entstellt ist das Opfer, wenn die äußere Gesamterscheinung in ihrer ästhetischen Wirkung derart verändert ist, dass auf Dauer starke psychische Nachteile im Verkehr mit der Umwelt zu erwarten sind.[150]

Es wird eine Verunstaltung vorausgesetzt, die den übrigen in § 226 I StGB genannten Folgen im Maß ihrer beeinträchtigenden Wirkung in etwa gleichkommen muss, sodass z. B. bei Narben eine gewisse Erheblichkeitsschwelle überschritten sein muss.[151] Hierbei wird insbesondere darauf abzustellen sein, welche Körperpartien betroffen sind (Wahrnehmbarkeit).

---

[147] BGH U. v. 15.03.2007 – 4 StR 522/06 – BGHSt 51, 252.
[148] S. Eisele, BT I, 6. Aufl. 2021, Rn. 351.
[149] Eisele, BT I, 6. Aufl. 2021, Rn. 348; aus der Rspr. vgl. zuletzt BGH U. v. 07.02.2017 – 5 StR 483/16 – BGHSt 62, 36 = NJW 2017, 1763 = NStZ 2017, 408 = StV 2020, 311 (Anm. Bosch Jura 2017, 991; Kudlich JA 2017, 470; Eisele JuS 2017, 893; LL 2017, 701; RÜ 2017, 370; famos 7/2017; Grünewald NJW 2017, 1764; Theile ZJS 2018, 99).
[150] Kindhäuser/Hilgendorf, LPK, 9. Aufl. 2022, § 226 Rn. 6; aus der Rspr. vgl. BGH U. v. 14.08.2014 – 4 StR 163/14 – NJW 2014, 3382 = NStZ 2015, 266 = StV 2015, 295 (Anm. Lohmann NStZ 2015, 580); BGH B. v. 02.05.2023 – 3 StR 65/23 – StV 2024, 120.
[151] Kindhäuser/Hilgendorf, LPK, 9. Aufl. 2022, § 226 Rn. 7; aus der Rspr. vgl. zuletzt BGH U. v. 19.09.2019 – 3 StR 180/19 – NJW 2020, 1751 = NStZ-RR 2020, 136.

Beispiel 73

BGH B. v. 11.07.2006 – 3 StR 183/06 – NStZ 2006, 686 = StV 2006, 633 (Anm. RA 2006, 681):

B schlug der Z in der Absicht „sie in den Rollstuhl zu bringen" mit einem Hammer mehrfach auf beide Schienbeine und fügte ihr zudem mit einem Messer einen tiefen Schnitt in die rechte Kniekehle zu. Z erlitt hierdurch offene Tibiaschaftbrüche beidseits, rechteckige, stark gequetschte, teils „matschige" Wunden an den Beinen sowie multiple, tiefe Schnittverletzungen; im Bereich der rechten Kniekehle entstand eine große, quer verlaufende klaffende Wunde mit teilweiser Durchtrennung der Unterschenkelsehne. Nach Ausheilen der Brüche und Wunden sind bei der Z eine Bewegungseinschränkung des oberen Sprunggelenks sowie zahlreiche Narben an den Unterschenkeln und in der rechten Kniekehle zurückgeblieben. Die größte Narbe zieht sich bogenförmig von der rechten Kniekehle bis zur Vorderseite des rechten Oberschenkels und ist 20 cm lang. Diese Narbe ist durch die Spannung in der Kniekehle deutlich verbreitert. ◄

Während auffällige Narben im Gesicht die Erheblichkeitsschwelle überschreiten, sind sichtbare Narben an den Unterschenkeln weniger gravierend.

Eine – weitere – Entstellung ist auch bei Vorschädigung des Opfers möglich.[152]

Um eine erhebliche Entstellung kann es sich auch dann handeln, wenn der betroffene Körperteil nur in bestimmten sozialen Situationen (z. B. Sport, Schwimmbad, Intimleben) sichtbar ist.[153]

Beispiel 74

LG Saarbrücken U. v. 07.04.1981 – 5 – 8/80 IV – NStZ 1982, 204:

B brannte der nackten und geknebelten Z im Verlaufe eines von gewaltsamen sexuellen Handlungen geprägten Gesamtgeschehens mit dem Feuerzeug beide Brustwarzen ab. Beide Brustwarzen sind infolgedessen nicht mehr vorhanden, die Brandstellen sind vernarbt. ◄

Ob es sich um eine „dauernde" Entstellung handelt, ist problematisch, wenn das Opfer medizinisch und finanziell zumutbare **medizinische oder kosmetische Hilfe** nicht in Anspruch nimmt.[154]

---

[152] Fischer, StGB, 71. Aufl. 2024, § 226 Rn. 9; aus der Rspr. vgl. RG U. v. 01.02.1907 – II 56/07 – RGSt 39, 419.

[153] Kindhäuser/Hilgendorf, LPK, 9. Aufl. 2022, § 226 Rn. 7; aus der Rspr. vgl. RG U. v. 01.02.1907 – RGSt 39, 419.

[154] Zsf. Eisele, BT I, 6. Aufl. 2021, Rn. 354; aus der Rspr. vgl. zuletzt BGH U. v. 07.02.2017 – 5 StR 483/16 – BGHSt 62, 36 = NJW 2017, 1763 = NStZ 2017, 408 = StV 2020, 311 (Anm. Bosch Jura 2017, 991; Kudlich JA 2017, 470; Eisele JuS 2017, 893; LL 2017, 701; RÜ 2017, 370; famos 7/2017; Grünewald NJW 2017, 1764; Theile ZJS 2018, 99).

Beispiel 75

BGH U. v. 02.03.1962 – 4 StR 536/61 – BGHSt 17, 161 = NJW 1962, 1067 (Anm. Preuße JuS 1962, 326; Remmele NJW 1963, 22):
B schlug Z ins Gesicht, sodass dieser seine vier oberen und vier unteren Schneidezähne verlor. Z trägt nun Prothesen. ◄

Teile der Rspr.[155] und der Lehre[156] nehmen auch dann eine Verwirklichung des § 226 I Nr. 3 StGB an.

Andere Teile der Rspr.[157] und die wohl h. L.[158] verneinen die Dauerhaftigkeit der Entstellung oder den Gefahrverwirklichungszusammenhang.

Zweifelhaft an der h. M. ist, dass eine nachträgliche Beseitigbarkeit der Folgen im Ergebnis die Schadensherbeiführung negiert. Zwar ist dies mit dem Wortlaut vereinbar, da „dauernd" auf die Zeit nach der Herbeiführung der Verletzung weist, allerdings ist jedenfalls restriktiv dahingehend zu verfahren, dass nur bei ganz unverständlicher Verweigerung des Opfers § 226 I Nr. 3 StGB zu verneinen ist. Dies entspricht auch den Grundsätzen der (allgemeinen) objektiven Zurechnung.

(bb) In Siechtum verfallen

Siechtum ist ein chronischer Krankheitszustand, der den Gesamtorganismus erheblich in Mitleidenschaft zieht und allgemeine Hinfälligkeit zur Folge hat.[159] Nicht erforderlich ist Unheilbarkeit[160] und auch nicht, dass das Opfer ans Bett gefesselt ist.[161]

Beispiel 76

BGH U. v. 22.01.1997 – 3 StR 522/96 – NStZ 1997, 233 = StV 1997, 188 (Anm. Geppert JK 1997 StGB § 225/1; Lesch JA 1997, 448; LL 1998, 29):
B schlug dem vor ihm sitzenden, ihm halb den Rücken zuwendenden Z von hinten mit einem mehr als 800 g schweren Baseballschläger mindestens dreimal gezielt und mit erheblicher Wucht auf den Kopf. Dabei zertrümmerte er an drei Stellen den Schädel des Tatopfers. Nachdem Z vom Stuhl gerutscht war und laut stöhnend auf dem Boden lag, schlug B ihm den Baseballschläger quer über das Gesicht, wobei der Oberkiefer des Z beiderseits von der Schädelbasis abgetrennt wurde. Das Gehirn des Tatopfers wurde, insbesondere durch den Schlag gegen

---

[155] BGH U. v. 02.03.1962 – 4 StR 536/61 – BGHSt 17, 161.
[156] Jdf. diff. Fischer, StGB, 71. Aufl. 2024, § 226 Rn. 9a.
[157] BGH U. v. 29.02.1972 – 5 StR 400/71 – BGHSt 24, 315 = NJW 1972, 1143 (Anm. Hanack JR 1972, 472; Ulsenheimer JZ 1973, 64).
[158] S. nur Eisele, BT I, 6. Aufl. 2021, Rn. 354.
[159] Eisele, BT I, 6. Aufl. 2021, Rn. 355; aus der Rspr. vgl. zuletzt BGH U. v. 29.04.2021 – 5 StR 498/20 – NStZ-RR 2021, 209; BGH U. v. 11.05.2023 – 4 StR 421/22 – NStZ-RR 2023, 247 = StV 2024, 120 (Anm. RÜ 2023, 709; Bosch Jura 2024, 214).
[160] Aus der Rspr. vgl. BGH U. v. 11.05.2023 – 4 StR 421/22 – NStZ-RR 2023, 247 = StV 2024, 120 (Anm. RÜ 2023, 709; Bosch Jura 2024, 214).
[161] Hardtung, in: MK-StGB, 4. Aufl. 2021, § 226 Rn. 36.

die rechte Kopfseite, substanziell und irreversibel schwer geschädigt. Z, der im Krankenhaus sofort operiert wurde, wurde zwar gerettet, er lag aber mehrere Tage im Koma und musste insgesamt 4 Wochen auf der Intensivstation versorgt werden. Seine Lebensführung ist auch gegenwärtig durch die Folgen der am 26.10.1994 verübten Tat noch erheblich beeinträchtigt. Neben einer Verminderung der Sehkraft auf dem rechten Auge, dem Verlust des Geruchssinns und starken Beschwerden in der rechten Schulter leidet er vor allem unter einer schweren Epilepsie als Folge der durch die Tat verursachten substanziellen Gehirnverletzung. Diese Folgeerkrankung äußerte sich erstmals am 30.07.1995 in einem schweren Krampfanfall, bei dem es infolge Kontraktion der Wirbelsäule auch zum Bruch der Lendenwirbelkörper 1 bis 3 kam. Z ist zu 50 % erwerbsgemindert. Seine erlernten Berufe als Fahrlehrer und Elektromaschinenbauer darf er nicht mehr ausüben. Trotz ständiger Medikation ist die Wahrscheinlichkeit neuer schwerer Epilepsieanfälle groß. ◄

(cc) In Lähmung verfallen
Lähmung ist die erhebliche Beeinträchtigung der bestimmungsgemäßen Bewegungsfähigkeit eines Körperteils.[162]

Beispiel 77

BGH B. v. 03.05.1988 – 1 StR 167/88 – NJW 1988, 2622 = NStZ 1988, 498 (Anm. Geppert JK 1988 StGB § 224/2; Kratzsch JR 1989, 295):
B beabsichtigte, seiner geschiedenen Ehefrau durch einen gezielten Schuss in ein Kniegelenk eine gravierende Verletzung des Gelenks mit bleibender Versteifung und so einen erheblichen Dauerschaden in Form der weitgehenden Gebrauchsunfähigkeit eines Beines zuzufügen. Deshalb setzte er ihr die Waffe im Bereich der Außenseite des angewinkelten rechten Knies an und schoss. Die Kugel drang rechts außen knapp oberhalb des Kniegelenks in das Bein ein, verletzte den Oberschenkelknochen (offener Bruch) und trat an der Innenseite des rechten Knies wieder aus. Diese Verletzung führte zu einer dauerhaften Bewegungsbeeinträchtigung des rechten Kniegelenks, das nur noch bis zu einem Winkel von 90 Grad abgewinkelt werden kann. ◄

Kann das Kniegelenk nur noch bis zu einem Winkel von 90 Grad angewinkelt werden, ist dessen bestimmungsgemäße Bewegungsfähigkeit erheblich beeinträchtigt.

(dd) In geistige Krankheit verfallen
Geistige Krankheiten sind alle geistig-seelischen Beeinträchtigungen, v. a. exogene und endogene Psychosen.[163]

---

[162] Kindhäuser/Hilgendorf, LPK, 9. Aufl. 2022, § 226 Rn. 10; aus der Rspr. vgl. RG U. v. 08.12.1890 – 2967/90 – RGSt 21, 223.
[163] Fischer, StGB, 71. Aufl. 2024, § 226 Rn. 13; Eschelbach, in: BeckOK-StGB, Stand 01.02.2024, § 226 Rn. 27; aus der Rspr. vgl. BGH B. v. 31.08.2017 – 4 StR 317/17 – NStZ 2018, 102 = StV 2018, 286 (Anm. Schiemann NStZ 2018, 210).

Die Beeinträchtigung muss wiederum von gewisser Erheblichkeit und Dauer sein.[164]

(dd) In Behinderung verfallen
Unter **Behinderung** sind aufgrund des Wortlauts nur geistige Behinderungen zu verstehen, d. h. schwere Beeinträchtigungen der intellektuellen oder emotionalen Fähigkeiten.[165]

(2) Hinsichtlich dieser Folge wenigstens Fahrlässigkeit, § 18 StGB (objektive Fahrlässigkeit)
Für § 226 I StGB gilt § 18 StGB (hierzu s. im Allgemeinen Teil und bei § 227 StGB).

(3) Zur Folge
Hierzu v. a. zum spezifischen Zusammenhang zwischen Grunddelikt und schwerer Folge, (Unmittelbarkeits-, Risiko-, Gefahrverwirklichungszusammenhang) vgl. o. bei § 227 StGB. In der schweren Folge des § 226 I StGB muss sich die der Körperverletzung innewohnende Gefahr realisieren.[166]

b) Subjektiver Tatbestand
Gem. § 15 StGB ist Vorsatz bzgl. des Grunddelikts erforderlich, ggf. unter Verweis auf die vorherige Prüfung.

Im Hinblick auf die sog. schwere Folge ist aufgrund § 18 StGB subjektive Fahrlässigkeit vorausgesetzt, die von der h. M. aber in der Schuld verortet wird.

4. Rechtswidrigkeit
Es gelten die allgemeinen Grundsätze.

5. Schuld
Zum einen gelten die allgemeinen Schuldvoraussetzungen.

Zum anderen muss der Täter aufgrund § 18 StGB subjektive Fahrlässigkeit bzgl. des Eintritts einer der Folgen des § 226 I StGB aufweisen.

6. Rechtsfolgen
§ 226 I StGB sieht einen Strafrahmen von Freiheitsstrafe von einem Jahr bis zu zehn Jahren vor.

---

[164] Aus der Rspr. vgl. zuletzt BGH B. v. 31.08.2017 – 4 StR 317/17 – NStZ 2018, 102 = StV 2018, 286 (Anm. Schiemann NStZ 2018, 210); BGH U. v. 23.10.2019 – 5 StR 677/18 – StV 2020, 83 (Anm. Bosch Jura 2020, 296; Hecker JuS 2020, 368; Raschke ZJS 2020, 172).

[165] Joecks/Jäger, StGB, 13. Aufl. 2021, § 226 Rn. 24f.; näher Schroth NJW 1998, 2861; aus der Rspr. vgl. zuletzt BGH B. v. 31.08.2016 – 4 StR 340/16 – NStZ 2017, 282; BGH B. v. 31.08.2017 – 4 StR 317/17 – NStZ 2018, 102 = StV 2018, 286 (Anm. Schiemann NStZ 2018, 210).

[166] S. auch Joecks/Jäger, StGB, 13. Aufl. 2021, § 226 Rn. 32; aus der Rspr. vgl. zuletzt BGH U. v. 07.02.2017 – 5 StR 483/16 – BGHSt 62, 36 = NJW 2017, 1763 = NStZ 2017, 408 = StV 2020, 311 (Anm. Bosch Jura 2017, 991; Kudlich JA 2017, 470; Eisele JuS 2017, 893; LL 2017, 701; RÜ 2017, 370; famos 7/2017; Grünewald NJW 2017, 1764; Theile ZJS 2018, 99).

§ 226 III StGB regelt den (unbenannten) minder schweren Fall, z. B. bei Handeln nach Provokation.[167] Bzgl. § 226 I StGB gilt dann ein Strafrahmen von Freiheitsstrafe von sechs Monaten bis zu fünf Jahren.

7. Sonstiges

Zu Versuchskonstellationen im Hinblick auf erfolgsqualifizierte Delikte s. im Allgemeinen Teil.

Mit § 224 StGB steht § 226 StGB in Tateinheit,[168] um die besondere abstrakte (Lebens-)Gefährlichkeit des Täterhandelns zum Ausdruck zu bringen, zumal i. F. d. § 226 I StGB der Täter die Tatfolgen auch nicht vorsätzlich verwirklicht haben muss.

II. § 226 II StGB

1. Aufbau

I. Tatbestand
  1. Objektiver Tatbestand
     a) Die Körperverletzung
     b) § 226 II i. V. m. I StGB
        aa) § 226 II i. V. m. I Nr. 1–3 StGB
        bb) Verursacht
  2. Subjektiver Tatbestand
     a) Vorsatz bzgl. der Körperverletzung
     b) Absichtlich oder wissentlich bzgl. § 226 II i. V. m. I Nr. 1–3 StGB
II. Rechtswidrigkeit
III. Schuld

2. Allgemeines

§ 226 II StGB ist keine Erfolgsqualifikation, sondern eine „normale" (Vorsatz-) Qualifikation, wobei aber § 15 StGB durch erhöhte Anforderungen („absichtlich oder wissentlich") modifiziert wird.[169]

---

[167] Hierzu Fischer, StGB, 71. Aufl. 2024, § 226 Rn. 17; aus der Rspr. vgl. zuletzt BGH U. v. 07.02.2017 – 5 StR 483/16 – BGHSt 62, 36 = NJW 2017, 1763 = NStZ 2017, 408 = StV 2020, 311 (Anm. Bosch Jura 2017, 991; Kudlich JA 2017, 470; Eisele JuS 2017, 893; LL 2017, 701; RÜ 2017, 370; famos 7/2017; Grünewald NJW 2017, 1764; Theile ZJS 2018, 99); BGH B. v. 14.03.2017 – 4 StR 646/16 – NStZ-RR 2017, 173; BGH B. v. 09.02.2021 – 3 StR 382/20 – NStZ-RR 2021, 138 = StV 2022, 157; BGH B. v. 09.11.2021 – 5 StR 208/21 – NStZ-RR 2022, 70 (Anm. Müller-Metz NStZ-RR 2022, 70).

[168] H. M. Joecks/Jäger, StGB, 13. Aufl. 2021, § 226 Rn. 37; aus der Rspr. vgl. zuletzt BGH B. v. 09.11.2021 – 5 StR 208/21 – NStZ-RR 2022, 70 (Anm. RÜ 2022, 513; Müller-Metz NStZ-RR 2022, 70); BGH B. v. 02.05.2023 – 3 StR 65/23 – StV 2024, 120.

[169] Daher klarstellend zu tenorieren, vgl. aus der Rspr. zuletzt BGH B. v. 02.05.2023 – 3 StR 65/23 – StV 2024, 120.

3. Tatbestand

a) Objektiver Tatbestand

aa) Die Körperverletzung
§ 226 II StGB nimmt (auch insofern) auf § 226 I StGB Bezug, s. daher o.

bb) § 226 II i. V. m. I StGB

(1) § 226 II i. V. m. I Nr. 1–3 StGB
Mit der Wendung „eine der in Absatz 1 bezeichneten Folgen" nimmt § 226 II StGB die sog. schweren Folgen des § 226 I Nr. 1–3 StGB in Bezug. Hierzu s. daher o. bei § 226 I StGB.

(2) Verursacht
Mit den Ausdrücken „verursacht" und „Folgen" drückt § 226 II StGB das aus, was § 226 I StGB als „hat die Körperverletzung zur Folge" formuliert. Hierzu s. daher o. bei § 226 I StGB.

b) Subjektiver Tatbestand
§ 226 II StGB erfordert Absicht oder Wissentlichkeit. Zu diesen Begriffen als gegenüber § 15 StGB qualifizierte Formen des Vorsatzes s. im Allgemeinen Teil.

Fraglich ist, ob § 226 II StGB auch bei Tötungsvorsatz verwirklicht werden kann.[170] Richtigerweise ist dies nur dann möglich, wenn vor dem vom Vorsatz umfassten Todeseintritt das für § 226 I StGB erforderliche objektive Dauerelement verwirklicht wird (z. B. aufgrund einer erheblichen zeitlichen Streckung), oder wenn der Täter Alternativvorsatz aufweist.

4. Rechtswidrigkeit
Es gelten die allgemeinen Grundsätze.

5. Schuld
Es gelten die allgemeinen Grundsätze.

6. Rechtsfolgen
Gem. § 226 II StGB ist eine Freiheitsstrafe nicht unter drei Jahren angeordnet, wobei sich ein Höchstmaß von 15 Jahren aus § 38 II StGB ergibt.

§ 226 III StGB regelt den (unbenannten) minder schweren Fall. Bzgl. § 226 II StGB gilt dann ein Strafrahmen von Freiheitsstrafe von einem Jahr bis zu zehn Jahren.

7. Sonstiges

---

[170] Hierzu Eisele, BT I, 6. Aufl. 2021, Rn. 358ff.; aus der Rspr. vgl. BGH U. v. 25.06.2002 – 5 StR 103/02 (Anm. Eisele JA 2003, 105); BGH U. v. 15.09.2004 – 2 StR 242/04 – NStZ 2005, 261 (Anm. LL 2005, 610).

F. Verstümmelung weiblicher Genitalien, § 226a StGB

▶ Didaktische Aufsätze
- Zöller/Thörnich, Die Verstümmelung weiblicher Genitalien (§ 226a StGB), JA 2014, 167
- Rittig, Der neue § 226a StGB, JuS 2014, 499

§ 226a StGB stellt seit 2013 die Verstümmelung weiblicher Genitalien unter Strafe.[171]

> **§ 226a StGB (Verstümmelung weiblicher Genitalien)**
> (1) Wer die äußeren Genitalien einer weiblichen Person verstümmelt, wird mit Freiheitsstrafe nicht unter einem Jahr bestraft.
> (2) In minder schweren Fällen ist auf Freiheitsstrafe von sechs Monaten bis zu fünf Jahren zu erkennen.

Mangels Relevanz in Fallbearbeitungen sei auf Erläuterungen verzichtet.

G. Fahrlässige Körperverletzung, § 229 StGB

I. Aufbau

I. Tatbestand
  1. Körperverletzung einer anderen Person
  2. Verursacht
  3. Durch Fahrlässigkeit (objektive Fahrlässigkeit)
II. Rechtswidrigkeit
III. Schuld
  1. Allgemeines
  2. Subjektive Fahrlässigkeit

II. Erläuterungen

§ 229 StGB stellt die fahrlässige Körperverletzung unter Strafe.

> **§ 229 StGB (fahrlässige Körperverletzung)**
> Wer durch Fahrlässigkeit die Körperverletzung einer anderen Person verursacht, wird mit Freiheitsstrafe bis zu drei Jahren oder mit Geldstrafe bestraft.

---

[171] Hierzu Zöller/Thörnich JA 2014, 167; Rittig JuS 2014, 499; Wolters GA 2014, 556; Sotiriadis ZIS 2014, 320; Kraatz JZ 2015, 246.

Der Tatbestand wirft keine Auslegungsfragen außerhalb der allgemeinen Tatbestands- und Fahrlässigkeitsdogmatik auf; s. jeweils im Allgemeinen Teil. Im Hinblick auf die Körperverletzung einer anderen Person sei auf die Erläuterungen zu § 223 StGB verwiesen, bzgl. der Fallgruppen-Kasuistik auf die einschlägige Kommentarliteratur.

Zum relativen Strafantragserfordernis s. § 230 StGB.

> **§ 230 StGB (Strafantrag)**
> (1) Die vorsätzliche Körperverletzung nach § 223 und die fahrlässige Körperverletzung nach § 229 werden nur auf Antrag verfolgt, es sei denn, daß die Strafverfolgungsbehörde wegen des besonderen öffentlichen Interesses an der Strafverfolgung ein Einschreiten von Amts wegen für geboten hält. Stirbt die verletzte Person, so geht bei vorsätzlicher Körperverletzung das Antragsrecht nach § 77 Abs. 2 auf die Angehörigen über.
> (2) Ist die Tat gegen einen Amtsträger, einen für den öffentlichen Dienst besonders Verpflichteten oder einen Soldaten der Bundeswehr während der Ausübung seines Dienstes oder in Beziehung auf seinen Dienst begangen, so wird sie auch auf Antrag des Dienstvorgesetzten verfolgt. Dasselbe gilt für Träger von Ämtern der Kirchen und anderen Religionsgesellschaften des öffentlichen Rechts.

H. Mißhandlung von Schutzbefohlenen, § 225 StGB

I. Allgemeines

§ 225 StGB stellt die Misshandlung (in Normüberschrift und -text noch in alter Rechtschreibung; anders hingegen schon in den 255a II 1 StPO und 171b II 1 GVG) von Schutzbefohlenen unter Strafe.[172]

> **§ 225 StGB (Mißhandlung von Schutzbefohlenen)**
> (1) Wer eine Person unter achtzehn Jahren oder eine wegen Gebrechlichkeit oder Krankheit wehrlose Person, die
>   1. seiner Fürsorge oder Obhut untersteht,
>   2. seinem Hausstand angehört,
>   3. von dem Fürsorgepflichtigen seiner Gewalt überlassen worden oder
>   4. ihm im Rahmen eines Dienst- oder Arbeitsverhältnisses untergeordnet ist,

---

[172] Hierzu Eisele, BT I, 6. Aufl. 2021, Rn. 400ff.

> quält oder roh mißhandelt, oder wer durch böswillige Vernachlässigung seiner Pflicht, für sie zu sorgen, sie an der Gesundheit schädigt, wird mit Freiheitsstrafe von sechs Monaten bis zu zehn Jahren bestraft.
> (2) Der Versuch ist strafbar.
> (3) Auf Freiheitsstrafe nicht unter einem Jahr ist zu erkennen, wenn der Täter die schutzbefohlene Person durch die Tat in die Gefahr
> 1. des Todes oder einer schweren Gesundheitsschädigung oder
> 2. einer erheblichen Schädigung der körperlichen oder seelischen Entwicklung bringt.
> (4) In minder schweren Fällen des Absatzes 1 ist auf Freiheitsstrafe von drei Monaten bis zu fünf Jahren, in minder schweren Fällen des Absatzes 3 auf Freiheitsstrafe von sechs Monaten bis zu fünf Jahren zu erkennen.

Der im Jahre 1912 als § 223a II a. F. StGB eingeführte Tatbestand begrenzte das frühere – v. a. elterliche – Züchtigungsrecht.[173] 1933 wurde § 223a II a. F. StGB dann zu § 223b StGB verselbstständigt, wobei das kurz zuvor erlassene Tierschutzgesetz als Anhaltspunkt für die Auslegung der Tathandlungen diente.[174] Auch heute noch besteht gewisse Ähnlichkeit zwischen dem Delikt und § 17 I Nr. 2 TierSchG. 1998 erfolgte eine Neuordnung: § 223b a. F. StGB wurde § 225 StGB. Das Delikt wurde ferner neu gegliedert, der Strafrahmen erheblich verschärft, die Versuchsstrafbarkeit in § 225 II StGB eingeführt, frühere Regelbeispiele in Qualifikationsmerkmale umgewandelt (§ 225 III StGB) sowie eine Regelung für minder schwere Fälle der Misshandlung von Schutzbefohlenen (§ 225 IV StGB) eingeführt.

§ 225 StGB **schützt** die **körperliche und psychische Unversehrtheit** des vom Tatbestand erfassten **Personenkreises**,[175] i. F. d. § 225 III Nr. 1 ferner das Leben. Die Norm dient somit dem individuellen Rechtsgüterschutz und stellt kein Allgemeindelikt dar.[176]

§ 225 I StGB fasst drei verschiedene Vergehenstatbestände zusammen: Das Quälen, das rohe Misshandeln und die Gesundheitsschädigung durch böswillige Vernachlässigung der Fürsorgepflicht. Es handelt sich um ein Erfolgsdelikt in Form eines **Verletzungsdelikts**.[177]

Die Qualifikation des § 225 III StGB ist hingegen ein konkretes Gefährdungsdelikt.[178]

---

[173] Ausf. Paeffgen/Böse/Eidam, in: NK-StGB, 6. Aufl. 2023, § 225 Rn. 1.
[174] Maurach/Schroeder/Maiwald/Hoyer/Momsen, BT 1, 11. Aufl. 2019, § 10 Rn. 1.
[175] Sternberg-Lieben, in: Schönke/Schröder, StGB, 30. Aufl. 2019, § 225 Rn. 1; aus der Rspr. vgl. zuletzt BGH U. v. 04.08.2015 – 1 StR 624/14 – NJW 2015, 3047 = NStZ 2016, 95 = StV 2016, 435 (Anm. Engländer NJW 2015, 3049; Momsen-Pflanz StV 2016, 440).
[176] Grünewald, in: LK-StGB, 13. Aufl. 2023, § 225 Rn. 1.
[177] Hardtung, in: MK-StGB, 4. Aufl. 2021, § 225 Rn. 2.
[178] Grünewald, in: LK-StGB, 13. Aufl. 2023, § 225 Rn. 1.

H. Mißhandlung von Schutzbefohlenen, § 225 StGB

Das **Verhältnis** des § 225 StGB zur Körperverletzung gem. **§ 223 StGB** ist umstritten; dies wirkt sich neben den Konkurrenzen (s. u.) insbesondere auf die Anwendung des § 28 I oder II StGB (echtes oder unechtes **Sonderdelikt**) aus.[179]

Nach einer Ansicht wird § 225 StGB ausschließlich als eigenständiges Delikt angesehen.[180]

Die Gegenfassung sieht in der Misshandlung von Schutzbefohlenen ausschließlich eine Qualifikation der einfachen Körperverletzung.[181]

Die h. L.[182] und die Rspr.[183] verbinden diese Positionen und nehmen für die Bestimmung der Deliktsstruktur eine Unterteilung nach der Begehungsweise vor: Grundsätzlich sei in der Misshandlung von Schutzbefohlenen eine Qualifikation der einfachen Körperverletzung zu erblicken. Belaufe sich der Erfolg der Tat hingegen auf eine durch Quälen hinzugefügte rein psychische Beeinträchtigung, so ist dieser nicht mehr von § 223 StGB erfasst. Mithin sei in diesem Fall die Annahme eines *delictum sui generis* berechtigt.

Zwar sprechen das besondere Schutzverhältnis sowie das Erfassen seelischer Schäden für einen eigenen Unrechtsgehalt des § 225 StGB, dies lässt sich aber i. S. d. h. L. differenzierend in verschiedenen Formen der Gesetzeskonkurrenz abbilden. Ein Bedürfnis für die Annahme dogmatischer Eigenständigkeit besteht nicht und würde auch den beträchtlichen Überschneidungen nicht gerecht.

In einer Fallbearbeitung ist insbesondere zu beachten, dass nicht jede Körperverletzung zu Lasten eines Kindes etc. eine Misshandlung von Schutzbefohlenen i. S. d. § 225 StGB darstellt; vielmehr werden die tatbestandsmäßigen Handlungen restriktiv ausgelegt.

II. Grunddelikt, § 225 I StGB

1. Aufbau
I. Tatbestand
  1. Objektiver Tatbestand.
     a) Eine Person unter achtzehn Jahren oder eine wegen Gebrechlichkeit oder Krankheit wehrlose Person
     b) § 225 I Nr. 1–4 StGB
     c) Quält oder roh mißhandelt oder durch böswillige Vernachlässigung seiner Pflicht, für sie zu sorgen, sie an der Gesundheit schädigt
  2. Subjektiver Tatbestand
II. Rechtswidrigkeit
III. Schuld

---

[179] Kindhäuser/Schramm, BT I, 11. Aufl. 2023, § 9 Rn. 26f.
[180] Maurach/Schroeder/Maiwald/Hoyer/Momsen, BT 1, 11. Aufl. 2019, § 10 Rn. 2.
[181] Arzt/Weber/Heinrich/Hilgendorf, BT, 4. Aufl. 2021, § 6 Rn. 83; Paeffgen/Böse/Eidam, in: NK-StGB, 6. Aufl. 2023, § 225 Rn. 2.
[182] Fischer, StGB, 71. Aufl. 2024, § 225 Rn. 2; Wolters, in: SK-StGB, 10. Aufl. 2024, § 225 Rn. 2; Eisele, BT I, 6. Aufl. 2021, Rn. 402; Kindhäuser/Hilgendorf, LPK, 9. Aufl. 2022, § 225 Rn. 1.
[183] Vgl. BGH B. v. 21.12.2011 – 1 StR 606/11; KG B. v. 25.06.2012 – (4) 121 Ss 106/12 (143/12) – NStZ-RR 2013, 173.

2. Tatbestand

a) Objektiver Tatbestand

aa) Eine Person unter achtzehn Jahren oder eine wegen Gebrechlichkeit oder Krankheit wehrlose Person
Das Tatopfer muss zunächst eine **Person unter achtzehn Jahren** sein oder **wegen Gebrechlichkeit oder Krankheit wehrlos**.

Unter **Gebrechlichkeit** ist ein Zustand eingeschränkter körperlicher Bewegungsfähigkeit zu verstehen, der infolge hohen Alters, Krankheit oder Behinderung eintreten kann.[184] Dazu zählen dauerhafte, auch nicht mehr ausheilende Schwächen wie krankhaftes Behindertsein in der Bewegungsfähigkeit, Blindheit, Taubheit oder Altersschwäche.[185] Von Relevanz ist das Delikt insofern insbesondere in Pflege- oder Altersheimen.

Krankheit umfasst jeden pathologischen Zustand unabhängig von seiner Ursache,[186] wozu auch nur vorübergehende Zustände wie Bewusstlosigkeit,[187] Volltrunkenheit[188] und Drogenrausch zählen. Eine normale Schwangerschaft stellt hingegen grundsätzlich keine Krankheit dar, jedoch sind mit der Schwangerschaft verbundene Beeinträchtigungen, z. B. Rückenschmerzen oder Brechreiz, als Krankheit zu bewerten.[189]

Wehrlos ist, wer sich gegen eine Handlung des Täters nicht oder nicht hinreichend zu Wehr setzen kann.[190] Das Opfer muss hingegen nicht hilflos sein, sodass die Fähigkeit zum Fliehen eine Wehrlosigkeit noch nicht ausschließt.[191]

Die Wehrlosigkeit muss auf der Krankheit oder Gebrechlichkeit beruhen („wegen").

bb) § 225 I Nr. 1–4 StGB

(1) Allgemeines
Voraussetzung für eine Strafbarkeit nach § 225 StGB ist das Bestehen einer besonderen Beziehung zwischen dem Opfer (dem ausweislich der Normüberschrift

---

[184] Fischer, StGB, 71. Aufl. 2024, § 225 Rn. 3.
[185] Wolters, in: SK-StGB, 10. Aufl. 2024, § 225 Rn. 3.
[186] Fischer, StGB, 71. Aufl. 2024, § 225 Rn. 3.
[187] Fischer, StGB, 71. Aufl. 2024, § 225 Rn. 3.
[188] Heger, in: Lackner/Kühl/Heger, StGB, 30. Aufl. 2023, § 225 Rn. 2; aus der Rspr. zur Aussetzung vgl. BGH U. v. 05.12.1974 – 4 StR 529/74 – BGHSt 26, 35 = NJW 1975, 1175 (Anm. Roxin, Höchstrichterliche Rspr. AT, 1998, Nr. 91; Kaspar/Reinbacher, Casebook AT, 2. Aufl. 2023, Fall 21; Hassemer JuS 1975, 466); BGH U. v. 27.05.1983 – 3 StR 153/83 – NStZ 1983, 454 (Anm. Geilen JK 1984 StGB § 221/1).
[189] Hardtung, in: MK-StGB, 4. Aufl. 2021, § 225 Rn. 4; aus der Rspr. vgl. RG U. v. 25.05.1943 – 1 D 192/43 – RGSt 77, 68.
[190] Paeffgen/Böse/Eidam, in: NK-StGB, 6. Aufl. 2023, § 225 Rn. 11; aus der Rspr. vgl. BGH B. v. 08.11.2018 – 4 StR 61/18 – NStZ-RR 2019, 144 = StV 2020, 306.
[191] Hardtung, in: MK-StGB, 4. Aufl. 2021, § 225 Rn. 4.

H. Mißhandlung von Schutzbefohlenen, § 225 StGB

„Schutzbefohlenen") und dem Täter (teils echtes, teils unechtes **Sonderdelikt**). Die Normüberschrift (wenn auch nicht der Normtext außer § 225 III StGB: „schutzbefohlene Person") spricht bei den Opfern von Schutzbefohlenen. Das Opfer steht zu dem Täter in einem besonderen Abhängigkeits- bzw. Schutzverhältnis und ist demnach besonders schützenswert. Kennzeichnend ist somit ein Über-/Unterordnungsverhältnis,[192] ein rechtlich begründetes Fürsorgeverhältnis hingegen ist nicht erforderlich.[193]

Dieses Schutzverhältnis entspricht weitestgehend der sog. Garantenstellung beim sog. unechten Unterlassungsdelikt[194] (s. im Allgemeinen Teil) und kann in den vier verschiedenen Formen des § 225 I Nr. 1–4 StGB erfüllt sein.

(2) Seiner Fürsorge oder Obhut untersteht, § 225 I Nr. 1 StGB

Ein Schutzverhältnis kann zum einen bestehen, wenn das Opfer der Fürsorge oder Obhut des Täters untersteht. Die Fürsorge- oder Obhutspflicht kann sich kraft Gesetzes, aus einem behördlichen Auftrag, einem Vertrag, einer konkludenten Vereinbarung oder einer tatsächlichen freiwilligen Übernahme ergeben.[195] Hierbei ist die faktische Übernahme und nicht die zivilrechtliche Wirksamkeit eines Vertrags oder einer Bestellung maßgeblich.[196]

Unter der **Fürsorge** versteht man die rechtliche Verpflichtung, für das geistige oder leibliche Wohl des Schutzbefohlenen von längerer Dauer zu sorgen. Inhalt der Fürsorgepflicht ist nicht nur eine Schutz-, sondern zudem eine Förderungspflicht, also die Pflicht zur Verbesserung des gegenwärtigen Zustandes.[197]

Besonders relevant ist die **elterliche** Personensorgepflicht gem. §§ 1626 I, II, 1631 I BGB, doch auch Vormunde, Heimerzieher oder Lehrer kann diese Pflicht treffen.

Ein bloßes Gefälligkeitsverhältnis ist nicht ausreichend, um die Fürsorgepflicht zu begründen, es kann jedoch § 225 I Nr. 3 StGB einschlägig sein.[198]

Beispiel 78

BGH U. v. 05.05.1982 – 2 StR 91/82 – NJW 1982, 2390 = NStZ 1982, 508:
Im Jahre 1971 lernte B die damals 79 Jahre alte G kennen; sie selbst stand zu jener Zeit im 40. Lebensjahr. Beide freundeten sich an und machten gemeinsame

---

[192] Eisele, BT I, 6. Aufl. 2021, Rn. 403.
[193] Maurach/Schroeder/Maiwald/Hoyer/Momsen, BT 1, 11. Aufl. 2019, § 10 Rn. 6.
[194] Paeffgen/Böse/Eidam, in: NK-StGB, 6. Aufl. 2023, § 225 Rn. 4; Kindhäuser/Schramm, BT I, 11. Aufl. 2023, § 9 Rn. 28.
[195] Fischer, StGB, 71. Aufl. 2024, § 225 Rn. 4; Heger, in: Lackner/Kühl/Heger, StGB, 30. Aufl. 2023, § 225 Rn. 3.
[196] Kindhäuser/Schramm, BT I, 11. Aufl. 2023, § 9 Rn. 30; Paeffgen/Böse/Eidam, in: NK-StGB, 6. Aufl. 2023, § 225 Rn. 5; Sternberg-Lieben, in: Schönke/Schröder, StGB, 30. Aufl. 2019, § 225 Rn. 7.
[197] Hardtung, in: MK-StGB, 4. Aufl. 2021, § 225 Rn. 6.
[198] Paeffgen/Böse/Eidam, in: NK-StGB, 6. Aufl. 2023, § 225 Rn. 5; Sternberg-Lieben, in: Schönke/Schröder, StGB, 30. Aufl. 2019, § 225 Rn. 7; aus der Rspr. vgl. BGH U. v. 05.05.1982 – 2 StR 91/82 – NJW 1982, 2390 = NStZ 1982, 508.

Urlaubsreisen ins Ausland. Ende 1978 ergab eine ärztliche Untersuchung, dass G an stark fortgeschrittenem Unterleibskrebs litt. Wegen ihres Alters wurde von einem operativen Eingriff abgesehen. Obwohl sie pflegebedürftig war, wollte sie ihren Lebensabend unter keinen Umständen in einem Pflegeheim, sondern in ihrer gewohnten Umgebung verbringen. Sie hatte eine Dreizimmerwohnung im Hause einer Nichte. Da diese wie auch eine andere Verwandte sich außerstande sahen, ihre Pflege zu übernehmen, war G glücklich darüber, dass sich B erbot, sie – unentgeltlich – zu pflegen. Ab Januar 1979 benutzte B in der Wohnung der G ein Zimmer, behielt aber ihre eigene Wohnung bei. Da sie als Telefonistin berufstätig war, stand sie morgens bereits sehr früh auf, half G bei der körperlichen Reinigung und Pflege, frühstückte mit ihr und fuhr dann zu ihrer Arbeitsstätte. Nach der Rückkehr verrichtete sie in der Wohnung die Hausarbeiten. ◄

Fraglich ist, ob aus der freiwilligen Übernahme der Pflege bereits eine Fürsorgepflicht gem. § 225 I Nr. 1 erwächst. Zwar verlassen sich die Angehörigen und G selbst auf die Pflege der B, jedoch hätte B jederzeit die Pflege beenden können. Auch zeichnet sich das Unrecht des § 225 I Nr. 1 StGB v. a. dadurch aus, dass der Schutzbefohlene aus Furcht oder Respekt vor dem Fürsorgepflichtigen sich nicht zu wehren wagt. Somit spricht gerade die Freundschaft zwischen B und G für ein bloßes Gefälligkeitsverhältnis, aus dem noch keine rechtlichen Pflichten erwachsen.

Die Pflicht zur **Obhut** entspricht der Beschützergarantenpflicht i. S. d. § 221 I Nr. 2 StGB und umfasst die Verpflichtung zur unmittelbaren körperlichen Beaufsichtigung für eine kürzere Zeit.[199] Anders als die Fürsorgepflicht beläuft sich die Pflicht somit nur auf die Erhaltung des gegenwärtigen Zustandes und ist von kürzerer Dauer. Erforderlich ist ein enges räumliches Verhältnis zwischen Täter und Opfer, wie es bei Babysitter, Nachbarn oder Kindermädchen der Fall sein kann.[200] Die Obhutspflicht kann sich zudem aus einem pflichtwidrigen Vorverhalten (Ingerenz) ergeben, meist entsteht sie jedoch aus einer tatsächlichen Übernahme.[201]

(3) Seinem Hausstand angehört, § 225 I Nr. 2 StGB
Ein Schutzverhältnis kann sich auch daraus ergeben, dass das Opfer dem Hausstand des Täters angehört.

Der **Hausstand** bezeichnet den primären Wohnsitz im Machtbereich des Täters.[202] Hierbei ist Täter, wer den Hausstand leitet,[203] also im Haushalt über die letztliche Entscheidungsgewalt verfügt.[204] In der Regel üben Ehegatten oder Lebensgefährten den Haushaltungsvorstand aus,[205] vgl. § 1356 I 1 BGB.

---

[199] Hardtung, in: MK-StGB, 4. Aufl. 2021, § 225 Rn. 6.
[200] Sternberg-Lieben, in: Schönke/Schröder, StGB, 30. Aufl. 2019, § 225 Rn. 7.
[201] Sternberg-Lieben, in: Schönke/Schröder, StGB, 30. Aufl. 2019, § 225 Rn. 7.
[202] Krey/Hellmann/Heinrich, BT 1, 17. Aufl. 2021, Rn. 332.
[203] Kindhäuser/Hilgendorf, LPK, 9. Aufl. 2022, § 225 Rn. 6.
[204] Hardtung, in: MK-StGB, 4. Aufl. 2021, § 225 Rn. 7.
[205] Aus der Rspr. vgl. BGH U. v. 05.03.2008 – 2 StR 626/07 – BGHSt 52, 153 = NJW 2008, 2199 (Anm. Jahn JuS 2008, 647; Brüning ZJS 2008, 419; Hardtung JZ 2008, 953; Satzger JK 2009 StGB § 221/6).

Zu den Angehörigen des Hausstandes zählen alle Personen, die entweder langfristig (leibliche Kinder, Stiefkinder) oder zumindest für eine gewisse Dauer (Au-Pair-Mädchen) in das familiäre Leben aufgenommen worden sind.[206] Eine Fürsorgepflicht des Täters gegenüber dem Opfer ist für die Begründung des Schutzverhältnisses nicht erforderlich, es reicht die tatsächliche Zugehörigkeit zum Haushalt (z. B. Dienstpersonal wie Koch, Gärtner).[207]

(4) Von dem Fürsorgepflichtigen seiner Gewalt überlassen worden, § 225 I Nr. 3 StGB

Ferner kann ein Schutzverhältnis bestehen, wenn dem Täter eine schutzbefohlene Person von dem Fürsorgepflichtigen in seiner Gewalt überlassen worden ist.

Fürsorgepflichtig ist jede Person, die die Personensorge gem. § 225 I Nr. 1 1. Var. StGB innehat.

Einigkeit herrscht darüber, dass die **Überlassung** der Gewalt sowohl ausdrücklich als auch konkludent geschehen[208] und auf einem reinen Gefälligkeitsverhältnis beruhen kann.[209]

Umstritten ist indes, ob die Überlassung der Gewalt eine Begründung von Obhutspflichten voraussetzt.

Während die h. L. dies verneint und die Überlassung als einen rein tatsächlichen Vorgang versteht, der keine Obhutspflichten zu begründen braucht,[210] verweist die Gegenauffassung auf den Wortlaut der Norm und nimmt an, dass Sinn und Zweck des Überlassens der Gewalt gerade die Begründung einer Obhutspflicht sei.[211] Freilich wird in aller Regel eine Obhutspflicht zumindest für den Zeitraum der Beaufsichtigung begründet worden sein.[212]

Die Überlassung der Gewalt muss einvernehmlich erfolgen: Der Fürsorgepflichtige muss in dem Willen gehandelt haben, die Gewalt über seinen Schutzbefohlenen für eine bestimmte Zeit dem Täter zu überlassen; der Täter muss die Gewalt willentlich übernommen haben. Eigenmächtigkeit genügt nicht.[213] Erfolgt das Überlassen der Gewalt durch einen Nichtberechtigten, so ist dies nur im (nachträglichen) Einvernehmen mit dem Fürsorgepflichtigen möglich.[214]

---

[206] Wolters, in: SK-StGB, 10. Aufl. 2024, § 225 Rn. 6.
[207] Hardtung, in: MK-StGB, 4. Aufl. 2021, § 225 Rn. 7; Fischer, StGB, 71. Aufl. 2024, § 225 Rn. 5.
[208] Sternberg-Lieben, in: Schönke/Schröder, StGB, 30. Aufl. 2019, § 225 Rn. 9.
[209] Paeffgen/Böse/Eidam, in: NK-StGB, 6. Aufl. 2023, § 225 Rn. 7; Wolters, in: SK-StGB, 10. Aufl. 2024, § 225 Rn. 7.
[210] Fischer, StGB, 71. Aufl. 2024, § 225 Rn. 6; Sternberg-Lieben, in: Schönke/Schröder, StGB, 30. Aufl. 2019, § 225 Rn. 9.
[211] Paeffgen/Böse/Eidam, in: NK-StGB, 6. Aufl. 2023, § 225 Rn. 7; Wolters, in: SK-StGB, 10. Aufl. 2024, § 225 Rn. 7; Hardtung, in: MK-StGB, 4. Aufl. 2021, § 225 Rn. 8.
[212] Grünewald, in: LK-StGB, 13. Aufl. 2023, § 225 Rn. 7.
[213] Wolters, in: SK-StGB, 10. Aufl. 2024, § 225 Rn. 7.
[214] Paeffgen/Böse/Eidam, in: NK-StGB, 6. Aufl. 2023, § 225 Rn. 7.

(5) Ihm im Rahmen eines Dienst- oder Arbeitsverhältnisses untergeordnet, § 225 I Nr. 4 StGB

Zuletzt kann sich ein Schutzverhältnis daraus ergeben, dass das Opfer dem Täter im Rahmen eines Dienst- oder Arbeitsverhältnis untergeordnet ist.

Vom Dienst- oder Arbeitsverhältnis erfasst ist nicht nur der Dienstvertrag gem. § 611 BGB, sondern auch Berufsausbildungs- und arbeitnehmerähnliche Verhältnisse nach § 5 ArbGG[215] sowie unentgeltliche und faktische Dienstverhältnisse.[216] Entscheidend ist nicht die Wirksamkeit des Vertrages, sondern die tatsächliche und vom beiderseitigen Willen getragene Übernahme in ein Beschäftigtenverhältnis.[217] Das Opfer muss hierbei ein unselbstständiger und v. a. weisungsgebundener Arbeitnehmer im untechnischen Sinne sein, auch Auszubildende, Beamten oder Soldaten zählen dazu.[218] Die Tathandlungen müssen im Rahmen der Arbeits- bzw. Dienstzeiten erfolgt sein.[219] Hierbei ist nicht nur der Arbeitgeber selbst tauglicher Täter, auch sonstige Vorgesetzte kommen in Betracht, solange sie dem Opfer übergeordnet sind.[220]

cc) Quält oder roh mißhandelt oder durch böswillige Vernachlässigung seiner Pflicht, für sie zu sorgen, sie an der Gesundheit schädigt

(1) Quält

Quälen ist das Verursachen lang andauernder und sich wiederholender Leiden körperlicher oder seelischer Art durch eine Mehrzahl von Einzelakten.[221]

Die Schmerzen bzw. Leiden sind erheblich, wenn sie über das durchschnittliche Maß hinausgehen.[222] Sie sind länger andauernd, wenn die übliche Dauer überschritten wird, wobei das Merkmal „dauernd" nicht i. S. d. § 226 StGB zu verstehen ist.[223]

Umstritten ist, ob eine rein **seelische** Beeinträchtigung als Folge des Quälens ausreicht oder sich das Täterhandeln in einer physischen Gesundheitsschädigung manifestieren muss.

---

[215] Fischer, StGB, 71. Aufl. 2024, § 225 Rn. 7.
[216] Hardtung, in: MK-StGB, 4. Aufl. 2021, § 225 Rn. 9.
[217] Paeffgen/Böse/Eidam, in: NK-StGB, 6. Aufl. 2023, § 225 Rn. 8.
[218] Kindhäuser/Hilgendorf, LPK, 9. Aufl. 2022, § 225 Rn. 8.
[219] Hardtung, in: MK-StGB, 4. Aufl. 2021, § 225 Rn. 9.
[220] Wolters, in: SK-StGB, 10. Aufl. 2024, § 225 Rn. 8.
[221] Fischer, StGB, 71. Aufl. 2024, § 225 Rn. 8a; aus der Rspr. vgl. zuletzt BGH B. v. 10.10.2018 – 4 StR 414/18 – NStZ-RR 2019, 77 = StV 2020, 311; BGH B. v. 08.11.2018 – 4 StR 61/18 – NStZ-RR 2019, 144 = StV 2020, 306; BGH B. v. 25.03.2020 – 4 StR 567/19 – NStZ-RR 2020, 174; BGH B. v. 22.04.2020 – 4 StR 562/19 – StV 2021, 119; BGH B. v. 28.06.2022 – 3 StR 142/22 – NStZ 2022, 676 = StV 2023, 525.
[222] Hardtung, in: MK-StGB, 4. Aufl. 2021, § 225 Rn. 12.
[223] Hardtung, in: MK-StGB, 4. Aufl. 2021, § 225 Rn. 13.

H. Mißhandlung von Schutzbefohlenen, § 225 StGB

> **Beispiel 79**
>
> **BGH U. v. 21.10.1954 – 4 StR 460/54 – NJW 1954, 1942:**
> B1 ist verheiratet und hat acht Kinder. Er ist häufig betrunken und pflegt dann mit seinen Angehörigen laut zu schimpfen. Als ihm seine Frau B2 eines Tages Vorwürfe wegen seiner Trunkenheit machte, ließ er durch seine Tochter Z1 (15 Jahre) alle bei ihm wohnenden Kinder hereinholen. Es fanden sich daraufhin außer G drei weitere Kinder Z2–Z4 in der Wohnung ein. Nachdem B1 seine Frau hinausgejagt hatte, stellte er einen Besen unter die Türklinke, ließ durch eines der Kinder die Fenster schließen und sagte zu ihnen: „Jetzt wollen wir alle sterben!". Dabei öffnete er einen Gashahn, sodass das Gas rauschend herausströmte. Dann setzte er sich zu Z2 auf das Sofa. Diese weinte und bat ihn mehrfach, er möge doch den Hahn wieder schließen. Unterdessen hatte eines der größeren Kinder das Fenster heimlich einen Spalt breit geöffnet. Schließlich stellte B1 auf Bitten der Z2 das Gas wieder ab, das etwa zwei Minuten lang ausgeströmt war. Dass Z2 einen körperlichen Schaden davon getragen hat, ließ sich nicht feststellen. ◄

Problematisch ist, ob das Versetzen der Z2 in Todesangst durch das Ausströmen von Leuchtgas ausreicht, um ein Quälen i. S. d. Zufügens erheblicher seelischer Leiden anzunehmen, oder ob das Ausbleiben eines körperlichen Schadens die Verwirklichung des § 225 I StGB ausschließt.

Eine Minderheitsmeinung stellt u. a. unter Verweis auf die Verletzung der Fürsorgepflicht gem. § 171 StGB das Erfordernis somatischer Folgen auf.[224]

Die Rspr. und die h. L.[225] lehnen diese Einschränkung ab.

Zwar ist zuzugeben, dass die Strafrahmendifferenz zwischen § 171 und § 225 StGB auffällt. Freilich findet sich im Wortlaut des § 225 StGB anders als bei § 223 I StGB gerade kein einschränkendes Adjektiv wie „körperlich", was für die Erfassung rein seelischen Leiden streitet. Aus § 227 StGB, dessen Legaldefinition auch § 225 StGB umfasst, lässt sich nichts Gegenteiliges herleiten, da zahlreiche Fälle des § 225 StGB ohne Weiteres als Körperverletzung anzusehen sind. Auch spricht auch die Systematik der Norm für das Erfassen seelischer Leiden: Anders als in der dritten Tatmodalität wird beim Quälen eine Gesundheitsschädigung gerade nicht verlangt.

Das Quälen wird durch mehrere iterative oder sukzessive Einzelakte vorgenommen (mehraktiges Delikt),[226] sodass die einzelnen Handlungen als **tatbestandliche Bewertungseinheit** (s. im Allgemeinen Teil) zusammengefasst werden.[227]

---

[224] Paeffgen/Böse/Eidam, in: NK-StGB, 6. Aufl. 2023, § 225 Rn. 14.

[225] Sternberg-Lieben, in: Schönke/Schröder, StGB, 30. Aufl. 2019, § 225 Rn. 12; Hardtung, in: MK-StGB, 4. Aufl. 2021, § 225 Rn. 12; Heger, in: Lackner/Kühl/Heger, StGB, 30. Aufl. 2023, § 225 Rn. 4; aus der Rspr. vgl. BGH U. v. 21.10.1954 – 4 StR 460/54 – NJW 1954, 1942; BGH U. v. 14.09.1993 – 1 StR 435/93 – NStZ 1994, 79.

[226] Sternberg-Lieben, in: Schönke/Schröder, StGB, 30. Aufl. 2019, § 225 Rn. 12; BGH B. v. 19.01.2016 – 4 StR 511/15 – NJW 2016, 2519 = NStZ 2016, 472 = StV 2017, 386; BGH, B. v. 31.08.2016 – 4 StR 340/16 – NStZ 2017, 282 (284).

[227] Heger, in: Lackner/Kühl/Heger, StGB, 30. Aufl. 2023, § 225 Rn. 4.

Somit können auch niederschwellige Körperverletzungen, die für sich genommen zwar unter § 223 I StGB, nicht aber unter § 225 StGB fallen, durch das ständige Wiederholen den für § 225 StGB erforderlichen Unrechtsgehalt erfüllen.[228] Dabei kann sich der Zeitraum der Teilhandlungen sogar über Jahre hinweg strecken, ohne dass man von Tatmehrheit ausgehen müsste.[229] Hierbei ist stets zu prüfen, ob ein umfassender Gesamtvorsatz vorliegt: Bereits bei dem ersten Einzelakt muss der Täter in dem Willen handeln, die Tat zu wiederholen, da gerade dieses subjektiv verbindende Tatelement den besonderen Unrechtsgehalt der Tat ausmacht.[230] Anhaltspunkte für die Annahme einer tatbestandlichen Bewertungseinheit sind das gleiche Opfer, räumliche und situative Zusammenhänge, die zeitliche Dichte des Geschehens sowie eine die sämtlichen Einzelakte prägende Gesinnung.[231]

Beispiel 80

BGH U. v. 30.03.1995 – 4 StR 768/94 – BGHSt 41, 113 = NJW 1995, 2045 = NStZ 1996, 35 = StV 1995, 460 (Anm. Schmidt JuS 1995, 939; Otto JK 1996 StGB § 223b/2; Hirsch NStZ 1996, 37; Wolfslast/Schmeissner JR 1996, 338; Warda FS H. J. Hirsch 1999, 391):

B1 fühlte sich mit der Versorgung ihrer beiden Kinder, eines Säuglings und der knapp drei Jahre alten Tochter G überfordert. Durch ihren Ehemann B2, einen Libanesen, der tagsüber seiner Arbeit nachging und die Abende und Wochenenden außerhalb der Familie im Kreise seiner Landsleute verbrachte, erhielt sie keine Unterstützung. Enttäuschung und Aggressionen reagierte sie an ihrer Tochter ab. In der Zeit von Mitte Oktober 1992 bis Mai 1993 misshandelte sie das Kind mit zunehmender Heftigkeit und Häufigkeit, zuletzt täglich, durch Schläge und Tritte. Die Schläge, die sich gegen den Leib und die Extremitäten des Kindes richteten, führte sie mit der flachen Hand, aber auch mit Gegenständen wie Pantoffeln oder einem Stock aus. Infolgedessen erlitt G einen Bruch des Schlüsselbeins und der Elle sowie zahlreiche Blutergüsse. B2 war bei den Misshandlungen nicht zugegen. Von einzelnen Vorfällen erlangte er Kenntnis durch seinen Bruder, der sich mehrere Monate in der Familienwohnung aufhielt. B2 forderte seine Ehefrau auf, „sie solle weggehen". Dieser Aufforderung, die Familie zu verlassen, kam B1 jedoch nicht nach. Mahnungen des B2, sie solle G nicht mehr misshandeln, zeigten ebenfalls keinen Erfolg. Als B1 die G einmal in Gegenwart des B2 verprügelte, griff er ein und hielt sie von weiteren Tätlich-

---

[228] Aus der Rspr. vgl. BGH B. v. 20.03.2012 – 4 StR 561/11 – NStZ 2013, 466 = StV 2012, 534 (Anm. Renzikowski/Sick NStZ 2013, 468); BGH B. v. 31.08.2016 – 4 StR 340/16 – NStZ 2017, 282; BGH B. v. 10.10.2018 – 4 StR 414/18.

[229] Paeffgen/Böse/Eidam, in: NK-StGB, 6. Aufl. 2023, § 225 Rn. 15; aus der Rspr. vgl. BGH U. v. 30.03.1995 – 4 StR 768/94 – BGHSt 41, 113 = NJW 1995, 2045 = NStZ 1996, 35 = StV 1995, 460 (Anm. Schmidt JuS 1995, 939; Otto JK 1996 StGB § 223b/2; Hirsch NStZ 1996, 37; Wolfslast/Schmeissner JR 1996, 338; Warda FS H. J. Hirsch 1999, 391).

[230] Hardtung, in: MK-StGB, 4. Aufl. 2021, § 225 Rn. 14.

[231] Aus der Rspr. vgl. BGH U. v. 17.07.2007 – 5 StR 92/07 – NStZ-RR 2007, 304 = StV 2007, 635 (Anm. RÜ 2007, 643; RA 2007, 671; Satzger JK 2008 StGB § 225 I/3).

H. Mißhandlung von Schutzbefohlenen, § 225 StGB

keiten ab. Am 07.05.1993 schlug B1 die G in Abwesenheit ihres Ehemannes derart heftig mit der flachen Hand ins Gesicht, dass G mit dem Kopf gegen eine Anrichte fiel. Es erlitt ein schweres Schädelhirntrauma, an dessen Folgen es wenige Tage später verstarb. ◄

B1 fügte G durch die täglichen Schläge und Tritte sich wiederholende Schmerzen körperlicher Art zu. Die einzelnen Handlungen werden i. R. e. tatbestandlichen Bewertungseinheit zu einer Tat zusammengefasst.

Auch wenn das Quälen üblicherweise ein mehraktiges Geschehen darstellt, kann auch eine einzelne Körperverletzung bereits den Tatbestand des § 225 I StGB erfüllen, sofern aus ihr länger andauernde erhebliche Schmerzen oder Leiden resultieren.[232]

Umstritten ist, ob der Täter bei der Vornahme seiner Handlungen eine besondere subjektive Beziehung aufweisen, also gefühllos oder böswillig handeln muss.[233]

Beispiel 81

BGH U. v. 01.04.1969 – 1 StR 561/68:

Am Abend des 23.11.1967 stellte B fest, dass ihr Kind fieberte, fror und einen geschwollenen Arm hatte; am Nachmittag des folgenden Tages begann es zu röcheln und war kaum noch ansprechbar. B hielt nun auch nicht mehr für möglich, das Kind ohne Arzt mit Hausmitteln zu heilen, und nahm eine Verschlechterung des Zustandes billigend in Kauf. ◄

Fraglich ist, ob die bloße Kenntnis und Billigung der Verschlechterung des Zustandes genügt.

Eine Minderheitsauffassung[234] folgert aus dem hohen Strafrahmen des Delikts sowie dem Erfordernis einer subjektiven Komponente in den beiden anderen Tatmodalitäten eine restriktive Auslegung des Quälens.

Die Rspr.[235] und die h. L.[236] verlangen keine über den Vorsatz hinausgehende subjektive Beziehung des Täters zur Tat.

Der Wortlaut der Norm, der keine subjektive Komponente benennt (anders als die „rohe" Misshandlung und „böswillige" Vernachlässigung der Fürsorgepflicht und insofern *e contrario*) spricht für die h. M. Zudem weist die Tathandlung mit dem Erfordernis der länger andauernden oder sich wiederholenden erheblichen Schmerzen bereits einen hinreichend hohen objektiven Unrechtsgehalt auf.

---

[232] Hardtung, in: MK-StGB, 4. Aufl. 2021, § 225 Rn. 11.
[233] Zsf. Kindhäuser/Hilgendorf, LPK, 9. Aufl. 2022, § 225 Rn. 10; aus der Rspr. vgl. zuletzt BGH B. v. 22.04.2020 – 4 StR 562/19 – StV 2021, 119.
[234] Paeffgen/Böse/Eidam, in: NK-StGB, 6. Aufl. 2023, § 225 Rn. 13; Wolters, in: SK-StGB, 10. Aufl. 2024, § 225 Rn. 10.
[235] S. o.
[236] Etwa Hardtung, in: MK-StGB, 4. Aufl. 2021, § 225 Rn. 26; Sternberg-Lieben, in: Schönke/Schröder, StGB, 30. Aufl. 2019, § 225 Rn. 12; Heger, in: Lackner/Kühl/Heger, StGB, 30. Aufl. 2023, § 225 Rn. 4.

(2) Roh mißhandelt

Rohe Misshandlung ist die erhebliche Beeinträchtigung des körperlichen Wohlbefindens aus einer gefühllosen, das fremde Leiden missachtenden Gesinnung.[237]

Der Erfolg muss sich im Unterschied zum Quälen aus einer einzelnen Körperverletzungshandlung ergeben.[238]

Während nach einhelliger Meinung körperliche Misshandlungen i. S. d. § 223 StGB erfasst sind,[239] herrscht Streit über die Frage, ob auch rein **seelische** Misshandlungen ein rohes Misshandeln darstellen können.[240]

Eine Minderheitsauffassung[241] sieht seelische Misshandlungen als hinreichend für die Verwirklichung des Tatbestandes an; die Rspr.[242] und die h. L.[243] lehnen dies ab. Richtig ist, dass der Wortlaut der Norm eine Begrenzung auf „körperlich" nicht enthält; auch verweist § 225 III Nr. 2 2. Var. StGB auf die seelische Entwicklung. Der h. M. ist aber aufgrund der historischen Auslegung zuzustimmen: Die Neufassung des Deliktes im Jahr 1993 knüpfte an § 360 a. F. StGB an; dort wurde der Begriff als „körperliche Misshandlung" ausgelegt. Der damalige Gesetzgeber wollte mit der Neufassung keine Ausweitung des Misshandlungsbegriffs.

Die Misshandlung ist roh, wenn sie erheblich ist und aus einer gefühllosen Gesinnung heraus erfolgt.[244] Die Rohheit der Handlung ergibt sich demnach aus der inneren Einstellung des Täters und der Art und Weise der Handlung.[245]

Eine gefühllose Gesinnung liegt vor, wenn der Täter bei der Misshandlung das – notwendig als Hemmung wirkende – Gefühl für das Leiden des Misshandelten verloren hat, das sich bei jedem menschlich und verständlich Denkenden eingestellt haben würde.[246]

---

[237] Eisele, BT I, 6. Aufl. 2021, Rn. 404; aus der Rspr. vgl. zuletzt BGH B. v. 02.11.2021 – 6 StR 462/21 – NStZ-RR 2022, 13; BGH B. v. 28.06.2022 – 3 StR 142/22 – NStZ 2022, 676 = StV 2023, 525; BGH B. v. 09.02.2023 – 2 StR 421/22 – StV 2024, 120.

[238] BGH B. v. 19.01.2016 – 4 StR 511/15 – NJW 2016, 2519 = NStZ 2016, 472 = StV 2017, 386; B. v. 24.02.2015 – 4 StR 11/15 – StV 2016, 434.

[239] Siehe nur Hardtung, in: MK-StGB, 4. Aufl. 2021, § 225 Rn. 17; Heger, in: Lackner/Kühl/Heger, StGB, 30. Aufl. 2023, § 225 Rn. 5; Eisele, BT I, 6. Aufl. 2021, Rn. 404.

[240] Hierzu Wolters, in: SK-StGB, 10. Aufl. 2024, § 225 Rn. 16; aus der Rspr. vgl. BGH B. v. 28.02.2007 – 5 StR 44/07 – NStZ 2007, 405 (Anm. Satzger JK 2007 StGB § 225 I/2).

[241] Heger, in: Lackner/Kühl/Heger, StGB, 30. Aufl. 2023, § 225 Rn. 5; Hardtung, JuS 2008, 1060; Hardtung, in: MK-StGB, 4. Aufl. 2021, § 225 Rn. 17; ähnlich Grünewald, in: LK-StGB, 13. Aufl. 2023, § 225 Rn. 14.

[242] S. o.

[243] Eschelbach, in: BeckOK-StGB, Stand 01.02.2024, § 225 Rn. 19; Paeffgen/Böse/Eidam, in: NK-StGB, 6. Aufl. 2023, § 225 Rn. 16; Sternberg-Lieben, in: Schönke/Schröder, StGB, 30. Aufl. 2019, § 225 Rn. 13; Wolters, in: SK-StGB, 10. Aufl. 2024, § 225 Rn.16.

[244] Hardtung, in: MK-StGB, 4. Aufl. 2021, § 225 Rn. 18.

[245] Fischer, StGB, 71. Aufl. 2024, § 225 Rn. 9.

[246] Sternberg-Lieben, in: Schönke/Schröder, StGB, 30. Aufl. 2019, § 225 Rn. 13; aus der Rspr. vgl. zuletzt BGH B. v. 02.11.2021 – 6 StR 462/21 – NStZ-RR 2022, 13; BGH B. v. 09.02.2023 – 2 StR 421/22 – StV 2024, 120.

H. Mißhandlung von Schutzbefohlenen, § 225 StGB

> **Beispiel 82**
>
> **BGH U. v. 05.02.1986 – 2 StR 682/85 – StV 1987, 150:**
> B1 wohnte in der Wohnung der B2 und ihrer kleinen Tochter G. B1 hatte G bereits früher dreimal schwer geschlagen, getreten und gegen einen Schrank gestoßen, sodass G Hämatome und Prellungen davontrug. B2 erfuhr von allen Misshandlungen spätestens kurze Zeit nach dem jeweiligen Vorfall. B2 kleidete G so, dass Verletzungen an Hals, Arm und Schenkel Außenstehenden verborgen blieben. Am 29.05.1984 hatte G, die schon seit Wochen schlecht aß und dabei häufig erbrach, mittags wiederum nur wenig gegessen und während einer etwa dreiviertelstündigen Abwesenheit von B1 und B2 – B1 hatte ihr vor dem Weggang Strafe angedroht, wenn sie nicht aufesse – den Rest ihrer Suppe in die Toilette geschüttet. B1 und B2 waren darüber sehr verärgert und aufgebracht. Am Abend wollte G wiederum die ihr vorgesetzte Suppe nicht aufessen. B1 stellte den Teller auf einen Stuhl neben das Kinderbett, befahl der G die Suppe auszulöffeln und fuhr mit B2 weg. Als er nach etwa einer Stunde zurückkehrte, hatte G Suppe im Bett sowie auf dem Fußboden verschüttet und die Flecken und Speisereste zum Teil mit Kleidungsstücken verdeckt. Auf die Frage des B1 nach dem Grund antwortete G, die Suppe habe ihr nicht geschmeckt. Darauf versetzte ihr B1 „aus Wut und Verärgerung" mindestens 20 Schläge an den Kopf und drei Tritte mit dem beschuhten Fuß in den Oberbauch. Infolgedessen trat bei G augenblicklich eine Bewusstseinstrübung oder Bewusstlosigkeit ein. Am nächsten Tag starb sie im Krankenhaus, insbesondere an den Folgen zweier Fausthiebe an den Kopf und der Fußtritte. ◄

B1 handelte aus Wut und Verärgerung und hatte offensichtlich das sich notwendig als Hemmung einstellende Gefühl für das Leiden der G verloren.

Die Gefühllosigkeit braucht keine dauerhafte Charaktereigenschaft zu sein.[247]
An ihr fehlen kann es etwa in Konstellationen überforderter Verzweiflung oder sonstiger starker Affekte. Handelt der Täter in einem Zustand großer Erregung, so muss die Gefühllosigkeit neben die Erregung treten.[248]

> **Beispiel 83**
>
> **BGH B. v. 28.02.2007 – 5 StR 44/07 – NStZ 2007, 405 (Anm. Satzger JK 2007 StGB § 225 I/2):**
> Am 01.08.2004 gelang es dem B gegen 14 Uhr nicht, seinen 15 bis 20 min lang nervzerreißend schreienden Sohn G durch Gaben von Tee, Milch und Schnuller oder Vornahme von Ortsveränderungen zu beruhigen. Um dem Schreien ein Ende zu setzen, ergriff B seinen Sohn unter den Achselhöhlen, hielt

---

[247] BGH U. v. 23.01.1974 – 3 StR 324/73 – BGHSt 25, 277 = NJW 1974, 958 (Anm. Hassemer JuS 1974, 395; Jakobs NJW 1974, 1829).
[248] Sternberg-Lieben, in: Schönke/Schröder, StGB, 30. Aufl. 2019, Rn. 13.

ihn mit ausgestreckten Armen senkrecht und später waagerecht vor sich und bewegte ihn ruckartig ca. eine Minute hin und her, bis das Kind verstummte. B legte seinen Sohn dann in die Babyschale zurück und reichte ihm Milch, die er nunmehr trank. Beim Windeln des Kindes bemerkte B gegen 19 Uhr röchelnden Atem und eine ungewöhnliche Schlaffheit seines Sohnes. Auf Drängen des B verfügte der herbeigerufene Notarzt die Einweisung von G in die Kinderklinik. Die durch das Schütteln verursachten rotatorischen Kräfte führten zu einer irreparablen Hirnschädigung, die eine Weiterentwicklung der geistigen Fähigkeiten des Kindes nicht zulässt. Zudem ist die Sehfähigkeit herabgesetzt, und G bedarf der Behandlung wegen der durch die Hirnschädigung weiter hervorgerufenen Epilepsie. ◄

B war durch das laute dauerhafte Schreien des G angespannt und mit der Situation überfordert. Dass er darüber das Gefühl für das Leiden seines Sohnes verloren haben sollte, ist nicht ersichtlich.

Erforderlich ist, dass sich die Rohheit in den Handlungsfolgen körperlich manifestiert.[249] Umstritten ist, ob das Opfer die zugefügten Misshandlungen als Schmerzen oder Leiden empfinden muss, sodass eine Misshandlung bei **schmerzunempfindlichen Opfern** ausscheidet.[250]

Während z. T. eine Misshandlung in diesen Fällen verneint wird, da es an der objektiven Rohheit der Tat fehle,[251] stellen die Rspr.[252] und die h. L.[253] hingegen auf die hypothetischen Schmerzen eines Durchschnittsopfers ab.

Für die h. M. spricht, dass vermieden wird, Opfer, die beispielsweise infolge einer geistigen Erkrankung nur vermindert Schmerzen empfinden können, schlechter gestellt werden.

(3) Durch böswillige Vernachlässigung seiner Pflicht, für sie zu sorgen, sie an der Gesundheit schädigt
Die **Fürsorgepflicht** ergibt sich aus den in § 225 I Nr. 1–4 StGB normierten Schutzverhältnissen, s. o. Erfasst ist also nicht nur Nr. 1.[254]

„**Vernachlässigung**" umschreibt – als echtes Unterlassungsdelikt,[255] wobei aber erst recht auch aktives Tun in Betracht kommt (z. B. Schläge)[256] – die Nichterfüllung

---

[249] Kindhäuser/Hilgendorf, LPK, 9. Aufl. 2022, § 225 Rn. 11.

[250] Hierzu Paeffgen/Böse/Eidam, in: NK-StGB, 6. Aufl. 2023, § 225 Rn. 16; aus der Rspr. vgl. BGH U. v. 23.01.1974 – 3 StR 324/73 – BGHSt 25, 277 = NJW 1974, 958 (Anm. Hassemer JuS 1974, 395; Jakobs NJW 1974, 1829).

[251] Sternberg-Lieben, in: Schönke/Schröder, StGB, 30. Aufl. 2019, § 225 Rn. 13; Paeffgen/Böse/Eidam, in: NK-StGB, 6. Aufl. 2023, § 225 Rn. 16.

[252] S. o.

[253] Fischer, StGB, 71. Aufl. 2024, § 225 Rn. 9; Hardtung, in: MK-StGB, 4. Aufl. 2021, § 225 Rn. 17; Heger, in: Lackner/Kühl/Heger, StGB, 30. Aufl. 2023, § 225 Rn. 5.

[254] Hardtung, in: MK-StGB, 4. Aufl. 2021, § 225 Rn. 20.

[255] Eisele, BT I, 6. Aufl. 2021, Rn. 405; aus der Rspr. vgl. zuletzt BGH B. v. 17.03.2021 – 4 StR 155/20 – StV 2022, 169.

[256] S. Hardtung, in: MK-StGB, 4. Aufl. 2021, § 225 Rn. 21.

dieser Pflicht trotz Möglichkeit, Erforderlichkeit und Zumutbarkeit.[257] Optimales Handeln wird nicht verlangt.[258]

Zu denken ist insbesondere an Konstellationen der Mangelernährung.[259]

Böswillig ist die Vernachlässigung, wenn die Fürsorgepflicht aus besonders verwerflichen Motiven nicht erfüllt wird.[260]

An die Böswilligkeit werden höhere Anforderungen gestellt als an die Gefühllosigkeit, es stellt aber ein Minus zum Mordmerkmal der Grausamkeit dar.[261] Ein besonders verwerfliches Motiv liegt beispielsweise bei Eigennutz, Hass, Sadismus, Geiz, oder einer sadistischen Neigung vor.[262]

Beispiel 84

BGH U. v. 20.05.2015 – 2 StR 464/14 – NJW 2016, 179 = NStZ 2015, 639 (Anm. Heghmanns ZJS 2016, 102):

Ab Oktober 2011 begann die Mutter B, ihr im Januar 2011 geborenes Kind G nur noch unzureichend zu versorgen. Sie nahm Vorsorgeuntersuchungen nicht mehr wahr und fütterte das Kind nur unzureichend, sodass es bereits zu Weihnachten 2011 Familienmitgliedern kränklich und abgemagert erschien. Dies erklärte B mit einer angeblich soeben durchgestandenen Infektion. Ab Januar 2012 versorgte B das Kind in zunehmendem Maß nur noch unzureichend. Sie gab ihm keine feste Nahrung mehr, obwohl sich solche in ausreichender Menge in der Wohnung befand. Vielmehr fütterte sie nur noch Säuglingsmilch, allerdings in vollkommen unzureichender Menge, sodass das Kind von etwa 6000 bis 7000 g zur Jahreswende 2011/2012 bis auf 3600 g am 16. Februar 2012 abmagerte. Auch im Übrigen unterließ die B die erforderliche Pflege des Kindes. Sie erkannte, dass sein Allgemeinzustand sich zusehend verschlechterte, unterließ aber jede konkrete Maßnahme, um familiäre oder die Hilfe des Jugendamts in Anspruch zu nehmen. Dies tat sie, um nach außen den Anschein der Lebenstüchtigkeit aufrechtzuerhalten und die beiden Kinder nicht zu verlieren. ◄

Im Handeln zwecks Inanspruchnahme von Hilfsleistungen liegt verwerflicher Eigennutz.

---

[257] Kindhäuser/Hilgendorf, LPK, 9. Aufl. 2022, § 225 Rn. 3; Krey/Hellmann/Heinrich, BT 1, 17. Aufl. 2021, Rn. 336.
[258] Paeffgen/Böse/Eidam, in: NK-StGB, 6. Aufl. 2023, § 225 Rn. 17.
[259] Fischer, StGB, 71. Aufl. 2024, § 225 Rn. 10; aus der Rspr. vgl. BGH B. v. 13.03.2007 – 5 StR 320/06 – NStZ 2007, 402 (Anm. RÜ 2007, 311; RA 2007, 264).
[260] Fischer, StGB, 71. Aufl. 2024, § 225 Rn. 11; aus der Rspr. vgl. zuletzt BGH B. v. 17.03.2021 – 4 StR 155/20 – StV 2022, 169; BGH U. v. 15.03.2023 – 2 StR 462/21 – NStZ 2023, 600 = StV 2024, 107 (Anm. Drees NStZ 2023, 602).
[261] Hardtung, in: MK-StGB, 4. Aufl. 2021, § 225 Rn. 28.
[262] Wolters, in: SK-StGB, 10. Aufl. 2024, § 225 Rn. 19.

Gleichgültigkeit und Charakterschwäche,[263] oder auf körperlicher oder geistiger Schwäche beruhendes Nichthandeln sollen hingegen nicht ausreichen.[264]

Beispiel 85

BGH B. v. 17.01.1991 – 4 StR 560/90 – NStZ 1991, 234 (Anm. Otto JK 1991 StGB § 223b/1):
B1 und B2 lebten seit Jahren im Haushalt der 1901 geborenen Mutter G des B1. In den letzten Jahren versorgte die B2 den Drei-Personen-Haushalt alleine. Im Herbst 1988 wurde G bettlägerig krank. B1 und B2 sorgten sich jedoch nicht um deren ärztliche Versorgung. Obwohl G ihre Notdurft ins Bett verrichtete, unterließen B1 und B2 die notwendigen hygienischen Maßnahmen. Zuletzt lag G mindestens eine Woche lang reglos in hilflosem Zustand in ihrem nicht beheizten Zimmer vor ihrem Bett auf dem blanken PVC-Fußboden. Sie war lediglich mit einem Hemd oder Kittel bekleidet. In dieser Zeit sah B2 regelmäßig nach ihr und gab ihr auch zu essen und zu trinken. Zwei Tage vor ihrem Tod nahm G jedoch nichts mehr zu sich, sondern erbrach sich laufend. B1 und B2 sahen sich nicht in der Lage, G ins Bett zu heben; sie suchten dazu auch keine fremde Hilfe. Der schließlich von einem Mitbewohner benachrichtigte Notarzt fand G mit ausgeprägten Kontrakturen beider Beine zusammengekauert vor ihrem Bett. Sie war ausgetrocknet und abgemagert und bedeckt von angetrockneten Exkrementen und Erbrochenem. Die unbezogene Matratze ihres Bettes war aufs äußerste verschmutzt. Die rechte Körperpartie der G war von der Schulter bis zum Knöchel wund. Ihre Haut war an vielen Stellen bereits großflächig schwarz verfärbt. Dieser Zustand beruhte darauf, dass G über längere Zeit in derselben Stellung liegengelassen und tagelang nicht von ihren Blasen- und Darmausscheidungen gereinigt worden war. Sie wurde von dem Notarzt sogleich in ein Krankenhaus verbracht. Dort verstarb sie jedoch wenige Stunden später infolge allmählichen Versagens der Herz- und Kreislauftätigkeit in Verbindung mit einem Versagen der Nierentätigkeit. Die beiden minderbegabten und alkoholabhängigen B1 und B2, deren Blutalkoholgehalt in den letzten Monaten vor der Tat täglich im wesentlichen zwischen 2 und 3 Promille schwankte, war bewusst, dass das lange Liegenlassen der alten Frau deren Leben gefährdete. Jedoch war ihnen das körperliche Wohlbefinden der G gleichgültig, weshalb sie nicht ausreichend für sie sorgten. ◄

Der **Erfolg** dieser Handlungsvariante liegt in einer durch die Vernachlässigung der Fürsorgepflicht verursachten **Gesundheitsschädigung**.

Hierzu gilt im Grundsatz das bei § 223 StGB Erörterte.[265] Zwar sieht ein Teil der Literatur eine bloße Beeinträchtigung oder Hemmung der gesunden Entwicklung

---

[263] Hardtung, in: MK-StGB, 4. Aufl. 2021, § 225 Rn. 28.
[264] Kindhäuser/Hilgendorf, LPK, 9. Aufl. 2022, § 225 Rn. 3.
[265] Sternberg-Lieben, in: Schönke/Schröder, StGB, 30. Aufl. 2019, § 225 Rn. 14.

ohne eingetretenen Gesundheitsschaden als Erfüllung des Merkmals der Gesundheitsschädigung i. S. d. § 225 I StGB an,[266] richtigerweise wird man dies aber mit Blick auf die Strafrahmendifferenz zwischen § 225 I StGB und § 171 StGB lediglich als Verletzung der Fürsorgepflicht werten können und somit den Eintritt eines gesundheitlichen Schadens fordern müssen.[267] Aus diesem Grund kann auch eine „Verwahrlosung" entgegen teilweiser Auffassung[268] noch keine Gesundheitsschädigung darstellen.[269] Eine solche lässt zwar einen gesundheitlichen Schaden erwarten, der Tatbestand verlangt hingegen deren Eintritt.

Scheidet die Verwirklichung der böswilligen Vernachlässigung aufgrund einer nicht nachweisbaren Böswilligkeit des Täters aus, so ist ggf. eine Strafbarkeit in Form des Quälens oder der rohen Misshandlung durch unechtes Unterlassen möglich.[270] Hierin liegt eine gewisse Umgehung der subjektiven Komponente der dritten Tatvariante, die aber im Lichte der ebenfalls nicht niedrigen Anforderungen der ersten beiden Var. hinzunehmen ist.

b) Subjektiver Tatbestand
Gem. § 15 StGB ist Vorsatz erforderlich.
Zum für ein Quälen erforderlichen Gesamtvorsatz s. bereits o.

3. Rechtswidrigkeit
Es gelten die allgemeinen Grundsätze. Im Hinblick auf eine etwaige Rechtfertigung, mag in eher leichteren Fällen ein elterliches Erziehungs- und Züchtigungsrecht diskutiert werden, s. im Allgemeinen Teil.

4. Schuld
Es gelten die allgemeinen Grundsätze. Gerade in eher unverständlichen Misshandlungskonstellationen ist bzgl. der Schuld an § 20 StGB zu denken.[271]

5. Rechtsfolgen
Für das Grunddelikt sieht § 225 I StGB Freiheitsstrafe von sechs Monaten bis zu zehn Jahren vor.

---

[266] Fischer, StGB, 71. Aufl. 2024, § 225 Rn. 10; Heger, in: Lackner/Kühl/Heger, StGB, 30. Aufl. 2023, § 225 Rn. 6.
[267] Sternberg-Lieben, in: Schönke/Schröder, StGB, 30. Aufl. 2019, § 225 Rn. 14; Hardtung, in: MK-StGB, 4. Aufl. 2021, § 225 Rn. 22; Wolters, in: SK-StGB, 10. Aufl. 2024, § 225 Rn. 18.
[268] Fischer, StGB, 71. Aufl. 2024, § 225 Rn. 10; Heger, in: Lackner/Kühl/Heger, StGB, 30. Aufl. 2023, § 225 Rn. 6; Sternberg-Lieben, in: Schönke/Schröder, StGB, 30. Aufl. 2019, § 225 Rn. 14; aus der Rspr. vgl. RG U. v. 11.03.1943 – 2 D 41/43 – RGSt 76, 371.
[269] Hardtung, in: MK-StGB, 4. Aufl. 2021, § 225 Rn. 22; Wolters, in: SK-StGB, 10. Aufl. 2024, § 225 Rn. 18; Paeffgen/Böse/Eidam, in: NK-StGB, 6. Aufl. 2023, § 225 Rn. 17; Maurach/Schroeder/Maiwald/Hoyer/Momsen, BT 1, 11. Aufl. 2019, § 10 Rn. 8.
[270] Heger, in: Lackner/Kühl/Heger, StGB, 30. Aufl. 2023, § 225 Rn. 4f.
[271] Hardtung, in: MK-StGB, 4. Aufl. 2021, § 225 Rn. 30.

§ 225 IV StGB regelt den minder schweren Fall, wobei bzgl. des Grunddelikts des § 225 I StGB der Strafrahmen auf Freiheitsstrafe von drei Monaten bis zu fünf Jahren abgesenkt ist.

6. Sonstiges

Der **Versuch** der Misshandlung von Schutzbefohlenen ist nach § 225 II StGB strafbar.

Angesichts der gestreckten bzw. iterativen Tathandlung kann v. a. bzgl. des Quälens der Zeitpunkt des unmittelbaren Ansetzens Probleme aufwerfen. Nach einer Ansicht soll ein unmittelbares Ansetzen zur Tat erst bei der Wiederholung vorliegen, die für eine Annahme des Quälens erforderlich sei.[272] Mithin könnte der Täter frühestens beim zweiten Teilakt unmittelbar zur Tat ansetzen. Vorzugswürdig scheint es hingegen, ein unmittelbares Ansetzen zur Tat bereits bei dem unmittelbaren Ansetzen zum ersten Teilakt anzunehmen, sofern dieser von einem entsprechenden Fortsetzungsvorsatz des Täters begleitet war.[273]

Bei der dritten Tatmodalität erfolgt ein unmittelbares Ansetzen mit der Nichtvornahme der ersten gebotenen Handlung, die für die Abwendung des drohenden Schadens erforderlich gewesen wäre.[274]

§ 225 I StGB nennt drei Handlungsvarianten, die jeweils auch durch **Unterlassen**[275] erfüllt werden können, wobei es sich bei der 1. und 2. Var. dann um unechte Unterlassungsdelikte handelt, bei der 3. Var. i. d. R. um ein echtes Unterlassungsdelikt.[276]

§ 225 StGB verdrängt § 223 StGB, abhängig von der Tathandlung, in Spezialität oder Konsumtion,[277] s. o. I.

Mit § 224 I Nr. 5 StGB ist Tateinheit möglich, insbesondere bei einer Verwirklichung des Grundtatbestandes, § 225 III Nr. 1 umfasst hingegen § 224 I Nr. 5 StGB erschöpfend, sodass letzteres im Wege der Gesetzeskonkurrenz zurücktritt.[278]

---

[272] Hardtung, in: MK-StGB, 4. Aufl. 2021, § 225 Rn. 33.
[273] Paeffgen/Böse/Eidam, in: NK-StGB, 6. Aufl. 2023, § 225 Rn. 21a; Wolters, in: SK-StGB, 10. Aufl. 2024, § 225 Rn. 20; Grünewald, in: LK-StGB, 13. Aufl. 2023, § 225 Rn. 25.
[274] Wolters, in: SK-StGB, 10. Aufl. 2024, § 225 Rn. 20.
[275] H. M., s. Joecks/Jäger, StGB, 13. Aufl. 2021, § 225 Rn. 6; aus der Rspr. vgl. zuletzt BGH B. v. 08.11.2018 – 4 StR 61/18 – NStZ-RR 2019, 144 = StV 2020, 306; BGH B. v. 17.03.2021 – 4 StR 155/20 – StV 2022, 169; BGH B. v. 28.06.2022 – 3 StR 142/22 – NStZ 2022, 676 = StV 2023, 525.
[276] Fischer, StGB, 71. Aufl. 2024, § 225 Rn. 8; Hardtung, in: MK-StGB, 4. Aufl. 2021, § 225 Rn. 21.
[277] Fischer, StGB, 71. Aufl. 2024, § 225 Rn. 21; aus der Rspr. vgl. zuletzt BGH B. v. 28.06.2022 – 3 StR 142/22 – NStZ 2022, 676 = StV 2023, 525; BGH B. v. 17.01.2023 – 2 StR 459/21 – NJW 2023, 2209 = NStZ 2023, 605 = StV 2024, 119 (Anm. Bosch Jura 2023, 1226; Eisele JuS 2023, 881; Wagner ZJS 2023, 1414; RÜ 2023, 639; Petersen ZfIStW 2023, 409; Moslehi HRRS 2023, 267; Lorenz/Pschorr StV 2024, 134; Grünewald JR 2024, 172).
[278] Fischer, StGB, 71. Aufl. 2024, § 225 Rn. 21; aus der Rspr. vgl. zuletzt BGH B. v. 28.06.2022 – 3 StR 142/22 – NStZ 2022, 676 = StV 2023, 525; BGH B. v. 17.01.2023 – 2 StR 459/21 – NJW 2023, 2209 = NStZ 2023, 605 = StV 2024, 119 (Anm. Bosch Jura 2023, 1226; Eisele JuS 2023, 881; Wagner ZJS 2023, 1414; RÜ 2023, 639; Petersen ZfIStW 2023, 409; Moslehi HRRS 2023, 267; Lorenz/Pschorr StV 2024, 134; Grünewald JR 2024, 172).

H. Mißhandlung von Schutzbefohlenen, § 225 StGB

Zur Klarstellung des besonderen Unrechtsgehalts der Verletzung der Sorgepflicht in § 225 StGB besteht Tateinheit u. a. zu §§ 226,[279] 227, 211, 212[280] StGB.

Das sog. Schutzverhältnis fällt unter **§ 28 StGB**, wobei problematisch ist, ob § 28 II StGB Anwendung findet oder § 28 I StGB.[281] Nur soweit § 225 StGB Fälle erfasst, die nicht unter § 223 StGB fallen, kann Letzteres richtig sein; dies betrifft wohl nur psychische Einwirkungen ohne physische Manifestation i. R. d. Quälens.[282]

Bzgl. der Böswilligkeit der Verletzung der Fürsorgepflicht ist § 28 StGB anwendbar. Entgegen einer Minderheitsansicht, die der subjektiven Komponente eine strafbegründende Wirkung zuspricht,[283] kommt der Böswilligkeit nur eine strafschärfende Wirkung zu,[284] da, sollte der Täter seine Sorgepflicht ohne Böswilligkeit verletzen und diese Vernachlässigung der Pflicht zu einer Gesundheitsschädigung führen, eine Körperverletzung (ggf. durch Unterlassen) vorläge.[285]

III. Qualifikation, § 225 III StGB

1. Aufbau
I. Tatbestand
  1. Objektiver Tatbestand
     a) Die Tat
     b) § 225 III Nr. 1 oder 2 StGB
        aa) § 225 III Nr. 1 StGB
           (1) Gefahr des Todes oder einer schweren Gesundheitsschädigung
           (2) Durch die Tat … bringt
        bb) § 225 III Nr. 2 StGB
           (1) Gefahr einer erheblichen Schädigung der körperlichen oder seelischen Entwicklung
           (2) Durch die Tat … bringt
  2. Subjektiver Tatbestand
II. Rechtswidrigkeit
III. Schuld

---

[279] Fischer, StGB, 71. Aufl. 2024, § 225 Rn. 21; aus der Rspr. vgl. zuletzt BGH B. v. 28.06.2022 – 3 StR 142/22 – NStZ 2022, 676 = StV 2023, 525.

[280] Fischer, StGB, 71. Aufl. 2024, § 225 Rn. 21; aus der Rspr. vgl. BGH U. v. 14.09.1993 – 1 StR 435/93 – NStZ 1994, 79.

[281] S. Joecks/Jäger, StGB, 13. Aufl. 2021, § 225 Rn. 4.

[282] Eisele, BT I, 6. Aufl. 2021, Rn. 400.

[283] Paeffgen/Böse/Eidam, in: NK-StGB, 6. Aufl. 2023, § 225 Rn. 22; Zöller, in: AnwaltKommentar StGB, 3. Aufl. 2020, § 225 Rn. 21.

[284] Hardtung, in: MK-StGB, 4. Aufl. 2021, § 225 Rn. 32; Momsen-Pflanz/Momsen, in: SSW-StGB, 5. Aufl. 2021, § 225 Rn. 34.

[285] Hardtung, in: MK-StGB, 4. Aufl. 2021, § 225 Rn. 32.

2. Erläuterungen

§ 225 III StGB enthält eine (Vorsatz-, nicht Erfolgs-[286])Qualifikation der Misshandlung von Schutzbefohlenen. Es handelt sich um konkrete Gefährdungsdelikte.[287]

Dabei muss die vom Täter geschaffene konkrete Gefahr objektiv zurechenbar sein und somit ein spezifischer Zurechnungszusammenhang zwischen der Tat i. S. d. Abs. 1 und eine der in Abs. 3 genannten Gefahren bestehen.[288] Eine konkrete Gefahr kann auch dann „durch die Tat" entstehen, wenn der Täter den Grundtatbestand durch die Vornahme mehrerer Handlungen erfüllt hat. Hierbei muss die Gefahr auf die Gesamtheit der Handlungen zurückzuführen sein und darf nicht bereits aus einer einzelnen Handlung hervorgehen.[289]

Einer Verwirklichung des § 225 III StGB steht nicht entgegen, wenn Schäden bereits vor der Tat bestanden haben oder zu befürchten waren, sofern diese durch die Tathandlung in erheblichem Maße vergrößert oder messbar gesteigert wurden.[290]

Zur (konkreten) „Gefahr des Todes" und zur Gefahr einer schweren Gesundheitsschädigung s. o. bei § 221 I StGB.

Eine erhebliche Schädigung der körperlichen oder seelischen Entwicklung i. S. d. § 225 III Nr. 2 StGB liegt vor, wenn eine deutliche nachteilige Abweichung von der Normalentwicklung festzustellen ist.[291]

Die Gefahr muss nicht auf eine einzelne Handlung zurückzuführen sein, sondern kann auch bei Vorliegen einer tatbestandliche Handlungseinheit eintreten, sofern die Summe der Einzeltaten die Gefahr verursacht hat.[292]

Für die Qualifikation gem. § 225 III StGB ist Freiheitsstrafe nicht unter einem Jahr (also bis maximal 15 Jahre, § 38 II StGB) vorgesehen.

§ 225 IV StGB regelt den minder schweren Fall, wobei bzgl. der Qualifikation des § 225 III StGB der Strafrahmen auf Freiheitsstrafe von sechs Monaten bis zu fünf Jahren abgesenkt ist.

---

[286] Aus der Rspr. vgl. BGH B. v. 08.10.2020 – 4 StR 339/20 – NStZ-RR 2020, 372 = StV 2021, 119.
[287] Eisele, BT I, 6. Aufl, 2021, Rn. 406.
[288] Sternberg-Lieben, in: Schönke/Schröder, StGB, 30. Aufl. 2019, § 225 Rn. 20; ähnlich Fischer, StGB, 71. Aufl. 2024, § 225 Rn. 19.
[289] Hardtung, in: MK-StGB, 4. Aufl. 2021, § 225 Rn. 36; aus der Rspr. vgl. BGH U. v. 17.07.2007 – 5 StR 92/07 – NStZ-RR 2007, 304 = StV 2007, 635 (Anm. RÜ 2007, 643; RA 2007, 671; Satzger JK 2008 StGB § 225 I/3).
[290] Aus der Rspr. vgl. zuletzt BGH B. v. 08.11.2018 – 4 StR 61/18 – NStZ-RR 2019, 144 = StV 2020, 306.
[291] Fischer, StGB, 71. Aufl. 2024, § 171 Rn. 7; aus der Rspr. vgl. BGH U. v. 20.04.1982 – 1 StR 50/82 – NStZ 1982, 328; BGH U. v. 23.07.2015 – 3 StR 633/14 – NStZ-RR 2015, 369 = StV 2016, 432.
[292] BGH U. v. 17.07.2007 – 5 StR 92/07 – NStZ-RR 2007, 304.

IV. Exkurs: Verletzung der Fürsorge- oder Erziehungspflicht, § 171 StGB

1. Aufbau
I. Tatbestand
  1. Objektiver Tatbestand
     a) Fürsorge- oder Erziehungspflicht gegenüber einer Person unter sechzehn Jahren
     b) Gröblich verletzt
     c) Gefahr des Schutzbefohlenen
        aa) Gefahr des Schutzbefohlenen, in seiner körperlichen Entwicklung erheblich geschädigt zu werden
        bb) Gefahr des Schutzbefohlenen, in seiner psychischen Entwicklung erheblich geschädigt zu werden
        cc) Gefahr des Schutzbefohlenen, einen kriminellen Lebenswandel zu führen
        dd) Gefahr des Schutzbefohlenen, der Prostitution nachzugehen
  2. Subjektiver Tatbestand
II. Rechtswidrigkeit
III. Schuld

2. Allgemeines
In Fallbearbeitungen ist im Themenbereich der Taten zu Lasten von Schutzbefohlenen auch an eine Verletzung der Fürsorge- oder Erziehungspflicht nach § 171 StGB zu denken.[293]

> **§ 171 StGB (Verletzung der Fürsorge- oder Erziehungspflicht)**
> Wer seine Fürsorge- oder Erziehungspflicht gegenüber einer Person unter sechzehn Jahren gröblich verletzt und dadurch den Schutzbefohlenen in die Gefahr bringt, in seiner körperlichen oder psychischen Entwicklung erheblich geschädigt zu werden, einen kriminellen Lebenswandel zu führen oder der Prostitution nachzugehen, wird mit Freiheitsstrafe bis zu drei Jahren oder mit Geldstrafe bestraft.

---

[293] Hierzu Luthere NJW 1954, 493; Neuheuser NStZ 2000, 174; Wittig FS von Heintschel-Heinegg 2015, 505; bzgl. Squid Game Gerhold/Poplat JR 2022, 160; aus der Rspr. vgl. zuletzt BGH B. v. 08.10.2020 – 4 StR 339/20 – NStZ-RR 2020, 372 = StV 2021, 119; BGH B. v. 13.10.2021 – AK 44/21 – StV 2022, 530 (Anm. Elobied StV 2022, 531); BGH B. v. 21.04.2022 – AK 14/22 – NStZ-RR 2022, 203; BGH B. v. 21.04.2022 – AK 18/22 – StV 2022, 523; BGH B. v. 23.01.2024 – AK 108/23 – NStZ-RR 2024, 111.

Es handelt sich um ein **konkretes Gefährdungsdelikt** im Vorfeld der Körperverletzung, das in der Strafpraxis von (erstaunlich) geringer Relevanz ist.[294]

§ 171 StGB **schützt** die gesunde körperliche und geistig-seelische Entwicklung von Kindern und Jugendlichen unter 16 Jahren.[295] Die Norm richtet sich gegen deren Verwahrlosung und soll den Fürsorge- und Erziehungsanspruch von Personen unter 16 Jahren mit dem Ziel einer ungestörten Entwicklung sichern.[296] Das Allgemeininteresse des Staates in Form eines „staatlich garantierten Minimalniveaus pädagogischer Entwicklung" ist nur mittelbarer Zweck des Delikts.[297]

3. Tatbestand

a) Objektiver Tatbestand

aa) Fürsorge- oder Erziehungspflicht gegenüber einer Person unter
sechzehn Jahren

§ 171 StGB ist ein echtes **Sonderdelikt**:[298] Täter kann nur sein, wem die Fürsorge- oder Erziehungspflicht eines unter 16-jährigen Kindes obliegt. Diese auf Dauer angelegte Fürsorge- und Erziehungspflicht entspricht den Garantenpflichten von Unterlassungsdelikten.[299]

Fürsorge- und Erziehungspflichten sind im StGB nicht näher geregelt und lassen sich auch nicht allgemein bestimmen, sodass die nähere Ausgestaltung der Pflichten aus dem Schutzzweck der Norm unter Heranziehung familienrechtlicher Vorschriften herzuleiten ist.[300] Sie können sich aus Gesetz ergeben[301] (z. B. Eltern gem. § 1631 BGB), durch einen Vertrag[302] entstehen (z. B. Heimleiter oder Pflegeeltern), sich aus einer tatsächlichen Übernahme (z. B. die Aufnahme von Verwandten in eine häusliche Gemeinschaft)[303] oder dem öffentlich-rechtlichen Aufgabenbereich[304] (z. B. Sozialarbeiter eines Jugendamtes[305]) ableiten.

---

[294] Frommel/Schramm, in: NK-StGB, 6. Aufl. 2023, § 171 Rn. 2.
[295] Frommel/Schramm, in: NK-StGB, 6. Aufl. 2023, § 171 Rn. 4.
[296] Kindhäuser/Hilgendorf, LPK, 9. Aufl. 2022, § 171 Rn. 1; Maurach/Schroeder/Maiwald, BT 2, 10. Aufl. 2012, § 63 Rn. 49.
[297] Fischer, StGB, 71. Aufl. 2024, § 171 Rn. 2; ablehnend Wolters, in: SK-StGB, 9. Aufl. 2019, § 171 Rn. 2.
[298] Fischer, StGB, 71. Aufl. 2024, § 171 Rn. 3.
[299] Ritscher, in: MK-StGB, 4. Aufl. 2021, § 171 Rn. 5.
[300] Wiedner, in: LK-StGB, 13. Aufl. 2022, § 171 Rn. 25; Frommel/Schramm, in: NK-StGB, 6. Aufl. 2023, § 171 Rn. 7; Wolters, in: SK-StGB, 9. Aufl. 2019, § 171 Rn. 11f., 14.
[301] Maurach/Schroeder/Maiwald, BT 2, 10. Aufl. 2012, § 63 Rn. 50.
[302] Frommel/Schramm, in: NK-StGB, 6. Aufl. 2023, § 171 Rn. 7.
[303] Fischer, StGB, 71. Aufl. 2024, § 171 Rn. 3.
[304] Maurach/Schroeder/Maiwald, BT 2, 10. Aufl. 2012, § 63 Rn. 50.
[305] Aus der Rspr. vgl. OLG Düsseldorf U. v. 27.04.2000 – 2 Ss 130/98-31/98 III – NStZ-RR 2001, 199.

Die Fürsorgepflicht ist als Schutzpflicht auszulegen und beinhaltet die Verpflichtung, den Schutzbefohlenen vor Schäden zu bewahren[306] sowie eine gesunde körperliche Entwicklung der Kinder und Jugendlichen zu gewährleisten.[307] Davon umfasst sind beispielsweise die Ernährung und Pflege der Kinder, oder aber das Fernhalten schädlicher Einflüsse.[308]

Über den Inhalt der Fürsorgepflicht hinaus erfordert die Wahrung der Erziehungspflicht eine richtige Anleitung des Kindes in seiner körperlich-seelischen Entwicklung.[309] Gerade die Pluralität der Erziehungsformen macht es allerdings problematisch, was als „richtige" Anleitung zu werten ist.[310] Demnach sind grundsätzlich alle Erziehungsmethoden, -inhalte und -modelle, die nicht gegen elementare Wertevorstellungen der Gesellschaft oder des Gesetzes verstoßen, erlaubt.[311]

bb) Gröblich verletzt

Die **Verletzung** der Pflicht ist als Nichterfüllung der sich aus dem Sonderverhältnis ergebenden Pflichten zu verstehen[312] und kann durch aktives Tun oder Unterlassen erfolgen.[313]

Der Vorwurf einer durch Unterlassen begangenen Tat besteht darin, die Entstehung eines Gefahrenzustandes nicht abgewendet zu haben,[314] also erforderliche und geeignete Maßnahmen trotz Möglichkeit und Zumutbarkeit nicht ergriffen zu haben.[315] Sofern die Pflichtverletzung nicht ausnahmsweise in einem aktiven Tun liegt, stellt § 171 StGB ein echtes Unterlassungsdelikt dar, sodass eine Strafmilderung nach §§ 13 II, 49 I StGB nicht in Betracht kommt.[316]

Umstritten ist, ob diese Pflicht auch bei einem bereits eingetretenem Gefahrerfolg bestehen bleibt.

Nach einer Ansicht soll der Täter nicht verpflichtet sein, eine bereits realisierte Gefahr zu beenden, indem er etwa versucht, den Schutzbefohlenen aus der Kriminalität „herauszuholen".[317] Jedoch wäre dann der Zweck der Vorschrift verfehlt: Auch ein Kind, das kurzzeitig unter schlechtem Einfluss steht, kann durch ent-

---

[306] Bosch/Schittenhelm, in: Schönke/Schröder, StGB, 30. Aufl. 2019, § 171 Rn. 3; Frommel/Schramm, in: NK-StGB, 6. Aufl. 2023, § 171 Rn. 7.
[307] Wolters, in: SK-StGB, 9. Aufl. 2019, § 171 Rn. 12.
[308] Wiedner, in: LK-StGB, 13. Aufl. 2022, § 171 Rn. 26.
[309] Ritscher, in: MK-StGB, 4. Aufl. 2021, § 171 Rn. 5.
[310] Maurach/Schroeder/Maiwald, BT 2, 10. Aufl. 2012, § 63 Rn. 51.
[311] Bosch/Schittenhelm, in: Schönke/Schröder, StGB, 30. Aufl. 2019, § 171 Rn. 3.
[312] Hierzu Bosch/Schittenhelm, in: Schönke/Schröder, StGB, 30. Aufl. 2019, § 171 Rn. 4; aus der Rspr. vgl. BGH U. v. 30.04.1952 – 3 StR 1213/51 – BGHSt 2, 348 = NJW 1952, 831.
[313] Fischer, StGB, 71. Aufl. 2024, § 171 Rn. 4; Heger, in: Lackner/Kühl/Heger, StGB, 30. Aufl. 2023, § 171 Rn. 2; Wolters, in: SK-StGB, 9. Aufl. 2019, § 171 Rn. 10.
[314] Wolters, in: SK-StGB, 9. Aufl. 2019, § 171 Rn. 10.
[315] Ritscher, in: MK-StGB, 4. Aufl. 2021, § 171 Rn. 6.
[316] Wolters, in: SK-StGB, 9. Aufl. 2019, § 171 Rn. 16.
[317] Wolters, in: SK-StGB, 9. Aufl. 2019, § 171 Rn. 10.

sprechende Maßnahmen wieder auf den richtigen Weg geleitet werden. Somit besteht die Pflicht auch und gerade dann, wenn bereits die Gefahr eingetreten oder eine erhebliche Entwicklungsschädigung besteht.[318]

Nicht ausreichend für die Annahme einer Pflichtverletzung ist es hingegen, wenn ein Elternteil seinem Kind nicht genügend Zuwendung aufbringt.[319]

Eine Verletzung der Fürsorge- oder Erziehungspflicht durch aktives Tun liegt vor, wenn das Kind oder der Jugendliche in eine Gefahr gebracht wird.[320]

Im Rahmen der Verletzung der Erziehungspflicht ist wiederum die Pluralität der Gesellschafts- und Erziehungsformen zu berücksichtigen. Die Erziehung in einer anderen Weise, als es die moderne Sozialpädagogik empfiehlt oder es den eigenen weltanschaulichen Vorstellungen entspricht, bedeutet noch keine Verletzung der Erziehungspflicht.[321]

Die Verletzung der Fürsorge- oder Erziehungspflicht ist **gröblich**, wenn sie objektiv und subjektiv schwerwiegend ist.[322]

In objektiver Hinsicht muss ein besonders deutlicher Widerspruch zwischen dem Handeln des Täters und den Grundsätzen einer ordnungsgemäßen Erziehung bestehen.[323]

Zwar wird teilweise vertreten, dem Merkmal „gröblich" käme objektiv keine eigenständige Bedeutung zu, da es aufgrund der gesetzlichen Anforderungen an die Folgen, die aus der Pflichtverletzung resultieren müssen, stets erfüllt sei.[324] Dem ist jedoch entgegenzuhalten, dass auch eine leichte Pflichtverletzung die Gefahr einer erheblichen körperlichen oder psychischen Entwicklungsschädigung bringen kann, wenn etwa ein Kleinkind in einem Garten mit Pool für eine kurzen Augenblick aus den Augen gelassen wird. Das Merkmal der Gröblichkeit soll somit verhindern, jegliche zu beanstandenden Erziehungsleistungen strafrechtlich zu sanktionieren.[325] Es wird ein deutscher Maßstab für die Beurteilung angelegt.[326]

Subjektiv ist ein erhöhtes Maß an Verantwortungslosigkeit im Vergleich zu den Handlungsmöglichkeiten des Täters zu verlangen. Dies ist der Fall, wenn das Verhalten maßgeblich hinter der individuellen, tatsächlichen Leistungsfähigkeit des Verpflichteten zurückbleibt,[327] was i. d. R. einen wiederholten oder dauerhaften Verstoß

---

[318] Wiedner, in: LK-StGB, 13. Aufl. 2022, § 171 Rn. 36.

[319] Aus der Rspr. vgl. BGH U. v. 10.07.1979 – 5 StR 262/79.

[320] Wiedner, in: LK-StGB, 13. Aufl. 2022, § 171 Rn 36.

[321] Fischer, StGB, 71. Aufl. 2024, § 171 Rn. 5; Ritscher, in: MK-StGB, 4. Aufl. 2021, § 171 Rn. 8.

[322] Wiedner, in: LK-StGB, 13. Aufl. 2022, § 171 Rn. 34; Maurach/Schroeder/Maiwald, BT 2, 10. Aufl. 2012, § 63 Rn. 50.

[323] Ritscher, in: MK-StGB, 4. Aufl. 2021, § 171 Rn. 9; Bosch/Schlittenhelm, in: Schönke/Schröder, StGB, 30. Aufl. 2019, § 171 Rn. 4.

[324] Bosch/Schlittenhelm, in: Schönke/Schröder, StGB, 30. Aufl. 2019, § 171 Rn. 4.

[325] Ritscher, in: MK-StGB, 4. Aufl. 2021, § 171 Rn. 9; Wittig, in: SSW-StGB, 5. Aufl. 2021, § 171 Rn. 7.

[326] Fischer, StGB, 71. Aufl. 2024, § 171 Rn. 5.

[327] Neuheuser NStZ 2000, 174; Ritscher, in: MK-StGB, 4. Aufl. 2021, § 171 Rn. 11; Wiedner, in: LK-StGB, 13. Aufl. 2022, § 171 Rn. 34.

H. Mißhandlung von Schutzbefohlenen, § 225 StGB

gegen die Pflichten erfordert.[328] Die Strafbarkeit ergibt sich in diesem Fall aus der Summe der einzelnen, für sich allein noch nicht strafbarkeitsbegründenden Handlungen.[329] Jedoch kann auch eine einmalige Pflichtverletzung ausreichen, so lange diese „hochgradig und folgenschwer"[330] ist.[331] Der Täter muss in der Lage gewesen sein, die Pflichtverletzung als solche zu erkennen. Diese Fähigkeit kann etwa bei lebensuntüchtigen oder erkrankten Fürsorge- oder Erziehungspflichtigen fehlen.[332]

cc) Gefahr des Schutzbefohlenen

(1) Allgemeines

Die Verletzung der Fürsorge- oder Erziehungspflicht muss zur konkreten Gefahr geführt haben, dass der Schutzbefohlene in seiner körperlichen oder psychischen Entwicklung erheblich geschädigt wird, er einen kriminellen Lebenswandel führen oder der Prostitution nachgehen wird. Die (konkrete) Gefahr liegt vor, wenn es bei Betrachtung der konkreten Umstände naheliegt, dass einer der Gefahrerfolge eintreten wird, der Eintritt somit nur noch vom Zufall abhängt.[333]

(2) Gefahr des Schutzbefohlenen, in seiner körperlichen Entwicklung erheblich geschädigt zu werden

Die Gefahr einer erheblichen Schädigung der körperlichen Entwicklung ist anzunehmen, wenn die Befürchtung besteht, dass der normale Ablauf des körperlichen Reifeprozesses nachhaltig und dauernd gestört wird.[334]

Beispiel 86

BGH U. v. 30.04.1952 – 3 StR 1213/51 – BGHSt 2, 348 = NJW 1952, 831:
B1 brachte ihr am 25.11.1936 unehelich geborenes Kind Z mit in die Ehe, das der Ehemann B2 alsbald an Kindes Statt an nahm. B1 und B2 ließen das Kind häufig an häuslichen Festlichkeiten teilnehmen, nahmen es später auch zu Gasthausbesuchen mit; dabei kam das Kind in einem solchen Maße in den Genuss von Alkohol, dass dadurch schwere krankhafte Veränderungen der Leber, der Nieren und des Herzens eintraten. ◄

---

[328] Frommel/Schramm, in: NK-StGB, 6. Aufl. 2023, Rn. 10; Ritscher, in: MK-StGB, 4. Aufl. 2021, § 171 Rn. 10; aus der Rspr. vgl. BGH U. v. 28.06.1955 – 5 StR 646/54 – BGHSt 8, 92 = NJW 1955, 1600.
[329] Wiedner, in: LK-StGB, 13. Aufl. 2022, § 171 Rn. 36; aus der Rspr. vgl. BGH U. v. 28.06.1955 – 5 StR 646/54 – BGHSt 8, 92 = NJW 1955, 1600.
[330] Bosch/Schlittenhelm, in: Schönke/Schröder, StGB, 30. Aufl. 2019, § 171 Rn. 4.
[331] Fischer, StGB, 71. Aufl. 2024, § 171 Rn. 4; Bosch/Schlittenhelm, in: Schönke/Schröder, StGB, 30. Aufl. 2019, § 171 Rn. 4; aus der Rspr. vgl. BGH U. v. 20.04.1982 – 1 StR 50/82 – NStZ 1982, 328.
[332] Fischer, StGB, 71. Aufl. 2024, § 171 Rn. 5.
[333] Heger, in: Lackner/Kühl/Heger, StGB, 30. Aufl. 2023, § 171 Rn. 6; Wolters, in: SK-StGB, 9. Aufl. 2019, § 171 Rn. 3.
[334] Wolters, in: SK-StGB, 9. Aufl. 2019, § 171 Rn. 5; aus der Rspr. vgl. BGH U. v. 20.04.1982 – 1 StR 50/82 – NStZ 1982, 328.

Der Genuss von Alkohol verursachte bereits nachweisbare gesundheitliche Schäden bei G und ist ferner geeignet, Gehirn- und Nervenzellen zu gefährden.

Eine Schädigung kann bereits dann vorliegen, wenn durch fehlendes Handeln der Fürsorgepflichtigen oder Erziehungsberechtigten eine bereits bestehende Gefahr intensiviert oder beibehalten wird.[335]

Nicht erforderlich ist das unmittelbare Bevorstehen einer Gesundheitsschädigung i. S. d. § 223 I StGB, vielmehr muss der Schaden nur zu befürchten sein bzw. naheliegen.[336] Auch bedeutet eine Gesundheitsschädigung i. S. d. § 223 StGB nicht zwangsläufig eine Verwirklichung des § 171 StGB.[337]

Ob die Schädigung erheblich ist, wird anhand eines Vergleichs zwischen der tatsächlichen und der hypothetischen Körperentwicklung im konkreten Fall beurteilt.[338] Abzustellen ist hierbei auf optimale Hilfen, nicht hingegen auf die für den Täter tatsächlich möglichen Maßnahmen (z. B. in finanzieller Hinsicht). Eine hinreichende Eingrenzung folgt schon aus dem Merkmal „gröblich".[339]

(3) Gefahr des Schutzbefohlenen, in seiner psychischen Entwicklung erheblich geschädigt zu werden

Die Gefahr einer Schädigung der psychischen Entwicklung ist gegeben, wenn zu befürchten ist, dass der normale Ablauf des geistig-seelischen Reifungsprozesses nachhaltig und dauernd gestört oder beeinträchtigt wird.[340]

Beispiel 87

BGH U. v. 07.12.1994 – 2 StR 370/94 – NStZ 1995, 178:
Im Herbst 1989 lernte B1 über ihren Lebensgefährten B2 den Z1 kennen. Beide begannen ein intimes Verhältnis. Z1 kam häufig zu Besuch und übernachtete wiederholt in ihrer Wohnung. B1, die üblicherweise mit ihrem Lebensgefährten im Wohnzimmer schlief, legte sich dann ins Kinderzimmer zu ihrer fünfjährigen Tochter Z2 ins Bett, während sich Z1 im Wohnzimmer eine Schlafstatt bereitete. Bei mindestens drei Gelegenheiten schlich er sich nachts in das Kinderzimmer und legte sich zu B1 und deren Tochter ins Bett. Er und B1 führten sodann miteinander sowohl Geschlechtsverkehr als auch Oralverkehr aus. Dabei gab Z1 grob-sexualbetonte Äußerungen von sich. Z2 wurde jeweils wach. ◄

---

[335] Heger, in: Lackner/Kühl/Heger, StGB, 30. Aufl. 2023, § 171 Rn. 3; aus der Rspr. vgl. OLG Düsseldorf U. v. 27.04.2000 – 2 Ss 130/98 – 31/98 II – NStZ-RR 2001, 199.

[336] Heger, in: Lackner/Kühl/Heger, StGB, 30. Aufl. 2023, § 171 Rn. 3; aus der Rspr. vgl. BGH U. v. 06.11.1952 – 4 StR 167/52 – BGHSt 3, 256 = NJW 1953, 74; BGH U. v. 20.04.1982 – 1 StR 50/82 – NStZ 1982, 328; OLG Köln U. v. 16.02.1968 – Ss 16/68.

[337] Ritscher, in: MK-StGB, 4. Aufl. 2021, § 171 Rn. 13; Wiedner, in: LK-StGB, 13. Aufl. 2022, § 171 Rn. 63.

[338] Wiedner, in: LK-StGB, 13. Aufl. 2022, § 171 Rn. 59.

[339] Wiedner, in: LK-StGB, 13. Aufl. 2022, § 171 Rn. 34.

[340] Ritscher, in: MK-StGB, 4. Aufl. 2021, § 171 Rn. 14.

Die Anwesenheit eines fünfjährigen Kindes bei dem Geschlechtsverkehr ihrer Mutter mit einem anderen Partner ist geeignet, es in seiner psychischen Entwicklung erheblich zu schädigen.

Der Gefahrerfolg ist jedenfalls dann anzunehmen, wenn eine Gefährdung neu entstanden ist, allerdings reicht es auch hier aus, wenn eine bereits bestehende psychische Gefährdung verstärkt wird. Bereits bei längerem Alleinlassen oder Einsperren eines Kindes kann ein solcher Erfolg drohen.[341]

Die Schäden sind aufgrund sonstiger forensischer Beweisschwierigkeiten auf diejenigen beschränkt, die mittels medizinisch-psychologischer Maßnahmen festgestellt werden können.[342]

Eine Fehlentwicklung auf rein sittlicher Basis kann erst dann zu einer Strafbarkeit nach § 171 StGB führen, wenn sich in dem Verhalten des Sorgepflichtigen die Missachtung immanenter gesellschaftlicher Grundwerte zeigt.[343] Die vom Gesetzgeber normierten Beispiele der 2. und 3. Var. des § 171 StGB stellen ebenfalls psychische Entwicklungsschäden dar und fungieren als Anhaltspunkte für die Schwelle der Erheblichkeit von psychischen Entwicklungsschäden.[344]

(4) Gefahr des Schutzbefohlenen, einen kriminellen Lebenswandel zu führen

Einen kriminellen Lebenswandel führt, wer wiederholt nicht unerhebliche vorsätzliche Straftaten begeht.[345] Insgesamt muss sich der Hang zur Kriminalität in der gesamten Lebensführung wiederspiegeln, also den Lebenswandel des Schutzbefohlenen charakteristisch prägen.[346] Irrelevant ist, ob die Person schon kriminelle Taten begangen hat.[347] Die Gefahr, in einen kriminellen Lebenswandel abzugleiten, liegt bereits vor, wenn sich das Kind oder der Jugendliche in kriminellen Kreisen bewegt und die Eltern keinen Versuch unternehmen, diese Zugehörigkeit zu unterbinden.[348]

(5) Gefahr des Schutzbefohlenen, der Prostitution nachzugehen

Wenngleich dieser Gefährdungserfolg aufgrund des gesellschaftlichen Wandels und der Einführung des ProstG in anderem Lichte steht, besteht weiterhin der gesetzgeberische Wille, Kinder und Jugendliche vor einer Prostitutionstätigkeit zu bewahren. § 171 StGB soll verhindern, dass Kinder oder Jugendliche in die Prostitution gedrängt werden.[349] Eine Pflichtverletzung ist somit beispielsweise dann zu beja-

---

[341] Näher Sturm JZ 1974, 1.
[342] BT-Drs. VI/3521, S. 16; Wiedner, in: LK-StGB, 13. Aufl. 2022, § 171 Rn. 66.
[343] Ritscher, in: MK-StGB, 4. Aufl. 2021, § 171 Rn. 14.
[344] Bosch/Schittenhelm, in: Schönke/Schröder, StGB, 30. Aufl. 2019, § 171 Rn. 9.
[345] Wiedner, in: LK-StGB, 13. Aufl. 2022, § 171 Rn. 71.
[346] Näher Neuheuser NStZ 2000, 174.
[347] Ritscher, in: MK-StGB, 4. Aufl. 2021, § 171 Rn. 18.
[348] Näher Sturm JZ 1974, 1.
[349] Frommel/Schramm, in: NK-StGB, 6. Aufl. 2023, § 171 Rn. 19.

hen, wenn eine Mutter das Leben als Prostituierte als besonders nachahmenswert darstellt[350] oder das Kind den Eindruck vermittelt bekommt, die Prostitution sei eine ganz übliche Art des Umgangs der Geschlechter.[351]

b) Subjektiver Tatbestand
Gem. § 15 StGB ist Vorsatz erforderlich.
  Zu subjektiven Anforderungen an die Gröblichkeit s. o.

4. Rechtswidrigkeit
Es gelten die allgemeinen Grundsätze.

5. Schuld
Es gelten die allgemeinen Grundsätze.

6. Rechtsfolgen
Der Strafrahmen des § 171 StGB sieht Freiheitsstrafe bis zu drei Jahren (im Minimum also ein Monat, § 38 II StGB) oder Geldstrafe (zu den Grenzen s. § 40 StGB) vor.

7. Sonstiges
Zum **Sonderdeliktscharakter** s. o. Bei Nichterfüllung der Täterqualifikation ist nur Teilnahme möglich.[352]

  Bei der Frage, ob **§ 28 I StGB** anzuwenden ist, kommt es auf das Verständnis der Garantenpflicht an, die sich im Wesentlichen nicht von der Fürsorge- oder Erziehungspflicht unterscheidet.[353] Geht man mit der h. M. davon aus, es handele sich bei der Garantenstellung um ein besonderes persönliches Merkmal i. S. d. § 28 StGB, so findet auf Teilnehmer § 28 I StGB Anwendung.[354]

  Die einzelnen Pflichtverletzungen können in Tatmehrheit zueinanderstehen, werden aber zu einer einzigen Tat zusammengefasst, wenn sich die Gefährdung erst durch die Summe der Einzeltaten ergibt.[355] Die einzelnen Pflichtverletzungen stellen dann eine natürliche Handlungseinheit und somit eine Tat i. S. d. § 171 StGB dar.[356]

---

[350] Frommel/Schramm, in: NK-StGB, 6. Aufl. 2023, § 171 Rn. 20.

[351] Ritscher, in: MK-StGB, 4. Aufl. 2021, § 171 Rn. 19.

[352] Wiedner, in: LK-StGB, 13. Aufl. 2022, § 171 Rn. 77.

[353] Bosch/Schlittenhelm, in: Schönke/Schröder, StGB, 30. Aufl. 2019, § 171 Rn. 11.

[354] Wolters, in: SK-StGB, 9. Aufl. 2019, § 171 Rn. 14; Ritscher, in: MK-StGB, 4. Aufl. 2021, § 171 Rn. 21; dagegen Bosch/Schlittenhelm, in: Schönke/Schröder, StGB, 30. Aufl. 2019, § 171 Rn. 11; Heger, in: Lackner/Kühl/Heger, StGB, 30. Aufl. 2023, § 171 Rn. 8.

[355] Wolters, in: SK-StGB, 9. Aufl. 2019, § 171 Rn. 17.

[356] Wiedner, in: LK-StGB, 13. Aufl. 2022, § 171 Rn. 80; aus der Rspr. vgl. BGH U. v. 28.06.1955 – 5 StR 646/54 – BGHSt 8, 92 = NJW 1955, 1600.

Tateinheit ist beispielsweise möglich mit §§ 221,[357] 222,[358] 223[359] StGB. Werden mehrere Schutzbefohlene durch denselben Täter gefährdet, ist je nach den Umständen des Einzelfalls gleichartige Tateinheit oder –mehrheit anzunehmen.[360] Von den §§ 211ff. wird § 171 StGB aufgrund von Subsidiarität verdrängt.[361] Zum Verhältnis zu § 225 StGB s. o.

J. Beteiligung an einer Schlägerei (oder an einem von mehreren verübten Angriff), § 231 StGB

▶ Didaktischer Aufsatz
- Bock, Beteiligung an einer Schlägerei (oder an einem von mehreren verübten Angriff), § 231 StGB, Jura 2016, 992

I. Aufbau

I. Tatbestand
  1. Objektiver Tatbestand
     a) Schlägerei oder von mehreren verübter Angriff
     b) Sich an … beteiligt
  2. Subjektiver Tatbestand
II. Durch die Schlägerei oder den Angriff der Tod eines Menschen oder eine schwere Körperverletzung verursacht
III. Rechtswidrigkeit
IV. Schuld

II. Allgemeines

§ 231 StGB stellt die Beteiligung an einer Schlägerei oder an einem von mehreren verübten Angriff unter Strafe.[362]

> **§ 231 StGB (Beteiligung an einer Schlägerei)**
> (1) Wer sich an einer Schlägerei oder an einem von mehreren verübten Angriff beteiligt, wird schon wegen dieser Beteiligung mit Freiheitsstrafe bis zu drei Jahren oder mit Geldstrafe bestraft, wenn durch die Schlägerei oder den An-

---

[357] Fischer, StGB, 71. Aufl. 2024, § 171 Rn. 11; Wolters, in: SK-StGB, 9. Aufl. 2019, § 171 Rn. 17.
[358] BGH U. v. 30.04.1952 – 3 StR 1213/51 – BGHSt 2, 348 = NJW 1952, 831.
[359] Ritscher, in: MK-StGB, 4. Aufl. 2021, § 171 Rn. 22; Heger, in: Lackner/Kühl/Heger, StGB, 30. Aufl. 2023, § 171 Rn. 9.
[360] Neuheuser NStZ 2000, 174.
[361] Ritscher, in: MK-StGB, 4. Aufl. 2021, § 171 Rn. 22.
[362] Hierzu Stree FS Schmitt 1992, 215; Bock Jura 2016, 992.

> griff der Tod eines Menschen oder eine schwere Körperverletzung (§ 226) verursacht worden ist.
> (2) Nach Absatz 1 ist nicht strafbar, wer an der Schlägerei oder dem Angriff beteiligt war, ohne daß ihm dies vorzuwerfen ist.

Die früher Raufhandel benannte Norm enthält ein **abstraktes Gefährdungsdelikt**[363] mit einer sog. objektiven Bedingung der Strafbarkeit.[364]

Der Gesetzgeber überwindet durch Schaffung dieses außergewöhnlichen Tatbestands Beweisschwierigkeiten bei unübersichtlichen Geschehnissen bzgl. der Zurechnung einer Tötung oder schweren Körperverletzung:[365] Schlägereien und Angriffe mehrerer sind nämlich nach Auffassung des Gesetzgebers der **Kontrolle des Einzelnen entzogen**. Sie erzeugen gruppendynamische Effekte, die das Verantwortungsgefühl des Einzelnen zugunsten der Verletzungsbereitschaft absenken und von der Situation eine Anreizwirkung für Hinzutretende ausgehen lassen.[366] § 231 StGB soll deswegen dem Umstand Rechnung tragen, dass Schlägereien und Angriffe mehrerer die Gefahr bergen, schwere Folgen von Beteiligten wie Unbeteiligten – namentlich den Tod oder eine schwere Körperverletzung – hervorzubringen.[367]

Beispiel 88

In einer Gaststätte gerieten B1, B2 und B3 in Streit, den sie schließlich mit Fäusten austrugen. Von einem das eigentliche Ziel verfehlenden Faustschlag an der Schläfe getroffen, starb der unbeteiligte Kellner G. Von wem der tödliche Faustschlag stammte, lässt sich nicht feststellen. ◄

Gäbe es § 231 StGB nicht, so wären B1, B2 und B3 „nur" wegen §§ 223, 224 StGB sowie (jedenfalls i. d. R.) wegen fahrlässiger Tötung nach § 222 StGB zu bestrafen. Die – vom Strafrahmen her weitgehend entbehrliche – Bestrafung nach § 231 StGB bringt demgegenüber die Verknüpfung von Todeseintritt und Schlägerei zum Ausdruck.

Die gesetzliche Überschrift ist insofern missverständlich, d. h. unvollständig, als außer der Beteiligung an einer Schlägerei auch die Beteiligung **an einem von mehreren verübten Angriff** erfasst wird.

---

[363] Eisele, BT I, 6. Aufl. 2021, Rn. 407; aus der Rspr. vgl. zuletzt BGH U. v. 22.01.2015 – 3 StR 233/14 – BGHSt 60, 166 = NJW 2015, 1540 = NStZ 2015, 270 (Anm. Satzger Jura 2015, 1138; LL 2015, 663; RÜ 2015, 305; Mitsch NJW 2015, 1545; Zabel JR 2015, 619; Knauer HRRS 2015, 435).
[364] Näher unten IV.
[365] Eisele, BT I, 6. Aufl. 2021, Rn. 407; aus der Rspr. vgl. zuletzt BGH U. v. 22.01.2015 – 3 StR 233/14 – BGHSt 60, 166 = NJW 2015, 1540 = NStZ 2015, 270 (Anm. Satzger Jura 2015, 1138; LL 2015, 663; RÜ 2015, 305; Mitsch NJW 2015, 1545; Zabel JR 2015, 619; Knauer HRRS 2015, 435).
[366] Paeffgen/Böse/Eidam, in: NK-StGB, 6. Aufl. 2023, § 231 Rn. 2.
[367] Wessels/Hettinger/Engländer BT 1, 47. Aufl. 2023, Rn. 313; Paeffgen/Böse/Eidam, in NK-StGB, 6. Aufl. 2023, § 231 Rn. 2; aus der Rspr. vgl. BGH U. v. 16.06.1961 – 4 StR 176/61 – BGHSt 16, 130 = NJW 1961, 1732 (Anm. Stree JuS 1962, 93; Birkhahn MDR 1962, 625).

Beispiel 89

B1 und B2 wollten die Geldbörse des G an sich bringen, indem sie diesen niederschlagen und seine Taschen durchsuchen. Als G erschien, verwirklichten sie ihren Plan. Allerdings hatten sie den G so schwer getroffen, dass dieser verstarb, was B1 und B2 nicht gewollt und nicht vorhergesehen hatten. ◄

Dem Tatbestand kommt – auch in der universitären **Fallbearbeitung** – zumindest im Hinblick auf den Angriff mehrerer – nun ein erstaunlich großer Anwendungsbereich zu, ist doch an sich insbesondere bei jedem mittäterschaftlichen „Überfall", welcher mit einem Todeserfolg oder einer Folge nach § 226 StGB endet, § 231 StGB anzusprechen. Je nach Beurteilung der Konkurrenzen lässt sich diese Prüfung dann auch nicht unter raschem Hinweis auf eine Gesetzeskonkurrenz abhandeln.

III. Tatbestand

1. Objektiver Tatbestand

a) Schlägerei oder von mehreren verübter Angriff

aa) Schlägerei

(1) Allgemeines
Schlägerei ist eine mit gegenseitigen Körperverletzungen verbundene Auseinandersetzung, an der gleichzeitig mehr als zwei Personen aktiv mitwirken.[368]

(2) Aktive Mitwirkung an mit gegenseitigen Körperverletzungen verbundener Auseinandersetzung
Fraglich ist, ob i. S. d. Grunddefinition der Schlägerei die **Art und Weise der Körperverletzungshandlung** gleichgültig ist.

Beispiel 90

B1, B2, B3 und B4, die sich in einem Fußballstadion in benachbarten, aber verfeindeten Fanblöcken aufhielten, bewarfen einander aus einer Distanz von drei Metern mit Feuerzeugen. Eines davon traf den Z im rechten Auge, welches erblindete. ◄

---

[368] Wolters, in: SK-StGB, 10. Aufl. 2024, § 231 Rn. 6; Paeffgen/Böse/Eidam, in NK-StGB, 6. Aufl. 2023, § 231 Rn. 6; Fischer, StGB, 71. Aufl. 2024, § 231 Rn. 3; aus der Rspr. vgl. zuletzt BGH U. v. 12.05.2020 – 1 StR 368/19 – NStZ 2021, 494 = StV 2021, 117 (Anm. von Heintschel-Heinegg JA 2021, 425; von Heintschel-Heinegg NStZ 2021, 498); BGH B. v. 20.01.2022 – 4 StR 430/21 – NStZ 2023, 235 = StV 2023, 534.

Die Rspr.[369] und die h. L.[370] nehmen dies an. Hiernach wären auch Tritte, Bisse, Stiche oder Würfe mit Gegenständen sowie Schüsse erfasst.

Eine Gegenauffassung[371] verweist angesichts des Wortlauts „Schlägerei" auf die Grenze gem. Art. 103 II GG, § 1 StGB und verlangt, dass jedenfalls auch geschlagen werden müsse.

In der Tat ist zwar eine Einschränkung auf Schläge wenig sachgerecht (andere aus nächster Distanz ausgeführte Verletzungsarten bergen aufgrund ihrer gruppendynamischen Unübersichtlichkeit mindestens die gleiche abstrakte Gefahr), die Teleologie endet aber an der Wortlautgrenze. Die Restriktion zu beheben, ist Sache des Gesetzgebers.

Klarzustellen ist, dass nicht jeder der Mitwirkenden einen Schlag erlitten haben und auch nicht jeder einen Schlag erfolgreich ausgeteilt haben muss, insoweit genügt auch der Versuch eines Schlags.[372]

Eine allein psychische Mitwirkung ist freilich nicht ausreichend, um als zu berücksichtigender Bestandteil einer Schlägerei zu gelten,[373] sodass z. B. ein Schaulustiger eines Zweikampfs diesen nicht zur Schlägerei werden lässt, selbst wenn er einen der Kontrahenten anfeuert. Gleiches gilt bei bloßen Abwehrbewegungen eines Attackierten (sog. Schutzwehr), die Schlägerei liegt erst ab Gegenwehr vor.[374]

Selbst wenn ein solch Außenstehender einem der Kämpfenden (z. B. durch Reichen eines Messers oder einer Hand zum Aufstehen) hilft, führt dies mangels zumindest erstrebter eigener Körperverletzungshandlung nicht zur Begründung einer Schlägerei.

Für das Vorliegen der Schlägerei ist irrelevant, ob die Körperverletzungen gerechtfertigt oder entschuldigt sind.[375] Insbesondere in Notwehr Handelnde zählen – abgesehen von reiner Schutzwehr, s. o. – folglich bei der Subsumtion der Schlägerei mit.[376]

---

[369] RG U. v. 20.02.1899 – 2/99 – RGSt 32, 33.

[370] Etwa Eschelbach, in: BeckOK-StGB, Stand 01.02.2024, § 231 Rn. 7.

[371] Hohmann, in: MK-StGB, 4. Aufl. 2021, § 231 Rn. 9.

[372] Paeffgen/Böse/Eidam, in NK-StGB, 6. Aufl. 2023, § 231 Rn. 6; zur Mitwirkung und Beteiligung s. noch sogleich.

[373] Eisele, BT I, 6. Aufl. 2021, Rn. 410.

[374] Fischer, StGB, 71. Aufl. 2024, § 231 Rn. 3; Joecks/Jäger, StGB, 13. Aufl. 2021, § 231 Rn. 4; aus der Rspr. vgl. BGH U. v. 21.02.1961 – 1 StR 624/60 – BGHSt 15, 369 = NJW 1961, 839.

[375] Kindhäuser/Hilgendorf, LPK, 9. Aufl. 2022, § 231 Rn. 3; aus der Rspr. vgl. BGH U. v. 21.02.1961 – 1 StR 624/60 – BGHSt 15, 369 = NJW 1961, 839; BGH U. v. 20.12.1984 – 4 StR 679/84 – BGHSt 33, 100 = NJW 1985, 871 = NStZ 1985, 455 = StV 1986, 249 (Anm. Henke Jura 1985, 585; Günther JZ 1985, 585; Schulz StV 1986, 250; Montenbruck JR 1986, 138); BGH U. v. 24.08.1993 – 1 StR 380/93 – BGHSt 39, 305 = NJW 1993, 3337 = NStZ 1994, 184 = StV 1993, 623 (Anm. Geppert JK 1994 StGB § 227/1; Geppert JK 1994 StPO § 250/2; Jung JuS 1994, 263; Stree JR 1994, 370; Wagner JuS 1995, 296; Rönnau/Bröckers GA 1995, 549); BGH U. v. 12.03.1997 – 3 StR 627/96 – BGHSt 43, 15 = NJW 1997, 2123 = NStZ 1997, 402.

[376] Kindhäuser/Hilgendorf, LPK, 9. Aufl. 2022, § 231 Rn. 3; zur Rspr. s. o.

(3) Mindestzahl der Mitwirkenden

Die Schlägerei setzt drei Personen voraus, da es bei einer Zweipersonenkonstellation sowohl an der Gruppendynamik mangelt, die zur Gefahr schwerer Folgen führt, als auch an der Unübersichtlichkeit, aus der sich Beweisschwierigkeiten ergeben.[377]

Zu beachten ist also insbesondere, dass eine Schlägerei erst ab dem **Zeitpunkt** vorliegt, in dem mindestens drei Personen beteiligt sind, und dass der Charakter als Schlägerei verloren geht, wenn nur noch zwei Kontrahenten übrig bleiben.[378]

Zu unterscheiden ist die Schlägerei von nicht miteinander zusammenhängenden Auseinandersetzungen, die für sich genommen nicht die Anforderungen an eine Schlägerei erfüllen. Teilakte unterschiedlicher körperlicher Auseinandersetzungen werden aber dann zu einem einheitlichen Gesamtgeschehen normativ **zusammengefasst** (welches nunmehr die Voraussetzungen der Schlägerei verwirklicht), wenn sie in räumlich-zeitlichem Zusammenhang stehen und eine wenigstens zeitweise überlappende Identität der Handelnden gegeben ist.[379] Dabei kann es durchaus geschehen, dass die Akteure des letzten Teilakts völlig verschieden von denen des ersten sind.[380] Eine vorübergehende Unterschreitung der Mindestzahl tätlich Werdender führt nur bei einer zeitlich und räumlich klaren Zäsur zu einer Unterbrechung der Schlägerei.[381]

Auch liegt bei jeder Schlägerei zum Zeitpunkt der ersten Tathandlung streng genommen noch keine Schlägerei vor, sondern eine einzelne zumindest versuchte Körperverletzung. Die Schlägerei entwickelt sich in Anbetracht erforderlicher Gegenseitigkeit erst mit der Reaktion der anderen Beteiligten. Das ist insbesondere dann von Bedeutung, wenn bereits die erste Tathandlung die schwere Folge herbeiführt. Erst durch die normative Gesamtbewertung inklusive des nachfolgenden Geschehens stellt sich die erste Tathandlung als Auftakt der Schlägerei dar.

Einen Sonderfall der Schlägerei stellt die Konstellation wechselseitiger Körperverletzungen in **Paaren** dar, z. B. bei verabredeten oder spontanen Auseinandersetzungen rivalisierender Gruppen, sei es gleichzeitig (Bildung zweier „Duelle"), sei es sukzessive.

Im Falle sukzessiver Paarbildung, bei der zunächst zwei Personen wechselseitige Tätlichkeiten verüben und danach dasselbe zwischen einer der beiden und der dritten Person geschieht, sind nie gleichzeitig drei Personen tätlich beteiligt. Dennoch ist eine Schlägerei zu bejahen, wenn zwischen den Paaren ein so enger innerer Zusammenhang besteht, dass sie nicht mehr als separate Zweikämpfe betrachtet werden können, sondern die Annahme eines einheitlichen Gesamtgeschehens gerecht-

---

[377] Wessels/Hettinger/Engländer BT 1, 47. Aufl. 2023, Rn. 315 f; Fischer, StGB, 71. Aufl. 2024, § 231 Rn. 3.
[378] Kindhäuser/Hilgendorf, LPK, 9. Aufl. 2022, § 231 Rn. 2; aus der Rspr. vgl. zuletzt BGH U. v. 12.05.2020 – 1 StR 368/19 – NStZ 2021, 494 = StV 2021, 117 (Anm. von Heintschel-Heinegg JA 2021, 425; von Heintschel-Heinegg NStZ 2021, 498).
[379] Hohmann, in: MK-StGB, 4. Aufl. 2021, § 231 Rn. 31.
[380] Paeffgen/Böse/Eidam, in NK-StGB, 6. Aufl. 2023, § 231 Rn. 5.
[381] Paeffgen/Böse/Eidam, in NK-StGB, 6. Aufl. 2023, § 231 Rn. 11.

fertig ist.³⁸² Das lässt sich auf eine Vierpersonenkonstellation übertragen. Verüben zwei Paare von Personen jeweils wechselseitig Körperverletzungen, liegt keine Schlägerei vor, sondern zwei Auseinandersetzungen von je zwei Personen. Zu einer Schlägerei wird das Geschehen erst bei einer Durchmischung und einem inneren Zusammenhang zwischen beiden Teilakten.

bb) Von mehreren verübter Angriff

(1) Allgemeines

Ein von mehreren verübter Angriff ist die unmittelbare Einwirkung mindestens zweier Personen in feindseliger Willensrichtung auf den Körper eines anderen.³⁸³

Es handelt sich um ein gemischt objektiv-subjektives Merkmal, welcher aber üblicherweise im Zusammenhang im objektiven Tatbestand behandelt wird.

Der Unterschied zwischen der Schlägerei und dem von mehreren verübten Angriff besteht mithin darin, dass die Tätlichkeiten bei der Schlägerei wechselseitig erfolgen, während der Angriff eine einseitige Einwirkung auf andere ist.³⁸⁴

(2) Personenmehrheit

Mindestens zwei Angreifer sind erforderlich. Zwischen diesen muss in Unterscheidung zu mehreren Angriffen Einzelner ein verbindendes Element bestehen; eine Mittäterschaft der Angreifer i. S. d. § 25 II StGB ist hierbei freilich nicht erforderlich, es genügt die Einheitlichkeit des Angriffs, des Gegners und des Angriffswillens.³⁸⁵

Ausweislich des Wortlautes nicht erfasst wird es, wenn eine Person mehrere andere angreift, welche sich wehren.³⁸⁶

---

³⁸² Eisele, BT I, 6. Aufl. 2021, Rn. 411; Wolters, in: SK-StGB, 10. Aufl. 2024, § 231 Rn. 6; Joecks/Jäger, StGB, 13. Aufl. 2021, § 231 Rn. 4; aus der Rspr. vgl. zuletzt BGH U. v. 12.05.2020 – 1 StR 368/19 – NStZ 2021, 494 = StV 2021, 117 (Anm. von Heintschel-Heinegg JA 2021, 425; von Heintschel-Heinegg NStZ 2021, 498); BGH B. v. 20.01.2022 – 4 StR 430/21 – NStZ 2023, 235 = StV 2023, 534.

³⁸³ Heger, in: Lackner/Kühl/Heger, StGB, 30. Aufl. 2023, § 231 Rn. 2; näher Berz FS Geilen 2003, 17; aus der Rspr. vgl. zuletzt BGH B. v. 20.01.2022 – 4 StR 430/21 – NStZ 2023, 235 = StV 2023, 534.

³⁸⁴ S. nur Eschelbach, in: BeckOK-StGB, Stand 01.02.2024, § 231 Rn. 6.

³⁸⁵ Wolters, in: SK-StGB, 10. Aufl. 2024, § 231 Rn. 7; aus der Rspr. vgl. RG U. v. 20.02.1899 – 2/99 – RGSt 32, 33; RG U. v. 18.06.1925 – III 213/25 – RGSt 59, 264; BGH U. v. 29.02.1952 – 1 StR 767/51 – BGHSt 2, 160; BGH U. v. 21.10.1982 – 4 StR 526/82 – BGHSt 31, 124 = NJW 1983, 581 = NStZ 1983, 168; BGH U. v. 19.01.1984 – 4 StR 742/83 – NStZ 1984, 328 = StV 1984, 190; BGH U. v. 20.12.1984 – 4 StR 679/84 – BGHSt 33, 100 = NJW 1985, 871 = NStZ 1985, 455 = StV 1986, 249 (Anm. Henke Jura 1985, 585; Günther JZ 1985, 585; Schulz StV 1986, 250; Montenbruck JR 1986, 138).

³⁸⁶ Hohmann, in: MK-StGB, 4. Aufl. 2021, § 231 Rn. 10.

(3) Unmittelbare Einwirkung auf den Körper

Die Angreifer müssen auf den Körper des Opfers unmittelbar einwirken. Gegenseitigkeit der Einwirkungen ist nicht erforderlich.[387] Anders als bei der Schlägerei muss es noch nicht zu Tätlichkeiten gekommen sein, noch nicht einmal zu tatsächlichen Körperberührungen.[388] Die Beteiligten müssen lediglich darauf abzielen, den Gegner körperlich zu verletzen[389] und diese Absicht muss sich für das Opfer physisch manifestieren. Bloße Drohungen genügen dafür nicht,[390] während eine Verfolgung oder das Umzingeln des Opfers mit dem Zweck, ihm Gewalt zuzufügen, eine Einwirkung darstellt.

b) Sich an … beteiligt

aa) Allgemeines

Der Täter muss sich an der Schlägerei bzw. am Angriff beteiligt haben.

„Beteiligung" nimmt nicht auf § 28 II StGB Bezug (die Schlägerei als solche bzw. der Angriff mehrerer als solcher ist kein eigenes Delikt), sondern wird – umgangssprachlich-untechnisch – verstanden als jede physische oder psychische Mitwirkung an den Tätlichkeiten.[391]

Klargestellt sei, dass nicht nur die Mitwirkung an einer bereits bestehenden Schlägerei etc. erfasst wird, sondern auch und gerade diejenige Mitwirkung, die das Merkmal der Schlägerei oder des Angriffs erst begründet.[392]

bb) Aktive und passive Mitwirkung

Die Beteiligung muss zunächst aktiv sein. Bei bloßer Untätigkeit kann schwerlich von einem „Mitwirken" gesprochen werden. Neugierige Zuschauer beispielsweise werden mithin nicht erfasst.[393] Auch ist der allein Schutzwehr Ausübende kein Beteiligter i. S. d. § 231 I StGB.[394] Die Beteiligung entfällt von dem Zeitpunkt an, ab dem der Kampf aufgegeben und die Flucht ergriffen wird.[395]

---

[387] S. nur Wolters, in: SK-StGB, 10. Aufl. 2024, § 231 Rn. 7.
[388] Fischer, StGB, 71. Aufl. 2024, § 231 Rn. 4; aus der Rspr. vgl. RG U. v. 18.06.1925 – III 213/25 – RGSt 59, 264; BGH U. v. 20.12.1984 – 4 StR 679/84 – BGHSt 33, 100 = NJW 1985, 871 = NStZ 1985, 455 = StV 1986, 249 (Anm. Henke Jura 1985, 585; Günther JZ 1985, 585; Schulz StV 1986, 250; Montenbruck JR 1986, 138).
[389] Eisele, BT I, 6. Aufl. 2021, Rn. 412; Wolters, in: SK-StGB, 10. Aufl. 2024, § 231 Rn. 7.
[390] Wolters, in: SK-StGB, 10. Aufl. 2024, § 231 Rn. 7; aus der Rspr. vgl. BGH U. v. 21.10.1982 – 4 StR 526/82 – BGHSt 31, 124 = NJW 1983, 581 = NStZ 1983, 168.
[391] S. Wolters, in: SK-StGB, 10. Aufl. 2024, § 231 Rn. 8; aus der Rspr. vgl. BGH U. v. 21.02.1961 – 1 StR 624/60 – BGHSt 15, 369 = NJW 1961, 839; BGH U. v. 21.10.1982 – 4 StR 526/82 – BGHSt 31, 124 = NJW 1983, 581 = NStZ 1983, 168; BGH U. v. 20.12.1984 – 4 StR 679/84 – BGHSt 33, 100 = NJW 1985, 871 = NStZ 1985, 455 = StV 1986, 249 (Anm. Henke Jura 1985, 585; Günther JZ 1985, 585; Schulz StV 1986, 250; Montenbruck JR 1986, 138).
[392] Paeffgen/Böse/Eidam, in NK-StGB, 6. Aufl. 2023, § 231 Rn. 8.
[393] Hohmann, in: MK-StGB, 4. Aufl. 2021, § 231 Rn. 17.
[394] S. schon o., ferner Heger, in: Lackner/Kühl/Heger, StGB, 30. Aufl. 2023, § 231 Rn. 2.
[395] Wolters, in: SK-StGB, 10. Aufl. 2024, § 231 Rn. 8.

cc) Physische und psychische Beteiligung

Innerhalb der aktiv Mitwirkenden lassen sich drei Gruppen unterscheiden: Erstens diejenigen Personen, die physisch mitwirken, indem sie Tätlichkeiten austeilen. Sie konstituieren die Schlägerei oder den Angriff („konstituierende Beteiligung"). Zweitens Personen, die sich auf andere Weise physisch an der Schlägerei beteiligen, indem sie z. B. Tatwerkzeuge zureichen oder Verstärkung herbeiholen. Auch das Fernhalten hinzueilender Helfer fällt unter diese Gruppe, sofern dies den Fortgang des Tatgeschehens gefördert hat. Drittens gibt es Personen, die nur psychisch mitwirken (z. B. durch Anfeuern).

Nach allgemeiner Auffassung macht es keinen Unterschied, wie sich jemand physisch beteiligt, solange sein Beitrag das Tatgeschehen fördert. Umstritten ist allerdings die Behandlung der psychischen Beiträge.

Ein Teil der Literatur[396] lässt die psychische Mitwirkung nicht für eine täterschaftliche Verwirklichung des § 231 StGB genügen. Ggf. komme eine Teilnahme nach §§ 26, 27 StGB in Betracht.

Die Rspr.[397] und die wohl h. L.[398] behandeln demgegenüber physisch und psychisch Mitwirkende gleich.

Tatsächlich ist begründungsbedürftig, wieso ein Tatbeitrag, der i. R. d. § 223 StGB nach allgemeinen Grundsätzen allenfalls zur sog. psychischen Beihilfe geführt hätte, i. R. d. § 231 StGB als von täterschaftlichem Gewicht und Unrechtsgehalt anzusehen sein soll. Immerhin aber wird sich eine gewisse Risikoerhöhung durch ein Anfeuern o. Ä. nicht leugnen lassen, sodass die Kritik sich eher an die gesetzgeberische Grundkonzeption eines abstrakten Gefährdungsdelikts zu richten hat. Der Begriff der Beteiligung bietet für eine Restriktion ohnehin keine Veranlassung, erfasst im Gegenteil ohne Weiteres auch untergeordnete Beiträge. Der eher niedrige Unrechts- und Schuldgehalt mag in die Strafzumessungserwägungen eingestellt werden.

2. Subjektiver Tatbestand

Gem. § 15 StGB ist Vorsatz erforderlich, wobei zu beachten ist, dass dieser sich allein auf „wer sich an einer Schlägerei oder an einem von mehreren verübten Angriff beteiligt" beziehen muss, nicht auf den verursachten Tod oder die schwere Körperverletzung.[399]

IV. Durch die Schlägerei oder den Angriff der Tod eines Menschen oder eine schwere Körperverletzung verursacht

▶ **Didaktischer Aufsatz**
- Zopfs, Die „schwere Folge" bei der Schlägerei (§ 231 StGB), Jura 1999, 172

---

[396] Heger, in: Lackner/Kühl/Heger, StGB, 30. Aufl. 2023, § 231 Rn. 3.
[397] S. schon RG U. v. 17.10.1881 – 2576/81 – RGSt 5, 170.
[398] Z. B. Eisele, BT I, 6. Aufl. 2021, Rn. 414.
[399] S. hierzu sogleich IV 1.

1. Allgemeines

Als sog. schwere Folge muss gem. § 231 I StGB der Tod eines Menschen oder eine schwere Körperverletzung (§ 226 StGB) verursacht worden sein, was nach ganz h. M. als **objektive Bedingung der Strafbarkeit** zu verstehen ist,[400] sodass zwar ein objektiver Kausal- und Zurechnungszusammenhang gegeben sein muss, der Täter aber diesbzgl. weder Vorsatz noch Fahrlässigkeit aufweisen muss. Der Tatbestand erschöpft sich also in der vorsätzlichen Beteiligung an der Schlägerei oder dem Angriff mehrerer, was bereits anhand der ungewöhnlichen sprachlichen Fassung des § 231 I StGB deutlich wird, nämlich der deutlichen Trennung von Tathandlung und schwerer Folge („wenn durch die Schlägerei …"). Ferner zeigt der im Vergleich zu den Erfolgsdelikten der §§ 211ff., 226, 227 StGB und selbst gegenüber § 222 StGB deutlich abgesenkte Strafrahmen, dass bzgl. der schweren Folge weder Vorsatz noch Fahrlässigkeit zu verlangen sein können.

Vereinzelt[401] wird in der objektiven Bedingung der Strafbarkeit ein Verstoß gegen das Schuldprinzip gesehen und § 231 StGB als Vorsatz-Fahrlässigkeits-Kombination behandelt. Allerdings hätte es dem Gesetzgeber freigestanden, die Beteiligung an der Schlägerei oder dem Angriff für sich genommen unter Strafe zu stellen;[402] die objektive Strafbarkeitsbedingung stellt sich daher als „negativer Strafausschließungsgrund" dar, der mit anderen Strafausschließungsgründen (vgl. §§ 243 II, 24 StGB) verwandt ist.[403] Weder wird dem einzelnen Beteiligten ein fremder Erfolg als eigener zugerechnet noch ist die schwere Folge überhaupt ein ihn belastendes Tatbestandsmerkmal.

Bei wem die schwere Folge eintritt, ist einerlei, s. u.

2. Durch … verursacht worden ist

Die schwere Folge muss durch die Schlägerei bzw. den Angriff als Gesamtheit **verursacht** worden sein; zwischen der schweren Folge und dem Verhalten des *Einzelnen* muss ausweislich des Wortlauts der Norm ein Kausal- und Zurechnungszusammenhang nicht bestehen[404] – für diesen Verzicht auf eine nachweisbare konkrete Verursachung wurde § 231 StGB gerade geschaffen.

In der schweren Folge muss sich gerade das **spezifische Risiko** einer Schlägerei oder eines Angriffs mehrerer realisieren.[405] Relevant werden kann z. B. die Frage einer

---

[400] Hierzu Sternberg-Lieben, in: Schönke/Schröder, StGB, 30. Aufl. 2019, § 231 Rn. 1; näher Zopfs, Jura 1999, 172; aus der Rspr. vgl. zuletzt BGH U. v. 12.05.2020 – 1 StR 368/19 – NStZ 2021, 494 = StV 2021, 117 (Anm. von Heintschel-Heinegg JA 2021, 425; von Heintschel-Heinegg NStZ 2021, 498); BGH B. v. 20.01.2022 – 4 StR 430/21 – NStZ 2023, 235 = StV 2023, 534.

[401] Popp, in: LK-StGB, 13. Aufl. 2023, § 231 Rn. 3ff., 37.

[402] Paeffgen/Böse/Eidam, in NK-StGB, 6. Aufl. 2023, § 231 Rn. 2.

[403] Montenbruck JR 1986, 138 (140).

[404] Heger, in: Lackner/Kühl/Heger, StGB, 30. Aufl. 2023, § 231 Rn. 5; aus der Rspr. vgl. BGH U. v. 12.05.2020 – 1 StR 368/19 – NStZ 2021, 494 = StV 2021, 117 (Anm. von Heintschel-Heinegg JA 2021, 425; von Heintschel-Heinegg NStZ 2021, 498); BGH B. v. 20.01.2022 – 4 StR 430/21 – NStZ 2023, 235 = StV 2023, 534.

[405] Heger, in: Lackner/Kühl/Heger, StGB, 30. Aufl. 2023, § 231 Rn. 5.

freiverantwortlichen Selbstgefährdung: Fluchtreaktionen Beteiligter und Verletzungen eingreifender Hilfskräfte können noch tatbestandsspezifische Folgen sein.[406]

Die schwere Folge muss nicht bei einem Beteiligten, sondern kann auch bei einem **unbeteiligten Dritten** (z. B. Zuschauer, Retter, Schlichter) eingetreten sein.[407] Es gehört gerade zum typischen Risiko der Schlägerei oder des Angriffs, dass Außenstehende ungewollt geschädigt werden.

Die Strafbarkeit nach § 231 StGB ist auch dann gegeben, wenn die schwere Folge bei einem Schläger der **eigenen „Partei"** oder einem **Mitangreifer** eingetreten ist.[408] Dies ist ebenso eine Manifestation der besonderen Gefährlichkeit der Situation.

3. Strafbarkeit des durch die schwere Folge Geschädigten

Umstritten ist, ob sich auch derjenige nach § 231 StGB strafbar macht, bei dem die schwere Folge selbst eingetreten ist.[409] Diese Frage stellt sich natürlich nur, wenn die schwere Folge eine schwere Körperverletzung nach § 226 I StGB ist und auch nur dann, wenn es keine andere im Rahmen der Schlägerei aufgetretene schwere Folge gibt.

Die Rspr.[410] und die wohl h. L.[411] bejahen die Strafbarkeit nach § 231 StGB, die Gegenauffassung[412] widerspricht.

Zwar passt eine Strafbarkeitsbegründung durch Selbstverletzung an sich nicht zu den allgemeinen Zurechnungsgrundsätzen, die für die §§ 211ff., 223ff. StGB gelten; die besondere Ausgestaltung des § 231 StGB als abstraktes Gefährdungsdelikt mit bloß objektiver Bedingung der Strafbarkeit überwindet dies aber. Da es sich bei der schweren Folge um eine objektive Bedingung der Strafbarkeit handelt, wird sie einem einzelnen Beteiligten nicht zugerechnet. Mit Eintritt der schweren Folge bei sich selbst wird keine Strafbarkeit wegen der Selbstgefährdung, sondern wegen der indizierten gesteigerten Fremdgefährdung begründet. Um Härten beim Geschädigten zu verhindern, genügt die sanktionenrechtliche Regelung des § 60 StGB, ggf. i. V. m. § 153b StPO.

---

[406] Fischer, StGB, 71. Aufl. 2024, § 231 Rn. 6.

[407] Wessels/Hettinger/Engländer BT 1, 47. Aufl. 2023, Rn. 325.

[408] Hohmann, in: MK-StGB, 4. Aufl. 2021, § 231 Rn. 23; Stree, in FS R. Schmitt, 1992, S. 215 (224f.); aus der Rspr. vgl. BGH U. v. 20.12.1984 – 4 StR 679/84 – BGHSt 33, 100 (104).

[409] Zsf. Eisele, BT I, 6. Aufl. 2021, Rn. 419; aus der Rspr. vgl. RG U. v. 20.02.1899 – 2/99 – RGSt 32, 33; BGH U. v. 20.12.1984 – 4 StR 679/84 – BGHSt 33, 100 = NJW 1985, 871 = NStZ 1985, 455 = StV 1986, 249 (Anm. Henke Jura 1985, 585; Günther JZ 1985, 585; Schulz StV 1986, 250; Montenbruck JR 1986, 138); BGH U. v. 24.08.1993 – 1 StR 380/93 – BGHSt 39, 305 = NJW 1993, 3337 = NStZ 1994, 184 = StV 1993, 623 (Anm. Geppert JK 1994 StGB § 227/1; Geppert JK 1994 StPO § 250/2; Jung JuS 1994, 263; Stree JR 1994, 370; Wagner JuS 1995, 296; Rönnau/Bröckers GA 1995, 549).

[410] S. o.

[411] Eisele, BT I, 6. Aufl. 2021, Rn. 419; Hohmann, in: MK-StGB, 4. Aufl. 2021, § 231 Rn. 23.

[412] S. etwa Popp, in: LK-StGB, 13. Aufl. 2023, § 231 Rn. 32; (diff.) Günther JZ 1985, 585 (586); Montenbruck JR 1986, 138 (141).

> **§ 60 StGB (Absehen von Strafe)**
> Das Gericht sieht von Strafe ab, wenn die Folgen der Tat, die den Täter getroffen haben, so schwer sind, daß die Verhängung einer Strafe offensichtlich verfehlt wäre. Dies gilt nicht, wenn der Täter für die Tat eine Freiheitsstrafe von mehr als einem Jahr verwirkt hat.

> **153b StPO (Absehen von der Verfolgung bei möglichem Absehen von Strafe)**
> (1) Liegen die Voraussetzungen vor, unter denen das Gericht von Strafe absehen könnte, so kann die Staatsanwaltschaft mit Zustimmung des Gerichts, das für die Hauptverhandlung zuständig wäre, von der Erhebung der öffentlichen Klage absehen.
> (2) Ist die Klage bereits erhoben, so kann das Gericht bis zum Beginn der Hauptverhandlung mit Zustimmung der Staatsanwaltschaft und des Angeschuldigten das Verfahren einstellen.

4. Strafbarkeit eines bei Verursachung der schweren Folge noch nicht oder nicht mehr Beteiligten

Umstritten ist, ob nach § 231 StGB auch bestraft werden kann, wer zum Zeitpunkt der Verursachung der schweren Folge **nicht mehr oder noch nicht** an der Schlägerei beteiligt war.[413]

Eine Strafbarkeit scheidet jedenfalls dann aus, wenn von der in Frage stehenden Beteiligung der Charakter des Geschehens als Schlägerei abhing.[414]

Kontrovers diskutiert wird die Strafbarkeit allerdings dann, wenn auch ohne die fragliche Beteiligung eine Schlägerei vorlag.

> **Beispiel 91**
> B1 wollte sich an dem G für vergangene Kränkungen rächen. Zusammen mit B2, B3, B4 und B5 suchte er die Wohnung des G im vierten Stock eines Mehrfamilienhauses auf. G öffnete die Tür auf das energische Klingeln hin zunächst nur einen Spalt breit, sogleich wurde ihm die Tür jedoch in das Gesicht geschleudert. B1–B5 drangen in die Wohnung ein und zerrten den sich wehrenden G unter Tritten und Schlägen vor die Wohnungstür. Als ein Bekannter des G, Z1, aus der Wohnung

---

[413] Hierzu zsf. Eisele, BT I, 6. Aufl. 2021, Rn. 420f.; aus der Rspr. vgl. RG U. v. 15.06.1883 – 951/83 – RGSt 8, 369; RG U. v. 01.02.1938 – 1 D 38/38 – RGSt 72, 73; BGH U. v. 05.02.1960 – 4 StR 557/59 – BGHSt 14, 132 = NJW 1960, 874 (Anm. Jescheck JZ 1961, 31); BGH U. v. 16.06.1961 – 4 StR 176/61 – BGHSt 16, 130 = NJW 1961, 1732 (Anm. Stree JuS 1962, 93; Birkhahn MDR 1962, 625); BGH B. v. 27.03.2014 – 5 StR 38/14 – NStZ-RR 2014, 178.
[414] Wessels/Hettinger/Engländer BT 1, 47. Aufl. 2023, Rn. 326.

hinterherstürzte, um dem G beizustehen, entspann sich eine körperliche Auseinandersetzung. B1 zog nun ein Messer. B2 billigte das gefährliche Vorhaben jedoch nicht und suchte daraufhin das Weite. Während B3 und B4 den Z1 in Schach hielten, hielt B4 den G fest und B1 stach auf G ein, traf G ins Herz, woraufhin dieser sofort verstarb. Ein Nachbar des G, der Z2, welcher von dem Stich nichts mitbekommen hatte, kam erst jetzt aus seiner Wohnung und attackierte, weil er G in Schwierigkeiten wähnte, die B3 und B4 an. Strafbarkeit von B2 und Z2? ◄

Die Rspr.[415] und Teile der Lehre[416] halten den Zeitpunkt der Beteiligung für gleichgültig (solange nur der Charakter einer Schlägerei bestand).
Andere Teile der Lehre[417] fordern hingegen eine zeitliche Übereinstimmung.
Die wohl h. L.[418] nimmt allein die nachträgliche Beteiligung aus dem Anwendungsbereich heraus.
Keineswegs angängig ist zunächst, die bereits verursachte schwere Folge bei nachträglicher Beteiligung zuzurechnen; dies ist weder mit dem Wortlaut noch dem Rechtsgut der Norm in Einklang zu bringen: Billigung ersetzt nicht (potenziell) kausale Beteiligung. Richtig ist demgegenüber, bei vorzeitigem Ausscheiden aus der Schlägerei eine danach eingetretene schwere Folge mit einzubeziehen, da es bei Durchgängigkeit der Schlägerei nicht auf die konkreten Personen ankommt (s. o.), sondern frühere Beteiligungen als hinreichende abstrakte Gefahr fortwirken.

5. Gerechtfertigt herbeigeführte schwere Folge
Wird die schwere Folge gerechtfertigt herbeigeführt, stellen sich die beiden Fragen, ob für alle Beteiligten die objektive Strafbarkeitsbedingung erfüllt ist und ob der Verursacher der schweren Folge auch im Hinblick auf § 231 StGB gerechtfertigt ist.

Beispiel 92

BGH U. v. 20.12.1984 – 4 StR 679/84 (Tötung eines Angreifers in Notwehr) – BGHSt 33, 100 = NJW 1985, 871 = NStZ 1985, 455 = StV 1986, 249 (Anm. Henke Jura 1985, 585; Günther JZ 1985, 585; Schulz StV 1986, 250; Montenbruck JR 1986, 138):

Der Gastwirt B1 hatte von seiner Wohnung aus gesehen, dass sein letzter Gast, der erheblich angetrunkene Z1, von vier Personen geschlagen und misshandelt wurde, als er auf dem Heimweg eine Straße überqueren wollte. Er nahm daraufhin eine Pistole, lud sie durch und begab sich mit der Waffe in der Hand auf die Straße. Er fand Z1 mit blutüberströmtem Gesicht an einer Hauswand kauernd vor und erfuhr von ihm, dass „die" ihn zusammengeschlagen und „alles weggenommen" hätten. B1 ging nun, nachdem auch die Ehefrau des Z1, die Z2, hinzugekommen war, zu den etwa 20 m entfernt vor einer Gaststätte stehenden

---
[415] S. o.
[416] Wessels/Hettinger/Engländer BT 1, 47. Aufl. 2023, Rn. 326; Hohmann, in: MK-StGB, 4. Aufl. 2021, § 231 Rn. 25f.
[417] Krey/Hellmann/Heinrich, BT 1, 17. Aufl. 2021, Rn. 323.
[418] Etwa Wolters, in: SK-StGB, 10. Aufl. 2024, § 231 Rn. 11; Fischer, StGB, 71. Aufl. 2024, § 231 Rn. 6.

vier Tätern (B2, B3, B4 und G, dem Zwillingsbruder des B2). Z2, die in der Hand eines von ihnen die Jacke ihres Mannes erkannt hatte, forderte deren sofortige Herausgabe. Diese wurde ihr nach einer gründlichen Durchsuchung nach Wertsachen von einem der Männer zugeworfen, nachdem aus einer Jackentasche die Gaspistole des Z1 herausgenommen worden war. Gleichzeitig rief einer aus der Viererguppe, die inzwischen gegenüber den B1 und Frau Z2 eine halbkreisförmige Aufstellung eingenommen hatte, zu B1 gewandt: „Dich hauen wir auch noch zusammen." Bei diesen Worten richtete derjenige, der die Gaspistole aus der Jacke des Z1 genommen hat, diese auf B1. Ein anderer aus der Gruppe hatte eine Flasche in der Hand. B1, der seine Pistole wie auch schon zuvor am ausgestreckten Arm auf den Boden gerichtet hielt, wandte sich nunmehr warnend an die Gruppe: „Macht keinen Scheiß, ich habe eine Pistole." Daraufhin wurde ihm von einem aus der Gruppe erwidert: „Wir auch." Während zunächst B2, B3, B4 und G einen Schritt auf den B1 zu machten, stürzten sich unmittelbar darauf B4 und G auf B1. Einer der beiden riss ihn zu Boden. In dieser Situation fiel ein Schuss aus der Pistole des B1, der G ins Herz traf. Dieser brach alsbald auf dem Gehweg zusammen und verstarb dort wenig später. Man hat nicht feststellen können, ob B1 diesen Schuss abgefeuert hatte, bevor er zu Boden gerissen wurde, indem er die Waffe gegen die sich nähernden B4 und G gerichtet hatte, oder ob er den Schuss erst auf die beiden abgefeuert hatte, nachdem er zu Boden gerissen worden war. Möglicherweise hat sich der Schuss auch unbeabsichtigt von B1 dadurch gelöst, dass entweder der B4 oder G ihm gegen die Hand, in der er die Waffe hielt, getreten hatte. Während B3 sich nunmehr ausschließlich darum bemühte, für G Hilfe herbeizuholen, schlug der B4, der den Schuss zwar gehört, aber die Verletzung seines Kameraden nicht bemerkt hatte, mehrmals mit der Faust ins Gesicht des am Boden liegenden B1. Dieser feuerte daraufhin aus seiner Pistole ein weiteres Geschoss ab, das B4 am rechten Oberschenkel streifte. Es gelang ihm danach, aufzuspringen und ein Stück wegzulaufen. B4 holte ihn jedoch wieder ein, riss ihn wiederum zu Boden und schlug und trat zusammen mit dem inzwischen dazugekommenen B2 auf ihn ein. Nach einem weiteren Schuss von B1, der jedoch niemand traf, kehrte B2 um und kümmerte sich mit B3 um seinen verletzten Bruder. B4 verfolgte B1 noch weiter, versuchte, in dessen Wohnung einzudringen, und gab erst auf, nachdem dieser noch einmal in Todesangst geschossen und ihn ins linke Bein getroffen hatte. ◄

Angesichts dessen, dass sich der Unrechtstatbestand in der Beteiligung erschöpft und die schwere Folge lediglich objektive Bedingung der Strafbarkeit ist, kann diese schwere Folge auch durch einen gerechtfertigten Akt herbeigeführt werden, sodass z. B. auch die Tötung in Notwehr als Manifestation des Risikos einer Schlägerei von § 231 StGB erfasst wird.[419] Im Rahmen von Schlägereien und Angriffen kommt es nämlich regelmäßig zu Notwehrlagen.

---

[419] H. M., s. Joecks/Jäger, StGB, 13. Aufl. 2021, § 231 Rn. 8; aus der Rspr. vgl. BGH U. v. 24.08.1993 – 1 StR 380/93 (Tötung eines Angreifers in Notwehr) – BGHSt 39, 305 = NJW 1993, 3337 = NStZ 1994, 184 = StV 1993, 623 (Anm. Geppert JK 1994 StGB § 227/1; Geppert JK 1994 StPO § 250/2; Jung JuS 1994, 263; Stree JR 1994, 370; Wagner JuS 1995, 296; Rönnau/Bröckers GA 1995, 549); BGH U. v. 12.03.1997 – 3 StR 627/96 – BGHSt 43, 15 = NJW 1997, 2123 = NStZ 1997, 402.

Zweifelhaft ist nun, inwieweit der in Notwehr Handelnde nach § 32 StGB gerechtfertigt ist. Unstrittig entfällt die Strafbarkeit des Verursachers der schweren Folge nach den §§ 211ff. und 226 StGB durch die Rechtfertigung der Tathandlung. I. R. d. § 231 StGB muss allerdings auf die Beteiligung an der Schlägerei abgestellt werden, nicht auf die Herbeiführung der schweren Folge, sodass die Strafbarkeit nach § 231 StGB nicht entfällt.[420] Hier wird dem Verursacher der schweren Folge nicht diese Handlung zum Vorwurf gemacht, sondern seine Beteiligung an der Schlägerei oder dem Angriff. Durch die ansonsten freiwillige rechtswidrige Beteiligung ist auch die Belastung des Notwehrrechts zumutbar.

V. Rechtswidrigkeit

1. Bedeutung des § 231 II StGB

Die Formulierung des § 231 II StGB („Nach Absatz 1 ist nicht strafbar, wer an der Schlägerei oder dem Angriff beteiligt war, ohne daß ihm dies vorzuwerfen ist.") hat lediglich die Funktion eines rein deklaratorischen Hinweises auf allgemeine Rechtfertigungs- und Entschuldigungsgründe.[421] In Betracht kommt insbesondere eine Notwehr (durch sog. Trutzwehr, bloße Schutzwehr ist bereits keine Beteiligung, s. o.) nach § 32 StGB,[422] wobei aber genau zu prüfen ist, ob jeder Beteiligungsakt gerechtfertigt ist, s. o.

2. Insbesondere: Einwilligung (?)

Fraglich ist, ob eine Strafbarkeit nach § 231 StGB aufgrund rechtfertigender Einwilligung entfallen kann.[423]

Beispiel 93

BGH U. v. 22.01.2015 – 3 StR 233/14 – BGHSt 60, 166 = NJW 2015, 1540 = NStZ 2015, 270 (Anm. Satzger Jura 2015, 1138; LL 2015, 663; RÜ 2015, 305; Mitsch NJW 2015, 1545; Zabel JR 2015, 619; Knauer HRRS 2015, 435):

B1 und B2 waren Rädelsführer einer in Dresden ansässigen Gruppierung von Hooligans, die im zeitlichen und räumlichen Umfeld von Fußballspielen des Vereins Dynamo Dresden, aber auch unabhängig davon an anderen Orten, Kämpfe gegen andere Hooligans ausfocht, zu denen sich die Gruppierungen zumeist vorher verabredet hatten. Für die Kämpfe existierten ungeschriebene, aber in den einschlägigen Kreisen allgemein anerkannte Regeln. Die Auseinandersetzungen dauerten oft nur einige Sekunden, höchstens Minuten, und waren beendet, wenn alle Kämpfer einer Seite am Boden lagen, flohen oder wenn sonst die Niederlage

---

[420] Eisele, BT I, 6. Aufl. 2021, Rn. 422.
[421] H. M., s. Wolters, in: SK-StGB, 10. Aufl. 2024, § 231 Rn. 9; näher Eisele ZStW 1998, 69; Eisele JR 2001, 270.
[422] S. Joecks/Jäger, StGB, 13. Aufl. 2021, § 231 Rn. 16.
[423] Hierzu Eschelbach, in: BeckOK-StGB, Stand 01.02.2024, § 231 Rn. 23.

anerkannt wurde. „Kampfrichter", die bei Regelverstößen oder Verletzungen der Beteiligten unmittelbar eingriffen, gab es nicht. Allenfalls wurden Regelverstöße anschließend diskutiert und konnten dazu führen, dass der Verursacher nicht mehr zu Kämpfen mitgenommen wurde. In dem über zwei Jahre andauernden Tatzeitraum kam es zu mehreren solcher Auseinandersetzungen. ◄

Zu unterscheiden sind zwei Fragestellungen: Erstens ist problematisch, ob i. R. d. §§ 223ff. StGB die Tatsache, dass die Körperverletzung aus einer Schlägerei heraus begangen wurde, die Beurteilung der Einwilligung, insbesondere nach § 228 StGB, beeinflusst. Zweitens ist zu fragen, ob i. R. d. Prüfung des § 231 StGB eine rechtfertigende Einwilligung möglich ist.

Zu Ersterem hat der 3. Strafsenat des BGH in Fortführung früherer Rspr. zur Auslegung des § 228 StGB betont, dass – unabhängig von den Zwecken oder Motiven des Verletzenden die Einwilligung in eine Körperverletzung dort ihre Grenzen finde, wo eine Rechtsgutsverletzung von solcher Art und solchem Gewicht herbeigeführt wird, dass sie selbst unter Zustimmung des Verletzten von der Rechtsgemeinschaft nicht mehr geduldet werden kann.[424] Der 3. Strafsenat des BGH bezieht nunmehr bei Auseinandersetzungen einer Vielzahl von Personen auch die Tatsituation in die Beurteilung der Gefährlichkeit ein. Die gruppendynamischen Prozesse einer Schlägerei oder eines Angriffs seien zu keiner Zeit kontrollierbar, sodass typischerweise eine Eskalationsgefahr bestehe.

Im Hinblick auf eine Strafbarkeit nach § 231 StGB wird eine rechtfertigende Einwilligung in der Rspr. und der Lehre[425] einhellig abgelehnt. Dies mutet auf den ersten Blick deshalb merkwürdig an, weil – wie die Stellung des § 231 StGB im 17. Abschnitt des Besonderen Teils des StGB (Straftaten gegen die körperliche Unversehrtheit) zeigt – die Norm letztlich dieses Individualrechtsgut sowie das Leben schützt. Allerdings zeigt das Zusammenspiel von Tathandlung und schwerer Folge im Unterschied zu den anderen Körperverletzungsdelikten, dass sich die Legitimation des § 231 StGB aus der abstrakten (Allgemein-)Gefahr speist, die von Schlägereien und Angriffen mehrerer für alle Beteiligten sowie Unbeteiligte ausgeht.

VI. Schuld

Bzgl. § 231 II StGB s. o. I.Ü. gelten die allgemeinen Grundsätze.

VII. Rechtsfolgen

Der Strafrahmen des § 231 I StGB sieht Freiheitsstrafe bis zu drei Jahren (im Minimum also ein Monat, § 38 II StGB) oder Geldstrafe (zu den Grenzen s. § 40 StGB) vor.

---

[424] BGH U. v. 22.01.2015 – 3 StR 233/14 – BGHSt 60, 166 (176f.).
[425] S. Sternberg-Lieben, in: Schönke/Schröder, StGB, 30. Aufl. 2019, § 231 Rn. 10.

VIII. Sonstiges

Der Versuch der Beteiligung an einer Schlägerei ist straflos.
   Problematisch gestaltet sich die Beurteilung der **Konkurrenzen**.
   Dies betrifft erstens das Verhältnis des § 231 StGB zu den §§ 223, 224 StGB: Nach nahezu einhelliger Auffassung in der Rspr.[426] und der Lehre[427] steht § 231 StGB mit den im Rahmen der Schlägerei oder des Angriffs verübten Körperverletzungsdelikten der §§ 223, 224 StGB in Tateinheit gem. § 52 StGB.
   Vereinzelt wird vertreten,[428] dass § 231 StGB zumindest in der Form des von mehreren verübten Angriffes im Rahmen von Gesetzeseinheit hinter § 224 I Nr. 4 StGB zurücktreten müsse.
   De lege lata ist aber die gesetzgeberische – zweifelhafte – Entscheidung zur überindividuellen Schutzfunktion bzgl. abstrakter (Gemein-)Gefahr zu akzeptieren. Eine Verurteilung wegen gefährlicher Körperverletzung bringt dieses Gefahrenmoment als Rechtsgut des § 231 StGB nicht zum Ausdruck. Angesichts des moderaten Strafrahmens sind die Konsequenzen der Annahme von Tateinheit für den Verurteilten ohnehin nicht gravierend.
   Zweitens ist das Verhältnis des § 231 StGB zu den §§ 211ff., 226f. StGB nicht frei von Zweifeln.
   Mit dem Versuch eines Tötungs- oder schweren Körperverletzungsdeliktes im Rahmen der Schlägerei oder des Angriffs steht § 231 StGB wie mit §§ 223f. StGB unstrittig in Tateinheit gem. § 52 StGB.[429]
   Umstritten ist aber das Konkurrenzverhältnis dann, wenn nicht nur § 231 StGB erfüllt ist, sondern dem Täter auch das Verletzungsdelikt, mit dem die objektive Bedingung der Strafbarkeit erfüllt wurde (also ein vorsätzliches Tötungsdelikt oder eine schwere Körperverletzung nach § 226 StGB), nachgewiesen werden kann.
   Nach der Rspr. und der h. L.[430] steht § 231 StGB mit diesem in Tateinheit.
   Teile der Literatur[431] sehen dies aber jedenfalls dann anders, wenn das Unrecht des § 231 StGB bereits durch die Verurteilung wegen des Verletzungsdelikts vollständig erfasst werde, v. a. bei mittäterschaftlichem vorsätzlichen Angriff, bei dem ein Risiko für andere Personen nicht bestand. Wiederum ist aber zu konstatieren, dass diese Einschränkung sachgerecht sein mag, *de lege lata* freilich nicht zur normativen Gesamtkonzeption unwiderleglich vermuteter abstrakter Gefahr jenseits der Beeinträchtigung des Opfers der schweren Folge passt.

---

[426] Zuletzt BGH U. v. 28.11.2018 – 5 StR 379/18 – NStZ 2019, 206; BGH B. v. 21.08.2019 – 1 StR 191/19 – NStZ-RR 2019, 378 (Anm. Jäger JA 2020, 153).
[427] Wolters, in: SK-StGB, 10. Aufl. 2024, § 231 Rn. 13.
[428] Paeffgen/Böse/Eidam, in NK-StGB, 6. Aufl. 2023, § 231 Rn. 22.
[429] Popp, in: LK-StGB, 13. Aufl. 2023, § 231 Rn. 46.
[430] S. Hohmann, in: MK-StGB, 4. Aufl. 2021, § 231 Rn. 32.
[431] Sternberg-Lieben, in: Schönke/Schröder, StGB, 30. Aufl. 2019, § 231 Rn. 13.

4. Kapitel: Straftaten gegen die persönliche Freiheit, §§ 232ff. StGB

▶ **Didaktische Aufsätze**
- Schroeder, Die Straftaten gegen die persönliche Freiheit – Erscheinungsformen und System, JuS 2009, 14
- Eidam, Die Straftaten gegen die persönliche Freiheit in der strafrechtlichen Examensklausur, JuS 2010, 869 und 963

A. Allgemeines

Der 18. Abschnitt des BT des StGB enthält die „Straftaten gegen die persönliche Freiheit"[1] – in durchaus unterschiedlichen Ausprägungen. Die Examensrelevanz der diesbzgl. Tatbestände ist sehr unterschiedlich; näher besprochen werden im Folgenden v. a. die §§ 238–241 StGB (in didaktisch modifizierter Reihenfolge), im Übrigen genügen Grundzüge oder sogar der schlichte Normtext.

B. Freiheitsberaubung, § 239 StGB

▶ **Didaktische Aufsätze**
- Geppert/Bartl, Probleme der Freiheitsberaubung, insbesondere zum Schutzgut des § 239 StGB, Jura 1985, 221
- Park/Schwarz, Die Freiheitsberaubung (§ 239 StGB), Jura 1995, 294
- Bosch, Der Schutz der Fortbewegungsfreiheit durch den Tatbestand der Freiheitsberaubung (§ 239 StGB), Jura 2012, 604
- Buchholz/Schmidt, Freiheitsberaubung, § 239 StGB – unter besonderer Berücksichtigung eines rechtfertigenden Erziehungsrechts, JA 2019, 197

---

[1] Zur persönlichen Freiheit als Rechtsgut näher Fezer JZ 1974, 599.

I. Allgemeines

§ 239 StGB stellt die Freiheitsberaubung unter Strafe.[2]

> **§ 239 StGB (Freiheitsberaubung)**
> (1) Wer einen Menschen einsperrt oder auf andere Weise der Freiheit beraubt, wird mit Freiheitsstrafe bis zu fünf Jahren oder mit Geldstrafe bestraft.
> (2) Der Versuch ist strafbar.
> (3) Auf Freiheitsstrafe von einem Jahr bis zu zehn Jahren ist zu erkennen, wenn der Täter
> 1. das Opfer länger als eine Woche der Freiheit beraubt oder
> 2. durch die Tat oder eine während der Tat begangene Handlung eine schwere Gesundheitsschädigung des Opfers verursacht.
> (4) Verursacht der Täter durch die Tat oder eine während der Tat begangene Handlung den Tod des Opfers, so ist die Strafe Freiheitsstrafe nicht unter drei Jahren.
> (5) In minder schweren Fällen des Absatzes 3 ist auf Freiheitsstrafe von sechs Monaten bis zu fünf Jahren, in minder schweren Fällen des Absatzes 4 auf Freiheitsstrafe von einem Jahr bis zu zehn Jahren zu erkennen.

Die Norm schützt als Erfolgs- und Dauerdelikt[3] die persönliche Fortbewegungsfreiheit,[4] d. h. die Freiheit zur Verwirklichung des Willens, den derzeitigen Aufenthaltsort zu verlassen. Schutzgut ist nicht das Interesse, an einem bestimmten Ort von dieser Freiheit Gebrauch machen zu können.[5]

II. Grunddelikt, § 239 I StGB

1. Aufbau
I. Tatbestand
  1. Objektiver Tatbestand
    a) Einen (anderen) Menschen
    b) Einsperrt oder auf andere Weise der Freiheit beraubt
  2. Subjektiver Tatbestand

---

[2] Hierzu Geppert/Bartl Jura 1985, 221; Park/Schwarz Jura 1995, 294; Kargl JZ 1999, 72; Bosch Jura 2012, 604; Buchholz/Schmidt JA 2019, 197.
[3] Heger, in: Lackner/Kühl/Heger, StGB, 30. Aufl. 2023, § 239 Rn. 8; aus der Rspr. vgl. zuletzt BGH U. v. 23.08.2018 – 3 StR 149/18 – StV 2019, 441.
[4] Joecks/Jäger, StGB, 13. Aufl. 2021, § 239 Rn. 1, 8; aus der Rspr. vgl. zuletzt BGH U. v. 08.06.2022 – 5 StR 406/21 – BGHSt 67, 79 = NJW 2022, 2422 = NStZ 2022, 677 = StV 2023, 666 (Anm. Bosch Jura 2022, 1236; Eisele JuS 2022, 1076; RÜ 2022, 777; Kudlich/Schütz NJW 2022, 2425; Zimmermann NStZ 2022, 680; Jäger JA 2023, 165; LL 2023, 37; famos 2/2023; Eidam HRRS 2023, 40).
[5] Fischer, StGB, 71. Aufl. 2024, § 239 Rn. 2; aus der Rspr. vgl. BGH U. v. 06.12.1983 – 1 StR 651/83 – BGHSt 32, 183 = NJW 1984, 673 = StV 1984, 331 (Anm. Geerds JR 1984, 430; Herzberg/Schlehofer JZ 1984, 481).

II. Rechtswidrigkeit
III. Schuld

2. Tatbestand

a) Objektiver Tatbestand

aa) Einen (anderen) Menschen

▶ **Didaktische Aufsätze**
- Fahl, Schlaf als Zustand verminderten Strafrechtsschutzes? Jura 1998, 456
- Kretschmer, Der strafrechtliche Rechtsgüterschutz des Schlafenden und Bewusstlosen, Jura 2009, 590

Taugliches Tatopfer der Freiheitsberaubung ist jeder (aus Tätersicht andere) Mensch, der im natürlichen Sinn (konstitutionell) die Fähigkeit hat, willentlich seinen Aufenthaltsort zu verändern.[6]

An einer solchen Fähigkeit fehlt es z. B. ganz kleinen Kindern.

Umstritten ist, ob ein **aktueller Wille** zur Fortbewegung erforderlich ist, damit der Tatbestand erfüllt wird.[7]

Beispiel 94

BGH U. v. 31.05.1960 – 1 StR 212/60 (Amanda) – BGHSt 14, 314 = NJW 1960, 1629 (Anm. Kühl, Höchstrichterliche Rspr. BT, 2002, Nr. 37):

B schloss an einem Sonntagmorgen nach einer lebhaften Auseinandersetzung das Zimmer von außen ab, in dem seine damalige Freundin Z1, die von ihm schwanger zu sein behauptete, noch zu Bett lag. Er war dann fortgegangen, um die Abtreiberin Z2 zu holen. Als er eine halbe Stunde später mit dieser Frau wieder eintraf, lag das Mädchen immer noch im Bett. B wollte durch das Einsperren der Z1 diese daran hindern, ihr Zimmer zu verlassen, bevor er mit Z2 zurückkehren werde, damit die Abtreibung, wie geplant, vorgenommen werden könne. ◀

Ist Z1 taugliches Tatobjekt, obwohl sie schlief und damit keinen aktuellen Willen zur Fortbewegung hatte?

---

[6] Fischer, StGB, 71. Aufl. 2024, § 239 Rn. 3; aus der Rspr. vgl. zuletzt BGH U. v. 08.06.2022 – 5 StR 406/21 – BGHSt 67, 79 = NJW 2022, 2422 = NStZ 2022, 677 = StV 2023, 666 (Anm. Bosch Jura 2022, 1236; Eisele JuS 2022, 1076; RÜ 2022, 777; Kudlich/Schütz NJW 2022, 2425; Zimmermann NStZ 2022, 680; Jäger JA 2023, 165; LL 2023, 37; famos 2/2023; Eidam HRRS 2023, 40).

[7] Hierzu Eisele, BT I, 6. Aufl. 2021, Rn. 427ff.; Hillenkamp/Cornelius, 40 Probleme aus dem Strafrecht BT, 13. Aufl. 2020, 6. Problem; Bloy ZStW 1984, 703; Fahl Jura 1998, 456; Kretschmer Jura 2009, 590; aus der Rspr. vgl. zuletzt BGH U. v. 22.01.2015 – 3 StR 410/14 – NStZ 2015, 338 (Anm. Hecker JuS 2015, 947; LL 2015, 671; RÜ 2015, 512; famos 12/2015; Wieck-Noodt NStZ 2015, 645); BGH U. v. 08.06.2022 – 5 StR 406/21 – BGHSt 67, 79 = NJW 2022, 2422 = NStZ 2022, 677 = StV 2023, 666 (Anm. Bosch Jura 2022, 1236; Eisele JuS 2022, 1076; RÜ 2022, 777; Kudlich/Schütz NJW 2022, 2425; Zimmermann NStZ 2022, 680; Jäger JA 2023, 165; LL 2023, 37; famos 2/2023; Eidam HRRS 2023, 40).

Teile der Literatur[8] vertreten die Auffassung, dass eine vollendete Freiheitsberaubung erst dann vorliegen kann, wenn das Opfer sich konkret fortbewegen will.

Die Rspr.[9] und die h. L.[10] lassen hingegen einen potenziellen Fortbewegungswillen genügen.

Zwar ist der h. M. zuzugeben, dass auch die potenzielle Fortbewegungsfreiheit Kranker und Ruhebedürftiger schützenswert ist. Allerdings genügt hierfür die Versuchsstrafbarkeit nach § 239 II StGB. Die h. M. wandelt das Erfolgsdelikt zu einem bloßen Gefährdungsdelikt um. Mag man bei der Heimtücke noch akzeptieren, dass Arglosigkeit mit in den Schlaf genommen wird, und ist es auch sachgerecht, dass auch ein Schlafender taugliches Opfer eines Diebstahls ist, weil sein Gewahrsamswille ausgeweitet wird, so ist doch der Unrechtsgehalt des § 239 I StGB gerade in einer Störung eines bereits gebildeten Fortbewegungswillens zu sehen. Ein Schlafender will gewiss seine Sachen behalten und nicht tätlich angegriffen werden, fortbewegen will er sich gerade nicht. Wenn darauf hingewiesen wird, dass der Schlaf bei einer solchen Auslegung bei § 239 III Nr. 1 StGB abgezogen werde, so birgt eine solche Anrechnung keine besonderen Schwierigkeiten; auch eine Nichtanrechnung dürfte aber ohnehin mit dem Wortlaut vereinbar sein und dem Willen des Gesetzgebers entsprechen.

bb) Einsperrt oder auf andere Weise der Freiheit beraubt

(1) Einsperrt
Einsperren – eigentlich überflüssigerweise als Spezialfall erwähnt – ist das Hindern eines Menschen am Verlassen eines umschlossenen Raumes durch eine äußere Vorrichtung.[11]

Der umschlossene Raum kann auch eine bewegliche Sache sein, z. B. ein Auto.[12]

Das Hindernis muss nicht unüberwindlich sein; eingesperrt ist auch, wer durch eine Ersatzmöglichkeit ins Freie gelangen kann, wenn dieser Ausweg ungewöhnlich, beschwerlich oder anstößig ist.[13]

---

[8] Etwa Sonnen, in: NK-StGB, 6. Aufl. 2023, § 239 Rn. 9.

[9] S. o.

[10] Z. B. Bosch Jura 2012, 604.

[11] Kindhäuser/Hilgendorf, LPK, 9. Aufl. 2022, § 239 Rn. 6; aus der Rspr. vgl. zuletzt BGH B. v. 15.08.2018 – 2 StR 474/17 – NJW 2019, 789 = NStZ 2019, 277 (Anm. Jahn JuS 2019, 271; Leitmeier NJW 2019, 793; Berghäuser NStZ 2019, 281); BGH U. v. 23.08.2018 – 3 StR 149/18 – StV 2019, 441.

[12] Joecks/Jäger, StGB, 13. Aufl. 2021, § 239 Rn. 15; aus der Rspr. vgl. BGH B. v. 31.01.1967 – 5 StR 659/66 – BGHSt 21, 188 = NJW 1967, 789 (Anm. Roxin NJW 1967, 1286; Schröder JR 1967, 226; Rejewski JR 1967, 339; Hruschka JZ 1967, 594; Hruschka JR 1968, 454); OLG Karlsruhe U. v. 04.07.1985 – 1 Ss 40/85 – NJW 1986, 1358 (Anm. Seier JA 1986, 50).

[13] Joecks/Jäger, StGB, 13. Aufl. 2021, § 239 Rn. 16; aus der Rspr. vgl. zuletzt BGH U. v. 20.01.2005 – 4 StR 366/04 – NStZ 2005, 507 (Anm. Kudlich JuS 2005, 850; RA 2005, 281; Geppert JK 2006 StGB § 239/3); BGH U. v. 22.01.2015 – 3 StR 410/14 – NStZ 2015, 338 (Anm. Hecker JuS 2015, 947; LL 2015, 671; RÜ 2015, 512; famos 12/2015; Wieck-Noodt NStZ 2015, 645).

B. Freiheitsberaubung, § 239 StGB

Beispiel 95

BGH B. v. 08.03.2001 – 1 StR 590/00 – NStZ 2001, 420:
B schloss Z in den Keller ein. Der zur Tatzeit 17-jährige Z getraute sich aus Angst vor weiteren Sanktionen und Schlägen und weil er sonst im Freien hätte übernachten müssen, nicht, die Kellerschachtsicherung mittels eines Werkzeuges zu entfernen und so aus dem Kellerraum zu flüchten. ◄

Die Benutzung der Kellertür als zum regelmäßigen Ausgang bestimmter Vorrichtung war für Z ausgeschlossen. Dass er auf ungewöhnlichem Wege durch Entfernung der Kellerschachtsicherung hätte flüchten können, ändert nichts daran, dass er eingesperrt worden war.

Das Opfer ist nach h. M. auch dann eingesperrt, wenn es einen nicht verschlossenen Ausgang nicht kennt.[14] Ein bereits eingesperrtes Opfer kann in einem Teilraum erneut eingesperrt werden.[15] Eine räumliche Trennung zwischen Täter und Opfer ist nicht erforderlich: Der Tatbestand ist auch dann erfüllt, wenn der Täter sich selbst mit dem Opfer einsperrt.[16]

Ein Einsperren ist auch in sog. **mittelbarer Täterschaft** (§ 25 I 2. Var. StGB) möglich, z. B. aufgrund einer Anzeige bei der Polizei,[17] ferner durch **Unterlassen**.[18]

(2) Auf andere Weise der Freiheit beraubt
Die Freiheitsberaubung auf andere Weise (als durch Einsperren) erfasst jede Handlung, durch die ein anderer unter vollständiger Aufhebung seiner Fortbewegungsfreiheit daran gehindert wird, seinen Aufenthaltsort zu verlassen.[19]

Beispiel 96

BGH U. v. 20.01.2005 – 4 StR 366/04 – NStZ 2005, 507 (Anm. Kudlich JuS 2005, 850; RA 2005, 281; Geppert JK 2006 StGB § 239/3):
B begab sich am 21.12.2002 gegen 21.30 Uhr mit G1 in eine Gaststätte in K. Dort trafen sie die G2, G3 sowie die Z. Als sie gegen Mitternacht die Gaststätte verlassen mussten, bot ihnen B an, sie mit seinem Pkw zu einem

---

[14] Wieck-Noodt, in: MK-StGB, 4. Aufl. 2021, § 239 Rn. 24.

[15] Wieck-Noodt, in: MK-StGB, 4. Aufl. 2021, § 239 Rn. 25.

[16] Wieck-Noodt, in: MK-StGB, 4. Aufl. 2021, § 239 Rn. 21.

[17] Fischer, StGB, 71. Aufl. 2024, § 239 Rn. 15; aus der Rspr. vgl. BGH U. v. 23.10.1996 – 5 StR 183/95 – BGHSt 42, 275 = NJW 1997, 951 = NStZ 1997, 437 = StV 1997, 70 (Anm. Martin JuS 1997, 660; König JR 1997, 317); BGH U. v. 23.10.1996 – 5 StR 695/95 – NStZ-RR 1997, 100.

[18] Hierzu Eisele, BT I, 6. Aufl. 2021, Rn. 432; aus der Rspr. vgl. RG U. v. 20.10.1893 – 2727/93 – RGSt 24, 339; BGH B. v. 18.08.2009 – 1 StR 107/09 – NStZ-RR 2009, 366 (Anm. Kudlich JA 2010, 151); OLG Nürnberg U. v. 18.10.2010 – 1 St (OLG Ss 106/10) – NStZ-RR 2011, 42.

[19] Kindhäuser/Hilgendorf, LPK, 9. Aufl. 2022, § 239 Rn. 7; aus der Rspr. vgl. zuletzt BGH U. v. 23.08.2018 – 3 StR 149/18 – StV 2019, 441.

„Sammeltaxi-Stand" nach S. zu fahren. Gegen 00.45 Uhr bestiegen G2, G3 und Z, die auf der Rückbank des Fahrzeugs Platz nahmen, sowie G1, der sich auf den Beifahrersitz setzte, den auf dem Parkplatz vor der Gaststätte abgestellten viertürigen Pkw VW-Golf des B. B fuhr mit seinem Pkw sogleich zügig an, ohne jedoch zunächst die zulässige Höchstgeschwindigkeit von 50 km/h erheblich zu überschreiten. Nach einer Fahrtstrecke von etwa 200 m änderte er jedoch plötzlich seine Fahrweise, indem er das Fahrzeug stark beschleunigte. Die auf dem Rücksitz befindlichen Insassen gerieten wegen des riskanten Fahrstils „in Panik". Sie schrien, ebenso wie kurze Zeit darauf auch G1, der die Situation zunächst „lustig" fand, den B an und forderten ihn verbal, sowie mittels Kneifens und Anstoßens deutlich und unmissverständlich auf, das Fahrzeug anzuhalten bzw. abzubremsen und langsamer zu fahren. Z versuchte überdies, die hintere rechte Fahrzeugtüre zu öffnen, was ihr nicht gelang, obwohl die Türe nicht verriegelt war. B, der die Aufforderung seiner Mitfahrer verstanden hatte, änderte seine Fahrweise nicht. Er lachte nur, drehte das Radio lauter und äußerte: „Hier kommt niemand mehr raus". Nach einer weiteren Fahrtstrecke von etwa 500 m hielt der B sein Fahrzeug auf der linken Fahrspur der zweispurig ausgebauten Straße an einer rot zeigenden Lichtzeichenanlage hinter einem Fahrzeug an. Nachdem die Ampel wieder auf grün geschaltet hatte, fuhr B sogleich wieder sehr zügig an und setzte seine riskante Fahrt fort. Bis zu der noch ca. 1 km entfernt gelegenen späteren Unfallstelle fuhr er mit deutlich überhöhter Geschwindigkeit, fuhr eng auf zwei vorausfahrende Fahrzeuge auf, wechselte zweimal abrupt den Fahrstreifen, um die vorausfahrenden Fahrzeuge zu überholen, wobei er beim zweiten Überholvorgang überdies einen zu geringen Seitenabstand zum überholten Fahrzeug einhielt. Ferner durchfuhr er eine Linkskurve zu schnell, sodass das Heck des Fahrzeugs ausbrach, was er jedoch abfangen konnte. Nach dem zweiten Überholvorgang – nach einer Fahrtstrecke von insgesamt ca. 1,5 bis 2 km seit Fahrtbeginn – geriet das Fahrzeug mit einer Ausgangsgeschwindigkeit von mindestens 85 km/h auf der feuchten Fahrbahn in einer Rechtskurve ins Schleudern, drehte sich um 180 Grad, überfuhr den rechtsseitig angrenzenden Gehweg und prallte mit der Fahrerseite gegen einen Baum. Z wurde durch den Aufprall aus dem Fahrzeug geschleudert und erlitt erhebliche Verletzungen, u. a. ein Schädelhirntrauma und eine Oberschenkelfraktur. G1, G2 und G3 erlitten tödliche Verletzungen und verstarben noch am Unfallort bzw. wenige Stunden später im Krankenhaus. ◄

Die Freiheitsberaubung „auf andere Weise" kennt hinsichtlich des Tatmittels grundsätzlich keine Begrenzung. Auch durch schnelles Fahren mit einem Fahrzeug kann sie begangen werden. Angesichts des geschützten Rechtsguts der Fortbewegungsfreiheit ist allerdings erforderlich, dass der Mitfahrer den eindeutigen und unmissverständlichen Wunsch zum Ausdruck bringt, das Fahrzeug unter den gegebenen Umständen verlassen zu wollen. Die vier Insassen waren vorliegend mit der Weiterfahrt nicht einverstanden, sollte B seinen Fahrstil nicht ändern. In der unveränderten Weiterfahrt liegt eine Freiheitsberaubung „auf andere Weise".

Hierunter fällt z. B. auch eine Fesselung,[20] ein Festhalten, eine Betäubung,[21] die Wegnahme benötigter Hilfsmittel,[22] nach h. M.[23] auch eine Täuschung. In Betracht kommen auch (Sitz-)Blockaden von Verkehrswegen.[24]

Für Drohungen allerdings greift statt § 239 StGB die Nötigung nach § 240 StGB.[25] Gleiches gilt für das erzwungene Verlassen eines Ortes.[26]

Die Aufrechterhaltung einer Freiheitsentziehung genügt.[27]

Zu beachten ist, dass für beide Var. des § 239 I StGB eine gewisse **Bagatellgrenze** überschritten werden muss.[28] Abzustellen ist auf Dauer und Gewicht der Freiheitsbeeinträchtigung.

Beispiel 97

BGH U. v. 31.05.1960 – 1 StR 212/60 (Amanda) – BGHSt 14, 314 = NJW 1960, 1629 (Anm. Kühl, Höchstrichterliche Rspr. BT, 2002, Nr. 37):

B schloss an einem Sonntagmorgen nach einer lebhaften Auseinandersetzung das Zimmer von außen ab, in dem seine damalige Freundin Z1, die von ihm schwanger zu sein behauptete, noch zu Bett lag. Er war dann fortgegangen, um die Abtreiberin (eine Frau Z2) zu holen. Als er eine halbe Stunde später mit dieser Frau wieder eintraf, lag das Mädchen immer noch im Bett. B wollte durch das Einsperren der Z1 diese daran hindern, ihr Zimmer zu verlassen, bevor er mit Z2 zurückkehren werde, damit die Abtreibung, wie geplant, vorgenommen werden könne. ◄

Die kurze Dauer der Einschließung ist angesichts der Unüberwindlichkeit der Vorrichtung ausreichend.

---

[20] Eisele, BT I, 6. Aufl. 2021, Rn. 431; aus der Rspr. vgl. RG U. v. 13.02.1888 – 3/88 – RGSt 17, 127; BGH B. v. 11.09.2014 – 2 StR 269/14 – StV 2015, 113.

[21] Eisele, BT I, 6. Aufl. 2021, Rn. 431; aus der Rspr. vgl. RG U. v. 17.03.1927 – III 62/27 – RGSt 61, 239.

[22] Wieck-Noodt, in: MK-StGB, 4. Aufl. 2021, § 239 Rn. 27.

[23] S. Kindhäuser/Hilgendorf, LPK, 9. Aufl. 2022, § 239 Rn. 7; aus der Rspr. vgl. BGH U. v. 08.06.2022 – 5 StR 406/21 – BGHSt 67, 79 = NJW 2022, 2422 = NStZ 2022, 677 = StV 2023, 666 (Anm. Bosch Jura 2022, 1236; Eisele JuS 2022, 1076; RÜ 2022, 777; Kudlich/Schütz NJW 2022, 2425; Zimmermann NStZ 2022, 680; Jäger JA 2023, 165; LL 2023, 37; famos 2/2023; Eidam HRRS 2023, 40).

[24] Zur Freiheitsberaubung durch die absichtliche Blockade von Autobahnen und anderen Verkehrswegen Kaerkes HRRS 2024, 16.

[25] H. M., Eisele, BT I, 6. Aufl. 2021, Rn. 436; aus der Rspr. vgl. zuletzt BGH B v. 16.06.2021 – 3 StR 138/21 – NStZ-RR 2021, 281 (Anm. RÜ 2021, 642).

[26] Fischer, StGB, 71. Aufl. 2024, § 239 Rn. 2.

[27] Aus der Rspr. vgl. BGH U. v. 23.08.2018 – 3 StR 149/18 – StV 2019, 441.

[28] Hierzu Fischer, StGB, 71. Aufl. 2024, § 239 Rn. 6; aus der Rspr. vgl. zuletzt BGH B. v. 23.03.2021 – 3 StR 68/21 – StV 2021, 477.

> **Beispiel 98**
>
> **BGH B. v. 03.12.2002 – 4 StR 432/02 – NStZ 2003, 371 (Anm. LL 2003, 637):**
> B1 wollte den Z, der bei der Polizei belastende Angaben zu seinen Betäubungsmittelgeschäften gemacht hatte, zum Widerruf dieser Aussage veranlassen. Er erreichte, dass Z freiwillig mit ihm und dem B2 eine Autofahrt zu einem Waldgebiet unternahm. Im Wald, in den ihm Z ebenfalls freiwillig gefolgt war, warf er ihn zu Boden, kniete sich auf dessen Oberkörper, fixierte dessen Hände mit seinen Knien und schlug dessen Kopf dreimal auf den Waldboden; dabei fragte er schreiend, warum Z ihn „verpfiffen" habe. Nach einem kurzen Wortwechsel erhoben sich beide und gingen zum Fahrzeug zurück, wo sich Z bereit erklärte, seine Aussage zurückzunehmen, was er am folgenden Tag zunächst auch tat. ◄

Das kurzzeitige Festhalten des Z im Verlauf der körperlichen Auseinandersetzung, das zu einer zeitlich nur unerheblichen Beeinträchtigung der Fortbewegungsfreiheit führte, stellt hingegen keine Freiheitsberaubung dar.

Bei bloßen **Erschwerungen** der Fortbewegung – z. B. Abschließen einer Tür, während die Fenster geöffnet werden können – kommt es darauf an, ob die Ausübung der Fortbewegungsfreiheit unzumutbar riskant wäre. An einer Freiheitsberaubung mangelt es, wenn ein Fortbewegen – wenn auch unter erschwerten Bedingungen – möglich bleibt.[29]

Psychische Barrieren können allenfalls in gravierenden Fällen genügen – z. B. aufgrund Wegnahme von Kleidung.[30]

Ein Verzicht des Opfers auf seine Fortbewegungsfreiheit wirkt als tatbestandsausschließendes **Einverständnis**.[31] Zu beachten ist ein etwaiger Widerruf und damit ein Erlöschen des Einverständnisses.[32]

b) Subjektiver Tatbestand

Es gilt das Vorsatzerfordernis des § 15 StGB.

---

[29] Eisele, BT I, 6. Aufl. 2021, Rn. 433f.; aus der Rspr. vgl. zuletzt BGH B. v. 20.03.2018 – 3 StR 10/18 – NStZ-RR 2018, 210 = StV 2019, 97; BGH B. v. 15.08.2018 – 2 StR 474/17 – NJW 2019, 789 = NStZ 2019, 277 (Anm. Jahn JuS 2019, 271; Leitmeier NJW 2019, 793; Berghäuser NStZ 2019, 281); BGH B. v. 23.03.2021 – 3 StR 68/21 – StV 2021, 477.

[30] Kindhäuser/Hilgendorf, LPK, 9. Aufl. 2022, § 239 Rn. 7; aus der Rspr. vgl. RG U. v. 26.04.1882 – 442/82 – RGSt 6, 231.

[31] Eisele, BT I, 6. Aufl. 2021, Rn. 435; näher Strauß NStZ 2024, 1; aus der Rspr. vgl. zuletzt BGH U. v. 08.06.2022 – 5 StR 406/21 – BGHSt 67, 79 = NJW 2022, 2422 = NStZ 2022, 677 = StV 2023, 666 (Anm. Bosch Jura 2022, 1236; Eisele JuS 2022, 1076; RÜ 2022, 777; Kudlich/Schütz NJW 2022, 2425; Zimmermann NStZ 2022, 680; Jäger JA 2023, 165; LL 2023, 37; famos 2/2023; Eidam HRRS 2023, 40).

[32] Joecks/Jäger, StGB, 13. Aufl. 2021, § 239 Rn. 18; aus der Rspr. vgl. BGH U. v. 19.09.1991 – 1 StR 509/91 – NStZ 1992, 33 (Anm. Keller JR 1992, 246); BGH U. v. 20.01.2005 – 4 StR 366/04 – NStZ 2005, 507 (Anm. Kudlich JuS 2005, 850; RA 2005, 281; Geppert JK 2006 StGB § 239/3).

3. Rechtswidrigkeit
Es gelten die allgemeinen Grundsätze.

4. Schuld
Es gelten die allgemeinen Grundsätze.

5. Rechtsfolgen
Der Strafrahmen des § 239 I StGB sieht Freiheitsstrafe bis zu fünf Jahren (im Minimum also ein Monat, § 38 II StGB) oder Geldstrafe (zu den Grenzen s. § 40 StGB) vor.

6. Sonstiges
Der **Versuch** der Freiheitsberaubung ist nach § 239 II StGB strafbar.

Soweit bei anderen Delikten die Freiheitsberaubung nur das tatbestandsmäßige Mittel zur Begehung oder eine bloße Nebenfolge bildet, tritt § 239 StGB in Gesetzeskonkurrenz (Konsumtion) zurück.[33] Andere Delikte stehen aber mit der Freiheitsberaubung in Tateinheit, wenn letztere über das zur Tatbestandsverwirklichung Erforderliche hinausgeht.[34]

III. Erfolgsqualifikationen des § 239 III StGB

1. § 239 III Nr. 1 StGB

a) Aufbau
I. Tatbestand
  1. Das Opfer der Freiheit beraubt
  2. Länger als eine Woche
  3. Hinsichtlich dieser Folge wenigstens Fahrlässigkeit, § 18 StGB (objektive Fahrlässigkeit)
II. Rechtswidrigkeit
III. Schuld
  1. Allgemeines
  2. Hinsichtlich dieser Folge wenigstens Fahrlässigkeit, § 18 StGB (subjektive Fahrlässigkeit)

---

[33] Joecks/Jäger, StGB, 13. Aufl. 2021, § 239 Rn. 32; aus der Rspr. vgl. zuletzt BGH U. v. 10.09.2020 – 4 StR 14/20 – NStZ-RR 2020, 348 = StV 2021, 94 und 2022, 8; BGH B. v. 10.07.2023 – 5 StR 143/23 – NStZ-RR 2023, 276.

[34] Joecks/Jäger, StGB, 13. Aufl. 2021, § 239 Rn. 32; aus der Rspr. vgl. zuletzt BGH U. v. 10.09.2020 – 4 StR 14/20 – NStZ-RR 2020, 348 = StV 2021, 94 und 2022, 8.

b) Erläuterungen

Der Charakter des § 239 III Nr. 1 StGB ist umstritten.[35]

Während die Rspr.[36] und die h. L.[37] von einer Erfolgsqualifikation ausgehen, hält die Gegenauffassung[38] die Norm für eine „normale" Qualifikation, für die das Vorsatzerfordernis nach § 15 StGB anwendbar ist.

Zwar streitet die Systematik für die h. M., allerdings spricht der Wortlaut für die Minderheitsauffassung.

Vertritt man, dass ein Mensch ohne aktuellen Fortbewegungswillen taugliches Tatobjekt sein kann, kommt zum Ausgleich ein Herausrechnen dieser Zeiträume aus § 239 III Nr. 1 StGB in Betracht. Allerdings wird richtigerweise eine einmal begründete Freiheitsberaubung nicht durch derartige Ruhephasen unterbrochen.[39]

§ 239 III StGB sieht Freiheitsstrafe von einem Jahr bis zu zehn Jahren vor.

§ 239 V StGB regelt den minder schweren Fall bzgl. § 239 III und IV StGB. Bzgl. § 239 III StGB gilt dann ein Strafrahmen von sechs Monaten bis zu fünf Jahren.

2. § 239 III Nr. 2 StGB

a) Aufbau

I. Tatbestand
 1. Die Tat
 2. Schwere Gesundheitsschädigung des Opfers
 3. Durch die Tat oder eine während der Tat begangene Handlung ... verursacht
 4. Hinsichtlich dieser Folge wenigstens Fahrlässigkeit, § 18 StGB (objektive Fahrlässigkeit)
II. Rechtswidrigkeit
III. Schuld
 1. Allgemeines
 2. Hinsichtlich dieser Folge wenigstens Fahrlässigkeit, § 18 StGB (subjektive Fahrlässigkeit)

b) Erläuterungen

§ 239 III Nr. 2 StGB enthält eine Erfolgsqualifikation, für die § 18 StGB gilt.

Zur schweren Gesundheitsschädigung s. o. bei § 221 StGB.

§ 239 III StGB sieht Freiheitsstrafe von einem Jahr bis zu zehn Jahren vor.

§ 239 V StGB regelt den minder schweren Fall bzgl. § 239 III und IV StGB. Bzgl. § 239 III StGB gilt dann ein Strafrahmen von sechs Monaten bis zu fünf Jahren.

---

[35] Hierzu Joecks/Jäger, StGB, 13. Aufl. 2021, § 239 Rn. 23 f.; aus der Rspr. vgl. BGH U. v. 10.07.1957 – 2 StR 219/57 – BGHSt 10, 306 = NJW 1957, 1446; BGH U. v. 08.08.1967 – 1 StR 279/67 – BGHSt 21, 288 = NJW 1967, 2070.

[36] S. o.

[37] Z. B. Kindhäuser/Hilgendorf, LPK, 9. Aufl. 2022, § 239 Rn. 15.

[38] Z. B. Eisele, BT I, 6. Aufl. 2021, Rn. 443.

[39] Zu dieser Frage Mitsch GA 2009, 329.

IV. Erfolgsqualifikationen des § 239 IV StGB

1. Aufbau
  I. Tatbestand
   1. Die Tat
   2. Tod des Opfers
   3. Verursacht durch die Tat oder eine während der Tat begangene Handlung
   4. Hinsichtlich dieser Folge wenigstens Fahrlässigkeit, § 18 StGB (objektive Fahrlässigkeit)
 II. Rechtswidrigkeit
III. Schuld
   1. Allgemeines
   2. Hinsichtlich dieser Folge wenigstens Fahrlässigkeit, § 18 StGB (subjektive Fahrlässigkeit)

2. Erläuterungen
§ 239 IV StGB enthält eine Erfolgsqualifikation, für die § 18 StGB gilt.

Wann die sog. schwere Folge eintritt, ist bedeutungslos; es gelten die allgemeinen Zurechnungsregeln. Relevant sind z. B. bei einem Fluchtversuch verstorbene Opfer.[40]

§ 239 IV StGB sieht Freiheitsstrafe nicht unter drei Jahren (im Maximum also 15 Jahre, § 38 II StGB) vor.

§ 239 V StGB regelt den minder schweren Fall bzgl. § 239 III und IV StGB. Bzgl. § 239 IV StGB gilt dann ein Strafrahmen von Freiheitsstrafe von einem Jahr bis zu zehn Jahren.

C. Nötigung, § 240 StGB

▶ **Didaktische Aufsätze**
  • Geppert, Die Nötigung (§ 240 StGB), Jura 2006, 31
  • Sinn, Die Nötigung, JuS 2009, 577

I. Aufbau

  I. Tatbestand
   1. Objektiver Tatbestand
      a) Einen (anderen) Menschen
      b) Gewalt oder Drohung mit einem empfindlichen Übel
      c) Handlung, Duldung oder Unterlassung
      d) Mit, durch, zu einer
   2. Subjektiver Tatbestand
      a) Vorsatz
      b) Angestrebter Zweck ist die Handlung, Duldung oder Unterlassung

---

[40] Aus der Rspr. vgl. zuletzt BGH U. v. 28.01.2021 – 3 StR 279/20 – NStZ 2022, 291.

II. Rechtswidrigkeit
  1. Allgemeines
  2. Als verwerflich anzusehen, § 240 II StGB
III. Schuld
IV. Rechtsfolgen: Besonders schwerer Fall, § 240 IV StGB

II. Allgemeines

§ 240 StGB stellt die Nötigung unter Strafe.[41]

> **§ 240 StGB (Nötigung)**
> (1) Wer einen Menschen rechtswidrig mit Gewalt oder durch Drohung mit einem empfindlichen Übel zu einer Handlung, Duldung oder Unterlassung nötigt, wird mit Freiheitsstrafe bis zu drei Jahren oder mit Geldstrafe bestraft.
> (2) Rechtswidrig ist die Tat, wenn die Anwendung der Gewalt oder die Androhung des Übels zu dem angestrebten Zweck als verwerflich anzusehen ist.
> (3) Der Versuch ist strafbar.
> (4) In besonders schweren Fällen ist die Strafe Freiheitsstrafe von sechs Monaten bis zu fünf Jahren. Ein besonders schwerer Fall liegt in der Regel vor, wenn der Täter
>   1. eine Schwangere zum Schwangerschaftsabbruch nötigt oder
>   2. seine Befugnisse oder seine Stellung als Amtsträger mißbraucht.

Rechtsgut der Nötigung ist die persönliche Freiheit der Willensentschließung und -betätigung (vgl. Art. 2 I GG).[42]

Es handelt sich um einen offenen Grund- und Auffangtatbestand, der trotz eingegrenzter Tathandlungen die Gefahr in sich trägt, auf nicht strafwürdiges Verhalten ausgedehnt zu werden. Daher sieht § 240 II StGB eine gesonderte Verwerflichkeitsprüfung vor.

III. Tatbestand

1. Allgemeines

Die unbefangene Übertragung des Normtexts in eine Tatbestandsstruktur stößt bei § 240 StGB an Grenzen: Dem Wort „**nötigt**" kommt keine eigenständige Bedeutung

---

[41] Hierzu Müller-Dietz GA 1974, 33; Hruschka JZ 1995, 737; Schroeder NJW 1996, 2627; Geppert Jura 2006, 31; Sinn JuS 2009, 577; zur Historie Schaffstein FS Lange 1976, 983; zur Reformdiskussion Baumann ZRP 1987, 265.

[42] Problematisch, s. Kindhäuser/Hilgendorf, LPK, 9. Aufl. 2022, § 240 Rn. 1ff.; Sinn, in: MK-StGB, 4. Aufl. 2021, § 240 Rn. 2ff.; näher Fezer GA 1975, 353; Köhler FS Leferenz 1983, 511; Lesch FS Rudolphi 2004, 483; aus der Rspr. vgl. zuletzt BGH B. v. 20.07.2022 – 4 StR 220/22 – NStZ-RR 2022, 341 (Anm. Jäger JA 2023, 515; RÜ 2023, 231).

zu,⁴³ sondern dieses umschreibt die Verknüpfung von Nötigungsmittel (Gewalt oder Drohung) und -erfolg (Handlung, Duldung, Unterlassung), die ohnehin schon anderweitig zum Ausdruck kommt („mit", „durch", „zu").

Unbeachtlich ist ferner die ausdrückliche Aufführung der Rechtswidrigkeit; diese ist in § 240 I StGB kein Tatbestandsmerkmal.⁴⁴

2. Objektiver Tatbestand

▶ **Didaktischer Aufsatz**
- Jakobs, Unorthodoxe Bemerkungen zum objektiven Tatbestand der Nötigung, JuS 2017, 97

a) Einen (anderen) Menschen

Nötigungsopfer kann nur ein (vom Täter verschiedener) Mensch sein. Juristische Personen können nicht genötigt werden.⁴⁵

b) Gewalt oder Drohung mit einem empfindlichen Übel

aa) Allgemeines

Die Nötigungsmittel des § 240 I StGB sind auch (partielle) Tatbestandsmerkmale u. a. der §§ 249, 253, 255, 252 StGB, sodass die folgenden Erläuterungen auch für die Vermögensdelikte von Bedeutung sind. Andersherum lässt sich diesbzgl. Rspr. u. U. auf § 240 StGB übertragen.

bb) Gewalt

(1) Allgemeines

▶ **Didaktische Aufsätze**
- Blei, Die Auflösung des strafrechtlichen Gewaltbegriffs, JA 1970, 19, 77, 141
- Keller, Die neue Entwicklung des strafrechtlichen Gewaltbegriffs in der Rechtsprechung, JuS 1984, 109
- Timpe, Nötigende Gewalt durch Unterlassen, JuS 1992, 748
- Bandemer, Der Gewaltbegriff im Strafrecht, JA 1995, 568
- Arnold, Die „neue" Auslegung des Gewaltbegriffs in § 240 StGB – eine Nötigung der Strafrechtsdogmatik? JuS 1997, 289

---

⁴³ H. M., s. Fischer, StGB, 71. Aufl. 2024, § 240 Rn. 4ff.; anders z. B. Sinn, in: MK-StGB, 4. Aufl. 2021, § 240 Rn. 25; näher Kargl FS Roxin 2001, 905.

⁴⁴ Fischer, StGB, 71. Aufl. 2024, § 240 Rn. 38ff.; aus der Rspr. vgl. BGH B. v. 18.03.1952 – GSSt 2/51 – BGHSt 2, 194 = NJW 1952, 593 (Anm. Welzel NJW 1952, 564; Hartung NJW 1952, 761; Lindner NJW 1952, 854; Schwarz NJW 1952, 1081; Lang-Hinrichsen JR 1952, 302 und 356; Welzel JZ 1952, 340; Mayer MDR 1952, 392; Niese DRiZ 1952, 111; Heitzer NJW 1953, 210); OLG Braunschweig U. v. 24.12.1956 – Ss 189/56 – NJW 1957, 639; OLG Braunschweig U. v. 14.07.1975 – Ss 63/75 – NJW 1976, 60 (Anm. Hassemer JuS 1976, 191).

⁴⁵ Sinn, in: MK-StGB, 4. Aufl. 2021, § 240 Rn. 26.

- Herzberg, Noch einmal: Zum Gewaltbegriff in § 240 StGB und zu seiner „subjektiv-historischen Auslegung", JuS 1997, 1067
- Swoboda, Der Gewaltbegriff, JuS 2008, 862

Was unter Gewalt i. S. d. § 240 I StGB zu verstehen ist, ist umstritten.[46]

Beispiel 99

BGH U. v. 08.08.1969 – 2 StR 171/69 (Laepple) – BGHSt 23, 46 = NJW 1969, 1770 (Anm. Fahl, Strafrechts-Klassiker, 2020, § 240 Rn. 2ff.; Hassemer JuS 1969, 590; Ott NJW 1969, 2023; Eilsberger JuS 1970, 164):

Um gegen eine Preiserhöhung der Kölner Verkehrsbetriebe, die am 24.10.1966 in Kraft treten sollte, zu protestieren, veranstaltete der „Arbeitskreis Kölner Hochschulen" (AKH), eine Vereinigung von Studenten und Schülern, an diesem Tage um 13.30 Uhr einen „Sitzstreik", durch den der Straßenbahnverkehr an zwei wichtigen Kreuzungspunkten innerhalb Kölns blockiert wurde. Während die eine dieser Demonstrationen um 14.30 Uhr beendet war, dauerte die andere planwidrig an, bis es schließlich zum Einsatz von Wasserwerfern und berittener Polizei kam. An der Vorbereitung und Durchführung der beiden Demonstrationen im vorgesehenen Rahmen waren B1 als Vorsitzender des AKH und der B2 als Pressereferent des AStA beteiligt. ◄

Ist es „Gewalt", sich vor eine Straßenbahn zu setzen, sodass diese nicht ohne Verletzung von Personen weiterfahren kann?

Beispiel 100

OLG Köln B. v. 14.03.2006 – 83 Ss 6/06 – NJW 2006, 3017 = NStZ-RR 2006, 280 (Anm. RA 2006, 542):

Am 10.02.2004 fuhr Z in den Kreisverkehr V-Platz ein. Z fuhr langsam, weil sich am Rande des Kreisverkehrs auf dem Fahrradstreifen Radfahrer befanden

---

[46] Hierzu näher Blei NJW 1954, 583; Geilen FS Mayer 1966, 445; Tiedemann JZ 1969, 717; Neuberger GA 1969, 1; Janknecht GA 1969, 33; Blei JA 1970, 19, 77 und 141; Haffke ZStW 1972, 37; Martin FS 25 Jahre BGH 1975, 211; Brink/Keller KJ 1983, 107; Keller JuS 1984, 109; Krauß NJW 1984, 905; Sommer NJW 1985, 769; Calliess NJW 1985, 1506; Schroeder NJW 1985, 2392; Wolter NStZ 1985, 193 und 245; Boeckmann JZ 1986, 1051; Jakobs GS Hilde Kaufmann 1986, 791; Otto NStZ 1992, 568; Offenloch JZ 1992, 438; Bandemer JA 1995, 568; Arnold JuS 1997, 289; Herzberg JuS 1997, 1067; Herzberg GA 1997, 251; Paeffgen FS Grünwald 1999, 433; Zöller GA 2004, 147; Lesch FS Jakobs 2007, 327; Swoboda JuS 2008, 862; Magnus NStZ 2012, 538; aus der Rspr. vgl. zuletzt BGH U. v. 25.02.2021 – 3 StR 204/20 – NStZ 2021, 626 (Anm. Hecker JuS 2021, 1082; Jäger JA 2022, 256; RÜ 2022, 27); LG Berlin B. v. 21.11.2022 – 534 Qs 80/22 (Anm. Furtwängler KJ 2023, 132); BGH U. v. 10.11.2022 – 4 StR 91/22 – NStZ-RR 2023, 248 (Anm. RÜ 2024, 90); LG Berlin U. v. 18.01.2023 – 518 Ns 31/22 (Anm. RÜ 2023, 376; Albrecht jurisPR-StrafR 14/2023 Anm. 3); AG Flensburg U. v. 06.07.2023 – 430 Cs 107 Js 4027/23 (Anm. Nestler Jura 2024, 329).

C. Nötigung, § 240 StGB

und Z nach rechts in die X-Straße einbiegen wollte. Bereits auf dem V-Platz kurz vor der Ausfahrt X-Straße fuhr B mit seinem Pkw dicht auf das Fahrzeug des Z auf und betätigte die Lichthupe sowie das Signalhorn. Z bog – weiter langsam fahrend – in die X-Straße ein und beschleunigte sein Fahrzeug auf ca. 40 km/h bis 50 km/h. B bog – weiter dicht hinter dem Fahrzeug des Z fahrend – ebenfalls in die X-Straße ein. Über eine Strecke von knapp 300 m fuhr B so dicht auf das Fahrzeug des Z auf, dass dieser das Nummernschild sowie den Kühlergrill des Fahrzeugs des B durch den Rückspiegel nicht mehr sehen konnte. Während der gesamten Strecke bis zur Kreuzung X/Y-Straße betätigte B die Lichthupe und ein- bis zweimal auch das Signalhorn, um den Z zu veranlassen, sein Fahrzeug auf die rechte Seite der breiten, aber nicht in Fahrspuren unterteilten Fahrbahn zu lenken. Mindestens dreimal versuchte B, das Fahrzeug zu überholen. Dies war jedoch wegen des herrschenden Gegenverkehrs nicht möglich. ◄

Ist es „Gewalt", besonders dicht auf seinen Vordermann aufzufahren, Lichthupe und Signalhorn zu betätigen?

Beispiel 101

BGH B. v. 08.10.1981 – 3 StR 449/450/81 – NJW 1982, 189 = NStZ 1982, 158 = StV 1983, 139 (Anm. Sonnen JA 1982, 217; Schroeder JuS 1982, 491; Dingeldey NStZ 1982, 160; Köhler NJW 1983, 10; Brendle NJW 1983, 727; Köhler NJW 1983, 1595; ter Veen StV 1983, 167):

B und weitere Studenten störten unter Verstoß gegen Hausverbote und Relegationsverfügungen Vorlesungen an der Universität Heidelberg dadurch, dass sie Dozenten durch Geschrei, Gebrüll, Pfeifen, Absingen von Liedern oder Gebrauch von Lärminstrumenten dazu brachten, Lehrveranstaltungen oder Prüfungen abzubrechen. ◄

Handelt es sich bei störendem Lärm um „Gewalt"?

In einer Fallbearbeitung kann als **Ausgangs- und Arbeitsdefinition** dienen:
Gewalt ist jede körperliche Kraftentfaltung des Täters, die auf das Opfer einen körperlich wirkenden Zwang ausübt, der die Freiheit der Willensentschließung oder Willensbetätigung ausschaltet oder beeinträchtigt.[47]

Hierbei unterscheidet man sog. *vis absoluta* und *vis compulsiva*:[48] Erstere bezeichnet Einwirkungen, die dem Opfer eine Willensbildung unmöglich machen (z. B. Einsperren, Fesseln), letztere Einwirkungen, die die Willensbildung des Opfers zu einem bestimmten Verhalten hinlenken.[49]

---

[47] Kindhäuser/Hilgendorf, LPK, 9. Aufl. 2022, § 240 Rn. 9.
[48] Eisele, BT I, 6. Aufl. 2021, Rn. 454ff.
[49] Eisele, BT I, 6. Aufl. 2021, Rn. 454, 456.

Problematisch sind – abgesehen von einer unüberschaubaren Kasuistik[50] – die Grenzen des Gewaltbegriffs sowohl bzgl. der Anforderungen an die Kraftentfaltung beim **Täter**[51] als auch bzgl. der körperlichen Zwangswirkung, die beim **Opfer** eintreten muss.[52]

Heute[53] ist gesichert, dass auf **Täterseite** die Anforderungen an die körperliche Kraftentfaltung sehr niedrig sind. So genügt beispielsweise das Beibringen eines Betäubungsmittels.[54] Auch beim Einsatz von Technik, z. B. im Straßenverkehr oder bei der Nutzung von Computern, wird deutlich, dass es auf eine Intensität des konkreten physischen Aufwandes nicht ankommen kann. Bereits diese „Aufweichung" bewirkt allerdings, dass sich die Auslegung des Gewaltbegriffs in § 240 I StGB recht weit vom umgangssprachlichen Verständnis von Gewalt entfernt.

Weitaus kontroverser diskutiert wird, welche Anforderungen an die körperliche Zwangswirkung **auf Opferseite** zu stellen sind.

In der Lehre[55] und auch in der Rspr, v. a. zu Fällen sog. Sitzblockaden,[56] entwickelte sich die Tendenz zur Entmaterialisierung und **Vergeistigung** des Gewaltbegriffs, sodass insbesondere eine psychische Vermittlung der Zwangswirkung für unschädlich erachtet wurde. Nachdem das **BVerfG** zunächst keinen Verstoß einer solchen weiten Auslegung des Gewaltbegriffs anlässlich von Sitz-/Straßenblockaden gegen Art. 103 II GG festgestellt hatte,[57] war dies in einer späteren Entscheidung[58] der Fall: Das BVerfG trat einer rein geistigen Betrachtungsweise entgegen und betonte das Erfordernis einer gerade körperlichen Zwangswirkung.

---

[50] S. nur Fischer, StGB, 71. Aufl. 2024, § 240 Rn. 23ff.

[51] Hierzu zsf. Eisele, BT I, 6. Aufl. 2021, Rn. 460f.

[52] Hierzu zsf. Eisele, BT I, 6. Aufl. 2021, Rn. 462ff.

[53] Bisweilen ist in Lehrbüchern und Kommentaren eine historische Darstellung der Entwicklung des Gewaltbegriffs vorzufinden, s. nur Fischer, StGB, 71. Aufl. 2024, § 240 Rn. 10ff.; allerdings dürfen etwaige Ausführungen in Fallbearbeitungen keineswegs zu lehrbuchhaft (geschweige denn rechtshistorisch) geraten.

[54] Fischer, StGB, 71. Aufl. 2024, § 240 Rn. 24; aus der Rspr. vgl. BGH U. v. 05.04.1951 – 4 StR 129/51 – BGHSt 1, 145 = NJW 1951, 532; BGH U. v. 21.05.1953 – 4 StR 787/52 – BGHSt 4, 210 = NJW 1953, 1400; BGH U. v. 22.01.1991 – 5 StR 498/90 – StV 1991, 149; BGH B. v. 24.06.1992 – 2 StR 195/92 – NJW 1992, 2977 = NStZ 1992, 490.

[55] Zsf. hierzu Fischer, StGB, 71. Aufl. 2024, § 240 Rn. 13.

[56] Hierzu s. noch u. (a).

[57] BVerfG U. v. 11.11.1986 – 1 BvR 713/83 u. a. (Straßenblockade I) – BVerfGE 73, 206 = NJW 1987, 43 = NStZ 1987, 222 = StV 1987, 13 (Anm. Hassemer JuS 1987, 314; Calliess NStZ 1987, 209; Otto NStZ 1987, 212; Starck JZ 1987, 145; Bertuleit/Herkströter KJ 1987, 331; Meurer/Bergmann JR 1988, 49).

[58] BVerfG B. v. 10.01.1995 – 1 BvR 718/89, 1 BvR 719/89, 1 BvR 722/89, 1 BvR 723/89 (Straßenblockade II) – BVerfGE 92, 1 = NJW 1995, 1141 = NStZ 1995, 275 = StV 1995, 242 (Anm. Otto JK 1995 StGB § 240 I/15; Heselhaus JA 1995, 748; Lesch JA 1995, 889; Schmidt JuS 1995, 642; Schroeder JuS 1995, 875; Amelung NJW 1995, 2584; Altvater NStZ 1995, 278; Scholz NStZ 1995, 417; Krey JR 1995, 221 und 265; Gusy JZ 1995, 782; Sonnen NK 1995/2, 51; Berz NZV 1995, 297; Herzberg GA 1996, 557; Buchwald DRiZ 1997, 513; Hoyer GA 1997, 451; Priester FS Bemmann 1997, 362; Rheinländer FS Bemmann 1997, 387).

C. Nötigung, § 240 StGB

In einer Fallbearbeitung ist daher sehr sorgfältig alles herauszuarbeiten, was für und gegen die Annahme einer genuin physischen Beeinträchtigung des Opfers spricht. Gerade im Hinblick auf die Drohungsvariante ist bei rein psychischen Reizen ein restriktives Vorgehen geboten.

Des Weiteren existiert – wie bei zahlreichen anderen Delikten auch – eine **Bagatellschwelle**. Nicht jede Belästigung oder Überrumpelung[59] genügt den Anforderungen an die physische Zwangswirkung.

Die körperliche Zwangswirkung muss vom Opfer **nicht wahrgenommen** werden,[60] vgl. z. B. das Wegbringen eines Bewusstlosen.

Gewalt **gegen Sachen**[61] kann nur dann unter § 240 I StGB subsumiert werden, wenn ein körperlich wirkender Zwang beim Opfer entsteht – z. B. durch das Abdrehen der Heizung. Dies führt dazu, dass ggf. zwar die Drohung mit einer solchen Handlung erfasst wird, nicht aber die tatsächliche Ausführung.

Als Gewalt kann auch ein Handeln gegenüber Dritten fungieren (**Dreiecksnötigung**), wenn dieses geeignet ist, den Willen des Nötigungsadressaten zu beugen.[62] Ein besonderes Näheverhältnis ist hierfür nicht erforderlich, wie ein Umkehrschluss aus § 241 II StGB ergibt.[63]

Soweit bereits das objektive Tatbestandsmerkmal der Gewalt z. T. mit einer **subjektiven Komponente** versehen wird („um geleisteten oder erwarteten Widerstand zu überwinden"[64]), so liegt hierin eine methodisch fragwürdige Vorabprüfung einer Zweckverfolgung, die überzeugender als besondere Vorsatzanforderung im subjektiven Tatbestand zu prüfen ist.[65]

(2) Einzelfälle
Grundsätzlich sei bzgl. der Kasuistik auf die Literatur verwiesen.[66] Drei problematische Fallgruppen seien aber hervorgehoben.

---

[59] Eisele, in: Schönke/Schröder, StGB, 30. Aufl. 2019, § 240 Rn. 12; aus der Rspr. vgl. OLG Karlsruhe U. v. 06.06.2002 – 1 Ss 13/02 – NJW 2003, 1263 (Anm. RÜ 2003, 77); OLG Hamm B. v. 26.02.2013 – III-5 RVs 6/13 (Anm. Hecker JuS 2013, 751).

[60] Fischer, StGB, 71. Aufl. 2024, § 240 Rn. 11a; aus der Rspr. vgl. RG U. v. 31.03.1933 – I 254/33 – RGSt 67, 183; BGH U. v. 21.05.1953 – 4 StR 787/52 – BGHSt 4, 210 = NJW 1953, 1400; BGH U. v. 16.06.1955 – 4 StR 181/55 – NJW 1955, 1238; BGH U. v. 05.12.1961 – 5 StR 516/61 – BGHSt 16, 341 = NJW 1962, 356; BGH U. v. 15.09.1964 – 1 StR 267/64 – BGHSt 20, 32 = NJW 1965, 115 (Anm. Eser NJW 1965, 377); OLG Saarbrücken U. v. 04.07.1968 – Ss 8/68 – NJW 1969, 621; BGH U. v. 24.10.1973 – 2 StR 362/73 – BGHSt 25, 237 = NJW 1974, 282 (Anm. Meyer-Gerhards JuS 1974, 566; Geilen JZ 1974, 540).

[61] Hierzu zsf. Eisele, BT I, 6. Aufl. 2021, Rn. 466; aus der Rspr. vgl. zuletzt OLG Hamm B. v. 10.03.2022 – 4 RVs 2/22 – NStZ 2022, 614 (Anm. RÜ 2022, 374; RÜ2 2022, 135).

[62] H. M., hierzu zsf. Joecks/Jäger, StGB, 13. Aufl. 2021, § 240 Rn. 13f.; Fischer, StGB, 71. Aufl. 2024, § 240 Rn. 26; näher Bohnert JR 1982, 397; aus der Rspr. vgl. RG U. v. 17.01.1888 – 3227/87 – RGSt 17, 82; BGH U. v. 27.08.1969 – 4 StR 268/69 – BGHSt 23, 126 = NJW 1970, 61 (Anm. Geilen JZ 1970, 521); BGH B. v. 31.01.1997 – 2 StR 651/96 – BGHSt 42, 378 = NJW 1997, 1244 = StV 1997, 524.

[63] Joecks/Jäger, StGB, 13. Aufl. 2021, § 240 Rn. 14.

[64] Z. B. Fischer, StGB, 71. Aufl. 2024, § 240 Rn. 8.

[65] S. Kindhäuser/Hilgendorf, LPK, 9. Aufl. 2022, § 240 Rn. 9, 42f.

[66] S. etwa Fischer, StGB, 71. Aufl. 2024, § 240 Rn. 23ff.

(a) Blockaden, insbesondere bei Demonstrationen

▶ **Didaktische Aufsätze**
- Bergmann, Zur strafrechtlichen Beurteilung von Straßenblockaden als Nötigung (§ 240 StGB) unter Berücksichtigung der jüngsten Rechtsprechung, Jura 1985, 457
- Prittwitz, Sitzblockaden – ziviler Ungehorsam und strafbare Nötigung? JA 1987, 17

Sitzblockaden[67] auf Straßen sind die wohl wichtigste Fallgruppe, deretwegen sich die allgemeine Diskussion des Gewaltbegriffs entzündet hat – reaktualisiert durch Klimaschutz-Protestaktionen.[68]

Zwar hat das BVerfG die Fachrechtsprechung bei ihrer extensiven Auslegung des Gewaltbegriffs bei derartigen Blockaden zu bremsen versucht, diese reagierte aber auf die Mahnung hinsichtlich der physischen Zwangswirkung mit der sog. **Zweite-Reihe-Rspr.** – welche das BVerfG mittlerweile gebilligt hat.[69]

Beispiel 102

BGH U. v. 20.07.1995 – 1 StR 126/95 – BGHSt 41, 182 = NJW 1995, 2643 = NStZ 1995, 541 = StV 1996, 151 (Anm. Kühl, Höchstrichterliche Rspr. BT, 2002, Nr. 40; Lesch JA 1995, 921; Schmidt JuS 1995, 1135; Krey/Jaeger NStZ 1995, 542; Geppert JK 1996 StGB § 240/17; Hoyer JuS 1996, 200; Hruschka NJW 1996, 160; Amelung NStZ 1996, 230; Lesch StV 1996, 152):

---

[67] Hierzu näher Tiedemann JZ 1969, 717; Leb KJ 1984, 202; Bergmann Jura 1985, 457; Schroeder NJW 1985, 2392; Brohm JZ 1985, 501; Frankenberg KJ 1985, 301; Offenloch JZ 1986, 11; Prittwitz JA 1987, 17; Otto NStZ 1987, 212; Kühl StV 1987, 122; Kaufmann NJW 1988, 2581; Offenloch JZ 1988, 12; Frommel KJ 1989, 484; Otto NStZ 1992, 568; Offenloch JZ 1992, 438; Graul JR 1994, 51; Neumann ZStW 1997, 1; Tröndle FG 50 Jahre BGH IV 2000, 527.

[68] Hierzu Homann JA 2023, 554 und 649; Zimmermann/Griesar JuS 2023, 401; Schumacher JuS 2023, 820; Lund NStZ 2023, 198; Erb NStZ 2023, 577; Dießner StV 2023, 547; Kühne StV 2023, 560; Jahn JZ 2023, 885; Bohn HRRS 2023, 225; Preuß NZV 2023, 60; Müller SVR 2023, 330; Preuß NZV 2024, 61; aus der Rspr. vgl. AG Bremen B. v. 18.05.2021 – 92b Gs 448/21 – StV-S 2023, 57; AG Berlin-Tiergarten U. v. 30.08.2022 – (422 Cs) 231 Js 1831/22 (11/22) Jug – NStZ 2023, 242 (Anm. Furtwängler KJ 2023, 132); LG Berlin B. v. 21.11.2022 – 534 Qs 80/22 (Anm. Furtwängler KJ 2023, 132); LG Berlin U. v. 18.01.2023 – 518 Ns 31/22 (Anm. RÜ 2023, 376; Albrecht jurisPR-StrafR 14/2023 Anm. 3); BayObLG B. v. 21.04.2023 – 205 StRR 63/23 – NStZ 2023, 747 = StV 2023, 543; KG B. v. 05.05.2023 – 3 ORs 12/23 – 161 Ss 6/23 – StV 2023, 545; LG Berlin B. v. 31.05.2023 – 502 Qs 138/22 – StV 2023, 546 (Anm. Jäger JA 2024, 256); AG Flensburg U. v. 06.07.2023 – 430 Cs 107 Js 4027/23 (Anm. Nestler Jura 2024, 329).

[69] Hierzu zsf. Eisele, BT I, 6. Aufl. 2021, Rn. 463f.; aus der Rspr. vgl. BVerfG B. v. 07.03.2011 – 1 BvR 388/05 – NJW 2011, 3020 = StV 2011, 668 (Anm. Jahn JuS 2011, 563; Jäger JA 2011, 553; Sinn ZJS 2011, 283; RA 2011, 244; famos 6/2011; Offenloch JZ 2011, 685); LG Berlin B. v. 21.11.2022 – 534 Qs 80/22 (Anm. Furtwängler KJ 2023, 132); LG Berlin U. v. 18.01.2023 – 518 Ns 31/22 (Anm. RÜ 2023, 376; Albrecht jurisPR-StrafR 14/2023 Anm. 3).

C. Nötigung, § 240 StGB

B hat sich gemeinsam mit einer größeren Anzahl gleichgesinnter Personen an der Blockade der A 8 (München-Stuttgart) beteiligt. Die Polizei hatte drei Omnibusse auf einem Rastplatz angehalten und nicht weiterfahren lassen. Daraufhin verteilten sich die Insassen dieser Busse auf die Fahrbahnen, stellten sich den herannahenden Fahrzeugen in den Weg und sperrten auf diese Weise den Verkehr. Dem B war klar, dass hierdurch eine Vielzahl von Autofahrern an der Weiterfahrt gehindert wurde. Grund war der Unmut über das verwaltungsgerichtliche Verbot einer Kurdendemonstration in Augsburg. ◄

Die Rspr. nimmt in derartigen Fällen, in denen mehrere Reihen von Kraftfahrzeugen durch eine menschliche Blockade zum Anhalten gezwungen werden, nunmehr keine Gewalt gegenüber dem ersten ankommenden Kraftfahrer an (dieser hält letztlich aus rein psychischen Gründen), jedoch hindert diese erste Autoreihe die nächste am Weiterfahren, und zwar nunmehr physisch (durch den massiven Körper des Kfz).

Diese Rspr. ist allerdings vor dem Hintergrund zu kritisieren, dass es kaum Schutzzweck der Nötigung ist, den Kraftfahrern einen Platz in der ersten Reihe zu sichern, sodass in einer Position in der ersten statt in der zweiten Reihe keine hinreichend zu missbilligende Risikoschaffung gesehen werden kann.[70] Angesichts dessen, dass kein Kraftfahrer sein Fahrzeug beschädigen möchte, liegt ohnehin auch die Wirkung gegenüber den Fahrern der zweiten Reihe eher im psychischen als im physischen Bereich.

Zu beachten ist bei alledem, dass sich in vielen Fällen die Blockade nicht auf das Sperren der Straße bloß durch den eigenen Körper reduziert,[71] sodass sich die körperliche Zwangswirkung dann aus **zusätzlich eingesetzten Mitteln** ergeben kann.[72]

(b) Drohungen als Gewalt (?)
Problematisch ist, ob Drohungen auch Gewalt darstellen können.[73]

---

[70] Hierzu Toepel, in: NK-StGB, 6. Aufl. 2023, § 240 Rn. 62; näher Hoyer JuS 1996, 200.

[71] Zur Problematik eines sich in den Weg Stellens Eisele, in: Schönke/Schröder, StGB, 30. Aufl. 2019, § 240 Rn. 12; aus der Rspr. vgl. BayObLG B. v. 14.04.1969 – RReg. 3 a St 6 a, b/69 – NJW 1969, 1127 (Anm. Schwark NJW 1969, 1495); BayObLG U. v. 24.03.1970 – RReg. 2 St 18/70 – NJW 1970, 1803; BGH B. v. 02.05.1995 – 1 StR 81/95 – NStZ 1996, 31; OLG Düsseldorf B. v. 25.02.1999 – 1 Ws 16/99 – NJW 1999, 2912 = NStZ 2000, 199 (Anm. Erb NStZ 2000, 199); BGH B. v. 23.04.2002 – 1 StR 100/02 – NStZ-RR 2002, 236 = StV 2002, 360 (Anm. LL 2002, 682; RA 2002, 491); OLG Karlsruhe U. v. 06.06.2002 – 1 Ss 13/02 – NJW 2003, 1263 (Anm. RÜ 2003, 77); OLG Frankfurt U. v. 23.11.2010 – 2 Ss 274/10 – NStZ-RR 2011, 110.

[72] Fischer, StGB, 71. Aufl. 2024, § 240 Rn. 17.

[73] Hierzu zsf. Eisele, BT I, 6. Aufl. 2021, Rn. 459; aus der Rspr. vgl. RG U. v. 15.03.1926 – II 86/26 – RGSt 60, 157; RG U. v. 20.09.1932 – I 844/32 – RGSt 66, 353; BGH U. v. 05.04.1951 – 4 StR 129/51 – BGHSt 1, 145 = NJW 1951, 532; BGH U. v. 04.06.1955 – St E 1/52 – BGHSt 8, 102 = NJW 1956, 231; BGH U. v. 21.11.1961 – 1 StR 444/61; BGH U. v. 27.08.1969 – 4 StR 268/69 – BGHSt 23, 126 = NJW 1970, 61 (Anm. Geilen JZ 1970, 521); BGH U. v. 03.02.1993 – 3 StR 356/92 (Dresdner Bordell – BGHSt 39, 133) = NJW 1993, 1869 = NStZ 1993, 333 = StV 1993, 576 (Anm. Roxin, Höchstrichterliche Rspr. AT, 1998, Nr. 41; Lesch StV 1993, 578; Otto JK 1994 StGB § 32/19; Müller-Christmann JuS 1994, 649; Drescher JR 1994, 423; Arzt JZ 1994, 314; Roxin NStZ 1995, 335).

Dies wurde in der Rspr.[74] z. T. bejaht, von der ganz h. L.[75] allerdings verneint.

Der h. L. ist zu folgen: Ließe man psychische Erregung inkl. Angst o. Ä. ausreichen, so läge bei jeder Drohung zugleich auch eine Gewaltausübung vor. Die durch eine Drohung mit einem empfindlichen Übel bewirkte Beeinträchtigung des körperlichen Befindens fällt richtigerweise allein unter die 2. Var. des § 240 I StGB.

(c) Verhalten im Straßenverkehr

▶ **Didaktischer Aufsatz**
  • Eisele, Nötigung durch Gewalt im Straßenverkehr, JA 2009, 698

Im Straßenverkehr kommt es häufig zu Konflikten, bei denen die Kraftfahrer ihre Fahrzeuge zur Verfolgung ihrer Ziele einsetzen, insbesondere zur Maßregelung anderer Verkehrsteilnehmer.[76]

In dem Bedienen der technischen Einrichtungen des Fahrzeugs (z. B. Treten des Gaspedals oder der Bremse) liegt hierbei ein hinreichender körperlicher Kraftaufwand des Täters. Erforderlich ist ferner eine physisch erzwungene Reaktion auf Opferseite (z. B. Bremsen).

Der wohl wichtigste Fall der Nötigung im Straßenverkehr ist das „**Drängeln**", ggf. unter Einsatz der Lichthupe.[77]

Von beträchtlicher Bedeutung ist aber auch der gewissermaßen umgekehrte Fall, in dem ein Verkehrsteilnehmer seine Geschwindigkeit unbegründet reduziert („**Ausbremsen**") und ggf. auch ein Überholen verhindert.[78]

Gerade bei Verhalten im Straßenverkehr sind allerdings die subjektiven Anforderungen an eine Nötigung, die teilweise bereits in den Gewaltbegriff inkorporiert werden (s. o.), problematisch. Nicht selten wird die Einwirkung auf den anderen Verkehrsteilnehmer nur die bloß in Kauf genommene Folge, nicht der Zweck des Verhaltens sein,[79] sodass es an einer Nötigung fehlt.

---

[74] S. o.

[75] S. nur Eisele, BT I, 6. Aufl. 2021, Rn. 459.

[76] Zur Nötigung im Straßenverkehr näher Voß-Broemme NZV 1988, 2; Haubrich NJW 1989, 1197; Helmken NZV 1991, 372; Kaiser FS Salger 1995, 55; Suhren DAR 1996, 310; Maatz NZV 2006, 337; Eisele JA 2009, 698; Krumm SVR 2009, 179; Rebler DAR 2011, 372; Krumm NZV 2015, 582; Rebler SVR 2017, 416.

[77] Fischer, StGB, 71. Aufl. 2024, § 240 Rn. 28; aus der Rspr. vgl. zuletzt BVerfG B. v. 29.03.2007 – 2 BvR 932/06 – NJW 2007, 1669 = NStZ 2007, 397 (Anm. Geppert JK 2007 StGB § 240/22; Bosch JA 2007, 659; LL 2007, 536; RÜ 2007, 313; RA 2007, 261).

[78] Fischer, StGB, 71. Aufl. 2024, § 240 Rn. 28; aus der Rspr. vgl. zuletzt BGH U. v. 20.02.2003 – 4 StR 228/02 – BGH U. v. 20.02.2003 – 4 StR 228/02 – BGHSt 48, 233 = NJW 2003, 1613 = NStZ 2003, 486 = StV 2003, 338 (Anm. Martin JuS 2003, 926; Dreher JuS 2003, 1159; LL 2003, 563; RÜ 2003, 217; RA 2003, 327; famos 7/2003; Seier/Hillebrand NZV 2003, 490; Müller/Kraus NZV 2003, 559; König NStZ 2004, 175); OLG Hamm B. v. 11.08.2005 – 4 Ss 308/05; OLG Celle B. v. 03.12.2008 – 32 Ss 172/08.

[79] Valerius, in: BeckOK-StGB, Stand 01.02.2024, § 240 Rn. 29.3.

C. Nötigung, § 240 StGB

Beispiel 103

OLG Düsseldorf B. v. 09.08.2007 – 5 Ss 130/07 – 61/07 I – NJW 2007, 3219 = NStZ 2008, 38 (Anm. RA 2007, 676; LL 2008, 113; König NZV 2008, 46):

B befuhr mit seinem Pkw eine öffentliche Straße. An einer Kreuzung zeigte die für ihn geltende Lichtzeichenanlage Rot. Er musste daher sein Fahrzeug hinter dem in erster Position an der Ampel mittig auf dem Fahrstreifen stehenden Motorrad anhalten. Das Motorrad wurde von dem Z1 gesteuert, auf dem Soziussitz saß seine Ehefrau Z2. Als die Lichtzeichenanlage auf Grün wechselte, beschleunigten sowohl der Z1 als auch B ihre Fahrzeuge relativ zügig. Nach dem Passieren einer gegenüberliegenden linksseitig angeordneten Verkehrsinsel zog B seinen Wagen nach links auf die Gegenfahrbahn, um das Motorrad zu überholen. Bereits in diesem Zeitpunkt war deutlich erkennbar, dass sich die Fahrbahn nach ca. 20 m deutlich verengen würde und der Überholvorgang nur bei einem deutlichen Abbremsen des Motorrads ausgeführt werden könnte. In dem Bereich hinter einer rechtsseitig liegenden Tankstellenauffahrt, wo sich der Bürgersteig nach der Auffahrtssenkung wieder anhebt, kam es dazu, dass der Pkw des B und das Motorrad auf gleicher Höhe nebeneinander fuhren. Nachdem die Fahrzeuge nunmehr auf die Fahrbahnverjüngung zufuhren, zog B seinen Pkw nach rechts und drängte dadurch das Motorrad ebenfalls immer weiter nach rechts in Richtung Bordsteinkante. Dadurch blieben zwischen dem Pkw des B und dem Motorrad des Z1 nur wenige Zentimeter Abstand. Nachdem der Pkw des B dem Motorrad des Z1 gefährlich näherkam, musste Z1, um nicht gegen die Bordsteinkante zu fahren und zu verunglücken, sein Motorrad stark abbremsen, um den Pkw des B passieren zu lassen. Als der B an der nächsten Lichtzeichenanlage wieder bei Rotlicht anhalten musste, hielt Z1 neben diesem auf der Linksabbiegerspur und fragte den B, was das eben zu bedeuten gehabt habe. B antwortete dem Z1 daraufhin sinngemäß: „Sie haben rechts zu fahren!" ◄

Dass Z1, um nicht gegen die Bordsteinkante zu fahren und zu verunglücken, sein Motorrad stark abbremsen musste, war nicht Zweck, sondern bloß billigend in Kauf genommene Folge des Überholvorganges.

cc) Drohung mit einem empfindlichen Übel

(1) Drohung
Drohung ist das Inaussichtstellen eines künftigen Übels, auf dessen Verwirklichung der Täter Einfluss zu haben vorgibt.[80]

Irrelevant ist, ob eine Realisierung möglich ist oder der Täter eine Realisierung vorhat, also die Ernstlichkeit der Drohung.[81]

---

[80] Kindhäuser/Hilgendorf, LPK, 9. Aufl. 2022, § 240 Rn. 11; näher Jakobs FS Peters 1974, 69; aus der Rspr. vgl. zuletzt BGH U. v. 08.03.2023 – 6 StR 378/22 – NStZ-RR 2023, 177; BGH B. v. 26.07.2023 – 6 StR 206/23 – NStZ-RR 2023, 343.

[81] Eisele, BT I, 6. Aufl. 2021, Rn. 471; näher Rengier FS Maurer 2001, 1195; aus der Rspr. vgl. zuletzt KG U. v. 18.03.2021 – (3) 121 Ss 14/21 (10/21) – StV 2021, 511 (Anm. RÜ 2021, 511).

> **Beispiel 104**
>
> **BGH U. v. 07.03.1985 – 4 StR 82/85 – NStZ 1985, 408 (Anm. Zaczyk JZ 1985, 1059; Geppert JK 1986 StGB § 255/7):**
> B1 betrat, entsprechend dem zuvor mit B2 und B3 verabredeten Plan, mit einem ungeladenen Schreckschussrevolver in der Hand die Kassenräume einer Bankfiliale in S. Er stellte sich hinter die B2, die kurz vor ihm das Bankgebäude betreten und vorgegeben hatte, einen Geldschein wechseln zu wollen, setzte ihr den Revolver in den Nacken und forderte den hinter einer Panzerglasscheibe stehenden Kassierer auf, eine von ihm mitgebrachte Plastiktüte mit Geld zu füllen. Der Kassierer, der sich selbst nicht bedroht fühlte, aber annahm, dass es sich um eine echte Geiselnahme handele, füllte, um die vermeintliche Geisel zu schützen, etwa 10.500 DM in die Plastiktüte. B1 verließ die Bank mit dem Geld, benutzte zunächst sein am Eingang abgestelltes Fahrrad zur Flucht, stieg dann in den Pkw, mit dem die B3 absprachegemäß in der Nähe wartete, und fuhr mit dieser davon. ◄

B1 stellte glaubhaft in Aussicht, der B2 etwas anzutun. Dass es sich weder um eine echte Waffe noch um eine echte Geisel handelte, ändert daran nichts.

Der Nötigende muss das Übel so zur Disposition stellen, dass seine Zufügung entfällt, wenn sich der Bedrohte dem Willen beugt.[82] Hierbei kann der Täter auch eine Einschaltung Dritter ankündigen.[83]

Zu unterscheiden ist die Drohung zur von § 240 I StGB nicht erfassten **Warnung**; bei dieser deutet der Täter lediglich auf ein etwaiges künftiges Übel hin, welches unabhängig von seinem Einfluss eintreten könnte.[84]

Eine Drohung kann ausdrücklich erfolgen, aber auch konkludent.[85] Allerdings genügt eine vom Täter geschaffene diffuse Atmosphäre der Einschüchterung nicht.[86] Ein Ausnutzen der Angst eines Opfers vor einer Gewaltanwendung enthält für sich genommen noch keine Drohung.[87] Frühere Drohungen freilich können eine fortwirkende Drohwirkung entfalten.[88]

---

[82] Fischer, StGB, 71. Aufl. 2024, § 240 Rn. 36.

[83] Eisele, BT I, 6. Aufl. 2021, Rn. 470; aus der Rspr. vgl. zuletzt KG U. v. 18.03.2021 – (3) 121 Ss 14/21 (10/21) – StV 2021, 511 (Anm. RÜ 2021, 511).

[84] Eisele, BT I, 6. Aufl. 2021, Rn. 473; näher Küper GA 2006, 439; Küper FS Puppe 2011, 1217; aus der Rspr. vgl. zuletzt BGH B. v. 26.07.2023 – 6 StR 206/23 – NStZ-RR 2023, 343.

[85] Eisele, BT I, 6. Aufl. 2021, Rn. 470; aus der Rspr. vgl. zuletzt BGH B. v. 02.02.2021 – 2 StR 432/20 – StV 2021, 493; BGH B. v. 26.07.2023 – 6 StR 206/23 – NStZ-RR 2023, 343.

[86] Wittig, in: BeckOK-StGB, Stand 01.02.2024, § 249 Rn. 13; aus der Rspr. vgl. zuletzt BGH B. v. 26.01.2022 – 3 StR 445/21 (Anm. LL 2022, 528; Lorenz jurisPR-StrafR 9/2022 Anm. 5); BGH U. v. 08.03.2023 – 6 StR 378/22 – NStZ-RR 2023, 177; BGH B. v. 26.07.2023 – 6 StR 206/23 – NStZ-RR 2023, 343.

[87] Aus der Rspr. vgl. zuletzt BGH B. v. 26.01.2022 – 3 StR 445/21 (Anm. LL 2022, 528; Lorenz jurisPR-StrafR 9/2022 Anm. 5); BGH B. v. 21.12.2022 – 4 StR 379/22 – NStZ-RR 2023, 205; BGH U. v. 08.03.2023 – 6 StR 378/22 – NStZ-RR 2023, 177.

[88] Aus der Rspr. vgl. BGH U. v. 08.03.2023 – 6 StR 378/22 – NStZ-RR 2023, 177; BGH B. v. 26.07.2023 – 6 StR 206/23 – NStZ-RR 2023, 343.

Von einer Drohung kann bei alledem nur bei hinreichender Konkretisierung ausgegangen werden.[89]

Unschädlich ist, wenn das Übel später oder erst nach Eintritt einer Bedingung eintreten soll.[90]

Die begonnene **Zufügung** eines Übels kann die konkludente Drohung mit einer Fortsetzung oder Wiederholung sein.[91] Ähnliches gilt i. F. d. Ausnutzung eines bereits zugefügten Übels von dritter Seite.[92]

(2) Übel
Als Übel kommt jede über bloße Unannehmlichkeiten hinausgehende Einbuße an Werten bzw. Zufügung von Nachteilen in Betracht.[93]

(3) Empfindlich
Allerdings muss das Übel empfindlich sein. Dies ist dann der Fall, wenn das Übel mit einer erheblichen Werteinbuße verbunden und der drohende Verlust bei objektiver Beurteilung unter Berücksichtigung der persönlichen Verhältnisse des Betroffenen geeignet ist, einen besonnenen Menschen zu dem mit der Drohung erstrebten Verhalten zu bestimmen; hieran fehlt es, wenn von dem Bedrohten in seiner Lage erwartet werden kann, der Drohung in besonnener Selbstbehauptung standzuhalten.[94] Selbst strafbar oder auch nur verboten muss das Übel nicht sein.[95]

(4) Drohung durch Ankündigung eines Unterlassens

▶ **Didaktischer Aufsatz**
- Zopfs, Drohen mit einem Unterlassen? JA 1998, 813

---

[89] Valerius, in: BeckOK-StGB, Stand 01.02.2024, § 240 Rn. 36; aus der Rspr. vgl. zuletzt BGH B. v. 26.07.2023 – 6 StR 206/23 – NStZ-RR 2023, 343.
[90] Toepel, in: NK-StGB, 6. Aufl. 2023, § 240 Rn. 106; aus der Rspr. vgl. RG U. v. 05.03.1901 – 67/01 – RGSt 34, 206; BGH U. v. 19.12.1961 – 1 StR 288/61 – BGHSt 16, 386 = NJW 1962, 596 (Anm. Blechschmid JuS 1962, 202).
[91] Fischer, StGB, 71. Aufl. 2024, § 240 Rn. 35; aus der Rspr. vgl. zuletzt BGH B. v. 26.01.2022 – 3 StR 445/21 (Anm. LL 2022, 528; Lorenz jurisPR-StrafR 9/2022 Anm. 5); BGH U. v. 08.03.2023 – 6 StR 378/22 – NStZ-RR 2023, 177.
[92] Aus der Rspr. vgl. BGH B. v. 20.02.2018 – 1 StR 467/17 – NStZ-RR 2018, 316.
[93] Fischer, StGB, 71. Aufl. 2024, § 240 Rn. 32; aus der Rspr. vgl. KG U. v. 18.03.2021 – (3) 121 Ss 14/21 (10/21) – StV 2021, 511 (Anm. RÜ 2021, 511).
[94] Eisele, BT I, 6. Aufl. 2021, Rn. 472; aus der Rspr. vgl. zuletzt BGH B. v. 20.02.2018 – 1 StR 467/17 – NStZ-RR 2018, 316; OLG Karlsruhe B. v. 17.01.2019 – 2 Ws 341/18 – NStZ 2019, 350 (Anm. Riedel jurisPR-StrafR 8/2019 Anm. 4); KG U. v. 18.03.2021 – (3) 121 Ss 14/21 (10/21) – StV 2021, 511 (Anm. RÜ 2021, 511).
[95] Krit. zu dieser Merkwürdigkeit Wolters, in: SK-StGB, 10. Aufl. 2024, § 240 Rn. 20; näher Horn NStZ 1983, 497; Hoyer GA 2014, 545; aus der Rspr. vgl. LG Neubrandenburg U. v. 03.02.2012 – 747 Js 9321/09 9 Ns 73/10 (Anm. Jahn JuS 2012, 1140).

Umstritten ist, inwieweit die **Drohung durch Ankündigung eines Unterlassens** unter § 240 I StGB fällt.[96]

Beispiel 105

BGH B. v. 13.01.1983 – 1 StR 737/81 (Kaufhausdetektiv: Drohung mit Nichtfallenlassen einer Anzeigeerstattung) – BGHSt 31, 195 = NJW 1983, 765 = NStZ 1983, 311 = StV 1983, 199 (Anm. Kühl, Höchstrichterliche Rspr. BT, 2002, Nr. 42; Geilen JK 1983 StGB § 240/8; Hassemer JuS 1983, 473; Schubarth NStZ 1983, 312; Frohn StV 1983, 365; Roxin JR 1983, 333):

Die zur Tatzeit 16-jährige Z1 entwendete in einem Kaufhaus ein Umhängetuch im Wert von 40 DM. Sie wurde von dem Kaufhausdetektiv Z2 gestellt und in ein Büro geführt, wo sich alsbald auch der B, ebenfalls Detektiv des Kaufhauses, einfand. Während der Detektiv Z2 die Diebstahlsanzeige fertigte, bat Z1 dringend, von einer Anzeigeerstattung abzusehen. Ihre Eltern „schlügen sie tot" und sie habe den Verlust der Lehrstelle, die sie bei einem Bankinstitut in Aussicht habe, zu befürchten, wenn der Diebstahl bekannt würde. Beide Detektive erklärten aber, sie müssten Anzeige erstatten, da sie ihre eigene Stellung gefährdeten, wenn sie Ausnahmen machten. Als jedoch Z2 das Büro verlassen hatte, sagte B, der von Anfang an als „Chef" aufgetreten war, zu Z1, es gebe vielleicht doch einen Weg, ihr zu helfen; sie möge an einem nahegelegenen Geschäft auf ihn warten. Dort traf B das Mädchen nach wenigen Minuten und ging mit ihm in seine Wohnung. Hier sagte er Z1, wenn sie mit ihm schlafe, lasse er die Anzeige „unter den Tisch fallen". Z1 glaubte, dass er dies könne und auch tun werde, falls sie sein Ansinnen erfülle, erklärte aber, sie habe im Moment keine Zeit. Beide verabredeten sich auf einen späteren Zeitpunkt. Inzwischen offenbarte sich das Mädchen einer Vertrauensperson, welche die Polizei einschaltete. ◄

Drohte B der Z, als er ihr in Aussicht stellte, die Zurücknahme der Anzeige zu unterlassen?

---

[96] Hierzu Hillenkamp/Cornelius, 40 Probleme aus dem Strafrecht BT, 13. Aufl. 2020, 7. Problem; Horn NStZ 1983, 497; Schroeder JZ 1983, 284; Arzt FS Lackner 1987, 641; Stoffers JR 1988, 492; Zopfs JA 1998, 813; Jäger FS Krey 2010, 193; Hoven ZStW 2016, 173; Roxin ZStW 2017, 277; aus der Rspr. vgl. OLG Hamburg U. v. 02.04.1980 – 1 Ss 12/80 (Kaufhausdetektiv) – NJW 1980, 2592 (Anm. Geilen JK 1980 StGB § 240/3; Ostendorf NJW 1980, 2592; Hassemer JuS 1981, 151; Schubarth JuS 1981, 726; Volk JR 1981, 274); OLG Stuttgart Vorlageb. v. 09.10.1981 – 1 Ss (25) 493/81 – NStZ 1982, 161 (Kaufhausdetektiv) (Anm. Geilen JK 1982 StGB § 240/6; Sonnen JA 1982, 371); BGH U. v. 11.11.1998 – 5 StR 325/98 (Aufkündigen einer Geschäftsbeziehung) – BGHSt 44, 251 = NJW 1999, 800 = StV 2000, 558 (Anm. Otto JK 1999 StGB § 253/5; LL 2000, 111); OLG Karlsruhe B. v. 20.10.2004 – 1 Ss 76/03 – NJW 2004, 3724 = StV 2005, 11 (Anm. Otto JK 2005 StGB § 253/11; Warneke JA 2005, 332; LL 2005, 175; RA 2005, 62; famos 5/2005); OLG Oldenburg B. v. 17.07.2008 – 1 Ws 371/08 – NJW 2008, 3012 = NStZ 2008, 691 (Anm. Kudlich JA 2008, 901; LL 2008, 817; RA 2008, 777; Geppert JK 2009 StGB § 253/13; Sinn ZJS 2010, 447); BGH B. v. 13.07.2011 – 1 StR 692/10 (Anm. Grosse-Wilde MedR 2012, 189).

C. Nötigung, § 240 StGB

Teile der Lehre[97] und der Rspr.[98] halten derartige „Angebote" nur dann für Drohungen, wenn der Täter eine Rechtspflicht zum Handeln hatte, also eine Garantenstellung bzgl. derjenigen Handlung, mit deren Unterlassen der Täter droht.

Die überwiegende Rspr.[99] und die h. L.[100] hingegen gehen bereits dann von einer Drohung aus, wenn das „Angebot" verwerflich i. S. e. Sozialwidrigkeit ist.

Für die Minderheitsauffassung spricht an sich, dass jedermann zunächst frei darin ist, für eine Handlung einen Preis zu fordern, wenn keine Rechtspflicht zur Vornahme der Handlung besteht. Man könnte – etwas zynisch – von einer Freiheitserweiterung sprechen: Der Täter offeriert dem Opfer eine weitere Möglichkeit, deren Gangbarkeit er lediglich von einer Bedingung abhängig macht. Der Wortlaut (vgl. Art. 103 II GG, § 1 StGB) könnte also eine restriktive Handhabung gebieten.

Zu folgen ist trotz der Bedenken aber der h. M. Zunächst ist klarzustellen, dass es sich um einen Begehens- und keinen Unterlassensvorwurf handelt. Für ein Erfassen als Drohung spricht, dass in den einschlägigen Fällen dem Opfer eine Verschlechterung des *status quo* vor Augen geführt wird (z. B. in Gestalt einer Strafanzeige), sodass gerade nicht eine Verbesserung zur Wahl gestellt wird. Der Motivationsdruck beim Opfer ist derselbe, als wenn der Täter eine Rechtspflicht zum Handeln hätte. Der Täter spielt mit dem Schicksal des Betroffenen und verwirklicht vergleichbares Unrecht. Die Gleichstellung verhindert auch die Notwendigkeit, zwischen der Ankündigung eines Tuns oder Unterlassens zu differenzieren, zumal die konkrete Formulierung ggf. eher zufällig gewählt ist (vgl. „Verzicht auf Strafanzeige, wenn ..."; „Absenden der Strafanzeige, wenn ..."). Auch rechtmäßige Drohungen sind tatbestandlich; sie möglicherweise auszuscheiden, ist Sache der Verwerflichkeitsprüfung.

(5) Drohung mit Übeln, die Dritte oder den Täter selbst treffen sollen
Die Drohung mit Übeln, die **Dritte** treffen sollen, ist ebenfalls erfasst, sofern der Nötigungsadressat dies gleichermaßen selbst als Übel empfindet.[101]

Beispiel 106

BGH U. v. 07.03.1985 – 4 StR 82/85 – NStZ 1985, 408 (Anm. Zaczyk JZ 1985, 1059; Geppert JK 1986 StGB § 255/7):

B1 betrat, entsprechend dem zuvor mit B2 und B3 verabredeten Plan, mit einem ungeladenen Schreckschussrevolver in der Hand die Kassenräume einer

---

[97] Wolters, in: SK-StGB, 10. Aufl. 2024, § 240 Rn. 20.
[98] OLG Hamburg U. v. 02.04.1980 – 1 Ss 12/80 (Kaufhausdetektiv) – NJW 1980, 2592.
[99] Etwa BGH B. v. 13.01.1983 – 1 StR 737/81 – BGHSt 31, 195.
[100] Z. B. Kindhäuser/Hilgendorf, LPK, 9. Aufl. 2022, § 240 Rn. 19.
[101] Hierzu Fischer, StGB, 71. Aufl. 2024, § 240 Rn. 37; näher Bohnert JR 1982, 397; aus der Rspr. vgl. zuletzt BGH B. v. 05.06.2019 – 1 StR 34/19 – BGHSt 64, 80 = NJW 2019, 3659 = NStZ 2020, 221 = StV 2020, 240 (Anm. famos 12/2019; Schiemann NJW 2019, 3662; Bosch Jura 2020, 192; Kudlich JA 2020, 64; Eisele JuS 2020, 275; Heghmanns ZJS 2020, 164; LL 2020, 107; RÜ 2020, 95; Jäger NStZ 2020, 224; Renzikowski JR 2020, 332 und JR 2021, 129; Mitsch NZWiSt 2022, 181).

Bankfiliale in S. Er stellte sich hinter die B2, die kurz vor ihm das Bankgebäude betreten und vorgegeben hatte, einen Geldschein wechseln zu wollen, setzte ihr den Revolver in den Nacken und forderte den hinter einer Panzerglasscheibe stehenden Kassierer auf, eine von ihm mitgebrachte Plastiktüte mit Geld zu füllen. Der Kassierer, der sich selbst nicht bedroht fühlte, aber annahm, dass es sich um eine echte Geiselnahme handele, füllte, um die vermeintliche Geisel zu schützen, etwa 10.500 DM in die Plastiktüte. B1 verließ die Bank mit dem Geld, benutzte zunächst sein am Eingang abgestelltes Fahrrad zur Flucht, stieg dann in den Pkw, mit dem die B3 absprachegemäß in der Nähe wartete, und fuhr mit dieser davon. ◄

Selbst eine Drohung des Täters mit Übeln gegen sich **selbst** kann genügen.[102]

Beispiel 107

OLG Hamm B. v. 24.04.1995 – 2 Ss 365/95 – NStZ 1995, 547 (Anm. Geppert JK 1996 StGB § 113/2):

B fuhr am 22.03.1994 mit zahlreichen weiteren Kurden zur Autobahn A 1. In Höhe des Kilometers 38,5 war zum Tatzeitpunkt auf allen Fahrspuren der Autobahn eine Großbaustelle. Zusammen mit den anderen anderweitig verfolgten Kurden blockierte B in der Zeit von 14.10 Uhr bis 15.33 Uhr die Autobahn. Der gesamte Verkehr auf der Bundesautobahn A 1 kam zum Erliegen. B führte einen mit Benzin gefüllten 5-l-Plastikkanister mit. Er wollte die Polizeikräfte davon abhalten, die demonstrative Aktion durch Gewalt zu beenden. Im Falle eines gewaltsamen Vorgehens durch die Polizei wollte er sich selbst verbrennen, wobei er sich mit dem mitgeführten Benzin übergießen wollte. In unmittelbarer Nähe des B befanden sich auch die weiteren Teilnehmer, unter denen auch Frauen und Kinder waren. Die vor Ort eingesetzten Polizeikräfte sahen von einer gewaltsamen Räumung ab, weil weder ein Arzt noch ein Krankenwagen am Tatort war, die im Falle einer Selbstverbrennung hätten Hilfe leisten können. Nach längerer Verhandlung mit den Teilnehmern löste sich die Blockade um 15.33 Uhr auf. ◄

c) Handlung, Duldung oder Unterlassung

Nötigungserfolg ist eine „Handlung, Duldung oder Unterlassung" des Opfers.[103]

Erfasst ist also jedes positive und willentliche Tun, jede Nichtvornahme einer möglichen Handlung und die Hinnahme des Täterverhaltens (insbesondere bei *vis absoluta*).[104] Letzteres muss allerdings von der Nötigungshandlung zu trennen sein, sodass nicht bereits das Dulden der Nötigungshandlung als Taterfolg anzusehen ist.[105]

Ist der Nötigungserfolg ein Vermögensschaden, so greifen die spezielleren §§ 253, 255 StGB.

---

[102] Fischer, StGB, 71. Aufl. 2024, § 240 Rn. 37; aus der Rspr. vgl. BGH B. v. 21.04.1982 – 3 StR 46/82 – NStZ 1982, 286.

[103] Hierzu Eisele, BT I, 6. Aufl. 2021, Rn. 480ff.

[104] S. Kindhäuser/Hilgendorf, LPK, 9. Aufl. 2022, § 240 Rn. 37ff.

[105] Eisele, BT I, 6. Aufl. 2021, Rn. 480.

§ 253 I, II StGB (Erpressung)
(1) Wer einen Menschen rechtswidrig mit Gewalt oder durch Drohung mit einem empfindlichen Übel zu einer Handlung, Duldung oder Unterlassung nötigt und dadurch dem Vermögen des Genötigten oder eines anderen Nachteil zufügt, um sich oder einen Dritten zu Unrecht zu bereichern, wird mit Freiheitsstrafe bis zu fünf Jahren oder mit Geldstrafe bestraft.
(2) Rechtswidrig ist die Tat, wenn die Anwendung der Gewalt oder die Androhung des Übels zu dem angestrebten Zweck als verwerflich anzusehen ist.

§ 255 StGB (Räuberische Erpressung)
Wird die Erpressung durch Gewalt gegen eine Person oder unter Anwendung von Drohungen mit gegenwärtiger Gefahr für Leib oder Leben begangen, so ist der Täter gleich einem Räuber zu bestrafen.

Der Nötigungserfolg – und damit eine Deliktsvollendung – liegt bereits vor, sobald das Opfer mit dem vom Täter erstrebten Verhalten **begonnen** hat; es ist aber problematisch, ob auch bloße **Teil- und Scheinbefolgungen** durch das Opfer bereits als Nötigungserfolg und damit für eine Deliktsvollendung genügen.[106]

Beispiel 108

BGH B. v. 19.06.2012 – 4 StR 139/12 – NStZ 2013, 36 = StV 2013, 215 (Anm. RÜ 2012, 647; Satzger JK 2013 StGB § 240/25; famos 2/2013):
B fuhr am Tattag gegen 22.30 Uhr mit der Z, seiner ehemaligen Freundin, die er zuvor unter einem Vorwand zum Mitfahren veranlasst hatte, in einen Wald. Dort hielt er an und bedrohte Z über einen Zeitraum von ca. ½ Stunde mit einer ihr gegenüber als echte Waffe bezeichneten Softair-Pistole, wobei er mit der Pistole hektisch herumhantierte und sie der Z auch für wenige Sekunden an die linke Seite ihres Kopfes hielt. Mit seinem Verhalten wollte B der Z Angst einjagen. Er hatte die Vorstellung, dass dies für ihn das letzte Mittel sei, ihr zu zeigen, dass er es ernst meine und er sich gegenüber seinem vorherigen Verhalten geändert habe. Er wollte sie dadurch bewegen, die Beziehung zu ihm wieder aufzunehmen. Z, die die Pistole für echt hielt und in Todesangst geriet, erzählte dem B in ihrer Panik, dass sie ihn noch liebe, ihn zurückhaben wolle und sie es noch einmal miteinander versuchen sollten. Sie schlug ihm auch vor, gemeinsam aus dem Siegerland wegzugehen. Daraufhin ließ B von ihr ab und legte die Softair-Pistole

---
[106] Fischer, StGB, 71. Aufl. 2024, § 240 Rn. 55; aus der Rspr. vgl. zuletzt BGH B. v. 27.01.2017 – 1 StR 532/16 – NStZ-RR 2017, 176 = StV 2019, 101; BGH B. v. 05.07.2017 – 4 StR 228/17 – StV 2018, 226; BGH B. v. 19.02.2019 – 3 StR 14/19 – NStZ 2019, 410.

wieder in das Handschuhfach seines Autos. Das Ansinnen der Z, die Pistole wegzuwerfen, lehnte er mit der Bemerkung ab, dass es sein könne, dass sie ihn anlüge und er die Waffe noch brauchen würde. ◄

Vollendet ist die Nötigung erst, wenn das Opfer die verlangte Handlung vorgenommen und zumindest mit ihrer Ausführung begonnen hat. Eine vorbereitende Handlung reicht nur aus, wenn sie nach den Vorstellungen des Täters ein **eigenständig bedeutsamer Zwischenerfolg** ist. B zielte darauf ab, Z zur Wiederaufnahme der Beziehung mit ihm zu bewegen. Die darauf gerichtete Erklärung der Z war nicht von eigenständiger Bedeutung.

Beispiel 109

BGH B. v. 11.12.2003 – 3 StR 421/03 – NStZ 2004, 442 (Anm. RA 2004, 276; Otto JK 2005 StGB § 240/21):

B wollte einen Besuch bei seiner Lebensgefährtin im Krankenhaus über die Besuchszeit hinaus ausdehnen. Die Nachtschwester wies ihn darauf hin, dass er hierzu das Einverständnis der im Nachbarbett liegenden Z benötige. Nachdem die Nachtschwester das Zimmer verlassen hatte, fragte B die Z, ob er noch bleiben dürfe. Z verneinte dies. Darauf zog B ein Messer, drückte es der Z an den Hals und forderte sie auf, zur Nachtschwester zu gehen und ihr zu erklären, sie sei mit seinem weiteren Verbleiben im Krankenzimmer einverstanden. Z verließ daraufhin den Raum, begab sich zur Nachtschwester und schilderte dieser die Bedrohung durch den B. ◄

Es reicht nicht aus, wenn es dem Täter lediglich gelingt, das Opfer nur zu einem kurzfristigen Verhalten zu zwingen, das nicht Zweck, sondern lediglich Mittel ist, um das vom Täter gewollte Verhalten zu ermöglichen. Zwar verließ Z das Zimmer und suchte die Nachtschwester auf; er erklärte sich aber gerade nicht mit dem Aufenthalt des B im Krankenzimmer einverstanden, weswegen keine Vollendung vorliegt.

d) Mit, durch, zu einer

Der Nötigungserfolg muss durch das Nötigungsmittel verursacht worden sein.[107] Mitursächlichkeit genügt.[108]

Irrelevant ist dabei, ob das angedrohte Übel objektiv auch anders als durch die vom Täter verlangte Tathandlung abgewendet werden konnte.[109]

In Blockade-Fällen ist ggf. problematisch, ob ein Handeln der Polizei den Zurechnungszusammenhang unterbricht.[110] Allerdings beruht das polizeiliche Handeln unmittelbar auf den Aktionen des Täters i. V. m. dem gesetzlichen Auftrag der Polizei zur Gefahrenabwehr (z. B. gem. §§ 163 I, 168 LVwG-SH).

---

[107] Zur entsprechenden Kausalität Joecks/Jäger, StGB, 13. Aufl. 2021, § 240 Rn. 28.
[108] Toepel, in: NK-StGB, 6. Aufl. 2023, § 240 Rn. 135.
[109] Toepel, in: NK-StGB, 6. Aufl. 2023, § 240 Rn. 134; aus der Rspr. vgl. BGH U. v. 21.10.1983 – 2 StR 482/83 (Anm. Geilen JK 1984 StGB § 255/5).
[110] Wolters, in: SK-StGB, 10. Aufl. 2024, § 240 Rn. 6; näher Wohlers NJW 1992, 1432; aus der Rspr. vgl. BayObLG B. v. 28.11.1989 – RReg. 2 St 180/89 – NJW 1990, 2280 = NStZ 1990, 281 = StV 1990, 309 (Anm. Otto JK 1990 StGB § 240/12; Hassemer JuS 1990, 765); AG Pirmasens U. v. 03.05.1990 – 426 Js 5910/88 5 Cs – StV 1990, 499; OLG Zweibrücken U. v. 24.08.1990 – 1 Ss 149/90 – NJW 1991, 53.

Bei **Ausweichmöglichkeiten** liegt ein Nötigungserfolg ebenfalls vor (nämlich gerade in Gestalt des Ausweichens), zumindest wenn die Nutzung der Ausweichmöglichkeit den Betroffenen hinreichend erheblich beeinträchtigt.[111]

3. Subjektiver Tatbestand
Über das allgemeine Vorsatzerfordernis des § 15 StGB hinaus setzt der subjektive Tatbestand der Nötigung die **Absicht bzgl. des Nötigungserfolgs** voraus.[112] Es muss dem Täter darauf ankommen, dass das Opfer handelt, duldet oder unterlässt. Dies lässt sich aus § 240 II StGB folgern, der vom „angestrebten Zweck" spricht.

IV. Rechtswidrigkeit

▶ Didaktischer Aufsatz
 • Roxin, Verwerflichkeit und Sittenwidrigkeit als unrechtsbegründende Merkmale im Strafrecht, JuS 1964, 373

1. Allgemeines
Bei der Prüfung der Rechtswidrigkeit der Nötigung[113] sind zunächst die **allgemeinen Rechtfertigungsgründe** zu prüfen, da Gerechtfertigtes nie verwerflich sein kann.[114]
Besonders zu beachten ist – v. a. in Blockade-Fällen – das Grundrecht der Versammlungsfreiheit nach **Art. 8 I GG**.

> **Art. 8 I GG**
> Alle Deutschen haben das Recht, sich ohne Anmeldung oder Erlaubnis friedlich und ohne Waffen zu versammeln.

Allerdings rechtfertigt diese Norm nur solche Behinderungen und Zwangswirkungen, die **sozialadäquate Nebenfolge** einer rechtmäßigen Versammlung sind.[115]

---

[111] Wolters, in: SK-StGB, 10. Aufl. 2024, § 240 Rn. 8; aus der Rspr. vgl. OLG Stuttgart U. v. 28.02.1989 – 3 Ss 345/88 – NJW 1989, 1870 (Anm. Hassemer JuS 1990, 239); OLG Stuttgart B. v. 09.11.1990 – 3 Ss 571/90 – NJW 1991, 993 = StV 1991, 109; OLG Stuttgart B. v. 04.10.1991 – 3 Ss 432/90 – NJW 1992, 2713 = StV 1992, 422; OLG Stuttgart U. v. 17.02.1992 – 3 Ss 147/91 2714 (Straßenblockade) – NJW 1992, (Anm. Jung JuS 1993, 257).
[112] Kindhäuser/Hilgendorf, LPK, 9. Aufl. 2022, § 240, Rn. 42; näher Arzt FS Welzel 1974, 823; aus der Rspr. vgl. zuletzt KG U. v. 18.01.2022 – 3 Ss 59/21, 3 Ss 60/21 – StV 2023, 603 (Anm. RÜ 2023, 21).
[113] Hierzu näher Roxin JuS 1964, 373; Haffke ZStW 1972, 37; Küper JZ 2013, 449.
[114] Aus der Rspr. vgl. BayObLG B. v. 21.04.2023 – 205 StRR 63/23 – NStZ 2023, 747 = StV 2023, 543.
[115] S. Fischer, StGB, 71. Aufl. 2024, § 240 Rn. 46f.; näher Ott NJW 1969, 454; Maul JR 1970, 81; aus der Rspr., vgl. zuletzt BGH U. v. 25.02.2021 – 3 StR 204/20 – NStZ 2021, 626 (Anm. Hecker JuS 2021, 1082; Jäger JA 2022, 256; RÜ 2022, 27); AG Berlin-Tiergarten U. v. 30.08.2022 – (422

2. Als verwerflich anzusehen, § 240 II StGB

a) Allgemeines
Gem. § 240 II StGB (s. auch § 253 II StGB) ist ferner eine Nötigung nur rechtswidrig,[116] wenn die Anwendung der Gewalt oder die Androhung des Übels zu dem angestrebten Zweck als verwerflich anzusehen ist.[117]

Verwerflichkeit bedeutet einen erhöhten Grad sittlicher Missbilligung bzw. Sozialwidrigkeit des Handelns.[118] Dies bemisst sich nach Abwägung sämtlicher Umstände des Einzelfalls bzgl. Zweck, Mittel und Zweck-Mittel-Relation.

b) Verwerflichkeit des angestrebten Zwecks
Verwerflich kann dabei bereits der vom Täter mit seinem Verhalten angestrebte **Zweck** sein.[119]

Umstritten ist, ob bei der Würdigung des angestrebten Zwecks auch ein **Fernziel** zu berücksichtigen ist.[120] Diese Frage wird insbesondere bei im weitesten Sinne politischen Demonstrationen relevant, deren Anliegen mal mehr, mal weniger nachvollziehbar erscheinen.

Cs) 231 Js 1831/22 (11/22) Jug – NStZ 2023, 242 (Anm. Furtwängler KJ 2023, 132); AG Berlin-Tiergarten B. v. 05.10.2022 – (303 Cs) 237 Js 2450/22 (202/22) – NStZ 2023, 239 = StV-S 2023, 8 (Anm. Furtwängler KJ 2023, 132); LG Berlin U. v. 18.01.2023 – 518 Ns 31/22 (Anm. RÜ 2023, 376; Albrecht jurisPR-StrafR 14/2023 Anm. 3).

[116] H. M., zur Einordnung des § 240 II StGB Kindhäuser/Hilgendorf, LPK, 9. Aufl. 2022, § 240 Rn. 44f.; aus der Rspr. vgl. BGH B. v. 18.03.1952 – GSSt. 2/51 – BGHSt 2, 194 = NJW 1952, 593 (Anm. Welzel NJW 1952, 564; Hartung NJW 1952, 761; Lindner NJW 1952, 854; Schwarz NJW 1952, 1081; Lang-Hinrichsen JR 1952, 302 und 356; Welzel JZ 1952, 340; Mayer MDR 1952, 392; Niese DRiZ 1952, 111; Heitzer NJW 1953, 210); OLG Braunschweig U. v. 24.12.1956 – Ss 189/56 – NJW 1957, 639; BayObLG U. v. 22.01.1963 – RReg. 2 St 579/62 – NJW 1963, 824; OLG Zweibrücken B. v. 25.05.1992 – 1 Ss 85/92 StV 1992, 469; BayObLG U. v. 22.09.1992 – 4 St RR 130/92 – NJW 1993, 212; BGH U. v. 03.02.1993 – 3 StR 356/92 (Dresdner Bordell) – BGHSt 39, 133 = NJW 1993, 1869 = NStZ 1993, 333 = StV 1993, 576 (Anm. Roxin, Höchstrichterliche Rspr. AT, 1998, Nr. 41; Lesch StV 1993, 578; Otto JK 1994 StGB § 32/19; Müller-Christmann JuS 1994, 649; Drescher JR 1994, 423; Arzt JZ 1994, 314; Roxin NStZ 1995, 335).

[117] Hierzu Eisele, BT I, 6. Aufl. 2021, Rn. 487ff.; näher Küper GA 2018, 477.

[118] Joecks/Jäger, StGB, 13. Aufl. 2021, § 240 Rn. 31; aus der Rspr. vgl. zuletzt BGH U. v. 21.12.2016 – 1 StR 253/16 (Parkkralle) – NJW 2017, 1487 = NStZ 2017, 284 (Anm. Puppe, AT, 5. Aufl. 2022, § 19 Rn. 14ff.; Bosch Jura 2017, 990; LL 2017, 754; RÜ 2017, 437; Kudlich/Koch NJW 2017, 1490; Wittig NStZ 2017, 288); AG Villingen-Schwenningen U. v. 29.08.2018 – 6 Cs 56 Js 1599/18 (Anm. Kratz jurisPR-StrafR 22/2018 Anm. 5; Hecker JuS 2019, 269; Koehl SVR 2019, 229); AG Bremen B. v. 18.05.2021 – 92b Gs 448/21 – StV-S 2023, 57;
AG Flensburg U. v. 06.07.2023 – 430 Cs 107 Js 4027/23 (Anm. Nestler Jura 2024, 329).

[119] Hierzu Joecks/Jäger, StGB, 13. Aufl. 2021, § 240 Rn. 32ff.

[120] Hierzu zsf. Joecks/Jäger, StGB, 13. Aufl. 2021, § 240 Rn. 32ff.; näher Arzt FS Welzel 1974, 823; Eser FS Jauch 1990, 35; aus der Rspr. vgl. zuletzt LG Berlin U. v. 18.01.2023 – 518 Ns 31/22 (Anm. RÜ 2023, 376; Albrecht jurisPR-StrafR 14/2023 Anm. 3); KG B. v. 05.05.2023 – 3 ORs 12/23 – 161 Ss 6/23 – StV 2023, 545.

Eine Minderheitsauffassung[121] berücksichtigt derartige Fernziele. Die Rspr.[122] und die h. L.[123] lehnen dies aber ab.

Der h. M. ist zu folgen: Zwar verlangt § 240 II StGB eine umfassende Würdigung; die Berücksichtigung von Fernzielen kann aber auf Strafzumessungsebene hinreichend erfolgen. Der Wortlaut des § 240 II StGB deutet auf die Relevanz des unmittelbaren Nötigungserfolgs hin. Ohnehin sollte das Urteil über die Rechtswidrigkeit frei von politischen Einflüssen und persönlichen Einstellungen des Richters sein, vgl. auch Art. 3 III 1 GG. Auch aus Opfersicht liegt das nahe: Niemand soll zum Werkzeug politischer Überzeugung anderer gemacht werden, selbst wenn das Anliegen an sich legitim ist.

c) Verwerflichkeit des Nötigungsmittels

Verwerflich kann ferner das **Nötigungsmittel** sein.[124] Je intensiver das Nötigungsmittel, umso eher wird sich die Verwerflichkeit bejahen lassen. Angesichts der recht niedrigen Anforderungen an den Gewaltbegriff lässt sich allerdings nicht sagen, dass die Verwirklichung von Gewalt die Verwerflichkeit des Nötigungsmittels indiziert.

d) Verwerflichkeit des Verhältnisses von Mittel und Zweck

Auch bei an sich nicht verwerflichem Nötigungsziel und -mittel kann doch das Verhältnis, die **Relation von Mittel und Zweck** verwerflich sein.[125]

Wichtigstes Beispiel ist das Drohen mit einer **Strafanzeige** zur Durchsetzung eines zivilrechtlichen Anspruchs; jedenfalls bei mangelnder Konnexität von Vorwurf und erstrebtem Verhalten liegt eine Verwerflichkeit vor.[126]

---

[121] Etwa Rengier, BT II, 24. Aufl. 2023, § 23 Rn. 66, 68.

[122] Z. B. BGH B. v. 05.05.1988 – 1 StR 5/88 – BGHSt 35, 270 = NJW 1988, 1739 = NStZ 1988, 362 = StV 1988, 297 (Anm. Otto JK 1988 StGB § 240 II/3; Solbach JA 1988, 524; Hassemer JuS 1988, 822; Jahn JuS 1988, 946; Ostendorf StV 1988, 488; Arzt JZ 1988, 775; Roggemann JZ 1988, 1108; Bertuleit JA 1989, 16; Tröndle FS Rebmann 1989, 481).

[123] S. nur Eisele, BT I, 6. Aufl. 2021, Rn. 489.

[124] Hierzu Joecks/Jäger, StGB, 13. Aufl. 2021, § 240 Rn. 38; aus der Rspr. vgl. zuletzt AG Villingen-Schwenningen U. v. 29.08.2018 – 6 Cs 56 Js 1599/18 (Anm. Kratz jurisPR-StrafR 22/2018 Anm. 5; Hecker JuS 2019, 269; Koehl SVR 2019, 229); BGH U. v. 25.02.2021 – 3 StR 204/20 – NStZ 2021, 626 (Anm. Hecker JuS 2021, 1082; Jäger JA 2022, 256; RÜ 2022, 27).

[125] Hierzu Joecks/Jäger, StGB, 13. Aufl. 2021, § 240 Rn. 39ff.; näher Arzt FS Welzel 1974, 823; aus der Rspr. vgl. zuletzt KG U. v. 18.03.2021 – (3) 121 Ss 14/21 (10/21) – StV 2021, 511 (Anm. RÜ 2021, 511).

[126] Kindhäuser/Hilgendorf, LPK, 9. Aufl. 2022, § 240 Rn. 54; Kudlich/Melloh JuS 2005, 913; aus der Rspr. vgl. BGH B. v. 13.01.1983 – 1 StR 737/81 (Kaufhausdetektiv: Drohung mit Nichtfallenlassen einer Anzeigeerstattung) – BGHSt 31, 195 = NJW 1983, 765 = NStZ 1983, 311 = StV 1983, 199 (Anm. Kühl, Höchstrichterliche Rspr. BT, 2002, Nr. 42; Hassemer JuS 1983, 473; Geilen JK 1983 StGB § 240/8; Schubarth NStZ 1983, 312; Frohn StV 1983, 365; Roxin JR 1983, 333); OLG Düsseldorf U. v. 11.09.1995 – 5 Ss 220/95 – 26/95 IV – NStZ-RR 1996, 5; BGH U. v. 25.07.1996 – 4 StR 202/96 – BGHSt 42, 196 = NJW 1996, 2877 = NStZ 1996, 599 = StV 1997, 530 (Anm. Hruschka JZ 1996, 1135; Otto JK 1997 StGB § 259/16; BGH B. v. 14.07.2016 – 3 StR 105/16 – NStZ-RR 2016, 340.

V. Schuld

Es gelten die allgemeinen Grundsätze.

VI. Rechtsfolgen

1. Allgemeines
Der Strafrahmen des § 240 I StGB sieht Freiheitsstrafe bis zu drei Jahren (im Minimum also ein Monat, § 38 II StGB) oder Geldstrafe (zu den Grenzen s. § 40 StGB) vor.

2. Besonders schwerer Fall, § 240 IV StGB

a) Allgemeines
§ 240 IV StGB regelt den besonders schweren Fall (Strafrahmen Freiheitsstrafe von sechs Monaten bis zu fünf Jahren), wobei S. 2 Regelbeispiele normiert. Im Übrigen bleibt ein sog. unbenannter besonders schwerer Fall möglich.[127]

b) § 240 II 2 Nr. 1 StGB
Die Nötigung einer Schwangeren zum Schwangerschaftsabbruch steht im Zusammenhang mit § 218 StGB uns trägt der besonderen Tragweite (auch und gerade zu Lasten des ungeborenen Lebens) Rechnung.

c) § 240 II 2 Nr. 2 StGB
Ein Missbrauch der Befugnisse liegt vor, wenn der Amtsträger noch im Rahmen seiner Zuständigkeit, aber gesetzes- oder pflichtwidrig handelt.[128] Um einen Missbrauch der Stellung handelt es sich, wenn er außerhalb seiner Zuständigkeit tätig wird und dabei die durch sein Amt eröffneten Möglichkeiten ausnutzt.[129]

§ 28 II StGB ist anzuwenden.[130]

VII. Sonstiges

Der **Versuch** der Nötigung ist nach § 240 III StGB strafbar.

Häufig stellt sich die Frage der **Konkurrenz** von §§ 239 und 240 StGB.[131]

---

[127] Vgl. aus der Rspr. zuletzt OLG Hamburg B. v. 08.03.2018 – 1 Ws 114–115/17 (Anm. Meyer-Lohkamp jurisPR-StrafR 23/2018 Anm. 3).
[128] Fischer, StGB, 71. Aufl. 2024, § 240 Rn. 61.
[129] Fischer, StGB, 71. Aufl. 2024, § 240 Rn. 61.
[130] Joecks/Jäger, StGB, 13. Aufl. 2021, § 240 Rn. 52.
[131] Hierzu Joecks/Jäger, StGB, 13. Aufl. 2021, § 240 Rn. 53ff.; näher Otto Jura 1989, 497.

§ 239 StGB ist *lex specialis*, wenn mit einer Handlung zugleich Freiheitsberaubung und Nötigung verwirklicht werden. Wird hingegen eine weitere Nötigungshandlung durch die Freiheitsberaubung bezweckt, steht die Nötigung mit dieser in Tateinheit.[132]

Andersherum tritt § 239 StGB zurück, wenn die Freiheitsberaubung bloßes Mittel einer Nötigung ist.[133]

Mit Körperverletzungsdelikten besteht Tateinheit.[134]

D. Bedrohung, § 241 StGB

▶ Didaktische Aufsätze
- Satzger, Der Tatbestand der Bedrohung (§ 241 StGB), Jura 2015, 156
- Mitsch, Der neugefasste Bedrohungstatbestand (§ 241 StGB), ZJS 2022, 182

I. Allgemeines

§ 241 StGB stellt die Bedrohung unter Strafen.[135]

> **§ 241 StGB (Bedrohung)**
> (1) Wer einen Menschen mit der Begehung einer gegen ihn oder eine ihm nahestehende Person gerichteten rechtswidrigen Tat gegen die sexuelle Selbstbestimmung, die körperliche Unversehrtheit, die persönliche Freiheit oder gegen eine Sache von bedeutendem Wert bedroht, wird mit Freiheitsstrafe bis zu einem Jahr oder mit Geldstrafe bestraft.
> (2) Wer einen Menschen mit der Begehung eines gegen ihn oder eine ihm nahestehende Person gerichteten Verbrechens bedroht, wird mit Freiheitsstrafe bis zu zwei Jahren oder mit Geldstrafe bestraft.
> (3) Ebenso wird bestraft, wer wider besseres Wissen einem Menschen vortäuscht, daß die Verwirklichung eines gegen ihn oder eine ihm nahestehende Person gerichteten Verbrechens bevorstehe.

---

[132] Joecks/Jäger, StGB, 13. Aufl. 2021, § 240 Rn. 53; aus der Rspr. vgl. zuletzt BGH B. v. 16.06.2021 – 3 StR 138/21 – NStZ-RR 2021, 281 (Anm. RÜ 2021, 642).

[133] Fischer, StGB, 71. Aufl. 2024, § 239 Rn. 18.

[134] Fischer, StGB, 71. Aufl. 2024, § 240 Rn. 65; aus der Rspr. vgl. RG U. v. 15.06.1900 – 1926/00 – RGSt 33, 339; BGH B. v. 02.10.1996 – 2 StR 455/96 – NStZ-RR 1997, 34; BGH B. v. 19.10.1999 – 4 StR 467/99 – NStZ-RR 2000, 106 (Anm. LL 2000, 559).

[135] Hierzu näher Schroeder FS Lackner 1987, 665; Satzger Jura 2015, 156; Mitsch ZJS 2022, 182; zu Drohungen und Tötungsaufrufen über Instant-Messaging-Dienste Kim KriPoZ 2022, 106.

> (4) Wird die Tat öffentlich, in einer Versammlung oder durch Verbreiten eines Inhalts (§ 11 Absatz 3) begangen, ist in den Fällen des Absatzes 1 auf Freiheitsstrafe bis zu zwei Jahren oder auf Geldstrafe und in den Fällen der Absätze 2 und 3 auf Freiheitsstrafe bis zu drei Jahren oder auf Geldstrafe zu erkennen.
> (5) Die für die angedrohte Tat geltenden Vorschriften über den Strafantrag sind entsprechend anzuwenden.

Die – 2021 erheblich erweiterte[136] – Norm schützt das Vertrauen des einzelnen auf den Rechtsfrieden (die durch das Recht gewährleistete Sicherheit) und – in Form eines insofern abstrakten Gefährdungsdelikts – die Handlungsfreiheit.[137]

II. Grunddelikte: § 241 I–III StGB

1. § 241 I StGB

a) Aufbau
I. Tatbestand
  1. Objektiver Tatbestand
     a) Einen (anderen) Menschen
     b) Rechtswidrige Tat gegen die sexuelle Selbstbestimmung, die körperliche Unversehrtheit, die persönliche Freiheit oder gegen eine Sache von bedeutendem Wert
     c) Gegen ihn oder eine ihm nahestehende Person gerichtet
     d) Mit der Begehung bedroht
  2. Subjektiver Tatbestand
II. Rechtswidrigkeit
III. Schuld
IV. Ggf. Strafantrag, § 241 V StGB

b) Tatbestand

aa) Objektiver Tatbestand

(1) Einen (anderen) Menschen
Adressat der Bedrohungsäußerung muss ein vom Täter verschiedener Mensch sein.[138]

---

[136] Hierzu näher Engländer NStZ 2021, 385; Mitsch ZJS 2022, 182.
[137] Fischer, StGB, 71. Aufl. 2024, § 241 Rn. 2; aus der Rspr. vgl. zuletzt BGH B. v. 20.07.2022 – 4 StR 220/22 – NStZ-RR 2022, 341 (Anm. Jäger JA 2023, 515; RÜ 2023, 231).
[138] Zur Problematik von Bedrohungen zu Lasten juristischer Personen Wallau JR 2000, 312.

D. Bedrohung, § 241 StGB

(2) Rechtswidrige Tat gegen die sexuelle Selbstbestimmung, die körperliche Unversehrtheit, die persönliche Freiheit oder gegen eine Sache von bedeutendem Wert

Gegenstand der Bedrohung nach § 241 I StGB muss eine rechtswidrige Tat gegen die sexuelle Selbstbestimmung, die körperliche Unversehrtheit, die persönliche Freiheit oder gegen eine Sache von bedeutendem Wert sein.[139]

Zur Sache von bedeutendem Wert s. u. bei § 315c StGB.

(3) Gegen ihn oder eine ihm nahestehende Person gerichtet

Das prospektierte Opfer muss der Adressat **selbst** sein oder eine ihm **nahestehende Person**. Zu letzterer s. bei § 35 StGB im Allgemeinen Teil.

Die nahestehende Person muss tatsächlich existieren, das darf nicht nur in der Vorstellung des Täters der Fall sein.[140]

(4) Mit der Begehung bedroht

Bedrohen mit der Begehung eines Verbrechens ist das Inaussichtstellen des Verbrechens, auf dessen Verwirklichung der Täter Einfluss zu haben vorgibt und durch das beim Bedrohten der Eindruck der Ernstlichkeit erreicht werden soll; ein „normal" empfindender Mensch (zur Ausscheidung von Überängstlichkeit, Dummheit, Aberglauben und Leichtsinn[141]) muss ernstlich beunruhigt und die Ankündigung von ihm als rechtsfriedensstörend empfunden werden können – bloße Wichtigtuereien oder Großspurigkeiten genügen nicht.[142]

Von einer Bedrohung kann des Weiteren nur bei hinreichender Konkretisierung die Rede sein.[143]

Ggf. ist die Äußerung des Täters auszulegen.[144]

Die Bedrohung kann auch in der Weise erfolgen, dass die Begehung des Verbrechens vom künftigen Eintritt oder Nichteintritt eines weiteren Umstands abhängen soll.[145]

Die Mitteilung muss den Adressaten erreichen.[146]

---

[139] Näher Sinn, in: MK-StGB, 4. Aufl. 2021, § 241 Rn. 5.
[140] Fischer, StGB, 71. Aufl. 2024, § 241 Rn. 3.
[141] Sinn, in: MK-StGB, 4. Aufl. 2021, § 241 Rn. 6.
[142] Fischer, StGB, 71. Aufl. 2024, § 241 Rn. 5; aus der Rspr. vgl. zuletzt OLG Zweibrücken B. v. 26.02.2020 – 1 OLG 2 Ss 14/20 – NStZ 2021, 108.
[143] Eisele, BT I, 6. Aufl. 2021, Rn. 502; aus der Rspr. vgl. zuletzt BGH B. v. 09.01.2020 – 4 StR 324/19 – NStZ 2020, 402 = StV 2020, 598 (Anm. Eidam NStZ 2020, 549; Rinio NZV 2020, 433).
[144] S. Eisele, BT I, 6. Aufl. 2021, Rn. 502f.; aus der Rspr. vgl. zuletzt OLG Köln B. v. 19.01.2007 – 83 Ss 110/06 – NJW 2007, 1150 (Anm. LL 2007, 469); OLG Naumburg B. v. 26.06.2013 – 2 Ss 73/13 (Kugel) – StV 2013, 709.
[145] Eisele, BT I, 6. Aufl. 2021, Rn. 502; aus der Rspr. vgl. BGH B. v. 15.01.2015 – 4 StR 419/14 – NStZ 2015, 394 = StV 2016, 163 (Anm. Nestler NStZ 2015, 396).
[146] Joecks/Jäger, StGB, 13. Aufl. 2021, § 241 Rn. 5; aus der Rspr. vgl. zuletzt BGH B. v. 10.05.2017 – 4 StR 84/17 – StV 2019, 103; BGH B. v. 19.06.2018 – 4 StR 484/17 – NStZ-RR 2018, 308 = StV 2020, 169.

Nicht erforderlich ist, dass das Opfer die Bedrohung ernst nimmt.[147]
Auch eine konkludente Bedrohung ist möglich.[148]
Hat der Täter bereits mit der Ausführung der Bezugstat begonnen, so kann diese Ausführungshandlung selbst nicht zugleich als Bedrohung bezeichnet werden, ggf. liegt aber eine konkludente Bedrohung mit einer weiteren Bezugstat vor.[149]

bb) Subjektiver Tatbestand
Gem. § 15 StGB ist Vorsatz erforderlich.

c) Rechtswidrigkeit
Es gelten die allgemeinen Grundsätze.

d) Schuld
Es gelten die allgemeinen Grundsätze.

e) Rechtsfolgen
Der Strafrahmen des § 241 I StGB sieht Freiheitsstrafe bis zu einem Jahr (im Minimum also ein Monat, § 38 II StGB) oder Geldstrafe (zu den Grenzen s. § 40 StGB) vor.

f) Sonstiges
Der Versuch ist nicht strafbar.

§ 241 StGB ist subsidiär insbesondere gegenüber den §§ 113, 240, 253, 255 StGB.[150]

Bei bloß versuchter Nötigung oder Erpressung liegt nach Teilen der Rspr. aber Tateinheit vor; nach a. A. wird auch diese von § 241 StGB verdrängt.[151] Erstere Auffassung überzeugt aus Klarstellungsgründen (die Vollendung des § 241 StGB wird im Tenor zum Ausdruck gebracht).

Durch eine spätere Verwirklichung der angekündigten Tat wird § 241 StGB konsumiert.[152]

---

[147] Joecks/Jäger, StGB, 13. Aufl. 2021, § 241 Rn. 5; aus der Rspr. vgl. BGH U. v. 01.09.1992 – 1 StR 487/92 – BGHSt 38, 353 = NJW 1993, 210 = NStZ 1993, 1136 = StV 1992, 573 (Anm. Geppert JK 1993 StGB § 211/23; von Heintschel-Heinegg JA 1993, 223; Jung JuS 1993, 518; Rengier JZ 1993, 364).

[148] Kindhäuser/Hilgendorf, LPK, 9. Aufl. 2022, § 240 Rn. 2; aus der Rspr. vgl. zuletzt BGH B. v. 04.12.2018 – 4 StR 418/18 – StV 2019, 671 (Anm. RÜ 2019, 173).

[149] Valerius, in: BeckOK-StGB, Stand 01.02.2024, § 241 Rn. 3; aus der Rspr. vgl. zuletzt BGH B. v. 04.12.2018 – 4 StR 418/18 – StV 2019, 671 (Anm. RÜ 2019, 173).

[150] Fischer, StGB, 71. Aufl. 2024, § 241 Rn. 19; aus der Rspr. vgl. zuletzt BGH B. v. 29.09.2020 – 3 StR 238/20 – NStZ-RR 2021, 13; BGH B. v. 08.09.2021 – 1 StR 286/21 – NStZ-RR 2021, 375 = StV 2022, 165.

[151] Hierzu Fischer, StGB, 71. Aufl. 2024, § 241 Rn. 19; aus der Rspr. vgl. zuletzt BGH B. v. 20.07.2022 – 4 StR 220/22 – NStZ-RR 2022, 341 (Anm. Jäger JA 2023, 515; RÜ 2023, 231); BGH B. v. 28.12.2023 – 5 StR 400/23 – NStZ-RR 2024, 78.

[152] Kindhäuser/Hilgendorf, LPK, 9. Aufl. 2022, § 241 Rn. 5; aus der Rspr. vgl. zuletzt BGH B. v. 26.02.2019 – 1 StR 14/19 – NStZ 2019, 472 = StV 2020, 119 (Anm. RÜ2 2019, 161); BGH B. v. 23.10.2019 – 1 StR 355/19 (Anm. Höltkemeier HRRS 2021, 308).

Bzgl. Strafantragserfordernissen rekurriert § 241 V StGB auf die angedrohte Tat. Ggf. ist ferner an eine Störung des öffentlichen Friedens durch Androhung von Straftaten nach § 126 StGB zu denken.[153]

> **§ 126 StGB (Störung des öffentlichen Friedens durch Androhung von Straftaten)**
> (1) Wer in einer Weise, die geeignet ist, den öffentlichen Frieden zu stören,
>   1. einen der in § 125a Satz 2 Nr. 1 bis 4 bezeichneten Fälle des Landfriedensbruchs,
>   2. eine Straftat gegen die sexuelle Selbstbestimmung in den Fällen des § 177 Absatz 4 bis 8 oder des § 178,
>   3. einen Mord (§ 211), Totschlag (§ 212) oder Völkermord (§ 6 des Völkerstrafgesetzbuches) oder ein Verbrechen gegen die Menschlichkeit (§ 7 des Völkerstrafgesetzbuches) oder ein Kriegsverbrechen (§§ 8, 9, 10, 11 oder 12 des Völkerstrafgesetzbuches),
>   4. eine gefährliche Körperverletzung (§ 224) oder eine schwere Körperverletzung (§ 226),
>   5. eine Straftat gegen die persönliche Freiheit in den Fällen des § 232 Absatz 3 Satz 2, des § 232a Absatz 3, 4 oder 5, des § 232b Absatz 3 oder 4, des § 233a Absatz 3 oder 4, jeweils soweit es sich um Verbrechen handelt, der §§ 234, 234a, 239a oder 239b,
>   6. einen Raub oder eine räuberische Erpressung (§§ 249 bis 251 oder 255),
>   7. ein gemeingefährliches Verbrechen in den Fällen der §§ 306 bis 306c oder 307 Abs. 1 bis 3, des § 308 Abs. 1 bis 3, des § 309 Abs. 1 bis 4, der §§ 313, 314 oder 315 Abs. 3, des § 315b Abs. 3, des § 316a Abs. 1 oder 3, des § 316c Abs. 1 oder 3 oder des § 318 Abs. 3 oder 4 oder
>   8. ein gemeingefährliches Vergehen in den Fällen des § 309 Abs. 6, des § 311 Abs. 1, des § 316b Abs. 1, des § 317 Abs. 1 oder des § 318 Abs. 1
> androht, wird mit Freiheitsstrafe bis zu drei Jahren oder mit Geldstrafe bestraft.
> (2) Ebenso wird bestraft, wer in einer Weise, die geeignet ist, den öffentlichen Frieden zu stören, wider besseres Wissen vortäuscht, die Verwirklichung einer der in Absatz 1 genannten rechtswidrigen Taten stehe bevor.

In diesem Zusammenhang ist auch der 2021 neu geschaffene § 126a StGB zur Pönalisierung sog. Feindeslisten zu nennen.[154]

---

[153] Hierzu Fischer NStZ 1988, 159; Heinrich ZJS 2017, 518; aus der Rspr. vgl. zuletzt BGH B. v. 20.03.2014 – 3 StR 353/13 – NStZ 2014, 415 = StV 2014, 722 (Anm. Kudlich JA 2014, 632; RÜ 2014, 516); AG München U. v. 10.05.2017 – 825 Cs 113 Js 220759/16 – StV 2017, 103; OLG Frankfurt U. v. 16.04.2019 – 2 Ss 336/18 – StV 2020, 178 (Anm. Naglere StV 2020, 179).
[154] Hierzu Patz KriPoZ 2021, 223.

> **§ 126a StGB (Gefährdendes Verbreiten personenbezogener Daten)**
> (1) Wer öffentlich, in einer Versammlung oder durch Verbreiten eines Inhalts (§ 11 Absatz 3) personenbezogene Daten einer anderen Person in einer Art und Weise verbreitet, die geeignet und nach den Umständen bestimmt ist, diese Person oder eine ihr nahestehende Person der Gefahr
>   1. eines gegen sie gerichteten Verbrechens oder
>   2. einer gegen sie gerichteten sonstigen rechtswidrigen Tat gegen die sexuelle Selbstbestimmung, die körperliche Unversehrtheit, die persönliche Freiheit oder gegen eine Sache von bedeutendem Wert auszusetzen, wird mit Freiheitsstrafe bis zu zwei Jahren oder mit Geldstrafe bestraft.
> (2) Handelt es sich um nicht allgemein zugängliche Daten, so ist die Strafe Freiheitsstrafe bis zu drei Jahren oder Geldstrafe.
> (3) § 86 Absatz 4 gilt entsprechend.

2. § 241 II StGB

a) Aufbau
  I. Tatbestand
     1. Objektiver Tatbestand
        a) Einen (anderen) Menschen
        b) Verbrechen
        c) Gegen ihn oder eine ihm nahestehende Person gerichtet
        d) Mit der Begehung bedroht
     2. Subjektiver Tatbestand
  II. Rechtswidrigkeit
  III. Ggf. Strafantrag, § 241 V StGB

b) Tatbestand

aa) Objektiver Tatbestand

(1) Einen (anderen) Menschen
S. o.

(2) Verbrechen
Gegenstand der Bedrohung nach § 241 II StGB muss ein **Verbrechen** i. S. d. § 12 I StGB sein.[155]

---

[155] Näher Sinn, in: MK-StGB, 4. Aufl. 2021, § 241 Rn. 9; aus der Rspr. vgl. BGH U. v. 03.07.1962 – 1 StR 213/62 – BGHSt 17, 307 = NJW 1962, 1830; OLG Köln B. v. 14.01.1994 – Ss 567/93 – StV 1994, 245; BGH B. v. 05.09.2002 – 4 StR 235/02 – NStZ-RR 2003, 45.

D. Bedrohung, § 241 StGB

(3) Gegen ihn oder eine ihm nahestehende Person gerichtet
S. o.

(4) Mit der Begehung bedroht
S. o.

bb) Subjektiver Tatbestand
Gem. § 15 StGB ist Vorsatz erforderlich.

c) Rechtswidrigkeit
Es gelten die allgemeinen Grundsätze.

d) Schuld
Es gelten die allgemeinen Grundsätze.

e) Rechtsfolgen
Der Strafrahmen des § 241 II StGB sieht Freiheitsstrafe bis zu zwei Jahren (im Minimum also ein Monat, § 38 II StGB) oder Geldstrafe (zu den Grenzen s. § 40 StGB) vor.

f) Sonstiges
S. o.
I. E. problematisch ist ferner das Verhältnis von § 241 I und II StGB zueinander.[156]

3. § 241 III StGB

a) Aufbau
I. Tatbestand
 1. Objektiver Tatbestand
  a) Einem (anderen) Menschen
  b) Verbrechen
  c) Gegen ihn oder eine ihm nahestehende Person gerichtet
  d) Vortäuscht, dass die Verwirklichung bevorstehe
 2. Subjektiver Tatbestand
  a) Vorsatz
  b) Wider besseres Wissen
II. Rechtswidrigkeit
III. Ggf. Strafantrag, § 241 V StGB

b) Tatbestand

aa) Objektiver Tatbestand

(1) Einen (anderen) Menschen
S. o.

---
[156] Hierzu Fahl GA 2023, 509.

(2) Verbrechen
Gegenstand der Vortäuschung nach § 241 III StGB muss ein Verbrechen i. S. d. § 12 I StGB sein.

(3) Gegen ihn oder eine ihm nahestehende Person gerichtet
S. o.

(4) Vortäuscht, dass die Verwirklichung bevorstehe
Anders als in § 241 I und II StGB (und in der Normüberschrift) ist keine Bedrohung erforderlich. Vielmehr täuscht der Täter vor, dass die Verwirklichung des Verbrechens bevorstehe.

Vortäuschen i. S. d. § 241 III StGB ist das Verursachen eines Irrtums des Opfers über das Bevorstehen eines gegen ihn usw. gerichteten Verbrechens, das ein Dritter in Kürze begehen soll.[157]

bb) Subjektiver Tatbestand
Gem. § 15 StGB ist Vorsatz erforderlich.
§ 241 III StGB erfordert ferner das Handeln „wider besseres Wissen".

c) Rechtswidrigkeit
Es gelten die allgemeinen Grundsätze.

d) Schuld
Es gelten die allgemeinen Grundsätze.

e) Rechtsfolgen
§ 241 III StGB verweist durch die Wendung „ebenso" auf den Strafrahmen des § 241 II StGB. Dieser sieht Freiheitsstrafe bis zu zwei Jahren (im Minimum also ein Monat, § 38 II StGB) oder Geldstrafe (zu den Grenzen s. § 40 StGB) vor.

f) Sonstiges
S. o.

III. Qualifikation, § 241 IV StGB

1. Aufbau
  I. Tatbestand
   1. Objektiver Tatbestand
      a) Die Tat
      b) Öffentlich, in einer Versammlung oder durch Verbreiten eines Inhalts (§ 11 Absatz 3) begangen
   2. Subjektiver Tatbestand

---

[157] Joecks/Jäger, StGB, 13. Aufl. 2021, § 241 Rn. 7.

II. Rechtswidrigkeit
III. Schuld
IV. Ggf. Strafantrag, § 241 V StGB

2. Allgemeines
§ 241 IV StGB qualifiziert die Tat nach § 241 I–III StGB, wenn sie öffentlich, in einer Versammlung oder durch Verbreiten eines Inhalts (§ 11 III StGB) begangen wird. Die Qualifikationsmerkmale finden sich (teilweise schon länger) auch in anderen Tatbeständen (v. a. §§ 185ff. StGB, s. u.), sodass die diesbzgl. Rspr. zur Auslegung des § 241 IV StGB heranzuziehen ist.

3. Tatbestand

a) Objektiver Tatbestand

aa) Die Tat
Hierdurch werden die Grunddelikte des § 241 I–III StGB in Bezug genommen.

bb) Öffentlich, in einer Versammlung oder durch Verbreiten eines Inhalts (§ 11 Absatz 3) begangen

(1) Öffentlich begangen
Eine öffentliche Tatbegehung liegt vor, wenn die Äußerung von einem größeren, nach Zahl und Zusammenhang nicht bestimmbaren Personenkreis zur Kenntnis genommen werden kann.[158]

(2) In einer Versammlung begangen
Versammlung ist eine räumlich zu einem bestimmten Zweck vereinigte Personenmehrheit.[159]

(3) Durch Verbreiten eines Inhalts (§ 11 III StGB) begangen
Zum **Inhalt** s. § 11 III StGB:[160]

---

[158] Valerius, in: BeckOK-StGB, Stand 01.02.2024, § 241 Rn. 11 i. V. m. § 186 Rn. 25; aus der Rspr. vgl. RG U. v. 13.11.1905 – 185/05 – RGSt 38, 207; RG U. v. 11.02.1930 – I 68/30 – RGSt 63, 431; BGH U. v. 13.03.1958 – 4 StR 27/58 – BGHSt 11, 282 = NJW 1958, 757; OLG Stuttgart U. v. 16.08.1972 – 1 Ss 278/72 – NJW 1972, 2320 (Anm. Hassemer JuS 1973, 188); OLG Celle U. v. 10.05.1994 – 1 Ss 71/94 – NStZ 1994, 440.
[159] Valerius, in: BeckOK-StGB, Stand 01.02.2024, § 241 Rn. 11 i. V. m. von Heintschel-Heinegg, in: BeckOK-StGB, Stand 01.02.2024, § 80a Rn. 9ff.; näher zum Versammlungsbegriff im StGB Zivanic ZStW 2020, 803.
[160] Hierzu z. B. Valerius, in BeckOK-StGB, Stand 01.02.2024, § 11 Rn. 64f.

> **§ 11 III StGB (Personen- und Sachbegriffe)**
> Inhalte im Sinne der Vorschriften, die auf diesen Absatz verweisen, sind solche, die in Schriften, auf Ton- oder Bildträgern, in Datenspeichern, Abbildungen oder anderen Verkörperungen enthalten sind oder auch unabhängig von einer Speicherung mittels Informations- oder Kommunikationstechnik übertragen werden.

Verbreiten ist die mit einer körperlichen Weitergabe verbundene Tätigkeit, die darauf gerichtet ist, den Inhalt seiner Substanz nach einem größeren Personenkreis zugänglich zu machen, wobei dieser nach Zahl und Individualität so groß sein muss, dass er für den Täter nicht mehr kontrollierbar ist.[161]

b) Subjektiver Tatbestand
Es gilt das Vorsatzerfordernis des § 15 StGB.

4. Rechtswidrigkeit
Es gelten die allgemeinen Grundsätze.

5. Schuld
Es gelten die allgemeinen Grundsätze.

6. Rechtsfolgen
§ 241 IV StGB ordnet bzgl. § 241 I StGB Freiheitsstrafe bis zu zwei Jahren oder Geldstrafe, bzgl. § 241 II und III StGB Freiheitsstrafe bis zu drei Jahren oder Geldstrafe an.

E. Nachstellung (sog. Stalking), § 238 StGB

▶ **Didaktische Aufsätze**
- Mitsch, Strafrechtsdogmatische Probleme des neuen „Stalking"-Tatbestandes, Jura 2007, 401
- Valerius, Stalking: Der neue Straftatbestand der Nachstellung in § 238 StGB, JuS 2007, 319
- Kinzig/Zander, Der neue Tatbestand der Nachstellung (§ 238 StGB), JA 2007, 481
- Nowak, Nachstellung als konkretes Eignungsdelikt, JuS 2018, 1180
- Kretschmer, Der neue § 238 StGB: Cyberstalking und andere Änderungen, JA 2022, 41

---

[161] Valerius, in: BeckOK-StGB, Stand 01.02.2024, § 241 Rn. 11 i. V. m. von Heintschel-Heinegg, in: BeckOK-StGB, Stand 01.02.2024, § 80a Rn. 7f.

I. Allgemeines

§ 238 StGB stellt die Nachstellung unter Strafe.[162]

> **§ 238 StGB (Nachstellung)**
> (1) Mit Freiheitsstrafe bis zu drei Jahren oder mit Geldstrafe wird bestraft, wer einer anderen Person in einer Weise unbefugt nachstellt, die geeignet ist, deren Lebensgestaltung nicht unerheblich zu beeinträchtigen, indem er wiederholt
> 1. die räumliche Nähe dieser Person aufsucht,
> 2. unter Verwendung von Telekommunikationsmitteln oder sonstigen Mitteln der Kommunikation oder über Dritte Kontakt zu dieser Person herzustellen versucht,
> 3. unter missbräuchlicher Verwendung von personenbezogenen Daten dieser Person
>   a) Bestellungen von Waren oder Dienstleistungen für sie aufgibt oder
>   b) Dritte veranlasst, Kontakt mit ihr aufzunehmen,
> 4. diese Person mit der Verletzung von Leben, körperlicher Unversehrtheit, Gesundheit oder Freiheit ihrer selbst, eines ihrer Angehörigen oder einer anderen ihr nahestehenden Person bedroht,
> 5. zulasten dieser Person, eines ihrer Angehörigen oder einer anderen ihr nahestehenden Person eine Tat nach § 202a, § 202b oder § 202c begeht,
> 6. eine Abbildung dieser Person, eines ihrer Angehörigen oder einer anderen ihr nahestehenden Person verbreitet oder der Öffentlichkeit zugänglich macht,
> 7. einen Inhalt (§ 11 Absatz 3), der geeignet ist, diese Person verächtlich zu machen oder in der öffentlichen Meinung herabzuwürdigen, unter Vortäuschung der Urheberschaft der Person verbreitet oder der Öffentlichkeit zugänglich macht oder
> 8. eine mit den Nummern 1 bis 7 vergleichbare Handlung vornimmt.
> (2) In besonders schweren Fällen des Absatzes 1 Nummer 1 bis 7 wird die Nachstellung mit Freiheitsstrafe von drei Monaten bis zu fünf Jahren bestraft. Ein besonders schwerer Fall liegt in der Regel vor, wenn der Täter

---

[162] Zu § 238 StGB (in der jeweils geltenden Fassung) Mitsch NJW 2007, 1237; Mitsch Jura 2007, 401; Kinzig/Zander JA 2007, 481; Valerius JuS 2007, 319; Mosbacher NStZ 2007, 665; Neubacher/Seher JZ 2007, 1029; Gazeas JR 2007, 497; Timmermann StraFo 2007, 358; Gerhold NK 2007, 2; Rackow GA 2008, 552; Eiden ZIS 2008, 123; Peters NStZ 2009, 238; Harzer NK 2009, 95; Gerhold NK 2009, 101; Dessecker FS Maiwald 2010, 103; Schöch NStZ 2013, 221; Nowak JuS 2018, 1180; Kuhlen ZIS 2018, 89; Roxin GA 2020, 460; zum Entstehungsprozess der Norm Pollähne NK 2002, 56; Gropp NK 2002, 112; Kerbein/Pröbsting ZRP 2002, 76; Fünfsinn NK 2005, 82; Freudenberg NK 2005, 84; Frommel NK 2005, 86; Kinzig ZRP 2006, 255; Vander KritV 2006, 181; Gazeas KJ 2006, 247; Buettner ZRP 2008, 124.

1. durch die Tat eine Gesundheitsschädigung des Opfers, eines Angehörigen des Opfers oder einer anderen dem Opfer nahestehenden Person verursacht,
2. das Opfer, einen Angehörigen des Opfers oder eine andere dem Opfer nahestehende Person durch die Tat in die Gefahr des Todes oder einer schweren Gesundheitsschädigung bringt,
3. dem Opfer durch eine Vielzahl von Tathandlungen über einen Zeitraum von mindestens sechs Monaten nachstellt,
4. bei einer Tathandlung nach Absatz 1 Nummer 5 ein Computerprogramm einsetzt, dessen Zweck das digitale Ausspähen anderer Personen ist,
5. eine durch eine Tathandlung nach Absatz 1 Nummer 5 erlangte Abbildung bei einer Tathandlung nach Absatz 1 Nummer 6 verwendet,
6. einen durch eine Tathandlung nach Absatz 1 Nummer 5 erlangten Inhalt (§ 11 Absatz 3) bei einer Tathandlung nach Absatz 1 Nummer 7 verwendet oder
7. über einundzwanzig Jahre ist und das Opfer unter sechzehn Jahre ist.
(3) Verursacht der Täter durch die Tat den Tod des Opfers, eines Angehörigen des Opfers oder einer anderen dem Opfer nahestehenden Person, so ist die Strafe Freiheitsstrafe von einem Jahr bis zu zehn Jahren.

Die von Anfang an in Kritik aus unterschiedlichen Richtungen stehende Norm wurde zweimal grundlegend reformiert, wodurch der Anwendungsbereich jeweils deutlich ausgeweitet wurde, nämlich **2017**[163] und **2021**.[164] Dies ist bei der Heranziehung älterer Rspr. und Literatur zu berücksichtigen, die aber jedenfalls bzgl. der unveränderten Gesetzesteile ihre Relevanz behalten.

§ 238 StGB schützt die Freiheit der Lebensgestaltung und das seelische Wohlbefinden „gestalkter" Menschen, insbesondere bei hartnäckiger Anbahnung oder nach Beendigung einer Beziehung.[165]

---

[163] Zur der Reform 2017 vorgelagerten Reformdiskussion Köhne ZRP 2014, 141; Schöch DRiZ 2015, 248; Buß JR 2016, 356; Kühl ZIS 2016, 450; Kubiciel jurisPR-StrafR 8/2016 Anm. 1; Mosbacher ZRP 2016, 161; Kubiciel/Borutta KriPoZ 2016, 194; zur dann (bis 2021) Gesetz gewordenen Fassung Mosbacher NJW 2017, 983; Steinberg JR 2017, 676; Nowak JuS 2018, 1180.
[164] Zur der Reform 2021 vorgelagerten Reformdiskussion Gerhold ZRP 2021, 118; Eisele KriPoZ 2021, 147; zur dann Gesetz gewordenen Fassung Kretschmer JA 2022, 41.
[165] Problematisch; s. Joecks/Jäger, StGB, 13. Aufl. 2021, § 238 Rn. 3; Kindhäuser/Hilgendorf, LPK, 9. Aufl. 2022, § 238 Rn. 1.

E. Nachstellung (sog. Stalking), § 238 StGB

II. Grunddelikt, § 238 I StGB

1. Aufbau
  I. Tatbestand
   1. Objektiver Tatbestand
      a) Einer anderen Person
      b) Nachstellt
      c) Unbefugt
      d) § 238 I Nr. 1–8 StGB
      e) Wiederholt
      f) In einer Weise, die geeignet ist, deren Lebensgestaltung nicht unerheblich zu beeinträchtigen
   2. Subjektiver Tatbestand
  II. Rechtswidrigkeit
  III. Schuld
  IV. Rechtsfolgen: Besonders schwerer Fall, § 238 II StGB

2. Tatbestand

a) Objektiver Tatbestand

aa) Einer anderen Person
„Andere Person" meint jeden vom Täter verschiedenen Menschen.

bb) Nachstellt
Tathandlung des § 238 I StGB ist das **Nachstellen** (s. auch §§ 292 I Nr. 1, 329 III Nr. 6 StGB in Bezug auf Tiere).
  Dies umfasst alle Handlungen, die darauf ausgerichtet sind, durch unmittelbare oder mittelbare Annäherungen an das Opfer in dessen persönlichen Lebensbereich einzugreifen und dadurch seine Handlungs- und Entschließungsfreiheit zu beeinträchtigen.[166] Gegenüber den Katalognummern (s. sogleich) enthält der Begriff aber keinen eigenständigen tatbestandlichen Gehalt, er dient nur der Zusammenfassung.

cc) Unbefugt
Das Nachstellen muss unbefugt sein, wobei es sich bei der Unbefugtheit nach dem Willen des Gesetzgebers um ein Tatbestandsmerkmal handelt, welchem die Funktion zukommt, sozialadäquate Verhaltensweisen sowie solche mit Einverständnis des Betroffenen vorgenommenen bereits tatbestandlich auszuscheiden.[167]

---

[166] Eisele, BT I, 6. Aufl. 2021, Rn. 513; aus der Rspr. vgl. LG Heidelberg U. v. 06.05.2008 – 2 KLs 22 Js 6935/07; BGH B. v. 19.11.2009 – 3 StR 244/09 – BGHSt 54, 189 = NJW 2010, 1680 = NStZ 2010, 277 = StV 2010, 307 (Anm. Satzger JK 2010 StGB § 238/1; Kudlich JA 2010, 389; Heghmanns ZJS 2010, 269; LL 2010, 247; RA 2010, 154; famos 8/2010; Gazeas NJW 2010, 1684; Mitsch NStZ 2010, 513; Seher JZ 2010, 582; Winkler jurisPR-StrafR 4/2010 Anm. 1; Buß JR 2011, 84); BGH B. v. 22.02.2011 – 4 StR 654/10; BGH B. v. 19.12.2012 – 4 StR 417/12 – NStZ-RR 2013, 145 (Anm. Müller/Eisenberg DRiZ 2013, 364).
[167] Kindhäuser/Hilgendorf, LPK, 9. Aufl. 2022, § 238 Rn. 9.

dd) § 238 I Nr. 1–8 StGB

(1) Allgemeines

Eine Konkretisierung („nachstellt ..., indem") erfährt das Nachstellen durch die in § 238 I Nr. 1–7 StGB umschriebenen Modalitäten. § 238 I Nr. 8 StGB beinhaltet eine Auffangvariante.

(2) § 238 I Nr. 1 StGB

Das Aufsuchen der räumlichen Nähe in § 238 I StGB[168] umfasst physische Annäherungen, etwa das Auflauern, Verfolgen, Warten in der Nähe der Wohnung oder Arbeitsstelle.

Das Unterlassen des Sich-Entfernens soll nicht erfasst sein.[169]

Aufsuchen setzt subjektiv ein gezieltes Handeln voraus, sodass ein bloß in Kauf genommenes zufälliges Zusammentreffen nicht hierunter fällt.[170]

(3) § 238 I Nr. 2 StGB

§ 238 I Nr. 2 StGB[171] erfasst z. B. Anrufe, E-Mails, SMS, Briefe, Botschaften an der Windschutzscheibe, aber auch die mittelbare Kontaktaufnahme über Dritte, v. a. das Ansprechen von Angehörigen und Freunden.

Ausdrücklich genügt der Versuch der Kontaktaufnahme, sodass es sich insofern um ein Unternehmensdelikt handelt (vgl. § 11 I Nr. 6 StGB, s. im Allgemeinen Teil).

(4) § 238 I Nr. 3 StGB

§ 238 I Nr. 3 StGB[172] betrifft einerseits unerwünschte Bestellungen (lit. a), andererseits aber auch die Aufgabe von Inseraten, die Dritte auffordern, sich an das Opfer zu wenden (lit. b, z. B. in Partnerbörsen).

Eine Legaldefinition der personenbezogenen Daten findet sich in § 46 Nr. 1 BDSG: „alle Informationen, die sich auf eine identifizierte oder identifizierbare natürliche Person (betroffene Person) beziehen; als identifizierbar wird eine natürliche Person angesehen, die direkt oder indirekt, insbesondere mittels Zuordnung zu einer Kennung wie einem Namen, zu einer Kennnummer, zu Standortdaten, zu einer Online-Kennung oder zu einem oder mehreren besonderen Merkmalen, die Ausdruck der physischen, physiologischen, genetischen, psychischen, wirtschaftlichen, kulturellen oder sozialen Identität dieser Person sind, identifiziert werden kann".

Missbräuchlich ist die Verwendung, wenn ein Einverständnis des Berechtigten fehlt.

---

[168] Hierzu Eisele, BT I, 6. Aufl. 2021, Rn. 515.
[169] Fischer, StGB, 71. Aufl. 2024, § 238 Rn. 11.
[170] Kindhäuser/Hilgendorf, LPK, 9. Aufl. 2022, § 238 Rn. 4.
[171] Hierzu Eisele, BT I, 6. Aufl. 2021, Rn. 516.
[172] Hierzu Eisele, BT I, 6. Aufl. 2021, Rn. 517.

E. Nachstellung (sog. Stalking), § 238 StGB

(5) § 238 I Nr. 4 StGB

§ 238 I Nr. 4 StGB[173] nimmt Bezug auf ein Bedrohen, vgl. insofern o. bei § 241 StGB, wobei der Gegenstand des Bedrohens aber weiter gefasst ist.

Zu Angehörigen (§ 11 I Nr. 1 StGB),[174] zur nahe stehenden Person[175] und zu den genannten Rechtsgütern s. bei § 35 StGB im Allgemeinen Teil.

(6) § 238 I Nr. 5 StGB

Der 2021 geschaffene § 238 I Nr. 5 StGB[176] zielt auf die Verhinderung sog. Cyber-Stalkings.[177]

Zu Angehörigen und anderen nahestehenden Personen s. o. und im Allgemeinen Teil.

Zu den in Bezug genommenen Tatbeständen der §§ 202a–c StGB s. u.

(7) § 238 I Nr. 6 StGB

Der 2021 geschaffene § 238 I Nr. 6 StGB[178] ist, indem er jede Abbildung genügen lässt, weit gefasst, weil eine Beunruhigung des Opfers auch bereits bei an sich unverfänglichen Abbildungen, die verbreitet etc. werden, entstehen kann, geschweige denn in Fällen intimer Bilder oder gar selbst gedrehter pornografischer Aufnahmen.[179]

Zu Angehörigen und anderen nahestehenden Personen s. o. und im Allgemeinen Teil.

(8) § 238 I Nr. 7 StGB

Der 2021 geschaffene § 238 I Nr. 7 StGB[180] weist einen gewissen Bezug zu den Ehrdelikten auf (zu diesen s. u.), beschränkt sich aber auf ein Eignungserfordernis. Auf der anderen Seite schränkt die Vortäuschung der Urheberschaft des Opfers die Reichweite erheblich ein; relevant sind insofern z. B. Obszönitäten, Geständnisse oder Ankündigungen von Straftaten.

(9) § 238 I Nr. 8 StGB

§ 238 I Nr. 8 StGB[181] enthält eine reine Auffangvariante, was Bedenken bzgl. des Bestimmtheitsgrundsatzes (Art. 103 II GG, § 1 StGB) aufwirft.[182]

---

[173] Hierzu Eisele, BT I, 6. Aufl. 2021, Rn. 518.
[174] Näher Mitsch Jura 2021, 136.
[175] Näher Mitsch Jura 2021, 136.
[176] Hierzu Rengier, BT II, 24. Aufl. 2023, § 26a Rn. 13.
[177] Valerius, in: BeckOK-StGB, Stand 01.02.2024, § 238 Rn. 9.
[178] Hierzu Rengier, BT II, 24. Aufl. 2023, § 26a Rn. 13.
[179] Valerius, in: BeckOK-StGB, Stand 01.02.2024, § 238 Rn. 10.
[180] Hierzu Valerius, in: BeckOK-StGB, Stand 01.02.2024, § 238 Rn. 11.
[181] Hierzu Valerius, in: BeckOK-StGB, Stand 01.02.2024, § 238 Rn. 12.
[182] S. etwa Kindhäuser/Hilgendorf, LPK, 9. Aufl. 2022, § 238 Rn. 8; Fischer, StGB, 71. Aufl. 2024, § 238 Rn. 26; aus der Rspr. vgl. BGH B. v. 19.11.2009 – 3 StR 244/09 – BGHSt 54, 189 = NJW 2010, 1680 = NStZ 2010, 277 = StV 2010, 307 (Anm. Satzger JK 2010 StGB § 238/1; Kudlich JA 2010, 389; Heghmanns ZJS 2010, 269; LL 2010, 247; RA 2010, 154; famos 8/2010; Gazeas NJW

Als Beispiele für Handlungen, die mit Nr. 1–7 (bzgl. Handlungs- und Erfolgsunwert) vergleichbar sind, werden z. B. das Beobachten mit dem Fernglas, die Zusendung von Gegenständen, Sachbeschädigungen oder Verleumdungen genannt.[183]

ee) Wiederholt
Der Täter muss – seit 2021 (vorher: beharrlich) – wiederholt eine der Nachstellungshandlungen vornehmen.[184] Der Wechsel der Handlungsmodalität ist irrelevant; die Verwirklichung mehrerer Nummern bildet eine sog. tatbestandliche Bewertungseinheit.

Der Wortlaut des nunmehr rein objektiv ausgestalteten Begriffs verlangt mindestens zwei Handlungen. Über das Erfordernis einer gesteigerten Mindestzahl sowie über die Relevanz zeitlicher Nähe zwischen den Handlungen wird i. E. gestritten.

ff) In einer Weise, die geeignet ist, deren Lebensgestaltung nicht unerheblich zu beeinträchtigen
Die Nachstellung muss geeignet sein, die Lebensgestaltung des Opfers nicht unerheblich zu beeinträchtigen.[185] Bis 2017 genügte die Eignung nicht (es musste tatsächlich die Lebensgestaltung beeinträchtigt werden); seit 2021 muss die potenzielle Beeinträchtigung nicht mehr schwerwiegend sein, sondern nur noch „nicht unerheblich", was als gewisse Absenkung der Anforderungen gedacht ist.

Eine nicht unerhebliche Beeinträchtigung der Lebensgestaltung liegt dann vor, wenn das Verhalten des Täters negative Veränderungen für das Opfer mit sich bringt,[186] die jenseits einer Bagatellgrenze und damit außerhalb dessen liegen, was das Opfer noch unter besonnener Selbstbehauptung hinzunehmen hat.[187]

b) Subjektiver Tatbestand
Gem. § 15 StGB ist Vorsatz erforderlich.

3. Rechtswidrigkeit
Es gelten die allgemeinen Grundsätze.

4. Schuld
Es gelten die allgemeinen Grundsätze.

5. Rechtsfolgen

a) Allgemeines
Der Strafrahmen des § 238 I StGB sieht Freiheitsstrafe bis zu drei Jahren (im Minimum also ein Monat, § 38 II StGB) oder Geldstrafe (zu den Grenzen s. § 40 StGB) vor.

2010, 1684; Mitsch NStZ 2010, 513; Seher JZ 2010, 582; Winkler jurisPR-StrafR 4/2010 Anm. 1; Buß JR 2011, 84).
[183] Rengier, BT II, 24. Aufl. 2023, § 26a Rn. 14.
[184] Hierzu Valerius, in: BeckOK-StGB, Stand 01.02.2024, § 238 Rn. 13.
[185] Hierzu Valerius, in: BeckOK-StGB, Stand 01.02.2024, § 238 Rn. 17ff.
[186] Vgl. auch aus der Rspr. KG U. v. 12.08.2019 – (3) 121 Ss 89/19 (53/19).
[187] Rengier, BT II, 24. Aufl. 2023, § 26a Rn. 17.

b) Besonders schwerer Fall, § 238 II StGB

aa) Allgemeines
Seit 2021 normiert § 238 II StGB – bezogen auf das Grunddelikt – den besonders schweren Fall der Nachstellung,[188] wobei § 238 II 2 StGB zahlreiche sog. Regelbeispiele aufführt. Daneben bleibt ein sog. unbenannter besonders schwerer Fall möglich.

bb) § 238 II 2 Nr. 1 StGB
Zu Angehörigen und nahestehende Personen s. o. und im Allgemeinen Teil.

Die Verursachung einer Gesundheitsschädigung nimmt Bezug auf § 223 I StGB, wobei gerade auch an psychische Beeinträchtigungen zu denken ist.

Formuliert ist das Regelbeispiel auf eine Weise, die auf Tatbestandsebene eher erfolgsqualifizierte Delikte kennzeichnet, wo dann grundsätzlich gem. § 18 StGB Fahrlässigkeit genügt. Dies passt i. R. d. § 238 II StGB nicht zur Ebene der Strafzumessung, außerdem wäre es der einzige existierende Fall dieser Art.[189]

cc) § 238 II 2 Nr. 2 StGB
„In die Gefahr des Todes oder einer schweren Gesundheitsschädigung bringt" ermöglicht eine Anlehnung an den Gefahrerfolg der Aussetzung nach § 221 I StGB, s. o. Die leicht unterschiedliche Formulierung bringt keinen Unterschied in der Sache.

Es ist aber zu beachten, dass Angehörige und nahestehende Person ebenfalls erfasst werden, zu diesen Begriffen s. o. und im Allgemeinen Teil.

dd) § 238 II 2 Nr. 3 StGB
Fraglich ist, ab wann von einer Vielzahl von Tathandlungen zu sprechen ist. Erforderlich und ausreichend soll eine niedrige zweistellige Zahl sein.[190]

ee) § 238 II 2 Nr. 4 StGB
Zu den merkmalsrelevanten[191] Computerprogrammen vgl. u. bei § 202c I Nr. 2 StGB und § 263a III Nr. 1 StGB.

ff) § 238 II 2 Nr. 5 StGB
§ 238 II 2 Nr. 5 StGB kumuliert zwei Tatbestandsmodalitäten, was in gewissem Widerspruch dazu steht, dass bereits die Tatbestandserfüllung (und damit der Regelstrafrahmen) ein wiederholtes Täterhandeln voraussetzt. Die Norm zielt auf sog. Doxing ab, das internetbasierte (ggf. hackingbasierte) Zusammentragen und anschließende Veröffentlichen personenbezogener Daten.[192]

---

[188] Hierzu Valerius, in: BeckOK-StGB, Stand 01.02.2024, § 238 Rn. 22ff.
[189] Rengier, BT II, 24. Aufl. 2023, § 26a Rn. 23.
[190] Rengier, BT II, 24. Aufl. 2023, § 26a Rn. 23.
[191] Hierzu Valerius, in: BeckOK-StGB, Stand 01.02.2024, § 238 Rn. 28.
[192] Valerius, in: BeckOK-StGB, Stand 01.02.2024, § 238 Rn. 29.

gg) § 238 II 2 Nr. 6 StGB
§ 238 II 2 Nr. 6 StGB[193] kumuliert – wie Nr. 5 – zwei Tatbestandsmodalitäten., s. jeweils o.

hh) § 238 II 2 Nr. 7 StGB
§ 238 II 2 Nr. 7 StGB[194] dient einerseits dem Schutz einer vulnerablen Personengruppe, andererseits soll auf Täterseite durch die diesbzgl. Altersgrenze Verhalten unter ungefähr Gleichaltrigen ausgenommen werden.

6. Sonstiges
Der Versuch des § 238 I StGB ist straflos.

Das frühere eingeschränkte Strafantragserfordernis wurde 2021 gestrichen.

III. Erfolgsqualifikation, § 238 III StGB

1. Aufbau
  I. Tatbestand
   1. Die Tat
   2. Tod des Opfers, eines Angehörigen des Opfers oder einer anderen dem Opfer nahestehenden Person
   3. Hinsichtlich dieser Folge wenigstens Fahrlässigkeit, § 18 StGB (objektive Fahrlässigkeit)
   4. Verursacht … durch die Tat
 II. Rechtswidrigkeit
III. Schuld
   1. Allgemeines
   2. Hinsichtlich dieser Folge wenigstens Fahrlässigkeit, § 18 StGB (subjektive Fahrlässigkeit)

2. Erläuterungen
§ 238 III StGB enthält eine Erfolgsqualifikation. Hierzu vgl. o. bei § 227 StGB. Freilich ist bei § 238 III StGB der Kreis möglicher Todesopfer weiter gezogen („Tod des Opfers, eines Angehörigen des Opfers oder einer anderen dem Opfer nahestehenden Person"), zu diesen Begriffen s. o. und im Allgemeinen Teil.

Zu denken ist insbesondere auch an einen durch Stalking (mit-)verursachten Suizid.[195]

---

[193] Hierzu Valerius, in: BeckOK-StGB, Stand 01.02.2024, § 238 Rn. 30.

[194] Hierzu Valerius, in: BeckOK-StGB, Stand 01.02.2024, § 238 Rn. 31.

[195] Hierzu Valerius, in: BeckOK-StGB, Stand 01.02.2024, § 238 Rn. 32; aus der Rspr. vgl. BGH B. v. 15.02.2017 – 4 StR 375/16 – BGHSt 62, 49 = NJW 2017, 2211 = StV 2018, 243 (Anm. Bosch Jura 2017, 1340; Kudlich JA 2017, 712; Jahn JuS 2017, 1032; RÜ 2017, 575; famos 11/2017; Ast NJW 2017, 2214; LL 2018, 18; Steinberg StV 2018, 246); BGH B. v. 13.08.2020 – 4 StR 629/19 – StV 2021, 353.

Seit 2021 handelt es sich bei § 238 III StGB um die einzige Qualifikation der Nachstellung. Der vorherige Qualifikationstatbestand des § 238 II StGB wurde zum Regelbeispiel (§ 238 II 2 Nr. 2 StGB), s. o.

Die Erfolgsqualifikation des § 238 III StGB ordnet Freiheitsstrafe von einem bis zu zehn Jahren an.

F. Zwangsheirat, § 237 StGB

▶ **Didaktische Aufsätze**
- Schumann, Der neue Straftatbestand der Zwangsheirat (§ 237 StGB), JuS 2011, 789
- Ensenbach, Die Zwangsheirat gemäß § 237 StGB, Jura 2012, 507
- Bülte/Becker, Überblick über die Strafvorschrift gegen die Zwangsheirat (§ 237 StGB), JA 2013, 7

§ 237 StGB stellt die Zwangsheirat unter Strafe.[196]

> **§ 237 StGB (Zwangsheirat)**
> (1) Wer einen Menschen rechtswidrig mit Gewalt oder durch Drohung mit einem empfindlichen Übel zur Eingehung der Ehe nötigt, wird mit Freiheitsstrafe von sechs Monaten bis zu fünf Jahren bestraft. Rechtswidrig ist die Tat, wenn die Anwendung der Gewalt oder die Androhung des Übels zu dem angestrebten Zweck als verwerflich anzusehen ist.
> (2) Ebenso wird bestraft, wer zur Begehung einer Tat nach Absatz 1 den Menschen durch Gewalt, Drohung mit einem empfindlichen Übel oder durch List in ein Gebiet außerhalb des räumlichen Geltungsbereiches dieses Gesetzes verbringt oder veranlasst, sich dorthin zu begeben, oder davon abhält, von dort zurückzukehren.
> (3) Der Versuch ist strafbar.
> (4) In minder schweren Fällen ist die Strafe Freiheitsstrafe bis zu drei Jahren oder Geldstrafe.

Die Lektüre des Gesetzestextes mag hier genügen. Das lebhafte (auch didaktisch-publizistische) Interesse an der Norm ist abgeflaut.

---

[196] Hierzu Schubert/Moebius ZRP 2006, 33; Schumann JuS 2011, 789; Sering NJW 2011, 2161; Eisele/Majer NStZ 2011, 546; Valerius JR 2011, 430; Yerlikaya/Cakir-Ceylan ZIS 2011, 205; Letzgus FS Puppe 201, 1231; Ensenbach Jura 2012, 507; Bülte/Becker ZIS 2012, 61; Bülte/Becker JA 2013, 7; Haas JZ 2013, 72; Sotiriadis NK 2015, 62; aus der Rspr. vgl. BGH U. v. 08.06.2022 – 5 StR 406/21 – BGHSt 67, 79 = NJW 2022, 2422 = NStZ 2022, 677 = StV 2023, 666 (Anm. Bosch Jura 2022, 1236; Eisele JuS 2022, 1076; RÜ 2022, 777; Kudlich/Schütz NJW 2022, 2425; Zimmermann NStZ 2022, 680; Jäger JA 2023, 165; LL 2023, 37; famos 2/2023; Eidam HRRS 2023, 40).

G. Menschenraub, § 234 StGB

I. Aufbau

I. Tatbestand
   1. Objektiver Tatbestand
      a) Einer anderen Person
      b) Sich bemächtigt
      c) Mit Gewalt, durch Drohung mit einem empfindlichen Übel oder durch List
   2. Subjektiver Tatbestand
      a) Vorsatz
      b) Um sie in hilfloser Lage auszusetzen oder dem Dienst in einer militärischen oder militärähnlichen Einrichtung im Ausland zuzuführen
II. Rechtswidrigkeit
III. Schuld

II. Allgemeines

§ 234 StGB stellt den Menschenraub unter Strafe.

> **§ 234 StGB (Menschenraub)**
> (1) Wer sich einer anderen Person mit Gewalt, durch Drohung mit einem empfindlichen Übel oder durch List bemächtigt, um sie in hilfloser Lage auszusetzen oder dem Dienst in einer militärischen oder militärähnlichen Einrichtung im Ausland zuzuführen, wird mit Freiheitsstrafe von einem Jahr bis zu zehn Jahren bestraft.
> (2) In minder schweren Fällen ist die Strafe Freiheitsstrafe von sechs Monaten bis zu fünf Jahren.

Das traditionsreiche, freilich 1998 und 2005 erheblich modifizierte[197] Delikt **schützt** die persönliche Freiheit in den verschiedenen Erscheinungsformen der Willensentschließung und Willensbetätigung, der Selbstbestimmung und der Fortbewegungsmöglichkeit.[198] Potenzielle Opfer sollen davor geschützt werden, unfreiwillig einem mit nur sehr geringen eigenen Freiheitsrechten ausgestatteten, durch Über- und Unterordnung gekennzeichneten formalisierten Verhältnis unterworfen zu werden.[199]

---

[197] Zur Historie Wieck-Noodt, in: MK-StGB, 4. Aufl. 2021, § 234 Rn. 6ff.
[198] Wolters, in: SK-StGB, 10. Aufl. 2024, § 234 Rn. 1.
[199] So BGH U. v. 11.05.1993 – 1 StR 896/92 – BGHSt 39, 212 = NJW 1993, 2252 = NStZ 1993, 490 = StV 1993, 522.

Bemerkenswert ist die Ausgestaltung als Verbrechen (aufgrund § 12 III StGB auch i. F. d. § 234 II StGB) mit entsprechender Versuchsstrafbarkeit, zumal angesichts der weitreichenden Subjektivierung in Gestalt der überschießenden Innentendenz (erfolgskupiertes Delikt) mit entsprechend starker Vorverlagerung des Rechtsgüterschutzes. Skurilerweise ist die tatsächlich erfolgreiche Aussetzung gem. § 221 StGB milder bestraft und bloßes Vergehen, während die erstrebte (Teil-)Aussetzung als Menschenraub als Verbrechen normiert ist.

Es handelt sich um ein sog. Dauerdelikt (Dauer der Bemächtigungslage).

III. Tatbestand

1. Objektiver Tatbestand

a) Einer anderen Person
„Andere Person" meint jeden vom Täter verschiedene Menschen.

Anders als bei § 239 StGB (s. o.) sind weder eine Fähigkeit (vgl. z. B. Kleinkinder) noch ein aktueller Wille zur Fortbewegung erforderlich,[200] da auch davon unabhängig eine Bemächtigungslage gegeben sein kann, s. sogleich.

b) Sich bemächtigt
Das Sich-Bemächtigen setzt voraus, dass der Täter die physische Herrschaft über das Opfer erlangt, es also an einer eigenen Bestimmung über sich selbst hindert.[201] Einer Ortsveränderung bedarf es nicht.[202] Nicht erforderlich ist, dass das Opfer um die Bemächtigungslage weiß (namentlich bei List).[203]

Zu Weiterem s. bei den Vermögensdelikten i. R. d. § 239a StGB.

Das Aufrechterhalten einer Bemächtigungslage genügt nicht, was v. a. dann von Relevanz ist, wenn der Täter eine vorher zu anderen Zwecken herbeigeführte Bemächtigungslage bemerkt und nunmehr für ein tatbestandliches Ziel nutzen möchte.[204]

Tatbestandsausschließend kommt ein sog. Einverständnis in Betracht.[205] Bei Opfern, denen es diesbzgl. an einer hinreichenden Fähigkeit fehlt, ist an sich ein Einverständnis des gesetzlichen Vertreters denkbar, an dessen (weiteren) Voraussetzungen es aber fehlen wird.[206]

---

[200] Valerius, in: BeckOK-StGB, Stand 01.02.2024, § 234 Rn. 2.
[201] Valerius, in: BeckOK-StGB, Stand 01.02.2024, § 234 Rn. 3.
[202] Eisele, in: Schönke/Schröder, StGB, 30. Aufl. 2019, § 234 Rn. 4.
[203] Wieck-Noodt, in: MK-StGB, 4. Aufl. 2021, § 234 Rn. 15.
[204] Valerius, in: BeckOK-StGB, Stand 01.02.2024, § 234 Rn. 3.
[205] Eidam, in: Matt/Renzikowski, StGB, 2. Aufl. 2020, § 234 Rn. 3.
[206] Hierzu Wieck-Noodt, in: MK-StGB, 4. Aufl. 2021, § 234 Rn. 20; aus der Rspr. vgl. BGH U. v. 24.10.1973 – 2 StR 362/73 – BGHSt 25, 237 = NJW 1974, 282 (Anm. Meyer-Gerhards JuS 1974, 566; Geilen JZ 1974, 540); BGH U. v. 21.11.1974 – 4 StR 502/74 (Geiselnahme eines Kleinkinds) – BGHSt 26, 70 = NJW 1975, 269 (Anm. Lampe JR 1975, 424).

Bereits mit Begründung der Bemächtigungslage tritt Vollendung ein; i.Ü. bedarf es nur einer überschießender Innentendenz, s. u.

c) Mit Gewalt, durch Drohung mit einem empfindlichen Übel oder durch List

aa) Gewalt
Das Merkmal ist wie bei § 240 StGB auszulegen,[207] daher s. o.

bb) Drohung mit einem empfindlichen Übel
Das Merkmal ist wie bei § 240 StGB auszulegen, daher s. o.

Der Gesetzgeber hat dies 1998 durch eine Wortlautangleichung klargestellt (vorher „durch List, Drohung oder Gewalt").

cc) List
List[208] ist ein Verhalten, das darauf abzielt, unter geflissentlichem und geschicktem Verbergen der wahren Absichten oder Umstände die Ziele des Täters durchzusetzen.[209]

Umstritten ist, ob eine Täuschung (in Anlehnung an den Betrug, § 263 StGB, s. bei den Vermögensdelikten) vorauszusetzen ist.[210]

Während Teile der Lehre das bejahen,[211] halten die Rspr.[212] und die h. L.[213] es auch dann für List, wenn der Täter es ausnutzt, dass das Opfer die zutreffende Sachlage nicht kennt.

---

[207] Wieck-Noodt, in: MK-StGB, 4. Aufl. 2021, § 234 Rn. 22.

[208] Hierzu näher Bohnert GA 1978, 353.

[209] Wieck-Noodt, in: MK-StGB, 4. Aufl. 2021, § 234 Rn. 37; aus der Rspr. vgl. RG U. v. 28.01.1887 – 3310/86 – RGSt 15, 340; RG U. v. 27.01.1888 – 27/88 – RGSt 17, 90; BGH U. v. 05.06.1951 – 1 StR 202/51 – BGHSt 1, 199; BGH U. v. 13. 9. 1957 – 1 StR 269/57 – BGHSt 10, 376 = NJW 1957, 1642; BGH U. v. 21.04.1961 – 4 StR 20/61 – BGHSt 16, 58 = NJW 1961, 1412; BGH U. v. 24.10.1973 – 2 StR 362/73 – BGHSt 25, 237 = NJW 1974, 282 (Anm. Meyer-Gerhards JuS 1974, 566; Geilen JZ 1974, 540); BGH U. v. 21.02.1984 – 1 StR 829/83 – BGHSt 32, 267 = NJW 1984, 1633 = StV 1984, 334 (Anm. Geppert JK 1984 StGB § 237/2); BGH U. v. 24.11.1988 – 4 StR 441/88 – NJW 1989, 917 = StV 1989, 345 (Anm. Otto JR 1989, 340); BGH U. v. 23.01.1996 – 1 StR 687/95 – NStZ 1996, 276 = StV 1997, 303; OLG Celle B. v. 05.02.1996 – 1 Ss 350/95 – NJW 1996, 2666; BGH B. v. 02.07.1997 – StB 24/96 – BGHSt 43, 125 = NJW 1997, 2609 = NStZ 1997, 490; BGH U. v. 11.02.1999 – 4 StR 594/98 – BGHSt 44, 355 = NJW 1999, 1344 = StV 2000, 356 (Anm. Baier JA 1999, 835).

[210] Hierzu Wieck-Noodt, in: MK-StGB, 4. Aufl. 2021, § 234 Rn. 38f.; aus der Rspr. vgl. BGH U. v. 13. 9. 1957 – 1 StR 269/57 – BGHSt 10, 376 = NJW 1957, 1642; BGH U. v. 21.04.1961 – 4 StR 20/61 – BGHSt 16, 58 = NJW 1961, 1412; BGH U. v. 24.10.1973 – 2 StR 362/73 – BGHSt 25, 237 = NJW 1974, 282 (Anm. Meyer-Gerhards JuS 1974, 566; Geilen JZ 1974, 540).

[211] Bohnert GA 1978, 353 (362ff.); Krack, List als Straftatbestandsmerkmal, 1994, S. 25ff.

[212] S. o.

[213] Valerius, in: BeckOK-StGB, Stand 01.02.2024, § 234 Rn. 4.

Dass das Opfer aufgrund der List des Täters einem Irrtum unterliegt, ist nach ganz h. M. ebenfalls nicht erforderlich.[214]

Die List muss sich nicht gegen das Opfer selbst richten, sondern kann auch gegen Dritte, insbesondere Mittels- und Obhutspersonen gerichtet sein.[215]

dd) Mit, durch
Die Bemächtigungslage muss sich kausal auf das Tatmittel des Täters zurückführen lassen.[216] Insbesondere kann ein bloßer Motivwechsel nach Herbeiführung der Bemächtigungslage nicht zur Tatbestandserfüllung führen.

2. Subjektiver Tatbestand

a) Vorsatz
Es gilt das allgemeine Vorsatzerfordernis des § 15 StGB.

b) Um sie in hilfloser Lage auszusetzen oder dem Dienst in einer militärischen oder militärähnlichen Einrichtung im Ausland zuzuführen

aa) Allgemeines
Die in § 234 I StGB enthaltene überschießende Innentendenz (es handelt sich um ein erfolgskupiertes Delikt, da die hilflose Lage etc. nicht eintreten muss) muss im Zeitpunkt einer für die Bemächtigung ursächlichen Handlung vorliegen.[217]

Bis zur Neufassung 2005 konnte tatbestandsmäßiges Handlungsziel des Täters auch sein, das Opfer in Sklaverei oder Leibeigenschaft zu bringen; dies wird heute der Sache nach v. a. als Ausbeutung der Arbeitskraft von § 233 StGB erfasst (s. ferner §§ 232ff. StGB). Ein früheres (bis 1998) Nennen des Verbringens in Schiffsdienste wird heute ggf. durch den Begriff der militärähnlichen Einrichtungen erfasst.

Die Konjunktion „um … zu" ist als Absicht (*dolus directus* ersten Grades) auszulegen, Wissentlichkeit oder Eventualvorsatz genügen nicht.[218]

Die Absichten des § 234 I StGB werden als tatbezogen eingeordnet, sodass § 28 StGB nicht anzuwenden ist.[219]

---

[214] S. nur Sonnen, in: NK-StGB, 6. Aufl. 2023, § 234 Rn. 22; aus der Rspr. vgl. RG U. v. 27.01.1888 – 27/88 – RGSt 17, 90; anders nur Krack List als Straftatbestandsmerkmal, 1994, S. 147ff.

[215] Eisele, in: Schönke/Schröder, StGB, 30. Aufl. 2019, § 234 Rn. 5; aus der Rspr. vgl. BGH U. v. 21.04.1961 – 4 StR 20/61 – BGHSt 16, 58 = NJW 1961, 1412; BGH U. v. 24.10.1973 – 2 StR 362/73 – BGHSt 25, 237 = NJW 1974, 282 (Anm. Meyer-Gerhards JuS 1974, 566; Geilen JZ 1974, 540).

[216] Heger, in: Lackner/Kühl/Heger, StGB, 30. Aufl. 2023, § 234 Rn. 2.

[217] Wolters, in: SK-StGB, 10. Aufl. 2024, § 234 Rn. 4.

[218] Sonnen, in: NK-StGB, 6. Aufl. 2023, § 234 Rn. 23; aus der Rspr. vgl. BGH U. v. 11.05.1993 – 1 StR 896/92 – BGHSt 39, 212 = NJW 1993, 2252 = NStZ 1993, 490 = StV 1993, 522; BGH B. v. 01.12.2000 – 2 StR 379/00 – NStZ 2001, 247 (Anm. Heger JA 2001, 631); BGH B. v. 27.04.2010 – 1 StR 153/10 – NStZ 2011, 158.

[219] Eisele, in: Schönke/Schröder, StGB, 30. Aufl. 2019, § 234 Rn. 6.

bb) In hilfloser Lage auszusetzen

Zur hilflosen Lage s. o. bei § 221 StGB; in § 234 StGB ist das Merkmal ebenso zu verstehen (nur eben als Gegenstand einer Absicht).[220] Im Hinblick auf diese Modalität handelt es sich beim Menschenraub insofern in gewisser Weise um ein Vorbereitungsdelikt zur Aussetzung gem. § 221 StGB, wobei merkwürdigerweise § 234 StGB als Verbrechen deutlich strenger bestraft wird.

Umstritten ist es, worauf sich die Absicht genau beziehen muss.[221]

Z. T. wird in der Lehre[222] und in der Rspr.[223] verlangt, dass auch die von der Grunddefinition der hilflosen Lage in Bezug genommene konkrete Lebens- oder Leibesgefahr beabsichtigt sein muss.

Nach anderer Auffassung[224] genügt bzgl. des Eintritts einer konkreten Lebens- oder Leibesgefahr Eventualvorsatz.

Zwar ist ein gewisses Bestreben nach tatbestandlicher Restriktion des Delikts mit Verbrechenscharakter verständlich, allerdings verlangt der Wortlaut ein Durchschlagen des Absichtserfordernisses auf den Gefahrerfolg nicht. Auch der Vergleich mit § 221 I StGB bestätigt die Trennung von hilfloser Lage und dem Erfolgseintritt in Gestalt einer konkreten Gefahr. Im Grunde ist sogar fraglich, ob diesbzgl. i. R. d. § 234 I StGB überhaupt Vorsatz vonnöten ist, da die konkrete Lebens- oder Leibesgefahr ja hier kein objektives Tatbestandsmerkmal ist. Freilich ist es kaum denkbar (wenn auch v. a. im Hinblick auf die voluntative Komponente des Eventualvorsatzes möglich), nur die hilflose Lage zu erstreben, ohne billigend in Kauf zu nehmen, dass sich diese in einer konkreten Gefährdung realisiert.

cc) Dem Dienst in einer militärischen oder militärähnlichen Einrichtung im Ausland zuzuführen

Diese Variante ersetzte 1998 die „ausländischen Kriegs- und Schiffsdienste"; normiert bzw. klargestellt ist nun in Anlehnung an § 109 h I StGB, dass Dienst in Zeiten des Friedens gleichermaßen erfasst ist, dass also ein tatsächlicher Kriegszustand nicht bestehen muss.[225]

Militärische oder militärähnliche Einrichtungen sind bewaffnete, nach militärischen Befehlsstrukturen organisierte Einheiten (inkl. Bürgerkriegsarmeen, Guerilla-Organisationen, Militär- und Polizeieinheiten, paramilitärische Organisationen,

---

[220] Wieck-Noodt, in: MK-StGB, 4. Aufl. 2021, § 234 Rn. 47; aus der Rspr. vgl. BGH B. v. 27.04.2010 – 1 StR 153/10 – NStZ 2011, 158.

[221] Hierzu Sonnen, in: NK-StGB, 6. Aufl. 2023, § 234 Rn. 24; aus der Rspr. vgl. BGH B. v. 01.12.2000 – 2 StR 379/00 – NStZ 2001, 247 (Anm. Heger JA 2001, 631); BGH B. v. 27.04.2010 – 1 StR 153/10 – NStZ 2011, 158.

[222] Valerius, in: BeckOK-StGB, Stand 01.02.2024, § 234 Rn. 7; Wieck-Noodt, in: MK-StGB, 4. Aufl. 2021, § 234 Rn. 50.

[223] S. o.

[224] Wolters, in: SK-StGB, 10. Aufl. 2024, § 234 Rn. 4.

[225] Wieck-Noodt, in: MK-StGB, 4. Aufl. 2021, § 234 Rn. 51.

sofern diese mit staatlicher Duldung operieren; u. U. Geheimdienste).[226] Von einer Einrichtung i. d. S. kann nur gesprochen werden, wenn dauerhafte, von konkreten Personen unabhängige Verwaltungs- und Befehlsstrukturen bestehen.[227]

Die Einrichtung muss im **Ausland** liegen. Ausland ist jedes nicht zum deutschen Inland gehörende Gebiet fremder oder keiner Staatshoheit, vgl. im Allgemeinen Teil bei den §§ 3ff. StGB.

Erforderlich, dass es sich sowohl um eine ausländische Einrichtung handelt als auch der Verrichtungsort des Dienstes im Ausland liegt; nicht erfasst ist also eine deutsche Einrichtung im Ausland oder eine ausländische Einrichtung im Inland.[228]

Umstritten ist, ob das Heimatland des Opfers aus dem tatbestandlichen Begriff des Auslands auszuscheiden ist.[229] Entgegen einer Minderheitsauffassung[230] ist dies mit der h. L.[231] abzulehnen: Der Wortlaut enthält eine solche Einschränkung nicht, auch die Teleologie spricht dagegen, kann doch das Heimatland des Opfers diesem fremd oder gar gefährlich geworden sein.

Der Täter muss das Opfer der Einrichtung **zuführen** wollen. Das liegt vor, wenn das Opfer in die Befehls- und Organisationsstruktur der Einrichtung eingegliedert werden soll.[232] Nicht erforderlich ist, dass das Opfer militärischen Dienst i. e. S. versehen soll (erfasst ist auch z. B. Sanitäts- oder Verwaltungsdienst); reiner ziviler Arbeitsdienst in solchen Einrichtungen ist aber nicht ausreichend.[233]

Die Rolle des Täters kann sich bei alledem auf eine (erstrebte) Vermittlung des Opfers in den Dienst erschöpfen;[234] letztlich kommt jede beabsichtigte Mitursächlichkeit in Betracht. Klargestellt sei erneut, dass objektiv lediglich das Bemächtigen erforderlich ist und alles Weitere nur subjektiv gegeben sein muss.

IV. Rechtswidrigkeit

Es gelten die allgemeinen Grundsätze.

V. Schuld

Es gelten die allgemeinen Grundsätze.

---

[226] Wieck-Noodt, in: MK-StGB, 4. Aufl. 2021, § 234 Rn. 51.
[227] Wieck-Noodt, in: MK-StGB, 4. Aufl. 2021, § 234 Rn. 51.
[228] Wieck-Noodt, in: MK-StGB, 4. Aufl. 2021, § 234 Rn. 53.
[229] Hierzu Sonnen, in: NK-StGB, 6. Aufl. 2023, § 234 Rn. 29.
[230] Heger, in: Heger, in: Lackner/Kühl/Heger, StGB, 30. Aufl. 2023, § 234 Rn. 3.
[231] Z. B. Eisele, in: Schönke/Schröder, StGB, 30. Aufl. 2019, § 234 Rn. 6.
[232] Wieck-Noodt, in: MK-StGB, 4. Aufl. 2021, § 234 Rn. 52.
[233] Wieck-Noodt, in: MK-StGB, 4. Aufl. 2021, § 234 Rn. 52.
[234] Wieck-Noodt, in: MK-StGB, 4. Aufl. 2021, § 234 Rn. 54.

VI. Rechtsfolgen

Der Strafrahmen des § 234 I StGB sieht Freiheitsstrafe von einem bis zu zehn Jahren vor.

§ 234 II StGB normiert seit 1998 einen sog. unbenannten minder schweren Fall, dessen Strafrahmen Freiheitsstrafe von sechs Monaten bis zu fünf Jahren vorsieht.

VII. Sonstiges

§ 234 StGB soll die Freiheitsberaubung (§ 239 StGB) und die Nötigung (§ 240 StGB) aufgrund Spezialität verdrängen.[235] Dies ist aber mit den Anforderungen an ein logisches Einschlussverhältnis (s. im Allgemeinen Teil) unvereinbar (nicht jedes Bemächtigen ist eine Freiheitsberaubung; List unterfällt nicht zugleich der Nötigung); denkbar ist freilich Konsumtion.

H. Sonstige Straftaten gegen die persönliche Freiheit

Im Hinblick auf die Relevanz in der Fallbearbeitung wurden vorstehend nicht alle Straftaten gegen die persönliche Freiheit besprochen.

Zu den §§ 239a und 239b StGB s. bei den Vermögensdelikten.

Bzgl. der übrigen Delikte dürfte die Kenntnisnahme des Gesetzestextes genügen.

---

§ 232 StGB (Menschenhandel)
(1) Mit Freiheitsstrafe von sechs Monaten bis zu fünf Jahren wird bestraft, wer eine andere Person unter Ausnutzung ihrer persönlichen oder wirtschaftlichen Zwangslage oder ihrer Hilflosigkeit, die mit dem Aufenthalt in einem fremden Land verbunden ist, oder wer eine andere Person unter einundzwanzig Jahren anwirbt, befördert, weitergibt, beherbergt oder aufnimmt, wenn
   1. diese Person ausgebeutet werden soll
     a) bei der Ausübung der Prostitution oder bei der Vornahme sexueller Handlungen an oder vor dem Täter oder einer dritten Person oder bei der Duldung sexueller Handlungen an sich selbst durch den Täter oder eine dritte Person,
     b) durch eine Beschäftigung,
     c) bei der Ausübung der Bettelei oder
     d) bei der Begehung von mit Strafe bedrohten Handlungen durch diese Person,

---

[235] Valerius, in: BeckOK-StGB, Stand 01.02.2024, § 234 Rn. 10; Wieck-Noodt, in: MK-StGB, 4. Aufl. 2021, § 234 Rn. 59.

2. diese Person in Sklaverei, Leibeigenschaft, Schuldknechtschaft oder in Verhältnissen, die dem entsprechen oder ähneln, gehalten werden soll oder

3. dieser Person rechtswidrig ein Organ entnommen werden soll.

Ausbeutung durch eine Beschäftigung im Sinne des Satzes 1 Nummer 1 Buchstabe b liegt vor, wenn die Beschäftigung aus rücksichtslosem Gewinnstreben zu Arbeitsbedingungen erfolgt, die in einem auffälligen Missverhältnis zu den Arbeitsbedingungen solcher Arbeitnehmer stehen, welche der gleichen oder einer vergleichbaren Beschäftigung nachgehen (ausbeuterische Beschäftigung).

(2) Mit Freiheitsstrafe von sechs Monaten bis zu zehn Jahren wird bestraft, wer eine andere Person, die in der in Absatz 1 Satz 1 Nummer 1 bis 3 bezeichneten Weise ausgebeutet werden soll,

1. mit Gewalt, durch Drohung mit einem empfindlichen Übel oder durch List anwirbt, befördert, weitergibt, beherbergt oder aufnimmt oder

2. entführt oder sich ihrer bemächtigt oder ihrer Bemächtigung durch eine dritte Person Vorschub leistet.

(3) In den Fällen des Absatzes 1 ist auf Freiheitsstrafe von sechs Monaten bis zu zehn Jahren zu erkennen, wenn

1. das Opfer zur Zeit der Tat unter achtzehn Jahren alt ist,

2. der Täter das Opfer bei der Tat körperlich schwer misshandelt oder durch die Tat oder eine während der Tat begangene Handlung wenigstens leichtfertig in die Gefahr des Todes oder einer schweren Gesundheitsschädigung bringt oder

3. der Täter gewerbsmäßig handelt oder als Mitglied einer Bande, die sich zur fortgesetzten Begehung solcher Taten verbunden hat.

In den Fällen des Absatzes 2 ist auf Freiheitsstrafe von einem Jahr bis zu zehn Jahren zu erkennen, wenn einer der in Satz 1 Nummer 1 bis 3 bezeichneten Umstände vorliegt.

(4) In den Fällen der Absätze 1, 2 und 3 Satz 1 ist der Versuch strafbar.

§ 232a StGB (Zwangsprostitution)
(1) Mit Freiheitsstrafe von sechs Monaten bis zu zehn Jahren wird bestraft, wer eine andere Person unter Ausnutzung ihrer persönlichen oder wirtschaftlichen Zwangslage oder ihrer Hilflosigkeit, die mit dem Aufenthalt in einem fremden Land verbunden ist, oder wer eine andere Person unter einundzwanzig Jahren veranlasst,

1. die Prostitution aufzunehmen oder fortzusetzen oder

2. sexuelle Handlungen, durch die sie ausgebeutet wird, an oder vor dem Täter oder einer dritten Person vorzunehmen oder von dem Täter oder einer dritten Person an sich vornehmen zu lassen.

(2) Der Versuch ist strafbar.

(3) Mit Freiheitsstrafe von einem Jahr bis zu zehn Jahren wird bestraft, wer eine andere Person mit Gewalt, durch Drohung mit einem empfindlichen Übel oder durch List zu der Aufnahme oder Fortsetzung der Prostitution oder den in Absatz 1 Nummer 2 bezeichneten sexuellen Handlungen veranlasst.

(4) In den Fällen des Absatzes 1 ist auf Freiheitsstrafe von einem Jahr bis zu zehn Jahren und in den Fällen des Absatzes 3 auf Freiheitsstrafe nicht unter einem Jahr zu erkennen, wenn einer der in § 232 Absatz 3 Satz 1 Nummer 1 bis 3 bezeichneten Umstände vorliegt.

(5) In minder schweren Fällen des Absatzes 1 ist auf Freiheitsstrafe von drei Monaten bis zu fünf Jahren zu erkennen, in minder schweren Fällen der Absätze 3 und 4 auf Freiheitsstrafe von sechs Monaten bis zu zehn Jahren.

(6) Mit Freiheitsstrafe von drei Monaten bis zu fünf Jahren wird bestraft, wer an einer Person, die Opfer

1. eines Menschenhandels nach § 232 Absatz 1 Satz 1 Nummer 1 Buchstabe a, auch in Verbindung mit § 232 Absatz 2, oder

2. einer Tat nach den Absätzen 1 bis 5

geworden ist und der Prostitution nachgeht, gegen Entgelt sexuelle Handlungen vornimmt oder von ihr an sich vornehmen lässt und dabei deren persönliche oder wirtschaftliche Zwangslage oder deren Hilflosigkeit, die mit dem Aufenthalt in einem fremden Land verbunden ist, ausnutzt. Verkennt der Täter bei der sexuellen Handlung zumindest leichtfertig die Umstände des Satzes 1 Nummer 1 oder 2 oder die persönliche oder wirtschaftliche Zwangslage des Opfers oder dessen Hilfslosigkeit, so ist die Strafe Freiheitsstrafe bis zu drei Jahren oder Geldstrafe. Nach den Sätzen 1 und 2 wird nicht bestraft, wer eine Tat nach Satz 1 Nummer 1 oder 2, die zum Nachteil der Person, die nach Satz 1 der Prostitution nachgeht, begangen wurde, freiwillig bei der zuständigen Behörde anzeigt oder freiwillig eine solche Anzeige veranlasst, wenn nicht diese Tat zu diesem Zeitpunkt ganz oder zum Teil bereits entdeckt war und der Täter dies wusste oder bei verständiger Würdigung der Sachlage damit rechnen musste.

§ 232b StGB (Zwangsarbeit)
(1) Mit Freiheitsstrafe von sechs Monaten bis zu zehn Jahren wird bestraft, wer eine andere Person unter Ausnutzung ihrer persönlichen oder wirtschaftlichen Zwangslage oder ihrer Hilflosigkeit, die mit dem Aufenthalt in einem fremden Land verbunden ist, oder wer eine andere Person unter einundzwanzig Jahren veranlasst,

1. eine ausbeuterische Beschäftigung (§ 232 Absatz 1 Satz 2) aufzunehmen oder fortzusetzen,

2. sich in Sklaverei, Leibeigenschaft, Schuldknechtschaft oder in Verhältnisse, die dem entsprechen oder ähneln, zu begeben oder

3. die Bettelei, bei der sie ausgebeutet wird, aufzunehmen oder fortzusetzen.
(2) Der Versuch ist strafbar.
(3) Mit Freiheitsstrafe von einem Jahr bis zu zehn Jahren wird bestraft, wer eine andere Person mit Gewalt, durch Drohung mit einem empfindlichen Übel oder durch List veranlasst,
   1. eine ausbeuterische Beschäftigung (§ 232 Absatz 1 Satz 2) aufzunehmen oder fortzusetzen,
   2. sich in Sklaverei, Leibeigenschaft, Schuldknechtschaft oder in Verhältnisse, die dem entsprechen oder ähneln, zu begeben oder
   3. die Bettelei, bei der sie ausgebeutet wird, aufzunehmen oder fortzusetzen.
(4) § 232a Absatz 4 und 5 gilt entsprechend.

§ 233 StGB (Ausbeutung der Arbeitskraft)
(1) Mit Freiheitsstrafe bis zu drei Jahren oder mit Geldstrafe wird bestraft, wer eine andere Person unter Ausnutzung ihrer persönlichen oder wirtschaftlichen Zwangslage oder ihrer Hilflosigkeit, die mit dem Aufenthalt in einem fremden Land verbunden ist, oder wer eine andere Person unter einundzwanzig Jahren ausbeutet
   1. durch eine Beschäftigung nach § 232 Absatz 1 Satz 2,
   2. bei der Ausübung der Bettelei oder
   3. bei der Begehung von mit Strafe bedrohten Handlungen durch diese Person.
(2) Auf Freiheitsstrafe von sechs Monaten bis zu zehn Jahren ist zu erkennen, wenn
   1. das Opfer zur Zeit der Tat unter achtzehn Jahren alt ist,
   2. der Täter das Opfer bei der Tat körperlich schwer misshandelt oder durch die Tat oder eine während der Tat begangene Handlung wenigstens leichtfertig in die Gefahr des Todes oder einer schweren Gesundheitsschädigung bringt,
   3. der Täter das Opfer durch das vollständige oder teilweise Vorenthalten der für die Tätigkeit des Opfers üblichen Gegenleistung in wirtschaftliche Not bringt oder eine bereits vorhandene wirtschaftliche Not erheblich vergrößert oder
   4. der Täter als Mitglied einer Bande handelt, die sich zur fortgesetzten Begehung solcher Taten verbunden hat.
(3) Der Versuch ist strafbar.
(4) In minder schweren Fällen des Absatzes 1 ist auf Freiheitsstrafe bis zu zwei Jahren oder auf Geldstrafe zu erkennen, in minder schweren Fällen des Absatzes 2 auf Freiheitsstrafe von drei Monaten bis zu fünf Jahren.
(5) Mit Freiheitsstrafe bis zu zwei Jahren oder mit Geldstrafe wird bestraft, wer einer Tat nach Absatz 1 Nummer 1 Vorschub leistet durch die

1. Vermittlung einer ausbeuterischen Beschäftigung (§ 232 Absatz 1 Satz 2),
2. Vermietung von Geschäftsräumen oder
3. Vermietung von Räumen zum Wohnen an die auszubeutende Person.

Satz 1 gilt nicht, wenn die Tat bereits nach anderen Vorschriften mit schwererer Strafe bedroht ist.

§ 233a StGB (Ausbeutung unter Ausnutzung einer Freiheitsberaubung)

(1) Mit Freiheitsstrafe von sechs Monaten bis zu zehn Jahren wird bestraft, wer eine andere Person einsperrt oder auf andere Weise der Freiheit beraubt und sie in dieser Lage ausbeutet
1. bei der Ausübung der Prostitution,
2. durch eine Beschäftigung nach § 232 Absatz 1 Satz 2,
3. bei der Ausübung der Bettelei oder
4. bei der Begehung von mit Strafe bedrohten Handlungen durch diese Person.

(2) Der Versuch ist strafbar.

(3) In den Fällen des Absatzes 1 ist auf Freiheitsstrafe von einem Jahr bis zu zehn Jahren zu erkennen, wenn einer der in § 233 Absatz 2 Nummer 1 bis 4 bezeichneten Umstände vorliegt.

(4) In minder schweren Fällen des Absatzes 1 ist auf Freiheitsstrafe von drei Monaten bis zu fünf Jahren, in minder schweren Fällen des Absatzes 3 auf Freiheitsstrafe von sechs Monaten bis zu zehn Jahren zu erkennen.

§ 234a StGB (Verschleppung)

(1) Wer einen anderen durch List, Drohung oder Gewalt in ein Gebiet außerhalb des räumlichen Geltungsbereichs dieses Gesetzes verbringt oder veranlaßt, sich dorthin zu begeben, oder davon abhält, von dort zurückzukehren, und dadurch der Gefahr aussetzt, aus politischen Gründen verfolgt zu werden und hierbei im Widerspruch zu rechtsstaatlichen Grundsätzen durch Gewalt- oder Willkürmaßnahmen Schaden an Leib oder Leben zu erleiden, der Freiheit beraubt oder in seiner beruflichen oder wirtschaftlichen Stellung empfindlich beeinträchtigt zu werden, wird mit Freiheitsstrafe nicht unter einem Jahr bestraft.

(2) In minder schweren Fällen ist die Strafe Freiheitsstrafe von drei Monaten bis zu fünf Jahren.

(3) Wer eine solche Tat vorbereitet, wird mit Freiheitsstrafe bis zu fünf Jahren oder mit Geldstrafe bestraft.

H. Sonstige Straftaten gegen die persönliche Freiheit

§ 235 StGB (Entziehung Minderjähriger)
(1) Mit Freiheitsstrafe bis zu fünf Jahren oder mit Geldstrafe wird bestraft, wer
  1. eine Person unter achtzehn Jahren mit Gewalt, durch Drohung mit einem empfindlichen Übel oder durch List oder
  2. ein Kind, ohne dessen Angehöriger zu sein,
den Eltern, einem Elternteil, dem Vormund oder dem Pfleger entzieht oder vorenthält.
(2) Ebenso wird bestraft, wer ein Kind den Eltern, einem Elternteil, dem Vormund oder dem Pfleger
  1. entzieht, um es in das Ausland zu verbringen, oder
  2. im Ausland vorenthält, nachdem es dorthin verbracht worden ist oder es sich dorthin begeben hat.
(3) In den Fällen des Absatzes 1 Nr. 2 und des Absatzes 2 Nr. 1 ist der Versuch strafbar.
(4) Auf Freiheitsstrafe von einem Jahr bis zu zehn Jahren ist zu erkennen, wenn der Täter
  1. das Opfer durch die Tat in die Gefahr des Todes oder einer schweren Gesundheitsschädigung oder einer erheblichen Schädigung der körperlichen oder seelischen Entwicklung bringt oder
  2. die Tat gegen Entgelt oder in der Absicht begeht, sich oder einen Dritten zu bereichern.
(5) Verursacht der Täter durch die Tat den Tod des Opfers, so ist die Strafe Freiheitsstrafe nicht unter drei Jahren.
(6) In minder schweren Fällen des Absatzes 4 ist auf Freiheitsstrafe von sechs Monaten bis zu fünf Jahren, in minder schweren Fällen des Absatzes 5 auf Freiheitsstrafe von einem Jahr bis zu zehn Jahren zu erkennen.
(7) Die Entziehung Minderjähriger wird in den Fällen der Absätze 1 bis 3 nur auf Antrag verfolgt, es sei denn, daß die Strafverfolgungsbehörde wegen des besonderen öffentlichen Interesses an der Strafverfolgung ein Einschreiten von Amts wegen für geboten hält.

§ 236 StGB (Kinderhandel)
(1) Wer sein noch nicht achtzehn Jahre altes Kind oder seinen noch nicht achtzehn Jahre alten Mündel oder Pflegling unter grober Vernachlässigung der Fürsorge- oder Erziehungspflicht einem anderen auf Dauer überlässt und dabei gegen Entgelt oder in der Absicht handelt, sich oder einen Dritten zu bereichern, wird mit Freiheitsstrafe bis zu fünf Jahren oder mit Geldstrafe bestraft. Ebenso wird bestraft, wer in den Fällen des Satzes 1 das Kind, den Mündel oder Pflegling auf Dauer bei sich aufnimmt und dafür ein Entgelt gewährt.

(2) Wer unbefugt
1. die Adoption einer Person unter achtzehn Jahren vermittelt oder
2. eine Vermittlungstätigkeit ausübt, die zum Ziel hat, daß ein Dritter eine Person unter achtzehn Jahren auf Dauer bei sich aufnimmt,

und dabei gegen Entgelt oder in der Absicht handelt, sich oder einen Dritten zu bereichern, wird mit Freiheitsstrafe bis zu drei Jahren oder mit Geldstrafe bestraft. Ebenso wird bestraft, wer als Vermittler der Adoption einer Person unter achtzehn Jahren einer Person für die Erteilung der erforderlichen Zustimmung zur Adoption ein Entgelt gewährt. Bewirkt der Täter in den Fällen des Satzes 1, daß die vermittelte Person in das Inland oder in das Ausland verbracht wird, so ist die Strafe Freiheitsstrafe bis zu fünf Jahren oder Geldstrafe.

(3) Der Versuch ist strafbar.

(4) Auf Freiheitsstrafe von sechs Monaten bis zu zehn Jahren ist zu erkennen, wenn der Täter
1. aus Gewinnsucht, gewerbsmäßig oder als Mitglied einer Bande handelt, die sich zur fortgesetzten Begehung eines Kinderhandels verbunden hat, oder
2. das Kind oder die vermittelte Person durch die Tat in die Gefahr einer erheblichen Schädigung der körperlichen oder seelischen Entwicklung bringt.

(5) In den Fällen der Absätze 1 und 3 kann das Gericht bei Beteiligten und in den Fällen der Absätze 2 und 3 bei Teilnehmern, deren Schuld unter Berücksichtigung des körperlichen oder seelischen Wohls des Kindes oder der vermittelten Person gering ist, die Strafe nach seinem Ermessen mildern (§ 49 Abs. 2) oder von Strafe nach den Absätzen 1 bis 3 absehen.

§ 241a StGB (Politische Verdächtigung)

(1) Wer einen anderen durch eine Anzeige oder eine Verdächtigung der Gefahr aussetzt, aus politischen Gründen verfolgt zu werden und hierbei im Widerspruch zu rechtsstaatlichen Grundsätzen durch Gewalt- oder Willkürmaßnahmen Schaden an Leib oder Leben zu erleiden, der Freiheit beraubt oder in seiner beruflichen oder wirtschaftlichen Stellung empfindlich beeinträchtigt zu werden, wird mit Freiheitsstrafe bis zu fünf Jahren oder mit Geldstrafe bestraft.

(2) Ebenso wird bestraft, wer eine Mitteilung über einen anderen macht oder übermittelt und ihn dadurch der in Absatz 1 bezeichneten Gefahr einer politischen Verfolgung aussetzt.

(3) Der Versuch ist strafbar.

(4) Wird in der Anzeige, Verdächtigung oder Mitteilung gegen den anderen eine unwahre Behauptung aufgestellt oder ist die Tat in der Absicht begangen, eine der in Absatz 1 bezeichneten Folgen herbeizuführen, oder liegt sonst ein besonders schwerer Fall vor, so kann auf Freiheitsstrafe von einem Jahr bis zu zehn Jahren erkannt werden.

5. Kapitel: Beleidigungstatbestände (Straftaten gegen die Ehre), §§ 185ff. StGB

▶ **Didaktische Aufsätze**
- Arzt, Der strafrechtliche Ehrenschutz – Theorie und praktische Bedeutung, JuS 1982, 717
- Geppert, Straftaten gegen die Ehre (§§ 185ff.), Jura 1983, 530 und 580
- Küpper, Grundprobleme der Beleidigungsdelikte, §§ 185ff., JA 1985, 453
- Tenckhoff, Grundfälle zum Beleidigungsrecht, JuS 1988, 199, 457, 618, 787, JuS 1989, 35 und 198
- Eppner/Hahn, Allgemeine Fragen der Beleidigungsdelikte; Die Tatbestände der Beleidigungsdelikte, JA 2006, 702 und 860
- Mavany, Die Beleidigungsdelikte in der Fallbearbeitung, Jura 2010, 594

A. Allgemeines

Beleidigungsdelikte sind in Fallbearbeitungen relativ häufig eher Beiwerk. Die eigentlichen komplexen Wertungsfragen wurzeln im Verfassungsrecht, namentlich in der praktischen Konkordanz von Meinungsfreiheit gem. Art. 5 I 1 GG (ausdrückliche Schranke gem. Art. 5 II GG: „Recht der persönlichen Ehre") und dem Allgemeinen Persönlichkeitsrecht aus Art. 2 I i. V. m. 1 I GG, zu dem das Recht auf eine nicht ehrenrührige Behandlung gehört. Im Zivilrecht liegt es ähnlich, v. a. im Hinblick auf Schadensersatz- und Unterlassungsansprüche.

Rechtspolitisch mag man – trotz langer historischer Tradition – die Strafwürdigkeit ehrverletzenden Verhaltens bezweifeln.[1] Jedenfalls im Hinblick auf im Internet

---

[1] Fischer, StGB, 71. Aufl. 2024, vor § 185 Rn. 6; näher Findeisen/Hoepner/Zünkler ZRP 1991, 245; Bemmann FS Wolff 1998, 33; Kubiciel/Winter ZStW 2001, 305; zu Reformüberlegungen s. Schwinge GA 1956, 309; Jescheck GA 1957, 365; Rogall FS H. J. Hirsch 1999, 665; Großmann GA 2020, 546; Hoven/Witting NJW 2021, 2397; Doerbeck JR 2021, 54; vgl. auch zum mittler-

verbreitete Ehrverletzungen geht die Tendenz freilich eher in Richtung intensiverer strafrechtlicher Bekämpfung. Dies schlug sich u. a. in Ergänzungen der §§ 185ff. StGB im Jahr 2021 nieder.[2]

Die Bezeichnung des Deliktsbereichs ist uneinheitlich. Die Abschnittsüberschrift nennt *pars pro toto* nur die Beleidigung (daher ggf. Beleidigungsdelikte o. ä.). Das im Grundsatz konsentierte Rechtsgut Ehre findet sich im StGB lediglich in § 34 S. 1 StGB; dennoch ist es auch üblich, die §§ 185ff. StGB – nicht durchweg zutreffend – als Ehrdelikte o. ä. zu bezeichnen.

B. Beleidigung, § 185 StGB

I. Allgemeines

§ 185 StGB – 2021 um weitere Qualifikationen ergänzt – stellt die Beleidigung unter Strafe.[3]

> **§ 185 StGB (Beleidigung)**
> Die Beleidigung wird mit Freiheitsstrafe bis zu einem Jahr oder mit Geldstrafe und, wenn die Beleidigung öffentlich, in einer Versammlung, durch Verbreiten eines Inhalts (§ 11 Abs. 3) oder mittels einer Tätlichkeit begangen wird, mit Freiheitsstrafe bis zu zwei Jahren oder mit Geldstrafe bestraft.

Der Tatbestand dient dem Schutz der Ehre, hierzu s. u.

---

weile entfallenen § 103 StGB die sich an die causa Böhmermann/Erdogan anschließende Diskussion: Fahl NStZ 2016, 313; Kühne GA 2016, 435; Heinze GA 2016, 767; Schelzke HRRS 2016, 248; Mitsch KriPoZ 2016, 101; Vormbaum JZ 2017, 413; Heinrich ZStW 2017, 425; zur Problematik der Satire Hoffmann-Holland/Koranyi ZStW 2018, 82; Faßbender NJW 2019, 705; zum Cybermobbing Cornelius ZRP 2014, 164; Preuß KriPoZ 2019, 97; Großmann GA 2020, 546; Ceffinato ZStW 2020, 544; Nussbaum KriPoZ 2021, 215; zu „fake news" Hoven JuS 2017, 1167; Hoven ZStW 2017, 718; Weigend NSW 2024, 67; zur Renaissance der Ehrschutzdelikte bzgl. Bekämpfung von Hasskriminalität („hate speech") Kubiciel jurisPR-StrafR 24/2019 Anm. 1; Ceffinato JuS 2020, 495; Großmann GA 2020, 546; Valerius ZStW 2020, 666; Großmann/Kubiciel KriPoZ 2023, 186; Schmidt/Witting KriPoZ 2023, 190; Valerius KriPoZ 2023, 242; zum Regierungsentwurf zur Hasskriminalität Simon JR 2020, 599; Oğlakcıoğlu ZStW 2020, 521; Kubiciel jurisPR-StrafR 5/2020 Anm. 1; Kubiciel jurisPR-StrafR 6/2020 Anm. 1; Schiemann KriPoZ 2020, 269; Steinl/Schemmel GA 2021, 86; Kubiciel jurisPR-StrafR 13/2021 Anm. 1; zu weiteren Spezialfällen s. §§ 90 StGB, 31 WStG.

[2] Hierzu näher Engländer NStZ 2021, 385.

[3] Hierzu Arzt JuS 1982, 717; Geppert Jura 1983, 530 und 580; Küpper JA 1985, 453; Tenckhoff JuS 1988, 199, 457, 618, 787, JuS 1989, 35 und 198; Eppner/Hahn JA 2006, 702 und 860; Mavany Jura 2010, 594.

II. Grunddelikt, § 185 StGB

1. Aufbau
  I. Tatbestand
    1. Objektiver Tatbestand
       a) Anwendungsbereich (in Abgrenzung zu den §§ 186, 187 StGB)
          aa) Werturteil
          oder
          bb) (nur gegenüber Betroffenem) Tatsache
       b) Beleidigung
          aa) Äußerung
          bb) Ehrverletzender Inhalt
          cc) Kundgabeerfolg
       c) Passive Beleidigungsfähigkeit
    2. Subjektiver Tatbestand
  II. Rechtswidrigkeit
- insbesondere § 193 StGB

  III. Schuld
  IV. Strafantrag, § 194 StGB
  V. Kompensation, § 199 StGB: Wechselseitig begangene Beleidigungen

2. Tatbestand

a) Objektiver Tatbestand

aa) Anwendungsbereich (in Abgrenzung zu den §§ 186, 187 StGB): Werturteil oder (nur gegenüber Betroffenem) Tatsache

Für Verwirrung kann sorgen, dass die §§ 186, 187 StGB auf den ersten Blick dem § 185 StGB sehr ähnlich sind, sodass sich die Frage des Anwendungsbereichs der Delikte stellt.[4]

> **§ 187 StGB (Verleumdung)**
> Wer wider besseres Wissen in Beziehung auf einen anderen eine unwahre Tatsache behauptet oder verbreitet, welche denselben verächtlich zu machen oder in der öffentlichen Meinung herabzuwürdigen oder dessen Kredit zu gefährden geeignet ist, wird mit Freiheitsstrafe bis zu zwei Jahren oder mit Geldstrafe und, wenn die Tat öffentlich, in einer Versammlung oder durch Verbreiten eines Inhalts (§ 11 Abs. 3) begangen ist, mit Freiheitsstrafe bis zu fünf Jahren oder mit Geldstrafe bestraft.

---

[4] Zur Systematik Kindhäuser/Hilgendorf, LPK, 9. Aufl. 2022, vor § 185 Rn. 14f.

> **§ 186 StGB (Üble Nachrede)**
> Wer in Beziehung auf einen anderen eine Tatsache behauptet oder verbreitet, welche denselben verächtlich zu machen oder in der öffentlichen Meinung herabzuwürdigen geeignet ist, wird, wenn nicht diese Tatsache erweislich wahr ist, mit Freiheitsstrafe bis zu einem Jahr oder mit Geldstrafe und, wenn die Tat öffentlich, in einer Versammlung oder durch Verbreiten eines Inhalts (§ 11 Abs. 3) begangen ist, mit Freiheitsstrafe bis zu zwei Jahren oder mit Geldstrafe bestraft.

Entscheidend sind zwei **Weichenstellungen**:

Erstens kommt es darauf an, wer **Adressat** der Äußerung ist. Ist Adressat der Betroffene selbst, so greift allein die Beleidigung nach § 185 StGB.[5] Die §§ 186, 187 StGB setzen voraus, dass ein Dritter der Adressat der Äußerung ist („in Beziehung auf einen anderen").

Zweitens ist, wenn eine Äußerung gegenüber einem Dritten vorliegt, darauf abzustellen ob eine **Tatsachenbehauptung** oder ein **Werturteil** vorliegt. Für Werturteile gilt ausschließlich § 185 StGB. Bei Tatsachenbehauptungen gegenüber Dritten ist zu differenzieren: Bei einer wahren Tatsachenbehauptung ist (allenfalls) § 185 StGB einschlägig, nämlich i. V. m. § 192 StGB. Bei einer erwiesenermaßen unwahren Tatsache findet § 187 StGB Anwendung; bei einer nicht erweislich wahren Tatsache § 186 StGB. Siehe hierzu auch Tab. 1.

Tatsachen sind Ereignisse, Vorgänge oder Zustände der Innen- oder Außenwelt, sofern sie der Gegenwart oder der Vergangenheit angehören und somit dem Beweis zugänglich sind.[6]

Tab. 1 ÜBERSCHRIFT

Adressat	Tatsachenbehauptung	Werturteil
Beleidigter	§(§) 185 (192) StGB	§ 185 StGB
Dritter	wahr: §§ 185, 192 StGB nicht erweislich wahr: § 186 StGB unwahr: § 187 StGB	§ 185 StGB

---

[5] Zum Ehrenschutz bei Tatsachenbehauptungen ggü. dem Betroffenen näher Schmid MDR 1981, 15.
[6] Eisele, BT I, 6. Aufl. 2021, Rn. 568; näher Bitzilekis FS H. J. Hirsch 1999, 29; s. auch die Erläuterungen im BT – Vermögensdelikte zum Betrug (§ 263 StGB); aus der Rspr. zur Unterscheidung von Tatsache und Werturteil vgl. zuletzt KG B. v. 30.04.2012 – (4) 161 Ss 80/12 (104/12) (Alkoholiker) – NStZ-RR 2013, 8 (Anm. Satzger JK 2013 StGB § 185/14); BVerfG B. v. 24.07.2013 – 1 BvR 444/13, 1 BvR 527/13 – StV 2014, 540; BGH U. v. 08.10.2014 – 1 StR 359/13 – BGHSt 60, 1 = NStZ 2015, 89 = NStZ-RR 2015, 74 = StV 2016, 20 (Anm. LL 2015, 424; RÜ 2015, 28; Albrecht JZ 2015, 841; Dannecker NZWiSt 2015, 173; Schlösser StV 2016, 25); OLG Celle U. v. 27.03.2015 – 31 Ss 9/15 – StV 2015, 566; LG Berlin B. v. 09.09.2019 – 27 AR 17/19 (Künast) (Anm. Ullrich jurisPR-StrafR 22/2019 Anm. 1).

Werturteile sind alle subjektiven Wertungen, Einschätzungen, Schlussfolgerungen u. Ä., die nicht durch Tatsachen belegt sind und sich einem Beweis letztlich entziehen.[7]

Letztere sind oft ohne Weiteres identifizierbar im Rahmen pauschaler Beschimpfungen (Idiot, Schwachkopf etc.).

Wenn eine Äußerung Tatsachen und Werturteile enthält, erfolgt die Beurteilung nach dem **überwiegenden Element**.[8]

Beispiel 110

BVerfG B. v. 10.10.1995 – 1 BvR 1476/91, 1 BvR 1980/91, 1 BvR 102/92, 1 BvR 221/92 (Soldaten sind Mörder) – BVerfGE 93, 266 = NJW 1995, 3303 = NStZ 1996, 26 = StV 1996, 17 (Anm. Kühl, Höchstrichterliche Rspr. BT, 2002, Nr. 13; Mager Jura 1996, 405; Hufen JuS 1996, 738; Gounalakis NJW 1996, 481; Otto NStZ 1996, 127; Zuck JZ 1996, 364; Haas GA 1996, 473):

B veröffentlichte 1989 aus Anlass des Freispruchs des Arztes Dr. Z im sog. Frankfurter Soldatenprozess einen Leserbrief, den er mit dem Tucholsky-Zitat einleitete: „Da gab es vier Jahre lang ganze Quadratmeilen Landes, auf denen war der Mord obligatorisch, während er eine halbe Stunde davon entfernt ebenso streng verboten war. Sagte ich: Mord? Natürlich Mord. Soldaten sind Mörder." B führte u. a. weiter aus: „Kriegsdienstverweigerer werden bei uns nur anerkannt, wenn sie den Kriegsdienst (dieses Wort steht wirklich noch im Grundgesetz) für sich als verwerflich, als Mord ablehnen." Er schloss seine Ausführungen mit dem Satz: „Ich erkläre mich in vollem Umfang mit Herrn Z solidarisch und erklärte hiermit öffentlich: ‚Alle Soldaten sind potentielle Mörder!'" ◄

Hier steht weniger die Tatsachenbehauptung im Vordergrund, Soldaten würden sich nach den §§ 211, 212 StGB strafbar machen, wenn sie nicht in der Umgebung des Krieges töten würden, als das Werturteil des B, die Soldatentätigkeit sei nicht zu billigen.

Beispiel 111

KG B. v. 30.04.2012 – (4) 161 Ss 80/12 (104/12) (Alkoholiker) – NStZ-RR 2013, 8 (Anm. Satzger JK 2013 StGB § 185/14):

B richtete, um seinen politischen Ansichten Ausdruck zu verleihen, Anfang 2009 als Domaininhaber die Internetseite „ex-k3-berlin.de" ein, in der er vorrangig Personen mit „rechtem Gedankengut" ansprach, aber auch kritische Beiträge einstellte. Als administrativ und redaktionell Verantwortlicher stellte er auf jener Internetseite einen Artikel folgenden Inhalts ein:

---

[7] Eisele, BT I, 6. Aufl. 2021, Rn. 572.
[8] Joecks/Jäger, StGB, 13. Aufl. 2021, § 186 Rn. 7; aus der Rspr. vgl. BGH U. v. 12.05.1954 – 6 StR 92/54 – BGHSt 6, 159 = NJW 1954, 1252; BGH U. v. 08.12.1954 – 6 StR 231/54 – BGHSt 7, 67 = NJW 1955, 311; BGH U. v. 20.01.1959 – 1 StR 518/58 – BGHSt 12, 287 = NJW 1959, 636; BGH U. v. 18.05.1971 – VI ZR 220/69 – NJW 1971, 1655.

> „Weiter ging es dann Richtung S-Bahnhof Jannowitzbrücke, in den angeblichen roten Bezirk Friedrichshain. Richtiger Protest war an der Strecke allerdings kaum zu sehen. Der Widerstand setzte sich hauptsächlich aus Alkoholikern, Piratenpartei-Anhängern, Ausländern und Berufsantifaschisten wie z. B. Z zusammen". ◄

In diesem Fall ging es um die Bezeichnung als „Alkoholiker". Das LG hatte darin eine Tatsachenbehauptung gesehen. In der Tat ist ihr zunächst die Behauptung zu entnehmen, der Betroffene sei alkoholabhängig. Das KG führt aber aus, dass ein Werturteil vorliege, wenn der tatsächliche Gehalt einer Äußerung so substanzarm sei, dass er gegenüber der subjektiven Wertung völlig in den Hintergrund trete. Dafür spreche konkret einiges.

bb) Beleidigung

(1) Allgemeines

Der in § 185 StGB normierte Tatbestand erschöpft sich in dem Wort „Beleidigung".

Dennoch verneint die h. M. einen Verstoß gegen Art. 103 II GG durch diesen vorkonstitutionellen Tatbestand, da die bereits vor Inkrafttreten des GG existierende Rspr. für eine hinreichende Konkretisierung gesorgt habe.[9]

Als **Ausgangsdefinition** kann dienen: Beleidigung ist der Angriff auf die Ehre eines anderen durch Kundgabe eigener Missachtung, Geringschätzung oder Nichtachtung.[10]

Erforderlich ist m. a. W. eine Äußerung mit ehrverletzendem Inhalt, welche einen tauglichen Adressaten erreicht.

(2) Äußerung

Als Beleidigung kommen Äußerungen (gegenüber dem Geschädigten oder Dritten[11]) in jeder Form in Betracht,[12] also mündliche oder schriftliche sowie etwa Gesten,[13] Symbole oder Tätlichkeiten.

---

[9] Eisele, BT I, 6. Aufl. 2021, Rn. 566; näher zu verfassungsrechtlichen Anforderungen an die Verurteilung wegen beleidigender Werturteile Gafus ZIS 2021, 265; aus der Rspr. vgl. BVerfG B. v. 10.10.1995 – 1 BvR 1476/91, 1 BvR 1980/91, 1 BvR 102/92, 1 BvR 221/92 (Soldaten sind Mörder) – BVerfGE 93, 266 = NJW 1995, 3303 = NStZ 1996, 26 = StV 1996, 17 (Anm. Kühl, Höchstrichterliche Rspr. BT, 2002, Nr. 13; Mager Jura 1996, 405; Hufen JuS 1996, 738; Gounalakis NJW 1996, 481; Otto NStZ 1996, 127; Zuck JZ 1996, 364; Haas GA 1996, 473).

[10] Kindhäuser/Hilgendorf, LPK, 9. Aufl. 2022, § 185 Rn. 4; aus der Rspr. vgl. zuletzt OLG Saarbrücken U. v. 08.03.2021 – Ss 72/20 (2/21) – NStZ-RR 2021, 209; BayObLG B. v. 31.01.2022 – 204 StRR 574/21 – StV 2022, 393; KG B. v. 11.02.2022 – (3) 121 Ss 170/21 (62/21) (Anm. Peglau jurisPR-StrafR 13/2022 Anm. 4).

[11] Aus der Rspr. vgl. BayObLG B. v. 01.03.2023 – 203 StRR 38/23 – StV 2023, 603.

[12] Joecks/Jäger, StGB, 13. Aufl. 2021, § 185 Rn. 3.

[13] Zum „Vogel" Zeigen Fischer, StGB, 71. Aufl. 2024, § 185 Rn. 9; aus der Rspr. vgl. OLG Düsseldorf U. v. 02.03.1960 – (2) Ss 934/59 (1047) – NJW 1960, 1072; OLG Düsseldorf B. v. 18.03.1996 – 5 Ss 383/95 – NJW 1996, 2245; zum Mittelfinger Joecks/Jäger, StGB, 13. Aufl. 2021, § 185 Rn. 11; aus der Rspr. vgl. BayObLG B. v. 23.02.2000 – 5 St RR 30/00 – NJW 2000, 1584 (Anm. Wrage NZV 2001, 68); AG Melsungen U. v. 04.07.2007 – 44 Cs – 9012 Js 44909/06 (Anm. Jendrusch NZV 2007, 559); LG Kassel U. v. 30.11.2007 – 9012 Js 44909/06 – 7 Ns; OLG Koblenz

B. Beleidigung, § 185 StGB

Das Medium ist irrelevant.[14] Von besonderer Bedeutung sind heutzutage (oft anonyme) Schmähungen im Internet.[15]

(3) Ehrverletzender Inhalt (Ehrenrührigkeit)
Die Äußerung muss einen ehrverletzenden Inhalt haben.

(a) Ehre

Didaktischer Aufsatz
- Tettinger, Das Recht der persönlichen Ehre in der Wertordnung des Grundgesetzes, JuS 1997, 769

Der Ehrbegriff ist umstritten,[16] wobei praktische Konsequenzen nur in Randbereichen auftreten.
Hier mag es genügen, Ehre zu definieren als Wert eines Menschen, der ihm kraft seiner Personenwürde und seines sittlich-sozialen Verhaltens zukommt.[17] Geschützt ist sowohl die innere Ehre (der personale Geltungswert) als auch die äußere Ehre (der gute Ruf).[18]

(b) Verletzung der Ehre

(aa) Allgemeines
Verletzt wird die Ehre durch die Äußerung dann, wenn diese Nicht- oder Missachtung bzgl. eines erkennbar Betroffenen zum Ausdruck bringt.[19]

B. v. 24.02.2011 – 2 Ss 30/11 – NStZ-RR 2011, 337; zum Anspucken Eisele/Schittenhelm, in: Schönke/Schröder, StGB, 30. Aufl. 2019, § 185 Rn. 13; aus der Rspr. vgl. OLG Zweibrücken B. v. 18.06.1990 – 1 Ss 238/89 – NJW 1991, 240 = NStZ 1990, 541; BGH U. v. 05.03.2009 – 4 StR 594/08 – NStZ-RR 2009, 172; zum Auslachen Eisele/Schittenhelm, in: Schönke/Schröder, StGB, 30. Aufl. 2019, § 185 Rn. 2; aus der Rspr. vgl. OLG Hamm B. v. 06.05.2010 – 2 Ss 220/09 – NStZ 2011, 42; zum Duzen Eisele, BT I, 6. Aufl. 2021, Rn. 574; aus der Rspr. vgl. OLG Düsseldorf U. v. 02.03.1960 – (2) Ss 934/59 (1047) – NJW 1960, 1072; OLG Düsseldorf B. v. 10.08.1989 – 2 Ss 281/89 – 49/89 III (Anm. Keller JR 1990, 345).

[14] Regge/Pegel, in: MK-StGB, 4. Aufl. 2021, § 185 Rn. 8; aus der Rspr. vgl. BayObLG B. v. 23.02.2000 – 5 St RR 30/00 – NJW 2000, 1584 (Anm. Wrage NZV 2001, 68); AG Melsungen U. v. 04.07.2007 – 44 Cs – 9012 Js 44909/06 (Anm. Jendrusch NZV 2007, 559).

[15] Hierzu näher Hilgendorf ZIS 2010, 208; Brodowski JZ 2013, 513; Preuß KriPoZ 2019, 97; Nussbaum KriPoZ 2021, 215.

[16] Zsf. Joecks/Jäger, StGB, 13. Aufl. 2021, vor § 185 Rn. 8ff.; näher Otto FS Schwinge 1973, 71; Engisch FS Lange 1976, 401; Jakobs FS Jescheck 1985, 627; Tettinger JuS 1997, 769; Hirsch FS Wolff 1998, 125; Spinellis FS H. J. Hirsch 1999, 739; Gössel GS Schlüchter 2002, 295; Amelung FS Rudolphi 2004, 373; Jakobs FS Maiwald 2010, 365; aus der Rspr. vgl. zuletzt BGH B. v. 02.11.2017 – 2 StR 415/17 – NStZ 2018, 603 = StV 2018, 229; OLG Karlsruhe B. v. 04.11.2019 – 2 Rv 34 Ss 714/19 (Anm. Sinn ZJS 2020, 402); OLG Saarbrücken U. v. 08.03.2021 – Ss 72/20 (2/21) – NStZ-RR 2021, 209.

[17] S. Eisele, BT I, 6. Aufl. 2021, Rn. 558.

[18] S. nur Kindhäuser/Hilgendorf, LPK, 9. Aufl. 2022, § 185 Rn. 1.

[19] Fischer, StGB, 71. Aufl. 2024, § 185 Rn. 4.

Der Täter muss hierbei *eigene* Missachtung ausdrücken – anders als bei den §§ 186, 187 StGB,[20] d. h. er muss sich mit der Äußerung identifizieren und nicht allein etwas wiedergeben.

Ob eine Verletzung der Ehre vorliegt – im Unterschied zu noch sozialadäquatem bzw. rechtlich nicht missbilligten Verhalten (Bagatellschwelle, vgl. auch allgemeine Zurechnung), ist unter **Gesamtbetrachtung aller Umstände** des Einzelfalls zu werten;[21] hierbei wird es v. a. auf den Wortlaut bzw. Bedeutungsgehalt der Aussage ankommen, ferner auf den Kontext der Äußerung, die persönlichen Verhältnisse zwischen Täter und Opfer sowie soziale Stellungen.[22] Hierbei ist zu beachten, dass weder auf übertriebene Empfindlichkeiten und Eitelkeiten des Opfers noch auf besondere Ignoranz und Rücksichtslosigkeit des Täters Rücksicht zu nehmen ist, sodass es sich bei der Festlegung der für den Tatbestand hinreichenden Ehrverletzung letztlich um eine Normativierung anhand eines objektiven Empfängerhorizonts handelt.

Beispiel 112

OLG Karlsruhe B. v. 01.06.2004 – 1 Ss 46/04 („Sie können mich mal …") – NStZ 2005, 158 (Anm. Otto JK 2005 StGB § 185/10; LL 2005, 322; Jerouschek NStZ 2006, 345):

B eilte der im Streifendienst eingesetzten Gemeindevollzugsbeamtin Z, welche zuvor gegen die Mutter des B wegen eines Parkverstoßes die Verhängung einer gebührenpflichtigen Verwarnung erwogen hatte, nach und äußerte gegenüber dieser „Wissen Sie was, Sie können mich mal …". ◀

Hier liegt deshalb keine Ehrverletzung vor, weil die Äußerung nicht auf vulgäre Weise beendet werden muss, sondern auch durch „gern haben" oder „kreuzweise" i. S. v. „Lass mich zufrieden!" ergänzt werden kann.

Beispiel 113

LG Regensburg U. v. 06.10.2005 – 3 Ns 134 Js 97458/04 (Bullen) – NJW 2006, 629 (Anm. RA 2006, 159):

Am 03.11.2004 gegen 10.20 Uhr erschienen vor dem Anwesen der B zwei uniformierte Polizeibeamte in Begleitung von zwei Amtstierärzten. B, die bis dahin geschlafen hatte, öffnete, nachdem die Beamten geläutet hatten; der noch völlig schlaftrunkenen B erklärten die beiden Polizeibeamten, der Hund der B,

---

[20] Kindhäuser/Hilgendorf, LPK, 9. Aufl. 2022, § 185 Rn. 10; aus der Rspr. vgl. OLG Köln U. v. 28.01.1992 – Ss 567–569/91 – NJW 1993, 1486; OLG Köln U. v. 19.03.1996 – Ss 32/96 – NJW 1996, 2878.

[21] Kindhäuser/Hilgendorf, LPK, 9. Aufl. 2022, § 185 Rn. 6; aus der Rspr. vgl. zuletzt BayObLG B. v. 26.11.2020 – 202 StRR 86/20 – StV 2021, 584 und 2022, 29 (Anm. Nestler Jura 2021, 589); BayObLG B. v. 31.01.2022 – 204 StRR 574/21 – StV 2022, 393; BayObLG B. v. 09.02.2023 – 203 StRR 497/22 – StV 2023, 588.

[22] Joecks/Jäger, StGB, 13. Aufl. 2021, § 185 Rn. 5ff.

an dem diese sehr hing, habe betäubt werden müssen, weil er Wild gerissen habe. Sodann erschien auch die Tochter der B – völlig schlaftrunken – und fragte ihre Mutter: „San däs d' Bullen?". B antwortete an ihre Tochter gerichtet: „Ja, des san d' Bullen". B bedient sich üblicherweise mundartlicher Umgangssprache. ◄

Das LG sieht in dem Wort „Bulle" ein „umgangssprachliches Synonym für ‚Polizeibeamter' (…), ohne dass damit eine Herabsetzung des Polizeibeamten verbunden ist", und begründet dies mit der gesellschaftlichen Akzeptanz des Ausdrucks. Die Mehrheit der Polizeibeamten mag dies freilich anders sehen.

Beispiel 114

AG Berlin-Tiergarten B. v. 26.05.2008 – (412 Ds) 2 JuJs 186/08 (74/08) (Oberförster) – NJW 2008, 3233 (Anm. LL 2008, 814; RA 2008, 715):
B rief einem als Anhalteposten im Rahmen einer Verkehrssonderkontrolle eingesetzten Polizeikommissar im Vorbeigehen zu: „Herr Oberförster, zum Wald geht es da lang!" ◄

Der Begriff „Oberförster" ist nach Ansicht des AG nicht geeignet, den sittlichen, personalen oder sozialen Geltungswert einer Person in Frage zu stellen.

In einer Fallbearbeitung sollte mit Augenmaß vorgegangen werden, aber auch ohne Spitzfindigkeiten, insbesondere wenn eine ersichtliche, da manifestierte ehrkränkende Absicht des Täters vorliegt und auch nach dem objektivierten Empfängerhorizont naheliegt. Unfreiwillige Komik bei der Subsumtion ist zu vermeiden.[23]
Auch Äußerungen, die **formal neutral** (d. h. an Begriffe anknüpfen, aus denen bei verständiger Betrachtung nichts Ehrbezogenes folgen kann, z. B. Religion, Herkunft, Ethnie, sexuelle Orientierung) sind, können u. U. als tatbestandsmäßige Beleidigung anzusehen sein.[24]

(bb) Einzelfälle
Bzgl. der Kasuistik sei weitgehend auf die Kommentarliteratur verwiesen.[25]
Problematisch ist, inwiefern das **Ansinnen oder die Ausübung sexueller Handlungen** ehrverletzend ist.[26]
Zu beachten ist, dass die Beleidigung kein Auffangdelikt des Sexualstrafrechts ist, was erst recht nach Erweiterung des § 177 und Schaffung des § 184i StGB gilt.

---

[23] Negativbeispiel AG Berlin-Tiergarten a. a. O.
[24] Kindhäuser/Hilgendorf, LPK, 9. Aufl. 2022, § 185 Rn. 6; a. A. Fischer, StGB, 71. Aufl. 2024, § 185 Rn. 8c.
[25] Z. B. Fischer, StGB, 71. Aufl. 2024, § 185 Rn. 9ff.
[26] Hierzu Sick JZ 1991, 330; Schaefer/Wolf ZRP 2001, 27; Amelung FS Rudolphi 2004, 373; Adelmann Jura 2009, 24; aus der Rspr. vgl. zuletzt BGH B. v. 02.11.2017 – 2 StR 415/17 – NStZ 2018, 603 = StV 2018, 229; zu sexualbezogenen Äußerungen näher Oğlakcıoğlu ZStW 2023, 165; Eisele KriPoZ 2023, 230.

Eine Verletzung der – früher – sog. Geschlechtsehre wird nicht bei jedem vom Opfer abgelehnten und frechen Annäherungsversuch vorliegen; es ist darauf abzustellen, ob nach den gesamten Umständen eine herabsetzende Bewertung des Opfers (Demütigungscharakter) anzunehmen ist. Dies wird wiederum von der Intensität des Tätervorgehens (vgl. auch das Ausmaß an Körperlichkeit), den Beziehungen der Personen und dem übrigen Kontext abhängen.

Auch voyeuristisches Verhalten ist nicht unbedingt eine Ehrverletzung.[27] Probleme werfen auch die Phänomene „Upskirting"[28] (s. nun § 184 k StGB[29]), „Catcalling"[30] und der unaufgeforderte Versand von „Dickpics"[31] auf.

(cc) Unwahrheit

Die Unwahrheit des Geäußerten ist bei Beleidigung durch Tatsachen grundsätzlich ungeschriebenes Merkmal der Beleidigung, da der Betroffene nur im Rahmen seiner verdienten Wertgeltung schützenswert ist.[32] Eine Beleidigung kann aber in einer Äußerung liegen, die aus einer wahren Tatsache eine Schlussfolgerung zieht, vgl. o. z. B. bzgl. Religionsangehörigkeit oder sexueller Orientierung. Nicht jede Übertreibung genügt bereits für eine Behandlung der Äußerung als unwahr.[33]

Eine **wahre** Tatsache ist nur i. F. d. sog. **Formalbeleidigung** gem. §§ 185, 192 StGB tatbestandsmäßig.[34] Insofern besteht ein Zusammenhang von Ehr- und Wahrheitsschutz.[35]

---

[27] Valerius, in: BeckOK-StGB, Stand 01.02.2024, § 185 Rn. 30; näher Bonnin/Berndt HRRS 2019, 450; aus der Rspr. vgl. BayObLG U. v. 26.06.1962 – RReg. 3 St 51/62 – NJW 1962, 1782 (Anm. Erdsiek NJW 1962, 2242; Rötelmann MDR 1964, 207); BayObLG B. v. 25.04.1980 – RReg. 3 St 140/78 – NJW 1980, 1969 = NStZ 1981, 102 (Anm. Rogall NStZ 1981, 102); OLG Düsseldorf B. v. 29.05.2001 – 2a Ss 50/01 – 16/01 II – NJW 2001, 3562; LG Darmstadt B. v. 18.11.2004 – 3 Qs 637/04 – NJW 2005, 1879 = NStZ-RR 2005, 140; OLG Nürnberg B. v. 03.11.2010 – 1 StOLGSs 219/10 – NStZ 2011, 217.

[28] Hierzu näher Berghäuser ZIS 2019, 463; Bonnin/Berndt HRRS 2019, 450; Kubiciel jurisPR-StrafR 23/2019 Anm. 1; Mengler ZRP 2019, 224; Eisele/Straub KriPoZ 2019, 367.

[29] Hierzu näher Sachen KriPoZ 2022, 248.

[30] Hierzu näher Pörner NStZ 2021, 336; Gemmel/Immig KriPoZ 2022, 83; Hoven/Rubitzsch/Wiedmer KriPoZ 2022, 175; Albrecht HRRS 2023, 271; Greven/Goede/Brodtmann KriPoZ 2022, 371; Schmidt KriPoZ 2023, 235.

[31] Hierzu näher Sobota/Gerecke JR 2022, 237.

[32] H. M., s. Kindhäuser/Hilgendorf, LPK, 9. Aufl. 2022, § 185 Rn. 8; aus der Rspr. vgl. BayObLG U. v. 15.10.1958 – RReg. 1 St 468/57 – NJW 1959, 57 (Anm. Hartung NJW 1959, 640); OLG Bremen U. v. 05.01.1955 – Ss 135/54 – NJW 1955, 1290; OLG Köln U. v. 28.07.1964 – 1 Vs 7/64 – NJW 1964, 2121 (Anm. Willms JuS 1965, 37).

[33] Aus der Rspr. vgl. zuletzt AG Fulda U. v. 22.08.2022 – 22 Ds 110 Js 13534/19 – StV-S 2023, 140.

[34] Zur Formalbeleidigung Joecks/Jäger, StGB, 13. Aufl. 2021, § 192 Rn. 1ff.; näher Oppe MDR 1962, 947; aus der Rspr. vgl. BGH B. v. 21.10.1977 – 4 StR 686/76 – BGHSt 27, 290 = NJW 1978, 834 (Anm. Hassemer JuS 1978, 493).

[35] Regge/Pegel, in: MK-StGB, 4. Aufl. 2021, vor § 185 Rn. 14; vgl. auch Puppe ZStW 2018, 649.

B. Beleidigung, § 185 StGB

> **§ 192 StGB (Beleidigung trotz Wahrheitsbeweises)**
> Der Beweis der Wahrheit der behaupteten oder verbreiteten Tatsache schließt die Bestrafung nach § 185 nicht aus, wenn das Vorhandensein einer Beleidigung aus der Form der Behauptung oder Verbreitung oder aus den Umständen, unter welchen sie geschah, hervorgeht.

Unter die Formalbeleidigung fallen insbesondere gehässige Einkleidungen, begleitende Schimpfwörter, Publikationsexzesse (Veröffentlichung in unangemessener Weise, z. B. Veröffentlichung an prominenter Stelle im Internet) sowie Reaktualisierungen (eine lang zurückliegende Tatsache wird in einer Form veröffentlicht, die dem Zeitablauf nicht Rechnung trägt).[36] Es genügt aber nicht jede Übertreibung.[37]

Eine Sonderform des Wahrheitsbeweises, nämlich durch Strafurteil, ist in § 190 StGB (als Ausnahme zum Grundsatz der freien Beweiswürdigung gem. § 261 StPO) geregelt.[38]

> **§ 190 StGB (Wahrheitsbeweis durch Strafurteil)**
> Ist die behauptete oder verbreitete Tatsache eine Straftat, so ist der Beweis der Wahrheit als erbracht anzusehen, wenn der Beleidigte wegen dieser Tat rechtskräftig verurteilt worden ist. Der Beweis der Wahrheit ist dagegen ausgeschlossen, wenn der Beleidigte vor der Behauptung oder Verbreitung rechtskräftig freigesprochen worden ist.

(4) Kundgabeerfolg

(a) Allgemeines
Die Beleidigung ist dahingehend ein Erfolgsdelikt, dass die Beleidigung zur Kenntnis des Beleidigten oder eines Dritten gelangt sein muss.[39]

---

[36] Fischer, StGB, 71. Aufl. 2024, § 192 Rn. 2.

[37] Kargl, in: NK-StGB, 6. Aufl. 2023, § 192 Rn. 5; aus der Rspr. vgl. OLG Düsseldorf B. v. 08.03.1991 – 2 Ss 391/90 – 17/91 II (Glosse) – NJW 1992, 1335.

[38] Hierzu Fischer, StGB, 71. Aufl. 2024, § 190 Rn. 1ff.; Dähn JZ 1973, 51; aus der Rspr. vgl. OLG München U. v. 28.10.1955 – 8 U 1648/55 – NJW 1957, 793; OLG Stuttgart U. v. 15.07.1960 – 2 Ss 305/60 – NJW 1960, 1872; BayObLG U. v. 07.09.1960 – RevReg. 1 St 387/60 – NJW 1961, 85; LG München I B. v. 21.10.1968 – XIII Qs 121/68 – NJW 1969, 759.

[39] Joecks/Jäger, StGB, 13. Aufl. 2021, § 185 Rn. 21f.; aus der Rspr. vgl. zuletzt OLG Zweibrücken B. v. 16.10.2018 – 1 OLG 2 Ss 46/18 – NStZ-RR 2019, 246; OLG Karlsruhe U. v. 18.01.2023 – 2 Rv 34 Ss 589/22 (Anm. famos 8/2023); BayObLG B. v. 01.03.2023 – 203 StRR 38/23 – StV 2023, 603.

Dies verlangt[40] entgegen einer teilweise in der Rspr. vertretenen Auffassung[41] nicht nur eine sinnliche Wahrnehmung, sondern (mit der h. L.[42]) eine Erfassung des **ehrenrührigen Sinns**, sodass es z. B. bei Kindern, Geisteskranken oder Sprachunkundigen am Beleidigungserfolg fehlen kann. Eine nicht verstandene Äußerung kann den Geltungsanspruch des Opfers nicht verletzen. Die Straflosigkeit des Versuchs darf auch nicht konterkariert werden.

Ggf. fehlt jedenfalls der Kundgabevorsatz – wenn nicht bereits eine objektive Kundgabe –, wenn die Äußerung nicht zur Kenntnisnahme durch andere bestimmt ist, wie z. B. bei einem Selbstgespräch oder Tagebucheintrag.[43]

(b) Beleidigungsfreie Sphären

Anerkanntermaßen werden gewisse Personen(-kreise) nicht als für eine Tatbestandserfüllung hinreichende Adressaten angesehen.[44]

Zu beachten ist, dass unterschiedliche Konstellationen bestehen, je nachdem, wer in seiner Ehre Angegriffen wird: Zum einen kann es so liegen, dass innerhalb der Sphäre einer einen anderen beleidigt (spätestens bei gravierenden Ehrverletzungen ist aber eine Grenze erreicht[45]); zum anderen kann ein Außenstehender beleidigt werden, aber die Beleidigung wird nur in der Sphäre geäußert.

Dies betrifft zunächst Mitglieder des engsten **Familienkreises**.[46]

Beispiel 115

BVerfG B. v. 26.04.1994 – 1 BvR 1689/88 – BVerfGE 90, 255 = NJW 1995, 1015 = NStZ 1994, 403 = StV 1994, 434 (Anm. Kühl, Höchstrichterliche Rspr. BT, 2002, Nr. 15; Wasmuth NStZ 1995, 100; Popp NStZ 1995, 413):

B, damals Studentin der Rechtswissenschaft, war von ihrem in der Justizvollzugsanstalt H. inhaftierten Bruder brieflich über Vorkommnisse in der Haftanstalt informiert worden, die ihn so belasteten, dass er Suizidabsichten andeutete. B antwortete ihm mit einem Brief, in dem es unter anderem hieß: „Vergiss auch nicht, dass Du fast ausschließlich mit Kretins (Schwachsinnigen) zu tun hast, die auf Beförderung geil sind oder ganz einfach Perverse sind. Denk dabei an die

---

[40] Hierzu Joecks/Jäger, StGB, 13. Aufl. 2021, § 185 Rn. 22; aus der Rspr. vgl. zuletzt OLG Zweibrücken B. v. 16.10.2018 – 1 OLG 2 Ss 46/18 – NStZ-RR 2019, 246.
[41] BGH U. v. 16.01.1951 – 3 StR 45/50 – NJW 1951, 368.
[42] S. nur Joecks/Jäger, StGB, 13. Aufl. 2021, § 185 Rn. 22.
[43] Valerius, in: BeckOK-StGB, Stand 01.02.2024, § 185 Rn. 18; aus der Rspr. vgl. RG U. v. 18.03.1937 – 5 D 760/36 – RGSt 71, 159.
[44] Zu diesen sog. beleidigungsfreien Sphären Eisele, BT I, 6. Aufl. 2021, Rn. 596f.
[45] Vgl. Kargl, in: NK-StGB, 6. Aufl. 2023, vor § 185 Rn. 86.
[46] Hierzu Fischer, StGB, 71. Aufl. 2024, § 185 Rn. 12c; näher Engisch GA 1957, 326; Hellmer GA 1963, 129; Hillenkamp FS H. J. Hirsch 1999, 555; Kretschmer JR 2008, 51; aus der Rspr. vgl. zuletzt OLG Frankfurt U. v. 17.01.2019 – 16 W 54/18 (WhatsApp) (Anm. Reckmann jurisPR-StrafR 10/2019 Anm. 3).

B. Beleidigung, § 185 StGB

KZ-Aufseher und Du weißt, welche Menschengruppe Dich umgibt. Versuche damit, Dein doch sonst immer lebensbejahendes Denken und Dein fröhliches Wesen aufrecht zu erhalten". ◄

Der Grund hierfür liegt darin, dass innerhalb der Familie eine gewisse Vertraulichkeit vermutet wird, sodass das Rechtsgut der Beleidigungsdelikte nicht tangiert wird. In diesem Rückzugsbereich soll man kein Blatt vor den Mund nehmen müssen.

Für sehr eng stehende **Freundes- und Kollegenkreise** wird das Gleiche anzunehmen sein.[47]

Entsprechendes gilt auch bzgl. der Kommunikation **Inhaftierter**.[48]

Umstritten ist, ob bei Äußerungen gegenüber **Berufsgeheimnisträgern**, deren Schweigepflicht sich aus § 203 StGB ergibt, ebenfalls eine beleidigungsfreie Sphäre anzunehmen ist.[49]

Beispiel 116

OLG Hamburg U. v. 23.01.1990 – 2 Ss 103/89 (42) 105/88 Ns – NJW 1990, 1246 = NStZ 1990, 237 (Anm. Geppert JK 1990 StGB § 185/8; Dähn JR 1990, 516):

B war vom AG wegen Beleidigung, begangen im Straßenverkehr gegenüber einem anderen Autofahrer, verurteilt worden und hatte dagegen Berufung eingelegt. Am Tag der Berufungsverhandlung fanden sich vor Beginn auf dem Gerichtsflur in der Nähe des Verhandlungssaales u. a. B, sein Verteidiger, ein Zeuge sowie die Sitzungsvertreterin der StA mit einer Referendarin ein. Während eines Gesprächs des B mit seinem Verteidiger näherte sich ihnen die Sitzungsvertreterin der StA, um einen Aschenbecher zu benutzen, der in der Nähe der beiden an der Wand angebracht war. B beklagte sich bei dem Verteidiger über das von ihm als übermäßig hart und daher als ungerecht empfundene Urteil des AG und sagte mit lauter werdender Stimme: „Der Richter gehört dem Volksgerichtshof zugeordnet." Die Sitzungsvertreterin der StA hörte diese Äußerung in zwei bis drei Meter Entfernung deutlich. ◄

---

[47] Fischer, StGB, 71. Aufl. 2024, § 185 Rn. 12c; aus der Rspr. vgl. zuletzt KG B. v. 14.07.2020 – 4 Ss 43/20 – NStZ 2021, 430 = StV 2021, 48 (Anm. RÜ 2020, 783; famos 2/2021); BayObLG B. v. 01.03.2023 – 203 StRR 38/23 – StV 2023, 603.

[48] Hierzu Fischer, StGB, 71. Aufl. 2024, § 185 Rn. 12c; näher Wimmer GA 1983, 145; Wolff-Reske Jura 1996, 184; Berndt NStZ 1996, 115 und 157; Hillenkamp FS H. J. Hirsch 1999, 555; aus der Rspr. vgl. zuletzt BVerfG B. v. 17.03.2021 – 2 BvR 194/20 – NJW 2021, 2023 = NStZ 2021, 439 = NStZ-RR 2021, 225 (Anm. Muckel JA 2021, 523; Bode NStZ 2021, 441; Kassebaum NStZ-RR 2021, 225).

[49] Zsf. Eisele, BT I, 6. Aufl. 2021, Rn. 596; aus der Rspr. vgl. OLG Celle U. v. 09.08.1990 – 2 Ss 186/90 – NJW 1991, 1189 (Anm. Geppert JK 1991 StGB § 193/2); OLG München U. v. 26.04.1993 – 31 U 5234/92 – NJW 1993, 2998; BVerfG B. v. 26.04.1994 – 1 BvR 1689/88 – BVerfGE 90, 255 = NJW 1995, 1015 = NStZ 1994, 403 = StV 1994, 434 (Anm. Kühl, Höchstrichterliche Rspr. BT, 2002, Nr. 15; Wasmuth NStZ 1995, 100; Popp NStZ 1995, 413); BVerfG B. v. 20.05.2010 – 2 BvR 1413/09 – NJW 2010, 2937 = StV 2010, 666 (Anm. Norouzi StV 2010, 670).

Der Verteidiger unterliegt nach § 203 I Nr. 3 StGB einer Schweigepflicht.

> **§ 203 I StGB (Verletzung von Privatgeheimnissen)**
> (1) Wer unbefugt ein fremdes Geheimnis, namentlich ein zum persönlichen Lebensbereich gehörendes Geheimnis oder ein Betriebs- oder Geschäftsgeheimnis, offenbart, das ihm als
> [...]
> 3. Rechtsanwalt, Kammerrechtsbeistand, Patentanwalt, Notar, Verteidiger in einem gesetzlich geordneten Verfahren, Wirtschaftsprüfer, vereidigtem Buchprüfer, Steuerberater, Steuerbevollmächtigten oder Organ oder Mitglied eines Organs einer Rechtsanwalts-, Patentanwalts-, Wirtschaftsprüfungs-, Buchprüfungs- oder Steuerberatungsgesellschaft,
> [...]
> anvertraut worden oder sonst bekanntgeworden ist, wird mit Freiheitsstrafe bis zu einem Jahr oder mit Geldstrafe bestraft.

Die Strafbarkeit wird z. T. bejaht,[50] z. T.[51] verneint. Im Hinblick auf das besondere Vertrauensverhältnis, das die Berufsausübung des Geheimnisträgers prägt, spricht mehr für die Straflosigkeit der Äußerungen im Gespräch mit diesen Geheimnisträgern. Jedenfalls liegt eine Rechtfertigung besonders nahe.

Äußerungen eines Rechtsanwalts gegenüber seinen Mandanten erfolgen hingegen nicht in einer beleidigungsfreien Sphäre.[52]

Die Grundsätze zur beleidigungsfreien Sphäre im Familienkreis sind insofern nicht übertragbar, da es sich um eine geschäftsmäßige Beziehung handelt. Auch gibt es keine Gegenseitigkeit der Verschwiegenheitspflicht, daher keine besondere Vertraulichkeit der Kommunikation des Anwalts gegenüber seinem Mandanten.

(5) Passive Beleidigungsfähigkeit

▶ **Didaktischer Aufsatz**
- Geppert, Zur passiven Beleidigungsfähigkeit von Personengemeinschaften und von Einzelpersonen unter einer Kollektivbezeichnung, Jura 2005, 244

---

[50] Eisele, BT I, 6. Aufl. 2021, Rn. 596.
[51] Fischer, StGB, 71. Aufl. 2024, § 185 Rn. 12c.
[52] Eisele, BT I, 6. Aufl. 2021, Rn. 596; aus der Rspr. vgl. BGH U. v. 27.03.2009 – 2 StR 302/08 – BGHSt 53, 257 = NJW 2009, 2690 = NStZ 2009, 517 = StV 2010, 667 (Anm. RÜ 2009, 513; RA 2009, 452; famos 8/2009; Ruhmannseder NJW 2009, 2647; Wohlers JR 2009, 523; Kühne HRRS 2009, 547; Geppert JK 2010 StPO § 97/4; Gössel NStZ 2010, 288; Norouzi StV 2010, 670; Barton JZ 2010, 102); BVerfG B. v. 20.05.2010 – 2 BvR 1413/09 – BVerfG NJW 2010, 2937 = StV 2010, 666 (Anm. Norouzi StV 2010, 670).

Tauglicher Geschädigter einer Beleidigung ist ohne Weiteres jeder lebende Mensch als Ehrträger.[53] Bei kleinen Kindern oder geistig Behinderten etc. kann es allenfalls an einem Kundgabeerfolg fehlen.

Für **Verstorbene** gilt richtigerweise allein § 189 StGB (s. u.), da Tote keine Ehre mehr haben können.[54]

Problematisch ist, ob und unter welchen Voraussetzungen **Personengemeinschaften** passiv beleidigungsfähig sind.[55]

Beispiel 117

BVerfG B. v. 10.10.1995 – 1 BvR 1476/91, 1 BvR 1980/91, 1 BvR 102/92, 1 BvR 221/92 (Soldaten sind Mörder) – BVerfGE 93, 266 = NJW 1995, 3303 = NStZ 1996, 26 = StV 1996, 17 (Anm. Kühl, Höchstrichterliche Rspr. BT, 2002, Nr. 13; Mager Jura 1996, 405; Hufen JuS 1996, 738; Gounalakis NJW 1996, 481; Otto NStZ 1996, 127; Zuck JZ 1996, 364; Haas GA 1996, 473):

B veröffentlichte 1989 aus Anlass des Freispruchs des Arztes Dr. Z im sog. Frankfurter Soldatenprozess einen Leserbrief, den er mit dem Tucholsky-Zitat einleitete: „Da gab es vier Jahre lang ganze Quadratmeilen Landes, auf denen war der Mord obligatorisch, während er eine halbe Stunde davon entfernt ebenso streng verboten war. Sagte ich: Mord? Natürlich Mord. Soldaten sind Mörder." B führte u. a. weiter aus: „Kriegsdienstverweigerer werden bei uns nur anerkannt, wenn sie den Kriegsdienst (dieses Wort steht wirklich noch im Grundgesetz) für sich als verwerflich, als Mord ablehnen." Er schloss seine Ausführungen mit dem Satz: „Ich erkläre mich in vollem Umfang mit Herrn Z solidarisch und erklärte hiermit öffentlich: ‚Alle Soldaten sind potentielle Mörder!'" ◄

Beispiel 118

BayObLG U. v. 18.02.1988 – RReg. 5 St 4/88 (Polizei) – NStZ 1988, 365 (Anm. Geppert JK 1989 StGB § 185/6; Volk JR 1989, 74):

Im Juli 1986 führte die Bayerische Landespolizei in einem Nürnberger Fußballstadion eine Schauveranstaltung durch. Daran beteiligten sich mit Dar-

---

[53] Eisele, BT I, 6. Aufl. 2021, Rn. 580; aus der Rspr. vgl. RG U. v. 03.10.1895 – 2926/95 – RGSt 27, 366; RG U. v. 10.04.1941 – 2 D 69/41 – RGSt 75, 179; BGH U. v. 16.12.1954 – 3 StR 384/54 – BGHSt 7, 129 = NJW 1955, 471; BGH U. v. 13.05.1969 – 2 StR 616/68 – BGHSt 23, 1 = NJW 1969, 1582 (Anm. Peters JR 1970, 68).

[54] H. M., s. nur Kindhäuser/Hilgendorf, LPK, 9. Aufl. 2022, vor § 185 Rn. 2; aus der Rspr. vgl. RG U. v. 26.11.1885 – 1841/85 – RGSt 13, 95.

[55] Hierzu näher Kaufmann ZStW 1960, 418; Fischer JZ 1990, 68; Geppert Jura 2005, 244; Kett-Straub ZStW 2008, 759; Rüthers NJW 2016, 3337; aus der Rspr. vgl. zuletzt BayObLG B. v. 31.01.2022 – 204 StRR 574/21 – StV 2022, 393; LG Meiningen B. v. 05.08.2022 – 6 Qs 146/22 (Anm. Albrecht jurisPR-StrafR 17/2022 Anm. 2).

bietungen Beamte der bayerischen Landes- und Bereitschaftspolizei sowie Polizeibeamte aus anderen Bundesländern. Über diese Veranstaltung wurde in der Septemberausgabe 1986 einer in Nürnberg erscheinenden Zeitschrift berichtet, deren verantwortlicher Redakteur der B war. Auf S. 119 der Ausgabe waren mehrere Bilder wiedergegeben, die u. a. ein Polizeiboot und einen Polizeihubschrauber zeigten; dazu war folgender Text gesetzt: „Nürnberg, Stadion, Bullen-Auftrieb 1986, Tausende feiern die Mobilmachung vor Wackersdorf." ◄

Sind die Bundeswehr oder die Polizei als Verband passiv beleidigungsfähig?

Jedenfalls die in § 194 III 2 und 3 StGB genannten Einrichtungen usw. sind angesichts ihrer ausdrücklichen Erwähnung passiv beleidigungsfähig; ihnen kommt eine **Verbandsehre** zu.[56]

I.Ü. lehnt eine Minderheitsauffassung[57] die passive Beleidigungsfähigkeit von Personengemeinschaften ab.

Die Rspr.[58] und die h. L.[59] hingegen bejahen diese unter bestimmten Voraussetzungen, nämlich dann, wenn die Personengemeinschaft abgrenzbar ist, einen einheitlichen Willen bilden kann und eine rechtlich anerkannte Funktion in der Gesellschaft erfüllt. Dies soll z. B. auf Bundeswehr, Arbeitgeber-, Arbeitnehmer-, Wohlfahrtsverbände, Parteien oder Gesellschaften zutreffen, nicht aber auf rein gesellige Vereinigungen, z. B. Sportvereine. Hierfür wird v. a. eine Verallgemeinerbarkeit des § 194 III StGB angeführt.

Zu folgen dürfte aber der restriktiven Minderheitsauffassung sein, die den individuellen Ehrenschutz betont, was angesichts der ohnehin zweifelhaften Strafwürdigkeit überzeugt. Auch drohen ohnehin keine Strafbarkeitslücken.

Anerkannt nämlich ist die **Beleidigung Einzelner unter einer Kollektivbezeichnung (Sammelbeleidigung).**[60] Erforderlich sind eine klare Umgrenzung und Überschaubarkeit des betroffenen Personenkreises sowie ein Bezug auf bestimmte, individualisierbare Personen, die deutlich aus der Allgemeinheit hervortreten (insbesondere eine räumliche und zeitliche Konkretisierung), jeweils im Unterschied zu ganz allgemeinen Beschimpfungen großer Personengruppen.

---

[56] Ganz h. M., s. nur Eisele, BT I, 6. Aufl. 2021, Rn. 582; krit. aber Fischer, StGB, 71. Aufl. 2024, vor § 185 Rn. 14f.

[57] Etwa Fischer, StGB, 71. Aufl. 2024, vor § 185 Rn. 14f.

[58] S. o.

[59] S. Kindhäuser/Hilgendorf, LPK, 9. Aufl. 2022, vor § 185 Rn. 4.

[60] Hierzu näher Geppert Jura 2005, 244; Klas/Blatt HRRS 2012, 388; Geppert NStZ 2013, 553; Rüthers NJW 2016, 3337; aus der Rspr. vgl. zuletzt BVerfG B. v. 08.12.2020 – 1 BvR 842/19 (Anm. RÜ 2021, 234); LG Kassel U. v. 02.03.2021 – 7 Ns – 1622 Js 25245/17 (Kutschera) (Anm. Albrecht jurisPR-StrafR 4/2022 Anm. 5); BayObLG B. v. 31.01.2022 – 204 StRR 574/21 – StV 2022, 393; OLG Frankfurt U. v. 08.02.2022 – 2 Ss 164/21 – NStZ-RR 2022, 181 (Anm. Stark jurisPR-StrafR 10/2022 Anm. 4); LG Meiningen B. v. 05.08.2022 – 6 Qs 146/22 (Anm. Albrecht jurisPR-StrafR 17/2022 Anm. 2).

B. Beleidigung, § 185 StGB

Beispiel 119

OLG Karlsruhe U. v. 19.07.2012 – 1 (8) Ss 64/12 – AK 40/12 (ACAB) (Anm. RÜ 2012, 782; Jäger JA 2013, 232; Zöller ZJS 2013, 102; LL 2013, 117; Satzger JK 2014 StGB § 185/15):[61]

B hielt am Nachmittag des 16.10.2010 gegen 14.25 Uhr im K.-Stadion anlässlich einer Zweitliga-Begegnung im Fanblock B1/B2 gemeinsam mit weiteren nicht ermittelten Personen ein im gesamten Stadion sichtbares großflächiges Banner mit der Aufschrift „A.C.A.B." – Abkürzung für die Worte „All cops are bastards" – hoch; er wusste dabei, dass die Buchstaben, mit denen er seine Missachtung bzw. Verachtung gegenüber den bei dem Fußballspiel anwesenden Polizeibeamten ausdrücken habe wollen, diesen auffallen würden; Polizeirat Z, der sich zu diesem Zeitpunkt als Einsatzleiter in der Befehlsstelle der Polizei oberhalb der Haupttribüne des Stadions befand, fühlte sich durch die Aufschrift in seiner Ehre verletzt. ◄

Das OLG Karlsruhe wertete das Banner so, dass alle im Stadion anwesenden Polizisten Adressat der Beleidigung unter der Kollektivbezeichnung „cops" waren.

b) Subjektiver Tatbestand

Es gilt § 15 StGB.

Eventualvorsatz genügt nach allgemeinen Grundsätzen; ein besonderer Kränkungswille (*animus iniurandi*) ist nicht erforderlich.[62] Dass es dem Täter mit der Handlung nicht um die Verletzung der Ehre eines Dritten ging, schließt den bedingten Vorsatz einer Beleidigung nicht aus.[63]

---

[61] Weitere „ACAB"-Rspr.: LG Stuttgart U. v. 04.07.2007 – 38 Ns 25 Js 34332/05 – NStZ 2008, 633; OLG Stuttgart B. v. 23.06.2008 – 1 Ss 329/08 – NStZ-RR 2009, 50; OLG Karlsruhe U. v. 19.07.2012 – 1 (8) Ss 64/12 – AK 40/12 (Anm. RÜ 2012, 782; Jäger JA 2013, 232; Zöller ZJS 2013, 102; LL 2013, 117; Satzger JK 2014 StGB § 185/15); BVerfG B. v. 17.05.2016 – 1 BvR 257/14 (Anm. Satzger Jura 2016, 1340; Muckel JA 2016, 714; Jahn JuS 2016, 751; Groß jurisPR-StrafR 17/2016 Anm. 3); BVerfG B. v. 17.05.2016 – 1 BvR 2150/14 – NJW 2016, 2643 = NStZ-RR 2016, 277 = StV 2017, 180 (Anm. Satzger Jura 2016, 1340; LL 2016, 549; RÜ 2016, 576; Ollech NStZ-RR 2016, 278); BVerfG B. v. 16.01.2017 – 1 BvR 1593/16 – NJW 2017, 1092 = StV 2018, 406 (Anm. Hufen JuS 2017, 898; famos 5/2017; Schulz-Merkel jurisPR-StrafR 8/2017 Anm. 3); BVerfG B. v. 13.06.2017 – 1 BvR 2832/15 – NJW 2017, 2607 = StV 2018, 405 (Anm. Muckel JA 2017, 876; Pest StV 2019, 80); OLG Rostock B. v. 12.02.2018 – 21 Ss OWi 200/17 (Z) – NStZ 2018, 539 = StV 2018, 444 (Anm. Mayer jurisPR-StrafR 6/2018 Anm. 5); OLG Frankfurt B. v. 23.05.2018 – 2 Ss-OWi 506/17 – NStZ 2020, 39 = NStZ-RR 2018, 309 (Anm. Müller-Metz NStZ-RR 2018, 311); BVerfG B. v. 08.12.2020 – 1 BvR 842/19 (Anm. RÜ 2021, 234); zu „1312" OLG Düsseldorf B. v. 17.09.2020 – 3 RVs 32/20 – StV-S 2021, 44; zu „FCK CPS" BVerfG B. v. 26.02.2015 – 1 BvR 1036/14 – NJW 2015, 2022 = StV 2015, 548 (Anm. Satzger Jura 2015, 1262; Muckel JA 2015, 797; LL 2015, 742; RÜ 2015, 435; Kretschmer JR 2015, 444); BVerfG B. v. 08.12.2020 – 1 BvR 842/19 (Anm. RÜ 2021, 234); zu „FCK BFE" BVerfG B. v. 08.12.2020 – 1 BvR 842/19 (Anm. RÜ 2021, 234).

[62] Fischer, StGB, 71. Aufl. 2024, § 185 Rn. 17; aus der Rspr. vgl. zuletzt LG Regensburg B. v. 02.01.2008 – 6 KLs 153 Js 12773/05 – NJW 2008, 1094 (Anm. Nierwetberg NJW 2008, 1095).

[63] Fischer, StGB, 71. Aufl. 2024, § 185 Rn. 17; aus der Rspr. vgl. BayObLG U. v. 18.02.1998 – 5 St RR 117/97 – NJW 1999, 1982 (Anm. Foth JR 1998, 387).

3. Rechtswidrigkeit

a) Allgemeines
Zunächst gelten die allgemeinen Grundsätze. Hinzu kommt ein besonderer Rechtfertigungsgrund:

b) Wahrnehmung berechtigter Interessen, § 193 StGB

▶ **Didaktische Aufsätze**
- Geppert, Wahrnehmung berechtigter Interessen (§ 193 StGB), Jura 1985, 25
- Pohlreich, Strafrechtliche Grundfälle zur Meinungsfreiheit bei Ehrschutzdelikten, JA 2020, 744
- Otto, Ehrenschutz und Meinungsfreiheit, Jura 1997, 139

aa) Allgemeines
§ 193 StGB[64] enthält – insbesondere als Ausprägung des Art. 5 I GG[65] und des Art. 10 EMRK[66] – besondere Rechtfertigungsgründe ausschließlich für die Beleidigungsdelikte.[67]

> **§ 193 StGB (Wahrnehmung berechtigter Interessen)**
> Tadelnde Urteile über wissenschaftliche, künstlerische oder gewerbliche Leistungen, desgleichen Äußerungen, welche zur Ausführung oder Verteidigung von Rechten oder zur Wahrnehmung berechtigter Interessen gemacht werden, sowie Vorhaltungen und Rügen der Vorgesetzten gegen ihre Untergebenen, dienstliche Anzeigen oder Urteile von seiten eines Beamten und ähnliche Fälle sind nur insofern strafbar, als das Vorhandensein einer Beleidigung aus der Form der Äußerung oder aus den Umständen, unter welchen sie geschah, hervorgeht.

---

[64] Hierzu näher Seibert MDR 1951, 709; Roeder FS Heinitz 1972, 229; Lenckner GS Noll 1984, 243; Geppert Jura 1985, 25; Meurer FS H. J. Hirsch 1999, 651.

[65] Kindhäuser/Hilgendorf, LPK, 9. Aufl. 2022, § 193 Rn. 1; näher Otto Jura 1997, 139; Otto NJW 2006, 575; Pohlreich JA 2020, 744; Leitmeier HRRS 2020, 391; aus der Rspr. vgl. zuletzt OLG Bremen B. v. 13.04.2018 – 1 Ss 49/17 (2 Ss 49/17 GenStA) – StV 2020, 181; OLG Köln U. v. 10.12.2019 – III-1 RVs 180/19 – NJW 2020, 1382 = NStZ-RR 2020, 76.

[66] Fischer, StGB, 71. Aufl. 2024, § 193 Rn. 17.

[67] H. M., s. Joecks/Jäger, StGB, 13. Aufl. 2021, § 193 Rn. 1; näher Erdsiek JZ 1969, 311; Schmidt JZ 1970, 8; Zaczyk FS H. J. Hirsch 1999, 819; aus der Rspr. vgl. OLG Stuttgart U. v. 05.12.1986 – 1 Ss 551/86 – NJW 1987, 1342 = NStZ 1987, 121 (Anm. Otto JK 1987 StGB § 193/1; Lenckner JuS 1988, 349); BGH U. v. 03.08.1994 – 2 StR 161/94 – NStZ 1995, 78 = StV 1996, 259 (Anm. Jahn StV 1996, 259); LG Dortmund U. v. 14.10.1997 – Ns 70 Js 90/96 – NStZ-RR 1998, 139; OLG Düsseldorf U. v. 25.10.2005 – III-5 Ss 63/05– 33/05 I – NJW 2006, 630 = NStZ 2006, 243 (Anm. RA 2006, 155; famos 3/2006).

B. Beleidigung, § 185 StGB

> **Art 5 I, II GG**
> (1) Jeder hat das Recht, seine Meinung in Wort, Schrift und Bild frei zu äußern und zu verbreiten und sich aus allgemein zugänglichen Quellen ungehindert zu unterrichten. Die Pressefreiheit und die Freiheit der Berichterstattung durch Rundfunk und Film werden gewährleistet. Eine Zensur findet nicht statt.
> (2) Diese Rechte finden ihre Schranken in den Vorschriften der allgemeinen Gesetze, den gesetzlichen Bestimmungen zum Schutze der Jugend und in dem Recht der persönlichen Ehre.

> **Art. 10 EMRK (Freiheit der Meinungsäußerung)**
> (1) Jede Person hat das Recht auf freie Meinungsäußerung. Dieses Recht schließt die Meinungsfreiheit und die Freiheit ein, Informationen und Ideen ohne behördliche Eingriffe und ohne Rücksicht auf Staatsgrenzen zu empfangen und weiterzugeben. Dieser Artikel hindert die Staaten nicht, für Hörfunk-, Fernseh- oder Kinounternehmen eine Genehmigung vorzuschreiben.
> (2) Die Ausübung dieser Freiheiten ist mit Pflichten und Verantwortung verbunden; sie kann daher Formvorschriften, Bedingungen, Einschränkungen oder Strafdrohungen unterworfen werden, die gesetzlich vorgesehen und in einer demokratischen Gesellschaft notwendig sind für die nationale Sicherheit, die territoriale Unversehrtheit oder die öffentliche Sicherheit, zur Aufrechterhaltung der Ordnung oder zur Verhütung von Straftaten, zum Schutz der Gesundheit oder der Moral, zum Schutz des guten Rufes oder der Rechte anderer, zur Verhinderung der Verbreitung vertraulicher Informationen oder zur Wahrung der Autorität und der Unparteilichkeit der Rechtsprechung.

bb) Voraussetzungen

(1) Objektive Voraussetzungen

(a) Berechtigtes Interesse

(aa) Allgemeines
Ein berechtigtes Interesse kann jedes von der Rechtsordnung als schutzwürdig anerkanntes Interesse sein.[68] Bei bloßer Schmähung kann ein solches nie vorliegen;[69]

---

[68] Kindhäuser/Hilgendorf, LPK, 9. Aufl. 2022, § 193 Rn. 5.
[69] Fischer, StGB, 71. Aufl. 2024, § 193 Rn. 18; aus der Rspr. vgl. zuletzt BVerfG B. v. 19.12.2021 – 1 BvR 1073/20 (Künast) – NJW 2022, 680 = StV-S 2022, 42 (Anm. Muckel JA 2022, 437; Hufen JuS 2022, 688; RÜ 2022, 243; Höch NJW 2022, 685; Großmann StV-S 2022, 43); BayObLG B. v.

natürlich ist es aber gerade die Frage, was eine Schmähung ist und wann man von ihr ausgehen darf.[70]

(bb) Einzelfälle
Von besonderer Bedeutung sind zum einen **politische** Auseinandersetzungen.[71]

> **Beispiel 120**
>
> **BVerfG B. v. 05.12.2008 – 1 BvR 1318/07 (Dummschwätzer) – NJW 2009, 749 (Anm. von Heintschel-Heinegg JA 2009, 310; RÜ 2009, 99):**
> B ist Mitglied des Rates der Stadt D. Während einer Ratssitzung hielt er eine Rede zur kommunalen Integrationspolitik. Darin äußerte er sich über die seiner Auffassung nach problematischen Verhältnisse in einem Stadtteil mit großem ausländischen Bevölkerungsanteil. Hierbei erwähnte er, dass er selbst früher dort das Gymnasium besucht habe und sich der Stadtteil während seiner Schulzeit in einem besseren Zustand befunden habe als heute. Diese Ausführungen unterbrach ein anderes Ratsmitglied, der Z, durch einen Zwischenruf. In Erwiderung hierauf bezeichnete B den Z als „Dummschwätzer". Nach der – von Z bestrittenen – Darstellung des B hatte der Zwischenruf sinngemäß den folgenden Inhalt: „Der B war auf einer Schule? – Das kann ich gar nicht glauben!" ◄

Erst, wenn nicht mehr die Auseinandersetzung in der Sache, sondern die Diffamierung der Person im Vordergrund steht, kann eine Äußerung als Schmähkritik angesehen werden. In Anbetracht der konkreten Situation handelt es sich bei „Dummschwätzer" aber nicht um eine Kennzeichnung der Person des Z, sondern um eine Bewertung seiner vorhergegangenen Äußerung. Insofern sind Meinungsfreiheit des B und Allgemeines Persönlichkeitsrecht des Z gegeneinander abzuwägen.

Praxisrelevant sind ferner Fallkonstellationen des **Kampfes ums Recht**[72] (im Wortlaut des § 193 StGB „Äußerungen, welche zur Ausführung oder Verteidigung

---

31.01.2022 – 204 StRR 574/21 – StV 2022, 393; AG Berlin-Tiergarten U. v. 09.02.2022 – 222 Cs 144/21 – StV-S 2022, 154; BVerfG B. v. 21.03.2022 – 1 BvR 2650/19 – NJW 2022, 1931; BayObLG B. v. 04.07.2022 – 202 StRR 61/22 – NJW 2022, 3236; BayObLG B. v. 07.12.2022 – 206 StRR 296/22 – NJW 2023, 1375 (Anm. RÜ 2023, 433); BayObLG B. v. 09.02.2023 – 203 StRR 497/22 – StV 2023, 588; BayObLG B. v. 01.03.2023 – 203 StRR 38/23 – StV 2023, 603; OLG Hamm U. v. 27.06.2023 – 4 ORs 46/23 – NStZ 2023, 749; BVerfG B. v. 24.11.2023 – 1 BvR 1962/23 – NJW 2024, 745 (Anm. Gostomzyk NJW 2024, 746).

[70] S. Pegel/Regge, in: MK-StGB, 4. Aufl. 2021, § 193 Rn. 45ff.

[71] Hierzu Eisele/Schittenhelm, in: Schönke/Schröder, StGB, 30. Aufl. 2019, § 193 Rn. 15ff.; näher Hoffmann NJW 1966, 1200; Uhlitz NJW 1967, 129; aus der Rspr. vgl. BVerfG B. v. 19.05.2020 – 1 BvR 2459/19 – NJW 2020, 2629 (Anm. Ladeur JZ 2020, 943; Hong HRRS 2020, 490; Hufen JuS 2021, 282; Metz JR 2021, 83); BayObLG B. v. 26.11.2020 – 202 StRR 86/20 – StV 2021, 584 und 2022, 29 (Anm. Nestler Jura 2021, 589); BayObLG B. v. 31.01.2022 – 204 StRR 574/21 – StV 2022, 393.

[72] S. Valerius, in: BeckOK-StGB, Stand 01.02.2024, § 193 Rn. 8ff.; näher Walchshöfer MDR 1975, 11; Ignor GS Schlüchter 2002, 317; Beulke FS Müller 2008, 45; aus der Rspr. vgl. zuletzt BVerfG B. v. 09.02.2022 – 1 BvR 2588/20 – NJW 2022, 1523 = NStZ 2022, 734 = StV 2022, 380 und

von Rechten [...] gemacht werden"), insbesondere durch Angeklagte und ihre Verteidiger, denen eine effektive Verteidigung ohne Furcht vor weiteren Strafverfahren ermöglicht werden soll.

> **Beispiel 121**
>
> **OLG Oldenburg B. v. 14.04.2008 – Ss 131/08 (Super-Ermittler) – NStZ-RR 2008, 201 (Anm. Jahn JuS 2008, 743):**
> B schickte ein Schreiben an die GenStA über einen sachbearbeitenden Staatsanwalt. Mit diesem Schreiben legte B Beschwerde gegen die Einstellung eines Ermittlungsverfahrens wegen falscher Verdächtigung ein, das auf seine Strafanzeige gegen die Verantwortlichen einer Kfz-Versicherung hin eingeleitet worden war. In dem – weithin unhöflich, überheblich und polemisch gehaltenen – Schreiben bezeichnete B u. a. das Verhalten des sachbearbeitenden Staatsanwalts als „inzwischen ganz offensichtlich vollkommen entartet"; dieses spiegele in keiner Weise die Respektierung seiner grundgesetzlich garantierten Rechte wider und schütze „ein ganz offensichtlich mafiös bzw. scientologisch organisiertes Unternehmen bei der gewerblichen Ausübung von Verbrechen gegen die Bevölkerung"; den „Super-Ermittlern" der StA verbliebe nur noch die Aufgabe, die Sache einem Richter vorzulegen. ◄

Mangels Tatsachensubstanz handelt es sich bei den Äußerungen des B um (abwertende) Meinungsäußerungen. Im „Kampf um das Recht" darf ein Verfahrensbeteiligter auch starke, eindringliche Ausdrücke und sinnfällige Schlagworte benutzen, um seine Rechtsposition zu unterstreichen. Demzufolge sind die Äußerungen noch von § 193 StGB erfasst.

Hierhin gehören auch eingriffsbezogene Unmutsäußerungen gegenüber der Polizei und Verwaltungsbeamten.[73]

2023, 598 (Anm. Hufen JuS 2022, 1080; Stark jurisPR-StrafR 16/2022 Anm. 3); AG Berlin-Tiergarten U. v. 09.02.2022 – 222 Cs 144/21 – StV-S 2022, 154; BayObLG B. v. 04.07.2022 – 202 StRR 61/22 – NJW 2022, 3236; BayObLG B. v. 07.12.2022 – 206 StRR 296/22 – NJW 2023, 1375 (Anm. RÜ 2023, 433); BayObLG B. v. 09.02.2023 – 203 StRR 497/22 – StV 2023, 588; BayObLG B. v. 01.03.2023 – 203 StRR 38/23 – StV 2023, 603; AG Köln U. v. 15.03.2023 – 539 Ds 155/20–74 Js 26/20, 74 Js 26/20, 539 Ds 155/20 (Anm. Albrecht jurisPR-StrafR 11/2023 Anm. 3); LG Mannheim U. v. 27.06.2023 – 15 NBs 404 Js 33134/21 – StV-S 2024, 11; BVerfG B. v. 24.11.2023 – 1 BvR 1962/23 – NJW 2024, 745 (Anm. Gostomzyk NJW 2024, 746).

[73] Vgl. aus der Rspr. „Wegelagerei": OLG Düsseldorf B. v. 25.03.2003 – 2b Ss 224/02–2/03 – NJW 2003, 3721 = NStZ-RR 2003, 295; BayObLG B. v. 20.10.2004 – 1 St RR 153/04 – NJW 2005, 1291, „Spitzel": BayObLG B. v. 14.04.2004 – 5 St RR 9/2004 – NStZ 2005, 215 (Anm. RÜ 2004, 419); „Stasi-Methoden": OLG Koblenz B. v. 29.07.1998 – 1 Ss 165/99 – NStZ-RR 2000, 44; „Menschenjäger": OLG Hamm B. v. 10.10.2005 – 3 Ss 231/05 – NStZ-RR 2007, 140 (Anm. RA 2007, 324); „Polizeiterror": OLG Frankfurt B. v. 23.11.1976 – 2 Ss 549/76 – NJW 1977, 1353 (Anm. Wagner JuS 1978, 674); „Schlägertruppe": BayObLG B. v. 19.07.1994 – 2 St RR 89/94 (Anm. Bandemer JA 1995, 7); „Gestapo-Methoden": BVerfG B. v. 05.03.1992 – 1 BvR 1770/91 – NJW 1992, 2815 = StV 1992, 268 (Anm. Otto JK 1992 StGB § 193/3); „SS-Methoden": OLG Frankfurt B. v. 20.03.2012 – 2 Ss 329/11 – NStZ-RR 2012, 244 (Anm. Bosch JK 2012 StGB § 185/13; famos 10/2012); „Nazi": BVerfG B. v. 19.12.1991 – 1 BvR 327/91 – NJW 1992, 2013; „Korinthenkackerei": AG Emmendingen U. v. 08.07.2014 – 5 Cs 350 Js 30429/13 (Anm. Rue-

(b) Wahrnehmungsberechtigung
Der Täter muss **befugt** sein, das berechtigte Interesse wahrzunehmen.[74]

(c) Eignung; Erforderlichkeit; Angemessenheit
Die Beleidigung muss **geeignet, erforderlich und angemessen** sein, um das berechtigte Interesse wahrzunehmen.[75] Es muss also eine Interessenabwägung vorgenommen werden, in die insbesondere Art. 5 I GG und Art. 10 EMRK einfließen.

(2) Subjektive Voraussetzungen
Außerdem muss das **subjektive Rechtfertigungselement** erfüllt sein,[76] wobei aus der Wendung „zur" richtigerweise keine Verengung auf Absicht abzuleiten ist, sondern die Kenntnis der Rechtfertigungslage genügt.

4. Schuld
Es gelten die allgemeinen Grundsätze.

5. Rechtsfolgen
Das Grunddelikt der Beleidigung sieht Freiheitsstrafe bis zu einem Jahr (im Minimum also ein Monat, § 38 II StGB) oder Geldstrafe (zu den Grenzen s. § 40 StGB) vor.

6. Sonstiges
Der Versuch der Beleidigung ist straflos.

Grundsätzlich wird nach § 194 I 1 StGB ein **Strafantrag** vorausgesetzt. In bestimmten Fällen entfällt das Erfordernis (§ 194 I 2–4 StGB).

---

ber-Unkelbach jurisPR-StrafR 24/2014 Anm. 2; Hecker JuS 2015, 81); „für sowas wie Euch zahle ich Steuern": OLG Karlsruhe B. v. 18.09.2015 – 1 (8) Ss 654/14 (Anm. Schulz-Merkel jurisPR-StrafR 6/2016 Anm. 5); Flitzpiepen: OLG Karlsruhe B. v. 22.05.2018 – 2 Rv 4 Ss 193/18 (Anm. Bertlings jurisPR-StrafR 14/2018 Anm. 3).

[74] Kindhäuser/Hilgendorf, LPK, 9. Aufl. 2022, § 193 Rn. 6; aus der Rspr. vgl. BGH U. v. 15.01.1963 – 1 StR 478/62 (Callgirl-Ring) – BGHSt 18, 182 = NJW 1963, 665 (Anm. Preuße JuS 1963, 248; Schneider NJW 1963, 667; Fuhrmann JuS 1970, 70); OLG Hamm B. v. 30.06.1986 – 4 Ss 271/86 – NJW 1987, 1034 (Anm. Hassemer JuS 1987, 577).

[75] Kindhäuser/Hilgendorf, LPK, 9. Aufl. 2022, § 193 Rn. 7ff.; aus der Rspr. vgl. OLG Köln U. v. 20.02.1979 – 1 Ss 69/79 – NJW 1979, 1723.

[76] Hierzu Kindhäuser/Hilgendorf, LPK, 9. Aufl. 2022, § 193 Rn. 17; aus der Rspr. vgl. BGH U. v. 15.01.1963 – 1 StR 478/62 (Callgirl-Ring) – BGHSt 18, 182 = NJW 1963, 665 (Anm. Preuße JuS 1963, 248; Schneider NJW 1963, 667; Fuhrmann JuS 1970, 70); OLG Hamburg U. v. 13.05.1983 – 2 Ss 134/82 – NJW 1984, 1130 (Anm. Otto JR 1983, 511); BGH U. v. 15.09.1987 – 5 StR 54/87 – NStZ 1987, 554 = StV 1987, 533; OLG Köln B. v. 21.01.1997 – Ss 10/97 – NJW 1997, 1247 (Anm. Otto JK 1997 StGB § 193/4; Fahl JA 1998, 365).

§ 194 StGB (Strafantrag)
(1) Die Beleidigung wird nur auf Antrag verfolgt. Ist die Tat in einer Versammlung oder dadurch begangen, dass ein Inhalt (§ 11 Absatz 3) verbreitet oder der Öffentlichkeit zugänglich gemacht worden ist, so ist ein Antrag nicht erforderlich, wenn der Verletzte als Angehöriger einer Gruppe unter der nationalsozialistischen oder einer anderen Gewalt- und Willkürherrschaft verfolgt wurde, diese Gruppe Teil der Bevölkerung ist und die Beleidigung mit dieser Verfolgung zusammenhängt. In den Fällen der §§ 188 und 192a wird die Tat auch dann verfolgt, wenn die Strafverfolgungsbehörde wegen des besonderen öffentlichen Interesses an der Strafverfolgung ein Einschreiten von Amts wegen für geboten hält. Die Taten nach den Sätzen 2 und 3 können jedoch nicht von Amts wegen verfolgt werden, wenn der Verletzte widerspricht. Der Widerspruch kann nicht zurückgenommen werden. Stirbt der Verletzte, so gehen das Antragsrecht und das Widerspruchsrecht auf die in § 77 Abs. 2 bezeichneten Angehörigen über.

(2) Ist das Andenken eines Verstorbenen verunglimpft, so steht das Antragsrecht den in § 77 Abs. 2 bezeichneten Angehörigen zu. Ist die Tat in einer Versammlung oder dadurch begangen, dass ein Inhalt (§ 11 Absatz 3) verbreitet oder der Öffentlichkeit zugänglich gemacht worden ist, so ist ein Antrag nicht erforderlich, wenn der Verstorbene sein Leben als Opfer der nationalsozialistischen oder einer anderen Gewalt- und Willkürherrschaft verloren hat und die Verunglimpfung damit zusammenhängt. Die Tat kann jedoch nicht von Amts wegen verfolgt werden, wenn ein Antragsberechtigter der Verfolgung widerspricht. Der Widerspruch kann nicht zurückgenommen werden.

(3) Ist die Beleidigung gegen einen Amtsträger, einen für den öffentlichen Dienst besonders Verpflichteten oder einen Soldaten der Bundeswehr während der Ausübung seines Dienstes oder in Beziehung auf seinen Dienst begangen, so wird sie auch auf Antrag des Dienstvorgesetzten verfolgt. Richtet sich die Tat gegen eine Behörde oder eine sonstige Stelle, die Aufgaben der öffentlichen Verwaltung wahrnimmt, so wird sie auf Antrag des Behördenleiters oder des Leiters der aufsichtführenden Behörde verfolgt. Dasselbe gilt für Träger von Ämtern und für Behörden der Kirchen und anderen Religionsgesellschaften des öffentlichen Rechts.

(4) Richtet sich die Tat gegen ein Gesetzgebungsorgan des Bundes oder eines Landes oder eine andere politische Körperschaft im räumlichen Geltungsbereich dieses Gesetzes, so wird sie nur mit Ermächtigung der betroffenen Körperschaft verfolgt.

Hinzuweisen ist ferner auf die Möglichkeit einer sog. **Kompensation**, § 199 StGB, bei wechselseitig begangenen Beleidigungen.[77]

> **§ 199 StGB (Wechselseitig begangene Beleidigungen)**
> Wenn eine Beleidigung auf der Stelle erwidert wird, so kann der Richter beide Beleidiger oder einen derselben für straffrei erklären.

U. U. besteht ein Anspruch auf die **Bekanntgabe der Verurteilung** nach § 200 StGB.[78]

> **§ 200 StGB (Bekanntgabe der Verurteilung)**
> (1) Ist die Beleidigung öffentlich oder durch Verbreiten eines Inhalts (§ 11 Abs. 3) begangen und wird ihretwegen auf Strafe erkannt, so ist auf Antrag des Verletzten oder eines sonst zum Strafantrag Berechtigten anzuordnen, daß die Verurteilung wegen der Beleidigung auf Verlangen öffentlich bekanntgemacht wird.
> (2) Die Art der Bekanntmachung ist im Urteil zu bestimmen. Ist die Beleidigung durch Verbreiten eines Inhalts (§ 11 Absatz 3) begangen, so soll die Bekanntmachung, wenn möglich, auf dieselbe Art erfolgen.

III. Qualifikationen

1. Allgemeines
Qualifikationen der Beleidigung sind zum einen (seit 2021 erweitert) in § 185 StGB integriert, zum anderen in § 188 I StGB normiert.

2. Qualifikationen in § 185 StGB

a) Aufbau
  I. Tatbestand
    1. Objektiver Tatbestand
      a) Die Beleidigung begangen
      b) Öffentlich, in einer Versammlung, durch Verbreiten eines Inhalts (§ 11 Absatz 3) oder mittels einer Tätlichkeit

---

[77] Hierzu näher Schwarz NJW 1958, 10; Küster NJW 1958, 1659; Reiff NJW 1959, 181; Küper JZ 1968, 651; Kargl FS Wolff 1998, 189; aus der Rspr. vgl. zuletzt OLG Köln U. v. 18.02.2020 – 1 RVs 188/19 – StV 2021, 584.

[78] Hierzu näher Petzold MDR 1962, 264; Schomburg ZRP 1986, 65; aus der Rspr. vgl. OLG Stuttgart U. v. 16.08.1972 – 1 Ss 278/72 – NJW 1972, 2320 (Anm. Hassemer JuS 1973, 188); BGH U. v. 14.02.1973 – 3 StR 3/72 I – NJW 1973, 766; OLG Hamm U. v. 29.10.1973 – 4 Ss 1058/73 – NJW 1974, 466.

B. Beleidigung, § 185 StGB

    2. Subjektiver Tatbestand
II. Rechtswidrigkeit
    • insbesondere § 193 StGB
III. Schuld
IV. Strafantrag, § 194 StGB
V. Kompensation, § 199 StGB: Wechselseitig begangene Beleidigungen

b) Erläuterungen

aa) Allgemeines
Während die durch Tätlichkeit begangene Beleidigung bereits seit langem als Qualifikation geregelt ist, sind die anderen qualifizierten Begehungsweisen in § 185 StGB erst 2021 Gesetz geworden.
    Die in § 185 StGB enthaltenen Qualifikationen eröffnen den Strafrahmen der Freiheitsstrafe bis zu zwei Jahren oder Geldstrafe.

bb) Die Beleidigung begangen
Bezug genommen wird auf das Grunddelikt, s. o.

cc) Öffentlich, in einer Versammlung, durch Verbreiten eines Inhalts (§ 11 Absatz 3) oder mittels einer Tätlichkeit

(1) Öffentlich, in einer Versammlung oder durch Verbreiten eines Inhalts (§ 11 III StGB)
Zu diesen 2021 in § 185 StGB integrierten Merkmalen s. o. bei § 241 IV StGB.[79]

(2) Mittels einer Tätlichkeit
Eine traditionelle qualifizierte Form der Ehrverletzung ist die mittels einer Tätlichkeit begangenen Beleidigung.[80]
    Zu beachten ist, dass einerseits nicht jede Körperverletzung eine Beleidigung ist; andererseits ist ein Körperverletzungserfolg für eine Tätlichkeit nicht erforderlich, richtigerweise aber doch eine körperliche Berührung, sodass z. B. ein Anspucken nicht erfasst ist.[81]

---

[79] Speziell zu Internet-öffentlichen Beleidigungen Großmann StV 2022, 408.
[80] Hierzu Kindhäuser/Hilgendorf, LPK, 9. Aufl. 2022, § 185 Rn. 12; zu einem Vergleich mit dem tätlichen Angriff nach § 114 StGB s. Roggan KriPoZ 2020, 144.aus der Rspr. vgl. RG U. v. 20.03.1933 – II 1509/32 – RGSt 67, 173; BGH U. v. 16.01.1951 – 3 StR 45/50 – NJW 1951, 368; BGH U. v. 15.10.1987 – 4 StR 420/87 – BGHSt 35, 76 = NJW 1988, 2054 = NStZ 1988, 69 = StV 1988, 527; OLG Zweibrücken B. v. 18.06.1990 – 1 Ss 238/89 – NJW 1991, 240 = NStZ 1990, 541; OLG Karlsruhe U. v. 06.06.2002 – 1 Ss 13/02 – NJW 2003, 1263 (Anm. RÜ 2003, 77); BGH U. v. 05.03.2009 – 4 StR 594/08 – NStZ-RR 2009, 172; AG Lübeck U. v. 08.06.2011 – 746 Js 13196/11 (Anm. Hecker JuS 2012, 179).
[81] Strittig, hierzu Fischer, StGB, 71. Aufl. 2024, § 185 Rn. 18a; aus der Rspr. vgl. OLG Zweibrücken B. v. 18.06.1990 – 1 Ss 238/89 – NJW 1991, 240 = NStZ 1990, 541; OLG Karlsruhe U. v. 06.06.2002 – 1 Ss 13/02 – NJW 2003, 1263 (Anm. RÜ 2003, 77); BGH U. v. 05.03.2009 – 4 StR 594/08 – NStZ-RR 2009, 172.

Beispiel 122

AG Erfurt U. v. 18.09.2013 – 910 Js 1195/1348 Ds – NStZ 2014, 160 (Anm. Jäger JA 2014, 472; Jahn JuS 2014, 176; RÜ 2014, 710):

In der Nacht vom 09.06. auf den 10.06.2012 war die B1 in der Diskothek „Cosmopolar" am Anger in Erfurt. Als Studentin jobbte sie gelegentlich in dieser Diskothek, jedoch war sie in der besagten Nacht lediglich als Gast in der Diskothek anwesend. Als sie mitbekam, dass B2 mehrfach gegen das in der Diskothek bestehende Rauchverbot verstieß, forderte sie ihn auf, das Rauchen einzustellen oder draußen weiter zu rauchen. B2 ignorierte diese Aufforderung. Nachdem B1 die Security informiert hatte, diese jedoch in dem Moment nicht einschreiten konnte oder wollte, begab sich B1 zurück auf die Tanzfläche. Kurze Zeit später erschien dort auch B2. Nachdem sie ihn erneut aufgefordert hatte, das Rauchen einzustellen, kam dieser aggressiv auf B1 zu, blies ihr aus einer Entfernung von unter einem Meter den Zigarettenqualm mit spürbar feuchter, d. h. mit Spuckepartikeln versetzte Atemluft ins Gesicht und fragte sie, was sie denn jetzt machen wolle. Durch dieses Anpusten wurden die Schleimhäute der B1 merkbar gereizt. Zur Verhinderung weiterer „Rauchangriffe" und um auch nicht weiter mit Spuckepartikeln „angepustet" zu werden, warf B1 ein Glas, welches sie während der gesamten Zeit in der Hand gehalten hatte, in Richtung des angetrunkenen B2. Das Glas traf B2 oberhalb der rechten Augenbraue. B2 erlitt hierdurch eine Prellung sowie eine Beule, die circa zwei Tage sichtbar war. ◄

Im Rahmen der Strafbarkeit des B2 stellt sich die Frage nach der Beleidigung, insbesondere der tätlichen. Nach Auffassung des AG beeinträchtigt das Blasen von mit Zigarettenrauch und Spuckepartikeln versetzter Atemluft in das Gesicht das körperliche Wohlbefinden nicht unerheblich und genügt für die Tätlichkeit.

3. Gegen Personen des politischen Lebens gerichtete Beleidigung, üble Nachrede und Verleumdung, § 188 StGB

a) Aufbau
I. Tatbestand
  2. Objektiver Tatbestand
     a) Eine Beleidigung (§ 185) begangen
     b) Gegen eine im politischen Leben des Volkes stehende Person
     c) Öffentlich, in einer Versammlung, durch Verbreiten eines Inhalts (§ 11 Absatz 3)
     d) Tat ist geeignet, sein öffentliches Wirken erheblich zu erschweren
  3. Subjektiver Tatbestand
     a) Vorsatz
     b) Aus Beweggründen begangen, die mit der Stellung des Beleidigten im öffentlichen Leben zusammenhängen
II. Rechtswidrigkeit
  • insbesondere § 193 StGB
III. Schuld

IV. Strafantrag, § 194 StGB
V. Kompensation, § 199 StGB: Wechselseitig begangene Beleidigungen

b) Erläuterungen
§ 188 StGB[82] qualifiziert – seit 2021 umfassender als zuvor – die Beleidigungstatbestände, wenn eine Person des politischen Lebens (so die Normüberschrift; im Normtext: „gegen eine im politischen Leben des Volkes stehende Person") betroffen ist und weitere Voraussetzungen erfüllt sind.

> **§ 188 StGB (Gegen Personen des politischen Lebens gerichtete Beleidigung, üble Nachrede und Verleumdung)**
> (1) Wird gegen eine im politischen Leben des Volkes stehende Person öffentlich, in einer Versammlung oder durch Verbreiten eines Inhalts (§ 11 Absatz 3) eine Beleidigung (§ 185) aus Beweggründen begangen, die mit der Stellung des Beleidigten im öffentlichen Leben zusammenhängen, und ist die Tat geeignet, sein öffentliches Wirken erheblich zu erschweren, so ist die Strafe Freiheitsstrafe bis zu drei Jahren oder Geldstrafe. Das politische Leben des Volkes reicht bis hin zur kommunalen Ebene.
> (2) Unter den gleichen Voraussetzungen wird eine üble Nachrede (§ 186) mit Freiheitsstrafe von drei Monaten bis zu fünf Jahren und eine Verleumdung (§ 187) mit Freiheitsstrafe von sechs Monaten bis zu fünf Jahren bestraft.

Zu den Merkmalen „öffentlich, in einer Versammlung oder durch Verbreiten eines Inhalts (§ 11 Absatz 3)" s. o. bei § 241 IV StGB.

Opfer muss „eine im politischen Leben des Volkes stehende Person" sein, wobei § 181 I 2 StGB die Einbeziehung bis zur kommunalen Ebene normiert. Erfasst sind v. a. haupt- und ehrenamtliche Abgeordnete und Regierende.[83]

Die Tat muss aus Beweggründen begangen worden sein, die mit der Stellung des Beleidigten im öffentlichen Leben zusammenhängen, und geeignet sein, das öffentliche Wirken des Opfers erheblich zu erschweren. Nicht erforderlich ist, dass der Täter eigene politische Ziele verfolgt, es reicht aus, dass die Motivation des Täters irgendwie mit der Stellung des Betroffenen verknüpft ist.[84]

§ 188 I StGB sieht bzgl. der Beleidigung Freiheitsstrafe bis zu drei Jahren oder Geldstrafe vor.

---

[82] Hierzu Valerius, in: BeckOK-StGB, Stand 01.02.2024, § 188 Rn. 1ff.; näher (zur Altfassung) Hartung JR 1951, 677; zur Neufassung Heinze ZfIStW 2022, 497; aus der Rspr. vgl. OLG Düsseldorf U. v. 07.12.1982 – 2 Ss 444/82 – 342/82 II – NJW 1983, 1211 (Anm. Geppert JK 1983 StGB § 187a/1).

[83] Näher Valerius, in: BeckOK-StGB, Stand 01.02.2024, § 188 Rn. 3ff.

[84] Valerius, in: BeckOK-StGB, Stand 01.02.2024, § 188 Rn. 11; aus der Rspr. vgl. BGH U. v. 19.03.1953 – 3 StR 42/53 – BGHSt 4, 119 = NJW 1953, 869; BGH U. v. 28.03.1956 – 5 StR 592/55 – BGHSt 9, 187 = NJW 1956, 1207.

C. Üble Nachrede, § 186 StGB

I. Allgemeines

§ 186 StGB stellt die üble Nachrede unter Strafe.[85]

> **§ 186 StGB (Üble Nachrede)**
> Wer in Beziehung auf einen anderen eine Tatsache behauptet oder verbreitet, welche denselben verächtlich zu machen oder in der öffentlichen Meinung herabzuwürdigen geeignet ist, wird, wenn nicht diese Tatsache erweislich wahr ist, mit Freiheitsstrafe bis zu einem Jahr oder mit Geldstrafe und, wenn die Tat öffentlich, in einer Versammlung oder durch Verbreiten eines Inhalts (§ 11 Abs. 3) begangen ist, mit Freiheitsstrafe bis zu zwei Jahren oder mit Geldstrafe bestraft.

II. Grunddelikt, § 186 StGB

1. Aufbau
I. Tatbestand
  1. Objektiver Tatbestand
     a) In Beziehung auf einen anderen eine Tatsache behauptet oder verbreitet
     b) Tatsache ist denselben verächtlich zu machen oder in der öffentlichen Meinung herabzuwürdigen geeignet
     c) Beleidigungsfähigkeit des Betroffenen
     d) Äußerung ist zur Kenntnis eines anderen gelangt
  2. Subjektiver Tatbestand
II. Wenn nicht diese Tatsache erweislich wahr ist
III. Rechtswidrigkeit
  • insbesondere § 193 StGB
IV. Schuld
V. Strafantrag: §§ 194 StGB

2. Tatbestand

a) Objektiver Tatbestand
Zum Anwendungsbereich – **Tatsache; in Beziehung auf einen anderen** – vgl. schon o.

Behaupten heißt, etwas nach eigener Überzeugung als richtig hinzustellen.[86]

---

[85] Hierzu Eisele, BT I, 6. Aufl. 2021, Rn. 602ff.
[86] Joecks/Jäger, StGB, 13. Aufl. 2021, § 186 Rn. 9; aus der Rspr. vgl. RG U. v. 06.03.1906 – 188/06 – RGSt 38, 368; RG U. v. 12.10.1926 – I 504/26 – RGSt 60, 373; OLG Köln U. v. 07.06.1963 – Ss 85/63 – NJW 1963, 1634; OLG Hamm U. v. 15.01.1971 – 3 Ss 972/70 – NJW 1971, 853; BGH U. v. 30.01.1996 – VI ZR 386/94 – NJW 1996, 1132.

Unerheblich ist, ob dies als Ergebnis eigener oder fremder Wahrnehmung oder Schlussfolgerung dargestellt wird. Es ist nicht nötig, dass dem Adressaten die Tatsache vorher unbekannt war.[87]

Verbreiten ist die Weitergabe von Mitteilungen als Gegenstand fremden Wissens.[88] Kenntlichmachungen als Gerücht, Verdacht o. Ä.[89] sowie persönliche Distanzierungen[90] stehen daher dieser Tathandlung nicht entgegen. Selbst eine Formulierung als Frage kommt in Betracht.[91]

Das Schaffen kompromittierender Sachlagen ist nicht erfasst.[92]

Die Tatsache muss **geeignet** sein, den Betroffenen **verächtlich zu machen** oder in der **öffentlichen Meinung herabzuwürdigen**, sog. Ehrenrührigkeit.[93] Erforderlich ist also eine Eignung zu einer Ehrverletzung, welche wie bei § 185 StGB zu verstehen ist (s. o.).

b) Subjektiver Tatbestand

Gem. § 15 StGB ist Vorsatz erforderlich.

Zu beachten ist, dass sich der Vorsatz nicht auf die Nichterweislichkeit der Wahrheit der Tatsache als objektive Bedingung der Strafbarkeit erstrecken muss, s. sogleich.

3. Wenn nicht diese Tatsache erweislich wahr ist

Das Merkmal, dass die Tatsache nicht erweislich wahr sein darf, stellt nach ganz h. M. eine **objektive Bedingung der Strafbarkeit** dar, sodass der Täter diesbzgl. weder vorsätzlich noch fahrlässig handeln muss.[94] Der Täter trägt also das Risiko

---

[87] Regge/Pegel, in: MK-StGB, 4. Aufl. 2021, § 186 Rn. 17.

[88] Joecks/Jäger, StGB, 13. Aufl. 2021, § 186 Rn. 10; aus der Rspr. vgl. RG U. v. 06.03.1906 – 188/06 – RGSt 38, 368.

[89] Fischer, StGB, 71. Aufl. 2024, § 186 Rn. 9; aus der Rspr. vgl. RG U. v. 06.03.1906 – 188/06 – RGSt 38, 368; RG U. v. 12.10.1926 – I 504/26 – RGSt 60, 373; RG U. v. 24.11.1932 – II 1205/32 – RGSt 67, 268; OLG Hamm U. v. 02.02.1953 – 2 Vs 37/52 – NJW 1953, 596; OLG Hamburg U. v. 12.10.1966 – 1 Ss 46/66 – NJW 1967, 213; BVerfG B. v. 30.09.2003 – 1 BvR 865/00 – NJW 2004, 590.

[90] H. M., s. Kindhäuser/Hilgendorf, LPK, 9. Aufl. 2022, 186 Rn. 8; aus der Rspr. vgl. RG U. v. 17.11.1891 – 2983/91 – RGSt 22, 221; RG U. v. 06.03.1906 – 188/06 – RGSt 38, 368; BGH U. v. 15.01.1963 – 1 StR 478/62 (Callgirl-Ring) – BGHSt 18, 182 = NJW 1963, 665 (Anm. Preuße JuS 1963, 248; Schneider NJW 1963, 667; Fuhrmann JuS 1970, 70); OLG Köln U. v. 07.06.1963 – Ss 85/63 – NJW 1963, 1634; OLG Hamm U. v. 29.10.1971 – 1 Ss 976/70 – NJW 1971, 1852.

[91] Fischer, StGB, 71. Aufl. 2024, § 186 Rn. 8; aus der Rspr. vgl. RG U. v. 12.10.1926 – I 504/26 – RGSt 60, 374; OLG Köln U. v. 05.12.1961 – Ss 389/61 – NJW 1962, 1121 (Anm. Preuße JuS 1962, 325; Schaper NJW 1962, 1123).

[92] Fischer, StGB, 71. Aufl. 2024, § 186 Rn. 8; näher Streng GA 1985, 214; aus der Rspr. vgl. BGH B. v. 03.11.1983 – 1 StR 515/83 – NStZ 1984, 216 = StV 1984, 422 (Anm. Otto JK 1985 StGB §§ 185ff./2).

[93] Hierzu Eisele, BT I, 6. Aufl. 2021, Rn. 605; aus der Rspr. vgl. OLG Karlsruhe U. v. 25.11.2004 – 3 Ss 81/04 – NJW 2005, 612 = NStZ 2005, 575 (Anm. RA 2005, 182; Mosbacher NStZ 2005, 576).

[94] S. nur Eisele, BT I, 6. Aufl. 2021, Rn. 613f.; näher Bemmann MDR 1956, 387; Helle NJW 1961, 1896; Kaiser NJW 1962, 236; Helle NJW 1964, 841; aus der Rspr. vgl. zuletzt BGH B. v. 06.08.2019 – 3 StR 190/19 – NStZ-RR 2019, 375 = StV 2021, 104 (Anm. Schlösser StV 2021, 107).

für seine Äußerung; er soll sich nicht darauf berufen können, er habe die Tatsache für wahr gehalten.

Der Wahrheitsbeweis ist dann erbracht, wenn der **Tatsachenkern** als wahr erwiesen ist, der das Ehrverletzende der zu beurteilenden Äußerung begründet.[95]

Zur Sonderregelung in § 190 StGB (Wahrheitsbeweis durch Strafurteil) s. o.

Als problematisch erweist es sich insbesondere, wenn ein Verdacht geäußert und/oder eine Strafanzeige aufgegeben wird[96] – schreckt doch eine drohende Strafbarkeit evtl. von Strafanzeigen ab, obwohl die polizeiliche Arbeit dringend auf solche angewiesen ist.

4. Rechtswidrigkeit
§ 193 StGB ist anwendbar,[97] allerdings hat die Prüfung des Wahrheitsgehalts Vorrang.[98]

5. Schuld
Es gelten die allgemeinen Grundsätze.

6. Rechtsfolgen
Das Grunddelikt der Üblen Nachrede sieht Freiheitsstrafe bis zu einem Jahr (im Minimum also ein Monat, § 38 II StGB) oder Geldstrafe (zu den Grenzen s. § 40 StGB) vor.

7. Sonstiges
Der Versuch straflos.

Zu den §§ 194, 199, 200 StGB s. o. bei § 185 StGB.

---

[95] Fischer, StGB, 71. Aufl. 2024, § 186 Rn. 12; aus der Rspr. vgl. RG U. v. 21.12.1920 – II 1214/20 – RGSt 55, 129; RG U. v. 20.03.1928 – I 963/27 – RGSt 62, 83; RG U. v. 07.07.1930 – II 439/30 – RGSt 64, 284; BGH U. v. 15.01.1963 – 1 StR 478/62 (Callgirl-Ring) – BGHSt 18, 182 = NJW 1963, 665 (Anm. Preuße JuS 1963, 248; Schneider NJW 1963, 667; Fuhrmann JuS 1970, 70).

[96] Hierzu Regge/Pegel, in: MK-StGB, 4. Aufl. 2021, § 186 Rn. 17; näher Müller MDR 1965, 629; Ranft MDR 1966, 107; Koch NJW 2005, 943; aus der Rspr. vgl. BayObLG U. v. 07.12.1953 – RevReg. 3 St 91/53 – NJW 1954, 1010; OLG Köln U. v. 05.12.1961 – Ss 389/61 – NJW 1962, 1121 (Anm. Preuße JuS 1962, 325; Schaper NJW 1962, 1123); BayObLG U. v. 06.03.1962 – RReg. 2 St 667 a, b/61 – NJW 1962, 1120; OLG Köln U. v. 07.06.1963 – Ss 85/63 – NJW 1963, 1634; OLG Hamm U. v. 15.01.1971 – 3 Ss 972/70 – NJW 1971, 853; OLG Köln B. v. 21.01.1997 – Ss 10/97 – NJW 1997, 1247 (Anm. Otto JK 1997 StGB § 193/4; Fahl JA 1998, 365); BVerfG B. v. 27.04.2006 – 2 BvR 358/06 – NJW 2006, 2318.

[97] Eisele, BT I, 6. Aufl. 2021, Rn. 616; aus der Rspr. vgl. RG U. v. 19.12.1890 – 2721/90 – RGSt 21, 250; BayObLG U. v. 17.01.1956 – RReg. 2 St 760/55 – NJW 1956, 602; OLG Hamm B. v. 30.06.1986 – 4 Ss 271/86 – NJW 1987, 1034 (Anm. Hassemer JuS 1987, 577).

[98] Kindhäuser/Hilgendorf, LPK, 9. Aufl. 2022, § 186 Rn. 15; aus der Rspr. vgl. BGH B. v. 21.10.1977 – 4 StR 686/76 – BGHSt 27, 290 = NJW 1978, 834 (Anm. Hassemer JuS 1978, 493); OLG Frankfurt U. v. 02.12.1988 – 1 Ss 27/88 – NJW 1989, 1367 = NStZ 1989, 361 (Anm. Dau NStZ 1989, 361; Maiwald JR 1989, 485); BayObLG U. v. 18.02.1998 – 5 St RR 117/97 – NJW 1999, 1982 (Anm. Foth JR 1998, 387).

III. Qualifikationen

In § 186 StGB wird die Tat qualifiziert, wenn sie öffentlich, in einer Versammlung oder durch Verbreiten eines Inhalts (§ 11 III StGB) begangen wurde. Zu diesen Merkmalen s. o. bei § 185 StGB.

Die in § 186 StGB enthaltenen Qualifikationen eröffnen den Strafrahmen der Freiheitsstrafe bis zu zwei Jahren oder Geldstrafe.

Eine weitere Qualifikation findet sich in § 188 II i. V. m. I StGB. Zu den dortigen Merkmalen s. o. bei § 185 StGB.

§ 188 II i. V. m. I StGB sieht bzgl. der Üblen Nachrede Freiheitsstrafe von drei Monaten bis zu fünf Jahren vor.

D. Verleumdung, § 187 StGB

I. Allgemeines

§ 187 StGB enthält die Verleumdung i. e. S. und die sog. Kreditgefährdung. Die Verleumdung ist ein qualifizierter Fall der üblen Nachrede;[99] die Kreditgefährdung ist ein eigenständiges Vermögensdelikt.[100]

> **§ 187 StGB (Verleumdung)**
> Wer wider besseres Wissen in Beziehung auf einen anderen eine unwahre Tatsache behauptet oder verbreitet, welche denselben verächtlich zu machen oder in der öffentlichen Meinung herabzuwürdigen oder dessen Kredit zu gefährden geeignet ist, wird mit Freiheitsstrafe bis zu zwei Jahren oder mit Geldstrafe und, wenn die Tat öffentlich, in einer Versammlung oder durch Verbreiten eines Inhalts (§ 11 Abs. 3) begangen ist, mit Freiheitsstrafe bis zu fünf Jahren oder mit Geldstrafe bestraft.

II. Grunddelikt, § 187 StGB

1. Aufbau
  I. Tatbestand
    1. Objektiver Tatbestand
       a) In Beziehung auf einen anderen eine unwahre Tatsache behauptet oder verbreitet

---

[99] Eisele, BT I, 6. Aufl. 2021, Rn. 621.
[100] Fischer, StGB, 71. Aufl. 2024, § 187 Rn. 1; näher Lampe FS Oehler 1985, 275; aus der Rspr. vgl. RG U. v. 14.03.1898 – 422/98 – RGSt 31, 84.

        b) Tatsache ist denselben verächtlich zu machen oder in der öffentlichen Meinung herabzuwürdigen oder dessen Kredit zu gefährden geeignet
        c) Beleidigungsfähigkeit des Betroffenen
        d) Äußerung ist zur Kenntnis eines anderen gelangt
    2. Subjektiver Tatbestand
        a) Vorsatz
        b) Wider besseres Wissen bzgl. Unwahrheit der Tatsache
 II. Rechtswidrigkeit
III. Schuld
IV. Strafantrag, § 194 StGB

2. Tatbestand

a) Objektiver Tatbestand
Zum Begriff der (hier unwahren) Tatsache, zur Ehrenrührigkeit und den Tathandlungen s. o. bei den §§ 185, 186 StGB.

b) Subjektiver Tatbestand
Gem. § 15 StGB ist **Vorsatz** erforderlich, allerdings setzt § 187 StGB darüber hinaus voraus, dass der Täter „**wider besseres Wissen**" bzgl. der Unwahrheit der Tatsache handelt,[101] d. h. er muss insofern sicheres Wissen aufweisen.

3. Rechtswidrigkeit
I. R. d. Rechtswidrigkeit ist zu beachten, dass **§ 193 StGB nicht** anwendbar ist.[102]

4. Schuld
Es gelten die allgemeinen Grundsätze.

5. Rechtsfolgen
Das Grunddelikt der Verleumdung sieht Freiheitsstrafe bis zu zwei Jahren (im Minimum also ein Monat, § 38 II StGB) oder Geldstrafe (zu den Grenzen s. § 40 StGB) vor.

6. Sonstiges
Der Versuch straflos.

---

[101] Hierzu Eisele, BT I, 6. Aufl. 2021, Rn. 624; aus der Rspr. vgl. RG U. v. 10.10.1899 – 3082/99 – RGSt 32, 302.

[102] H. M., z. B. Eisele, BT I, 6. Aufl. 2021, Rn. 625; aus der Rspr. vgl. RG U. v. 12.10.1914 – I 590/14 – RGSt 48, 414; RG U. v. 07.12.1923 – I 922/23 – RGSt 58, 39; RG U. v. 12.11.1925 – II 447/25 – RGSt 59, 414; RG U. v. 16.09.1926 – III 419/26 – RGSt 60, 335; RG U. v. 21.03.1929 – II 86/29 – RGSt 63, 92; BGH U. v. 08.12.1959 – 2 StR 486/59 (Verdachtsäußerung) – BGHSt 14, 48 = NJW 1960, 779; OLG Hamm U. v. 15.01.1971 – 3 Ss 972/70 – NJW 1971, 853; BGH U. v. 03.08.1994 – 2 StR 161/94 – NStZ 1995, 78 = StV 1996, 259 (Anm. Jahn StV 1996, 259).

Im Hinblick auf die **Konkurrenzen** gilt, dass § 186 StGB hinter § 187 StGB zurücktritt.[103]

Problematisch ist das Verhältnis von § 185 StGB und den §§ 186, 187 StGB,[104] wenn dieselbe Äußerung gegenüber dem Ehrträger selbst und einem Dritten ergeht, oder wenn die Äußerung sowohl Tatsachen als auch Werturteile enthält:[105] Während eine Minderheitsauffassung[106] auch in diesen Fällen ein Zurücktreten des § 185 StGB annimmt, gehen die Rspr.[107] und die h. L.[108] von Tateinheit aus. Letzteres überzeugt, da nur so die Betroffenheit mehrerer Rechtsgutsträger bzw. der in doppelter Weise ehrenrührige Charakter der Äußerung klargestellt wird.

Zu den §§ 194, 199, 200 StGB s. o. bei § 185 StGB.

III. Qualifikationen

In § 187 StGB wird die Tat qualifiziert, wenn sie öffentlich, in einer Versammlung oder durch Verbreiten eines Inhalts (§ 11 III StGB) begangen wurde. Zu diesen Merkmalen s. o. bei § 185 StGB.

Die in § 187 StGB enthaltenen Qualifikationen eröffnen den Strafrahmen der Freiheitsstrafe bis zu fünf Jahren oder Geldstrafe.

Eine weitere Qualifikation findet sich in § 188 II i. V. m. I StGB. Zu den dortigen Merkmalen s. o. bei § 185 StGB.

§ 188 II i. V. m. I StGB sieht bzgl. der Verleumdung Freiheitsstrafe von sechs Monaten bis zu fünf Jahren vor.

E. Verunglimpfung des Andenkens Verstorbener, § 189 StGB

I. Aufbau

I. Tatbestand
   1. Objektiver Tatbestand
      a) Das Andenken eines Verstorbenen
      b) Verunglimpft

---

[103] Regge/Pegel, in: MK-StGB, 4. Aufl. 2021, § 187 Rn. 29.

[104] Zur grundsätzlichen Abgrenzung der Anwendungsbereiche s. o. B III.

[105] Hierzu Fischer, StGB, 71. Aufl. 2024, § 186 Rn. 21 i. V. m. § 185 Rn. 20; aus der Rspr. vgl. RG U. v. 17.01.1908 – V 984/07 – RGSt 41, 61; RG U. v. 12.11.1925 – II 447/25 – RGSt 59, 414; RG U. v. 23.10.1930 – II 1408/29 – RGSt 65, 113; RG U. v. 25.09.1931 – I 670/31 – RGSt 65, 358; BGH U. v. 12.05.1954 – 6 StR 92/54 – BGHSt 6, 159 = NJW 1954, 1252; BGH U. v. 20.01.1959 – 1 StR 518/58 – BGHSt 12, 287 = NJW 1959, 636; BayObLG U. v. 06.03.1962 – RReg. 2 St 667 a, b/61 – NJW 1962, 1120; OLG Hamm U. v. 08.06.1971 – 5 Vs 2/71 – NJW 1971, 1850 (Anm. Hassemer JuS 1972, 104).

[106] Rogall, in: SK-StGB, 10. Aufl. 2024, vor § 185 Rn. 58.

[107] S. o.

[108] Etwa Valerius, in: BeckOK-StGB, Stand 01.02.2024, § 186 Rn. 27.

2. Subjektiver Tatbestand
II. Rechtswidrigkeit
III. Schuld
IV. Strafantrag, § 194 StGB

II. Allgemeines

§ 189 StGB[109] enthält kein Ehrdelikt i. e. S., sondern schützt das Pietätsempfinden der Allgemeinheit (besonders der Angehörigen).[110]

> **§ 189 StGB (Verunglimpfung des Andenkens Verstorbener)**
> Wer das Andenken eines Verstorbenen verunglimpft, wird mit Freiheitsstrafe bis zu zwei Jahren oder mit Geldstrafe bestraft.

III. Tatbestand

Verunglimpfen ist eine nach Form, Inhalt, Begleitumständen oder Beweggrund erhebliche Beleidigung durch Tatsachenäußerung oder Werturteil.[111]

Die Grundsätze über die Beleidigung einzelner durch Verwendung einer Kollektivbezeichnung gelten auch für die Verunglimpfung des Andenkens Verstorbener.[112]

Soweit ganze Gruppen verunglimpft werden, kommt auch eine Volksverhetzung gem. § 130 StGB in Betracht. Hierin kann auch eine Beleidigung noch lebender Angehöriger der Gruppe nach § 185 StGB liegen. Dies betrifft insbesondere die Leugnung des Holocausts („Auschwitzlüge").[113]

---

[109] Hierzu näher Rüping GA 1977, 299.

[110] Problematisch, s. Kindhäuser/Hilgendorf, LPK, 9. Aufl. 2022, § 189 Rn. 1; Regge/Pegel, in: MK-StGB, 4. Aufl. 2021, § 189 Rn. 4ff.; aus der Rspr. vgl. zuletzt LG Meiningen B. v. 05.08.2022 – 6 Qs 146/22 (Anm. Albrecht jurisPR-StrafR 17/2022 Anm. 2).

[111] Valerius, in: BeckOK-StGB, Stand 01.02.2024, § 189 Rn. 3; aus der Rspr. vgl. BGH U. v. 28.01.1959 – 3 StR 41/58 – BGHSt 12, 364 = NJW 1959, 635; BGH U. v. 01.12.1961 – 3 StR 38/61 – BGHSt 16, 338 = NJW 1962, 402; LG Göttingen U. v. 05.04.1978 – 3 KLs 17/77 – NJW 1979, 1558; BayObLG U. v. 26.02.1988 – RReg. 2 St 244/87 – NJW 1988, 2901.

[112] Aus der Rspr. vgl. zuletzt LG Meiningen B. v. 05.08.2022 – 6 Qs 146/22 (Anm. Albrecht jurisPR-StrafR 17/2022 Anm. 2).

[113] Hierzu Regge/Pegel, in: MK-StGB, 4. Aufl. 2021, § 185 Rn. 13; Ostendorf NJW 1985, 1062; Vogelgesang NJW 1985, 2386; Köhler NJW 1985, 2389; Beisel NJW 1995, 997; aus der Rspr. vgl. BGH U. v. 15.03.1994 – 1 StR 179/93 – BGHSt 40, 97 = NJW 1994, 1421 = NStZ 1994, 390 = StV 1994, 538 (Anm. Geppert JK 1994 StGB § 130/1; Schmidt JuS 1994, 986; Baumann NStZ 1994, 392; Jakobs StV 1994, 540).

§ 130 StGB (Volksverhetzung)
(1) Wer in einer Weise, die geeignet ist, den öffentlichen Frieden zu stören,
   1. gegen eine nationale, rassische, religiöse oder durch ihre ethnische Herkunft bestimmte Gruppe, gegen Teile der Bevölkerung oder gegen einen Einzelnen wegen seiner Zugehörigkeit zu einer vorbezeichneten Gruppe oder zu einem Teil der Bevölkerung zum Hass aufstachelt, zu Gewalt- oder Willkürmaßnahmen auffordert oder
   2. die Menschenwürde anderer dadurch angreift, dass er eine vorbezeichnete Gruppe, Teile der Bevölkerung oder einen Einzelnen wegen seiner Zugehörigkeit zu einer vorbezeichneten Gruppe oder zu einem Teil der Bevölkerung beschimpft, böswillig verächtlich macht oder verleumdet,
wird mit Freiheitsstrafe von drei Monaten bis zu fünf Jahren bestraft.
(2) Mit Freiheitsstrafe bis zu drei Jahren oder mit Geldstrafe wird bestraft, wer
   1. einen Inhalt (§ 11 Absatz 3) verbreitet oder der Öffentlichkeit zugänglich macht oder einer Person unter achtzehn Jahren einen Inhalt (§ 11 Absatz 3) anbietet, überlässt oder zugänglich macht, der
      a) zum Hass gegen eine in Absatz 1 Nummer 1 bezeichnete Gruppe, gegen Teile der Bevölkerung oder gegen einen Einzelnen wegen seiner Zugehörigkeit zu einer in Absatz 1 Nummer 1 bezeichneten Gruppe oder zu einem Teil der Bevölkerung aufstachelt,
      b) zu Gewalt- oder Willkürmaßnahmen gegen in Buchstabe a genannte Personen oder Personenmehrheiten auffordert oder
      c) die Menschenwürde von in Buchstabe a genannten Personen oder Personenmehrheiten dadurch angreift, dass diese beschimpft, böswillig verächtlich gemacht oder verleumdet werden oder
   2. einen in Nummer 1 Buchstabe a bis c bezeichneten Inhalt (§ 11 Absatz 3) herstellt, bezieht, liefert, vorrätig hält, anbietet, bewirbt oder es unternimmt, diesen ein- oder auszuführen, um ihn im Sinne der Nummer 1 zu verwenden oder einer anderen Person eine solche Verwendung zu ermöglichen.
(3) Mit Freiheitsstrafe bis zu fünf Jahren oder mit Geldstrafe wird bestraft, wer eine unter der Herrschaft des Nationalsozialismus begangene Handlung der in § 6 Abs. 1 des Völkerstrafgesetzbuches bezeichneten Art in einer Weise, die geeignet ist, den öffentlichen Frieden zu stören, öffentlich oder in einer Versammlung billigt, leugnet oder verharmlost.
(4) Mit Freiheitsstrafe bis zu drei Jahren oder mit Geldstrafe wird bestraft, wer öffentlich oder in einer Versammlung den öffentlichen Frieden in einer die Würde der Opfer verletzenden Weise dadurch stört, dass er die nationalsozialistische Gewalt- und Willkürherrschaft billigt, verherrlicht oder rechtfertigt.
(5) Absatz 2 gilt auch für einen in den Absätzen 3 oder 4 bezeichneten Inhalt (§ 11 Absatz 3).
(6) In den Fällen des Absatzes 2 Nummer 1, auch in Verbindung mit Absatz 5, ist der Versuch strafbar.
(7) In den Fällen des Absatzes 2, auch in Verbindung mit den Absätzen 5 und 6, sowie in den Fällen der Absätze 3 und 4 gilt § 86 Absatz 4 entsprechend.

IV. Rechtswidrigkeit

§ 193 StGB ist anwendbar.[114]

V. Schuld

Es gelten die allgemeinen Grundsätze.

VI. Rechtsfolgen

§ 189 StGB sieht Freiheitsstrafe bis zu zwei Jahren (im Minimum also ein Monat, § 38 II StGB) oder Geldstrafe (zu den Grenzen s. § 40 StGB) vor.

VII. Sonstiges

Der Versuch straflos.
    Zu den §§ 194, 199, 200 StGB s. o. bei § 185 StGB.

F. Verhetzende Beleidigung, § 192a StGB

I. Aufbau

I. Tatbestand
  1. Objektiver Tatbestand
    a) Inhalt (§ 11 Absatz 3 StGB), der geeignet ist, die Menschenwürde anderer dadurch anzugreifen, dass er eine durch ihre nationale, rassische, religiöse oder ethnische Herkunft, ihre Weltanschauung, ihre Behinderung oder ihre sexuelle Orientierung bestimmte Gruppe oder einen Einzelnen wegen seiner Zugehörigkeit zu einer dieser Gruppen beschimpft, böswillig verächtlich macht oder verleumdet
    b) An eine andere Person, die zu einer der vorbezeichneten Gruppen gehört, gelangen lässt, ohne von dieser Person hierzu aufgefordert zu sein
  2. Subjektiver Tatbestand
II. Rechtswidrigkeit
III. Schuld
IV. Strafantrag, § 194 StGB

---

[114] Valerius, in: BeckOK-StGB, Stand 01.02.2024, § 193 Rn. 2; aus der Rspr. vgl. LG Göttingen U. v. 05.04.1978 – 3 KLs 17/77 – NJW 1979, 1558.

II. Allgemeines

§ 192a StGB stellt die verhetzende Beleidigung unter Strafe.[115]

> **§ 192a StGB (Verhetzende Beleidigung)**
> Wer einen Inhalt (§ 11 Absatz 3), der geeignet ist, die Menschenwürde anderer dadurch anzugreifen, dass er eine durch ihre nationale, rassische, religiöse oder ethnische Herkunft, ihre Weltanschauung, ihre Behinderung oder ihre sexuelle Orientierung bestimmte Gruppe oder einen Einzelnen wegen seiner Zugehörigkeit zu einer dieser Gruppen beschimpft, böswillig verächtlich macht oder verleumdet, an eine andere Person, die zu einer der vorbezeichneten Gruppen gehört, gelangen lässt, ohne von dieser Person hierzu aufgefordert zu sein, wird mit Freiheitsstrafe bis zu zwei Jahren oder mit Geldstrafe bestraft.

Das 2021 neu geschaffene Delikt soll ehrverletzende Verhaltensweisen gegenüber bestimmten Gruppen und insbesondere Minderheiten erfassen, die weder unter § 130 StGB noch unter § 185 StGB fallen. Neben dem Ehrschutz dient die Normfassung der Unterbindung von Diskriminierungen.[116]

III. Tatbestand

1. Objektiver Tatbestand

a) Inhalt (§ 11 Absatz 3 StGB), der geeignet ist, die Menschenwürde anderer dadurch anzugreifen, dass er eine durch ihre nationale, rassische, religiöse oder ethnische Herkunft, ihre Weltanschauung, ihre Behinderung oder ihre sexuelle Orientierung bestimmte Gruppe oder einen Einzelnen wegen seiner Zugehörigkeit zu einer dieser Gruppen beschimpft, böswillig verächtlich macht oder verleumdet

Tauglicher **Tatgegenstand** ist ein Inhalt (§ 11 III StGB), der geeignet ist, die Menschenwürde anderer dadurch anzugreifen, dass er eine durch ihre nationale, rassische, religiöse oder ethnische Herkunft, ihre Weltanschauung, ihre Behinderung oder ihre sexuelle Orientierung bestimmte Gruppe oder einen Einzelnen wegen seiner Zugehörigkeit zu einer dieser Gruppen beschimpft, böswillig verächtlich macht oder verleumdet.

---

[115] Hierzu Ebner/Kulhanek ZStW 2021, 984; Nussbaum KriPoZ 2021, 335; Hoven/Witting NStZ 2022, 589; Jansen GA 2022, 94; Mitsch KriPoZ 2022, 398; Rostalski/Weiss KriPoZ 2023, 199; Kusche KriPoZ 2023, 211; Beck/Nussbaum KriPoZ 2023, 218; Schwarz/Heger ZStW 2024, 57.
[116] Valerius, in: BeckOK-StGB, Stand 01.02.2024, § 192a Rn. 1f.

Die Norm greift hier neben Ehrdeliktsbegriffen (s. o.) solche des § 130 StGB auf. Im Hinblick auf den Menschenwürdeangriff ist zu beachten, dass die Eignung dazu ausreicht.

b) An eine andere Person, die zu einer der vorbezeichneten Gruppen gehört, gelangen lässt, ohne von dieser Person hierzu aufgefordert zu sein
Das Gelangenlassen setzt voraus, dass der relevante Inhalt derart in den Verfügungsbereich der anderen Person gelangt, dass diese hiervon Kenntnis nehmen kann.[117] Als negatives Tatbestandsmerkmal fungiert einschränkend die mangelnde Aufforderung.

2. Subjektiver Tatbestand
Gem. § 15 StGB ist Vorsatz erforderlich.

IV. Rechtswidrigkeit

§ 193 StGB ist anwendbar.[118]

V. Schuld

Es gelten die allgemeinen Grundsätze.

VI. Rechtsfolgen

§ 192a StGB sieht Freiheitsstrafe bis zu zwei Jahren (im Minimum also ein Monat, § 38 II StGB) oder Geldstrafe (zu den Grenzen s. § 40 StGB) vor.

VII. Sonstiges

Der Versuch straflos.
Zu den §§ 194, 199, 200 StGB s. o. bei § 185 StGB.

---

[117] Valerius, in: BeckOK-StGB, Stand 01.02.2024, § 192a Rn. 6.
[118] Valerius, in: BeckOK-StGB, Stand 01.02.2024, § 192a Rn. 9.

6. Kapitel: Straftaten gegen den persönlichen Lebens- und Geheimbereich, §§ 201ff. StGB

▶ **Didaktische Aufsätze**
- Blei, Die „Verletzung des persönlichen Lebens- und Geheimbereichs" (15. Abschnitt: §§ 201ff. StGB), JA 1974, 601
- Schmitz, Übersicht zum strafrechtlichen Schutz des persönlichen Lebens- und Geheimbereichs, JA 1995, 31

Der 15. Abschnitt des Besonderen Teils des StGB[1] ist missverständlich eng benannt, da Daten und Geheimnisse auch jenseits der persönlichen Sphäre geschützt werden.[2]

A. Verletzung der Vertraulichkeit des Wortes, § 201 StGB

▶ **Didaktischer Aufsatz**
- Schmitz, Verletzung der Vertraulichkeit des Wortes, § 201, JA 1995, 118

I. Allgemeines

§ 201 StGB[3] stellt die Verletzung der Vertraulichkeit des Wortes unter Strafe.

---

[1] Zu Reformüberlegungen Peglau ZRP 1998, 249; Pollähne KritV 2003, 387; Kühl FS Schöch 2010, 419.
[2] Graf, in: MK-StGB, 4. Aufl. 2021, vor § 201 Rn. 7.
[3] Hierzu näher Evers ZRP 1970, 147; Schilling JZ 1981, 7; Lenckner FS Baumann 1992, 135; Schmitz JA 1995, 118.

> **§ 201 I-IV StGB (Verletzung der Vertraulichkeit des Wortes)**
> (1) Mit Freiheitsstrafe bis zu drei Jahren oder mit Geldstrafe wird bestraft, wer unbefugt
> 1. das nicht öffentlich gesprochene Wort eines anderen auf einen Tonträger aufnimmt oder
> 2. eine so hergestellte Aufnahme gebraucht oder einem Dritten zugänglich macht.
> (2) Ebenso wird bestraft, wer unbefugt
> 1. das nicht zu seiner Kenntnis bestimmte nicht öffentlich gesprochene Wort eines anderen mit einem Abhörgerät abhört oder
> 2. das nach Absatz 1 Nr. 1 aufgenommene oder nach Absatz 2 Nr. 1 abgehörte nicht öffentlich gesprochene Wort eines anderen im Wortlaut oder seinem wesentlichen Inhalt nach öffentlich mitteilt.
> Die Tat nach Satz 1 Nr. 2 ist nur strafbar, wenn die öffentliche Mitteilung geeignet ist, berechtigte Interessen eines anderen zu beeinträchtigen. Sie ist nicht rechtswidrig, wenn die öffentliche Mitteilung zur Wahrnehmung überragender öffentlicher Interessen gemacht wird.
> (3) Mit Freiheitsstrafe bis zu fünf Jahren oder mit Geldstrafe wird bestraft, wer als Amtsträger oder als für den öffentlichen Dienst besonders Verpflichteter die Vertraulichkeit des Wortes verletzt (Absätze 1 und 2).
> (4) Der Versuch ist strafbar.

Die Norm schützt das Recht des Einzelnen, die Reichweite einer Äußerung zu bestimmen und damit auch die Unbefangenheit des – flüchtigen – gesprochenen Wortes.[4]

II. Grunddelikte, § 201 I, II StGB

1. § 201 I Nr. 1 StGB

a) Aufbau
  I. Tatbestand
   1. Objektiver Tatbestand
      a) Das nicht öffentlich gesprochene Wort eines anderen
      b) Auf einen Tonträger aufnimmt
      c) Unbefugt

---

[4] Joecks/Jäger, StGB, 13. Aufl. 2021, § 201 Rn. 1; aus der Rspr. vgl. zuletzt OLG Zweibrücken B. v. 30.06.2022 – 1 OLG 2 Ss 62/21 – NJW 2022, 330 = StV-S 2023, 54 (Anm. Reuschel NJW 2022, 3302; RÜ 2023, 177; Zühlke StV-S 2023, 87); OLG Düsseldorf U. v. 04.11.2022 – 3 RVs 28/22 – StV-S 2023, 53 (Anm. Nestler Jura 2023, 385; Kudlich JA 2023, 342; RÜ 2023, 312; Zühlke StV-S 2023, 87); LG Hanau B. v. 20.04.2023 – 1 Qs 23/22 (Anm. RÜ 2023, 786); LG Hanau U. v. 13.09.2023 – 5 KLs 3350 Js 16251/22 (Anm. Pschorr jurisPR-StrafR 6/2024 Anm. 2).

A. Verletzung der Vertraulichkeit des Wortes, § 201 StGB

   2. Subjektiver Tatbestand
II. Rechtswidrigkeit
III. Schuld
IV. Strafantrag, § 205 StGB

b) Tatbestand

aa) Objektiver Tatbestand

(1) Das nicht öffentlich gesprochene Wort eines anderen
§ 201 I Nr. 1 StGB erfordert zunächst ein **„gesprochenes Wort"**.

Andere stimmliche Äußerungen (z. B. Gähnen, Lachen, Stöhnen, Schnarchen) sind nicht erfasst,[5] Gesang hingegen schon.

Die Äußerung ist **nicht öffentlich**, wenn sie nicht für einen größeren, nach Zahl und Individualität unbestimmten und nicht durch persönliche oder sachliche Beziehungen miteinander verbundenen Personenkreis bestimmt oder unmittelbar verstehbar ist.[6]

Die Größe des Zuhörerkreises an sich ist irrelevant, solange der Kreis abgeschlossen ist.[7]

Die Nichtöffentlichkeit kann aufgrund sog. faktischer Öffentlichkeit aufgehoben sein, wenn sich etwa unbemerkte Zuhörer in einer eigentlich nicht öffentlichen Veranstaltung befinden.[8] Als besonders relevant haben sich offene polizeiliche Maßnahmen erwiesen.[9]

(2) Auf einen Tonträger aufnimmt
Tathandlung des § 201 I Nr. 1 StGB ist die Aufnahme auf einen Tonträger.

---

[5] Kindhäuser/Hilgendorf, LPK, 9. Aufl. 2022, § 201 Rn. 3.
[6] Joecks/Jäger, StGB, 13. Aufl. 2021, § 201 Rn. 2; aus der Rspr. vgl. zuletzt LG Nürnberg-Fürth B. v. 05.03.2021 – 12 Qs 4/21 – NStZ 2023, 255; LG Osnabrück B. v. 24.09.2021 – 10 Qs 49/21 – StV-S 2022, 6 (Anm. Lamsfuß jurisPR-StrafR 21/2021 Anm. 2; Zühlke StV-S 2022, 7); OLG Zweibrücken B. v. 30.06.2022 – 1 OLG 2 Ss 62/21 – NJW 2022, 330 = StV-S 2023, 54 (Anm. Reuschel NJW 2022, 3302; RÜ 2023, 177; Zühlke StV-S 2023, 87); OLG Düsseldorf U. v. 04.11.2022 – 3 RVs 28/22 – StV-S 2023, 53 (Anm. Nestler Jura 2023, 385; Kudlich JA 2023, 342; RÜ 2023, 312; Zühlke StV-S 2023, 87); LG Hanau B. v. 20.04.2023 – 1 Qs 23/22 (Anm. RÜ 2023, 786); LG Hanau U. v. 13.09.2023 – 5 KLs 3350 Js 16251/22 (Anm. Pschorr jurisPR-StrafR 6/2024 Anm. 2).
[7] Fischer, StGB, 71. Aufl. 2024, § 201 Rn. 4; aus der Rspr. vgl. zuletzt LG Osnabrück B. v. 24.09.2021 – 10 Qs 49/21 – StV-S 2022, 6 (Anm. Lamsfuß jurisPR-StrafR 21/2021 Anm. 2; Zühlke StV-S 2022, 7).
[8] Fischer, StGB, 71. Aufl. 2024, § 201 Rn. 4; aus der Rspr. vgl. zuletzt LG Essen U. v. 23.11.2021 – 31 Ns-57 Js 867/19–31/21 (Anm. Nedelmann KJ 2022, 387); OLG Zweibrücken B. v. 30.06.2022 – 1 OLG 2 Ss 62/21 – NJW 2022, 330 = StV-S 2023, 54 (Anm. Reuschel NJW 2022, 3302; RÜ 2023, 177; Zühlke StV-S 2023, 87); OLG Düsseldorf U. v. 04.11.2022 – 3 RVs 28/22 – StV-S 2023, 53 (Anm. Nestler Jura 2023, 385; Kudlich JA 2023, 342; RÜ 2023, 312; Zühlke StV-S 2023, 87); LG Hanau B. v. 20.04.2023 – 1 Qs 23/22 (Anm. RÜ 2023, 786); LG Hanau U. v. 13.09.2023 – 5 KLs 3350 Js 16251/22 (Anm. Pschorr jurisPR-StrafR 6/2024 Anm. 2); KG U. v. 30.11.2023 – 2 ORs 31/23 – 121 Ss 130/23 – NStZ-RR 2024, 124.
[9] Näher Ullenboom NJW 2019, 3108; Liefke ZfIStW 2023, 366; aus der Rspr. vgl. zuletzt LG München I U. v. 11.02.2019 – 25 Ns 116 js 165817/17 – StV 2020, 321) (Anm. Roggan StV 2020,

Tonträger sind alle Geräte mit akustischer Wiedergabemöglichkeit (inkl. Speichermedien für digitale Aufzeichnungen); eine Aufnahme ist die Fixierung des gesprochenen Worts.[10]

(3) Unbefugt
Gemeinsame Voraussetzung aller Varianten ist das „unbefugte" Handeln. Umstritten ist, ob diesem Merkmal eine tatbestandliche Funktion zukommt.[11]

Die Rspr.[12] und die h. L.[13] lehnen dies ab und sehen hierin lediglich den Hinweis auf die Möglichkeit einer Rechtfertigung (insbesondere durch eine Einwilligung, die freilich zu unterscheiden ist von bloßer Kenntnis vom Aufzeichnungsvorgang[14]).

Die Gegenauffassung[15] nimmt eine Unbefugtheit tatbestandlich erst an, wenn der Täter ohne Einverständnis des Betroffenen handelt.

Letzterer Ansicht ist angesichts der Schutzrichtung des Delikts zu folgen: Die einverständliche Aufnahme etc. ist schon im Ansatz kein Unwert. Entbehrlich ist dieser gesetzliche Hinweis wie zahlreiche andere im StGB ohnehin.

bb) Subjektiver Tatbestand
Gem. § 15 StGB ist Vorsatz erforderlich.

c) Rechtswidrigkeit
Es gelten die allgemeinen Rechtfertigungsgründe.

---

328); LG Kassel B. v. 23.09.2019 – 2 Qs 111/19 – StV 2020, 161 (Anm. Roggan StV 2020, 328); LG Aachen B. v. 19.08.2020 – 60 Qs 34/20 (Anm. Klefisch jurisPR-StrafR 6/2021 Anm. 4); LG Nürnberg-Fürth B. v. 05.03.2021 – 12 Qs 4/21 – NStZ 2023, 255; LG Osnabrück B. v. 24.09.2021 – 10 Qs 49/21 – StV-S 2022, 6 (Anm. Lamsfuß jurisPR-StrafR 21/2021 Anm. 2; Zühlke StV-S 2022, 7); LG Essen U. v. 23.11.2021 – 31 Ns-57 Js 867/19–31/21 (Anm. Nedelmann KJ 2022, 387); OLG Zweibrücken B. v. 30.06.2022 – 1 OLG 2 Ss 62/21 – NJW 2022, 330 = StV-S 2023, 54 (Anm. Reuschel NJW 2022, 3302; RÜ 2023, 177; Zühlke StV-S 2023, 87); OLG Düsseldorf U. v. 04.11.2022 – 3 RVs 28/22 – StV-S 2023, 53 (Anm. Nestler Jura 2023, 385; Kudlich JA 2023, 342; RÜ 2023, 312; Zühlke StV-S 2023, 87); LG Hanau B. v. 20.04.2023 – 1 Qs 23/22 (Anm. RÜ 2023, 786); LG Hanau U. v. 13.09.2023 – 5 KLs 3350 Js 16251/22 (Anm. Pschorr jurisPR-StrafR 6/2024 Anm. 2).

[10] Kindhäuser/Hilgendorf, LPK, 9. Aufl. 2022, § 201 Rn. 2f.; näher Graf, in: MK-StGB, 4. Aufl. 2021, § 201 Rn. 20.

[11] Hierzu zsf. Eisele, BT I, 6. Aufl. 2021, Rn. 700; aus der Rspr. vgl. OLG Frankfurt U. v. 28.03.1977 – 2 Ss 2/77 – NJW 1977, 1547 (Anm. Arzt JR 1978, 170); OLG Karlsruhe U. v. 09.11.1978 – 2 Ss 241/78 – NJW 1979, 1513 (Anm. Ostendorf JR 1979, 468; Alber JR 1981, 495); AG Hamburg B. v. 17.11.1983 – 142a – 1588/83 – NJW 1984, 2111; BGH U. v. 09.04.1986 – 3 StR 551/85 (Stimmprobe) – BGHSt 34, 39 = NJW 1986, 2261 = NStZ 1987, 133 = StV 1986, 325 (Anm. Bottke Jura 1987, 356; Wolfslast NStZ 1987, 103; Meyer JR 1987, 215).

[12] S. o.

[13] Etwa Joecks/Jäger, StGB, 13. Aufl. 2021, § 201 Rn. 6f.

[14] Aus der Rspr. vgl. zuletzt OLG Zweibrücken B. v. 30.06.2022 – 1 OLG 2 Ss 62/21 – NJW 2022, 330 = StV-S 2023, 54 (Anm. Reuschel NJW 2022, 3302; RÜ 2023, 177; Zühlke StV-S 2023, 87).

[15] Z. B. Eisele, in: Schönke/Schröder, StGB, 30. Aufl. 2019, § 201 Rn. 13.

Neben der Einwilligung sind insbesondere die §§ 32 und 34 StGB von Bedeutung.[16]

> **Beispiel 123**
>
> **OLG Frankfurt B. v. 11.12.1978 – 4 Ws 127/78 – NJW 1979, 1172 (Anm. Hassemer JuS 1979, 747):**
> Gegen den Kaufmann Z war vor der Wirtschaftsstrafkammer des LG ein Strafverfahren wegen fortgesetzter Steuerhinterziehung und Urkundenunterdrückung anhängig. In diesem Verfahren war einer der Wahlverteidiger des Z der B. Während der Hauptverhandlung kam es mehrfach zu Richterablehnungen wegen Besorgnis der Befangenheit. Im Hauptverhandlungstermin vom 16.05.1977 lehnte B den Berichterstatter der StrK wegen Besorgnis der Befangenheit mit der Begründung ab, der abgelehnte Richter und der Sitzungsvertreter der StA hätten am Abend des 19.04.1977 ein Gespräch geführt, das das laufende Strafverfahren zum Inhalt gehabt habe; es sei über die Behandlung von Beweismitteln, Verfahrenstaktik und das zukünftige Urteil gesprochen worden. B überreichte einen Schriftsatz mit den von ihm mündlich vorgetragenen Ablehnungsgründen. Auf seinen Antrag hin gaben Richter und StA hierzu dienstliche Erklärungen ab. Der Richter erklärte, er habe am Abend des 19.04.1977 mit dem StA keine persönliche Unterhaltung gehabt, demzufolge könne er die ihm für den damaligen Zeitpunkt unterstellten Äußerungen nicht gemacht haben. Der StA erklärte, sich an ein an jenem Tag mit dem Richter geführtes Gespräch mit dem behaupteten Inhalt nicht erinnern zu können. Der Strafkammervorsitzende bat den Angeschuldigten, den Informanten für dieses Gespräch mitzuteilen. Dieser erwiderte, er kenne den Informanten nicht, sei aber im Besitz einer Tonbandaufnahme von diesem Gespräch und überreichte ein Tonbandgerät mit dem Tonband. ◄

Der Verteidiger B könnte sich gem. § 201 I Nr. 2 StGB strafbar gemacht haben. Mit dem Tonband liegt eine Aufnahme des nicht öffentlich gesprochenen Wortes zwischen Richter und Staatsanwalt auf einem Tonträger vor. Zwecks Verfassung des Ablehnungsantrages musste B das Tonband abgespielt, d. h. die Aufnahme gebraucht haben. Ferner wurde das Tonband mit Übergabe an die StrK Dritten zugänglich gemacht. Da B auch vorsätzlich handelte, liegt der Tatbestand vor. B könnte allerdings gerechtfertigt sein. Damit, dass die StrK unter Mitwirkung eines befangenen Richters gegen den Angeklagten Z weiter verhandeln und entscheiden würde, bestand eine gegenwärtige Gefahr für sein Recht auf ein faires Verfahren (Art. 20 III GG, 6 EMRK) und auf den gesetzlichen Richter (Art. 101 I 2 GG). Diese hat B, als Verteidiger Garant des rechtsstaatlichen Verfahrens, in erforderlicher und angemessener Weise abgewehrt. Insofern ist er nach § 34 StGB gerechtfertigt.

---

[16] S. Heger, in: Lackner/Kühl/Heger, StGB, 30. Aufl. 2023, § 201 Rn. 12f.; Kindhäuser/Hilgendorf, LPK, 9. Aufl. 2022, § 201 Rn. 21ff.; aus der Rspr. vgl. BGH U. v. 17.03.1983 – 4 StR 640/82 – BGHSt 31, 304 = NJW 1983, 1570 = NStZ 1983, 466 = StV 1983, 230 (Anm. Geppert JK 1983 StPO § 100a/3; Kratzsch JA 1983, 554; Meyer NStZ 1983, 467; Gössel JZ 1984, 361); BGH U. v. 09.04.1986 – 3 StR 551/85 (Stimmprobe) – BGHSt 34, 39 = NJW 1986, 2261 = NStZ 1987, 133 = StV 1986, 325 (Anm. Bottke Jura 1987, 356; Wolfslast NStZ 1987, 103; Meyer JR 1987, 215); BayObLG U. v. 20.01.1994 – 5 St RR 143/93 – NJW 1994, 1671 = NStZ 1994, 503 = StV 1995, 65 (Anm. Preuß StV 1995, 66).

Beispiel 124

BVerfG B. v. 09.10.2002 – 1 BvR 1611/96 – BVerfGE 106, 28 = NJW 2002, 3619 (Anm. Geier/Schäl/Twelmeier Jura 2004, 121):

Z verkaufte und übergab an B im Februar 1995 ein gebrauchtes Kraftfahrzeug zum Preis von 4800 DM unter Ausschluss jeglicher Gewährleistung. Einen Tag nach Übergabe erhob B Mängelrügen. In der Folgezeit kam es zu mehreren Telefonaten zwischen den Parteien, deren Inhalt im Einzelnen streitig ist. Nachdem eine außergerichtliche Einigung nicht hatte erzielt werden können, erhob B vor dem AG Klage auf Rückabwicklung des Kaufvertrags. Er machte unter anderem geltend, der Vertrag sei bei einem Telefongespräch zwischen den Parteien am 18.02.1995 einverständlich wieder aufgehoben worden. Als Beweis hierfür bot er die Vernehmung seiner Mutter an. Sie habe das Telefonat mithören können, weil das Telefon laut gestellt gewesen sei. ◄

Auch hier könnte eine Rechtfertigung nach § 34 StGB vorliegen. Dabei ist angesichts der verfassungsrechtlichen Wertungen aber zu berücksichtigen, dass die Verletzung des Allgemeinen Persönlichkeitsrechts, genauer des Rechts am gesprochenen Wort nicht angemessen ist, um sich ein Beweismittel für zivilrechtliche Ansprüche zu sichern. Allenfalls bei strafrechtlichen Vorwürfen könnte eine Rechtfertigung in Betracht kommen.

Für öffentlich-rechtliches Handeln i. R. d. Strafverfolgung gelten u. a. die §§ 100a ff. StPO.[17]

d) Schuld

Es gelten die allgemeinen Grundsätze.

e) Rechtsfolgen

§ 201 I, II StGB sieht Freiheitsstrafe bis zu drei Jahren (im Minimum also ein Monat, § 38 II StGB) oder Geldstrafe (zu den Grenzen s. § 40 StGB) vor.

f) Sonstiges

Gem. § 201 IV StGB ist der Versuch strafbar.

§ 205 StGB stellt ein (für § 201 StGB absolutes) **Strafantragserfordernis** auf.

---

[17] S. Hoyer, in: SK-StGB, 10. Aufl. 2024, § 201 Rn. 47; zu §§ 100a ff. StPO Beulke/Swoboda, Strafprozessrecht, 16. Aufl. 2022, Rn. 390ff.; Rudolphi FS Schaffstein 1975, 433; Joecks JA 1983, 59; Staechelin KJ 1995, 465; Deckers StraFo 2002, 109; Neuhaus FS Rieß 2002, 375; Roggan KritV 2003, 76; Nöding StraFo 2007, 456; Ruhmannseder JA 2008, 57; Knierim StV 2008, 206; Reiß StV 2008, 539; Singelnstein NStZ 2012, 593; Gercke StraFo 2014, 94; Meyer-Mews StraFo 2016, 133 und 177.

A. Verletzung der Vertraulichkeit des Wortes, § 201 StGB

> **§ 205 StGB (Strafantrag)**
> (1) In den Fällen des § 201 Abs. 1 und 2 und der §§ 202, 203 und 204 wird die Tat nur auf Antrag verfolgt. Dies gilt auch in den Fällen der §§ 201a, 202a, 202b und 202d, es sei denn, dass die Strafverfolgungsbehörde wegen des besonderen öffentlichen Interesses an der Strafverfolgung ein Einschreiten von Amts wegen für geboten hält.
> (2) Stirbt der Verletzte, so geht das Antragsrecht nach § 77 Abs. 2 auf die Angehörigen über; dies gilt nicht in den Fällen der §§ 202a, 202b und 202d. Gehört das Geheimnis nicht zum persönlichen Lebensbereich des Verletzten, so geht das Antragsrecht bei Straftaten nach den §§ 203 und 204 auf die Erben über. Offenbart oder verwertet der Täter in den Fällen der §§ 203 und 204 das Geheimnis nach dem Tod des Betroffenen, so gelten die Sätze 1 und 2 sinngemäß. In den Fällen des § 201a Absatz 1 Nummer 3 und Absatz 2 Satz 2 steht das Antragsrecht den in § 77 Absatz 2 bezeichneten Angehörigen zu.

2. § 201 I Nr. 2 StGB

a) Aufbau
  I. Tatbestand
   1. Objektiver Tatbestand
      a) Eine so hergestellte Aufnahme
      b) Gebraucht oder einem Dritten zugänglich macht
      c) Unbefugt
   2. Subjektiver Tatbestand
  II. Rechtswidrigkeit
  III. Schuld
  IV. Strafantrag, § 205 StGB

b) Tatbestand

aa) Objektiver Tatbestand

(1) Eine so hergestellte Aufnahme
Hier ist umstritten, ob das Merkmal „**unbefugt**" von dem **Verweis** umfasst wird.[18]
 Die h. M.[19] bejaht dies entgegen einem Teil der Lehre.[20]
 Der h. M. ist zu folgen: Allein unbefugt hergestellte Aufnahmen sind im Hinblick auf das Rechtsgut der Norm schützenswert. Auf die Unbefugtheit muss sich konsequenterweise auch der Vorsatz des Täters beziehen.[21]

---

[18] Hierzu zsf. Eisele, BT I, 6. Aufl. 2021, Rn. 694; aus der Rspr. vgl. OLG Düsseldorf U. v. 25.01.1995 – 1 Ws 904/969/94 – NJW 1995, 975 (Anm. Schmidt JuS 1995, 651).
[19] S. Joecks/Jäger, StGB, 13. Aufl. 2021, § 201 Rn. 9f.
[20] Wölfl Jura 2003, 742 (743f.).
[21] Graf, in: MK-StGB, 4. Aufl. 2021, § 201 Rn. 58; aus der Rspr. vgl. OLG Düsseldorf U. v. 25.01.1995 – 1 Ws 904/969/94 – NJW 1995, 975 (Anm. Schmidt JuS 1995, 651).

(2) Gebraucht oder einem Dritten zugänglich macht
Gebrauchen ist das Abspielen oder Kopieren.[22]

Eine Aufnahme ist einem **Dritten zugänglich gemacht**, wenn ihm die Möglichkeit der Kenntnisnahme verschafft wird.[23] Das bloße Mitteilen des Inhalts genügt nicht.[24]

(3) Unbefugt
Hierzu s. o. bei § 201 I Nr. 1 StGB.

bb) Subjektiver Tatbestand
Gem. § 15 StGB ist Vorsatz erforderlich.

c) Rechtswidrigkeit
S. o.

d) Schuld
Es gelten die allgemeinen Grundsätze.

e) Rechtsfolgen
S. o.

f) Sonstiges
S. o.

3. § 201 II 1 Nr. 1 StGB

a) Aufbau
I. Tatbestand
   1. Objektiver Tatbestand
      a) Das nicht öffentlich gesprochene Wort eines anderen
      b) Nicht zu seiner Kenntnis bestimmt
      c) Mit einem Abhörgerät abhört
      d) Unbefugt
   2. Subjektiver Tatbestand
II. Rechtswidrigkeit
III. Schuld
IV. Strafantrag, § 205 StGB

b) Tatbestand

aa) Objektiver Tatbestand

---

[22] Kindhäuser/Hilgendorf, LPK, 9. Aufl. 2022, § 201 Rn. 10.
[23] Joecks/Jäger, StGB, 13. Aufl. 2021, § 201 Rn. 12.
[24] Eisele, BT I, 6. Aufl. 2021, Rn. 695.

A. Verletzung der Vertraulichkeit des Wortes, § 201 StGB

(1) Das nicht öffentlich gesprochene Wort eines anderen
Hierzu s. o. bei § 201 I Nr. 1 StGB.

(2) Nicht zu seiner Kenntnis bestimmt
Das Wort ist nicht zur Kenntnis des Abhörenden („seiner" meint: des Täters) bestimmt, wenn dieser weder durch Zuhören beim Sprechen noch durch Übermittlung des Inhalts nach dem Willen des Sprechers Kenntnis erlangen soll.[25]

(3) Mit einem Abhörgerät abhört
Ein **Abhörgerät** i. S. d. § 201 II 1 Nr. 1 StGB ist jede Vorrichtung, durch die eine Äußerung über ihren Klangbereich hinaus durch Verstärkung oder Übertragung unmittelbar wahrnehmbar gemacht werden kann,[26] z. B. Wanzen, Mikrofone oder Vorrichtungen zum „Anzapfen" von Telefonleitungen.

Problematisch ist, ob ein **Mithören** über Lautsprecher oder Zweithörer tatbestandsmäßig ist.[27]

Die h. M.[28] lehnt dies ab.

Teile der Lehre[29] möchten auch diese Fälle erfassen.

Die Motivation der h. M. für ihre Restriktion ist die Verbreitung von Zweithörern und Lautsprecherfunktionen. Richtigerweise ändert dies aber nichts daran, dass es sich jeweils um Abhörgeräte handelt; zur Straffreiheit in diesen Fällen kann ggf. eine Rechtfertigung führen.

(4) Unbefugt
Hierzu s. o. bei § 201 I Nr. 1 StGB.

bb) Subjektiver Tatbestand
Gem. § 15 StGB ist Vorsatz erforderlich.

c) Rechtswidrigkeit
S. o.

d) Schuld
Es gelten die allgemeinen Grundsätze.

e) Rechtsfolgen
S. o.

f) Sonstiges
S. o.

---

[25] Eisele, BT I, 6. Aufl. 2021, Rn. 698.
[26] Kindhäuser/Hilgendorf, LPK, 9. Aufl. 2022, § 201 Rn. 14.
[27] Hierzu Eisele, BT I, 6. Aufl. 2021, Rn. 697; aus der Rspr. vgl. zuletzt BVerfG B. v. 09.10.2002 – 1 BvR 1611/96 – BVerfGE 106, 28 = NJW 2002, 3619 (Anm. Geier/Schäl/Twelmeier Jura 2004, 121).
[28] S. etwa Joecks/Jäger, StGB, 13. Aufl. 2021, § 201 Rn. 14f.
[29] Eisele, BT I, 6. Aufl. 2021, Rn. 698.

4. § 201 II 1 Nr. 2 StGB

a) Aufbau

I. Tatbestand
  1. Objektiver Tatbestand
     a) Das nach Absatz 1 Nr. 1 aufgenommene oder nach Absatz 2 Nr. 1 abgehörte nicht öffentlich gesprochene Wort eines anderen
     b) Im Wortlaut oder seinem wesentlichen Inhalt nach öffentlich mitteilt
     c) Die öffentliche Mitteilung ist geeignet, berechtigte Interessen eines anderen zu beeinträchtigen, § 201 II 2 StGB
     d) Unbefugt
  2. Subjektiver Tatbestand
II. Rechtswidrigkeit
  - insbesondere § 201 II 3 StGB
III. Schuld
IV. Strafantrag, § 205 StGB

b) Tatbestand

aa) Objektiver Tatbestand

(1) Das nach Absatz 1 Nr. 1 aufgenommene oder nach Absatz 2 Nr. 1 abgehörte nicht öffentlich gesprochene Wort eines anderen
Hierzu s. jeweils o.

Soweit § 201 II 1 Nr. 2 StGB auf „Absatz 2 Nr. 1" Bezug nimmt, ist Absatz 2 Satz 1 Nr. 1 gemeint.

(2) Im Wortlaut oder seinem wesentlichen Inhalt nach öffentlich mitteilt
Eine öffentliche Mitteilung liegt vor, wenn der Wortlaut oder der wesentliche Inhalt einer Äußerung von einem größeren, nach Zahl und Individualität unbestimmten und auch nicht durch nähere Beziehung verbundenen Personenkreis zur Kenntnis genommen werden kann.[30]

(3) Die öffentliche Mitteilung ist geeignet, berechtigte Interessen eines anderen zu beeinträchtigen, § 201 II 2 StGB
§ 201 II 2 StGB enthält eine Bagatellklausel. Die öffentliche Mitteilung ist nicht geeignet, berechtigte Interessen eines anderen zu beeinträchtigen, wenn der Gesprächsinhalt belanglos ist, wobei allerdings auch Art der Wiedergabe und ihre Umstände zu berücksichtigen sind.[31]

(4) Unbefugt
Hierzu s. o. bei § 201 I Nr. 1 StGB.

bb) Subjektiver Tatbestand
Gem. § 15 StGB ist Vorsatz erforderlich.

---

[30] Kindhäuser/Hilgendorf, LPK, 9. Aufl. 2022, § 201 Rn. 17.
[31] Näher Eisele, in: Schönke/Schröder, StGB, 30. Aufl. 2019, § 201 Rn. 27.

c) Rechtswidrigkeit
Einen besonderen Rechtfertigungsgrund für § 201 II 1 Nr. 2 StGB enthält § 201 II 3 StGB als Ausprägung des Art. 5 I GG.[32]

d) Schuld
Es gelten die allgemeinen Grundsätze.

e) Rechtsfolgen
S. o.

f) Sonstiges
S. o.

III. Qualifikation, § 201 III StGB

1. Aufbau
I. Tatbestand
  1. Objektiver Tatbestand
    a) Die Vertraulichkeit des Wortes verletzt (Absätze 1 und 2)
    b) Als Amtsträger oder als für den öffentlichen Dienst besonders Verpflichteter
  2. Subjektiver Tatbestand
II. Rechtswidrigkeit
III. Schuld
IV. Strafantrag, § 205 StGB

2. Erläuterungen
§ 201 III StGB qualifiziert eine Tatbegehung nach § 201 I, II StGB, wenn der Täter als Amtsträger oder als für den öffentlichen Dienst besonders Verpflichteter. Zu diesen Merkmalen s. § 11 I Nr. 2 und 4 StGB und u. bei den Amtsdelikten.

Die Qualifikation in § 201a IIII StGB sieht Freiheitsstrafe bis zu fünf Jahren oder Geldstrafe vor.

B. Verletzung des höchstpersönlichen Lebensbereichs und von Persönlichkeitsrechten durch Bildaufnahmen, § 201a StGB

▶ Didaktische Aufsätze
- Heuchemer/Paul, Die Strafbarkeit unbefugter Bildaufnahmen, Tatbestandliche Probleme des § 201a, JA 2006, 616
- Bosch, Die Ausweitung des Schutzes des höchstpersönlichen Lebensbereichs vor einer Verletzung durch Bildaufnahmen (§ 201a StGB), Jura 2016, 1380

---

[32] Hierzu Fischer, StGB, 71. Aufl. 2024, § 201 Rn. 13; aus der Rspr. vgl. BGH U. v. 19.12.1978 – VI ZR 137/77 – BGHZ 73, 120 = NJW 1979, 647 (Anm. Deutsch JZ 1979, 349); BVerfG B. v. 25.01.1984 – 1 BvR 272/81 – BVerfGE 66, 116 = NJW 1984, 1741.

I. Allgemeines

§ 201a StGB stellt die Verletzung des höchstpersönlichen Lebensbereichs durch Bildaufnahmen unter Strafe.[33]

> **§ 201a I–IV StGB (Verletzung des höchstpersönlichen Lebensbereichs durch Bildaufnahmen)**
> (1) Mit Freiheitsstrafe bis zu zwei Jahren oder mit Geldstrafe wird bestraft, wer
> 1. von einer anderen Person, die sich in einer Wohnung oder einem gegen Einblick besonders geschützten Raum befindet, unbefugt eine Bildaufnahme herstellt oder überträgt und dadurch den höchstpersönlichen Lebensbereich der abgebildeten Person verletzt,
> 2. eine Bildaufnahme, die die Hilflosigkeit einer anderen Person zur Schau stellt, unbefugt herstellt oder überträgt und dadurch den höchstpersönlichen Lebensbereich der abgebildeten Person verletzt,
> 3. eine Bildaufnahme, die in grob anstößiger Weise eine verstorbene Person zur Schau stellt, unbefugt herstellt oder überträgt,
> 4. eine durch eine Tat nach den Nummern 1 bis 3 hergestellte Bildaufnahme gebraucht oder einer dritten Person zugänglich macht oder
> 5. eine befugt hergestellte Bildaufnahme der in den Nummern 1 bis 3 bezeichneten Art wissentlich unbefugt einer dritten Person zugänglich macht und in den Fällen der Nummern 1 und 2 dadurch den höchstpersönlichen Lebensbereich der abgebildeten Person verletzt.
> (2) Ebenso wird bestraft, wer unbefugt von einer anderen Person eine Bildaufnahme, die geeignet ist, dem Ansehen der abgebildeten Person erheblich zu schaden, einer dritten Person zugänglich macht. Dies gilt unter den gleichen Voraussetzungen auch für eine Bildaufnahme von einer verstorbenen Person.
> (3) Mit Freiheitsstrafe bis zu zwei Jahren oder mit Geldstrafe wird bestraft, wer eine Bildaufnahme, die die Nacktheit einer anderen Person unter achtzehn Jahren zum Gegenstand hat,
> 1. herstellt oder anbietet, um sie einer dritten Person gegen Entgelt zu verschaffen, oder
> 2. sich oder einer dritten Person gegen Entgelt verschafft.
> (4) Absatz 1 Nummer 2 bis 4, auch in Verbindung mit Absatz 1 Nummer 5 oder 6, Absatz 2 und 3 gelten nicht für Handlungen, die in Wahrnehmung überwiegender berechtigter Interessen erfolgen, namentlich der Kunst oder der Wissenschaft, der Forschung oder der Lehre, der Berichterstattung über Vorgänge des Zeitgeschehens oder der Geschichte oder ähnlichen Zwecken dienen.

---

[33] Hierzu Borgmann NJW 2004, 2133; Eisele JR 2005, 6; Bosch JZ 2005, 377; Koch GA 2005, 589; Kargl ZStW 2005, 324; Rahmlow HRRS 2005, 84; Heuchemer/Paul JA 2006, 616; Murmann FS Maiwald 2010, 585; Bosch Jura 2016, 1380.

Die 2004 eingefügte und 2015[34] sowie 2021[35] neugefasste und erweiterte Norm schützt mit der Intimsphäre einen Kernbereich des Rechts auf informationelle Selbstbestimmung – erfasst vom Allgemeinen Persönlichkeitsrecht nach Art. 2 I i. V. m. 1 I GG – im Hinblick auf das Recht am eigenen Bild.[36]

Seit 2021 ergänzt § 184 k StGB den diesbzgl. Schutz.

> **§ 184 k I–III StGB (Verletzung des Intimbereichs durch Bildaufnahmen)**
> (1) Mit Freiheitsstrafe bis zu zwei Jahren oder mit Geldstrafe wird bestraft, wer
> 1. absichtlich oder wissentlich von den Genitalien, dem Gesäß, der weiblichen Brust oder der diese Körperteile bedeckenden Unterwäsche einer anderen Person unbefugt eine Bildaufnahme herstellt oder überträgt, soweit diese Bereiche gegen Anblick geschützt sind,
> 2. eine durch eine Tat nach Nummer 1 hergestellte Bildaufnahme gebraucht oder einer dritten Person zugänglich macht oder
> 3. eine befugt hergestellte Bildaufnahme der in der Nummer 1 bezeichneten Art wissentlich unbefugt einer dritten Person zugänglich macht.
> (2) Die Tat wird nur auf Antrag verfolgt, es sei denn, dass die Strafverfolgungsbehörde wegen des besonderen öffentlichen Interesses an der Strafverfolgung ein Einschreiten von Amts wegen für geboten hält.
> (3) Absatz 1 gilt nicht für Handlungen, die in Wahrnehmung überwiegender berechtigter Interessen erfolgen, namentlich der Kunst oder der Wissenschaft, der Forschung oder der Lehre, der Berichterstattung über Vorgänge des Zeitgeschehens oder der Geschichte oder ähnlichen Zwecken dienen.

II. § 201a I Nr. 1 StGB

1. Aufbau

I. Tatbestand
  1. Objektiver Tatbestand
    a) Eine Bildaufnahme von einer anderen Person, die sich in einer Wohnung oder einem gegen Einblick besonders geschützten Raum befindet

---

[34] Hierzu Frieser DRiZ 2014, 132; Renzikowski DRiZ 2014, 133; Busch NJW 2015, 977; Eisele/Sieber StV 2015, 312.

[35] Zu den der Fassung 2021 vorausgehenden Reformüberlegungen Heger/Jahn KriPoZ 2017, 113; Preuß ZIS 2018, 212; Kubiciel jurisPR-StrafR 7/2018 Anm. 1; Lenk KriPoZ 2019, 361; Walter ZRP 2020, 16; zu Scherzanrufe und -aufnamen Valerius FS Fischer 2018, 1153; zur Nutzung von Drohnen: Werner JuS 2013, 1074; aus der Rspr. vgl. AG Riesa U. v. 24.04.2019 – 9 Cs 926 Js 3044/19 (Anm. Hecker JuS 2019, 913); zum Upskirting Berghäuser ZIS 2019, 463; Bonnin/Berndt HRRS 2019, 450; Kubiciel jurisPR-StrafR 23/2019 Anm. 1; Mengler ZRP 2019, 224; Eisele/Straub KriPoZ 2019, 367; zum nunmehrigen § 184 k StGB Sachen KriPoZ 2022, 248.

[36] Kindhäuser/Hilgendorf, LPK, 9. Aufl. 2022, § 201a Rn. 1; aus der Rspr. vgl. BGH B. v. 05.02.2019 – 3 StR 563/18 – NStZ-RR 2019, 143 = StV 2019, 670.

b) Herstellt oder überträgt
c) Unbefugt
d) Dadurch den höchstpersönlichen Lebensbereich der abgebildeten Person verletzt
2. Subjektiver Tatbestand
II. Rechtswidrigkeit
III. Schuld
IV. Strafantrag, § 205 StGB

2. Tatbestand

a) Objektiver Tatbestand

aa) Eine Bildaufnahme von einer anderen Person, die sich in einer Wohnung oder einem gegen Einblick besonders geschützten Raum befindet

(1) Bildaufnahme
Bildaufnahme ist ein gegenständliches Bildnis, fixiert auf einem Bild- oder Datenträger.[37]

(2) Andere Person
Die Bildaufnahme muss eine andere Person betreffen, also einen vom Täter verschiedenen lebenden Menschen (zu Toten s. § 201a I Nr. 3 StGB).
 Die partielle Ablichtung einer Person kann nach h. M. genügen (ggf. fehlt es aber an einer Verletzung des höchstpersönlichen Lebensbereichs), selbst wenn eine Identifikation nicht eindeutig möglich ist.[38] Freilich ist der Anwendungsbereich der Norm nicht eröffnet, wenn die Bildqualität schon nicht die Feststellung ermöglicht, dass es sich um die Abbildung einer Person bzw. Teile derselben handelt.[39]

(3) Wohnung

▶ **Didaktischer Aufsatz** Koranyi, Der Schutz der Wohnung im Strafrecht, JA 2014, 241

Der Begriff der Wohnung wird u. a. auch in den §§ 123, 244 I Nr. 3 StGB verwendet.[40] Er wirft jeweils Auslegungsschwierigkeiten im Hinblick auf Nebenräume

---

[37] Fischer, StGB, 71. Aufl. 2024, § 201a Rn. 4; Kindhäuser/Hilgendorf, LPK, 9. Aufl. 2022, § 201a Rn. 6.
[38] Eisele, BT I, 6. Aufl. 2021, Rn. 710; aus der Rspr. vgl. OLG Koblenz B. v. 11.11.2008 – 1 Ws 535/08 – NStZ 2009, 268 (Anm. Bosch JA 2009, 308; LL 2009, 395); BGH B. v. 26.02.2015 – 4 StR 328/14 – NStZ 2015, 391 = NStZ-RR 2015, 141; BGH B. v. 05.02.2019 – 3 StR 563/18 – NStZ-RR 2019, 143 = StV 2019, 670.
[39] Aus der Rspr. vgl. BGH B. v. 05.02.2019 – 3 StR 563/18 – NStZ-RR 2019, 143 = StV 2019, 670.
[40] Zur Wohnung i. S. d. Norm Fischer, StGB, 71. Aufl. 2024, § 201a Rn. 9; näher Koranyi JA 2014, 241.

und vorübergehende Unterkünfte auf. Mit der h. M.[41] ist i. R. d. § 201a StGB – wie bei § 123 StGB, anders als bei § 244 I Nr. 3, IV StGB – ein eher weiter Wohnungsbegriff anzuwenden. Wohnung ist hiernach jede zur (auch nur vorübergehenden) Unterkunft des Menschen dienende Räumlichkeit.[42]

(4) Gegen Einblick besonders geschützter Raum
Ein gegen Einblick besonders geschützter Raum ist jeder Raum, der mit einem vollständigen und undurchdringlichen Sichtschutz versehen ist, der verhindert, dass Personen, die sich bewusst der Öffentlichkeit entzogen haben, in ihrer Privatheit gestört werden.[43]

Nicht erfasst sind Räume, die einer Öffentlichkeit zugänglich sind.[44]

(5) Sich darin befindet
Die abgebildete Person muss sich in dem o. a. Schutzbereich aufgehalten haben.

Irrelevant ist hingegen, wo sich der Täter beim Herstellen der Filmaufnahmen innerhalb des geschützten räumlichen Bereichs aufhält und ob er einen Sichtschutz von außen zu überwinden hatte. Nach ihrem Wortlaut, ihrem Schutzzweck und dem Willen des Gesetzgebers beschränkt sich die Strafvorschrift nicht auf Fälle, in denen der Täter sich nicht im selben Raum wie das Tatopfer aufhält.[45]

bb) Herstellt oder überträgt
Tathandlung ist das Herstellen oder Übertragen einer Bildaufnahme einer Person.

Das **Herstellen** einer Bildaufnahme ist das Anfertigen eines gegenständlichen Bildnisses der Person und dessen Fixierung auf einem Bild- oder Datenträger.[46]

Das **Übertragen** einer Bildaufnahme meint Echtzeitübertragungen, die nicht perpetuiert werden, z. B. solche mittels einer Web- oder Spycam.[47]

Das bloße Beobachten (Voyeurismus) ist nicht tatbestandsmäßig, auch wenn Hilfsmittel (z. B. Ferngläser) eingesetzt werden.[48]

cc) Unbefugt
Die Bedeutung des in § 201a I Nr. 1 StGB ausdrücklich normierten Merkmals der Unbefugtheit des Täterhandelns ist – ähnlich wie bei § 201 StGB – umstritten:[49]

---

[41] S. Fischer, StGB, 71. Aufl. 2024, § 201a Rn. 9; Eisele, BT I, 6. Aufl. 2021, Rn. 706.

[42] Fischer, StGB, 71. Aufl. 2024, § 123 Rn. 9.

[43] Kindhäuser/Hilgendorf, LPK, 9. Aufl. 2022, § 201a Rn. 5; aus der Rspr. vgl. zuletzt AG Riesa U. v. 24.04.2019 – 9 Cs 926 Js 3044/19 (Anm. Hecker JuS 2019, 913); LG Berlin B. v. 04.06.2020 – 515 Qs 39/20 – NStZ 2021, 370 (Anm. Bosch NStZ 2021, 371); AG Riesa U. v. 24.04.2019 – 9 Cs 926 Js 3044/19 – StV 2022, 400 (Anm. Hecker JuS 2019, 913).

[44] Problematisch, s. Eisele, BT I, 6. Aufl. 2021, Rn. 707.

[45] Graf, in: MK-StGB, 4. Aufl. 2021, § 201a Rn. 36; aus der Rspr. vgl. BGH B. v. 22.06.2016 – 5 StR 198/16 – NStZ-RR 2016, 279.

[46] Fischer, StGB, 71. Aufl. 2024, § 201a Rn. 15; Kindhäuser/Hilgendorf, LPK, 9. Aufl. 2022, § 201a Rn. 6.

[47] Hierzu Fischer, StGB, 71. Aufl. 2024, § 201a Rn. 17.

[48] Joecks/Jäger, StGB, 13. Aufl. 2021, § 201a Rn. 7.

[49] S. Altenhain, in: Matt/Renzikoswki, StGB, 2. Aufl. 2020, § 201a Rn. 12.

Richtigerweise nimmt es doppelfunktional Bezug sowohl auf ein etwaiges bereits den Tatbestand ausschließendes Einverständnis des Abgebildeten als auch auf eine etwaige Rechtfertigung. Z. T.[50] wird eine Bedeutung ausschließlich auf Ebene der Rechtswidrigkeit angenommen; dem ist allerdings entgegenzuhalten, dass entweder ohnehin stets eine Opferzustimmung als Tatbestandsausschluss anzusehen sind (s. hierzu im Allgemeinen Teil) oder doch i. F. d. § 201a I Nr. 1 StGB Rechtsgut und Normfassung für ein Einverständnis und nicht eine Einwilligung sprechen.[51]

dd) Dadurch den höchstpersönlichen Lebensbereich der abgebildeten Person verletzt
Taterfolg des § 201a StGB ist die Verletzung des höchstpersönlichen Lebensbereichs (vgl. auch die ähnliche Begrifflichkeit in den §§ 171b I 1 GVG, 68a I StPO).[52]

Hierunter fällt ein unantastbarer Kernbereich privater Lebensgestaltung, v. a. Sexualität, Krankheit, Tod.[53] I. Ü. wird es auf die sichtbaren Körperteile, die Natur der Verrichtung und den Grad der Peinlichkeit (i. S. e. Unerwünschtheit der öffentlichen Auseinandersetzung) ankommen.[54]

b) Subjektiver Tatbestand
Es gilt das allgemeine Vorsatzerfordernis des § 15 StGB.

3. Rechtswidrigkeit
Es gelten die allgemeinen Grundsätze, auf die die Norm z. T. auch durch das Merkmal „unbefugt" (s. o.) verweist.

4. Schuld
Es gelten die allgemeinen Grundsätze.

5. Rechtsfolgen
Sämtliche Varianten des § 201a I–III StGB sehen Freiheitsstrafe bis zu zwei Jahren (im Minimum also ein Monat, § 38 II StGB) oder Geldstrafe (zu den Grenzen s. § 40 StGB) vor.

6. Sonstiges
Der Versuch ist nicht strafbar.
§ 205 StGB stellt ein (für § 201a StGB eingeschränktes) **Strafantragserfordernis** auf.

---

[50] Hoyer, in: SK-StGB, 10. Aufl. 2024, § 201a Rn. 29.
[51] S. auch Graf, in: MK-StGB, 4. Aufl. 2021, § 201a Rn. 84ff.
[52] Zur Verletzung des höchstpersönlichen Lebensbereichs Joecks/Jäger, StGB, 13. Aufl. 2021, § 201a Rn. 5; Fischer, StGB, 71. Aufl. 2024, § 201a Rn. 28ff.; näher Hoyer ZIS 2006, 1; aus der Rspr. vgl. zuletzt LG Stuttgart B. v. 13.02.2023 – 5 Qs 8/23 – NStZ 2023, 751.
[53] Eisele, BT I, 6. Aufl. 2021, Rn. 709.
[54] S. Heger, in: Lackner/Kühl/Heger, StGB, 30. Aufl. 2023, § 201a Rn. 3; abl. zu einem Foto bekleidet im Vorraum einer Toilette LG Stuttgart B. v. 13.02.2023 – 5 Qs 8/23 – NStZ 2023, 751.

III. § 201a I Nr. 2 StGB

▶ **Didaktischer Aufsatz**
- Buchholz, Zur Auslegung des objektiven Tatbestandes des § 201a I Nr. 2 StGB, JA 2018, 511

1. Aufbau
I. Tatbestand
  1. Objektiver Tatbestand
      a) Eine Bildaufnahme, die die Hilflosigkeit einer anderen Person zur Schau stellt
      b) Herstellt oder überträgt
      c) Unbefugt
      d) Dadurch den höchstpersönlichen Lebensbereich der abgebildeten Person verletzt
      e) § 201a IV StGB
  2. Subjektiver Tatbestand
II. Rechtswidrigkeit
III. Schuld
IV. Strafantrag, § 205 StGB

2. Tatbestand

a) Objektiver Tatbestand

aa) Eine Bildaufnahme, die die Hilflosigkeit einer anderen Person zur Schau stellt
Zur Bildaufnahme und zur anderen Person s. o.

Hilflosigkeit liegt vor, wenn eine Person auf Grund ihrer körperlichen oder psychischen Konstitution oder wegen äußerer Einflüsse nicht (mehr) in der Lage ist, einen Willen zu bilden oder sich einem gebildeten Willen entsprechend zu verhalten und sich ohne eigene oder fremde Hilfe dieser Situation zu entziehen (z. B. Betrunkene, Verunfallte, Opfer von Straftaten).[55]

> **Beispiel 125**
>
> **BGH B. v. 25.04.2017 – 4 StR 244/16 – NJW 2017, 1891 = NStZ 2017, 408 = NStZ-RR 2017, 207 = StV 2019, 96 (Anm. Bosch Jura 2017, 1451; Cornelius NJW 2017, 1893):**
> B zwang Z durch die Androhung von Schlägen dazu, sich eine Flasche rektal einzuführen und filmte während des Vorgangs dessen Gesicht und Gesäß. ◄

---

[55] Fischer, StGB, 71. Aufl. 2024, § 201a Rn. 18.

Ein **Zur-Schau-Stellen** setzt dabei eine besondere Hervorhebung der Hilflosigkeit als Bildinhalt voraus, sodass diese für einen Betrachter allein aus der Bildaufnahme erkennbar wird.[56]

bb) Herstellt oder überträgt
S. o. bei § 201a I Nr. 1 StGB.

cc) Unbefugt
S. o. bei § 201a I Nr. 1 StGB.

dd) Dadurch den höchstpersönlichen Lebensbereich der abgebildeten Person verletzt
S. o. bei § 201a I Nr. 1 StGB.

ee) § 201a IV StGB
§ 201 IV StGB enthält für Teilbereiche der Tatbestandsvarianten einen dem § 86 IV StGB nachgebildeten Tatbestandsausschluss.[57] Er dient einer praktischen Konkordanz der betroffenen Grundrechte, wobei v. a. Art. 5 I–III GG auf Seiten des Täters relevant ist

b) Subjektiver Tatbestand
Es gilt das allgemeine Vorsatzerfordernis des § 15 StGB.

3. Rechtswidrigkeit
S. o.

4. Schuld
Es gelten die allgemeinen Grundsätze.

5. Rechtsfolgen
S. o.

6. Sonstiges
S. o.

IV. § 201a I Nr. 3 StGB[58]

1. Aufbau
  I. Tatbestand
    1. Objektiver Tatbestand
      a) Eine Bildaufnahme, die in grob anstößiger Weise eine verstorbene Person zur Schau stellt

---

[56] Heger, in: Lackner/Kühl/Heger, StGB, 30. Aufl. 2023, § 201a Rn. 5a; aus der Rspr. vgl. BGH B. v. 25.04.2017 – 4 StR 244/16 – NJW 2017, 1891 = NStZ 2017, 408 = NStZ-RR 2017, 207 = StV 2019, 96 (Anm. Bosch Jura 2017, 1451; Cornelius NJW 2017, 1893).

[57] Graf, in: MK-StGB, 4. Aufl. 2021, § 201a Rn. 101.

[58] Hierzu Strauß JR 2024, 122.

b) Herstellt oder überträgt
   c) Unbefugt
   d) § 201a IV StGB
  2. Subjektiver Tatbestand
 II. Rechtswidrigkeit
III. Schuld
IV. Strafantrag, § 205 StGB

2. Tatbestand

a) Objektiver Tatbestand

aa) Eine Bildaufnahme, die in grob anstößiger Weise eine verstorbene Person zur Schau stellt
Zur Bildaufnahme s. o. bei § 201a Nr. 1 StGB.
Grob anstößig ist diese, wenn der Inhalt der Aufnahme unter Missachtung des postmortalen Achtungsanspruchs den über den Tod hinauswirkenden sittlichen Geltungswert der verstorbenen Person verletzt.[59]

bb) Herstellt oder überträgt
S. o. bei § 201a I Nr. 1 StGB.

cc) Unbefugt
S. o. bei § 201a I Nr. 1 StGB.

dd) § 201a IV StGB
S. o. bei § 201a I Nr. 2 StGB.

b) Subjektiver Tatbestand
Es gilt das allgemeine Vorsatzerfordernis des § 15 StGB.

3. Rechtswidrigkeit
S. o.

4. Schuld
Es gelten die allgemeinen Grundsätze.

5. Rechtsfolgen
S. o.

6. Sonstiges
S. o.

---

[59] Graf, in: MK-StGB, 4. Aufl. 2021, § 201a Rn. 55.

V. § 201a I Nr. 4 StGB

1. Aufbau
  I. Tatbestand
    1. Objektiver Tatbestand
      a) Eine durch eine Tat nach den Nummern 1 bis 3 hergestellte Bildaufnahme
      b) Gebraucht oder einer dritten Person zugänglich macht
      c) Unbefugt (?)
      d) § 201a IV StGB
    2. Subjektiver Tatbestand
  II. Rechtswidrigkeit
  III. Schuld
  IV. Strafantrag, § 205 StGB

2. Tatbestand

a) Objektiver Tatbestand

aa) Eine durch eine Tat nach den Nummern 1 bis 3 hergestellte Bildaufnahme
Hierzu s. jeweils o.

bb) Gebraucht oder einer dritten Person zugänglich macht
Ein **Gebrauchen** i. S. d. § 201a I Nr. 4 StGB[60] liegt in jeder Nutzung der Bildaufnahme für eigene oder fremde, private oder öffentliche, persönliche oder kommerzielle Zwecke.[61]
    Erfasst sind jedenfalls das Kopieren, Fotomontagen oder eine Archivierung.
    Nach h. M. genügt ferner das bloße Betrachten der Aufnahme.[62]
    Ein **Zugänglichmachen** liegt vor, wenn der Täter einem Dritten den Zugriff oder die Kenntnisnahme ermöglicht.[63] Tatsächliche Kenntnisnahme ist nicht erforderlich.

cc) Unbefugt (?)
Inkonsequenterweise wird die Unbefugtheit des Täterhandelns vom Gesetzgeber in § 201a I Nr. 4 StGB nicht ausdrücklich aufgeführt, aber auch hier ist ebenso ein Einverständnis (oder eine Rechtfertigung) möglich.

dd) § 201a IV StGB
S. o. bei § 201a I Nr. 2 StGB.

---

[60] Hierzu näher Zöller FS Wolter 2013, 679.
[61] Fischer, StGB, 71. Aufl. 2024, § 201a Rn. 24.
[62] S. etwa Kindhäuser/Hilgendorf, LPK, 9. Aufl. 2022, § 201a Rn. 8; krit. Joecks/Jäger, StGB, 13. Aufl. 2021, § 201a Rn. 10f.
[63] Kindhäuser/Hilgendorf, LPK, 9. Aufl. 2022, § 201a Rn. 8; s. auch Lagardère/Fink HRRS 2008, 247.

b) Subjektiver Tatbestand
Es gilt das allgemeine Vorsatzerfordernis des § 15 StGB.

3. Rechtswidrigkeit
S. o.

4. Schuld
Es gelten die allgemeinen Grundsätze.

5. Rechtsfolgen
S. o.

6. Sonstiges
S. o.

VI. § 201a I Nr. 5 StGB

1. Aufbau
  I. Tatbestand
  1. Objektiver Tatbestand
     a) Eine befugt hergestellte Bildaufnahme der in den Nummern 1 bis 3 bezeichneten Art
     b) Einer dritten Person zugänglich macht
     c) Unbefugt
     d) In den Fällen der Nummern 1 und 2 dadurch den höchstpersönlichen Lebensbereich der abgebildeten Person verletzt
     e) § 201a IV StGB
  2. Subjektiver Tatbestand
     a) Vorsatz
     b) Wissentlich unbefugt
  II. Rechtswidrigkeit
  III. Schuld
  IV. Strafantrag, § 205 StGB

2. Tatbestand

a) Objektiver Tatbestand

aa) Eine befugt hergestellte Bildaufnahme der in den Nummern 1 bis 3 bezeichneten Art
Hierzu s. jeweils o.

Nach Auffassung der Rspr.[64] sind auch Selbstaufnahmen erfasst. In der Tat können auch solche Aufnahmen dem Rechtsgut unterfallen, soweit die Verwendung der

---

[64] BGH B. v. 29.07.2020 – 4 StR 49/20 – NJW 2020, 3608 = StV-S 2021, 61 (Anm. Kudlich JA 2020, 952; Busch NJW 2020, 3609; Bosch Jura 2021, 221; RÜ 2021, 29; Hoyer StV-S 2021, 62; Borutta jurisPR-StrafR 2/2021 Anm. 5).

Selbstaufnahme durch den Täter das Abgesprochene verlässt. Der Wortlaut „Bildaufnahme der in den Nummern 1 bis 3 bezeichneten Art" steht nicht entgegen; er kann durchaus dahin verstanden werden, dass sich die Tat nur auf eine dort ihrem Inhalt nach näher beschriebene Bildaufnahme als Tatobjekt beziehen muss, ohne dass es auf den Akt der Herstellung durch den Täter ankommt.

bb) Einer dritten Person zugänglich macht
Hierzu s. o. bei § 201a I Nr. 4 StGB.

§ 201a I Nr. 5 StGB[65] betrifft v. a. Fälle, in denen der Betroffene zwar die Aufnahmen gestattet hat, aber nicht in ein Zugänglichmachen – etwa im Internet nach Trennung einer Beziehung[66] – eingewilligt hat.[67]

cc) Unbefugt
Hierzu s. o. bei § 201a I Nr. 1 StGB.

dd) In den Fällen der Nummern 1 und 2 dadurch den höchstpersönlichen Lebensbereich der abgebildeten Person verletzt
Hierzu s. jeweils o.

ee) § 201a IV StGB
S. o. bei § 201a I Nr. 2 StGB.

b) Subjektiver Tatbestand
Es gilt das allgemeine Vorsatzerfordernis des § 15 StGB.

Hinzu kommt bei § 201a I Nr. 5 StGB, dass der Täter wissentlich unbefugt handeln muss.

3. Rechtswidrigkeit
S. o.

4. Schuld
Es gelten die allgemeinen Grundsätze.

5. Rechtsfolgen
S. o.

6. Sonstiges
S. o.

---

[65] Hierzu näher Zöller FS Wolter 2013, 679.
[66] S. Eisele, BT I, 6. Aufl. 2021, Rn. 713; aus der Rspr. vgl. LG Kiel U. v. 27.04.2006 – 4 O 251/05 – NJW 2007, 1002.
[67] Eisele, BT I, 6. Aufl. 2021, Rn. 713.

VII. § 201a II 1 StGB

1. Aufbau
I. Tatbestand
　1. Objektiver Tatbestand
　　a) Eine Bildaufnahme von einer anderen Person, die geeignet ist, dem Ansehen der abgebildeten Person erheblich zu schaden
　　b) Einer dritten Person zugänglich macht
　　c) Unbefugt
　　d) § 201a IV StGB
　2. Subjektiver Tatbestand
II. Rechtswidrigkeit
III. Schuld
IV. Strafantrag, § 205 StGB

2. Tatbestand

a) Objektiver Tatbestand

aa) Eine Bildaufnahme von einer anderen Person, die geeignet ist, dem Ansehen der abgebildeten Person erheblich zu schaden
§ 201a II 1 StGB erfordert eine Bildaufnahme, die geeignet ist, dem Ansehen der abgebildeten Person erheblich zu schaden.[68] Für die Auslegung bietet sich eine Anlehnung an § 186 StGB an, sodass es darauf ankommt, ob die Abbildung geeignet ist, den Abgebildeten verächtlich zu machen oder in der öffentlichen Meinung herabzuwürdigen.[69]

bb) Einer dritten Person zugänglich macht
S. o. bei § 201a I Nr. 4 StGB.

cc) Unbefugt
S. o. bei § 201a I Nr. 1 StGB.

dd) § 201a IV StGB
S. o. bei § 201a I Nr. 2 StGB.

b) Subjektiver Tatbestand
Es gilt das allgemeine Vorsatzerfordernis des § 15 StGB.

3. Rechtswidrigkeit
S. o.

---

[68] Hierzu Fischer, StGB, 71. Aufl. 2024, § 201a Rn. 34; Busch NJW 2015, 977 (978f.).
[69] Eisele, BT I, 6. Aufl. 2021, Rn. 716; Busch NJW 2015, 977 (978f.).

4. Schuld
Es gelten die allgemeinen Grundsätze.

5. Rechtsfolgen
S. o.

6. Sonstiges
S. o.

VIII. § 201a II 2 StGB

1. Aufbau
  I. Tatbestand
     1. Objektiver Tatbestand
        a) Eine Bildaufnahme von einer verstorbenen Person
        b) Unter den gleichen Voraussetzungen
        c) § 201a IV StGB
     2. Subjektiver Tatbestand
  II. Rechtswidrigkeit
 III. Schuld
 IV. Strafantrag, § 205 StGB

2. Tatbestand

a) Objektiver Tatbestand

aa) Eine Bildaufnahme von einer verstorbenen Person[70]
Hierzu s. o. bei § 201a I Nr. 3 StGB.

bb) Unter den gleichen Voraussetzungen
Dies verweist auf § 201a II 1 StGB; hierzu s. o.

cc) § 201a IV StGB
S. o. bei § 201a I Nr. 2 StGB.

b) Subjektiver Tatbestand
Es gilt das allgemeine Vorsatzerfordernis des § 15 StGB.

3. Rechtswidrigkeit
S. o.

---

[70] Hierzu Strauß JR 2024, 122.

4. Schuld
Es gelten die allgemeinen Grundsätze.

5. Rechtsfolgen
S. o.

6. Sonstiges
S. o.

IX. § 201a III Nr. 1 StGB

1. Aufbau
I. Tatbestand
  1. Objektiver Tatbestand
     a) Eine Bildaufnahme, die die Nacktheit einer anderen Person unter achtzehn Jahren zum Gegenstand hat
     b) Herstellt oder anbietet
     c) Unbefugt (?)
     d) § 201a IV StGB
  2. Subjektiver Tatbestand
     a) Vorsatz
     b) Um sie einer dritten Person gegen Entgelt zu verschaffen
II. Rechtswidrigkeit
III. Schuld
IV. Strafantrag, § 205 StGB

2. Tatbestand

a) Objektiver Tatbestand

aa) Eine Bildaufnahme, die die Nacktheit einer anderen Person unter achtzehn Jahren zum Gegenstand hat

Die Norm erfordert eine Bildaufnahme, die die Nacktheit einer anderen Person unter achtzehn Jahren zum Gegenstand hat.[71]

Die im Gefolge eines Strafverfahrens gegen einen ehemaligen Bundestagsabgeordneten[72] ersonnene Vorschrift soll die Strafvorschriften zur Kinder-(§ 184b StGB) und Jugendpornografie (§ 184c StGB) dahingehend ergänzen, dass die kommerzielle Vermarktung von Nacktaufnahmen Minderjähriger, die nicht als pornografisch einzustufen sind, unterbunden werden soll.[73]

---

[71] Hierzu Eisele, BT I, 6. Aufl. 2021, Rn. 719; Fischer, StGB, 71. Aufl. 2024, § 201a Rn. 37.
[72] Näher Busch NJW 2015, 977.
[73] Näher (krit.) Fischer, StGB, 71. Aufl. 2024, § 201a Rn. 36.

bb) Herstellt oder anbietet
Zum **Herstellen** s. o. bei § 201a I Nr. 1 StGB.
Anbieten entspricht dem zivilrechtlichen Antrag auf Abschluss eines Vertrags (vgl. § 145 BGB), wobei v. a. an Kauf zu denken ist, aber auch an Tausch.[74]

cc) Unbefugt (?)
In § 201a III StGB hat der Gesetzgeber die Unbefugtheit nicht ausdrücklich angeführt, da ein Einverständnis fernliege.[75] Das mag als statistische Aussage richtig sein – dasselbe gilt für eine Rechtfertigung –, dogmatisch ausgeschlossen ist es aber nicht.

dd) § 201a IV StGB
S. o. bei § 201a I Nr. 2 StGB.

b) Subjektiver Tatbestand
Es gilt das allgemeine Vorsatzerfordernis des § 15 StGB.
Hinzu tritt das Handeln „um sie einer dritten Person gegen Entgelt zu verschaffen".

3. Rechtswidrigkeit
S. o.

4. Schuld
Es gelten die allgemeinen Grundsätze.

5. Rechtsfolgen
S. o.

6. Sonstiges
S. o.

X. § 201a III Nr. 2 StGB

1. Aufbau
 I. Tatbestand
   1. Objektiver Tatbestand
      a) Eine Bildaufnahme, die die Nacktheit einer anderen Person unter achtzehn Jahren zum Gegenstand hat
      b) Sich oder einer dritten Person gegen Entgelt verschafft

---

[74] Busch NJW 2015, 977 (979f.).
[75] Altenhain, in: Matt/Renzikoswki, StGB, 2. Aufl. 2020, § 201a Rn. 23.

    c) Unbefugt (?)
    d) § 201a IV StGB
  2. Subjektiver Tatbestand
 II. Rechtswidrigkeit
III. Schuld
IV. Strafantrag, § 205 StGB

2. Tatbestand

a) Objektiver Tatbestand

aa) Eine Bildaufnahme, die die Nacktheit einer anderen Person unter achtzehn Jahren zum Gegenstand hat
S. o.

bb) Sich oder einer dritten Person gegen Entgelt verschafft
Sich oder einer dritten Person Verschaffen ist – in Anlehnung an die §§ 259, 261 StGB[76] – die Herstellung tatsächlicher Herrschaftsgewalt über die Bildaufnahme.
  Dies muss „gegen Entgelt" erfolgen. Entgelt ist gem. § 11 I Nr. 9 StGB jede in einem Vermögensvorteil bestehende Gegenleistung.

cc) Unbefugt (?)
S. o.

dd) § 201a IV StGB
S. o. bei § 201a I Nr. 2 StGB.

b) Subjektiver Tatbestand
Es gilt das allgemeine Vorsatzerfordernis des § 15 StGB.

3. Rechtswidrigkeit
S. o.

4. Schuld
Es gelten die allgemeinen Grundsätze.

5. Rechtsfolgen
S. o.

6. Sonstiges
S. o.

---

[76] S. im BT II – Vermögensdelikte.

C. Verletzung des Briefgeheimnisses, § 202 StGB

▶ **Didaktischer Aufsatz**
- Schmitz, Verletzung des Briefgeheimnisses, § 202, JA 1995, 297

I. Allgemeines

§ 202 StGB[77] stellt die Verletzung des Briefgeheimnisses unter Strafe.

> **§ 202 StGB (Verletzung des Briefgeheimnisses)**
> (1) Wer unbefugt
> 1. einen verschlossenen Brief oder ein anderes verschlossenes Schriftstück, die nicht zu seiner Kenntnis bestimmt sind, öffnet oder
> 2. sich vom Inhalt eines solchen Schriftstücks ohne Öffnung des Verschlusses unter Anwendung technischer Mittel Kenntnis verschafft,
> wird mit Freiheitsstrafe bis zu einem Jahr oder mit Geldstrafe bestraft, wenn die Tat nicht in § 206 mit Strafe bedroht ist.
> (2) Ebenso wird bestraft, wer sich unbefugt vom Inhalt eines Schriftstücks, das nicht zu seiner Kenntnis bestimmt und durch ein verschlossenes Behältnis gegen Kenntnisnahme besonders gesichert ist, Kenntnis verschafft, nachdem er dazu das Behältnis geöffnet hat.
> (3) Einem Schriftstück im Sinne der Absätze 1 und 2 steht eine Abbildung gleich.

Die Norm schützt das Recht am gedanklichen Inhalt eines verschlossenen Schriftstücks, s. auch das in **Art. 10 GG** enthaltene Briefgeheimnis.

> **Art. 10 GG**
> (1) Das Briefgeheimnis sowie das Post- und Fernmeldegeheimnis sind unverletzlich.
> (2) Beschränkungen dürfen nur auf Grund eines Gesetzes angeordnet werden. Dient die Beschränkung dem Schutze der freiheitlichen demokratischen Grundordnung oder des Bestandes oder der Sicherung des Bundes oder eines Landes, so kann das Gesetz bestimmen, daß sie dem Betroffenen nicht mitgeteilt wird und daß an die Stelle des Rechtsweges die Nachprüfung durch von der Volksvertretung bestellte Organe und Hilfsorgane tritt.

---

[77] Hierzu Schmitz JA 1995, 297.

II. § 202 I Nr. 1 StGB

1. Aufbau
I. Tatbestand
  1. Objektiver Tatbestand
     a) Einen verschlossenen Brief oder ein anderes verschlossenes Schriftstück oder (§ 202 III StGB) eine Abbildung
     b) Nicht zu seiner Kenntnis bestimmt
     c) Öffnet
     d) Unbefugt
  2. Subjektiver Tatbestand
II. Rechtswidrigkeit
III. Schuld
IV. Strafantrag, § 205 StGB

2. Tatbestand

a) Objektiver Tatbestand

aa) Einen verschlossenen Brief oder ein anderes verschlossenes Schriftstück oder (§ 202 III StGB) eine Abbildung
Schriftstück ist jeder Träger von Zeichen mit gedanklichem Inhalt.[78]

Unterfall ist der **Brief**, d. h. eine an einen anderen gerichtete schriftliche Mitteilung.[79]

Die wohl h. M.[80] erfasst allerdings nur solche Tatobjekte, die einen Bezug zur Privatsphäre aufweisen, sodass Werbung, Gebrauchsanleitungen oder Zeitschriften hiernach nicht ausreichen.

Es ist aber der Gegenauffassung[81] zu folgen, die keine derartige Einschränkung vornimmt. Der Wortlaut legt eine solche nicht nahe; ferner gilt es Grenzziehungsschwierigkeiten zu vermeiden, zumal sich u. U. auch aus vermeintlich unauffälligen Poststücken Schlussfolgerungen ziehen lassen, die der Empfänger verhindern möchte.

Gem. § 202 III StGB werden **Abbildungen** gleichgestellt. Erfasst werden Fotos, Filme, Zeichnungen und sonstige gegenständliche Darstellungen eines gedanklichen Inhalts, nicht aber elektronisch gespeicherte Daten.[82]

Verschlossen ist ein Schriftstück dann, wenn es mit einer Vorkehrung versehen ist, die die Wahrnehmung des gedanklichen Inhalts erschwert.[83]

---

[78] Kindhäuser/Hilgendorf, LPK, 9. Aufl. 2022, § 202 Rn. 2.

[79] H. M., Joecks/Jäger, StGB, 13. Aufl. 2021, § 202 Rn. 3; weiter (auch Mitteilungen an sich selbst) Graf, in: MK-StGB, 4. Aufl. 2021, § 202 Rn. 11.

[80] S. etwa Eisele, BT I, 6. Aufl. 2021, Rn. 721.

[81] Etwa Kindhäuser/Hilgendorf, LPK, 9. Aufl. 2022, § 202 Rn. 3.

[82] Fischer, StGB, 71. Aufl. 2024, § 202 Rn. 4.

[83] Joecks/Jäger, StGB, 13. Aufl. 2021, § 202 Rn. 4; aus der Rspr. vgl. OLG Stuttgart U. v. 20.06.1983 – 1 Ss 319/83 – NJW 1984, 377 = NStZ 1984, 25.

bb) Nicht zu seiner Kenntnis bestimmt
Bei der Beantwortung der Frage, ob das Schriftstück zur Kenntnis des Täters bestimmt ist, ist auf den Willen des formell Berechtigten abzustellen, insbesondere ist dies vor Zugang der Absender, nach Zugang der Empfänger.[84]

cc) Öffnet
Tathandlung des § 202 I Nr. 1 StGB ist das Öffnen. Hierunter fällt jedes Überwinden des Verschlusses, sodass man vom Inhalt Kenntnis nehmen kann.[85] Gewaltanwendung oder tatsächliche Kenntnisnahme sind nicht erforderlich.[86]

dd) Unbefugt
Umstritten ist, ob das durchweg normierte Merkmal der Unbefugtheit lediglich ein Hinweis auf etwaige Rechtfertigungsgründe ist[87] oder – wie in §§ 201 und 201a StGB, s. o. – doppelfunktional zusätzlich auf ein mögliches tatbestandsausschließendes Einverständnis verweist.[88] Zwar wird es bei einem Einverständnis quasi immer am Merkmal „nicht zu seiner Kenntnis bestimmt" mangeln, allerdings mag es davon Ausnahmen geben, sodass die letztere Deutung vorzuziehen ist.

b) Subjektiver Tatbestand
Gem. § 15 StGB ist Vorsatz erforderlich.

Aus dem Wort „dazu" in § 202 II StGB folgt ferner, dass hier der Täter bereits beim Öffnen des Behältnisses die Absicht der Kenntnisverschaffung gehabt haben muss.[89]

3. Rechtswidrigkeit
Es gelten die allgemeinen Grundsätze, auf die die Norm auch durch das Merkmal „unbefugt" (s. o.) verweist.

4. Schuld
Es gelten die allgemeinen Grundsätze.

5. Rechtsfolgen
Sämtliche Varianten des § 201a I und II StGB sehen Freiheitsstrafe bis zu einem Jahr (im Minimum also ein Monat, § 38 II StGB) oder Geldstrafe (zu den Grenzen s. § 40 StGB) vor.

---

[84] Kindhäuser/Hilgendorf, LPK, 9. Aufl. 2022, § 202 Rn. 5; aus der Rspr. vgl. LAG Niedersachsen U. v. 15.09.1993 – 5 Sa 1772/92.

[85] Kindhäuser/Hilgendorf, LPK, 9. Aufl. 2022, § 202 Rn. 7; aus der Rspr. vgl. RG U. v. 09.04.1920 – IV 1111/19 – RGSt 54, 295.

[86] Eisele, BT I, 6. Aufl. 2021, Rn. 726.

[87] So etwa Hoyer, in: SK-StGB, 10. Aufl. 2024, § 202 Rn. 25.

[88] So Graf, in: MK-StGB, 4. Aufl. 2021, § 202 Rn. 27.

[89] Kindhäuser/Hilgendorf, LPK, 9. Aufl. 2022, § 202 Rn. 12.

6. Sonstiges
Der Versuch ist straflos.

Soweit für das Öffnen der Verschluss beschädigt wird, tritt die Sachbeschädigung nach § 303 I StGB hinter 202 I Nr. 1 StGB zurück (Konsumtion als mitbestrafte Begleittat).[90] Mit einer Unterschlagung gem. § 246 StGB besteht Tateinheit.[91]

§ 205 StGB stellt ein (für § 202 StGB absolutes) Strafantragserfordernis auf.

III. § 202 I Nr. 2 StGB

1. Aufbau
I. Tatbestand
  1. Objektiver Tatbestand
    a) Vom Inhalt eines solchen Schriftstücks oder (§ 202 III StGB) einer solchen Abbildung
    b) Sich ohne Öffnung des Verschlusses unter Anwendung technischer Mittel Kenntnis verschafft
    c) Unbefugt
  2. Subjektiver Tatbestand
II. Rechtswidrigkeit
III. Schuld
IV. Strafantrag, § 205 StGB

2. Tatbestand

a) Objektiver Tatbestand

aa) Vom Inhalt eines solchen Schriftstücks oder (§ 202 III StGB) einer solchen Abbildung
Insofern wird § 201 I Nr. 1 StGB in Bezug genommen, s. o.

bb) Sich ohne Öffnung des Verschlusses unter Anwendung technischer Mittel Kenntnis verschafft
Technische Mittel sind spezifische Materialien (z. B. Chemikalien) oder Geräte (z. B. ein Durchleuchtungsgerät).[92] Das Ausnutzen natürlicher Bedingungen (z. B. ein gegen das Licht oder ans Fenster Halten) reicht nicht aus.[93]

---

[90] Joecks/Jäger, StGB, 13. Aufl. 2021, § 202 Rn. 15.
[91] Fischer, StGB, 71. Aufl. 2024, § 202 Rn. 16; aus der Rspr. vgl. BGH U. v. 09.12.1976 – 4 StR 582/76 – NJW 1977, 590 (Anm. Thomas JA 1977, 240; Lenckner JR 1978, 424).
[92] Kindhäuser/Hilgendorf, LPK, 9. Aufl. 2022, § 202 Rn. 8; krit. bzgl. Chemikalien Graf, in: MK-StGB, 4. Aufl. 2021, § 202 Rn. 22.
[93] Eisele, BT I, 6. Aufl. 2021, Rn. 725.

Eine **Kenntnisverschaffung** erfordert nach h. M.[94] nicht nur visuelle Wahrnehmung, sondern ein zumindest partielles Verstehen des Inhalts. Hiergegen[95] spricht allerdings, dass auch der, der nichts versteht, sich Worte etc. einprägen und sie weitergeben kann.

cc) Unbefugt
Hierzu s. o. bei § 202 I Nr. 1 StGB.

b) Subjektiver Tatbestand
S. o.

3. Rechtswidrigkeit
S. o.

4. Schuld
Es gelten die allgemeinen Grundsätze.

5. Rechtsfolgen
S. o.

6. Sonstiges
S. o.

IV. § 202 II StGB

1. Aufbau
  I. Tatbestand
    1. Objektiver Tatbestand
      a) Vom Inhalt eines Schriftstück oder (§ 202 III StGB) einer Abbildung
      b) Nicht zu seiner Kenntnis bestimmt
      c) Durch ein verschlossenes Behältnis gegen Kenntnisnahme besonders gesichert
      d) Kenntnis verschafft, nachdem er dazu das Behältnis geöffnet hat
      e) Unbefugt
    2. Subjektiver Tatbestand
  II. Rechtswidrigkeit
  III. Schuld
  IV. Strafantrag, § 205 StGB

---

[94] S. Eisele, BT I, 6. Aufl. 2021, Rn. 725.
[95] S. Fischer, StGB, 71. Aufl. 2024, § 202 Rn. 10.

2. Tatbestand

a) Objektiver Tatbestand

aa) Vom Inhalt eines Schriftstück oder (§ 202 III StGB) einer Abbildung
Hierzu s. o. bei § 202 I Nr. 1 StGB.

bb) Nicht zu seiner Kenntnis bestimmt
Hierzu s. o. bei § 202 I Nr. 1 StGB.

cc) Durch ein verschlossenes Behältnis gegen Kenntnisnahme besonders gesichert
Verschlossenes Behältnis ist – wie bei § 243 I 2 Nr. 2 – StGB ein zur Aufnahme von Sachen dienendes Raumgebilde, das nicht zum Betreten durch Menschen bestimmt ist.[96]

Die besondere Sicherung gegen Kenntnisnahme setzt voraus, dass Behältnis und Verschluss zumindest auch den Zweck haben müssen, die unbefugte Kenntnisnahme anderer zu verhindern, also etwa nicht der alleinige Zweck des Behältnisses darin besteht, die Wegnahme zu erschweren.[97]

dd) Kenntnis verschafft, nachdem er dazu das Behältnis geöffnet hat
Hierzu s. jeweils o. bei § 202 I Nr. 1 und 2 StGB.

ee) Unbefugt
Hierzu s. o. bei § 202 I Nr. 1 StGB.

b) Subjektiver Tatbestand
S. o.

3. Rechtswidrigkeit
S. o.

4. Schuld
Es gelten die allgemeinen Grundsätze.

5. Rechtsfolgen
S. o.

6. Sonstiges
S. o.

---

[96] Eisele, BT I, 6. Aufl. 2021, Rn. 727.
[97] Kargl, in: NK-StGB, 6. Aufl. 2023, § 202 Rn. 8.

D. Ausspähen und Abfangen von Daten, strafbare Vorbereitung, Datenhehlerei, §§ 202a, b, c, d StGB

▶ Didaktische Aufsätze
- Schmitz, Ausspähen von Daten, § 202a StGB, JA 1995, 478
- Popp, Informationstechnologie und Strafrecht, JuS 2011, 385
- Eisele, Der Kernbereich des Computerstrafrechts, Jura 2012, 922

I. Ausspähen von Daten, § 202a StGB

1. Aufbau
I. Tatbestand
  1. Objektiver Tatbestand
    a) Daten
    b) Die nicht für ihn bestimmt sind
    c) Die gegen unberechtigten Zugang besonders gesichert sind
    d) Sich oder einem anderen Zugang verschafft
    e) Unter Überwindung der Zugangssicherung
    f) Unbefugt
  2. Subjektiver Tatbestand
II. Rechtswidrigkeit
III. Schuld
IV. Strafantrag, § 205 StGB

2. Allgemeines
§ 202a StGB stellt – bereits seit 1986 – das Ausspähen von Daten unter Strafe.[98]

> **§ 202a StGB (Ausspähen von Daten)**
> (1) Wer unbefugt sich oder einem anderen Zugang zu Daten, die nicht für ihn bestimmt und die gegen unberechtigten Zugang besonders gesichert sind, unter Überwindung der Zugangssicherung verschafft, wird mit Freiheitsstrafe bis zu drei Jahren oder mit Geldstrafe bestraft.
> (2) Daten im Sinne des Absatzes 1 sind nur solche, die elektronisch, magnetisch oder sonst nicht unmittelbar wahrnehmbar gespeichert sind oder übermittelt werden.

---

[98] Zu § 202a ff. StGB Möhrenschlager wistra 1986, 128; Schmitz JA 1995, 478; Ernst NJW 2003, 3233; Schnabl wistra 2005, 211; Ernst NJW 2007, 2661; Schumann NStZ 2007, 675; Popp JuS 2011, 385; Dietrich NStZ 2011, 247; Eisele Jura 2012, 922; zu Überlegungen zur Pönalisierung eines „digitalen Hausfriedensbruchs" durch Infiltration mit Botnetzen (als § 202e StGB) Basar jurisPR-StrafR 26/2016 Anm. 1; Mavany KriPoZ 2016, 106; Kahler/Hoffmann-Holland KriPoZ 2018, 267; Greier/Hartmann jurisPR-StrafR 13/2019 Anm. 1; Stefanopoulou GA 2023, 36; zum

Das durch den Tatbestand geschützte Rechtsgut liegt in der Verfügungsbefugnis des Berechtigten an dem gedanklichen Inhalt von Daten.[99]

3. Tatbestand

a) Objektiver Tatbestand

aa) Daten

Daten sind alle durch Zeichen oder kontinuierliche Funktionen dargestellten Informationen, die sich als Gegenstand oder Mittel der Verarbeitung durch ein Gerät codieren lassen oder das Ergebnis eines Verarbeitungsvorgangs sind.[100]

Eine Einschränkung nimmt § 202a II StGB vor („nur solche, die elektronisch, magnetisch oder sonst nicht unmittelbar wahrnehmbar gespeichert sind oder übermittelt werden"). Daten sind nicht unmittelbar wahrnehmbar, wenn ihr Bedeutungsgehalt erst nach technischer Umformung oder mittels besonderer technischer Hilfsmittel einer sinnlichen Wahrnehmung zugänglich ist.[101]

Problematisch ist in diesem Zusammenhang das sog. **Phishing**.[102]

> **Beispiel 126**
>
> **vgl. LG Darmstadt U. v. 13.06.2006 – 212 Ls 7 Ns (Anm. Kögel wistra 2007, 206):**
>
> B schickte dem Z eine selbst entworfene E-Mail. Diese schien nach ihrer Gestaltung und ihrem Inhalt von einer Bank zu stammen, die zufälligerweise die Hausbank des Z war. Die E-Mail enthielt den Hinweis, dass die Kontodaten

---

Doxing Kubiciel/Großmann NJW 2019, 1050; zur Konkurrenzausspähung und Wirtschaftsspionage Wilke NZWiSt 2019, 168; zu Seitenkanalangriffen auf informationstechnische Systeme Brodowski ZIS 2019, 49; zur politischen Datenwirtschaftsstraftat Werkmeister GA 2021, 570; zur Entschlüsselung passwortgeschützter Dateien im Rahmen einer internen Untersuchung Gottwald/Ohrloff CCZ 2022, 253; zu Risiken für IT-Sicherheitsforscher Schröder HRRS 2024, 75.

[99] Fischer, StGB, 71. Aufl. 2024, § 202a Rn. 2; aus der Rspr. vgl. BGH B. v. 27.07.2017 – 1 StR 412/16 (Bitcoinschürfen) – NStZ 2018, 401 = StV 2019, 385 (Anm. Safferling NStZ 2018, 405; Greier/Hartmann jurisPR-StrafR 21/2018 Anm. 1; Brodowski StV 2019, 385); BGH B. v. 13.05.2020 – 5 StR 614/19 – NJW 2020, 3610 = NStZ-RR 2020, 278 = StV-S 2021, 136 (Anm. Bosch Jura 2020, 1145; RÜ 2020, 709; Hassemer StV-S 2021, 138; Basar jurisPR-StrafR 4/2021 Anm. 4).

[100] Kindhäuser/Hilgendorf, LPK, 9. Aufl. 2022, § 202a Rn. 2; aus der Rspr. vgl. BGH B. v. 16.04.2015 – 1 StR 490/14 – NStZ 2016, 42 = StV 2015, 754 und 2016, 364 (Anm. Bosch Jura 2015, 1137; Hecker JuS 2015, 1132; LL 2015, 827; RÜ 2015, 516; Wollschläger StV 2015, 754; Erb StV 2016, 366); OLG Celle B. v. 31.08.2016 – 2 Ss 93/16 – StV 2017, 120 (Anm. Esser/Rehaag wistra 2017, 81).

[101] Joecks/Jäger, StGB, 13. Aufl. 2021, § 202a Rn. 5.

[102] Hierzu bzgl. § 202a StGB Eisele, BT I, 6. Aufl. 2021, Rn. 740f.; zur Strafbarkeit des Phishings (auch nach anderen Vorschriften) s. ferner Popp NJW 2004, 3517; Weber HRRS 2004, 406; Stuckenberg ZStW 2006, 878; Graf NStZ 2007, 129; Heghmanns wistra 2007, 167; Goeckenjan wistra 2008, 128; Goeckenjan wistra 2009, 47; Seidl/Fuchs HRRS 2010, 85; Brand NStZ 2013, 7.

überprüft werden müssten, wozu Z einem in der E-Mail enthaltenen Hyperlink zu folgen hätte. Dieser Link führte Z auf eine von B erstellte, der Homepage der Bank zum Verwechseln ähnlich sehende Homepage, auf der Z aufgefordert wurde, in einer scheinbar sicheren Umgebung seine Kontonummer, persönliche Identifikationsnummer (PIN) und Transaktionsnummern (TAN) für die Nutzung von Bankdiensten einzugeben. Mit der erlangten PIN konnte B pro erbeuteter TAN eine Überweisung vom Konto des Z vornehmen. ◄

Die per E-Mail an Phisher übertragenen Informationen sind keine Daten i. S. d. § 202a II StGB, da sie unmittelbar visuell wahrnehmbar sind. Die Zugangsdaten, die der irregeführte Bankkunde zunächst in seinen Rechner eingibt, um sie sogleich weiterzusenden, sind zwar nicht mehr unmittelbar wahrnehmbar, doch befinden sie sich lediglich vorübergehend im Arbeitsspeicher, für eine „Speicherung" i. S. v. § 202a II 1. Var. StGB reicht dies nicht aus. Auch § 202a II 2. Var. StGB ist nicht erfüllt, denn die Daten, die der Berechtigte selbst gezielt an den Täter übermittelt, sind hiervon nicht erfasst. Ferner ist zu beachten, dass eine Bestimmung der Daten für den Empfänger vorliegt. Schließlich handelt es sich nicht um besonders gesicherte Daten, da die Weitergabe auf schlichter Täuschung beruht. Die spätere Benutzung der erhaltenen Informationen hebt bestimmungsgemäß den Zugangsschutz auf.

bb) Die nicht für ihn bestimmt sind
Die Daten dürfen nicht für den Täter bestimmt sein. Abzustellen ist auf den Willen des formell Berechtigten.[103] Dies ist nicht zwingend der Eigentümer des Datenträgers, sondern i. d. R. derjenige, der die Daten abgespeichert oder übermittelt hat oder auf dessen Veranlassung sie abgespeichert bzw. übermittelt wurden.

Ggf. sind Bedingungen (z. B. Entgeltzahlung, Alter) oder Beschränkungen – z. B. auf bestimmte Zeiten – zu beachten.[104]

Die Verwendung von Daten in einer Weise, die der Bestimmende nicht vorausgesehen hat oder missbilligt, ändert aber an der Bestimmung nichts.[105]

cc) Die gegen unberechtigten Zugang besonders gesichert sind
Die Daten müssen gegen unberechtigten Zugang besonders gesichert sein. Erforderlich ist, dass der Verfügungsberechtigte das Interesse an ihrer Geheimhaltung durch besondere Sicherungsvorkehrungen dokumentiert hat.[106] Dies ist der Fall, wenn

---

[103] Eisele, BT I, 6. Aufl. 2021, Rn. 735; aus der Rspr. vgl. BGH B. v. 27.07.2017 – 1 StR 412/16 (Bitcoinschürfen) – NStZ 2018, 401 = StV 2019, 385 (Anm. Safferling NStZ 2018, 405; Greier/Hartmann jurisPR-StrafR 21/2018 Anm. 1; Brodowski StV 2019, 385).

[104] Kindhäuser/Hilgendorf, LPK, 9. Aufl. 2022, § 202a Rn. 3.

[105] Kindhäuser/Hilgendorf, LPK, 9. Aufl. 2022, § 202a Rn. 3; aus der Rspr. vgl. BayObLG U. v. 18.01.1999 – 5 St RR 173/98 – NJW 1999, 1727.

[106] Aus der Rspr. vgl. BGH B. v. 27.07.2017 – 1 StR 412/16 (Bitcoinschürfen) – NStZ 2018, 401 = StV 2019, 385 (Anm. Safferling NStZ 2018, 405; Greier/Hartmann jurisPR-StrafR 21/2018 Anm. 1; Brodowski StV 2019, 385).

Vorkehrungen vorhanden sind, die objektiv geeignet und subjektiv dazu bestimmt sind, den Zugriff mindestens erheblich zu erschweren.[107] Einerlei ist, ob Eingeweihte oder Experten leicht auf die Daten zurückgreifen können und ob also die Sicherung auch gerade gegenüber dem Täter wirkt.[108]

Es kommen sowohl physische als auch system-immanente Schutzvorrichtungen in Betracht, zu nennen sind beispielsweise Passwörter, PIN, Firewalls, verschlossene Behältnisse und Räume.[109] Bloß allgemeine Zutrittssicherungen (z. B. Alarmanlagen) genügen nicht, ebenso wenig rein verbale oder schriftliche Zugriffsverbote.[110] Bei sehr einfach zu erratenden Passwörtern kann es ebenfalls am Merkmal mangeln.[111]

Die Benutzung fremder **WLAN**s[112] ist nur dann erfasst, wenn dieses passwortgeschützt ist.

Auch beim sog. **Skimming**[113] (Herstellen falscher Zahlungskarten aufgrund heimlich eingelesener Daten) wird es an der Zugangssicherung fehlen, da die Daten mit handelsüblichen Lesegeräten ausgelesen werden können.

dd) Sich oder einem anderen Zugang verschafft
Tathandlung des § 202a I StGB ist seit 2007 das bloße Verschaffen des Zugangs zu den Daten. Dies ist das Erlangen der tatsächlichen Herrschaft über die Daten; eine Kenntnisnahme ist nicht mehr erforderlich, sodass das reine Hacking erfasst wird.[114]

---

[107] Eisele, BT I, 6. Aufl. 2021, Rn. 736; aus der Rspr. vgl. zuletzt BGH B. v. 13.05.2020 – 5 StR 614/19 – NJW 2020, 3610 = NStZ-RR 2020, 278 = StV-S 2021, 136 (Anm. Bosch Jura 2020, 1145; RÜ 2020, 709; Hassemer StV-S 2021, 138; Basar jurisPR-StrafR 4/2021 Anm. 4); AG Jülich B. v. 10.05.2023 – 17 Cs-230 Js 99/21–55/23 – StV-S 2023, 113 (Anm. Ferner jurisPR-StrafR 16/2023 Anm. 2).

[108] Aus der Rspr. vgl. BGH B. v. 13.05.2020 – 5 StR 614/19 – NJW 2020, 3610 = NStZ-RR 2020, 278 = StV-S 2021, 136 (Anm. Bosch Jura 2020, 1145; RÜ 2020, 709; Hassemer StV-S 2021, 138; Basar jurisPR-StrafR 4/2021 Anm. 4).

[109] S. Fischer, StGB, 71. Aufl. 2024, § 202a Rn. 8ff.

[110] Eisele, BT I, 6. Aufl. 2021, Rn. 737.

[111] Aus der Rspr. vgl. AG Jülich B. v. 10.05.2023 – 17 Cs-230 Js 99/21–55/23 – StV-S 2023, 113 (Anm. Ferner jurisPR-StrafR 16/2023 Anm. 2).

[112] Hierzu Kargl, in: NK-StGB, 6. Aufl. 2023, § 202a Rn. 31; näher Buermeyer HRRS 2004, 285.

[113] Zum Skimming näher Seidl/Fuchs HRRS 2011, 265; Seidl ZIS 2012, 415; Feldmann wistra 2015, 41; aus der Rspr. vgl. zuletzt BGH B. v. 09.01.2014 – 1 StR 654/13 – NJW 2014, 1463 = StV 2014, 541 (Anm. Bosch JK 2014 StGB § 152a I/14; Schiemann JR 2014, 303); BGH B. v. 10.09.2014 – 5 StR 351/14 – StV 2015, 153; BGH B. v. 12.11.2015 – 2 StR 197/15 – NStZ 2016, 338 = StV 2017, 445; BGH B. v. 16.11.2016 – 2 StR 246/16 – NStZ-RR 2017, 116 = StV 2017, 678.

[114] Eisele, BT I, 6. Aufl. 2021, Rn. 738; zu Einzelproblemen Fischer, StGB, 71. Aufl. 2024, § 202a Rn. 10ff.

ee) Unter Überwindung der Zugangssicherung
Aufgrund des Merkmals „unter Überwindung der Zugangssicherung" ist eine Vorgehensweise des Täters erforderlich, durch die die jeweilige Zugangssicherung außer Kraft gesetzt oder umgangen wird.[115]

ff) Unbefugt
Umstritten ist (ähnlich bei anderen Delikten des Abschnitts), ob das Merkmal der Unbefugtheit lediglich ein Hinweis auf etwaige Rechtfertigungsgründe ist[116] oder doppelfunktional zusätzlich auf ein mögliches tatbestandsausschließendes Einverständnis verweist.[117] Zwar wird es bei einem Einverständnis quasi immer am Merkmal „nicht für ihn bestimmt" mangeln, allerdings mag es davon Ausnahmen geben, sodass auch hier die letztere Deutung vorzuziehen ist.

b) Subjektiver Tatbestand
Gem. § 15 StGB ist Vorsatz erforderlich.

4. Rechtswidrigkeit
Es gelten die allgemeinen Grundsätze, auf die die Norm auch durch das Merkmal „unbefugt" (s. o.) verweist.

5. Schuld
Es gelten die allgemeinen Grundsätze.

6. Rechtsfolgen
§ 202a StGB sieht Freiheitsstrafe bis zu drei Jahren (im Minimum also ein Monat, § 38 II StGB) oder Geldstrafe (zu den Grenzen s. § 40 StGB) vor.

7. Sonstiges
Der Versuch ist nicht strafbar.

§ 205 StGB stellt ein (für § 202a StGB eingeschränktes) Strafantragserfordernis auf.

II. Abfangen von Daten, § 202b StGB

§ 202b StGB schützt wie § 202a StGB das Geheimhaltungsinteresse des Berechtigten bzgl. seiner Daten, allerdings betrifft der sehr enge Tatbestand nur sog.

---

[115] Fischer, StGB, 71. Aufl. 2024, § 202a Rn. 11b; aus der Rspr. vgl. BGH B. v. 13.05.2020 – 5 StR 614/19 – NJW 2020, 3610 = NStZ-RR 2020, 278 = StV-S 2021, 136 (Anm. Bosch Jura 2020, 1145; RÜ 2020, 709; Hassemer StV-S 2021, 138; Basar jurisPR-StrafR 4/2021 Anm. 4); zum Umgehen einer Firewall durch einen Trojaner BGH B. v. 27.07.2017 – 1 StR 412/16 (Bitcoinschürfen) – NStZ 2018, 401 = StV 2019, 385 (Anm. Safferling NStZ 2018, 405; Greier/Hartmann jurisPR-StrafR 21/2018 Anm. 1; Brodowski StV 2019, 385).
[116] So etwa Hoyer, in: SK-StGB, 10. Aufl. 2024, § 202a Rn. 17.
[117] So Graf, in: MK-StGB, 4. Aufl. 2021, § 202a Rn. 65.

Man-in-the-middle-Angriffe bei nicht öffentlicher Kommunikation. Auf eine Vertiefung sei verzichtet.

> **§ 202b StGB (Abfangen von Daten)**
> Wer unbefugt sich oder einem anderen unter Anwendung von technischen Mitteln nicht für ihn bestimmte Daten (§ 202a Abs. 2) aus einer nicht öffentlichen Datenübermittlung oder aus der elektromagnetischen Abstrahlung einer Datenverarbeitungsanlage verschafft, wird mit Freiheitsstrafe bis zu zwei Jahren oder mit Geldstrafe bestraft, wenn die Tat nicht in anderen Vorschriften mit schwererer Strafe bedroht ist.

III. Vorbereiten des Ausspähens und Abfangens von Daten, § 202c StGB

▶ Didaktischer Aufsatz
- Nestler, „Hacker-Tools" im StGB, Jura 2021, 629

§ 202c StGB[118] pönalisiert bestimmte Vorbereitungshandlungen im Vorfeld von §§ 202a, b StGB.

> **§ 202c StGB (Vorbereiten des Ausspähens und Abfangens von Daten)**
> (1) Wer eine Straftat nach § 202a oder § 202b vorbereitet, indem er
>   1. Passwörter oder sonstige Sicherungscodes, die den Zugang zu Daten (§ 202a Abs. 2) ermöglichen, oder
>   2. Computerprogramme, deren Zweck die Begehung einer solchen Tat ist,
> herstellt, sich oder einem anderen verschafft, verkauft, einem anderen überlässt, verbreitet oder sonst zugänglich macht, wird mit Freiheitsstrafe bis zu zwei Jahren oder mit Geldstrafe bestraft.
> (2) § 149 Abs. 2 und 3[119] gilt entsprechend.

---

[118] Hierzu Popp GA 2008, 375; Holzner ZRP 2009, 177.
[119] § 149 II, III StGB:
„(2) Nach Absatz 1 wird nicht bestraft, wer freiwillig

1. die Ausführung der vorbereiteten Tat aufgibt und eine von ihm verursachte Gefahr, daß andere die Tat weiter vorbereiten oder sie ausführen, abwendet oder die Vollendung der Tat verhindert und
2. die Fälschungsmittel, soweit sie noch vorhanden und zur Fälschung brauchbar sind, vernichtet, unbrauchbar macht, ihr Vorhandensein einer Behörde anzeigt oder sie dort abliefert.

(3) Wird ohne Zutun des Täters die Gefahr, daß andere die Tat weiter vorbereiten oder sie ausführen, abgewendet oder die Vollendung der Tat verhindert, so genügt an Stelle der Voraussetzungen des Absatzes 2 Nr. 1 das freiwillige und ernsthafte Bemühen des Täters, dieses Ziel zu erreichen".

Problematisch sind sog. Dual-Use-Tools,[120] also Programme, die sowohl für legale als auch für illegale Zwecke verwendet werden können.
Auf eine weitere Vertiefung sei verzichtet.

IV. Datenhehlerei, § 202d StGB

▶ **Didaktischer Aufsatz**
- Berghäuser, Sach- und Datenhehlerei – eine vergleichende Gegenüberstellung der §§ 202d, 259 StGB, JA 2017, 244

1. Aufbau
I. Tatbestand
  1. Objektiver Tatbestand
     a) Daten
     b) Die nicht allgemein zugänglich sind
     c) Die ein anderer durch eine rechtswidrige Tat erlangt hat
     d) Sich oder einem anderen verschafft, einem anderen überlässt, verbreitet oder sonst zugänglich macht
     e) § 202d III StGB
  2. Subjektiver Tatbestand
     a) Vorsatz
     b) Um sich oder einen Dritten zu bereichern oder einen anderen zu schädigen
II. Rechtswidrigkeit
III. Schuld
IV. Strafantrag, § 205 StGB

2. Allgemeines
Der 2015 in Kraft getretene § 202d StGB stellt die Datenhehlerei unter Strafe.[121]

> **§ 202d StGB (Datenhehlerei)**
> (1) Wer Daten (§ 202a Absatz 2), die nicht allgemein zugänglich sind und die ein anderer durch eine rechtswidrige Tat erlangt hat, sich oder einem anderen verschafft, einem anderen überlässt, verbreitet oder sonst zugänglich macht, um sich oder einen Dritten zu bereichern oder einen anderen zu schädigen, wird mit Freiheitsstrafe bis zu drei Jahren oder mit Geldstrafe bestraft.

---

[120] Hierzu Eisele, BT I, 6. Aufl. 2021, Rn. 762f.; aus der Rspr. vgl. BVerfG B. v. 18.05.2009 – 2 BvR 2233/07, 2 BvR 1151/08, 2 BvR 1524/08 – BVerfGK 15, 491 (Anm. Kudlich JA 2009, 739; Valerius JR 2010, 84; Stuckenberg wistra 2010, 41); zu Hacker-Tools Nestler Jura 2021, 629.

[121] Hierzu Golla/von zur Mühlen JZ 2014, 668; Neuhöfer jurisPR-Compl 4/2015 Anm. 6; Singelnstein ZIS 2016, 432; Stuckenberg ZIS 2016, 526; Berghäuser JA 2017, 244; Brodowski/Marnau NStZ 2017, 377; Reinbacher GA 2018, 311; zur vorherigen Diskussion Hahn DRiZ 2012, 223; Klengel/Gans ZRP 2013, 16.

> (2) Die Strafe darf nicht schwerer sein als die für die Vortat angedrohte Strafe.
> (3) Absatz 1 gilt nicht für Handlungen, die ausschließlich der Erfüllung rechtmäßiger dienstlicher oder beruflicher Pflichten dienen. Dazu gehören insbesondere
> 1. solche Handlungen von Amtsträgern oder deren Beauftragten, mit denen Daten ausschließlich der Verwertung in einem Besteuerungsverfahren, einem Strafverfahren oder einem Ordnungswidrigkeitenverfahren zugeführt werden sollen, sowie
> 2. solche beruflichen Handlungen der in § 53 Absatz 1 Satz 1 Nummer 5 der Strafprozessordnung genannten Personen, mit denen Daten entgegengenommen, ausgewertet oder veröffentlicht werden.

Die – etwas schief – in Anlehnung an die (Sach-)Hehlerei nach § 259 StGB formulierte Norm schützt das Datengeheimnis vor einer Fortsetzung und Vertiefung seiner durch die Vortat erfolgten Verletzung.[122] Ferner soll durch Strafbarkeit der Datenhehlerei die Nachfrage nach strafrechtlich relevant erlangten Daten sinken und damit der Anreiz für entsprechende Vortaten des „Datendiebs" etc.[123]

Anlass der Normschaffung waren, wie nun aus § 202d III StGB ersichtlich, Zweifelsfragen, die den Ankauf von Datenträgern mit steuerhinterziehungsrelevanten (aber rechtswidrig erlangten) Daten durch Behörden betrafen.[124] Erschwert wird durch das Delikt hingegen sog. Whistleblowing unter Nutzung von Daten.[125]

---

[122] Weidemann, in: BeckOK-StGB, Stand 01.02.2024, § 202d Rn. 2.
[123] Hoyer, in: SK-StGB, 10. Aufl. 2024, § 202d Rn. 2.
[124] S. Fischer, StGB, 71. Aufl. 2024, § 202d Rn. 3; näher Rennicke wistra 2020, 135; näher zur damaligen – v. a. strafprozessualen – Problematik Sieber NJW 2008, 881; Trüg/Habetha NJW 2008, 887; Göres/Kleinert NJW 2008, 1353; Kölbel NStZ 2008, 241; Schünemann NStZ 2008, 305; Kelnhofer/Krug StV 2008, Gless JR 2008, 317; 660; Bruns StraFo 2008, 189; Godenzi GA 2008, 500; Schwörer wistra 2009, 452; Spatschek FS Volk 2009, 771; Kauffmann JA 2010, 597; Ignor/Jahn JuS 2010, 390; Spernath NStZ 2010, 307; Ostendorf ZIS 2010, 301; Samson/Langrock wistra 2010, 201; Hellmann FS Samson 2010, 661; Jahn FS Stöckel 2010, 259; Kaiser NStZ 2011, 383; Coen NStZ 2011, 433; Trüg StV 2011, 111; Gössel FS Puppe 2011, 1377; Heine FS Roxin 2011, 1087; Söhn FS Beulke 2015, 1345; Hugger NZWiSt 2017, 260; aus der Rspr. vgl. LG Bochum B. v. 07.08.2009 – 2 Qs 2/09 – NStZ 2010, 351 (Anm. Heine HRRS 2009, 540; LL 2010, 168; RÜ 2010, 176; Pawlik JZ 2010, 693); LG Düsseldorf B. v. 17.09.2010 – 14 Qs 60/10 (Anm. Küpper jurisPR-StrafR 24/2010 Anm. 2); LG Düsseldorf B. v. 11.10.2010 – 4 Qs 50/10 – NStZ-RR 2011, 84; BVerfG B. v. 09.11.2010 – 2 BvR 2101/09 – BVerfGK 18, 193 = NJW 2011, 2417 = NStZ 2011, 103 = StV 2011, 65 (Anm. von Heintschel-Heinegg JA 2011, 312; Wohlers JZ 2011, 249; Lucke HRRS 2011, 527; Kühne FS Roxin 2011, 1269); FG Köln B. v. 15.12.2010 – 14 V 2484/10; FG Münster U. v. 30.01.2014 – 2 K 3074/12 F (Anm. Wedler/Bülte NZWiSt 2014, 316); VerfGH Rheinland-Pfalz U. v. 24.02.2014 – VGH B 26/13 – NJW 2014, 1434 = StV 2014, 469 (Anm. Wicklein StV 2014, 469; Krug NZWiSt 2014, 431); EGMR U. v. 06.10.2016 – 33696/11 – NJW 2018, 921 (Anm. Eifert Jura 2017, 996; Rübenstahl/Graf jurisPR-StrafR 25/2016 Anm. 1).
[125] Fischer, StGB, 71. Aufl. 2024, § 202d Rn. 7.

3. Tatbestand

a) Objektiver Tatbestand

aa) Daten
Hierzu s. o. bei § 202a StGB.

bb) Die nicht allgemein zugänglich sind
Geschützt werden nur nicht allgemein zugängliche Daten, die der Gesetzgeber in Anlehnung an § 10 V 2 BDSG a. F. verstanden wissen wollte: „Allgemein zugänglich sind Daten, die jedermann, sei es ohne oder nach vorheriger Anmeldung, Zulassung oder Entrichtung eines Entgelts, nutzen kann."

Nicht erfasst sind also z. B. Daten, die unter Urheberrechtsverletzungen erlangt wurden, sofern sie v. a. im Internet, z. B. auf einschlägigen Streaming- und Downloadportalen erlangt werden konnten.[126]

cc) Die ein anderer durch eine rechtswidrige Tat erlangt hat
Die sog. **Vortat** muss eine rechtswidrige sein; der Kreis der hierfür tauglichen Straftatbestände ist nicht weiter eingeschränkt.

Als Vortat, durch die der Täter die Daten erlangt hat, kommen insbesondere die §§ 202a, b StGB in Betracht, aber z. B. auch Diebstahl (§ 242 StGB) oder Nötigung (§ 240 StGB).[127]

Täter der sog. Vortat darf nicht der Täter der Datenhehlerei gewesen sein („**ein anderer**"). Teilnehmer der Vortat hingegen kommen als Täter der Datenhehlerei in Betracht.[128]

Erlangt hat der Vortäter die Daten, wenn er tatsächliche Verfügungsgewalt über sie begründet hat.[129] Aus der Perfekt-Formulierung ergibt sich (wie bei § 259 StGB), dass im Zeitpunkt der Tathandlung der Datenhehlerei die Verfügungsgewalt des Vortäters bereits bestanden haben muss.[130]

dd) Sich oder einem anderen verschafft, einem anderen überlässt, verbreitet oder sonst zugänglich macht
Die Tathandlungen sind denen des § 202c StGB nachgebildet.

Sich oder einem anderen **verschafft** der Täter die Daten (vgl. zu dieser Modalität auch § 259 I StGB), wenn er tatsächliche Verfügungsmacht über die Daten entweder selbst erlangt oder bei einem anderen verursacht.[131]

---

[126] Fischer, StGB, 71. Aufl. 2024, § 202d Rn. 5.
[127] Näher Weidemann, in: BeckOK-StGB, Stand 01.02.2024, § 202d Rn. 6ff.
[128] Eisele, in: Schönke/Schröder, StGB, 30. Aufl. 2019, § 202d Rn. 9; zur Parallelproblematik bei § 259 StGB s. bei den Vermögensdelikten.
[129] Hoyer, in: SK-StGB, 10. Aufl. 2024, § 202d Rn. 7.
[130] Hoyer, in: SK-StGB, 10. Aufl. 2024, § 202d Rn. 7.
[131] Graf, in: MK-StGB, 4. Aufl. 2021, § 202d Rn. 20.

Erforderlich ist nach dem ausdrücklichen Willen des Gesetzgebers, dass Vortäter und Täter der Datenhehlerei einverständlich zusammenwirken (dass also z. B. nicht dieser jenen bestiehlt),[132] was auch bei § 259 StGB ganz herrschende Auffassung[133] ist.

Einem anderen die Daten **Überlassen** bedeutet, dass der diesbzgl. Besitz an eine andere Person übergeht, ohne dass damit auch die konkrete Verfügungsmacht mitübertragen wird.[134]

Verbreiten ist die mindestens einmalige Weitergabe der Daten mit dem Ziel, auf diese Weise die Daten einem größeren Nutzerkreis zugänglich zu machen.[135]

Sonst **zugänglich** macht der Täter die Daten, wenn er die Möglichkeit des Zugriffs auf diese schafft.[136]

Keine tauglichen Tathandlungen sind solche des Rechtsgutsträgers; dem Dritten gegenüber muss das Rechtsgut geschützt sein. Daher ist der durch die Vortat verletzte Berechtigte nicht wegen Datenhehlerei strafbar, wenn er z. B. die ihm gestohlenen Daten zurückkauft.[137]

ee) § 202d III StGB
§ 202d III StGB enthält einen Tatbestandsausschluss[138] für die „Erfüllung rechtmäßiger dienstlicher oder beruflicher Pflichten",[139] welcher besonders darauf abzielt, Behörden zum Ankauf von steuerlich relevanten Daten zu ermächtigen, s. o.

b) Subjektiver Tatbestand
aa) Allgemeines
Erforderlich ist zunächst Vorsatz gem. § 15 StGB.

Im Hinblick auf die Vortaten ist ein gewisses Maß an Konkretheit der Vorstellung erforderlich; das Bewusstsein, dass die Daten aus irgendeiner rechtswidrigen Tat stammen, soll nicht ausreichen.[140]

Zu Subjektivem in § 202d III StGB s. o.

---

[132] Graf, in: MK-StGB, 4. Aufl. 2021, § 202d Rn. 24.
[133] S. bei den Vermögensdelikten.
[134] Graf, in: MK-StGB, 4. Aufl. 2021, § 202d Rn. 21.
[135] Graf, in: MK-StGB, 4. Aufl. 2021, § 202d Rn. 22.
[136] Graf, in: MK-StGB, 4. Aufl. 2021, § 202d Rn. 23.
[137] Weidemann, in: BeckOK-StGB, Stand 01.02.2024, § 202d Rn. 14.
[138] Hoyer, in: SK-StGB, 10. Aufl. 2024, § 202d Rn. 9 ordnet die Norm explizit in den objektiven Tatbestand ein. Freilich ist dies angesichts der zumindest kumulativ subjektiv anklingenden Normfassung („dienen", ferner v. a. § 202d III 2 Nr. 1 StGB: „sollen") nicht zweifelsfrei, aus Gründen des Sachzusammenhangs aber darstellerisch akzeptabel.
[139] Hierzu Fischer, StGB, 71. Aufl. 2024, § 202d Rn. 11; Weidemann, in: BeckOK-StGB, Stand 01.02.2024, § 202d Rn. 16ff.; zum journalistischen Whistleblowing BVerfG B. v. 30.03.2022 – 1 BvR 2821/16 – StV-S 2022, 107.
[140] Vgl. aus der Rspr. BVerfG B. v. 30.03.2022 – 1 BvR 2821/16 – StV-S 2022, 107.

bb) Um sich oder einen Dritten zu bereichern oder einen anderen zu schädigen
Zur Bereicherungsabsicht s. bei den Vermögensdelikten, namentlich § 263 StGB.

Schädigungsabsicht ist dann anzunehmen, wenn der Täter einen materiellen oder immateriellen Nachteil für andere Person herbeizuführen beabsichtigt.[141]

Schwierigkeiten weisen Whistleblowing-Fälle auf, da dort die Aufklärung von Missständen im Vordergrund steht (vgl. die allgemeine Problematik von Motivbündeln, Begleitzielen etc., s. im Allgemeinen Teil).[142]

4. Rechtswidrigkeit
Es gelten die allgemeinen Grundsätze.

5. Schuld
Es gelten die allgemeinen Grundsätze.

6. Rechtsfolgen
§ 202d StGB sieht Freiheitsstrafe bis zu drei Jahren (im Minimum also ein Monat, § 38 II StGB) oder Geldstrafe (zu den Grenzen s. § 40 StGB) vor.

Gem. § 202d II SGB wird die Straf(rahmen)obergrenze aber durch die der Vortat begrenzt.

7. Sonstiges
Der Versuch ist nicht strafbar.

§ 205 StGB stellt ein (für § 202d StGB eingeschränktes) Strafantragserfordernis auf.

E. Verletzung von Privatgeheimnissen, § 203 StGB

▶ Didaktische Aufsätze
- Schmitz, Verletzung von (Privat) Geheimnissen, 1996, 772 und 949
- Bock/Wilms, Die Verletzung von Privatgeheimnissen (§ 203 StGB), JuS 2011, 24
- Bosch, Der Schutz vor Verletzung von Privatgeheimnissen durch § 203 StGB, Jura 2013, 780

I. Allgemeines

§ 203 StGB stellt die Verletzung von Privatgeheimnissen unter Strafe.[143]

---

[141] Weidemann, in: BeckOK-StGB, Stand 01.02.2024, § 202d Rn. 23.
[142] Vgl. aus der Rspr. BVerfG B. v. 30.03.2022 – 1 BvR 2821/16 – StV-S 2022, 107.
[143] Hierzu Kohlhaas GA 1958, 65; Becker MDR 1974, 888; Schünemann ZStW 1978, 11; Rogall NStZ 1983, 1; Schmitz JA 1996, 772 und 949; Bock/Wilms JuS 2011, 24; Bosch Jura 2013, 780.

§ 203 StGB (Verletzung von Privatgeheimnissen)

(1) Wer unbefugt ein fremdes Geheimnis, namentlich ein zum persönlichen Lebensbereich gehörendes Geheimnis oder ein Betriebs- oder Geschäftsgeheimnis, offenbart, das ihm als

1. Arzt, Zahnarzt, Tierarzt, Apotheker oder Angehörigen eines anderen Heilberufs, der für die Berufsausübung oder die Führung der Berufsbezeichnung eine staatlich geregelte Ausbildung erfordert,

2. Berufspsychologen mit staatlich anerkannter wissenschaftlicher Abschlußprüfung,

3. Rechtsanwalt, Kammerrechtsbeistand, Patentanwalt, Notar, Verteidiger in einem gesetzlich geordneten Verfahren, Wirtschaftsprüfer, vereidigtem Buchprüfer, Steuerberater, Steuerbevollmächtigten,

3a. Organ oder Mitglied eines Organs einer Wirtschaftsprüfungs-, Buchprüfungs- oder einer Berufsausübungsgesellschaft von Steuerberatern und Steuerbevollmächtigten, einer Berufsausübungsgesellschaft von Rechtsanwälten oder europäischen niedergelassenen Rechtsanwälten oder einer Berufsausübungsgesellschaft von Patentanwälten oder niedergelassenen europäischen Patentanwälten im Zusammenhang mit der Beratung und Vertretung der Wirtschaftsprüfungs-, Buchprüfungs- oder Berufsausübungsgesellschaft im Bereich der Wirtschaftsprüfung, Buchprüfung oder Hilfeleistung in Steuersachen oder ihrer rechtsanwaltlichen oder patentanwaltlichen Tätigkeit,

4. Ehe-, Familien-, Erziehungs- oder Jugendberater sowie Berater für Suchtfragen in einer Beratungsstelle, die von einer Behörde oder Körperschaft, Anstalt oder Stiftung des öffentlichen Rechts anerkannt ist,

5. Mitglied oder Beauftragten einer anerkannten Beratungsstelle nach den §§ 3 und 8 des Schwangerschaftskonfliktgesetzes,

6. staatlich anerkanntem Sozialarbeiter oder staatlich anerkanntem Sozialpädagogen oder

7. Angehörigen eines Unternehmens der privaten Kranken-, Unfall- oder Lebensversicherung oder einer privatärztlichen, steuerberaterlichen oder anwaltlichen Verrechnungsstelle

anvertraut worden oder sonst bekanntgeworden ist, wird mit Freiheitsstrafe bis zu einem Jahr oder mit Geldstrafe bestraft.

(2) Ebenso wird bestraft, wer unbefugt ein fremdes Geheimnis, namentlich ein zum persönlichen Lebensbereich gehörendes Geheimnis oder ein Betriebs- oder Geschäftsgeheimnis, offenbart, das ihm als

1. Amtsträger oder Europäischer Amtsträger,

2. für den öffentlichen Dienst besonders Verpflichteten,

3. Person, die Aufgaben oder Befugnisse nach dem Personalvertretungsrecht wahrnimmt,

4. Mitglied eines für ein Gesetzgebungsorgan des Bundes oder eines Landes tätigen Untersuchungsausschusses, sonstigen Ausschusses oder Rates, das nicht selbst Mitglied des Gesetzgebungsorgans ist, oder als Hilfskraft eines solchen Ausschusses oder Rates,

5. öffentlich bestelltem Sachverständigen, der auf die gewissenhafte Erfüllung seiner Obliegenheiten auf Grund eines Gesetzes förmlich verpflichtet worden ist, oder

6. Person, die auf die gewissenhafte Erfüllung ihrer Geheimhaltungspflicht bei der Durchführung wissenschaftlicher Forschungsvorhaben auf Grund eines Gesetzes förmlich verpflichtet worden ist,

anvertraut worden oder sonst bekanntgeworden ist. Einem Geheimnis im Sinne des Satzes 1 stehen Einzelangaben über persönliche oder sachliche Verhältnisse eines anderen gleich, die für Aufgaben der öffentlichen Verwaltung erfaßt worden sind; Satz 1 ist jedoch nicht anzuwenden, soweit solche Einzelangaben anderen Behörden oder sonstigen Stellen für Aufgaben der öffentlichen Verwaltung bekannt gegeben werden und das Gesetz dies nicht untersagt.

(3) Kein Offenbaren im Sinne dieser Vorschrift liegt vor, wenn die in den Absätzen 1 und 2 genannten Personen Geheimnisse den bei ihnen berufsmäßig tätigen Gehilfen oder den bei ihnen zur Vorbereitung auf den Beruf tätigen Personen zugänglich machen. Die in den Absätzen 1 und 2 Genannten dürfen fremde Geheimnisse gegenüber sonstigen Personen offenbaren, die an ihrer beruflichen oder dienstlichen Tätigkeit mitwirken, soweit dies für die Inanspruchnahme der Tätigkeit der sonstigen mitwirkenden Personen erforderlich ist; das Gleiche gilt für sonstige mitwirkende Personen, wenn diese sich weiterer Personen bedienen, die an der beruflichen oder dienstlichen Tätigkeit der in den Absätzen 1 und 2 Genannten mitwirken.

(4) Mit Freiheitsstrafe bis zu einem Jahr oder mit Geldstrafe wird bestraft, wer unbefugt ein fremdes Geheimnis offenbart, das ihm bei der Ausübung oder bei Gelegenheit seiner Tätigkeit als mitwirkende Person oder als bei den in den Absätzen 1 und 2 genannten Personen tätiger Datenschutzbeauftragter bekannt geworden ist. Ebenso wird bestraft, wer

1. als in den Absätzen 1 und 2 genannte Person nicht dafür Sorge getragen hat, dass eine sonstige mitwirkende Person, die unbefugt ein fremdes, ihr bei der Ausübung oder bei Gelegenheit ihrer Tätigkeit bekannt gewordenes Geheimnis offenbart, zur Geheimhaltung verpflichtet wurde; dies gilt nicht für sonstige mitwirkende Personen, die selbst eine in den Absätzen 1 oder 2 genannte Person sind,

2. als im Absatz 3 genannte mitwirkende Person sich einer weiteren mitwirkenden Person, die unbefugt ein fremdes, ihr bei der Ausübung oder bei Gelegenheit ihrer Tätigkeit bekannt gewordenes Geheimnis offenbart, bedient und nicht dafür Sorge getragen hat, dass diese zur Geheimhaltung verpflichtet wurde; dies gilt nicht für sonstige mitwirkende Personen, die selbst eine in den Absätzen 1 oder 2 genannte Person sind, oder

3. nach dem Tod der nach Satz 1 oder nach den Absätzen 1 oder 2 verpflichteten Person ein fremdes Geheimnis unbefugt offenbart, das er von dem Verstorbenen erfahren oder aus dessen Nachlass erlangt hat.

(5) Die Absätze 1 bis 4 sind auch anzuwenden, wenn der Täter das fremde Geheimnis nach dem Tod des Betroffenen unbefugt offenbart.

> (6) Handelt der Täter gegen Entgelt oder in der Absicht, sich oder einen anderen zu bereichern oder einen anderen zu schädigen, so ist die Strafe Freiheitsstrafe bis zu zwei Jahren oder Geldstrafe.

Die Norm schützt das private Verfügungsrecht über bestimmte Informationen, nämlich über „Geheimnisse".[144] Im Interesse des Geheimnisträgers sollen diese Geheimnisse gerade nicht von Trägern solcher Berufe verletzt werden, denen sich der Betroffene in bestimmten Situationen zwangsläufig anvertrauen muss.[145]

II. Grunddelikt, § 203 I–V StGB

1. Aufbau
I. Tatbestand
  1. Objektiver Tatbestand
    a) § 203 I Nr. 1–7, II 1 Nr. 1–6, IV 1 und 2 Nr. 1–3 StGB
    b) Ein fremdes Geheimnis
      • ggf. § 203 II 2 StGB und § 203 V StGB
    c) Das ihm anvertraut oder sonst bekanntgeworden ist
    d) Offenbart
      • ggf. Ausschluss gem. § 203 III 1 StGB
    e) Unbefugt
  2. Subjektiver Tatbestand
II. Rechtswidrigkeit
III. Schuld
IV. Strafantrag, § 205 StGB

2. Tatbestand

a) Objektiver Tatbestand

aa) § 203 I Nr. 1–7, II 1 Nr. 1–6, IV 1 und 2 Nr. 1–3 StGB
Täter können ausschließlich die in § 203 I, II 1 und IV StGB genannten Berufsgruppen sein, sodass es sich um ein Sonderdelikt handelt.[146] Es genügt, dass die

---

[144] I. E. problematisch, s. Eisele, BT I, 6. Aufl. 2021, Rn. 767; Cierniak/Niehaus, in: MK-StGB, 4. Aufl. 2021, § 203 Rn. 4ff.; näher Jäschke ZStW 2019, 36; aus der Rspr. vgl. OLG Celle B. v. 26.01.1962 – 3 Ws 785/61 – NJW 1962, 693; OLG Karlsruhe B. v. 25.11.1983 – 1 Ws 273/83 – NJW 1984, 676; OLG Hamm B. v. 06.02.1986 – 6 Ws 9/86 – NStZ 1986, 327; BGH U. v. 30.11.1989 – III ZR 112/88 – BGHZ 109, 260 = NJW 1990, 510.

[145] Fischer, StGB, 71. Aufl. 2024, § 203 Rn. 2, 3.

[146] Eisele, BT I, 6. Aufl. 2021, Rn. 767; aus der Rspr. vgl. BGH U. v. 01.10.1953 – 4 StR 224/53 – BGHSt 4, 355 = NJW 1953, 1878 (Anm. Welzel JZ 1953, 763; Bindokat NJW 1954, 865; Mezger JZ 1954, 312; Welzel JZ 1954, 429); zu Verteidigern beispielsweise Barton FS Beulke 2015, 605; zu Ärzten Woesner NJW 1957, 692; Schlund JR 1977, 265; Schultz FS Bockelmann 1979, 603; Langkeit NStZ 1994, 6; Bender MedR 2002, 626; Sieber FS Eser 2005, 1155; Knauer FS Schöch 2010, 439.

Tätigkeit tatsächlich ausgeübt wird (Wortlaut „als ..."), sodass es auf eine wirksame Anstellung nicht ankommt.[147]

Wird ein Teilnehmer nicht von der Aufzählung in § 203 StGB erfasst, gilt die Strafmilderung nach §§ 28 I, 49 I StGB.[148]

bb) Ein fremdes Geheimnis
Geheimnisse sind Tatsachen, die nur einem begrenzten Kreis bekannt sind und an deren Geheimhaltung eine Privatperson als Geheimnisinhaber ein schutzwürdiges Interesse hat.[149]

Es bedarf eines **Geheimhaltungsinteresses** auf Seiten des Geheimnisinhabers. Hierunter versteht man das Vorhandensein eines berechtigten – objektiv verständlichen – Interesses an der Geheimhaltung der betroffenen Tatsache.[150] Das Geheimhaltungsinteresse erfüllt primär die Funktion, absolute Belanglosigkeiten aus dem Tatbestand des § 203 StGB herauszufiltern. Demnach werden beispielsweise Vorlieben für bestimmte Urlaubsgegenden oder Kunstformen nicht erfasst.

Zur Irrelevanz des Todes s. **§ 203 V StGB**.

Zu beachten ist in diesem Zusammenhang **§ 203 II 2 StGB**, wonach Einzelangaben über persönliche und sachliche Verhältnisse, die für Aufgaben der öffentlichen Verwaltung erfasst worden sind, einem Geheimnis gleichstehen.

Weitere Voraussetzung ist, dass eine Information zum Zeitpunkt der Tatbegehung auch **tatsächlich geheim** ist.

Diesbzgl. müssen zwei Anforderungen erfüllt sein:[151] Zum einen muss die Information **wahr** sein. Gegenstand eines Geheimnisses sind allein Tatsachen, sodass Unwahrheiten und Werturteile ausscheiden. Weiterhin dürfen diese Tatsachen nur einem **beschränkten Personenkreis** bekannt oder zugänglich sein. Eine Tatsache ist so lange nur einem beschränkten Personenkreis bekannt, wie bestimmte Umstände eine Kontrolle ermöglichen, ob noch weitere Personen von der Tatsache erfahren. Das ist jedenfalls nicht (mehr) der Fall, wenn sie einer ungewissen Anzahl von Personen bekannt ist oder zumindest ohne Schwierigkeiten zugänglich ist.[152]

Offenkundige Tatsachen (d. h. jedermann bekannt und ohne Weiteres zugänglich) sind nicht geheim.[153]

---

[147] Cierniak/Niehaus, in: MK-StGB, 4. Aufl. 2021, § 203 Rn. 32.

[148] Cierniak/Niehaus, in: MK-StGB, 4. Aufl. 2021, § 203 Rn. 175.

[149] Kindhäuser/Hilgendorf, LPK, 9. Aufl. 2022, § 203 Rn. 4; aus der Rspr. vgl. BGH U. v. 08.11.1965 – 8 StE 1/65 (Pätsch) – BGHSt 20, 342 = NJW 1966, 1227 (Anm. von Weber JZ 1966, 249); BGH U. v. 10.05.1995 – 1 StR 764/94 – BGHSt 41, 140 = NJW 1995, 2301 = NStZ 1995, 551; OLG Hamm B. v. 22.02.2001 – 2 Ws 9/01 – NJW 2001, 1957; OLG Frankfurt B. v. 11.01.2005 – 3 Ws 1003/04 – NStZ-RR 2005, 235 = StV 2005, 204.

[150] Kindhäuser/Hilgendorf, LPK, 9. Aufl. 2022, § 203 Rn. 4.

[151] Hierzu Kargl, in: NK-StGB, 6. Aufl. 2023, § 203 Rn. 11, 13ff.

[152] Fischer, StGB, 71. Aufl. 2024, § 203 Rn. 8; aus der Rspr. vgl. BGH U. v. 14.11.1963 – III ZR 19/63 – BGHZ 40, 288 = NJW 1964, 449.

[153] Fischer, StGB, 71. Aufl. 2024, § 203 Rn. 8, 15; aus der Rspr. vgl. RG U. v. 16.05.1905 – 370/05 – RGSt 38, 65; BGH U. v. 14.07.1954 – 6 StR 180/54 – BGHSt 6, 292 = NJW 1954, 1656 (Anm. Nüse GA 1955, 72).

E. Verletzung von Privatgeheimnissen, § 203 StGB

Kein Geheimnis besteht mehr, wenn hierüber öffentlich verhandelt worden ist, es sei denn, es ist aufgrund beträchtlichen Zeitablaufs wieder in Vergessenheit geraten.[154] Auch reiner **Zeitablauf** ist also geeignet, das faktische Geheimsein einer Tatsache zu beeinflussen. Öffentlich bekannte Tatsachen können wieder zu einem Geheimnis werden, so etwa die Vorstrafe nach Ablauf der einschlägigen Tilgungsfrist. Vorstrafen sind so lange nicht geheim, wie sie zu Recht im Bundeszentralregister aufgeführt sind, da sie als öffentlich bekannt gelten. Mit Eintritt der Tilgungsreife nach § 45 I BZRG sind Vorstrafen wieder als geheim anzusehen.

Ob sog. **Drittgeheimnisse** – die Information betrifft einen Dritten und nicht den Mandanten, Patienten etc. – erfasst werden, ist umstritten.[155]

Die h. M.[156] bejaht dies entgegen Teilen der Lehre.[157]

Für die verneinende Auffassung spricht, dass in diesen Drittverhältnissen keine (beruflich-vertragliche) Vertrauensbeziehung verletzt wird. Zu folgen ist aber der h. M., da das Vertrauen in die Verschwiegenheit der aufgeführten Berufsgruppen insgesamt auch dann Schaden nimmt, wenn Drittgeheimnisse offenbart werden. Das Merkmal „anvertraut oder sonst bekannt geworden" genügt für eine hinreichende Restriktion. Einschränkungen finden im Wortlaut auch keine Stütze.

Fraglich ist, ob auch ein **Geheimhaltungswille** im Rahmen des tatbestandsmäßigen Geheimnisses erforderlich ist.[158]

In der Literatur wird das Erfordernis eines Geheimhaltungswillens teilweise bejaht[159] mit der Begründung, dass die Rechtsordnung niemandem Geheimnisse aufdrängen könne.

Dieser Sichtweise ist allerdings entgegenzuhalten, dass auch Fallkonstellationen denkbar sind, in denen der Betroffene von der geheimhaltungsbedürftigen Tatsache gar keine Kenntnis hat und somit überhaupt nicht in der Lage war, einen Geheimhaltungswillen zu bilden. Dies entspricht auch dem Schutzzweck des § 203 StGB.[160] Es kann allenfalls problematisch sein, ob eine tatsächliche oder mutmaßliche Einwilligung des Geheimnisträgers als negatives Tatbestandsmerkmal das Vorhandensein eines Geheimnisses ausschließt oder erst auf der Rechtfertigungsebene Bedeutung erlangt.[161] Zu bedenken ist, dass auch bei einer Einwilligung eine

---

[154] Fischer, StGB, 71. Aufl. 2024, § 203 Rn. 8; aus der Rspr. vgl. BGH U. v. 25.03.1993 – IX ZR 192/92 – BGHZ 122, 115 = NJW 1993, 1638; OLG Köln B. v. 04.07.2000 – Ss 254/00 – NJW 2000, 3656 (Anm. Otto JK 2001 StGB § 203/1; Rüpke NJW 2002, 2835); OLG Frankfurt B. v. 11.01.2005 – 3 Ws 1003/04 – NStZ-RR 2005, 235 = StV 2005, 204.

[155] Hierzu Kindhäuser/Hilgendorf, LPK, 9. Aufl. 2022, § 203 Rn. 5; Hackel NJW 1969, 2257; Ostendorf JR 1981, 444; aus der Rspr. vgl. OLG Köln B. v. 30.11.1982 – 3 Zs 126/82 – NJW 1983, 1008 = NStZ 1983, 412 (Anm. Rogall NStZ 1983, 413).

[156] S. Eisele, BT I, 6. Aufl. 2021, Rn. 773.

[157] Z. B. Hoyer, in: SK-StGB, 10. Aufl. 2024, § 203 Rn. 26ff.

[158] S. Kargl, in: NK-StGB, 6. Aufl. 2023, § 203 Rn. 16; aus der Rspr. vgl. BGH U. v. 10.05.1995 – 1 StR 764/94 – BGHSt 41, 140 = NJW 1995, 2301 = NStZ 1995, 551; OLG Hamm B. v. 22.02.2001 – 2 Ws 9/01 – NJW 2001, 1957.

[159] Z. B. Cierniak/Niehaus, in: MK-StGB, 4. Aufl. 2021, § 203 Rn. 19.

[160] Hoyer, in: SK-StGB, 10. Aufl. 2024, § 203 Rn. 11.

[161] Kargl, in: NK-StGB, 6. Aufl. 2023, § 203 Rn. 16.

Verletzung des Geheimhaltungsinteresses des Betroffenen gegeben ist. Es bietet sich daher nicht zuletzt aus Gründen des Opferschutzes an, dass die Zustimmung des Geheimnisträgers zu einer Verletzung seines tatbestandlichen Geheimhaltungsinteresses an den strengeren Wirksamkeitsvoraussetzungen einer rechtfertigenden Einwilligung zu messen ist.[162] Auf der Tatbestandsebene kommt es mithin nicht auf den Geheimhaltungswillen des Geheimnisträgers an.[163]

Zusätzlich müssen die geheimen Tatsachen **für den Täter fremd** sein, d. h. eine andere Person betreffen.[164] Ein Geheimnis betrifft all die Personen, auf deren Sphäre es sich inhaltlich bezieht und die aus diesem Grund ein objektives Geheimhaltungsinteresse besitzen.[165]

cc) Das ihm anvertraut oder sonst bekanntgeworden ist

Das fremde Geheimnis muss dem Täter anvertraut oder sonst bekannt geworden sein.

Anvertraut ist ein Geheimnis einem Täter, wenn es ihm unter der – zumindest stillschweigenden – Auflage oder Aufforderung mitgeteilt wurde, es geheim zu halten.[166] Es ist nicht erforderlich, dass der Geheimnisträger auf die generelle Geheimhaltung des Mitgeteilten vertraut, sondern auf dessen funktionsgerechte Nutzung im Sinne einer entsprechenden Berufsausübung des Täters.[167]

Einem potenziellen Täter ist ein Geheimnis **sonst bekannt geworden**, wenn er es auf eine andere Weise als durch Mitteilung erfahren hat.[168] Das ist immer dann der Fall, wenn der Täter das Geheimnis nicht durch einen an ihn gerichteten Kommunikationsakt erlangt hat, sondern beispielsweise durch eigene Sachverhaltsaufklärung.[169]

Weiterhin bedarf es – in beiden Varianten – noch eines **inneren Zusammenhangs** zwischen Aufgabenwahrnehmung und Kenntniserlangung.[170] Dieses Erfordernis ergibt sich unmittelbar aus dem Wortlaut von § 203 I StGB, da dem Täter das Geheimnis „als" Träger einer der dort abschließend normierten Sonderpflichten bekannt geworden sein muss. Voraussetzung ist, dass einer der genannten Berufs-

---

[162] Hoyer, in: SK-StGB, 10. Aufl. 2024, § 203 Rn. 14.
[163] So auch Rogall NStZ 1983, 6; Hoyer, in: SK-StGB, 10. Aufl. 2024, § 203 Rn. 14.
[164] Cierniak/Niehaus, in: MK-StGB, 4. Aufl. 2021, § 203 Rn. 29.
[165] Hoyer, in: SK-StGB, 10. Aufl. 2024, § 203 Rn. 17.
[166] Hoyer, in: SK-StGB, 10. Aufl. 2024, § 203 Rn. 22; aus der Rspr. vgl. RG U. v. 22.10.1885 – 2421/85 – RGSt 13, 60; OLG Köln B. v. 30.11.1982 – 3 Zs 126/82 – NJW 1983, 1008 = NStZ 1983, 412 (Anm. Rogall NStZ 1983, 413).
[167] Hoyer, in: SK-StGB, 10. Aufl. 2024, § 203 Rn. 24.
[168] Joecks/Jäger, StGB, 13. Aufl. 2021, § 203 Rn. 9; aus der Rspr. vgl. OLG Köln B. v. 30.11.1982 – 3 Zs 126/82 – NJW 1983, 1008 = NStZ 1983, 412 (Anm. Rogall NStZ 1983, 413); OLG Köln B. v. 04.07.2000 – Ss 254/00 – NJW 2000, 3656 (Anm. Otto JK 2001 StGB § 203/1; Rüpke NJW 2002, 2835).
[169] Hoyer, in: SK-StGB, 10. Aufl. 2024, § 203 Rn. 28.
[170] Kindhäuser/Hilgendorf, LPK, 9. Aufl. 2022, § 203 Rn. 7; aus der Rspr. vgl. zuletzt OLG Köln B. v. 19.12.2016 – III-2 Ws 772/16 – StV 2017, 805 (Anm. Staudinger jurisPR-StrafR 18/2017 Anm. 3).

träger das Geheimnis entweder bewusst zur Erfüllung seiner beruflichen Aufgaben lüftet oder es zumindest als Nebenfolge bei seiner Tätigkeit mit zur Kenntnis nimmt.

dd) Offenbart

Offenbaren ist jede Bekanntgabe der geheimhaltungsbedürftigen Tatsachen an einen Dritten, der hiervon noch keine oder zumindest keine sichere Kenntnis besitzt.[171]

Weitere Voraussetzung ist, dass bei der Bekanntgabe die Person, auf die sich das Geheimnis bezieht, erkennbar gemacht wird.[172]

Ein Offenbaren liegt auch vor, wenn die Mitteilung „vertraulich" oder an einen Familienangehörigen erfolgt.[173] Dies gilt selbst dann, wenn der Empfänger seinerseits schweigepflichtig ist,[174] sofern er außerhalb des Kreises steht, dem das Geheimnis bisher schon in beruflicher Eigenschaft zugänglich war.[175]

Gem. **§ 203 III 1 StGB** liegt kein Offenbaren i. S. d. § 203 I StGB vor, wenn die in den Abs. 1 und 2 genannten Personen Geheimnisse den bei ihnen berufsmäßig tätigen Gehilfen oder den bei ihnen zur Vorbereitung auf den Beruf tätigen Personen zugänglich machen.[176]

§ 203 III 2 StGB erweitert dies auf vergleichbare (aber externe) Konstellationen, wird aber nicht als Tatbestandsausschluss, sondern als Rechtfertigungsgrund angesehen, s. u.

ee) Unbefugt

Wie bei anderen Delikten dieses Abschnitts ist die Bedeutung des Merkmals „unbefugt" umstritten (alleiniger Hinweis auf eine etwaige Rechtfertigung[177] vs. Doppelfunktion als Verweis auf ein etwaiges tatbestandsausschließendes Einverständnis und auf eine etwaige Rechtfertigung[178]). Wer die Möglichkeit eines tatbestandsausschließenden Einverständnis für § 203 StGB angesichts objektiver

---

[171] Kindhäuser/Hilgendorf, LPK, 9. Aufl. 2022, § 203 Rn. 8; aus der Rspr. vgl. RG U. v. 26.06.1894 – 1828/94 – RGSt 26, 5; RG U. v. 16.05.1905 – 370/05 – RGSt 38, 62; BGH U. v. 09.02.1977 – 3 StR 498/76 – BGHSt 27, 120 = NJW 1977, 769; OLG Köln U. v. 30.06.1987 – Ss 234/87 – NJW 1988, 2489 (Anm. Hassemer JuS 1989, 236); BayObLG B. v. 08.11.1994 – 2 St RR 157/94 – NJW 1995, 1623 = NStZ 1995, 187 = StV 1996, 484 (Anm. Fabricius StV 1996, 485; Gropp JR 1996, 478); BGH U. v. 10.08.1995 – IX ZR 220/94 – NJW 1995, 2915 (Anm. Poll JR 1996, 200).

[172] Fischer, StGB, 71. Aufl. 2024, § 203 Rn. 33.

[173] Cierniak/Niehaus, in: MK-StGB, 4. Aufl. 2021, § 203 Rn. 54.

[174] Eisele, BT I, 6. Aufl. 2021, Rn. 775; aus der Rspr. vgl. OVG Lüneburg U. v. 29.07.1975 – II OVG A 78/73 – NJW 1975, 2263; BGH U. v. 11.12.1991 – VIII ZR 4/91 – BGHZ 116, 268 = NJW 1992, 737 (Anm. Körner-Dammann NJW 1992, 1543; Kamp NJW 1992, 1545; Taupitz MDR 1992, 421); BayObLG B. v. 08.11.1994 – 2 St RR 157/94 – NJW 1995, 1623 = NStZ 1995, 187 = StV 1996, 484 (Anm. Fabricius StV 1996, 485; Gropp JR 1996, 478).

[175] Näher Cierniak/Niehaus, in: MK-StGB, 4. Aufl. 2021, § 203 Rn. 55.

[176] Näher Cierniak/Niehaus, in: MK-StGB, 4. Aufl. 2021, § 203 Rn. 131f.

[177] So etwa Hoyer, in: SK-StGB, 10. Aufl. 2024, § 203 Rn. 88.

[178] Cierniak/Niehaus, in: MK-StGB, 4. Aufl. 2021, § 203 Rn. 62.

Geheimhaltungsinteressen ablehnt,[179] kann bereits aus diesem Grund dem Merkmal „unbefugt" keine tatbestandliche Bedeutung zumessen. Dem ist aber Inkonsequenz vorzuwerfen, weil die Unterscheidung von Einverständnis und Einwilligung sich nicht nach den betroffenen Interessen richtet (bei Interessen jenseits der Disposition des einzelnen müsste konsequenterweise auch eine Einwilligungsmöglichkeit verneint werden).

b) Subjektiver Tatbestand
Gem. § 15 StGB ist Vorsatz erforderlich.

3. Rechtswidrigkeit
Als Rechtfertigungsgründe kommen insbesondere die ausdrücklich oder konkludent erklärte Einwilligung sowie die mutmaßliche Einwilligung[180] in Betracht, sofern man nicht von einem tatbestandsausschließenden Einverständnis ausgeht.[181]

§ 203 III 2 StGB regelt einen speziellen Rechtfertigungsgrund im Hinblick auf externe Hilfspersonen.[182]

Möglich sind überdies rechtfertigende Pflichtenkollisionen, v. a. aufgrund gesetzlicher Offenbarungspflichten oder -befugnisse.[183]

Ferner ist § 34 StGB zu nennen.[184]

Beispiel 127

OLG Frankfurt B. v. 08.07.1999 – 8 U 67/99 – NJW 2000, 875 = NStZ 2001, 150 (Anm. Otto JK 2001 StGB § 203/2; Wolfslast NStZ 2001, 151):
Z1 lebte viele Jahre mit einem ca. 17 Jahre älteren verheirateten Griechen zusammen, mit dem sie zwei 1986 und 1988 geborene Kinder hat. B war der Hausarzt aller. Der Lebensgefährte der Z1, der Z2, war an AIDS erkrankt. Dies wurde anlässlich der Diagnose eines Lymphknotenkrebses im Dezember 1992 festgestellt. Der Kranke informierte darüber B am 21.01.1993 und untersagte ihm jede Auskunftserteilung über die AIDS-Infektion. Als Z1 am 29.01.1993 die Praxis des B aufsuchte, verschwieg dieser ihr gegenüber die Erkrankung. Nachdem Z2, den sie bis zu seinem Tode aufopferungsvoll gepflegt hatte, am 22.12.1994 verstorben war, teilte ihr B die Todesursache in seiner Praxis mit. Er veranlasste eine Blutuntersuchung der Z1, die am 03.04.1995 den Befund HIV-positiv erbrachte. ◄

---

[179] S. Hoyer, in: SK-StGB, 10. Aufl. 2024, § 203 Rn. 88.

[180] Hierzu Cierniak/Niehaus, in: MK-StGB, 4. Aufl. 2021, § 203 Rn. 91; aus der Rspr. vgl. BGH U. v. 06.07.1971 – VI ZR 94/69 – BGHZ 56, 355 = NJW 1971, 1801; OLG München U. v. 17.09.1992 – 1 U 6307/91 – NJW 1993, 797; OLG Karlsruhe U. v. 28.10.1993 – 3 Ws 154/93 – NStZ 1994, 141; OLG Frankfurt B. v. 19.05.2005 – 3 Ws 405/05 – NStZ-RR 2005, 237; OLG Nürnberg B. v. 19.01.2009 – 2 St Ss 259/08 – NStZ 2009, 351.

[181] Problematisch, s. Eisele, BT I, 6. Aufl. 2021, Rn. 778.

[182] Hierzu Eisele, in: Schönke/Schröder, 30. Aufl. 2019, § 203 Rn. 46.

[183] S. Fischer, StGB, 71. Aufl. 2024, § 203 Rn. 73ff.

[184] Hierzu Fischer, StGB, 71. Aufl. 2024, § 203 Rn. 85ff.; aus der Rspr. vgl. zuletzt AG Landstuhl U. v. 25.01.2022 – 2 Cs 4106 Js 15848/21 – NStZ 2022, 365.

E. Verletzung von Privatgeheimnissen, § 203 StGB

Die Güterabwägung muss hier zugunsten von Leib und Leben der Z1 gegenüber dem Geheimhaltungsinteresse des Z2 ausfallen.

4. Schuld
Es gelten die allgemeinen Grundsätze.

5. Rechtsfolgen
Das Grunddelikt des § 203 I–V StGB sieht Freiheitsstrafe bis zu einem Jahr (im Minimum also ein Monat, § 38 II StGB) oder Geldstrafe (zu den Grenzen s. § 40 StGB) vor, die Qualifikation des § 203 VI StGB Freiheitsstrafe bis zu zwei Jahren Geldstrafe.

6. Sonstiges
Der Versuch ist nicht strafbar.
§ 205 StGB stellt ein (für § 203 StGB absolutes) Strafantragserfordernis auf.

III. Qualifikation, § 203 VI StGB

1. Aufbau
 I. Tatbestand
   1. Objektiver Tatbestand
      a) Handelt der Täter
      b) Gegen Entgelt oder in der Absicht, sich oder einen anderen zu bereichern oder einen anderen zu schädigen
   2. Subjektiver Tatbestand
      a) Vorsatz
      b) Absicht, sich oder einen anderen zu bereichern oder einen anderen zu schädigen
 II. Rechtswidrigkeit
 III. Schuld
 IV. Strafantrag, § 205 StGB

2. Erläuterungen
§ 203 VI StGB enthält eine Qualifikation. Der Täter muss gegen Entgelt – s. § 11 I Nr. 9 StGB – oder in der Absicht handeln, sich oder einen anderen zu bereichern oder einen anderen (der nicht zwingend der Geschützte sein muss[185]) zu schädigen.

Erforderlich für § 203 VI **1. Var.** StGB ist eine Vereinbarung, dass für die Kundgabe/Weitergabe des Geheimnisses ein Vermögensvorteil an den Täter oder an einen Dritten gewährleistet werden soll.[186] Es ist nicht maßgeblich, ob es tatsächlich zu einer Erfüllung der Verbindlichkeit kommt.[187]

---

[185] Fischer, StGB, 71. Aufl. 2024, § 203 Rn. 95.
[186] Joecks/Jäger, StGB, 13. Aufl. 2021, § 203 Rn. 21.
[187] Cierniak/Niehaus, in: MK-StGB, 4. Aufl. 2021, § 203 Rn. 174.

Die Bereicherungsabsicht des § 203 VI **2. Var.** StGB – zu bestimmen wie bei § 263 StGB[188] – verlangt weder eine bestimmte Abrede noch eine reale Leistungsbewirkung.[189] Der erstrebte Vermögensvorteil muss nicht rechtswidrig sein.[190]

Eine Schädigungsabsicht im Sinne des § 203 VI **3. Var.** StGB liegt vor, wenn beim Geheimnisbetroffenen oder bei einem Dritten ein Vermögensschaden eintreten soll, wobei sich der Vermögensbezug aus dem Kontext mit den anderen beiden Qualifikationsmerkmalen ableitet.[191]

Die Qualifikation des § 203 VI StGB sieht Freiheitsstrafe bis zu zwei Jahren (im Minimum also ein Monat, § 38 II StGB) oder Geldstrafe (zu den Grenzen s. § 40 StGB) vor.

F. Verwertung fremder Geheimnisse, § 204 StGB

§ 204 StGB stellt die Verwertung fremder Geheimnisse unter Strafe.

> **§ 204 StGB (Verwertung fremder Geheimnisse)**
> (1) Wer unbefugt ein fremdes Geheimnis, namentlich ein Betriebs- oder Geschäftsgeheimnis, zu dessen Geheimhaltung er nach § 203 verpflichtet ist, verwertet, wird mit Freiheitsstrafe bis zu zwei Jahren oder mit Geldstrafe bestraft.
> (2) § 203 Absatz 5 gilt entsprechend.

Das Delikt nimmt § 203 StGB in Bezug, hierzu s. o.
Verwertung ist das wirtschaftliche Ausnutzen zur Gewinnerzielung.[192]
Auf eine weitere Vertiefung sei verzichtet.

G. Verletzung des Post- oder Fernmeldegeheimnisses, § 206 StGB

§ 206 StGB schützt das Post- und Fernmeldegeheimnis (Art. 10 GG[193]) gegenüber Beschäftigten entsprechender Dienstleister.[194]

---

[188] S. im Besonderen Teil – Vermögensdelikte.
[189] Kargl, in: NK-StGB, 6. Aufl. 2023, § 203 Rn. 137.
[190] Ganz h. M., s. Kargl, in: NK-StGB, 6. Aufl. 2023, § 203 Rn. 137.
[191] H. M., z. B. Hoyer, in: SK-StGB, 10. Aufl. 2024, § 203 Rn. 85; a. A. Eisele, in: Schönke/Schröder, StGB, 30. Aufl. 2019, § 203 Rn. 74.
[192] Fischer, StGB, 71. Aufl. 2024, § 204 Rn. 4.
[193] S. o. bei § 202 StGB.
[194] Fischer, StGB, 71. Aufl. 2024, § 206 Rn. 2f.; näher Welp FS Lenckner 1998, 619; speziell zu diesbzgl. Fragen der Arbeitnehmerüberwachung Eisele ZIS 2012, 402; Barton jurisPR-StrafR

G. Verletzung des Post- oder Fernmeldegeheimnisses, § 206 StGB

> **§ 206 StGB (Verletzung des Post- oder Fernmeldegeheimnisses)**
> (1) Wer unbefugt einer anderen Person eine Mitteilung über Tatsachen macht, die dem Post- oder Fernmeldegeheimnis unterliegen und die ihm als Inhaber oder Beschäftigtem eines Unternehmens bekanntgeworden sind, das geschäftsmäßig Post- oder Telekommunikationsdienste erbringt, wird mit Freiheitsstrafe bis zu fünf Jahren oder mit Geldstrafe bestraft.
> (2) Ebenso wird bestraft, wer als Inhaber oder Beschäftigter eines in Absatz 1 bezeichneten Unternehmens unbefugt
>   1. eine Sendung, die einem solchen Unternehmen zur Übermittlung anvertraut worden und verschlossen ist, öffnet oder sich von ihrem Inhalt ohne Öffnung des Verschlusses unter Anwendung technischer Mittel Kenntnis verschafft,
>   2. eine einem solchen Unternehmen zur Übermittlung anvertraute Sendung unterdrückt oder
>   3. eine der in Absatz 1 oder in Nummer 1 oder 2 bezeichneten Handlungen gestattet oder fördert.
> (3) Die Absätze 1 und 2 gelten auch für Personen, die
>   1. Aufgaben der Aufsicht über ein in Absatz 1 bezeichnetes Unternehmen wahrnehmen,
>   2. von einem solchen Unternehmen oder mit dessen Ermächtigung mit dem Erbringen von Post- oder Telekommunikationsdiensten betraut sind oder
>   3. mit der Herstellung einer dem Betrieb eines solchen Unternehmens dienenden Anlage oder mit Arbeiten daran betraut sind.
> (4) Wer unbefugt einer anderen Person eine Mitteilung über Tatsachen macht, die ihm als außerhalb des Post- oder Telekommunikationsbereichs tätigem Amtsträger auf Grund eines befugten oder unbefugten Eingriffs in das Post- oder Fernmeldegeheimnis bekanntgeworden sind, wird mit Freiheitsstrafe bis zu zwei Jahren oder mit Geldstrafe bestraft.
> (5) Dem Postgeheimnis unterliegen die näheren Umstände des Postverkehrs bestimmter Personen sowie der Inhalt von Postsendungen. Dem Fernmeldegeheimnis unterliegen der Inhalt der Telekommunikation und ihre näheren Umstände, insbesondere die Tatsache, ob jemand an einem Telekommunikationsvorgang beteiligt ist oder war. Das Fernmeldegeheimnis erstreckt sich auch auf die näheren Umstände erfolgloser Verbindungsversuche.

Auf eine weitere Vertiefung sei verzichtet.

14/2012 Anm. 1 und Barton jurisPR-StrafR 15/2012 Anm. 1; Wybitul NJW 2014, 3605; Wybitul/Böhm CCZ 2015, 133; zu E-Mail- und EDV-Kontrollen bei Internal Investigations Rübenstahl/Debus NZWiSt 2012, 129; Veit NHZWiSt 2015, 334; zur Entschlüsselung passwortgeschützter Dateien im Rahmen einer internen Untersuchung Gottwald/Ohrloff CCZ 2022, 253.

7. Kapitel: Hausfriedensbruch, § 123 StGB; schwerer Hausfriedensbruch, § 124 StGB

▶ **Didaktische Aufsätze**
- Seier, Problemfälle des § 123, JA 1978, 622
- Geppert, Zu einigen immer wiederkehrenden Streitfragen im Rahmen des Hausfriedensbruchs (§ 123), Jura 1989, 378
- Bernsmann, Tatbestandsprobleme des Hausfriedensbruchs, Jura 1981, 337, 403 und 465
- Kuhli, Grundfälle zum Hausfriedensbruch, JuS 2013, 115 und 211

A. Allgemeines

§ 123 StGB stellt den Hausfriedensbruch unter Strafe.[1]

> **§ 123 StGB (Hausfriedensbruch)**
> (1) Wer in die Wohnung, in die Geschäftsräume oder in das befriedete Besitztum eines anderen oder in abgeschlossene Räume, welche zum öffentlichen Dienst oder Verkehr bestimmt sind, widerrechtlich eindringt, oder wer, wenn er ohne Befugnis darin verweilt, auf die Aufforderung des Berechtigten sich nicht entfernt, wird mit Freiheitsstrafe bis zu einem Jahr oder mit Geldstrafe bestraft.
> (2) Die Tat wird nur auf Antrag verfolgt.

---

[1] Hierzu näher Seier JA 1978, 622; Bernsmann Jura 1981, 337, 403 und 465; Geppert Jura 1989, 378; Kargl JZ 1999, 930; Kuhli JuS 2013, 115 und 211.

Die Norm schützt das Hausrecht,[2] vgl. auch (bzgl. Wohnungen) Art. 13 GG.

Art. 13 GG
(1) Die Wohnung ist unverletzlich.

(2) Durchsuchungen dürfen nur durch den Richter, bei Gefahr im Verzuge auch durch die in den Gesetzen vorgesehenen anderen Organe angeordnet und nur in der dort vorgeschriebenen Form durchgeführt werden.

(3) Begründen bestimmte Tatsachen den Verdacht, daß jemand eine durch Gesetz einzeln bestimmte besonders schwere Straftat begangen hat, so dürfen zur Verfolgung der Tat auf Grund richterlicher Anordnung technische Mittel zur akustischen Überwachung von Wohnungen, in denen der Beschuldigte sich vermutlich aufhält, eingesetzt werden, wenn die Erforschung des Sachverhalts auf andere Weise unverhältnismäßig erschwert oder aussichtslos wäre. Die Maßnahme ist zu befristen. Die Anordnung erfolgt durch einen mit drei Richtern besetzten Spruchkörper. Bei Gefahr im Verzuge kann sie auch durch einen einzelnen Richter getroffen werden.

(4) Zur Abwehr dringender Gefahren für die öffentliche Sicherheit, insbesondere einer gemeinen Gefahr oder einer Lebensgefahr, dürfen technische Mittel zur Überwachung von Wohnungen nur auf Grund richterlicher Anordnung eingesetzt werden. Bei Gefahr im Verzuge kann die Maßnahme auch durch eine andere gesetzlich bestimmte Stelle angeordnet werden; eine richterliche Entscheidung ist unverzüglich nachzuholen.

(5) Sind technische Mittel ausschließlich zum Schutze der bei einem Einsatz in Wohnungen tätigen Personen vorgesehen, kann die Maßnahme durch eine gesetzlich bestimmte Stelle angeordnet werden. Eine anderweitige Verwertung der hierbei erlangten Erkenntnisse ist nur zum Zwecke der Strafverfolgung oder der Gefahrenabwehr und nur zulässig, wenn zuvor die Rechtmäßigkeit der Maßnahme richterlich festgestellt ist; bei Gefahr im Verzuge ist die richterliche Entscheidung unverzüglich nachzuholen.

(6) [...]

(7) Eingriffe und Beschränkungen dürfen im übrigen nur zur Abwehr einer gemeinen Gefahr oder einer Lebensgefahr für einzelne Personen, auf Grund eines Gesetzes auch zur Verhütung dringender Gefahren für die öffentliche Sicherheit und Ordnung, insbesondere zur Behebung der Raumnot, zur Bekämpfung von Seuchengefahr oder zum Schutze gefährdeter Jugendlicher vorgenommen werden.

---

[2] Fischer, StGB, 71. Aufl. 2024, § 123 Rn. 2; näher Amelung ZStW 1986, 355; aus der Rspr. vgl. zuletzt OLG Hamm B. v. 30.12.2021 – 4 RVs 130/21 (Anm. RÜ 2022, 719); AG Flensburg U. v. 07.11.2022 – 440 Cs 107 Js 7252/22 – StV-S 2023, 1 (Anm. Zieschang JR 2023, 141; Engländer JZ 2023, 255).

Der Hausfriedensbruch als Delikt zum Schutze eines Individualrechtsguts ist insofern im 7. Abschnitt des Besonderen Teils des StGB („Straftaten gegen die öffentliche Ordnung") deplatziert.[3]

B. Hausfriedensbruch, § 123 StGB

I. Aufbau

 I. Tatbestand
    1. Objektiver Tatbestand
       a) In die Wohnung, in die Geschäftsräume oder in das befriedete Besitztum eines anderen oder in abgeschlossene Räume, welche zum öffentlichen Dienst oder Verkehr bestimmt sind
       b) Eindringt oder, wenn er darin verweilt, auf die Aufforderung des Berechtigten sich nicht entfernt
       c) Widerrechtlich, ohne Befugnis (?)
    2. Subjektiver Tatbestand
 II. Rechtswidrigkeit
III. Schuld
IV. Strafantrag, § 123 II StGB

II. Tatbestand

1. Objektiver Tatbestand

a) In die Wohnung, in die Geschäftsräume oder in das befriedete Besitztum eines anderen oder in abgeschlossene Räume, welche zum öffentlichen Dienst oder Verkehr bestimmt sind

§ 123 I StGB erfasst als Schutzobjekte bzw. geschützte Orte Wohnungen, Geschäftsräume, befriedete Besitztümer sowie abgeschlossene Räume, welche zum öffentlichen Dienst oder Verkehr bestimmt sind.[4]

aa) Wohnung

▶ Didaktischer Aufsatz
  • Koranyi, Der Schutz der Wohnung im Strafrecht, JuS 2014, 241

Wohnung ist jede zur (auch nur vorübergehenden) Unterkunft des Menschen dienende Räumlichkeit.[5]

---

[3] Feilcke, in: MK-StGB, 4. Aufl. 2021, § 123 Rn. 1.
[4] Zu Reformüberlegungen bzgl. Einbrüchen in Tierställe Kubiciel jurisPR-StrafR 10/2018 Anm. 1.
[5] Joecks/Jäger, StGB, 13. Aufl. 2021, § 123 Rn. 5; näher Behm GA 2002, 153; Koranyi JA 2014, 241; aus der Rspr. vgl. zuletzt LG Berlin B. v. 04.06.2020 – 515 Qs 39/20 – NStZ 2021, 370 (Anm. Bosch NStZ 2021, 371).

Erfasst sind auch baulich verbundene **Nebenräume** (z. B. Keller, Treppen, Flure, Toiletten, Trockenräume), nicht aber reine Zubehörflächen (z. B. Garten, Terrasse).[6]

Vorübergehende Unterkünfte (z. B. Zweitwohnungen, Ferienhäuser, Hotelzimmer) können genügen.[7]

Problematisch sind **unfreiwillige** Unterkünfte, z. B. Hafträume: Zwar stellen auch diese einen gewissen persönlichen Lebensbereich dar, allerdings verbleibt das Hausrecht bei der Anstalt, sodass es sich nur in dem Sinne um eine Wohnung handeln kann, dass der Anstaltsleitung vorrangiges Hausrecht zusteht.[8]

Auch **bewegliche** Sachen können Wohnungen sein, z. B. ein Wohnmobil oder Schiff.[9] Bei Pkw wird es an einer Zweckbestimmung fehlen.

Nicht erforderlich ist, dass sich zur Zeit der Tat Menschen in der Wohnung aufhalten. Lediglich bei einer dauerhaften sog. Entwidmung erlischt die Eigenschaft als Wohnung.[10]

bb) Geschäftsräume

Geschäftsräume sind abgeschlossene Betriebs- oder Verkaufsstätten, die für eine gewisse Zeit oder dauernd hauptsächlich gewerblichen, beruflichen, künstlerischen oder wissenschaftlichen Zwecken dienen.[11]

Auch bewegliche Sachen können erfasst sein (z. B. Jahrmarktswagen).[12]

Eine erwerbswirtschaftliche Nutzung ist nicht erforderlich.[13]

cc) Befriedetes Besitztum

Befriedetes Besitztum ist jede unbewegliche Sache,[14] die durch zusammenhängende Schutzwehren in äußerlich erkennbarer Weise gegen das willkürliche Betreten durch andere gesichert ist.[15]

Die Schutzwehren müssen nicht lückenlos sein, allerdings ein gewisses physisches und nicht rein symbolisches Hindernis in der Dokumentation einer fremden

---

[6] Eisele, BT I, 6. Aufl. 2021, Rn. 659; aus der Rspr. vgl. RG U. v. 10.12.1879 – 562/79 – RGSt 1, 121; RG U. v. 28.11.1889 – 2468/89 – RGSt 20, 150; RG U. v. 30.10.1903 – 3702/03 – RGSt 36, 395; BayObLG B. v. 17.11.2003 – 4 St RR 138/03.

[7] Feilcke, in: MK-StGB, 4. Aufl. 2021, § 123 Rn. 11; aus der Rspr. vgl. KG B. v. 20.08.2015 – (4) 121 Ss 126-15 (144/15) – NStZ 2016, 485 (Anm. Borutta jurisPR-StrafR 2/2016 Anm. 3).

[8] Feilcke, in: MK-StGB, 4. Aufl. 2021, § 123 Rn. 40.

[9] Fischer, StGB, 71. Aufl. 2024, § 123 Rn. 6.

[10] Sternberg-Lieben/Schittenhelm, in: Schönke/Schröder, StGB, 30. Aufl. 2019, § 123 Rn. 4.

[11] Kindhäuser/Hilgendorf, LPK, 9. Aufl. 2022, § 123 Rn. 7; aus der Rspr. vgl. RG U. v. 16.11.1899 – 3175/99 – RGSt 32, 371; OLG Köln U. v. 14.07.1982 – 3 Ss 378/82 – NJW 1982, 2740 = StV 1982, 471 (Anm. Bernsmann StV 1982, 578).

[12] Joecks/Jäger, StGB, 13. Aufl. 2021, § 123 Rn. 7.

[13] Eisele, BT I, 6. Aufl. 2021, Rn. 660.

[14] Zur (Nicht-)Einbeziehung von Kraftfahrzeugen Schweizer GA 1968, 81.

[15] Joecks/Jäger, StGB, 13. Aufl. 2021, § 123 Rn. 11; aus der Rspr. vgl. zuletzt OLG Schleswig U. v. 09.08.2023 – 1 ORs 4 Ss 7/23 – NStZ 2023, 740 (Anm. Engländer NStZ 2023, 745).

B. Hausfriedensbruch, § 123 StGB

Tabuzone darstellen.[16] Zu nennen sind z. B. Hecken, Mauern oder Zäune, während etwa Verbotsschilder nicht genügen.[17]

Ob offene **Zubehörflächen**, die nicht selbst eingefriedet, aber an eine Wohnung oder einen Geschäftsraum eng angebunden sind, z. B. Gärten, oder Terrassen, als befriedetes Besitztum anzusehen sind, ist umstritten.[18]

Nach der Rspr.[19] und der h. L.[20] unterfallen diese dem befriedeten Besitztum. Hierfür werden der insofern offene Wortlaut (befriedet, nicht: eingefriedet), vor allem aber die Schutzbedürftigkeit des unbeweglichen Eigentums angeführt. Auch auf die Täterpsyche wird hingewiesen: der Täter wisse bereits dann, dass er auf dem Grund und Boden nichts zu suchen hat, wenn die Fläche für ihn erkennbar zum Gebäude gehört.

Eine Gegenauffassung[21] sieht Zubehörflächen nicht als befriedetes Besitztum an. Hierbei stützt man sich vor allem auf die fehlende Schutzbedürftigkeit derjenigen Eigentümer, die auf eine physische Barriere als Manifestation ihres Befriedungswillens verzichten und auf die insofern bestehende konzeptionelle Begrenzung des Hausfriedensbruchs.

Es ist der h. M. zu folgen: Wieso soll der Eigentümer des Grundstücks gezwungen werden, jede seiner Flächen mit einer Barriere zu versehen, wenn er sich nicht des strafrechtlichen Schutzes begeben möchte?

Umstritten ist, ob **leer stehende Häuser** und Rohbauten befriedetes Besitztum darstellen (relevant insbesondere bei sog. Hausbesetzungen[22]).[23]

---

[16] Fischer, StGB, 71. Aufl. 2024, § 123 Rn. 8; aus der Rspr. vgl. zuletzt OLG Köln U. v. 15.02.2019 – 1 RVs 227–233–234/18 – StV 2020, 183.

[17] Feilcke, in: MK-StGB, 4. Aufl. 2021, § 123 Rn. 14.

[18] Zsf. Joecks/Jäger, StGB, 13. Aufl. 2021, § 123 Rn. 14; näher Behm GA 1986, 547; aus der Rspr. vgl. zuletzt OLG Köln U. v. 15.02.2019 – 1 RVs 227–233–234/18 – StV 2020, 183.

[19] BayObLG U. v. 26.09.1994 – 4 St RR 92/94 – NJW 1995, 269.

[20] S. Sternberg-Lieben/Schittenhelm, in: Schönke/Schröder, StGB, 30. Aufl. 2019, § 123 Rn. 6.

[21] Z. B. Stein, in: SK-StGB, 9. Aufl. 2019, § 123 Rn. 63.

[22] Zu Hausbesetzungen Eschelbach, in: NK-StGB, 6. Aufl. 2023, § 123 Rn. 18; näher Ostendorf JuS 1981, 640; Seier JA 1982, 232; Schön NJW 1982, 1126; Schön NJW 1982, 2649; Küchenhoff KJ 1982, 156; Schall NStZ 1983, 241; Rinsche ZRP 1984, 38; Pschorr ZJS 2016, 425.

[23] Hierzu zsf. Eisele, BT I, 6. Aufl. 2021, Rn. 662f.; aus der Rspr. vgl. AG Stuttgart B. v. 26.10.1981 – B 2 Cs 2664/81 – StV 1982, 75 (Anm. Geilen JK 1982 StGB § 123/2); LG Bückeburg B. v. 06.11.1981 – Qs 227/81 – NStZ 1982, 71 (Anm. Geilen JK 1982 StGB § 123/1; Hagemann NStZ 1982, 71); LG Münster U. v. 29.01.1982 – 1 Ns 46 Js 139/80 – NStZ 1982, 202 = StV 1982, 348; LG Mönchengladbach B. v. 18.05.1982 – 12 Qs 129/82 (4) – NStZ 1982, 424; LG Köln U. v. 10.06.1982 – 1 Ss 738/81 – NJW 1982, 2680 = NStZ 1982, 333; AG Münster B. v. 21.06.1982 – 32 Ds 46 Js 97/81 – StV 1982, 425 und 581; OLG Düsseldorf B. v. 28.06.1982 – 2 Ss 258/82–179/82 II – NJW 1982, 2680; OLG Köln U. v. 13.07.1982 – 1 Ss 304/82 – NJW 1982, 2674 (Anm. Degenhart JR 1984, 30); OLG Hamm U. v. 27.07.1982 – 5 Ss 644/82 – NJW 1982, 2676; OLG Stuttgart U. v. 29.10.1982 – 1 Ss 411/82 – NStZ 1983, 123; AG Berlin-Tiergarten U. v. 16.12.1982 – 269-109/82 – StV 1983, 335; BGH B. v. 02.02.1983 – 3 StR 313/82 – BGHSt 31, 239 = NJW 1983, 1686 = NStZ 1983, 311 = StV 1983, 196 (Anm. Rudolphi JR 1984, 32); LG Berlin B. v. 19.09.1984 – 511 Qs 58/85 – StV 1985, 239; AG Wiesbaden U. v. 12.10.1990 – 6 Js 70460/90 – 78 Cs – NJW 1991, 188.

Die Rspr.[24] und die h. L.[25] nehmen ein befriedetes Besitztum hier an, anders eine Gegenauffassung.[26]

Zwar ist der verneinenden Ansicht zuzugeben, dass derartige Häuser kaum noch einem Hausfrieden i. S. e. abgeschlossenen Bereichs freier Entfaltung dienen; nicht leugnen lässt sich allerdings, dass eine Befriedung durch Einfriedung vorliegt, auch ist kein Grund ersichtlich, das Hausrecht des Eigentümers in diesen Fällen nicht zu schützen, sondern anderen preiszugeben.

Ob Kraftfahrzeuge ein befriedetes Besitztum sein können, ist umstritten,[27] aber im Hinblick auf den Schutz eines persönlichen Rückzugsbereich durchaus zu bejahen.

dd) Abgeschlossene Räume, welche zum öffentlichen Dienst oder Verkehr bestimmt sind

Zum öffentlichen Dienst bestimmt sind Räume, in denen öffentlich-rechtliche Tätigkeiten erledigt werden sollen; zum öffentlichen Verkehr bestimmt sind Räume, die dem allgemeinzugänglichen Personen- oder Güterverkehr der öffentlichen Hand oder privater Unternehmen dienen.[28]

Abgeschlossene Räume sind solche, die als eine bauliche Einheit erscheinen und durch physische Hindernisse gegen beliebiges Betreten geschützt sind.[29] Es genügt eine bauliche Begrenzung, eine Verriegelung ist nicht erforderlich.[30]

b) Eindringt oder, wenn er darin verweilt, auf die Aufforderung des Berechtigten sich nicht entfernt

aa) Eindringt, § 123 I 1. Var. StGB

▶   **Didaktischer Aufsatz**
   • Janiszewski, Eindringen durch Unterlassen? JA 1985, 570

(1) Allgemeines

Eindringen ist das Betreten ohne Einverständnis des Berechtigten.[31]

Erforderlich ist das körperliche Überwinden der Grenze zum geschützten Ort. Es genügt ein Überwinden durch einen Teil des Körpers (z. B. Fuß in der Tür); ein

---

[24] S. o.
[25] S. nur Eisele, BT I, 6. Aufl. 2021, Rn. 663.
[26] Z. B. Küchenhoff JuS 1982, 235.
[27] Näher Schweizer GA 1968, 81; aus der Rspr. vgl. zuletzt OLG Köln U. v. 15.02.2019 – 1 RVs 227–233–234/18 – StV 2020, 183.
[28] Eisele, BT I, 6. Aufl. 2021, Rn. 664; aus der Rspr. vgl. zuletzt OLG Köln U. v. 15.02.2019 – 1 RVs 227–233–234/18 – StV 2020, 183.
[29] Feilcke, in: MK-StGB, 4. Aufl. 2021, § 123 Rn. 20.
[30] Joecks/Jäger, StGB, 13. Aufl. 2021, § 123 Rn. 8.
[31] Eisele, BT I, 6. Aufl. 2021, Rn. 666; näher Bohnert GA 1983, 1; aus der Rspr. vgl. zuletzt BGH B. v. 16.08.2023 – 5 StR 126/23 – NStZ-RR 2023, 322.

B. Hausfriedensbruch, § 123 StGB

bloßes Hineingreifen, ein Einsatz von Gegenständen oder gar eine akustische Einwirkung reichen nicht aus.[32] Eigenhändigkeit ist nicht erforderlich.[33]

Bzgl. des Einverständnisses ist auf den Willen des **Hausrechtsinhabers** abzustellen.

Insofern ist ungeschriebenes Tatbestandsmerkmal die Existenz eines fremden, gegenüber dem Täter stärkeren Hausrechts.[34] Ein solches besteht natürlich insbesondere bei rechtmäßig erlangtem Besitz am geschützten Ort.

Das Hausrecht kann ausdrücklich oder konkludent **delegiert** werden, z. B. auf Personal oder hinreichend alte Kinder.[35]

Bei **Wohngemeinschaft** (auch z. B. bei Ehegatten) ist grundsätzlich jeder befugt, das Betreten wirksam zu gestatten; problematisch ist, wo die Grenze liegt.[36]

Die h. M.[37] stellt auf die Unzumutbarkeit des Aufenthalts des „Gastes" ab, sodass es z. B. bei Ehebruch an der Wirksamkeit des Einverständnisses des ehebrechenden Gatten fehlt.

Bei Miete ist zu beachten, dass das Hausrecht ausschließlich dem Mieter zukommt.[38] Hieran ändert u. U. nicht einmal ein Vertragsende etwas:[39]

Das tatbestandsausschließende Einverständnis kann räumlich, personell oder zeitlich beschränkt werden, sofern die Einschränkung hinreichend bestimmt ist.[40] Insofern ist bei der Fallbearbeitung genau auf die Reichweite zu achten.

Ein abgenötigtes Einverständnis ist unwirksam.[41]

---

[32] Jeweils h. M., Kindhäuser/Hilgendorf, LPK, 9. Aufl. 2022, § 123 Rn. 12; zum Eindringen in den Luftraum durch Drohnen Esser JA 2010, 323; Werner JuS 2013, 1074; Peters ZIS 2017, 662; aus der Rspr. vgl. AG Riesa U. v. 24.04.2019 – 9 Cs 926 Js 3044/19 (Anm. Hecker JuS 2019, 913).

[33] H. M., s. Heger, in: Lackner/Kühl/Heger, StGB, 30. Aufl. 2023, § 123 Rn. 12; näher Mewes Jura 1991, 628; aus der Rspr. vgl. zuletzt OLG Köln U. v. 15.02.2019 – 1 RVs 227–233–234/18 – StV 2020, 183.

[34] Kindhäuser/Hilgendorf, LPK, 9. Aufl. 2022, § 123 Rn. 13.

[35] Eisele, BT I, 6. Aufl. 2021, Rn. 679; aus der Rspr. vgl. RG U. v. 16.04.1885 – 773/85 – RGSt 12, 132; BGH U. v. 14.12.1966 – 2 StR 346/66 – BGHSt 21, 224 = NJW 1967, 941 (Anm. Kühl, Höchstrichterliche Rspr. BT, 2002, Nr. 4; Schröder JR 1967, 304).

[36] Hierzu Eisele, BT I, 6. Aufl. 2021, Rn. 678; näher Heinrich JR 1997, 89; aus der Rspr. vgl. RG U. v. 20.01.1938 – 3 D 963/37 – RGSt 72, 57; BGH U. v. 26.06.1952 – IV ZR 228/51 – BGHZ 6, 360 = NJW 1952, 975; OLG Hamm U. v. 20.01.1955 – (2) Ss 1554/54 – NJW 1955, 761; OLG Hamm U. v. 22.04.1965 – 2 Vs 1/65 – NJW 1965, 2067 (Anm. Willms JuS 1966, 41).

[37] S. Joecks/Jäger, StGB, 13. Aufl. 2021, § 123 Rn. 28.

[38] Eisele, BT I, 6. Aufl. 2021, Rn. 677; aus der Rspr. vgl. OLG Braunschweig U. v. 15.10.1965 – Ss 138/65 – NJW 1966, 263 (Anm. Schröder NJW 1966, 265); OLG Köln U. v. 09.11.1965 – Ss 330/65 – NJW 1966, 265; KG U. v. 15.12.2008 – (4) 1 Ss 316/08 (173/08) – NStZ 2010, 34.

[39] Stein, in: SK-StGB, 9. Aufl. 2019, § 123 Rn. 20; aus der Rspr. vgl. OLG Hamburg B. v. 02.03.2006 – III-3/06 – NJW 2006, 2131 = NStZ 2007, 38 (Anm. LL 2006, 617; RA 2006, 414); KG U. v. 15.12.2008 – (4) 1 Ss 316/08 (173/08) – NStZ 2010, 34.

[40] S. Fischer, StGB, 71. Aufl. 2024, § 123 Rn. 20; aus der Rspr. vgl. RG U. v. 16.04.1885 – 773/85 – RGSt 12, 132; zu Einschränkungen bei einem Tag der offenen Tür OLG Zweibrücken U. v. 26.10.1984 – 1 Ss 175/84 – NStZ 1985, 456 = StV 1985, 60 (Anm. Amelung NStZ 1985, 457; Geppert JK 1986 StGB § 123/4; Offermann JA 1986, 51).

[41] Feilcke, in: MK-StGB, 4. Aufl. 2021, § 123 Rn. 29.

Umstritten ist, ob ein durch **Täuschung** erschlichenes Einverständnis ein Eindringen i. S. d. § 123 I 1. Var. StGB ausschließt.[42]

> **Beispiel 128**
>
> **BGH U. v. 06.02.1997 – 1 StR 527/96 – NJW 1997, 1516 = NStZ 1997, 448 = StV 1997, 233 (Anm. Hilger NStZ 1997, 449; Wollweber StV 1997, 507; Frister JZ 1997, 1130; Roxin StV 1998, 43; Nitz JR 1998, 211):**
>
> Einer der Haschischabnehmer des B1, der B2, wurde am 16.10.1995 festgenommen und erklärte sich im Rahmen seiner nachfolgenden Vernehmung bereit, mittels eines Scheinkaufes zur Überführung des B1 beizutragen. Noch vom Vernehmungsort aus telefonierte er mit dem B1 und kündigte sein Kommen in Begleitung eines „Freundes" an. Sodann fuhr er zusammen mit einem ansonsten nicht verdeckt ermittelnden Polizeiobermeister zur Wohnung des B1. Nachdem B2 den begleitenden Polizeibeamten als seinen „Freund" vorgestellt hatte, ließ der B1 beide in seine Wohnung und verkaufte ihnen dort 94,3 g Haschisch für 950 DM. Unmittelbar im Anschluss daran fand eine polizeiliche Durchsuchung der Wohnung statt, die Haschisch und LSD in nicht geringen Mengen, daneben geringe Mengen von Kokain, Marihuana, Haschischplätzchen und Haschischöl zutage förderte. ◄

B2 hat den B1 über die Identität des POM getäuscht. Ansonsten hätte B1 diesen nicht in seine Wohnung gelassen. Ist das Einverständnis trotzdem wirksam?

Die h. M. bejaht die Wirksamkeit eines täuschungsbedingten Einverständnisses und hält allein den tatsächlich erklärten Willen für relevant.[43]

Die Gegenauffassung[44] verlangt Willensmängelfreiheit.

Der h. M. ist zuzustimmen: Anders als bei der Einwilligung genügt der natürliche und aktuelle Wille, egal worauf dieser beruht. Dies folgt daraus, dass bereits der Wortlaut des Eindringens einen fehlenden oder entgegenstehenden Willen voraussetzt; am Vorliegen eines gestattenden Willens ändert die Motivation des Gestattenden nichts.

Problematisch ist, ob § 123 I 1. Var. StGB auch durch **Unterlassen** verwirklicht werden kann.[45]

Jedenfalls ist dies in solchen Fällen möglich, in denen ein Garant das aktive Betreten durch eine zu überwachende Person nicht verhindert. Umstritten sind Fälle, in denen eine Zutrittserlaubnis erlischt oder – dem Täter erst nachträglich bekannt geworden – nie vorhanden war. Die h. M.[46] bejaht ein Eindringen; die überzeugendere

---

[42] Hierzu Joecks/Jäger, StGB, 13. Aufl. 2021, § 123 Rn. 30f.; aus der Rspr. vgl. OLG München B. v. 10.03.1972 – 2 Ws 40/72 – NJW 1972, 2275 (Anm. Otto NJW 1973, 667; Stückemann JR 1973, 414; Amelung/Schall JuS 1975, 565).
[43] Z. B. Eisele, BT I, 6. Aufl. 2021, Rn. 669.
[44] OLG München B. v. 10.03.1972 – 2 Ws 40/72 – NJW 1972, 2275.
[45] Hierzu Eisele, BT I, 6. Aufl. 2021, Rn. 680; näher Janiszewski JA 1985, 570; Kareklás FS Lenckner 1998, 459.
[46] S. nur Eisele, BT I, 6. Aufl. 2021, Rn. 680; BGH U. v. 14.12.1966 – 2 StR 346/66 – BGHSt 21, 224 (225).

Gegenauffassung[47] wendet nur § 123 I 2. Var. StGB an. Zum einen würde die 2. Var. anderenfalls weitgehend überflüssig, zum anderen mangelt es häufig auch an einer sog. Garantenstellung.

(2) Missbrauch einer generellen Zutrittserlaubnis

▶ **Didaktischer Aufsatz**
  • Steinmetz, Hausfriedensbruch bei Räumen mit genereller Zutrittserlaubnis, JuS 1985, 94

Insbesondere bei Geschäftsräumen oder Verkehrsmitteln ist umstritten, wie der **Missbrauch einer generellen Zutrittserlaubnis** zu behandeln ist.[48]

Beispiel 129

BGH B. v. 08.10.1981 – 3 StR 449/450/81 – NJW 1982, 189 = NStZ 1982, 158 = StV 1983, 139 (Anm. Sonnen JA 1982, 217; Schroeder JuS 1982, 491; Dingeldey NStZ 1982, 160; Köhler NJW 1983, 10; Brendle NJW 1983, 727; Köhler NJW 1983, 1595; ter Veen StV 1983, 167):
B und weitere Studenten störten unter Verstoß gegen Hausverbote und Relegationsverfügungen Vorlesungen an der Universität Heidelberg dadurch, dass sie Dozenten durch Geschrei, Gebrüll, Pfeifen, Absingen von Liedern oder Gebrauch von Lärminstrumenten dazu brachten, Lehrveranstaltungen oder Prüfungen abzubrechen. ◀

Beispiel 130

OLG Düsseldorf U. v. 07.07.1982 – 2 Ss 152/82-48/82 III – NJW 1982, 2678 (Anm. Kühl, Höchstrichterliche Rspr. BT, 2002, Nr. 3):
B1 und B2 gehörten zu einer Gruppe von Personen, die das Haus G-Straße in W. bis zu dessen Abriss „besetzt" hatten. Am 13.03.1981 gegen 11 Uhr drangen B1, B2 und weitere Personen in die Amtsräume des Stadtplanungsamtes in W. ein. Sie trugen zwei mit Bauschutt (des Hauses G-Straße) gefüllte Zinkbadewannen bei sich, deren Inhalt sie vor den Diensträumen des Amtsleiters ausschütteten. Ihnen war bekannt, dass der Oberstadtdirektor in W. sowie die in seinem Auftrag für die Wahrung des Hausfriedens verantwortlichen Bediensteten mit dem Betreten des Stadtplanungsamtes nur im Rahmen des üblichen Publikumsverkehrs einverstanden waren, nicht jedoch mit dem Betreten des Gebäudes unter Mitführen von Bauschutt und in der Absicht, diesen im Gebäude abzuladen und zurückzulassen. ◀

---

[47] Etwa Joecks/Jäger, StGB, 13. Aufl. 2021, § 123 Rn. 33.
[48] Hierzu zsf. Eisele, BT I, 6. Aufl. 2021, Rn. 670f.; Hillenkamp/Cornelius, 40 Probleme aus dem Strafrecht BT, 13. Aufl. 2020, 8. Problem; Steinmetz JuS 1985, 94; aus der Rspr. vgl. BGH B. v. 11.07.1996 – 1 StR 285/96 – NStZ-RR 1997, 97 = StV 1996, 660 (Anm. Otto JK 1997 StGB § 32/23); OLG Jena U. v. 13.01.2006 – 1 Ss 296/05 – NJW 2006, 1892.

Zu Vorlesungen ist i. d. R. jedenfalls allen Studenten, möglicherweise auch einer breiteren Öffentlichkeit der Zutritt generell gestattet. Auch zu den öffentlichen Räumlichkeiten von Ämtern, hier dem Stadtplanungsamt, besteht eine generelle Zutrittserlaubnis. Des Weiteren wird bei Geschäften aller Art grundsätzlich jedermann als potenziellem Kunden der Zutritt gewährt. Es stellt sich die Frage, ob trotz der generellen Zutrittserlaubnis ein Hausfriedensbruch vorliegen kann, wenn die Örtlichkeit zu einem Verhalten betreten wird, in dessen Kenntnis der Hausrechtsinhaber sein Einverständnis nie erklären würde.

Vorab ist zu beachten, dass es in vielen Fallgestaltungen an einer derartigen generellen Zutrittserlaubnis schon deshalb mangelt, weil der Täter sich gerade außerhalb der Öffnungszeiten Zutritt verschafft oder Bereiche aufsucht, die nicht von der Zutrittserlaubnis abgedeckt[49] werden. Problematisch sind also allein Fälle, in denen der Täter das Geschäft etc. zu missbräuchlichen – v. a. deliktischen[50] – Zwecken betritt.

Nach einer älteren Ansicht genügt für ein Eindringen i. S. d. § 123 I 1. Var. StGB die Verletzung des (mutmaßlichen) Willens des Hausrechtsinhabers.[51] Verfolgt der Täter beim Betreten der geschützten Räumlichkeit widerrechtliche Zwecke, so liegt hiernach ein Eindringen vor.

Die Rspr.[52] und die h. L.[53] nehmen dagegen an, dass ein Einverständnis grundsätzlich bedingungsfeindlich sei, gehen aber vom Nichtvorliegen eines Einverständnisses aus, wenn das äußere Erscheinungsbild der eintretenden Person darauf schließen lässt, dass diese die geschützte Räumlichkeit zu widerrechtlichen Zwecken betritt (sog. Funktionsstörung). Somit ist die Frage zu klären, ob der Hausrechtsinhaber bei Beobachtung des Eintretenden diesem den Zutritt gestattet hätte. Ist dies der Fall, liegt ein Einverständnis vor.

Für die erste Auffassung spricht, dass man für ein Eindringen, d. h. die Überwindung von Widerstand, durchaus als vom Wortlaut gedeckt die Überwindung einer geistigen Barriere genügen lassen kann. Dies führt allerdings zu einer Subjektivierung des objektiven Tatbestands, die den Interessen des Eigentümers auf Kosten der Rechtssicherheit übermäßig Raum gibt, während die h. M. einen hohen Grad an Praktikabilität aufweist, da sie innere Umstände, die sich nur schwer feststellen lassen, unberücksichtigt lässt. Der mutmaßliche Wille des Hausrechtsinhabers ist auch nur insoweit schutzwürdig, als hinreichende Äußerungen und die Erscheinung des Eintretenden (durch Kontrollen) auf widerrechtliche Absichten schließen lassen. I.Ü. ist der Schutz des § 123 I 2.Var. StGB ausreichend. Es ist der h. M. zu folgen.

---

[49] Sternberg-Lieben/Schittenhelm, in: Schönke/Schröder, StGB, 30. Aufl. 2019, § 123 Rn. 23; aus der Rspr. vgl. OLG Zweibrücken U. v. 26.10.1984 – 1 Ss 175/84 – NStZ 1985, 456 = StV 1985, 60 (Anm. Amelung NStZ 1985, 457; Geppert JK 1986 StGB § 123/4; Offermann JA 1986, 51).
[50] Zu Schwarzfahrern beispielsweise Preuß ZJS 2013, 257 und 355.
[51] Schröder JR 1969, 467.
[52] S. o.
[53] S. nur Eisele, BT I, 6. Aufl. 2021, Rn. 671.

B. Hausfriedensbruch, § 123 StGB

Ein individuelles **Hausverbot** hebt die generelle Zutrittserlaubnis auf.[54]
Bei öffentlich-rechtlichen Hausverboten aufgrund Verwaltungsakts stellen sich ggf. Fragen der Anfechtbarkeit und der Wirksamkeit.[55]

bb) Wenn er darin verweilt, auf die Aufforderung des Berechtigten sich nicht entfernt § 123 I 2. Var. StGB

§ 123 I 2. Var. StGB enthält ein echtes Unterlassungsdelikt.[56]

Der Täter muss ohne Befugnis in der Wohnung etc. verweilen und sich dann auf die Aufforderung des Berechtigten hin nicht entfernen. Obwohl der Wortlaut zu verlangen scheint, dass der Täter bereits vor der Aufforderung unbefugt in der Örtlichkeit verweilte, genügt es, wenn ihm erst durch die – ggf. auch konkludente – Aufforderung die Befugnis entzogen wird.[57]

Ein Verweilen liegt vor, wenn der Täter sich nicht unverzüglich, d. h. ohne schuldhaftes Zögern entfernt; die weitere Anwesenheit muss von einer solchen Dauer sein, dass aus ihr ein Ungehorsam gegenüber der Aufforderung deutlich wird.[58]

Die Aufforderung kann auch durch Dritte erklärt werden, auf die das Hausrecht delegiert wurde,[59] auch wenn diese minderjährig sind.[60]

c) Widerrechtlich, ohne Befugnis (?)

Die Merkmale „widerrechtlich" und „ohne Befugnis" werden von der h. M.[61] als bloß deklaratorische Hinweise auf etwaige Rechtfertigungsgründe verstanden. Zwar kann in § 123 I 2. Var. StGB aufgrund des Erfordernisses der Aufforderung ein tatbestandsausschließendes Einverständnis kaum in Betracht kommen, auch kann in § 123 I 1. Var. StGB bei Einverständnis schon kein Eindringen vorliegen, allerdings kann man „widerrechtlich" und „ohne Befugnis" durchaus auch (doppelfunktional, wie etwa zutreffenderweise schon bei den §§ 201ff. StGB, s. o.) kumulativ als – ohnehin jeweils entbehrlichen – Hinweis auf etwaige Rechtfertigung sowie etwaige tatbestandsausschließende Einverständnisse ansehen.

---

[54] Hierzu Eisele, BT I, 6. Aufl. 2021, Rn. 671ff.; näher Schild NStZ 1986, 346; aus der Rspr. vgl. zuletzt OLG Hamm B. v. 21.07.2020 – 4 RVs 83/20 – NStZ 2021, 429 = StV-S 2021, 57.
[55] S. Eisele, BT I, 6. Aufl. 2021, Rn. 674; näher allgemein zur Strafbarkeit aufgrund materiell rechtswidriger Verwaltungsakte Makepeace JR 2020, 542; Makepeace GA 2020, 485.
[56] Joecks/Jäger, StGB, 13. Aufl. 2021, § 123 Rn. 47.
[57] H. M., Fischer, StGB, 71. Aufl. 2024, § 123 Rn. 27; aus der Rspr. vgl. RG U. v. 30.09.1881 – 2121/81 – RGSt 5, 110.
[58] Feilcke, in: MK-StGB, 4. Aufl. 2021, § 123 Rn. 50; aus der Rspr. vgl. BGH U. v. 01.06.2016 – 1 StR 597/15 – NStZ-RR 2016, 272.
[59] Aus der Rspr. vgl. OLG Hamm B. v. 30.12.2021 – 4 RVs 130/21 (Anm. RÜ 2022, 719).
[60] Aus der Rspr. vgl. BGH U. v. 14.12.1966 – 2 StR 346/66 – BGHSt 21, 224 = NJW 1967, 941 (Anm. Kühl, Höchstrichterliche Rspr. BT, 2002, Nr. 4; Schröder JR 1967, 304).
[61] Stein, in: SK-StGB, 9. Aufl. 2019, § 123 Rn. 67; aus der Rspr. vgl. OLG Hamburg U. v. 23.11.1979 – 1 Ss 164/79 – NJW 1980, 1007 (Anm. Oehler JR 1981, 33).

2. Subjektiver Tatbestand

Gem. § 15 StGB ist Vorsatz erforderlich.

III. Rechtswidrigkeit

Eine Rechtfertigung ist insbesondere aufgrund öffentlich-rechtlicher Befugnisse möglich, s. nur die Durchsuchung nach § 102 StPO.

IV. Schuld

Es gelten die allgemeinen Grundsätze.

V. Rechtsfolgen

§ 123 I StGB sieht Freiheitsstrafe bis zu einem Jahr (im Minimum also ein Monat, § 38 II StGB) oder Geldstrafe (zu den Grenzen s. § 40 StGB) vor.

VI. Sonstiges

Der Versuch des Hausfriedensbruchs ist nicht strafbar.
§ 123 II StGB normiert ein absolutes Strafantragserfordernis.

C. Schwerer Hausfriedensbruch, § 124 StGB

§ 124 StGB enthält eine **Qualifikation** des § 123 StGB.

> **§ 124 StGB (Schwerer Hausfriedensbruch)**
> Wenn sich eine Menschenmenge öffentlich zusammenrottet und in der Absicht, Gewalttätigkeiten gegen Personen oder Sachen mit vereinten Kräften zu begehen, in die Wohnung, in die Geschäftsräume oder in das befriedete Besitztum eines anderen oder in abgeschlossene Räume, welche zum öffentlichen Dienst bestimmt sind, widerrechtlich eindringt, so wird jeder, welcher an diesen Handlungen teilnimmt, mit Freiheitsstrafe bis zu zwei Jahren oder mit Geldstrafe bestraft.

Auf eine Vertiefung sei verzichtet.

8. Kapitel: Straftaten gegen die Staatsgewalt und die öffentliche Ordnung

A. Widerstand gegen Vollstreckungsbeamte, tätlicher Angriff auf Vollstreckungsbeamte, Widerstand gegen oder tätlicher Angriff auf Personen, die Vollstreckungsbeamten gleichstehen, §§ 113–115 StGB

▶ Didaktische Aufsätze
- Backes/Ransiek, Widerstand gegen Vollstreckungsbeamte, JuS 1989, 624
- Zöller/Steffens, Grundprobleme des Widerstandes gegen Vollstreckungsbeamte (§ 113 StGB), JA 2010, 161
- Bosch, Der Widerstand gegen Vollstreckungsbeamte (§ 113 StGB), Jura 2011, 268

I. Widerstand gegen Vollstreckungsbeamte, § 113 StGB

1. Aufbau
I. Tatbestand
　1. Objektiver Tatbestand
　　a) Einem Amtsträger oder Soldaten der Bundeswehr, der zur Vollstreckung von Gesetzen, Rechtsverordnungen, Urteilen, Gerichtsbeschlüssen oder Verfügungen berufen ist
　　b) Bei der Vornahme einer solchen Diensthandlung
　　c) Mit Gewalt oder durch Drohung mit Gewalt Widerstand leistet
　2. Subjektiver Tatbestand
II. Tat nicht strafbar, wenn Diensthandlung nicht rechtmäßig, § 113 III StGB
III. Rechtswidrigkeit

IV. Schuld
1. Allgemeines
2. Täter nimmt bei Begehung der Tat irrig an, die Diensthandlung sei nicht rechtmäßig, und er konnte den Irrtum nicht vermeiden und ihm war nach den ihm bekannten Umständen auch nicht zuzumuten, sich mit Rechtsbehelfen gegen die vermeintlich rechtswidrige Diensthandlung zu wehren, § 113 IV 2 1. Hs. StGB

V. Rechtsfolgen
1. § 113 IV StGB
   a) Täter nimmt bei Begehung der Tat irrig an, die Diensthandlung sei nicht rechtmäßig, und er konnte den Irrtum vermeiden, § 113 IV 1 StGB
   b) Täter nimmt bei Begehung der Tat irrig an, die Diensthandlung sei nicht rechtmäßig, und er konnte den Irrtum nicht vermeiden und ihm war nach den ihm bekannten Umständen zuzumuten, sich mit Rechtsbehelfen gegen die vermeintlich rechtswidrige Diensthandlung zu wehren, § 113 IV 2 2. Hs. StGB
2. Besonders schwerer Fall, § 113 II StGB

2. Allgemeines
§ 113 StGB stellt den Widerstand gegen Vollstreckungsbeamte unter Strafe.[1]

> **§ 113 StGB (Widerstand gegen Vollstreckungsbeamte)**
> (1) Wer einem Amtsträger oder Soldaten der Bundeswehr, der zur Vollstreckung von Gesetzen, Rechtsverordnungen, Urteilen, Gerichtsbeschlüssen oder Verfügungen berufen ist, bei der Vornahme einer solchen Diensthandlung mit Gewalt oder durch Drohung mit Gewalt Widerstand leistet, wird mit Freiheitsstrafe bis zu drei Jahren oder mit Geldstrafe bestraft.
> (2) In besonders schweren Fällen ist die Strafe Freiheitsstrafe von sechs Monaten bis zu fünf Jahren. 2Ein besonders schwerer Fall liegt in der Regel vor, wenn
>   1. der Täter oder ein anderer Beteiligter eine Waffe oder ein anderes gefährliches Werkzeug bei sich führt,
>   2. der Täter durch eine Gewalttätigkeit den Angegriffenen in die Gefahr des Todes oder einer schweren Gesundheitsschädigung bringt oder
>   3. die Tat mit einem anderen Beteiligten gemeinschaftlich begangen wird.

---

[1] Zu § 113 (ff.) StGB Backes/Ransiek JuS 1989, 624; Deiters GA 2002, 259; Zöller/Steffens JA 2010, 161; Bosch Jura 2011, 268; Küper FS Frisch 2013, 985; Schiemann NJW 2017, 1846; Puschke/Rienhoff JZ 2017, 924; Magnus ZStW 2017, 530; Zöller KriPoZ 2017, 143; Kulhanek JR 2018, 551; Fahl ZStW 2018, 745; Paeffgen FS Kindhäuser 2019, 723; zu älteren Reformüberlegungen Hirsch FS Klug 1983, 235; Bachnick ZRP 2001, 250; Stadler ZRP 2010, 157; zu Reformbestrebungen bzgl. Gaffern (vgl. nun immerhin §§ 115 und 323c II StGB) Heger/Jahn KriPoZ 2017, 113; Kubiciel jurisPR-StrafR 7/2018 Anm. 1; Lenk KriPoZ 2019, 361.

> (3) Die Tat ist nicht nach dieser Vorschrift strafbar, wenn die Diensthandlung nicht rechtmäßig ist. Dies gilt auch dann, wenn der Täter irrig annimmt, die Diensthandlung sei rechtmäßig.
>
> (4) Nimmt der Täter bei Begehung der Tat irrig an, die Diensthandlung sei nicht rechtmäßig, und konnte er den Irrtum vermeiden, so kann das Gericht die Strafe nach seinem Ermessen mildern (§ 49 Abs. 2) oder bei geringer Schuld von einer Bestrafung nach dieser Vorschrift absehen. Konnte der Täter den Irrtum nicht vermeiden und war ihm nach den ihm bekannten Umständen auch nicht zuzumuten, sich mit Rechtsbehelfen gegen die vermeintlich rechtswidrige Diensthandlung zu wehren, so ist die Tat nicht nach dieser Vorschrift strafbar; war ihm dies zuzumuten, so kann das Gericht die Strafe nach seinem Ermessen mildern (§ 49 Abs. 2) oder von einer Bestrafung nach dieser Vorschrift absehen.

Zur Erweiterung in § 115 StGB s. u.

Die schon **2011** verschärften[2] und **2017** neu gefassten[3] Normen schützen staatliche Vollstreckungshandlungen (bzw. Hilfeleistungen) und die dazu berufenen Organe.[4]

Vor 2011 lag der Strafrahmen unter dem der Nötigung, sodass es sich um eine Privilegierung handelte, die darauf beruhte, dass es menschlich naheliege, dass sich ein Täter durch die Vollstreckungshandlung bedrängt fühlen und im Affekt überreagieren könne.[5] Diese gesetzgeberische Entscheidung war seit jeher durchaus zweifelhaft, werden doch so die Amtsträger – also v. a. Polizisten – in geringerem Maße geschützt als der „Normalbürger". Nach Anhebung der Strafobergrenze 2011 auf das Strafmaß des § 240 StGB kann man nicht mehr von einer Privilegierung, sondern muss man von einer *lex specialis* sprechen,[6] deren Sinn sich kaum noch erschließt, solange man § 113 StGB nicht etwa als Qualifikation der Nötigung ausgestaltet. Zu § 114 StGB n. F. s. sogleich.

---

[2] Hierzu Singelnstein/Puschke NJW 2011, 3473; Messer NK 2011, 2; Zopfs GA 2012, 259.

[3] Insbesondere Herauslösung und Verschärfung des tätlichen Angriffs (§ 114 StGB n. F., s. u. II); hierzu Schiemann NJW 2017, 1846; Puschke/Rienhoff JZ 2017, 924; Magnus ZStW 2017, 530; Zöller KriPoZ 2017, 143; Prittwitz KriPoZ 2018, 44; Erb KriPoZ 2018, 48; zur vorherigen Diskussion s. Hoffmann-Holland/Koranyi ZStW 2015, 913; Zöller ZIS 2015, 445; Kubiciel jurisPR-StrafR 5/2017 Anm. 1.

[4] Eisele, BT I, 6. Aufl. 2021, Rn. 1515; näher Schmid JZ 1980, 56; aus der Rspr. vgl. zuletzt BGH B. v. 29.04.2020 – 3 StR 532/19 – NStZ-RR 2020, 243 = StV 2021, 571; BGH B. v. 11.06.2020 – 5 StR 157/20 – BGHSt 65, 36 = NJW 2020, 2347 (Anm. Bosch Jura 2020, 1144; von Heintschel-Heinegg JA 2020, 707; RÜ 2020, 582; Singelnstein NJW 2020, 2349; Kulhanek JR 2020, 624).

[5] Fischer, StGB, 71. Aufl. 2024, § 113 Rn. 2f.; näher Zopfs GA 2000, 527; Fahl StV 2012, 623; Fahl ZStW 2012, 311; Steinberg/Zetzmann/Dust JR 2013, 7; Hoffmann-Holland/Koranyi ZStW 2015, 913; aus der (früheren) Rspr. vgl. zuletzt BGH B. v. 04.04.2017 – 1 StR 70/17 (Anm. RÜ 2017, 577).

[6] Problematisch, hierzu Eisele, BT I, 6. Aufl. 2021, Rn. 1546b; näher Fahl ZStW 2012, 311; Fahl StV 2012, 623; Steinberg/Zetzmann/Dust JR 2013, 7.

3. Tatbestand

a) Objektiver Tatbestand

aa) Einem Amtsträger oder Soldaten der Bundeswehr, der zur Vollstreckung von Gesetzen, Rechtsverordnungen, Urteilen, Gerichtsbeschlüssen oder Verfügungen berufen ist

Geschützt werden zunächst – inländische[7] – **Amtsträger**; hierzu s. § 11 I Nr. 2 StGB.

Praxis- und fallrelevant sind v. a. Polizeibeamte. Dass diese ggf. in Zivil agieren, steht objektiv nicht entgegen.

Hinzu kommen in § 113 I StGB **Soldaten der Bundeswehr**.

Zur Erweiterung in § 115 StGB s. u. III.

bb) Bei der Vornahme einer solchen Diensthandlung

Nach § 113 I StGB muss der Amtsträger zur Vollstreckung von Gesetzen etc. berufen sein und sich bei der Vornahme einer solchen Handlung befinden.

Sog. **Vollstreckungshandlung** in diesem Sinne ist jede Handlung, mit der ein bereits konkretisierter Staatswille verwirklicht werden soll.[8]

Dies sind in der Praxis insbesondere die §§ 81a, 102ff., 127, 163b I StPO sowie die Rechtsnormen v. a. der ZPO, nach denen Gerichtsvollzieher[9] agieren.

Zu unterscheiden sind Vollstreckungshandlungen von bloß **allgemeiner oder schlichter Amtstätigkeit**, z. B. Streifenfahrten, -gängen, Routinekontrollen, Wachdiensten und Befragungen.[10]

Die Ermittlungstätigkeit von Polizeibeamten geht dann in eine Vollstreckungstätigkeit über, wenn diese aufgrund von aufgetretenen Verdachtsmomenten oder zur Abwehr konkreter Gefahren dazu ansetzen, gegen eine bestimmte Person oder Sache vorzugehen.

Eine allgemeine **Verkehrskontrolle** (§ 36 I, V StVO) ist an sich keine Vollstreckungshandlung, eine solche kann aber in der Aufforderung liegen, anzuhalten, sowie in begleitenden Verfügungen.[11]

---

[7] Fischer, StGB, 71. Aufl. 2024, § 113 Rn. 3; aus der Rspr. vgl. RG U. v. 15.02.1883 – 3124/82 – RGSt 8, 53; OLG Hamm U. v. 07.04.1960 – 2 Ss 1521/59 – NJW 1960, 1536 (Anm. Schröder JZ 1960, 578).

[8] Kindhäuser/Hilgendorf, LPK, 9. Aufl. 2022, § 113 Rn. 5; aus der Rspr. vgl. zuletzt LG Köln U. v. 15.05.2019 – 157 Ns 131/18 – StV 2020, 191; BGH B. v. 11.06.2020 – 5 StR 157/20 – BGHSt 65, 36 = NJW 2020, 2347 (Anm. Bosch Jura 2020, 1144; von Heintschel-Heinegg JA 2020, 707; RÜ 2020, 582; Singelnstein NJW 2020, 2349; Kulhanek JR 2020, 624); BGH B. v. 06.10.2020 – 4 StR 168/20 – NStZ-RR 2020, 367 = StV-S 2021, 56.

[9] Fischer, StGB, 71. Aufl. 2024, § 113 Rn. 17; aus der Rspr. vgl. RG U. v. 02.01.1883 – 3064/82 – RGSt 7, 370; RG U. v. 16.11.1893 – 3218/93 – RGSt 24, 389; RG U. v. 07.02.1908 – V 908/07 – RGSt 41, 82; BGH U. v. 01.10.1953 – 5 StR 228/53 – BGHSt 5, 93 = NJW 1954, 200.

[10] Eisele, BT I, 6. Aufl. 2021, Rn. 1521; aus der Rspr. vgl. zuletzt LG Köln U. v. 15.05.2019 – 157 Ns 131/18 – StV 2020, 191; BGH B. v. 09.08.2023 – 6 StR 182/23 – NStZ 2024, 36.

[11] S. Eisele, BT I, 6. Aufl. 2021, Rn. 1519; näher Teubner DRiZ 1975, 243; aus der Rspr. vgl. OLG Köln U. v. 26.01.1968 – Ss 642/67 – NJW 1968, 1247; OLG Hamm U. v. 28.02.1973 – 4 Ss 1627/72 – NJW 1973, 1240; OLG Celle U. v. 10.04.1973 – 1 Ss 34/73 – NJW 1973, 2215; OLG

> **Beispiel 131**

BGH U. v. 30.04.1974 – 4 StR 67/74 – BGHSt 25, 313 = NJW 1974, 1254 (Anm. Kühl, Höchstrichterliche Rspr. BT, 2002, Nr. 1; Hassemer JuS 1974, 669; Ehlen/Meurer NJW 1974, 1776; Krause JR 1975, 118):
B wollte am 07.02.1973 gegen 02.00 Uhr nach dem Besuch einer Gaststätte mit seinem Pkw nach Hause fahren, obwohl er mehr als 1,3 ‰ Alkohol im Blut hatte. Unterwegs forderte ihn ein Polizeibeamter in Uniform, der mit zwei anderen Beamten eine allgemeine Verkehrskontrolle durchführte, durch Zeichen mit einem beleuchteten Anhaltestab zum Halten auf. B sah das Zeichen. Da er sich aber bewusst wurde, dass er fahruntüchtig sei, sich eine Bestrafung wegen Trunkenheit am Steuer zuziehen und seinen Führerschein verlieren könnte, beschloss er, sich der Kontrolle zu entziehen. Er beschleunigte sein Fahrzeug, fuhr direkt auf den in seiner Fahrspur stehenden Polizeibeamten zu und zwang diesen dadurch, zur Seite zu springen und den Weg freizugeben. Die Polizeibeamten konnten ihn nach kurzer Verfolgungsfahrt stellen. ◄

Aus § 36 I, V StVO ergibt sich der abstrakte Staatswille, dass allgemeine Verkehrskontrollen durchgeführt werden sollen. Dazu muss im Einzelfall ein Haltegebot ausgesprochen, ggf. zu weiteren Maßnahmen gegriffen werden. Diese Handlungen sind dann die Verwirklichung eines auf den Fall konkretisierten Staatswillens.

Bei der Vornahme der Vollstreckungshandlung befindet sich der Amtsträger dann, wenn diese unmittelbar bevorsteht oder bereits begonnen hat und noch nicht beendet ist.[12] Beginn und Ende werden nicht in formell-vollstreckungsrechtlicher Betrachtungsweise festgestellt, eingeschlossen sind die Stadien der zeitnahen Vorbereitung, der Abwicklung und der Absicherung.[13]

Unerheblich ist es, ob es zum Abschluss der konkreten Zwangsmaßnahme noch gekommen ist oder insofern der Widerstand erfolgreich war; man spricht von einem unechten Unternehmensdelikt.[14]

cc) Mit Gewalt oder durch Drohung mit Gewalt Widerstand leistet
Nach Überführung des tätlichen Angriffs in den strafverschärften § 114 StGB n. F. im Jahre 2017 erfasst § 113 I StGB nur noch das Widerstand Leisten mit Gewalt oder durch Drohung mit Gewalt.

Frankfurt U. v. 27.06.1973 – 2 Ss 166/73 – NJW 1973, 1806; OLG Frankfurt U. v. 05.12.1973 – 2 Ss 430/73 – NJW 1974, 572; OLG Düsseldorf B. v. 05.06.1996 – 5 Ss 160/96 – 49/96 I – NStZ-RR 1997, 91 (Anm. Seier/Rohlfs NZV 1996, 460; Geppert JK 1997 StGB § 113/4).

[12] Joecks/Jäger, StGB, 13. Aufl. 2021, § 113 Rn. 13; aus der Rspr. vgl. zuletzt LG Köln U. v. 15.05.2019 – 157 Ns 131/18 – StV 2020, 191.

[13] S. Fischer, StGB, 71. Aufl. 2024, § 113 Rn. 7a; aus der Rspr. vgl. BGH U. v. 06.05.1982 – 4 StR 127/82 – NJW 1982, 2081 = NStZ 1982, 328 (Anm. Otto JR 1983, 72).

[14] Joecks/Jäger, StGB, 13. Aufl. 2021, § 113 Rn. 17.

Widerstandleisten ist jedes aktive Verhalten, das unternommen wird, damit die Vollstreckungsmaßnahme nicht begonnen oder beendet wird.[15]

Zu unterscheiden ist dies z. B. vom bloßen Nichtöffnen der Tür oder rein passivem Widerstand.[16] Auch Flucht ist kein Widerstand.[17]

Gewalt i. S. d. § 113 I StGB ist eine durch tätiges Handeln bewirkte Kraftäußerung, die gegen die Person des Vollstreckenden gerichtet und geeignet ist, den Vollzug der Vollstreckungshandlung zu erschweren oder zu verhindern.[18]

Gewalt gegen sich selbst und eine entsprechende Drohung sind nicht ausreichend.[19]

Die notwendige Kraftentfaltung kann auch schon vor dem Beginn der erwarteten Amtshandlung vorgenommen werden, wenn der Täter durch seine Tätigkeit den Widerstand vorbereiten will.[20]

Umstritten ist, ob man in dem bloßen **Aussperren** der Amtsträger (v. a. aus einem PKW) eine Widerstandsleistung mit Gewalt sehen kann.[21]

Beispiel 132

OLG Düsseldorf B. v. 05.06.1996 – 5 Ss 160/96 – 49/96 I – NStZ-RR 1997, 91 (Anm. Seier/Rohlfs NZV 1996, 460; Geppert JK 1997 StGB § 113/4):

---

[15] Joecks/Jäger, StGB, 13. Aufl. 2021, § 113 Rn. 17; aus der Rspr. vgl. zuletzt BGH B. v. 11.06.2020 – 5 StR 157/20 – BGHSt 65, 36 = NJW 2020, 2347 (Anm. Bosch Jura 2020, 1144; von Heintschel-Heinegg JA 2020, 707; RÜ 2020, 582; Singelnstein NJW 2020, 2349; Kulhanek JR 2020, 624); zu „Klimaklebern" vgl. aus der Rspr. AG Flensburg U. v. 06.07.2023 – 430 Cs 107 Js 4027/23 (Anm. Nestler Jura 2024, 329); KG B. v. 16.08.2023 – 3 ORs 46/23 – 161 Ss 61/23 – NJW 2023, 2792 (Anm. RÜ 2023, 781; Seel HRRS 2023, 313; Roggan KriPoZ 2023, 502; Preuß NZV 2023, 461; Papathanasiou/Bauch ZJS 2024, 229; famos 1/2024; Steinert SVR 2024, 113).

[16] Fischer, StGB, 71. Aufl. 2024, § 113 Rn. 25; aus der Rspr. vgl. zuletzt LG Nürnberg-Fürth U. v. 16.6.2020 – 15 Ns 201 Js 13894/19 – NStZ-RR 2021, 169; AG Berlin-Tiergarten B. v. 05.10.2022 – (303 Cs) 237 Js 2450/22 (202/22) – NStZ 2023, 239 = StV-S 2023, 8 (Anm. Furtwängler KJ 2023, 132).

[17] Fischer, StGB, 71. Aufl. 2024, § 113 Rn. 23; aus der Rspr. vgl. zuletzt BGH B. v. 09.11.2022 – 4 StR 272/22 – NStZ 2023, 286 = StV 2023, 529 (Anm. Lang NStZ 2023, 349).

[18] Bosch, in: MK-StGB, 4. Aufl. 2021, § 113 Rn. 18; Eisele, BT I, 6. Aufl. 2021, Rn. 1524; aus der Rspr. vgl. zuletzt BGH B. v. 11.06.2020 – 5 StR 157/20 – BGHSt 65, 36 = NJW 2020, 2347 (Anm. Bosch Jura 2020, 1144; von Heintschel-Heinegg JA 2020, 707; RÜ 2020, 582; Singelnstein NJW 2020, 2349; Kulhanek JR 2020, 624); BGH B. v. 09.11.2022 – 4 StR 272/22 – NStZ 2023, 286 = StV 2023, 529 (Anm. Lang NStZ 2023, 349); AG Darmstadt U. v. 10.03.2023 – 210 Ds 400 Js 45432/21 – StV-S 2024, 30; AG Flensburg U. v. 06.07.2023 – 430 Cs 107 Js 4027/23 (Anm. Nestler Jura 2024, 329); KG B. v. 16.08.2023 – 3 ORs 46/23 – 161 Ss 61/23 – NJW 2023, 2792 (Anm. RÜ 2023, 781; Seel HRRS 2023, 313; Roggan KriPoZ 2023, 502; Preuß NZV 2023, 461; Papathanasiou/Bauch ZJS 2024, 229; famos 1/2024; Steinert SVR 2024, 113).

[19] Fischer, StGB, 71. Aufl. 2024, § 113 Rn. 25; aus der Rspr. vgl. OLG Hamm B. v. 24.04.1995 – 2 Ss 365/95 – NStZ 1995, 547 (Anm. Geppert JK 1996 StGB § 113/2).

[20] S. (allerdings krit.) Dallmeyer, in: BeckOK-StGB, Stand 01.02.2024, § 113 Rn. 6; aus der Rspr. vgl. BGH U. v. 16.11.1962 – 4 StR 337/62 – BGHSt 18, 133 = NJW 1963, 769 (Anm. Russ NJW 1963, 1165).

[21] Hierzu Fischer, StGB, 71. Aufl. 2024, § 113 Rn. 25; aus der Rspr. vgl. BGH U. v. 16.11.1962 – 4 StR 337/62 – BGHSt 18, 133 = NJW 1963, 769 (Anm. Russ NJW 1963, 1165).

Am Freitag, dem 28.06.1991, wurde der von dem B gesteuerte Pkw gegen 02.50 Uhr von Beamten einer Polizeizivilstreife verfolgt und auf dem beleuchteten Parkplatz der Bahnpolizei am Hauptbahnhof in Düsseldorf angehalten, weil er zeitweilig ohne Licht fuhr und beschleunigt wurde. Einer der Beamten hielt seinen als solchen erkennbaren Dienstausweis vor die Windschutzscheibe des Fahrzeugs. B und sein Beifahrer wurden von den Zivilbeamten lautstark aufgefordert, den Pkw zu verlassen. Daraufhin verriegelte B von innen die Fahrzeugtüren des Wagens und blieb zusammen mit dem Beifahrer im Pkw sitzen. Erst als die Beamten androhten, die Seitenscheibe des Fahrzeugs einzuschlagen, öffnete der Beifahrer die Tür. B und der Beifahrer wurden durchsucht und zur Feststellung der Personalien in eine Polizeiwache verbracht. ◄

Die Polizeibeamten sind zur Vollstreckung von Gesetzen, Rechtsverordnungen, Urteilen, Gerichtsbeschlüssen oder Verfügungen berufene Amtsträger i. S. d. § 113 I StGB. Dass sie in Zivil auftraten, ändert daran nichts. Im Tatzeitpunkt hatten sie den Pkw des B angehalten und diesen aufgefordert, den Pkw zu verlassen, waren also mit der Vornahme einer Vollstreckungshandlung beschäftigt. Fraglich ist, ob B Widerstand leistete, indem er die Fahrzeugtüren verriegelte.

Die Rspr.[22] und die wohl h. L.[23] bejahen eine Widerstandsleistung mit Gewalt.

Teile der Lehre[24] lehnen dies ab.

Der h. M. ist zuzugeben, dass wie beim Einsperren des Amtsträgers die Durchführung der Diensthandlung durch Aussperren ebenso verhindert wird, und zwar durch ein körperlich wirkendes Hindernis. Allerdings wird man auch dann, wenn die aussperrende Handlung erst nach Beginn der Vollstreckungshandlung vorgenommen wird, sodass nicht lediglich die Nichtaufhebung der Sperre als Anknüpfungspunkt dient, kaum annehmen können, dass auf den Amtsträger ein körperlicher Zwang ausgeübt wird. Es wird lediglich ein Hindernis geschaffen, welches den Zugriff verhindert.

Der Einsatz von körperlich wirkender Kraft gegen Sachen reicht aus, wenn er mittelbar gegen die Person wirkt.[25]

Ohne Weiteres liegt Gewalt vor, wenn der Täter einen **Pkw** auf die Amtsträger zubewegt.[26]

Umstritten ist, ob auch unbeteiligte **Dritte** die Tat begehen können oder nur die Betroffenen der Vollstreckungshandlung.[27]

Die h. M.[28] nimmt Ersteres an, eine Gegenauffassung[29] Letzteres.

---

[22] S. o.
[23] Z. B. Wolters, in: SK-StGB, 9. Aufl. 2019, § 113 Rn. 16.
[24] Etwa Eisele, BT I, 6. Aufl. 2021, Rn. 1524.
[25] Aus der Rspr. vgl. BGH B. v. 13.05.2020 – 4 StR 607/19 – NStZ-RR 2020, 288 = StV 2021, 571; OLG Hamm B. v. 10.03.2022 – 4 RVs 2/22 – NStZ 2022, 614 (Anm. RÜ 2022, 374; RÜ2 2022, 135); BGH B. v. 09.11.2022 – 4 StR 272/22 – NStZ 2023, 286 = StV 2023, 529 (Anm. Lang NStZ 2023, 349).
[26] Fischer, StGB, 71. Aufl. 2024, § 113 Rn. 23.
[27] Hierzu Eisele, BT I, 6. Aufl. 2021, Rn. 1522; näher Sander JR 1995, 491.
[28] Eisele, BT I, 6. Aufl. 2021, Rn. 1522.
[29] Wolters, in: SK-StGB, 9. Aufl. 2019, § 113 Rn. 18.

Der Wortlaut spricht für die h. M. Ferner ist die Teleologie des § 113 StGB auch bei Außenstehenden einschlägig, da bloß beobachtende Personen gleichermaßen in eine besondere gegen den Amtsträger gerichtete Motivlage gelangen können.

Zur **Drohung** vgl. o. bei § 240 StGB.

b) Subjektiver Tatbestand
Gem. § 15 StGB ist Vorsatz erforderlich.

4. Tat nicht strafbar, wenn Diensthandlung nicht rechtmäßig, § 113 III StGB

▶ **Didaktische Aufsätze**
- Amelung, Die Rechtfertigung von Polizeivollzugsbeamten, JuS 1986, 329
- Geppert, Zum strafrechtlichen „Rechtmäßigkeits"-Begriff (§ 113 StGB) und zur strafprozessualen Gegenüberstellung, Jura 1989, 274
- Reil, Die wesentliche Förmlichkeit beim Rechtmäßigkeitsbegriff des § 113 III, JA 1998, 143

Gem. § 113 III 1 StGB ist die Tat nicht nach § 113 I StGB strafbar, wenn die Diensthandlung nicht rechtmäßig ist.

Die h. M.[30] sieht in der Rechtmäßigkeit der Diensthandlung eine **objektive Bedingung der Strafbarkeit**; allerdings gelten die besonderen Irrtumsregeln in § 113 III 2, IV StGB.

Umstritten ist, wann i. S. d. § 113 III 1 StGB eine Diensthandlung **rechtswidrig** ist.[31]

Beispiel 133

OLG Dresden B. v. 01.08.2001 – 3 Ss 25/01 – NJW 2001, 3643 (Anm. Geppert JK 2002 StPO § 81a/3; LL 2002, 180; RÜ 2002, 78; Benfer NJW 2002, 2688):

---

[30] S. Joecks/Jäger, StGB, 13. Aufl. 2021, § 113 Rn. 24; näher Dreher GS Schröder 1978, 359; aus der Rspr. vgl. BGH U. v. 10.11.1967 – 4 StR 512/66 (Weigand) – BGHSt 21, 334 = NJW 1968, 710 (Anm. Kühl, Höchstrichterliche Rspr. BT, 2002, Nr. 2; Puppe, AT, 5. Aufl. 2023, § 14 Rn. 5f.; Willms JuS 1968, 292); OLG Köln U. v. 19.11.1968 – Ss 452/68 – NJW 1969, 441; KG U. v. 15.12.1971 – (1) Ss 68/71 – NJW 1972, 781 (Anm. Rostek NJW 1972, 1335); OLG Bremen U. v. 14.09.1976 – Ss 64/76 – NJW 1977, 158 (Anm. Thomas NJW 1977, 1072).

[31] Hierzu Joecks/Jäger, StGB, 13. Aufl. 2021, § 113 Rn. 26ff.; Rehbinder GA 1963, 33; Günther NJW 1973, 309; Naucke FS Dreher 1977, 459; Thiele JR 1979, 397; Ostendorf JZ 1982, 165; Amelung JuS 1986, 329; Roxin FS Pfeiffer 1988, 45; Geppert Jura 1989, 274; Vitt ZStW 1994, 581; Reinhart StV 1995, 101; Reinhart NJW 1997, 911; Reil JA 1998, 143; aus der Rspr. vgl. zuletzt OLG Karlsruhe B. v. 02.03.2023 – 1 ORs 35 Ss 57/23 (Anm. Hecker JuS 2023, 791); AG Darmstadt U. v. 10.03.2023 – 210 Ds 400 Js 45432/21 – StV-S 2024, 30; OLG Frankfurt U. v. 21.08.2023 – 3 ORs 13/23 – NStZ-RR 2023, 338 (Anm. Kassebaum NStZ-RR 2024, 52); BGH B. v. 28.11.2023 – 6 StR 249/23 – NStZ-RR 2024, 75.

B wurde bei einer Verkehrskontrolle angehalten. Die Polizisten nahmen Alkohol wahr und fragten B, ob dieser mit einem Atemalkoholtest einverstanden wäre. B war nicht einverstanden. Die Polizisten verbrachten B daraufhin in ein Krankenhaus, um eine Blutprobe entnehmen zu lassen. Auf die mehrfachen freundlichen Aufforderungen des Arztes reagierte B nicht. Die Polizeibeamten versuchten daraufhin, gewaltsam die verschränkten Arme zu lockern und einen Arm zu strecken. Es gelang ihnen nicht. B drückte die Arme so stark an den Körper, dass die Polizeibeamten ihre Versuche schließlich aufgaben. Denn B hatte sich jedes Mal, wenn es den Beamten gelungen war, einen Arm etwas zu lockern, wieder losgerissen und den Arm wieder an den Oberkörper geklemmt. Dabei drehte er sich jeweils heftig von den Beamten, die seinen Arm lösen wollten, weg. Die Polizeibeamten entschlossen sich jetzt, B vom Stuhl zu ziehen und auf den Boden zu legen. Dies taten sie dann auch. Sie legten ihn mit dem Bauch auf den Boden und bogen seine Arme auf den Rücken. Auch dagegen wehrte sich B. Er strampelte und wand sich so kräftig, dass es des Einsatzes von vier Polizeibeamten bedurfte, um den sich mit seiner ganzen Kraft windenden und sich streckenden B festzuhalten. Erst jetzt war es dem Arzt möglich, dem B Blut zu entnehmen. ◄

Beispiel 134

KG U. v. 12.06.2002 – (5) 1 Ss 424/00 (6/01) – NJW 2002, 3789 (Anm. RÜ 2003, 74):
B beteiligte sich am 03.05.1998 in Berlin-Kreuzberg an einer Demonstration, die von der Polizei begleitet und beobachtet wurde. Er lief rechts neben einem Lautsprecherwagen. Dabei trug er zusammen mit vorangehenden und ihm folgenden Demonstrationsteilnehmern auf seiner rechten Seite ein etwa 10 m langes und 1,5 m hohes Stofftransparent mit einer Aufschrift. Überwiegend hielt er das Transparent mit dem oberen Rand in Schulterhöhe. Zeitweilig hob er es höher, sodass sein Gesicht zumindest teilweise seitlich verdeckt wurde. Es konnte jedoch nicht festgestellt werden, dass er damit bezweckte, sein Gesicht zu verstecken, um nicht identifiziert zu werden. Ansonsten war das Gesicht des B gut erkennbar, auch wenn er eine Schirmmütze und darüber die Kapuze eines dunklen Pullovers trug. Nach Auffassung der Polizei verstießen Demonstrationsteilnehmer gegen das so genannte Vermummungsverbot in § 17a II VersG, wenn sie ihr Gesicht auch nur teilweise hinter dem Transparent verbargen. Nicht feststellbar war, dass die Teilnehmer dementsprechend angewiesen wurden, Handlungen dieser Art zu unterlassen. Als der Zug eine Straßenkreuzung erreichte, erteilte die Einsatzleitung den Befehl, die neben dem Lautsprecherwagen laufenden Demonstranten festzunehmen. Die ausführenden Beamten entrissen ihnen das Transparent und bemühten sich, die betroffenen Personen, die sich untergehakt hatten, zu trennen. Zwei Beamten gelang es, aus der Gruppe den B herauszuziehen, der sich dagegen stemmte. Dabei stürzte er zu Boden. Die Beamten fielen halb über ihn. B widersetzte sich den beiden Beamten auch noch, als sie ihn zu einem Funkwagen führten, indem er in die entgegengesetzte Richtung strebte und mit den Armen ruderte. ◄

Nach dem sog. **strafrechtlichen Rechtmäßigkeitsbegriff** der Rspr.[32] und Teilen der Lehre[33] kommt es grundsätzlich nicht auf die materielle Richtigkeit, sondern auf die formelle Rechtmäßigkeit der Diensthandlung an. Eine Diensthandlung soll danach rechtmäßig sein, wenn für die Vollstreckungshandlung eine gesetzliche Eingriffsgrundlage gegeben ist, der Beamte sachlich und örtlich zuständig ist und die wesentlichen Förmlichkeiten beachtet. Insofern führen nur schwere formelle Fehler zur (strafrechtlichen) Rechtswidrigkeit. Ein unvermeidbarer Irrtum des Amtsträgers stehe der Annahme der Rechtmäßigkeit nicht entgegen.

Die sog. **Wirksamkeitslehre**[34] sieht eine rechtmäßige Diensthandlung dann als gegeben an, wenn der Verwaltungsakt wirksam ist, was auch bei aufhebbaren, aber nicht nichtigen Akten (§ 44 I VwVfG) der Fall ist.

Die wohl h. L. vertritt demgegenüber einen sog. **materiellen Rechtmäßigkeitsbegriff**.[35] Nach ihm kommt es grundsätzlich auf die volle materielle Rechtmäßigkeit nach den entsprechenden gesetzlichen Eingriffsermächtigungen an.[36] Eine Ausnahme soll hingegen für rechtskräftige, bestandskräftige oder vorläufig vollstreckbare Verfügungen – in diesen Fällen ist nach Wertung des Gesetzgebers auch die Durchsetzung einer rechtswidrigen Grundverfügung zulässig – und bei Verdachtstatbeständen[37] oder Gefahrtatbeständen[38] bestehen.[39] Bei Verdachtstatbeständen können Maßnahmen auch gegenüber Unschuldigen erfolgen, bei Gefahrtatbeständen auch wenn *ex post* gar keine Gefahr bestand, sofern nur bei einer ex-ante-Betrachtung das Verdachts- bzw. Gefahrmoment (Tatverdacht, Anscheinsgefahr) vorgelegen hat.

Die Wirksamkeitslehre ist mit dem Sinn und Zweck des § 113 IV StGB, den Bürger vor fehlerhaften staatlichen Eingriffen effektiv zu schützen, nicht zu vereinbaren. So führt das Abstellen auf die Nichtigkeitsgründe nach § 44 I VwVfG dazu, dass lediglich in Extremfällen, in denen dem Verwaltungsakt die Rechtswidrigkeit „auf die Stirn geschrieben" steht, die Voraussetzungen des § 113 IV StGB vorlägen.

Dem sog. strafrechtlichen Rechtmäßigkeitsbegriff ist zugutezuhalten, dass er die Amtsträger nicht allzu rasch ungeschützt lässt (insbesondere auch im Hinblick auf eine Notwehr des von der Vollstreckung Betroffenen). Ein „Irrtumsprivileg" ist allerdings in einem demokratischen Gemeinwesen mit Fokus auf die Freiheitsrechte der Bürger nicht mehr zeitgemäß,[40] eine stärkere Bindung des Amtsträgers an die

---

[32] S. obige Nachweise.
[33] Eser, in Schönke/Schröder, StGB, 30. Aufl. 2019, § 113 Rn. 22.
[34] Z. B. Krey/Hellmann/Heinrich, BT 1, 17. Aufl. 2021, Rn. 672, 676.
[35] Krey/Hellmann/Heinrich, BT 1, 17. Aufl. 2021, Rn. 672; Eisele, BT I, 6. Aufl. 2021, Rn. 1536.
[36] Eisele, BT I, 6. Aufl. 2021, Rn. 1536.
[37] Vgl. etwa §§ 81ff., 99, 100a, 102 StPO.
[38] Vgl. etwa die polizeiliche Generalklausel in §§ 174, 176 LVwG-SH.
[39] Vgl. Eisele, BT I, 6. Aufl. 2021, Rn. 1537; Krey/Hellmann/Heinrich, BT 1, 17. Aufl. 2021, Rn. 676; Schünemann JA 1972, 703 (710).
[40] Roxin/Greco, AT I, 5. Aufl. 2020, § 17 Rn. 11; Eisele, BT I, 6. Aufl. 2021, Rn. 1536; Krey/Hellmann/Heinrich, BT 1, 17. Aufl. 2021, Rn. 675.

Vorgaben des Gesetzes[41] zu befürworten. Dabei wird dem Irrtumsrisiko des handelnden Amtsträgers durch Verdachts- und Gefahrtatbestände und die Regeln über die vorläufige Vollstreckbarkeit hinreichend Rechnung getragen.[42] Der h. M. ist zu folgen.

In einer Fallbearbeitung gilt es, die Anforderungen des Primärrechtsgebiets zu erarbeiten, wobei in einer Strafrechtsklausur kaum vertieftes strafprozessuales, geschweige denn verwaltungsrechtliches Wissen abgeprüft werden dürfte.

Die **irrige Annahme der Rechtmäßigkeit** einer in Wahrheit rechtswidrigen Diensthandlung regelt **§ 113 III 2 StGB** täterfreundlich.[43]

5. Rechtswidrigkeit
Es gelten die allgemeinen Grundsätze.

6. Schuld

a) Allgemeines
Es gelten zunächst die allgemeinen Grundsätze.

b) Täter nimmt bei Begehung der Tat irrig an, die Diensthandlung sei nicht rechtmäßig, und er konnte den Irrtum nicht vermeiden und ihm war nach den ihm bekannten Umständen auch nicht zuzumuten, sich mit Rechtsbehelfen gegen die vermeintlich rechtswidrige Diensthandlung zu wehren, § 113 IV 2 1. Hs. StGB

§ 113 IV StGB[44] regelt bestimmte Irrtümer des Täters: Bzgl. der irrigen Annahme der Rechtswidrigkeit der Diensthandlung kommt es – wie bei § 17 StGB – zunächst auf die Vermeidbarkeit an. Bei der Subsumtion der Vermeidbarkeit ist die besondere Situation bei der Vollstreckungshandlung zu berücksichtigen. Liegt ein unvermeidbarer Irrtum vor, so ist gem. § 113 IV 2 StGB zu fragen, ob es dem Täter nach den ihm bekannten Umständen zuzumuten war, sich mit Rechtsbehelfen gegen die vermeintlich rechtswidrige Diensthandlung zu wehren. Nur wenn auch dies nicht der Fall war, wird die Strafbarkeit ausgeschlossen. Unzumutbarkeit liegt v. a. dann vor, wenn ein nicht wiedergutzumachender Schaden zu besorgen ist.[45]

---

[41] Krey/Hellmann/Heinrich, BT 1, 17. Aufl. 2021, Rn. 676.

[42] Roxin/Greco, AT I, 5. Aufl. 2020, § 17 Rn. 12; Krey/Hellmann/Heinrich, BT 1, 17. Aufl. 2021, Rn. 676.

[43] Hierzu Fischer, StGB, 71. Aufl. 2024, § 113 Rn. 28; näher Welzel JZ 1952, 19, 133 und 208; Naucke FS Dreher 1977, 459; Dreher GS Schröder 1978, 359; Thiele JR 1979, 397; aus der Rspr. vgl. zuletzt OLG Hamm B. v. 30.07.2013 – III-5 Ws 269/13 – 5 RVs 67/13, III-5 Ws 269/13, III-5 RVs 67/13, 5 Ws 269/13 – 5 RVs 67/13, 5 Ws 269/13, 5 RVs 67/13 – StV 2014, 225.

[44] S. Kindhäuser/Hilgendorf, LPK, 9. Aufl. 2022, § 113 Rn. 29ff.

[45] Joecks/Jäger, StGB, 13. Aufl. 2021, § 113 Rn. 33; aus der Rspr. vgl. BGH U. v. 10.11.1967 – 4 StR 512/66 (Weigand) – BGHSt 21, 334 = NJW 1968, 710 (Anm. Kühl, Höchstrichterliche Rspr. BT, 2002, Nr. 2; Puppe, AT, 5. Aufl. 2023, § 14 Rn. 5f.; Willms JuS 1968, 292).

7. Rechtsfolgen

a) Allgemeines
§ 113 I StGB sieht Freiheitsstrafe bis zu drei Jahren (im Minimum also ein Monat, § 38 II StGB) oder Geldstrafe (zu den Grenzen s. § 40 StGB) vor.

b) § 113 IV StGB
Zum Entfallen der Schuld i. R. d. § 113 IV 2 StGB s. o.

I.Ü. entfalten die betreffenden Täterirrtümer (der Täter nimmt bei Begehung der Tat irrig an, die Diensthandlung sei nicht rechtmäßig, und er konnte den Irrtum vermeiden, § 113 IV 1 StGB; der Täter nimmt bei Begehung der Tat irrig an, die Diensthandlung sei nicht rechtmäßig, und er konnte den Irrtum nicht vermeiden und ihm war nach den ihm bekannten Umständen zuzumuten, sich mit Rechtsbehelfen gegen die vermeintlich rechtswidrige Diensthandlung zu wehren, § 113 IV 2 2. Hs. StGB) erst – fakultativ – sanktionenrechtliche Wirkung.

c) Besonders schwerer Fall, § 113 II StGB
§ 113 II 2 StGB normiert Regelbeispiele für die Annahme eines besonders schweren Falls.[46]

Seit 2011 sind in **§ 113 II Nr. 1 StGB** nicht nur Waffen, sondern auch gefährliche Werkzeuge erfasst, sodass frühere extensive Auslegungen des Waffenbegriffs[47] – jenseits der Waffen im technischen Sinn, s. o. bei § 224 I Nr. 2 StGB – überflüssig geworden sind.[48] Problematisch war insbesondere der Einsatz eines Pkw bei einer Polizeiflucht: Die Rspr. des BGH, dass ein Pkw eine Waffe sei, hat das BVerfG für mit Art. 103 II GG unvereinbar erklärt,[49] woraufhin der Gesetzgeber reagiert hat.

Im Unterschied zu § 224 I Nr. 2 StGB ist zu beachten, dass ein **Beisichführen** genügt. Seit 2017 ist die Verwendungsabsicht als subjektive Restriktion abgeschafft. Für die Auslegung des Begriffs des gefährlichen Werkzeugs ist mithin nicht auf eine erfolgte konkrete Verwendung abzustellen – einer solchen bedarf es nicht –, sondern darauf, ob eine generelle Verletzungseignung besteht.[50] Bei Beisichführen als bloßem Drohmittel freilich geht die Rspr.[51] restriktiv vor.

Zu **§ 113 II 2 Nr. 2 StGB** s. o. bei § 221 StGB.

Gewalttätigkeit ist jede physische Aggression unmittelbar gegen eine Person.[52]

Der Gefahrerfolg muss vom Quasi-Vorsatz umfasst sein.[53]

---

[46] Hierzu (zur a. F.) etwa Kindhäuser/Hilgendorf, LPK, 9. Aufl. 2022, § 113 Rn. 32ff.
[47] Hierzu Fischer, StGB, 71. Aufl. 2024, § 113 Rn. 36; aus der Rspr. vgl. OLG Celle U. v. 05.11.1996 – 3 Ss 139/95 – NStZ-RR 1997, 265.
[48] Hierzu Fahl Jura 2012, 593.
[49] Hierzu Eisele, BT I, 6. Aufl. 2021, Rn. 1544; Lanzrath/Fieberg Jura 2009, 348.
[50] Problematisch, s. Bosch, in: MK-StGB, 4. Aufl. 2021, § 113 Rn. 73.
[51] BGH B. v. 16.01.2024 – 5 StR 451/23 – NStZ-RR 2024, 111.
[52] Kindhäuser/Hilgendorf, LPK, 9. Aufl. 2022, § 113 Rn. 34.
[53] Kindhäuser/Hilgendorf, LPK, 9. Aufl. 2022, § 113 Rn. 34; aus der Rspr. vgl. zuletzt BGH U. v. 30.06.2015 – 4 StR 188/15 – NStZ-RR 2015, 321 = StV 2016, 286 (Anm. Sandherr NZV 2016, 346).

2017 wurde das Regelbeispiel des **§ 113 II 2 Nr. 3 StGB** aufgenommen. Zur gemeinschaftlichen Begehung s. o. bei § 224 I Nr. 4 StGB.

8. Sonstiges

Umstritten ist, welches **Verhältnis zu § 240 StGB** besteht und was gilt, wenn § 113 StGB nicht, jedoch § 240 StGB erfüllt ist.[54]

Eine Sperrwirkung einer Privilegierung lässt sich angesichts der angeglichenen Strafrahmen zwar nicht mehr annehmen, aber zumindest ein die Anwendbarkeit der Nötigung ausschließendes Spezialitätsverhältnis im Hinblick auf die besonderen Anforderungen an die Tathandlung bei § 113 I StGB.[55]

Eine Gegenauffassung[56] wendet § 240 StGB an, überträgt hierbei aber § 113 III und IV StGB. Zwar liegt hierin ein besserer Schutz der Amtsträger, allerdings wird so die bewusste tatbestandliche Restriktion des § 113 I StGB unterlaufen.

II. Tätlicher Angriff auf Vollstreckungsbeamte, § 114 StGB

1. Aufbau

I. Tatbestand
  1. Objektiver Tatbestand
     a) Einen Amtsträger oder Soldaten der Bundeswehr, der zur Vollstreckung von Gesetzen, Rechtsverordnungen, Urteilen, Gerichtsbeschlüssen oder Verfügungen berufen ist
     b) Bei einer Diensthandlung
     c) Tätlich angreift
  2. Subjektiver Tatbestand
II. Wenn die Diensthandlung eine Vollstreckungshandlung im Sinne des § 113 I StGB ist: Tat nicht strafbar, wenn Diensthandlung nicht rechtmäßig, §§ 114 III i. V. m. 113 III StGB
III. Rechtswidrigkeit
IV. Schuld
  1. Allgemeines
  2. Wenn die Diensthandlung eine Vollstreckungshandlung im Sinne des § 113 I StGB ist: Täter nimmt bei Begehung der Tat irrig an, die Diensthandlung sei nicht rechtmäßig, und er konnte den Irrtum nicht vermeiden und ihm war nach den ihm bekannten Umständen auch nicht zuzumuten, sich mit Rechtsbehelfen gegen die vermeintlich rechtswidrige Diensthandlung zu wehren, §§ 114 III i. V. m. 113 IV 2 1. Hs. StGB

---

[54] Hierzu Kindhäuser/Hilgendorf, LPK, 9. Aufl. 2022, § 113 Rn. 29ff.; Hillenkamp/Cornelius, 40 Probleme aus dem Strafrecht BT, 13. Aufl. 2020, 9. Problem; Fahl StV 2012, 623; Steinberg/Zetzmann/Dust JR 2013, 7; aus der Rspr. vgl. zuletzt BGH B. v. 04.04.2017 – 1 StR 70/17 (Anm. RÜ 2017, 577).
[55] Eisele, BT I, 6. Aufl. 2021, Rn. 1546b.
[56] OLG Hamm B. v. 24.04.1995 – 2 Ss 365/95 – NStZ 1995, 547.

V. Rechtsfolgen
1. Wenn die Diensthandlung eine Vollstreckungshandlung im Sinne des § 113 I StGB ist: §§ 114 III i. V. m. 113 IV StGB
   a) Täter nimmt bei Begehung der Tat irrig an, die Diensthandlung sei nicht rechtmäßig, und er konnte den Irrtum vermeiden, §§ 114 III i. V. m. 113 IV 1 StGB
   b) Täter nimmt bei Begehung der Tat irrig an, die Diensthandlung sei nicht rechtmäßig, und er konnte den Irrtum nicht vermeiden und ihm war nach den ihm bekannten Umständen zuzumuten, sich mit Rechtsbehelfen gegen die vermeintlich rechtswidrige Diensthandlung zu wehren, §§ 114 III i. V. m. 113 IV 2 2. Hs. StGB
2. Besonders schwerer Fall, §§ 114 II i. V. m. 113 II StGB

2. Allgemeines
§ 114 StGB stellt den tätlichen Angriff auf Vollstreckungsbeamte unter Strafe.[57]

> **§ 114 (Tätlicher Angriff auf Vollstreckungsbeamte)**
> (1) Wer einen Amtsträger oder Soldaten der Bundeswehr, der zur Vollstreckung von Gesetzen, Rechtsverordnungen, Urteilen, Gerichtsbeschlüssen oder Verfügungen berufen ist, bei einer Diensthandlung tätlich angreift, wird mit Freiheitsstrafe von drei Monaten bis zu fünf Jahren bestraft.
> (2) § 113 Absatz 2 gilt entsprechend.
> (3) § 113 Absatz 3 und 4 gilt entsprechend, wenn die Diensthandlung eine Vollstreckungshandlung im Sinne des § 113 Absatz 1 ist.

Mit Wirkung zum 30.05.2017 wurde der tätliche Angriff als Tathandlung aus § 113 I StGB herausgelöst und – mit erhöhter Mindeststrafe – in § 114 StGB n. F. überführt.

Der Gesetzgeber möchte auf diesem Wege das spezifische Unrecht eines Angriffs auf Repräsentanten des staatlichen Gewaltmonopols bestrafen, welches in einer Verurteilung wegen eines Körperverletzungsdelikt nicht zum Ausdruck komme.[58] Rechtspolitische und verfassungsrechtliche Kritik aus Teilen der der Wissenschaft[59] gegen einen derartigen Sondertatbestand konnte sich nicht gegen das Bestreben, insbesondere Polizisten – wenn auch ein Stück weit nur symbolisch – besseren strafrechtlichen Schutz angedeihen zu lassen.

---

[57] Hierzu Zöller KriPoZ 2017, 143; Busch/Singelnstein NStZ 2018, 510; König/Müller ZIS 2018, 96; zum Entstehungsprozess Hoffmann-Holland/Koranyi ZStW 2015, 913; Zöller ZIS 2015, 445; Kubiciel jurisPR-StrafR 5/2017 Anm. 1.
[58] BT-Drs. 18/11161, S. 8.
[59] S. Zöller ZIS 2015, 445; Zöller KriPoZ 2017, 143; tendenziell zust. demgegenüber (aber mit Detailkritik) Kubiciel jurisPR-StrafR 5/2017 Anm. 1.

A. Widerstand gegen Vollstreckungsbeamte, tätlicher Angriff auf ...

3. Tatbestand

a) Objektiver Tatbestand

aa) Einen Amtsträger oder Soldaten der Bundeswehr, der zur Vollstreckung von Gesetzen, Rechtsverordnungen, Urteilen, Gerichtsbeschlüssen oder Verfügungen berufen ist
Hierzu s. o. bei § 113 I StGB.

bb) Bei der Vornahme einer Diensthandlung
§ 114 I StGB setzt, anders als § 113 I StGB, nicht voraus, dass eine sog. Vollstreckungshandlung zum Zeitpunkt der Tathandlung stattfand, vielmehr genügt die Vornahme irgendeiner Diensthandlung, sodass hier auch Streifenfahrten, Routinekontrollen, Wachdiensten und Befragungen erfasst werden.[60]

cc) Tätlich angreift

▶ **Didaktischer Aufsatz**
- Schermaul, Der „tätliche Angriff" im Rahmen des § 114 I StGB, JuS 2019, 663

Tätlicher Angriff ist eine in feindseliger Willensrichtung unmittelbar auf den Körper eines anderen zielende Einwirkung.[61]
Eine Körperberührung ist nicht erforderlich (nicht einmal Vorsatz diesbzgl.),[62] sodass neben – ggf. nur versuchten – Körperverletzungen z. B. Freiheitsberaubungen erfasst sind.[63]

b) Subjektiver Tatbestand
Es gilt das Vorsatzerfordernis des § 15 StGB.

4. Wenn die Diensthandlung eine Vollstreckungshandlung im Sinne des § 113 I StGB ist: Tat nicht strafbar, wenn Diensthandlung nicht rechtmäßig, §§ 114 III i. V. m. 113 III StGB
Wenn die Diensthandlung eine Vollstreckungshandlung im Sinne des § 113 I StGB ist, gilt gem. § 114 III StGB § 113 III StGB entsprechend, hierzu s. o.

---

[60] Aus der Rspr. vgl. OLG Hamm B. v. 12.02.2019 – 4 RVs 9/19 (Anm. famos 6/2019; RÜ 2019, 373); LG Köln U. v. 15.05.2019 – 157 Ns 131/18 – StV 2020, 191.

[61] Kindhäuser/Hilgendorf, LPK, 9. Aufl. 2022, § 113 Rn. 14; aus der Rspr. vgl. zuletzt OLG Dresden U. v. 02.09.2022 – 1 OLG 26 Ss 40/22 – NStZ 2023, 358; OLG Karlsruhe B. v. 02.03.2023 – 1 ORs 35 Ss 57/23 (Anm. Hecker JuS 2023, 791); AG Darmstadt U. v. 10.03.2023 – 210 Ds 400 Js 45432/21 – StV-S 2024, 30; BGH B. v. 09.08.2023 – 6 StR 182/23 – NStZ 2024, 36.

[62] Aus der Rspr. vgl. zuletzt OLG Karlsruhe B. v. 02.03.2023 – 1 ORs 35 Ss 57/23 (Anm. Hecker JuS 2023, 791).

[63] Joecks/Jäger, StGB, 13. Aufl. 2021, § 113 Rn. 19.

5. Rechtswidrigkeit
Es gelten die allgemeinen Grundsätze.

6. Schuld
Hierzu s. o.

Wenn die Diensthandlung eine Vollstreckungshandlung im Sinne des § 113 I StGB ist, gilt gem. § 114 III StGB § 113 IV StGB entsprechend, s. o.

7. Rechtsfolgen
§ 114 I StGB sieht Freiheitsstrafe von drei Monaten bis zu fünf Jahren vor.

Gem. § 114 III StGB gilt ggf. § 113 IV StGB entsprechend, hierzu s. o.

Gem. §§ 114 II i. V. m. 113 II StGB gelten dieselben Regeln für den besonders schweren Fall für § 114 StGB wie für § 113 StGB, hierzu s. o.

8. Sonstiges
Wird durch den tätlichen Angriff zugleich eine Diensthandlung gestört, stehen §§ 113, 114 StGB zueinander in Tateinheit.[64]

Mit einer (auch nur versuchten) Körperverletzung besteht Tateinheit.[65]

III. Widerstand gegen oder tätlicher Angriff auf Personen, die Vollstreckungsbeamten gleichstehen, § 115 StGB

1. Allgemeines
§ 115 StGB enthält eine Erweiterung der §§ 113, 114 StGB; in den Jahren 2011[66] und 2021[67] wurde die Norm ergänzt und modifiziert.

2. § 115 I StGB
Eine Person, die die Rechte und Pflichten eines Polizeibeamten hat, ohne Amtsträger zu sein (§ 115 I StGB), ist z. B. der Jagdaufseher nach § 25 II BJagdG.[68]

---

[64] Aus der Rspr. vgl. LG Nürnberg-Fürth U. v. 06.03.2019 – 10 Ns 403 Js 70416/17 – NStZ-RR 2020, 39 (Anm. Kulhanek NStZ-RR 2020, 39); BGH B. v. 29.04.2020 – 3 StR 532/19 – NStZ-RR 2020, 243 = StV 2021, 571; BGH B. v. 11.06.2020 – 5 StR 157/20 – BGHSt 65, 36 = NJW 2020, 2347 (Anm. Bosch Jura 2020, 1144; von Heintschel-Heinegg JA 2020, 707; RÜ 2020, 582; Singelnstein NJW 2020, 2349; Kulhanek JR 2020, 624).

[65] Aus der Rspr. vgl. BGH B. v. 29.04.2020 – 3 StR 532/19 – NStZ-RR 2020, 243 = StV 2021, 571; BGH B. v. 11.06.2020 – 5 StR 157/20 – BGHSt 65, 36 = NJW 2020, 2347 (Anm. Bosch Jura 2020, 1144; von Heintschel-Heinegg JA 2020, 707; RÜ 2020, 582; Singelnstein NJW 2020, 2349; Kulhanek JR 2020, 624).

[66] Hierzu Heger/Jahn JR 2015, 508.

[67] Hierzu Engländer NStZ 2021, 385.

[68] Eisele, BT I, 6. Aufl. 2021, Rn. 1547 g.

3. § 115 II StGB
Personen, die zur Unterstützung bei einer Diensthandlung zugezogen sind (§ 115 II StGB), sind z. B. private Abschleppunternehmer oder Zeugen nach § 105 II StPO.[69]

4. § 115 III StGB

a) § 115 III 1 StGB
Durch § 115 III 1 StGB wird zunächst der geschützte Personenkreis gegenüber § 113 StGB erweitert auf „Hilfeleistende der Feuerwehr, des Katastrophenschutzes, eines ärztlichen Notdienstes oder einer Notaufnahme oder eines Rettungsdienstes".

Hilfeleistender ist in diesem Sinne bereits, wer sich zum Ort der Gefahr hinbewegt.[70]

Allerdings enthält die Norm nicht nur eine Erweiterung des Personenkreises, sondern beinhaltet ein eigenständig konzipiertes Delikt mit eigens normierter Tatsituation und Tathandlungen.

Zur Tatsituation „bei Unglücksfällen, gemeiner Gefahr oder Not" s. u. bei § 323c I StGB.

„Gewalt" ist wie bei §§ 113 I und 240 I StGB zu verstehen,[71] s. daher jeweils o. Zur Drohung mit Gewalt s. o. bei § 113 I StGB.

Zum Behindern s. u. bei § 323c II StGB.

Es genügt eine Verzögerung.[72]

b) § 115 III 2 StGB
§ 115 III 2 StGB erweitert den Anwendungsbereich des § 114 StGB auf Hilfeleistende i. S. d. § 115 III 1 StGB.

B. Amtsanmaßung, § 132 StGB

▶ **Didaktische Aufsätze**
- Geppert, Ausgewählte Delikte gegen die „öffentliche Ordnung", insbesondere Amtsanmaßung (§ 132 StGB) und Verwahrungsbruch (§ 133 StGB), Jura 1986, 590
- Vormbaum, Die Amtsanmaßung (§ 132 StGB), ZJS 2017, 433

---

[69] Eisele, BT I, 6. Aufl. 2021, Rn. 1547 g.
[70] Fischer, StGB, 71. Aufl. 2024, § 115 Rn. 8; aus der Rspr. vgl. OLG Hamm B. v. 10.03.2022 – 4 RVs 2/22 – NStZ 2022, 614 (Anm. RÜ 2022, 374; RÜ2 2022, 135).
[71] Eser, in: Schönke/Schröder, StGB, 30. Aufl. 2019, § 115 Rn. 22; aus der Rspr. vgl. OLG Hamm B. v. 10.03.2022 – 4 RVs 2/22 – NStZ 2022, 614 (Anm. RÜ 2022, 374; RÜ2 2022, 135).
[72] Fischer, StGB, 71. Aufl. 2024, § 115 Rn. 10; OLG Hamm B. v. 10.03.2022 – 4 RVs 2/22 – NStZ 2022, 614 (Anm. RÜ 2022, 374; RÜ2 2022, 135).

I. Aufbau

I. Tatbestand
  1. Objektiver Tatbestand
     a) Sich mit der Ausübung eines öffentlichen Amtes befaßt oder eine Handlung vornimmt, welche nur kraft eines öffentlichen Amtes vorgenommen werden darf
        aa) Sich mit der Ausübung eines öffentlichen Amtes befaßt, § 132 1. Var. StGB
        bb) Handlung vornimmt, welche nur kraft eines öffentlichen Amtes vorgenommen werden darf, § 132 2. Var. StGB
     b) Unbefugt
  2. Subjektiver Tatbestand
II. Rechtswidrigkeit
III. Schuld

II. Allgemeines

§ 132 StGB stellt die Amtsanmaßung unter Strafe.

> **§ 132 StGB (Amtsanmaßung)**
> Wer unbefugt sich mit der Ausübung eines öffentlichen Amtes befaßt oder eine Handlung vornimmt, welche nur kraft eines öffentlichen Amtes vorgenommen werden darf, wird mit Freiheitsstrafe bis zu zwei Jahren oder mit Geldstrafe bestraft.

Die Norm schützt die Autorität des Staates im Hinblick auf die Echtheit seiner Hoheitsakte[73] – nach h. M.[74] als abstraktes Gefährdungsdelikt in Form eines schlichten Tätigkeitsdelikts.

III. Tatbestand

1. Objektiver Tatbestand

Der objektive Tatbestand des § 132 StGB führt **zwei Varianten** auf, von denen die erste allerdings lediglich einen Sonderfall der zweiten bildet, da nämlich in beiden

---

[73] Kindhäuser/Hilgendorf, LPK, 9. Aufl. 2022, § 132 Rn. 1; aus der Rspr. vgl. zuletzt BGH B. v. 29.03.2022 – 2 StR 426/21 – NStZ 2022, 540 = StV 2023, 529 (Anm. Nicolai NStZ 2022, 738).

[74] Eisele, BT I, 6. Aufl. 2021, Rn. 1548; aus der Rspr. vgl. BGH B. v. 14.04.2020 – 5 StR 37/20 – BGHSt 64, 314 = NJW 2020, 2201 = NStZ 2021, 38 = StV 2021, 486 (Anm. Bosch Jura 2020, 994; LL 2020, 548; RÜ 2020, 585; Mitsch NStZ 2021, 39; Bock ZIS 2021, 193).

Fällen der äußerliche Anschein einer Amtstätigkeit entstehen muss.[75] Ohne Belang ist es, ob im Einzelfall der Betroffene die fehlende Befugnis des Täters erkennt oder auf die vermeintlich amtliche Maßnahme reagiert.[76] Allerdings liegt der Tatbestand nicht vor, wenn die Handlung nach dem Verständnis eines unbefangenen Beobachters offenkundig so weit von normaler staatlicher Tätigkeit abweicht, dass der Eindruck staatlichen Handelns nicht erweckt werden kann.[77]

Mit der **Ausübung eines öffentlichen Amtes** i. S. d. **1. Var. befasst** sich, wer eine Handlung vornimmt, die nach außen als Amtshandlung erscheint, und dabei ausdrücklich oder stillschweigend als Inhaber eines Amtes auftritt.[78]

Öffentliches Amt bezeichnet eine Stellung, kraft derer jemand berufen ist, im unmittelbaren oder mittelbaren Dienst des Bundes, eines Landes, einer Kommune oder einer sonstigen Körperschaft oder Anstalt des öffentlichen Rechts öffentlich-rechtlich tätig zu sein.[79] Es muss sich um ein inländisches Amt handeln.[80] Ob das Amt tatsächlich existiert ist irrelevant.[81]

Die **2. Var.** setzt voraus, dass der Täter eine Handlung vornimmt, welche nur kraft eines öffentlichen Amtes vorgenommen werden darf, wobei der Anschein einer hoheitlichen Handlung erweckt werden muss.[82]

Beispiel 135

KG U. v. 09.01.2013 – (4) 121 Ss 247/12 (304/12) – NStZ-RR 2013, 172 (Anm. Jahn JuS 2013, 53):
B befuhr am 09.11.2011 mit dem VW-Bus die BAB A innerstädtisch in C und setzte dabei ein im Frontbereich des Fahrzeuges installiertes Blaulicht in Gang, um sich freie Fahrt zu verschaffen, obwohl ihm klar war, dass dies nur in hoheitlicher Funktion erfolgen konnte. ◄

Das blaue Blinklicht signalisiert die Inanspruchnahme von Sonderrechten im Verkehr (§ 35 I, Va StVO), welche nur z. B. Bundeswehr, Polizei, Feuerwehr und Rettungsdienst vorbehalten sind.

---

[75] H. M., Sternberg-Lieben, in: Schönke/Schröder, StGB, 30. Aufl. 2019, § 132 Rn. 2; näher Küper JR 1967, 451; aus der Rspr. vgl. OLG Stuttgart B. v. 25.04.2006 – 4 Ws 98/06 – NStZ 2007, 527; KG B. v. 19.01.2007 – (2/5) 1 Ss 111/06 (51/06) – NJW 2007, 1989.
[76] Eisele, BT I, 6. Aufl. 2021, Rn. 1556; aus der Rspr. vgl. zuletzt BGH B. v. 29.03.2022 – 2 StR 426/21 – NStZ 2022, 540 = StV 2023, 529 (Anm. Nicolai NStZ 2022, 738).
[77] Sternberg-Lieben, in: Schönke/Schröder, StGB, 30. Aufl. 2019, § 132 Rn. 8; aus der Rspr. vgl. zuletzt BGH B. v. 29.03.2022 – 2 StR 426/21 – NStZ 2022, 540 = StV 2023, 529 (Anm. Nicolai NStZ 2022, 738).
[78] Eisele, BT I, 6. Aufl. 2021, Rn. 1551; aus der Rspr. vgl. zuletzt BGH B. v. 14.04.2020 – 5 StR 37/20 – BGHSt 64, 314 = NJW 2020, 2201 = NStZ 2021, 38 = StV 2021, 486 (Anm. Bosch Jura 2020, 994; LL 2020, 548; RÜ 2020, 585; Mitsch NStZ 2021, 39; Bock ZIS 2021, 193).
[79] Hohmann, in: MK-StGB, 4. Aufl. 2021, § 132 Rn. 8.
[80] Hohmann, in: MK-StGB, 4. Aufl. 2021, § 132 Rn. 9.
[81] Hohmann, in: MK-StGB, 4. Aufl. 2021, § 132 Rn. 14.
[82] Fischer, StGB, 71. Aufl. 2024, § 132 Rn. 10.

Auch ein Amtsträger kann eine solche Amtsanmaßung begehen, wenn eine bewusste Überschreitung und ein Übergreifen in den Kreis eines anderen Amts vorliegen.[83]

Das bloße Ausgeben als Amtsträger genügt für § 132 I StGB nicht.[84]

Beispiel 136

OLG Koblenz B. v. 09.03.1989 – 1 Ss 81/89 – NStZ 1989, 268 (Anm. Krüger NStZ 1989, 477; Geppert JK 1990 StGB § 132/1):

B lebte seit geraumer Zeit in zu Feindseligkeiten ausgearteten nachbarschaftlichen Differenzen zu der Familie Z. Im August 1987 rief er dort an und äußerte sich gegenüber der Tochter Tanja Z telefonisch wie folgt: „Hier ist die Kriminalpolizei. Einige Leute aus der Nachbarschaft haben hier angerufen, dass Ihre Hunde den ganzen Tag bellen würden, die Hunde müssen an die Kette gelegt werden." Einige Tage später, am 16.09.1987, meldete sich B erneut telefonisch bei der Familie Z. In diesem Fall erklärte er: „Hier ist die Kriminalpolizei. Machen Sie Ihr Radio leiser, es haben sich schon mehrere Leute beschwert." ◄

Nach polizeirechtlichen Maßstäben ist der Inhalt der Anrufe in beiden Fällen keine förmliche Maßnahme, die eine Regelungswirkung aufweist. Hinweise, Ratschläge und Bitten können nicht nur kraft eines bestimmten Amtes vorgenommen werden, sondern von jedermann. Dass B sich als Beamter der Kriminalpolizei ausgibt, ist noch keine Amtsanmaßung.

Das Merkmal „**unbefugt**" ist Tatbestandsmerkmal, da die befugte Amtsausübung kein Unrecht sein kann.[85]

2. Subjektiver Tatbestand

Gem. § 15 StGB ist Vorsatz erforderlich.

IV. Rechtswidrigkeit

Es gelten die allgemeinen Grundsätze.

---

[83] Joecks/Jäger, StGB, 13. Aufl. 2021, § 132 Rn. 7; aus der Rspr. vgl. zuletzt BGH U. v. 22.07.2015 – 2 StR 389/13 – NJW 2016, 419.

[84] Eisele, BT I, 6. Aufl. 2021, Rn. 1553; aus der Rspr. vgl. BGH U. v. 03.02.1993 – 2 StR 553/92; BGH U. v. 09.12.1993 – 4 StR 416/93 – BGHSt 40, 8 = NJW 1994, 1228 = NStZ 1994, 179 = StV 1994, 243 (Anm. Geppert JK 1994 StGB § 132/2; Geppert JK 1994 StGB § 246/8; Weiß JR 1995, 29; Brocker wistra 1995, 292); OLG Karlsruhe B. v. 03.04.2002 – 1 Ss 13/01 – NStZ-RR 2002, 301; KG B. V. 19.01.2007 – (2/5) 1 SS 111/06 (51/06) – NJW 2007, 1989; BGH B. v. 15.03.2011 – 4 StR 40/11 – BGHSt 56, 196 = NJW 2011, 1979 = NStZ-RR 2011, 335 (Anm. Jäger JA 2011, 632; Hecker JuS 2011, 849; LL 2011, 892; RA 2011, 476; Satzger JK 2012 StGB § 250 II Nr. 1/11; Theile ZJS 2012, 138).

[85] S. nur Eisele, BT I, 6. Aufl. 2021, Rn. 1555; aus der Rspr. vgl. BGH U. v. 09.12.1993 – 4 StR 416/93 – BGHSt 40, 8 = NJW 1994, 1228 = NStZ 1994, 179 = StV 1994, 243 (Anm. Geppert JK 1994 StGB § 132/2; Geppert JK 1994 StGB § 246/8; Weiß JR 1995, 29; Brocker wistra 1995, 292).

V. Schuld

Es gelten die allgemeinen Grundsätze.

VI. Rechtsfolgen

§ 132 StGB sieht Freiheitsstrafe bis zu zwei Jahren (im Minimum also ein Monat, § 38 II StGB) oder Geldstrafe (zu den Grenzen s. § 40 StGB) vor.

C. Mißbrauch von Titeln, Berufsbezeichnungen und Abzeichen, § 132a StGB

I. Aufbau

I. Tatbestand
    1. Objektiver Tatbestand
        a) § 132a I Nr. 1–4, II, III StGB
        b) Führt bzw. trägt
        c) Unbefugt
    2. Subjektiver Tatbestand
II. Rechtswidrigkeit
III. Schuld

II. Allgemeines

§ 132a StGB stellt den Missbrauch (in der Normüberschrift noch in alter Rechtschreibung) von Titeln, Berufsbezeichnungen und Abzeichen unter Strafe.[86]

> **§ 132a I-III StGB (Mißbrauch von Titeln, Berufsbezeichnungen und Abzeichen)**
> (1) Wer unbefugt
>   1. inländische oder ausländische Amts- oder Dienstbezeichnungen, akademische Grade, Titel oder öffentliche Würden führt,
>   2. die Berufsbezeichnung Arzt, Zahnarzt, Psychologischer Psychotherapeut, Kinder- und Jugendlichenpsychotherapeut, Psychotherapeut, Tierarzt, Apotheker, Rechtsanwalt, Patentanwalt, Wirtschaftsprüfer, vereidigter Buchprüfer, Steuerberater oder Steuerbevollmächtigter führt,
>   3. die Bezeichnung öffentlich bestellter Sachverständiger führt oder
>   4. inländische oder ausländische Uniformen, Amtskleidungen oder Amtsabzeichen trägt,

---

[86] Zu § 132a StGB Müller FS Müller-Dietz 1998, 45; aus der Rspr. vgl. zuletzt BGH U. v. 01.06.2023 – 4 StR 225/22 (Anm. Jahn JuS 2023, 981).

> wird mit Freiheitsstrafe bis zu einem Jahr oder mit Geldstrafe bestraft.
> (2) Den in Absatz 1 genannten Bezeichnungen, akademischen Graden, Titeln, Würden, Uniformen, Amtskleidungen oder Amtsabzeichen stehen solche gleich, die ihnen zum Verwechseln ähnlich sind.
> (3) Die Absätze 1 und 2 gelten auch für Amtsbezeichnungen, Titel, Würden, Amtskleidungen und Amtsabzeichen der Kirchen und anderen Religionsgesellschaften des öffentlichen Rechts.

Die Norm schützt die Allgemeinheit vor Personen, die sich durch den unbefugten Gebrauch falscher Bezeichnungen den Schein besonderer Funktionen, Fähigkeiten und Vertrauenswürdigkeit geben („Hochstapler").[87]

III. Tatbestand

1. Objektiver Tatbestand

Welche genauen Bezeichnungen geschützt sind, kann problematisch sein.[88]

§ 132a II StGB enthält eine Gleichstellungsklausel für zum Verwechseln ähnliche Bezeichnungen etc., § 132a III StGB für religiöse Bezeichnungen etc.

Tathandlung der § 132a I Nr. 1–3 StGB ist das Führen. Dies ist die Inanspruchnahme der Bezeichnung etc. durch aktives Verhalten im Umgang mit anderen.[89] Die Möglichkeit der Wahrnehmung genügt, Kenntnisnahme ist nicht erforderlich.[90] Eine bloße Duldung, falsch bezeichnet zu werden, genügt nicht.[91] Zu beachten ist eine Bagatellschwelle: Erforderlich ist, dass das Führen nach Umfang und Intensität die Interessen der Allgemeinheit berühren muss.[92]

2. Subjektiver Tatbestand

Gem. § 15 StGB ist Vorsatz erforderlich.

IV. Rechtswidrigkeit

Es gelten die allgemeinen Grundsätze.

V. Schuld

Es gelten die allgemeinen Grundsätze.

---

[87] Kindhäuser/Hilgendorf, LPK, 9. Aufl. 2022, § 132a Rn. 1.
[88] S. nur Fischer, StGB, 71. Aufl. 2024, § 132a Rn. 4ff.
[89] Kindhäuser/Hilgendorf, LPK, 9. Aufl. 2022, § 132a Rn. 2.
[90] Hohmann, in: MK-StGB, 4. Aufl. 2021, § 132a Rn. 31.
[91] Eisele, BT I, 6. Aufl. 2021, Rn. 1569.
[92] Kindhäuser/Hilgendorf, LPK, 9. Aufl. 2022, § 132a Rn. 2.

VI. Rechtsfolgen

§ 132a StGB sieht Freiheitsstrafe bis zu einem Jahr (im Minimum also ein Monat, § 38 II StGB) oder Geldstrafe (zu den Grenzen s. § 40 StGB) vor.

D. Verwahrungsbruch, § 133 StGB

▶ Didaktischer Aufsatz
- Geppert, Ausgewählte Delikte gegen die „öffentliche Ordnung", insbesondere Amtsanmaßung (§ 132 StGB) und Verwahrungsbruch (§ 133 StGB), Jura 1986, 590

I. Allgemeines

§ 133 StGB stellt den Verwahrungsbruch unter Strafe.

> **§ 133 StGB (Verwahrungsbruch)**
> (1) Wer Schriftstücke oder andere bewegliche Sachen, die sich in dienstlicher Verwahrung befinden oder ihm oder einem anderen dienstlich in Verwahrung gegeben worden sind, zerstört, beschädigt, unbrauchbar macht oder der dienstlichen Verfügung entzieht, wird mit Freiheitsstrafe bis zu zwei Jahren oder mit Geldstrafe bestraft.
> (2) Dasselbe gilt für Schriftstücke oder andere bewegliche Sachen, die sich in amtlicher Verwahrung einer Kirche oder anderen Religionsgesellschaft des öffentlichen Rechts befinden oder von dieser dem Täter oder einem anderen amtlich in Verwahrung gegeben worden sind.
> (3) Wer die Tat an einer Sache begeht, die ihm als Amtsträger oder für den öffentlichen Dienst besonders Verpflichteten anvertraut worden oder zugänglich geworden ist, wird mit Freiheitsstrafe bis zu fünf Jahren oder mit Geldstrafe bestraft.

Die Norm schützt die staatliche Herrschaftsgewalt über im dienstlichen Verwahrungsbesitz befindliche Gegenstände.[93]

---

[93] Fischer, StGB, 71. Aufl. 2024, § 133 Rn. 2; aus der Rspr. vgl. OLG Köln U. v. 21.08.1979 – 1 Ss 410/79 – NJW 1980, 898 (Anm. Otto JuS 1980, 490; Rudolphi JR 1980, 383); OLG Düsseldorf B. v. 05.09.1980 – 1 Ws 419/80 – NStZ 1981, 25; BGH U. v. 25.08.1988 – 4 StR 165/88 – BGHSt 35, 340 = NJW 1989, 535 = NStZ 1988, 552 (Anm. Brammsen Jura 1989, 81); BGH U. v. 29.10.1992 – 4 StR 353/92 – BGHSt 38, 381 = NJW 1993, 605 = NStZ 1993, 540 (Anm. Kühl, Höchstrichterliche Rspr. BT, 2002, Nr. 90; Brammsen NStZ 1993, 542; Seebode JR 1994, 1); BGH B. v. 07.03.1995 – 5 StR 386/94 – NStZ 1995, 442.

II. Grunddelikt, § 133 I, II StGB

1. Aufbau
I. Tatbestand
   1. Objektiver Tatbestand
      a) Schriftstücke oder andere bewegliche Sachen
      b) Die sich in dienstlicher Verwahrung befinden oder ihm oder einem anderen dienstlich in Verwahrung gegeben worden sind (§ 133 I StGB) bzw. die sich in amtlicher Verwahrung einer Kirche oder anderen Religionsgesellschaft des öffentlichen Rechts befinden oder von dieser dem Täter oder einem anderen amtlich in Verwahrung gegeben worden sind (§ 133 II StGB)
      c) Zerstört, beschädigt, unbrauchbar macht oder der dienstlichen Verfügung entzieht
   2. Subjektiver Tatbestand
II. Rechtswidrigkeit
III. Schuld

2. Tatbestand

a) Objektiver Tatbestand

aa) Schriftstücke oder andere bewegliche Sachen
Taugliches **Tatobjekt** sind Schriftstücke oder andere bewegliche Sachen.
   Wer das Eigentum am Tatobjekt hat, ist irrelevant.[94]

bb) Die sich in dienstlicher Verwahrung befinden oder ihm oder einem anderen dienstlich in Verwahrung gegeben worden sind (§ 133 I StGB) bzw. die sich in amtlicher Verwahrung einer Kirche oder anderen Religionsgesellschaft des öffentlichen Rechts befinden oder von dieser dem Täter oder einem anderen amtlich in Verwahrung gegeben worden sind (§ 133 II StGB)
Eine in **dienstlicher Verwahrung befindliche** Sache liegt vor, wenn eine öffentliche Einrichtung eine Sache in Gewahrsam genommen hat, um diese für der Aufgabe der Behörde dienende Zwecke zu erhalten und vor unbefugtem Zugriff zu bewahren.[95]
   Der Aufbewahrungsort ist irrelevant.[96]

---

[94] Kindhäuser/Hilgendorf, LPK, 9. Aufl. 2022, § 133 Rn. 3; aus der Rspr. vgl. zuletzt LG Nürnberg-Fürth B. v. 06.11.2018 – 11 Ns 412 Js 45500/15 (Anm. Greier jurisPR-StrafR 7/2019 Anm. 2).
[95] Kindhäuser/Hilgendorf, LPK, 9. Aufl. 2022, § 133 Rn. 4; aus der Rspr. vgl. zuletzt BGH U. v. 27.01.2016 – 5 StR 328/15 – NStZ 2016, 351 (Anm. RÜ 2016, 303).
[96] Fischer, StGB, 71. Aufl. 2024, § 133 Rn. 4.

D. Verwahrungsbruch, § 133 StGB

> **Beispiel 137**
>
> **BayObLG B. v. 30.12.1991 – RReg. 5 St 170/91 – NJW 1992, 1399 (Anm. Geppert JK 1993 StGB § 133/2):**
> B parkte sein Fahrzeug in der Fußgängerzone. Von dort wurde es auf polizeiliche Anordnung auf das Betriebsgelände eines privaten Abschleppunternehmers abgeschleppt. Von dort holte sich B das Fahrzeug zurück. ◄

Der private Abschleppunternehmer ist Verwaltungshelfer, der für die Polizei tätig wird. Dass das Fahrzeug auf sein Betriebsgelände verbracht wurde, ändert nichts am Gewahrsam einer öffentlichen Einrichtung.

Weitere Beispiele[97] sind das Beiseiteschaffen von Polizeiakten, Blutproben[98] oder gepfändeten Gegenständen.

Zu beachten ist, dass auch die Leistungsverwaltung erfasst wird, z. B. im Bestattungswesen.[99]

> **Beispiel 138**
>
> **OLG Hamburg B. v. 19.12.2011 – 2 Ws 123/11 (Zahngold) – NJW 2012, 1601 (Anm. RA 2012, 361; Stoffers NJW 2012, 1607; Satzger JK 2013 StGB § 242/26):**
> B arbeitete als Angestellter der Hamburger Friedhöfe – Anstalt öffentlichen Rechts – in den Einäscherungsanlagen des Krematoriums. Laut Verfügung der Geschäftsführung wird „die Wegnahme von Leichen oder Leichenteilen aus dem Eigentum der Hamburger Friedhöfe AöR als Diebstahl angezeigt". Dennoch entleerte B einen Restauffangbehälter im Krematorium auf einem Tisch, suchte Zahngold aus der Asche des Verstorbenen heraus und steckte dies ein, um es später zu verkaufen. ◄

Da es sich bei den Hamburger Friedhöfen um eine Anstalt öffentlichen Rechts handelt, hat eine öffentliche Einrichtung Gewahrsam an den Leichen mitsamt Zahngold, um beides bis zur Einäscherung zu erhalten und vor unbefugtem Zugriff zu bewahren.

---

[97] Zur Kasuistik s. nur Fischer, StGB, 71. Aufl. 2024, § 133 Rn. 6f.

[98] BGH U. v. 10.11.1953 – 5 StR 445/53 (Blutprobenaustausch) – BGHSt 5, 76 = NJW 1954, 281 (Anm. Puppe, AT, 5. Aufl. 2023, § 27 Rn. 29ff.); OLG Oldenburg U. v. 27.11.1954 – Ss 383/54 – NJW 1955, 761.

[99] Eisele, BT I, 6. Aufl. 2021, Rn. 1578; zu Zahngold s. schon Dotterweich JR 1953, 174; aus der Rspr. vgl. OLG Bamberg U. v. 29.01.2008 – 2 Ss 125/07 (Zahngold) – NJW 2008, 1543 (Anm. Kudlich JA 2008, 391; Jahn JuS 2008, 457; LL 2008, 675; RÜ 2008, 308; RA 2008, 331; famos 7/2008); OLG Nürnberg B. v. 20.11.2009 – 1 St OLG Ss 163/09 (Zahngold) – NJW 2010, 2071 (Anm. Kudlich JA 2010, 226; Kudlich/Christensen JR 2011, 146); BGH B. v. 30.06.2015 – 5 StR 71/15 (Zahngold) – BGHSt 60, 302 = NJW 2015, 2901 = NStZ 2016, 92 (Anm. Bosch Jura 2015, 1393; Kudlich JA 2015, 872; LL 2015, 909; RÜ 2015, 581; Groß jurisPR-StrafR 17/2015 Anm. 4; Becker/Martenson JZ 2016, 779; Stübinger ZIS 2016, 373).

Irrelevant ist, ob die Verwahrung rechtmäßig oder rechtswidrig war.[100]
Nicht erfasst sind z. B. Bücher in Beständen staatlicher Bibliotheken oder Gegenstände, die zum Verbrauch in der Behörde bestimmt sind (sog. schlichtamtlicher Gewahrsam).[101]

Einem anderen dienstlich in Verwahrung **gegeben** ist die Sache, wenn einer Privatperson die dienstliche Herrschaftsgewalt durch hoheitliche Anordnung übertragen wird.[102]

Dies liegt z. B. bei dem Verteidiger nach § 147 StPO übergebenen Verfahrensakten vor.[103]

Beispiel 139

BGH B. v. 15.07.2010 – 4 StR 164/10 – NStZ-RR 2011, 276 (Anm. RA 2011, 123):

Rechtsanwalt B sandte die Ermittlungsakten der StA Bochum in einem gegen einen Mandanten geführten Verfahren, die B als Verteidiger zur Akteneinsicht übersandt wurden, nicht mehr an die Behörde zurück. Hierzu hatte sich B entschlossen, weil ihm die unbeabsichtigte Versäumung der Rückgabefrist unangenehm war. ◄

Mit der Überlassung der Verfahrensakten wurde dem Verteidiger die dienstliche Herrschaftsgewalt durch eine hoheitliche Anordnung übertragen.

cc) Zerstört, beschädigt, unbrauchbar macht oder der dienstlichen Verfügung entzieht

Die **Tathandlungen** entsprechen z. T. (Beschädigen, Zerstören) denen der Sachbeschädigung gem. § 303 I StGB.

Beschädigen ist die unmittelbare Einwirkung auf die Sache, welche die körperliche Unversehrtheit (Substanz) nicht unerheblich verletzt oder die bestimmungsgemäße Brauchbarkeit nicht nur unwesentlich beeinträchtigt.[104]

Zerstören bedeutet die Vernichtung der Substanz oder eine so wesentliche Beschädigung, dass die Sache für ihren Zweck völlig unbrauchbar wird.[105]

Unbrauchbarmachen ist das Ausschalten der Wirkungsweise der Sache.[106]

---

[100] Eisele, BT I, 6. Aufl. 2021, Rn. 1579; Kindhäuser/Hilgendorf, LPK, 9. Aufl. 2022, § 133 Rn. 5.
[101] H. M., s. Hohmann, in: MK-StGB, 4. Aufl. 2021, § 133 Rn. 8; aus der Rspr. vgl. zuletzt BGH U. v. 27.01.2016 – 5 StR 328/15 – NStZ 2016, 351 (Anm. RÜ 2016, 303).
[102] Eisele, BT I, 6. Aufl. 2021, Rn. 1580.
[103] Fischer, StGB, 71. Aufl. 2024, § 133 Rn. 6; aus der Rspr. vgl. BGH B. v. 27.07.2012 – 1 StR 238/12 – NStZ-RR 2012, 343 (Anm. Zieschang HRRS 2013, 49).
[104] Eisele, BT II, 6. Aufl. 2021, Rn. 459; Fischer, StGB, 71. Aufl. 2024, § 303 Rn. 6ff.; Hoyer, in: SK-StGB, 10. Aufl. 2023, § 303 Rn. 6ff.
[105] Eisele, BT II, 6. Aufl. 2021, Rn. 467; Fischer, StGB, 71. Aufl. 2024, § 303 Rn. 14; Hoyer, in: SK-StGB, 10. Aufl. 2023, § 303 Rn. 6ff.
[106] Eisele, BT I, 6. Aufl. 2021, Rn. 1582.

Ein **Entziehen** liegt vor, wenn dem Berechtigten die Möglichkeit des Zugriffs auf die Sache dauernd oder vorübergehend genommen oder erheblich erschwert wird.[107] Eine Ortsveränderung ist nicht erforderlich.[108]

Die Handlung muss gegen den Willen des Berechtigten geschehen, ein Einverständnis wirkt tatbestandsausschließend.[109]

b) Subjektiver Tatbestand
Gem. § 15 StGB ist Vorsatz erforderlich.

3. Rechtswidrigkeit
Es gelten die allgemeinen Grundsätze.

4. Schuld
Es gelten die allgemeinen Grundsätze.

5. Rechtsfolgen
§ 133 I, II StGB sieht Freiheitsstrafe bis zu zwei Jahren (im Minimum also ein Monat, § 38 II StGB) oder Geldstrafe (zu den Grenzen s. § 40 StGB) vor.

III. Qualifikation, § 133 III StGB

1. Aufbau
  I. Tatbestand
    1. Objektiver Tatbestand
      d) Die Tat begeht
      e) An einer Sache, die ihm als Amtsträger oder für den öffentlichen Dienst besonders Verpflichteten anvertraut worden oder zugänglich geworden ist
    2. Subjektiver Tatbestand
  II. Rechtswidrigkeit
  III. Schuld

2. Erläuterungen
§ 133 III StGB enthält eine Qualifikation.[110]

---

[107] Kindhäuser/Hilgendorf, LPK, 9. Aufl. 2022, § 133 Rn. 12; aus der Rspr. vgl. BGH U. v. 25.08.1988 – 4 StR 165/88 – BGHSt 35, 340 = NJW 1989, 535 = NStZ 1988, 552 (Anm. Brammsen Jura 1989, 81).

[108] Hohmann, in: MK-StGB, 4. Aufl. 2021, § 133 Rn. 18.

[109] Eisele, BT I, 6. Aufl. 2021, Rn. 1583; aus der Rspr. vgl. RG U. v. 07.06.1921 – 429/21 – RGSt 56, 118; OLG Düsseldorf B. v. 05.09.1980 – 1 Ws 419/80 – NStZ 1981, 25; BGH U. v. 24.04.1985 – 3 StR 66/85 – BGHSt 33, 190 = NJW 1985, 2654 = NStZ 1985, 497 (Anm. Geppert JK 1985 StGB § 133/1; Marcelli NStZ 1985, 500).

[110] Hierzu Eisele, BT I, 6. Aufl. 2021, Rn. 1585.

Zum Amtsträger s. § 11 I Nr. 2 StGB, zum für den öffentlichen Dienst besonders Verpflichteten s. § 11 I Nr. 4 StGB.

Anvertraut ist die Sache dem Täter, wenn der Amtsträger aufgrund dienstlicher Verfügungsmacht die Gewalt über die Sache hat und für ihre Erhaltung und Gebrauchsfähigkeit zu sorgen hat.[111]

Zugänglich geworden ist die Sache, wenn der Amtsträger gerade aufgrund seines Amts die Möglichkeit besitzt, auf die Sache zuzugreifen.[112]

§ 133 III StGB sieht Freiheitsstrafe bis zu fünf Jahren (im Minimum also ein Monat, § 38 II StGB) oder Geldstrafe (zu den Grenzen s. § 40 StGB) vor.

E. Verstrickungsbruch; Siegelbruch, § 136 StGB

▶ **Didaktischer Aufsatz**
- Geppert, Verstrickungsbruch (§ 136 Abs. 1 StGB) und Siegelbruch (§ 136 Abs. 2 StGB), Jura 1987, 35

I. Aufbau

I. Tatbestand
  1. Objektiver Tatbestand
     a) § 136 I StGB: Verstrickungsbruch
        aa) Sache, die gepfändet oder sonst dienstlich in Beschlag genommen ist
        bb) Zerstört, beschädigt, unbrauchbar macht oder in anderer Weise ganz oder zum Teil der Verstrickung entzieht
     b) § 136 II StGB: Siegelbruch
        aa) Dienstliches Siegel, das angelegt ist, um Sachen in Beschlag zu nehmen, dienstlich zu verschließen oder zu bezeichnen
        bb) Beschädigt, ablöst oder unkenntlich macht, den durch ein solches Siegel bewirkten Verschluß ganz oder zum Teil unwirksam macht
  2. Subjektiver Tatbestand
II. Tat nicht strafbar, wenn die Pfändung, die Beschlagnahme oder die Anlegung des Siegels nicht durch eine rechtmäßige Diensthandlung vorgenommen ist, § 136 III StGB
III. Rechtswidrigkeit

---

[111] Kindhäuser/Hilgendorf, LPK, 9. Aufl. 2022, § 133 Rn. 16; aus der Rspr. vgl. zuletzt BGH U. v. 27.01.2016 – 5 StR 328/15 – NStZ 2016, 351 (Anm. RÜ 2016, 303).
[112] Eisele, BT I, 6. Aufl. 2021, Rn. 1585; aus der Rspr. vgl. RG U. v. 19.12.1878 – C. 5/87 – RGSt 17, 105; RG U. v. 12.07.1943 – 3 D 183/43 – RGSt 77, 149.

IV. Schuld
  1. Allgemeines
  2. Täter nimmt bei Begehung der Tat irrig an, die Pfändung, die Beschlagnahme oder die Anlegung des Siegels sei nicht durch eine rechtmäßige Diensthandlung vorgenommen, und er konnte den Irrtum nicht vermeiden und ihm war nach den ihm bekannten Umständen auch nicht zuzumuten, sich mit Rechtsbehelfen gegen die vermeintlich rechtswidrige Diensthandlung zu wehren, §§ 136 IV i. V. m. 113 IV 2 1. Hs. StGB
V. Rechtsfolgen: §§ 136 IV i. V. m. 113 IV StGB
  1. Täter nimmt bei Begehung der Tat irrig an, die Pfändung, die Beschlagnahme oder die Anlegung des Siegels sei nicht durch eine rechtmäßige Diensthandlung vorgenommen, und er konnte den Irrtum vermeiden, § 136 IV i. V. m. § 113 IV 1 StGB
  2. Täter nimmt bei Begehung der Tat irrig an, die Pfändung, die Beschlagnahme oder die Anlegung des Siegels sei nicht durch eine rechtmäßige Diensthandlung vorgenommen, und er konnte den Irrtum nicht vermeiden und ihm war nach den ihm bekannten Umständen zuzumuten, sich mit Rechtsbehelfen gegen die vermeintlich rechtswidrige Diensthandlung zu wehren, §§ 136 IV i. V. m. 113 IV 2 2. Hs. StGB

II. Allgemeines

§ 136 StGB stellt den Verstrickungsbruch sowie den Siegelbruch unter Strafe.

> **§ 136 StGB (Verstrickungsbruch, Siegelbruch)**
> (1) Wer eine Sache, die gepfändet oder sonst dienstlich in Beschlag genommen ist, zerstört, beschädigt, unbrauchbar macht oder in anderer Weise ganz oder zum Teil der Verstrickung entzieht, wird mit Freiheitsstrafe bis zu einem Jahr oder mit Geldstrafe bestraft.
> (2) Ebenso wird bestraft, wer ein dienstliches Siegel beschädigt, ablöst oder unkenntlich macht, das angelegt ist, um Sachen in Beschlag zu nehmen, dienstlich zu verschließen oder zu bezeichnen, oder wer den durch ein solches Siegel bewirkten Verschluß ganz oder zum Teil unwirksam macht.
> (3) Die Tat ist nicht nach den Absätzen 1 und 2 strafbar, wenn die Pfändung, die Beschlagnahme oder die Anlegung des Siegels nicht durch eine rechtmäßige Diensthandlung vorgenommen ist. Dies gilt auch dann, wenn der Täter irrig annimmt, die Diensthandlung sei rechtmäßig.
> (4) § 113 Abs. 4 gilt sinngemäß.

Die Norm schützt die durch öffentlich-rechtliche sog. Verstrickung begründete staatliche Herrschaftsgewalt über Sachen (Abs. 1) bzw. die durch das Siegel nach außen dokumentierte staatliche Autorität und amtliche Herrschaft (Abs. 2).[113]

III. Tatbestand

1. Objektiver Tatbestand

Eine Sache ist **gepfändet**, wenn sie zwangsweise zur Sicherung oder Verwirklichung eines vermögensrechtlichen Anspruchs sichergestellt wird.[114] Erfasst sind insbesondere Fälle der zivilprozessualen Pfändung nach den §§ 704ff., 724ff., 750 ZPO.[115]

Beispiel 140

OLG Hamm U. v. 16.07.1980 – 6 Ss 40/80 – NJW 1980, 2537 (Anm. Geppert JK 1981 StGB § 136/1; Ostendorf GA 1982, 333):

B betrieb bis 1975 einen Großhandel mit Leuchten und Kleinmöbeln. Seine Ehefrau war alleinige Gesellschafterin der Firma W, die Kleinmöbel herstellte und sowohl in N. als auch in E. Lagerräume besaß. Auf Antrag einer Bank, die gegen den B umfangreiche Forderungen hatte, erließ das AG am 29.01.1976 gegen B einen Arrestbefehl. Aufgrund dieses Arrestbefehls pfändete der Gerichtsvollzieher am 03.02.1976 Kleinmöbel im Verkaufswert von 58.000 DM. Die Sachen befanden sich in Räumen der Firma W in N. Als sich im Mai/Juni 1976 die Möglichkeit ergab, die Lagerräume in N. zu vermieten, ließ B im Einverständnis mit seiner Ehefrau die gepfändeten Gegenstände in das Lager der Firma W in E. bringen, wo auch andere Waren lagerten. Am 09.07.1976 pfändete eine Gläubigerin der Firma W das gesamte Warenlager in E., darunter auch die von N. nach dort verlagerten Pfandgegenstände. ◄

Relevant sind ferner z. B. Beschlagnahmen nach §§ 94ff. StPO.[116]
Wer Eigentümer der Sache ist, ist irrelevant.[117]
Zu den Tathandlungen s. o. bei § 133 StGB.

---

[113] Eisele, BT I, 6. Aufl. 2021, Rn. 1586; aus der Rspr. vgl. BGH U. v. 22.10.1953 – 1 StR 66/53 – BGHSt 5, 155 = NJW 1954, 239; OLG Köln B. v. 10.03.1987 – Ss 72/87 – NStZ 1987, 330.

[114] Hohmann, in: MK-StGB, 4. Aufl. 2021, § 136 Rn. 9.

[115] S. Fischer, StGB, 71. Aufl. 2024, § 136 Rn. 4, 6; aus der Rspr. vgl. RG U. v. 03.01.1884 – 2880/83 – RGSt 9, 403; RG U. v. 17.10.1887 – 1759/87 – RGSt 16, 273; RG U. v. 25.10.1888 – 1857/88 – RGSt 18, 163; RG U. v. 11.12.1894 – 3795/94 – RGSt 26, 308; RG U. v. 18.10.1901 – 2853/01 – RGSt 34, 398; RG U. v. 20.12.1926 – III 901/26 – RGSt 61, 101; RG U. v. 14.07.1927 – II 530/27 – RGSt 61, 367; RG U. v. 30.03.1931 – III 193/31 – RGSt 65, 248; BGH U. v. 01.10.1953 – 5 StR 228/53 – BGHSt 5, 93 = NJW 1954, 200; OLG Hamm U. v. 08.05.1956 – 3 Ss 323/56 – NJW 1956, 1889 (Anm. Baumann NJW 1956, 1866); OLG Köln U. v. 30.07.1968 – Ss 173/68 – NJW 1968, 2116.

[116] Kindhäuser/Hilgendorf, LPK, 9. Aufl. 2022, § 136 Rn. 4; aus der Rspr. vgl. BGH U. v. 11.10.1960 – 5 StR 333/60 – BGHSt 15, 149 = NJW 1960, 2300.

[117] Sternberg-Lieben, in: Schönke/Schröder, StGB, 30. Aufl. 2019, § 136 Rn. 5; aus der Rspr. vgl. LG Nürnberg-Fürth B. v. 06.11.2018 – 11 Ns 412 Js 45500/15 (Anm. Greier jurisPR-StrafR 7/2019 Anm. 2).

2. Subjektiver Tatbestand

Gem. § 15 StGB ist Vorsatz erforderlich.

IV. Tat nicht strafbar, wenn die Pfändung, die Beschlagnahme oder die Anlegung des Siegels nicht durch eine rechtmäßige Diensthandlung vorgenommen ist, § 136 III StGB

Diese sog. objektive Bedingung der Strafbarkeit ist an § 113 III StGB orientiert, hierzu s. o.

V. Rechtswidrigkeit

Es gelten die allgemeinen Grundsätze.

VI. Schuld

Es gelten zunächst die allgemeinen Grundsätze.
Ferner verweist § 136 IV StGB auf § 113 IV StGB, hierzu s. o.

VII. Rechtsfolgen

§ 136 I, II StGB sieht Freiheitsstrafe bis zu einem Jahr (im Minimum also ein Monat, § 38 II StGB) oder Geldstrafe (zu den Grenzen s. § 40 StGB) vor.
Ferner verweist § 136 IV StGB auf § 113 IV StGB, hierzu s. o.

F. Sonstige Straftaten gegen die Staatsgewalt und die öffentliche Ordnung

Im Hinblick auf die Relevanz in der Fallbearbeitung wurden nur die §§ 113, 114, 132, 132a, 133 und 136 StGB besprochen.
Bzgl. weiterer Delikte dürfte die Kenntnisnahme des Gesetzestextes genügen.
Aus dem Sechsten Abschnitt des Besonderen Teils des StGB (Widerstand gegen die Staatsgewalt):

> **§ 111 StGB (Öffentliche Aufforderung zu Straftaten)**
> (1) Wer öffentlich, in einer Versammlung oder durch Verbreiten eines Inhalts (§ 11 Absatz 3) zu einer rechtswidrigen Tat auffordert, wird wie ein Anstifter (§ 26) bestraft.

(2) Bleibt die Aufforderung ohne Erfolg, so ist die Strafe Freiheitsstrafe bis zu fünf Jahren oder Geldstrafe. Die Strafe darf nicht schwerer sein als die, die für den Fall angedroht ist, daß die Aufforderung Erfolg hat (Absatz 1); § 49 Abs. 1 Nr. 2 ist anzuwenden.

§ 120 StGB (Gefangenenbefreiung)

(1) Wer einen Gefangenen befreit, ihn zum Entweichen verleitet oder dabei fördert, wird mit Freiheitsstrafe bis zu drei Jahren oder mit Geldstrafe bestraft.

(2) Ist der Täter als Amtsträger oder als für den öffentlichen Dienst besonders Verpflichteter gehalten, das Entweichen des Gefangenen zu verhindern, so ist die Strafe Freiheitsstrafe bis zu fünf Jahren oder Geldstrafe.

(3) Der Versuch ist strafbar.

(4) Einem Gefangenen im Sinne der Absätze 1 und 2 steht gleich, wer sonst auf behördliche Anordnung in einer Anstalt verwahrt wird.

§ 121 StGB (Gefangenenmeuterei)

(1) Gefangene, die sich zusammenrotten und mit vereinten Kräften

1. einen Anstaltsbeamten, einen anderen Amtsträger oder einen mit ihrer Beaufsichtigung, Betreuung oder Untersuchung Beauftragten nötigen (§ 240) oder tätlich angreifen,

2. gewaltsam ausbrechen oder

3. gewaltsam einem von ihnen oder einem anderen Gefangenen zum Ausbruch verhelfen,

werden mit Freiheitsstrafe von drei Monaten bis zu fünf Jahren bestraft.

(2) Der Versuch ist strafbar.

(3) In besonders schweren Fällen wird die Meuterei mit Freiheitsstrafe von sechs Monaten bis zu zehn Jahren bestraft. Ein besonders schwerer Fall liegt in der Regel vor, wenn der Täter oder ein anderer Beteiligter

1. eine Schußwaffe bei sich führt,

2. eine andere Waffe oder ein anderes gefährliches Werkzeug bei sich führt, um diese oder dieses bei der Tat zu verwenden, oder

3. durch eine Gewalttätigkeit einen anderen in die Gefahr des Todes oder einer schweren Gesundheitsschädigung bringt.

(4) Gefangener im Sinne der Absätze 1 bis 3 ist auch, wer in der Sicherungsverwahrung untergebracht ist.

F. Sonstige Straftaten gegen die Staatsgewalt und die öffentliche Ordnung

Aus dem Siebten Abschnitt des Besonderen Teils des StGB (Straftaten gegen die öffentliche Ordnung):

§ 125 StGB (Landfriedensbruch)
(1) Wer sich an
  1. Gewalttätigkeiten gegen Menschen oder Sachen oder
  2. Bedrohungen von Menschen mit einer Gewalttätigkeit,
die aus einer Menschenmenge in einer die öffentliche Sicherheit gefährdenden Weise mit vereinten Kräften begangen werden, als Täter oder Teilnehmer beteiligt oder wer auf die Menschenmenge einwirkt, um ihre Bereitschaft zu solchen Handlungen zu fördern, wird mit Freiheitsstrafe bis zu drei Jahren oder mit Geldstrafe bestraft.
(2) Soweit die in Absatz 1 Nr. 1, 2 bezeichneten Handlungen in § 113 mit Strafe bedroht sind, gilt § 113 Abs. 3, 4 sinngemäß. Dies gilt auch in Fällen des § 114, wenn die Diensthandlung eine Vollstreckungshandlung im Sinne des § 113 Absatz 1 ist.

§ 125a StGB (Besonders schwerer Fall des Landfriedensbruchs)
In besonders schweren Fällen des § 125 Abs. 1 ist die Strafe Freiheitsstrafe von sechs Monaten bis zu zehn Jahren. Ein besonders schwerer Fall liegt in der Regel vor, wenn der Täter
  1. eine Schußwaffe bei sich führt,
  2. eine andere Waffe oder ein anderes gefährliches Werkzeug bei sich führt,
  3. durch eine Gewalttätigkeit einen anderen in die Gefahr des Todes oder einer schweren Gesundheitsschädigung bringt oder
  4. plündert oder bedeutenden Schaden an fremden Sachen anrichtet.

§ 126 StGB (Störung des öffentlichen Friedens durch Androhung von Straftaten)
(1) Wer in einer Weise, die geeignet ist, den öffentlichen Frieden zu stören,
  1. einen der in § 125a Satz 2 Nr. 1 bis 4 bezeichneten Fälle des Landfriedensbruchs,
  2. eine Straftat gegen die sexuelle Selbstbestimmung in den Fällen des § 177 Absatz 4 bis 8 oder des § 178,
  3. einen Mord (§ 211), Totschlag (§ 212) oder Völkermord (§ 6 des Völkerstrafgesetzbuches) oder ein Verbrechen gegen die Menschlichkeit (§ 7 des Völkerstrafgesetzbuches) oder ein Kriegsverbrechen (§§ 8, 9, 10, 11 oder 12 des Völkerstrafgesetzbuches),

4. eine gefährliche Körperverletzung (§ 224) oder eine schwere Körperverletzung (§ 226),
5. eine Straftat gegen die persönliche Freiheit in den Fällen des § 232 Absatz 3 Satz 2, des § 232a Absatz 3, 4 oder 5, des § 232b Absatz 3 oder 4, des § 233a Absatz 3 oder 4, jeweils soweit es sich um Verbrechen handelt, der §§ 234, 234a, 239a oder 239b,
6. einen Raub oder eine räuberische Erpressung (§§ 249 bis 251 oder 255),
7. ein gemeingefährliches Verbrechen in den Fällen der §§ 306 bis 306c oder 307 Abs. 1 bis 3, des § 308 Abs. 1 bis 3, des § 309 Abs. 1 bis 4, der §§ 313, 314 oder 315 Abs. 3, des § 315b Abs. 3, des § 316a Abs. 1 oder 3, des § 316c Abs. 1 oder 3 oder des § 318 Abs. 3 oder 4 oder
8. ein gemeingefährliches Vergehen in den Fällen des § 309 Abs. 6, des § 311 Abs. 1, des § 316b Abs. 1, des § 317 Abs. 1 oder des § 318 Abs. 1
androht, wird mit Freiheitsstrafe bis zu drei Jahren oder mit Geldstrafe bestraft.
(2) Ebenso wird bestraft, wer in einer Weise, die geeignet ist, den öffentlichen Frieden zu stören, wider besseres Wissen vortäuscht, die Verwirklichung einer der in Absatz 1 genannten rechtswidrigen Taten stehe bevor.

§ 127 StGB (Betreiben krimineller Handelsplattformen im Internet)
(1) Wer eine Handelsplattform im Internet betreibt, deren Zweck darauf ausgerichtet ist, die Begehung von rechtswidrigen Taten zu ermöglichen oder zu fördern, wird mit Freiheitsstrafe bis zu fünf Jahren oder mit Geldstrafe bestraft, wenn die Tat nicht in anderen Vorschriften mit schwererer Strafe bedroht ist. Rechtswidrige Taten im Sinne des Satzes 1 sind
1. Verbrechen,
2. Vergehen nach
a) den §§ 86, 86a, 91, 130, 147 und 148 Absatz 1 Nummer 3, den §§ 149, 152a und 176a Absatz 2, § 176b Absatz 2, § 180 Absatz 2, § 184b Absatz 1 Satz 2, § 184c Absatz 1, § 184l Absatz 1 und 3, den §§ 202a, 202b, 202c, 202d, 232 und 232a Absatz 1, 2, 5 und 6, nach § 232b Absatz 1, 2 und 4 in Verbindung mit § 232a Absatz 5, nach den §§ 233, 233a, 236, 259 und 260, nach § 261 Absatz 1 und 2 unter den in § 261 Absatz 5 Satz 2 genannten Voraussetzungen sowie nach den §§ 263, 263a, 267, 269, 275, 276, 303a und 303b,
[...]
(2) Handelsplattform im Internet im Sinne dieser Vorschrift ist jede virtuelle Infrastruktur im frei zugänglichen wie im durch technische Vorkehrungen zugangsbeschränkten Bereich des Internets, die Gelegenheit bietet, Menschen, Waren, Dienstleistungen oder Inhalte (§ 11 Absatz 3) anzubieten oder auszutauschen.

(3) Mit Freiheitsstrafe von sechs Monaten bis zu zehn Jahren wird bestraft, wer im Fall des Absatzes 1 gewerbsmäßig oder als Mitglied einer Bande handelt, die sich zur fortgesetzten Begehung solcher Taten verbunden hat.

(4) Mit Freiheitsstrafe von einem Jahr bis zu zehn Jahren wird bestraft, wer bei der Begehung einer Tat nach Absatz 1 beabsichtigt oder weiß, dass die Handelsplattform im Internet den Zweck hat, Verbrechen zu ermöglichen oder zu fördern.

§ 128 StGB (Bildung bewaffneter Gruppen)
Wer unbefugt eine Gruppe, die über Waffen oder andere gefährliche Werkzeuge verfügt, bildet oder befehligt oder wer sich einer solchen Gruppe anschließt, sie mit Waffen oder Geld versorgt oder sonst unterstützt, wird mit Freiheitsstrafe bis zu zwei Jahren oder mit Geldstrafe bestraft.

§ 129 StGB (Bildung krimineller Vereinigungen)
(1) Mit Freiheitsstrafe bis zu fünf Jahren oder mit Geldstrafe wird bestraft, wer eine Vereinigung gründet oder sich an einer Vereinigung als Mitglied beteiligt, deren Zweck oder Tätigkeit auf die Begehung von Straftaten gerichtet ist, die im Höchstmaß mit Freiheitsstrafe von mindestens zwei Jahren bedroht sind. Mit Freiheitsstrafe bis zu drei Jahren oder mit Geldstrafe wird bestraft, wer eine solche Vereinigung unterstützt oder für sie um Mitglieder oder Unterstützer wirbt.

(2) Eine Vereinigung ist ein auf längere Dauer angelegter, von einer Festlegung von Rollen der Mitglieder, der Kontinuität der Mitgliedschaft und der Ausprägung der Struktur unabhängiger organisierter Zusammenschluss von mehr als zwei Personen zur Verfolgung eines übergeordneten gemeinsamen Interesses.

(3) Absatz 1 ist nicht anzuwenden,
1. wenn die Vereinigung eine politische Partei ist, die das Bundesverfassungsgericht nicht für verfassungswidrig erklärt hat,
2. wenn die Begehung von Straftaten nur ein Zweck oder eine Tätigkeit von untergeordneter Bedeutung ist oder
3. soweit die Zwecke oder die Tätigkeit der Vereinigung Straftaten nach den §§ 84 bis 87 betreffen.

(4) Der Versuch, eine in Absatz 1 Satz 1 und Absatz 2 bezeichnete Vereinigung zu gründen, ist strafbar.

(5) In besonders schweren Fällen des Absatzes 1 Satz 1 ist auf Freiheitsstrafe von sechs Monaten bis zu fünf Jahren zu erkennen. Ein besonders schwerer Fall liegt in der Regel vor, wenn der Täter zu den Rädelsführern oder

Hintermännern der Vereinigung gehört. 3In den Fällen des Absatzes 1 Satz 1 ist auf Freiheitsstrafe von sechs Monaten bis zu zehn Jahren zu erkennen, wenn der Zweck oder die Tätigkeit der Vereinigung darauf gerichtet ist, in § 100b Absatz 2 Nummer 1 Buchstabe a, b, d bis f und h bis o, Nummer 2 bis 8 und 10 der Strafprozessordnung genannte Straftaten mit Ausnahme der in § 100b Absatz 2 Nummer 1 Buchstabe h der Strafprozessordnung genannten Straftaten nach den §§ 239a und 239b des Strafgesetzbuches zu begehen.

(6) Das Gericht kann bei Beteiligten, deren Schuld gering und deren Mitwirkung von untergeordneter Bedeutung ist, von einer Bestrafung nach den Absätzen 1 und 4 absehen.

(7) Das Gericht kann die Strafe nach seinem Ermessen mildern (§ 49 Abs. 2) oder von einer Bestrafung nach diesen Vorschriften absehen, wenn der Täter

1. sich freiwillig und ernsthaft bemüht, das Fortbestehen der Vereinigung oder die Begehung einer ihren Zielen entsprechenden Straftat zu verhindern, oder

2. freiwillig sein Wissen so rechtzeitig einer Dienststelle offenbart, daß Straftaten, deren Planung er kennt, noch verhindert werden können;

erreicht der Täter sein Ziel, das Fortbestehen der Vereinigung zu verhindern, oder wird es ohne sein Bemühen erreicht, so wird er nicht bestraft.

§ 129a StGB (Bildung terroristischer Vereinigungen)

(1) Wer eine Vereinigung (§ 129 Absatz 2) gründet, deren Zwecke oder deren Tätigkeit darauf gerichtet sind,

1. Mord (§ 211) oder Totschlag (§ 212) oder Völkermord (§ 6 des Völkerstrafgesetzbuches) oder Verbrechen gegen die Menschlichkeit (§ 7 des Völkerstrafgesetzbuches) oder Kriegsverbrechen (§§ 8, 9, 10, 11 oder § 12 des Völkerstrafgesetzbuches) oder

2. Straftaten gegen die persönliche Freiheit in den Fällen des § 239a oder des § 239b

zu begehen, oder wer sich an einer solchen Vereinigung als Mitglied beteiligt, wird mit Freiheitsstrafe von einem Jahr bis zu zehn Jahren bestraft.

(2) Ebenso wird bestraft, wer eine Vereinigung gründet, deren Zwecke oder deren Tätigkeit darauf gerichtet sind,

1. einem anderen Menschen schwere körperliche oder seelische Schäden, insbesondere der in § 226 bezeichneten Art, zuzufügen,

2. Straftaten nach den §§ 303b, 305, 305a oder gemeingefährliche Straftaten in den Fällen der §§ 306 bis 306c oder 307 Abs. 1 bis 3, des § 308 Abs. 1 bis 4, des § 309 Abs. 1 bis 5, der §§ 313, 314 oder 315 Abs. 1, 3 oder 4, des § 316b Abs. 1 oder 3 oder des § 316c Abs. 1 bis 3 oder des § 317 Abs. 1,
3. Straftaten gegen die Umwelt in den Fällen des § 330a Abs. 1 bis 3,
4. Straftaten nach § 19 Abs. 1 bis 3, § 20 Abs. 1 oder 2, § 20a Abs. 1 bis 3, § 19 Abs. 2 Nr. 2 oder Abs. 3 Nr. 2, § 20 Abs. 1 oder 2 oder § 20a Abs. 1 bis 3, jeweils auch in Verbindung mit § 21, oder nach § 22a Abs. 1 bis 3 des Gesetzes über die Kontrolle von Kriegswaffen oder
5. Straftaten nach § 51 Abs. 1 bis 3 des Waffengesetzes
zu begehen, oder wer sich an einer solchen Vereinigung als Mitglied beteiligt, wenn eine der in den Nummern 1 bis 5 bezeichneten Taten bestimmt ist, die Bevölkerung auf erhebliche Weise einzuschüchtern, eine Behörde oder eine internationale Organisation rechtswidrig mit Gewalt oder durch Drohung mit Gewalt zu nötigen oder die politischen, verfassungsrechtlichen, wirtschaftlichen oder sozialen Grundstrukturen eines Staates oder einer internationalen Organisation zu beseitigen oder erheblich zu beeinträchtigen, und durch die Art ihrer Begehung oder ihre Auswirkungen einen Staat oder eine internationale Organisation erheblich schädigen kann.

(3) Sind die Zwecke oder die Tätigkeit der Vereinigung darauf gerichtet, eine der in Absatz 1 und 2 bezeichneten Straftaten anzudrohen, ist auf Freiheitsstrafe von sechs Monaten bis zu fünf Jahren zu erkennen.

(4) Gehört der Täter zu den Rädelsführern oder Hintermännern, so ist in den Fällen der Absätze 1 und 2 auf Freiheitsstrafe nicht unter drei Jahren, in den Fällen des Absatzes 3 auf Freiheitsstrafe von einem Jahr bis zu zehn Jahren zu erkennen.

(5) Wer eine in Absatz 1, 2 oder Absatz 3 bezeichnete Vereinigung unterstützt, wird in den Fällen der Absätze 1 und 2 mit Freiheitsstrafe von sechs Monaten bis zu zehn Jahren, in den Fällen des Absatzes 3 mit Freiheitsstrafe bis zu fünf Jahren oder mit Geldstrafe bestraft. Wer für eine in Absatz 1 oder Absatz 2 bezeichnete Vereinigung um Mitglieder oder Unterstützer wirbt, wird mit Freiheitsstrafe von sechs Monaten bis zu fünf Jahren bestraft.

(6) Das Gericht kann bei Beteiligten, deren Schuld gering und deren Mitwirkung von untergeordneter Bedeutung ist, in den Fällen der Absätze 1, 2, 3 und 5 die Strafe nach seinem Ermessen (§ 49 Abs. 2) mildern.

(7) § 129 Absatz 7 gilt entsprechend.

(8) Neben einer Freiheitsstrafe von mindestens sechs Monaten kann das Gericht die Fähigkeit, öffentliche Ämter zu bekleiden, und die Fähigkeit, Rechte aus öffentlichen Wahlen zu erlangen, aberkennen (§ 45 Abs. 2).

(9) In den Fällen der Absätze 1, 2, 4 und 5 kann das Gericht Führungsaufsicht anordnen (§ 68 Abs. 1).

§ 129b I StGB (Kriminelle und terroristische Vereinigungen im Ausland; [...])
Die §§ 129 und 129a gelten auch für Vereinigungen im Ausland. Bezieht sich die Tat auf eine Vereinigung außerhalb der Mitgliedstaaten der Europäischen Union, so gilt dies nur, wenn sie durch eine im räumlichen Geltungsbereich dieses Gesetzes ausgeübte Tätigkeit begangen wird oder wenn der Täter oder das Opfer Deutscher ist oder sich im Inland befindet. In den Fällen des Satzes 2 wird die Tat nur mit Ermächtigung des Bundesministeriums der Justiz und für Verbraucherschutz verfolgt. Die Ermächtigung kann für den Einzelfall oder allgemein auch für die Verfolgung künftiger Taten erteilt werden, die sich auf eine bestimmte Vereinigung beziehen. Bei der Entscheidung über die Ermächtigung zieht das Ministerium in Betracht, ob die Bestrebungen der Vereinigung gegen die Grundwerte einer die Würde des Menschen achtenden staatlichen Ordnung oder gegen das friedliche Zusammenleben der Völker gerichtet sind und bei Abwägung aller Umstände als verwerflich erscheinen.

§ 130 StGB (Volksverhetzung)
(1) Wer in einer Weise, die geeignet ist, den öffentlichen Frieden zu stören,
   1. gegen eine nationale, rassische, religiöse oder durch ihre ethnische Herkunft bestimmte Gruppe, gegen Teile der Bevölkerung oder gegen einen Einzelnen wegen dessen Zugehörigkeit zu einer vorbezeichneten Gruppe oder zu einem Teil der Bevölkerung zum Hass aufstachelt, zu Gewalt- oder Willkürmaßnahmen auffordert oder
   2. die Menschenwürde anderer dadurch angreift, dass er eine vorbezeichnete Gruppe, Teile der Bevölkerung oder einen Einzelnen wegen dessen Zugehörigkeit zu einer vorbezeichneten Gruppe oder zu einem Teil der Bevölkerung beschimpft, böswillig verächtlich macht oder verleumdet,
wird mit Freiheitsstrafe von drei Monaten bis zu fünf Jahren bestraft.
(2) Mit Freiheitsstrafe bis zu drei Jahren oder mit Geldstrafe wird bestraft, wer
   1. einen Inhalt (§ 11 Absatz 3) verbreitet oder der Öffentlichkeit zugänglich macht oder einer Person unter achtzehn Jahren einen Inhalt (§ 11 Absatz 3) anbietet, überlässt oder zugänglich macht, der
     a) zum Hass gegen eine in Absatz 1 Nummer 1 bezeichnete Gruppe, gegen Teile der Bevölkerung oder gegen einen Einzelnen wegen dessen Zugehörigkeit zu einer in Absatz 1 Nummer 1 bezeichneten Gruppe oder zu einem Teil der Bevölkerung aufstachelt,
     b) zu Gewalt- oder Willkürmaßnahmen gegen in Buchstabe a genannte Personen oder Personenmehrheiten auffordert oder
     c) die Menschenwürde von in Buchstabe a genannten Personen oder Personenmehrheiten dadurch angreift, dass diese beschimpft, böswillig verächtlich gemacht oder verleumdet werden oder
   2. einen in Nummer 1 Buchstabe a bis c bezeichneten Inhalt (§ 11 Absatz 3) herstellt, bezieht, liefert, vorrätig hält, anbietet, bewirbt oder es unter-

nimmt, diesen ein- oder auszuführen, um ihn im Sinne der Nummer 1 zu verwenden oder einer anderen Person eine solche Verwendung zu ermöglichen.

(3) Mit Freiheitsstrafe bis zu fünf Jahren oder mit Geldstrafe wird bestraft, wer eine unter der Herrschaft des Nationalsozialismus begangene Handlung der in § 6 Abs. 1 des Völkerstrafgesetzbuches bezeichneten Art in einer Weise, die geeignet ist, den öffentlichen Frieden zu stören, öffentlich oder in einer Versammlung billigt, leugnet oder verharmlost.

(4) Mit Freiheitsstrafe bis zu drei Jahren oder mit Geldstrafe wird bestraft, wer öffentlich oder in einer Versammlung den öffentlichen Frieden in einer die Würde der Opfer verletzenden Weise dadurch stört, dass er die nationalsozialistische Gewalt- und Willkürherrschaft billigt, verherrlicht oder rechtfertigt.

(5) Mit Freiheitsstrafe bis zu drei Jahren oder mit Geldstrafe wird bestraft, wer eine Handlung der in den §§ 6 bis 12 des Völkerstrafgesetzbuches bezeichneten Art gegen eine der in Absatz 1 Nummer 1 bezeichneten Personenmehrheiten oder gegen einen Einzelnen wegen dessen Zugehörigkeit zu einer dieser Personenmehrheiten öffentlich oder in einer Versammlung in einer Weise billigt, leugnet oder gröblich verharmlost, die geeignet ist, zu Hass oder Gewalt gegen eine solche Person oder Personenmehrheit aufzustacheln und den öffentlichen Frieden zu stören.

(6) Absatz 2 gilt auch für einen in den Absätzen 3 bis 5 bezeichneten Inhalt (§ 11 Absatz 3).

(7) In den Fällen des Absatzes 2 Nummer 1, auch in Verbindung mit Absatz 6, ist der Versuch strafbar.

(8) In den Fällen des Absatzes 2, auch in Verbindung mit den Absätzen 6 und 7, sowie in den Fällen der Absätze 3 bis 5 gilt § 86 Absatz 4 entsprechend.

§ 130a StGB (Anleitung zu Straftaten)

(1) Wer einen Inhalt (§ 11 Absatz 3), der geeignet ist, als Anleitung zu einer in § 126 Abs. 1 genannten rechtswidrigen Tat zu dienen, und dazu bestimmt ist, die Bereitschaft anderer zu fördern oder zu wecken, eine solche Tat zu begehen, verbreitet oder der Öffentlichkeit zugänglich macht, wird mit Freiheitsstrafe bis zu drei Jahren oder mit Geldstrafe bestraft.

(2) Ebenso wird bestraft, wer
1. einen Inhalt (§ 11 Absatz 3), der geeignet ist, als Anleitung zu einer in § 126 Abs. 1 genannten rechtswidrigen Tat zu dienen, verbreitet oder der Öffentlichkeit zugänglich macht oder
2. öffentlich oder in einer Versammlung zu einer in § 126 Abs. 1 genannten rechtswidrigen Tat eine Anleitung gibt,
um die Bereitschaft anderer zu fördern oder zu wecken, eine solche Tat zu begehen.

(3) § 86 Absatz 4 gilt entsprechend.

§ 131 StGB (Gewaltdarstellung)
(1) Mit Freiheitsstrafe bis zu einem Jahr oder mit Geldstrafe wird bestraft, wer
  1. einen Inhalt (§ 11 Absatz 3), der grausame oder sonst unmenschliche Gewalttätigkeiten gegen Menschen oder menschenähnliche Wesen in einer Art schildert, die eine Verherrlichung oder Verharmlosung solcher Gewalttätigkeiten ausdrückt oder die das Grausame oder Unmenschliche des Vorgangs in einer die Menschenwürde verletzenden Weise darstellt,
    a) verbreitet oder der Öffentlichkeit zugänglich macht,
    b) einer Person unter achtzehn Jahren anbietet, überlässt oder zugänglich macht oder
  2. einen in Nummer 1 bezeichneten Inhalt (§ 11 Absatz 3) herstellt, bezieht, liefert, vorrätig hält, anbietet, bewirbt oder es unternimmt, diesen ein- oder auszuführen, um ihn im Sinne der Nummer 1 zu verwenden oder einer anderen Person eine solche Verwendung zu ermöglichen.
  In den Fällen des Satzes 1 Nummer 1 ist der Versuch strafbar.
(2) Absatz 1 gilt nicht, wenn die Handlung der Berichterstattung über Vorgänge des Zeitgeschehens oder der Geschichte dient.
(3) Absatz 1 Satz 1 Nummer 1 Buchstabe b ist nicht anzuwenden, wenn der zur Sorge für die Person Berechtigte handelt; dies gilt nicht, wenn der Sorgeberechtigte durch das Anbieten, Überlassen oder Zugänglichmachen seine Erziehungspflicht gröblich verletzt.

§ 134 StGB (Verletzung amtlicher Bekanntmachungen)
Wer wissentlich ein dienstliches Schriftstück, das zur Bekanntmachung öffentlich angeschlagen oder ausgelegt ist, zerstört, beseitigt, verunstaltet, unkenntlich macht oder in seinem Sinn entstellt, wird mit Freiheitsstrafe bis zu einem Jahr oder mit Geldstrafe bestraft.

Zu §§ 138, 139, 145d StGB s. u. bei den Straftaten gegen die Rechtspflege.

§ 140 StGB (Belohnung und Billigung von Straftaten)
Wer eine der in § 138 Absatz 1 Nummer 2 bis 4 und 5 letzte Alternative oder in § 126 Absatz 1 genannten rechtswidrigen Taten oder eine rechtswidrige Tat nach § 176 Absatz 1 oder nach den §§ 176c und 176d
  1. belohnt, nachdem sie begangen oder in strafbarer Weise versucht worden ist, oder
  2. in einer Weise, die geeignet ist, den öffentlichen Frieden zu stören, öffentlich, in einer Versammlung oder durch Verbreiten eines Inhalts (§ 11 Absatz 3) billigt,
  wird mit Freiheitsstrafe bis zu drei Jahren oder mit Geldstrafe bestraft.

Zu § 142 StGB s. u. bei den Straßenverkehrsdelikten.

§ 145 StGB (Mißbrauch von Notrufen und Beeinträchtigung von Unfallverhütungs- und Nothilfemitteln)

(1) Wer absichtlich oder wissentlich
1. Notrufe oder Notzeichen mißbraucht oder
2. vortäuscht, daß wegen eines Unglücksfalles oder wegen gemeiner Gefahr oder Not die Hilfe anderer erforderlich sei,

wird mit Freiheitsstrafe bis zu einem Jahr oder mit Geldstrafe bestraft.

(2) Wer absichtlich oder wissentlich
1. die zur Verhütung von Unglücksfällen oder gemeiner Gefahr dienenden Warn- oder Verbotszeichen beseitigt, unkenntlich macht oder in ihrem Sinn entstellt oder
2. die zur Verhütung von Unglücksfällen oder gemeiner Gefahr dienenden Schutzvorrichtungen oder die zur Hilfeleistung bei Unglücksfällen oder gemeiner Gefahr bestimmten Rettungsgeräte oder anderen Sachen beseitigt, verändert oder unbrauchbar macht,

wird mit Freiheitsstrafe bis zu zwei Jahren oder mit Geldstrafe bestraft, wenn die Tat nicht in § 303 oder § 304 mit Strafe bedroht ist.

9. Kapitel: Straftaten gegen die Rechtspflege

▶ **Didaktischer Aufsatz**
- Piatkowski/Saal, Examensprobleme im Rahmen der Straftatbestände zum Schutz der Rechtspflege, JuS 2005, 979

A. Allgemeines

In diesem Kapitel – Straftaten gegen die Rechtspflege – werden Delikte zusammengefasst, deren gemeinsamer Nenner darin besteht, dass sie die richtige Anwendung des Rechts auf den Einzelfall durch die staatlichen Organe insbesondere dadurch absichern, dass täuschendes Verhalten den zuständigen staatlichen Stellen gegenüber pönalisiert wird, das zu einer falschen (oder auch unvollständigen) Tatsachenbasis und damit materiell fehlerhaften und daher ungerechten Entscheidung führen kann – mit ggf. sehr gravierenden Konsequenzen für den prozessual Betroffenen, z. B. einen strafrechtlich Angeklagten, der u. U. zu Unrecht zu einer Freiheitsstrafe verurteilt wird.

B. Aussagestraftaten, §§ 153ff. StGB

▶ **Didaktische Aufsätze**
- Otto, Die Aussagedelikte, §§ 153–163 StGB, JuS 1984, 161
- Geppert, Grundfragen der Aussagedelikte (§§ 153ff. StGB), Jura 2002, 173
- Reese, Die Aussagedelikte als Prüfungsaufgabe, JA 2005, 612
- Katzenberger/Pitz, „Si tacuisses …" Eine methodische Darstellung der Aussagedelikte, ZJS 2009, 659
- Bosch, Ausgewählte Probleme der Aussagedelikte, Jura 2015, 1295
- Hettinger/Bender, Die Aussagedelikte (§§ 153–162 StGB), JuS 2015, 577

I. Allgemeines

Als Aussagestraftaten oder -delikte[1] bezeichnet man üblicherweise den Regelungsbereich der §§ 153–162 StGB, obwohl dies eigentlich unvollständig ist, da nicht jedes enthaltene Delikt eine Aussage verlangt (s. § 156 StGB). Allerdings ist die gesetzliche Abschnittsüberschrift („Falsche uneidliche Aussage und Meineid") diesbzgl. ebenso unvollständig.

II. Falsche uneidliche Aussage, § 153 StGB

1. Aufbau
I. Tatbestand
  1. Objektiver Tatbestand
    a) Als Zeuge oder Sachverständiger
    b) Aussagt
    c) Falsch
    d) Vor Gericht oder vor einer anderen zur eidlichen Vernehmung von Zeugen oder Sachverständigen zuständigen Stelle (§ 153 I StGB) oder § 162 StGB
  2. Subjektiver Tatbestand
II. Rechtswidrigkeit
III. Schuld
IV. Rechtsfolgen
  1. § 157 I, II StGB
  2. § 158 StGB

2. Allgemeines
§ 153 StGB stellt die falsche uneidliche Aussage unter Strafe.

> **§ 153 StGB (Falsche uneidliche Aussage)**
> Wer vor Gericht oder vor einer anderen zur eidlichen Vernehmung von Zeugen oder Sachverständigen zuständigen Stelle als Zeuge oder Sachverständiger uneidlich falsch aussagt, wird mit Freiheitsstrafe von drei Monaten bis zu fünf Jahren bestraft.

Die Norm – wie alle Aussagedelikte – schützt die Rechtspflege, genauer gesagt die staatliche Funktion (v. a.) **gerichtlicher Tatsachenfeststellung**, dass nämlich der (wahre) Sachverhalt nach Maßgabe des jeweiligen Prozessrechts (z. B. gem. StPO) festgestellt werden kann, um daran die richtigen/gerechten Rechtsfolgen zu

---
[1] Zu den Aussagedelikten (§§ 153ff. StGB) Otto JuS 1984, 161; Geppert Jura 2002, 173; Reese JA 2005, 612; Katzenberger/Pitz ZJS 2009, 659; Vormbaum FS Maiwald 2010, 817; Bosch Jura 2015, 1295; Hettinger/Bender JuS 2015, 577.

knüpfen. Der Schutz ist dahingehend nur partiell, dass § 153 StGB lediglich die Gefährdung durch eine falsche Aussage bestimmter Personen im Rahmen ihrer prozessualen Wahrheitspflicht, also auch nur bzgl. bestimmter Angriffsrichtungen erfasst, nicht jede beliebige Gefährdung durch irgendeine Person.[2]

Es handelt sich bei den Aussagedelikten um **abstrakte Gefährdungsdelikte**, da bereits die bloße Falschaussage pönalisiert wird – unabhängig davon, ob die Tatsachenfeststellung tatsächlich beeinträchtigt wird, v. a. also, ob das Gericht dem Täter glaubte oder auch nur die Gefahr dafür bestand und ob es die Aussage zur Grundlage der Entscheidung macht.[3]

Angesichts des eingeschränkten tauglichen Täterkreises (Zeugen und Sachverständige in ihrer höchstpersönlichen prozessualen pflichtgemäßen Aussagerolle) handelt es sich um ein **Sonderdelikt** und ein **eigenhändiges Delikt**, sodass eine Zurechnung aufgrund mittelbarer Täterschaft nach § 25 I 2. Var. StGB und aufgrund Mittäterschaft nach § 25 II StGB ausgeschlossen ist.[4] Hiervon geht auch § 160 StGB aus, der den Fall der ansonsten nicht möglichen mittelbaren Täterschaft zum eigenständigen Delikt der Verleitung zur Falschaussage erhebt.

In Fallbearbeitungen werden § 153 StGB und auch andere Aussagedelikte häufig mit Problemen der Beteiligungslehre und des Straf- oder Zivilprozessrechts verknüpft, ferner z. B. mit Freiheitsberaubung, Betrug (jeweils ggf. in mittelbarer Täterschaft), Ehrdelikten oder Urkundendelikten.

3. Tatbestand

a) Objektiver Tatbestand

aa) Als Zeuge oder Sachverständiger
Bei § 153 StGB handelt es sich um ein sog. **Sonderdelikt**: Taugliche Täter können nur **Zeugen** und **Sachverständige** (nach Maßgabe des jeweiligen Verfahrensrechts, z. B. der §§ 48ff. bzgl. Zeugen bzw. 72ff. StPO bzgl. Sachverständigen) sein.[5]

Nicht erfasst sind neben Dolmetschern[6] insbesondere Beschuldigte bzw. Angeklagte im Strafverfahren. Für diese gilt vielmehr das sich aus § 136 I 2 StPO ergebende Schweigerecht, sog. *nemo tenetur se ipsum accusare*.[7] Ebenfalls nicht taugliche Täter sind die Parteien eines Zivilprozesses. Auch Außenstehende scheiden als (auch mittelbare oder Mit-)Täter aus – eigenhändiges Delikt aufgrund höchstpersönlicher prozessualer Aussagepflicht, s. o.

---

[2] S. Zöller, in: SK-StGB, 9. Aufl. 2019, vor §§ 153ff. Rn. 2ff.; Kindhäuser/Hilgendorf, LPK, 9. Aufl. 2022, vor § 153 Rn. 1; aus der Rspr. vgl. RG U. v. 04.04.1939 – 1 D 98/39 – RGSt 73, 144; BGH B. v. 24.10.1955 – GSSt 1/55 – BGHSt 8, 301 = NJW 1956, 191 (Anm. Kaufmann JZ 1956, 338); BGH U. v. 15.02.1957 – 1 StR 471/56 – BGHSt 10, 142 = NJW 1957, 756.
[3] Kindhäuser/Hilgendorf, LPK, 9. Aufl. 2022, vor § 153 Rn. 1.
[4] Ganz h. M., s. z. B. Fischer, StGB, 71. Aufl. 2024, vor § 153 Rn. 2.
[5] Eisele, BT I, 6. Aufl. 2021, Rn. 1351ff.
[6] Hierzu Mitsch ZIS 2022, 35.
[7] Kindhäuser/Hilgendorf, LPK, 9. Aufl. 2022, § 153 Rn. 2; aus der Rspr. vgl. BGH U. v. 18.10.1956 – 4 StR 278/56 – BGHSt 10, 8 = NJW 1957, 230 (Anm. Schumann GA 2010, 699).

bb) Aussagt

(1) Allgemeines
Aussage ist jede Mitteilung einer Person, die sie über ihr Wissen macht,[8] diese wird grundsätzlich mündlich sein (in Aussage steckt „sagen"), erfasst werden aber auch Gestik und Mimik sowie Zeichensprache.[9]

Dem Gericht überreichte Schriftstücke sind keine Aussage; eine Ausnahme gilt für hör- oder sprachbehinderte Personen nach § 186 GVG.

Wenn § 153 StGB von einer **uneidlichen** Aussage spricht, so liegt darin nur der unnötige Hinweis, dass bei Vereidigung ein Meineid nach § 154 StGB in Betracht kommt.

(2) Aussagegenstand
Was gegenständlich zur Aussage zu zählen ist,[10] folgt aus der prozessualen Rolle des Aussagenden, sodass zwischen Zeugen und Sachverständigen zu unterscheiden ist.

(a) Zeugen: Wahrgenommene oder wahrnehmbare Tatsachen
Zeugen (z. B. nach den §§ 48ff. StPO) erfüllen die Funktion, von ihnen wahrgenommene oder wahrnehmbare Tatsachen zu schildern.

Zum Tatsachenbegriff s. o. bei § 185 StGB. Zu unterscheiden sind diese von Werturteilen, Rechtsbehauptungen oder Schlussfolgerungen,[11] wobei aber das Ausgesagte ggf. auszulegen ist und sich insofern nicht selten zugleich mitgeteilte Tatsachen annehmen lassen.

(b) Sachverständige: Gutachten
Sachverständige (z. B. nach den §§ 72ff. StPO) erstatten als Gehilfe des Gerichts ein Gutachten unter Verwendung ihrer besonderen Sachkunde (z. B. bzgl. Fragen der Schuldfähigkeit oder der Glaubhaftigkeit einer Aussage). Ihr Aussagegenstand liegt in der Mitteilung von Erfahrungssätzen, dem Ziehen von Schlussfolgerungen aus bereits bekannten Tatsachen, den Wertungen sowie den ermittelten Befundtatsachen. Bzgl. sog. Zusatztatsachen, die der Sachverständige nicht aufgrund seiner besonderen Rolle erfahren hat, sondern gewissermaßen zufällig anlässlich seiner Tätigkeit, ist der Sachverständige nicht als solcher, sondern als Zeuge anzusehen.

---

[8] Zöller, in: SK-StGB, 9. Aufl. 2019, § 153 Rn. 3.
[9] S. Eisele, BT I, 6. Aufl. 2021, Rn. 1355f.; näher Stein FS Rudolphi 2004, 553.
[10] Hierzu Zöller, in: SK-StGB, 9. Aufl. 2019, § 153 Rn. 5ff.; näher Bitzilekis FS H. J. Hirsch 1999, 29; aus der Rspr. vgl. zuletzt BGH B. v. 23.11.2020 – 5 StR 172/20 – NStZ 2021, 486 = StV 2021, 431 (Anm. RÜ 2021, 372; Eisenberg NStZ 2021, 487).
[11] Fischer, StGB, 71. Aufl. 2024, § 153 Rn. 3; aus der Rspr. vgl. BGH U. v. 09.01.1951 – 4 StR 55/50 – BGHSt 1, 22; BGH U. v. 21.05.1951 – 3 StR 103/51 – NJW 1951, 610; BayObLG U. v. 09.08.1955 – RReg. 2 St. 1193/54 – NJW 1955, 1690; OLG Koblenz U. v. 23.06.1987 – 2 Ss 138/87 – StV 1988, 531; BGH B. v. 29.11.1989 – 3 StR 398/89 – StV 1990, 110; BGH U. v. 25.04.2002 – 4 StR 152/01 – BGHSt 47, 285 = NJW 2002, 2724 = NStZ 2003, 160.

B. Aussagestraftaten, §§ 153ff. StGB

(3) Wahrheitspflichtigkeit der Bekundung
Tatbestandsmäßig sind nur solche Bekundungen, die der Wahrheitspflicht unterliegen.[12] Diese richtet sich nach dem jeweiligen Vernehmungsgegenstand.

(a) Zeugen

(aa) Angaben zur Person
Erster Teil der Zeugenvernehmung ist die Vernehmung zur Person, z. B. gem. § 68 StPO. Angesichts dessen, dass sich auch hieraus evtl. verfahrensrelevante Schlüsse ziehen lassen, unterliegt der Zeuge auch bereits der Wahrheitspflicht (z. B. bzgl. Angaben zu Alter, Beruf, oder Wohnort).[13]

(bb) Angaben zur Sache
Selbstverständlich stehen im Mittelpunkt der Zeugenaussage dessen Angaben zur Sache, z. B. i. S. d. § 69 StPO.
Im Strafprozess besteht der Gegenstand in der sog. prozessualen Tat,[14] §§ 69 I, 264 StPO, das ist der geschichtliche Vorgang, soweit er nach der Lebensauffassung eine Einheit bildet.[15]
Im Zivilprozess umgrenzt ein Beweisbeschluss die Wahrheitspflicht, §§ 358, 359, 396 ZPO.[16]
Nachträgliche Erweiterungen des Verfahrensgegenstandes sind u. U. möglich (vgl. §§ 69 II, 240 StPO, 396 II, III, 397 ZPO).
Irrelevant ist, ob der Zeuge wesentliche oder auch nur entscheidungserhebliche Umstände mitteilt. Allenfalls gänzlich belanglose **Nebensächlichkeiten** mag man als nicht mehr wahrheitspflichtig ansehen (als Ausprägung einer gewissen tatbestandlichen Bagatellschwelle bzw. eines erlaubten Risikos).
Über den Vernehmungsgegenstand hinausgehende **Spontanäußerungen** sollen nach h. M. dem § 153 StGB nicht unterfallen,[17] und zwar selbst dann nicht, wenn die Äußerung für den derzeitigen Prozess entscheidungserheblich ist, es sei denn es erfolge eine Nachfrage durch den Vernehmenden und eine Bestätigung durch den Zeugen.

---

[12] Zöller, in: SK-StGB, 9. Aufl. 2019, § 153 Rn. 12; näher Schneider GA 1956, 337; Fuhrmann GA 1960, 161; aus der Rspr. vgl. zuletzt BGH B. v. 23.11.2020 – 5 StR 172/20 – NStZ 2021, 486 = StV 2021, 431 (Anm. RÜ 2021, 372; Eisenberg NStZ 2021, 487).

[13] Zöller, in: SK-StGB, 9. Aufl. 2019, § 153 Rn. 13; aus der Rspr. vgl. RG U. v. 28.10.1926 – II 884/26 – RGSt 60, 407.

[14] S. hierzu Eschelbach, in: BeckOK-StPO, Stand 01.01.2024, § 264 Rn. 4ff.; aus der Rspr. vgl. BGH B. v. 23.11.2020 – 5 StR 172/20 – NStZ 2021, 486 = StV 2021, 431 (Anm. RÜ 2021, 372; Eisenberg NStZ 2021, 487).

[15] Heger/Pohlreich, Strafprozessrecht, 2. Aufl. 2018, Rn. 177.

[16] Rengier, BT II, 24. Aufl. 2023, § 49 Rn. 11; aus der Rspr. vgl. BGH B. v. 23.11.2020 – 5 StR 172/20 – NStZ 2021, 486 = StV 2021, 431 (Anm. RÜ 2021, 372; Eisenberg NStZ 2021, 487).

[17] H. M., Eisele, BT I, 6. Aufl. 2021, Rn. 1357f.; aus der Rspr. vgl. BGH B. v. 16.11.1973 – 2 StR 518/73 – BGHSt 25, 244 = NJW 1974, 324 (Anm. Demuth NJW 1974, 757; Rudolphi JR 1974, 293); KG U. v. 30.06.1977 – (2) Ss 10/77 (24/77) (Anm. Willms JR 1978, 78); OLG Hamburg B. v. 03.09.1980 – 2 Ss 170/80 – NJW 1981, 237 (Anm. Bottke JA 1981, 695; Hassemer JuS 1981, 462; Rudolphi JR 1981, 384).

> **Beispiel 141**
>
> **BGH U. v. 07.09.1982 – 5 StR 557/82 – NStZ 1982, 464 (Anm. Geilen JK 1983 StGB vor § 153/1):**
> B wurde als Zeuge in einem Rechtsstreit über den Inhalt von Kaufverhandlungen vom LG Lüneburg eidlich vernommen. Um seine Glaubwürdigkeit zu überprüfen, fragte der Prozessbevollmächtigte der Beklagten, ob er auch in anderen Zivilverfahren seines Arbeitgebers als Zeuge ausgesagt habe. Das bestätigte B und erwähnte dabei, dass er auch in diesen Fällen wahrheitsgemäß ausgesagt habe. Dieser Aussage fügte er hinzu: „Sechs oder sieben andere Zeugen haben in diesem Rechtsstreit in ihrer Vernehmung das gleiche bekundet, wie ich auch". ◄

Vernehmungsgegenstand ist hier der Inhalt von Kaufverhandlungen. Bei der Bekundung, die sich auf vorangegangene Zeugentätigkeit des B bezieht, handelt es sich nicht um eine Aussage i. S. d. § 153 StGB.

Ganz zweifelsfrei ist dies aber in Fällen nicht, in denen die Tatsache im konkret interessierenden Verfahren verwertbar ist und auch als entscheidungserheblich in Betracht kommt; hier ist das Rechtsgut in Gestalt einer zutreffenden Tatsachenfeststellung sehr wohl (abstrakt) gefährdet.[18]

(b) Sachverständige
Bei Sachverständigen erstreckt sich die Wahrheitspflicht nicht auf die Angaben zur Person; bzgl. den Angaben zur Sache reicht die Wahrheitspflicht genauso weit wie bei Zeugen.[19]

(4) Verfahrensverstöße

▶ **Didaktischer Aufsatz**
  • Geppert, Welche Bedeutung hat die Nichtbeachtung strafprozessualer Vorschriften für die Strafbarkeit nach den §§ 153 ff StGB? Jura 1988, 496

Die materiellrechtliche Relevanz von aussagebezogenen **Verfahrensverstößen** (z. B. Verstöße gegen §§ 52 II, 55 II, 72, 76 StPO) ist umstritten.[20]

---

[18] Zöller, in: SK-StGB, 9. Aufl. 2019, § 153 Rn. 17.
[19] Zöller, in: SK-StGB, 9. Aufl. 2019, § 153 Rn. 19.
[20] Hierzu Schneider GA 1956, 337; Fuhrmann GA 1960, 161; Rudolphi GA 1969, 129; Geppert Jura 1988, 496; aus der Rspr. vgl. BGH U. v. 01.06.1988 – 2 StR 141/88 – NJW 1988, 2391 = NStZ 1988, 497 = StV 1988, 427 (Anm. Heusel JR 1989, 428); BGH U. v. 08.08.1989 – 1 StR 296/89 – NStZ 1989, 526 = StV 1989, 477; OLG Karlsruhe B. v. 03.04.1989 – 1 Ss 53/89 – StV 1989, 347; BGH B. v. 03.05.1991 – 3 StR 98/91 (Anm. Otto JK 1992 StGB vor § 153ff/2); OLG Karlsruhe U. v. 20.06.2002 – 3 Ss 120/01 – StV 2003, 505 (Anm. Müller StV 2003, 506; LL 2004, 43); BGH B. v. 13.02.2004 – 2 StR 408/03 – NStZ 2005, 33 = StV 2004, 482.

Beispiel 142

OLG Karlsruhe U. v. 20.06.2002 – 3 Ss 120/01 – StV 2003, 505 (Anm. Müller StV 2003, 506; LL 2004, 43):

B sagte in einem Strafverfahren gegen Z am 08.06.2000 als Zeugin in der Hauptverhandlung vor dem Amtsgericht Ü. wahrheitswidrig aus, Z habe nach der Fahrt mit dem Pkw eine Flasche Rotwein allein und ein Glas Schnaps zusammen mit ihr getrunken. B wurde vor der Vernehmung nicht prozessordnungsgemäß über ihr Auskunftsverweigerungsrecht nach § 55 I StPO belehrt. ◄

---

§ 55 StPO (Auskunftsverweigerungsrecht)
(1) Jeder Zeuge kann die Auskunft auf solche Fragen verweigern, deren Beantwortung ihm selbst oder einem der in § 52 Abs. 1 bezeichneten Angehörigen die Gefahr zuziehen würde, wegen einer Straftat oder einer Ordnungswidrigkeit verfolgt zu werden.
(2) Der Zeuge ist über sein Recht zur Verweigerung der Auskunft zu belehren.

Wenn dadurch ein Verfahrensverstoß vorliegt, dass B vor der Vernehmung nicht ordnungsgemäß über ihr Auskunftsverweigerungsrecht nach § 55 I StPO belehrt wurde, kann B sich trotzdem nach § 153 StGB strafbar gemacht haben?

Die Rspr.[21] und die h. L.[22] möchten Verfahrensverstöße, die nicht das Gewicht der Missachtung elementarer Rechtsprinzipien (wie Fälle des § 136a StPO, Vernehmungen durch unzuständige Stellen) erreichen, lediglich auf **Strafzumessungsebene** berücksichtigen. Verstöße gegen § 55 II StPO z. B. werden in diesem Sinne nicht für hinreichend gravierend erachtet, um eine Ausnahme von dieser Strafzumessungslösung zu gebieten.[23]

Teile der Lehre[24] fordern eine obligatorische Anwendung des Aussagenotstands gem. § 157 I StGB in diesem Fall.

---

[21] S. o.
[22] S. Eisele, BT I, 6. Aufl. 2021, Rn. 1368.
[23] S. OLG Karlsruhe U. v. 20.06.2002 – 3 Ss 120/01 – StV 2003, 505.
[24] Müller, in: MK-StGB, 4. Aufl. 2021, § 153 Rn. 33.

Andere[25] stellen auf die **Unverwertbarkeit** der Aussage ab (Beweisverwertungsverbot[26]) – eine bzgl. § 55 II StPO wiederum strittige[27] Frage; lediglich das Verwertungsverbot im späteren Strafverfahren gegen den ursprünglichen Zeugen ist unstrittig.[28]

Denkbar wäre auch, durchweg zu einem **Tatbestandsausschluss** zu gelangen, zumindest wenn – wie im Beispiel[29] – die Verfahrensnorm den Zeugen schützen soll.[30]

Die h. M. hat den Vorteil, dass sie das Gewicht eines Verfahrensverstoßes flexibel innerhalb des deliktischen Strafrahmens berücksichtigen kann. Ferner berücksichtigt sie das Rechtsgut insofern, als bei nicht erkanntem Verfahrensverstoß das Gericht die falsche Tatsache zu Grunde legt und sich die abstrakte Gefährlichkeit der Falschaussage realisiert. Die h. M. vermeidet überdies Rechtsunsicherheiten bei der Differenzierung nach einzelnen, prozessual oft ihrerseits im Telos und in den Rechtsfolgen umstrittenen Verfahrensverstößen (Schutzzweck? Verwertbarkeit?), wobei sie freilich inkonsequent und doch wieder vage agiert, als sie eben in bestimmten Fällen krasser Verstöße (v. a. § 136a StPO, aber auch § 68a StPO[31]) Ausnahmen zulässt.

Entgegen der h. M. muss aber die prozessuale Verwertbarkeit der Aussage den Ausschlag geben: Der Gleichlauf von relevanter prozessualer Fehlerhaftigkeit und Tatbestandsausschluss passt nicht nur zum Gedanken der Einheit der Rechtsordnung, zumal eine materiell-rechtlich schmerzende Konsequenz eine strikte Beachtung der strafprozessualen Normen fördern würde. Auch gebietet der Umfang der Schutzwürdigkeit des Rechtsguts diese Konsequenz: Bei erkannten, aber auch bei unerkannten Verfahrensfehler, bei denen das Gericht unverwertbare Tatsachen zugrunde legt, ist der justizielle Verantwortungsbereich in einem Maße angesprochen, dass eine alleinige Zuschreibung zu dieser Sphäre richtig ist, m. a. W. ist die Rechtspflege insofern kein zu schützendes Rechtsgut mehr. Soweit man so an das seinerseits oft kontrovers diskutierte Prozessrecht anknüpft, ist dies hinzunehmen und zudem richtiger *sedes materiae*. Immerhin erzeugt eine Gleichbehandlung aller ausdrücklichen und durch Auslegung gewonnenen Beweisverwertungsverbote eine gewisse Rechtssicherheit. Bedenkliche Strafbarkeitslücken entstehen angesichts nicht selten mitverwirklichter anderer Delikte nicht.

---

[25] Vormbaum, in: NK-StGB, 6. Aufl. 2023, § 153 Rn. 32; Geppert Jura 1988, 496 (498).

[26] Zu strafprozessualen Beweisverwertungsverboten didaktisch Fezer JuS 1977, 234, 382, 520, 669 und 813, JuS 1978, 104, 325, 472, 612 und 765, JuS 1979, 35 und 186; Blau Jura 1993, 513; Störmer Jura 1994, 393 und 621; Rose/Witt JA 1997, 762; Rose/Witt JA 1998, 400; Schroth JuS 1998, 969; Meyer-Mews JuS 2004, 39 und 126; Finger JA 2006, 529; Effer-Uhe Jura 2008, 335; Beulke Jura 2008, 653; Hombrecher JA 2016, 457.

[27] S. zsf. Meyer-Goßner/Schmitt, StPO, 66. Aufl. 2023, § 55 Rn. 17f.; Rössner/Safferling, 30 Probleme aus dem Strafprozessrecht, 4. Aufl. 2020, 19. Problem; aus der Rspr. vgl. OLG Jena B. v. 09.02.2011 – 1 Ss 113/10 – NStZ-RR 2011, 279 (Anm. Mühlenfeld jurisPR-StrafR 13/2011 Anm. 2).

[28] S. nur Meyer-Goßner/Schmitt, StPO, 66. Aufl. 2023, § 55 Rn. 17; aus der Rspr. vgl. BayObLG B. v. 16.05.2001 – 2 St RR 48/01 – StV 2002, 179.

[29] Statt aller Meyer-Goßner/Schmitt, StPO, 66. Aufl. 2023, § 55 Rn. 1.

[30] S. die Schutzzwecklehre bei Müller, in: MK-StGB, 4. Aufl. 2021, § 153 Rn. 30ff.

[31] Vormbaum, in: NK-StGB, 6. Aufl. 2023, § 153 Rn. 34; aus der Rspr. vgl. BGH B. v. 03.05.1991 – 3 StR 98/91 (Anm. Otto JK 1992 StGB vor § 153ff/2).

B. Aussagestraftaten, §§ 153ff. StGB

(5) Vollendung; Berichtigung

Vollendet ist die Aussage, wenn die Vernehmung abgeschlossen ist, d. h. wenn der Vernehmende zu verstehen gibt, dass vom Aussagenden keine weiteren Angaben mehr erwartet werden und zugleich der Vernommene seinerseits erkennen lässt, dass er nichts mehr bekunden und seine bisherige Aussage als solche gelten lassen will.[32]

Eine **einheitliche Vernehmung** kann sich auch über mehrere Verhandlungstermine erstrecken (z. B. bei nach § 229 StPO unterbrochener Hauptverhandlung); dies ist zu unterscheiden von mehrmaliger angeordneter, jeweils – vermeintlich – abschließender Vernehmung.[33]

Berichtigt vor Abschluss der Vernehmung der Aussagende seine Angaben, so ist der Tatbestand nicht erfüllt.[34] Da der Versuch straflos ist, wird der Aussagende für seine vorherigen Falschangaben nicht belangt.

cc) Falsch

▶ **Didaktische Aufsätze**
- Otto, Die falsche Aussage i. S. der §§ 153ff. StGB, Jura 1985, 389
- Wolf, Falsche Aussage, Eid und eidesgleiche Beteuerungen, JuS 1991, 177

(1) Allgemeines
Tathandlung ist eine *falsche* Aussage.
Der Maßstab für die Falschheit einer Aussage ist umstritten.[35]

Beispiel 143

BGH U. v. 16.12.1954 – 3 StR 493/54 – BGHSt 7, 147 = NJW 1955, 430 (Anm. Kühl, Höchstrichterliche Rspr. BT, 2002, Nr. 10):
B war z. Z. der Leistung des Offenbarungseides Eigentümer eines in seinem Besitz befindlichen Pkw Mercedes 170 V. B führte den Wagen im Vermögensverzeichnis nicht an und beschwor gleichwohl die Vollständigkeit des Verzeich-

---

[32] Eisele, BT I, 6. Aufl. 2021, Rn. 1365; aus der Rspr. vgl. zuletzt BGH U. v. 22.12.2020 – 1 StR 165/19 – NStZ-RR 2021, 175 (Anm. LL 2021, 610; Hübner HRRS 2021, 464); BGH U. v. 14.07.2022 – 6 StR 227/21 – NStZ-RR 2022, 306.
[33] Eisele, BT I, 6. Aufl. 2021, Rn. 1365; aus der Rspr. vgl. BGH U. v. 10.03.1953 – 1 StR 40/53 – BGHSt 4, 172 = NJW 1953, 1191 (Anm. Mezger JZ 1953, 734); OLG München B. v. 20.09.1967 – Ws 652/67 – NJW 1967, 2219; BGH B. v. 30.03.1984 – 2 StR 132/84 – NStZ 1984, 418 = StV 1984, 318.
[34] Kindhäuser/Hilgendorf, LPK, 9. Aufl. 2022, § 153 Rn. 6; näher Vormbaum JR 1989, 133; aus der Rspr. vgl. zuletzt BGH U. v. 14.07.2022 – 6 StR 227/21 – NStZ-RR 2022, 306.
[35] Hierzu Hillenkamp/Cornelius, 40 Probleme aus dem Strafrecht BT, 13. Aufl. 2020, 10. Problem; Schneider JR 1955, 57; Gallas GA 1957, 315; Dedes JR 1977, 441; Otto Jura 1985, 389; Paulus GS Küchenhoff 1987, 435; Wolf JuS 1991, 177; Kaufmann FS Baumann 1992, 119; Hilgendorf GA 1993, 547; Kargl GA 2003, 791; Stein FS Rudolphi 2004, 553; aus der Rspr. vgl. OLG Koblenz B. v. 14.07.1983 – 2 Ss 88/83 – NStZ 1984, 551 (Anm. Bohnert JR 1984, 425; Sonnen JA 1985, 171); BGH B. v. 29.11.1989 – 3 StR 398/89 – StV 1990, 110; BGH 4 StR 501/94; OLG München B. v. 04.03.2009 – 5 St RR 38/09 – NJW 2009, 3043 = NStZ 2010, 219 (Anm. famos 11/2009).

nisses gemäß § 807 ZPO, er fügte hinzu, er habe sein Vermögen „nach bestem Wissen" angegeben. ◄

Unter der – unwahrscheinlichen – Voraussetzung, dass B sich bei der Anfertigung des Vermögensverzeichnisses tatsächlich des Mercedes nicht gewahr war: Hat B, als er die Vollständigkeit des Verzeichnisses beschwor, wahr ausgesagt, weil die Behauptung nach seiner Vorstellung zutraf, oder falsch ausgesagt, weil sie tatsächlich nicht stimmte?

In Teilen der Lehre[36] wird eine sog. **subjektive Lehre** vertreten, nach der es allein auf die Vorstellung der Wahrheitswidrigkeit beim Täter ankomme.
Die Rspr.[37] und die h. L.[38] hingegen verlangen einen **objektiven** Widerspruch zur Wahrheit.
Nach einer sog. **Pflichtlehre**[39] soll die Aussage falsch im Sinne der Norm sein, wenn die wahrheitsgemäße Aussage von dem Zeugen als pflichtgemäße Äußerung erwartet werden konnte; dies liege vor allem dann vor, wenn er die Aussage nach kritischer Prüfung seiner Erinnerung und Wahrnehmungen so nicht gemacht hätte.
In einer Variante bzw. Synthese wird insofern zusätzlich zum vorhandenen auf das objektiv **tatsächlich erreichbare Wissen** (z. B. aufgrund Gedächtnisanspannung, Konzentration, ggf. Vorbereitung durch Verschaffung und Kenntnisnahme von Unterlagen) abgestellt.[40]
Natürlich liegt es zunächst auf der Hand, ein objektiv formuliertes und im objektiven Tatbestand zu prüfendes Merkmal auch i. S. e. objektiven Falschheit der Aussage zu verstehen. Die subjektive Lehre lässt bestimmte Bereiche des Versuchs zur Vollendung werden. Ohne Zweifel sind objektiv der Wirklichkeit widersprechende Aussagen ohne Weiteres falsch. Nicht außer Acht bleiben darf aber, was genau die prozessuale Verfahrensrolle verlangt: Gem. z. B. § 64 I, II StPO (ähnlich § 392 ZPO; für Sachverständige s. z. B. §§ 79 II StPO, 410 I ZPO) ist es Pflicht des Zeugen „nach bestem Wissen die reine Wahrheit gesagt" zu haben. Dieses *beste* Wissen spricht in der Tat dafür, Optimalität i. S. e. bestmöglich erreichbaren Wissensstands abzuverlangen. Dies ist auch nicht zwingend deckungsgleich mit der Frage der Fahrlässigkeit (s. den Fahrlässigkeitstatbestand des § 161 StGB), denn ein objektiv optimal erreichbares Wissen nicht zu erzielen, ist nicht zwingend objektiv und subjektiv vom Täter fahrlässig (hierzu s. im Allgemeinen Teil). Angesichts aber eben des Erfordernisses von Vorsatz (in § 153 StGB) bzw. Fahrlässigkeit (in § 161 StGB, allerdings nicht bzgl. § 153 StGB) sind praktisch werdende Unterschiede kaum auszumachen.
Unproblematisch tatbestandsmäßig handelt gewiss der Zeuge, der wider besseres aktuelles Wissen bewusst lügt. Erfasst ist dabei auch der Fall, dass der Zeuge bzgl. des Grades der (Un-)Sicherheit des Erlebnisbildes die Unwahrheit sagt.

---

[36] Gallas GA 1957, 315.
[37] S. o.
[38] S. nur Kindhäuser/Hilgendorf, LPK, 9. Aufl. 2022, vor § 153 Rn. 7.
[39] Otto JuS 1984, 161.
[40] Zöller, in: SK-StGB, 9. Aufl. 2019, § 153 Rn. 24ff.

B. Aussagestraftaten, §§ 153ff. StGB

Bzgl. Sachverständigen geht es v. a. um Verstöße gegen den Stand der Wissenschaft und eine Zugrundelegung nicht vorhandener Tatsachen für das Gutachten.

Jedenfalls bei einiger Erheblichkeit kann auch in einer bloßen **Übertreibung** (z. B. zur Intensität einer Körperverletzung) eine falsche Aussage liegen.[41]

Bisweilen gibt der Täter mehrere konträre Aussagen ab, bzgl. derer unklar bleibt, welche der Wahrheit entspricht; dies ist ein Fall der sog. **unechten Wahlfeststellung**, s. im Allgemeinen Teil.

Ob das Gericht die Aussage als falsch erkennt oder nicht, ist einerlei.

(2) Verschweigen; unvollständige Aussage

Das Verschweigen einer erheblichen Tatsache kann eine Falschaussage sein, selbst wenn der Täter nicht dazu befragt wurde[42] (vgl. auch § 64 I, II StPO: „und nichts verschwiegen haben"). Hierfür muss allerdings die verschwiegene Tatsache erkennbar **Gegenstand** der Vernehmung und zudem für die konkrete Beweisfrage entscheidungserheblich gewesen sein. Ferner muss der Aussagende seine Aussage **als vollständige ausgeben**, sodass es keine Falschaussage ist, wenn er sich explizit weigert, eine Angabe zu machen.

Klargestellt sei, dass es nicht um eine Strafbarkeit wegen unechten Unterlassens (§ 13 StGB) geht, sondern man dem Aussagenden vielmehr in Gestalt ein **aktives Tun** vorwirft, nementlich in Gestalt seiner unvollständigen und deswegen für die zutreffende Tatsachenfeststellung (abstrakt) gefährlichen Aussage.

dd) Vor Gericht oder vor einer anderen zur eidlichen Vernehmung von Zeugen oder Sachverständigen zuständigen Stelle (§ 153 I StGB) oder § 162 StGB

Die Aussage muss (als Adressat) „vor Gericht oder vor einer anderen zur eidlichen Vernehmung von Zeugen oder Sachverständigen zuständigen Stelle" erfolgen.[43] Erweitert wird dies in § 162 StGB.

(1) Gericht

Gerichte sind z. B. Strafgerichte (Eideszuständigkeit gem. § 59 StPO) oder Zivilgerichte. (Eideszuständigkeit gem. § 391 ZPO). Irrelevant ist, ob das Gericht auch in der konkreten Verfahrensart eidlich vernehmen darf, die generelle Zuständigkeit zur eidlichen Vernehmung reicht aus.[44]

Schiedsgerichte nach §§ 1025ff. ZPO sind nicht gemeint.

Als Gericht gilt i. F. d. §§ 3, 4 RPflG auch der Rechtspfleger.[45]

---

[41] Bosch/Schittenhelm, in: Schönke/Schröder, StGB, 30. Aufl. 2019, vor § 153 Rn. 15; aus der Rspr. vgl. OLG München B. v. 04.03.2009 – 5 St RR 38/09 – NJW 2009, 3043 = NStZ 2010, 219 (Anm. famos 11/2009).

[42] Kindhäuser/Hilgendorf, LPK, 9. Aufl. 2022, vor § 153 Rn. 11; aus der Rspr. vgl. zuletzt BGH B. v. 23.11.2020 – 5 StR 172/20 – NStZ 2021, 486 = StV 2021, 431 (Anm. RÜ 2021, 372; Eisenberg NStZ 2021, 487).

[43] Hierzu etwa Fischer, StGB, 71. Aufl. 2024, § 153 Rn. 7f.

[44] Eisele, BT I, 6. Aufl. 2021, Rn. 1348.

[45] Eisele, BT I, 6. Aufl. 2021, Rn. 1348; aus der Rspr. vgl. OLG Hamburg U. v. 10.01.1984 – 1 Ss 26/83 – NJW 1984, 935 (Anm. Geilen JK 1984 StGB § 153/1).

(2) Andere zur eidlichen Vernehmung von Zeugen oder Sachverständigen zuständige Stelle
Eine andere zur eidlichen Vernehmung von Zeugen oder Sachverständigen zuständige Stelle ist z. B. das Patentamt (§ 46 PatG), ferner etwa Konsularbeamte oder Notare (in den Grenzen des § 22 I BnotO).

Nicht zu solchen Stellen gehören insbesondere **Polizei** und **Staatsanwaltschaft**, was aus den §§ 161a I 3, 163 III 3 und 163a StPO zu schließen ist,[46] ein häufiger

> **§ 162 StGB (Internationale Gerichte; nationale Untersuchungsausschüsse)**
> (1) Die §§ 153 bis 161 sind auch auf falsche Angaben in einem Verfahren vor einem internationalen Gericht, das durch einen für die Bundesrepublik Deutschland verbindlichen Rechtsakt errichtet worden ist, anzuwenden.
> (2) Die §§ 153 und 157 bis 160, soweit sie sich auf falsche uneidliche Aussagen beziehen, sind auch auf falsche Angaben vor einem Untersuchungsausschuss eines Gesetzgebungsorgans des Bundes oder eines Landes anzuwenden.

Fehler in Fallbearbeitungen.

(3) Internationale Gerichte; nationale Untersuchungsausschüsse, § 162 StGB
Im Hinblick auf internationale Gerichte und nationale Untersuchungsausschüsse gilt § 162 StGB.[47]

(a) Internationale Gerichte, § 162 I StGB
Vor dem Hintergrund, dass § 153 StGB grundsätzlich nur die nationale Rechtspflege schützt, s. o., handelt es sich um eine explizite tatbestandliche Erweiterung.

Missverständlich ist der nur hier verwendete Begriff der „falschen Angaben"; es handelt sich aber lediglich um einen Oberbegriff für sämtliche Tathandlungen der §§ 153–161 StGB, sodass es keinen eigenen Einfluss des § 162 I StGB auf die Auslegung der weiteren Tatbestandsmerkmale des § 153 StGB gibt.[48] Gemeint sind ferner nur falsche Angaben i. R. d. Tatsachenermittlung („in einem Verfahren" ist hier missverständlich weit).[49]

„Verfahren vor einem internationalen Gericht, das durch einen für die Bundesrepublik Deutschland verbindlichen Rechtsakt errichtet worden ist" gibt es z. B. beim EuGH, EuG, EGMR, IGH, ISGH, IStGH oder den ad-hoc-Tribunalen der UN für das ehemalige Jugoslawien oder Ruanda.[50]

Klargestellt sei, dass § 162 I StGB nicht davon entbindet, dass die Anwendbarkeit des deutschen Strafrecht nach den §§ 3ff. StGB gegeben sein muss.

---

[46] Eisele, BT I, 6. Aufl. 2021, Rn. 1349.
[47] Hierzu Vormbaum JZ 2002, 166; Rixen JZ 2002, 435; Sinn NJW 2008, 3526; Peters StraFo 2009, 96; Brocker JZ 2011, 716; Peters NStZ 2021, 129.
[48] Zöller, in: SK-StGB, 9. Aufl. 2019, § 162 Rn. 8.
[49] Müller, in: MK-StGB, 4. Aufl. 2021, § 162 Rn. 6.
[50] Bosch/Schittenhelm, in: Schönke/Schröder, StGB, 30. Aufl. 2019, § 162 Rn. 3.

(b) Nationale Untersuchungsausschüsse, § 162 II StGB
Aufgrund dieser Erweiterung wird das Rechtsgut auf die Wahrheitsfindung parlamentarischer Untersuchungsausschüsse und somit den Zweck des jeweiligen Untersuchungsausschusses ausgedehnt.[51]

„Untersuchungsausschuss eines Gesetzgebungsorgans des Bundes oder eines Landes" sind die parlamentarischen Untersuchungsausschüsse nach Art. 44 GG bzw. entsprechendem Landesverfassungsrecht.[52]

Der Betroffene eines Untersuchungsausschusses kann § 153 StGB nicht verwirklichen, da er nicht mit einem Zeugen oder Sachverständigen vergleichbar ist, sondern eher mit einem Beschuldigten.[53]

(4) Vor: Unmittelbarkeit
Die Aussage muss *vor* Gericht bzw. der Stelle erfolgen; hieraus ergibt sich – neben der Auslegung bereits des Worts „aussagt", s. o., dass die Bekundung unmittelbar gegenüber dem Vernehmenden erfolgen muss, sodass – abgesehen von der Ausnahme in § 186 GVG für bestimmte behinderte Personen – eingereichte Schriftstücke oder die Einschaltung anderer Menschen keine Aussage vor Gericht etc. darstellt.

b) Subjektiver Tatbestand
Gem. § 15 StGB ist Vorsatz erforderlich.

4. Rechtswidrigkeit
Es gelten die allgemeinen Grundsätze.

5. Schuld
Es gelten die allgemeinen Grundsätze.

6. Rechtsfolgen

a) Allgemeines
§ 153 StGB sieht Freiheitsstrafe von drei Monaten bis zu fünf Jahren vor.

b) Aussagenotstand (und uneidliche Falschaussagen nicht Eidesmündiger), § 157 StGB

aa) Allgemeines
Entgegen der unvollständigen amtlichen Gesetzesüberschrift enthält § 157 I und II StGB *zwei verschiedene Fälle*, in denen dem Gericht eine Milderung oder Absehen von Strafe i. F. d. §§ 153, 154 StGB ermöglicht; diese sind ggf. nach der Schuld bei den Rechtsfolgen anzusprechen.

---

[51] Zöller, in: SK-StGB, 9. Aufl. 2019, § 162 Rn. 13.
[52] Bosch/Schittenhelm, in: Schönke/Schröder, StGB, 30. Aufl. 2019, § 162 Rn. 4.
[53] Müller, in: MK-StGB, 4. Aufl. 2021, § 162 Rn. 12.

> **§ 157 StGB (Aussagenotstand)**
> (1) Hat ein Zeuge oder Sachverständiger sich eines Meineids oder einer falschen uneidlichen Aussage schuldig gemacht, so kann das Gericht die Strafe nach seinem Ermessen mildern (§ 49 Abs. 2) und im Falle uneidlicher Aussage auch ganz von Strafe absehen, wenn der Täter die Unwahrheit gesagt hat, um von einem Angehörigen oder von sich selbst die Gefahr abzuwenden, bestraft oder einer freiheitsentziehenden Maßregel der Besserung und Sicherung unterworfen zu werden.
> (2) Das Gericht kann auch dann die Strafe nach seinem Ermessen mildern (§ 49 Abs. 2) oder ganz von Strafe absehen, wenn ein noch nicht Eidesmündiger uneidlich falsch ausgesagt hat.

bb) Aussagenotstand (i. e. S.), § 157 I StGB

(1) Allgemeines
§ 157 I StGB[54] regelt den Aussagenotstand. Die Norm trägt dem Zwiespalt Rechnung, in den derjenige Zeuge oder Sachverständige gerät, der bei wahrheitsgemäßer Aussage sich oder einen Angehörigen der Gefahr der Bestrafung aussetzen müsste.[55]

Der Gesetzgeber des StGB geht insofern – zutreffend – davon aus, dass die Vorschriften der StPO (insbesondere etwa die §§ 55 StPO, 384 Nr. 2 ZPO, Glaubhaftmachung erforderlich, §§ 56, 386 I ZPO) nicht zur umfassenden Berücksichtigung der in Betracht kommenden Zwangslagen genügen.

(2) Persönlicher Anwendungsbereich
Die Norm gilt für Zeugen und Sachverständige.

Für den Teilnehmer einer Falschaussage eines anderen ist § 157 I StGB nicht anwendbar.[56] Hier fehlt aufgrund mangelnder Aussagepflicht der Zwiespalt.

(3) Sachlicher Bezugspunkt: Gefahr, bestraft oder einer freiheitsentziehenden Maßregel der Besserung und Sicherung unterworfen zu werden.
Nur drohende **Strafe** und **freiheitsentziehende Maßregeln** sind erfasst.

Die Gefahr einer strengeren Bestrafung genügt.[57]

---

[54] Hierzu Seibert NJW 1961, 1055; Bemmann FS Mayer 1966, 485.

[55] Bosch/Schittenhelm, in: Schönke/Schröder, StGB, 30. Aufl. 2019, § 157 Rn. 1; aus der Rspr. vgl. OLG Stuttgart U. v. 19.12.1977 – 3 Ss (3) 606/77 – NJW 1978, 711 (Anm. Hassemer JuS 1978, 352); BGH U. v. 24.06.1980 – 1 StR 36/80 – BGHSt 29, 298 = NJW 1980, 2264 (Anm. Geilen JK 1980 StGB § 157/1).

[56] Joecks/Jäger, StGB, 13. Aufl. 2021, § 157 Rn. 3; aus der Rspr. vgl. BGH U. v. 02.11.1954 – 2 StR 281/54 – BGHSt 7, 2 = NJW 1955, 111; LG Dortmund U. v. 28.09.1955 – 11 KLs 20/55 – NJW 1956, 721 (Anm. Lürken NJW 1956, 721; Seibert NJW 1956, 1082).

[57] Fischer, StGB, 71. Aufl. 2024, § 157 Rn. 5; aus der Rspr. vgl. OLG Celle U. v. 05.06.1959 – 3 Ss 376/59 – NJW 1959, 1697; BGH U. v. 24.06.1980 – 1 StR 36/80 – BGHSt 29, 298 = NJW 1980, 2264 (Anm. Geilen JK 1980 StGB § 157/1).

Zur **Gefahr** vgl. im Allgemeinen Teil bei den §§ 34, 35 StGB.

Es muss nach allgemeiner Lebenserfahrung aufgrund der richtigen Bekundung über das, was in der Aussage falsch ist, mit Strafe etc. zu rechnen sein, woran es mangelt, wenn eine solche völlig fern liegt.[58]

Ob der Aussagende den Aussagenotstand selbst **verschuldet** hat (z. B. durch Nichtnutzung eines Aussage- oder Auskunftsverweigerungsrechts) ist irrelevant – mangels Berücksichtigung im Wortlaut oder auch e contrario § 35 I 2 StGB.[59] Ohnehin aber handelt es sich um eine Kann-Vorschrift, beim Ermessen ist zu berücksichtigen, dass sich der Aussagende in keiner ausweglosen Zwangslage befand.

Beispiel 144

BGH B. v. 23.03.1993 – 4 StR 100/93 – StV 1995, 250 (Anm. Geppert JK 1996 StGB § 157/4):

B war im Ermittlungsverfahren gegen Z nach ordnungsgemäßer Zeugenbelehrung und nach einem Hinweis auf das Auskunftsverweigerungsrecht des § 55 StPO als Zeuge richterlich vernommen worden. Er sagte hierbei falsch aus. ◄

Für B greift der Aussagenotstand, obwohl er von § 55 StPO keinen Gebrauch gemacht hat. Eine andere Frage ist, ob das Gericht von der Rechtsfolgemöglichkeit Gebrauch macht.

Die Gefahr muss **vor der Aussage** bestanden haben. Nicht anwendbar ist § 157 I StGB daher, wenn die Gefahr der Bestrafung erst durch die Falschaussage selbst begründet wird.[60] Insbesondere darf die Notstandsaussage nicht mit einer zu verdeckenden Vor-Aussage tatidentisch sein.

(4) Um … zu: Gefahrabwendungs*absicht*

Entscheidend ist bei alledem allein das **Vorstellungsbild** des Täters („um …. zu": Absicht), bei wahrheitsgemäßer Aussage die Bestrafung wegen eines vorausgegangenen Verhaltens befürchten zu müssen; auf das objektive (Nicht-)Vorhandensein einer solchen Gefahr kommt es dabei nicht an.[61]

---

[58] Bosch/Schittenhelm, in: Schönke/Schröder, StGB, 30. Aufl. 2019, § 157 Rn. 7; a.A. Vormbaum, in: NK-StGB, 6. Aufl. 2023, § 157 Rn. 19.

[59] Eisele, BT I. 6. Aufl. 2021, Rn. 1412; aus der Rspr. vgl. BGH B. v. 13.02.2004 – 2 StR 408/03 – NStZ 2005, 33 = StV 2004, 482; BGH B. v. 11.10.2006 – 4 StR 340/06 – NStZ-RR 2007, 40 = StV 2007, 131; BGH B. v. 26.07.2007 – 4 StR 239/07 – NStZ 2008, 91; BGH B. v. 26.07.2007 – 4 StR 240/07 – NStZ-RR 2008, 9 (Anm. Geppert JK 2008 StGB § 157/5; Kudlich JA 2008, 233).

[60] H. M., s. Eisele, BT I, 6. Aufl. 2021, Rn. 1413; aus der Rspr. vgl. BGH B. v. 23.03.1993 – 4 StR 100/93 – StV 1995, 250 (Anm. Geppert JK 1996 StGB § 157/4); BayObLG B. v. 25.04.1996 – 5 St RR 45/96 – NJW 1996, 2244 = NStZ 1997, 34; BGH U. v. 20.07.1999 – 1 StR 668/98 – NJW 2000, 154 = NStZ 2000, 37 = StV 2000, 487 (Anm. Gehrlein NJW 2000, 1089); BGH B. v. 11.10.2006 – 4 StR 340/06 – NStZ-RR 2007, 40 = StV 2007, 131.

[61] Eisele, BT I, 6. Aufl. 2021, Rn. 1410; aus der Rspr. vgl. BayObLG B. v. 25.04.1996 – 5 St RR 45/96 – NJW 1996, 2244 = NStZ 1997, 34; BGH B. v. 26.07.2007 – 4 StR 239/07 – NStZ 2008, 91; BGH B. v. 26.07.2007 – 4 StR 240/07 – NStZ-RR 2008, 9 (Anm. Geppert JK 2008 StGB § 157/5; Kudlich JA 2008, 233).

Die Abwendung von Bestrafung muss nicht das einzige oder auch nur das wesentliche Motiv sein.[62]

(5) Persönlicher Bezugspunkt: von einem Angehörigen oder von sich selbst
Die Gefahr muss dem **Täter selbst** oder einem **Angehörigen** i. S. d. § 11 I Nr. 1 StGB drohen.

Eine analoge Anwendung auf nicht eheliche Lebensgefährten scheidet richtigerweise schon mangels planwidriger Regelungslücke aus.[63]

> **Beispiel 145**
>
> **OLG Braunschweig B. v. 29.12.1993 – Ss 75/93 – NStZ 1994, 344 (Anm. Geppert JK 1995 StGB § 157/3; Hauf NStZ 1995, 35):**
> B sagte uneidlich wider besseres Wissen aus, ihr Lebensgefährte Z habe am 27.08.1990 auf der BAB A 39 einen Fiat-Kleinbus in deutlicher Entfernung vor einem Engpass und ordnungsgemäß auf der linken Fahrbahn überholt, während Z in Wahrheit in dem Engpass, und zwar rechts überholt und dadurch den Fahrer des Kleinbusses genötigt hat, mit einer Geschwindigkeit zwischen 60 km/h und 65 km/h zwischen 2 Baken hindurch auf den gesperrten Teil der Autobahn auszuweichen. ◄

Zwar ist der Gegenauffassung[64] zuzugeben, dass eine ausdehnende Handhabung sachgerecht ist, schließlich können auch in nicht rechtlich formalisierten Verhältnissen großer Nähe Loyalitätskonflikte entstehen und die Bedeutung außerehelicher Lebensgemeinschaften ist seit Schaffung der Norm gewiss stark gestiegen; jedoch ist es dem Gesetzgeber vorbehalten, die Norm entsprechend zu ändern. Von einer planwidrigen Regelungslücke, die methodisch zu einer Analogie berechtigt, kann keine Rede sein. Überdies dient ein formal gehandhabter Angehörigenbegriff der Rechtssicherheit. Auch ein systematischer Vergleich mit § 35 I 1 StGB, der gerade zwischen Angehörigen und sonst nahestehenden Personen unterscheidet, streitet für die h. M.

cc) Uneidliche Falschaussagen nicht Eidesmündiger, § 157 II StGB
Die Norm nimmt insbesondere die §§ 60 Nr. 1 StPO, 393 ZPO in Bezug.

Sofern auf den Täter freilich Jugendstrafrecht nach dem JGG anzuwenden ist, geht aufgrund des dortigen besonderen Sanktionenrechts § 157 II StGB ins Leere.

---

[62] Kindhäuser/Hilgendorf, LPK, 9. Aufl. 2022, § 157 Rn. 4; aus der Rspr. vgl. BGH B. v. 23.03.1993 – 4 StR 100/93 – StV 1995, 250 (Anm. Geppert JK 1996 StGB § 157/4); BGH B. v. 18.05.1993 – 1 StR 251/93 – StV 1995, 249; BGH B. v. 11.10.2006 – 4 StR 340/06 – NStZ-RR 2007, 40 = StV 2007, 131.

[63] H. M., s. Fischer, StGB, 71. Aufl. 2024, § 157 Rn. 9; aus der Rspr. vgl. BayObLG U. v. 25.06.1985 – RReg. 4 St 60/85 – NJW 1986, 202 (Anm. Otto JK 1986 StGB § 11 I Nr. 1/2; Hassemer JuS 1986, 409; Krümpelmann/Hensel JR 1987, 39); OLG Celle U. v. 13.08.1996 – 1 Ss 180/96 – NJW 1997, 1084.

[64] Etwa Müller, in: MK-StGB, 4. Aufl. 2021, § 157 Rn. 20; Geppert Jura 2002, 173 (180); Ostendorf JZ 1987, 335 (338).

c) Berichtigung einer falschen Angabe, § 158 StGB

▶ **Didaktischer Aufsatz**
- Eisele, Versuch, Rücktritt und Berichtigung der Aussage bei §§ 153 bis 156 StGB, JA 2011, 667

aa) Allgemeines
Zur tatbestandsausschließenden Berichtigung vor Abschluss der Vernehmung s. o.

§ 158 StGB ermöglicht eine Milderung oder ein Absehen von Strafe (dann als persönlicher Strafaufhebungsgrund[65]) i. F. d. §§ 153, 154, 156 StGB (auch bei Versuch[66]) und ist wie § 157 StGB nach der Schuld unter „Strafe" zu prüfen.

Die Norm beruht auf dem Gedanken der **tätigen Reue** als Ausgleich für einen frühen Vollendungszeitpunkt der in Bezug genommenen Delikte.[67]

> **§ 158 StGB (Berichtigung einer falschen Angabe)**
> (1) Das Gericht kann die Strafe wegen Meineids, falscher Versicherung an Eides Statt oder falscher uneidlicher Aussage nach seinem Ermessen mildern (§ 49 Abs. 2) oder von Strafe absehen, wenn der Täter die falsche Angabe rechtzeitig berichtigt.
> (2) Die Berichtigung ist verspätet, wenn sie bei der Entscheidung nicht mehr verwertet werden kann oder aus der Tat ein Nachteil für einen anderen entstanden ist oder wenn schon gegen den Täter eine Anzeige erstattet oder eine Untersuchung eingeleitet worden ist.
> (3) Die Berichtigung kann bei der Stelle, der die falsche Angabe gemacht worden ist oder die sie im Verfahren zu prüfen hat, sowie bei einem Gericht, einem Staatsanwalt oder einer Polizeibehörde erfolgen.

Die §§ 157 und 158 StGB sind nebeneinander anwendbar.[68]

bb) Persönlicher Anwendungsbereich
Eine Beschränkung auf bestimmte Aussagepersonen o. ä. enthält § 158 StGB nicht.
Die Norm ist auch auf Teilnehmer anwendbar.[69]

---

[65] Müller, in: MK-StGB, 4. Aufl. 2021, § 158 Rn. 2; aus der Rspr. vgl. BGH U. v. 10.03.1953 – 1 StR 40/53 – BGHSt 4, 172 = NJW 1953, 1191 (Anm. Mezger JZ 1953, 734).

[66] Fischer, StGB, 71. Aufl. 2024, § 158 Rn. 2; aus der Rspr. vgl. BGH U. v. 10.03.1953 – 1 StR 40/53 – BGHSt 4, 172 = NJW 1953, 1191 (Anm. Mezger JZ 1953, 734).

[67] Joecks/Jäger, StGB, 13. Aufl. 2021, § 158 Rn. 1; aus der Rspr. vgl. RG U. v. 13.01.1933 – I 1673/32 – RGSt 67, 81; BGH U. v. 02.02.1956 – 3 StR 412/55 – BGHSt 9, 99 = NJW 1956, 638; BGH U. v. 25.09.1962 – 1 StR 328/62 – NJW 1962, 2164.

[68] Aus der Rspr. vgl. BGH U. v. 10.03.1953 – 1 StR 40/53 – BGHSt 4, 172 = NJW 1953, 1191 (Anm. Mezger JZ 1953, 734).

[69] Eisele, BT I, 6. Aufl. 2021, Rn. 1417; aus der Rspr. vgl. zuletzt BGH B. v. 29.08.2017 – 4 StR 116/17 (Anm. Eisele JuS 2018, 81).

cc) Berichtigung

Eine Berichtigung setzt voraus, dass der Täter die falsche Aussage in allen nicht völlig nebensächlichen Punkten durch die Wahrheit ersetzt.[70] Ein Widerruf reicht nicht (mehr) aus. Es genügt, dass der Aussagende mit der Erklärung von seiner Sachdarstellung abrückt, etwas nicht oder nicht so gesagt zu haben, wenn er die falsche Aussage durch eine wahrheitsgemäße ersetzt – ein Schuldeingeständnis ist also nicht erforderlich.[71] Ausreichend ist es sogar, wenn der Täter die Falschaussage gesteht und dann von einem Zeugnis- oder Auskunftsverweigerungsrecht Gebrauch macht.[72]

Eine bestimmte Form ist nicht vorgeschrieben.

Auf eine Freiwilligkeit kommt es – anders als für einen Rücktritt vom Versuch nach § 24 StGB – nicht an.[73]

dd) Adressat, § 158 III StGB

Der Adressat der Berichtigung ergibt sich aus § 158 III StGB.

ee) Rechtzeitig (nicht verspätet), § 158 II StGB

Die Berichtigung muss rechtzeitig erfolgen, d. h. nicht i. S. d. § 158 II StGB verspätet dem Adressaten zugehen.[74] Hieran mangelt es in den in der Norm aufgeführten Fällen, bzgl. Einzelheiten sei auf die Kommentarliteratur verwiesen.

7. Teilnahme

▶ **Didaktische Aufsätze**
- Heinrich, Die strafbare Beteiligung des Angeklagten an falschen Zeugenaussagen JuS 1995, 1115
- Bartholme, Beihilfe zur Falschaussage durch Unterlassen, JA 1998, 204

---

[70] Kindhäuser/Hilgendorf, LPK, 9. Aufl. 2022, § 158 Rn. 2; aus der Rspr. vgl. BGH U. v. 02.02.1956 – 3 StR 412/55 – BGHSt 9, 99 = NJW 1956, 638; BGH U. v. 25.09.1962 – 1 StR 328/62 – NJW 1962, 2164; BGH U. v. 23.08.1966 – 5 StR 354/66 – BGHSt 21, 115 = NJW 1966, 2224; OLG Hamburg B. v. 03.09.1980 – 2 Ss 170/80 – NJW 1981, 237 (Anm. Bottke JA 1981, 695; Hassemer JuS 1981, 462; Rudolphi JR 1981, 384).

[71] Fischer, StGB, 71. Aufl. 2024, § 158 Rn. 5; aus der Rspr. vgl. OLG Hamburg B. v. 03.09.1980 – 2 Ss 170/80 – NJW 1981, 237 (Anm. Bottke JA 1981, 695; Hassemer JuS 1981, 462; Rudolphi JR 1981, 384).

[72] Joecks/Jäger, StGB, 13. Aufl. 2021, § 158 Rn. 4; aus der Rspr. vgl. BGH U. v. 14.05.1963 – 1 StR 148/63 – BGHSt 18, 348 = NJW 1963, 1461.

[73] H. E. Müller, in: MK-StGB, 4. Aufl. 2021, § 158 Rn. 15; aus der Rspr. vgl. RG U. v. 16.05.1924 – I 440/24 – RGSt 58, 184; RG U. v. 22.03.1926 – II 16/26 – RGSt 60, 159; RG U. v. 16.10.1928 – I 563/28 – RGSt 62, 303; BGH U. v. 10.03.1953 – 1 StR 40/53 – BGHSt 4, 172 = NJW 1953, 1191 (Anm. Mezger JZ 1953, 734).

[74] Hierzu Eisele, BT I, 6. Aufl. 2021, Rn. 1420ff.; aus der Rspr. vgl. zuletzt BGH B. v. 29.08.2017 – 4 StR 116/17 (Anm. Eisele JuS 2018, 81).

a) Allgemeines
Die Teilnahme an einer falschen uneidlichen Aussage folgt **allgemeinen Regeln**, insofern ist jedenfalls außerprozessuales Handeln durch **Außenstehende** unproblematisch.

b) Teilnahme durch Prozessbeteiligte
Schwierigkeiten wirft die Teilnahme durch Prozessbeteiligte auf, da sich der Bereich des für sie Erlaubten (vgl. auch die Ebene des erlaubten Risikos als Frage der objektiven Zurechnung bei Erfolgsdelikten) nach den Verfahrensordnungen richtet und durch eine Teilnahmestrafbarkeit Verfahrensrechte, im Strafprozess also insbesondere Beschuldigtenrechte (v. a. das auf Schweigen und Leugnen, vgl. § 136 I 2 StPO, sog. *nemo tenetur, se ipsum accusare*), nicht konterkariert werden dürfen.

Daher kann zum einen ein – auch **aktives** – **prozessadäquates** Verhalten nicht tatbestandsmäßig sein, sodass z. B. die bloße Benennung eines Zeugen, der nicht zur Falschaussage veranlasst wurde, mangels Setzung eines rechtlich missbilligten Risikos nicht erfasst ist (vgl. „neutrale" Teilnahme im Allgemeinen Teil).[75]

Erst bei **prozessordnungswidrigem** Verhalten kommt eine Strafbarkeit in Betracht, wobei allerdings der Grenzverlauf nicht selten umstritten ist. Im Zivilprozess wird die Problematik durch die Auslegung der Wahrheitspflicht gem. § 138 I ZPO geprägt.

Zum anderen gelten die prozessualen Rechte auch im Hinblick auf eine Teilnahme (insbesondere Beihilfe) durch **Unterlassen**, wobei allerdings problematisch ist, wann die Verpflichtung einer Prozesspartei bzw. eines Angeklagten besteht, die falsche Aussage eines Zeugen zu unterbinden.[76] Insbesondere fraglich ist die sog. Garantenstellung nach § 13 I StGB.

---

[75] Fischer, StGB, 71. Aufl. 2024, § 153 Rn. 15; Eisele, BT I, 6. Aufl. 2021, Rn. 1391.

[76] Hierzu Müller, in: MK-StGB, 4. Aufl. 2021, § 153 Rn. 101ff.; näher Maurach SJZ 1949, 542; Bockelmann NJW 1954, 697; Bindokat NJW 1960, 2318; Heinrich JuS 1995, 1115; Prittwitz StV 1995, 270; Bartholme JA 1998, 204; Otto JZ 2001, 436; Lenk NStZ 2019, 638; aus der Rspr. vgl. BGH U. v. 06.04.1962 – 4 StR 32/62 – BGHSt 17, 321 = NJW 1962, 1306 (Anm. Roxin, Höchstrichterliche Rspr. AT, 1998, Nr. 89; Kühl, Höchstrichterliche Rspr. BT, 2002, Nr. 11); KG U. v. 03.01.1968 – (1) 1 Ss 379/67 (123/67) (Anm. Lackner JR 1970, 29); OLG Köln B. v. 10.07.1990 – Ss 320/90 – NJW 1991, 186 = NStZ 1990, 594 (Anm. Otto JK 1991 StGB § 154/1); LG Münster B. v. 24.01.1992 – 7 Qs 216/91 – StV 1994, 134 (Anm. Brammsen StV 1994, 135); OLG Hamm U. v. 29.01.1992 – 3 Ss 1128/91 – NJW 1992, 1977 = NStZ 1993, 82 = StV 1994, 132 (Anm. Bartholme JA 1993, 220; Otto JK 1993 StGB § 153/2; Seebode NStZ 1993, 83; Brammsen StV 1994, 135; Tenter wistra 1994, 247; Scheffler GA 1993, 341); BGH B. v. 04.08.1992 – 1 StR 431/92 – StV 1994, 125; BGH U. v. 13.01.1993 – 3 StR 491/92 – StV 1994, 125; BGH U. v. 18.05.1993 – 1 StR 209/93 – NStZ 1993, 489 (Anm. Geppert JK 1994 StGB § 154/2); OLG Düsseldorf B. v. 11.08.1993 – 2 Ss 241/93 – 87/93 II – NJW 1994, 272 = StV 1995, 256 (Anm. Otto JK 1994 StGB § 154/3); BGH B. v. 26.04.1994 – 1 StR 820/93 – StV 1995, 297.

> **Beispiel 146**
>
> **KG U. v. 28.03.2001 – (5) 1 Ss 261/99 (73/99) (Anm. RÜ 2001, 551):**
> Gegen B1 wurde im Dezember 1996 ein Ermittlungsverfahren eingeleitet, weil er ohne Fahrerlaubnis gefahren war und sich nach einem Unfall unerlaubt vom Unfallort entfernt hatte. In Gesprächen, die er in den folgenden Tagen mit seiner damaligen Lebensgefährtin, B2, führte, kam die Idee auf, B2 solle aussagen, dass an jenem Tage sie gefahren sei. Wer dies zuerst vorschlug, konnte nicht geklärt werden. B2 war jedoch von Anfang an entschlossen, dem B1 zu helfen und ihn vor einem Gefängnisaufenthalt zu bewahren. An die Möglichkeit, dass sie ihre Aussage beeiden müsse, dachte weder sie noch B1. Unmittelbar vor der Hauptverhandlung vor dem Amtsgericht sprachen B1 und B2 Details ihrer Aussagen durch. In der Verhandlung sagte B2 falsch aus. Sie wurde entgegen ihrer Erwartung vereidigt. Das Amtsgericht glaubte ihr nicht und verurteilte B. ◄

Auch in einer tatsächlichen Nähebeziehung, wie sie für Lebensgefährten in Betracht kommt, bleibt der Einzelne für sich selbst verantwortlich, sodass B1 deswegen nicht Überwachergarant für B2 war. Fraglich ist aber, ob sich aus der Benennung der B2 als Zeugin eine Garantenstellung aus Ingerenz ergibt.

Die Rspr.[77] und Teile der Lehre[78] stellen darauf ab, ob der Unterlassungsteilnehmer vorher durch die Benennung eines Zeugen eine **prozessinadäquate Gefahr** der Falschaussage geschaffen hat und insofern Garant aufgrund Ingerenz wurde.

Dem ist allerdings mit der wohl h. L.[79] entgegenzuhalten, dass die Benennung eines Zeugen per se ein nur erlaubtes Risiko darstellt (s. o.). Zumindest im Strafprozess gilt ohnehin die Selbstbelastungsfreiheit (*nemo tenetur, se ipsum accusare*), die zumindest eine Zumutbarkeit des Einschreitens ausschließt, aber selbst die zivilprozessuale Wahrheitspflicht (§ 138 I ZPO) ändert nichts daran, dass die Gestaltung der Aussage allein in der Verantwortung des Zeugen selbst liegt. Gegen das Abstellen auf eine prozessuale Inadäquanz spricht auch die Vagheit des Maßstabs.

8. Sonstiges

Versuch und Fahrlässigkeit sind bei § 153 StGB nicht strafbar.

Zu bedenken ist in einer Fallbearbeitung, dass aufgrund der Falschaussage typischerweise zahlreiche weitere Tatbestände in Betracht kommen, insbesondere die §§ 145d, 164, 185ff., 239 i. V. m. 25 I 2. Var., 257, 258, 263 StGB.

---

[77] S. o.
[78] Kindhäuser/Hilgendorf, LPK, 9. Aufl. 2022, § 153 Rn. 9.
[79] S. nur Eisele, BT I, 6. Aufl. 2021, Rn. 1393.

III. Meineid, § 154 StGB

1. Aufbau
I. Tatbestand
   1. Objektiver Tatbestand
      a) Wer
      b) Falsch schwört
      c) Vor Gericht oder vor einer anderen zur Abnahme von Eiden zuständigen Stelle (§ 154 I StGB) oder § 162 StGB
   2. Subjektiver Tatbestand
II. Rechtswidrigkeit
III. Schuld
IV. Rechtsfolgen
   1. § 157 I, II StGB
   2. § 158 StGB

2. Allgemeines
§ 154 StGB stellt den Meineid unter Strafe.[80]

> **§ 154 StGB (Meineid)**
> (1) Wer vor Gericht oder vor einer anderen zur Abnahme von Eiden zuständigen Stelle falsch schwört, wird mit Freiheitsstrafe nicht unter einem Jahr bestraft.
> (2) In minder schweren Fällen ist die Strafe Freiheitsstrafe von sechs Monaten bis zu fünf Jahren.

Es handelt sich bzgl. Zeugen und Sachverständige um eine Qualifikation des § 153 StGB, weil § 154 StGB diesen insofern enthält. Für Parteien und Dolmetscher (s. §§ 452 ZPO, 189 GVG) wirkt der Meineid strafbegründend.[81]

Zum **Rechtsgut** s. § 153 StGB; dem Meineid lässt sich keine zusätzliche Dimension als Religionsdelikt mehr zuschreiben (auch nicht als Reinheit eines Schwurs o. ä.),[82] sodass die Legitimität der hoch – als Verbrechen – bestraften beeideten

---

[80] Zu § 154 StGB Badura GA 1957, 397.

[81] Joecks/Jäger, StGB, 13. Aufl. 2021, § 154 Rn. 1; näher Meister JR 1950, 389; Schneider NJW 1955, 1386; aus der Rspr. vgl. BGH U. v. 15.10.1953 – 3 StR 323/53 – BGHSt 5, 44 = NJW 1954, 80 (Anm. Mezger JZ 1953, 734; Welzel JZ 1954, 227); BGH U. v. 12.05.1955 – 4 StR 61/55 – NJW 1955, 1118 (Anm. Welzel JZ 1955, 553); BGH B. v. 24.10.1955 – GSSt 1/55 – BGHSt 8, 301 = NJW 1956, 191 (Anm. Kaufmann JZ 1956, 338); BGH U. v. 22.03.1957 – 1 StR 405/56 – NJW 1957, 1886 (Anm. Schmitt NJW 1957, 1888); OLG Stuttgart U. v. 19.12.1977 – 3 Ss (3) 606/77 – NJW 1978, 711 (Anm. Hassemer JuS 1978, 352).

[82] Vgl. aus der Rspr. BGH B. v. 14.04.2020 – 5 StR 424/19 (Petry) – BGHSt 64, 307 = NJW 2020, 1982 = NStZ 2020, 481 = StV 2021, 577 (Anm. Kudlich JA 2020, 628; RÜ 2020, 509; Mitsch NJW 2020, 1984).

Falschaussage zweifelhaft ist.[83] Kaum ein Zeuge wird aufgrund erhöhter Strafe von Falschaussage Abstand nehmen. Auch ein höherer Beweiswert einer beeideten Aussage ist nicht schematisch anzunehmen, er wäre mit der freien Beweiswürdigung nach § 261 StPO nicht vereinbar. Abhilfe schaffen kann nur Gesetzgeber.

3. Tatbestand

a) Objektiver Tatbestand

▶ **Didaktischer Aufsatz**
- Geppert, Welche Bedeutung hat die Nichtbeachtung strafprozessualer Vorschriften für die Strafbarkeit nach den §§ 153 ff StGB? Jura 1988, 496

aa) Wer
Der Meineid ist ein Sonderdelikt, welches allerdings – anders als bei § 153 StGB – nicht nur Zeugen oder Sachverständige begehen können, sondern auch andere vereidigt aussagende Verfahrensbeteiligte (Parteien und Dolmetscher,[84] s. o.).

bb) Falsch schwört

(1) Allgemeines
Tathandlung ist das „falsch Schwören". Dies ist sprachlich misslungen, da nicht eine fehlerhafte Eidesleistung, sondern ein Eid auf eine Falschaussage i. S. d. § 153 StGB gemeint ist, vgl. auch z. B. die §§ 64 StPO, 481 ZPO.[85]

(2) Falsche Aussage
Hierzu s. o. bei § 153 StGB.

(3) Beschwören dieser falschen Aussage
Der Eid ist v. a. für Zeugen und Sachverständige gem. §§ 64, 79 StPO, 391, 392, 410, 481 ZPO vorgesehen sowie für Dolmetscher gem. § 189 GVG.
  Unerhebliche Abweichungen im Wortlaut der Eidesformel sind irrelevant, nur die wesentlichen Förmlichkeiten der Eidesabnahme müssen gewahrt sein.[86]
  Zu unterscheiden sind der sog. **Voreid** (promissorischer Eid) und der sog. **Nacheid** (assertorischer Eid), was sich nach dem Zeitpunkt der Vereidigung richtet (vor oder nach der Aussage).

---

[83] Müller, in: MK-StGB, 4. Aufl. 2021, § 154 Rn. 3.
[84] Kindhäuser/Hilgendorf, LPK, 9. Aufl. 2022, § 154 Rn. 1; näher Mitsch ZIS 2022, 35; aus der Rspr. vgl. BGH U. v. 09.04.1953 – 5 StR 824/52 – BGHSt 4, 154 = NJW 1953, 1033.
[85] Hierzu Eisele, BT I, 6. Aufl. 2021, Rn. 1376ff.; näher Schumann ZStW 2014, 615.
[86] Bosch/Schittenhelm, in: Schönke/Schröder, StGB, 30. Aufl. 2019, vor § 153 Rn. 21; aus der Rspr. vgl. RG U. v. 30.04.1928 – II 1144/27 – RGSt 62, 147; RG U. v. 24.10.1933 – 4 D 126/33 – RGSt 67, 331; BGH U. v. 02.12.1952 – 1 StR 437/52 – BGHSt 3, 309 = NJW 1953, 151.

Hiervon hängt insbesondere der **Versuchsbeginn** (§§ 23 I, 12 I StGB) ab:[87] Beim Voreid (z. B. gem. §§ 410 I ZPO, 189 GVG) liegt das unmittelbare Ansetzen erst im Ansetzen zur falschen Aussage;[88] beim häufigeren Nacheid (s. §§ 59, 72 StPO, 392 ZPO) beginnt der Versuch mit dem Beginn der Eidesleistung.[89]

Gem. § 155 StGB sind eidesgleiche Bekräftigungen wie ein Eid zu behandeln.[90]

> **§ 155 StGB (Eidesgleiche Bekräftigungen)**
> Dem Eid stehen gleich
> 1. die den Eid ersetzende Bekräftigung,
> 2. die Berufung auf einen früheren Eid oder auf eine frühere Bekräftigung.

Zu den Eid ersetzenden Bekräftigung gem. § 155 Nr. 1 StGB s. beispielsweise §§ 65, StPO, 484 ZPO für Zeugen, §§ 72, 79 StPO, 410, 484 StPO für Sachverständige, 452, 484 ZPO für Parteien im Zivilprozess sowie § 189 GVG für Dolmetscher. Die Bekräftigung muss erkennbar an Stelle des Eides treten.

Zu § 155 Nr. 2 StGB vgl. v. a. die §§ 67, 72, 79 III StPO, 386 II, 398 III, 402, 410 II, 451, ZPO, § 189 GVG. Der Eid muss früher tatsächlich geleistet worden sein, der Aussagende (ein Hinweis des Richters genügt nicht) muss sich darauf berufen. Der frühere Eid muss in derselben Angelegenheit (derselbe Verfahrensabschnitt des Erkenntnisverfahrens, dieselbe Eigenschaft) geleistet worden sein.

(4) Verfahrensverstöße
Umstritten ist, ob es von materiellrechtlicher Bedeutung ist, wenn die Vereidigung nicht prozessordnungsgemäß war (**Verfahrensfehler**, z. B. bzgl. §§ 60 StPO, 393 ZPO; Nichtvorliegen der Voraussetzungen den § 59 I 1 StPO).[91]

---

[87] Hierzu Kindhäuser/Hilgendorf, LPK, 9. Aufl. 2022, § 154 Rn. 9; Eisele JA 2011, 667.

[88] Kindhäuser/Hilgendorf, LPK, 9. Aufl. 2022, § 154 Rn. 9; aus der Rspr. vgl. RG U. v. 10.11.1919 – III 623/19 – RGSt 54, 117.

[89] Kindhäuser/Hilgendorf, LPK, 9. Aufl. 2022, § 154 Rn. 9; aus der Rspr. vgl. BGH U. v. 10.03.1953 – 1 StR 40/53 – BGHSt 4, 172 = NJW 1953, 1191 (Anm. Mezger JZ 1953, 734); KG U. v. 03.01.1968 – (1) 1 Ss 379/67 (123/67) (Anm. Lackner JR 1970, 29); BGH U. v. 21.12.1982 – 1 StR 662/82 – BGHSt 31, 178 = NJW 1983, 1130 = NStZ 1983, 408 (Anm. Hassemer JuS 1983, 721; Lenckner NStZ 1983, 409; Bloy JR 1984, 123; Maaß JuS 1985, 25).

[90] Hierzu Kindhäuser/Hilgendorf, LPK, 9. Aufl. 2022, § 155 Rn. 1; aus der Rspr. vgl. BGH U. v. 30.04.1953 – 3 StR 12/53 – BGHSt 4, 140 = NJW 1953, 996; BGH U. v. 20.04.1982 – 1 StR 833/81 – BGHSt 31, 39 = NJW 1982, 2739 = NStZ 1982, 392 = StV 1982, 357.

[91] Hierzu Rudolphi GA 1969, 129; Quedenfeld JZ 1973, 238; Geppert Jura 1988, 496; aus der Rspr. vgl. zuletzt AG Rudolstadt U. v. 29.06.2015 – 210 Js 22526/11 – 1 Ls – StV 2016, 575; BGH B. v. 14.04.2020 – 5 StR 424/19 (Petry) – BGHSt 64, 307 = NJW 2020, 1982 = NStZ 2020, 481 = StV 2021, 577 (Anm. Kudlich JA 2020, 628; RÜ 2020, 509; Mitsch NJW 2020, 1984).

> **Beispiel 147**
>
> **BGH B. v. 04.07.2012 – 5 StR 219/12 – NStZ 2012, 567 = StV 2013, 23):**
> Der zum damaligen Zeitpunkt wegen illegalen Aufenthalts in Deutschland untergetauchte B meldete sich in dem gegen Z wegen eines Tötungsdeliktes geführten Ermittlungsverfahren am 16.01.2007 als Entlastungszeuge und ließ sich vom sachbearbeitenden Staatsanwalt die Zusage geben, nach seiner Vernehmung trotz angedeuteter Probleme mit der Ausländerbehörde das Gerichtsgebäude wieder verlassen zu können. In der noch am selben Tag durchgeführten richterlichen Zeugenvernehmung hat B bewusst wahrheitswidrige Angaben gemacht und den Tatverdacht des Tötungsdelikts auf einen Alternativtäter gelenkt. Da der bei der Vernehmung ebenfalls anwesende sachbearbeitende StA den Ermittlungsrichter nicht über die Probleme des B mit der Ausländerbehörde informiert hatte, fand eine Belehrung des B über ein Auskunftsverweigerungsrecht gemäß § 55 StPO nicht statt. Im Anschluss an seine Vernehmung wurde B vereidigt. ◄

Wie bei § 153 StGB auch (s. o.), nehmen die Rspr.[92] und Teile der Lehre[93] an, dass eine Berücksichtigung allein bei der Strafzumessung zu erfolgen habe.

Die Gegenauffassung[94] lehnt die Anwendung des § 154 I StGB bei vereidigungsbezogenem Verfahrensverstoß ab.

Zu folgen ist – letztlich mit ähnlichen Erwägungen wie zu § 153 StGB bei Verfahrensfehlern – der letztgenannten Auffassung: Eine Rechtspflege, die gegen ihre eigenen Regeln verstößt, ist insofern nicht strafrechtlich schutzwürdig. Dies entspricht auch dem Gedanken der Einheit der Rechtsordnung. Auch unterliegt die h. M. Rechtsunsicherheiten und Inkonsequenzen, da auch sie bei bestimmten, besonders gewichtigen Verfahrensfehlern (Beschuldigter unzulässigerweise als Zeuge vernommen und vereidigt;[95] Eidesunfähigkeit nach § 60 Nr. 1 2. Var StPO oder § 393 2. Var. ZPO[96]) den Tatbestand verneint.

cc) Vor Gericht oder vor einer anderen zur Abnahme von Eiden zuständigen Stelle (§ 154 I StGB) oder § 162 StGB

Zum **Adressaten** des falschen Schwurs inkl. der Erweiterung gem. § 162 StGB (nur Absatz 1, nicht Absatz 2[97]) s. o. bei § 153 StGB.

---

[92] S. o.
[93] Kudlich, in: BeckOK-StGB, Stand 01.02.2024, § 154 Rn. 7.
[94] Eisele, BT I, 6. Aufl. 2021, Rn. 1386.
[95] BGH U. v. 18.10.1956 – 4 StR 278/56 – BGHSt 10, 8 = NJW 1957, 230 (Anm. Schumann GA 2010, 699).
[96] Müller, in: MK-StGB, 4. Aufl. 2021, § 154 Rn. 13, 26.
[97] Hierzu Güther/Seiler NStZ 1993, 305; Peters NStZ 2021, 129; aus der Rspr. vgl. OLG Celle U. v. 04.11.2003 – 22 Ss 142/03 (Anm. RÜ 2004, 196).

Zu beachten ist aber, anders als bei § 153 StGB, dass die Zuständigkeit gerade auch bzgl. der Eidesabnahme bestehen muss, der Eid muss im konkreten Verfahren zugelassen sein,[98] nur dann ist er Teil der zulässigen und schutzwürdigen Rechtspflege.

Bei irriger Annahme der Zuständigkeit stellt sich die Problematik der „Abgrenzung" von untauglichem Versuch und Wahndelikt, s. im Allgemeinen Teil.

b) Subjektiver Tatbestand
Gem. § 15 StGB ist Vorsatz erforderlich.

4. Rechtswidrigkeit
Es gelten die allgemeinen Grundsätze.

5. Schuld
Es gelten die allgemeinen Grundsätze.

6. Rechtsfolgen
Gem. § 154 I StGB ist für den Meineid eine Freiheitsstrafe nicht unter einem Jahr angeordnet, wobei sich ein Höchstmaß von 15 Jahren aus § 38 II StGB ergibt.

§ 154 II StGB normiert einen unbenannten minder schweren Fall. Dann gilt ein Strafrahmen von Freiheitsstrafe von sechs Monaten bis zu fünf Jahren.

Zu §§ 157 I, 158 StGB s. o.

7. Sonstiges
Soweit § 154 StGB eine Qualifikation zu § 153 StGB darstellt, tritt letzterer aufgrund Spezialität zurück. Das gilt auch dann, wenn der Eid in einem späteren Termin, aber im selben Rechtszug, geleistet wird.[99]

IV. Falsche Versicherung an Eides Statt, § 156 StGB

1. Aufbau
I. Tatbestand
  1. Objektiver Tatbestand
     a) Vor einer zur Abnahme einer Versicherung an Eides Statt zuständigen Behörde oder § 162 I StGB
     b) Eine solche Versicherung falsch abgibt oder unter Berufung auf eine solche Versicherung falsch aussagt
  2. Subjektiver Tatbestand

---

[98] Problematisch, s. Fischer, StGB, 71. Aufl. 2024, § 154 Rn. 5; aus der Rspr. vgl. zuletzt BGH B. v. 14.04.2020 – 5 StR 424/19 (Petry) – BGHSt 64, 307 = NJW 2020, 1982 = NStZ 2020, 481 = StV 2021, 577 (Anm. Kudlich JA 2020, 628; RÜ 2020, 509; Mitsch NJW 2020, 1984).

[99] Bosch/Schittenhelm, in: Schönke/Schröder, StGB, 30. Aufl. 2019, § 154 Rn. 16; näher Meister JR 1950, 389; Busch GA 1955, 257; aus der Rspr. vgl. BGH U. v. 28.02.1956 – 1 StR 536/55 – BGHSt 9, 131 = NJW 1956, 1038 (Anm. Schneider NJW 1956, 1364; Kaufmann JZ 1956, 606); OLG Stuttgart U. v. 19.12.1977 – 3 Ss (3) 606/77 – NJW 1978, 711 (Anm. Hassemer JuS 1978, 352).

II. Rechtswidrigkeit
III. Schuld
IV. Rechtsfolgen: Ggf. § 158 StGB

2. Allgemeines

§ 156 StGB stellt die falsche Versicherung an Eides Statt unter Strafe.[100]

> **§ 156 StGB (Falsche Versicherung an Eides Statt)**
> Wer vor einer zur Abnahme einer Versicherung an Eides Statt zuständigen Behörde eine solche Versicherung falsch abgibt oder unter Berufung auf eine solche Versicherung falsch aussagt, wird mit Freiheitsstrafe bis zu drei Jahren oder mit Geldstrafe bestraft.

Die Norm schützt als abstraktes Gefährdungsdelikt[101] die staatliche Rechtspflege,[102] genauer: die Tatsachenfeststellung, im Hinblick auf die Versicherung an Eides Statt, die der Glaubhaftmachung von Angaben in den Verfahrensordnungen aller Rechtsgebiete dient, z. B.:[103]

> **§ 56 StPO (Glaubhaftmachung des Verweigerungsgrundes)**
> Die Tatsache, auf die der Zeuge die Verweigerung des Zeugnisses in den Fällen der §§ 52, 53 und 55 stützt, ist auf Verlangen glaubhaft zu machen. Es genügt die eidliche Versicherung des Zeugen.

3. Tatbestand

a) Objektiver Tatbestand

▶ **Didaktischer Aufsatz**
- Cramer, Falsche Versicherung an Eides Statt durch Verschweigen entscheidungserheblicher Tatsachen, Jura 1998, 337

---

[100] Zu § 156 StGB Leibinger FS Rebmann 1989, 259.

[101] Fischer, StGB, 71. Aufl. 2024, § 156 Rn. 1; aus der Rspr. vgl. BGH U. v. 03.03.1999 – 2 StR 437/98 – BGHSt 45, 16 = NJW 1999, 2378 = StV 1999, 366 (Anm. Kudlich JA-R 1999, 46; Geppert JK 2000 StGB § 11 I Nr. 2/6).

[102] H. M., Fischer, StGB, 71. Aufl. 2024, § 156 Rn. 1; genauer Müller, in: MK-StGB, 4. Aufl. 2021, § 156 Rn. 1: Schutz der wahrheitsgemäßen Tatsachenfeststellung in bestimmten behördlichen und gerichtlichen Verfahren.

[103] Zu eidesstattlichen Versicherungen im Strafverfahren Schubath MDR 1972, 744; Zwiehoff FS Bemmann 1997, 652.

B. Aussagestraftaten, §§ 153ff. StGB

aa) Vor einer zur Abnahme einer Versicherung an Eides Statt zuständigen Behörde oder § 162 I StGB

Behörde ist eine von der Person des Amtsinhabers unabhängige, mit bestimmten Mitteln für eine gewisse Dauer ausgestattete Einrichtung, die unter staatlicher Autorität für öffentliche Zwecke tätig wird.[104]

Dies kann gem. § 11 I Nr. 7 StGB auch ein Gericht sein.

Die Behörde muss zur Abnahme einer Versicherung an Eides Statt **zuständig** sein.[105]

Dies setzt voraus, dass

- erstens die Behörde überhaupt befugt ist, eidesstattliche Versicherungen entgegenzunehmen (allgemeine Zuständigkeit), dass
- zweitens die Behörde gerade in diesem Verfahren und über diesen Gegenstand die Befugnis hat (besondere, konkrete Zuständigkeit, z. B. nach den §§ 707, 719, 769, 807, 899, 920 II, 936, 294 I ZPO, 5 StVG),
- drittens die eidesstattliche Versicherung rechtlich nicht völlig wirkungslos ist[106] (wobei dies der Sache nach eher die Wahrheitspflicht eingrenzt).

Zwar enthält der Wortlaut keine nähere Begrenzung, folgend aus der Tathandlung muss aber der **Täter Eidesfähigkeit/Eidesmündigkeit** aufweisen (üblicherweise freilich angesprochen als Frage des tauglichen Adressaten).[107]

bb) Eine solche Versicherung falsch abgibt oder unter Berufung auf eine solche Versicherung falsch aussagt

(1) Eine solche Versicherung falsch abgibt, § 156 1. Var. StGB

(a) Versicherung an Eides Statt

(aa) Allgemeines; Form
Versicherung an Eides Statt ist jede selbstständige Beteuerung der Richtigkeit von Angaben, die allerdings eine Bekräftigung „an Eides Statt" oder eine gleichbedeutende Formulierung enthalten muss.[108]

---

[104] Eisele, BT I, 6. Aufl. 2021, Rn. 1398.
[105] Hierzu Joecks/Jäger, StGB, 13. Aufl. 2021, § 156 Rn. 5ff.; näher Weißenhorn JR 1953, 292; aus der Rspr. vgl. BGH U. v. 02.12.1970 – 2 StR 455/70 – BGHSt 24, 38 = NJW 1971, 525 (Anm. Schröder JZ 1971, 563); OLG Hamm U. v. 11.09.1973 – 5 Ss 901/73 – NJW 1974, 327; OLG Düsseldorf B. v. 28.01.1982 – 5 Ss 510/81 – NStZ 1982, 290; BGH U. v. 17.10.1984 – 2 StR 472/84 – StV 1985, 55; BGH U. v. 11.06.1985 – 5 StR 285/85 – StV 1985, 505; BayObLG B. v. 11.08.1989 – RReg 5 St 144/89 – StV 1990, 112 (Anm. Otto JK 1990 StGB § 156/1); BayObLG B. v. 20.02.1990 – RReg. 4 St 6/90 – NStZ 1990, 340 = StV 1991, 467; OLG Düsseldorf B. v. 06.08.1990 – 5 Ss 256/90-102/90 I – NStZ 1991, 38; OLG Stuttgart U. v. 01.03.1996 – 2 Ss 635/95 – NStZ-RR 1996, 265; OLG Frankfurt B. v. 23.05.1996 – 3 Ss 149/96 – NStZ-RR 1996, 294.
[106] Joecks/Jäger, StGB, 13. Aufl. 2021, § 156 Rn. 5.
[107] Kudlich, in: BeckOK-StGB, Stand 01.02.2024, § 156 Rn. 3.
[108] Joecks/Jäger, StGB, 13. Aufl. 2021, § 156 Rn. 3; aus der Rspr. vgl. RG U. v. 02.07.1936 – 2 D 183/36 – RGSt 70, 266.

Dies kann schriftlich (auch per Fax) oder mündlich geschehen,[109] sofern nicht gesetzliche Formvorschriften existieren (z. B. §§ 883 II 1 ZPO, 95, 284 AO).

Das bloße Angebot, gemachte Angaben zu beeiden, genügt nicht.[110]

(bb) Wahrheitspflichtigkeit der Angaben

Umfang und Grenzen der Wahrheitspflicht bestimmen sich nach dem Verfahrensgegenstand (und den entsprechenden Zwecken der Versicherung an Eides Statt).[111]

Nicht erfasst sind Spontanversicherungen.[112]

Von besonderer Bedeutung ist die eidesstattliche Versicherung zur Vermögensauskunft des Schuldners nach **§ 802c ZPO** (früher § 807 ZPO), umgangssprachlich sog. Offenbarungseid; hierzu gibt es eine umfangreiche Kasuistik zur Reichweite der Pflicht insbesondere auf Vollständigkeit der Angaben.[113]

(b) Abgibt

Abgegeben ist die Versicherung bereits, wenn sie der Behörde zugänglich gemacht wurde (Gelangen in den Machtbereich und Möglichkeit der Kenntnisnahme); die tatsächliche Kenntnisnahme durch die Behörde ist nicht erforderlich.[114]

(c) Falsch

Zur Falschheit s. o. bei § 153 StGB. Entgegen dem missverständlichem Wortlaut des § 156 StGB bezieht sich „falsch" nicht auf die Abgabe, sondern auf die versicherten Angaben.

---

[109] Fischer, StGB, 71. Aufl. 2024, § 156 Rn. 15; aus der Rspr. vgl. BayObLG U. v. 23.02.1995 – 5 St RR 79/94 – NJW 1996, 406 (Anm. Vormbaum/Zwiehoff JR 1996, 295); OLG Stuttgart U. v. 01.03.1996 – 2 Ss 635/95 – NStZ-RR 1996, 265.

[110] Bosch/Schittenhelm, in: Schönke/Schröder, StGB, 30. Aufl. 2019, § 156 Rn. 4; aus der Rspr. vgl. RG U. v. 02.07.1936 – 2 D 183/36 – RGSt 70, 266.

[111] Hierzu Fischer, StGB, 71. Aufl. 2024, § 156 Rn. 11; Cramer Jura 1998, 337; aus der Rspr. vgl. OLG Düsseldorf U. v. 22.10.1984 – 5 Ss 295/84 – 56/84 IV – NJW 1985, 1848 = StV 1985, 61 (Anm. Hassemer JuS 1985, 998); OLG Karlsruhe B. v. 19.04.1985 – 4 Ss 4/85 – NStZ 1985, 412; BGH U. v. 24.10.1989 – 1 StR 504/89 – BGHSt 36, 277 = NJW 1990, 918 = NStZ 1990, 123 = StV 1990, 406 (Anm. Kühl, Höchstrichterliche Rspr. BT, 2002, Nr. 59; Geppert JK 1990 StGB § 257/4; Burgi JA 1990, 277; Keller JR 1990, 480); BayObLG B. v. 10.04.1991 – RReg 2 St 55/91 – StV 1992, 324; OLG Frankfurt U. v. 02.10.1997 – 1 Ss 212/97 – NStZ-RR 1998, 72.

[112] Eisele, BT I, 6. Aufl. 2021, Rn. 1402; aus der Rspr. vgl. BGH U. v. 24.10.1989 – 1 StR 504/89 – BGHSt 36, 277 = NJW 1990, 918 = NStZ 1990, 123 = StV 1990, 406 (Anm. Kühl, Höchstrichterliche Rspr. BT, 2002, Nr. 59; Geppert JK 1990 StGB § 257/4; Burgi JA 1990, 277; Keller JR 1990, 480).

[113] S. Fischer, StGB, 71. Aufl. 2024, § 156 Rn. 12ff.; Glenk StraFo 2013, 413; aus der Rspr. vgl. zuletzt BayObLG B. v. 06.03.2003 – 5 St RR 18/03 – NJW 2003, 2181 = NStZ 2003, 665 = StV 2003, 507 (Anm. RÜ 2003, 413; Vormbaum JR 2004, 168); OLG Zweibrücken B. v. 28.01.2008 – 1 Ss 144/07 – NStZ-RR 2008, 173; OLG Bamberg B. v. 29.09.2008 – 3 Ss 106/08 – NJW 2009, 385; BGH U. v. 24.03.2016 – 2 StR 36/15 – NStZ-RR 2016, 205.

[114] Fischer, StGB, 71. Aufl. 2024, § 156 Rn. 15; aus der Rspr. vgl. BGH U. v. 03.03.1999 – 2 StR 437/98 – BGHSt 45, 16 = NJW 1999, 2378 = StV 1999, 366 (Anm. Kudlich JA-R 1999, 46; Geppert JK 2000 StGB § 11 I Nr. 2/6).

(2) Unter Berufung auf eine solche Versicherung falsch aussagt, § 156 2. Var. StGB
In der 2. Var. der Tathandlungen sagt der Täter falsch aus und beruft sich dabei auf eine Versicherung an Eides Statt.

b) Subjektiver Tatbestand
Gem. § 15 StGB ist Vorsatz erforderlich.

4. Rechtswidrigkeit
Es gelten die allgemeinen Grundsätze.

5. Schuld
Es gelten die allgemeinen Grundsätze.

6. Rechtsfolgen
§ 156 StGB sieht Freiheitsstrafe bis zu drei Jahren (im Minimum also ein Monat, § 38 II StGB) oder Geldstrafe (zu den Grenzen s. § 40 StGB) vor.
  Zu § 158 StGB s. o.

7. Sonstiges
Mehrere in demselben Rechtszug abgegebene falsche eidesstattliche Versicherungen stehen in Tatmehrheit, soweit sie nicht durch zusätzliche Umstände materiellrechtlich zu einer einheitlichen Tat verklammert werden.[115]

V. Fahrlässiger Falscheid, fahrlässige falsche Versicherung an Eides Statt, § 161 StGB

1. Aufbau
  I. Tatbestand
    1. Eine der in den §§ 154 bis 156 StGB bezeichneten Handlungen ist begangen worden
    2. Aus Fahrlässigkeit (objektive Fahrlässigkeit)
  II. Rechtswidrigkeit
  III. Schuld
    1. Allgemeines
    2. Subjektive Fahrlässigkeit
  IV. Rechtsfolgen: Ggf. § 161 II StGB

---

[115] Aus der Rspr. vgl. BGH U. v. 03.03.1999 – 2 StR 437/98 – BGH U. v. 03.03.1999 – 2 StR 437/98 – BGHSt 45, 16 = NJW 1999, 2378 = StV 1999, 366 (Anm. Kudlich JA-R 1999, 46; Geppert JK 2000 StGB § 11 I Nr. 2/6).

2. Allgemeines
§ 161 StGB stellt den fahrlässigen Falscheid und die falsche Versicherung an Eides Statt unter Strafe.

> **§ 161 StGB (Fahrlässiger Falscheid, fahrlässige falsche Versicherung an Eides Statt)**
> (1) Wenn eine der in den §§ 154 bis 156 bezeichneten Handlungen aus Fahrlässigkeit begangen worden ist, so tritt Freiheitsstrafe bis zu einem Jahr oder Geldstrafe ein.
> (2) Straflosigkeit tritt ein, wenn der Täter die falsche Angabe rechtzeitig berichtigt. Die Vorschriften des § 158 Abs. 2 und 3 gelten entsprechend.

Die fahrlässige uneidliche Falschaussage ist straflos, was sich daraus erklären mag, dass. i. F. d. Vereidigung bzw. bei Abgabe einer Versicherung an Eides Statt dem Täter seine Wahrheitspflicht besonders deutlich vor Augen geführt wird.

3. Tatbestand
Vorausgesetzt werden objektiv ein Meineid oder eine falsche eidesstattliche Versicherung.

Problematisch ist die Bestimmung der Fahrlässigkeit (Umfang der Sorgfaltspflicht bzw. des unerlaubten Risikos).[116]

Ein Zeuge ist nämlich grundsätzlich nicht verpflichtet, seine Vernehmung vorzubereiten, eine Ausnahme wird aber für quasi-berufsmäßige Zeugen, z. B. Polizisten, Staatsanwälte, Ermittlungsrichter, aber auch Sachverständige, gemacht.[117]

4. Rechtswidrigkeit
Es gelten die allgemeinen Grundsätze.

5. Schuld
Es gelten die allgemeinen Grundsätze.

6. Rechtsfolgen
§ 161 I StGB sieht Freiheitsstrafe bis zu einem Jahr (im Minimum also ein Monat, § 38 II StGB) oder Geldstrafe (zu den Grenzen s. § 40 StGB) vor.

Die **Berichtigung** führt gem. § 161 II StGB (anders als in § 158 I StGB) zwingend zur Straflosigkeit.

---

[116] Hierzu Fischer, StGB, 71. Aufl. 2024, § 161 Rn. 5ff.; aus der Rspr. vgl. BGH U. v. 03.02.1955 – 4 StR 595/54 – NJW 1955, 638; BayObLG U. v. 09.08.1955 – RReg. 2 St. 1193/54 – NJW 1955, 1690; BayObLG U. v. 17.01.1956 – RReg. 2 St 741/55 – NJW 1956, 601; OLG Celle U. v. 20.07.1957 – 2 Ss 138/57 – NJW 1957, 1609; BGH U. v. 26.06.1959 – 4 StR 182/59 – NJW 1959, 1834; OLG Koblenz B. v. 14.07.1983 – 2 Ss 88/83 – NStZ 1984, 551 (Anm. Bohnert JR 1984, 425; Sonnen JA 1985, 171).

[117] Hierzu Eisele, BT I, 6. Aufl. 2021, Rn. 1446; Krehl NStZ 1991, 4 Nöldeke NJW 1979, 1644; Krehl NStZ 1991, 416; aus der Rspr. vgl. zuletzt KG B. v. 14.08.2015 – 3 Ws 397/15 – NJW 2015, 3255.

VI. Verleitung zur Falschaussage, § 160 StGB

▶ **Didaktische Aufsätze**
- Eschenbach, Verleiten iSv § 160 StGB – eine Verführung zur Überbetonung teleologischer Interpretation? Jura 1993, 407
- Kudlich/Henn, Täterschaft und Teilnahme bei den Aussagedelikten, JA 2008, 510

1. Aufbau
I. Tatbestand
  1. Objektiver Tatbestand
     a) Ableistung eines falschen Eides, einer falschen Versicherung an Eides Statt oder einer falschen uneidlichen Aussage; einen anderen
     b) Verleitet
  2. Subjektiver Tatbestand
II. Rechtswidrigkeit
III. Schuld

2. Allgemeines
§ 160 StGB stellt die Verleitung zur Falschaussage unter Strafe.[118]

> **§ 160 StGB (Verleitung zur Falschaussage)**
> (1) Wer einen anderen zur Ableistung eines falschen Eides verleitet, wird mit Freiheitsstrafe bis zu zwei Jahren der mit Geldstrafe bestraft; wer einen anderen zur Ableistung einer falschen Versicherung an Eides Statt oder einer falschen uneidlichen Aussage verleitet, wird mit Freiheitsstrafe bis zu sechs Monaten oder mit Geldstrafe bis zu einhundertachtzig Tagessätzen bestraft.
> (2) Der Versuch ist strafbar.

Die Norm ist insbesondere zu dem Zweck geschaffen, die mittelbare Täterschaft zu erfassen, die aufgrund der Eigenhändigkeit der Aussagedelikte nicht nach § 25 I 2. Var. StGB möglich ist. Da ggf. auch eine Teilnahme – nämlich am Vorsatzerfordernis bzgl. der (Haupt-)Tat oder doch dem Vorsatz des Teilnehmers diesbzgl. – scheitert, schließt § 160 StGB auch insofern entstehende Strafbarkeitslücken.

Merkwürdig ist der gerade im Vergleich zur Teilnahme an §§ 153, 154 StGB sehr niedrig angesetzte Strafrahmen.

---
[118] Zu § 160 StGB Kudlich/Henn JA 2008, 510; Küper JZ 2012, 992.

3. Tatbestand

a) Objektiver Tatbestand

aa) Ableistung eines falschen Eides, einer falschen Versicherung an Eides Statt oder einer falschen uneidlichen Aussage; einen anderen
Zunächst muss der objektiver Tatbestand der §§ 153, 154, 156 StGB rechtswidrig verwirklicht sein. Auf schuldhaftes Handeln kommt es nicht an.

Umstritten ist, ob darüber hinaus die Gutgläubigkeit der Falschaussage ungeschriebenes Tatbestandsmerkmal ist,[119] was dann von von praktischer Bedeutung ist, wenn der Aussagende bösgläubig handelt, der Hintermann dies aber verkennt und eine Gutgläubigkeit annimmt.

Beispiel 148

B1 war angeklagt, am Abend des 01.12.2013 einen Überfall begangen zu haben. Er versuchte nun, wider besseres Wissen dem B2 „in Erinnerung zu rufen", dass sie beide am fraglichen Abend mit Z Skat gespielt hätten. B2 erkannte die Absicht des B1, ließ sich aber nichts anmerken und sagte in der Hauptverhandlung zugunsten des B1 falsch aus. ◄

B2 hat sich nach § 153 StGB strafbar gemacht. Nun stellt sich die Frage, ob B1 ihn dazu i. S. d. § 160 I StGB verleitet hat oder die Bösgläubigkeit des B2 § 160 I StGB ausschließt.

Z. T.[120] wird eine gutgläubige (unvorsätzlich falsche) Aussage verlangt.
Die Rspr.[121] und die h. L.[122] hingegen begnügen sich mit einer nur vermeintlich gutgläubigen Aussage.

Zwar ist der ersteren Auffassung zuzugeben, dass die Norm v. a. deshalb geschaffen wurde, um die bei Aussagedelikten nicht mögliche mittelbare Täterschaft zu pönalisieren. Auch droht aufgrund der Versuchsstrafbarkeit nach § 160 II StGB keine Strafbarkeitslücke. Der Wortlaut allerdings enthält keinerlei Einschränkungen. Auch wird der Strafgrund – Gefährdung der Rechtspflege – durchaus tangiert, gleichviel ob der Aussagende gut- oder bösgläubig ist. Ferner mag man i. R. d. § 160 StGB die Vorsatztat des Aussagenden als Minus der vom Verleitenden

---

[119] Hierzu Joecks/Jäger, StGB, 13. Aufl. 2021, § 160 Rn. 6; Gallas FS Engisch 1969, 600; Eschenbach Jura 1993, 407; aus der Rspr. vgl. RG U. v. 29.01.1885 – 112/85 – RGSt 11, 418; RG U. v. 14.12.1886 – 2929/86 – RGSt 15, 148; RG U. v. 02.04.1894 – 610/94 – RGSt 25, 213; RG U. v. 05.06.1930 – II 668/29 – RGSt 64, 223; BGH U. v. 13.07.1966 – 4 StR 178/66 – BGHSt 21, 116 = NJW 1966, 2130 (Anm. Willms JuS 1967, 44; Hruschka JZ 1967, 210).
[120] Z. B. Kudlich/Henn JA 2008, 510 (513).
[121] S. o.
[122] S. nur Eisele, BT I, 6. Aufl. 2021, Rn. 1438; Kindhäuser/Hilgendorf, LPK, 9. Aufl. 2022, § 160 Rn. 8.

gewollten unvorsätzlichen Tat ansehen, was anders als bzgl. § 26 StGB nicht die Wortlautgrenze überschreitet. Zudem wird das Verleiten in § 357 I StGB entsprechend umfassend verstanden.[123]

Im Grunde ist es sogar geboten und vom Wortlaut auch ohne Weiteres umfasst, im objektiven Tatbestand schlichtweg *alle* objektiven Falschaussagen genügen zu lassen, auch bösgläubige, also vorsätzlich falsche, einerlei, was der Verleitende sich vorstellt. Diese weite Auslegung verhindert auch, dass objektiver und subjektiver Tatbestand nicht deckungsgleich sind. Erkennt der Täter zutreffend, eine vorsätzliche Falschaussage verursacht zu haben, so wird § 160 StGB im Wege der (Gesetzes-)Konkurrenzen ausgeschieden, was unschädlich ist.

bb) Verleitet
Verleiten ist das Einwirken auf die Aussageperson, sodass diese objektiv falsch aussagt bzw. eine objektiv falsche Versicherung abgibt.[124] Das Mittel ist beliebig. Hierfür kommt v. a. jede Täuschung der Aussageperson – auch durch Manipulation tatsächlicher Umstände – in Betracht,[125] ferner auch eine Drohung.

b) Subjektiver Tatbestand
Gem. § 15 StGB ist Vorsatz erforderlich.
Zur Behandlung des Irrtums bzgl. der Gut-/Bösgläubigkeit des Aussagenden s. o.

4. Rechtswidrigkeit
Es gelten die allgemeinen Grundsätze.

5. Schuld
Es gelten die allgemeinen Grundsätze.

6. Rechtsfolgen
§ 160 I StGB sieht Freiheitsstrafe bis zu zwei Jahren (im Minimum also ein Monat, § 38 II StGB) oder Geldstrafe (zu den Grenzen s. § 40 StGB) vor.

7. Sonstiges
Der **Versuch** ist gem. § 160 II StGB strafbar. Merkwürdigerweise ist dies insofern strenger als bei §§ 153, 156 StGB, wo der Versuch straflos ist.

§ 160 StGB hat – was auch der milde Strafrahmen ausdrückt – nur eine **Auffangfunktion**, sodass eine Teilnahme an §§ 153, 154 StGB vorrangig zu prüfen ist, während § 160 StGB materiell subsidiär ist.[126]

---

[123] S. nur Kindhäuser/Hilgendorf, LPK, 9. Aufl. 2022, § 357 Rn. 8.
[124] Fischer, StGB, 71. Aufl. 2024, § 160 Rn. 3.
[125] Fischer, StGB, 71. Aufl. 2024, § 160 Rn. 3; Müller, in: MK-StGB, 4. Aufl. 2021, § 160 Rn. 11.
[126] Eisele, BT I, 6. Aufl. 2021, Rn. 1430.

VII. Versuch der Anstiftung zur Falschaussage, § 159 StGB

▶ **Didaktischer Aufsatz**
- Kudlich/Henn, Täterschaft und Teilnahme bei den Aussagedelikten, JA 2008, 510

§ 159 StGB[127] bewirkt die Anwendbarkeit des § 30 I StGB – zu diesem s. im Allgemeinen Teil – bei den Vergehen der §§ 153, 156 StGB.

> **§ 159 StGB (Versuch der Anstiftung zur Falschaussage)**
> Für den Versuch der Anstiftung zu einer falschen uneidlichen Aussage (§ 153) und einer falschen Versicherung an Eides Statt (§ 156) gelten § 30 Abs. 1 und § 31 Abs. 1 Nr. 1 und Abs. 2 entsprechend.

Allerdings wendet die h. M.[128] den § 159 StGB nicht an, wenn die geplante (Haupt-)Tat nur zu einem untauglichen Versuch des § 153 StGB hätte führen können oder geführt hat (z. B. aufgrund verkannter Unzuständigkeit der Stelle), da sonst die Strafbarkeit des Teilnehmers begründet würde, obwohl der (Haupt-)Täter selbst straflos wäre – der Versuch der §§ 153, 156 StGB ist nicht mit Strafe bedroht. Dies wäre ein Wertungswiderspruch.

C. Falsche Verdächtigung, § 164 StGB

▶ **Didaktische Aufsätze**
- Geilen, Grundfragen der falschen Verdächtigung (§ 164 StGB), Jura 1984, 251 und 300
- Geerds, Kriminelle Irreführung der Strafrechtspflege, Jura 1985, 617
- Heinrich, Die Delikte gegen den öffentlichen Frieden und die öffentliche Ordnung im Lichte des Medienstrafrechts – Teil 4: §§ 164 und 166 StGB, ZJS 2018, 129

I. Allgemeines

§ 164 StGB stellt die falsche Verdächtigung unter Strafe.[129]

---

[127] Zu § 159 StGB Vormbaum GA 1986, 353; Kudlich/Henn JA 2008, 510.

[128] S. nur Joecks/Jäger, StGB, 13. Aufl. 2021, § 159 Rn. 5f.; aus der Rspr. vgl. RG U. v. 05.06.1930 – II 668/29 – RGSt 64, 223; BGH U. v. 24.04.1951 – 1 StR 104/51 – BGHSt 1, 241 = NJW 1951, 725; BGH U. v. 19.06.1962 – 5 StR 189/62 – BGHSt 17, 303 = NJW 1962, 1520; BGH U. v. 02.12.1970 – 2 StR 455/70 – BGHSt 24, 38 = NJW 1971, 525 (Anm. Schröder JZ 1971, 563).

[129] Zu § 164 StGB Müller DRiZ 1957, 262; Britsch JZ 1973, 351; Geilen Jura 1984, 251 und 300; Geerds Jura 1985, 617; Langer GA 1987, 289; Langer GS Schlüchter 2002, 361; zu Reformüberlegungen Greiner NZV 2017, 314.

C. Falsche Verdächtigung, § 164 StGB

> **§ 164 StGB (Falsche Verdächtigung)**
> (1) Wer einen anderen bei einer Behörde oder einem zur Entgegennahme von Anzeigen zuständigen Amtsträger oder militärischen Vorgesetzten oder öffentlich wider besseres Wissen einer rechtswidrigen Tat oder der Verletzung einer Dienstpflicht in der Absicht verdächtigt, ein behördliches Verfahren oder andere behördliche Maßnahmen gegen ihn herbeizuführen oder fortdauern zu lassen, wird mit Freiheitsstrafe bis zu fünf Jahren oder mit Geldstrafe bestraft.
> (2) Ebenso wird bestraft, wer in gleicher Absicht bei einer der in Absatz 1 bezeichneten Stellen oder öffentlich über einen anderen wider besseres Wissen eine sonstige Behauptung tatsächlicher Art aufstellt, die geeignet ist, ein behördliches Verfahren oder andere behördliche Maßnahmen gegen ihn herbeizuführen oder fortdauern zu lassen.
> (3) Mit Freiheitsstrafe von sechs Monaten bis zu zehn Jahren wird bestraft, wer die falsche Verdächtigung begeht, um eine Strafmilderung oder ein Absehen von Strafe nach § 46b dieses Gesetzes, § 31 des Betäubungsmittelgesetzes oder § 4a des Anti-Doping-Gesetzes zu erlangen. 2In minder schweren Fällen ist die Strafe Freiheitsstrafe von drei Monaten bis zu fünf Jahren.

Das **Rechtsgut** der Norm ist umstritten, namentlich dahingehend, ob die Norm lediglich die staatliche Rechtspflege vor unsachlicher Inanspruchnahme und Irreführung schützt, lediglich das Individualinteresse gegen ungerechtfertigte staatliche Verfolgung oder beide Rechtsgüter kumulativ.[130] Von Relevanz ist dies insbesondere hinsichtlich der Möglichkeit einer rechtfertigenden Einwilligung (disponibles Rechtsgut?).

> **Beispiel 149**
>
> **BGH U. v. 29.09.1953 – 1 StR 365/53 – BGHSt 5, 66 = NJW 1954, 201:**
> B belastete bei einer polizeilichen Vernehmung seine Ehefrau Z1 und seine Schwiegermutter Z2, indem er bekundete, dass die beiden Frauen sich wegen Kuppelei strafbar gemacht hätten, indem sie der Z3 und ihrem Freund ein Zimmer vermieteten. Z1 und Z2 waren mit diesem Vorgehen einverstanden, damit der Verdacht von B abgelenkt werde. ◄

---

[130] Hierzu Kindhäuser/Hilgendorf, LPK, 9. Aufl. 2022, § 164 Rn. 1f.; näher Schröder NJW 1965, 1888; Hirsch GS Schröder 1978, 307; aus der Rspr. vgl. zuletzt BGH U. v. 10.02.2015 – 1 StR 488/14 – BGHSt 60, 198 = NJW 2015, 1705 = NStZ 2015, 689 = StV 2016, 807 (Anm. Bosch Jura 2015, 880; RÜ 2015, 377; famos 6/2015; Dehne-Niemann NStZ 2015, 677; Löffelmann JR 2015, 492; Krell HRRS 2015, 483; Zopfs StV 2016, 808); OLG Stuttgart U. v. 23.07.2015 – 2 Ss 94/15 – NStZ 2016, 155 (Anm. RÜ 2015, 713; Kunkel jurisPR-StrafR 20/2015 Anm. 4; Niehaus DAR 2015, 720; Hecker JuS 2016, 82; Dehne-Niemann HRRS 2016, 453; Mitsch NZV 2016, 564); LG Heilbronn B. v. 09.03.2017 – 8 KLs 24 Js 28058/15 (Anm. RÜ 2017, 504; Borutta jurisPR-StrafR 8/2017 Anm. 4).

Konnten Z1 und Z2 wirksam in die falsche Verdächtigung durch B einwilligen?

Die heutige Rspr.[131] und die h. L.[132] gehen zu Recht davon aus, dass das Universalrechtsgut der staatlichen Rechtspflege ebenso wie das Individualinteresse des zu Unrecht Bezichtigten geschützt wird. Ein reiner Individualschutz[133] wird dem berechtigten Interesse des Rechtsstaats, seine begrenzten Ressourcen sinnvoll einzusetzen, nicht gerecht. Eine rechtfertigende Einwilligung ist mithin nicht möglich.

II. Grunddelikte, § 164 I und II StGB

1. § 164 I StGB

a) Aufbau
I. Tatbestand
  1. Objektiver Tatbestand
     a) Bei einer Behörde oder einem zur Entgegennahme von Anzeigen zuständigen Amtsträger oder militärischen Vorgesetzten oder öffentlich
     b) Einen anderen einer rechtswidrigen Tat oder der Verletzung einer Dienstpflicht verdächtigt
     c) Falsch
  2. Subjektiver Tatbestand
     a) Vorsatz
     b) Wider besseres Wissen
     c) Absicht, ein behördliches Verfahren oder andere behördliche Maßnahmen gegen ihn herbeizuführen oder fortdauern zu lassen
II. Rechtswidrigkeit
III. Schuld

b) Tatbestand

aa) Objektiver Tatbestand

(1) Bei einer Behörde oder einem zur Entgegennahme von Anzeigen zuständigen Amtsträger oder militärischen Vorgesetzten oder öffentlich
Adressat der falschen Verdächtigung ist eine Behörde oder ein zur Entgegennahme von Anzeigen zuständiger Amtsträger oder militärischer Vorgesetzter oder die Öffentlichkeit.

---

[131] S. o.
[132] Etwa Joecks/Jäger, StGB, 13. Aufl. 2021, § 164 Rn. 2.
[133] S. etwa Vormbaum, in: NK-StGB, 6. Aufl. 2023, § 164 Rn. 10.

C. Falsche Verdächtigung, § 164 StGB

Zur **Behörde** s. o. bei § 153 StGB. Gem. § 11 I Nr. 7 StGB sind auch Gerichte erfasst. Ausländische Behörden werden nicht geschützt.[134]

Zum **Amtsträger** s. § 11 I Nr. 2 StGB, näher u. bei den §§ 331ff. StGB. Insbesondere sind Polizeibeamte zu nennen, die strafrechtlich relevante Aussagen aufnehmen, vgl. auch § 158 I StPO.

Eine Verdächtigung erfolgt **öffentlich**, wenn sie von einer nach Zahl und Individualität unbestimmten Menge von Menschen wahrgenommen werden kann.[135]

(2) Einen anderen einer rechtswidrigen Tat oder der Verletzung einer Dienstpflicht verdächtigt

(a) Allgemeines
Gegenstand des Verdächtigens ist eine **rechtswidrige Tat** – s. § 11 I Nr. 5 StGB – oder eine **Verletzung einer Dienstpflicht**.[136]

Verdächtigen ist jedes Verhalten, das zu Lasten einer bestimmten Person einen Verdacht hervorruft oder einen bereits bestehenden Verdacht umlenkt oder verstärkt.[137] Eine Strafanzeige ist weder notwendig noch hinreichend.[138]

Ohne Weiteres erfasst ist ein ausdrückliches oder konkludentes Behaupten von Tatsachen.[139] Zu unterscheiden ist dies von bloßen Werturteilen und Schlussfolgerungen.[140]

Umstritten ist, ob das Schaffen einer kompromittierenden **Beweislage** (Tatsachenmanipulation, z. B. das Legen falscher Spuren) als Verdächtigen i. S. d. § 164 I StGB ausreicht.[141]

---

[134] Wohl h. M., s. Kindhäuser/Hilgendorf, LPK, 9. Aufl. 2022, § 164 Rn. 1; näher Schröder NJW 1965, 1888; aus der Rspr. vgl. RG U. v. 10.07.1926 – III 423/26 – RGSt 60, 317; OLG Köln U. v. 09.11.1951 – Ss 194/51 – NJW 1952, 117; BGH U. v. 04.09.1952 – 5 StR 525/52 – NJW 1952, 1385; BGH U. v. 24.04.1963 – 2 StR 81/63 – BGHSt 18, 333 = NJW 1963, 1318; OLG Düsseldorf U. v. 26.08.1981 – 2 Ss 409/81-264/81 III – NJW 1982, 1242 (Anm. Bottke JR 1983, 76).

[135] Vormbaum, in: NK, 6. Aufl. 2023, § 164 Rn. 37.

[136] Hierzu Kindhäuser/Hilgendorf, LPK, 9. Aufl. 2022, § 164 Rn. 12f.

[137] Kindhäuser/Hilgendorf, LPK, 9. Aufl. 2022, § 164 Rn. 4; näher Langer FS Lackner 1987, 541; aus der Rspr. vgl. zuletzt BGH U. v. 10.02.2015 – 1 StR 488/14 – BGHSt 60, 198 = NJW 2015, 1705 = NStZ 2015, 689 = StV 2016, 807 (Anm. Bosch Jura 2015, 880; RÜ 2015, 377; famos 6/2015; Dehne-Niemann NStZ 2015, 677; Löffelmann JR 2015, 492; Krell HRRS 2015, 483; Zopfs StV 2016, 808); OLG Jena B. v. 01.12.2016 – 1 OLG 121 Ss 70/16 – StV 2018, 443.

[138] Zopfs, in: MK-StGB, 4. Aufl. 2021, § 164 Rn. 20.

[139] Fischer, StGB, 71. Aufl. 2024, § 164 Rn. 3, 4.

[140] Fischer, StGB, 71. Aufl. 2024, § 164 Rn. 3; aus der Rspr. vgl. RG U. v. 08.04.1937 – 2 D 141/37 – RGSt 71, 167; OLG Rostock B. v. 08.11.2004 – 1 Ss 364/04 I 138/04 – NStZ 2005, 335 (Anm. LL 2005, 542).

[141] Hierzu zsf. Kindhäuser/Hilgendorf, LPK, 9. Aufl. 2022, § 164 Rn. 5f.; näher Blei GA 1957, 139; Küper GA 2018, 359; aus der Rspr. vgl. RG U. v. 25.03.1935 – 3 D 250/34 – RGSt 69, 175; BGH U. v. 13.04.1960 – 2 StR 593/59 – BGHSt 14, 240 = NJW 1960, 1678.

> **Beispiel 150**
>
> **BGH U. v. 03.05.1956 – 3 StR 77/56 (Fangbrief) – BGHSt 9, 240 = NJW 1956, 1448 (Anm. Roxin, Höchstrichterliche Rspr. AT, 1998, Nr. 10; Kühl, Höchstrichterliche Rspr. BT, 2002, Nr. 12):**
>
> B war über das Auslegen von Fangbriefen und den damit verfolgten Zweck, den Täter des von ihr selbst angezeigten Diebstahls und früherer im Betrieb der A.-Werke begangenen Diebstähle zu fassen, unterrichtet. Sie brachte einen dieser Briefe in den Bereich des Prokuristen Z, damit dieser durch Anfassen des Briefes rote Flecken an den Händen bekommen und dadurch in den – wie sie wusste – unbegründeten Verdacht geraten sollte, den Fangbrief gestohlen und auch die früheren Diebstähle begangen zu haben. Sie wollte, dass er von der Kriminalpolizei in den Kreis der verdächtigen Personen einbezogen, mithin ein behördliches Verfahren gegen ihn eingeleitet werde. ◄

Die Kriminalpolizei ist eine Behörde. Vor dieser könnte B den Z mehrerer Diebstähle (§ 242 I StGB) verdächtigt haben. B hat lediglich einen Fangbrief in den Bereich des Z gebracht, damit dieser durch Anfassen des Briefes rote Flecken an den Händen bekommen sollte. Umstritten ist, ob ein derartiges Schaffen einer kompromittierenden Beweislage für ein Verdächtigen ausreicht.

Die Rspr.[142] und die h. L.[143] sehen dies so, anders die Gegenauffassung.[144]

Zwar scheint § 164 I StGB sich insofern an § 164 II StGB auszurichten, als ein Verdächtigen *prima facie* eine Äußerung nahelegt. Allerdings spricht für die h. M., dass gerade die fingierte Beweislage besonders gefährlich für den Betroffenen ist: Es wirkt regelmäßig nachhaltiger, wenn sich der Adressat anhand einer Beweislage vermeintlich unbefangen eine eigene Meinung bildet.

Nicht erfasst wird die Weiterleitung einer fremden Verdächtigung, es sei denn der Täter macht sich diese zu eigen.[145]

Es muss eine **bestimmte** – zumindest ermittelbare (vgl. auch individuell eng begrenzte Personengruppen) – Person verdächtigt werden.[146] Bei Anzeigen gegen unbekannt o. Ä. greift allenfalls § 145d StGB.

Die Verdächtigung ist mit Zugang beim Adressaten vollendet,[147] die Möglichkeit der Kenntnisnahme genügt also.

---

[142] S. o.
[143] Etwa Joecks/Jäger, StGB, 13. Aufl. 2021, § 164 Rn. 7.
[144] Z. B. Vormbaum, in: NK-StGB, 6. Aufl. 2023, § 164 Rn. 20.
[145] Joecks/Jäger, StGB, 13. Aufl. 2021, § 164 Rn. 8; aus der Rspr. vgl. BGH U. v. 13.04.1960 – 2 StR 593/59 – BGHSt 14, 240 = NJW 1960, 1678; OLG München B. v. 03.04.1985 – 2 Ws 232/85 – NJW 1986, 1119 = NStZ 1985, 549 (Anm. Geppert JK 1986 StGB § 344/1; Herzberg JR 1986, 6).
[146] Joecks/Jäger, StGB, 13. Aufl. 2021, § 164 Rn. 18: aus der Rspr. vgl. zuletzt OLG Stuttgart U. v. 20.02.2018 – 4 Rv 25 Ss 982/17 – NJW 2018, 1110 = StV 2018, 441 (Anm. Nestler Jura 2018, 754; Jahn JuS 2018, 591; Mitsch NJW 2018, 1112).
[147] Eisele, BT I, 6. Aufl. 2021, Rn. 1467; aus der Rspr. vgl. OLG Koblenz B. v. 30.04.2010 – 2 Ws 166/10 – NStZ 2011, 95.

C. Falsche Verdächtigung, § 164 StGB

An einer Vollendung der Verdächtigung fehlt es, wenn bei schriftlicher Verdächtigung die Strafanzeige vor Zugang oder gleichzeitig **widerrufen** wird, bei mündlichen, wenn eine Richtigstellung durch eine noch mit der Behauptung in zeitlichem und räumlichem Zusammenhang stehende Gegenerklärung bei einer noch nicht abgeschlossenen polizeilichen Vernehmung erfolgt.[148]

Beispiel 151

OLG Düsseldorf B. v. 17.07.2000 – 2b Ss 164/00 – 54/00 I – NJW 2000, 3582 (Anm. RA 2000, 699; Otto JK 2001 StGB § 164/5; LL 2001, 188):

Am 01.10.1998 begab sich B unter anderem in die Geschäftsräume der Firma D in Düsseldorf und entwendete dort zwei Hosen im Gesamtwert von 567 DM. Bei diesem Diebstahl war sie von dem Privatdetektiv Z1 beobachtet worden. Er sprach sie nach Verlassen des Geschäftes an und man wartete schließlich gemeinsam auf das Eintreffen der Polizei, die Z1 herbeigerufen hatte. Gegenüber den Polizeibeamten räumte sie ein, die Gegenstände, die diese in den mitgeführten Taschen fanden, entwendet zu haben. Nachdem sie von der Polizei anschließend aufgefordert worden war, sich auszuweisen, legte sie einen Bundespersonalausweis vor, der für Z2 ausgestellt war. Zusammen mit den Polizeibeamten und dem Privatdetektiv begab sich B nunmehr in das Büro des Detektivs. Dort händigte B den Polizeibeamten noch einen Studentenausweis, ausgestellt auf den Namen Z2, aus. Sie erklärte den Beamten auch, warum die im Studentenausweis angegebene Anschrift nicht aktuell sei. Bei einer anschließenden Durchsuchung der B wurden mehrere Ausweispapiere, die den richtigen Namen der B enthielten, aufgefunden. B gab dann ihre richtigen Personalien an. ◀

Zunächst verdächtigte B die Z2, indem sie deren Personal- und Studentenausweis vorlegte und damit vorspiegelte, Z2 sei Täterin des tatsächlich gerade von ihr selbst begangenen Diebstahls gewesen. Später gab sie ihre richtigen Personalien an und widerrief damit die Verdächtigung der Z2. Da dies noch in unmittelbar räumlich-zeitlichem Zusammenhang mit der Verdächtigung steht und die Vernehmung durch die Polizei noch nicht abgeschlossen war, liegt keine Vollendung vor.

(b) Geeignet, ein behördliches Verfahren oder andere behördliche Maßnahmen gegen ihn herbeizuführen oder fortdauern zu lassen (?)

Nicht nur für § 164 II StGB, wo dies ausdrücklich normiert ist, sondern auch für § 164 I StGB muss die Verdächtigung objektiv **geeignet** sein, ein **behördliches Verfahren** oder andere **behördliche Maßnahmen** herbeizuführen oder fortdauern zu lassen.[149]

---

[148] Fischer, StGB, 71. Aufl. 2024, § 164 Rn. 9; aus der Rspr. vgl. BGH B. v. 24.10.1955 – GSSt 1/55 – BGHSt 8, 301 = NJW 1956, 191 (Anm. Kaufmann JZ 1956, 338); BGH U. v. 02.02.1960 – 1 StR 697/59 – NJW 1960, 731; BGH B. v. 18.06.1982 – 2 StR 234/82 – NStZ 1982, 431; BayObLG B. v. 21.07.1988 – RReg. 2 St 134/88 – NJW 1989, 676 (Anm. Geppert JK 1989 StGB § 274/4).

[149] Eisele, BT I, 6. Aufl. 2021, Rn. 1453; aus der Rspr. vgl. BayObLG U. v. 19.07.1957 – RReg. 3 St 148/57 – NJW 1957, 1644; BGH B. v. 07.11.2001 – 2 StR 417/01 – StV 2002, 303; OLG Hamm B. v. 08.02.2002 – 2 Ss 913/01 – NStZ-RR 2002, 167.

Die auf Tatsachen gestützte Verdächtigung muss daher dem Denunzierten ein bestimmtes, durch individuelle Merkmale konkretisiertes Verhalten zur Last legen, das bei entsprechender Subsumtion den Verdacht einer Straftat oder einer Dienstpflichtverletzung begründen kann.[150] Daher fehlt es an einem Verdächtigen, wenn zugleich Umstände behauptet werden, die zu einem Ausschluss strafrechtlicher Folgen führen (z. B. Rechtfertigung, Entschuldigung, Rücktritt, strafprozessuale Verfolgungshindernisse).

Beispiel 152

OLG Hamm B. v. 08.02.2002 – 2 Ss 913/01 – NStZ-RR 2002, 167:
Bei der Polizei wurde eine am 28.06.2000 zum Nachteil des zwölfjährigen Z1 begangene Körperverletzung angezeigt. Im Rahmen der Ermittlungen wurden am 27.10.2000 B1 und B2 von der Polizei vernommen. B1 war zum Zeitpunkt der angezeigten Körperverletzung noch nicht 14 Jahre alt gewesen. B1 gab bei dieser polizeilichen Vernehmung bewusst der Wahrheit zuwider an, Z2 und Z3 seien die Täter der Körperverletzung gewesen, wobei er beabsichtigte, die polizeilichen Ermittlungen auf Z2 und Z3 zu lenken. In seiner sich daran anschließenden Vernehmung bestätigte B2 bewusst wahrheitswidrig die zuvor abgegebene Einlassung des B1. Tatsächlich waren B1 und B2 Täter der Körperverletzung. ◄

Wenn Z2 und Z3 wie B1 und Z1 nach § 19 StGB noch nicht strafmündig waren, konnten sie keine strafbare Handlung vorgenommen haben, sodass ihre Verdächtigung nicht § 164 I StGB unterfällt.

Beispiel 153

BGH B. v. 07.11.2001 – 2 StR 417/01 – StV 2002, 303:
B behauptete anlässlich einer polizeilichen Vernehmung im Mai 2000 wider besseres Wissen, ein früherer Lebensgefährte der Z1 habe deren (1967 geborene) Tochter Z2 „als Kind sexuell missbraucht". ◄

Diese Äußerung ist zu unbestimmt, als dass ihr Inhalt unter einen konkreten Straftatbestand subsumiert werden könnte.

(c) Besonderheiten bei Beschuldigten

▶ **Didaktische Aufsätze**
  - Otto, Die Beteiligung des Beschuldigten an der falschen Verdächtigung, Jura 1985, 443
  - Fahrenhorst, Grenzen strafloser Selbstbegünstigung, JuS 1987, 707

---

[150] H. M., s. Fischer, StGB, 71. Aufl. 2024, § 164 Rn. 5b; näher (krit.) Krell NStZ 2011, 671; aus der Rspr. vgl. zuletzt OLG Celle U. v. 23.04.2009 – 32 Ss 15/09 – NStZ-RR 2009, 370 (Anm. Lampe jurisPR-StrafR 14/2009 Anm. 1; Geppert JK 2010 StGB § 164/6); OLG Stuttgart B. v. 27.06.2014 – 5 Ss 253/14 – NStZ-RR 2014, 276 = StV 2015, 179 (Anm. Hecker JuS 2015, 182).

C. Falsche Verdächtigung, § 164 StGB

Bei **Beschuldigten** ist zu beachten, dass diesen die Selbstbelastungsfreiheit zusteht (s. § 136 I 2 StPO, sog. *nemo tenetur, se ipsum accusare*), sodass Schweigen, Leugnen und reine Selbstbegünstigung nicht dem Tatbestand des § 164 I StGB unterfallen.[151]

Dies gilt auch dann, wenn als logische Folge des Leugnens der Verdacht zwangsläufig auf einen anderen fällt.[152] Die h. M. geht sogar so weit, dass auch die ausdrückliche Bezichtigung des anderen für nicht tatbestandsmäßig gehalten wird, wenn nur das positiv behauptet wird, was mit Leugnen ohnehin zum Ausdruck gebracht würde.[153]

Beispiel 154

OLG Hamm U. v. 13.10.1964 – 3 Ss 965/64 – NJW 1965, 62 (Anm. Willms JuS 1965, 159):

B, der mit zwei ihm gehörenden Lkw Lohnfahrten ausführte, den hierfür erforderlichen Führerschein der Klasse 2 aber nicht besaß, bediente sich des Z als Fahrer. Mit diesem fuhr er am 18.06.1962 morgens mit einem der Lkw zur B.-Talsperre. Während er auf der Baustelle blieb und Alkohol zu sich nahm, führte Z die Lohnfahrten aus, wobei er zwischendurch einige Flaschen Bier trank. Als beide bei Schichtende mit dem Lkw nach Hause fahren wollten, forderte B den Z auf, ihm das Steuer zu überlassen. Obwohl Z darauf hinwies, dass B nur den Führerschein der Klasse 3 habe und außerdem offenbar erheblich mehr Alkohol als er – Z – getrunken habe, und sich sehr lange sträubte, ließ sich B nicht belehren, sodass Z schließlich dem B das Steuer überließ. Unterwegs erhöhte dieser plötzlich seine Geschwindigkeit stark. Dadurch geriet der Lkw von der Fahrbahn nach rechts auf das Bankett und streifte eine Felswand. B wurde unsicher, riss das Steuer zu plötzlich nach links und prallte mit dem Lkw frontal gegen einen am linken Straßenrand stehenden Baum. Er und Z erlitten Kopfverletzungen. Sie wurden in einem Krankenhaus ambulant behandelt. Dort entnommene Blutproben ergaben für die Tatzeit bei B einen Blutalkoholwert von etwa 2,2 ‰ und bei Z einen solchen von 1,2 ‰. Noch im Krankenhaus und später an der Unfallstelle gab B auf die Frage von Polizeibeamten, wer den Lkw gefahren habe, sich als Fahrer an. Als er jedoch am 09.07.1962 durch die Polizei ausführlich vernommen wurde, behauptete er bewusst der Wahrheit zuwider, er sei zur Tatzeit nur Beifahrer gewesen, Z habe den Lkw gefahren. ◄

---

[151] Hierzu Otto Jura 1985, 443; Fahrenhorst JuS 1987, 707; aus der Rspr. vgl. OLG Frankfurt U. v. 18.03.1998 – 2 Ss 40/98 (Anm. Geppert JK 1999 StGB § 164/4); OLG Hamm B. v. 11.01.2006 – 2 Ws 319/05 – 2 Ws 319/05 (Anm. RÜ 2006, 249; famos 5/2006); OLG Celle U. v. 23.04.2009 – 32 Ss 15/09 – NStZ-RR 2009, 370 (Anm. Lampe jurisPR-StrafR 14/2009 Anm. 1; Geppert JK 2010 StGB § 164/6); BGH U. v. 10.02.2015 – 1 StR 488/14 – BGHSt 60, 198 = NJW 2015, 1705 = NStZ 2015, 689 = StV 2016, 807 (Anm. Bosch Jura 2015, 880; RÜ 2015, 377; famos 6/2015; Dehne-Niemann NStZ 2015, 677; Löffelmann JR 2015, 492; Krell HRRS 2015, 483; Zopfs StV 2016, 808).

[152] Joecks/Jäger, StGB, 13. Aufl. 2021, § 164 Rn. 9; zur Rspr. s. o.

[153] S. nur Kindhäuser/Hilgendorf, LPK, 9. Aufl. 2022, § 164 Rn. 8; zur Rspr. s. o.

Es ist Ausfluss seiner Selbstbelastungsfreiheit, dass B behaupten darf, den Lkw nicht gefahren zu haben. Wenn damit nur noch eine Person – Z – in Betracht kommt, Fahrer gewesen zu sein, ist es nach h. M. nicht tatbestandlich, wenn B diese logische Folge ausgesprochen hat.

Dann allerdings, wenn der Täter zusätzliche Tatsachen liefert und (vermeintliche) Beweismittel vorlegt, ist die Schwelle zur falschen Verdächtigung überschritten.[154]

Tatbestandsmäßig ist es daher, wenn eine Person konkret benannt wird, für deren Tatbegehung bzw. Tatbeteiligung bis dahin keine Anhaltspunkte bestanden.[155]

Auch die **Angabe eines falschen Namens** als angeblich eigener (Identitätstäuschung) kann insofern eine falsche Verdächtigung sein.[156]

Beispiel 155

OLG Düsseldorf B. v. 17.07.2000 – 2b Ss 164/00 – 54/00 I – NJW 2000, 3582 (Anm. RA 2000, 699; Otto JK 2001 StGB § 164/5; LL 2001, 188):

Am 01.10.1998 begab sich B unter anderem in die Geschäftsräume der Firma D in Düsseldorf und entwendete dort zwei Hosen im Gesamtwert von 567 DM. Bei diesem Diebstahl war sie von dem Privatdetektiv Z1 beobachtet worden. Er sprach sie nach Verlassen des Geschäftes an und man wartete schließlich gemeinsam auf das Eintreffen der Polizei, die Z1 herbeigerufen hatte. Gegenüber den Polizeibeamten räumte sie ein, die Gegenstände, die diese in den mitgeführten Taschen fanden, entwendet zu haben. Nachdem sie von der Polizei anschließend aufgefordert worden war, sich auszuweisen, legte sie einen Bundespersonalausweis vor, der für Z2 ausgestellt war. Zusammen mit den Polizeibeamten und dem Privatdetektiv begab sich B nunmehr in das Büro des Detektivs. Dort händigte B den Polizeibeamten noch einen Studentenausweis, ausgestellt auf den Namen Z2, aus. Sie erklärte den Beamten auch, warum die im Studentenausweis angegebene Anschrift nicht aktuell sei. Bei einer anschließenden Durchsuchung der B wurden mehrere Ausweispapiere, die den richtigen Namen der B enthielten, aufgefunden. B gab dann ihre richtigen Personalien an. ◄

---

[154] Eisele, BT I, 6. Aufl. 2021, Rn. 1465; aus der Rspr. vgl. OLG Hamm B. v. 11.01.2006 – 2 Ws 319/05 – 2 Ws 319/05 (Anm. RÜ 2006, 249; famos 5/2006); OLG Koblenz B. v. 06.12.2010 – 2 Ws 480/10 – NStZ-RR 2011, 178.

[155] S. (krit.) Fischer, StGB, 71. Aufl. 2024, § 164 Rn. 3a; aus der Rspr. vgl. BGH U. v. 10.02.2015 – 1 StR 488/14 – BGHSt 60, 198 = NJW 2015, 1705 = NStZ 2015, 689 = StV 2016, 807 (Anm. Bosch Jura 2015, 880; RÜ 2015, 377; famos 6/2015; Dehne-Niemann NStZ 2015, 677; Löffelmann JR 2015, 492; Krell HRRS 2015, 483; Zopfs StV 2016, 808).

[156] Strittig, s. Fischer, StGB, 71. Aufl. 2024, § 164 Rn. 4; aus der Rspr. vgl. BGH U. v. 19.12.1962 – 2 StR 571/62 – BGHSt 18, 204 = NJW 1963, 1019; LG Dresden U. v. 08.10.1997 – 8 Ns 703 Js 48239/96 – NJW 1998, 2544 (Anm. Saal NZV 1998, 218); OLG Hamm B. v. 14.05.2013 – 5 RVs 39/13 – NStZ-RR 2013, 276.

(3) Falsch

(a) Allgemeines

Um eine **falsche** Verdächtigung (s. die Gesetzesüberschrift) kann es sich nur handeln, wenn die Behauptung **objektiv unrichtig** ist; ferner ergibt sich dies aus dem subjektiven Tatbestand („wider besseres Wissen").[157] Die Unrichtigkeit der Verdächtigung kann sich auch aus dem Verschweigen relevanter (entlastender) Tatsachen ergeben.[158]

Nicht tatbestandsmäßig sind Unrichtigkeiten, die das Rechtsgut nicht tangieren, d. h. im Hinblick auf bloße Nebensächlichkeiten, Ausschmückungen oder Ungenauigkeiten.[159]

Fraglich ist, wann **Übertreibungen** die Schwelle zur falschen Verdächtigung überschreiten.[160] Dies wird sich nach dem Schutzzweck der Norm zu bemessen haben. Da sowohl das Kollektivrechtsgut der Rechtspflege betroffen ist als auch das Individualinteresse des Bezichtigten, sind die Anforderungen nicht zu hoch anzusetzen, sodass jedenfalls Tatsachen, die eigenständige Straftaten, Qualifikationsmerkmale oder Regelbeispiele ausfüllen, beachtlich sind und allenfalls Tatsachen, die innerhalb desselben Tatbestands lediglich das allgemeine Strafmaß beeinflussen, den Tatbestand nicht erfüllen. Selbst hierbei ist zu beachten, dass unnötiger Ermittlungsaufwand auch insofern anderweitig benötigte Ressourcen bindet.

Beispiel 156

OLG München B. v. 04.03.2009 – 5 St RR 38/09 – NJW 2009, 3043 = NStZ 2010, 219 (Anm. famos 11/2009):

B zeigte am 13.06.2006 gegenüber der Polizeiinspektion N. den Z wegen gefährlicher Körperverletzung an. B gab an, dass Z den B am 06.06.2006 in N. durch drei oder vier Schläge mit einem circa 1,20 m langen Gegenstand mit geringer Elastizität (insoweit vermutete B einen Stock oder eine Rute) misshandelt hätte. B gab an, hauptsächlich im Rückenbereich, aber auch am Kopf getroffen worden zu sein. Vor weiteren Misshandlungen sei er geflohen. B behauptete gegenüber der Polizeiinspektion N., durch diese Schläge starke Schmerzen erlitten zu haben. Darüber hinaus erhielt B diese Verdächtigung am 21.02.2006 vor dem AG N. in der Hauptverhandlung gegen Z aufrecht. Zudem gab B, als Zeuge uneidlich

---

[157] Eisele, BT I, 6. Aufl. 2021, Rn. 1458.
[158] Fischer, StGB, 71. Aufl. 2024, § 164 Rn. 4; aus der Rspr. vgl. OLG Hamburg B. v. 22.10.1957 – Ws 390/57 – NJW 1958, 34 (Anm. Dünnebier JR 1958, 110); BGH U. v. 13.04.1960 – 2 StR 593/59 – BGHSt 14, 240 = NJW 1960, 1678; OLG Karlsruhe B. v. 09.05.1996 – 1 Ss 120/95 – NStZ-RR 1997, 37; OLG Brandenburg B. v. 19.08.1996 – 2 Ss 39/96 – NJW 1997, 141.
[159] Eisele, BT I, 6. Aufl. 2021, Rn. 1459.
[160] Hierzu zsf. Kindhäuser/Hilgendorf, LPK, 9. Aufl. 2022, § 164 Rn. 14; aus der Rspr. vgl. RG U. v. 16.10.1885 – 2140/85 – RGSt 13, 12; RG U. v. 14.05.1895 – 1580/95 – RGSt 27, 229; BayObLG U. v. 23.12.1952 – RReg. 2 St 632/52 – NJW 1953, 353; BayObLG U. v. 29.11.1955 – RReg. 2 St. 1273/54 – NJW 1956, 273.

vernommen, zusätzlich (bewusst wahrheitswidrig) an, Z habe viele Male auf ihn wie eine Furie mit der Peitsche eingeschlagen. In der Berufungshauptverhandlung vor dem LG A. bekundete B am 21.06.2006, erneut als Zeuge uneidlich vernommen, den am 13.06.2006 angezeigten und vor dem AG N. wiederholten Sachverhalt, gab zusätzlich aber (bewusst wahrheitswidrig) noch an, Z habe sich schreiend auf ihn gestürzt und brutal auf ihn eingeschlagen. Hierdurch sei sogar sein Augenlicht beeinträchtigt worden. ◄

So handelt es sich um eine falsche Verdächtigung, wenn aus einer (einfachen) Körperverletzung eine gefährliche Körperverletzung (§ 224 I Nr. 2 2. Var., Nr. 5 StGB) oder gar eine schwere Körperverletzung (§ 226 I Nr. 1 StGB) gemacht wird.

Mehrere oder wiederholte Verdächtigungen bzgl. der gleichen Person und des gleichen angeblichen Vorfalls werden zu einer tatbestandlichen Bewertungseinheit verbunden.[161] Dies gilt ferner dann, wenn unterschiedliche Polizeidienststellen dem gleichen Entscheidungsträger (Staatsanwaltschaft) zuarbeiten.[162]

Umstritten ist, ob bei Veranlassung der Selbstbezichtigung eines (eingeweihten) anderen eine **mittelbare Täterschaft** gem. § 25 I 2. Var. StGB vorliegt.[163]

(b) Unrichtigkeiten zu Lasten eines an sich Schuldigen

Vorgezeichnet ist damit auch die zutreffende Lösung der Problematik, ob die Mitteilung von **Unrichtigkeiten zu Lasten eines an sich Schuldigen** erfasst ist.[164]

---

[161] Valerius, in: BeckOK-StGB, Stand 01.02.2024, § 164 Rn. 28; aus der Rspr. vgl. OLG Koblenz B. v. 06.12.2010 – 2 Ws 480/10 – NStZ-RR 2011, 178; BGH U. v. 10.02.2015 – 1 StR 488/14 – BGHSt 60, 198 = NJW 2015, 1705 = NStZ 2015, 689 = StV 2016, 807 (Anm. Bosch Jura 2015, 880; RÜ 2015, 377; famos 6/2015; Dehne-Niemann NStZ 2015, 677; Löffelmann JR 2015, 492; Krell HRRS 2015, 483; Zopfs StV 2016, 808).

[162] Valerius, in: BeckOK-StGB, Stand 01.02.2024, § 164 Rn. 28; aus der Rspr. vgl. BGH B. v. 21.11.2012 – 4 StR 427/12 – StV 2013, 701.

[163] Valerius, in: BeckOK-StGB, Stand 01.02.2024, § 164 Rn. 13; aus der Rspr. vgl. OLG Stuttgart U. v. 23.07.2015 – 2 Ss 94/15 – NStZ 2016, 155 (Anm. RÜ 2015, 713; Kunkel jurisPR-StrafR 20/2015 Anm. 4; Niehaus DAR 2015, 720; Hecker JuS 2016, 82; LL 2016, 37; Dehne-Niemann HRRS 2016, 453; Mitsch NZV 2016, 564); LG Heilbronn B. v. 09.03.2017 – 8 KLs 24 Js 28058/15 (Anm. RÜ 2017, 504; Borutta jurisPR-StrafR 8/2017 Anm. 4); OLG Stuttgart B. v. 07.04.2017 – 1 Ws 42/17 – NJW 2017, 1971 (Anm. Kudlich JA 2017, 632; Hecker JuS 2017, 795; LL 2017, 836; Hecker NJW 2017, 1973; Lampe jurisPR-StrafR 12/2017 Anm. 2; Böse ZJS 2018, 189); OLG Stuttgart U. v. 20.02.2018 – 4 Rv 25 Ss 982/17 – NJW 2018, 1110 = StV 2018, 441 (Anm. Nestler Jura 2018, 754; Jahn JuS 2018, 591; Mitsch NJW 2018, 1112).

[164] Hierzu Kindhäuser/Hilgendorf, LPK, 9. Aufl. 2022, § 164 Rn. 15f.; Schilling GA 1984, 345; Schilling GS Armin Kaufmann 1989, 595; Langer FS Tröndle 1989, 265; aus der Rspr. vgl. OLG Rostock B. v. 08.11.2004 – 1 Ss 364/04 I 138/04 – NStZ 2005, 335 (Anm. LL 2005, 542); BVerfG B. v. 13.11.2007 – 2 BvR 1781/07 – NJW 2008, 570 (Anm. LL 2008, 312); OLG München B. v. 04.03.2009 – 5 St RR 38/09 – NJW 2009, 3043 = NStZ 2010, 219 (Anm. famos 11/2009); OLG Koblenz B. v. 06.12.2010 – 2 Ss 108/10.

Die überwiegende Rspr.[165] und Teile der Lehre[166] lehnen dies ab und legen § 164 I StGB insofern als Beschuldigungsdelikt aus, welches lediglich die Verdächtigung Unschuldiger erfasst.

Teile der Rspr. – vom BVerfG gebilligt[167] – und die h. L.[168] verstehen § 164 I StGB hingegen als Täuschungsdelikt und subsumieren auch die Unrichtigkeit des Tatsachenmaterials an sich (sog. Unterbreitungslehre).

Ersterer Auffassung ist zuzugeben, dass der Wortlaut das enge Verständnis der falschen Verdächtigung ermöglicht; auch mag man, vom Ergebnis her gedacht, anerkennen, dass eine Gefährdung der Rechtspflege insofern nicht besteht als es den „Richtigen trifft". Zu folgen ist aber der h. L.: In einem Rechtsstaat hat jeder Beschuldigte, auch der wirklich schuldige, Anspruch auf ein nicht von Denunziationen getragenes Verfahren. Auch das Rechtsgut der Rechtspflege wird sehr wohl beeinträchtigt, kann doch jede falsche Behauptung unnötige Aktivitäten des Ermittlungsapparats veranlassen.

bb) Subjektiver Tatbestand

Der Täter muss **wider besseres Wissen** bzgl. der falschen Verdächtigung handeln und die **Absicht** haben, ein behördliches Verfahren in Gang zu bringen. Die Absicht erfasst nach h. M. den *dolus directus* zweiten Grades (Wissentlichkeit) mit,[169] nicht aber den Eventualvorsatz.[170]

Irrelevant ist, ob der Täter an eine weitere Durchführung des Verfahrens glaubt.[171]

c) Rechtswidrigkeit

Es gelten die allgemeinen Grundsätze.

d) Schuld

Es gelten die allgemeinen Grundsätze.

e) Rechtsfolgen

§ 164 I StGB sieht Freiheitsstrafe bis zu fünf Jahren (im Minimum also ein Monat, § 38 II StGB) oder Geldstrafe (zu den Grenzen s. § 40 StGB) vor.

§ 165 StGB ermöglicht eine Bekanntgabe der Verurteilung.[172]

---

[165] S. nur BGH B. v. 01.09.1987 – 5 StR 240/86 – BGHSt 35, 50.
[166] Etwa Schilling GA 1984, 345ff.
[167] S. BVerfG B. v. 13.11.2007 – 2 BvR 1781/07 – NJW 2008, 570.
[168] S. nur Joecks/Jäger, StGB, 13. Aufl. 2021, § 164 Rn. 17.
[169] Joecks/Jäger, StGB, 13. Aufl. 2021, § 164 Rn. 27; aus der Rspr. vgl. zuletzt BGH U. v. 17.10.2019 – 3 StR 536/18 – NStZ-RR 2020, 102 und 141 = StV 2020, 667 (Anm. Jahn JuS 2020, 467; RÜ 2020, 308); BGH B. v. 26.05.2021 – 3 StR 101/21 – StV 2022, 14.
[170] Fischer, StGB, 71. Aufl. 2024, § 164 Rn. 12; aus der Rspr. vgl. zuletzt BGH U. v. 17.10.2019 – 3 StR 536/18 – NStZ-RR 2020, 102 und 141 = StV 2020, 667 (Anm. Jahn JuS 2020, 467; RÜ 2020, 308); BGH B. v. 26.05.2021 – 3 StR 101/21 – StV 2022, 14.
[171] Fischer, StGB, 71. Aufl. 2024, § 164 Rn. 13; aus der Rspr. vgl. OLG Düsseldorf B. v. 09.02.1996 – 5 Ss 460/95-5/96 I – NJW 1996, 2744 = NStZ-RR 1996, 198; OLG Koblenz B. v. 06.12.2010 – 2 Ss 108/10; OLG Hamm B. v. 14.05.2013 – 5 RVs 39/13 – NStZ-RR 2013, 276.
[172] Hierzu Petzold MDR 1962, 264; Schomburg ZRP 1986, 65.

> **§ 165 StGB (Bekanntgabe der Verurteilung)**
> (1) Ist die Tat nach § 164 öffentlich oder durch Verbreiten von Schriften (§ 11 Abs. 3) begangen und wird ihretwegen auf Strafe erkannt, so ist auf Antrag des Verletzten anzuordnen, daß die Verurteilung wegen falscher Verdächtigung auf Verlangen öffentlich bekanntgemacht wird. Stirbt der Verletzte, so geht das Antragsrecht auf die in § 77 Abs. 2 bezeichneten Angehörigen über. § 77 Abs. 2 bis 4 gilt entsprechend.
> (2) Für die Art der Bekanntmachung gilt § 200 Abs. 2 entsprechend.

Dies gilt allerdings nicht, wenn der „Verletzte" mit der Anschuldigung einverstanden war.[173]

f) Sonstiges
Mangels planwidriger Regelungslücke gelten die Strafaufhebungsgründe der §§ 158 StGB[174] und 258 V, VI StGB[175] nach h. M. nicht analog. Gleiches gilt für § 193 StGB.[176]

2. § 164 II StGB

a) Aufbau
I. Tatbestand
  1. Objektiver Tatbestand
     a) Bei einer der in Absatz 1 bezeichneten Stellen oder öffentlich
     b) Sonstige Behauptung tatsächlicher Art aufstellt
     c) Die geeignet, ein behördliches Verfahren oder andere behördliche Maßnahmen gegen ihn herbeizuführen oder fortdauern zu lassen
     d) Falsch

---

[173] Valerius, in: BeckOK-StGB, Stand 01.02.2024, § 165 Rn. 4; aus der Rspr. vgl. BGH U. v. 29.09.1953 – 1 StR 365/53 – BGHSt 5, 66 = NJW 1954, 201.

[174] Z. B. Kindhäuser/Hilgendorf, LPK, 9. Aufl. 2022, § 164 Rn. 23; a.A. aber Eisele, BT I, 6. Aufl. 2021, Rn. 1476.

[175] S. nur Eisele, BT I, 6. Aufl. 2021, Rn. 1476; aus der Rspr. vgl. BGH B. v. 03.04.2002 – 2 StR 66/02 – NStZ-RR 2002, 215 = StV 2002, 426; OLG Oldenburg B. v. 07.09.2010 – 1 Ss 124/10 – NStZ 2011, 95 (Anm. Hecker JuS 2011, 81; LL 2011, 176; Metz NStZ 2011, 582); OLG Koblenz B. v. 06.12.2010 – 2 Ws 480/10 – NStZ-RR 2011, 178; BGH U. v. 10.02.2015 – 1 StR 488/14 – BGHSt 60, 198 = NJW 2015, 1705 = NStZ 2015, 689 = StV 2016, 807 (Anm. Bosch Jura 2015, 880; RÜ 2015, 377; famos 6/2015; Dehne-Niemann NStZ 2015, 677; Löffelmann JR 2015, 492; Krell HRRS 2015, 483; Zopfs StV 2016, 808); OLG Stuttgart U. v. 23.07.2015 – 2 Ss 94/15 – NStZ 2016, 155 (Anm. RÜ 2015, 713; Kunkel jurisPR-StrafR 20/2015 Anm. 4; Niehaus DAR 2015, 720; Hecker JuS 2016, 82; Dehne-Niemann HRRS 2016, 453; Mitsch NZV 2016, 564).

[176] Fischer, StGB, 71. Aufl. 2024, § 164 Rn. 14; aus der Rspr. vgl. RG U. v. 08.12.1936 – 1 D 869/36 – RGSt 71, 34; RG U. v. 25.02.1938 – 1 D 790/37 – RGSt 72, 96; BGH U. v. 13.04.1960 – 2 StR 593/59 – BGHSt 14, 240 = NJW 1960, 1678.

        2. Subjektiver Tatbestand
            a) Vorsatz
            b) Wider besseres Wissen
            c) In gleicher Absicht
    II. Rechtswidrigkeit
    III. Schuld

b) Tatbestand

aa) Objektiver Tatbestand

(1) Bei einer der in Absatz 1 bezeichneten Stellen oder öffentlich
Hierzu s. o.

(2) Sonstige Behauptung tatsächlicher Art aufstellt
Tathandlung des § 164 II StGB ist das Aufstellen einer sonstigen Behauptung tatsächlicher Art.

Erfasst sind nur Tatsachenbehauptungen, nicht dagegen Werturteile oder – anders als bei § 164 I StGB, s. o. – das Schaffen einer Verdacht erregenden Situation.[177]

(3) Die geeignet, ein behördliches Verfahren oder andere behördliche
Maßnahmen gegen ihn herbeizuführen oder fortdauern zu lassen
Im Unterschied zu § 164 I StGB muss die Behauptung nicht den Verdacht einer rechtswidrigen Tat oder der Verletzung einer Dienstpflicht beinhalten – ist dies der Fall, geht vielmehr § 164 I StGB als speziellere und insoweit abschließende Vorschrift vor.[178] Die Tatsachenbehauptung muss lediglich geeignet sein, ein behördliches Verfahren oder andere behördliche Maßnahmen gegen den Betroffenen herbeizuführen oder fortdauern zu lassen. Ausreichend ist z. B. auch ein **Ordnungswidrigkeitenverfahren**, gewerbe- oder standesrechtliche Verfahren.[179]

Während durch § 164 I StGB nur natürliche Personen geschützt sind, sind es durch § 164 II StGB auch juristische.[180]

(4) Falsch
Hierzu s. o.

bb) Subjektiver Tatbestand
Der Täter muss wie bei § 164 I StGB **wider besseres Wissen** handeln und die **Absicht** haben, ein behördliches Verfahren in Gang zu bringen.

---

[177] Bosch/Schittenhelm, in: Schönke/Schröder, StGB, 30. Aufl. 2019, § 164 Rn. 12.
[178] Bosch/Schittenhelm, in: Schönke/Schröder, StGB, 30. Aufl. 2019, § 164 Rn. 12.
[179] Valerius, in: BeckOK-StGB, Stand 01.02.2024, § 164 Rn. 20.
[180] Fischer, StGB, 71. Aufl. 2024, § 164 Rn. 11; aus der Rspr. vgl. OLG Koblenz U. v. 15.10.2012 – 2 Ss 68/12 – NStZ-RR 2013, 44 (Anm. Hüls/Reichling NZWiSt 2013, 67).

c) Rechtswidrigkeit
Es gelten die allgemeinen Grundsätze.

d) Schuld
Es gelten die allgemeinen Grundsätze.

e) Rechtsfolgen
§ 164 II StGB verweist diesbzgl. auf § 164 I StGB („ebenso wird bestraft"), s. o. Zu § 165 StGB s. o.

III. Qualifikation, § 164 III StGB

1. Aufbau
  I. Tatbestand
   1. Objektiver Tatbestand
      – die falsche Verdächtigung begeht
   2. Subjektiver Tatbestand
      a) Die falsche Verdächtigung begeht
      b) Um eine Strafmilderung oder ein Absehen von Strafe nach § 46b dieses Gesetzes, § 31 des Betäubungsmittelgesetzes, § 4a des Anti-Doping-Gesetzes, § 35 des Konsumcannabisgesetzes oder § 26 des Medizinal-Cannabisgesetzes zu erlangen
 II. Rechtswidrigkeit
III. Schuld

2. Erläuterungen
§ 164 III StGB normiert eine Qualifikation für den Fall, dass der Täter die falsche Verdächtigung begeht, um eine Strafmilderung oder ein Absehen von Strafe nach § 46b StGB, § 31 des Betäubungsmittelgesetzes oder § 4a des Anti-Doping-Gesetzes zu erlangen.

§ 164 III StGB sieht einen Strafrahmen von sechs Monaten bis zu zehn Jahren vor. Zu § 165 StGB s. o.

D. Vortäuschen einer Straftat, § 145d StGB

▶ **Didaktische Aufsätze**
  - Geerds, Kriminelle Irreführung der Strafrechtspflege, Jura 1985, 617
  - Geppert, Zu einigen immer wiederkehrenden Streitfragen im Rahmen des Vortäuschens einer Straftat (§ 145 d StGB), Jura 2000, 383
  - Steinl, Grundfälle zum Vortäuschen einer Straftat – § 145 d StGB als Lehrstück für die Anwendung juristischer Auslegungsmethoden in der Strafrechtsklausur, JuS 2023, 308

D. Vortäuschen einer Straftat, § 145d StGB

I. Allgemeines

§ 145d StGB stellt das Vortäuschen einer Straftat unter Strafe.[181]

> **§ 145d StGB (Vortäuschen einer Straftat)**
> (1) Wer wider besseres Wissen einer Behörde oder einer zur Entgegennahme von Anzeigen zuständigen Stelle vortäuscht,
>   1. daß eine rechtswidrige Tat begangen worden sei oder
>   2. daß die Verwirklichung einer der in § 126 Abs. 1 genannten rechtswidrigen Taten bevorstehe, wird mit Freiheitsstrafe bis zu drei Jahren oder mit Geldstrafe bestraft, wenn die Tat nicht in § 164, § 258 oder § 258a mit Strafe bedroht ist.
>
> (2) Ebenso wird bestraft, wer wider besseres Wissen eine der in Absatz 1 bezeichneten Stellen über den Beteiligten
>   1. an einer rechtswidrigen Tat oder
>   2. an einer bevorstehenden, in § 126 Abs. 1 genannten rechtswidrigen Tat
> zu täuschen sucht.
>
> (3) Mit Freiheitsstrafe von drei Monaten bis zu fünf Jahren wird bestraft, wer
>   1. eine Tat nach Absatz 1 Nr. 1 oder Absatz 2 Nr. 1 begeht oder
>   2. wider besseres Wissen einer der in Absatz 1 bezeichneten Stellen vortäuscht, dass die Verwirklichung einer der in § 46b Abs. 1 Satz 1 Nr. 2 dieses Gesetzes oder in § 31 Satz 1 Nr. 2 des Betäubungsmittelgesetzes genannten rechtswidrigen Taten bevorstehe, oder
>   3. wider besseres Wissen eine dieser Stellen über den Beteiligten an einer bevorstehenden Tat nach Nummer 2 zu täuschen sucht, um eine Strafmilderung oder ein Absehen von Strafe nach § 46b dieses Gesetzes oder § 31 des Betäubungsmittelgesetzes zu erlangen.
>
> (4) In minder schweren Fällen des Absatzes 3 ist die Strafe Freiheitsstrafe bis zu drei Jahren oder Geldstrafe.

Die Norm schützt als abstraktes Gefährdungsdelikt[182] die inländische staatliche Rechtspflege und die Leistungsfähigkeit polizeilicher Präventivorgane.[183] Nicht nur werden Ressourcen verschwendet, es besteht auch die Gefahr der Verdächtigung Unschuldiger.

---

[181] Zu § 145d StGB Geerds Jura 1985, 617; Geppert Jura 2000, 383; Stübinger GA 2004, 338; Steinl JuS 2023, 308.

[182] H. M., s. Zopfs, in: MK-StGB, 4. Aufl. 2021, § 145d Rn. 6ff.; aus der Rspr. vgl. BGH U. v. 15.04.2015 – 1 StR 337/14 – NStZ 2015, 514 = StV 2016, 158 (Anm. Bosch Jura 2015, 1136; Kudlich JA 2015, 947; Hecker JuS 2015, 949; Brüning ZJS 2015, 535; LL 2015, 819; RÜ 2015, 584; El-Ghazi HRRS 2015, 386; Pannenborg NZWiSt 2015, 428; Begemeier/Wölfel NStZ 2016, 129; Krell/Eibach StV 2016, 159).

[183] Kindhäuser/Hilgendorf, LPK, 9. Aufl. 2022, § 145d Rn. 1; aus der Rspr. vgl. BayObLG U. v. 12.06.1984 – RReg. 4 St 240/83 – NJW 1984, 2302 (Anm. Kühl JR 1985, 296; Otto JK 1986 StGB § 145d/3); OLG Hamm B. v. 08.05.1987 – 2 Ss 236/87 – NStZ 1987, 558 (Anm. Stree NStZ 1987,

II. Grunddelikte, § 145d I und II StGB

1. § 145d I Nr. 1 StGB

a) Aufbau
  I. Tatbestand
   1. Objektiver Tatbestand
      a) Einer Behörde oder einer zur Entgegennahme von Anzeigen zuständigen Stelle
      b) Vortäuscht, daß eine rechtswidrige Tat begangen worden sei
   2. Subjektiver Tatbestand
      a) Vorsatz
      b) Wider besseres Wissen
 II. Rechtswidrigkeit
III. Schuld

b) Tatbestand

aa) Objektiver Tatbestand

(1) Einer Behörde oder einer zur Entgegennahme von Anzeigen zuständigen Stelle
Adressat des Vortäuschens ist eine – inländische[184] – Behörde oder eine zur Entgegennahme von Anzeigen zuständige Stelle.[185]
Ausreichend ist, wenn ein tauglicher Adressat mittelbar erreicht wird.[186]

(2) Vortäuscht, daß eine rechtswidrige Tat begangen worden sei

(a) Allgemeines
Zur rechtswidrigen Tat s. § 11 I Nr. 5 StGB.
Tathandlung ist in § 145d I StGB das **Vortäuschen** einer rechtswidrigen Tat, d. h. das Erregen oder Verstärken eines diesbzgl. Verdachts.[187]

559; Geppert JK 1988 StGB § 145d/4; Hassemer JuS 1988, 233); BayObLG B. v. 03.09.1987 – RReg. 2 St 256/87 – NJW 1988, 83 (Anm. Hassemer JuS 1988, 233); OLG Oldenburg B. v. 07.09.2010 – 1 Ss 124/10 – NStZ 2011, 95 (Anm. Hecker JuS 2011, 81; LL 2011, 176; Metz NStZ 2011, 582).

[184] Joecks/Jäger, StGB, 13. Aufl. 2021, § 145d Rn. 5; aus der Rspr. vgl. OLG Düsseldorf U. v. 26.08.1981 – 2 Ss 409/81-264/81 III – NJW 1982, 1242 (Anm. Bottke JR 1983, 76); OLG Düsseldorf B. v. 26.02.1982 – 5 Ss 55/82 I – NJW 1982, 1546; BGH B. v. 20.03.1984 – 1 StR 662/83 – NStZ 1984, 360.

[185] Hierzu s. o. bei § 164 StGB.

[186] Fischer, StGB, 71. Aufl. 2024, § 145d Rn. 3; aus der Rspr. vgl. BGH U. v. 09.07.1954 – 1 StR 677/53 – BGHSt 6, 251 = NJW 1954, 1576; OLG Frankfurt B. v. 24.04.2002 – 2 Ss 71/02 – NStZ-RR 2002, 209 (Anm. Martin JuS 2002, 929; RÜ 2002, 506).

[187] Joecks/Jäger, StGB, 13. Aufl. 2021, § 145d Rn. 7.

D. Vortäuschen einer Straftat, § 145d StGB

Hieran fehlt es, wenn ein Umstand mitgeteilt wird, der Tatbestand oder Rechtswidrigkeit der vermeintlichen Tat ausschließt.[188]

Ein Vortäuschen kann ausdrücklich oder konkludent geschehen.[189] Das Schaffen einer Beweislage genügt.[190] Anders als bei § 164 I StGB muss keine andere Person bezichtigt werden. Auch die Anzeige gegen unbekannt sowie die Selbstbezichtigung sind erfasst. [191]

Zur Berücksichtigung des *nemo-tenetur*-Grundsatzes s. o. bei § 164 StGB.

(b) Übertreibungen

Ein Vortäuschen ist zu unterscheiden von Fällen tatbestandsloser **Übertreibung oder Vergröberung**; wo die Grenze zu ziehen ist, ist problematisch.[192]

Beispiel 157

OLG Hamm U. v. 22.01.1971 – 3 Ss 1074/70 – NJW 1971, 1324 (Anm. Hassemer JuS 1971, 545):

In der Nacht zum 20.11.1969 wurde B vor einer Gaststätte von einem Unbekannten hinterrücks niedergeschlagen und verletzt. Nachdem er in einem Krankenhaus seine stark blutende Nasenverletzung hatte versorgen lassen, zeigte er auf der Polizeiwache an, dass er überfallen und zu Boden geschlagen worden sei, und dass ihm ein Geldbetrag von ca. 970 DM geraubt worden sei. Nachdem umfangreiche Ermittlungen nach dem Täter durchgeführt worden waren, gab B zu, er sei nur überfallen und geschlagen, aber nicht beraubt worden; den Raub habe er nur deshalb vorgespiegelt, um die Polizei zu intensiveren Ermittlungen zu veranlassen. ◄

Gegen B ist tatsächlich eine rechtswidrige Tat, namentlich eine Körperverletzung (§ 223 I StGB), begangen worden. Mit der Behauptung, dass ihm ein Geldbetrag von 970 DM geraubt worden sei, ergibt sich allerdings eine andere Bewertung des Geschehens, namentlich als Raub (§ 249 I StGB).

---

[188] Eisele, BT I, 6. Aufl. 2021, Rn. 1486; aus der Rspr. vgl. OLG Oldenburg U. v. 24.06.1952 – Ss 115/52 – NJW 1952, 1225.

[189] Joecks/Jäger, StGB, 13. Aufl. 2021, § 145d Rn. 7; aus der Rspr. vgl. BGH U. v. 03.05.1956 – 3 StR 77/56 (Fangbrief) – BGHSt 9, 240 = NJW 1956, 1448 (Anm. Roxin, Höchstrichterliche Rspr. AT, 1998, Nr. 10; Kühl, Höchstrichterliche Rspr. BT, 2002, Nr. 12).

[190] Kindhäuser/Hilgendorf, LPK, 9. Aufl. 2022, § 145d Rn. 4.

[191] Eisele, BT I, 6. Aufl. 2021, Rn. 1482; aus der Rspr. vgl. OLG Köln U. v. 28.08.1953 – Ss 228/53 – NJW 1953, 1843.

[192] Hierzu zsf. Kretschmer, in: NK-StGB, 6. Aufl. 2023, § 145d Rn. 14; näher Krümpelmann ZStW 1984, 999; aus der Rspr. vgl. zuletzt OLG Oldenburg B. v. 07.09.2010 – 1 Ss 124/10 – NStZ 2011, 95 (Anm. Hecker JuS 2011, 81; LL 2011, 176; Metz NStZ 2011, 582); BGH U. v. 15.04.2015 – 1 StR 337/14 – NStZ 2015, 514 = StV 2016, 158 (Anm. Bosch Jura 2015, 1136; Kudlich JA 2015, 947; Hecker JuS 2015, 949; Brüning ZJS 2015, 535; LL 2015, 819; RÜ 2015, 584; El-Ghazi HRRS 2015, 386; Pannenborg NZWiSt 2015, 428; Begemeier/Wölfel NStZ 2016, 129; Krell/Eibach StV 2016, 159).

> **Beispiel 158**
>
> **OLG Hamm B. v. 08.05.1987 – 2 Ss 236/87 – NStZ 1987, 558 (Anm. Stree NStZ 1987, 559; Geppert JK 1988 StGB § 145d/4; Hassemer JuS 1988, 233):**
> Der Pkw des B wurde am 03.12.1985 aufgebrochen. Das Autokassettenradio wurde teilweise aus der Halterung gerissen und beschädigt. B kam nun auf die Idee, der Versicherung das Radio als gestohlen zu melden. Er entfernte es aus dem Pkw. Noch am Abend des 03.12.1985 meldete er den Aufbruch und den angeblichen Diebstahl der Polizei. Am folgenden Tage teilte er in einer schriftlichen Schadensanzeige den Schaden seinem Versicherungsvertreter mit. Die erforderliche Rechnung über das Gerät wollte er nachreichen. So lange sollte der Antrag nicht bearbeitet werden. Auf die Anzeige einer Nachbarin hin wurde B am 09.12.1985 polizeilich vernommen. Er räumte den Sachverhalt ein. ◄

Hier wurde in Form der Sachbeschädigung (§ 303 I StGB) tatsächlich eine rechtswidrige Tat begangen. B hat der Polizei allerdings einen Diebstahl (§ 242 StGB) gemeldet.

Zur Grenzziehung zwischen tatbestandslosen und tatbestandsmäßigen Täuschungen bei einem „Wahrheitskern" existieren zahlreiche differenzierende Auffassungen.

Die Rspr.[193] und die h. L.[194] lösen sich hierbei von abstrakten Kategorien, z. B. einem Abstellen auf ein „Hochtäuschen" vom Vergehen zum Verbrechen i. S. d. § 12 I StGB oder vom Antrags- zum Offizialdelikt, und stellen darauf ab, ob die Täuschung eine erhebliche Mehrarbeit für die Ermittlungsbehörden bewirkt.

Angesichts des von § 145d I Nr. 1, II Nr. 1 StGB geschützten Rechtsguts überzeugt dies; jede rein abstrakte Festlegung gibt für die Bewertung der konkreten Tat wenig her, der Ermittlungsaufwand wird nicht selten unabhängig von einer Hochtäuschung im Hinblick auf eine Schwere der Tat sein.

bb) Subjektiver Tatbestand
Über das Vorsatzerfordernis des § 15 StGB hinaus muss der Täter beim Vortäuschen „wider besseres Wissen" handeln.

c) Rechtswidrigkeit
Es gelten die allgemeinen Grundsätze.

d) Schuld
Es gelten die allgemeinen Grundsätze.

e) Rechtsfolgen
§ 145d I Nr. 1 StGB sieht Freiheitsstrafe bis zu drei Jahren (im Minimum also ein Monat, § 38 II StGB) oder Geldstrafe (zu den Grenzen s. § 40 StGB) vor.

---

[193] S. o.
[194] S. Kindhäuser/Hilgendorf, LPK, 9. Aufl. 2022, § 145d Rn. 6.

f) Sonstiges

§ 158 StGB[195] und § 258 V, VI StGB[196] gelten richtigerweise nicht analog, vgl. o. bei § 164 StGB.

§ 145d I StGB normiert eine ausdrückliche spezifische **Subsidiarität** gegenüber §§ 164, 258, 258a StGB.

2. § 145d I Nr. 2 StGB

a) Aufbau
  I. Tatbestand
   1. Objektiver Tatbestand
      a) Einer Behörde oder einer zur Entgegennahme von Anzeigen zuständigen Stelle
      b) Vortäuscht, daß die Verwirklichung einer der in § 126 Abs. 1 genannten rechtswidrigen Taten bevorstehe
   2. Subjektiver Tatbestand
      a) Vorsatz
      b) Wider besseres Wissen
 II. Rechtswidrigkeit
III. Schuld

b) Tatbestand

aa) Objektiver Tatbestand

(1) Einer Behörde oder einer zur Entgegennahme von Anzeigen zuständigen Stelle
Zum Adressaten s. o.

(2) Vortäuscht, daß die Verwirklichung einer der in § 126 Abs. 1 genannten rechtswidrigen Taten bevorstehe
Das Vortäuschen bezieht sich in § 145d I Nr. 2 StGB auf eine Katalogtat nach § 126 I StGB.

Angesichts des Wortlauts ist der h. M. zu folgen, die auch bei Übertreibungen, die aus einer Nicht-Katalogtat eine Katalogtat machen, ein Vortäuschen annimmt.[197]

Die Tat steht bevor, wenn sie in Kürze zu erwarten ist.[198]

bb) Subjektiver Tatbestand
Über das Vorsatzerfordernis des § 15 StGB hinaus muss der Täter beim Vortäuschen „wider besseres Wissen" handeln.

---

[195] H. M., s. Rogall, in: SK-StGB, 9. Aufl. 2019, § 145d Rn. 31.
[196] H. M., s. Eisele, BT I, 6. Aufl. 2021, Rn. 1499; näher Fahrenhorst JuS 1987, 707; aus der Rspr. vgl. OLG Zweibrücken B. v. 07.02.1991 – 1 Ss 272/90 – NStZ 1991, 530 (Anm. Geppert JK 1992 StGB § 145d/5); BGH B. v. 03.04.2002 – 2 StR 66/02 – NStZ-RR 2002, 215 = StV 2002, 426.
[197] S. nur Fischer, StGB, 71. Aufl. 2024, § 145d Rn. 6; a.A. etwa Joecks/Jäger, StGB, 13. Aufl. 2021, § 145d Rn. 23ff.
[198] Fischer, StGB, 71. Aufl. 2024, § 145d Rn. 6.

c) Rechtswidrigkeit
Es gelten die allgemeinen Grundsätze.

d) Schuld
Es gelten die allgemeinen Grundsätze.

e) Rechtsfolgen
§ 145d I Nr. 2 StGB sieht Freiheitsstrafe bis zu drei Jahren (im Minimum also ein Monat, § 38 II StGB) oder Geldstrafe (zu den Grenzen s. § 40 StGB) vor.

3. § 145d II Nr. 1 StGB

a) Aufbau
  I. Tatbestand
   1. Objektiver Tatbestand
      a) Eine der in Absatz 1 bezeichneten Stellen
      b) Über den Beteiligten an einer rechtswidrigen Tat zu täuschen sucht
   2. Subjektiver Tatbestand
      a) Vorsatz
      b) Wider besseres Wissen
  II. Rechtswidrigkeit
  III. Schuld

b) Tatbestand

aa) Objektiver Tatbestand

(1) Eine der in Absatz 1 bezeichneten Stellen
Hierzu s. o.

(2) Über den Beteiligten an einer rechtswidrigen Tat zu täuschen sucht
Zur rechtswidrigen Tat s. o.

Tathandlung ist das zu täuschen Suchen über den Beteiligten: Der Täter sucht den Adressaten zu täuschen, dass er oder ein Dritter Beteiligter an einer rechtswidrigen Tat sei.[199]

Umstritten ist, ob dies voraussetzt, dass eine rechtswidrige Tat **tatsächlich begangen** worden sein muss.[200]

---

[199] Hierzu Stree FS Lackner 1987, 527.
[200] Hierzu Eisele, BT I, 6. Aufl. 2021, Rn. 1491; aus der Rspr. vgl. BGH B. v. 06.05.1964 – 2 StR 514/63 – BGHSt 19, 305 = NJW 1964, 1425 (Anm. Kühl, Höchstrichterliche Rspr. BT, 2002, Nr. 9); OLG Frankfurt B. v. 29.07.1975 – 2 Ss 311/75 – NJW 1975, 1895 (Anm. Hassemer JuS 1976, 56); BayObLG U. v. 20.07.1978 – RReg. 5 St 118/78 – NJW 1978, 2563 (Anm. Geilen JK 1979 StGB § 145d/1; Rudolphi JuS 1979, 859; Stree JR 1979, 253); OLG Celle B. v. 13.07.1981 – 3 Ss 164/81 – NStZ 1981, 440 = StV 1981, 628; OLG Zweibrücken B. v. 07.02.1991 – 1 Ss 272/90 – NStZ 1991, 530 (Anm. Geppert JK 1992 StGB § 145d/5); BayObLG B. v. 03.03.2003 – 5 St RR 31/2003 – NStZ 2004, 97.

D. Vortäuschen einer Straftat, § 145d StGB

Nach überwiegender Rspr.[201] und h. L.[202] muss eine rechtswidrige Tat tatsächlich vorliegen.

Nach einem anderen Ansatz[203] genügt ein Verdacht.

Noch weiter geht die Auffassung,[204] dass es ausreiche, wenn der Täter eine rechtswidrige Tat irrig annimmt.

Es ist der h. M. zu folgen. Der Wortlaut „zu täuschen sucht" ist zwar insofern offen, als man den Versuchscharakter auch auf das Vorliegen der rechtswidrigen Tat beziehen könnte, allerdings wird die Funktionsfähigkeit der Strafrechtspflege nur dann tangiert, wenn Bezugspunkt der Täuschung eine wirkliche rechtswidrige Tat ist. Die Beschränkung auf den Verdacht genügt richtigerweise nicht, da das Strafbarkeitsbedürfnis jedenfalls *ex post* erlischt, wenn sich herausstellt, dass eine rechtswidrige Tat nicht im Raum stand.

§ 145d II Nr. 1 StGB setzt eine Behauptung voraus, die alles beinhaltet, was der Täter für objektiv und subjektiv strafbarkeitsbegründend hält.[205] Insbesondere muss die Tat für den angeblichen Täter selbst strafbar sein,[206] woran es z. B. bei Straßenverkehrsdelikten mangeln kann (vgl. Fahrerlaubnis, Alkoholisierung).

Auch eine Selbstbezichtigung kann tatbestandsmäßig sein.[207]

Die Norm umfasst nicht Handlungen, durch welche die Ermittlungsarbeit zwar behindert wird, aber nicht zugleich der Tatverdacht auf einen Unverdächtigen gelenkt wird (z. B. Leugnen, Verschaffen eines Alibis).[208]

An einem zu täuschen Suchen mangelt es, wenn das Täterverhalten **keinen oder keinen nennenswerten Ermittlungsaufwand** hervorruft – hier ist im Hinblick auf das geschützte Rechtsgut die Norm teleologisch zu reduzieren.[209]

---

[201] S. o.
[202] S. Eisele, BT I, 6. Aufl. 2021, Rn. 1491.
[203] Joecks/Jäger, StGB, 13. Aufl. 2021, § 145d Rn. 16.
[204] Sternberg-Lieben, in: Schönke/Schröder, StGB, 30. Aufl. 2019, § 145d Rn. 13.
[205] Kindhäuser/Hilgendorf, LPK, 9. Aufl. 2022, § 145d Rn. 18; aus der Rspr. vgl. zuletzt OLG Stuttgart B. v. 27.06.2014 – 5 Ss 253/14 – NStZ-RR 2014, 276 = StV 2015, 179 (Anm. Hecker JuS 2015, 182).
[206] H. M., Sternberg-Lieben, in: Schönke/Schröder, StGB, 30. Aufl. 2019, § 145d Rn. 14; aus der Rspr. vgl. BayObLG U. v. 12.06.1984 – RReg. 4 St 240/83 – NJW 1984, 2302 (Anm. Kühl JR 1985, 296; Otto JK 1986 StGB § 145d/3); OLG Zweibrücken B. v. 07.02.1991 – 1 Ss 272/90 – NStZ 1991, 530 (Anm. Geppert JK 1992 StGB § 145d/5); LG Dresden U. v. 08.10.1997 – 8 Ns 703 Js 48239/96 – NJW 1998, 2544 (Anm. Saal NZV 1998, 218).
[207] Kindhäuser/Hilgendorf, LPK, 9. Aufl. 2022, § 145d Rn. 4; aus der Rspr. vgl. OLG Zweibrücken B. v. 07.02.1991 – 1 Ss 272/90 – NStZ 1991, 530 (Anm. Geppert JK 1992 StGB § 145d/5).
[208] Fischer, StGB, 71. Aufl. 2024, § 145d Rn. 8.
[209] H. M., s. Sternberg-Lieben, in: Schönke/Schröder, StGB, 30. Aufl. 2019, § 145d Rn. 14; aus der Rspr. vgl. OLG Celle U. v. 12.01.1961 – 1 Ss 454/60 – NJW 1961, 1416 (Anm. Bähr JuS 1961, 330); BayObLG U. v. 12.06.1984 – RReg. 4 St 240/83 – NJW 1984, 2302 (Anm. Kühl JR 1985, 296; Otto JK 1986 StGB § 145d/3); OLG Oldenburg B. v. 07.09.2010 – 1 Ss 124/10 – NStZ 2011, 95 (Anm. Hecker JuS 2011, 81; LL 2011, 176; Metz NStZ 2011, 582).

Allerdings kann ein solcher Ermittlungsaufwand durchaus auch bei einer **Anzeige gegen unbekannt** entstehen, was aber näherer Feststellung bedarf.[210]

Dies entspricht zum einen dem Rechtsgut (Schutz gegen unnütze Ermittlungen), zum anderen wird der – verständlichen – Selbstentlastung des Täters (wie bei den §§ 164 und 145d I StGB) ein wenig Rechnung getragen, solange dieser in seinen Behauptungen ganz pauschal bleibt.

Beispiel 159

OLG Celle U. v. 12.01.1961 – 1 Ss 454/60 – NJW 1961, 1416 (Anm. Bähr JuS 1961, 330):

B fuhr mit einem Lkw in der Dunkelheit gegen 22.20 Uhr im Zustande einer erheblichen alkoholischen Beeinflussung (2,14 ‰ Blutalkoholgehalt) Richtung stadtauswärts. In Höhe des km-Steins 0,7 versuchte er mit seinem Lkw zu wenden. Beim Rückwärtsfahren kam er von der Fahrbahn ab und rutschte in den dort befindlichen Straßengraben. Dabei wurde ein Begrenzungsstein umgefahren. Nach der Blutprobeentnahme behauptete B wider besseres Wissen gegenüber dem Polizeihauptwachtmeister Z, dass er den Lkw gar nicht gefahren habe. Angeblich sei der Lkw von einem Freund, den er namentlich nicht nennen wollte, gefahren worden. ◄

Weil mangels konkreter Anhaltspunkte hinsichtlich des unbekannten Freundes eine Ermittlung in diese Richtung nicht zu erwarten ist, ist § 145d II Nr. 1 StGB nicht erfüllt.

bb) Subjektiver Tatbestand
Über das Vorsatzerfordernis des § 15 StGB hinaus muss der Täter beim Vortäuschen „wider besseres Wissen" handeln.

c) Rechtswidrigkeit
Es gelten die allgemeinen Grundsätze.

d) Schuld
Es gelten die allgemeinen Grundsätze.

e) Rechtsfolgen
§ 145d II StGB verweist auf § 145d I StGB, s. o. („ebenso wird bestraft").

f) Sonstiges
Die in § 145d I StGB ausdrücklich normierte spezifische **Subsidiarität** gegenüber §§ 164, 258, 258a StGB gilt auch für § 145d II StGB.[211]

---

[210] H. M., s. Heger, in: Lackner/Kühl/Heger, StGB, 30. Aufl. 2023, § 145d Rn. 7; aus der Rspr. vgl. BGH U. v. 09.07.1954 – 1 StR 677/53 – BGHSt 6, 251 = NJW 1954, 1576; BayObLG U. v. 12.06.1984 – RReg. 4 St 240/83 – NJW 1984, 2302 (Anm. Kühl JR 1985, 296; Otto JK 1986 StGB § 145d/3).

[211] Fischer, StGB, 71. Aufl. 2024, § 145d Rn. 17; aus der Rspr. vgl. OLG Celle U. v. 11.03.1980 – 1 Ss 34/80 – NJW 1980, 2205 (Anm. Geilen JK 1980 StGB § 145d/2; Geerds JR 1981, 35); BayObLG U. v. 12.06.1984 – RReg. 4 St 240/83 – NJW 1984, 2302 (Anm. Kühl JR 1985, 296; Otto JK 1986 StGB § 145d/3).

4. § 145d II Nr. 2 StGB

a) Aufbau
I. Tatbestand
  1. Objektiver Tatbestand
    a) Eine der in Absatz 1 bezeichneten Stellen
    b) Über den Beteiligten an einer bevorstehenden, in § 126 Abs. 1 genannten rechtswidrigen Tat zu täuschen sucht
  2. Subjektiver Tatbestand
    a) Vorsatz
    b) Wider besseres Wissen
II. Rechtswidrigkeit
III. Schuld

b) Tatbestand

aa) Objektiver Tatbestand

(1) Eine der in Absatz 1 bezeichneten Stellen
Hierzu s. o.

(2) Über den Beteiligten an einer bevorstehenden, in § 126 I StGB genannten rechtswidrigen Tat zu täuschen sucht
S. zum einen o. bei § 145d II Nr. 1 StGB bzgl. „über den Beteiligten ... zu täuschen sucht", zum anderen o. bei § 145d I Nr. 2 StGB bzgl. „einer bevorstehenden, in § 126 I StGB genannten rechtswidrigen Tat".

bb) Subjektiver Tatbestand
Über das Vorsatzerfordernis des § 15 StGB hinaus muss der Täter beim Vortäuschen „wider besseres Wissen" handeln.

c) Rechtswidrigkeit
Es gelten die allgemeinen Grundsätze.

d) Schuld
Es gelten die allgemeinen Grundsätze.

e) Rechtsfolgen
§ 145d II StGB verweist auf § 145d I StGB, s. o. („ebenso wird bestraft").

III. Qualifikation, § 145d III StGB

1. Allgemeines
§ 145d III StGB enthält recht komplexe Qualifikatstatbestände mit teils nur subjektiv, teils aber auch objektiv gesteigerten Anforderungen.

§ 145d III StGB sieht einen Strafrahmen von drei Monaten bis zu fünf Jahren vor.
§ 145d IV StGB normiert einen diesbzgl. (unbenannten) minder schweren Fall – Freiheitsstrafe bis zu drei Jahren (im Minimum also ein Monat, § 38 II StGB) oder Geldstrafe (zu den Grenzen s. § 40 StGB).

2. § 145d III Nr. 1 StGB

a) Aufbau
  I. Tatbestand
   1. Objektiver Tatbestand
      – eine Tat nach Absatz 1 Nr. 1 oder Absatz 2 Nr. 1 begeht
   2. Subjektiver Tatbestand
      a) Eine Tat nach Absatz 1 Nr. 1 oder Absatz 2 Nr. 1 begeht
      b) Um eine Strafmilderung oder ein Absehen von Strafe nach § 46b dieses Gesetzes, § 31 des Betäubungsmittelgesetzes, § 4a des Anti-Doping-Gesetzes, § 35 des Konsumcannabisgesetzes oder § 26 des Medizinal-Cannabisgesetzes zu erlangen
  II. Rechtswidrigkeit
  III. Schuld

b) Erläuterungen
Diese Qualifikation erschöpft sich in der vom Täter gefassten besonderen Absicht.

3. § 145d III Nr. 2 StGB

a) Aufbau
  I. Tatbestand
   1. Objektiver Tatbestand
      a) Einer der in Absatz 1 bezeichneten Stellen
      b) Vortäuscht, dass die Verwirklichung einer der in § 46b Abs. 1 Satz 1 Nr. 2 dieses Gesetzes, in § 31 Satz 1 Nummer 2 des Betäubungsmittelgesetzes, in § 4a Satz 1 Nummer 2 des Anti-Doping-Gesetzes, in § 35 Satz 1 Nummer 2 des Konsumcannabisgesetzes oder in § 26 Satz 1 Nummer 2 des Medizinal-Cannabisgesetzes genannten rechtswidrigen Taten bevorstehe
   2. Subjektiver Tatbestand
      a) Vorsatz
      b) Wider besseres Wissen
      c) Um eine Strafmilderung oder ein Absehen von Strafe nach § 46b dieses Gesetzes, § 31 des Betäubungsmittelgesetzes, § 4a des Anti-Doping-Gesetzes, § 35 des Konsumcannabisgesetzes oder § 26 des Medizinal-Cannabisgesetzes zu erlangen
  II. Rechtswidrigkeit
  III. Schuld

b) Erläuterungen
Diese Qualifikation normiert zusätzlich der vom Täter gefassten besonderen Absicht eine Verengung auf bestimmte vorgetäuschte Straftaten.

4. § 145d III Nr. 3 StGB

a) Aufbau
I. Tatbestand
 1. Objektiver Tatbestand
    a) Eine dieser Stellen
    b) Über den Beteiligten an einer bevorstehenden Tat nach Nummer 2 zu täuschen sucht
 2. Subjektiver Tatbestand
    a) Vorsatz
    b) Wider besseres Wissen
    c) Um eine Strafmilderung oder ein Absehen von Strafe nach § 46b dieses Gesetzes, § 31 des Betäubungsmittelgesetzes, § 4a des Anti-Doping-Gesetzes, § 35 des Konsumcannabisgesetzes oder § 26 des Medizinal-Cannabisgesetzes zu erlangen
II. Rechtswidrigkeit
III. Schuld

b) Erläuterungen
Diese Qualifikation verengt die objektiven und subjektiven Anforderungen auf einen bestimmten Deliktsbereich.

E. Strafvereitelung § 258 StGB; Strafvereitelung im Amt, § 258a StGB

▶ **Didaktische Aufsätze**
 - Stree, Begünstigung, Strafvereitelung und Hehlerei, JuS 1976, 137
 - Geerds, Kriminelle Irreführung der Strafrechtspflege, Jura 1985, 617
 - Satzger, Grundprobleme der Strafvereitelung (§ 258 StGB), Jura 2007, 754
 - Jahn/Palm, Die Anschlussdelikte – Strafvereitelung (§§ 258, 258a StGB), JuS 2009, 408
 - Kretschmer, Ein Blick auf die Anschlussdelikte, JA 2023, 382 und 469

I. Strafvereitelung § 258 StGB

1. Allgemeines
§ 258 StGB stellt die Strafvereitelung unter Strafe.[212]

---

[212] Hierzu Geerds FS von Hentig 1967, 133; Stree JuS 1976, 137 und 327; Lenckner GS Schröder 1978, 339; Müller StV 1981, 90; Geerds Jura 1985, 617; Jerouschek/Schröder GA 2000, 51; Satzger Jura 2007, 754; Kargl FS Hamm 2008, 235; Jahn/Palm JuS 2009, 408; speziell zu Strafvereitelung und Ersatzfreiheitsstrafe Mitsch NStZ 2020, 249.

> **§ 258 StGB (Strafvereitelung)**
> (1) Wer absichtlich oder wissentlich ganz oder zum Teil vereitelt, daß ein anderer dem Strafgesetz gemäß wegen einer rechtswidrigen Tat bestraft oder einer Maßnahme (§ 11 Abs. 1 Nr. 8) unterworfen wird, wird mit Freiheitsstrafe bis zu fünf Jahren oder mit Geldstrafe bestraft.
> (2) Ebenso wird bestraft, wer absichtlich oder wissentlich die Vollstreckung einer gegen einen anderen verhängten Strafe oder Maßnahme ganz oder zum Teil vereitelt.
> (3) Die Strafe darf nicht schwerer sein als die für die Vortat angedrohte Strafe.
> (4) Der Versuch ist strafbar.
> (5) Wegen Strafvereitelung wird nicht bestraft, wer durch die Tat zugleich ganz oder zum Teil vereiteln will, daß er selbst bestraft oder einer Maßnahme unterworfen wird oder daß eine gegen ihn verhängte Strafe oder Maßnahme vollstreckt wird.
> (6) Wer die Tat zugunsten eines Angehörigen begeht, ist straffrei.

Die Norm schützt die deutsche Strafrechtspflege,[213] nicht aber Individualinteressen.[214]

Anders als bei den §§ 257 und 259 StGB handelt es sich bei der Strafvereitelung um ein Anschlussdelikt ohne Vermögensbezug, sodass sie zu den reinen Rechtspflegedelikten gehört. In der Literatur wird § 258 StGB dennoch bisweilen aus Gründen des Sachzusammenhangs bei den übrigen Anschlussdelikten i. R. d. Vermögensdelikte abgehandelt.[215]

In einer Fallbearbeitung ist zu beachten, dass vorrangig eine Beteiligung des Täters an der Vortat zu prüfen ist, ggf. – nach Auffassung der Rspr. – auch als sukzessive Mittäterschaft oder Teilnahme.

---

[213] S. nur Fischer, StGB, 71. Aufl. 2024, § 258 Rn. 2; näher Miehe FS Honig 1970, 91; aus der Rspr. vgl. BGH U. v. 30.04.1997 – 2 StR 670/96 – BGHSt 43, 82 = NJW 1997, 2059 = NStZ 1997, 597 = StV 1997, 526 (Anm. Sonnen JA 1997, 837; Martin JuS 1997, 1047; Rudolphi NStZ 1997, 599; Geppert JK 1998 StGB § 258/110; Seebode JR 1998, 338; Kleszcewski JZ 1998, 313); OLG Frankfurt B. v. 20.05.1998 – 2 Ws 51/98 – NStZ-RR 1998, 279; BGH U. v. 19.05.1999 – 2 StR 86/99 (Schneider) – BGHSt 45, 97 = NJW 1999, 2908 = NStZ 2000, 31 = StV 2000, 422 (Anm. Geppert JK 2000 StGB § 17/4; Stuckenberg JA-R 2000, 12; LL 2000, 106; Börger NStZ 2000, 31; Neumann StV 2000, 425).

[214] Altenhain, in: NK-StGB, 6. Aufl. 2023, § 258 Rn. 3; aus der Rspr. vgl. OLG Frankfurt B. v. 20.05.1998 – 2 Ws 51/98 – NStZ-RR 1998, 279; OLG Nürnberg B. v. 07.05.1998 – Ws 307/98 – NStZ-RR 2000, 54.

[215] Etwa Eisele, BT II, 6. Aufl. 2021, Rn. 1102ff.

2. Sog. Verfolgungsvereitelung, § 258 I StGB

a) Aufbau
I. Tatbestand
  1. Objektiver Tatbestand
     a) Daß ein anderer dem Strafgesetz gemäß wegen einer rechtswidrigen Tat bestraft oder einer Maßnahme (§ 11 Abs. 1 Nr. 8) unterworfen wird
     b) Ganz oder zum Teil vereitelt
  2. Subjektiver Tatbestand
     a) Vorsatz
     b) Absichtlich oder wissentlich
II. Rechtswidrigkeit
III. Schuld
IV. Persönliche Strafausschließungsgründe, § 258 V, VI StGB

b) Tatbestand

aa) Objektiver Tatbestand

(1) Daß ein anderer dem Strafgesetz gemäß wegen einer rechtswidrigen Tat bestraft oder einer Maßnahme (§ 11 Abs. 1 Nr. 8) unterworfen wird

(a) Dem Strafgesetz gemäß wegen einer rechtswidrigen Tat bestraft oder einer Maßnahme (§ 11 I Nr. 8 StGB) unterworfen
Gegenstand der Strafvereitelung nach § 258 I StGB ist zum einen die Bestrafung (s. §§ 38ff. StGB) wegen einer **rechtswidrigen Tat**, s. § 11 I Nr. 5 StGB. Mithin muss aufgrund der Tat eine Strafe zu erwarten sein, sodass auch die Schuld sowie die Prozessvoraussetzungen vorliegen müssen.[216] Auf die Einleitung eines förmlichen Ermittlungsverfahrens kommt es aber nicht an.[217] Ordnungswidrigkeiten sind nicht erfasst, ebenso wenig etwa Auflagen nach § 153a StPO oder disziplinarrechtliche Maßnahmen.[218]
Bei irriger Annahme einer Vortäterstrafbarkeit kommt ein Versuch in Betracht.[219]

---

[216] Kindhäuser/Hilgendorf, LPK, 9. Aufl. 2022 § 258 Rn. 3; aus der Rspr. vgl. BGH U. v. 01.03.1960 – 5 StR 22/60 – BGHSt 14, 156 = NJW 1960, 1163 (Anm. Dreher NJW 1960, 1165).

[217] Aus der Rspr. vgl. BGH U. v. 19.05.1999 – 2 StR 86/99 (Schneider) – BGHSt 45, 97 = NJW 1999, 2908 = NStZ 2000, 31 = StV 2000, 422 (Anm. Geppert JK 2000 StGB § 17/4; Stuckenberg JA-R 2000, 12; LL 2000, 106; Börger NStZ 2000, 31; Neumann StV 2000, 425).

[218] S. – mit weiteren Beispielen – Fischer, StGB, 71. Aufl. 2024, § 258 Rn. 5a; aus der Rspr. vgl. BayObLG B. v. 15.10.1980 – RReg. 3 St 87/80 – NJW 1981, 772 (Anm. Geilen JK 1981 StGB § 22/4; Stree JR 1981, 297; Burkhardt JZ 1982, 681); problematisch sind insbesondere die Rechtsfolgen nach dem JGG, s. Hoyer, in: SK-StGB, 9. Aufl. 2019, § 258 Rn. 8; aus der Rspr. vgl. OLG Hamm B. v. 18.12.2003 – 3 Ss 625/03 – NJW 2004, 1189 = StV 2004, 659.

[219] S. Hoyer, in: SK-StGB, 9. Aufl. 2019, § 258 Rn. 42; aus der Rspr. vgl. BGH U. v. 11.11.1960 – 4 StR 402/60 – BGHSt 15, 210 = NJW 1961, 181 (Anm. Bähr JuS 1961, 102; Weber MDR 1961, 426).

Zum anderen greift § 258 I StGB auch bzgl. der Verhängung einer **Maßnahme** (§ 11 I Nr. 8 StGB), dies ist allerdings in der Fallbearbeitung selten Gegenstand.

(b) Ein anderer

▶ **Didaktischer Aufsatz**
- Horn, Das Verhältnis von Begünstigung, Strafvereitelung und Hehlerei zur Vortat aus materieller Sicht, JA 1995, 218

Die Strafunterwerfung etc. muss einem **anderen** drohen, sodass eine Vereitelungshandlung zu eigenen Gunsten nicht tatbestandsmäßig ist.[220]

Ähnlich wie bei Tötungsdelikten – v. a. „Abgrenzung" von § 216 StGB und Teilnahme am Suizid – und Körperverletzungsdelikten kann dies Schwierigkeiten aufwerfen, da die Teilnahme an einer Selbstbegünstigung nicht erfasst ist, die Fremdbegünstigung aber schon; wiederum ist auf die Tatherrschaft (hier: über das Vereitelungsgeschehen) abzustellen.[221]

(2) Ganz oder zum Teil vereitelt

▶ **Didaktische Aufsätze**
- Engels, Vollstreckungsvereitelung (§ 258 Abs. 2 StGB) durch Zahlung fremder Geldstrafen, Jura 1981, 581
- Samson, Strafvereitelung auf Zeit, JA 1982, 181
- Kranz, Bezahlung von Geldstrafen durch das Unternehmen – § 258 StGB oder § 266 StGB? ZJS 2008, 471

(a) Allgemeines

Taterfolg des § 258 I StGB ist das **Vereiteln** der Bestrafung.[222] Vereiteln ist jede Besserstellung des Täters hinsichtlich der Strafverfolgung (§ 258 I StGB) oder Strafvollstreckung (§ 258 II StGB).[223] Auf Kenntnis oder Willen des Vortäters kommt es nicht an.[224]

Erfasst sind z. B. das Verstecken des Täters, Fluchthilfe oder Falschaussagen.[225]

---

[220] Hierzu Joecks/Jäger, StGB, 13. Aufl. 2021, § 258 Rn. 8; näher Müller GA 1958, 334; Horn JA 1995, 218; Joerden FS Lampe 2003, 771.

[221] Eisele, BT II, 6. Aufl. 2021, Rn. 1107; näher zur Beteiligung bei § 258 StGB Rudolphi FS Kleinknecht 1985, 379; Haas FS Maiwald 2010, 277; aus der Rspr. vgl. BGH U. v. 20.06.1990 – 2 StR 38/90; OLG Karlsruhe B. v. 06.08.1991 – 2 Ausschl 1/91 – StV 1991, 519; BGH U. v. 10.09.2015 – 4 StR 151/15 – NJW 2015, 3732 = NStZ 2015, 702 (Anm. RÜ 2015, 781; LL 2016, 176).

[222] Kindhäuser/Hilgendorf, LPK, 9. Aufl. 2022, § 258 Rn. 5f.; näher Küper FS Schroeder 2006, 555.

[223] Joecks/Jäger, StGB, 13. Aufl. 2021, § 258 Rn. 11; aus der Rspr. vgl. zuletzt BGH B. v. 24.06.2016 – 4 StR 205/16 – NJW 2016, 3110 = NStZ-RR 2016, 310: OLG Karlsruhe U. v. 10.07.2017 – 2 Rv 10 Ss 581/16 – NStZ-RR 2017, 355 (Anm. Hecker JuS 2017, 1125; RÜ 2017, 718; Schulz-Merkel NZV 2018, 43).

[224] Cramer, in: MK-StGB, 4. Aufl. 2021, § 258 Rn. 9.

[225] Kasuistik etwa bei Fischer, StGB, 71. Aufl. 2024, § 258 Rn. 10.

(b) Sozialadäquanz

Letztlich als Ausprägung der allgemeinen Lehre von der objektiven Zurechnung werden **sozialadäquate** Unterstützungen aus dem objektiven Tatbestand ausgeschieden, insbesondere im Bereich der Grundversorgung (u. a. Wohnraum, Nahrung).[226]

Mangels Setzung eines unerlaubten Risikos handelt es sich auch bei prozessual zulässigem Verhalten eines **Strafverteidigers** nicht um tatbestandsmäßige Strafvereitelung – wobei gerade problematisch ist, welches Verhalten noch erlaubt ist.[227]

(c) Verzögerung auf Zeit

▶ **Didaktischer Aufsatz**
- Samson, Strafvereitelung auf Zeit, JA 1982, 181

Problematisch ist, ob und ggf. ab wann eine Verzögerung auf Zeit ausreicht.[228]

Beispiel 160

OLG Stuttgart U. v. 06.03.1981 – 4 Ss (14) 951/80 – NJW 1981, 1569 (Anm. Geppert JK 1981 StGB § 258/2; Frisch JuS 1983, 915):
B nahm ab Mitte Oktober 1979 den aufgrund eines Haftbefehls zur Festnahme ausgeschriebenen Z – wissend, dass dieser gesucht wurde – in seiner Wohnung auf und gewährte ihm Unterkunft, bis Z Anfang 1981 ergriffen werden konnte. ◀

Die Bestrafung des Z konnte nicht vollständig vereitelt werden, sondern Z wurde ergriffen. Bis dahin hat B den Z aber über mehr als 14 Monate bei sich aufgenommen. Reicht das für ein Vereiteln aus?

---

[226] Hierzu Hoyer, in: SK-StGB, 9. Aufl. 2019, § 258 Rn. 24ff.; näher Schubarth FS Schultz 1977, 158; Küpper GA 1987, 385; Lüderssen FS Grünwald 1999, 329; zu humanitärem Handeln Kretschmer FS Rogall 2018, 193. aus der Rspr. vgl. LG Hannover U. v. 07.10.1975 – 12 Kls 4/73 – NJW 1976, 978 (Anm. Schroder NJW 1976, 980); OLG Koblenz U. v. 24.06.1982 – 1 Ss 244/82 – NJW 1982, 2785 (Anm. Seier JA 1983, 157; Hassemer JuS 1983, 313; Frisch NJW 1983, 2471); OLG Karlsruhe B. v. 06.08.1991 – 2 Ausschl 1/91 – StV 1991, 519.

[227] Hierzu s. nur Kindhäuser/Hilgendorf, LPK, 9. Aufl. 2022, § 258 Rn. 7ff.; Ostendorf NJW 1978, 1345; Müller-Dietz Jura 1979, 242; Pfeiffer DRiZ 1984, 341; Bottke ZStW 1984, 726; Otto Jura 1987, 329; Krekeler NStZ 1989, 146; Liemersdorf MDR 1989, 204; Mehle FS Koch 1989, 179; Jahn ZRP 1998, 103; Stumpf wistra 2001, 123; Beulke FS Roxin 2001, 1173; Dessecker GA 2005, 142; Kargl FS Hamm 2008, 235; Beulke/Ruhmannseder FS Volk 2009, 45; Ernst ZStW 2013, 299; aus der Rspr. vgl. zuletzt KG B. v. 22.10.2015 – 2 ARs 22/15 – NStZ-RR 2016, 18.

[228] Hierzu zsf. Joecks/Jäger, StGB, 13. Aufl. 2021, § 258 Rn. 12f.; näher Samson JA 1982, 181; Vormbaum FS Küper 2007, 663; aus der Rspr. vgl. zuletzt BGH U. v. 10.09.2015 – 4 StR 151/15 – NJW 2015, 3732 = NStZ 2015, 702 (Anm. RÜ 2015, 781; LL 2016, 176); BGH B. v. 24.06.2016 – 4 StR 205/16 – NJW 2016, 3110 = NStZ-RR 2016, 310; BGH B. v. 08.08.2018 – 2 ARs 121/18 – BGHSt 63, 174 = NJW 2018, 3261 = NStZ 2019, 100 = StV 2019, 164 (Anm. RÜ 2018, 712; Mitsch NJW 2018, 3263; Nestler Jura 2019, 345; Jäger JA 2019, 154; LL 2019, 310; famos 5/2019; Bockemühl NStZ 2019, 102; Beulke StV 2019, 205; Hiéramente jurisPR-StrafR 8/2019 Anm. 2; Brockhaus WiJ 2019, 12; Wohlers JR 2020, 576).

Die Rspr.[229] und die h. L.[230] nehmen eine Vollendung auch dann an, wenn die Strafe eine „geraume Zeit" vereitelt wird, wofür wohl in Anlehnung an die Höchstdauer einer Unterbrechung der Hauptverhandlung gem. § 229 I StPO a. F. überwiegend zehn Tage veranschlagt werden. Angesichts der aktuellen Fassung des § 229 I StPO wäre allerdings eine Grenzziehung bei drei Wochen konsequent.

Die Gegenauffassung[231] lässt eine Verzögerung auf Zeit nicht genügen.

Tatsächlich spricht der Wortlaut eher für eine restriktive Handhabung; auch kann man bezweifeln, ob § 258 I StGB bereits den Beschleunigungsgrundsatz schützt und nicht nur den – letztlich oft doch realisierten – Strafanspruch des Staates. Für die h. M. spricht, dass es wohl nicht dem Willen des Gesetzgebers entsprach, dass eine vollendete Strafvereitelung nur selten vorliegt, nämlich dann weitgehend nur in Fällen der Verjährung bzw. rechtskräftiger Freisprüche. Von einer Verletzung des Verfolgungsanspruchs lässt sich wohl auch schon bei bloßer Verzögerung sprechen.

(d) Weitere Einzelfragen der Verfolgungsvereitelung

Die Strafvereitelung kann auch dann noch begangen werden, wenn bereits die Hauptverhandlung gegen den Vortäter stattfindet. Dies betrifft v. a. Falschaussagen zugunsten des Vortäters.

Zu denken ist auch an ein **Unterlassen**.

Problematisch sind Zeugen, die sich zu Unrecht auf § 55 StPO berufen.[232]

Beispiel 161

LG Itzehoe B. v. 20.07.2009 – 1 Qs 63/09 – NStZ-RR 2010, 10 (Anm. Hecker JuS 2010, 549):

B wurde wegen schwerer räuberischer Erpressung rechtskräftig zu einer Jugendstrafe von 1 Jahr und 3 Monaten verurteilt, deren Vollstreckung zur Bewährung ausgesetzt wurde. B beging die Tat zusammen mit einem bislang unbekannt gebliebenen Mittäter. Am 03.01. und 15.02.2008 wurde B als Zeuge in dem gegen den damaligen Mittäter geführten Ermittlungsverfahren richterlich vernommen. Am 03.01.2008 sagte B aus, er wolle, – nach Rücksprache mit seinem Verteidiger – zunächst den Mittäter nicht benennen, der Druck sei einfach zu hoch. In der zweiten richterlichen Vernehmung vom 15.02.2008 erklärte B, bei dem Mittäter handele es sich um einen ihm nur flüchtig bekannten Z, der nun in Berlin wohne. Weiter erklärte er, dass er nach einem zwischenzeitlich mit dem Mittäter Z geführten Telefonat nicht bereit sei, die Telefonnummer des Mittäters zu nennen. ◄

---

[229] S. o.
[230] S. nur Eisele, BT II, 6. Aufl. 2021, Rn. 1117.
[231] Etwa Hoyer, in: SK-StGB, 9. Aufl. 2019, § 258 Rn. 13ff.
[232] Hierzu Fischer, StGB, 71. Aufl. 2024, § 258 Rn. 11; näher Popp JR 2014, 418; Richter JA 2023, 529; aus der Rspr. vgl. OLG Zweibrücken B. v. 13.01.1993 – 1 Ss 214/92 – StV 1993, 423; LG Ravensburg B. v. 19.11.2007 – 2 Qs 194/07 – NStZ-RR 2008, 177 (Anm. RA 2008, 443); OLG Köln B. v. 11.12.2009 – 2 Ws 588/09 – NStZ-RR 2010, 146 (Anm. Deutscher jurisPR-StrafR 13/2010 Anm. 1; Reichling/Döring StraFo 2011, 82); OLG Hamm B. v. 09.11.2017 – 4 RVs 127/17 (Anm. Nestler Jura 2018, 425; LL 2018, 681; RÜ 2018, 431).

B hat erklärt, nicht bereit zu sein, die Telefonnummer des Mittäters zu nennen. Auf § 55 StPO konnte er sich dabei aber nicht berufen. Nach dem Schwerpunkt der Vorwerfbarkeit kommt bei dieser Handlung eine Strafvereitelung durch Unterlassen (§§ 258 I, 13 I StGB) in Betracht.

> **§ 55 StPO (Auskunftsverweigerungsrecht)**
> (1) Jeder Zeuge kann die Auskunft auf solche Fragen verweigern, deren Beantwortung ihm selbst oder einem der in § 52 Abs. 1 bezeichneten Angehörigen die Gefahr zuziehen würde, wegen einer Straftat oder einer Ordnungswidrigkeit verfolgt zu werden.
> (2) Der Zeuge ist über sein Recht zur Verweigerung der Auskunft zu belehren.

Richtigerweise[233] wird man allerdings aus der bloßen Zeugenstellung keine Garantenstellung i. S. d. § 13 I StGB folgern können.

Erst recht gilt Vergleichbares bzgl. einer Aussageverweigerung bei polizeilicher Vernehmung, da gegenüber der Polizei weder eine Pflicht zum Erscheinen noch zur Aussage besteht.[234]

Im Hinblick auf eine Strafvereitelung im Amt durch Unterlassen, §§ 258a, 13 StGB, ist zu berücksichtigen, dass eine **außerdienstliche Kenntniserlangung** schon nach h. M. nur dann zur Garantenstellung führt, wenn es sich um besonders schwere Straftaten handelt; richtigerweise ist eine Garantenstellung in diesen Fällen gänzlich abzulehnen, s. im Allgemeinen Teil.

bb) Subjektiver Tatbestand
Über das Vorsatzerfordernis des § 15 StGB hinaus muss der Täter „absichtlich oder wissentlich" hinsichtlich der Vereitelung handeln.

Bzgl. der Vortat bzw. der rechtskräftigen Verurteilung soll aber Eventualvorsatz genügen.[235]

c) Rechtswidrigkeit
Es gelten die allgemeinen Grundsätze.

d) Schuld
Es gelten die allgemeinen Grundsätze.

---

[233] So auch etwa LG Itzehoe B. v. 20.07.2009 – 1 Qs 63/09 – NStZ-RR 2010, 10.
[234] Hierzu Hecker, in: Schönke/Schröder, StGB, 30. Aufl. 2019, § 258 Rn. 17; Weidemann JA 2008, 532.
[235] Fischer, StGB, 71. Aufl. 2024, § 258 Rn. 33; aus der Rspr. vgl. BGH B. v. 09.05.2000 – 1 StR 106/00 – BGHSt 46, 53 = NJW 2000, 2433 = NStZ 2001, 145 = StV 2000, 427 (Anm. LL 2000, 793; RÜ 2000, 373; RA 2000, 524; Martin JuS 2000, 1124; Geppert JK 2001 StGB § 258/14; Kudlich/Roy JA 2001, 15; Cramer/Papadopoulos NStZ 2001, 148; Scheffler JR 2001, 294); BGH U. v. 10.09.2015 – 4 StR 151/15 – NJW 2015, 3732 = NStZ 2015, 702 (Anm. RÜ 2015, 781; LL 2016, 176).

e) Persönliche Strafausschließungsgründe, § 258 V, VI StGB

aa) § 258 V StGB

§ 258 V StGB enthält einen auf dem Rechtsgedanken der Notstandsähnlichkeit beruhenden[236] persönlichen Strafausschließungsgrund[237] für Fälle, in denen der Täter durch die Tat zugleich ganz oder zum Teil vereiteln will, dass er selbst bestraft oder einer Maßnahme unterworfen wird oder dass eine gegen ihn verhängte Strafe oder Maßnahme vollstreckt wird.

§ 258 V StGB greift nicht, wenn dem Vortatbeteiligten keine Verfolgung mehr droht.[238]

Es gilt dem Wortlaut entsprechend („will") allein das Vorstellungsbild des Täters bzgl. der drohenden eigenen Verfolgung.[239]

§ 258 V StGB kann auch dann anwendbar sein, wenn die der Strafvereitelung dienende Handlung sich auf Vortaten des Täters und des anderen bezieht, die nicht miteinander zusammenhängen.[240]

Die Strafbefreiung nach § 258 V StGB kann sich der Täter aber nicht dadurch verschaffen, dass er sich an einer zeitlich nachfolgenden Tat des Vortäters beteiligt.[241]

Umstritten ist, ob **§ 258 V StGB** anzuwenden ist, wenn eine vorgeleistete Strafvereitelung als Beihilfe strafbar ist.[242]

Beispiel 162

BGH B. v. 05.12.1997 – 2 StR 505/97 – BGHSt 43, 356 = NJW 1998, 1327 = NStZ 1998, 245 = StV 1998, 661 (Anm. Otto JK 1998 StGB § 258/12; Martin JuS 1998, 663; LL 1998, 459; Paul JZ 1998, 739; Seebode JZ 1998, 781; Joerden JuS 1999, 1063; Gubitz/Wolters NJW 1999, 764; Geerds NStZ 1999, 31):

---

[236] Hoyer, in: SK-StGB, 9. Aufl. 2019, § 258 Rn. 36; aus der Rspr. vgl. BGH B. v. 05.12.1997 – 2 StR 505/97 – BGHSt 43, 356 = NJW 1998, 1327 = NStZ 1998, 245 = StV 1998, 661 (Anm. Otto JK 1998 StGB § 258/12; Martin JuS 1998, 663; LL 1998, 459; Paul JZ 1998, 739; Seebode JZ 1998, 781; Joerden JuS 1999, 1063; Gubitz/Wolters NJW 1999, 764; Geerds NStZ 1999, 31).

[237] S. nur Kindhäuser/Hilgendorf, LPK, 9. Aufl. 2022, § 258 Rn. 20.

[238] Fischer, StGB, 71. Aufl. 2024, § 258 Rn. 35; aus der Rspr. vgl. BayObLG U. v. 28.09.1995 – 3 St RR 73/95 – NStZ 1996, 497.

[239] Fischer, StGB, 71. Aufl. 2024, § 258 Rn. 34; aus der Rspr. vgl. zuletzt BGH U. v. 22.12.2020 – 1 StR 165/19 – NStZ-RR 2021, 175 (Anm. LL 2021, 610; Hübner HRRS 2021, 464); OLG Oldenburg U. v. 20.06.2022 – 1 Ss 30/22 – StV-S 2022, 92 (Anm. Veljovic wistra 2022, 396; Neuheuser NZWiSt 2022, 494; Hecker JuS 2023, 373).

[240] Fischer, StGB, 71. Aufl. 2024, § 258 Rn. 34; aus der Rspr. vgl. BGH B. v. 29.06.1995 – 1 StR 345/95 – NJW 1995, 3264 = NStZ 1996, 39 = StV 1995, 586.

[241] Ruhmannseder, in: BeckOK-StGB, Stand 01.11.2023, § 258 Rn. 42; aus der Rspr. vgl. OLG Karlsruhe U. v. 09.08.1988 – 2 Ss 83/88 – NJW 1989, 181 = NStZ 1988, 503 (Anm. Otto JK 1989 StGB § 258a/2; Geerds JR 1989, 212).

[242] Hierzu Eisele, BT II, 6. Aufl. 2021, Rn. 1125.

B1 hatte in der Nacht zum 22.07.1995 ein gepachtetes Sägewerk in Brand gesetzt, um die Versicherungssumme zu erlangen. Ob er die B2 in seinen Plan eingeweiht hatte und ob diese ihm zugesagt hatte, sie werde später sagen, er sei die gesamte Nacht über bei ihr gewesen, konnte nicht sicher festgestellt werden. Bei ihrer ersten polizeilichen Vernehmung als Zeugin bestätigte B2 am 31.01.1996 die unwahre Einlassung des B1, er habe sich in der Brandnacht durchgehend bei ihr aufgehalten. ◄

Vorausgesetzt, dass B2 in den Plan eingeweiht war: Kommt § 258 V StGB zur Anwendung, obwohl die unwahre Einlassung in diesem Fall zugleich Beihilfe zur Brandstiftung des B1 (§§ 306, 27 I StGB) wäre?

Die Rspr.[243] lehnt dies mangels notstandsähnlicher Lage ab, allerdings gebietet der Wortlaut die Anwendung des § 258 V StGB.[244]

bb) § 258 VI StGB
§ 258 VI StGB normiert einen persönlichen Strafausschließungsgrund[245] im Hinblick auf die Strafvereitelung zugunsten eines Angehörigen i. S. d. § 11 I Nr. 1 StGB. Nichteheliche Lebensgefährten und andere nahestehende Personen werden nicht analog erfasst.[246]

Die Vorschrift ist auch bei einem Motivbündel des Täters anwendbar.[247]

f) Rechtsfolgen
§ 258 I StGB sieht Freiheitsstrafe bis zu fünf Jahren (im Minimum also ein Monat, § 38 II StGB) oder Geldstrafe (zu den Grenzen s. § 40 StGB) vor.

§ 258 III StGB ist zu beachten.

g) Sonstiges
Der Versuch der Strafvereitelung ist nach § 258 IV StGB strafbar.[248]

---

[243] S. o.
[244] Hoyer, in: SK-StGB, 9. Aufl. 2019, § 258 Rn. 41.
[245] Kindhäuser/Hilgendorf, LPK, 9. Aufl. 2022, § 258 Rn. 23.
[246] Eisele, BT II, 6. Aufl. 2021, Rn. 1127; aus der Rspr. vgl. BayObLG U. v. 17.12.1982 – RReg. 1 St 272/82 – NJW 1983, 831 (Anm. Geilen JK 1983 StGB § 11/1; Seier JA 1983, 391; Strätz JR 1984, 127); BGH U. v. 04.08.1983 – 4 StR 378/83 – NJW 1984, 135 = StV 1984, 74 (Anm. Geilen JK 1984 StGB § 258/4; Seier JA 1984, 57; Hassemer JuS 1984, 306; Rudolphi JR 1984, 338).
[247] Hoyer, in: SK-StGB, 9. Aufl. 2019, § 258 Rn. 40; aus der Rspr. vgl. BGH U. v. 20.05.1952 – 1 StR 748/51 – BGHSt 2, 375 = NJW 1952, 894 (Anm. Cüppers NJW 1952, 896); OLG Celle U. v. 16.04.1973 – 2 Ss 63/72 – NJW 1973, 1937 (Anm. Hassemer JuS 1974, 54; Ruß JR 1974, 164; Kratzsch JR 1974, 186).
[248] Hierzu näher Haas FS Maiwald 2010, 277.

3. Sog. Vollstreckungsvereitelung, § 258 II StGB

a) Aufbau
I. Tatbestand
  1. Objektiver Tatbestand
     a) Vollstreckung einer gegen einen anderen verhängten Strafe oder Maßnahme
     b) Ganz oder zum Teil vereitelt
  2. Subjektiver Tatbestand
     a) Vorsatz
     b) Absichtlich oder wissentlich
II. Rechtswidrigkeit
III. Schuld
IV. Persönliche Strafausschließungsgründe, § 258 V, VI StGB

b) Tatbestand

aa) Objektiver Tatbestand

(1) Vollstreckung einer gegen einen anderen verhängten Strafe oder Maßnahme
Zu Strafe und Maßnahme s. o. Gegenstand des § 258 II StGB ist die diesbzgl. Vollstreckung.

(2) Ganz oder zum Teil vereitelt
Erfolg der Vollstreckungsvereitelung ist die Vereitelung der mit der strafrechtlichen Verurteilung beabsichtigten und nach Maßgabe des Vollstreckungs- und Vollzugsrecht zu verwirklichenden Strafzwecke.[249]

Für eine **Vollstreckungsvereitelung** ist allein die **Rechtskraft der Verurteilung** relevant, nicht, ob der Täter die Tat wirklich begangen hatte.[250]

Umstritten ist, ob eine Strafvereitelung nach § 258 II StGB begeht, wer **fremde Geldstrafen** zahlt.[251]

---

[249] Cramer, in: MK-StGB, 4. Aufl. 2021, § 258 Rn. 34.

[250] H. M.; Fischer, StGB, 71. Aufl. 2024, § 258 Rn. 29; aus der Rspr. vgl. RG U. v. 10.10.1939 – 1 D 676/39 – RGSt 73, 331.

[251] Hierzu Hillenkamp/Cornelius, 40 Probleme aus dem Strafrecht BT, 13. Aufl. 2020, 12. Problem; Engels Jura 1981, 581; Kapp NJW 1992, 2796; Hoffmann/Wißmann StV 2001, 249; Spatschek/Ehnert StraFo 2005, 265; Kranz ZJS 2008, 471; Horrer/Patzschke CCZ 2013, 94; Schott StraFo 2014, 315; aus der Rspr. vgl. RG U. v. 21.09.1897 – 1946/97 – RGSt 30, 232; OLG Frankfurt B. v. 05.11.1987 – 1 Ws 194/87 – StV 1990, 112 (Anm. Otto JK 1990 StGB § 258/6; Noack StV 1990, 113); BGH U. v. 07.11.1990 – 2 StR 439/90 – BGHSt 37, 226 = NJW 1991, 990 = NStZ 1991, 486 = StV 1991, 462 (Anm. Kühl, Höchstrichterliche Rspr. BT, 2002, Nr. 60; Geppert JK 1991 StGB § 258/7; Hassemer JuS 1991, 694; Wodicka NStZ 1991, 487; Krey JZ 1991, 889; Müller-Christmann JuS 1992, 379; Hillenkamp JR 1992, 74; Scholl NStZ 1999, 599); BGH U. v. 08.07.2014 – II ZR 174/13 – BGHZ 202, 26 (Anm. Kunkel jurisPR-StrafR 24/2014 Anm. 1; Knuth jurisPR-Compl 3/2014 Anm. 1; Küpper NZWiSt 2015, 319; Rahlmeier/von Eiff CCZ 2015, 91).

Die überwiegende Rspr.[252] und die h. L.[253] verneinen dies.
Die Gegenauffassung[254] widerspricht.
Für die Annahme einer Vereitelungshandlung spricht, dass dem Vortäter durch die Fremdzahlung der Vermögensschaden als Strafübel erspart wird; aus dem Tagessatzsystem der § 40ff. StGB lässt sich durchaus folgern, dass die Strafe den Verurteilten persönlich treffen soll, was auch im Einklang mit den Strafzwecken steht. Es droht eine Entwertung der Geldstrafe und ihrer spezialpräventiven Wirkung. Die h. M. wendet dagegen aber zu Recht ein, dass in § 258 II StGB die Vollstreckungsvereitelung und nicht die Strafzweckvereitelung normiert ist, sodass ein Verstoß gegen Art. 103 II GG, § 1 StGB droht. Wie sich aus §§ 459ff. StPO i. V. m. der Justizbeitreibungsordnung ergibt, ist nämlich lediglich die Durchsetzung der Zahlung das Vollstreckungsziel. Ohnehin ist es wenig überzeugend, diese Fallkonstellation zu erfassen, nachträgliche Schenkungen oder Darlehen mit späterem Verzicht auf Rückzahlung dagegen nicht; das würde zu einer leichten Umgehungsmöglichkeit und dem Bestrafen lediglich ungeschickter Täter führen.

bb) Subjektiver Tatbestand
Über das Vorsatzerfordernis des § 15 StGB hinaus muss der Täter „absichtlich oder wissentlich" hinsichtlich der Vereitelung handeln.

c) Rechtswidrigkeit
Es gelten die allgemeinen Grundsätze.

d) Schuld
Es gelten die allgemeinen Grundsätze.

e) Persönliche Strafausschließungsgründe, § 258 V, VI StGB
Hierzu s. o.

f) Rechtsfolgen
§ 258 II StGB verweist auf § 258 I StGB, s. o. („ebenso wird bestraft").

II. Strafvereitelung im Amt, § 258a StGB

1. Allgemeines
§ 258a StGB regelt aufbauend auf § 258 StGB ein sog. unechtes Amtsdelikt als Absicherung des Legalitätsprinzips.[255]

---

[252] BGH U. v. 07.11.1990 – 2 StR 439/90 – BGHSt 37, 226 (230).

[253] S. nur Eisele, BT II, 6. Aufl. 2021, Rn. 1123.

[254] S. (allerdings diff.) Hecker, in: Schönke/Schröder, StGB, 30. Aufl. 2019, § 258 Rn. 29.

[255] Aus der Rspr. vgl. BGH B. v. 14.09.2017 – 4 StR 274/16 – BGHSt 62, 312 = NJW 2018, 322 = NStZ 2018, 150 = StV 2018, 158 (Anm. Jahn JuS 2017, 1227; Bosch Jura 2018, 198; Wagner ZJS 2018, 81).

> **§ 258a StGB (Strafvereitelung im Amt)**
> (1) Ist in den Fällen des § 258 Abs. 1 der Täter als Amtsträger zur Mitwirkung bei dem Strafverfahren oder dem Verfahren zur Anordnung der Maßnahme (§ 11 Abs. 1 Nr. 8) oder ist er in den Fällen des § 258 Abs. 2 als Amtsträger zur Mitwirkung bei der Vollstreckung der Strafe oder Maßnahme berufen, so ist die Strafe Freiheitsstrafe von sechs Monaten bis zu fünf Jahren, in minder schweren Fällen Freiheitsstrafe bis zu drei Jahren oder Geldstrafe.
> (2) Der Versuch ist strafbar.
> (3) § 258 Abs. 3 und 6 ist nicht anzuwenden.

§ 258a I StGB sieht Freiheitsstrafe von sechs Monaten bis zu fünf Jahren vor. Der in die Norm integrierte (unbenannte) minder schwere Fall sieht Freiheitsstrafe bis zu drei Jahren (im Minimum also ein Monat, § 38 II StGB) oder Geldstrafe (zu den Grenzen s. § 40 StGB) vor.

Gem. § 258a III StGB gelten die § 258 III und VI StGB nicht; § 258 V StGB bleibt aber anwendbar, hierzu s. o.

2. Sog. Verfolgungsvereitelung im Amt, §§ 258a I i. V. m. § 258 I StGB

a) Aufbau
I. Tatbestand
　1. Objektiver Tatbestand
　　a) In den Fällen des § 258 Abs. 1
　　b) Der Täter ist als Amtsträger zur Mitwirkung bei dem Strafverfahren oder dem Verfahren zur Anordnung der Maßnahme (§ 11 Abs. 1 Nr. 8) berufen
　2. Subjektiver Tatbestand
II. Rechtswidrigkeit
III. Schuld
IV. Persönlicher Strafausschließungsgrund, § 258 V StGB

b) Erläuterungen
Zum Amtsträger s. § 11 I Nr. 2 StGB und u. bei den Amtsdelikten.

I. R. d. § 258a StGB ist insbesondere – aber nicht nur[256] – an Polizisten und Staatsanwälte zu denken.

Hinzu kommen muss die Stellung als zur „Mitwirkung ... berufen" im Hinblick auf die konkrete Strafe oder Maßnahme.[257]

---

[256] Zu Finanzbeamten LG Stuttgart B. v. 24.03.2020 – 61 Ns 142 Js 114222/16 – NStZ 2021, 544 (Anm. Oesterle NStZ 2021, 548; Kremer/Altenburg NZWiSt 2021, 266; Redeker jurisPR-Compl 6/2021 Anm. 4).

[257] Aus der Rspr. vgl. zuletzt LG Stuttgart B. v. 24.03.2020 – 61 Ns 142 Js 114222/16 – NStZ 2021, 544 (Anm. Oesterle NStZ 2021, 548; Kremer/Altenburg NZWiSt 2021, 266; Redeker jurisPR-Compl 6/2021 Anm. 4).

Zu Fragen einer Unterlassungstäterschaft (i. V. m. § 13 StGB) in Fällen, in denen der Beamte in seiner Freizeit von der Straftat erfährt, s. im Allgemeinen Teil.

3. Sog. Vollstreckungsvereitelung im Amt, §§ 258a I i. V. m. § 258 II StGB

a) Aufbau
 I. Tatbestand
  1. Objektiver Tatbestand
   a) In den Fällen des § 258 Abs. 2
   b) Der Täter ist als Amtsträger zur Mitwirkung bei der Vollstreckung der Strafe oder Maßnahme berufen
  2. Subjektiver Tatbestand
 II. Rechtswidrigkeit
 III. Schuld
 IV. Persönlicher Strafausschließungsgrund, § 258 V StGB

b) Erläuterungen
Vgl. o.
 I. R. d. sog. Vollstreckungsvereitelung kommt insbesondere verbeamtetes Vollzugspersonal als Täterkreis in Betracht.

F. Nichtanzeige geplanter Straftaten, §§ 138, 139 StGB

I. Allgemeines

§ 138 StGB stellt die Nichtanzeige – gewisser – geplanter Straftaten unter Strafe.[258]

> **§ 138 StGB (Nichtanzeige geplanter Straftaten)**
> (1) Wer von dem Vorhaben oder der Ausführung
> 1. (weggefallen)
> 2. eines Hochverrats in den Fällen der §§ 81 bis 83 Abs. 1,
> 3. eines Landesverrats oder einer Gefährdung der äußeren Sicherheit in den Fällen der §§ 94 bis 96, 97a oder 100,
> 4. einer Geld- oder Wertpapierfälschung in den Fällen der §§ 146, 151, 152 oder einer Fälschung von Zahlungskarten mit Garantiefunktion in den Fällen des § 152b Abs. 1 bis 3,

---

[258] Hierzu Lenk JR 2020, 103; Reformüberlegungen bei Schomberg/Korte ZRP 1990, 417; Marquardt/von Danwitz FS Rudolphi 2004, 497; zu Grundproblemen der allgemeinen Lehre bzgl. §§ 138, 139 StGB Rojas GA 2017, 147.

> 5. eines Mordes (§ 211) oder Totschlags (§ 212) oder eines Völkermordes (§ 6 des Völkerstrafgesetzbuches) oder eines Verbrechens gegen die Menschlichkeit (§ 7 des Völkerstrafgesetzbuches) oder eines Kriegsverbrechens (§§ 8, 9, 10, 11 oder 12 des Völkerstrafgesetzbuches) oder eines Verbrechens der Aggression (§ 13 des Völkerstrafgesetzbuches),
> 6. einer Straftat gegen die persönliche Freiheit in den Fällen des § 232 Absatz 3 Satz 2, des § 232a Absatz 3, 4 oder 5, des § 232b Absatz 3 oder 4, des § 233a Absatz 3 oder 4, jeweils soweit es sich um Verbrechen handelt, der §§ 234, 234a, 239a oder 239b,
> 7. eines Raubes oder einer räuberischen Erpressung (§§ 249 bis 251 oder 255) oder
> 8. einer gemeingefährlichen Straftat in den Fällen der §§ 306 bis 306c oder 307 Abs. 1 bis 3, des § 308 Abs. 1 bis 4, des § 309 Abs. 1 bis 5, der §§ 310, 313, 314 oder 315 Abs. 3, des § 315b Abs. 3 oder der §§ 316a oder 316c zu einer Zeit, zu der die Ausführung oder der Erfolg noch abgewendet werden kann, glaubhaft erfährt und es unterläßt, der Behörde oder dem Bedrohten rechtzeitig Anzeige zu machen, wird mit Freiheitsstrafe bis zu fünf Jahren oder mit Geldstrafe bestraft.
> (2) Ebenso wird bestraft, wer
> 1. von der Ausführung einer Straftat nach § 89a oder
> 2. von dem Vorhaben oder der Ausführung einer Straftat nach § 129a, auch in Verbindung mit § 129b Abs. 1 Satz 1 und 2, zu einer Zeit, zu der die Ausführung noch abgewendet werden kann, glaubhaft erfährt und es unterlässt, der Behörde unverzüglich Anzeige zu erstatten. § 129b Abs. 1 Satz 3 bis 5 gilt im Fall der Nummer 2 entsprechend.
> (3) Wer die Anzeige leichtfertig unterläßt, obwohl er von dem Vorhaben oder der Ausführung der rechtswidrigen Tat glaubhaft erfahren hat, wird mit Freiheitsstrafe bis zu einem Jahr oder mit Geldstrafe bestraft.

Die Norm dient als **echtes Unterlassungsdelikt**[259] der Verhinderung von Straftaten und schützt somit die durch die Straftaten des Katalogs geschützten **Rechtsgüter**, ferner die staatliche Rechtspflege in ihrer präventiven Funktion.[260]

---

[259] S. nur Eisele, BT I, 6. Aufl. 2021, Rn. 1501; zu Grundprobleme der allgemeinen Lehre bzgl. §§ 138, 139 StGB Rojas GA 2017, 147.

[260] Joecks/Jäger, StGB, 13. Aufl. 2021, § 138 Rn. 1; aus der Rspr. vgl. BGH U. v. 19.03.1996 – 1 StR 497/95 – BGHSt 42, 86 = NJW 1996, 2239 = NStZ 1996, 595 = StV 1997, 244 (Anm. Kühl, Höchstrichterliche Rspr. BT, 2002, Nr. 5; Puppe NStZ 1996, 597; Otto JK 1997 StGB § 138/2; Lagodny JZ 1997, 48; Loos/Westendorf Jura 1998, 403; Nagel NStZ 1998, 148); BGH U. v. 19.05.2010 – 5 StR 464/09 – BGHSt 55, 148 = NJW 2010, 2291 = NStZ 2010, 449 (Anm. Geppert JK 2010 StGB § 138/4; Heghmanns ZJS 2010, 788; famos 12/2010; Schiemann NJW 2010, 2293; Ziemann/Ziethen HRRS 2010, 477; Lampe jurisPR-StrafR 13/2010 Anm. 2; LL 2011, 112; RA 2010, 341; Hohmann NStZ 2011, 32; Kröpil DRiZ 2011, 25).

II. Vorsätzliche Nichtanzeige geplanter Straftaten

1. Aufbau
I. Tatbestand
  1. Objektiver Tatbestand
     a) Von dem Vorhaben oder der Ausführung einer Tat nach § 138 I Nr. 2–8, II StGB
     b) Glaubhaft erfährt
     c) Zu einer Zeit, zu der die Ausführung oder der Erfolg noch abgewendet werden kann
     d) Es unterläßt, der Behörde oder dem Bedrohten rechtzeitig Anzeige zu machen
     e) Ggf. § 139 II StGB
  2. Subjektiver Tatbestand
II. Rechtswidrigkeit
III. Schuld
IV. Strafaufhebungsgründe, § 139 III und IV StGB
V. Rechtsfolgen: Ggf. § 139 I StGB

2. Tatbestand

a) Objektiver Tatbestand

aa) Von dem Vorhaben oder der Ausführung einer Tat nach § 138 I Nr. 2–8, II StGB
Gegenstand einer Nichtanzeige sind die in den **Katalogen aufgeführten Delikte**, und zwar inkl. Versuch und bzgl. jeder Form der Beteiligung.[261]

bb) Glaubhaft erfährt
Von einer solchen Tat hat der Täter des § 138 StGB dann **glaubhaft erfahren**, wenn objektiv die Tat ernstlich geplant oder wenn sie ausgeführt wird und wenn subjektiv der Täter mindestens mit der Möglichkeit ihrer Verübung (u. U. auch nur weiteren Ausführung) rechnet.[262] Nicht erforderlich ist, dass Kenntnis von der Person des Täters erlangt wurde.[263]

Der von der Tat Bedrohte ist selbst nicht anzeigepflichtig, es sei denn Rechtsgüter anderer Personen sind betroffen.[264]

Umstritten ist, ob **Beteiligte** taugliche Täter sind.[265]

---

[261] Stein, in: SK-StGB, 9. Aufl. 2019, § 138 Rn. 9, 12; näher bzgl. § 30 StGB Schnarr NStZ 1990, 257.

[262] Heger, in: Lackner/Kühl/Heger, StGB, 30. Aufl. 2023, § 138 Rn. 3.

[263] Fischer, StGB, 71. Aufl. 2024, § 138 Rn. 8; aus der Rspr. vgl. RG U. v. 11.12.1925 – I 587/25 – RGSt 60, 254.

[264] Eisele, BT I, 6. Aufl. 2021, Rn. 1504.

[265] Hierzu Kindhäuser/Hilgendorf, LPK, 9. Aufl. 2022, § 138 Rn. 4f.; Meister MDR 1953, 649; Schmidhäuser FS Bockelmann 1979, 683; aus der Rspr. vgl. zuletzt BGH U. v. 10.08.2016 – 2 StR 493/15 – StV 2017, 441 (Anm. RÜ 2017, 95).

Die Rspr.[266] und die h. L.[267] lehnen dies ab.

Eine Gegenauffassung[268] bejaht dies – und kommt ggf. zu einer Gesetzeskonkurrenz.

Für die h. M. spricht, dass ein Beteiligter von der Tat nicht erfährt, sondern Kenntnis aus eigener Mitwirkung besitzt.

Problematisch ist, ob schon der bloße **Verdacht** der Beteiligung die Anwendung des § 138 StGB ausschließt.[269]

Die frühere Rspr.[270] und Teile der Lehre[271] nehmen dies an. Dies führt ggf. zu einer doppelten Anwendung des *in-dubio-pro-reo*-Grundsatzes.

Die neuere Rspr.[272] wendet § 138 StGB nunmehr an, ebenso Teile der Lehre.[273]

Letzterer Auffassung ist zu folgen: § 138 StGB schützt die Rechtsgüter der in Bezug genommenen Taten, sodass sich ein Stufenverhältnis zwischen der Kenntniserlangung und der Beteiligung annehmen lässt und bei nicht nachweisbarer Beteiligung auf § 138 StGB zurückgegriffen werden kann. Dies vermeidet wenig überzeugende Freisprüche. Die systematische Einordnung des § 138 StGB steht dem nicht entgegen.[274]

cc) Zu einer Zeit, zu der die Ausführung oder der Erfolg noch abgewendet werden kann

Der Täter muss von der Tat zu einer Zeit erfahren, zu der die Ausführung – das ist die Phase zwischen Versuchsbeginn und Beendigung[275] – oder doch der Erfolg noch abgewendet werden kann. Bereits begangene Straftaten werden nicht erfasst.[276] Irrelevant – im Hinblick auf den Rechtsgüterschutz – ist, ob die Tat schuldhaft begangen werden soll.[277]

---

[266] S. o.

[267] S. nur Joecks/Jäger, StGB, 13. Aufl. 2021, § 138 Rn. 21f.

[268] Etwa Stein, in: SK-StGB, 9. Aufl. 2019, § 138 Rn. 15.

[269] Hierzu Kindhäuser/Hilgendorf, LPK, 9. Aufl. 2022, § 138 Rn. 6f.; näher Stuckenberg FS Wolter 2013, 661; aus der Rspr. vgl. zuletzt BGH U. v. 19.05.2010 – 5 StR 464/09 – BGHSt 55, 148 = NJW 2010, 2291 = NStZ 2010, 449 (Anm. Geppert JK 2010 StGB § 138/4; Heghmanns ZJS 2010, 788; famos 12/2010; Schiemann NJW 2010, 2293; Ziemann/Ziethen HRRS 2010, 477; Lampe jurisPR-StrafR 13/2010 Anm. 2; LL 2011, 112; RA 2010, 341; Hohmann NStZ 2011, 32; Kröpil DRiZ 2011, 25).

[270] S. BGH U. v. 23.03.1993 – 1 StR 21/93 – BGHSt 39, 164 = NJW 1993, 1871 = NStZ 1993, 441 (Anm. Kühl, Höchstrichterliche Rspr. BT, 2002, Nr. 88; Geppert JK 1993 StGB § 323c/3; Tag JR 1995, 133).

[271] Hohmann, in: MK-StGB, 4. Aufl. 2021, § 138 Rn. 31ff.

[272] BGH U. v. 19.05.2010 – 5 StR 464/09 – BGHSt 55, 148.

[273] Kindhäuser/Hilgendorf, LPK, 9. Aufl. 2022, § 138 Rn. 7.

[274] S. aber Eisele, BT I, 6. Aufl. 2021, Rn. 1513.

[275] Fischer, StGB, 71. Aufl. 2024, § 138 Rn. 7; aus der Rspr. vgl. BGH B. v. 13.11.1989 – I BGs 351/89 – GBA – 1 BJs 33/89 – 6 – NJW 1990, 722.

[276] Eisele, BT I, 6. Aufl. 2021, Rn. 1505.

[277] Eisele, BT I, 6. Aufl. 2021, Rn. 1505.

dd) Es unterläßt, der Behörde oder dem Bedrohten rechtzeitig Anzeige zu machen
Rechtzeitig i. S. d. § 138 I StGB meint nicht Unverzüglichkeit (*e contrario* § 138 II StGB), sondern es genügt ein Zeitpunkt, zu dem die Ausführung der Tat oder der Erfolg noch abgewendet werden können.[278]

§ 138 I StGB scheint dem Täter eine Wahlmöglichkeit zu belassen, ob er eine Behörde oder den Bedrohten informiert; allerdings hat er die *ex ante* erfolgversprechendste Möglichkeit zu ergreifen.[279]

ee) Ggf. § 139 II StGB
§ 139 StGB enthält diverse Gründe für eine Straflosigkeit im Hinblick auf § 138 StGB.

> **§ 139 StGB (Straflosigkeit der Nichtanzeige geplanter Straftaten)**
> (1) Ist in den Fällen des § 138 die Tat nicht versucht worden, so kann von Strafe abgesehen werden.
> (2) Ein Geistlicher ist nicht verpflichtet anzuzeigen, was ihm in seiner Eigenschaft als Seelsorger anvertraut worden ist.
> (3) Wer eine Anzeige unterläßt, die er gegen einen Angehörigen erstatten müßte, ist straffrei, wenn er sich ernsthaft bemüht hat, ihn von der Tat abzuhalten oder den Erfolg abzuwenden, es sei denn, daß es sich um
>   1. einen Mord oder Totschlag (§§ 211 oder 212),
>   2. einen Völkermord in den Fällen des § 6 Abs. 1 Nr. 1 des Völkerstrafgesetzbuches oder ein Verbrechen gegen die Menschlichkeit in den Fällen des § 7 Abs. 1 Nr. 1 des Völkerstrafgesetzbuches oder ein Kriegsverbrechen in den Fällen des § 8 Abs. 1 Nr. 1 des Völkerstrafgesetzbuches oder
>   3. einen erpresserischen Menschenraub (§ 239a Abs. 1), eine Geiselnahme (§ 239b Abs. 1) oder einen Angriff auf den Luft- und Seeverkehr (§ 316c Abs. 1) durch eine terroristische Vereinigung (§ 129a, auch in Verbindung mit § 129b Abs. 1) handelt. Unter denselben Voraussetzungen ist ein Rechtsanwalt, Verteidiger, Arzt, Psychotherapeut, Psychologischer Psychotherapeut oder Kinder- und Jugendlichenpsychotherapeut nicht verpflichtet anzuzeigen, was ihm in dieser Eigenschaft anvertraut worden ist. Die berufsmäßigen Gehilfen der in Satz 2 genannten Personen und die Personen, die bei diesen zur Vorbereitung auf den Beruf tätig sind, sind nicht verpflichtet mitzuteilen, was ihnen in ihrer beruflichen Eigenschaft bekannt geworden ist.
> (4) Straffrei ist, wer die Ausführung oder den Erfolg der Tat anders als durch Anzeige abwendet. Unterbleibt die Ausführung oder der Erfolg der Tat ohne Zutun des zur Anzeige Verpflichteten, so genügt zu seiner Straflosigkeit sein ernsthaftes Bemühen, den Erfolg abzuwenden.

---

[278] Fischer, StGB, 71. Aufl. 2024, § 138 Rn. 24; näher Rudolphi FS Roxin 2001, 827; aus der Rspr. vgl. BGH U. v. 19.03.1996 – 1 StR 497/95 – BGHSt 42, 86 = NJW 1996, 2239 = NStZ 1996, 595 = StV 1997, 244 (Anm. Kühl, Höchstrichterliche Rspr. BT, 2002, Nr. 5; Puppe NStZ 1996, 597; Otto JK 1997 StGB § 138/2; Lagodny JZ 1997, 48; Loos/Westendorf Jura 1998, 403; Nagel NStZ 1998, 148).
[279] Stein, in: SK-StGB, 9. Aufl. 2019, § 138 Rn. 33.

Während § 139 I StGB nur ein Absehen von Strafe ermöglicht, handelt es ich bei § 139 II StGB um einen Tatbestandsausschluss[280] oder Rechtfertigungsgrund,[281] bei § 139 III, IV StGB um Strafaufhebungsgründe.[282]

b) Subjektiver Tatbestand
Gem. § 15 StGB ist Vorsatz erforderlich.

3. Rechtswidrigkeit
Es gelten die allgemeinen Grundsätze.

4. Schuld
Es gelten die allgemeinen Grundsätze.

5. Strafaufhebungsgründe, § 139 III und IV StGB
Zu § 139 StGB s. schon o.

6. Rechtsfolgen
§ 138 I, II StGB sieht Freiheitsstrafe bis zu fünf Jahren (im Minimum also ein Monat, § 38 II StGB) oder Geldstrafe (zu den Grenzen s. § 40 StGB) vor.

Zu § 139 StGB s. schon o. (fakultatives Absehen von Strafe in § 139 I StGB).

7. Sonstiges
§ 138 StGB verdrängt ggf. § 323c I StGB als *lex specialis*.[283]

III. Leichtfertige Nichtanzeige geplanter Straftaten, § 138 III StGB

1. Aufbau
  I. Tatbestand
    1. Die Anzeige unterläßt, obwohl er von dem Vorhaben oder der Ausführung der rechtswidrigen Tat glaubhaft erfahren hat
    2. (Objektiv) Leichtfertig
 II. Rechtswidrigkeit
III. Schuld
    1. Allgemeines
    2. Subjektive Leichtfertigkeit
 IV. Strafaufhebungsgründe, § 139 III und IV StGB
  V. Rechtsfolgen: Ggf. § 139 I StGB

---

[280] Sternberg-Lieben, in: Schönke/Schröder, StGB, 30. Aufl. 2019, § 139 Rn. 2.
[281] H. M., s. Fischer, StGB, 71. Aufl. 2024, § 139 Rn. 4.
[282] H. M., s. Eisele, BT I, 6. Aufl. 2021, Rn. 1510ff.
[283] Fischer, StGB, 71. Aufl. 2024, § 138 Rn. 36.

2. Erläuterungen

Unter Bezugnahme auf § 138 I, II StGB erweitert § 138 III StGB die Strafbarkeit um leichtfertiges Handeln. Zu dieser gesteigerten Form der Fahrlässigkeit s. im Allgemeinen Teil.

§ 138 III StGB sieht Freiheitsstrafe bis zu einem Jahr (im Minimum also ein Monat, § 38 II StGB) oder Geldstrafe (zu den Grenzen s. § 40 StGB) vor.

10. Kapitel: Urkundenstraftaten, §§ 267ff. StGB

▶ **Didaktische Aufsätze**
- Samson, Grundprobleme der Urkundenfälschung, JA 1979, 526 und 658
- Freund, Grundfälle zu den Urkundendelikten, JuS 1993, 731 und 1016, JuS 1994, 30, 125, 207 und 305

A. Allgemeines

Sämtliche Urkundenstraftaten[1] schützen die Sicherheit und Zuverlässigkeit des Rechtsverkehrs.[2] Es handelt sich um Kollektivrechtsgüter, die mangels Disponibilität des Rechtsguts einer Einwilligung nicht zugänglich sind.[3]

Es lassen sich mehrere Schutzrichtungen[4] unterscheiden: Das Vertrauen auf Echtheit und Unverfälschtheit wird bei allen Urkunden geschützt. Besonderen Schutz genießen dabei Gesundheitszeugnisse (§§ 277ff. StGB) sowie Geld und Wertzeichen (§§ 146ff. StGB). Den Schutz des Vertrauens des Rechtsverkehrs bei

---

[1] Zu den §§ 267ff. StGB Kienapfel FS Maurach 1972, 431; Sax FS Peters 1974, 137; Samson JA 1979, 526 und 658; Freund JuS 1993, 731 und 1016, JuS 1994, 30, 125, 207 und 305; Puppe FG 50 Jahre BGH IV 2000, 569; Rechtsprechungsübersichten bei Puppe JZ 1986, 938 und 992; Puppe JZ 1991, 447, 550 und 609; Puppe JZ 1997, 490; Böse NStZ 2005, 370; zur Historie Brockhaus ZIS 2008, 556; Rojas FS Frisch 2013, 925; zu Urkundsdelikten im Straßenverkehr Krumm SVR 2007, 170; Kudlich JA 2019, 272; zu einem „digitalen Urkundenstrafrecht" Kulhanek wistra 2021, 220.
[2] Joecks/Jäger, StGB, 13. Aufl. 2021, vor § 267 Rn. 1; aus der Rspr. vgl. zuletzt BGH B. v. 21.08.2019 – 3 StR 7/19 – NStZ-RR 2020, 176 = StV 2021, 36 (Anm. Jäger JA 2020, 310; LL 2020, 247; RÜ 2020, 100; Fahl NStZ-RR 2020, 177; Kretschmer JR 2020, 491).
[3] Joecks/Jäger, StGB, 13. Aufl. 2021, vor § 267 Rn. 1; aus der Rspr. vgl. BayObLG B. v. 30.09.1987 – RReg. 2 St 110/87 – NJW 1988, 1401 (Anm. Otto JK 1988 StGB § 267/11; Hassemer JuS 1988, 743; Puppe JuS 1989, 361); BayObLG U. v. 26.10.1987 – RReg. 4 St 164/87 – NStZ 1988, 313 (Anm. Puppe NStZ 1988, 314); BayObLG B. v. 31.08.1993 – 4 St RR 137/93.
[4] S. nur Joecks/Jäger, StGB, 13. Aufl. 2021, vor § 267 Rn. 2ff.

technischen Aufzeichnungen und beweiserheblichen Daten gewährleisten die §§ 268, 269 StGB. Nur in bestimmten Fällen wird das Vertrauen auf die inhaltliche Wahrheit geschützt (öffentliche Urkunden: §§ 348, 271 StGB); i.Ü. ist die schriftliche Lüge straflos (Ausnahme: §§ 278 StGB). Dem Schutz der Bestandserhaltung dienen §§ 274 I Nr. 1 und 133 StGB. Einen Schutz vor missbräuchlicher Verwendung gewährleistet nur § 281 StGB im Hinblick auf Ausweispapiere.

B. Urkundenfälschung, § 267 StGB

▶ **Didaktische Aufsätze**
- Samson, Grundprobleme der Urkundenfälschung, JuS 1970, 369
- Puppe, Urkundenfälschung, Jura 1979, 630
- Otto, Die Probleme der Urkundenfälschung (§ 267 StGB) in der neueren Rechtsprechung und Lehre, JuS 1987, 761

I. Allgemeines

§ 267 StGB stellt die Urkundenfälschung unter Strafe.[5]

> **§ 267 StGB (Urkundenfälschung)**
> (1) Wer zur Täuschung im Rechtsverkehr eine unechte Urkunde herstellt, eine echte Urkunde verfälscht oder eine unechte oder verfälschte Urkunde gebraucht, wird mit Freiheitsstrafe bis zu fünf Jahren oder mit Geldstrafe bestraft.
> (2) Der Versuch ist strafbar.
> (3) In besonders schweren Fällen ist die Strafe Freiheitsstrafe von sechs Monaten bis zu zehn Jahren. Ein besonders schwerer Fall liegt in der Regel vor, wenn der Täter
> 1. gewerbsmäßig oder als Mitglied einer Bande handelt, die sich zur fortgesetzten Begehung von Betrug oder Urkundenfälschung verbunden hat,
> 2. einen Vermögensverlust großen Ausmaßes herbeiführt,
> 3. durch eine große Zahl von unechten oder verfälschten Urkunden die Sicherheit des Rechtsverkehrs erheblich gefährdet oder
> 4. seine Befugnisse oder seine Stellung als Amtsträger oder Europäischer Amtsträger mißbraucht.
> (4) Mit Freiheitsstrafe von einem Jahr bis zu zehn Jahren, in minder schweren Fällen mit Freiheitsstrafe von sechs Monaten bis zu fünf Jahren wird bestraft, wer die Urkundenfälschung als Mitglied einer Bande, die sich zur fortgesetzten Begehung von Straftaten nach den §§ 263 bis 264 oder 267 bis 269 verbunden hat, gewerbsmäßig begeht.

---

[5] Hierzu Samson JuS 1970, 369; Puppe Jura 1979, 630; Otto JuS 1987, 761; Jakobs FS Küper 2007, 225.

Die Norm schützt die Sicherheit und Zuverlässigkeit des Rechtsverkehrs mit Urkunden im Hinblick auf die Echtheit und Unverfälschtheit – nicht die inhaltliche Richtigkeit – von Urkunden.[6]

II. Grunddelikte, § 267 I StGB

1. § 267 I 1. Var. StGB

a) Aufbau
I. Tatbestand
  1. Objektiver Tatbestand
    a) Eine Urkunde
    b) Unechte
    c) Herstellt
  2. Subjektiver Tatbestand
    a) Vorsatz
    b) Zur Täuschung im Rechtsverkehr oder § 270 StGB
II. Rechtswidrigkeit
III. Schuld
IV. Rechtsfolgen: Besonders schwerer Fall, § 267 III StGB

b) Tatbestand

aa) Objektiver Tatbestand

(1) Eine Urkunde

▶ **Didaktische Aufsätze**
- Puppe, Erscheinungsformen der Urkunde, Jura 1980, 19
- Satzger, Der Begriff der „Urkunde" im Strafgesetzbuch, Jura 2012, 106
- Bode/Ligocki, Ungelöste Probleme des Urkundenbegriffs, JuS 2015, 989 und 1071

(a) Allgemeines
Tatobjekt der Urkundenfälschung ist die Urkunde.
Dabei ist allerdings zu beachten, dass je nach Tathandlung erst das **Endprodukt** eine Urkunde sein muss (beim Herstellen) oder bereits das **Ausgangsobjekt** (beim Verfälschen).

(b) Merkmale

(aa) Ausgangsdefinition
Urkunde ist jede dauerhaft verkörperte, wenigstens für die Beteiligten verständliche, menschliche Gedankenerklärung (sog. Perpetuierungsfunktion), die zum Be-

---
[6] Joecks/Jäger, StGB, 13. Aufl. 2021, § 267 Rn. 1.

weis im Rechtsverkehr geeignet und bestimmt ist (sog. Beweisfunktion) und ihren Aussteller erkennen lässt (sog. Garantiefunktion).[7]

Im Einzelnen:

(bb) Perpetuierungsfunktion

Eine Urkunde setzt eine dauerhaft verkörperte, wenigstens für die Beteiligten verständliche, menschliche Gedankenerklärung voraus.

(aaa) Menschliche Gedankenerklärung

Menschliche Gedankenerklärung ist die willentliche Entäußerung von zur Nachrichtenübermittlung geeigneten und bestimmten Zeichen durch einen Menschen.[8]

In einer Fallbearbeitung gilt es – zumindest in Fällen, in denen es nicht auf der Hand liegt –, die Gedankenerklärung genau herauszuarbeiten.

An einer menschlichen Gedankenerklärung fehlt es etwa bei Augenscheinsobjekten[9] (z. B. Fingerabdrücke, Spuren), Blanketten, Formularen,[10] technischen Aufzeichnungen (s. u. bei § 268 StGB) oder Schreiben zu Lehrzwecken.[11]

Entgegen dem alltäglichen Sprachgebrauch werden Schriftzeichen nicht vorausgesetzt.[12]

Urkunden können staatlich, aber auch durch Privatleute errichtet werden.

(bbb) Dauerhafte Verkörperung

Die menschliche Gedankenerklärung muss dauerhaft verkörpert sein, was voraussetzt, dass die Gedankenerklärung mit einem körperlichen Gegenstand fest verbunden wird.[13]

Mündliche Äußerungen und ganz flüchtige Fixierungen (z. B. Schrift im Sand) genügen nicht.[14]

---

[7] Kindhäuser/Hilgendorf, LPK, 9. Aufl. 2022, § 267 Rn. 2f.; aus der Rspr. vgl. zuletzt BGH U. v. 10.11.2022 – 5 StR 283/22 – BGHSt 67, 147 = NJW 2023, 1973 = NStZ 2023, 613 (Anm. Kanera ZJS 2023, 931; LL 2023, 748; RÜ 2023, 642; Pschorr NJW 2023, 1981; Weidemann NStZ 2023, 618; Lorenz JR 2023, 571; Lichtenthäler JZ 2023, 673; Schröder WiJ 2023, 65; Zieschang GA 2024, 94); BGH B. v. 04.05.2023 – 5 StR 38/23 – NStZ 2023, 542 (Anm. Jäger JA 2023, 783; Heghmanns ZJS 2023, 924; Kudlich/Schütz NStZ 2023, 543; LL 2024, 92).

[8] Joecks/Jäger, StGB, 13. Aufl. 2021, § 267 Rn. 18.

[9] Fischer, StGB, 71. Aufl. 2024, § 267 Rn. 3a, 10; aus der Rspr. vgl. RG U. v. 19.12.1878 – C. 5/87 – RGSt 17, 103; RG U. v. 14.10.1920 – 843/20 – RGSt 55, 97; OLG Stuttgart U. v. 17.04.1959 – 2 Ss 92/59 – NJW 1959, 1379; BayObLG B. v. 14.08.1979 – RReg. 3 St 325/78 – NJW 1980, 196 (Anm. Hassemer JuS 1980, 454; Foth JR 1980, 123).

[10] Aus der Rspr. vgl. RG U. v. 11.09.1941 – 3 D 419/41 – RGSt 75, 319.

[11] Aus der Rspr. vgl. RG U. v. 19.12.1878 – C. 5/87 – RGSt 17, 109.

[12] S. Kindhäuser/Hilgendorf, LPK, 9. Aufl. 2022, § 267 Rn. 4.

[13] Eisele, BT I, 6. Aufl. 2021, Rn. 789; aus der Rspr. vgl. BGH U. v. 14.05.1987 – 4 StR 49/87 – BGHSt 34, 375 = NJW 1987, 2384; OLG Koblenz U. v. 19.09.1994 – 2 Ss 123/94 – NJW 1995, 1624 = NStZ 1995, 138 (Anm. Otto JK 1995 StGB § 267/21).

[14] Kindhäuser/Hilgendorf, LPK, 9. Aufl. 2022, § 267 Rn. 13.

B. Urkundenfälschung, § 267 StGB

(ccc) Verständlichkeit wenigstens für die Beteiligten

Die Gedankenerklärung muss wenigstens für eingeweihte Beteiligte verständlich sein.[15] Allgemeinverständlichkeit ist nicht erforderlich.[16]

Erforderlich ist hierfür zunächst eine visuelle Wahrnehmbarkeit, wobei eine Einsehbarkeit z. B. über einen Bildschirm nicht ausreicht; Tonbänder, EDV-Daten bilden daher keine Urkunde.[17]

Beispiel 163

OLG Köln B. v. 01.10.2013 – 1 RVs 191/13 – NStZ 2014, 276 = StV 2015, 121 (Anm. LL 2014, 656; RÜ 2014, 234; Bott NZWiSt 2014, 225):

B entsorgte am 04.01.2011 in 47 Fällen und am 05.01.2011 in weiteren 20 Fällen ihm als Kurierfahrer zur Auslieferung von der Firma I überlassene Pakete, weil er sich mit der ihm übertragenen Aufgabe überfordert gefühlt hatte. In jedem dieser Fälle unterzeichnete er in seinem elektronischen Lesegerät die dort vorbereitete Empfangsbescheinigung jeweils mit dem Namen des eigentlich vorgesehenen Empfängers. Insoweit nutzte er einen Stift, mit welchem auf der Benutzeroberfläche des elektronischen Lesegeräts in derselben Art und Weise geschrieben werden kann wie mit einem Kugelschreiber oder Bleistift auf Papier. Dabei entsteht als sichtbare Datei eine Unterschrift des angeblichen Paketempfängers, die in dem Lesegerät gespeichert und auf diesem jederzeit wieder abgerufen bzw. von diesem ausgedruckt werden kann. Mit der vorstehend beschriebenen Unterschriftenmanipulation beabsichtigte B zu erreichen, dass in dem elektronischen Buchungssystem der Firma I die jeweiligen Pakete als zugestellt ausgebucht werden. Auf diesem Wege wollte er verschleiern, dass er die Pakete tatsächlich nicht ausgeliefert hatte. ◄

Auch wenn sich die gespeicherte Darstellung der Unterschrift jederzeit über den Bildschirm abrufen lässt, handelt es sich mangels dauerhafter visueller Wahrnehmbarkeit nicht um eine Urkunde.

Hinzukommen muss dann noch, dass das Zeichensystem, was der Absender verwendet, mindestens von einem Empfänger verstanden wird.

(cc) Beweisfunktion

Die Verkörperung der menschlichen Gedankenerklärung muss objektiv geeignet und subjektiv bestimmt sein, für ein Rechtsverhältnis Beweis zu erbringen.[18]

---

[15] Fischer, StGB, 71. Aufl. 2024, § 267 Rn. 3a; aus der Rspr. vgl. RG U. v. 27.09.1928 – II 450/28 – RGSt 62, 261.
[16] Erb, in: MK-StGB, 4. Aufl. 2022, § 267 Rn. 46.
[17] Fischer, StGB, 71. Aufl. 2024, § 267 Rn. 10.
[18] Heine/Schuster, in: Schönke/Schröder, StGB, 30. Aufl. 2019, § 267 Rn. 8; näher Krell GA 2019, 325; aus der Rspr. vgl. BGH U. v. 11.05.1971 – 1 StR 387/70 – BGHSt 24, 140 = NJW 1971, 1812 (Anm. Kühl, Höchstrichterliche Rspr. BT, 2002, Nr. 73; Kienapfel NJW 1971, 1781; Schröder JR 1971, 469; Hassemer JuS 1972, 103; Meyer MDR 1973, 9).

Die **Beweiseignung** liegt vor, wenn die Gedankenerklärung etwas Rechtserhebliches enthält, das also für die Entstehung, Erhaltung, Veränderung oder das Erlöschen eines Rechtsverhältnisses von Bedeutung ist, wobei es genügt, dass die Urkunde für sich allein oder i. V. m. anderen Umständen bei der Überzeugungsbildung mitbestimmend ins Gewicht fallen kann.[19]

Hieran kann es z. B. fehlen, wenn wichtige Daten nicht mitgeteilt werden, obwohl der rechtlich relevante Adressat dies erwarten würde.[20]

Beispiel 164

BayObLG B. v. 01.04.1998 – 5 St RR 16/98 (Parkausweis) – NStZ 1999, 191 = NStZ-RR 1998, 331 (Anm. Schäfer NStZ 1999, 191):

B legte beim Parken auf einem gebührenpflichtigen Platz eine von ihm mit einem amtlichen Stempel und einem Dienstsiegel versehene Karte in seinem Pkw aus, die dazu dient, nachzuweisen, dass der Parkende durch behördliche Genehmigung von der Gebührenpflicht freigestellt ist. Die Karte war insofern nicht vollständig ausgefüllt, als sie den Namen des Berechtigten und die Nummer des Genehmigungsbescheids nicht enthielt. ◄

Wenn das hergestellte Objekt mangels Beweiseignung schon gar keine Urkundsqualität aufweist, kommt nur noch eine versuchte Urkundenfälschung (§§ 267 I, II, 22, 23 StGB) in Betracht.

Ferner mangelt es an einer objektiven Beweiseignung, wenn das Schriftstück etc. derart mangelhaft gefertigt ist, dass jeder Betrachter sofort erkennt, dass es sich um eine Manipulation handelt, z. B. bei collagierten „Dokumenten",[21] außerdem bei amtlich anmutenden, aber evident sinnlosen Papieren.[22]

Beispiel 165

OLG Bamberg B. v. 23.10.2012 – 2 Ss 63/12 (Anm. Jahn JuS 2013, 566):

B war im Juni 2011 auf dem Weg zum sog. „Bayerntag" der NPD, als er einer polizeilichen Kontrolle unterzogen wurde. In deren Rahmen händigte er dem kontrollierenden Beamten eine sog. „Kennkarte Deutsches Reich" aus. Die Karte

---

[19] Joecks/Jäger, StGB, 13. Aufl. 2021, § 267 Rn. 26; näher Kienapfel ZStW 1970, 344; aus der Rspr. vgl. OLG Saarbrücken U. v. 19.12.1974 – Ss 83/74 – NJW 1975, 658 (Anm. Hassemer JuS 1975, 333; Kienapfel JR 1975, 515); BayObLG U. v. 17.12.1980 – RReg. 3 St 250/79 a-f – NJW 1981, 772 (Anm. Geppert JK 1981 StGB § 267/4; Sonnen JA 1981, 366; Schroeder JuS 1981, 417; Hassemer JuS 1981, 542); OLG Celle B. v. 19.10.2007 – 32 Ss 90/07 – NStZ-RR 2008, 76.

[20] Fischer, StGB, 71. Aufl. 2024, § 267 Rn. 14.

[21] Eisele, BT I, 6. Aufl. 2021, Rn. 795; aus der Rspr. vgl. zuletzt BGH B. v. 04.05.2023 – 5 StR 38/23 – NStZ 2023, 542 (Anm. Jäger JA 2023, 783; Heghmanns ZJS 2023, 924; Kudlich/Schütz NStZ 2023, 543; LL 2024, 92).

[22] Fischer, StGB, 71. Aufl. 2024, § 267 Rn. 14; zu „Reichsbürger"-Dokumenten Vormbaum JR 2017, 503; zu einem „Reichsführerschein" näher Krüger NZV 2008, 611; aus der Rspr. vgl. zuletzt OLG München U. v. 19.09.2018 – 4 OLG 14 Ss 542/17 – StV 2019, 690.

hat ein Format von ca. 10,5 x 15,0 cm, umfasst 4 Seiten und besteht aus einem grauen Papier, wie es früher für amtliche Ausweise, z. B. Führerscheine verwendet worden ist. Auf der Vorderseite befinden sich die Aufdrucke „Deutsches Reich" und „Kennkarte", dazwischen ein Reichsadler mit Hakenkreuz im Eichenlaubkranz. Die linke Innenseite enthält neben Angaben zu Person und Wohnort des B einen „Kennort", eine „Kennnummer" und ein Gültigkeitsdatum bis zum „12.11.2015". Auf der rechten Innenseite ist im linken oberen Bereich das Passbild des B angebracht, das mit einer Klarsichtfolie überklebt und zusätzlich mit Ringnieten in der linken oberen und der rechten unteren Ecke befestigt ist. Rechts daneben befindet sich in zwei übereinander angeordneten Feldern mit der Bezeichnung „Rechter Zeigefinger" und „Linker Zeigefinger" jeweils ein mit blauer Stempelfarbe aufgebrachter Fingerabdruck. Im unteren Bereich befindet sich zunächst als Unterschrift des „Kennkarteninhabers" der handschriftliche Namenszug des B, sowie darunter (eingedruckt) der „Kennort" mit Ausstellungsdatum und als ausstellende Behörde die Bezeichnung „Der Landrat", sowie der unterschriftliche Namenszug des ausfertigenden Beamten nach dem Vertretungszusatz „i. V.". Darüber hinaus sind auf dieser Seite insgesamt drei „Dienstsiegel" aufgestempelt, die in der Mitte einen Reichsadler mit Hakenkreuz im Eichenlaubkranz zeigen und darüber bzw. darunter die bogenförmigen Schriftzüge „Der Landrat" mit zugehörigem „Landkreis". Jeweils einer der Stempel befindet sich in der rechten oberen und der linken unteren Ecke des Passbildes, sowie schließlich links neben der Bezeichnung der Ausstellungsbehörde und der Unterschrift des ausfertigenden Beamten. Die vierte Seite (Rückseite) der Karte ist leer. Die ‚Kennkarte' hatte der B, wie er wusste, nicht von dem als Ausstellungsbehörde angegebenen Landratsamt erhalten. Hergestellt wurde das Dokument vielmehr von Z, welchem der B die notwendigen Informationen in einem „Antrag" hatte zukommen lassen. Bei dieser Person handelt es sich, wie B ebenfalls wusste, um eine Person, die in keiner Beziehung zur angeblichen Ausstellungsbehörde steht. ◄

Dem Ausweis eines Reichsbürgers kommt im Rechtsverkehr keinerlei Beweiswert zu.

Subjektiv zum Beweis **bestimmt** kann die Gedankenerklärung von vornherein durch den Aussteller (Absichtsurkunde) oder nachträglich durch einen Dritten (Zufallsurkunde) worden sein.[23]

Hieran fehlt es z. B. bei bloßen Entwürfen, Vordrucken, Formularen oder Blanketten.[24]

---

[23] H. M., s. Eisele, BT I, 6. Aufl. 2021, Rn. 797ff.; näher Kienapfel GA 1970, 193; Erb FS Puppe 2011, 1107; aus der Rspr. vgl. BGH U. v. 01.07.1959 – 2 StR 191/59 (Bezugskarte) – BGHSt 13, 235 = NJW 1959, 2173 (Anm. Roxin, Höchstrichterliche Rspr. AT, 1998, Nr. 55; Traub NJW 1960, 348; Traub JuS 1967, 113).

[24] Eisele, BT I, 6. Aufl. 2021, Rn. 796; aus der Rspr. vgl. OLG Koblenz U. v. 19.09.1994 – 2 Ss 123/94 – NJW 1995, 1624 = NStZ 1995, 138 (Anm. Otto JK 1995 StGB § 267/21); OLG Frankfurt B. v. 29.11.2006 – 2 Ws 173/05 – NJW 2007, 1221 = NStZ 2007, 407; LG Frankfurt B. v. 29.11.2007 – 5/31 Qs 27/07 – NJW 2008, 91.

(dd) Garantiefunktion

▶ **Didaktischer Aufsatz**
- Seier, Der Gebrauch falscher Namen und unzutreffender Zusatzbezeichnungen, JA 1979, 133

Die sog. Garantiefunktion einer Urkunde setzt voraus, dass der Aussteller – mindestens für Eingeweihte – anhand der in der Erklärung enthaltenen Hinweiszeichen erkennbar ist.[25] Einer ausdrücklichen Namensangabe bedarf es also nicht.

Wer Aussteller ist, ist auch für die Frage der Echtheit bzw. Unechtheit von Bedeutung.

Aussteller einer Urkunde ist derjenige, dem das urkundlich Erklärte im Rechtsverkehr als eigene Erklärung zugerechnet wird und der für die Erklärung geistig einsteht – sog. Geistigkeitstheorie.[26]

Beispiel 166

OLG Stuttgart B. v. 07.06.2001 – 4 Ss 130/01 – NStZ-RR 2001, 370 (Anm. RÜ 2001, 511; Otto JK 2002 StGB § 267/30):
B erwarb einen vorübergehend stillgelegten Pkw. Die für dieses Fahrzeug ausgegebenen amtlichen Kennzeichen ES – ... waren schon zuvor entstempelt worden. Um eine ordnungsgemäße Zulassung vorzutäuschen, fertigte B Stempelplaketten der Zulassungsbehörde unter Verwendung von Buntstiften aus Papier an und brachte sie an den dafür vorgesehenen Stellen auf den mit dem Fahrzeug fest verbundenen Kennzeichen an. Diese Plaketten, die nach Form und Größe echten Dienststempeln entsprachen, versah er in der Mitte mit einer Nachahmung des Landeswappens von Baden-Württemberg – wobei er das Wappenschild, die darauf ruhende Blattkrone und die drei Löwen im Schild stark stilisierte –, und über dem Wappen mit dem kreisbogenförmig verlaufenden Schriftzug „LANDRATSAMT". Bei flüchtiger Betrachtung der so manipulierten Kennzeichen entstand der Eindruck, das Fahrzeug sei ordnungsgemäß zum Straßenverkehr zugelassen. ◀

Nach der sog. Geistigkeitstheorie ist also die Zulassungsstelle Aussteller der Plaketten, nicht der B.

Wer die Urkunde körperlich anfertigt, ist irrelevant.[27]

An der Garantiefunktion mangelt es bei offener oder verdeckter **Anonymität** der Gedankenerklärung.[28]

---

[25] Joecks/Jäger, StGB, 13. Aufl. 2021, § 267 Rn. 32; aus der Rspr. vgl. zuletzt OLG Karlsruhe B. v. 13.03.2019 – 1 Rv 3 Ss 691/18 (Anm. Hecker JuS 2019, 819; RÜ 2019, 785); OLG Frankfurt B. v. 28.01.2020 – 3 Ss 350/19 – NStZ 2020, 619 = NStZ-RR 2020, 226.

[26] Joecks/Jäger, StGB, 13. Aufl. 2021, § 267 Rn. 33; aus der Rspr. vgl. zuletzt OLG München U. v. 19.09.2018 – 4 OLG 14 Ss 542/17 – StV 2019, 690.

[27] Eisele, BT I, 6. Aufl. 2021, Rn. 799; aus der Rspr. vgl. OLG Düsseldorf U. v. 23.12.1965 – (1) Ss 630/65 – NJW 1966, 749 (Anm. Mohrbotter NJW 1966, 1421; Ohr JuS 1967, 255); anders die frühere sog. Körperlichkeitstheorie.

[28] Hierzu Fischer, StGB, 71. Aufl. 2024, § 267 Rn. 11; Seier JA 1979, 133; aus der Rspr. vgl. zuletzt OLG München U. v. 19.09.2018 – 4 OLG 14 Ss 542/17 – StV 2019, 690.

B. Urkundenfälschung, § 267 StGB

Ersteres meint Fälle, in denen es entweder an jeder – leserlichen – Unterzeichnung fehlt, ein erkennbarer Deckname (z. B. „Max Mustermann") oder eine Kollektivbezeichnung (z. B. „Ein Bürger der Stadt") verwendet wird.[29] Bei nicht oder nicht mehr existenten Institutionen gilt dasselbe.

Letzteres betrifft Konstellationen, in denen der Aussteller sich einen Allerweltsnamen gibt und ersichtlich nicht erkannt werden will.[30]

Der Aussteller kann auch dann erkennbar sein, wenn sich seine Identität nur aus einem **Kürzel oder Zeichen** ergibt, z. B. aus einer Matrikelnummer unter einer Klausur; ebenso genügt es, wenn eine Individualisierung nach Gesetz, Herkommen oder Parteivereinbarung möglich ist (z. B. bei Merkstrichen auf Bierdeckeln).[31]

Auch juristische Personen können Aussteller sein.[32]

Eine Urkunde kann mehrere Aussteller haben.[33]

Irrelevant ist, ob der – vermeintliche – Aussteller wirklich existiert.[34]

(c) Besondere Formen

(aa) Gesamturkunde
Unter einer Gesamturkunde[35] versteht man eine

- Zusammenfassung von Einzelurkunden,
- deren Einrichtung, Herstellung oder Führung auf Gesetz, Geschäftsgebrauch oder Vereinbarung der Beteiligten beruhen muss,
- wobei eine gewisse Festigkeit der Verbindung erforderlich ist;
- der Zusammenfassung muss der Zweck zugrunde liegen, bestimmte Rechtsbeziehungen vollständig und erschöpfend anzugeben und eine einheitliche Gedankenverbindung zu schaffen;
- schließlich muss jedem Beteiligten die Benutzung der Urkunde zum Beweis zustehen.

---

[29] Eisele, BT I, 6. Aufl. 2021, Rn. 803; aus der Rspr. vgl. BGH U. v. 19.05.1953 – 2 StR 82/52 – NJW 1953, 1358.

[30] Eisele, BT I, 6. Aufl. 2021, Rn. 804; aus der Rspr. vgl. RG U. v. 25.10.1912 – V 487/12 – RGSt 46, 297; BGH U. v. 29.09.1953 – 1 StR 367/53 – BGHSt 5, 149 = NJW 1954, 320.

[31] Fischer, StGB, 71. Aufl. 2024, § 267 Rn. 11; Kindhäuser/Hilgendorf, LPK, 9. Aufl. 2022, § 267 Rn. 5ff.; aus der Rspr. vgl. BayObLG U. v. 03.09.1980 – RReg. 5 St 326/79 – NJW 1981, 774; BayObLG B. v. 21.05.1987 – RReg. 4 St 45/87 – NJW 1988, 2190.

[32] Heine/Schuster, in: Schönke/Schröder, StGB, 30. Aufl. 2019, § 267 Rn. 17a; aus der Rspr. vgl. RG U. v. 05.02.1932 – I 1330/31 – RGSt 66, 124; BGH U. v. 13.12.1955 – 5 StR 221/54 – BGHSt 9, 44 = NJW 1956, 638.

[33] Heine/Schuster, in: Schönke/Schröder, StGB, 30. Aufl. 2019, § 267 Rn. 17; aus der Rspr. vgl. LG Dresden U. v. 08.10.1997 – 8 Ns 703 Js 48239/96 – NJW 1998, 2544 (Anm. Saal NZV 1998, 218).

[34] Fischer, StGB, 71. Aufl. 2024, § 267 Rn. 11; aus der Rspr. vgl. RG U. v. 13.02.1902 – 5095/01 – RGSt 35, 117; BGH U. v. 29.09.1953 – 1 StR 367/53 – BGHSt 5, 149 = NJW 1954, 320.

[35] Hierzu Joecks/Jäger, StGB, 13. Aufl. 2021, § 267 Rn. 37f.; näher Lampe GA 1964, 321; krit. Erb, in: MK-StGB, 4. Aufl. 2022, § 267 Rn. 58; aus der Rspr. vgl. OLG Koblenz U. v. 28.10.1991 – 1 Ss 291/91 – NStZ 1992, 134 (Anm. Geppert JK 1992 StGB § 267/15); OLG Koblenz U. v. 19.09.1994 – 2 Ss 123/94 – NJW 1995, 1624 = NStZ 1995, 138 (Anm. Otto JK 1995 StGB § 267/21); BayObLG U. v. 20.02.1997 – 5 St RR 88/96 – NJW 1997, 1592 = StV 1997, 355 (Anm. Geppert JK 1997 StGB § 274/5; Reichert StV 1998, 51); OLG Hamm B. v. 26.05.1998 – 4 Ss 88/98 – NStZ-RR 1998, 331.

Beispiele[36] sind das Sparkassenbuch, das Handelsbuch eines Kaufmanns,[37] Personalakten[38] oder Quittungsblöcke.

Der Gesamturkunde kommt insbesondere der „negative" Erklärungsgehalt zu, dass außer den beurkundeten keine weiteren Vorgänge gleicher Art stattgefunden haben.[39]

(bb) Zusammengesetzte Urkunde

▶ **Didaktischer Aufsatz**
- Heinrich, Die zusammengesetzte Urkunde, JA 2011, 423

Eine sog. zusammengesetzte Urkunde ist gegeben, wenn eine verkörperte Gedankenerklärung mit einem Bezugsobjekt räumlich fest zu einer Beweismitteleinheit verbunden wird, sodass beide zusammen einen einheitlichen Beweis- und Erklärungsinhalt in sich vereinigen.[40]

Beispielsweise zu nennen sind **Ausweise mit Foto**.[41]

Von besonderer Fallrelevanz sind **Kfz-Kennzeichen** inkl. dazugehöriger Plaketten.[42]

Beispiel 167

BGH U. v. 19.05.1961 – 1 StR 620/60 – BGHSt 16, 94 = NJW 1961, 1542):
B wechselte an gestohlenen Kraftfahrzeugen das polizeiliche Kennzeichen gegen ein anderes aus. ◀

---

[36] Kasuistik bei Fischer, StGB, 71. Aufl. 2024, § 267 Rn. 23ff.

[37] Fischer, StGB, 71. Aufl. 2024, § 267 Rn. 24; aus der Rspr. vgl. RG U. v. 23.05.1917 – V 229/17 – RGSt 50, 420; RG U. v. 29.11.1935 – 4 D 354/35 – RGSt 69, 396.

[38] Fischer, StGB, 71. Aufl. 2024, § 267 Rn. 24; aus der Rspr. vgl. OLG Düsseldorf B. v. 05.09.1980 – 1 Ws 419/80 – NStZ 1981, 25.

[39] Erb, in: MK-StGB, 4. Aufl. 2022, § 267 Rn. 56.

[40] Joecks/Jäger, StGB, 13. Aufl. 2021, § 267 Rn. 39f.; näher Lampe NJW 1965, 1746; Samson GA 1969, 353; Heinrich JA 2011, 423; aus der Rspr. vgl. zuletzt BGH B. v. 23.08.2017 – 1 StR 173/17 – NJW 2018, 87 = NStZ 2018, 344 = StV 2018, 429 (Anm. Hoven NJW 2018, 89); OLG Karlsruhe B. v. 13.03.2019 – 1 Rv 3 Ss 691/18 (Anm. Hecker JuS 2019, 819; RÜ 2019, 785).

[41] Kindhäuser/Hilgendorf, LPK, 9. Aufl. 2022, § 267 Rn. 18; aus der Rspr. vgl. BGH U. v. 23.01.1962 – 1 StR 455/61 – BGHSt 17, 97 = NJW 1962, 751 (Anm. Häußling JZ 1963, 69); BayObLG U. v. 19.03.1991 – RReg. 2 St 4/91 – NJW 1991, 2163 (Anm. Pasker JA 1992, 95).

[42] Hierzu Fischer, StGB, 71. Aufl. 2024, § 267 Rn. 6f.; Joecks/Jäger, StGB, 13. Aufl. 2021, § 267 Rn. 39f.; s. auch Lickleder JA 2014, 110; aus der Rspr. vgl. zuletzt BGH B. v. 24.04.2018 – 5 StR 85/18 – NStZ 2018, 468; OLG Karlsruhe B. v. 13.03.2019 – 1 Rv 3 Ss 691/18 (Anm. Hecker JuS 2019, 819; RÜ 2019, 785); OLG München U. v. 22.03.2019 – 4 OLG 14 Ss 322/18 – StV 2020, 181; OLG Frankfurt B. v. 28.01.2020 – 3 Ss 350/19 – NStZ 2020, 619 = NStZ-RR 2020, 226; BGH B. v. 01.07.2020 – 4 StR 125/20 – NStZ 2021, 171.

B. Urkundenfälschung, § 267 StGB

Beispiel 168

OLG Celle B. v. 25.07.2011 – 31 Ss 30/11 – NJW 2011, 2983 (Anm. Jahn JuS 2011, 1136):
B nahm bei seinem Lkw die bereits im Oktober 2009 nach der StVZO vorgeschriebene Hauptuntersuchung nicht vor. Um das Fahrzeug dennoch im Straßenverkehr nutzen zu können, brachte er am hinteren Kennzeichen eine HU-Plakette auf, die eine Gültigkeitsdauer bis Oktober 1993 aufwies. Diese hatte denselben Farbton, wie die HU-Plaketten, deren Gültigkeit erst 2011 ablief. Um den Anschein zu erwecken, dass die nächste Hauptuntersuchung erst im Oktober 2011 erforderlich sein würde, überzeichnete B die Zahl „93" mit der Zahl „11". Mit dem Lkw befuhr B am 14.08.2010 eine öffentliche Straße. Dabei wurde er im Rahmen einer Verkehrskontrolle durch die Polizei angehalten und die Manipulation am Kennzeichen bemerkt. ◄

Beispiel 169

AG Waldbröl U. v. 19.07.2005 – 4 Ds 385/05 – NJW 2005, 2870 (Anm. LL 2005, 827; RÜ 2005, 645; RA 2005, 624; Kudlich JA 2006, 173):
Am 11.05.2005 befuhr B mit ihrem Pkw Opel Corsa die W.-Straße in M. Dabei waren die Prüfplaketten nach § 29 II 1 Nr. 1 StVZO (Hauptuntersuchung) am hinteren und nach § 47a III 1 StVZO (Abgasuntersuchung) am vorderen Kennzeichen des Fahrzeugs mittels Nagellack rosa übermalt. Bei näherer Betrachtung der Kennzeichen war diese Veränderung auf Grund der plumpen Ausführung offensichtlich. Auf Entfernung wirkten die Plaketten indes rosafarben. Die Zahlen auf den Plaketten waren unverändert, aber nur noch eingeschränkt lesbar. ◄

Kfz-Kennzeichen sowie die Plaketten der Haupt- und Abgasuntersuchung haben für sich genommen keinen sinnvollen Erklärungsgehalt und damit keinen Beweiswert. Erst durch die räumlich feste Verbindung mit dem Kfz wird der Erklärungsgehalt geschaffen, dass gerade dieses Fahrzeug unter dem betreffenden Kennzeichen registriert ist und in den angegebenen Zeiträumen erneut zur Untersuchung muss. Insofern handelt es sich um eine Beweiseinheit, um eine zusammengesetzte Urkunde.

Hier ist ferner die – in Klausuren aber in aller Regel nicht gefragte – Strafbarkeit nach **§ 22 StVG** zu beachten.

§ 22 StVG (Kennzeichenmissbrauch)
(1) Wer in rechtswidriger Absicht
1. ein Kraftfahrzeug oder einen Kraftfahrzeuganhänger, für die ein amtliches Kennzeichen nicht ausgegeben oder zugelassen worden ist, mit einem Zeichen versieht, das geeignet ist, den Anschein amtlicher Kennzeichnung hervorzurufen,
2. ein Kraftfahrzeug oder einen Kraftfahrzeuganhänger mit einer anderen als der amtlich für das Fahrzeug ausgegebenen oder zugelassenen Kennzeichnung versieht,

> 3. das an einem Kraftfahrzeug oder einem Kraftfahrzeuganhänger angebrachte amtliche Kennzeichen verändert, beseitigt, verdeckt oder sonst in seiner Erkennbarkeit beeinträchtigt,
>
> wird, wenn die Tat nicht in anderen Vorschriften mit schwererer Strafe bedroht ist, mit Freiheitsstrafe bis zu einem Jahr oder mit Geldstrafe bestraft.
>
> (2) Die gleiche Strafe trifft Personen, welche auf öffentlichen Wegen oder Plätzen von einem Kraftfahrzeug oder einem Kraftfahrzeuganhänger Gebrauch machen, von denen sie wissen, dass die Kennzeichnung in der in Absatz 1 Nr. 1 bis 3 bezeichneten Art gefälscht, verfälscht oder unterdrückt worden ist.

S. auch §§ 6 HPflG und § 397 AO.

Den zweiten „Klassiker" in Fallbearbeitungen bilden **Preisschilder**, die auf Waren angebracht sind und vom Täter entfernt, überklebt oder ausgetauscht werden.[43]

Beispiel 170

OLG Düsseldorf B. v. 24.05.1982 – 5 Ss 174/82 I – NJW 1982, 2268 (Anm. Sonnen JA 1982, 618; Geilen JK 1983 StGB § 267/5):

B entfernte in einem Einkaufsmarkt von einer Flasche Sekt das aufgeklebte Preisetikett über 9,98 DM, dies klebte er sodann nahezu deckungsgleich auf ein über 33,98 DM lautendes Preisetikett einer Flasche Champagner auf, er legte diese Flasche später nebst anderen Waren an der Kasse vor und erreichte, dass die Kassiererin, die von der Manipulation keine Kenntnis hatte, ihm die Flasche Champagner gegen Zahlung von lediglich 9,98 DM aushändigte. Bei seiner Manipulation mit den Etiketten war indes B von einer Angestellten beobachtet worden mit der Folge, dass er nach Passieren der Kasse angehalten wurde. ◄

Erst durch die räumlich feste Verbindung von Preisetikett und Ware wird eine Beweismitteleinheit mit dem einheitlichen Erklärungs- und Beweisgehalt geschaffen, dass die verbundene Ware den ausgewiesenen Preis kosten soll, sodass eine zusammengesetzte Urkunde vorliegt.

Zweifelhaft kann insbesondere sein, ob eine hinreichend feste Verbindung von Ware und Preisschild besteht.

Beispiel 171

OLG Köln U. v. 04.07.1978 – 1 Ss 231/78 (Oberhemd) – NJW 1979, 729 (Anm. Fahl, Strafrechts-Klassiker, 2020, § 267 Rn. 2ff.; Geilen JK 1979 StGB § 267/1; Solbach JA 1979, 53; Hassemer JuS 1979, 450; Kienapfel NJW 1979, 729; Lampe JR 1979, 214):

---

[43] Hierzu Joecks/Jäger, StGB, 13. Aufl. 2021, § 267 Rn. 40; aus der Rspr. vgl. zuletzt OLG Karlsruhe B. v. 13.03.2019 – 1 Rv 3 Ss 691/18 (Anm. Hecker JuS 2019, 819; RÜ 2019, 785).

B vertauschte in einem Supermarkt die Klarsichtverpackungen zweier zum Verkauf ausgelegter Herrenoberhemden. Aus der mit einem aufgeklebten Preisetikett von „29,90 DM" ausgezeichneten Hülle entnahm er das darin befindliche schwarze Oberhemd und steckte es in eine mit „17,90 DM" ausgezeichnete Verpackung, aus der er zuvor das innen liegende Oberhemd entnommen hatte. An der Kasse bezahlte er für das teurere Oberhemd nur den dem Etikett entsprechenden Preis von 17,90 DM. ◄

Besteht eine räumlich feste Verbindung zwischen einem Hemd und seiner Klarsichtverpackung? Das OLG Köln stellt zunächst klar, dass zwar eine feste Verbindung zwischen Preisschild und Verpackung besteht, differenziert dann aber danach, wie die Klarsichthülle verschlossen ist und welchen Aufwand das Wechseln der Verpackung macht.

Auch individualisierte (Dauer-)Fahrkarten bilden zusammengesetzte Urkunden,[44] soweit sie v. a. mit einem Foto versehen sind.

Beispiel 172

BayObLG B. v. 27.03.2002 – 5 St RR 71/02 – NJW 2003, 78 = NStZ-RR 2002, 305 (Anm. LL 2002, 835; RA 2002, 615; Stein JR 2003, 39):
B fälschte zu einem nicht mehr genau feststellbaren Zeitpunkt im Alter von 14 oder 15 Jahren das Geburtsdatum auf der auf seinen Namen ausgestellten Zeitkarte des Münchner Verkehrs- und Tarifverbundes, indem er anstelle seines Geburtstages den 31.08.1980 eintrug. Die Fälschung erfolgte deshalb, um beim Besuch von Diskotheken ein Alter von über 16 Jahren vorzutäuschen. ◄

Hier besteht die relevante Beweiseinheit darin, dass die auf dem Foto abgebildete Person zu dem angegebenen Zeitpunkt geboren worden ist.

Umstritten ist, ob ein aufgestelltes **Verkehrsschild** i. V. m. dem Straßenbereich, auf den das Verkehrsschild sich bezieht, eine zusammengesetzte Urkunde darstellt.[45]

Beispiel 173

OLG Köln B. v. 15.09.1998 – Ss 395/98 – NJW 1999, 1042 = NStZ 2000, 32 (Anm. Geppert JK 1999 StGB § 267/27; Jahn JA 1999, 98; Martin JuS 1999, 611; LL 1999, 369; Dedy NZV 1999, 136; Wrage NStZ 2000, 32):
Am 14.05.1996 befuhr B mit seinem Pkw die O-Straße in B. Er geriet auf einem Teilstück der O-Straße, auf dem die zulässige Höchstgeschwindigkeit auf 30 km/h beschränkt ist, in eine Geschwindigkeitskontrolle. Für das Fahrzeug des B wurde eine Geschwindigkeit von 57 km/h gemessen. Auf Grund der – nach Abzug des Toleranzwertes – verbleibenden Geschwindigkeitsüberschreitung

---

[44] Kindhäuser/Hilgendorf, LPK, 9. Aufl. 2022, § 267 Rn. 21; aus der Rspr. vgl. AG Augsburg U. v. 06.11.1985 – 8 Ds 203 Js 9009/85 – NStZ 1987, 76 (Anm. Kappes NStZ 1987, 76).
[45] S. Eisele, BT I, 6. Aufl. 2021, Rn. 806; näher Lickleder JA 2014, 110; Krüger NZV 2021, 600.

von 24 km/h wurde gegen den B ein Bußgeldverfahren eingeleitet. B fasste daraufhin den Entschluss, sich im Bußgeldverfahren durch die Behauptung zu verteidigen, im Bereich der Messstelle sei eine zulässige Höchstgeschwindigkeit von 50 km/h ausgeschildert gewesen. Zu diesem Zweck wollte er Verkehrsschilder, die die Begrenzung der Höchstgeschwindigkeit auf 30 km/h regelten, mittels einer Folie überkleben, die eine Geschwindigkeit von 50 km/h als zulässig auswies, sein Fahrzeug zu Beweiszwecken zusammen mit einem derart veränderten Schild ablichten und dies zu Beweiszwecken im Ordnungswidrigkeitenverfahren vorlegen. In Verfolgung dieses Plans ließ B Ende Juni 1996 E vier Klebefolien fertigen. Diese waren mit einem Durchmesser von 400 mm, schwarzer Schrift („50 km") auf weißem Grund zweifarbig geplottet. B zahlte je Folie 40 DM. Anfang Juli 1996 wurden in dem Bereich, in dem die Geschwindigkeitsüberschreitung des B festgestellt worden war, zwei oder drei Schilder mit den von B in Auftrag gegebenen Folien überklebt. B dokumentierte dies mit Lichtbildern, von denen einige auch den Pkw des B zusammen mit der veränderten Beschilderung zeigen. Im Rahmen der Hauptverhandlung in der Bußgeldsache ließ B die gefertigten Lichtbilder durch seinen Verteidiger vorlegen. Anlässlich dieser durch die Verteidigung beantragten Einholung einer amtlichen Auskunft wurde die Manipulation der Verkehrsschilder im Verfahren bekannt. Die Folien selbst waren bereits wieder entfernt worden, nachdem Anfragen der Anwohner zu der veränderten Beschilderung eine Überprüfung durch die Stadtverwaltung veranlasst hatten. ◄

Die Rspr.[46] und Teile der Lehre[47] lehnen dies ab, da der Straßenabschnitt als Bezugsobjekt unüberschaubar sei.

Die Gegenauffassung[48] verweist hingegen zu Recht darauf, dass eine derartige Überschaubarkeit nicht Teil der Voraussetzungen einer zusammengesetzten Urkunde ist. Eine hinreichend feste Verbindung zwischen einer Gedankenerklärung (z. B. Geschwindigkeitsbegrenzung) und einem Bezugsobjekt liegt durch das Aufstellen vor, sodass eine einheitliche Gedankenerklärung entsteht.

(cc) Vervielfältigungsstücke

▶ **Didaktische Aufsätze**
- Geppert, Zur Urkundenqualität von Durchschriften, Abschriften und insbesondere Kopien, Jura 1990, 271
- Engert/Franzmann/Herschlein, Fotokopien als Urkunden, JA 1997, 31
- Beck, Kopien und Telefaxe im Urkundenstrafrecht, JA 2007, 423
- Nestler, Zur Urkundenqualität von Fotokopien und (Computer-)Faxen, ZJS 2010, 608

---

[46] S. o.
[47] Etwa Jahn JA 1999, 98 (100).
[48] Etwa Böse NStZ 2005, 370 (371); Wrage NStZ 2000, 32.

B. Urkundenfälschung, § 267 StGB

Probleme bereiten Vervielfältigungsstücke aller Art.[49]
Ausfertigungen und **Durchschriften** sind eigene Urkunden,[50] einfache **Abschriften** nicht,[51] jedoch beglaubigte Vervielfältigungen.[52]
Umstritten sind schlichte **Fotokopien**.[53]

Beispiel 174

OLG Düsseldorf B. v. 14.09.2000 – 2b Ss 222/00 – 64/00 I – NJW 2001, 167 = NStZ 2001, 482 = StV 2001, 237 (Anm. Puppe, AT, 5. Aufl. 2023, § 20 Rn. 10ff.; Geppert JK 2001 StGB § 267/28; Heuchemer JA-R 2001, 145; LL 2001, 329; RÜ 2001, 22; RA 2001, 51; Erb NStZ 2001, 317; Puppe NStZ 2001, 482; Sättele StV 2001, 238):

B bewarb sich im Februar 1998 um eine Mietwohnung in Neuss, konnte aber den gewünschten Einkommensnachweis aus seinem Handel mit gebrauchten Kraftfahrzeugen nicht führen. Deshalb konstruierte B aus bei ihm verbliebenen Blankoformularen und aus alten Schriftstücken seines früheren Steuerberaters einen auf den 08.02.1998 datierten Einkommensnachweis, wobei B mit einer Papierschneidemaschine mehrere Einzelstücke aus anderen Schriftstücken herausgeschnitten, diese herausgeschnittenen Einzelstücke auf einem Fotokopiergerät zusammengelegt und dann fotokopiert hatte; nach mehrfacher Wiederholung des Fotokopiervorgangs sah das erzielte „Produkt" aus wie die Fotokopie eines Originals. Diese Kopie legte B dem Vermieter als Einkommensnachweis vor. Zum Abschluss eines Mietvertrags kam es nicht, weil der Vermieter auf Anfrage von dem Steuerberater erfuhr, dass dieser den B nicht mehr betreute und keinen Einkommensnachweis aufgesetzt hatte. ◄

---

[49] Hierzu Joecks/Jäger, StGB, 13. Aufl. 2021, § 267 Rn. 41ff.; näher Wömpner MDR 1980, 889; Geppert Jura 1990, 271; Welp FS Stree/Wessels 1993, 511; Engert/Franzmann/Herschlein JA 1997, 31; Erb GA 1998, 577; Beck JA 2007, 423; Nestler ZJS 2010, 608; aus der Rspr. vgl. zuletzt BGH B. v. 21.07.2020 – 5 StR 146/19 – BGHSt 65, 98 = NJW 2020, 3260 = NStZ 2021, 43 = StV 2021, 496 (Anm. RÜ 2020, 712; Cornelius NJW 2020, 3263; Bosch Jura 2021, 104; Weidemann NStZ 2021, 46; Grabmeier ZIS 2021, 199); BGH B. v. 04.05.2023 – 5 StR 38/23 – NStZ 2023, 542 (Anm. Jäger JA 2023, 783; Heghmanns ZJS 2023, 924; Kudlich/Schütz NStZ 2023, 543; LL 2024, 92).
[50] Eisele, BT I, 6. Aufl. 2021, Rn. 809ff,; aus der Rspr. vgl. BGH U. v. 11.05.1971 – 1 StR 387/70 – BGHSt 24, 140 = NJW 1971, 1812 (Anm. Kühl, Höchstrichterliche Rspr. BT, 2002, Nr. 73; Kienapfel NJW 1971, 1781; Schröder JR 1971, 469; Hassemer JuS 1972, 103; Meyer MDR 1973, 9); OLG Hamm U. v. 22.05.1973 – 5 Ss 519/73 – NJW 1973, 1809.
[51] Joecks/Jäger, StGB, 13. Aufl. 2021, § 267 Rn. 42; aus der Rspr. vgl. zuletzt OLG Hamm B. v. 12.05.2016 – 1 RVs 18/16 – StV 2017, 448 (Anm. Satzger Jura 2016, 1339; Hecker JuS 2016, 1039; RÜ 2016, 431).
[52] Joecks/Jäger, StGB, 13. Aufl. 2021, § 267 Rn. 44f.; aus der Rspr. vgl. zuletzt OLG Hamm B. v. 12.05.2016 – 1 RVs 18/16 – StV 2017, 448 (Anm. Satzger Jura 2016, 1339; Hecker JuS 2016, 1039; RÜ 2016, 431).
[53] Hierzu zsf. Kindhäuser/Hilgendorf, LPK, 9. Aufl. 2022, § 267 Rn. 27ff.

> **Beispiel 175**
>
> **OLG Stuttgart U. v. 22.05.2006 – 1 Ss 13/06 – NJW 2006, 2869 = NStZ 2007, 158 (Anm. Jahn JuS 2006, 855; RÜ 2006, 593; LL 2006, 758; RA 2006, 634):**
> Die Tochter des B leidet an Mukoviszidose. B stellte den auf ihn zugelassenen Pkw auf einem durch Zusatzzeichen als Schwerbehindertenparkplatz ausgewiesenen Parkplatz ab und begab sich für circa eine halbe Stunde auf seine Dienststelle. Hierbei befand er sich nicht in Begleitung seiner Tochter, die auf Grund ihrer Erkrankung Inhaberin eines Schwerbehindertenausweises sowie eines Parkausweises für Behinderte, welcher diese zum Parken auf Schwerbehindertenparkplätzen berechtigt. Um eine angebliche Parkberechtigung vorzutäuschen, hatte B Farbkopien sowohl des Schwerbehindertenausweises als auch des Parkausweises sichtbar im Auto ausgelegt. Beide Ausweise wurden vom PHM Z sofort als Fotokopien erkannt. Die Kopie des Schwerbehindertenausweises wurde unter dem Parkausweis halb verdeckt angebracht. Der Parkausweis wurde von B beidseits kopiert und in einer Klarsichtfolie eingeschweißt. Auf der Kopie sind deutlich Knitterspuren des Originalausweises zu erkennen. Beim Schwerbehindertenausweis ist die Kopie schon daraus ersichtlich, dass kein Originallichtbild auf dem Schwerbehindertenausweis aufgebracht ist und die Ösen, mit denen das Lichtbild befestigt wird, kopiert sind. ◄

Bei der Zusammenstellung einer Kopiervorlage könnte es sich, wenn nicht bloß einzelne Papierstücke auf einen Kopierer gelegt werden (dann fehlt die dauerhafte Verkörperung bzw. die räumlich feste Verbindung), um die Herstellung einer unechten Urkunde handeln, der aber regelmäßig jede Beweiseignung fehlt. Fraglich ist allerdings, ob die Kopie der Vorlage oder einer Urkunde selbst eine Urkunde darstellt.

Z. T.[54] wird die Urkundeneigenschaft von Fotokopien ohne Weiteres bejaht, wenn ihre Verwendung im Rechtsverkehr üblich ist.

Eine gänzliche Ablehnung wird soweit ersichtlich nicht mehr vertreten.

Die heutige Rspr.[55] und die h. L.[56] stellen darauf ab, ob eine Fotokopie den Anschein erweckt und/oder erwecken soll, dass es sich um ein Original handele, in diesem Fall rücke die Fotokopie zur Urkunde auf – auch sog. Schein- oder scheinbare Urkunde –, ansonsten liege keine Urkunde vor.

Dass es mit der h. M. an einer Urkunde fehlt, wenn die Fotokopie als solche erkennbar ist, überzeugt: Es mangelt dann bereits an einer eigenen verkörperten Gedankenerklärung, da lediglich eine Wiedergabe der in einem anderen Schriftstück verkörperten Gedankenerklärung (Abbild) vorliegt, ein bloßer Hinweis auf das Vorhandensein eines Originals, sodass auch die Garantiefunktion für die Richtigkeit des Inhalts nicht gegeben ist. Teilnehmer des Rechtsverkehrs, die sich mit

---

[54] Z. B. Freund JuS 1991, 723.
[55] S. o.
[56] S. nur Joecks/Jäger, StGB, 13. Aufl. 2021, § 267 Rn. 49f.

B. Urkundenfälschung, § 267 StGB

erkennbaren Kopien zufriedengeben, sind auch nicht schutzwürdig. Zur Frage, ob in dem Gebrauchen einer als solchen erkennbaren Kopie ein Gebrauchen der Vorlage der Kopie liegt, s. u. Dass eine Kopie allerdings zur Urkunde aufrücken kann, trägt dem technischen Fortschritt und mithin der Perfektionierung der Kopiertechnik Rechnung. Hier liegt auch ein schutzwürdiger Glauben des Rechtsverkehrs vor. Sowohl eine verkörperte eigene Gedankenerklärung liegt vor als auch Beweis- und Garantiefunktion.

Problematisch und in Rspr. und Lehre uneinheitlich benannt werden aber die Voraussetzungen für ein solches Aufrücken. Zwei Elemente sind zu unterscheiden: Erstens die objektive Wahrscheinlichkeit der Verwechslung der Kopie mit einem Original, zweitens die subjektive Tätervorstellung und Zielsetzung.[57] Richtigerweise[58] ist letzteres eine Frage des Vorsatzes, die allenfalls aus Gründen des Sachzusammenhangs bereits im objektiven Tatbestand angesprochen werden sollte. Es kommt mithin zunächst darauf an, dass die Fotokopie objektiv einem Original ähnlich war, wobei naturgemäß unklar bleibt, wann eine hinreichende Ähnlichkeit vorliegt, auf welchen Empfängerhorizont abzustellen ist etc. Die Anforderungen dürfen jedenfalls nicht überspannt werden, sodass es genügen muss, wenn ein durchschnittlich-sorgfältig Betrachtender einem Irrtum unterliegt. Eine Täterzielsetzung kann diese objektive Eignung nicht ersetzen. Neben den sonstigen Anforderungen des subjektiven Tatbestands des § 267 I StGB (v. a. Vorsatz bzgl. Urkunde, Handeln zur Täuschung im Rechtsverkehr) eine besondere Zwecksetzung des Täters zu verlangen, ist überflüssig.

Die für Fotokopien entwickelten Grundsätze gelten auch für **eingescannte** oder **abfotografierte** und nach Manipulation ausgedruckte Dokumente.[59] Oft wird eine Verwechslungsgefahr mit einem Original allerdings nicht bestehen.

Bei einem Versand per **E-Mail**[60] gilt das Gleiche; zu beachten ist, dass für eine Vollendung ohnehin eine Verkörperung (also ein Ausdrucken) erforderlich ist.

Auch wenn ein Dokument per **Fax**[61] übermittelt wird, gilt die Differenzierung der h. M., wobei ein Aufrücken zum Original ausscheidet, da eine Verwechslungsgefahr nicht besteht. Aus der Tatsache, dass das Fax eine Absenderkennung enthält, kann schon deswegen nichts Anderes folgen, weil auch viele Copy-Shops etc. das Versenden anbieten.

---

[57] S. Joecks/Jäger, StGB, 13. Aufl. 2021, § 267 Rn. 49.
[58] Rengier, BT II, 24. Aufl. 2023, § 32 Rn. 41; s. aber hingegen z. B. Fischer, StGB, 71. Aufl. 2024, § 267 Rn. 20, der (mit der wohl h. L.) entscheidend auf die Zwecksetzung durch den Täter abstellt.
[59] Fischer, StGB, 71. Aufl. 2024, § 267 Rn. 22; aus der Rspr. vgl. BGH B. v. 09.03.2011 – 2 StR 428/10 – NStZ-RR 2011, 213 = StV 2011, 608; OLG Hamburg B. v. 06.11.2012 – 2–63/11 – NStZ-RR 2013, 110; BGH U. v. 16.06.2016 – 1 StR 20/16 – NJW 2016, 3543 = StV 2018, 1.
[60] S. Joecks/Jäger, StGB, 13. Aufl. 2021, § 267 Rn. 53; aus der Rspr. vgl. zuletzt BGH B. v. 19.06.2018 – 4 StR 484/17 – NStZ-RR 2018, 308 = StV 2020, 169.
[61] Hierzu zsf. Eisele, BT I, 6. Aufl. 2021, Rn. 813f.; aus der Rspr. vgl. BGH B. v. 27.01.2010 – 5 StR 488/09 – NStZ 2010, 703 = StV 2010, 364 (Anm. Geppert JK 2010 StGB § 267/34; Bosch JA 2010, 555; Jahn JuS 2010, 554; LL 2010, 828; RÜ 2010, 309; RA 2010, 275; Winkler jurisPR-StrafR 6/2010 Anm. 4); OLG Hamburg B. v. 06.11.2012 – 2–63/11 – NStZ-RR 2013, 110.

(dd) Beweiszeichen und Kennzeichen
Beweiszeichen werden Gedankenerklärungen nichtschriftlicher Art genannt, deren Inhalt sich erst i. V. m. einem Gegenstand ergibt,[62] z. B. Bierdeckelstriche, Künstlerzeichen auf Gemälden[63] oder Fahrkartenentwertungen.[64]

Nicht erfasst sind **Kennzeichen und Herkunftszeichen**, die lediglich Ordnungs- oder Unterscheidungsaufgaben dienen,[65] z. B. Garderobenmarken.

(2) Unechte

▶ **Didaktische Aufsätze**
- Seier, Der Gebrauch falscher Namen und unzutreffender Zusatzbezeichnungen, JA 1979, 133
- Gerhold, Zur Person des Ausstellers einer Urkunde in Fällen offener Stellvertretung, Jura 2009, 498

(a) Allgemeines
§ 267 I StGB unterscheidet zwischen (von vornherein) unechten Urkunden (die der Täter herstellt oder gebraucht) und echten Urkunden (die der Täter verfälscht oder nach Verfälschen gebraucht).

Eine Urkunde ist unecht, wenn sie nicht von demjenigen herrührt, der aus ihr als Aussteller hervorgeht, sog. **Identitätstäuschung**.[66]

Echt ist aber eine Urkunde, die vom ersichtlichen Aussteller herrührt, aber unrichtigen Inhalt aufweist; eine solche sog. **schriftliche Lüge** ist straflos.[67]

Z. B. ändert ein bloß geistiger Diebstahl[68] in einer Prüfungsarbeit nichts daran, dass der Täter eine eigene Erklärung abgibt und insofern eine echte Urkunde herstellt.

---

[62] Fischer, StGB, 71. Aufl. 2024, § 267 Rn. 5ff.; aus der Rspr. vgl. zuletzt OLG Karlsruhe B. v. 13.03.2019 – 1 Rv 3 Ss 691/18 (Anm. Hecker JuS 2019, 819; RÜ 2019, 785).

[63] Joecks/Jäger, StGB, 13. Aufl. 2021, § 267 Rn. 54; näher Löffler NJW 1993, 1421; aus der Rspr. vgl. OLG Frankfurt U. v. 22.10.1969 – 1 Ss 409/69 – NJW 1970, 673.

[64] Kindhäuser/Hilgendorf, LPK, 9. Aufl. 2022, § 267 Rn. 21; näher Schroeder JuS 1991, 301; aus der Rspr. vgl. RG U. v. 23.10.1896 – 3536/96 – RGSt 29, 118; RG U. v. 15.06.1920 – IV 351/20 – RGSt 55, 161.

[65] Joecks/Jäger, StGB, 13. Aufl. 2021, § 267 Rn. 35; aus der Rspr. vgl. RG U. v. 11.07.1901 – 2220/01 – RGSt 34, 435; RG U. v. 17.11.1902 – 3652/02 – RGSt 36, 15; RG U. v. 14.10.1920 – 843/20 – RGSt 55, 97.

[66] Kindhäuser/Hilgendorf, LPK, 9. Aufl. 2022, § 267 Rn. 35; näher Puppe JR 1981, 441; aus der Rspr. vgl. zuletzt BGH U. v. 11.11.2020 – 1 StR 328/19 – StV 2021, 697; BGH U. v. 10.11.2022 – 5 StR 283/22 – BGHSt 67, 147 = NJW 2023, 1973 = NStZ 2023, 613 (Anm. Kanera ZJS 2023, 931; LL 2023, 748; RÜ 2023, 642; Pschorr NJW 2023, 1981; Weidemann NStZ 2023, 618; Lorenz JR 2023, 571; Lichtenthäler JZ 2023, 673; Schröder WiJ 2023, 65; Zieschang GA 2024, 94).

[67] Joecks/Jäger, StGB, 13. Aufl. 2021, § 267 Rn. 61f.; näher Puppe JR 1981, 441; aus der Rspr. vgl. zuletzt OLG Karlsruhe B. v. 13.03.2019 – 1 Rv 3 Ss 691/18 (Anm. Hecker JuS 2019, 819; RÜ 2019, 785).

[68] S. Erb, in: MK-StGB, 4. Aufl. 2022, § 267 Rn. 72ff.; aus der Rspr. vgl. BGH U. v. 13.05.1954 – 3 StR 70/54 – NJW 1954, 1375.

(b) Namenstäuschung und Identitätstäuschung

Bei **Namenstäuschungen**[69] ist zu unterscheiden:

Bei **Täuschung „über" den Namen** des Ausstellers liegt keine Urkundenfälschung vor, das sind Fälle, in denen trotz Verwendung eines falschen Namens die gemeinte Person ersichtlich ist (z. B. beim Einchecken im Hotel).[70]

Anders liegt es bei einer **Täuschung „mit" einem anderen Namen**; hier weist die Urkunde auf eine andere Person hin.[71]

Selbst bei Verwendung des echten eigenen Namens kann der Täter eine unechte Urkunde herstellen, wenn dennoch eine Identitätstäuschung anzunehmen ist, z. B. aufgrund unbefugter Verwendung eines Stempels oder Veränderung weiterer persönliche Daten.[72]

> **Beispiel 176**
>
> **BGH U. v. 29.06.1994 – 2 StR 160/94 – BGHSt 40, 203 = NJW 1994, 2628 = NStZ 1994, 486 (Anm. Meurer NJW 1995, 1655; Sander/Fey JR 1995, 209; Mewes NStZ 1996, 14):**
>
> B und seine Ehefrau bestellten bei verschiedenen Versandhäusern Gegenstände des persönlichen Gebrauchs, später auch hochwertige technische Geräte wie Stereoanlagen, Fernsehgeräte, Videokameras, obwohl sie nicht über die finanziellen Mittel zur Bezahlung des Kaufpreises verfügten. Da ihre persönlichen Daten, wie sie wussten, computermäßig hinsichtlich des Rufnamens, des Familiennamens, des Geburtsdatums und der Anschrift erfasst und gespeichert waren und bei Überschreitung der von der Lieferfirma jeweils individuell festgelegten „Bonitätsgrenze" Bestellungen nicht mehr ausgeführt wurden, veränderten sie die Schreibweise ihrer Namen durch Weglassen oder Hinzufügen einzelner Buchstaben, benutzten sie die Vornamen ihrer Kinder, wandelten sie die Schreibweise ihrer Rufnamen ab oder benutzten allein die weiteren Vornamen des B, die sie teilweise auch abänderten, gaben sie falsche Geburtsdaten an, variierten sie die

---

[69] Hierzu Eisele, BT I, 6. Aufl. 2021, Rn. 817ff.; Seier JA 1979, 133.

[70] Eisele, BT I, 6. Aufl. 2021, Rn. 817; aus der Rspr. vgl. OLG Celle U. v. 08.04.1986 – 1 Ss 12/86 – NJW 1986, 2772 = NStZ 1987, 27 (Anm. Otto JK 1987 StGB § 267/9; Puppe JuS 1987, 275; Kienapfel NStZ 1987, 28); BGH U. v. 29.06.1994 – 2 StR 160/94 – BGHSt 40, 203 = NJW 1994, 2628 = NStZ 1994, 486 (Anm. Meurer NJW 1995, 1655; Sander/Fey JR 1995, 209; Mewes NStZ 1996, 14); BGH B. v. 10.07.1997 – 5 StR 276/97 – NStZ-RR 1997, 358 = StV 1997, 635; LG Dresden U. v. 08.10.1997 – 8 Ns 703 Js 48239/96 – NJW 1998, 2544 (Anm. Saal NZV 1998, 218).

[71] Joecks/Jäger, StGB, 13. Aufl. 2021, § 267 Rn. 65; aus der Rspr. vgl. BGH U. v. 20.03.1951 – 2 StR 38/51 – BGHSt 1, 117.

[72] Fischer, StGB, 71. Aufl. 2024, § 267 Rn. 27; aus der Rspr. vgl. BGH U. v. 24.06.1993 – 4 StR 570/92 – NJW 1993, 2759 = NStZ 1993, 491 = StV 1993, 524 (Anm. Otto JK 1994 StGB § 267/19; Jung JuS 1994, 174; Zielinski wistra 1994, 1); BGH U. v. 29.06.1994 – 2 StR 160/94 – BGHSt 40, 203 = NJW 1994, 2628 = NStZ 1994, 486 (Anm. Meurer NJW 1995, 1655; Sander/Fey JR 1995, 209; Mewes NStZ 1996, 14); BayObLG B. v. 27.03.2002 – 5 St RR 71/02 – NJW 2003, 78 = NStZ-RR 2002, 305 (Anm. LL 2002, 835; RA 2002, 615; Stein JR 2003, 39); BGH U. v. 29.11.2007 – 4 StR 386/07 – NStZ-RR 2008, 83.

Schreibweise der Lieferanschrift, wobei sie zutreffend damit rechneten, dass der Postbote abweichende Namen und Zustellanschriften als unerheblich ansehen werde, mieteten sie Wohnungen oder Appartements unter falschen Namen an, um auf diese Art und Weise neue Lieferanschriften zu gewinnen. Teilweise befestigte B an den angemieteten Wohnungen weitere Schilder mit erfundenen Namen, unter denen er ebenfalls Waren bestellte und erhielt. Durch die aufgeführten Manipulationen gelang es dem B, die Bonitätskontrolle der Versandhäuser zu unterlaufen und Waren im Gesamtwert von mindestens 106.000 DM zu erhalten. ◄

Hinsichtlich der genannten Manipulationen ist zu differenzieren: Die Verwendung der Vornamen der Kinder stellt eine Täuschung über den Aussteller dar. Das Verändern der Schreibweise des eigenen Vor- oder Nachnamens durch Weglassen oder Hinzufügen einzelner Buchstaben fällt angesichts der Vielzahl von Menschen, deren Namen sich nur durch Nuancen unterscheiden ebenfalls darunter. Gleiches gilt für die veränderte Schreibweise der ursprünglichen Lieferanschrift. Auch verweist die Angabe falscher Geburtsdaten scheinbar auf eine andere Person. Hingegen kann die Verwendung weiterer eigener Vornamen, die tatsächlich vorhanden sind, allein wohl kaum als Namenstäuschung gesehen werden. Auch die Angabe zutreffender Lieferanschriften bei angemieteten Wohnungen oder Appartements ist keine Identitätstäuschung. Sie wird es aber dann, wenn verbunden mit der anderen Anschrift auf welche Weise auch immer zugleich ein falscher Name verwendet wird.

(c) Offene Stellvertretung

Probleme werfen Fälle der **Stellvertretung** auf.[73]

Bei **offener Stellvertretung** – z. B. aufgrund einer Unterzeichnung „i. V." – ist der Vertreter der Aussteller der Urkunde.[74] Besteht **keine Vertretungsmacht**, dann handelt es sich trotzdem nur um eine schriftliche Lüge, wenn lediglich über das Bestehen der Vertretungsmacht getäuscht wird und nicht über die Identität.[75]

Beispiel 177

BGH U. v. 24.06.1993 – 4 StR 570/92 – NJW 1993, 2759 = NStZ 1993, 491 = StV 1993, 524 (Anm. Otto JK 1994 StGB § 267/19; Jung JuS 1994, 174; Zielinski wistra 1994, 1):

B vermittelte den Eheleuten Z1, mit denen er gut bekannt war, türkische Kreditbriefe. Im Rahmen der Geschäftsabwicklung erklärte er ihnen wahrheitswidrig, dass sie an Rechtsanwalt Z2, der die Kreditbriefe besorge, 12.440 DM als Aufwendungsersatz zahlen müssten. Die Eheleute Z1, die Rechtsanwalt Z2

---

[73] Hierzu Joecks/Jäger, StGB, 13. Aufl. 2021, § 267 Rn. 66ff.; näher Seier JA 1979, 133; Puppe JR 1981, 441.

[74] H. M., s. etwa Joecks/Jäger, StGB, 13. Aufl. 2021, § 267 Rn. 67; näher Gerhold Jura 2009, 498; aus der Rspr. vgl. OLG Hamm U. v. 09.11.1972 – 2 Ss 1179/71 – NJW 1973, 634 (Anm. Puppe NJW 1973, 1870); BGH B. v. 23.06.1992 – 1 StR 280/92 – StV 1993, 307.

[75] Heine/Schuster, in: Schönke/Schröder, StGB, 30. Aufl. 2019, § 267 Rn. 54; aus der Rspr. vgl. BGH U. v. 06.12.1961 – 2 StR 350/61 – BGHSt 17, 11 = NJW 1962, 750 (Anm. Blechschmid JuS 1962, 240); OLG Hamm U. v. 09.11.1972 – 2 Ss 1179/71 – NJW 1973, 634 (Anm. Puppe NJW 1973, 1870); BGH B. v. 20.12.1985 – 2 StR 395/85 – StV 1986, 156 (Anm. Otto JK 1986 StGB § 267/8).

kannten und ihn in verschiedenen Zivilrechtsstreitigkeiten mit ihrer Vertretung beaufragt hatten, glaubten den Angaben des B und übergaben ihm den verlangten Betrag. Auf ihre Bitte stellte ihnen B bei der Übergabe des Geldes eine Quittung aus. Der Quittungsvordruck war versehen mit einem Stempel des Rechtsanwalts Z2. Unter dem Stempel unterschrieb der B mit seinem Namen, dem er den Vermerk „i. V." voransetzte. Tatsächlich war Rechtsanwalt Z2 mit der Beschaffung der Kreditbriefe nicht befasst. Er hatte den B auch nicht ermächtigt, von den Eheleuten Z1 Geld in Empfang zu nehmen. ◄

Es handelt sich um einen Fall der offenen Stellvertretung, bei welcher der (vermeintliche) Stellvertreter – B – als Aussteller der Urkunde angesehen wird. Insofern besteht kein Unterschied zwischen ausgewiesenem und tatsächlichem Aussteller. Dass Z2 nicht vertreten wurde, weil B keine Vollmacht hatte, ist eine schriftliche Lüge.

Anders soll dies nach h. M. bei juristischen Personen oder Behörden sein: Dort sei das Vertrauen des Rechtsverkehrs darauf gerichtet, dass gerade das Unternehmen oder die Behörde hinter der Erklärung steht.[76]

Richtigerweise ändert mangelnde Vertretungsmacht bei offener Stellvertretung aber auch hier nichts am Ausstellercharakter.[77]

(d) Verdeckte Stellvertretung
Von einer verdeckten **Stellvertretung**[78] spricht man, wenn ein Stellvertreter seine vom Vertretenen verliehene Vertretungsmacht nicht offenlegt.

Beispiel 178

BayObLG U. v. 15.12.1998 – 2St RR 224/98 – StV 1999, 320 (Anm. LL 1999, 599):

B war mit Z verheiratet. Die Ehe wurde inzwischen jedoch geschieden. Z erlitt im Dezember 1995 einen Schlaganfall und war seit diesem Zeitpunkt pflegebedürftig. Sein Sprachvermögen war dabei massivst eingeschränkt. Z unterhielt bei der Sparkasse ein Konto. Für dieses Konto war nur er, nicht jedoch B als seine Ehefrau zeichnungsberechtigt. Allerdings verfügten beide noch über ein gemeinsames Konto bei der Volksbank. Nach seinem Schlaganfall Ende Dezember 1995 bevollmächtigte Z die B, auch Überweisungen von seinem Konto zu

---

[76] Eisele, BT I, 6. Aufl. 2021, Rn. 826; aus der Rspr. vgl. BGH U. v. 13.12.1955 – 5 StR 221/54 – BGHSt 9, 44 = NJW 1956, 638; zur unbefugten Verwendung eines Stempels einer Behörde oder juristischen Person vgl. aus der Rspr. BGH U. v. 11.01.1955 – 5 StR 290/54 – BGHSt 7, 149 = NJW 1955, 509 (Anm. Kühl, Höchstrichterliche Rspr. BT, 2002, Nr. 71); BGH U. v. 06.12.1961 – 2 StR 350/61 – BGHSt 17, 11 = NJW 1962, 750 (Anm. Blechschmid JuS 1962, 240).
[77] Puppe/Schumann, in: NK-StGB, 6. Aufl. 2023, § 267 Rn. 64; diff. Erb, in: MK-StGB, 4. Aufl. 2022, § 267 Rn. 131ff.
[78] Hierzu Joecks/Jäger, StGB, 13. Aufl. 2021, § 267 Rn. 70; Kindhäuser/Hilgendorf, LPK, 9. Aufl. 2022, § 267 Rn. 37; Seier JA 1979, 133; aus der Rspr. vgl. zuletzt BGH U. v. 11.11.2020 – 1 StR 328/19 – StV 2021, 697; LG Nürnberg-Fürth U. v. 23.12.2021 – 12 KLs 504 Js 196/15 – StV 2023, 772.

tätigen und mit seinem Namenszug zu unterschreiben. So wies die B u. a. am 22.05.1996 einen Betrag von 625, -DM als Anzahlung für eine Flugreise an ein Reiseunternehmen an. Die Überweisungen wurden auch durchgeführt. B unterschrieb gemäß der Weisung ihres Ehemanns mit dessen Namen. Die geleisteten Unterschriften wichen jedoch deutlich von der Originalunterschrift des Z ab. ◄

Der Stellvertreter stellt dann keine unechte Urkunde her – weil der Vertretene als Aussteller fungiert –, wenn der Vertreter

- erstens die Befugnis zur Vertretung hatte
- er zweitens den Namensträger vertreten wollte
- dieser sich drittens durch den „Vertreter" vertreten lassen wollte und
- viertens eine Eigenhändigkeit nicht rechtlich erforderlich ist oder erwartet wird.[79]

Insbesondere scheidet eine derartige Stellvertretung nach h. M. also bei sog. höchstpersönlichen Rechtsgeschäften aus. Dem ist allerdings zum einen entgegenzuhalten, dass die strafbarkeitsbegründende Frage, wann eine derartige Höchstpersönlichkeit erwartet wird, jenseits öffentlich-rechtlicher Sondervorschriften nur vage beantwortet wird. Fraglich ist auch, ob die primärrechtliche Unzulässigkeit einer Stellvertretung etwas daran ändert, dass – bei bestehendem Einverständnis des Vertretenen – der Vertretene geistiger Urheber und mithin Aussteller ist.[80]

Ein bloß vermutetes Einverständnis genügt freilich nicht.[81]

(e) Blankettfälschung

Bei Blankettfälschung – abredewidriges Ausfüllen: über eine Blankettunterschrift wird ein Text gesetzt, der nicht von einer Ausfüllungsermächtigung gedeckt ist – wird eine unechte Urkunde hergestellt.[82]

Beispiel 179

OLG Saarbrücken U. v. 19.12.1974 – Ss 83/74 – NJW 1975, 658 (Anm. Hassemer JuS 1975, 333; Kienapfel JR 1975, 515):

B hatte über einen Vertreter am 20.02.1970 mit einem Kunden einen Vertrag geschlossen, in dem als Zahlungstermin Herbst 1970 vereinbart war. In Unkenntnis dieser hinausgeschobenen Fälligkeit übergab er dem Vertreter einen an seine Order zahlbar gestellten und von ihm blanko unterschriebenen Wechsel mit der

---

[79] H. M., s. Joecks/Jäger, StGB, 13. Aufl. 2021, § 267 Rn. 70; Kindhäuser/Hilgendorf, LPK, 9. Aufl. 2022, § 267 Rn. 37.

[80] S. Kindhäuser/Hilgendorf, LPK, 9. Aufl. 2022, § 267 Rn. 38.

[81] H. M., Erb, in: MK-StGB, 4. Aufl. 2022, § 267 Rn. 180; aus der Rspr. vgl. BayObLG U. v. 26.10.1987 – RReg. 4 St 164/87 – NStZ 1988, 313 (Anm. Puppe NStZ 1988, 314); OLG Düsseldorf B. v. 02.11.1992 – 2 Ss 356/92 – 120/92 II – NJW 1993, 1872 = StV 1993, 198 (Anm. Otto JK 1993 StGB § 267/18 und § 263/38).

[82] Hierzu Joecks/Jäger, StGB, 13. Aufl. 2021, § 267 Rn. 72ff.; Weiß Jura 1993, 288; aus der Rspr. vgl. BGH U. v. 04.02.1954 – 4 StR 445/53 – BGHSt 5, 295 = NJW 1954, 608; BGH B. v. 11.01.1994 – 5 StR 754/93.

B. Urkundenfälschung, § 267 StGB

Anweisung, ihn zu ergänzen und als Verfalldatum den 15.06.1970 einzusetzen. Hiervon abweichend setzte der Vertreter als Verfallzeit den 15.09.1970 ein. Der Kunde verweigerte unter Hinweis auf die vertragliche Zahlungsvereinbarung die Annahme dieses Wechsels, worauf der Vertreter ein anderes von B unterzeichnetes Wechselformular ausfüllte und mit dem Verfalldatum 15.10.1970 versah. Dieser Wechsel wurde akzeptiert. B strich das weiterhin lesbare Wort „Oktober" durch, ersetzte es durch „Juni" und versah die Änderung mit dem Vermerk „geändert" und mit seiner Unterschrift. Den Wechsel indossierte er sodann an seine Bank, die ihn zwecks Einzugs an ein anderes Geldinstitut weitergab, das, da der Wechsel am 18.06.1970 mangels Zahlung zu Protest ging, die Bank des B mit der Wechselsumme zuzüglich entstandener Kosten zurückbelastete. ◄

Mit dem abredewidrigen Einsetzen des 15.09.1970 in den Blankettwechsel hat B eine unechte Urkunde hergestellt.

(f) Willensmängel

Wird der scheinbare Aussteller zu seiner Unterschrift durch **Drohung oder Zwang** veranlasst, so mangelt es bei *vis absoluta* am Erklärungswillen, sodass eine unechte Urkunde in mittelbarer Täterschaft nach § 25 I 2. Var. StGB hergestellt wird, i.Ü. bleibt es bei einer echten Urkunde; bei **Täuschungen**, die verschleiern, dass überhaupt eine beweiserhebliche Erklärung abgegeben wird, wird eine unechte Urkunde hergestellt, bei sonstiger Täuschung ist die Urkunde nicht unecht, da der Aussteller nur bzgl. des konkreten Inhalts der Erklärung irrt.[83]

(3) Herstellt

Gem. § 267 I StGB sind die Tathandlungen der Urkundenfälschung das Herstellen einer unechten Urkunde, das Verfälschen einer echten Urkunde und das Gebrauchen einer unechten oder verfälschten Urkunde.

In einer Fallbearbeitung ist zu beachten, dass zwischen einem Herstellen oder Verfälschen der Urkunde und dem Gebrauchen ein erheblicher zeitlicher Abstand liegen kann, sodass u. U. getrennte Tatkomplexe zu bilden sind.

Das Herstellen einer unechten Urkunde ist das Verursachen ihrer Existenz.[84]

Es handelt sich nicht um ein eigenhändiges Delikt, sodass eine Zurechnung qua mittelbarer oder Mittäterschaft (§§ 25 I 2. Var., 25 II StGB) möglich ist.[85] Dies gilt für alle Tathandlungen des § 267 I StGB.

Der bloße Erwerb einer unechten Urkunde ist straflos, ggf. kommt aber eine Anstiftung zur Herstellung in Betracht.[86]

---

[83] S. Joecks/Jäger, StGB, 13. Aufl. 2021, § 267 Rn. 75ff.; Kindhäuser/Hilgendorf, LPK, 9. Aufl. 2022, § 267 Rn. 42; näher Schroeder GA 1974, 225; aus der Rspr. vgl. RG U. v. 06.02.1914 – IV 742/14 – RGSt 48, 125; RG U. v. 05.12.1916 – IV 721/16 – RGSt 50, 179.

[84] Eisele, BT I, 6. Aufl. 2021, Rn. 828.

[85] Eisele, BT I, 6. Aufl. 2021, Rn. 828; aus der Rspr. vgl. zuletzt BGH B. v. 20.12.2022 – 2 StR 341/22 – NStZ 2024, 41.

[86] Heine/Schuster, in: Schönke/Schröder, StGB, 30. Aufl. 2019, § 267 Rn. 97; aus der Rspr. vgl. BGH B. v. 05.08.2008 – 3 StR 242/08 – NStZ-RR 2008, 371 = StV 2008, 565.

bb) Subjektiver Tatbestand

(1) Vorsatz
Gem. § 15 StGB ist Vorsatz erforderlich.

(2) Zur Täuschung im Rechtsverkehr oder § 270 StGB
Ferner muss der Täter „zur Täuschung im Rechtsverkehr" handeln.[87]

Zur Täuschung im Rechtsverkehr handelt der Täter, wenn ein anderer über die Echtheit oder Unverfälschtheit der Urkunde getäuscht und dadurch zu einem rechtserheblichen Verhalten veranlasst werden soll.[88]

Zu unterscheiden ist der Rechtsverkehr vom rein zwischenmenschlichen[89] und rein internen (z. B. innerbehördlichen[90]) Bereich.

Nach h. M. ist keine Absicht erforderlich, sondern es reicht auch Wissentlichkeit aus,[91] z. T. wird selbst Eventualvorsatz für ausreichend erachtet.[92]

> **Beispiel 180**
>
> **BayObLG U. v. 31.03.1998 – 2 St RR 44/98 – NJW 1998, 2917 = NStZ 1998, 517 (Anm. Geppert JK 1999 StGB § 267/25):**
> Die Mutter des B mietete für den 20. und 21.05.1997 als Geburtstagsgeschenk einen Pkw einer Luxusmarke. B entfernte die amtlichen Kennzeichen und ersetzte sie durch ein Kennzeichen, das für den Pkw des Freundes der Mutter ausgegeben worden war. B wollte auf diese Weise erreichen, dass ihm sein Freund Z die Behauptung glaube, er (B) sei Eigentümer des Fahrzeugs. Mit den falschen Kennzeichen fuhr er am 20.05.1997 auf öffentlichen Straßen, bis er am 21.05.1997 von der Polizei kontrolliert wurde. ◀

Die Täuschung des Z über die Eigentumslage, um diesen zu beeindrucken, ist ein außerrechtlicher Erfolg. Dass durch das Befahren öffentlicher Straßen der Rechtsverkehr getäuscht werden würde, ist aber sicherer Nebeneffekt dieses außerrechtlichen Ziels. Wissentlichkeit reicht für das Merkmal „zur Täuschung im Rechtsverkehr" aus.

---

[87] Hierzu Neuhaus GA 1994, 224; Dencker FS Samson 2010, 283; Vormbaum GA 2011, 167.

[88] Kindhäuser/Hilgendorf, LPK, 9. Aufl. 2022, § 267 Rn. 56; aus der Rspr. vgl. zuletzt OLG München U. v. 22.03.2019 – 4 OLG 14 Ss 322/18 – StV 2020, 181.

[89] Fischer, StGB, 71. Aufl. 2024, § 267 Rn. 43; aus der Rspr. vgl. RG U. v. 31.03.1930 – III 176/30 – RGSt 64, 95; BayObLG B. v. 18.04.1967 – RReg. 3 a St 5/67 – NJW 1967, 1476 (Anm. Lenckner NJW 1967, 1890; Cramer JZ 1968, 30); BGH U. v. 24.04.1979 – 1 StR 88/79.

[90] S. (krit.) Erb, in: MK-StGB, 4. Aufl. 2022, § 267 Rn. 206; aus der Rspr. vgl. OLG Celle U. v. 30.06.1961 – 2 Ss 197/61 – NJW 1961, 1880.

[91] Zu Absicht und Wissentlichkeit als qualifizierte Formen des Vorsatzes s. bereits im Allgemeinen Teil.

[92] S. Joecks/Jäger, StGB, 13. Aufl. 2021, § 267 Rn. 99; aus der Rspr. vgl. BayObLG B. v. 18.04.1967 – RReg. 3 a St 5/67 – NJW 1967, 1476 (Anm. Lenckner NJW 1967, 1890; Cramer JZ 1968, 30); OLG Saarbrücken U. v. 19.12.1974 – Ss 83/74 – NJW 1975, 658 (Anm. Hassemer JuS 1975, 333; Kienapfel JR 1975, 515); OLG Koblenz U. v. 19.09.1994 – 2 Ss 123/94 – NJW 1995, 1624 = NStZ 1995, 138 (Anm. Otto JK 1995 StGB § 267/21); BGH B. v. 08.07.1999 – 3 StR 68/99 – NStZ 1999, 619.

Freilich wird sich ohnehin nicht selten ein notwendiges Zwischenziel des Täters annehmen lassen, welches dieser, wie er weiß, erreichen muss, um zu seinem Endziel zu gelangen. Weiteren Ausweitungen ist im Hinblick auf den Wortlaut kritisch zu begegnen.

Es ist nicht erforderlich, dass der Täter selbst mit der von ihm hergestellten oder verfälschten Urkunde täuschen will.[93]

Erst recht wird nicht verlangt, dass der Täter bereits bei der Fälschungshandlung im Sinne hat, eine bestimmte Person zu täuschen.[94]

Irrelevant ist, ob das Anliegen des Täters berechtigt ist – z. B. eine Beweismittelfälschung, wenn er eine unberechtigte Klage abwehren möchte.[95]

Nach wohl h. M. muss der Täter nicht den Willen haben, gerade mit Hilfe des verfälschten Teils ein rechtserhebliches Verhalten zu veranlassen, z. B. im Hinblick auf eine Fahrerlaubnisklasse.[96]

Beispiel 181

BGH B. v. 21.12.1984 – 3 StR 184/84 – BGHSt 33, 105 = NJW 1985, 924 = StV 1985, 235 (Anm. Geppert JK 1985 StGB § 267/7; Sonnen JA 1985, 420; Hassemer JuS 1985, 647; Kühl JR 1986, 297):

B ist Inhaber der Fahrerlaubnis der Klassen „drei" und „vier". Ein entsprechender Führerschein wurde ihm ausgehändigt. In diesem entfernte er durch mechanische Einwirkungen die maschinenschriftlichen X-Zeichen, mit denen das Wort „eins" der Klasseneinteilung durchkreuzt war. Dadurch konnte der Eindruck entstehen, als erstrecke sich die Fahrerlaubnis auch auf die Klasse „eins". Den so veränderten Führerschein legte er bei einer Verkehrskontrolle wegen einer Ordnungswidrigkeit dem Polizeibeamten vor, als er am Steuer eines Fahrzeugs angehalten wurde, für das die Fahrerlaubnis der Klasse „drei" ausreichte. ◄

Zunächst ließe sich darauf abstellen, dass der nur im Hinblick auf eine Erlaubnisklasse verfälschte Führerschein nicht zur Täuschung im Rechtsverkehr gebraucht wurde, weil B ihn bei einer Verkehrskontrolle als Fahrer eines Kraftfahrzeugs einer anderen Erlaubnisklasse vorzeigte. Die unechte Eintragung werde für die Willensbildung des Polizeibeamten nicht kausal. Ein Polizeibeamter überprüft den Führerschein aber nicht lediglich daraufhin, ob die Fahrerlaubnis für das vorhandene Kraftfahrzeug besteht, sondern insgesamt auf seine Unverfälschtheit. I. F. d. Fälschung ist der Beamte zur Sicherstellung bzw. Verwahrung oder Beschlagnahme verpflichtet. B will den Beamten aber davon abhalten und damit zu einem rechtserheblichen Verhalten, einem Unterlassen, bestimmen.

---

[93] Erb, in: MK-StGB, 4. Aufl. 2022, § 267 Rn. 203; aus der Rspr. vgl. OLG Stuttgart U. v. 16.09.1977 – 3 Ss 497/77 – NJW 1978, 715 (Anm. Kühl JA 1978, 525; Puppe JR 1978, 206).

[94] Erb, in: MK-StGB, 4. Aufl. 2022, § 267 Rn. 203; aus der Rspr. vgl. BGH U. v. 29.09.1953 – 1 StR 367/53 – BGHSt 5, 149 = NJW 1954, 320.

[95] Ganz H. M., Heine/Schuster, in: Schönke/Schröder, StGB, 30. Aufl. 2019, § 267 Rn. 87b; aus der Rspr. vgl. RG U. v. 13.06.1913 – V 19/13 – RGSt 47, 199; U. v. 26.04.1926 – III 164/26 – RGSt 60, 187; OLG Düsseldorf B. v. 11.09.1997 – 5Ss210/97 – 62/97I – NJW 1998, 692 = NStZ 1998, 359 (Anm. Otto JK 1998 StGB § 267/24; Krack JR 1998, 479; Pelz StraFo 1998, 310).

[96] Puppe/Schumann, in: NK-StGB, 6. Aufl. 2023, § 267 Rn. 100; a.A. Fischer, StGB, 71. Aufl. 2024, § 267 Rn. 44; aus der Rspr. vgl. OLG Hamm U. v. 06.07.1976 – 5 Ss 227/76 – NJW 1976, 2222 (Anm. Blei JA 1977, 94; Hassemer JuS 1977, 196; Weber Jura 1982, 66); OLG Köln U. v. 20.08.1980 – 3 Ss 553/80 – NJW 1981, 64 (Anm. Sonnen JA 1981, 309; Hassemer JuS 1981, 382; Weber Jura 1982, 66).

Ausreichend ist, wenn nach dem Willen des Täters von der falschen Urkunde nur für einen bestimmten Fall oder nur unter Voraussetzungen, deren Eintritt vorerst noch ungewiss ist, Gebrauch gemacht werden soll.[97] Eine nur probeweise Manipulation hingegen genügt nicht.[98]

Nach h. M. ist es auch nicht erforderlich, dass ein Irrtum gerade bei jemandem hervorgerufen werden soll, der an dem Rechtsverhältnis, zu dessen Beweis die Urkunde ursprünglich hergestellt wurde, beteiligt ist.[99]

Beispiel 182

BayObLG B. v. 27.03.2002 – 5 St RR 71/02 – NJW 2003, 78 = NStZ-RR 2002, 305 (Anm. LL 2002, 835; RA 2002, 615; Stein JR 2003, 39):
B fälschte zu einem nicht mehr genau feststellbaren Zeitpunkt im Alter von 14 oder 15 Jahren das Geburtsdatum auf der auf seinen Namen ausgestellten Zeitkarte des Münchner Verkehrs- und Tarifverbundes, indem er anstelle seines Geburtstages den 31.08.1980 eintrug. Die Fälschung erfolgte deshalb, um beim Besuch von Diskotheken ein Alter von über 16 Jahren vorzutäuschen. ◄

Die Zeitkarte wurde zum Beweis im Verhältnis zwischen B und dem Münchener Verkehrs- und Tarifverbund hergestellt. Der Einsatz zur Täuschung gegenüber Diskothekenbetreibern erfolgt gleichwohl im Rechtsverkehr.

Fehlt es an einem zu täuschenden Menschen, so ist die Gleichstellungsklausel des § 270 StGB bzgl. Datenverarbeitung zu beachten.[100]

§ 270 StGB (Täuschung im Rechtsverkehr bei Datenverarbeitung)
Der Täuschung im Rechtsverkehr steht die fälschliche Beeinflussung einer Datenverarbeitung im Rechtsverkehr gleich.

c) Rechtswidrigkeit
Es gelten die allgemeinen Grundsätze.

d) Schuld
Es gelten die allgemeinen Grundsätze.

---

[97] Erb, in: MK-StGB, 4. Aufl. 2022, § 267 Rn. 209; aus der Rspr. vgl. RG U. v. 27.05.1887 – 997/87 – RGSt 16, 133; RG U. v. 10.12.1940 – 4 D 569/40 – RGSt 75, 19; BGH U. v. 29.09.1953 – 1 StR 367/53 – BGHSt 5, 149 = NJW 1954, 320.

[98] Aus der Rspr. vgl. OLG Köln U. v. 27.10.1982 – 3 Ss 568/82 – NJW 1983, 769 (Anm. Hassemer JuS 1983, 558).

[99] Kindhäuser/Hilgendorf, LPK, 9. Aufl. 2022, § 267 Rn. 56.

[100] Hierzu Möhrenschlager wistra 1986, 128; aus der Rspr. vgl. BGH U. v. 29.06.1994 – 2 StR 160/94 – BGHSt 40, 203 = NJW 1994, 2628 = NStZ 1994, 486 (Anm. Meurer NJW 1995, 1655; Sander/Fey JR 1995, 209; Mewes NStZ 1996, 14).

B. Urkundenfälschung, § 267 StGB

e) Rechtsfolgen

aa) Allgemeines
§ 267 I StGB sieht Freiheitsstrafe bis zu fünf Jahren (im Minimum also ein Monat, § 38 II StGB) oder Geldstrafe (zu den Grenzen s. § 40 StGB) vor.

bb) Besonders schwerer Fall, § 267 III StGB

(1) Allgemeines
§ 267 III StGB normiert den besonders schweren Fall – Freiheitsstrafe von sechs Monaten bis zu zehn Jahren.
Regelbeispiele eines besonders schweren Falls sind in § 267 III 2 StGB enthalten.

(2) § 267 III 2 Nr. 1 StGB
Gewerbsmäßig i. S. d. Nr. 1 handelt, wer in der Absicht handelt, sich aus der wiederholten Tatbegehung eine fortlaufende Einnahmequelle von einigem Umfang und einer gewissen Dauer zu verschaffen.[101] Bande ist eine auf ausdrücklicher oder stillschweigender Vereinbarung beruhende und auf eine gewisse Dauer vorgesehene Verbindung zur fortgesetzten Begehung von Straftaten.[102]

(3) § 267 III 2 Nr. 2 StGB
Ein Vermögensverlust großen Ausmaßes i. S. d. Nr. 2 ist ab 50.000 € anzunehmen.[103]
Zwar ist ein Zusammenhang zwischen Urkundenfälschung und Vermögensverlust erforderlich, indes muss der Vermögensverlust nicht unmittelbar durch eine Tathandlung des § 267 I StGB herbeigeführt werden.[104]

(4) § 267 III 2 Nr. 3 StGB
Eine große Zahl von Urkunden i. S. d. Nr. 3 ist ab 25 Urkunden anzunehmen.[105]
Bei der Addition sind nur Urkunden zu berücksichtigen, die innerhalb einer Tateinheit i. S. d. § 52 StGB hergestellt, verfälscht oder gebraucht worden sind.[106]
Der Rechtsverkehr muss konkret und in erheblichem Maße gefährdet sein, was eine gravierende Störung des allgemeinen Vertrauens in die Beweiskraft von Urkunden erfordert.[107]

(5) § 267 III 2 Nr. 4 StGB
Zu Nr. 4 s. o. bei § 240 StGB.

---

[101] Joecks/Jäger, StGB, 13. Aufl. 2021, § 243 Rn. 25; Näheres bei den Vermögensdelikten.
[102] Joecks/Jäger, StGB, 13. Aufl. 2021, § 244 Rn. 21ff.; Eisele, BT II, 6. Aufl. 2021, Rn. 213; Näheres bei den Vermögensdelikten.
[103] Kindhäuser/Hilgendorf, LPK, 9. Aufl. 2022, § 263 Rn. 228.
[104] Aus der Rspr. vgl. BGH B. v. 11.04.2023 – 5 StR 458/22 – NStZ 2023, 631 (Anm. Zieschang JR 2023, 578; Ferner jurisPR-StrafR 14/2023 Anm. 2).
[105] Aus der Rspr. vgl. BGH B. v. 09.10.2018 – 5 StR 153/18 – NStZ-RR 2019, 11 = StV 2019, 383.
[106] Kindhäuser/Hilgendorf, LPK, 9. Aufl. 2022, § 267 Rn. 61; aus der Rspr. vgl. BGH U. v. 17.03.2011 – 1 StR 407/10 – NJW 2011, 2448 = NStZ 2012, 147 = NStZ-RR 2011, 310 (Anm. RA 2011, 287; Müller NStZ 2012, 149).
[107] Kindhäuser/Hilgendorf, LPK, 9. Aufl. 2022, § 267 Rn. 61.

f) Sonstiges
§ 267 II StGB normiert die Versuchsstrafbarkeit.

2. § 267 I 2. Var. StGB

a) Aufbau
  I. Tatbestand
    1. Objektiver Tatbestand
       a) Eine Urkunde
       b) Echte
       c) Verfälscht
    2. Subjektiver Tatbestand
       a) Vorsatz
       b) Zur Täuschung im Rechtsverkehr oder § 270 StGB
  II. Rechtswidrigkeit
  III. Schuld
  IV. Rechtsfolgen: Besonders schwerer Fall, § 267 III StGB

b) Tatbestand

aa) Objektiver Tatbestand

(1) Eine Urkunde
Hierzu s. o.

(2) Echte
Hierzu (bzw. das Gegenstück „unechte") s. o.

(3) Verfälscht

▶ **Didaktische Aufsätze**
  - Kienapfel, Zur Abgrenzung von Urkundenfälschung und Urkundenunterdrückung, Jura 1983, 185
  - Kargl, Urkundenverfälschung durch den Aussteller (§ 267 StGB), JA 2003, 604
  - Wiese, Verwendung eines Kraftfahrzeugkennzeichens auf einer Klebefolie als Urkundenfälschung, JA 2016, 426

(a) Allgemeines
Der Täter verfälscht eine echte Urkunde, wenn er deren gedanklichen Inhalt nachträglich so verändert, dass der Anschein erweckt wird, als habe der Aussteller die Erklärung in der Form abgegeben, die sie durch die Veränderung erlangt hat.[108]

---

[108] Kindhäuser/Hilgendorf, LPK, 9. Aufl. 2022, § 267 Rn. 44; aus der Rspr. vgl. zuletzt OLG Frankfurt B. v. 28.01.2020 – 3 Ss 350/19 – NStZ 2020, 619 = NStZ-RR 2020, 226; BGH B. v. 04.05.2023 – 5 StR 38/23 – NStZ 2023, 542 (Anm. Jäger JA 2023, 783; Heghmanns ZJS 2023, 924; Kudlich/Schütz NStZ 2023, 543; LL 2024, 92).

Erst recht ist ein Austausch der Ausstellerangabe erfasst.[109]

Vor und nach der Manipulation muss die **Urkundenqualität** bestehen; die bloße Schädigung der Urkunde fällt unter § 274 StGB.[110]

Das Verfälschen muss zwar nicht unumkehrbar sein, aber doch auf Dauer angelegt.[111]

Nur das Verfälschen einer **echten** Urkunde wird erfasst. Das Verfälschen einer unechten Urkunde ist das – ggf. erneute – Herstellen einer unechten Urkunde.[112]

Die Verfälschung nach § 267 I 2. Var. StGB verdrängt als *lex specialis* § 267 I 1. Var. StGB.[113]

(b) Verfälschen durch den Aussteller selbst (?)

▶ **Didaktischer Aufsatz**
- Kargl, Urkundenfälschung durch den Aussteller, JA 2003, 604

Umstritten ist, ob der Aussteller selbst eine Urkunde verfälschen kann.[114]

Beispiel 183

BGH U. v. 22.12.1959 – 1 StR 591/59 (Inventurliste) – BGHSt 13, 382 = NJW 1960, 444 (Anm. Kühl, Höchstrichterliche Rspr. BT, 2002, Nr. 74):

B trat im April 1955 als technischer Betriebsleiter in eine AG ein und wurde, nachdem er bereits seit dem 01.07.1955 praktisch die Vorstandsgeschäfte geführt hatte, am 01.01.1956 Alleinvorstand der Gesellschaft. Diese Stellung hatte er bis zu seiner Beurlaubung und anschließenden Entlassung im April 1958 inne. Seit dem Jahre 1952 war der Geschäftsgang der Gesellschaft rückläufig. Anfang 1958 überschritten die Verluste die Millionengrenze. Im Juli 1958 mussten die Zahlungen eingestellt werden. B verschleierte diese Entwicklung nach Übernahme der Vorstandsgeschäfte. Er legte unrichtige Bilanzen vor, in denen weit überhöhte oder überbewertete Warenbestände angeführt waren, und erstattete unwahre Statusberichte. Um dies für den Aufsichtsrat, in dem der örtliche Direktor der „Hausbank" des Unternehmens vertreten war, und die Prüfer nicht erkennbar werden zu lassen, ließ er falsche Inventurlisten erstellen. Er erreichte durch seine

---

[109] Erb, in: MK-StGB, 4. Aufl. 2022, § 267 Rn. 179.

[110] Kindhäuser/Hilgendorf, LPK, 9. Aufl. 2022, § 267 Rn. 48; näher zu Unterschieden der §§ 267, 274 StGB Kienapfel Jura 1983, 185; aus der Rspr. vgl. zuletzt OLG Frankfurt B. v. 28.01.2020 – 3 Ss 350/19 – NStZ 2020, 619 = NStZ-RR 2020, 226; BGH B. v. 04.05.2023 – 5 StR 38/23 – NStZ 2023, 542 (Anm. Jäger JA 2023, 783; Heghmanns ZJS 2023, 924; Kudlich/Schütz NStZ 2023, 543; LL 2024, 92).

[111] Aus der Rspr. vgl. BGH B. v. 04.05.2023 – 5 StR 38/23 – NStZ 2023, 542 (Anm. Jäger JA 2023, 783; Heghmanns ZJS 2023, 924; Kudlich/Schütz NStZ 2023, 543; LL 2024, 92).

[112] Heine/Schuster, in: Schönke/Schröder, StGB, 30. Aufl. 2019, § 267 Rn. 97; aus der Rspr. vgl. RG U. v. 05.03.1934 – 2 D 1012/33 – RGSt 68, 94.

[113] Hoyer, in: SK-StGB, 9. Aufl. 2019, § 267 Rn. 68; aus der Rspr. vgl. RG U. v. 05.03.1934 – 2 D 1012/33 – RGSt 68, 94.

[114] Hierzu Hillenkamp/Cornelius, 40 Probleme aus dem Strafrecht BT, 13. Aufl. 2020, 13. Problem; Lampe GA 1964, 321; Kargl JA 2003, 604; aus der Rspr. vgl. zuletzt OLG Naumburg B. v. 23.04.2012 – 1 Ws 48/12 – NStZ 2013, 533 (Anm. Jahn JuS 2012, 950).

Machenschaften, dass die Hausbank ihre der Gesellschaft gewährten Kredite erhöhte. Ausgehend von einem ursprünglichen Limit von 400.000 DM erreichten diese schließlich einen Betrag von 1.416.000 DM. Der endgültige Schaden, der Bank belief sich auf 500.000 DM. ◄

Konnte der B die eigenen Inventurlisten verfälschen?

Rspr.[115] und h. L.[116] (sog. **Bestandsschutzlehre**) bejahen dies, sofern der Aussteller zum Tatzeitpunkt keine ausschließliche Dispositionsbefugnis (mehr) hatte.
Teile der Lehre[117] (sog. **Echtheitsschutzlehre**) sehen dies anders.
Die h. M. verweist darauf, dass die Urkundenfälschung auch das Unversehrtheitsinteresse dahingehend schütze, dass die Echtheit auch erklärungsbezogen zu verstehen sei. Zuzugeben ist ferner, dass nur in diesen Fällen § 267 I 2. Var. StGB eine eigenständige Bedeutung entfalten kann, da sich die übrigen Fälle stets unter § 267 I 1. Var. StGB subsumieren ließen. Der Minderheitsauffassung ist aber zu folgen: § 267 StGB schützt vor Identitätstäuschungen, schützt den Rechtsverkehr nur gegen Schaffung falscher, nicht aber gegen Verletzung der Integrität bestehender echter Beweismittel, hierfür dient allein § 274 StGB. Die „Verfälschung" durch den Aussteller, die nicht über die Integritätsverletzung hinausreicht, ist lediglich eine schriftliche Lüge und ändert an der Echtheit der Urkunde nichts.

(c) Verfälschen von zusammengesetzten Urkunden und Gesamturkunden
Beim Verfälschen einer **zusammengesetzten Urkunde** ist zu beachten, dass nach ganz h. M. sowohl unmittelbare Einwirkungen auf den Gedankeninhalt als auch das Einwirken auf das Bezugsobjekt bzw. dessen Austauschen erfasst sind, z. B. das Auswechseln von Kfz-Kennzeichen oder Preisschildern.[118] Dies folgt daraus, dass sich gerade aus der Verbindung der Bestandteile der Erklärungsinhalt ergibt.

Vergleichbares gilt für das Verfälschen einer **Gesamturkunde**: Das Hinzufügen oder Entfernen einer Einzelurkunde ist ein Verfälschen der Gesamturkunde.[119]

(d) Beeinträchtigung der Wahrnehmbarkeit
Die bloße **Beeinträchtigung der Wahrnehmbarkeit** der Gedankenerklärung ohne Entstehung eines anderen Erklärungsgehaltes ist kein Verfälschen.[120]

---

[115] S. o.

[116] Z. B. Kindhäuser/Hilgendorf, LPK, 9. Aufl. 2022, § 267 Rn. 50.

[117] Z. B. Hoyer, in: SK-StGB, 9. Aufl. 2019, § 267 Rn. 83.

[118] S. nur Eisele, BT I, 6. Aufl. 2021, Rn. 832; a.A. aber Hoyer, in: SK-StGB, 9. Aufl. 2019, § 267 Rn. 73f.; aus der Rspr. vgl. zuletzt OLG Karlsruhe B. v. 13.03.2019 – 1 Rv 3 Ss 691/18 (Anm. Hecker JuS 2019, 819; RÜ 2019, 785).

[119] Eisele, BT I, 6. Aufl. 2021, Rn. 833; a.A. aber Hoyer, in: SK-StGB, 9. Aufl. 2019, § 267 Rn. 79f.; aus der Rspr. vgl. OLG Saarbrücken U. v. 19.12.1974 – Ss 83/74 – NJW 1975, 658 (Anm. Hassemer JuS 1975, 333; Kienapfel JR 1975, 515); OLG Koblenz U. v. 28.10.1991 – 1 Ss 291/91 – NStZ 1992, 134 (Anm. Geppert JK 1992 StGB § 267/15).

[120] H. M., s. Fischer, StGB, 71. Aufl. 2024, § 267 Rn. 33; näher Wiese JA 2016, 426; aus der Rspr. vgl. OLG Düsseldorf B. v. 03.02.1997 – 2 Ss 267/96 – 73/96 III – NJW 1997, 1793 = NStZ 1997, 602 (Anm. Geppert JK 1997 StGB § 267/22; Fahl JA 1997, 925; Krack NStZ 1997, 602; Lampe JR 1998, 304); BayObLG B. v. 25.11.1998 – 2 St RR 133/98.

Beispiel 184

BGH B. v. 21.09.1999 – 4 StR 71/99 – BGHSt 45, 197 = NJW 2000, 229 = StV 2000, 22 (Anm. Martin JuS 2000, 408; LL 2000, 322; RÜ 2000, 23; RA 2000, 95; famos 9/2000; Krack NStZ 2000, 423; Kudlich JZ 2000, 426):

B übersprühte die Kennzeichenschilder seines auf ihn zugelassenen Pkw mit einer farblosen Flüssigkeit, wodurch bei Blitzlicht-Fotoaufnahmen eine so starke Reflektion auftrat, dass die schwarzen Buchstaben und Zahlen „überblendet" wurden und auf dem Lichtbild ohne lichtbildtechnische Nachbehandlung nicht erkennbar waren. Er wollte damit bei etwaigen Geschwindigkeitskontrollen die Ermittlung seiner Personalien anhand der Kennzeichen des Fahrzeugs unmöglich machen. Als B das Fahrzeug am 29.08.1997 mit überhöhter Geschwindigkeit fuhr, wurden die mit dem Spray behandelten amtlichen Kennzeichen bei einer Verkehrskontrolle entdeckt. ◄

Beispiel 185

AG Waldbröl U. v. 19.07.2005 – 4 Ds 385/05 – NJW 2005, 2870 (Anm. LL 2005, 827; RÜ 2005, 645; RA 2005, 624; Kudlich JA 2006, 173):

Am 11.05.2005 befuhr B mit ihrem Pkw Opel Corsa die W.-Straße in M. Dabei waren die Prüfplaketten nach § 29 II 1 Nr. 1 StVZO (Hauptuntersuchung) am hinteren und nach § 47a III 1 StVZO (Abgasuntersuchung) am vorderen Kennzeichen des Fahrzeugs mittels Nagellack rosa übermalt. Bei näherer Betrachtung der Kennzeichen war diese Veränderung auf Grund der plumpen Ausführung offensichtlich. Auf Entfernung wirkten die Plaketten indes rosafarben. Die Zahlen auf den Plaketten waren unverändert, aber nur noch eingeschränkt lesbar. ◄

Die Herbeiführung einer derart starken Reflektion, dass eine Radarfalle das Kennzeichen nicht aufzeichnen kann, verfälscht die zusammengesetzte Urkunde selbst nicht. Es wird lediglich die Wahrnehmung der Gedankenerklärung verhindert, aber keine andere an ihre Stelle gesetzt. Die Färbung der Prüfplaketten hingegen stellt ein Verfälschen dar. Zwar wird auch dort die Wahrnehmung verhindert, dies aber unter Schaffung des Erklärungsgehaltes, dass die Wartungsfrist noch nicht überschritten sei.

Das Anbringen eines Klebestreifens auf einem Fahrschein bewirkt ebenfalls keine Änderung der Beweisrichtung.[121]

Beispiel 186

OLG Düsseldorf U. v. 14.03.1983 – 5 Ss 543/82 – 8/83 I – NJW 1983, 2341 (Anm. Geilen JK 1983 StGB § 274/2; Puppe JR 1983, 429):

B fuhr am 29.01.1980 als Fahrgast mit Fahrzeugen der Rheinischen Bahngesellschaft in D. Als Fahrausweis benutzte er einen Mehrfahrtenausweis, dessen Entwerterfelder mit durchsichtigen Klebestreifen (Tesafilm) überklebt waren. Zum Fahrtantritt hatte er ein Feld des Fahrausweises in dem Entwerter-

---

[121] Hierzu Freund, in: MK-StGB, 4. Aufl. 2022, § 274 Rn. 27; Ranft Jura 1993, 84; Preuß ZJS 2013, 257 und 355.

gerät abgestempelt. Dabei erfolgte der Stempelaufdruck auf dem Klebestreifen des Entwerterfeldes. Bei Fahrausweiskontrollen während der Fahrt zeigte B den Kontrollpersonen den Mehrfahrtenausweis vor. Die Kontrollperson erkannte die Überklebung und zog den Ausweis ein. ◄

Durch den Streifen Tesafilm hat die B die Entstehung des Gedankeninhalts, dass die Inhaberin des Fahrausweises nur in einem bestimmten Zeitraum zur Fahr berechtigt ist verhindert, nicht aber eine bestehende Beweisrichtung verändert.

bb) Subjektiver Tatbestand
S. o.

c) Rechtswidrigkeit
Es gelten die allgemeinen Grundsätze.

d) Schuld
Es gelten die allgemeinen Grundsätze.

e) Rechtsfolgen
S. o.

3. § 267 I 3. Var. StGB

a) Aufbau
 I. Tatbestand
    1. Objektiver Tatbestand
        a) Eine Urkunde
        b) Unechte oder verfälschte
        c) Gebraucht
    2. Subjektiver Tatbestand
        a) Vorsatz
        b) Zur Täuschung im Rechtsverkehr oder § 270 StGB
 II. Rechtswidrigkeit
III. Schuld
IV. Rechtsfolgen: Besonders schwerer Fall, § 267 III StGB

b) Tatbestand

aa) Objektiver Tatbestand

(1) Eine Urkunde
S. o. (hier wiederum als Tatobjekt).

(2) Unechte oder verfälschte
S. jeweils o.

B. Urkundenfälschung, § 267 StGB

(3) Gebraucht

(a) Allgemeines
Eine unechte oder verfälschte Urkunde wird i. S. d. § 267 I 3. Var. StGB gebraucht, wenn der Täter sie so zugänglich macht, dass der zu Täuschende die Möglichkeit hat, die Urkunde wahrzunehmen.[122] Auch diese Var. ist nicht nur eigenhändig zu verwirklichen.[123]

Eine tatsächliche Kenntnisnahme oder gar ein Irrtum der zu täuschenden Person ist nicht erforderlich.[124]

Allerdings ist das bloße Berufen auf eine Urkunde oder das Mitführen eines Dokuments nicht ausreichend,[125] denn hier mangelt es an der notwendigen optischen Wahrnehmbarkeit.

Ein bestimmter Adressat muss dem Täter nicht gewärtig sein, nicht einmal Individualisierbarkeit ist erforderlich.[126]

Um ein Gebrauchen der Fälschung handelt es sich auch dann, wenn die Kontrolle sich nicht auf den Gegenstand der Fälschung bezieht, z. B. bzgl. einer Fahrerlaubnisklasse.[127]

Der Gebrauch einer Abschrift ist nicht zugleich ein Gebrauch des Originals.[128]

---

[122] Joecks/Jäger, StGB, 13. Aufl. 2021, § 267 Rn. 96; aus der Rspr. vgl. zuletzt BGH B. v. 08.05.2019 – 5 StR 146/19 – NStZ 2019, 675 = NStZ-RR 2020, 106 (Anm. Putzke/Prechtl ZJS 2019, 522; Dehne-Niemann HRRS 2019, 405; RÜ 2020, 24; Erb JR 2020, 450); BGH U. v. 17.10.2019 – 3 StR 521/18 – NJW 2020, 1080 = NStZ 2020, 273 = StV 2020, 660 (Anm. Bosch Jura 2020, 530; RÜ 2020, 236; Kudlich NJW 2020, 1083; Hinderer NStZ 2020, 276); BGH B. v. 21.07.2020 – 5 StR 146/19 – BGHSt 65, 98 = NJW 2020, 3260 = NStZ 2021, 43 = StV 2021, 496 (Anm. RÜ 2020, 712; Cornelius NJW 2020, 3263; Bosch Jura 2021, 104; Weidemann NStZ 2021, 46; Grabmeier ZIS 2021, 199).

[123] Aus der Rspr. vgl. BGH B. v. 20.12.2022 – 2 StR 341/22 – NStZ 2024, 41.

[124] Joecks/Jäger, StGB, 13. Aufl. 2021, § 267 Rn. 96; aus der Rspr. vgl. zuletzt BGH U. v. 17.10.2019 – 3 StR 521/18 – NJW 2020, 1080 = NStZ 2020, 273 = StV 2020, 660 (Anm. Bosch Jura 2020, 530; RÜ 2020, 236; Kudlich NJW 2020, 1083; Hinderer NStZ 2020, 276).

[125] Kindhäuser/Hilgendorf, LPK, 9. Aufl. 2022, § 267 Rn. 53; Eisele, BT I, 6. Aufl. 2021, Rn. 835; aus der Rspr. vgl. BGH U. v. 21.12.1988 – 2 StR 613/88 – BGHSt 36, 64 = NJW 1989, 1099 = NStZ 1989, 178 (Anm. Otto JK 1989 StGB § 267/13; Puppe JZ 1989, 596); BGH B. v. 09.02.1989 – 4 StR 21/89 – StV 1989, 304.

[126] Erb, in: MK-StGB, 4. Aufl. 2022, § 267 Rn. 196; aus der Rspr. vgl. RG U. v. 02.03.1908 – I 61/08 – RGSt 41, 144; RG U. v. 27.10.1938 – 3 D 698/38 – RGSt 72, 369.

[127] Aus der Rspr. vgl. OLG Hamm U. v. 06.07.1976 – 5 Ss 227/76 – NJW 1976, 2222 (Anm. Blei JA 1977, 94; Hassemer JuS 1977, 196; Weber Jura 1982, 66); OLG Köln U. v. 20.08.1980 – 3 Ss 553/80 – NJW 1981, 64 (Anm. Sonnen JA 1981, 309; Hassemer JuS 1981, 382; Weber Jura 1982, 66); BGH B. v. 21.12.1984 – 3 StR 184/84 – BGHSt 33, 105 = NJW 1985, 924 = StV 1985, 235 (Anm. Geppert JK 1985 StGB § 267/7; Sonnen JA 1985, 420; Hassemer JuS 1985, 647; Kühl JR 1986, 297).

[128] Heine/Schuster, in: Schönke/Schröder, StGB, 30. Aufl. 2019, § 267 Rn. 74; aus der Rspr. vgl. RG U. v. 17.06.1935 – 3 D 420/35 – RGSt 69, 228; RG U. v. 14.02.1936 – 1 D 1023/35 – RGSt 70, 130; BGH U. v. 11.12.1951 – 1 StR 567/51 – BGHSt 2, 50 = NJW 1952, 231.

(b) Gebrauchen einer Kopie

Umstritten ist, ob derjenige, der eine als solche erkennbare Kopie gebraucht, zugleich das Original gebraucht, was dann zu einer Strafbarkeit führt, wenn die Kopiervorlage eine unechte oder verfälschte Urkunde war.[129]

Beispiel 187

OLG Düsseldorf B. v. 29.07.1999 – 2b Ss 60/99 – 32/99 I – StV 2001, 233 (Anm. Baier JA-R 2000, 52; Freund StV 2001, 234; Wohlers JR 2001, 83):

B legte am 03.11.1997 im Generalkonsulat der Bundesrepublik Deutschland in H-C-M-Stadt Kopien eines „Sozialberichts" und einer „Adoptionserlaubnis" vor, aus denen sich das Jugendamt der Stadt N als Aussteller ergab und aus denen sich die Unbedenklichkeit der Adoption eines vietnamesischen Jungen von Seiten der Verwaltungsbehörde ergab. B wollte dadurch seine Berechtigung zur Adoption nachweisen. ◄

Hier müssen zwei unechte Urkunden, ein „Sozialbericht" und eine „Adoptionserlaubnis", existiert haben. Gebraucht der B sie mittels der Kopien?

Die Rspr.[130] und Teile der Lehre[131] nehmen dies an und lassen eine insofern mittelbare Wahrnehmungsmöglichkeit genügen.

Die wohl h. L.[132] lehnt zu Recht diesen „Trick" ab, die Verwendung als solcher erkennbarer Urkunden nun doch unter § 267 I StGB zu fassen. Wenig überzeugend ist es schon, die Strafbarkeit der Kopienverwendung von der Urkundsqualität der Kopiervorlage abhängig zu machen. Aus dem Wortlaut des Gebrauchens folgt auch ein Unmittelbarkeitserfordernis.

bb) Subjektiver Tatbestand
S. o.

c) Rechtswidrigkeit
Es gelten die allgemeinen Grundsätze.

---

[129] Zsf. Kindhäuser/Hilgendorf, LPK, 9. Aufl. 2022, § 267 Rn. 54; aus der Rspr. vgl. zuletzt BGH B. v. 08.05.2019 – 5 StR 146/19 – NStZ 2019, 675 = NStZ-RR 2020, 106 (Anm. Putzke/Prechtl ZJS 2019, 522; Dehne-Niemann HRRS 2019, 405; RÜ 2020, 24; Erb JR 2020, 450); BGH U. v. 27.05.2020 – 5 StR 433/19 – NStZ-RR 2020, 373 (Anm. RÜ 2020, 787; Reichling wistra 2021, 66); BGH B. v. 21.07.2020 – 5 StR 146/19 – BGHSt 65, 98 = NJW 2020, 3260 = NStZ 2021, 43 = StV 2021, 496 (Anm. RÜ 2020, 712; Cornelius NJW 2020, 3263; Bosch Jura 2021, 104; Weidemann NStZ 2021, 46; Grabmeier ZIS 2021, 199); BGH B. v. 04.05.2023 – 5 StR 38/23 – NStZ 2023, 542 (Anm. Jäger JA 2023, 783; Heghmanns ZJS 2023, 924; Kudlich/Schütz NStZ 2023, 543; LL 2024, 92).

[130] S. o.

[131] Kindhäuser/Hilgendorf, LPK, 9. Aufl. 2022, § 267 Rn. 54.

[132] Z. B. Hoyer, in: SK-StGB, 9. Aufl. 2019, § 267 Rn. 88.

d) Schuld
Es gelten die allgemeinen Grundsätze.

e) Rechtsfolgen
S. o.

4. Verhältnis von § 267 I 1.–3. Var. StGB zueinander; tatbestandliche Bewertungseinheit (?)

Sehr häufig wird derjenige, der eine unechte Urkunde herstellt oder eine echte Urkunde verfälscht, diese später gebrauchen wollen. In diesen Fällen ist umstritten, ob von einer tatbestandlichen Bewertungseinheit oder von Gesetzeskonkurrenz (mitbestrafte Vor- oder Nachtat) auszugehen ist.[133] In einer Fallbearbeitung kann dies i. d. R. offen gelassen werden, jedenfalls wird der Täter nur wegen einer Verwirklichung des § 267 I StGB bestraft.

Beispiel 188

BGH B. v. 30.01.2013 – 4 StR 510/12 – NStZ-RR 2013, 168 (Anm. RÜ 2013, 237):

B1 stellte in Absprache mit dem B2 Kontoauszüge her, die ihrem äußeren Erscheinungsbild nach von der Bank in S stammten und erhebliche Guthaben auf einem tatsächlich nicht existierenden Treuhandkonto des B2 auswiesen. Die dafür benötigten Daten wurden ihm von dem B2 übermittelt. Von diesen Auszügen ließ B2 in D durch verschiedene Notare jeweils eine beglaubigte Abschrift fertigen, die er anschließend dem Z als „Kapitalnachweis" vorlegte, um damit die von ihm und anderen Beteiligten begangenen Täuschungen zu untermauern. ◄

B2 verwirklichte die Urkundenfälschung nur einmal.

Gleiches gilt für das mehrmalige Gebrauchen einer einzigen Urkunde.[134]

Ist hingegen noch bei Herstellung oder Verfälschung noch kein bestimmter Gebrauch geplant, so liegt im späteren Gebrauchen eine tatmehrheitlich (§§ 53ff. StGB) begangene Tat.[135] Tatmehrheit liegt auch im Verhältnis zu anderen Delikten vor, die mit Hilfe des Gebrauchs der Urkunde verwirklicht werden sollen.[136]

---

[133] Eisele, BT I, 6. Aufl. 2021, Rn. 837; näher Sax MDR 1951, 587; Niese DRiZ 1951, 177; Miehe GA 1967, 270; Klose NZV 2022, 507; aus der Rspr. vgl. zuletzt BGH B. v. 28.04.2022 – 4 StR 88/22 – NStZ-RR 2022, 258 (Anm. RÜ 2023, 109); BGH U. v. 22.06.2023 – 4 StR 481/22 (Anm. Bosch Jura 2023, 1227; RÜ 2024, 83); BGH B. v. 18.07.2023 – 4 StR 42/23 (Anm. Rinio NZV 2024, 145).

[134] Aus der Rspr. vgl. zuletzt BGH B. v. 08.07.2020 – 4 StR 72/20 – NStZ-RR 2020, 384.

[135] Kindhäuser/Hilgendorf, LPK, 9. Aufl. 2022, § 267 Rn. 65.

[136] Aus der Rspr. vgl. BGH U. v. 17.03.2011 – 1 StR 407/10 – NJW 2011, 2448 = NStZ 2012, 147 = NStZ-RR 2011, 310 (Anm. RA 2011, 287; Müller NStZ 2012, 149).

III. Qualifikation, § 267 IV StGB

1. Aufbau

I. Tatbestand
  1. Objektiver Tatbestand
    a) Die Urkundenfälschung begeht
    b) Als Mitglied einer Bande, die sich zur fortgesetzten Begehung von Straftaten nach den §§ 263 bis 264 oder 267 bis 269 verbunden hat
  2. Subjektiver Tatbestand
    a) Die Urkundenfälschung begeht
    b) Gewerbsmäßig
II. Rechtswidrigkeit
III. Schuld

2. Erläuterungen

§ 267 IV StGB enthält eine Qualifikation, die eine Kombination aus der bandenmäßigen und gewerbsmäßigen Begehung ist, s. jeweils o. (und ausführlich bei den Vermögensdelikten, v. a. bei den §§ 243, 244 StGB).

§ 267 IV StGB sieht Freiheitsstrafe von einem Jahr bis zu zehn Jahren vor, der in die Norm integrierte (unbenannte) minder schwerer Fall Freiheitsstrafe von sechs Monaten bis zu fünf Jahren.

C. Fälschung technischer Aufzeichnungen, § 268 StGB

▶ Didaktischer Aufsatz
- Kitz, Examensrelevante Bereiche „moderner Kriminalität", JA 2001, 303

I. Allgemeines

§ 268 StGB stellt die Fälschung technischer Aufzeichnungen unter Strafe.[137]

> **§ 268 StGB (Fälschung technischer Aufzeichnungen)**
> (1) Wer zur Täuschung im Rechtsverkehr
>   1. eine unechte technische Aufzeichnung herstellt oder eine technische Aufzeichnung verfälscht oder
>   2. eine unechte oder verfälschte technische Aufzeichnung gebraucht, wird mit Freiheitsstrafe bis zu fünf Jahren oder mit Geldstrafe bestraft.

---

[137] Zu § 268 StGB Lampe NJW 1970, 1097; Widmaier NJW 1970, 1358; Kitz JA 2001, 303.

> (2) Technische Aufzeichnung ist eine Darstellung von Daten, Meß- oder Rechenwerten, Zuständen oder Geschehensabläufen, die durch ein technisches Gerät ganz oder zum Teil selbsttätig bewirkt wird, den Gegenstand der Aufzeichnung allgemein oder für Eingeweihte erkennen läßt und zum Beweis einer rechtlich erheblichen Tatsache bestimmt ist, gleichviel ob ihr die Bestimmung schon bei der Herstellung oder erst später gegeben wird.
> (3) Der Herstellung einer unechten technischen Aufzeichnung steht es gleich, wenn der Täter durch störende Einwirkung auf den Aufzeichnungsvorgang das Ergebnis der Aufzeichnung beeinflußt.
> (4) Der Versuch ist strafbar.
> (5) § 267 Abs. 3 und 4 gilt entsprechend.

Die Norm dient dem Zweck, die durch technischen Fortschritt bedingten Lücken in Fällen zu schließen, in denen es an einer menschlichen Gedankenerklärung mangelt, sodass § 267 StGB mangels Urkunde nicht einschlägig ist; geschützt wird das Vertrauen, dass eine technische Aufzeichnung ohne Manipulation zustande gekommen und in dieser Hinsicht inhaltlich richtig ist.[138]

II. Grunddelikte, § 268 I–III StGB

1. § 268 I Nr. 1 1. Var. StGB

a) Aufbau
 I. Tatbestand
  1. Objektiver Tatbestand
   a) Eine technische Aufzeichnung, § 268 II StGB
   b) Unechte
   c) Herstellt
  2. Subjektiver Tatbestand
   a) Vorsatz
   b) Zur Täuschung im Rechtsverkehr oder § 270 StGB
 II. Rechtswidrigkeit
 III. Schuld
 IV. Rechtsfolgen: Besonders schwerer Fall, §§ 268 V i. V. m. 267 III StGB

---

[138] Kindhäuser/Hilgendorf, LPK, 9. Aufl. 2022, § 268 Rn. 1; aus der Rspr. vgl. OLG München U. v. 15.05.2006 – 4St RR 53/06 – NJW 2006, 2132 = NStZ 2006, 576 (Anm. LL 2006, 689; RÜ 2006, 479; RA 2006, 490; Geppert JK 2007 StGB § 303/5; Kudlich JA 2007, 72; Mann NStZ 2007, 271; Gaede JR 2008, 97); BGH B. v. 16.04.2015 – 1 StR 490/14 – NStZ 2016, 42 = StV 2015, 754 und 2016, 364 (Anm. Bosch Jura 2015, 1137; Hecker JuS 2015, 1132; LL 2015, 827; RÜ 2015, 516; Wollschläger StV 2015, 754; Erb StV 2016, 366).

b) Tatbestand

aa) Objektiver Tatbestand

(1) Eine technische Aufzeichnung, § 268 II StGB

Tatobjekt des § 268 StGB ist die technische Aufzeichnung.[139] § 268 II StGB enthält eine Legaldefinition, die an die in Rspr. und Lehre entwickelte Definition der Urkunde angelehnt ist.

Zu **Daten** s. o. bei § 202a StGB. Letztlich ergibt sich aus der Aufzählung „Daten, Mess- oder Rechenwerte, Zustände oder Geschehensabläufe", dass es sich um beliebige Informationen handeln kann.[140]

Eine „**Darstellung**" bzw. „**Aufzeichnung**" setzt eine Dauerhaftigkeit der Verkörperung voraus, sodass bloße Anzeigegeräte, die in ihre Ausgangsstellung zurückgehen, nicht erfasst sind.[141]

Umstritten ist, ob **Zählgeräte** erfasst sind, die eine Summe anzeigen, z. B. Kilometer-, Wasser-, Gas- oder Stromzähler.[142]

Beispiel 189

BGH U. v. 07.02.1980 – 4 StR 654/79 – BGHSt 29, 204 = NJW 1980, 1638 (Anm. Geilen JK 1980 StGB § 268/2; Hassemer JuS 1980, 837; Kienapfel JR 1980, 429):

B schraubte an dem von der Firma Z gemieteten Lkw die Tachowelle los und verhinderte auf diese Weise ein Weiterlaufen des Kilometerzählers. Dadurch erreichte er, dass dieser statt der tatsächlich gefahrenen ca. 160 km nur 58 gefahrene Kilometer auswies. Das war der Zweck seiner Manipulation. ◀

Die Rspr.[143] und die h. L.[144] verneinen dies und setzen einen vom Zählwerk abtrennbaren Informationsträger voraus.

Teile der Lehre[145] halten demgegenüber § 268 StGB für einschlägig.

---

[139] Hierzu Hoyer, in: SK-StGB, 9. Aufl. 2019, § 268 Rn. 9ff.; Puppe MDR 1973, 460.

[140] Erb, in: MK-StGB, 4. Aufl. 2022, § 268 Rn. 8.

[141] Puppe/Schumann, in: NK-StGB, 6. Aufl. 2023, § 268 Rn. 24; aus der Rspr. vgl. zuletzt BGH B. v. 16.04.2015 – 1 StR 490/14 – NStZ 2016, 42 = StV 2015, 754 und 2016, 364 (Anm. Bosch Jura 2015, 1137; Hecker JuS 2015, 1132; LL 2015, 827; RÜ 2015, 516; Wollschläger StV 2015, 754; Erb StV 2016, 366).

[142] Hierzu Joecks/Jäger, StGB, 13. Aufl. 2021, § 268 Rn. 9f.; Hillenkamp/Cornelius, 40 Probleme aus dem Strafrecht BT, 13. Aufl. 2020, 14. Problem; aus der Rspr. vgl. zuletzt BGH B. v. 16.04.2015 – 1 StR 490/14 – NStZ 2016, 42 = StV 2015, 754 und 2016, 364 (Anm. Bosch Jura 2015, 1137; Hecker JuS 2015, 1132; LL 2015, 827; RÜ 2015, 516; Wollschläger StV 2015, 754; Erb StV 2016, 366).

[143] S. o.

[144] Etwa Joecks/Jäger, StGB, 13. Aufl. 2021, § 268 Rn. 10.

[145] Z. B. Hoyer, in: SK-StGB, 9. Aufl. 2019, § 268 Rn. 12.

Zwar ist der Minderheitsauffassung zuzugeben, dass jeder vorherige Wert als Summand in der Summe erhalten bleibt, sodass sich insofern von einer gewissen Verkörperung sprechen lässt. Das Vertrauen der Vertragspartner in die Richtigkeit der Summe ist auch sehr wohl schutzwürdig. Allerdings gewähren die §§ 263, 242, 248c, 266 StGB i. d. R. einen hinreichenden Schutz. Ggf. muss der Gesetzgeber Strafbarkeitslücken schließen, wie er es z. B. mit § 22b StVG getan hat. Es dürfte auch dem Willen des Gesetzgebers und der angestrebten Parallelität zu § 267 StGB entsprechen, dass die stetige Veränderung derartiger Zählwerke die Annahme einer für eine Aufzeichnung hinreichenden Verkörperung ausschließt.

Die Darstellung muss durch ein technisches Gerät **selbsttätig bewirkt** werden, d. h. es muss ein Mechanismus existieren, der für einen wenigstens z. T. automatischen Aufzeichnungsvorgang sorgt.[146]

Hieran fehlt es, wenn das Gerät lediglich die Außenwelt reproduziert, wie das z. B. bei Fotografien, Fotokopien, Ton- und Filmaufnahmen oder einem Fax der Fall ist.[147] Erst dann, wenn zu einer solchen Aufnahme weitere Informationen hinzugefügt werden, kommt es zu einer technischen Aufzeichnung i. S. d. § 268 StGB, etwa bei Radarfallen.[148]

Umstritten ist, ob von einem selbsttätigen Bewirken auch dann auszugehen ist, wenn eine menschliche Gedankenerklärung und somit eine Urkunde i. S. d. § 267 StGB vorliegt.[149]

Beispiel 190

OLG Köln B. v. 10.08.2001 – Ss 264/01 – NJW 2002, 527 (Anm. RA 2001, 670; famos 12/2001; Otto JK 2002 StGB § 267/29; Hecker JuS 2002, 224; Martin JuS 2002, 402; LL 2002, 242; RÜ 2002, 175; Matzky Jura 2003, 191):

B parkte am 21., 22., 23. und 24.03.2000 ihren Pkw auf dem T.-Ring in K. jeweils im Bereich eines Parkscheinautomaten, wo das Parken an Werktagen nur gegen die Entrichtung einer Parkgebühr gestattet ist. Der Parkscheinautomat ist auf 24 h eingestellt, wobei die Parkgebühr für diesen Zeitraum 5 DM beträgt. Der Parkschein zeigt das Ende der zulässigen Parkzeit mit Datum und Uhrzeit an

---

[146] Hoyer, in: SK-StGB, 9. Aufl. 2019, § 268 Rn. 17; aus der Rspr. vgl. BGH B. v. 16.04.2015 – 1 StR 490/14 – NStZ 2016, 42 = StV 2015, 754 und 2016, 364 (Anm. Bosch Jura 2015, 1137; Hecker JuS 2015, 1132; LL 2015, 827; RÜ 2015, 516; Wollschläger StV 2015, 754; Erb StV 2016, 366).

[147] Ganz H. M., s. Joecks/Jäger, StGB, 13. Aufl. 2021, § 268 Rn. 18; aus der Rspr. vgl. OLG München U. v. 15.05.2006 – 4 St RR 53/06 – NJW 2006, 2132 = NStZ 2006, 576 (Anm. LL 2006, 689; RÜ 2006, 479; RA 2006, 490; Geppert JK 2007 StGB § 303/5; Kudlich JA 2007, 72; Mann NStZ 2007, 271; Gaede JR 2008, 97); OLG Oldenburg U. v. 08.12.2008 – Ss 389/08 – NStZ 2009, 391 = StV 2009, 361 (Anm. LL 2009, 674; RÜ 2009, 511; RA 2009, 547); BGH B. v. 16.04.2015 – 1 StR 490/14 – NStZ 2016, 42 = StV 2015, 754 und 2016, 364 (Anm. Bosch Jura 2015, 1137; Hecker JuS 2015, 1132; LL 2015, 827; RÜ 2015, 516; Wollschläger StV 2015, 754; Erb StV 2016, 366).

[148] Fischer, StGB, 71. Aufl. 2024, § 268 Rn. 10.

[149] S. Kindhäuser/Hilgendorf, LPK, 9. Aufl. 2022, § 268 Rn. 5; Kienapfel JZ 1971, 163; Hecker JuS 2002, 224 (226).

("Parkzeit endet"); darüber hinaus enthält er die Bezeichnung des Standorts. Um die Parkgebühr zu sparen und kontrollierende Politessen über die tatsächlich nicht erfolgte Zahlung zu täuschen, legte B jeweils einen abgelaufenen Parkschein hinter die Windschutzscheibe, wobei sie die Datumsangabe jeweils mit Ziffern in dem Druckbild des Parkscheins so überklebt hatte, dass das aktuelle Datum ausgewiesen wurde. Die kontrollierende Politesse erkannte jedoch die Manipulationen und heftete an den ersten drei Tattagen jeweils Verwarnungen unter den Scheibenwischer des Pkw der B; am 24.03.2000 wurde die Polizei hinzugezogen, die das Fahrzeug öffnete und den Parkschein sicherstellte. ◄

Menschliche Gedankenerklärung ist die willentliche Entäußerung von zur Nachrichtenübermittlung geeigneten und bestimmten Zeichen durch einen Menschen. Wenn ein Parkschein auch maschinell und automatisiert angefertigt wird, macht sich der Parkende die vom Parkschein ausgehende Erklärung mit der Verwendung zu eigen, sodass eine menschliche Gedankenerklärung vorliegt. Fraglich ist, ob hinsichtlich der Anfertigung zugleich noch von einem selbsttätigen Bewirken gesprochen werden kann.

§ 268 StGB soll Strafbarkeitslücken schließen, die sich bei § 267 StGB im Hinblick auf das Erfordernis einer menschlichen Gedankenerklärung ergeben können. Denkbar ist daher, dass eine technische Aufzeichnung bereits tatbestandlich nicht vorliegt, wenn das Tatobjekt dem Urkundenbegriff unterfällt. Diskutabel wäre es auch, § 268 StGB als bloße Ergänzung des Urkundenstrafrechts i. e. S. zu begreifen mit der Folge, § 268 StGB nach Subsidiaritätsgrundsätzen zurücktreten zu lassen, wenn zugleich § 267 StGB verwirklicht ist. Zu folgen ist indes der h. M., wonach beide Delikte tateinheitlich verwirklicht werden können.[150] Dafür spricht, dass der technischen Aufzeichnung als Beweismittel im Rechtsverkehr prinzipiell die gleiche Bedeutung zukommt wie einer Urkunde. Es erscheint daher sachgerecht, im Schuldspruch zum Ausdruck zu bringen, dass der abgeurteilten Tat ein Angriff auf ein Tatobjekt zu Grunde liegt, welches sowohl als Urkunde wie auch als technische Aufzeichnung strafrechtlichen Schutz genießt.

Der Gegenstand der Aufzeichnung muss allgemein oder für Eingeweihte erkennbar sein, ferner muss die Darstellung zum Beweis bestimmt sein (s. o. bei § 267 StGB).

(2) Unechte
Unecht ist eine technische Aufzeichnung dann, wenn sie den falschen Eindruck erweckt, das Ergebnis eines von einer Störungshandlung unbeeinflussten Aufzeichnungsvorganges zu sein.[151]

---

[150] S. Heine/Schuster, in: Schönke/Schröder, StGB, 30. Aufl. 2019, § 268 Rn. 28.
[151] Kindhäuser/Hilgendorf, LPK, 9. Aufl. 2022, § 268 Rn. 9; aus der Rspr. vgl. LG Stade U. v. 06.05.1974 – 2 Ns 24/74 – NJW 1974, 2017 (Anm. Kienapfel JZ 1974, 653); BGH B. v. 06.02.1979 – 1 StR 648/78 – BGHSt 28, 300 = NJW 1979, 1466 (Anm. Seier JA 1979, 558; Hassemer JuS 1979, 746; Kienapfel JR 1980, 347); OLG Hamm U. v. 27.06.1984 – 6 Ss 1558/83 – NJW 1984, 2173.

Ähnlich wie bei § 267 StGB ist dies zu unterscheiden von einer **bloß inhaltlich unrichtigen** Aufzeichnung, die etwa daraus resultiert, dass der Täter das Gerät mit inhaltlich unrichtigen Daten beschickt, die durch den Automatisierungsvorgang korrekt wiedergegeben werden.[152]

> **Beispiel 191**
>
> Die Fleischereifachverkäuferin B drückte bei einem Abwiegevorgang heimlich ihren Daumen auf die Waage, sodass der Kunde mehr Ware bezahlte, als er erhielt. ◄

Hierin kann also allenfalls ein Betrug (§ 263 StGB), aber keine Fälschung technischer Aufzeichnungen liegen.

(3) Herstellt
Die Tathandlungen des § 268 I StGB entsprechen denen des § 267 I StGB.
Zum Herstellen s. daher o.

bb) Subjektiver Tatbestand
Gem. § 15 StGB ist Vorsatz erforderlich.
Ferner muss der Täter „zur Täuschung im Rechtsverkehr" handeln, s. o. bei § 267 StGB.

c) Rechtswidrigkeit
Es gelten die allgemeinen Grundsätze.

d) Schuld
Es gelten die allgemeinen Grundsätze.

e) Rechtsfolgen

aa) Allgemeines
§ 268 I StGB sieht Freiheitsstrafe bis zu fünf Jahren (im Minimum also ein Monat, § 38 II StGB) oder Geldstrafe (zu den Grenzen s. § 40 StGB) vor.

bb) Besonders schwerer Fall, §§ 268 V i. V. m. 267 III StGB
§ 268 V StGB verweist für einen besonders schweren Fall auf § 267 III StGB, hierzu s. o.

f) Sonstiges
Der Versuch der Fälschung technischer Aufzeichnungen ist gem. § 268 IV StGB strafbar.

---

[152] Heine/Schuster, in: Schönke/Schröder, StGB, 30. Aufl. 2019, § 267 Rn. 32.

2. § 268 I Nr. 1 2. Var. StGB

a) Aufbau
I. Tatbestand
   1. Objektiver Tatbestand
      a) Eine technische Aufzeichnung, § 268 II StGB
      b) Verfälscht
   2. Subjektiver Tatbestand
      a) Vorsatz
      b) Zur Täuschung im Rechtsverkehr oder § 270 StGB
II. Rechtswidrigkeit
III. Schuld
IV. Rechtsfolgen: Besonders schwerer Fall, §§ 268 V i. V. m. 267 III StGB

b) Tatbestand

aa) Objektiver Tatbestand

(1) Eine technische Aufzeichnung, § 268 II StGB
S. o.

(2) Verfälscht
Eine technische Aufzeichnung verfälscht, wer die durch die Aufzeichnung ausgewählten und fixierten Zeichen durch imitierte Zeichen ergänzt, löscht oder (teilweise) ersetzt und damit den Eindruck erweckt, als seien diese das nach ordnungsgemäßem Herstellungsvorgang produzierte Ergebnis des Geräts; die Verfälschung kann sich auf den Inhalt der Aufzeichnung beziehen oder auf den perpetuierten Beweisbezug.[153]

bb) Subjektiver Tatbestand
S. o.

c) Rechtswidrigkeit
Es gelten die allgemeinen Grundsätze.

d) Schuld
Es gelten die allgemeinen Grundsätze.

e) Rechtsfolgen
S. o.

---

[153] Aus der Rspr. vgl. LG Stade U. v. 06.05.1974 – 2 Ns 24/74 – NJW 1974, 2017 (Anm. Kienapfel JZ 1974, 653); BGH B. v. 16.04.2015 – 1 StR 490/14 – NStZ 2016, 42 = StV 2015, 754 und 2016, 364 (Anm. Bosch Jura 2015, 1137; Hecker JuS 2015, 1132; LL 2015, 827; RÜ 2015, 516; Wollschläger StV 2015, 754; Erb StV 2016, 366).

3. § 268 I Nr. 2 StGB

a) Aufbau
  I. Tatbestand
   1. Objektiver Tatbestand
      a) Eine technische Aufzeichnung, § 268 II StGB
      b) Unechte oder verfälschte
      c) Gebraucht
   2. Subjektiver Tatbestand
      a) Vorsatz
      b) Zur Täuschung im Rechtsverkehr oder § 270 StGB
  II. Rechtswidrigkeit
  III. Schuld
  IV. Rechtsfolgen: Besonders schwerer Fall, §§ 268 V i. V. m. 267 III StGB

b) Tatbestand

aa) Objektiver Tatbestand

(1) Eine technische Aufzeichnung, § 268 II StGB
S. o.

(2) Unechte oder verfälschte
Hierzu s. jeweils o.

(3) Gebraucht
Zum Gebrauchen vgl. o. bei § 267 I StGB.

bb) Subjektiver Tatbestand
S. o.

c) Rechtswidrigkeit
Es gelten die allgemeinen Grundsätze.

d) Schuld
Es gelten die allgemeinen Grundsätze.

e) Rechtsfolgen
S. o.

4. § 268 III StGB

a) Aufbau
  I. Tatbestand
   1. Objektiver Tatbestand
      a) Störende Einwirkung auf den Aufzeichnungsvorgang
      b) Ergebnis der Aufzeichnung beeinflußt; durch

2. Subjektiver Tatbestand
   a) Vorsatz
   b) Zur Täuschung im Rechtsverkehr oder § 270 StGB
II. Rechtswidrigkeit
III. Schuld
IV. Rechtsfolgen: Besonders schwerer Fall, §§ 268 V i. V. m. 267 III StGB

b) Tatbestand

aa) Objektiver Tatbestand

Eine **störende Einwirkung** ist der Eingriff in den Funktionsablauf, sodass das Aufzeichnungsergebnis objektiv unrichtig wird.[154]

Nicht ausreichend ist das Ausnutzen technischer Eigendefekte.[155] Ebenso wenig sind bloße Input-Manipulationen – die Eingabe unrichtiger Arbeitsvoraussetzungen (z. B. beim Wiegen) – erfasst.[156]

Umstritten ist, ob eine vom Täter installierte **Gegenblitzanlage** oder eine Reflektionsvorrichtung störend i. S. d. § 268 III StGB einwirkt.[157]

Beispiel 192

LG Flensburg B. v. 20.01.1999 – II Qs 131/98 – NJW 2000, 1664 (Anm. Martin JuS 2000, 822; LL 2000, 554; RÜ 2000, 337; RA 2000, 346):

B brachte an der Frontscheibe seines Pkw oberhalb des Innenspiegels eine Gegenblitzanlage an, die am 30.07.1998 beim Passieren einer Geschwindigkeitskontrollstelle mittels Radarmessung in der geschlossenen Ortschaft in W. im Augenblick der Radarmessung (diese ergab 83 km/h) durch den ausgesandten Gegenblitz den Fahrer des Fahrzeugs auf dem zu erstellenden Beweisfoto unkenntlich machte. ◄

---

[154] Joecks/Jäger, StGB, 13. Aufl. 2021, § 268 Rn. 26; Hoyer, in: SK-StGB, 9. Aufl. 2019, § 268 Rn. 31ff.; aus der Rspr. vgl. BGH B. v. 10.12.1993 – StR 212/93 – BGHSt 40, 26 = NJW 1994, 743 = NStZ 1994, 547 = StV 1994, 243 (Anm. Geppert JK 1994 StGB § 268/4); BayObLG U. v. 02.03.1995 – 4 St RR 30/95 – NStZ-RR 1996, 36; BGH B. v. 16.04.2015 – 1 StR 490/14 – NStZ 2016, 42 = StV 2015, 754 und 2016, 364 (Anm. Bosch Jura 2015, 1137; Hecker JuS 2015, 1132; LL 2015, 827; RÜ 2015, 516; Wollschläger StV 2015, 754; Erb StV 2016, 366).

[155] Fischer, StGB, 71. Aufl. 2024, § 268 Rn. 25; aus der Rspr. vgl. LG Stade U. v. 06.05.1974 – 2 Ns 24/74 – NJW 1974, 2017 (Anm. Kienapfel JZ 1974, 653); BGH B. v. 06.02.1979 – 1 StR 648/78 – BGHSt 28, 300 = NJW 1979, 1466 (Anm. Seier JA 1979, 558; Hassemer JuS 1979, 746; Kienapfel JR 1980, 347).

[156] Fischer, StGB, 71. Aufl. 2024, § 268 Rn. 20; aus der Rspr. vgl. BGH U. v. 03.07.1990 – 1 StR 135/90.

[157] Hierzu Fischer, StGB, 71. Aufl. 2024, § 268 Rn. 20; aus der Rspr. vgl. AG Berlin-Tiergarten U. v. 11.11.1998 – 340 Ds 169/98 – NStZ-RR 2000, 9 (Anm. Geppert JK 2000 StGB § 268/5; Rahmlow JR 2000, 388).

C. Fälschung technischer Aufzeichnungen, § 268 StGB

> **Beispiel 193**
>
> **OLG München U. v. 15.05.2006 – 4St RR 53/06 – NJW 2006, 2132 = NStZ 2006, 576 (Anm. LL 2006, 689; RÜ 2006, 479; RA 2006, 490; Geppert JK 2007 StGB § 303/5; Kudlich JA 2007, 72; Mann NStZ 2007, 271; Gaede JR 2008, 97):**
> B brachte an der Hinterseite der Sonnenblende an der Fahrerseite sowie an der Hinterseite des Innenspiegels seines Pkw mehrere Reflektoren an. Bei einer auf einer Bundesautobahn durchgeführten stationären Abstandsmessung mittels Blitzanlage wurde der Pkw des B auf Grund zu geringen Sicherheitsabstands geblitzt. Wie von B beabsichtigt, reflektierten die von ihm im Fahrzeuginnern angebrachten Reflektoren beim Auftreffen des Blitzlichts dieses, sodass der betreffende Bildausschnitt auf dem Lichtbild im Bereich des Fahrzeugführers überbelichtet war und eine Fahreridentifizierung dadurch unmöglich wurde. ◄

Unstreitig[158] ist, dass Lichtbilder, die von einer automatischen, mit einer Messvorrichtung gekoppelten Kamera einer Verkehrsüberwachungsanlage gefertigt werden, technische Aufzeichnungen i. S. von § 268 StGB sind.[159] Sie werden damit vom Schutzzweck des § 268 StGB erfasst. Diese Bestimmung dient dem Schutz des Vertrauens darauf, dass ein Gegenstand, der im Rechtsverkehr als technische Aufzeichnung präsentiert wird, auch in dieser Form „ohne Machinationen" entstanden ist und gerade deshalb als Ergebnis eines automatisierten Vorgangs die Vermutung inhaltlicher Richtigkeit für sich hat. In der Konsequenz des Schutzzwecks der Norm liegt es, den Echtheitsbegriff so zu bestimmen, dass in ihm der entscheidende Bezugspunkt des Vertrauens (der von menschlicher Einwirkung unberührte, in Übereinstimmung mit der Programmierung ablaufende Herstellungsvorgang) zum Ausdruck kommt. Die Tathandlung des störenden Einwirkens auf den Aufzeichnungsvorgang verlangt deshalb Eingriffe, die den selbsttätig-fehlerfreien Funktionsablauf des aufzeichnenden Geräts in Mitleidenschaft ziehen. Der Täter muss störend auf den Aufzeichnungsvorgang eingewirkt haben, sein Eingriff muss die konkrete Funktion des Geräts beeinträchtigen, das heißt zu inhaltlicher Unrichtigkeit der Aufzeichnung führen. Die Anwendung von § 268 III StGB scheitert hier nicht daran, dass lediglich eine Manipulation am Bezugsobjekt im Sinne eines täuschenden Beschickens vorläge, sondern vielmehr daran, dass der störende Eingriff die Entstehung einer Aufzeichnung überhaupt verhindert (was aber letztlich offen bleiben kann). Da die Einwirkung eine unrichtige Aufzeichnung verursachen muss, ist die völlige Verhinderung der Aufzeichnung durch Manipulationen am Objekt, die es für das Gerät unerkennbar machen, nicht tatbestandsmäßig.[160]

---

[158] S. nur Fischer, StGB, 71. Aufl. 2024, § 268 Rn. 10.
[159] So (auch zum Folgenden) OLG München U. v. 15.05.2006 – 4St RR 53/06 – NJW 2006, 2132 (2133).
[160] Fischer, StGB, 71. Aufl. 2024, § 268 Rn. 24.

Eine Gegenauffassung[161] verweist zwar darauf, dass das Geschehen zunächst unbeeinflusst dem Zugriff durch die technische Aufzeichnung der Radaranlage offen stehe. Diese Radaranlage erreiche auch die Erfassung und Aufzeichnung der erforderlichen Daten auf der Fotografie. Verhindert werde mit der Gegenblitzanlage aber, dass die Aufzeichnung so gelingt, dass sie der Auswertung zugängig ist. Die Reflexion – als Reaktion auf ein Geschehen – erreiche, dass die zunächst für eine denklogische (Zehntel-)Sekunde ordnungsgemäße und auswertbare Aufzeichnung auf dem Licht- und Messbild der Radaranlage bis zur Unkenntlichmachung beeinflusst werde. Kurz bevor die Linse des Fotoapparates als Teil des Erfassungsgerätes der Polizei sich wieder schließe und die Aufzeichnung fertiggestellt sei, werde (durch Überbelichtung) auf den Aufzeichnungsvorgang und das Ergebnis eingewirkt, was dazu führt, dass das Gerät der Polizei nicht bestimmungsgemäß aufzeichnet. Ein Einwirken wäre hiernach gegeben.

Dem ist aber entgegenzuhalten, dass die Aufzeichnung der Überbelichtung kein Defizit der Aufzeichnungsapparatur ist, sondern lediglich eine Wiedergabe der hell-reflektierten Wirklichkeit; ob dies nun dazu führt, dass es bereits an einer Aufzeichnung i. S. d. § 268 II StGB fehlt oder lediglich an einer Tathandlung nach § 268 I, III StGB kann dahinstehen.

bb) Subjektiver Tatbestand
S. o.

c) Rechtswidrigkeit
Es gelten die allgemeinen Grundsätze.

d) Schuld
Es gelten die allgemeinen Grundsätze.

e) Rechtsfolgen
S. o.

III. Qualifikation, §§ 268 V i. V. m. 267 IV StGB

1. Aufbau
I. Tatbestand
  1. Objektiver Tatbestand
     a) Die Fälschung technischer Aufzeichnung begeht
     b) Als Mitglied einer Bande, die sich zur fortgesetzten Begehung von Straftaten nach den §§ 263 bis 264 oder 267 bis 269 verbunden hat
  2. Subjektiver Tatbestand
     a) Die Fälschung technischer Aufzeichnung begeht
     b) Gewerbsmäßig

---

[161] AG Berlin-Tiergarten U. v. 11.11.1998 – 340 Ds 169/98 – NStZ-RR 2000, 9 (Anm. Geppert JK 2000 StGB § 268/5; Rahmlow JR 2000, 388).

II. Rechtswidrigkeit
III. Schuld

2. Erläuterungen

Qualifizierend verweist § 268 V StGB auf § 267 IV StGB, hierzu s. o.

D. Urkundenunterdrückung, Veränderung einer Grenzbezeichnung, § 274 StGB

I. Allgemeines

§ 274 StGB stellt die Urkundenunterdrückung, die Datenunterdrückung und die Veränderung einer Grenzbezeichnung unter Strafe.

> **§ 274 StGB (Urkundenunterdrückung, Veränderung einer Grenzbezeichnung)**
> (1) Mit Freiheitsstrafe bis zu fünf Jahren oder mit Geldstrafe wird bestraft, wer
> 1. eine Urkunde oder eine technische Aufzeichnung, welche ihm entweder überhaupt nicht oder nicht ausschließlich gehört, in der Absicht, einem anderen Nachteil zuzufügen, vernichtet, beschädigt oder unterdrückt,
> 2. beweiserhebliche Daten (§ 202a Abs. 2), über die er nicht oder nicht ausschließlich verfügen darf, in der Absicht, einem anderen Nachteil zuzufügen, löscht, unterdrückt, unbrauchbar macht oder verändert oder
> 3. einen Grenzstein oder ein anderes zur Bezeichnung einer Grenze oder eines Wasserstandes bestimmtes Merkmal in der Absicht, einem anderen Nachteil zuzufügen, wegnimmt, vernichtet, unkenntlich macht, verrückt oder fälschlich setzt.
> (2) Der Versuch ist strafbar.

Die Norm schützt den Bestand von Beweismitteln und das Recht zur Beweiserbringung.[162]

Die gesetzliche Überschrift ist insofern unvollständig, als die Norm als taugliche Tatobjekte außer Urkunden (§ 274 I Nr. 1 1. Var. StGB) und Grenzbezeichnungen (§ 274 I Nr. 3 StGB) auch technische Aufzeichnungen (§ 274 I Nr. 1 2. Var. StGB) sowie beweiserhebliche Daten (§ 274 I Nr. 2 StGB) erfasst.

---

[162] Joecks/Jäger, StGB, 13. Aufl. 2021, § 274 Rn. 1; aus der Rspr. vgl. zuletzt OLG Karlsruhe B. v. 13.03.2019 – 1 Rv 3 Ss 691/18 (Anm. Hecker JuS 2019, 819; RÜ 2019, 785); BGH B. v. 21.08.2019 – 3 StR 7/19 – NStZ-RR 2020, 176 = StV 2021, 36 (Anm. Jäger JA 2020, 310; LL 2020, 247; RÜ 2020, 100; Fahl NStZ-RR 2020, 177; Kretschmer JR 2020, 491); BVerfG B. v. 02.07.2020 – 1 BvR 1627/19 – NJW 2020, 3709 = StV 2021, 141.

II. § 274 I Nr. 1 StGB

1. Aufbau
I. Tatbestand
  1. Objektiver Tatbestand
    a) Eine (echte) Urkunde oder eine (echte) technische Aufzeichnung
    b) Welche ihm entweder überhaupt nicht oder nicht ausschließlich gehört
    c) Vernichtet, beschädigt oder unterdrückt
  2. Subjektiver Tatbestand
    a) Vorsatz
    b) Absicht, einem anderen Nachteil zuzufügen
II. Rechtswidrigkeit
III. Schuld

2. Tatbestand

a) Objektiver Tatbestand

aa) Eine (echte) Urkunde oder eine (echte) technische Aufzeichnung
Zur Urkunde und technischen Aufzeichnung s. jeweils o. bei den §§ 267, 268 StGB.
  Die **Echtheit** der Urkunde etc. ist ungeschriebenes Tatbestandsmerkmal; an unechten Urkunden kann kein Beweisführungsrecht bestehen.[163]

bb) Welche ihm entweder überhaupt nicht oder nicht ausschließlich gehört
Die Urkunde etc. darf dem Täter überhaupt nicht oder nicht ausschließlich gehören. Die Frage, wem das Tatobjekt gehört, richtet sich **nicht** nach dem **Eigentum** oder Besitz, sondern nach dem **Recht**, mit der Urkunde oder technischen Aufzeichnung im Rechtsverkehr **Beweis zu erbringen**.[164]

Beispiel 194

BGH U. v. 29.01.1980 – 1 StR 683/79 – BGHSt 29, 192 = NJW 1980, 1174 (Anm. Kühl, Höchstrichterliche Rspr. BT, 2002, Nr. 75; Geilen JK 1980 StGB § 274/1; Hassemer JuS 1980, 763):
  B1 war seit 01.04.1971 als Maschinenmeister bei der Firma B2 beschäftigt. Am 11.03.1976 wurden die Geschäftsräume der Firma B2 aufgrund eines richterlichen Durchsuchungsbeschlusses durchsucht. Der Geschäftsführer dieser Firma stand im Verdacht, durch fingierte Lohnabrechnungen gegenüber dem Arbeitsamt unberechtigterweise Schlechtwetter- bzw. Kurzarbeitergeld bezogen zu haben. Die Durchsuchung sollte vor allem zur Auffindung von Nettolohn

---

[163] Hoyer, in: SK-StGB, 9. Aufl. 2019, § 274 Rn. 6; aus der Rspr. vgl. BGH B. v. 27.09.2007 – 5 StR 171/07.
[164] Kindhäuser/Hilgendorf, LPK, 9. Aufl. 2022, § 274 Rn. 3; aus der Rspr. vgl. zuletzt OLG Karlsruhe B. v. 13.03.2019 – 1 Rv 3 Ss 691/18 (Anm. Hecker JuS 2019, 819; RÜ 2019, 785).

listen, Lohnabrechnungen, Stundenaufschreibungen, Beitragsnachweisen an Krankenkassen, Diagrammscheiben der Betriebsfahrzeuge, Baustellenabrechnungen, Lohnnachweisen für Aushilfskräfte, Überweisungsträger für Löhne, Gehälter und Kindergeld dienen. Ein Großteil der Geschäftsunterlagen konnte beschlagnahmt werden. Die zunächst nicht aufgefundenen Unterlagen hatte der Geschäftsführer B2 vor der Durchsuchung in eine leere Baustellenbaracke verbringen lassen und ihren Verbleib bei der Durchsuchung verschwiegen. Entweder am Tage der Durchsuchung oder einen Tag später ordnete B2 die Beseitigung der ausgelagerten Geschäftsunterlagen an. Mit der Beseitigung der Akten beauftragte er B1. Am 13.03.1976 holte B1 die Akten aus der Baubaracke und fuhr damit zum Gelände einer Kläranlage. B schob mit einer dort abgestellten Planierraupe eine Schneise in die Erdhügel, die Akten wurden hineingeworfen und mit Erde bedeckt. Die anschließende Planierung der Baustelle durch Fahrzeuge der Firma B2 hatte bewirkt, dass die Akten teilweise bis zu 3 m mit Erde bedeckt waren. ◄

B2 hatte, auch wenn seine Firma Alleineigentümerin an den Geschäftsunterlagen gewesen sein sollte, zum Zeitpunkt der Beseitigung kein Beweisführungsrecht mehr. Mit dem Durchsuchungsbeschluss ist ihm die Verpflichtung auferlegt worden, die Dokumente zur Beweisführung eines anderen herauszugeben.

Auch ein **Eigentümer** kann sich daher strafbar machen.[165] Des Weiteren kann sich der **Aussteller** strafbar machen, sobald er seine alleinige Verfügungsbefugnis verloren hat.[166]

Bei **amtlichen Ausweisen** besteht ein alleiniges Beweisführungsrecht des Inhabers.[167]

Eine Urkunde kann auch jemandem gehören, in dessen Machtbereich sie sich nie befand.[168]

cc) Vernichtet, beschädigt oder unterdrückt
Bei allen Tathandlungen kommt es anders als insbesondere bei § 303 StGB auf eine Beeinträchtigung des Beweisführungsrechtes, nicht auf eine Substanzbeeinträchtigung an.

Vernichtet ist das Tatobjekt, wenn der gedankliche Inhalt nicht mehr zu erkennen ist.[169] Dann ist auch die Urkundseigenschaft verloren gegangen.

---

[165] Aus der Rspr. vgl. RG U. v. 28.04.1905 – 4914/04 – RGSt 38, 37; BayObLG U. v. 24.04.1968 – RReg. 1 b St 437/67 – NJW 1968, 1896.
[166] Kindhäuser/Hilgendorf, LPK, 9. Aufl. 2022, § 274 Rn. 4ff.
[167] H. M., Fischer, StGB, 71. Aufl. 2024, § 274 Rn. 3; aus der Rspr. vgl. zuletzt BGH B. v. 21.08.2019 – 3 StR 7/19 – NStZ-RR 2020, 176 = StV 2021, 36 (Anm. Jäger JA 2020, 310; LL 2020, 247; Fahl NStZ-RR 2020, 177; Kretschmer JR 2020, 491).
[168] Heine/Schuster, in: Schönke/Schröder, StGB, 30. Aufl. 2019, § 274 Rn. 5; aus der Rspr. vgl. AG Karlsruhe U. v. 20.09.1999 – 6 Cs 43 Js 13667/99 – NJW 2000, 87 (Anm. RA 2000, 37).
[169] Joecks/Jäger, StGB, 13. Aufl. 2021, § 274 Rn. 8; aus der Rspr. vgl. zuletzt OLG Karlsruhe B. v. 13.03.2019 – 1 Rv 3 Ss 691/18 (Anm. Hecker JuS 2019, 819; RÜ 2019, 785).

Beschädigt ist es, wenn es derart verändert ist, dass der Wert als Beweismittel beeinträchtigt ist.[170]

Unterdrücken ist jede Handlung, durch die dem Berechtigten die Benutzung der Urkunde als Beweismittel für eine nicht unerhebliche Zeit entzogen oder vorenthalten wird.[171]

Die bloße Beeinträchtigung der Erkennbarkeit genügt nicht.[172]

Beispiel 195

BGH B. v. 21.09.1999 – 4 StR 71/99 – BGHSt 45, 197 = NJW 2000, 229 = StV 2000, 22 (Anm. Martin JuS 2000, 408; LL 2000, 322; RÜ 2000, 23; RA 2000, 95; famos 9/2000; Krack NStZ 2000, 423; Kudlich JZ 2000, 426):

B übersprühte die Kennzeichenschilder seines auf ihn zugelassenen Pkw mit einer farblosen Flüssigkeit, wodurch bei Blitzlicht-Fotoaufnahmen eine so starke Reflektion auftrat, dass die schwarzen Buchstaben und Zahlen „überblendet" wurden und auf dem Lichtbild ohne lichtbildtechnische Nachbehandlung nicht erkennbar waren. Er wollte damit bei etwaigen Geschwindigkeitskontrollen die Ermittlung seiner Personalien anhand der Kennzeichen des Fahrzeugs unmöglich machen. Als B das Fahrzeug am 29.08.1997 mit überhöhter Geschwindigkeit fuhr, wurden die mit dem Spray behandelten amtlichen Kennzeichen bei einer Verkehrskontrolle entdeckt. ◄

Die Beweisführung mit Kfz-Kennzeichen steht anderen Verkehrsteilnehmern und den zuständigen Behörden zu. Die dem B nicht gehörende Urkunde wurde aber nicht in dem Sinne vernichtet, dass ihre Wahrnehmbarkeit endgültig beseitigt ist, sondern die Wahrnehmung wurde nur in dieser Situation verhindert.

b) Subjektiver Tatbestand

aa) Vorsatz
Gem. § 15 StGB ist Vorsatz erforderlich.

bb) Absicht, einem anderen Nachteil zuzufügen

(1) Allgemeines
Der Täter muss „in der Absicht, einem anderen Nachteil zuzufügen", handeln.

---

[170] Joecks/Jäger, StGB, 13. Aufl. 2021, § 274 Rn. 9; aus der Rspr. vgl. RG U. v. 07.07.1925 – I 259/25 – RGSt 59, 321; BGH U. v. 13.05.1954 – 3 StR 70/54 – NJW 1954, 1375; OLG Düsseldorf U. v. 14.03.1983 – 5 Ss 543/82 – 8/83 I – NJW 1983, 2341 (Anm. Geilen JK 1983 StGB § 274/2; Puppe JR 1983, 429).

[171] Joecks/Jäger, StGB, 13. Aufl. 2021, § 274 Rn. 10; aus der Rspr. vgl. OLG Hamm U. v. 13.10.1967 – 1 Ss 1267/67 – NJW 1968, 1894 (Anm. Peters NJW 1968, 1896); OLG Düsseldorf B. v. 05.09.1980 – 1 Ws 419/80 – NStZ 1981, 25; OLG Düsseldorf U. v. 22.08.1988 – 5 Ss 231/88 – 195/88 I – NJW 1989, 115; OLG Koblenz B. v. 05.09.1994 – 1 Ws 164/94 – NStZ 1995, 50.

[172] H. M., s. Eisele, BT I, 6. Aufl. 2021, Rn. 902; aus der Rspr. vgl. OLG Düsseldorf B. v. 03.02.1997 – 2 Ss 267/96 – 73/96 III – NJW 1997, 1793 = NStZ 1997, 602 (Anm. Geppert JK 1997 StGB § 267/22; Fahl JA 1997, 925; Krack NStZ 1997, 602; Lampe JR 1998, 304); BayObLG B. v. 25.11.1998 – 2 St RR 133/98.

Nachteil ist jede Beeinträchtigung fremder (Beweisführungs-)Rechte.[173]
Ein Vermögensnachteil ist nicht erforderlich.[174]
Erforderlich ist, dass der Täter eine Absicht zur Beeinträchtigung einer konkreten aktuellen Beweislage hegt.[175] Die Beeinträchtigung darf nicht bloße Nebenfolge sein.
Der zu Benachteiligende braucht nicht mit dem Eigentümer der Urkunde oder dem Verfügungsberechtigten identisch zu sein.[176]
Das Merkmal der „**Absicht**" wird von der h. M. in § 274 StGB untechnisch-weit verstanden und soll auch Wissentlichkeit umfassen.[177] Ggf. lassen sich ohnehin Zwischenziele ermitteln.
Nach der Rspr. genügt es, wenn der Täter Kenntnis davon hat, dass der Urkunde eine potenzielle Beweisbedeutung innewohnt, die sich jederzeit realisieren kann, wenn es ihm auf die Beeinträchtigung eines sich darauf beziehenden Beweisführungsrechts ankommt oder wenn er dies als notwendige Folge seines Handelns hinnimmt.[178]

(2) Insbesondere: Vereitelung des staatlichen Straf- oder Bußgeldanspruch
Umstritten ist, ob eine Vereitelung des staatlichen Strafanspruchs als Nachteil i. S. d. § 274 I StGB erfasst wird.[179]

---

[173] H. M., Eisele, BT I, 6. Aufl. 2021, Rn. 903; aus der Rspr. vgl. OLG Celle U. v. 19.02.1970 – 1 Ss 32/70 – NJW 1970, 1139 (Anm. Hassemer Jus 1970, 415; Mohrbotter NJW 1970, 1857; Horn MDR 1971, 8); BGH U. v. 29.01.1980 – 1 StR 683/79 – BGHSt 29, 192 = NJW 1980, 1174 (Anm. Kühl, Höchstrichterliche Rspr. BT, 2002, Nr. 75; Geilen JK 1980 StGB § 274/1; Hassemer JuS 1980, 763); BayObLG B. v. 21.07.1988 – RReg. 2 St 134/88 – NJW 1989, 676 (Anm. Geppert JK 1989 StGB § 274/4).

[174] Eisele, BT I, 6. Aufl. 2021, Rn. 903; aus der Rspr. BGH U. v. 29.01.1980 – 1 StR 683/79 – BGHSt 29, 192 = NJW 1980, 1174 (Anm. Kühl, Höchstrichterliche Rspr. BT, 2002, Nr. 75; Geilen JK 1980 StGB § 274/1; Hassemer JuS 1980, 763); BayObLG B. v. 21.07.1988 – RReg. 2 St 134/88 – NJW 1989, 676 (Anm. Geppert JK 1989 StGB § 274/4).

[175] Fischer, StGB, 71. Aufl. 2024, § 274 Rn. 9; aus der Rspr. vgl. BayObLG U. v. 24.04.1968 – RReg. 1 b St 437/67 – NJW 1968, 1896; OLG Düsseldorf B. v. 05.09.1980 – 1 Ws 419/80 – NStZ 1981, 25; OLG Zweibrücken B. v. 21.09.1999 – 1 WS 347/99 – NStZ 2000, 201.

[176] Fischer, StGB, 71. Aufl. 2024, § 274 Rn. 9a; aus der Rspr. vgl. zuletzt OLG Frankfurt B. v. 28.01.2020 – 3 Ss 350/19 – NStZ 2020, 619 = NStZ-RR 2020, 226.

[177] Fischer, StGB, 71. Aufl. 2024, § 274 Rn. 9a; aus der Rspr. vgl. zuletzt OLG Frankfurt B. v. 28.01.2020 – 3 Ss 350/19 – NStZ 2020, 619 = NStZ-RR 2020, 226; OLG Hamm B. v. 07.04.2020 – 4 RVs 12/20 – NStZ 2020, 673 (Anm. Kudlich JA 2020, 710; Heghmanns ZJS 2020, 494; LL 2020, 617; RÜ 2020, 511; famos 6/2020; Christoph/Dorn-Haag NStZ 2020, 676; Böse/Tomiak ZfIStW 2023, 265); BVerfG B. v. 02.07.2020 – 1 BvR 1627/19 – NJW 2020, 3709 = StV 2021, 141; OLG Hamm U. v. 22.09.2020 – 5 RVs 63/20 – NJW 2021, 1969 = NStZ 2021, 430 (Anm. RÜ 2021, 33).

[178] Fischer, StGB, 71. Aufl. 2024, § 274 Rn. 9a; aus der Rspr. vgl. OLG Hamm B. v. 09.11.2006 – 3 Ss 271/06 (Anm. Geppert JK 2007 StGB § 274/6; RÜ 2007, 201); BGH U. v. 25.11.2009 – 2 StR 430/09 – NStZ 2010, 332 (Anm. Satzger JK 2010 StGB § 274/7; RÜ 2010, 168; RA 2010, 160).

[179] Hierzu zsf. Eisele, BT I, 6. Aufl. 2021, Rn. 903; aus der Rspr. vgl. zuletzt OLG Frankfurt B. v. 28.01.2020 – 3 Ss 350/19 – NStZ 2020, 619 = NStZ-RR 2020, 226; BGH B. v. 29.11.2022 – 4 StR 149/22 – NStZ 2023, 738 = StV 2024, 158 (Anm. RÜ 2023, 648).

> **Beispiel 196**
>
> **BGH B. v. 27.07.2012 – 1 StR 238/12 – NStZ-RR 2012, 343 (Anm. Zieschang HRRS 2013, 49):**
> B, der zu keiner Zeit über eine Zulassung als Rechtsanwalt verfügte, erreichte in zwei Fällen unter Verwendung eines von ihm gefälschten Anwaltsschreibens, dass ihm Akten zu zwei ihn selbst betreffenden Ermittlungsverfahren (u. a. wegen des Verdachts der Steuerhinterziehung) ausgehändigt wurden. B gab keine dieser Akten zurück, sie wurden Gericht und Staatsanwaltschaft auf Dauer entzogen. ◄

Bei wirtschaftlicher Betrachtung wäre dies zu bejahen,[180] da die Herkunft eines gültigen finanziellen Anspruchs deren Wert nicht berührt. Der staatliche Strafanspruch ist auch ein Rechtsgut, wie § 258 StGB zum Ausdruck bringt.

Allerdings gehen die überwiegende Rspr.[181] und die h. L.[182] davon aus, dass der Staat kein anderer i. S. d. § 274 StGB ist. Hierfür spricht, dass anderenfalls das Selbstschutzprivileg des § 258 V StGB entwertet würde. Ferner ist eine einheitliche Behandlung des staatlichen Straf- und Bußgeldanspruchs in §§ 274 und 263 StGB, wo staatliche Strafansprüche von der h. M. auch nicht als tatbestandsmäßig angesehen werden, zu erstreben.

3. Rechtswidrigkeit

Umstritten ist, ob eine **Einwilligung** möglich ist.[183] Die h. M. nimmt dies unter Hinweis auf das Rechtsgut an (geschützt werde das Individualinteresse der Beweisführungsbefugnis).

4. Schuld

Es gelten die allgemeinen Grundsätze.

5. Rechtsfolgen

§ 274 I StGB sieht Freiheitsstrafe bis zu fünf Jahren (im Minimum also ein Monat, § 38 II StGB) oder Geldstrafe (zu den Grenzen s. § 40 StGB) vor.

6. Sonstiges

Der Versuch ist gem. § 274 II StGB strafbar.

Im Verhältnis zur Sachbeschädigung gem. § 303 I StGB[184] nimmt die h. M.[185] eine Spezialität an; allerdings müssen sich Eigentum und Beweisführungsrecht –

---

[180] Für eine insofern weite Auslegung des Nachteils etwa Hoyer, in: SK-StGB, 9. Aufl. 2019, § 274 Rn. 15; AG Elmshorn U. v. 19.07.1989 – 309 Js 120/89 – 32 Ds 58/89 – NJW 1989, 3295; Krack NStZ 2000, 423.

[181] S. obige Nachweise.

[182] Etwa Fischer, StGB, 71. Aufl. 2024, § 274 Rn. 9.

[183] Hierzu Joecks/Jäger, StGB, 13. Aufl. 2021, § 274 Rn. 25f.; aus der Rspr. vgl. zuletzt BGH B. v. 21.08.2019 – 3 StR 7/19 – NStZ-RR 2020, 176 = StV 2021, 36 (Anm. Jäger JA 2020, 310; LL 2020, 247; RÜ 2020, 100; Fahl NStZ-RR 2020, 177; Kretschmer JR 2020, 491).

[184] Hierzu Fischer, StGB, 71. Aufl. 2024, § 274 Rn. 11; näher Dingler JA 2004, 810.

[185] S. nur Fischer, StGB, 71. Aufl. 2024, § 274 Rn. 11.

"fremd" und nicht gehören – nicht zwangsläufig decken, sodass die Gesetzeskonkurrenz mit Konsumtion zu begründen ist.[186] Im Verhältnis zu Aneignungsdelikten – v. a. Diebstahl gem. § 242 StGB, Unterschlagung gem. § 246 StGB und Raub gem. § 249 StGB – wird die Urkundenunterdrückung ebenfalls aufgrund Konsumtion verdrängt.[187]

Im Verhältnis zu § 267 StGB konsumiert § 267 I 2. Var. den § 274 StGB, soweit das gleiche Tatobjekt betroffen ist.[188]

III. § 274 I Nr. 2 StGB

1. Aufbau
I. Tatbestand
  1. Objektiver Tatbestand
    a) Beweiserhebliche Daten
    b) Über die er nicht oder nicht ausschließlich verfügen darf
    c) Löscht, unterdrückt, unbrauchbar macht oder verändert
  2. Subjektiver Tatbestand
    a) Vorsatz
    b) Absicht, einem anderen Nachteil zuzufügen
II. Rechtswidrigkeit
III. Schuld

2. Tatbestand

a) Objektiver Tatbestand

aa) Beweiserhebliche Daten
Zu beweiserheblichen Daten s. bei den §§ 202a und 269 StGB.

bb) Über die er nicht oder nicht ausschließlich verfügen darf
Zur Verfügungsbefugnis (Recht, mit den Daten im Rechtsverkehr Beweis zu erbringen[189]) vgl. o. bei § 202a StGB.

---

[186] So auch Hoyer, in: SK-StGB, 9. Aufl. 2019, § 274 Rn. 28.
[187] Heine/Schuster, in: Schönke/Schröder, StGB, 30. Aufl. 2019, § 274 Rn. 20; aus der Rspr. vgl. OLG Köln U. v. 19.05.1950 – Ss 21/50 – NJW 1950, 959 (Anm. Feldmann NJW 1950, 960); BGH U. v. 05.04.1955 – 2 StR 525/54 – NJW 1955, 876; OLG Köln U. v. 03.07.1973 – Ss 61/73 – NJW 1973, 1807.
[188] Hierzu Eisele, BT I, 6. Aufl. 2021, Rn. 914; näher Geppert Jura 1988, 158; aus der Rspr. vgl. zuletzt BGH B. v. 21.08.2019 – 3 StR 7/19 – NStZ-RR 2020, 176 = StV 2021, 36 (Anm. Jäger JA 2020, 310; LL 2020, 247; RÜ 2020, 100; Fahl NStZ-RR 2020, 177; Kretschmer JR 2020, 491).
[189] Aus der Rspr. vgl. OLG Hamm B. v. 07.04.2020 – 4 RVs 12/20 – NStZ 2020, 673 (Anm. Kudlich JA 2020, 710; Heghmanns ZJS 2020, 494; LL 2020, 617; RÜ 2020, 511; famos 6/2020; Christoph/Dorn-Haag NStZ 2020, 676; Böse/Tomiak ZfIStW 2023, 265).

cc) Löscht, unterdrückt, unbrauchbar macht oder verändert

Ein **Löschen** von beweiserheblichen Daten setzt voraus, dass der Täter sie vollständig und unwiederbringlich unkenntlich macht.[190]

Unterdrückt werden Daten, wenn sie dem Zugriff des Verfügungsberechtigten entzogen werden und deshalb von diesem nicht mehr verwendet werden können.[191]

Ein **Unbrauchbarmachen** liegt vor, wenn der Täter die Daten in ihrer Gebrauchsfähigkeit beeinträchtigt, sodass sie nicht mehr ordnungsgemäß verwendet werden können und damit ihre bestimmungsgemäßen Zweck nicht mehr zu erfüllen vermögen.[192]

Verändert werden Daten, wenn sie einen anderen Informationsgehalt erhalten und dadurch der ursprüngliche Verwendungszweck beeinträchtigt wird.[193]

b) Subjektiver Tatbestand
S. o.

3. Rechtswidrigkeit
S. o.

4. Schuld
Es gelten die allgemeinen Grundsätze.

5. Rechtsfolgen
S. o.

IV. § 274 I Nr. 3 StGB

1. Aufbau
  I. Tatbestand
    1. Objektiver Tatbestand
       a) Einen Grenzstein oder ein anderes zur Bezeichnung einer Grenze oder eines Wasserstandes bestimmtes Merkmal
       b) Wegnimmt, vernichtet, unkenntlich macht, verrückt oder fälschlich setzt
    2. Subjektiver Tatbestand
       a) Vorsatz
       b) Absicht, einem anderen Nachteil zuzufügen
  II. Rechtswidrigkeit
  III. Schuld

2. Erläuterungen
§ 274 I Nr. 3 StGB[194] ist ohne jede Fallrelevanz.

---

[190] Joecks/Jäger, StGB, 13. Aufl. 2021, § 274 Rn. 13.
[191] Joecks/Jäger, StGB, 13. Aufl. 2021, § 274 Rn. 14.
[192] Joecks/Jäger, StGB, 13. Aufl. 2021, § 274 Rn. 15.
[193] Joecks/Jäger, StGB, 13. Aufl. 2021, § 274 Rn. 16.
[194] Hierzu Fischer, StGB, 71. Aufl. 2024, § 274 Rn. 12ff.; Eisele, BT I, 6. Aufl. 2021, Rn. 909ff.

E. Falschbeurkundung im Amt, § 348 StGB

I. Aufbau

I. Tatbestand
   1. Objektiver Tatbestand
      a) Ein Amtsträger; befugt, innerhalb seiner Zuständigkeit
      b) Öffentliche Urkunde, Register, Bücher oder Dateien
      c) Eine rechtlich erhebliche Tatsache
      d) Falsch beurkundet, einträgt oder eingibt
   2. Subjektiver Tatbestand
II. Rechtswidrigkeit
III. Schuld

II. Allgemeines

§ 348 StGB stellt die Falschbeurkundung im Amt unter Strafe.

> **§ 348 StGB (Falschbeurkundung im Amt)**
> (1) Ein Amtsträger, der, zur Aufnahme öffentlicher Urkunden befugt, innerhalb seiner Zuständigkeit eine rechtlich erhebliche Tatsache falsch beurkundet oder in öffentliche Register, Bücher oder Dateien falsch einträgt oder eingibt, wird mit Freiheitsstrafe bis zu fünf Jahren oder mit Geldstrafe bestraft.
> (2) Der Versuch ist strafbar.

Die Norm schützt die inhaltliche Wahrheit öffentlicher Urkunden.[195]

III. Tatbestand

1. Objektiver Tatbestand

a) Ein Amtsträger; befugt, innerhalb seiner Zuständigkeit
Zur Täterqualifikation – Amtsträger nach § 11 I Nr. 2 StGB – s. u. bei den §§ 331ff. StGB.

---

[195] Kindhäuser/Hilgendorf, LPK, 9. Aufl. 2022, § 348 Rn. 1; aus der Rspr. vgl. KG U. v. 29.11.1979 – (4) Ss 348/79 (131/79) (Anm. Oehler JR 1980, 485); BGH B. v. 14.08.1986 – 4 StR 400/86 – NStZ 1986, 550 (Anm. Otto JK 1987 StGB § 348/3; Schumann JZ 1987, 523); BGH U. v. 24.10.1990 – 3 StR 196/90 – BGHSt 37, 207 = NJW 1991, 576 = NStZ 1991, 129 = StV 1991, 419 (Anm. Otto JK 1991 StGB § 348/5 und § 331/3; Hassemer JuS 1991, 606).

Der Amtsträger muss „innerhalb seiner Zuständigkeit" handeln, und zwar sowohl sachlich als auch örtlich.[196]

b) Öffentliche Urkunde, Register, Bücher oder Dateien
Im Hinblick auf die **öffentliche Urkunde** ist zunächst § 415 I ZPO anzuführen.

> **§ 415 I ZPO (Beweiskraft öffentlicher Urkunden über Erklärungen)**
> Urkunden, die von einer öffentlichen Behörde innerhalb der Grenzen ihrer Amtsbefugnisse oder von einer mit öffentlichem Glauben versehenen Person innerhalb des ihr zugewiesenen Geschäftskreises in der vorgeschriebenen Form aufgenommen sind (öffentliche Urkunden), begründen, wenn sie über eine vor der Behörde oder der Urkundsperson abgegebene Erklärung errichtet sind, vollen Beweis des durch die Behörde oder die Urkundsperson beurkundeten Vorganges.

Es sind nach heute fast einhelliger Meinung nur Beurkundungen erfasst, auf die sich der öffentliche Glaube der Urkunden erstreckt (erhöhte Beweiskraft: Beweiswirkung für und gegen jedermann – etwas missverständlich, da unschädlich ist, wenn nur wenige Personen die Urkunde nutzen können).[197] Die Unwahrheit der Urkunde muss sich gerade auf eine Tatsache erstrecken, die von der erhöhten Beweiskraft umfasst ist.[198]

Dies erfordert ggf. detaillierte Kenntnisse im Primärrecht, die in einer strafrechtlichen Fallbearbeitung allenfalls in Hausarbeiten abgefragt werden können.

Genannt seien nur einige typische Beispiele.[199]

Insbesondere bei **notariellen Beurkundungen**[200] ist zu beachten, dass der Notar ggf. nur beurkundet, dass eine bestimmte Erklärung abgegeben wurde, ggf. nur, dass eine bestimmte Person eine Erklärung bestimmten Inhalts abgegeben hat, sodass ein Einstehen für die inhaltliche Wahrheit der Erklärung fehlt.[201]

---

[196] Kindhäuser/Hilgendorf, LPK, 9. Aufl. 2022, § 348 Rn. 2; aus der Rspr. vgl. BGH U. v. 24.10.1990 – 3 StR 196/90 – BGHSt 37, 207 = NJW 1991, 576 = NStZ 1991, 129 = StV 1991, 419 (Anm. Otto JK 1991 StGB § 348/5 und § 331/3; Hassemer JuS 1991, 606); BayObLG B. v. 05.07.1993 – 4 St RR 37/93 – NJW 1993, 2947 = NStZ 1993, 591.

[197] Hoyer, in: SK-StGB, 9. Aufl. 2019, § 271 Rn. 7ff.; näher Meyer FS Dreher 1977, 425; abw. Bock ZIS 2011, 330; aus der Rspr. vgl. zuletzt BGH B. v. 07.02.2023 – 3 StR 274/22 – NStZ-RR 2023, 143 = StV 2023, 537; KG U. v. 19.04.2023 – 4 ORs 9/23 – 161 Ss 1/23 – NStZ 2024, 52 = StV 2023, 677.

[198] S. nur Joecks/Jäger, StGB, 13. Aufl. 2021, § 271 Rn. 15; Kindhäuser/Hilgendorf, LPK, 9. Aufl. 2022, § 271 Rn. 3.

[199] Für weitere Kasuistik s. nur Fischer, StGB, 71. Aufl. 2024, § 348 Rn. 6ff.

[200] S. Fischer, StGB, 71. Aufl. 2024, § 348 Rn. 7a; näher Becker NStZ 2018, 572; aus der Rspr. vgl. zuletzt BGH B. v. 07.02.2023 – 3 StR 274/22 – NStZ-RR 2023, 143 = StV 2023, 537.

[201] Kindhäuser/Hilgendorf, LPK, 9. Aufl. 2022, § 348 Rn. 7f.

Beispiel 197

BGH U. v. 27.08.1998 – 4 StR 198/98 – BGHSt 44, 186 = NJW 1998, 3790 = NStZ 1998, 620 (Otto JK 1999 StGB § 348/6):
B war bis zu seiner Amtsenthebung im Jahre 1992 für den Bezirk des OLG Hamm unter Zuweisung des Amtssitzes in R. zum Notar bestellt. Am 04.02.1990 und am 27.04.1991 beurkundete er in K. zwei Grundstückskaufverträge, wobei er jeweils wahrheitswidrig in die Urkunde aufnahm, die Verträge seien in R. geschlossen worden. ◄

Auf die zutreffende Mitteilung des Beurkundungsorts erstreckt sich der Schutz öffentlicher Urkunden durch § 348 StGB nicht.

Beispiel 198

BGH B. v. 14.08.1986 – 4 StR 400/86 – NStZ 1986, 550 (Anm. Otto JK 1987 StGB § 348/3; Schumann JZ 1987, 523):
B beurkundete als Notar einen Kaufvertrag über eine Eigentumswohnung. In Kenntnis der Tatsache, dass die Vertragsparteien einen Kaufpreis von 225.000 DM vereinbart hatten, nahm er auf deren einverständlichen Wunsch wegen der beabsichtigten hundertprozentigen Finanzierung des Kaufpreises einen höheren Betrag in die Urkunde auf; die rechnerische Differenz – der angebliche Eigenkapitalanteil – wurde „quittiert". Gleichwohl scheiterten die anschließenden Bemühungen der mittellosen Käuferin um eine Kreditierung des Kaufpreises. ◄

Die erhöhte Beweiskraft eines notariell beurkundeten Kaufvertrages erstreckt sich nur auf die Angabe der beurkundeten Erklärungen, nicht auf deren inhaltliche Richtigkeit.

Bei einem **Führerschein**[202] ist problematisch, ob alle persönlichen Angaben erfasst sind:[203]

Beispiel 199

BGH U. v. 26.02.1987 – 1 StR 698/86 – BGHSt 34, 299 = NJW 1987, 2243 (Anm. Geppert JK 1988 StGB § 348/4; Ranft JR 1988, 383):
B, dem früher einmal die Fahrerlaubnis erteilt, dann aber wieder entzogen worden war, hatte beim Landratsamt die Erteilung eines Ersatzführerscheins beantragt. Er hatte hierbei seinen Namen richtig angegeben, hatte aber als Geburtsdatum „26.07. 35" (statt zutreffend: „25.07. 35") genannt, damit die Anfrage beim Verkehrszentralregister – wie es tatsächlich auch geschah – den Entzug der Fahrerlaubnis nicht offenbaren sollte. Weil der Beamte die falsche Angabe aus anderem Grund durchschaute, unterblieb die Aushändigung des mit dem falschen Geburtsdatum versehenen Ersatzführerscheins. ◄

---

[202] Zu führerscheinbezogenen Falschbeurkundungen Fischer, StGB, 71. Aufl. 2024, § 271 Rn. 13.
[203] S. Eisele, BT I, 6. Aufl. 2021, Rn. 919.

Nach Auffassung des BGH erstreckt sich die erhöhte Beweiswirkung auch auf das Geburtsdatum. Die Beweiswirkung des Führerscheines bestünde auch darin, dass „der augenblickliche Besitzer mit der im Führerschein bezeichneten Person identisch ist", wobei dem Umstand Rechnung getragen werde, dass der Führerschein nicht nur im amtlichen Verkehr, sondern auch im allgemeinen Wirtschaftsleben erhebliche Bedeutung habe. Um diese Beweiskraft zu entfalten, bedürfe es individualisierender Hinweise auf den berechtigten Inhaber, zu denen wesentlich das Geburtsdatum gehöre.

Praxisrelevant sind auch **ausländer- und asylrechtliche**[204] Dokumente, ferner melderechtliche[205] sowie kraftfahrzeugbezogene[206] Urkunden.

> **Beispiel 200**
>
> **BayObLG U. v. 29.10.1998 – 5 St RR 167/98 – NStZ 1999, 575 = NStZ-RR 1999, 79 (Anm. Puppe NStZ 1999, 575):**
> Der als Kraftfahrzeugsachverständiger beim TÜV tätige und hierbei auch mit der Hauptuntersuchung von Kraftfahrzeugen nach § 29 StVZO befasste B erstellte bei zwei mit schweren Mängeln behafteten Fahrzeugen vorsätzlich falsche Prüfberichte und erteilte zu Unrecht die Prüfplakette. ◄

Öffentliche Bücher sind solche mit öffentlichem Glauben und Beweiswirkung gegen jedermann.[207]
Hierzu zählt v. a. das Grundbuch.[208]
Öffentliche Dateien sind auf Datenträger gespeicherte öffentliche Urkunden.[209]

c) Eine rechtlich erhebliche Tatsache

Eine rechtlich erhebliche Tatsache ist eine solche, die eine Wirkung auf Rechtsverhältnisse haben kann.[210]

---

[204] Hierzu Fischer, StGB, 71. Aufl. 2024, § 271 Rn. 6; aus der Rspr. vgl. zuletzt BGH U. v. 22.07.2015 – 2 StR 389/13 – NJW 2016, 419.

[205] S. Heger, in: Lackner/Kühl/Heger, StGB, 30. Aufl. 2023, § 271 Rn. 2; aus der Rspr. vgl. OLG München B. v. 08.02.2006 – 5 St RR 109/05 – NStZ 2006, 575 (Anm. Satzger JK 2007 StGB § 271/2; LL 2007, 180); OLG Köln B. v. 20.04.2007 – 81 Ss 39/07 – NJW 2007, 1829 = NStZ 2007, 474 (Anm. Kudlich JA 2007, 657).

[206] S. Heger, in: Lackner/Kühl/Heger, StGB, 30. Aufl. 2023, § 271 Rn. 2; aus der Rspr. vgl. zuletzt BGH B. v. 16.08.2018 – 1 StR 172/18 – BGHSt 63, 182 = NJW 2019, 99 = NStZ 2019, 87 = StV 2019, 684 (Anm. Bosch Jura 2019, 434; Kudlich JA 2019, 230; Hecker JuS 2019, 499; RÜ 2019, 100; Hoven NJW 2019, 90; Weidemann NStZ 2019, 88; Meile jurisPR-StrafR 11/2019 Anm. 4; Gutfleisch NZV 2019, 95; Goebel NZV 2019, 622); BGH B. v. 12.12.2018 – 5 StR 230/18 – NStZ-RR 2019, 110. BGH U. v. 17.10.2019 – 3 StR 521/18 – NJW 2020, 1080 = NStZ 2020, 273 = StV 2020, 660 (Anm. Bosch Jura 2020, 530; RÜ 2020, 236; Kudlich NJW 2020, 1083; Hinderer NStZ 2020, 276).

[207] Joecks/Jäger, StGB, 13. Aufl. 2021, § 271 Rn. 10.

[208] Kindhäuser/Hilgendorf, LPK, 9. Aufl. 2022, § 348 Rn. 4; aus der Rspr. vgl. OLG Stuttgart B. v. 14.03.1985 – 3 Ss (14) 823/84 – NStZ 1985, 365 (Anm. Otto JK 1986 StGB § 266/5).

[209] Eisele, BT I, 6. Aufl. 2021, Rn. 922.

[210] Hecker, in: Schönke/Schröder, StGB, 30. Aufl. 2019, § 348 Rn. 12; aus der Rspr. vgl. RG U. v. 24.05.1882 – 1043/82 – RGSt 6, 361; RG U. v. 06.06.1885 – 1244/85 – RGSt 12, 279; RG U. v. 21.02.1888 – 313/88 – RGSt 17, 169; OLG Hamm U. v. 17.02.1959 – 3 Ss 1553/58 – NJW 1959, 1333.

d) Falsch beurkundet, einträgt oder eingibt

Tathandlung ist die falsche Beurkundung, Eintragung oder Eingabe einer rechtlich erheblichen Tatsache.

Eine Beurkundung ist falsch, wenn das Beurkundete nicht mit der Wirklichkeit übereinstimmt.[211] Hierbei ist die inhaltliche Unwahrheit bzgl. einer Angabe erforderlich, auf die sich die erhöhte Beweiskraft erstreckt.[212]

Zur Vollendung ist erforderlich, dass der Täter die Urkunde bewusst der Benutzung im Rechtsverkehr zugänglich macht oder diese wenigstens gestattet.[213]

2. Subjektiver Tatbestand
Gem. § 15 StGB ist Vorsatz erforderlich.

IV. Rechtswidrigkeit

Es gelten die allgemeinen Grundsätze.

V. Schuld

Es gelten die allgemeinen Grundsätze.

VI. Rechtsfolgen

§ 348 I StGB sieht Freiheitsstrafe bis zu fünf Jahren (im Minimum also ein Monat, § 38 II StGB) oder Geldstrafe (zu den Grenzen s. § 40 StGB) vor.

VII. Sonstiges

Der Versuch der Falschbeurkundung im Amt ist nach § 348 II StGB strafbar.

F. Mittelbare Falschbeurkundung, § 271 StGB

I. Allgemeines

§ 271 StGB stellt die mittelbare Falschbeurkundung unter Strafe.

---

[211] Fischer, StGB, 71. Aufl. 2024, § 348 Rn. 7; aus der Rspr. vgl. zuletzt OLG Bamberg B. v. 08.06.2015 – 2 OLG 8 Ss 15/15 – StV 2016, 117.
[212] Joecks/Jäger, StGB, 13. Aufl. 2021, § 348 Rn. 2.
[213] Fischer, StGB, 71. Aufl. 2024, § 348 Rn. 8; aus der Rspr. vgl. BGH U. v. 25.07.1952 – 4 StR 786/51 – NJW 1952, 1064; OLG Zweibrücken B. v. 21.09.1999 – 1 WS 347/99 – NStZ 2000, 201.

> **§ 271 StGB (Mittelbare Falschbeurkundung)**
> (1) Wer bewirkt, daß Erklärungen, Verhandlungen oder Tatsachen, welche für Rechte oder Rechtsverhältnisse von Erheblichkeit sind, in öffentlichen Urkunden, Büchern, Dateien oder Registern als abgegeben oder geschehen beurkundet oder gespeichert werden, während sie überhaupt nicht oder in anderer Weise oder von einer Person in einer ihr nicht zustehenden Eigenschaft oder von einer anderen Person abgegeben oder geschehen sind, wird mit Freiheitsstrafe bis zu drei Jahren oder mit Geldstrafe bestraft.
> (2) Ebenso wird bestraft, wer eine falsche Beurkundung oder Datenspeicherung der in Absatz 1 bezeichneten Art zur Täuschung im Rechtsverkehr gebraucht.
> (3) Handelt der Täter gegen Entgelt oder in der Absicht, sich oder einen Dritten zu bereichern oder eine andere Person zu schädigen, so ist die Strafe Freiheitsstrafe von drei Monaten bis zu fünf Jahren.
> (4) Der Versuch ist strafbar.

Die Norm schützt die inhaltliche Wahrheit öffentlicher Urkunden.[214] § 271 StGB schließt eine Strafbarkeitslücke, die dann entsteht, wenn die Strafbarkeit nach § 348 StGB mangels Amtsträgereigenschaft und die Strafbarkeit nach §§ 348, 26 StGB mangels (Haupt-)Tat scheitert.[215]

II. Grunddelikte, §§ 271 I, II StGB

1. § 271 I StGB

a) Aufbau
I. Tatbestand
   1. Objektiver Tatbestand
      a) Öffentliche Urkunden, Bücher, Dateien oder Register
      b) Erklärungen, Verhandlungen oder Tatsachen, welche für Rechte oder Rechtsverhältnisse von Erheblichkeit sind
      c) Bewirkt, dass beurkundet oder gespeichert
      d) Als abgegeben oder geschehen, während sie überhaupt nicht oder in anderer Weise oder von einer Person in einer ihr nicht zustehenden Eigenschaft oder von einer anderen Person abgegeben oder geschehen sind
   2. Subjektiver Tatbestand
II. Rechtswidrigkeit
III. Schuld

---

[214] S. nur Joecks/Jäger, StGB, 13. Aufl. 2021, § 271 Rn. 1.
[215] Kindhäuser/Hilgendorf, LPK, 9. Aufl. 2022, § 271 Rn. 1.

b) Tatbestand

aa) Objektiver Tatbestand

(1) Öffentliche Urkunden, Bücher, Dateien oder Register
Tatobjekt ist die öffentliche Urkunde etc., s. o. bei § 348 StGB.

(2) Erklärungen, Verhandlungen oder Tatsachen, welche für Rechte oder Rechtsverhältnisse von Erheblichkeit sind
Vgl. o. bei § 348 StGB.

(3) Bewirkt, dass beurkundet oder gespeichert
Tathandlung ist das **Bewirken**.

Umstritten ist, was hierunter zu verstehen ist,[216] genauer fragt sich, ob die Gutgläubigkeit der Urkundsperson ein ungeschriebenes Tatbestandsmerkmal ist, und ggf. was bei Irrtümern des Täters gilt.

Z. T.[217] wird verlangt, dass die Urkundsperson gutgläubig sein muss (Situation der mittelbaren Täterschaft).

Die Rspr.[218] und die h. L.[219] allerdings lassen jede Verursachung der unwahren Beurkundung, die nicht § 348 StGB unterfällt, genügen, sodass es weder objektiv noch nach Tätervorstellung auf das Wissen der Urkundsperson ankommt.

Für die h. M. spricht (ähnlich wie bei § 160 StGB), dass der Gesetzgeber einen Auffangtatbestand schaffen wollte, um die Handlungen des Extraneus umfassend zu pönalisieren.

Nicht erfasst ist der Fall, dass aufgrund einer Täuschung eine Tatsache wirklich eintritt, die dann beurkundet wird.[220]

(4) Als abgegeben oder geschehen, während sie überhaupt nicht oder in anderer Weise oder von einer Person in einer ihr nicht zustehenden Eigenschaft oder von einer anderen Person abgegeben oder geschehen sind
Taterfolg ist, in § 271 I StGB sehr umständlich ausgedrückt, eine falsche Beurkundung.[221]

---

[216] Hierzu Eisele, BT I, 6. Aufl. 2021, Rn. 924ff.; aus der Rspr. vgl. RG U. v. 19.10.1885 – 2116/85 – RGSt 13, 52; RG U. v. 22.03.1921 – II 1587/20 – RGSt 55, 282; RG U. v. 29.04.1929 – III 73/29 – RGSt 63, 148; RG U. v. 15.02.1932 – III 374/31 – RGSt 66, 132; BGH U. v. 03.11.1955 – 3 StR 172/55 – BGHSt 8, 289 = NJW 1956, 231; OLG Köln U. v. 25.10.1966 – Ss 224/66 – NJW 1967, 742; OLG Hamm U. v. 21.09.1976 – 5 Ss 378/76 – NJW 1977, 640.
[217] Z. B. Puppe/Schumann, in: NK-StGB, 6. Aufl. 2023, § 271 Rn. 31.
[218] S. o.
[219] S. nur Hoyer, in: SK-StGB, 9. Aufl. 2019, § 271 Rn. 22.
[220] Fischer, StGB, 71. Aufl. 2024, § 271 Rn. 15; aus der Rspr. vgl. OLG Karlsruhe B. v. 27.01.2012 – 3 (4) Ss 561/11 – AK 238/11 – NJW 2012, 869 (Anm. Paul ZIS 2012, 11).
[221] S. Joecks/Jäger, StGB, 13. Aufl. 2021, § 271 Rn. 15.

bb) Subjektiver Tatbestand
Gem. § 15 StGB ist Vorsatz erforderlich.

c) Rechtswidrigkeit
Es gelten die allgemeinen Grundsätze.

d) Schuld
Es gelten die allgemeinen Grundsätze.

e) Rechtsfolgen
§ 271 I StGB sieht Freiheitsstrafe bis zu drei Jahren (im Minimum also ein Monat, § 38 II StGB) oder Geldstrafe (zu den Grenzen s. § 40 StGB) vor.

f) Sonstiges
Gem. § 271 IV StGB ist der Versuch der Mittelbaren Falschbeurkundung strafbar.

2. § 271 II StGB

a) Aufbau
  I. Tatbestand
  1. Objektiver Tatbestand
     a) Eine falsche Beurkundung oder Datenspeicherung der in Absatz 1 bezeichneten Art
     b) Gebraucht
  2. Subjektiver Tatbestand
     a) Vorsatz
     b) Zur Täuschung im Rechtsverkehr oder § 270 StGB
  II. Rechtswidrigkeit
  III. Schuld

b) Tatbestand

aa) Objektiver Tatbestand

(1) Eine falsche Beurkundung oder Datenspeicherung der in Absatz 1 bezeichneten Art
S. o.

(2) Gebraucht
S. o. bei § 267 I 3. Var. StGB.

bb) Subjektiver Tatbestand
S. o.; zur Täuschung im Rechtsverkehr s. o. bei § 267 I StGB.

c) Rechtswidrigkeit
Es gelten die allgemeinen Grundsätze.

d) Schuld
Es gelten die allgemeinen Grundsätze.

e) Rechtsfolgen
§ 271 II StGB verweist auf § 271 I StGB, s. o. („ebenso wird bestraft").

III. Qualifikation, § 271 III StGB

1. Allgemeines
§ 271 III StGB enthält eine Qualifikation.

2. Gegen Entgelt, § 271 III 1. Var. StGB

a) Aufbau
  I. Tatbestand
   1. Objektiver Tatbestand
      a) Handelt der Täter
      b) Gegen Entgelt
   2. Subjektiver Tatbestand
      – Handelt der Täter
  II. Rechtswidrigkeit
  III. Schuld

b) Erläuterungen
Gegen **Entgelt** (s. § 11 I Nr. 9 StGB) handelt der Täter, wenn er eine vermögenswerte Gegenleistung für seine Tat von einem Dritten erlangt.[222]

3. In der Absicht, sich oder einen Dritten zu bereichern, § 271 III 2. Var. StGB

a) Aufbau
  I. Tatbestand
   1. Objektiver Tatbestand
      – Handelt der Täter
   2. Subjektiver Tatbestand
      a) Handelt der Täter
      b) In der Absicht, sich oder einen Dritten zu bereichern
  II. Rechtswidrigkeit
  III. Schuld

---

[222] Eisele, BT I, 6. Aufl. 2021, Rn. 936.

b) Erläuterungen

Bereicherungsabsicht ist das Erstreben eines Vermögensvorteils.[223] Mittelbare Vorteile genügen.[224] Auch eine erstrebte Aufwendungsersparnis genügt.[225]

Auf die Rechtswidrigkeit der beabsichtigten Bereicherung kommt es nicht an.[226]

4. In der Absicht, eine andere Person zu schädigen, § 271 III 3. Var. StGB

a) Aufbau
  I. Tatbestand
  1. Objektiver Tatbestand
     – Handelt der Täter
  2. Subjektiver Tatbestand
     a) Handelt der Täter
     b) In der Absicht, eine andere Person zu schädigen
 II. Rechtswidrigkeit
III. Schuld

b) Erläuterungen

Schädigungsabsicht setzt eine Absicht voraus, die auf einen aus der Falschbeurkundung hervorgehenden Nachteil – dieser muss nach h. M. nicht vermögensrechtlicher Art sein – gerichtet ist,[227] wobei nach h. M. *dolus directus* zweiten Grades ausreicht.[228]

Irrelevant ist, ob der Erfolg eintritt oder auch nur möglich wäre, Absicht genügt.[229]

G. Fälschung beweiserheblicher Daten, § 269 StGB

▶ **Didaktische Aufsätze**
- Kitz, Examensrelevante Bereiche „moderner Kriminalität", JA 2001, 303
- Popp, Informationstechnologie und Strafrecht, JuS 2011, 385
- Puppe, Die Datenurkunde im Strafrecht, JuS 2012, 961

---

[223] Fischer, StGB, 71. Aufl. 2024, § 271 Rn. 23.

[224] Aus der Rspr. vgl. BGH U. v. 17.10.2019 – 3 StR 521/18 – NJW 2020, 1080 = NStZ 2020, 273 = StV 2020, 660 (Anm. Bosch Jura 2020, 530; RÜ 2020, 236; Kudlich NJW 2020, 1083; Hinderer NStZ 2020, 276); BGH B. v. 07.02.2023 – 3 StR 274/22 – NStZ-RR 2023, 143 = StV 2023, 537.

[225] Fischer, StGB, 71. Aufl. 2024, § 271 Rn. 23; aus der Rspr. vgl. BGH U. v. 26.02.1987 – 1 StR 698/86 – BGHSt 34, 299 = NJW 1987, 2243 (Anm. Geppert JK 1988 StGB § 348/4; Ranft JR 1988, 383).

[226] H. M., Fischer, StGB, 71. Aufl. 2024, § 271 Rn. 23; aus der Rspr. vgl. RG U. v. 19.02.1918 – IV 823/17 – RGSt 52, 88; BGH B. v. 07.07.1993 – 5 StR 303/93 – NStZ 1993, 538; BayObLG B. v. 09.08.1994 – 5St RR 41/94 – StV 1995, 29.

[227] Eisele, BT I, 6. Aufl. 2021, Rn. 937; aus der Rspr. vgl. RG U. v. 13.02.1900 – 5058/99 – RGSt 33, 137; RG U. v. 28.03.1901 – 649/01 – RGSt 34, 243; RG U. v. 30.05.1919 – IV 194/19 – RGSt 53, 267.

[228] Eisele, BT I, 6. Aufl. 2021, Rn. 937.

[229] Aus der Rspr. vgl. RG U. v. 21.10.1898 – 3903/98 – RGSt 31, 286; RG U. v. 27.02.1917 – V 1/17 – RGSt 50, 277.

I. Allgemeines

§ 269 StGB stellt die Fälschung beweiserheblicher Daten unter Strafe.[230]

> **§ 269 StGB (Fälschung beweiserheblicher Daten)**
> (1) Wer zur Täuschung im Rechtsverkehr beweiserhebliche Daten so speichert oder verändert, daß bei ihrer Wahrnehmung eine unechte oder verfälschte Urkunde vorliegen würde, oder derart gespeicherte oder veränderte Daten gebraucht, wird mit Freiheitsstrafe bis zu fünf Jahren oder mit Geldstrafe bestraft.
> (2) Der Versuch ist strafbar.
> (3) § 267 Abs. 3 und 4 gilt entsprechend.

Die Norm schützt die Sicherheit und Zuverlässigkeit des Rechts- und Beweisverkehrs, was den Umgang mit beweiserheblichen Daten anbelangt.[231] Sie schließt eine durch Zunahme der Abwicklung des Rechtsverkehrs über elektronische Datenverarbeitung und Datenfernübertragung entstandene Schutzlücke, weil solche nicht optisch wahrnehmbar verkörperten Daten mit Normen wie dem § 267 StGB nicht erfasst werden konnten.[232]

II. Grunddelikte, § 269 I StGB

1. § 269 I 1. Var. StGB

a) Aufbau
I. Tatbestand
　1. Objektiver Tatbestand
　　a) Daten
　　b) Beweiserhebliche
　　c) So speichert oder verändert, daß bei ihrer Wahrnehmung eine unechte oder verfälschte Urkunde vorliegen würde
　2. Subjektiver Tatbestand
　　a) Vorsatz
　　b) Zur Täuschung im Rechtsverkehr oder § 270 StGB
II. Rechtswidrigkeit
III. Schuld
IV. Rechtsfolgen: Besonders schwerer Fall, III i. V. m. § 267 III StGB

---

[230] Zu § 269 StGB Zielinski GS Armin Kaufmann 1989, 605; Kitz JA 2001, 303; Popp JuS 2011, 385; Puppe JuS 2012, 961.
[231] Weidemann, in: BeckOK-StGB, Stand 01.02.2024, § 269 Rn. 3.
[232] Vgl. aus der Rspr. OLG Hamburg B. v. 07.08.2018 – 2 Rev 74/18 – StV 2019, 394.

b) Tatbestand

aa) Objektiver Tatbestand

(1) Daten; beweiserhebliche

Beweiserhebliche Daten sind alle Informationen, die Gegenstand eines Datenverarbeitungsprozesses sein können und dazu bestimmt sind, im Rechtsverkehr als Beweis für rechtserhebliche Tatsachen benutzt zu werden.[233] Die betroffenen Daten müssen also bis auf das Erfordernis der visuellen Wahrnehmbarkeit alle Merkmale des Urkundenbegriffs aufweisen.[234]

Fallrelevant sind z. B. Daten auf **Bankkarten**.[235]

Beispiel 201

BGH U. v. 21.09.2000 – 4 StR 284/00 – BGHSt 46, 146 = NJW 2001, 163 = NStZ 2001, 140 = StV 2000, 664 (Anm. famos 12/2000; Otto JK 2001 StGB § 152a/2; Eisele JA 2001, 747; Martin JuS 2001, 300; Puppe JZ 2001, 471):

B hatte den Entschluss gefasst, eine EC-Karte zu fälschen und sich mit dem Falsifikat eine Variante des bargeldlosen Zahlungsverkehrs zu Nutze zu machen, bei der der Karteninhaber ohne Angabe der persönlichen Geheimnummer (PIN) die EC-Karte vorlegt und eine Lastschriftermächtigung erteilt. Wird die Bankleitzahl auf der EC-Karte verändert, kann die Lastschrift nicht eingelöst und selbst bei unveränderter Kontonummer nicht nachvollzogen werden, wem die Karte gehört. Um an Bargeld zu kommen, plante B, mit Hilfe einer derart manipulierten Karte Waren zu kaufen und diese am folgenden Tag, bevor die Nichteinlösung der Lastschrift bekannt sein konnte, zurückzugeben. B verschaffte sich im Zusammenhang mit der Eröffnung eines neuen Kontos eine EC-Karte der Postbank H auf den Namen „N", indem er der Bank einen alten Personalausweis, bei dem ein Teil des Nachnamens nicht mehr lesbar war, vorlegte. Mithilfe eines Magnetkartenlesegeräts, eines Computers, des Programms „Win Data" und weiterer Hinweise aus dem Internet konnte er sodann die in der zweiten und dritten Spur des Magnetstreifens auf der EC-Karte gespeicherte Bankleitzahl und die Kontonummer verändern; zu diesem Zweck hatte er sich Bankleitzahlen anderer Banken aus dem Internet ausgedruckt. Nach jeder Fälschung benutzte er die Karte zum Wareneinkauf, und zwar in mehreren Filialen verschiedener Handelsunternehmen. ◄

---

[233] Heger, in: Lackner/Kühl/Heger, StGB, 30. Aufl. 2023, § 269 Rn. 3ff.; Fischer, StGB, 71. Aufl. 2024, § 269 Rn. 4; näher Dornseif/Schumann JR 2002, 52; aus der Rspr. vgl. OLG Hamburg B. v. 07.08.2018 – 2 Rev 74/18 – StV 2019, 394.

[234] Aus der Rspr. vgl. OLG Hamm B. v. 07.04.2020 – 4 RVs 12/20 – NStZ 2020, 673 (Anm. Kudlich JA 2020, 710; Heghmanns ZJS 2020, 494; LL 2020, 617; RÜ 2020, 511; famos 6/2020; Christoph/Dorn-Haag NStZ 2020, 676; Böse/Tomiak ZfIStW 2023, 265).

[235] S. Eisele, BT I, 6. Aufl. 2021, Rn. 887f.

Bankleitzahl und Kontonummer, die auf der EC-Karte gespeichert sind, sind Gegenstand von Datenverarbeitungsprozessen und dienen zum Beweis des Kontos des Karteninhabers. Es handelt sich um beweiserhebliche Daten.

(2) So speichert oder verändert, daß bei ihrer Wahrnehmung eine unechte oder verfälschte Urkunde vorliegen würde
Tatobjekt ist eine sog. Datenurkunde.[236]

Der Täter muss beweiserhebliche Daten so speichern oder verändern, dass „bei ihrer Wahrnehmung eine unechte oder verfälschte Urkunde vorliegen würde" – sprachlich besser wohl: vorläge –, oder er muss derart gespeicherte oder veränderte Daten gebrauchen.

Daten werden **gespeichert**, wenn sie so in die EDV-Anlage, in der der unechte bzw. verfälschte Datenbestand (s. sogleich) entstehen soll, verbracht werden, dass die Möglichkeit besteht, sie wieder abzurufen; **verändert** werden Daten, wenn auf deren Bestand mit der Folge eingewirkt wird, dass hierdurch unechter bzw. verfälschter Datenbestand entsteht.[237]

Zur in § 269 StGB nur hypothetischen, da es an einer verkörperten menschlichen Gedankenerklärung fehlt, **unechten bzw. verfälschten Urkunde** s. o. bei § 267 StGB. Durch das Speichern bzw. Verändern muss ein Falsifikat entstehen, das – von der Wahrnehmbarkeit abgesehen – die Merkmale einer unechten bzw. verfälschten Urkunde aufweist. Ebenso wie bei § 267 StGB ist die bloße schriftliche Lüge nicht erfasst, sondern nur Täuschungen über den Aussteller einer Gedankenerklärung, so ist auch für § 269 StGB eine **Identitätstäuschung** erforderlich; eine **inhaltliche Datenlüge** ist **nicht** tatbestandsmäßig.[238]

In einer Fallbearbeitung wird es nicht selten schon an einer Mitteilung der eigentlichen technischen Gegebenheiten mangeln, sodass schon aus diesem Grund ggf. sowohl eine Bejahung als auch Verneinung einer hypothetisch unechten bzw. verfälschten Urkunde vertretbar ist. Die Praxis scheint eine Anwendung des Tatbestands zu scheuen.[239]

Fallrelevantes Beispiel[240] ist der „Klassiker"[241] des unberechtigten **Abhebens am Geldautomaten** durch Fremde.

Beispiel 202

BGH B. v. 16.12.1987 – 3 StR 209/87 – BGHSt 35, 152 = NJW 1988, 979 = StV 1988, 149 (Anm. Otto JK 1988 StGB § 246/6; Sonnen JA 1988, 461; Hassemer JuS 1988, 744; Huff NJW 1988, 981; Schmitt/Ehrlicher JZ 1988, 364; Thaeter wistra 1988, 339; Ranft JR 1989, 165):

---

[236] Zum Begriff Erb, in: MK-StGB, 4. Aufl. 2022, § 269 Rn. 6; näher Puppe JuS 2012, 961.
[237] Heine/Schuster, in: Schönke/Schröder, StGB, 30. Aufl. 2019, § 269 Rn. 16f.
[238] Joecks/Jäger, StGB, 13. Aufl. 2021, § 269 Rn. 12ff.; aus der Rspr. vgl. zuletzt OLG Hamburg B. v. 07.08.2018 – 2 Rev 74/18 – StV 2019, 394.
[239] S. Erb, in: MK-StGB, 4. Aufl. 2022, § 269 Rn. 35 zur Nichtanwendung in EC-Karten-Fällen („erstaunlich").
[240] Hierzu Eisele, BT I, 6. Aufl. 2021, Rn. 887f.
[241] Jedenfalls im Vermögensstrafrecht (v.a. §§ 242, 246, 263a, 265a StGB).

Die B entwendete Ende November/Anfang Dezember 1985 ihrem Bruder Z die durch einen Magnetstreifen codierte EC-Karte. Diese ermöglicht dem Benutzer, von einem Geldautomaten bei Eingabe der dem Kontoinhaber persönlich zugeteilten Geheimnummer Beträge bis zu 500 DM abzuheben. B hob vom 02. bis 21.12.1985 unter Verwendung von EC-Karte und Geheimnummer Geldbeträge von jeweils nicht mehr als 500 DM, insgesamt in Höhe von 5100 DM ab. Die Sparkasse belastete das Konto des Z mit den abgehobenen Beträgen. ◄

Wird durch die Verwendung der EC-Karte im Geldautomaten ein Datensatz generiert, der einer unechten Urkunde entspricht? Dies hängt davon ab, wer bei der Datenurkunde als Aussteller angesehen wird.

Einerseits[242] wird vertreten, der Tatbestand sei erfüllt, da der Bankkunde als scheinbarer Aussteller fungiere, obwohl der Abhebevorgang in Wirklichkeit durch einen Nichtberechtigten erfolgt.

Andererseits[243] enthält der Datensatz keine Aussage über die Identität des Ausstellers, da technisch lediglich die PIN abgefragt wird. Insofern geht aus den Daten lediglich hervor, dass jemand, der über die erforderliche PIN und Karte verfügte, Geld abhob. Als gedachte Urkunde führt dies dazu, dass der Identitätskreis richtig abgesteckt wurde und lediglich allenfalls eine nicht erfasste schriftliche Lüge über die Befugnis zur Verwendung der Karte vorliegt.

Beim **Skimming**[244] hingegen beinhalten die auf dem Magnetstreifen einer EC-Karte gespeicherten Daten eine Garantieerklärung der Ausstellerbank zugunsten des berechtigten Karteninhabers; wer den Magnetstreifen einer solchen Karte kopiert, erzeugt den falschen Anschein einer weiteren Gedankenerklärung der Ausstellerbank.[245]

Beispiel 203

BGH B. v. 06.07.2010 – 4 StR 555/09 – NStZ 2011, 154 = StV 2011, 17 (Anm. Jahn JuS 2010, 1030; Schiemann JR 2010, 498; Satzger JK 2011 StGB § 202a/1; Schuhr NStZ 2011, 155):

B und weitere Personen schlossen sich Anfang Februar 2007 zusammen, um in einer Vielzahl von Fällen falsche Zahlungskarten mit Garantiefunktion herzustellen und mit diesen Karten im Ausland an Geldautomaten Geld abzuheben. Um sich die zum Nachmachen echter Zahlungskarten mit Garantiefunktion benötigten Daten zu verschaffen, die auf den Magnetstreifen solcher Karten gespeichert sind,

---

[242] Etwa Erb, in: MK-StGB, 4. Aufl. 2022, § 269 Rn. 35.
[243] Eisele, BT I, 6. Aufl. 2021, Rn. 888.
[244] Zum Skimming Eisele, BT I, 6. Aufl. 2021, Rn. 742; näher Seidl/Fuchs HRRS 2011, 265; Seidl ZIS 2012, 415; Feldmann wistra 2015, 41; aus der Rspr. vgl. zuletzt BGH B. v. 09.01.2014 – 1 StR 654/13 – NJW 2014, 1463 = StV 2014, 541 (Anm. Bosch JK 2014 StGB § 152a I/14; Schiemann JR 2014, 303); BGH B. v. 10.09.2014 – 5 StR 351/14 – StV 2015, 153; BGH B. v. 12.11.2015 – 2 StR 197/15 – NStZ 2016, 338; BGH B. v. 16.11.2016 – 2 StR 246/16 – NStZ-RR 2017, 116.
[245] Seidl/Fuchs HRRS 2011, 265 (268); s. auch Eisele, BT I, 6. Aufl. 2021, Rn. 885.

setzten sie ein mit einem Speichermedium versehenes Kartenlesegerät ein, das unauffällig vor den in die Geldautomaten eines bestimmten Typs eingebauten Einzugslesegeräten angebracht werden konnte. Die bei der Benutzung des Geldautomaten vom Inhaber der Zahlungskarte eingegebene persönliche Geheimzahl (PIN) erlangten sie mittels eines über der Tastatur des Geldautomaten angebrachten, ebenfalls mit einem Speichermedium versehenen Tastaturaufsatzes. Auf diese Weise verschafften sich B und seine Mittäter am 17.02.2007 durch Anbringen solcher Geräte an einem Geldautomaten in einer Bank in Münster 21 Datensätze von Zahlungskarten und die jeweils zugehörige PIN. Nach dem Entfernen der Aufsatzgeräte von dem Geldautomaten las B jeweils die Speichermedien der Geräte aus. Die Datensätze der echten Zahlungskarten wurden anschließend in Amsterdam auf die Magnetstreifen von Payback-Karten übertragen, welche Bandenmitglieder zuvor beschafft hatten. In der Folgezeit hob B unter Verwendung der nachgemachten Karten und der zu diesen Datensätzen jeweils gehörenden PIN an Geldautomaten im Ausland Bargeld ab. ◄

Von ähnlicher Problematik ist die **Online-Auktion** (z. B. bei eBay) unter falschem Namen.[246]

Beispiel 204

OLG Hamm B. v. 18.11.2008 – 5 Ss 347/08 – StV 2009, 475 (Anm. Jahn JuS 2009, 662; Willer NStZ 2010, 553):

B schaltete auf der Internet-Auktionsplattform „eBay" mehrere Accounts, unter denen er in der Folgezeit die streitgegenständlichen Waren feilbot, nach Ersteigerung durch die jeweiligen Käufer und Bezahlung der Waren durch diese die Waren jedoch, wie von Anfang an beabsichtigt, nicht auslieferte, da er gar nicht im Besitz der Waren war und auch nicht beabsichtigt hatte, die Waren noch vor Auslieferung zu beschaffen. Zur Anlegung der Accounts bei der Auktionsplattform „eBay" bediente sich der B falscher Personalien, d. h. so nicht existierender Namen und Anschriften, welche er sich ausdachte, da seine eigenen Personalien und damit auch seine eigene Handynummer bereits von der Internet-Auktionsplattform „eBay" aufgrund von Unregelmäßigkeiten gesperrt worden war. ◄

Läge nach der Speicherung der falschen Personalien auf einem Server von eBay bei Wahrnehmung der Daten eine unechte Urkunde vor?

Problematisch ist auch das sog. **Phishing**.[247]

---

[246] Hierzu Fischer, StGB, 71. Aufl. 2024, § 269 Rn. 6; näher Petermann JuS 2010, 774; Singelnstein JR 2011, 375; Eisele FS Puppe 2011, 1091; aus der Rspr. vgl. zuletzt BGH B. v. 21.07.2020 – 5 StR 146/19 – BGHSt 65, 98 = NJW 2020, 3260 = NStZ 2021, 43 = StV 2021, 496 (Anm. RÜ 2020, 712; Cornelius NJW 2020, 3263; Bosch Jura 2021, 104; Weidemann NStZ 2021, 46; Grabmeier ZIS 2021, 199).

[247] Hierzu Fischer, StGB, 71. Aufl. 2024, § 269 Rn. 8; Stuckenberg ZStW 2006, 878; Graf NStZ 2007, 129; Heghmanns wistra 2007, 167; Goeckenjan wistra 2008, 128; Goeckenjan wistra 2009, 47; Seidl/Fuchs HRRS 2010, 85; Brand NStZ 2013, 7.

Beispiel 205

vgl. LG Darmstadt U. v. 13.06.2006 – 212 Ls 7 Ns (Anm. Kögel wistra 2007, 206):
B schickte dem Z eine selbst entworfene E-Mail. Diese schien nach ihrer Gestaltung und ihrem Inhalt von einer Bank zu stammen, die zufälligerweise die Hausbank des Z war. Die E-Mail enthielt den Hinweis, dass die Kontodaten überprüft werden müssten, wozu Z einem in der E-Mail enthaltenen Hyperlink zu folgen hätte. Dieser Link führte Z auf eine von B erstellte, der Homepage der Bank zum Verwechseln ähnlich sehende Homepage, auf der Z aufgefordert wurde, in einer scheinbar sicheren Umgebung seine Kontonummer, persönliche Identifikationsnummer (PIN) und Transaktionsnummern (TAN) für die Nutzung von Bankdiensten einzugeben. Mit der erlangten PIN konnte B pro erbeuteter TAN eine Überweisung vom Konto des Z vornehmen. ◄

Differenzieren kann man nach dem Versenden der Phishing-Email und dem Einrichten der Phishing-Webseite.

Zum ersteren: Die E-Mail enthält Daten. Die Beweiserheblichkeit ergibt sich aus dem vorgespiegelten Bankverkehr. Die Beziehung zum Geldinstitut und insbesondere angebliche Sicherheitsprobleme, auf die in den Phishing-Mails häufig als Vorwand zurückgegriffen wird, stellen thematisch eine für ein Rechtsverfahren geeignete Materie dar. Diese Daten speichert der Täter, indem er die E-Mail sendet, wodurch diese auf dem Mail-Server des Empfängers oder auf dessen Rechner abgelegt wird. Auch die Eigenschaften einer hypothetisch unechten Urkunde liegen nach wohl h. M.[248] vor, sofern der angebliche Aussteller nicht mit einem Fantasie- oder Decknamen angegeben ist und sich für den Erklärungsempfänger ohne Weiteres ergibt, dass eine Person dieses Namens gar nicht existiert: Zwar stellt die Aufforderung, Zugangsinformationen zu übersenden, keine rechtserhebliche Erklärung dar. Jedenfalls aber dann, wenn das vermeintlich absendende Institut tatsächlich existiert und die Aufforderung hinreichend seriös ist, erweckt der Absender den Eindruck, dass er den Empfänger im Namen der Bank zu einer vertragsgemäßen Mitwirkung auffordert, zumal wenn Logo, Unterschriftszeile o. Ä. überzeugend gestaltet sind. Eine Gegenauffassung[249] verneint § 269 StGB immer dann, wenn das vermeintliche Institut nicht existiert. Zu folgen ist allerdings der h. M., da auch bei nichtexistierenden Instituten zumindest dann ein Aussteller erkennbar ist, wenn für einen Durchschnittsempfänger eine beträchtliche Verwechslungsgefahr besteht, dies gebietet der Opferschutz. Nur bei ganz plumpen Fälschungen – vgl. auch die sprachliche Richtigkeit – wird man die hypothetische Urkundeneigenschaft zu verneinen haben.

Zum letzteren: Indem der Täter die Zugangsdaten des Bankkunden auf der Website der Bank eingibt und online eine Überweisung tätigt, stellt er einen Datensatz her, den die Bank speichert und dessen Erklärungsinhalt ein Überweisungsauftrag

---

[248] S. Joecks/Jäger, StGB, 13. Aufl. 2021, § 269 Rn. 24f.
[249] Eisele, BT I, 6. Aufl. 2021, Rn. 890.

ist. Durch die Verwendung von PIN und TAN erklärt er, Verfügungsberechtigter über das Konto zu sein, sodass eine hinreichende Identitätstäuschung vorliegt.[250]

Aktuelle Fallgruppen betreffen das kontaktlose Bezahlen mit der Girocard (NFC),[251] „Love-Scams"[252] sowie den Missbrauch von Kundenkonten.[253]

bb) Subjektiver Tatbestand
Gem. § 15 StGB ist Vorsatz erforderlich.

Zum darüber hinaus erforderlichen Handeln zur Täuschung im Rechtsverkehr s. o. bei § 267 StGB.

c) Rechtswidrigkeit
Es gelten die allgemeinen Grundsätze.

d) Schuld
Es gelten die allgemeinen Grundsätze.

e) Rechtsfolgen

aa) Allgemeines
§ 269 I StGB sieht Freiheitsstrafe bis zu fünf Jahren (im Minimum also ein Monat, § 38 II StGB) oder Geldstrafe (zu den Grenzen s. § 40 StGB) vor.

bb) Besonders schwerer Fall, §§ 269 III i. V. m. 267 III StGB
§ 269 III StGB verweist bzgl. eines besonders schweren Falls auf § 267 III StGB, s. o.

f) Sonstiges
Der Versuch der Fälschung beweiserheblicher Daten ist nach § 269 II StGB strafbar.

2. § 269 I 2. Var. StGB

a) Aufbau
 I. Tatbestand
  1. Objektiver Tatbestand
     a) Derart gespeicherte oder veränderte Daten
     b) Gebraucht
  2. Subjektiver Tatbestand
     a) Vorsatz
     b) Zur Täuschung im Rechtsverkehr oder § 270 StGB

---

[250] Seidl/Fuchs HRRS 2010, 85 (89).
[251] Hierzu Göhler JR 2021, 6.
[252] Hierzu Oğlakcıoğlu/Mansouri NStZ 2023, 129.
[253] Aus der Rspr. vgl. BGH B. v. 09.03.2021 – 1 StR 22/21; BGH B. v. 06.04.2021 – 1 StR 67/21 – NStZ-RR 2021, 214 (Anm. RÜ 2021, 437); BGH B. v. 04.08.2022 – 4 StR 81/22 – NJW 2023, 308 = NStZ-RR 2022, 310; BGH B. v. 09.01.2023 – 1 StR 381/22 – NStZ-RR 2023, 206 = StV-S 2023, 80 (Anm. LL 2023, 812; RÜ 2023, 576).

II. Rechtswidrigkeit
III. Schuld
IV. Rechtsfolgen: Besonders schwerer Fall, III i. V. m. § 267 III StGB

b) Tatbestand

aa) Objektiver Tatbestand

(1) Derart gespeicherte oder veränderte Daten
S. jeweils o.

(2) Gebraucht
Zum Gebrauchen s. o. bei § 267 I 3. Var. StGB.

bb) Subjektiver Tatbestand
S. o.

c) Rechtswidrigkeit
Es gelten die allgemeinen Grundsätze.

d) Schuld
Es gelten die allgemeinen Grundsätze.

e) Rechtsfolgen
S. o.

III. Qualifikation, §§ 269 III i. V. m. 267 IV StGB

1. Aufbau
I. Tatbestand
  1. Objektiver Tatbestand
     a) Die Fälschung beweiserheblicher Daten begeht
     b) §§ 269 III i. V. m. 267 IV StGB
        – Als Mitglied einer Bande, die sich zur fortgesetzten Begehung von Straftaten nach den §§ 263 bis 264 oder 267 bis 269 verbunden hat
  2. Subjektiver Tatbestand
     a) Die Fälschung beweiserheblicher Daten begeht
     b) Gewerbsmäßig
II. Rechtswidrigkeit
III. Schuld

2. Erläuterungen
§ 269 III StGB verweist bzgl. einer Qualifikation auf § 267 IV StGB, s. o.

H. Mißbrauch von Ausweispapieren, § 281 StGB

I. Allgemeines

§ 281 StGB stellt den Missbrauch (in der Normüberschrift noch in alter Rechtschreibung) von Ausweispapieren unter Strafe.[254]

> **§ 281 StGB (Mißbrauch von Ausweispapieren)**
> (1) Wer ein Ausweispapier, das für einen anderen ausgestellt ist, zur Täuschung im Rechtsverkehr gebraucht, oder wer zur Täuschung im Rechtsverkehr einem anderen ein Ausweispapier überläßt, das nicht für diesen ausgestellt ist, wird mit Freiheitsstrafe bis zu einem Jahr oder mit Geldstrafe bestraft. Der Versuch ist strafbar.
> (2) Einem Ausweispapier stehen Gesundheitszeugnisse sowie solche Zeugnisse und andere Urkunden gleich, die im Verkehr als Ausweis verwendet werden.

Die – 2021 erweiterte[255] – Norm schützt das staatliche Beweisführungsinteresse mit amtlichen Ausweisen.[256]

II. § 281 I 1 1. Var. StGB

1. Aufbau

I. Tatbestand
  1. Objektiver Tatbestand
     a) Ein Ausweispapier (§ 281 I 1 StGB) oder Gesundheitszeugnisse sowie solche Zeugnisse und andere Urkunden, die im Verkehr als Ausweis verwendet werden (§ 281 II StGB)
     b) Das für einen anderen ausgestellt ist
     c) Gebraucht
  2. Subjektiver Tatbestand
     a) Vorsatz
     b) Zur Täuschung im Rechtsverkehr oder § 270 StGB
II. Rechtswidrigkeit
III. Schuld

---

[254] Zu § 281 StGB Cramer GA 1963, 363; Hecker GA 1997, 525.
[255] Hierzu Lichtenthäler NStZ 2022, 138.
[256] Eisele, BT I, 6. Aufl. 2021, Rn. 951.

2. Tatbestand

a) Objektiver Tatbestand

Tatobjekt des § 281 I StGB ist ein **Ausweispapier**.

Dies ist eine ausschließlich oder neben anderen Zwecken auch zur Ermöglichung des Identitätsnachweises ausgestellte amtliche Urkunde.[257]

Erfasst sind z. B. Pässe, Asylaufenthaltsdokumente,[258] Personal-, Dienst- und Studentenausweise, ferner Führerscheine.[259]

Beispiel 206

OLG Stuttgart B. v. 27.08.2013 – 2 Ss 349/13 – StV 2015, 122 (Anm. Hecker JuS 2014, 277; NZV 2014, 503; Pliefke DAR 2014, 214):

Am 23.10.2012 begab sich B mit dem Pkw nach Stuttgart, um hier einkaufen zu gehen. Er parkte den Pkw auf einem Sonderparkplatz für Behinderte. Obwohl sein Sohn nicht dabei war und er daher auch nicht berechtigt war, den für diesen ausgestellten Parkausweis zu benutzen, legte er den Parkausweis seines Sohnes gut sichtbar auf das Armaturenbrett des Fahrzeugs, wobei das Lichtbild des Sohnes auf der Rückseite war und nicht eingesehen werden konnte. ◄

Der Parkausweis ist eine zum Nachweis der Identität des Parkenden ausgestellte amtliche Urkunde.

Nur echte Papiere werden erfasst.[260]

§ 281 II StGB erweitert den Tatbestand auf **Gesundheitszeugnisse sowie solche Zeugnisse und andere Urkunden, die im Verkehr als Ausweis verwendet werden**.

Bzgl. Letzterem muss der Gegenstand geeignet sein, wie ein Ausweispapier (nur ohne dessen hoheitliche Zweckbestimmung und amtliche Richtigkeitsgewähr) eine Beweiswirkung für die Identität einer Person zu entfalten.[261]

Hierunter fallen etwa[262] Versicherungskarten, Werksausweise, ÖPNV-Monatskarten oder der Sozialversicherungsausweis.

Zum **Gebrauchen** s. o. bei § 267 StGB.

Auch Kopien oder elektronische Versionen eines Ausweises können tatbestandsmäßig gebraucht werden.[263]

---

[257] Hoyer, in: SK-StGB, 9. Aufl. 2019, § 281 Rn. 2.

[258] Aus der Rspr. vgl. zuletzt BGH B. v. 29.11.2022 – 3 StR 238/22 – NStZ 2024, 47 (Anm. Ebner NStZ 2024, 51).

[259] Problematisch, s. Weidemann, in: BeckOK-StGB, Stand 01.02.2024, § 281 Rn. 4 i. V. m. § 273 Rn. 3.

[260] H. M., Fischer, StGB, 71. Aufl. 2024, § 281 Rn. 2; aus der Rspr. vgl. BGH U. v. 05.07.1955 – 5 StR 252/55 (Anm. Oehler GA 1956, 161); BGH U. v. 22.01.1957 – 1 StR 436/56 – NJW 1957, 472.

[261] Erb, in: MK-StGB, 4. Aufl. 2022, § 281 Rn. 3.

[262] Problematisch, s. Weidemann, in: BeckOK-StGB, Stand 01.02.2024, § 281 Rn. 5.

[263] H. M., vgl. aus der Rspr. BGH B. v. 21.07.2020 – 5 StR 146/19 – BGHSt 65, 98 = NJW 2020, 3260 = NStZ 2021, 43 = StV 2021, 496 (Anm. RÜ 2020, 712; Cornelius NJW 2020, 3263; Bosch Jura 2021, 104; Weidemann NStZ 2021, 46; Grabmeier ZIS 2021, 199); zum vorhergehenden Procedere

b) Subjektiver Tatbestand
Gem. § 15 StGB ist Vorsatz erforderlich.

Zum darüber hinaus erforderlichen Handeln zur Täuschung im Rechtsverkehr s. o. bei § 267 StGB. I. R. d. § 281 StGB muss der Täter eine Identitätstäuschung beabsichtigen, mittels derer ein rechtserhebliches Verhalten des Getäuschten bewirkt werden soll.[264]

3. Rechtswidrigkeit
Es gelten die allgemeinen Grundsätze.

4. Schuld
Es gelten die allgemeinen Grundsätze.

5. Rechtsfolgen
§ 281 I StGB sieht Freiheitsstrafe bis zu fünf Jahren (im Minimum also ein Monat, § 38 II StGB) oder Geldstrafe (zu den Grenzen s. § 40 StGB) vor.

6. Sonstiges
Der Versuch des Missbrauchs von Ausweispapieren ist nach § 281 I 2 StGB strafbar.

III. § 281 I 1 2. Var. StGB

1. Aufbau
  I. Tatbestand
    1. Objektiver Tatbestand
      a) Ein Ausweispapier (§ 281 I 1 StGB) oder Gesundheitszeugnisse sowie solche Zeugnisse und andere Urkunden, die im Verkehr als Ausweis verwendet werden (§ 281 II StGB)
      b) Einem anderen überläßt
      c) Das nicht für diesen ausgestellt ist
    2. Subjektiver Tatbestand
      a) Vorsatz
      b) Zur Täuschung im Rechtsverkehr oder § 270 StGB
  II. Rechtswidrigkeit
  III. Schuld

---

divergierender Rspr. s. BGH U. v. 04.09.1964 – 4 StR 324/64 – BGHSt 20, 17 = NJW 1964, 2427; BGH B. v. 08.05.2019 – 5 StR 146/19 – NStZ 2019, 675 = NStZ-RR 2020, 106 (Anm. Putzke/Prechtl ZJS 2019, 522; Dehne-Niemann HRRS 2019, 405; RÜ 2020, 24; Erb JR 2020, 450); BGH B. v. 04.12.2019 – 4 ARS 14/19 – NStZ-RR 2020, 106 = StV 2021, 495 (Anm. famos 4/2020; Erb JR 2020, 450); BGH B. v. 13.05.2020 – 2 ARs 228/19 – NStZ-RR 2020, 282 (Anm. LL 2020, 691).

[264] Fischer, StGB, 71. Aufl. 2024, § 281 Rn. 4; aus der Rspr. vgl. BGH U. v. 05.04.1961 – 2 StR 71/61 – BGHSt 16, 33 = NJW 1961, 1123.

2. Tatbestand

a) Objektiver Tatbestand
Zum Tatobjekt s. o.

Überlassen ist die zumindest vorübergehende Übertragung der Verfügungsgewalt auf eine andere Person, die dadurch das Ausweispapier gebrauchen kann.[265]

Nicht erforderlich, dass das Ausweispapier auf einen der Überlassenden ausgestellt ist.[266]

Unerheblich, ob es nachfolgend zu einem (versuchten) Gebrauch des Dokuments zur Täuschung im Rechtsverkehr kommt.[267]

b) Subjektiver Tatbestand
S. o.

3. Rechtswidrigkeit
Es gelten die allgemeinen Grundsätze.

4. Schuld
Es gelten die allgemeinen Grundsätze.

5. Rechtsfolgen
S. o.

J. Sonstige Urkundenstraftaten; Geld- und Wertzeichenfälschung

Im Hinblick auf die Relevanz in der Fallbearbeitung wurden nur die §§ 267–271, 274, 281 und 348 StGB erläutert. Bzgl. der weiteren Delikte dürfte die Kenntnisnahme des Gesetzestextes genügen.[268]

> **§ 273 StGB (Verändern von amtlichen Ausweisen)**
> (1) Wer zur Täuschung im Rechtsverkehr
> 1. eine Eintragung in einem amtlichen Ausweis entfernt, unkenntlich macht, überdeckt oder unterdrückt oder eine einzelne Seite aus einem amtlichen Ausweis entfernt oder
> 2. einen derart veränderten amtlichen Ausweis gebraucht, wird mit Freiheitsstrafe bis zu drei Jahren oder mit Geldstrafe bestraft, wenn die Tat nicht in § 267 oder § 274 mit Strafe bedroht ist.
> (2) Der Versuch ist strafbar.

---

[265] Joecks/Jäger, StGB, 13. Aufl. 2021, § 281 Rn. 5; aus der Rspr. vgl. zuletzt BGH B. v. 29.11.2022 – 3 StR 238/22 – NStZ 2024, 47 (Anm. Ebner NStZ 2024, 51).
[266] Aus der Rspr. vgl. BGH B. v. 29.11.2022 – 3 StR 238/22 – NStZ 2024, 47 (Anm. Ebner NStZ 2024, 51).
[267] Aus der Rspr. vgl. BGH B. v. 29.11.2022 – 3 StR 238/22 – NStZ 2024, 47 (Anm. Ebner NStZ 2024, 51).
[268] S. aber etwa Eisele, BT I, 6. Aufl. 2021, Rn. 947ff., 957ff.

§ 275 StGB (Vorbereitung der Fälschung von amtlichen Ausweisen)
(1) Wer eine Fälschung von amtlichen Ausweisen vorbereitet, indem er
  1. Platten, Formen, Drucksätze, Druckstöcke, Negative, Matrizen oder ähnliche Vorrichtungen, die ihrer Art nach zur Begehung der Tat geeignet sind,
  2. Papier, das einer solchen Papierart gleicht oder zum Verwechseln ähnlich ist, die zur Herstellung von amtlichen Ausweisen bestimmt und gegen Nachahmung besonders gesichert ist, oder
  3. Vordrucke für amtliche Ausweise herstellt, sich oder einem anderen verschafft, feilhält, verwahrt, einem anderen überläßt oder einzuführen oder auszuführen unternimmt, wird mit Freiheitsstrafe bis zu zwei Jahren oder mit Geldstrafe bestraft.

(1a) Wer die Herstellung eines unrichtigen Impfausweises vorbereitet, indem er in einem Blankett-Impfausweis eine nicht durchgeführte Schutzimpfung dokumentiert oder einen auf derartige Weise ergänzten Blankett-Impfausweis sich oder einem anderen verschafft, feilhält, verwahrt, einem anderen überlässt oder einzuführen oder auszuführen unternimmt, wird mit Freiheitsstrafe bis zu zwei Jahren oder mit Geldstrafe bestraft.

(2) Handelt der Täter gewerbsmäßig oder als Mitglied einer Bande, die sich zur fortgesetzten Begehung von Straftaten nach Absatz 1 oder Absatz 1a verbunden hat, so ist die Strafe Freiheitsstrafe von drei Monaten bis zu fünf Jahren.

(3) § 149 Abs. 2 und 3 gilt entsprechend.

§ 276 StGB (Verschaffen von falschen amtlichen Ausweisen)
(1) Wer einen unechten oder verfälschten amtlichen Ausweis oder einen amtlichen Ausweis, der eine falsche Beurkundung der in den §§ 271 und 348 bezeichneten Art enthält,
  1. einzuführen oder auszuführen unternimmt oder
  2. in der Absicht, dessen Gebrauch zur Täuschung im Rechtsverkehr zu ermöglichen, sich oder einem anderen verschafft, verwahrt oder einem anderen überläßt, wird mit Freiheitsstrafe bis zu zwei Jahren oder mit Geldstrafe bestraft.

(2) Handelt der Täter gewerbsmäßig oder als Mitglied einer Bande, die sich zur fortgesetzten Begehung von Straftaten nach Absatz 1 verbunden hat, so ist die Strafe Freiheitsstrafe von drei Monaten bis zu fünf Jahren.

§ 276a StGB (Aufenthaltsrechtliche Papiere; Fahrzeugpapiere)
Die §§ 275 und 276 gelten auch für aufenthaltsrechtliche Papiere, namentlich Aufenthaltstitel und Duldungen, sowie für Fahrzeugpapiere, namentlich Fahrzeugscheine und Fahrzeugbriefe.

> **§ 277 StGB (Unbefugtes Ausstellen von Gesundheitszeugnissen)**
> (1) Wer zur Täuschung im Rechtsverkehr unter der ihm nicht zustehenden Bezeichnung als Arzt oder als eine andere approbierte Medizinalperson ein Zeugnis über seinen oder eines anderen Gesundheitszustand ausstellt, wird mit Freiheitsstrafe bis zu einem Jahr oder mit Geldstrafe bestraft, wenn die Tat nicht in anderen Vorschriften dieses Abschnitts mit schwererer Strafe bedroht ist.
> (2) In besonders schweren Fällen ist die Strafe Freiheitsstrafe von drei Monaten bis zu fünf Jahren. Ein besonders schwerer Fall liegt in der Regel vor, wenn der Täter gewerbsmäßig oder als Mitglied einer Bande, die sich zur fortgesetzten Begehung von unbefugtem Ausstellen von Gesundheitszeugnissen verbunden hat, Impfnachweise oder Testzertifikate betreffend übertragbare Krankheiten unbefugt ausstellt.

> **§ 278 StGB (Ausstellen unrichtiger Gesundheitszeugnisse)**
> (1) Wer zur Täuschung im Rechtsverkehr als Arzt oder andere approbierte Medizinalperson ein unrichtiges Zeugnis über den Gesundheitszustand eines Menschen ausstellt, wird mit Freiheitsstrafe bis zu zwei Jahren oder mit Geldstrafe bestraft.
> (2) In besonders schweren Fällen ist die Strafe Freiheitsstrafe von drei Monaten bis zu fünf Jahren. Ein besonders schwerer Fall liegt in der Regel vor, wenn der Täter gewerbsmäßig oder als Mitglied einer Bande, die sich zur fortgesetzten Begehung von unrichtigem Ausstellen von Gesundheitszeugnissen verbunden hat, Impfnachweise oder Testzertifikate betreffend übertragbare Krankheiten unrichtig ausstellt.

> **§ 279 StGB (Gebrauch unrichtiger Gesundheitszeugnisse)**
> Wer zur Täuschung im Rechtsverkehr von einem Gesundheitszeugnis der in den §§ 277 und 278 bezeichneten Art Gebrauch macht, wird mit Freiheitsstrafe bis zu einem Jahr oder mit Geldstrafe bestraft, wenn die Tat nicht in anderen Vorschriften dieses Abschnitts mit schwererer Strafe bedroht ist.

Genannt seien im Folgenden auch die Delikte des 8. Abschnitts des Besonderen Teils des StGB (**Geld- und Wertzeichenfälschung**, §§ 146ff. StGB[269]). Diese weisen als Fälschungsdelikte eine gewisse Nähe zu den Urkundsdelikten auf, sind aber kaum examensrelevant.

---

[269] Hierzu Eisele, BT I, 6. Aufl. 2021, Rn. 957ff.

§ 146 StGB (Geldfälschung)
(1) Mit Freiheitsstrafe nicht unter einem Jahr wird bestraft, wer
1. Geld in der Absicht nachmacht, daß es als echt in Verkehr gebracht oder daß ein solches Inverkehrbringen ermöglicht werde, oder Geld in dieser Absicht so verfälscht, daß der Anschein eines höheren Wertes hervorgerufen wird,
2. falsches Geld in dieser Absicht sich verschafft oder feilhält oder
3. falsches Geld, das er unter den Voraussetzungen der Nummern 1 oder 2 nachgemacht, verfälscht oder sich verschafft hat, als echt in Verkehr bringt.

(2) Handelt der Täter gewerbsmäßig oder als Mitglied einer Bande, die sich zur fortgesetzten Begehung einer Geldfälschung verbunden hat, so ist die Strafe Freiheitsstrafe nicht unter zwei Jahren.

(3) In minder schweren Fällen des Absatzes 1 ist auf Freiheitsstrafe von drei Monaten bis zu fünf Jahren, in minder schweren Fällen des Absatzes 2 auf Freiheitsstrafe von einem Jahr bis zu zehn Jahren zu erkennen.

§ 147 StGB (Inverkehrbringen von Falschgeld)
(1) Wer, abgesehen von den Fällen des § 146, falsches Geld als echt in Verkehr bringt, wird mit Freiheitsstrafe bis zu fünf Jahren oder mit Geldstrafe bestraft.
(2) Der Versuch ist strafbar.

§ 148 StGB (Wertzeichenfälschung)
(1) Mit Freiheitsstrafe bis zu fünf Jahren oder mit Geldstrafe wird bestraft, wer
1. amtliche Wertzeichen in der Absicht nachmacht, daß sie als echt verwendet oder in Verkehr gebracht werden oder daß ein solches Verwenden oder Inverkehrbringen ermöglicht werde, oder amtliche Wertzeichen in dieser Absicht so verfälscht, daß der Anschein eines höheren Wertes hervorgerufen wird,
2. falsche amtliche Wertzeichen in dieser Absicht sich verschafft oder
3. falsche amtliche Wertzeichen als echt verwendet, feilhält oder in Verkehr bringt.

(2) Wer bereits verwendete amtliche Wertzeichen, an denen das Entwertungszeichen beseitigt worden ist, als gültig verwendet oder in Verkehr bringt, wird mit Freiheitsstrafe bis zu einem Jahr oder mit Geldstrafe bestraft.
(3) Der Versuch ist strafbar.

§ 149 StGB (Vorbereitung der Fälschung von Geld und Wertzeichen)
(1) Wer eine Fälschung von Geld oder Wertzeichen vorbereitet, indem er
1. Platten, Formen, Drucksätze, Druckstöcke, Negative, Matrizen, Computerprogramme oder ähnliche Vorrichtungen, die ihrer Art nach zur Begehung der Tat geeignet sind,
2. Papier, das einer solchen Papierart gleicht oder zum Verwechseln ähnlich ist, die zur Herstellung von Geld oder amtlichen Wertzeichen bestimmt und gegen Nachahmung besonders gesichert ist, oder
3. Hologramme oder andere Bestandteile, die der Sicherung gegen Fälschung dienen, herstellt, sich oder einem anderen verschafft, feilhält, verwahrt oder einem anderen überläßt, wird, wenn er eine Geldfälschung vorbereitet, mit Freiheitsstrafe bis zu fünf Jahren oder mit Geldstrafe, sonst mit Freiheitsstrafe bis zu zwei Jahren oder mit Geldstrafe bestraft.
(2) Nach Absatz 1 wird nicht bestraft, wer freiwillig
1. die Ausführung der vorbereiteten Tat aufgibt und eine von ihm verursachte Gefahr, daß andere die Tat weiter vorbereiten oder sie ausführen, abwendet oder die Vollendung der Tat verhindert und
2. die Fälschungsmittel, soweit sie noch vorhanden und zur Fälschung brauchbar sind, vernichtet, unbrauchbar macht, ihr Vorhandensein einer Behörde anzeigt oder sie dort abliefert.
(3) Wird ohne Zutun des Täters die Gefahr, daß andere die Tat weiter vorbereiten oder sie ausführen, abgewendet oder die Vollendung der Tat verhindert, so genügt an Stelle der Voraussetzungen des Absatzes 2 Nr. 1 das freiwillige und ernsthafte Bemühen des Täters, dieses Ziel zu erreichen.

§ 151 StGB (Wertpapiere)
Dem Geld im Sinne der §§ 146, 147, 149 und 150 stehen folgende Wertpapiere gleich, wenn sie durch Druck und Papierart gegen Nachahmung besonders gesichert sind:
1. Inhaber- sowie solche Orderschuldverschreibungen, die Teile einer Gesamtemission sind, wenn in den Schuldverschreibungen die Zahlung einer bestimmten Geldsumme versprochen wird;
2. Aktien;
3. von Kapitalverwaltungsgesellschaften ausgegebene Anteilscheine;
4. Zins-, Gewinnanteil- und Erneuerungsscheine zu Wertpapieren der in den Nummern 1 bis 3 bezeichneten Art sowie Zertifikate über Lieferung solcher Wertpapiere;
5. Reiseschecks.

§ 152 StGB (Geld, Wertzeichen und Wertpapiere eines fremden Währungsgebiets)
Die §§ 146 bis 151 sind auch auf Geld, Wertzeichen und Wertpapiere eines fremden Währungsgebiets anzuwenden.

§ 152a I–IV StGB (Fälschung von Zahlungskarten, Schecks, Wechseln und anderen körperlichen unbaren Zahlungsinstrumenten)
(1) Wer zur Täuschung im Rechtsverkehr oder, um eine solche Täuschung zu ermöglichen,

1. inländische oder ausländische Zahlungskarten, Schecks, Wechsel oder andere körperliche unbare Zahlungsinstrumente nachmacht oder verfälscht oder

2. solche falschen Karten, Schecks, Wechsel oder anderen körperlichen unbaren Zahlungsinstrumente sich oder einem anderen verschafft, feilhält, einem anderen überlässt oder gebraucht, wird mit Freiheitsstrafe bis zu fünf Jahren oder mit Geldstrafe bestraft.

(2) Der Versuch ist strafbar.

(3) Handelt der Täter gewerbsmäßig oder als Mitglied einer Bande, die sich zur fortgesetzten Begehung von Straftaten nach Absatz 1 verbunden hat, so ist die Strafe Freiheitsstrafe von sechs Monaten bis zu zehn Jahren.

(4) Zahlungskarten und andere körperliche unbare Zahlungsinstrumente im Sinne des Absatzes 1 sind nur solche, die durch Ausgestaltung oder Codierung besonders gegen Nachahmung gesichert sind.

§ 152b I–IV StGB (Fälschung von Zahlungskarten mit Garantiefunktion)
(1) Wer eine der in § 152a Abs. 1 bezeichneten Handlungen in Bezug auf Zahlungskarten mit Garantiefunktion begeht, wird mit Freiheitsstrafe von einem Jahr bis zu zehn Jahren bestraft.

(2) Handelt der Täter gewerbsmäßig oder als Mitglied einer Bande, die sich zur fortgesetzten Begehung von Straftaten nach Absatz 1 verbunden hat, so ist die Strafe Freiheitsstrafe nicht unter zwei Jahren.

(3) In minder schweren Fällen des Absatzes 1 ist auf Freiheitsstrafe von drei Monaten bis zu fünf Jahren, in minder schweren Fällen des Absatzes 2 auf Freiheitsstrafe von einem Jahr bis zu zehn Jahren zu erkennen.

(4) Zahlungskarten mit Garantiefunktion im Sinne des Absatzes 1 sind Kreditkarten und sonstige Karten,

1. die es ermöglichen, den Aussteller im Zahlungsverkehr zu einer garantierten Zahlung zu veranlassen, und

2. durch Ausgestaltung oder Codierung besonders gegen Nachahmung gesichert sind.

11. Kapitel: Brandstiftungsstraftaten, §§ 306ff. StGB

▶ **Didaktische Aufsätze**
- Geppert, Die schwere Brandstiftung/Die restlichen Brandstiftungsdelikte Jura 1989, 417 und 473
- Rengier, Die Brandstiftungsdelikte nach dem Sechsten Gesetz zur Reform des Strafrechts, JuS 1998, 397
- Geppert, Die Brandstiftungsdelikte nach dem Sechsten Strafrechtsreformgesetz, Jura 1998, 597
- Cantzler, Die Neufassung der Brandstiftsdelikte, JA 1999, 474
- Müller, Examensrelevante Probleme der Brandstiftungsdelikte, JA 2001, 517
- Wrage, Typische Probleme einer Brandstiftungsklausur, JuS 2003, 985
- Knauth, Neuralgische Punkte des neuen Brandstrafrechts, Jura 2005, 230
- Oğlakcıoğlu, Die imaginäre Übung: Brandstiftungsdelikte, JA 2017, 745
- Krüger/Maurer, 20 Jahre Sechstes Strafrechtsreformgesetz (Teil I: Körperverletzungs- und Brandstiftungsdelikte), JA 2018, 321
- Seitz/Nussbaum, Brandstiftungsdelikte, JuS 2019, 1060

A. Allgemeines

Die §§ 306ff. StGB[1] regeln in etwas unübersichtlicher Manier die Brandstiftungsdelikte; die Normen sind im Abschn. „Gemeingefährliche Straftaten" enthalten, was sich aus der Ausbreitungsgefahr des Feuers erklärt.

---

[1] Zu den §§ 306ff. Geppert Jura 1989, 417 und 473; Geppert FS Schmitt 1992, 187; Geppert Jura 1998, 597; Rengier JuS 1998, 397; Wolters JR 1998, 271; Schroeder GA 1998, 571; Radtke ZStW 1998, 848; Cantzler JA 1999, 474; Müller JA 2001, 517; Wrage JuS 2003, 985; Knauth Jura 2005, 230; Rechtsprechungsübersichten bei Horn/Hoyer JZ 1987, 965; Bachmann/Goeck NStZ-RR 2011, 297; zur Umgestaltung 1998 Krüger/Maurer JA 2018, 321.

B. Brandstiftung, § 306 StGB

I. Aufbau

I. Tatbestand
   1. Objektiver Tatbestand
      a) § 306 I Nr. 1–6 StGB
      b) Fremde
      c) In Brand setzt oder durch eine Brandlegung ganz oder teilweise zerstört
   2. Subjektiver Tatbestand
II. Rechtswidrigkeit
III. Schuld
IV. Tätige Reue, § 306e I, III StGB

II. Allgemeines

§ 306 StGB stellt die Brandstiftung unter Strafe.

> **§ 306 StGB (Brandstiftung)**
> (1) Wer fremde
>   1. Gebäude oder Hütten,
>   2. Betriebsstätten oder technische Einrichtungen, namentlich Maschinen,
>   3. Warenlager oder -vorräte,
>   4. Kraftfahrzeuge, Schienen-, Luft- oder Wasserfahrzeuge,
>   5. Wälder, Heiden oder Moore oder
>   6. land-, ernährungs- oder forstwirtschaftliche Anlagen oder Erzeugnisse
> in Brand setzt oder durch eine Brandlegung ganz oder teilweise zerstört, wird mit Freiheitsstrafe von einem Jahr bis zu zehn Jahren bestraft.
> (2) In minder schweren Fällen ist die Strafe Freiheitsstrafe von sechs Monaten bis zu fünf Jahren.

Bei § 306 StGB handelt es sich um eine Qualifikation der Sachbeschädigung; die Norm dient daher dem Schutz fremden **Eigentums** (s. Merkmal „fremd").[2] Aufgrund

---

[2] H. M., Joecks/Jäger, StGB, 13. Aufl. 2021, § 306 Rn. 1; s. aber auch die abw. Konzeptionen von Radtke, in: MK-StGB, 4. Aufl. 2022, § 306 Rn. 8ff.; Klesczewski HRRS 2013, 465; aus der Rspr. vgl. zuletzt BGH B. v. 02.04.2020 – 1 StR 90/20 – NStZ 2020, 495 = StV 2020, 815; BGH U. v. 08.09.2021 – 6 StR 174/21 – StV 2022, 442 (Anm. von Heintschel-Heinegg JA 2021, 1044; RÜ 2021, 786; Nestler Jura 2022, 258).

der Disponibilität des Rechtsguts Eigentum ist eine Einwilligung des Eigentümers des Tatobjekts möglich.[3]

III. Tatbestand

1. Objektiver Tatbestand

a) § 306 I Nr. 1–6 StGB

aa) Allgemeines
§ 306 I Nr. 1–6 StGB führt die tauglichen **Tatobjekte** der Brandstiftung auf.[4]

Dass die Tatobjekte im Plural angegeben sind, ist irrelevant; es genügt ein einziges Tatobjekt.[5]

Fraglich ist, ob angesichts der beträchtlichen Strafandrohung eine restriktive Auslegung bzw. teleologische Reduktion der Tatobjekte geboten ist; hier werden verschiedene Ansätze vertreten.[6]

> **Beispiel 207**
>
> B verbrannte zu Halloween einen dem Z gehörenden Kürbis. ◄

Die wohl h. M. nimmt eine Begrenzung auf Tatobjekte von bedeutendem **Wert** an, wobei die Grenze bei 1000 € gezogen wird.[7]

Andere[8] halten § 306 StGB nur dann für erfüllt, wenn durch die Tatbegehung eine **Gemeingefahr** entstanden ist.

Zwar spricht für Letzteres die Stellung der Norm im 28. Abschnitt des Besonderen Teils des StGB („Gemeingefährliche Straftaten"), allerdings handelt es sich bei § 306 StGB lediglich um eine falsch platzierte Qualifikation der Sachbeschädigung, s. o. II. Gegen eine Wertgrenze spricht, dass der Gesetzgeber – anders als etwa in § 315c I StGB – nichts dergleichen (bedeutender Wert o. Ä.) normiert

---

[3] H. M., s. nur Joecks/Jäger, StGB, 13. Aufl. 2021, § 306 Rn. 37; aus der Rspr. vgl. BGH U. v. 29.11.1989 – 2 StR 264/89 – BGHSt 36, 305 = NJW 1990, 584 = NStZ 1990, 193 = StV 199, 49 (Anm. Hassemer JuS 1990, 587); BGH B. v. 26.03.2003 – 1 StR 549/02 – NJW 2003, 1824 = StV 2003, 397 (Anm. Rautenkranz JA 2003, 748; Otto JK 2004 StGB § 306/6).

[4] Zu diesen näher Wolff FS Rüping 2008, 29.

[5] Fischer, StGB, 71. Aufl. 2024, § 306 Rn. 2; aus der Rspr. vgl. BGH U. v. 21.09.2000 – 4 StR 284/00 – BGHSt 46, 146 = NJW 2001, 163 = NStZ 2001, 140 = StV 2000, 664 (Anm. famos 12/2000; Otto JK 2001 StGB § 152a/2; Eisele JA 2001, 747; Martin JuS 2001, 300; Puppe JZ 2001, 471).

[6] Hierzu zsf. Eisele, BT I, 6. Aufl. 2021, Rn. 1009; Klesczewski HRRS 2013, 465; aus der Rspr. vgl. RG U. v. 08.02.1882 – 2799/81 – RGSt 6, 22; RG U. v. 03.06.1902 – 1281/02 – RGSt 35, 285; RG U. v. 10.02.1928 – I 1261/27 – RGSt 62, 28; BGH U. v. 22.05.1963 – 2 StR 133/63 – BGHSt 18, 363 = NJW 1963, 1557 (Anm. Schmitt JZ 1964, 189).

[7] S. nur Eisele, BT I, 6. Aufl. 2021, Rn. 1009.

[8] Klesczewski HRRS 2013, 465.

hat, sodass es dem Willen des Gesetzgebers entsprechen dürfte, zwar in absoluten Bagatellfällen eine Tatbestandsmäßigkeit abzulehnen (z. B. bei einem billigen Schlauchboot[9] oder bei Lebensmitteln[10]), i.Ü. aber in minder schweren Fällen lediglich den **Strafrahmen** durch Anwendung des § 306 II StGB abzusenken. Abgesehen davon mag man die Entscheidung des Gesetzgebers, § 306 StGB mit einem Verbrechenscharakter auszustatten, rechtspolitisch für fragwürdig halten.

bb) § 306 I Nr. 1 StGB
Gebäude ist ein durch Wände und Dach begrenztes, mit dem Grund und Boden fest verbundenes Bauwerk, das den Eintritt von Menschen ermöglicht und geeignet und bestimmt ist, dem Schutze von Menschen oder Sachen zu dienen.[11]

Hütten sind unbewegliche Bauwerke, die mangels Größe, Festigkeit oder Dauerhaftigkeit nicht als Gebäude gelten können.[12]

Zu nennen sind z. B. auch Baubuden[13] oder Jagdhochsitze.[14]

cc) § 306 I Nr. 2 StGB
Betriebsstätten sind ortsfeste Einrichtungen, die als räumliche Zusammenfassung der Ausübung eines stehenden Betriebs dienen.[15]

Technische Einrichtungen sind gegenständlich zusammengesetzte Hilfsmittel, die durch menschliche Einwirkung in produktions- oder organisationsbezogenen Prozessen einsetzbar sind.[16]

Als Unterfall nennt das Gesetz Maschinen.

Die Begriffe sind nicht auf gewerbliche Verwendungen beschränkt.[17]

dd) § 306 I Nr. 3 StGB
Waren sind bewegliche Sachen, die zum gewerblichen Umsatz, regelmäßig zum Verkauf, bestimmt sind, sich also noch nicht beim Endverbraucher befinden.[18]

---

[9] Joecks/Jäger, StGB, 13. Aufl. 2021, § 306 Rn. 22.
[10] Kindhäuser/Hilgendorf, LPK, 9. Aufl. 2022, § 306 Rn. 3 (übermäßiges Toasten eines fremden Brotes).
[11] Eisele, BT I, 6. Aufl. 2021, Rn. 1006; aus der Rspr. vgl. zuletzt BGH B. v. 25.10.2022 – 4 StR 268/22 – NStZ 2023, 414 (Anm. Eisele JuS 2023, 696; RÜ 2023, 373).
[12] Joecks/Jäger, StGB, 13. Aufl. 2021, § 306 Rn. 6; aus der Rspr. vgl. zuletzt BGH B. v. 18.07.2018 – 4 StR 170/18 – NStZ 2019, 607 = StV 2020, 591; BGH U. v. 08.09.2021 – 6 StR 174/21 – StV 2022, 442 (Anm. von Heintschel-Heinegg JA 2021, 1044; RÜ 2021, 786; Nestler Jura 2022, 258).
[13] Aus der Rspr. vgl. zuletzt BGH B. v. 18.07.2018 – 4 StR 170/18 – NStZ 2019, 607 = StV 2020, 591.
[14] Vgl. aus der Rspr. BGH U. v. 08.09.2021 – 6 StR 174/21 – StV 2022, 442 (Anm. von Heintschel-Heinegg JA 2021, 1044; RÜ 2021, 786; Nestler Jura 2022, 258).
[15] Fischer, StGB, 71. Aufl. 2024, § 306 Rn. 4.
[16] Radtke, in: MK-StGB, 4. Aufl. 2022, § 306 Rn. 32.
[17] Radtke, in: MK-StGB, 4. Aufl. 2022, § 306 Rn. 34.
[18] Radtke, in: MK-StGB, 4. Aufl. 2022, § 306 Rn. 35; aus der Rspr. vgl. BGH B. v. 25.10.2022 – 4 StR 268/22 – NStZ 2023, 414 (Anm. Eisele JuS 2023, 696; RÜ 2023, 373).

Warenlager sind Räumlichkeiten, in welchen bestimmungsgemäß größere Vorräte von Waren gespeichert werden, um sie für den Bedarfsfall in Bereitschaft zu haben.[19] Unerheblich ist, ob sich zur Zeit der Tat Waren in der Lagerstätte befinden.[20]

Warenvorrat ist eine nicht unerhebliche Menge von körperlichen Gegenständen, die für den gewerblichen Umsatz bestimmt sind; die Lagerung an einem bestimmten Ort (etwa in einem besonderen Warenlager) ist nicht erforderlich.[21]

ee) § 306 I Nr. 4 StGB

Kraftfahrzeuge sind Sachen, die zur Fortbewegung von Menschen an Land geeignet und bestimmt sind und durch Maschinenkraft bewegt werden, ohne an Bahngleise gebunden zu sein (vgl. § 1 II StVG).[22]

Schienenfahrzeuge bewegen sich an einem Schienensystem mechanisch oder durch Motorenkraft.[23]

Wasserfahrzeuge sind alle für die See-, Binnen-, oder Flussschifffahrt genutzten Transportmittel, gleich ob sie mit Maschinen-, Wind- oder Muskelkraft betrieben werden.[24]

ff) § 306 I Nr. 5 StGB

Wald ist eine erhebliche und in sich zusammenhängende, zumindest zum größten Teil mit Bäumen bestandene Bodenfläche unter Einschluss des Unterholzes und des Waldbodens samt ihn bedeckendem Gras, Moos, Laub und Strauchwerk.[25] Der strafrechtliche Begriff ist somit autonom auszulegen und nicht an § 2 I BWaldG orientiert.[26]

Heide ist eine umfangreiche, überwiegend trockene und sandige, pflanzenbewachsene Grundfläche von zumeist niedriger Vegetation bei Dominanz von Heidekraut.[27]

---

[19] Kargl, in: NK-StGB, 6. Aufl. 2023, § 306 Rn. 6; aus der Rspr. vgl. BGH U. v. 06.12.2018 – 4 StR 371/18 – BGHSt 63, 300 = NJW 2019, 1238 = NStZ 2019, 733 = StV 2020, 594 (Anm. Bosch Jura 2019, 681; Kudlich JA 2019, 306; LL 2019, 548; RÜ 2019, 234; Heger JR 2019, 351; Arians jurisPR-StrafR 13/2019 Anm. 3).

[20] Kargl, in: NK-StGB, 6. Aufl. 2023, § 306 Rn. 6.

[21] Dietmeier, in: Matt/Renzikowski, StGB, 2. Aufl. 2020, § 306 Rn. 6; aus der Rspr. vgl. zuletzt BGH U. v. 22.03.2018 – 5 StR 603/17 – BGHSt 63, 111 = NJW 2018, 1766 = NStZ 2018, 657 = StV 2020, 596 (Anm. Eisele JuS 2018, 724; RÜ 2018, 507; Bachmann NStZ 2018, 657); BGH U. v. 06.12.2018 – 4 StR 371/18 – BGHSt 63, 300 = NJW 2019, 1238 = NStZ 2019, 733 = StV 2020, 594 (Anm. Bosch Jura 2019, 681; Kudlich JA 2019, 306; RÜ 2019, 234; Heger JR 2019, 351; Arians jurisPR-StrafR 13/2019 Anm. 3).

[22] Fischer, StGB, 71. Aufl. 2024, § 306 Rn. 7.

[23] von Heintschel-Heinegg/Kudlich, in: BeckOK-StGB, Stand 01.02.2024, § 306 Rn. 10.

[24] von Heintschel-Heinegg/Kudlich, in: BeckOK-StGB, Stand 01.02.2024, § 306 Rn. 10.

[25] Joecks/Jäger, StGB, 13. Aufl. 2021, § 306 Rn. 14; aus der Rspr. vgl. RG U. v. 04.10.1880 – 2360/80 – RGSt 2, 314; RG U. v. 08.02.1882 – 2799/81 – RGSt 6, 22; RG U. v. 03.01.1884 – 2955/83 – RGSt 9, 381; BGH U. v. 03.06.1982 – 4 StR 212/82 – BGHSt 31, 83 = NJW 1982, 2266 = NStZ 1982, 422.

[26] Radtke, in: MK-StGB, 4. Aufl. 2022, § 306 Rn. 39.

[27] Radtke, in: MK-StGB, 4. Aufl. 2022, § 306 Rn. 40.

Moor ist ein dauernd feuchtes, schwammiges, tierarmes Gelände mit charakteristischen Pflanzengesellschaften auf einer mindestens 30 cm dicken Torfdecke.[28]

gg) § 306 I Nr. 6 StGB

Zu **landwirtschaftlichen Anlagen** zählen Produktions- und Lagerstätten, die nicht schon unter Nr. 2 und 3 fallen, also etwa bestellte Felder, Gewächshäuser sowie Räumlichkeiten, die zum Eigenverbrauch bestimmte Erzeugnisse wie Stroh oder Heu aufbewahren.[29]

Ernährungswirtschaftliche Anlagen sind solche, die der Tierproduktion (z. B. Weiden, Stallungen), dem Lagern von Futtermitteln und dem Verladen der Tiere dienen.[30]

Forstwirtschaftliche Anlagen sind Lagerstätten für Holz sowie Schonungen und Aufforstungsflächen, soweit sie nicht Nr. 5 unterfallen.[31]

Bei **Erzeugnissen** der genannten Wirtschaftszweige ist der unmittelbare Produktionsprozess abgeschlossen.[32]

Bei Weiterverarbeitung ist in Unterscheidung insbesondere zu Lebensmitteln zu verlangen, dass jedenfalls nicht die Verarbeitungsstufe erreicht sein darf, in der sie dem Endverbraucher angeboten wird.[33]

b) Fremde

§ 306 StGB erfasst – anders als § 306a StGB – nur fremde Tatobjekte.

Fremd ist das Tatobjekt, wenn es zumindest auch im Eigentum eines anderen steht.[34]

c) In Brand setzt oder durch eine Brandlegung ganz oder teilweise zerstört

Die Tathandlungen des § 306 I StGB („in Brand setzt oder durch eine Brandlegung ganz oder teilweise zerstört") sind auch für die §§ 306a–d StGB relevant.

aa) In Brand setzt

Ein Inbrandsetzen liegt vor, wenn zumindest wesentliche Teile des Objekts so vom Feuer erfasst sind, dass das Feuer aus eigener Kraft nach Entfernen oder Erlöschen des Zündstoffs weiterbrennt.[35]

---

[28] Joecks/Jäger, StGB, 13. Aufl. 2021, § 306 Rn. 16.
[29] Radtke, in: MK-StGB, 4. Aufl. 2022, § 306 Rn. 44.
[30] Kargl, in: NK-StGB, 6. Aufl. 2023, § 306 Rn. 14.
[31] Fischer, StGB, 71. Aufl. 2024, § 306 Rn. 9.
[32] Fischer, StGB, 71. Aufl. 2024, § 306 Rn. 10.
[33] Problematisch, wie hier Radtke, in: MK-StGB, 4. Aufl. 2022, § 306 Rn. 45; s. aber auch Eisele, BT I, 6. Aufl. 2021, Rn. 1009, der allein eine Wertgrenze für maßgeblich hält; aus der Rspr. vgl. RG U. v. 08.02.1895 – 4817/94 – RGSt 27, 14; RG U. v. 28.05.1906 – III 349/06 – RGSt 39, 22.
[34] Joecks/Jäger, StGB, 13. Aufl. 2021, § 306 Rn. 4.
[35] Fischer, StGB, 71. Aufl. 2024, § 306 Rn. 14; aus der Rspr. vgl. zuletzt BGH B. v. 09.01.2020 – 4 StR 324/19 – NStZ 2020, 402 = StV 2020, 598 (Anm. Eidam NStZ 2020, 549; Rinio NZV 2020, 433).

Insbesondere bei Gebäuden kann die Wesentlichkeit eines Bestandteils zweifelhaft sein, jedenfalls genügt es nicht, wenn lediglich Inventar betroffen ist.[36]

> **Beispiel 208**
>
> **BGH U. v. 13.06.1961 – 1 StR 196/61 – BGHSt 16, 109 = NJW 1961, 1482:**
> B zündete in einer Baracke, die er selbst zusammen mit anderen Arbeitern bewohnte, ein an einer Wand fest angebrachtes Regal, das zum Aufstellen von Toilettengegenständen diente, durch ein Streichholz an. Die entstandene Flamme wurde von anwesenden Kameraden gelöscht, bevor sie auf die Wand der Baracke übergegriffen hatte. ◀

Auch wenn das Regal an der Wand fest angebracht war, handelt es sich bei dem Inventarstück noch nicht um einen wesentlichen Bestandteil des Gebäudes.

Eine helle Flamme ist nicht erforderlich, ebenfalls erfasst ist ein Glimm- oder Schwelbrand.[37]

Ein mittelbares Inbrandsetzen, bei dem das Feuer erst auf ein erfasstes Tatobjekt übergreift, reicht aus.[38] Ggf. fehlt es allerdings am Vorsatz, wenn der Täter etwa nur einen Gegenstand im Gebäude anzünden möchte oder Brandalarm auslösen will.

Die Rspr.[39] hält es sogar für ausreichend, wenn die Tathandlung lediglich dazu geeignet war, dass das Feuer auf wesentliche Bestandteile übergreifen kann. Dies verkennt aber, dass in diesen Fällen lediglich eine Situation des Versuchs vorliegt – § 306 StGB ist ein Erfolgsdelikt.[40]

> **Beispiel 209**
>
> **BGH U. v. 22.05.1963 – 2 StR 133/63 – BGHSt 18, 363 = NJW 1963, 1557 (Anm. Schmitt JZ 1964, 189):**
> B ging nachmittags in den Keller des Hauses, in dem ihre Familie und sechs weitere Mietparteien wohnen, und hielt ein brennendes Streichholz an eine Sackleinwand, mit der die Eheleute Z die Lattentür ihres Kellerraumes verkleidet hatten. Als die Sackleinwand zu glimmen begann, entfernte sie sich und verließ das Haus. Der Brand schwelte noch kurze Zeit, wobei auch das Holz der Tür angekohlt wurde, und erlosch dann von selbst. Abends ging B nochmals in den Kel-

---

[36] S. Kindhäuser/Hilgendorf, LPK, 9. Aufl. 2022, § 306 Rn. 8f.; aus der Rspr. vgl. zuletzt BGH B. v. 05.09.2017 – 3 StR 362/17 – NStZ-RR 2017, 375 = StV 2019, 241; BGH U. v. 29.11.2017 – 5 StR 276/17 – StV 2018, 742.

[37] Kindhäuser/Hilgendorf, LPK, 9. Aufl. 2022, § 306 Rn. 6; aus der Rspr. vgl. RG U. v. 07.01.1889 – 2856/88 – RGSt 18, 362; RG U. v. 30.04.1894 – 1166/94 – RGSt 25, 326.

[38] Eisele, BT I, 6. Aufl. 2021, Rn. 1012.

[39] BGH B. v. 14.10.1983 – 2 StR 429/83 – NStZ 1984, 74; BGH B. v. 12.04.1984 – 4 StR 160/84 – StV 1984, 368; BGH U. v. 20.06.1986 – 1 StR 270/86 – BGHSt 34, 115 = NJW 1987, 140 = StV 1988, 66 (Anm. Kratzsch JR 1987, 360; Schneider Jura 1988, 460); BGH B. v. 14.07.1993 – 3 StR 334/93 – NStZ 1994, 130 (Anm. Geppert JK 1995 StGB § 306 Nr. 2/4).

[40] So auch Eisele, BT I, 6. Aufl. 2021, Rn. 1011.

ler und zündete mittels einer Kerze die Sackleinwand an, von der aus sich das Feuer jetzt mit heller Flamme auf die Lattentür ausbreitete. Sie beobachtete sodann die weitere Entwicklung von ihrer Wohnungstür aus und verständigte, als sie Rauch und Brandgeruch wahrnahm, ihren Ehemann und andere Hausbewohner, die den Brand löschten. ◄

Konkret ist mit der Sackleinwand und der Lattentür noch kein wesentlicher Bestandteil in Brand gesetzt worden. Der Rspr. würde genügen, dass bei ungestörtem Fortgang des Geschehens das Feuer auf wesentliche Bestandteile übergegangen wäre. Zutreffend lässt sich aber noch nicht von einem Inbrandsetzen des Tatobjektes Gebäude sprechen. Dieser notwendige Erfolg ist nicht eingetreten.

Auch wenn ein Tatobjekt bereits brennt, kommt ein Inbrandsetzen jedenfalls durch Legen eines neuen Brandherdes in Betracht.[41]

Ob darüber hinaus auch eine bloße Intensivierung des Brands ein Inbrandsetzen darstellt, ist umstritten.[42]

Dies wird teilweise[43] bejaht, nach der wohl h. M.[44] aber verneint.

Für die h. M. spricht der Wortlaut, der eine enge Deutung nahelegt.

Das Inbrandsetzen kann durch Unterlassen geschehen, und zwar nach zutreffender h. M. auch durch das Unterlassen von Löschmaßnahmen, da dies zu erheblich weitergehenden Schäden führen kann.[45] Jedoch folgt nach h. M. nicht bereits aus einem Brandversicherungsvertrag eine Garantenstellung: Dem Versicherungsnehmer obliegen nur Pflichten gegenüber dem Versicherungsunternehmen, nicht gegenüber den von §§ 306ff. StGB Geschützten.[46]

bb) Durch eine Brandlegung ganz oder teilweise zerstört

Brandlegung ist jede Handlung, durch die eine Sache unmittelbar in Brand gesetzt werden soll.[47]

Ganz zerstört (vgl. §§ 303 I, 305, 305a StGB) ist das Tatobjekt, wenn es vollständig vernichtet wird oder seine bestimmungsgemäße Brauchbarkeit komplett verliert.[48]

---

[41] Joecks/Jäger, StGB, 13. Aufl. 2021, § 306 Rn. 27.

[42] Zsf. etwa Eisele, BT I, 6. Aufl. 2021, Rn. 1013; aus der Rspr. vgl. BayObLG U. v. 19.06.1959 – RReg. 3 St. 16/59 – NJW 1959, 1885; OLG Hamm U. v. 23.05.1960 – 2 Ss 148/60 – NJW 1960, 1874 (Stratenwerth JZ 1961, 95).

[43] Z. B. Eisele, BT I, 6. Aufl. 2021, Rn. 1013.

[44] S. z. B. Kindhäuser/Hilgendorf, LPK, 9. Aufl. 2022, § 306 Rn. 6.

[45] Eisele, BT I, 6. Aufl. 2021, Rn. 1015f.; a.A. z. B. Kindhäuser/Hilgendorf, LPK, 9. Aufl. 2022, § 306 Rn. 7; aus der Rspr. vgl. OLG Rostock B. v. 11.08.1999 – 1 Ws 10/97 – NStZ 2001, 199 (Anm. Geppert JK 2001 StGB § 13/32).

[46] Eisele, BT I, 6. Aufl. 2021, Rn. 1017.

[47] Kindhäuser/Hilgendorf, LPK, 9. Aufl. 2022, § 306 Rn. 10; näher zum Zerstören durch Brandlegung Wrage JR 2000, 360.

[48] Eisele, BT I, 6. Aufl. 2021, Rn. 1019; aus der Rspr. vgl. RG U. v. 09.02.1883 – 164/83 – RGSt 8, 33; OGH U. v. 10.08.1948 – StS 18/48 – OGHSt 1, 53; OGH U. v. 04.10.1949 – StS 56/49 – OGHSt 2, 209.

B. Brandstiftung, § 306 StGB

Teilweise ist es zerstört, wenn es für einzelne seiner Zweckbestimmungen unbrauchbar gemacht wird oder ein für die ganze Sache notwendiger Teil unbrauchbar wird.[49]

Betroffen sein muss eine nicht unerhebliche Zeit.[50]

Als Fallgruppen sind z. B. zu nennen die Explosion des Brandmittels sowie eine Ruß-, Gas-, Rauch- oder Hitzeentwicklung.[51] Auch Schäden durch das Löschen – Wasser, Schaum, Chemikalien – sind nach h. M.[52] entgegen einer Minderheitsauffassung[53] erfasst. Zwar ist zuzugeben, dass die Retter (insbesondere Feuerwehrleute) in den Kausalverlauf eingetreten sind, allerdings ist ein Löscheinsatz eine derart nahe liegende Folge einer Brandlegung, dass noch von einer Zerstörung durch Brandlegung gesprochen werden kann.

Die Zerstörung muss von einigem Gewicht sein, sodass es nicht genügt, wenn einige Fenster platzen oder Mobiliar in Mitleidenschaft gezogen wird.[54]

Bei einem Mehrfamilienhaus – dann im Rahmen des § 306a I StGB – ist vorauszusetzen, dass zumindest eine Wohnung für beträchtliche Zeit nicht bewohnbar ist.[55]

Eine ähnliche Schwelle gilt bei gewerblichen Immobilien,[56] bei Flüchtlingsunterkünften[57] oder Kliniken.[58]

---

[49] Eisele, BT I, 6. Aufl. 2021, Rn. 1019; aus der Rspr. vgl. zuletzt BGH B. v. 09.11.2020 – 4 StR 626/19 – NJW 2021, 2449 = NStZ 2021, 171 = StV 2021, 500 (Anm. Bock NStZ 2021, 172); BGH B. v. 18.11.2020 – 4 StR 35/20 – BGHSt 65, 194 = NJW 2021, 1107 = NStZ 2021, 167 = StV 2021, 491 (Anm. Kudlich JA 2021, 255; Hecker JuS 2021, 370; LL 2021, 377; RÜ 2021, 106; famos 7/2021; Kulhanek NStZ 2021, 169; Schneider jurisPR-StrafR 5/2021 Anm. 5); BGH U. v. 25.11.2020 – 5 StR 493/19 – NJW 2021, 2373 = StV 2021, 249 und 499; BGH B. v. 25.04.2023 – 4 StR 58/23 – StV 2024, 255.

[50] Vgl. aus der Rspr. BGH B. v. 09.11.2020 – 4 StR 626/19 – NJW 2021, 2449 = NStZ 2021, 171 = StV 2021, 500 (Anm. Bock NStZ 2021, 172).

[51] S. Joecks/Jäger, StGB, 13. Aufl. 2021, § 306 Rn. 33; aus der Rspr. vgl. zuletzt BGH U. v. 05.04.2018 – 3 StR 13/18 – NJW 2019, 90 = NStZ 2019, 27 = StV 2020, 601 (Anm. Kudlich JA 2018, 952; RÜ 2018, 783; Bosch Jura 2019, 225; Krüger NStZ 2019, 29); BGH B. v. 09.11.2020 – 4 StR 626/19 – NJW 2021, 2449 = NStZ 2021, 171 = StV 2021, 500 (Anm. Bock NStZ 2021, 172).

[52] S. nur Fischer, StGB, 71. Aufl. 2024, § 306 Rn. 15; aus der Rspr. vgl. zuletzt BGH U. v. 05.04.2018 – 3 StR 13/18 – NJW 2019, 90 = NStZ 2019, 27 = StV 2020, 601 (Anm. Kudlich JA 2018, 952; RÜ 2018, 783; Bosch Jura 2019, 225; Krüger NStZ 2019, 29).

[53] Z. B. Radtke, in: MK-StGB, 4. Aufl. 2022, § 306 Rn. 55.

[54] Eisele, BT I, 6. Aufl. 2021, Rn. 1019; aus der Rspr. vgl. BayObLG B. v. 23.07.1999 – 5 St RR 147/99 – NJW 1999, 3570 = StV 1999, 652 (Anm. Wolff JR 2000, 211).

[55] Fischer, StGB, 71. Aufl. 2024, § 306 Rn. 17; aus der Rspr. vgl. zuletzt BGH B. v. 09.11.2020 – 4 StR 626/19 – NJW 2021, 2449 = NStZ 2021, 171 = StV 2021, 500 (Anm. Bock NStZ 2021, 172); BGH B. v. 18.11.2020 – 4 StR 35/20 – BGHSt 65, 194 = NJW 2021, 1107 = NStZ 2021, 167 = StV 2021, 491 (Anm. Kudlich JA 2021, 255; Hecker JuS 2021, 370; LL 2021, 377; RÜ 2021, 106; famos 7/2021; Kulhanek NStZ 2021, 169; Schneider jurisPR-StrafR 5/2021 Anm. 5); BGH B. v. 24.08.2021 – 3 StR 247/21 – NJW 2021, 3205 = NStZ 2022, 168 = StV 2022, 442 (Anm. RÜ 2021, 787; Bosch Jura 2022, 126; LL 2022, 181; famos 8/2022; Kretschmer NStZ 2022, 169).

[56] Fischer, StGB, 71. Aufl. 2024, § 306 Rn. 17.

[57] Vgl. aus der Rspr. BGH B. v. 14.11.2019 – 3 StR 408/19 – NJW 2020, 942 = StV 2020, 601 (Anm. Bosch Jura 2020, 635; Kudlich JA 2020, 312; RÜ 2020, 306).

[58] Aus der Rspr. vgl. BGH B. v. 25.04.2023 – 4 StR 58/23 – StV 2024, 255.

2. Subjektiver Tatbestand
Gem. § 15 StGB ist Vorsatz erforderlich.

IV. Rechtswidrigkeit

Es gelten die allgemeinen Grundsätze.

V. Schuld

Es gelten die allgemeinen Grundsätze.

VI. Tätige Reue, § 306e I, III StGB

§ 306e StGB ermöglicht für bestimmte Brandstiftungsdelikte eine Strafmilderung oder ein Absehen von Strafe (insofern persönlicher Strafaufhebungsgrund).

> **§ 306e StGB (Tätige Reue)**
> (1) Das Gericht kann in den Fällen der §§ 306, 306a und 306b die Strafe nach seinem Ermessen mildern (§ 49 Abs. 2) oder von Strafe nach diesen Vorschriften absehen, wenn der Täter freiwillig den Brand löscht, bevor ein erheblicher Schaden entsteht.
> (2) Nach § 306d wird nicht bestraft, wer freiwillig den Brand löscht, bevor ein erheblicher Schaden entsteht.
> (3) Wird der Brand ohne Zutun des Täters gelöscht, bevor ein erheblicher Schaden entstanden ist, so genügt sein freiwilliges und ernsthaftes Bemühen, dieses Ziel zu erreichen.

Die Vorschrift trägt dem frühen Vollendungszeitpunkt der Brandstiftung und der daraus resultierenden Nichtanwendbarkeit des Rücktritts nach § 24 StGB Rechnung.[59]

Voraussetzung gem. § 306e I, II StGB ist das freiwillige Löschen des Brandes, bevor ein erheblicher Schaden entstanden ist.

Der Täter **löscht** den Brand, wenn er eine Ursache setzt, dass das Tatobjekt nicht selbstständig weiterbrennt.[60] Hierfür ist weder ein alleiniges noch ein eigenhändiges Löschen erforderlich,[61] erfasst ist beispielsweise auch ein Einschalten der Feuerwehr.

---

[59] Radtke, in: MK-StGB, 4. Aufl. 2022, § 306e Rn. 1.
[60] Wolters, in: SK-StGB, 10. Aufl. 2023, § 306e Rn. 8; aus der Rspr. vgl. OLG Hamburg U. v. 04.06.1952 – Ss 58/52 – NJW 1953, 117; OLG Hamm U. v. 14.06.1963 – 1 Ss 595/63 – NJW 1963, 1561.
[61] Radtke, in: MK-StGB, 4. Aufl. 2022, § 306e Rn. 10; aus der Rsür. vgl. zuletzt BGH B. v. 23.05.2018 – 2 StR 169/18 – NJW 2019, 243 = NStZ 2019, 31 = StV 2020, 606 (Anm. Bosch Jura 2019, 224).

Von einem **erheblichen Schaden** ist auszugehen, wenn es zu einer Körperverletzung (§ 223 I StGB) oder zu einem Sachschaden über 2500 € kam.[62]

Die Freiwilligkeit wird wie bei § 24 StGB ausgelegt.[63]

Nach h. M. gilt § 306e StGB für vergleichbare Rettungsbemühungen analog.[64]

Zu § 306e III StGB[65] s. im Allgemeinen Teil bei § 24 I 2 StGB.

VII. Rechtsfolgen

1. Allgemeines
§ 306 I StGB sieht Freiheitsstrafe von einem Jahr bis zu zehn Jahren vor.

2. Minder schwerer Fall, § 306 II StGB
§ 306 II StGB normiert einen – unbenannten – minder schweren Fall (dann Freiheitsstrafe von sechs Monaten bis zu fünf Jahren).[66]

C. Schwere Brandstiftung, § 306a StGB

I. Allgemeines

§ 306a StGB stellt die schwere Brandstiftung unter Strafe.

> **§ 306a StGB (Schwere Brandstiftung)**
> (1) Mit Freiheitsstrafe nicht unter einem Jahr wird bestraft, wer
> 1. ein Gebäude, ein Schiff, eine Hütte oder eine andere Räumlichkeit, die der Wohnung von Menschen dient,

---

[62] Eisele, BT I, 6. Aufl. 2021, Rn. 1026; näher Satzger Jura 2012, 786; aus der Rspr. vgl. zuletzt BGH B. v. 23.05.2018 – 2 StR 169/18 – NJW 2019, 243 = NStZ 2019, 31 = StV 2020, 606 (Anm. Bosch Jura 2019, 224).

[63] Fischer, StGB, 71. Aufl. 2024, § 306e Rn. 5; aus der Rspr. vgl. BGH B. v. 10.12.2002 – 4 StR 462/02 – NStZ 2003, 266 = StV 2004, 208 (Anm. Beckemper JA 2003, 925).

[64] Kindhäuser/Hilgendorf, LPK, 9. Aufl. 2022, § 306e Rn. 3; aus der Rspr. vgl. zuletzt BGH B. v. 27.05.2020 – 1 StR 118/20 – BGHSt 65, 20 = NJW 2020, 2971 = NStZ 2021, 290 (Anm. Bosch Jura 2020, 1390; von Heintschel-Heinegg JA 2020, 954; RÜ 2020, 716; famos 11/2020; LL 2021, 102; von Heintschel-Heinegg NStZ 2021, 293).

[65] Hierzu Fischer, StGB, 71. Aufl. 2024, § 306e Rn. 5; aus der Rspr. vgl. BGH U. v. 23.07.1985 – 5 StR 125/85 – NStZ 1986, 27; LG Zweibrücken U. v. 29.09.1992 – 413 JS 1557/92 – KLs – NJW 1993, 608 = NStZ 1993, 85; BGH B. v. 12.11.1998 – 4 StR 575/98 – NStZ-RR 2000, 42 = StV 1999, 211 (Anm. Puppe, AT, 5. Aufl. 2023, § 21 Rn. 51ff.; Otto JK 1999 StGB § 306e/1; LL 1999, 522).

[66] Hierzu Radtke, in: MK-StGB, 4. Aufl. 2022, § 306 Rn. 67; aus der Rspr. vgl. zuletzt BGH U. v. 08.09.2021 – 6 StR 174/21 – StV 2022, 442 (Anm. von Heintschel-Heinegg JA 2021, 1044; RÜ 2021, 786; Nestler Jura 2022, 258).

> 2. eine Kirche oder ein anderes der Religionsausübung dienendes Gebäude oder
> 3. eine Räumlichkeit, die zeitweise dem Aufenthalt von Menschen dient, zu einer Zeit, in der Menschen sich dort aufzuhalten pflegen,
> in Brand setzt oder durch eine Brandlegung ganz oder teilweise zerstört.
> (2) Ebenso wird bestraft, wer eine in § 306 Abs. 1 Nr. 1 bis 6 bezeichnete Sache in Brand setzt oder durch eine Brandlegung ganz oder teilweise zerstört und dadurch einen anderen Menschen in die Gefahr einer Gesundheitsschädigung bringt.
> (3) In minder schweren Fällen der Absätze 1 und 2 ist die Strafe Freiheitsstrafe von sechs Monaten bis zu fünf Jahren.

Die Norm enthält zwei gänzlich unterschiedliche Delikte: Während **§ 306a I StGB** ein abstraktes Gefährdungsdelikt darstellt[67] (abstrakte Lebensgefährdung eines Menschen, in Nr. 2 auch religiöses Tabu[68]), handelt es sich bei **§ 306a II StGB** um ein konkretes Gefährdungsdelikt,[69] was auch Konsequenzen für Fragen des Allgemeinen Teils hat.[70]

II. § 306a I StGB

1. Aufbau
  I. Tatbestand
   1. Objektiver Tatbestand
      a) § 306a I Nr. 1–3 StGB
      b) In Brand setzt oder durch eine Brandlegung ganz oder teilweise zerstört
   2. Subjektiver Tatbestand
  II. Rechtswidrigkeit
  III. Schuld
  IV. Tätige Reue, § 306e I, III StGB

---

[67] Fischer, StGB, 71. Aufl. 2024, § 306a Rn. 1; aus der Rspr. vgl. zuletzt BGH B. v. 24.08.2021 – 3 StR 247/21 – NJW 2021, 3205 = NStZ 2022, 168 = StV 2022, 442 (Anm. RÜ 2021, 787; Bosch Jura 2022, 126; LL 2022, 181; famos 8/2022; Kretschmer NStZ 2022, 169).

[68] Krit. Radtke, in: MK-StGB, 4. Aufl. 2022, § 306a Rn. 2, 5.

[69] Fischer, StGB, 71. Aufl. 2024, § 306a Rn. 1; aus der Rspr. vgl. BayObLG B. v. 23.07.1999 – 5 St RR 147/99 – NJW 1999, 3570 = StV 1999, 652 (Anm. Wolff JR 2000, 211); BGH U. v. 15.09.1998 – 1 StR 290/98 – NStZ 1999, 32 = StV 1998, 662 (Anm. Geppert JK 1999 StGB § 306a/1; Eisele JA 1999, 542; Martin JuS 1999, 405; Wolters JR 1999, 208).

[70] S. nur Joecks/Jäger, StGB, 13. Aufl. 2021, § 306a Rn. 1.

2. Tatbestand

a) Objektiver Tatbestand

aa) § 306a I Nr. 1–3 StGB

(1) § 306a I Nr. 1 StGB

(a) Allgemeines
Zu Gebäude und Hütte s. o. bei § 306 StGB, ebenso zum Schiff (dort: „Wasserfahrzeug").
In § 306a I Nr. 1 StGB handelt es sich hierbei nur um Beispiele[71] für **Räumlichkeiten, die der Wohnung von Menschen dienen**.[72]

Hierunter ist jeder abgeschlossene, unbewegliche oder bewegliche Raum, der zum dauernden Aufenthalt von Menschen tatsächlich dient (Widmung zu Wohnzwecken) zu verstehen.[73]

Erforderlich ist, dass die Räumlichkeit von mindestens einem Menschen zumindest vorübergehend tatsächlich als Mittelpunkt ihrer (privaten) Lebensführung zu Wohnzwecken genutzt wird; Indizien hierfür sind die Gebrauchsdauer, regelmäßiges Übernachten, das Zubereiten von Speisen oder eine postalische Erreichbarkeit.[74]

Für das Dienen zu Wohnzwecken ist auf das rein tatsächliche Verhältnis abzustellen, irrelevant (weder erforderlich noch ausreichend) ist, ob die Räumlichkeit an sich zum Wohnen bestimmt und geeignet ist, Eigentum,[75] rechtmäßiger Besitz oder die Berechtigung zur Nutzung als Wohnung sind unerheblich.[76] Selbst eine regelmäßig von Landstreichern zur Übernachtung genutzte Scheune kann erfasst sein.[77]

---

[71] Fischer, StGB, 71. Aufl. 2024, § 306a Rn. 3; aus der Rspr. vgl. BGH U. v. 12.09.2002 – 4 StR 165/02 – BGHSt 48, 14 = NJW 2003, 302 = NStZ 2003, 204 = StV 2003, 27 (Anm. Otto JK 2003 StGB § 306a/3 und 4; Martin JuS 2003, 409; LL 2003, 490; RA 2003, 66; famos 2/2003; Radtke NStZ 2003, 432; Wolff JR 2003, 391).

[72] Näher zu den Tatobjekten des § 306a I StGB Geppert FS Weber 2004, 427.

[73] Fischer, StGB, 71. Aufl. 2024, § 306a Rn. 3f.; näher Koranyi JA 2014, 241; zum Begriff der Räumlichkeit Spöhr MDR 1975, 193.

[74] Fischer, StGB, 71. Aufl. 2024, § 306a Rn. 4; aus der Rspr. vgl. BGH U. v. 28.06.2007 – 3 StR 54/07 – NStZ 2008, 99 = StV 2007, 584 (Anm. Jahn JuS 2007, 1056; RÜ 2007, 532; RA 2007, 539; Schlothauer StV 2007, 584; Radtke NStZ 2008, 100); BGH U. v. 21.09.2011 – 1 StR 95/11 – NStZ 2012, 39 = NStZ-RR 2012, 46 (Anm. Satzger JK 2012 StGB § 306a I Nr. 1/8; LL 2012, 186; RÜ 2012, 27; RA 2012, 48).

[75] Radtke, in: MK-StGB, 4. Aufl. 2022, § 306a Rn. 11; aus der Rspr. vgl. RG U. v. 18.03.1926 – III 32/26 – RGSt 60, 136.

[76] Fischer, StGB, 71. Aufl. 2024, § 306a Rn. 4; aus der Rspr. vgl. BGH U. v. 24.04.1975 – 4 StR 120/75 – BGHSt 26, 121 = NJW 1975, 1369 (Anm. Kühl, Höchstrichterliche Rspr. BT, 2002, Nr. 77; Hassemer JuS 1975, 597; Brehm JuS 1976, 22); BGH U. v. 04.07.1984 – 3 StR 134/84 – NStZ 1984, 455 = StV 1985, 106; BGH B. v. 30.07.1984 – 3 StR 242/84; BGH B. v. 22.07.1992 – 3 StR 77/92 – NStZ 1992, 541; BGH B. v. 10.02.1993 – 2 StR 475/92.

[77] BGH U. v. 23.07.1969 – 4 StR 269/69 – BGHSt 23, 60 = NJW 1969, 1862.

Freiwilligkeit ist nicht erforderlich (vgl. Hafträume).[78]

Längere Abwesenheitszeiten stehen dem Wohnzweck nicht entgegen (vgl. z. B. ein Ferienhaus).[79]

Hingegen genügen bloße Aufenthalte zur Hausreinigung und Gartenpflege nicht.[80]

Erfasst sind nur Räumlichkeiten mit gewissen Bewegungsmöglichkeiten, also Größe,[81] nicht ein kleines Zelt oder eine Telefonzelle. Auch Pkw zählen nicht dazu.[82]

Ein Wohnmobil ist ein tatbestandsmäßiges Tatobjekt.[83]

Anders als bei § 306a I Nr. 3 StGB ist es *e contrario* für Nr. 1 irrelevant, ob die Räumlichkeit nur zeitweise als Wohnung genutzt wird und ob das zur Tatzeit der Fall war; auch ist es einerlei, ob zur Tatzeit Bewohner anwesend waren.[84]

(b) Entwidmung

Eine Räumlichkeit kann die Qualität als Tatobjekt i. S. d. § 306a I Nr. 1 StGB verlieren, wenn alle Bewohner ihre Wohnwillen aufgeben (**Entwidmung**).[85]

Beispiel 210

BGH U. v. 21.09.2011 – 1 StR 95/11 – NStZ 2012, 39 = NStZ-RR 2012, 46 (Anm. Satzger JK 2012 StGB § 306a I Nr. 1/8; LL 2012, 186; RÜ 2012, 27; RA 2012, 48):

B und seine Ehefrau kauften im Jahr 2000 ein Haus in U., das sie nach einem Umbau ab dem Jahr 2003 bewohnten. Das Haus in V., das sie bis dahin bewohnt hatten, sollte für 1,4 Mio. € verkauft werden. Die Verkaufsbemühungen erwiesen sich jedoch als erfolglos. Die Eheleute unterhielten deshalb zunächst zwei Wohnsitze, wobei sie hauptsächlich in ihrem neuen Haus in U. wohnten. Ab dem Jahr

---

[78] Aus der Rspr. vgl. LG Ravensburg U. v. 13.06.2022 – 5 Ns 53 Js 2250/21 – NStZ 2023, 501.

[79] Fischer, StGB, 71. Aufl. 2024, § 306a Rn. 4; aus der Rspr. vgl. BGH U. v. 03.12.1991 – 1 StR 120/90 – NJW 1982, 2329 = NStZ 1982, 420 = StV 1984, 246 (Anm. Hilger NStZ 1982, 421; Geppert JK 1983 StGB § 306/2; Seier JA 1983, 45; Hassemer JuS 1983, 229; Bohnert JuS 1984, 182); BGH B. v. 30.07.1984 – 3 StR 242/84; BGH U. v. 04.04.1985 – 4 StR 93/85 – NStZ 1985, 408; BGH B. v. 23.11.1993 – 1 StR 742/93 – StV 1994, 241.

[80] Fischer, StGB, 71. Aufl. 2024, § 306a Rn. 4.

[81] Joecks/Jäger, StGB, 13. Aufl. 2021, § 306a Rn. 12.

[82] S. Radtke, in; MK-StGB, 4. Aufl. 2022, § 306a Rn. 6ff.; aus der Rspr. vgl. BGH U. v. 09.02.1957 – 2 StR 508/56 – BGHSt 10, 208 = NJW 1957, 1039 (Anm. Schmidt JR 1957, 387).

[83] Radtke, in; MK-StGB, 4. Aufl. 2022, § 306a Rn. 8.

[84] S. Eisele, BT I, 6. Aufl. 2021, Rn. 1039; aus der Rspr. vgl. BGH U. v. 24.04.1975 – 4 StR 120/75 – BGHSt 26, 121 = NJW 1975, 1369 (Anm. Kühl, Höchstrichterliche Rspr. BT, 2002, Nr. 77; Hassemer JuS 1975, 597; Brehm JuS 1976, 22); BGH B. v. 30.07.1984 – 3 StR 242/84; BGH StV 1986, 2; BGH B. v. 10.02.1993 – 2 StR 475/92; BGH B. v. 23.11.1993 – 1 StR 742/93 – StV 1994, 241.

[85] Eisele, BT I, 6. Aufl. 2021, Rn. 1037; aus der Rspr. vgl. zuletzt BGH B. v. 29.08.2019 – 2 StR 295/19 – NStZ 2020, 426 = StV 2020, 601; BGH B. v. 28.07.2020 – 2 StR 594/19 – NStZ-RR 2021, 48 = StV 2021, 500 BGH B. v. 16.02.2021 – 2 StR 391/20 – NStZ-RR 2021, 171 = StV 2022, 94; BGH B. v. 28.10.2021 – 4 StR 320/21 – StV 2022, 442; BGH B. v. 07.06.2023 – 4 StR 128/23 – NStZ-RR 2023, 325.

2009 gaben sie schließlich ihren Wohnsitz in V. auf. Sie hielten sich dort nur noch selten auf. Bei ihren Besuchen sahen sie nach dem Rechten. Außerdem kümmerten sie sich um die Gartenpflege, die Hausreinigung und die erforderlichen Instandhaltungsarbeiten, da das noch immer möblierte Haus wegen des beabsichtigten Verkaufs in einem „Vorzeigezustand" erhalten bleiben sollte. Im Rahmen ihrer Aufenthalte in V. kam es vereinzelt auch zu Übernachtungen. Da die monatlichen finanziellen Aufwendungen (Kreditzinsen, Unterhaltungs- und Betriebskosten) für die beiden Häuser die Einkünfte des B und seiner Ehefrau aus ihren Renten bei Weitem überstiegen, entschloss sich B das Haus in V. in Brand zu setzen, um anschließend Leistungen aus der Brandversicherung zu erhalten. Seine Ehefrau wusste hiervon nichts. Am 31.08.2009 zündete er im Keller des Hauses, in dem sich außer ihm keine weiteren Personen befanden, u. a. mehrere Federkernmatratzen an. Das Feuer griff über die hölzerne Außenfassade auf den Dachstuhl über. Ein im Dachgeschoss befindliches Schlafzimmer brannte vollständig aus. Durch die Brand- und Rußeinwirkung entstanden im Keller- und Dachgeschoss Schäden i. H. v. mindestens 200.000 €. Mit Schreiben vom 02.09.2009 meldete B das Brandereignis seiner Versicherung. ◀

War das Haus bis 2009 also noch als der Wohnung von Menschen dienendes Gebäude anzusehen, ist es mit dem Rückzug von B und seiner Ehefrau und der Aufgabe als Wohnsitz entwidmet worden. Denn bloße Aufenthalte zur Hausreinigung und Gartenpflege genügen Wohnzwecken nicht (s. o.).

Beispiel 211

BGH B. v. 22.05.2001 – 3 StR 140/01 – StV 2001, 576 (Anm. Geppert JK 2002 StGB § 306a/2; Schröder JA 2002, 367):
B hatte die später in Brand gesetzte, im Miteigentum beider Eheleute stehende Doppelhaushälfte zunächst gemeinsam mit seiner Ehefrau und deren Tochter bewohnt. Nach einem schwerwiegenden Ehestreit zog die Ehefrau mit ihrer Tochter am 19.06.2000 zu ihren Eltern und ließ über ihren Rechtsanwalt mitteilen, dass sie am 24.06.2000 ihre Habe holen werde. Aus Verzweiflung über die Trennung setzte B die Doppelhaushälfte in Brand und verließ das Haus. ◀

Nach dem Auszug der Ehefrau und der Tochter war B einziger Bewohner der Doppelhaushälfte. Mit der Entscheidung zur Brandstiftung hat er gleichsam seinen Wohnwillen aufgegeben. Zum Zeitpunkt des Inbrandsetzens handelte es sich darum nicht mehr um ein der Wohnung von Menschen dienendes Gebäude.

Relevant ist dies v. a. bei Brandstiftungen durch den Bewohner selbst – insbesondere zur Erlangung einer Versicherungssumme. Die Entwidmung kann auch erst in der Brandstiftung selbst liegen.[86] Auf einen späteren Wiederaufbauwillen oder einen fortbestehenden Bewohnungswillen für den Fall eines Fehlschlags kommt es nicht

---

[86] Vgl. aus der Rspr. BGH B. v. 28.10.2021 – 4 StR 320/21 – StV 2022, 442.

an.⁸⁷ Der Entwidmungswille des Bewohners entfaltet auch für minderjährige Mitbewohner Wirkung. Bei erwachsenen Mitbewohnern (z. B. Ehegatten) müssen alle entwidmen.⁸⁸

Um einen Fall der Entwidmung handelt es sich auch dann, wenn der einzige Bewohner stirbt; dies gilt sogar dann, wenn der Täter den letzten Bewohner vor der Brandstiftung getötet hat;⁸⁹ § 857 BGB begründet keine erneute Wohnungseigenschaft bei dem Erben.

Beispiel 212

BGH U. v. 10.09.1969 – 2 StR 276/69 – BGHSt 23, 114 = NJW 1969, 2246:

B hatte eines Abends eine Besprechung bei einer Frau, die in ihrem Hause allein wohnte. Als es hierbei zu einer Auseinandersetzung kam, erdrosselte B die Frau mit einer Krawatte. Er bedeckte die Leiche mit Papier und schüttete Benzin im Raume aus. Nachdem er anschließend einige Zeit in den Straßen ziellos herumgestreift war, kehrte er zum Tatort zurück. Er entzündete ein Streichholz, um das Papier in Brand zu stecken. Dabei explodierte das inzwischen entstandene Benzin-Luftgemisch und setzte den Raum in Brand. ◄

Nach der Erdrosselung der Frau war der letzte Bewohner des Hauses tot. Dass B dies herbeigeführt hatte, ändert nichts daran, dass kein Wohnwille mehr bestand. Das Gebäude diente nicht mehr der Wohnung von Menschen.

Ggf. handelt der Täter ohnehin eventualvorsätzlich bzgl. des Abbrennens von Nachbarhäusern, sodass die Entwidmung seines eigenen Hauses nicht zur Tatbestandslosigkeit führt.⁹⁰

Bei vorgetäuschter Entwidmung kann eine mittelbare Täterschaft vorliegen.⁹¹

(c) Teleologische Reduktion (?)

Umstritten ist, ob eine **teleologische Reduktion** des § 306a I Nr. 1 StGB in Fällen möglich ist, in denen der Täter eine Gefährdung von Menschen – insbesondere der Bewohner – ausschließt, indem er sich v. a. vergewissert, dass niemand im Gebäude ist.⁹²

---

⁸⁷ Kindhäuser/Hilgendorf, LPK, 9. Aufl. 2022, § 306 Rn. 3.

⁸⁸ Fischer, StGB, 71. Aufl. 2024, § 306a Rn. 4a; aus der Rspr. vgl. BGH B. v. 14.10.1987 – 2 StR 466/87 – NJW 1988, 1276 = NStZ 1988, 71 und 85 = StV 1988, 55 und 387 (Anm. Otto JK 1988 StGB § 306 Nr. 2/3).

⁸⁹ Radtke, in; MK-StGB, 4. Aufl. 2022, § 306a Rn. 17.

⁹⁰ Radtke, in; MK-StGB, 4. Aufl. 2022, § 306b Rn. 5; aus der Rspr. vgl. BGH B. v. 27.08.2008 – 2 StR 267/08 – NStZ 2009, 100 = StV 2008, 641 (Anm. Geppert JK 2009 StGB § 306b/4).

⁹¹ Aus der Rspr. vgl. BGH U. v. 16.11.2017 – 3 StR 315/17 – NJW 2018, 1411 = NStZ-RR 2018, 150 (Anm. Jäger JA 2018, 789).

⁹² Hierzu Hillenkamp/Cornelius, 40 Probleme aus dem Strafrecht BT, 13. Aufl. 2020, 16. Problem; aus der Rspr. vgl. zuletzt BGH U. v. 14.11.2013 – 3 StR 336/13 – NStZ 2014, 404 (Anm. RÜ 2014, 576; Nestler NStZ 2014, 406).

C. Schwere Brandstiftung, § 306a StGB

Beispiel 213

BGH U. v. 24.04.1975 – 4 StR 120/75 – BGHSt 26, 121 = NJW 1975, 1369 (Anm. Kühl, Höchstrichterliche Rspr. BT, 2002, Nr. 77; Hassemer JuS 1975, 597; Brehm JuS 1976, 22):

B1 war von B2 angeworben worden, gegen entsprechendes Entgelt dessen Hotel, ein dreistöckiges Gebäude mit Gastwirtschaft, Familienwohnung und Gästezimmern, in Brand zu setzen. Dieser wollte sich mit der Versicherungssumme für Haus und Inventar in Höhe von 890.000 DM ein neues Hotel bauen. B1 schaffte mehrere hundert Liter Benzin und Toluol in Kanistern in das Gebäude. B2 sorgte dafür, dass sich in dem für die Tat in Aussicht genommenen Zeitraum, nämlich während der um die Jahreswende wie üblich eingehaltenen Betriebsferien, keiner der Bewohner im Gebäude aufhielt. Er schloss das Hotel und fuhr mit seiner Familie in Urlaub. Seinen Bruder und den Schwiegervater veranlasste er unter Hinweis auf die Möglichkeit, Heizkosten zu sparen, für diese Zeit in ein auf dem Grundstück gelegenes kleineres Haus umzuziehen. Ein Gast des Hotels verreiste – wie auch schon in den Jahren zuvor – für die Dauer der Betriebsferien. B2 verabredete darüber hinaus mit B1, dieser solle sich vor der Tat durch einen Rundgang durch das Haus vergewissern, dass sich niemand sonst darin aufhielt. Nachdem die Tat bereits für die Jahreswende 1972/73 ins Auge gefasst worden war, B1 damals aber von ihrer Ausführung Abstand genommen hatte, weil er die Vorbereitungen für unzureichend hielt, führte er sie am 11.01 1974 aus. Das Hotel brannte völlig aus. ◄

Das Hotel ist auch bei nur vorübergehendem Aufenthalt der Hotelgäste ein der Wohnung von Menschen dienendes Gebäude. *E contrario* § 306a I Nr. 3 StGB ist es unbeachtlich, dass B im Voraus dafür gesorgt hatte, dass sich zur Tatzeit keiner der Bewohner im Gebäude befinden würde. Fraglich ist aber, ob eine teleologische Reduktion von § 306a I Nr. 1 StGB geboten ist, weil B1 sich durch einen Rundgang durch das Haus vergewissert hatte, dass sich auch tatsächlich niemand sonst darin aufhielt.

Beispiel 214

BGH U. v. 03.12.1991 – 1 StR 120/90 – NJW 1982, 2329 = NStZ 1982, 420 = StV 1984, 246 (Anm. Hilger NStZ 1982, 421; Geppert JK 1983 StGB § 306/2; Seier JA 1983, 45; Hassemer JuS 1983, 229; Bohnert JuS 1984, 182):

B setzte ein Gebäude in Brand, in dessen Obergeschoss wochentags eine Bardame lebte. Er hatte sich vor der Tat davon überzeugt, dass das Gebäude leer war. ◄

Nach h. M. kommt dies jedoch entweder überhaupt nicht oder doch nur bei ganz kleinen Gebäuden, die auf den ersten Blick einsichtig sind – also nicht bei normalen Einfamilienhäusern oder noch größeren Gebäuden – in Betracht.[93]

---

[93] Im angegebenen Sinne diff. BGH U. v. 24.04.1975 – 4 StR 120/75 – BGHSt 26, 121 (123ff.); Eisele BT I, 6. Aufl. 2021, Rn. 1048; gänzlich ablehnend wohl Fischer, StGB, 71. Aufl. 2024, § 306a Rn. 2a.

Eine Gegenauffassung[94] lässt den Gegenbeweis der Ungefährlichkeit jedoch auch bei größeren Objekten zu.

Richtig ist, dass in den Fällen der vorherigen Vergewisserung jedenfalls eine Gefährdung von Menschen im Gebäude ausgeschlossen sein mag; § 306a I StGB könnte insofern eine schuldunangemessen hohe Strafe androhen. Allerdings ist § 306a I StGB – im Gegensatz zu § 306a II StGB – ganz bewusst als abstraktes Gefährdungsdelikt ausgestaltet und darf auch nicht in ein konkretes Gefährdungsdelikt umgedeutet werden. Der Schutz des Menschen mag Motiv der Strafbestimmung gewesen sein, ist aber nicht ihr unmittelbarer Inhalt. Zu beachten ist ferner, dass jedem Feuer die Tendenz innewohnt, sich unkontrolliert auszubreiten, etwa auf Nachbarhäuser und Grünflächen. Zur Vermeidung überharter Strafen ist § 306a III StGB ausreichend. Eine teleologische Reduktion ist mithin abzulehnen.

(d) Gemischt-genutzte Gebäude

▶ **Didaktischer Aufsatz:**
  • Kraatz, Brandstiftung bei gemischt-genutzten Gebäuden, JuS 2012, 691

Problematisch ist die Behandlung **gemischt genutzter** Gebäude.[95]

Beispiel 215

BGH U. v. 20.06.1986 – 1 StR 270/86 – BGHSt 34, 115 = NJW 1987, 140 = StV 1988, 66 (Anm. Kratzsch JR 1987, 360; Schneider Jura 1988, 460):

B war Prokurist einer Gesellschaft, die ein Nachtlokal betrieb. Es befand sich im Erdgeschoss und im Untergeschoss eines fünfstöckigen Gebäudes, das mit Ausnahme einer im 5. Obergeschoss gelegenen Wohnung gewerblichen Zwecken diente. Um von der Gebäude- und der Inventarversicherung Leistungen zu erhalten, setzte B mit Hilfe von Benzin das Lokal im Erdgeschoss in Brand. Es entstand dort ein Gebäudeschaden von DM 325.000; auf das übrige Gebäude griff das Feuer nicht über. Nach der Bauart des Gebäudes konnte nicht mit Sicherheit festgestellt werden, dass das Feuer innerhalb oder außerhalb des Gebäudes die unmittelbar über dem Nachtlokal liegenden Büroräume durch Öffnungen in der Decke oder durch aus den Fenstern schlagende Flammen hätte erreichen können, sodass auch insoweit keine nachweisbare Gefahr für die im 5. Obergeschoss liegende Wohnung bestand. Demgegenüber hätte das Feuer ein in den Hof des Gebäudes hineinragendes, auch zu der im 5. Obergeschoss gelegenen Wohnung führendes, innen und außen zum Teil in Holz errichtetes Treppenhaus erfassen und sich so bis in das 5. Obergeschoss ausbreiten können.

---

[94] Wrage JuS 2003, 985 (988).
[95] Hierzu zsf. Joecks/Jäger, StGB, 13. Aufl. 2021, § 306a Rn. 17; näher Bachmann NStZ 2009, 667; Kraatz JuS 2012, 691; Piel StV 2012, 502; Kretschmer HRRS 2014, 231; aus der Rspr. vgl. zuletzt BGH B. v. 06.03.2013 – 1 StR 578/12 – NStZ 2014, 647 = NStZ-RR 2013, 246 = StV 2013, 632 (Anm. Bosch JK 2013 StGB § 306a/9; RÜ 2013, 371); BGH B. v. 15.03.2016 – 4 StR 7/16 – NStZ-RR 2016, 140.

Brandmittler wäre die durch die Fenster des Erdgeschosses austretende Strahlungshitze gewesen, die zum Treppenhaus – das mit dem Nachtlokal selbst nicht funktional verbunden war – nur wenige Meter zu überbrücken gehabt hätte. Ein Sachverständiger billigte dieser Art der Brandentwicklung hohe Wahrscheinlichkeit zu. ◄

Fraglich ist, wie der Umstand zu bewerten ist, dass das in Brand gesetzte Gebäude im fünften Stock der Wohnung von Menschen diente, wobei zu berücksichtigen ist, dass sich der Brand nicht über das Erdgeschoss hinaus ausbreitete.

Vertreten wird einerseits, dass es für § 306a I StGB erforderlich sei, dass der Gebäudeteil, der dem Wohnen dient, in Brand gesetzt wurde.[96]

Demgegenüber wurde nach früherer Rspr.[97] für ausreichend erachtet, wenn bei einem Gebäude, das gewerblichen und Wohnzwecken dient, nur der gewerbliche Teil in Brand gesetzt wird.

Die heutige Rspr. verlangt – im theoretischen Ansatz restriktiver als früher –, dass ein Übergreifen des Feuers auf den Wohnbereich nicht auszuschließen ist.[98]

Wurde allerdings das gemischt genutzte Gebäude nicht in Brand gesetzt, sondern durch eine Brandlegung teilweise zerstört, soll nach der Rspr.[99] – enger als beim Inbrandsetzen – § 306a I Nr. 1 StGB nicht erfüllt sein, auch dann, wenn die Gefahr bestand, dass das Feuer auf den Wohnzwecken dienenden Teil des Gebäudes übergreift. Die Rspr. verweist darauf, dass eine (teilweise) Zerstörung auf vielfältigen durch die Brandlegung ausgelösten Umständen beruhen könne, weshalb sie, wenn sie die gewerblichen Räume betrifft, nicht typischerweise auch mit einer Gefährdung der Personen verbunden sei, die sich in dem zu Wohnzwecken genutzten Gebäudeteil aufhalten. Auf diesen Gebäudeteil bezogen liege der Sachverhalt nicht anders als bei einer Brandlegung, deren Erfolg ausgeblieben ist.[100]

Ob die Differenzierung zwischen den Tatvarianten sachgerecht ist, ist allerdings zweifelhaft,[101] wird doch so der Gebäudebegriff bei verschiedenen Tathandlungen verschieden ausgelegt. Auch der Sache nach dürfte die von der Rspr. formulierte Restriktion nur für das Zerstören durch Brandlegung abzulehnen sein, da z. B. eine Rauchentwicklung mindestens genauso gefährlich wie das Feuer selbst ist.

Insgesamt überzeugender ist es, mit Teilen der Lehre[102] umfassend restriktiv vorzugehen. Der Wortlaut des § 306a I StGB spricht für eine enge Auslegung, da die Tathandlungen unmittelbar auf die Wohnräumlichkeiten bezogen sind. Zwar ist

---

[96] Etwa Kargl, in: NK-StGB, 6. Aufl. 2023, § 306a Rn. 12.
[97] BGH U. v. 20.06.1986 – 1 StR 270/86 – BGHSt 34, 115 (118).
[98] Z. B. BGH B. v. 29.09.1999 – 3 StR 359/99 – NStZ 2000, 197 (198); s. auch Fischer, StGB, 71. Aufl. 2024, § 306a Rn. 5a.
[99] Vgl. zuletzt BGH B. v. 06.03.2013 – 1 StR 578/12 – NStZ 2014, 647 = NStZ-RR 2013, 246 = StV 2013, 632 (Anm. Bosch JK 2013 StGB § 306a/9; RÜ 2013, 371).
[100] BGH B. v. 26.01.2010 – 3 StR 442/09 – NStZ 2010, 452 (Anm. LL 2010, 749; RA 2010, 238; Bachmann/Goeck ZIS 2010, 445).
[101] Eisele, BT I, 6. Aufl. 2021, Rn. 1045; näher Kretschmer HRRS 2014, 231.
[102] Etwa Kargl, in: NK-StGB, 6. Aufl. 2023, § 306a Rn. 12.

§ 306a I StGB insofern ein abstraktes Gefährdungsdelikt, als eine konkrete Gefährdung von Menschenleben nicht erforderlich ist; bezogen auf die Tathandlung muss allerdings durchaus der Beeinträchtigungserfolg am genannten Tatobjekt vorliegen. Die bloße Gefahr des Inbrandgeratens oder des Zerstörens kann mithin nicht genügen.

(2) § 306a I Nr. 2 StGB
§ 306a I Nr. 2 StGB erfasst Kirchen und andere der Religionsausübung dienende Gebäude.[103]

(3) § 306a I Nr. 3 StGB
Für § 306a I Nr. 3 StGB ist erforderlich, dass die Räumlichkeit zu einer Zeit brennt, in der sich Menschen in ihr aufzuhalten pflegen; es genügt nicht, dass der zum Brand führende Ursachenverlauf zu dieser Zeit in Gang gesetzt wird.[104]

Auch für § 306a I Nr. 3 StGB muss sich nicht notwendigerweise ein Mensch in der Räumlichkeit aufhalten.[105] Andersherum genügt der tatsächliche Aufenthalt eines Menschen in der Räumlichkeit zum Tatzeitpunkt zur Erfüllung des Tatbestandes nicht, wenn keine entsprechende Regelhaftigkeit hinter dem insoweit nur „zufälligen" Aufenthalt steht.[106]

bb) In Brand setzt oder durch eine Brandlegung ganz oder teilweise zerstört
Hierzu s. o. bei § 306 StGB.

b) Subjektiver Tatbestand
Gem. § 15 StGB ist Vorsatz erforderlich.

3. Rechtswidrigkeit
Es gelten die allgemeinen Grundsätze.

4. Schuld
Es gelten die allgemeinen Grundsätze.

5. Tätige Reue, § 306e I, III StGB
S. o.

---

[103] Hierzu Fischer, StGB, 71. Aufl. 2024, § 306a Rn. 6.
[104] Fischer, StGB, 71. Aufl. 2024, § 306a Rn. 7a; aus der Rspr. vgl. zuletzt BGH U. v. 27.10.2021 – 2 StR 203/21 – NStZ 2022, 483 = StV 2022, 443 (Anm. von Heintschel-Heinegg JA 2022, 253; RÜ 2022, 583).
[105] S. von Heintschel-Heinegg/Kudlich, in: BeckOK-StGB, Stand 01.02.2024, § 306a Rn. 11; aus der Rspr. vgl. RG U. v. 02.05.1892 – 1131/92 – RGSt 23, 102.
[106] Vgl. aus der Rspr. BGH U. v. 27.10.2021 – 2 StR 203/21 – NStZ 2022, 483 = StV 2022, 443 (Anm. von Heintschel-Heinegg JA 2022, 253; RÜ 2022, 583).

6. Rechtsfolgen

a) Allgemeines
§ 306a I StGB sieht Freiheitsstrafe nicht unter einem Jahr vor, wobei sich ein Höchstmaß von 15 Jahren aus § 38 II StGB ergibt.

b) Minder schwerer Fall, § 306a III StGB
§ 306a III StGB normiert einen – unbenannten – minder schweren Fall (dann Freiheitsstrafe von sechs Monaten bis zu fünf Jahren).[107]

7. Sonstiges
Umstritten ist das Konkurrenzverhältnis des § 306a StGB zu § 306 StGB.[108]

Nach Ansicht der Rspr.[109] verdrängt § 306a StGB den § 306 StGB, wenn sich die Tatbegehung nach § 306a StGB auf eine fremde Sache bezog.

Zutreffend ist demgegenüber mit der h. L.[110] von Tateinheit i. S. d. § 52 StGB auszugehen; dies gebietet die Klarstellungsfunktion des Tenors. Klarzustellen ist nämlich, dass es sich um ein für den Täter fremdes Tatobjekt handelte, was für eine Begehung des § 306a StGB nicht erforderlich ist. Damit hat sich auch das Folgeproblem, ob die von § 306 StGB verdrängte Sachbeschädigung nach § 303 StGB wieder auflebt,[111] erledigt.

Zwischen §§ 306a I und 306a II StGB ist Tateinheit möglich.[112]

III. § 306a II StGB

1. Aufbau
I. Tatbestand
  1. Objektiver Tatbestand
    a) Eine in § 306 Abs. 1 Nr. 1 bis 6 bezeichnete Sache
    b) In Brand setzt oder durch eine Brandlegung ganz oder teilweise zerstört

---

[107] Hierzu Radtke, in: MK-StGB, 4. Aufl. 2022, § 306a Rn. 63; aus der Rspr. vgl. zuletzt BGH U. v. 12.05.2016 – 4 StR 487/15 – NJW 2016, 2349 = NStZ 2016, 605 = StV 2016, 776 (Anm. LL 2016, 856; RÜ 2016, 578).

[108] Hierzu Klesczewski HRRS 2013, 465; aus der Rspr. vgl. BGH U. v. 15.09.1998 – 1 StR 290/98 – NStZ 1999, 32 = StV 1998, 662 (Anm. Geppert JK 1999 StGB § 306a/1; Eisele JA 1999, 542; Martin JuS 1999, 405; Wolters JR 1999, 208); BGH B. v. 15.03.2000 – 3 StR 597/99 – NStZ-RR 2000, 209 = StV 2001, 16 (Anm. RA 2000, 412; Geppert JK 2001 StGB § 306b/2; LL 2001, 334); BGH B. v. 06.12.2000 – 1 StR 498/00 – StV 2001, 232; BGH B. v. 10.05.2011 – 4 StR 659/10 – NJW 2011, 2148 = NStZ 2012, 214 = StV 2012, 468 (Anm. Bosch JK 2011 StGB § 306a/7; RA 2011, 493; Bachmann/Goeck JR 2012, 349).

[109] S. o.

[110] Z. B. Kindhäuser/Hilgendorf, LPK, 9. Aufl. 2022, § 306 Rn. 13.

[111] Aus der Rspr. vgl. RG U. v. 14.05.1923 – III 290/23 – RGSt 57, 296.

[112] Fischer, StGB, 71. Aufl. 2024, § 306a Rn. 15; aus der Rspr. vgl. BGH B. v. 14.01.2014 – 1 StR 628/13 – NJW 2014, 1123; BGH B. v. 17.12.2014 – 4 StR 556/14 – NStZ 2015, 464.

c) Dadurch einen anderen Menschen in die Gefahr einer Gesundheitsschädigung bringt
2. Subjektiver Tatbestand
II. Rechtswidrigkeit
III. Schuld
IV. Tätige Reue, § 306e I, III StGB

2. Tatbestand

a) Objektiver Tatbestand

aa) Eine in § 306 Abs. 1 Nr. 1 bis 6 bezeichnete Sache
Bzgl. des **Tatobjekts** verweist § 306a II StGB auf „eine in § 306 Abs. 1 Nr. 1 bis 6 bezeichnete Sache".
Umstritten ist, ob hiermit auch das Erfordernis der Fremdheit der Sache in Bezug genommen wird.[113]
Rspr.[114] und h. L.[115] lehnen dies ab.
Eine Gegenauffassung[116] nimmt dies jedoch an.
Zu folgen ist angesichts des Wortlauts und der Schutzrichtung (Schutz der menschlichen Gesundheit, nicht des Eigentums) der h. M.

bb) In Brand setzt oder durch eine Brandlegung ganz oder teilweise zerstört
Hierzu s. o. bei § 306 I StGB.

cc) Dadurch einen anderen Menschen in die Gefahr einer Gesundheitsschädigung bringt

▶ **Didaktischer Aufsatz**
  • Wirsch, Tatbeteiligte als Tatopfer, JuS 2006, 400

Eine – konkrete[117] – **Gefahr** ist eine kritische Situation, in der die Sicherheit so stark beeinträchtigt wurde, dass der Eintritt eines Schadens nur noch vom Zufall abhing.[118]
Zur Gesundheitsschädigung s. o. bei § 223 I StGB. Zu denken ist neben Brandwunden v. a. an Rauchvergiftungen.

---

[113] Hierzu Wolters, in: SK-StGB, 10. Aufl. 2023, § 306a Rn. 27ff.; näher Fischer NStZ 1999, 13; aus der Rspr. vgl. BGH B. v. 10.12.1998 – 3 StR 364/98; BGH U. v. 15.09.1998 – 1 StR 290/98 – NStZ 1999, 32 = StV 1998, 662 (Anm. Geppert JK 1999 StGB § 306a/1; Eisele JA 1999, 542; Martin JuS 1999, 405; Wolters JR 1999, 208); BGH B. v. 15.03.2000 – 3 StR 597/99 – NStZ-RR 2000, 209 = StV 2001, 16 (Anm. RA 2000, 412; Geppert JK 2001 StGB § 306b/2; LL 2001, 334).
[114] S. o.
[115] Z. B. Kindhäuser/Hilgendorf, LPK, 9. Aufl. 2022, § 306a Rn. 11.
[116] So noch Fischer NStZ 1999, 13 (mittlerweile aufgegeben: Fischer, StGB, 71. Aufl. 2024, § 306a Rn. 10a).
[117] S. o. sowie Fischer, StGB, 71. Aufl. 2024, § 306a Rn. 11.
[118] Eisele, BT I, 6. Aufl. 2021, Rn. 1057; aus der Rspr. vgl. zuletzt BGH U. v. 16.08.2018 – 4 StR 162/18 – NJW 2018, 3398 = NStZ 2019, 32 (Anm. Leitmeier NJW 2018, 3400; LL 2019, 177).

Umstritten ist, ob ein **Tatbeteiligter** ein „anderer Mensch" i. S. d. § 306a II StGB[119] ist.[120]

> **Beispiel 216**
>
> B1 stiftete B2 zu einer Brandstiftung an. Bei dem von B2 gelegten Brand kam es zu einer Explosion; Trümmerteile verfehlten den Kopf des zuschauenden B1 nur um Haaresbreite. ◄

Z. T. wird dies kategorisch abgelehnt.[121]
Die h. M.[122] bejaht dies hingegen.
Auch die h. M. verweist freilich auf die Grundsätze der objektiven Zurechnung, wonach insbesondere bei freiverantwortlicher Selbstgefährdung eine Zurechnung des (hier: Gefährdungs-)Erfolgs ausscheidet. Fraglich ist aber zum einen oft ohnehin, ob nicht angesichts der Tatbegehung durch den Täter vielmehr allenfalls eine einverständliche Fremdgefährdung des Teilnehmers vorliegt, die nach h. M. nicht zum Ausschluss der objektiven Zurechnung, sondern ggf. zu einer rechtfertigenden Einwilligung führt. Ohnehin würde ein Zurechnungsausschluss voraussetzen, dass sich der Gefährdete überhaupt des Risikos der Gesundheitsschädigung bewusst war.

Die Minderheitsauffassung, die Tatbeteiligte aus dem Kreis der i. S. d. § 306a II StGB tauglichen Gefährdeten ausscheidet, ist abzulehnen: Zwar mag man davon sprechen, dass ein Teilnehmer nicht zur Masse derer gehört, um deren abstrakten Schutz es in der konkreten Situation geht (Repräsentant der Allgemeinheit, *quivis ex populo*), da Teilnehmer die Gefahr mitschaffen. Hieraus folgt aber nicht der Verlust des Strafschutzes. Der Wortlaut ist denkbar weit; i.Ü. werden auch bei den §§ 212, 222, 223, 229 StGB Tatbeteiligte geschützt. Zu berücksichtigen ist ferner ein Umkehrschluss aus § 250 I Nr. 1 lit. c StGB, wo es heißt „Täter oder ein anderer Beteiligter" bzw. „andere Person", sodass der Gesetzgeber dort klargestellt hat, dass Beteiligte keine tauglichen Gefährdeten im Sinne der Norm sind.[123]

b) Subjektiver Tatbestand
Gem. § 15 StGB ist Vorsatz erforderlich.

---

[119] Zum entsprechenden Streit bei den §§ 315b, c StGB s.u.
[120] Hierzu zsf. Radtke, in: MK-StGB, 4. Aufl. 2022, § 306a Rn. 54; näher (ggf. zu §§ 315b, c StGB) Otto NZV 1992, 309; Schroeder JuS 1994, 846; Geppert Jura 1996, 47; Wirsch JuS 2006, 400; Kretschmer StraFo 2009, 189; aus der Rspr. (auch zu §§ 315b, c StGB) vgl. BayObLG B. v. 23.07.1999 – 5 St RR 147/99 – NJW 1999, 3570 = StV 1999, 652 (Anm. Wolff JR 2000, 211); BGH B. v. 15.12.1998 – 4 StR 576/98 – NStZ-RR 1999, 120 = StV 1999, 317 (Anm. LL 1999, 445); BGH B. v. 16.04.2012 – 4 StR 45/12 – NStZ 2012, 701 = NStZ-RR 2012, 252 (Anm. LL 2012, 736; RÜ 2012, 512; RA 2012, 476); BGH B. v. 04.12.2012 – 4 StR 435/12 – NStZ 2013, 167 (Anm. Kudlich JA 2013, 235; Ernst DAR 2013, 710).
[121] Heger, in: Lackner/Kühl/Heger, StGB, 30. Aufl. 2023, § 306a Rn. 7.
[122] S. nur von Heintschel-Heinegg/Kudlich, in: BeckOK-StGB, Stand 01.02.2024, § 306a Rn. 21.
[123] Hierzu Fischer, StGB, 71. Aufl. 2024, § 250 Rn. 13.

3. Rechtswidrigkeit

Es gelten die allgemeinen Grundsätze.

Bei § 306a II StGB ist eine rechtfertigende Einwilligung in die Gefährdung möglich.[124]

4. Schuld

Es gelten die allgemeinen Grundsätze.

5. Tätige Reue, § 306e I, III StGB

S. o.

6. Rechtsfolgen

S. o.

D. Besonders schwere Brandstiftung, § 306b StGB

I. Allgemeines

§ 306b StGB stellt die besonders schwere Brandstiftung unter Strafe.

> **§ 306b StGB (Besonders schwere Brandstiftung)**
> (1) Wer durch eine Brandstiftung nach § 306 oder § 306a eine schwere Gesundheitsschädigung eines anderen Menschen oder eine Gesundheitsschädigung einer großen Zahl von Menschen verursacht, wird mit Freiheitsstrafe nicht unter zwei Jahren bestraft.
> (2) Auf Freiheitsstrafe nicht unter fünf Jahren ist zu erkennen, wenn der Täter in den Fällen des § 306a
> 1. einen anderen Menschen durch die Tat in die Gefahr des Todes bringt,
> 2. in der Absicht handelt, eine andere Straftat zu ermöglichen oder zu verdecken oder
> 3. das Löschen des Brandes verhindert oder erschwert.

Bei § 306b I StGB handelt es sich um ein **erfolgsqualifiziertes Delikt**, sodass die §§ 11 II und 18 StGB gelten.[125]

---

[124] Von Heintschel-Heinegg/Kudlich, in: BeckOK-StGB, Stand 01.02.2024, § 306a Rn. 23.
[125] Fischer, StGB, 71. Aufl. 2024, § 306b Rn. 1; aus der Rspr. vgl. BGH U. v. 11.08.1998 – 1 StR 326/98 – BGHSt 44, 175 = NJW 1999, 299 = NStZ 1999, 84 = StV 1999, 210 (Anm. LL 1999, 162; Kühn NStZ 1999, 559; Ingelfinger JR 1999, 211).

§ 306b II StGB enthält eine „normale" Qualifikation, für die § 15 StGB anzuwenden ist.[126]

II. § 306b I StGB

1. Aufbau
I. Tatbestand
  1. Objektiver Tatbestand
     a) Eine Brandstiftung nach § 306 oder § 306a
     b) § 306b I StGB
        aa) Eine schwere Gesundheitsschädigung eines anderen Menschen oder eine Gesundheitsschädigung einer großen Zahl von Menschen
        bb) Hinsichtlich dieser Folge wenigstens Fahrlässigkeit, § 18 StGB (objektive Fahrlässigkeit)
        cc) „Durch … verursacht"
  2. Subjektiver Tatbestand
     – Vorsatz bzgl. der Brandstiftung nach § 306 oder § 306a
II. Rechtswidrigkeit
III. Schuld
  1. Allgemeines
  2. Hinsichtlich dieser Folge wenigstens Fahrlässigkeit, § 18 StGB (subjektive Fahrlässigkeit)
IV. Tätige Reue, § 306e I, III StGB

2. Tatbestand

a) Objektiver Tatbestand

aa) Eine Brandstiftung nach § 306 oder § 306a
§ 306b I StGB setzt zunächst eine Brandstiftung nach § 306 StGB oder eine schwere Brandstiftung nach § 306a I StGB oder nach § 306a II StGB voraus, s. jeweils o.

bb) § 306b I StGB

▶ **Didaktischer Aufsatz**
  • Nagel, Der unbestimmte Rechtsbegriff der „großen Zahl", Jura 2001, 588

Hierdurch muss der Täter als schwere Folge die schwere Gesundheitsschädigung eines anderen Menschen oder eine Gesundheitsschädigung einer großen Zahl von Menschen verursacht haben.
  Zur **schweren Gesundheitsschädigung**, die über den Bereich des § 226 StGB hinausreicht, s. o. bei § 221 StGB.

---

[126] Fischer, StGB, 71. Aufl. 2024, § 306b Rn. 1; aus der Rspr. vgl. zuletzt BGH U. v. 31.01.2019 – 4 StR 432/18 (Anm. Heghmanns ZJS 2019, 333; famos 7/2019).

Ab wann eine **große Zahl von Menschen** i. S. d. § 306b I 2. Var. StGB vorliegt, ist umstritten.[127] Während die Rspr.[128] einmal 14 Menschen für ausreichend erachtet hat, werden in der Literatur meist Zahlen zwischen vier und 20 genannt. Hier genügt eine einfache Gesundheitsschädigung i. S. d. § 223 I StGB.

Zu § 18 StGB und dem Zusammenhang zwischen Grunddelikt und Erfolgsqualifikation s. im Allgemeinen Teil und o. bei § 227 StGB.

b) Subjektiver Tatbestand
Es ist Vorsatz (nur, i.Ü. gilt § 18 StGB, s. o. und im Allgemeinen Teil) bzgl. der Brandstiftung nach § 306 oder § 306a StGB erforderlich.

3. Rechtswidrigkeit
Es gelten die allgemeinen Grundsätze.

4. Schuld
Es gelten die allgemeinen Grundsätze.

5. Tätige Reue, § 306e I, III StGB
S. o.

6. Rechtsfolgen
§ 306b I StGB sieht Freiheitsstrafe nicht unter zwei Jahren vor, wobei sich ein Höchstmaß von 15 Jahren aus § 38 II StGB ergibt.

III. § 306b II StGB

1. Aufbau
  I. Tatbestand
   1. Objektiver Tatbestand
     a) In den Fällen des § 306a
     b) § 306b II StGB
        aa) § 306b II Nr. 1 StGB
        bb) § 306b II Nr. 3 StGB
        Subjektiver Tatbestand
     c) In den Fällen des § 306a
     d) § 306b II StGB
        aa) Vorsatz
        bb) § 306b II Nr. 2 StGB
  II. Rechtswidrigkeit

---

[127] Joecks/Jäger, StGB, 13. Aufl. 2021, § 306b Rn. 4; näher Nagel Jura 2001, 588; Kretschmer FS Herzberg 2008, 827; aus der Rspr. vgl. BGH U. v. 11.08.1998 – 1 StR 326/98 – BGHSt 44, 175 = NJW 1999, 299 = NStZ 1999, 84 = StV 1999, 210 (Anm. LL 1999, 162; Kühn NStZ 1999, 559; Ingelfinger JR 1999, 211).
[128] S. o.

III. Schuld
IV. Tätige Reue, § 306e I, III StGB

2. Allgemeines
§ 306b II StGB ist keine Erfolgsqualifikation, sondern eine „normale", s. o.
  Nr. 1 und 3 enthalten objektiv qualifizierende Merkmale, Nr. 2 subjektive.

3. Tatbestand

a) Objektiver Tatbestand

aa) In den Fällen des § 306a
Hierzu s. o.

bb) § 306b II StGB

(1) § 306b II Nr. 1 StGB
Wie § 306a II StGB setzt § 306 II Nr. 1 StGB eine konkrete Gefahr voraus, wobei es sich hier um eine Gefahr des Todes handeln muss.

(2) § 306b II Nr. 3 StGB
Der Täter **verhindert** das Löschen des Brandes, wenn er einen Kausalverlauf unterbricht, der zu einer Beendigung des Brandes geführt hätte und so die Brandbekämpfung ausgeschlossen ist.[129]
  Von einem **Erschweren** ist auszugehen, wenn die Arbeit der Retter erheblich beeinträchtigt wird.[130] Eine Verzögerung genügt.[131]
  Dies kann vor oder nach der eigentlichen Brandstiftung erfolgen.[132]

Beispiel 217

BGH U. v. 11.06.2013 – 5 StR 124/13 – NStZ-RR 2013, 277 = StV 2014, 16 (Anm. RÜ 2013, 511; Theile ZJS 2014, 122):
  B hatte seit März 2011 etwa ½ Jahr bei einem Bekannten namens Z in dessen Wohnung im 3. OG eines Mehrfamilienhauses gewohnt. Danach hatte sich ihr Verhältnis verschlechtert, weil B den ihm zur Verfügung gestellten Wohnungsschlüssel nicht zurückgegeben hatte. Ferner hatte es ihm nach der Trennung von seiner Freundin missfallen, dass Z dieser bei Behördengängen und Wohnungsrenovierung behilflich gewesen war. Das Verhältnis hatte sich weiter abgekühlt, nachdem B am 04.02.2012 Z nochmals in dessen Wohnung aufgesucht, ihm einen Faustschlag ins

---

[129] S. Joecks/Jäger, StGB, 13. Aufl. 2021, § 306b Rn. 13; Radtke, in: MK-StGB, 4. Aufl. 2022, § 306b Rn. 25.
[130] Fischer, StGB, 71. Aufl. 2024, § 306b Rn. 12b; aus der Rspr. vgl. BGH B. v. 06.03.2013 – 1 StR 578/12 – NStZ 2014, 647 = NStZ-RR 2013, 246 = StV 2013, 632 (Anm. Bosch JK 2013 StGB § 306a/9; RÜ 2013, 371).
[131] Radtke, in: MK-StGB, 4. Aufl. 2022, § 306b Rn. 25.
[132] Radtke, in: MK-StGB, 4. Aufl. 2022, § 306b Rn. 24.

Gesicht oder eine „Kopfnuss" versetzt und hierdurch starkes Nasenbluten verursacht hatte. Am 11.03.2012 stellte B zwischen 23.00 und 23.45 Uhr zwei türlose, etwa 80 bis 90 cm hohe und mit Regalbrettern versehene Holzschränke vor die Eingangstür zur Wohnung des Z, in der zu dieser Zeit auch ein gemeinsamer Bekannter wohnte. Zwischen die Schränke und die Tür legte er Zeitungen, Werbeprospekte sowie eine mit Papiertüchern gefüllte Kunststofftragetasche und entzündete diese Gegenstände. Dadurch wurden Verkohlungen an der Türschwelle und im unteren Teil des Türblattes verursacht. B hatte dies für möglich gehalten und gebilligt, hingegen nicht, dass Menschen verletzt werden oder gar zu Tode kommen könnten. Tatsächlich führte der Brand nicht zu gesundheitlichen Beeinträchtigungen. Z und der Bekannte hatten zwar bereits geschlafen, waren aber durch den Alarm des – wie B wusste – im Wohnungsflur an der Decke installierten Rauchmelders geweckt worden und hatten mit Hilfe eines hinzu geeilten Nachbarn das Feuer schnell löschen können. Vor dem Brandlegen hatte B von einem weiteren, im Hausflur montierten Rauchmelder Batterie und Alarmmechanismus entfernt, um noch unentdeckt den Tatort verlassen zu können. ◄

Mit der Entfernung von Batterie und Alarmmechanismus aus dem Rauchmelder hat B eine Verzögerung für den Einsatz von Rettern herbeigeführt. § 306b II Nr. 3 bedarf allerdings der restriktiven Auslegung. Eine relevante zeitliche Verzögerung kann damit nicht angenommen werden.

b) Subjektiver Tatbestand

aa) In den Fällen des § 306a
Diesbzgl. ist gem. § 15 StGB Vorsatz erforderlich.

bb) § 306b II

(1) Vorsatz
Für § 306b II Nr. 1 und 3 StGB ist bzgl. der dortigen Merkmale gem. § 15 StGB Vorsatz erforderlich.

(2) § 306b II Nr. 2 StGB
Zur sog. **Ermöglichungs- und Verdeckungsabsicht** i. S. d. § 306b II Nr. 2 StGB s. o. bei § 211 StGB. In einer Fallbearbeitung ist zu beachten, dass es zweckmäßig sein wird, die zu ermöglichende bzw. verdeckende Tat vor § 306b II Nr. 2 StGB zu prüfen, um Inzidentprüfungen zu vermeiden.

Auch i. R. d. § 306b II Nr. 2 StGB muss sich die Absicht nicht auf den Deliktserfolg, sondern allein auf die Verknüpfung der Brandstiftungshandlung mit dem mindestens gebilligten Erfolg einer bestimmten weiteren Tat beziehen; sowohl für die Brandstiftung als solche als auch für die nachfolgende Tat genügt daher Eventualvorsatz.[133]

---

[133] Fischer, StGB, 71. Aufl. 2024, § 306b Rn. 10b; aus der Rspr. vgl. zuletzt BGH B. v. 18.11.2020 – 4 StR 35/20 – BGHSt 65, 194 = NJW 2021, 1107 = NStZ 2021, 167 = StV 2021, 491 (Anm. Kudlich JA 2021, 255; Hecker JuS 2021, 370; LL 2021, 377; RÜ 2021, 106; famos 7/2021; Kulhanek NStZ 2021, 169; Schneider jurisPR-StrafR 5/2021 Anm. 5).

D. Besonders schwere Brandstiftung, § 306b StGB

Taugliche Bezugstaten sind auch Straftaten anderer Personen.[134]

Von besonderer Bedeutung ist die Ermöglichungsabsicht, insbesondere dergestalt, dass der Täter handelt, um aus einer **Feuerversicherung** Geldleistungen zu erhalten („warmes Sanieren"). Es ist umstritten, ob ein solcher **Betrug gem. § 263 StGB** eine i. S. d. § 306b II Nr. 2 StGB zu ermöglichende Tat sein kann.[135]

Beispiel 218

BGH U. v. 23.09.1999 – 4 StR 700/98 – BGHSt 45, 211 = NJW 2000, 226 = StV 2000, 133 (Anm. Kühl, Höchstrichterliche Rspr. BT, 2002, Nr. 78; Otto JK 2000 StGB § 306b/1; Kudlich JA 2000, 361; Martin JuS 2000, 503; LL 2000, 479; RÜ 2000, 71; RA 2000, 99; Radtke JR 2000, 428; Rönnau JuS 2001, 328):

B entnahm in den Jahren 1993, 1995 und 1996 dem Vermögen der einen Autohandel nebst einer Kfz-Werkstatt betreibenden Firma Z-KG, an der er als persönlich haftender Gesellschafter zu 50 % beteiligt war, entgegen den gesellschaftsvertraglichen Vereinbarungen wiederholt Geldbeträge zu privaten Zwecken, insgesamt 919.191,40 DM; davon standen ihm lediglich 270.000 DM als Vergütung zu. In der Nacht zum 19.11.1997 ließ B das in seinem Eigentum stehende, an die S-KG verpachtete Firmengebäude, in dessen erstem Stock sich die Wohnung seiner Mutter befand, anzünden, um Geldbeträge aus der Gebäude-, Inventar- und Betriebsunterbrechungsversicherung zu erlangen. Damit wollte B zugleich unter das „Thema der Veruntreuungen" einen „Schlussstrich" ziehen. Durch das Feuer, das auf den Wohntrakt übergriff, wurde das Betriebsgebäude, dessen Dach durchbrannte und einstürzte, zerstört; die Türanlage zwischen dem Wohnzimmer der Mutter des B und dem davor befindlichen Wintergarten, der ebenfalls Feuer fing, verbrannte. Die Mutter des B bemerkte das Feuer und hatte, wie von ihm erwartet, genügend Zeit, das Gebäude unverletzt durch das Treppenhaus des Bürotraktes zu verlassen. B meldete den Brandschaden seinen Versicherungen, die allerdings keine Zahlungen leisteten. ◄

§ 263 I StGB (Betrug)
Wer in der Absicht, sich oder einem Dritten einen rechtswidrigen Vermögensvorteil zu verschaffen, das Vermögen eines anderen dadurch beschädigt, daß er durch Vorspiegelung falscher oder durch Entstellung oder Unterdrückung wahrer Tatsachen einen Irrtum erregt oder unterhält, wird mit Freiheitsstrafe bis zu fünf Jahren oder mit Geldstrafe bestraft.

---

[134] Fischer, StGB, 71. Aufl. 2024, § 306b Rn. 10; aus der Rspr. vgl. BGH B. v. 09.08.2000 – 3 StR 139/00 – NJW 2000, 3581 = StV 2000, 15 (Anm. RÜ 2000, 509; RA 2000, 702; Baier JA-R 2001, 26; LL 2001, 184; Liesching JR 2001, 126).

[135] Hierzu Hillenkamp/Cornelius. 40 Probleme aus dem Strafrecht BT, 13. Aufl. 2020, 17. Problem; Hecker GA 1999, 332; aus der Rspr. vgl. zuletzt BGH B. v. 11.02.2020 – 4 StR 652/19 – StV 2020, 604 (Anm. Brüning/Quarck ZJS 2020, 283; RÜ 2020, 378); BGH B. v. 09.11.2020 – 4 StR 626/19 – NJW 2021, 2449 = NStZ 2021, 171 = StV 2021, 500 (Anm. Bock NStZ 2021, 172).

Indem B seiner Versicherung den Brandschaden meldete, ohne seine Verantwortlichkeit anzuzeigen, verübte er eine Täuschung i. S. d. § 263 I StGB. Da die angestrebte Vermögensverfügung (ungeschriebenes Tatbestandsmerkmal) und damit der Vermögensschaden ausblieben, hat sich B nur wegen versuchten Betruges strafbar gemacht (§§ 263 I, II, 22, 23 StGB). Fraglich ist, ob diese Tat tauglicher Gegenstand der Ermöglichungsabsicht nach § 306b II Nr. 2 StGB sein kann.

Eine starke Auffassung in der Literatur verlangt für § 306b II Nr. 2 StGB die Ausnutzung einer brandbedingten Allgemeingefahr in nahem räumlich-zeitlichem Zusammenhang (z. B. Verwirrung, Panik, Unübersehbarkeit der Situation).[136]

Die Rspr.[137] und andere Teile der Lehre[138] lehnen dies ab.

Der letzteren Auffassung ist zuzustimmen. Zwar enthielt § 307 a.F. StGB eine vergleichbare Restriktion, allerdings hat der Gesetzgeber bei der Neufassung bewusst hierauf verzichtet. Auch die *ratio legis* gebietet nicht zwingend eine Einschränkung, da der Gesetzgeber grundsätzlich die Verknüpfung von Brandstiftung und Bezugstat als hohes Unrecht ansieht, was auch die sehr hohe Mindeststrafe erklärt, obwohl Brandstiftungen sehr häufig in betrügerischer Absicht begangen werden. Für die h. M. sprechen auch der (weite) Wortlaut sowie die parallele Auslegung in den §§ 211, 315 III Nr. 1 lit. b StGB. Mithin genügt die Absicht, einen Betrug zu ermöglichen. Eine aus guten Gründen als zu hart empfundene Mindeststrafe muss der Gesetzgeber korrigieren, nicht der Normanwender.

Allerdings ist auch nach extensiver Auffassung § 306b II Nr. 2 StGB **nicht** gegeben, wenn der zu ermöglichende Tatbestand **gleichzeitig** begangen wird; dies betrifft Fälle, in denen § 263 StGB nicht erfüllt ist, sondern lediglich **§ 265 StGB**: Hier stimmen Wortlaut, Tathandlung und Tatobjekt überein, sodass der Täter durch seine Brandstiftung keine *andere* Tat ermöglichen will.[139]

> **§ 265 I StGB (Versicherungsmißbrauch)**
> Wer eine gegen Untergang, Beschädigung, Beeinträchtigung der Brauchbarkeit, Verlust oder Diebstahl versicherte Sache beschädigt, zerstört, in ihrer Brauchbarkeit beeinträchtigt, beiseite schafft oder einem anderen überläßt, um sich oder einem Dritten Leistungen aus der Versicherung zu verschaffen, wird mit Freiheitsstrafe bis zu drei Jahren oder mit Geldstrafe bestraft, wenn die Tat nicht in § 263 mit Strafe bedroht ist.

---

[136] So Eisele, BT I, 6. Aufl. 2021, Rn. 1070; Joecks/Jäger, StGB, 13. Aufl. 2021, § 306b Rn. 9.
[137] S. o.
[138] Z. B. Radtke, in: MK-StGB, 4. Aufl. 2022, § 306b Rn. 20.
[139] H. M., Eisele, BT I, 6. Aufl. 2021, Rn. 1071; aus der Rspr. vgl. BGH B. v. 22.04.2008 – 3 StR 74/08 (Anm. RÜ 2008, 507; RA 2008, 518).

> **Beispiel 219**
>
> **BGH B. v. 15.03.2007 – 3 StR 454/06 – BGHSt 51, 236 = NJW 2007, 2130 = NStZ 2007, 640 = StV 2007, 581 (Anm. Geppert JK 2007 StGB § 306b/3; Bosch JA 2007, 743; LL 2007, 605; RÜ 2007, 425; RA 2007, 387; famos 8/2007; Radtke NStZ 2007, 642; Dehne-Niemann Jura 2008, 530):**
> B setzte das Wohnhaus seiner Familie in Brand, das im Eigentum der von ihm adoptierten vier Kinder seiner Ehefrau stand. Er handelte dabei in der Absicht, seiner Schwiegermutter – der Voreigentümerin des Hauses, die sich bei dessen Übereignung den lebenslangen Nießbrauch daran vorbehalten hatte – Leistungen aus deren Wohn-Gebäudeversicherung und seiner Ehefrau Leistungen aus der Hausratversicherung zu verschaffen, die sie für das in ihrem Alleineigentum stehende Inventar abgeschlossen hatte. Hierdurch wollte er die Neuerrichtung des Gebäudes finanzieren sowie Barmittel zur Neuanschaffung des Inventars erlangen. Beide Versicherungsnehmerinnen waren in das Vorhaben des B nicht eingeweiht. Die Gebäudeversicherung hat bisher circa 289.000 € für den Wiederaufbau des bis auf die Grundmauern niedergebrannten Gebäudes geleistet. Die Hausratversicherung hat dagegen noch keine Zahlungen vorgenommen. ◄

Entsprechendes muss mithin entgegen der älteren Rspr. auch für Konstellationen gelten, in denen die Brandlegung das **alleinige Tatmittel** zur Herbeiführung eines Erfolgs, z. B. einer Tötung, ist.[140]

§ 306b II Nr. 2 StGB kann aber vorliegen, wenn die Brandstiftung als **Nötigungsmittel** eingesetzt wird, z. B. bei geplanter räuberischer Erpressung, §§ 253, 255 StGB.[141]

Zwar werden angesichts der harten Strafandrohung bei vergleichsweise geringen Tatbestandsvoraussetzungen Zweifel an der Verfassungsmäßigkeit des § 306b II Nr. 2 StGB gehegt (Verhältnismäßigkeit, Schuldprinzip), das BVerfG teilt diese aber nicht.[142] Die Rspr. erwägt freilich eine Rechtsfolgenlösung wie bei § 211 StGB.[143]

4. Rechtswidrigkeit
Es gelten die allgemeinen Grundsätze.

---

[140] Hierzu Fischer, StGB, 71. Aufl. 2024, § 306b Rn. 10a.
[141] S. Heine/Bosch, in: Schönke/Schröder, StGB, 30. Aufl. 2019, § 306b Rn. 13; aus der Rspr. vgl. BGH U. v. 07.09.1994 – 2 StR 264/94 – BGHSt 40, 251 = NJW 1994, 3304 = NStZ 1995, 87 = StV 1995, 132 (Anm. Geppert JK 1995 StGB § 307 Nr. 2/2; Jung JuS 1995, 270; Zopfs JuS 1995, 686; Laubenthal JR 1996, 32).
[142] S. Fischer, StGB, 71. Aufl. 2024, § 306b Rn. 6a; aus der Rspr. vgl. LG Itzehoe B. v. 12.03.2009 – Jug 3 KLs 19/08 (Anm. Noltenius HRRS 2009, 499); BVerfG B. v. 16.11.2010 – 2 BvL 12/09 – BVerfGK 18, 222 (Anm. Satzger JK 2011 StGB § 306b/5); BGH U. v. 14.11.2013 – 3 StR 336/13 – NStZ 2014, 404 (Anm. RÜ 2014, 576; Nestler NStZ 2014, 406); BGH B. v. 15.03.2016 – 4 StR 7/16 – NStZ-RR 2016, 140.
[143] BVerfG B. v. 16.11.2010 – 2 BvL 12/09 – BVerfGK 18, 222 (Anm. Satzger JK 2011 StGB § 306b/5).

5. Schuld
Es gelten die allgemeinen Grundsätze.

6. Tätige Reue, § 306e I, III StGB
S. o.

7. Rechtsfolgen
§ 306b II StGB sieht Freiheitsstrafe nicht unter fünf Jahren vor, wobei sich ein Höchstmaß von 15 Jahren aus § 38 II StGB ergibt.

8. Sonstiges
Bei § 306b II Nr. 2 StGB ist ggf. § 28 II StGB anzuwenden.[144]

E. Brandstiftung mit Todesfolge, § 306c StGB

I. Aufbau

   I. Tatbestand
      1. Objektiver Tatbestand
         a) Brandstiftung nach den §§ 306 bis 306b
         b) § 306c StGB
            aa) Den Tod eines anderen Menschen
            bb) Wenigstens leichtfertig
            cc) Verursacht … durch
      2. Subjektiver Tatbestand
         – Vorsatz bzgl. der Brandstiftung nach den §§ 306 bis 306b StGB
  II. Rechtswidrigkeit
 III. Schuld
      1. Allgemeines
      2. Wenigstens subjektive Leichtfertigkeit

II. Erläuterungen

§ 306c StGB stellt die Brandstiftung mit Todesfolge unter Strafe.

---

[144] Fischer, StGB, 71. Aufl. 2024, § 306b Rn. 13; aus der Rspr. vgl. BGH B. v. 10.05.2011 – 4 StR 659/10 – NJW 2011, 2148 = NStZ 2012, 214 = StV 2012, 468 (Anm. Bosch JK 2011 StGB § 306a/7; RA 2011, 493; Bachmann/Goeck JR 2012, 349); BGH B. v. 30.03.2016 – 4 StR 63/16 – StV 2017, 797 (Anm. RÜ2 2016, 138).

> **§ 306c StGB (Brandstiftung mit Todesfolge)**
> Verursacht der Täter durch eine Brandstiftung nach den §§ 306 bis 306b wenigstens leichtfertig den Tod eines anderen Menschen, so ist die Strafe lebenslange Freiheitsstrafe oder Freiheitsstrafe nicht unter zehn Jahren.

Es handelt sich um eine Erfolgsqualifikation,[145] die an jeden Fall der §§ 306, 306a, 306b StGB anknüpft (also sogar an das Eigentumsdelikt der – einfachen – Brandstiftung).

Erforderlich ist insbesondere ein gefahrspezifischer Zusammenhang zwischen Brandstiftung und Todeserfolg; dieser liegt aber nicht nur bei Flammentod vor, sondern auch bei Rauchvergiftung oder bei einer Tötung durch herabstürzende Gebäudeteile, ferner dann, wenn der Getötete aus dem Fenster gesprungen ist[146] sowie in Retterfällen.[147]

Zur Frage, ob ein Beteiligter im Schutzbereich der Vorschrift enthalten ist, s. o. bei § 306a II StGB.

Zu beachten ist, dass der Tatbestand über § 18 StGB hinaus Leichtfertigkeit verlangt.

§ 306c StGB sieht lebenslange Freiheitsstrafe oder Freiheitsstrafe nicht unter zehn Jahren vor, wobei sich wobei sich bzgl. der zeitigen Freiheitsstrafe ein Höchstmaß von 15 Jahren aus § 38 II StGB ergibt.

Auf Konkurrenzebene verdrängt § 306c StGB im Falle der Vollendung den § 306a StGB.[148]

Mit den §§ 211, 212 StGB besteht Tateinheit.[149]

F. Fahrlässige Brandstiftung, § 306d StGB

I. Allgemeines

§ 306d StGB[150] bestraft die „fahrlässige Brandstiftung", wobei die gesetzliche Überschrift etwas missverständlich[151] ist.

---

[145] Kindhäuser/Hilgendorf, LPK, 9. Aufl. 2022, § 306c Rn. 1.
[146] Fischer, StGB, 71. Aufl. 2024, § 306c Rn. 3.
[147] Spezifisch zu § 306c StGB Fischer, StGB, 71. Aufl. 2024, § 306c Rn. 4f.
[148] Fischer, StGB, 71. Aufl. 2024, § 306c Rn. 7; aus der Rspr. vgl. zuletzt BGH B. v. 28.11.2017 – 2 StR 350/17 – StV 2020, 604; BGH B. v. 10.03.2021 – 3 StR 13/21 – NStZ 2022, 35.
[149] Aus der Rspr. vgl. BGH U. v. 12.08.2021 – 3 StR 415/20 – NJW 2022, 254 = NStZ-RR 2021, 376 = StV 2022, 106 (Anm. Kudlich JA 2022, 165; Eisele JuS 2022, 80; RÜ 2022, 23; Fahl GA 2022, 272).
[150] Hierzu Immel StV 2001, 477.
[151] S. Fischer, StGB, 71. Aufl. 2024, § 306d Rn. 6a.

> **§ 306d StGB (Fahrlässige Brandstiftung)**
> (1) Wer in den Fällen des § 306 Abs. 1 oder des § 306a Abs. 1 fahrlässig handelt oder in den Fällen des § 306a Abs. 2 die Gefahr fahrlässig verursacht, wird mit Freiheitsstrafe bis zu fünf Jahren oder mit Geldstrafe bestraft.
> (2) Wer in den Fällen des § 306a Abs. 2 fahrlässig handelt und die Gefahr fahrlässig verursacht, wird mit Freiheitsstrafe bis zu drei Jahren oder mit Geldstrafe bestraft.

Die Norm enthält nämlich mehrere zu unterscheidende Delikte, s. i. E. sogleich.
Die Norm enthält einige Ungereimtheiten im Verhältnis zu anderen Brandstiftungsdelikten, bzgl. derer auf die Literatur verwiesen sei.[152]
Zur tätigen Reue nach § 306e II StGB s. o. bei § 306 StGB.

II. § 306d I 1., 2. Var. StGB

1. Aufbau
  I. Tatbestand
   1. In den Fällen des § 306 Abs. 1 oder des § 306a Abs. 1
   2. Fahrlässig handelt (objektive Fahrlässigkeit)
 II. Rechtswidrigkeit
III. Schuld
   1. Allgemeines
   2. Subjektive Fahrlässigkeit
 IV. Tätige Reue, § 306e II, III StGB

2. Erläuterungen
Bei § 306d I 1. Var. StGB (i. V. m. § 306 StGB) handelt es sich um eine fahrlässige Brandstiftung (i. e. S.). Bzgl. § 306d I 2. Var. StGB (i. V. m. § 306a I StGB) könnte man von einer fahrlässigen schweren Brandstiftung sprechen.

III. § 306d I 3. Var. StGB

1. Aufbau
  I. Tatbestand
   1. Objektiver Tatbestand
      a) In den Fällen des § 306a Abs. 2
      b) Gefahr fahrlässig verursacht (objektive Fahrlässigkeit)

---

[152] Näher Radtke, in: MK-StGB, 4. Aufl. 2022, § 306d Rn. 3 ff., insbesondere zum sog. „Strafrahmenrätsel".

2. Subjektiver Tatbestand
– Vorsatz bzgl. Fall des § 306a II StGB außer bzgl. der Gefahr
II. Rechtswidrigkeit
III. Schuld
1. Allgemeines
2. Subjektive Fahrlässigkeit
IV. Tätige Reue, § 306e II, III StGB

2. Erläuterungen

§ 306d I 3. Var. StGB (i. V. m. § 306a II StGB) ist eine Vorsatz-Fahrlässigkeits-Kombination, da sich die Fahrlässigkeit hier nur auf den Gefahrerfolg bezieht. § 306d StGB trägt insofern eine missverständliche gesetzliche Überschrift.

IV. § 306d II StGB

1. Aufbau

I. Tatbestand
1. In den Fällen des § 306a Abs. 2
2. Fahrlässig handelt und die Gefahr fahrlässig verursacht (objektive Fahrlässigkeit)
II. Rechtswidrigkeit
III. Schuld
1. Allgemeines
2. Subjektive Fahrlässigkeit
IV. Tätige Reue, § 306e II, III StGB

2. Erläuterungen

§ 306d II StGB (i. V. m. § 306a II StGB) enthält wieder eine rein fahrlässige schwere Brandstiftung.

G. Herbeiführung einer Brandgefahr, § 306f StGB

I. Allgemeines

§ 306f StGB stellt das Herbeiführen einer Brandgefahr unter Strafe.

> **§ 306f StGB (Herbeiführen einer Brandgefahr)**
> (1) Wer fremde
>   1. feuergefährdete Betriebe oder Anlagen,
>   2. Anlagen oder Betriebe der Land- oder Ernährungswirtschaft, in denen sich deren Erzeugnisse befinden,

3. Wälder, Heiden oder Moore oder
4. bestellte Felder oder leicht entzündliche Erzeugnisse der Landwirtschaft, die auf Feldern lagern,

durch Rauchen, durch offenes Feuer oder Licht, durch Wegwerfen brennender oder glimmender Gegenstände oder in sonstiger Weise in Brandgefahr bringt, wird mit Freiheitsstrafe bis zu drei Jahren oder mit Geldstrafe bestraft.

(2) Ebenso wird bestraft, wer eine in Absatz 1 Nr. 1 bis 4 bezeichnete Sache in Brandgefahr bringt und dadurch Leib oder Leben eines anderen Menschen oder fremde Sachen von bedeutendem Wert gefährdet.

(3) Wer in den Fällen des Absatzes 1 fahrlässig handelt oder in den Fällen des Absatzes 2 die Gefahr fahrlässig verursacht, wird mit Freiheitsstrafe bis zu einem Jahr oder mit Geldstrafe bestraft.

II. § 306f I StGB

1. Aufbau
I. Tatbestand
  1. Objektiver Tatbestand
     a) § 306f I Nr. 1–4 StGB
     b) Fremde
     c) In Brandgefahr bringt (durch Rauchen, durch offenes Feuer oder Licht, durch Wegwerfen brennender oder glimmender Gegenstände oder in sonstiger Weise)
  2. Subjektiver Tatbestand
II. Rechtswidrigkeit
III. Schuld

2. Erläuterungen
Bei § 306f I StGB handelt es sich um ein Eigentumsgefährdungsdelikt, welches fremdes Eigentum schützt und insofern auch einer Einwilligung zugänglich ist.[153]

III. § 306f II StGB

1. Aufbau
I. Tatbestand
  1. Objektiver Tatbestand
     a) Eine in in Absatz 1 Nr. 1 bis 4 bezeichnete Sache
     b) In Brandgefahr bringt

---

[153] Kindhäuser/Hilgendorf, LPK, 9. Aufl. 2022, § 306f Rn. 1.

c) Dadurch Leib oder Leben eines anderen Menschen oder fremde Sachen von bedeutendem Wert gefährdet
  2. Subjektiver Tatbestand
 II. Rechtswidrigkeit
III. Schuld

2. Erläuterungen

§ 306f II StGB ist ein konkretes Gefährdungsdelikt. Zwar muss das Tatobjekt nicht fremd sein,[154] erforderlich ist aber ein individueller Gefahrerfolg.

IV. § 306f III StGB

In § 306f III StGB sind das Fahrlässigkeitsdelikt bzgl. § 306f I StGB sowie eine Vorsatz-Fahrlässigkeits-Kombination bzgl. § 306f II StGB geregelt.

---

[154] Eisele, BT I, 6. Aufl. 2021, Rn. 1094; näher Fischer NStZ 1999, 13.

12. Kapitel: Straßenverkehrsstraftaten

A. Allgemeines

Im Folgenden werden die sog. Straßenverkehrsdelikte[1] des StGB erörtert.
Hingewiesen sei ferner auf das sehr praxisrelevante Fahren ohne Fahrerlaubnis, § 21 StVG.

> **§ 21 I, II StVG (Fahren ohne Fahrerlaubnis)**
> (1) Mit Freiheitsstrafe bis zu einem Jahr oder mit Geldstrafe wird bestraft, wer
> 1. ein Kraftfahrzeug führt, obwohl er die dazu erforderliche Fahrerlaubnis nicht hat oder ihm das Führen des Fahrzeugs nach § 44 des Strafgesetzbuchs oder nach § 25 dieses Gesetzes verboten ist, oder

---

[1] Rechtsprechungsübersichten bei Krumme DRiZ 1960, 358; Horn/Hoyer JZ 1987, 965; König/Seitz DAR 2006, 121; König/Seitz DAR 2007, 361; König/Seitz DAR 2008, 361; König/Seitz DAR 2009, 361; König/Seitz DAR 2010, 361; König/Seitz DAR 2011, 361; König DAR 2012, 361; König DAR 2013, 361; König DAR 2014, 363; Hatz SVR 2014, 377; König DAR 2015, 363; König DAR 2016, 362; König DAR 2017, 362; Paul DAR 2017, 678; König DAR 2018, 361; Paul DAR 2018, 661; König DAR 2019, 362; Krumm SVR 2019, 134; Paul DAR 2019, 661; Krumm SVR 2020, 92; König DAR 2020, 362; Paul DAR 2020, 661; Bartel DAR 2021, 661; Krumm SVR 2021, 255; Bartel DAR 2022, 181 und 661; Krumm SVR 2022, 329 und 453; Krenberger NStZ 2023, 82; König DAR 2023, 362; Bartel DAR 2023, 661; Krumm SVR 2023, 374; Krenberger NStZ 2024, 19; zu Reformüberlegungen Wimmer DAR 1958, 145; Bockelmann DAR 1961, 181; Baumann DAR 1962, 93; Kohlhaas DAR 1962, 345; Schütt DRiZ 1965, 292; Rasehorn ZRP 1969, 81; Rebmann DAR 1978, 296; Hentschel DAR 1981, 79; Müller-Metz NZV 1994, 89; Weigend FS Miyazawa 1995, 549; Nehm DAR 1996, 432; Schünemann DAR 1998, 424; bzgl. „Verkehrsrowdys" König NZV 2005, 27.; bzgl. „Trunkenheitsdelikten" König FS Schöch 2010, 587; bzgl. Todesfolgen Hoven/Nehrig KriPoZ 2023, 254.

> 2. als Halter eines Kraftfahrzeugs anordnet oder zulässt, dass jemand das Fahrzeug führt, der die dazu erforderliche Fahrerlaubnis nicht hat oder dem das Führen des Fahrzeugs nach § 44 des Strafgesetzbuchs oder nach § 25 dieses Gesetzes verboten ist.
> (2) Mit Freiheitsstrafe bis zu sechs Monaten oder mit Geldstrafe bis zu 180 Tagessätzen wird bestraft, wer
> 1. eine Tat nach Absatz 1 fahrlässig begeht,
> 2. vorsätzlich oder fahrlässig ein Kraftfahrzeug führt, obwohl der vorgeschriebene Führerschein nach § 94 der Strafprozessordnung in Verwahrung genommen, sichergestellt oder beschlagnahmt ist, oder
> 3. vorsätzlich oder fahrlässig als Halter eines Kraftfahrzeugs anordnet oder zulässt, dass jemand das Fahrzeug führt, obwohl der vorgeschriebene Führerschein nach § 94 der Strafprozessordnung in Verwahrung genommen, sichergestellt oder beschlagnahmt ist.

Von enormer praktischer Bedeutung sind ferner straßenverkehrsbezogene Ordnungswidrigkeiten, v. a. nach §§ 24 StVG i. V. m. 49 StVO (i. V. m. BKatV inkl. BKat).

B. Trunkenheit im Verkehr, § 316 StGB

▶ **Didaktischer Aufsatz**
- Geppert, Gefährdung des Straßenverkehrs (§ 315c StGB) und Trunkenheit im Straßenverkehr (§ 316 StGB), Jura 2001, 559

I. Allgemeines

§ 316 StGB stellt die Trunkenheit im Verkehr unter Strafe.[2]

> **§ 316 StGB (Trunkenheit im Verkehr)**
> (1) Wer im Verkehr (§§ 315 bis 315e) ein Fahrzeug führt, obwohl er infolge des Genusses alkoholischer Getränke oder anderer berauschender Mittel nicht in der Lage ist, das Fahrzeug sicher zu führen, wird mit Freiheitsstrafe bis zu einem Jahr oder mit Geldstrafe bestraft, wenn die Tat nicht in § 315a oder § 315c mit Strafe bedroht ist.
> (2) Nach Absatz 1 wird auch bestraft, wer die Tat fahrlässig begeht.

---

[2] Zu § 316 StGB Geppert Jura 2001, 559; Müller SVR 2011, 61; Blum SVR 2011, 173; zu kriminologischen und sanktionsrechtlichen Aspekte der Alkoholdelinquenz im Verkehr Mühlhaus DAR 1965, 141; Schöch NStZ 1991, 11; Krüger/Schöch DAR 1993, 334; Iffland DAR 1995, 269; Iffland DAR 1996, 301; Schöch NK 2001/1, 28; Dünkel FS Schöch 2010, 101.

Die Norm schützt als abstraktes Gefährdungsdelikt[3] die Sicherheit des Straßenverkehrs im Hinblick auf die dort exponierten weiteren Rechtsgüter Leben, Gesundheit und fremdes Eigentum.[4]

Es handelt sich um ein **eigenhändiges Delikt** des Fahrzeugführers, sodass eine mittelbare Täterschaft nach § 25 I 2. Var. StGB ausgeschlossen ist und eine Mittäterschaft nach § 25 II StGB nur bei Eigenhändigkeit möglich ist.[5]

Die §§ 24a (0,5-‰-Grenze), 24c StVG (Alkoholverbot für Fahranfänger) enthalten alkohol-bezogene Ordnungswidrigkeiten.

II. Vorsätzliche Trunkenheit im Verkehr, § 316 I StGB

1. Aufbau

  I. Tatbestand
    1. Objektiver Tatbestand
      a) Ein Fahrzeug
      b) Führt
      c) Im Verkehr (§§ 315 bis 315e)
      d) Obwohl er nicht in der Lage ist, das Fahrzeug sicher zu führen
      e) Infolge des Genusses alkoholischer Getränke oder anderer berauschender Mittel
    2. Subjektiver Tatbestand
  II. Rechtswidrigkeit
  III. Schuld

2. Tatbestand

a) Objektiver Tatbestand

Die Tatbestandsvoraussetzungen des § 316 StGB sind auch für die §§ 315b, 315c StGB von Bedeutung. Daher wird § 316 StGB, obwohl subsidiär, zuerst behandelt. So abschichtend kann man auch in einer Fallbearbeitung vorgehen, sofern die enthaltene Trunkenheit im Verkehr nicht gänzlich unproblematisch ist.

---

[3] Joecks/Jäger, StGB, 13. Aufl. 2021, § 316 Rn. 1; aus der Rspr. vgl. BGH B. v. 27.10.1988 – 4 StR 239/88 – BGHSt 35, 390 = NJW 1989, 723 = StV 1989, 305 (Anm. Geppert JK 1989 StGB § 316/4; Hassemer JuS 1989, 578; Hentschel JR 1990, 32).

[4] Joecks/Jäger, StGB, 13. Aufl. 2021, § 316 Rn. 1; aus der Rspr. vgl. zuletzt LG Oldenburg B. v. 07.11.2022 – 4 Qs 368/22 (Anm. Hecker JuS 2023, 275; LL 2023, 317; RÜ 2023, 313; Mitsch NZV 2023, 197; Kerkmann NZV 2023, 238; Steinert SVR 2023, 37).

[5] Fischer, StGB, 71. Aufl. 2024, § 316 Rn. 49; näher Rudolphi GA 1970, 353; Rehberg FS Schultz 1977, 72; Mitsch NZV 2023, 197; aus der Rspr. vgl. OLG Dresden B. v. 19.12.2005 – 3 Ss 588/05 – NJW 2006, 1013 (Anm. Bosch JA 2006, 576; Jahn JuS 2006, 468; LL 2006, 396; RA 2006, 259; König DAR 2006, 161; Ternig SVR 2006, 351; Grupp/Kinzig NStZ 2007, 132).

aa) Ein Fahrzeug

Fahrzeug i. S. d. § 316 I StGB ist jedes zur Ortsveränderung bestimmte Fortbewegungsmittel von Personen oder Gütern.[6]

Erfasst werden vor allem **Kraftfahrzeuge** aller Art, aber auch **sonstige**, insbesondere Fahrräder.[7]

Beispiel 220

BayObLG B. v. 13.07.2000 – 2 St RR 118/2000 – NStZ-RR 2001, 26 (Anm. Fahl JA-R 2001, 51):

B fuhr am 08.10.1999 gegen 14.45 Uhr auf der S.-Straße in S. mit einem motorisierten Krankenfahrstuhl („Sammy"), obwohl er infolge vorangegangenen Alkoholgenusses fahruntüchtig war. Eine am selben Tag um 15.17 Uhr entnommene Blutprobe ergab eine BAK von 2,67 ‰ im Mittelwert. ◄

Auch der motorisierte Krankenfahrstuhl ist ein Fahrzeug i. S. d. § 316 I StGB. § 24 StVO nimmt ihn nur aus dem Anwendungsbereich der StVO aus und vermag an der Eigenschaft nichts zu ändern.

bb) Führt

Um das **Führen** eines Fahrzeugs handelt es sich, sobald der Täter das Fahrzeug in Bewegung setzt; das Anlassen des Motors, Blinken oder Einschalten des Lichts sind nicht ausreichend.[8]

Erforderlich ist, dass der Täter selbst alle oder wenigstens einen Teil der wesentlichen technischen Einrichtungen des Fahrzeugs bedient, die für die Fortbewegung bestimmt sind (zu unterscheiden vom bloßen Mitfahrer oder Halter).[9]

Erfasst ist somit auch eine Aufgabenteilung etwa zwischen Lenkung und Pedalbedienung,[10] ferner das Lenken eines abgeschleppten Fahrzeugs.[11] Ein Anschieben

---

[6] Pegel, in: MK-StGB, 4. Aufl. 2022, § 316 Rn. 9; aus der Rspr. vgl. zuletzt BayObLG B. v. 24.07.2020 – 205 StRR 216/20 – NStZ 2020, 736 (Anm. RÜ 2020, 785; RÜ2 2020, 279; Lamberz NZV 2020, 586; Koehl SVR 2020, 400); LG Wuppertal B. v. 02.02.2022 – 25 Qs 63/21 (922 Js 3738/21) (Anm. Krenberger NZV 2022, 444).

[7] Eisele, BT I, 6. Aufl. 2021, Rn. 1101; näher Blum SVR 2013, 250.

[8] Kindhäuser/Hilgendorf, LPK, 9. Aufl. 2022, § 316 Rn. 2; aus der Rspr. vgl. zuletzt BGH B. v. 09.10.2018 – 4 StR 652/17 – NStZ-RR 2019, 60 = StV 2019, 684; LG Oldenburg B. v. 07.11.2022 – 4 Qs 368/22 (Anm. Hecker JuS 2023, 275; LL 2023, 317; RÜ 2023, 313; Mitsch NZV 2023, 197; Kerkmann NZV 2023, 238; Steinert SVR 2023, 37).

[9] Eisele, BT I, 6. Aufl. 2021, Rn. 1103; aus der Rspr. vgl. BGH B. v. 18.01.1990 – 4 StR 292/89 – BGHSt 36, 341 = NJW 1990, 1245 = NStZ 1990, 232 (Anm. Hentschel JR 1991, 113); BGH U. v. 02.05.1995 – 4 StR 187/95 – NJW 1996, 208.

[10] Eisele, BT I, 6. Aufl. 2021, Rn. 1103; aus der Rspr. vgl. zuletzt BGH B. v. 23.09.2014 – 4 StR 92/14 – BGHSt 59, 311 = NJW 2015, 1124 = NStZ 2015, 409 (Anm. Satzger Jura 2015, 1012; Kudlich JA 2015, 232; Jahn JuS 2015, 372; famos/3/2015; Gübner NJW 2015, 1126; Mitsch NStZ 2015, 410).

[11] Hierzu Fischer, StGB, 71. Aufl. 2024, § 315c Rn. 3a; Reichart NJW 1994, 103; aus der Rspr. vgl. BayObLG U. v. 16.09.1983 – RReg. 1 St 181/83 – NJW 1984, 878; OLG Frankfurt B. v. 26.11.1984 – 2 Ss 412/84 – NJW 1985, 2961; BGH B. v. 18.01.1990 – 4 StR 292/89 – BGHSt 36, 341 = NJW 1990, 1245 = NStZ 1990, 232 (Anm. Hentschel JR 1991, 113).

kann aber kaum als Mitbedienung angesehen werden.[12] Auch wer ein Fahrrad schiebt, führt es nicht.[13] Ein Bergabrollenlassen genügt.[14]

cc) Im Verkehr (§§ 315 bis 315e)
Der Täter muss das Fahrzeug im Verkehr (§§ 315 bis 315e StGB) führen. Klausurrelevantester Fall ist das Führen im Straßenverkehr (vgl. hierzu auch StVG, StVO, StVZO und die diesbzgl. Rspr. und Literatur).

Straßenverkehr ist nur derjenige Verkehr, der auf jedermann zur Benutzung offenstehenden Wegen oder Plätzen stattfindet.[15] Erforderlich ist eine Fläche, die ausdrücklich oder mit stillschweigender Duldung des Verfügungsberechtigten für jedermann oder für eine allgemein bestimmte größere Personengruppe zur Benutzung zugelassen ist und auch so benutzt wird (Widmung).

Eigentumsverhältnisse sind irrelevant, daher sind auch Tankstellen, Parkhäuser oder Kundenparkplätze erfasst (faktische Öffentlichkeit). Zu unterscheiden ist dies von Flächen, die nur für bestimmte Benutzer zugelassen sind, z. B. Privatparkplatz einer Hausgemeinschaft, Werksgelände mit Zutrittsbeschränkung.

Beispiel 221

BGH U. v. 04.03.2004 – 4 StR 377/03 (Werksgelände) – BGHSt 49, 128 = NJW 2004, 1965 = StV 2004, 488 (Anm. Geppert JK 2004 StGB § 315b/10; Baier JA 2004, 869; Kudlich JuS 2004, 832; LL 2004, 536; RÜ 2004, 369; RA 2004, 481):

Die im Jahre 1981 zwischen B und Z geschlossene Ehe verlief zunehmend problematisch, weil B größere Geldbeträge verspielte und Z gelegentlich schlug. Anfang 2002 verstärkten sich die Spannungen, weil Z nicht bereit war, erneute Spielschulden des B, gegebenenfalls durch den Verkauf einer ihr gehörenden Wohnung in der Türkei, zu begleichen. Für den 21.02.2002 hatte sie einen Termin bei einem Rechtsanwalt vereinbart, bei dem über eine Scheidung gesprochen werden sollte. B war verärgert, dass Z ernsthaft die Trennung betrieb. In der Nacht vom 19.02. zum 20.02.2002 schlug er Z an der gemeinsamen Arbeitsstätte während eines Streits mehrfach ins Gesicht, sodass ihre Lippe blutete. Während der

---

[12] Hecker, in: Schönke/Schröder, StGB, 30. Aufl. 2019, § 316 Rn. 19; a.A. Fischer, StGB, 71. Aufl. 2024, § 315c Rn. 3a; aus der Rspr. vgl.OLG Celle U. v. 15.10.1964 – 1 Ss 327/64 – NJW 1965, 63.
[13] Vgl. aus der Rspr. LG Freiburg U. v. 26.10.2021 – 11/21 10 Ns 530 Js 30832/20 (Anm. Borutta jurisPR-StrafR 24/2021 Anm. 2; Nestler Jura 2022, 402; Krenberger NZV 2022, 150; Greiner SVR 2022, 73).
[14] Hecker, in: Schönke/Schröder, StGB, 30. Aufl. 2019, § 316 Rn. 19; aus der Rspr. vgl. BayObLG U. v. 26.08.1958 – RReg. 2 St 462/58 – NJW 1959, 111; BGH B. v. 29.03.1960 – 4 StR 55/60 – BGHSt 14, 185 = NJW 1960, 1211.
[15] Hierzu Eisele, BT I, 6. Aufl. 2021, Rn. 1104ff.; näher Rebler DAR 2005, 65; Blum SVR 2012, 365; aus der Rspr. vgl. zuletzt BGH B. v. 01.12.2020 – 4 StR 519/19 – NStZ-RR 2021, 116 (Anm. Rinio NZV 2021, 434); AG Torgau U. v. 01.03.2021 – 3 Ds 951 Js 3564/19 (3) (Anm. Kudlich JA 2021, 692; LL 2021, 690); AG Auerbach (Vogtland) U. v. 12.09.2022 – 3 Cs 440 Js 14578/21 (Anm. Deutscher NZV 2023, 189); LG Flensburg B. v. 03.03.2023 – II Qs 9/23 (Anm. Kerkmann NZV 2023, 379).

folgenden Nachtschicht beschimpfte er sie erneut lautstark; außerdem trank er drei bis vier Flaschen Bier. Als er nach dem Ende der Arbeitsschicht um 6 Uhr mit dem gemeinsamen Kfz, einem Mercedes 190 E, auf dem Betriebsgelände in Richtung Ausfahrt fuhr, sah er Z, die auf dem Weg zum Bus die von ihm benutzte Fahrbahn in diagonaler Richtung überqueren wollte und ihn dabei nicht wahrnahm. Spontan entschloss sich B – seine Blutalkoholkonzentration betrug um 07.10 Uhr 1,05 ‰ – Z für ihr Verhalten zu bestrafen und sie mit dem Auto anzufahren. Er erkannte, dass dies zu tödlichen Verletzungen führen könnte, nahm das jedoch billigend in Kauf, weil er nicht bereit war, die Trennungsabsicht seiner Frau hinzunehmen. Dem B war bewusst, dass Z nicht mit einem Angriff rechnete. Er beschleunigte das Fahrzeug stark und fuhr mit aufheulendem Motor von hinten auf Z zu. Mit einer Geschwindigkeit von mindestens 35 km/h traf das Fahrzeug auf Z, die über die Motorhaube auf die Fahrbahn geworfen wurde. Z erlitt unter anderem einen Verrenkungsbruch des linken Oberarms, der die Einsetzung einer Endoprothese des Schultergelenks erforderlich machte, und eine vordere Beckenringfraktur; sie war bis Anfang 2003 arbeitsunfähig. Nach der Kollision hielt B an. Er begab sich zu der am Boden liegenden Z, die bereits von hilfsbereiten Arbeitskollegen umringt war, und sagte zu ihr: „Siehst Du, das hast Du jetzt davon"; anschließend trank er noch etwas Bier. Inzwischen haben sich der in Untersuchungshaft befindliche B und Z, die ihm die Tat verziehen hat, wieder ausgesöhnt. ◄

Ist der Zutritt zum Betriebsgelände, auf dem der B sein Fahrzeug führte und die Z anfuhr, nur Betriebsmitarbeitern und anderen Personen möglich, denen individuell eine Zutrittserlaubnis erteilt worden ist, so handelt es sich um keinen Ort, an dem öffentlicher Straßenverkehr stattfindet.

Wenn aber der Benutzerkreis nicht näher eingeschränkt bzw. bestimmbar ist (z. B. „nur für Gäste", „Zutritt Unbefugten verboten"), dann handelt es sich um öffentlichen Verkehr.

dd) Obwohl er nicht in der Lage ist, das Fahrzeug sicher zu führen
Der Täter darf infolge des Genusses alkoholischer Getränke oder anderer berauschender Mittel nicht in der Lage sein, das Fahrzeug sicher zu führen, sog. **Fahruntüchtigkeit** oder **Fahrunsicherheit**.

Diese liegt vor, wenn der Täter unfähig ist, eine längere Strecke so zu steuern, dass er den Anforderungen des Straßenverkehrs, und zwar auch beim plötzlichen Auftreten schwieriger Verkehrslagen, gewachsen ist, wie es von einem durchschnittlichen Fahrzeugführer zu erwarten ist.[16]

ee) Infolge des Genusses alkoholischer Getränke oder anderer berauschender Mittel
Die Fahruntüchtigkeit muss in § 316 StGB – anders in § 315c StGB, dort sind auch geistige oder körperliche Mängel erfasst – auf **Alkohol** oder einem **anderen berauschenden Mittel** beruhen. Die gesetzliche Überschrift „Trunkenheit" ist insofern missverständlich bzw. unvollständig.

---

[16] Joecks/Jäger, StGB, 13. Aufl. 2021, § 316 Rn. 7f., aus der Rspr. vgl. zuletzt BayObLG U. v. 13.02.2023 – 203 StRR 455/22 (Anm. Danner DAR 2023, 400; LL 2024, 20); BGH B. v. 11.04.2023 – 4 StR 80/23 – StV 2024, 235.

B. Trunkenheit im Verkehr, § 316 StGB

(1) Infolge des Genusses alkoholischer Getränke, § 316 I 1. Var. StGB

▶ **Didaktische Aufsätze**
- Schembecker, Blutalkoholkonzentration im Rahmen der §§ 315c, 316, 20, 21 StGB, JuS 1993, 674
- König, Promillearithmetik im Verkehrsstraf- und Ordnungswidrigkeitenrecht, JA 2003, 131
- Satzger, Die relevanten Grenzwerte der Blutalkoholkonzentration im Strafrecht, Jura 2013, 345

Bei der alkoholbedingten Fahruntüchtigkeit[17] unterscheidet man zwischen sog. absoluter und relativer Fahruntüchtigkeit.

(a) Sog. absolute Fahruntüchtigkeit
Eine sog. absolute Fahruntüchtigkeit wird ab einer bestimmten Blutalkoholkonzentration (BAK) angenommen, ohne dass es eine Möglichkeit für den Gegenbeweis konkreter Fahrtüchtigkeit gäbe (unwiderlegliche Vermutung).[18] Die auf wissenschaftlichen Erkenntnissen beruhende Grenze der relevanten BAK hängt vom geführten Fahrzeug ab.

(aa) Kraftfahrzeuge
Beim Führen von Kraftfahrzeugen (Pkw, Lkw, Motorräder, auch Motorroller und Mofas,[19] problematisch sind Pedelecs/E-Bikes[20] und E-Scooter[21]) im Straßenverkehr wird heute – früher lag die Grenze höher – ab **1,1 ‰ BAK** eine absolute Fahruntüchtigkeit angenommen.[22]

---

[17] Hierzu Fischer, StGB, 71. Aufl. 2024, § 316 Rn. 12ff.; näher Goltz JR 1955, 169; Osterhaus NJW 1972, 2206; Barton StV 1983, 428; Schwerd FS Spendel 1992, 583; Schembecker JuS 1993, 674; Otto FG 50 Jahre BGH IV 2000, 111; König JA 2003, 131; Satzger Jura 2013, 345; Krumm SVR 2023, 18.

[18] Kindhäuser/Hilgendorf, LPK, 9. Aufl. 2022, § 316 Rn. 9.

[19] Zum Mofa Fischer, StGB, 71. Aufl. 2024, § 316 Rn. 25a; näher Mollenkott NJW 1981, 1307; aus der Rspr. vgl. BGH B. v. 28.06.1990 – 4 StR 297/90 – BGHSt 37, 89 = NJW 1990, 2393 = NStZ 1990, 491 = StV 1990, 353 (Anm. Janiszewski NStZ 1990, 493; Jung DAR 1990, 351; Berz NZV 1990, 359; Kozak/Hüting Jura 1991, 241; Geppert JK 1991 StGB § 316/5; Hentschel NZV 1991, 329; Hüting/Konzak NZV 1992, 136).

[20] Vgl. aus der Rspr. OLG Karlsruhe B. v. 14.07.2020 – 2 Rv 35 Ss 175/20 (Anm. Kerkmann NZV 2020, 435).

[21] Hierzu näher Kerkmann NZV 2020, 161 und 560; Fromm NZV 2020, 230; Schefer NZV 2020, 239; Engel DAR 2020, 16; Huppertz SVR 2020, 81; Zeyher HRRS 2022, 218; Kerkmann NZV 2022, 413; aus der Rspr. vgl. zuletzt KG B. v. 31.05.2022 – (3) 121 Ss 40/22 (13/22) – StV 2023, 603; LG Leipzig U. v. 24.06.2022 – 9 Ns 504 Js 66330/21 (Khatib/Müller jurisPR-StrafR 22/2022 Anm. 3); LG Oldenburg B. v. 07.11.2022 – 4 Qs 368/22 (Anm. Hecker JuS 2023, 275; LL 2023, 317; RÜ 2023, 313; Mitsch NZV 2023, 197; Kerkmann NZV 2023, 238; Steinert SVR 2023, 37); BGH B. v. 13.04.2023 – 4 StR 439/22 – NStZ-RR 2023, 222 (Anm. Kerkmann NZV 2023, 419; Steinert SVR 2023, 467).

[22] Statt aller Joecks/Jäger, StGB, 13. Aufl. 2021, § 316 Rn. 11; aus der Rspr. vgl. zuletzt LG Oldenburg B. v. 07.11.2022 – 4 Qs 368/22 (Anm. Hecker JuS 2023, 275; LL 2023, 317; RÜ 2023, 313; Mitsch NZV 2023, 197; Kerkmann NZV 2023, 238; Steinert SVR 2023, 37); BayObLG U. v. 13.02.2023 – 203 StRR 455/22 (Anm. Danner DAR 2023, 400; LL 2024, 20).

Unerheblich ist hierbei, ob der Endwert erst nachher aufgebaut wird (Fall des Schluss-Sturztrunks), da die Beeinträchtigung der Fahrsicherheit in der sog. Anflutungsphase genau so groß ist.[23]

Die BAK-Grenze gilt selbst bei Alkoholgewöhnung des Täters, da auch dann von Leistungsminderungen (Verlängerung der Reaktionszeiten, Wahrnehmungsdefizite) und Persönlichkeitsveränderungen (Enthemmung, Risikofreude, Selbstüberschätzung) auszugehen ist, was insbesondere bei plötzlichem Auftreten schwieriger Verkehrslagen relevant wird.[24]

Auch beim Lenken abgeschleppter Fahrzeuge ist die BAK-Grenze anwendbar.[25]

Für Schienen- und Wasserfahrzeuge mangelt es an einer konsentierten Grenze der absoluten Fahruntüchtigkeit.[26]

(bb) Andere Fahrzeuge

Bei **Radfahrern** liegt eine absolute Fahruntüchtigkeit heute ab 1,6 ‰ BAK vor.[27]

Beim Führen einer **Pferdekutsche** ist angesichts des Gefahrenpotenzials ebenfalls von einer 1,6 ‰-Grenze auszugehen.[28]

(b) Sog. relative Fahruntüchtigkeit

Eine sog. relative Fahruntüchtigkeit liegt vor, wenn der Täter mindestens eine BAK von **0,3 ‰** aufweist[29] **und weitere Umstände** vorliegen, die den Schluss rechtfertigen, dass der Täter alkoholbedingt nicht mehr in der Lage war, sein Fahrzeug sicher

---

[23] Fischer, StGB, 71. Aufl. 2024, § 316 Rn. 29; näher Brettel NJW 1976, 353.

[24] Eisele, BT I, 6. Aufl. 2021, Rn. 1110.

[25] Fischer, StGB, 71. Aufl. 2024, § 316 Rn. 25a; aus der Rspr. vgl. BGH B. v. 18.01.1990 – 4 StR 292/89 – BGHSt 36, 341 = NJW 1990, 1245 = NStZ 1990, 232 (Anm. Hentschel JR 1991, 113).

[26] H. M., Fischer, StGB, 71. Aufl. 2024, § 316 Rn. 28; zu Wasserfahrzeugen Seifert NZV 1997, 147; Sudmeyer NZV 1997, 340; aus der Rspr. vgl. OLG Köln U. v. 10.11.1989 – 3-2/89 S – NJW 1990, 847; AG Rostock U. v. 15.06.1995 – 30 Ds 333 Js 27375/94; OLG Brandenburg B. v. 23.01.2001 – 1 AR 8/01 – NStZ-RR 2002, 222; zu Schienenfahrzeugen Meyer NZV 2011, 374; aus der Rspr. vgl. OLG Hamm U. v. 19.09.1968 – 2 Ss 798/68 – NJW 1969, 198; BayObLG B. v. 06.04.1993 – 1 St RR 59/93.

[27] H. M., s. nur Eisele, BT I, 6. Aufl. 2021, Rn. 1109; näher Mollenkott NJW 1985, 666; Fahl NZV 1996, 307; Scheidler DAR 2015, 751; Müller/Rebler SVR 2015, 4; Huhn SVR 2015, 327; aus der Rspr. vgl. zuletzt LG Oldenburg B. v. 07.11.2022 – 4 Qs 368/22 (Anm. Hecker JuS 2023, 275; LL 2023, 317; RÜ 2023, 313; Mitsch NZV 2023, 197; Kerkmann NZV 2023, 238; Steinert SVR 2023, 37).

[28] Strittig, s. Pegel, in: MK-StGB, 4. Aufl. 2022, § 316 Rn. 46; aus der Rspr. vgl. AG Köln U. v. 26.05.1988 – 708 Ds 172/87 – NJW 1989, 921; OLG Oldenburg U. v. 24.02.2014 – 1 Ss 204/13 – NJW 2014, 2211 (Anm. Hecker JuS 2014, 756; König DAR 2014, 399; Ternig SVR 2014, 310).

[29] H. M., zur Kontroverse, ob ganz ausnahmsweisen ein Fall der relativen Fahruntüchtigkeit bei noch niedrigerer BAK angenommen werden kann, Fischer, StGB, 71. Aufl. 2024, § 316 Rn. 31; aus der Rspr. vgl. OLG Saarbrücken B. v. 04.02.1999 – Ss 116/98 (11/99) – NStZ-RR 2000, 12 (Anm. Janker NZV 2001, 197); zu nicht feststellbarer BAK BayObLG U. v. 13.02.2023 – 203 StRR 455/22 (Anm. Danner DAR 2023, 400; LL 2024, 20).

zu führen (sog. **Ausfallerscheinungen**).[30] Je geringer die Alkoholisierung, umso stärker müssen die Ausfallerscheinungen sein.[31]

Als derartige alkoholbedingte Ausfallerscheinungen kommen Fahrfehler in Betracht (z. B. Schlangenlinien, Abkommen von der Fahrbahn), ferner sonst auffälliges Verhalten, insbesondere bei der Polizeikontrolle (z. B. schwankender Gang, Sprachstörungen, Aggressivität, Lachanfälle).[32]

Nicht um alkoholbedingte Ausfallerscheinungen handelt es sich bei Fahrfehlern, die auch bei nüchternen Fahrern häufig sind, z. B. Geschwindigkeitsüberschreitungen, Vorfahrtsmissachtungen, Auffahrunfälle aus Unachtsamkeit.[33] Auch risikoreiches Fahren im Rahmen einer Verfolgungsfahrt ist nicht unbedingt eine alkoholbedingte Ausfallerscheinung,[34] auch nicht als Flucht vor der Polizei.[35]

(c) Ermittlung der BAK

In einer Fallbearbeitung wird i. d. R. der Sachverhalt den relevanten BAK-Wert zur Tatzeit angeben. In der Praxis kann eine BAK ggf. erst deutlich nach der Tat ermittelt werden.[36]

Erforderlich ist dann evtl. eine **Rückrechnung** auf die Tatzeit.[37] Die Methode i. R. d. § 316 StGB unterscheidet sich von der zur Ermittlung einer Schuldunfähigkeit nach §§ 20, 21 StGB, da für Ersteres ein möglichst niedriger Wert tätergünstig ist, letzterenfalls ein möglichst hoher Wert. Für die Rückrechnung i. R. d. § 316 StGB ist eine Resorptionsphase von zwei Stunden zu berücksichtigen, i.Ü. ist von einem stündlichen Abbau von 0,1 Promille auszugehen.

---

[30] S. nur Eisele, BT I, 6. Aufl. 2021, Rn. 1111; näher Möhl DAR 1971, 4; Peters MDR 1991, 487; aus der Rspr. vgl. zuletzt BGH B. v. 02.03.2021 – 4 StR 366/20 – NStZ 2021, 608 (Anm. Kerkmann NZV 2021, 378; Zivanic NZV 2021, 472); LG Oldenburg B. v. 02.02.2022 – 4 Qs 42/22 (Anm. Kroll DAR 2023, 229); LG Oldenburg B. v. 24.05.2022 – 4 Qs 155/22 (Anm. Staub/Dronkovic/Danner DAR 2022, 672); BayObLG U. v. 13.02.2023 – 203 StRR 455/22 (Anm. Danner DAR 2023, 400; LL 2024, 20).

[31] Fischer, StGB, 71. Aufl. 2024, § 316 Rn. 35.

[32] Fischer, StGB, 71. Aufl. 2024, § 316 Rn. 34ff.

[33] Eisele, BT I, 6. Aufl. 2021, Rn. 1111; aus der Rspr. vgl. zuletzt BGH B. v. 02.03.2021 – 4 StR 366/20 – NStZ 2021, 608 (Anm. Kerkmann NZV 2021, 378; Zivanic NZV 2021, 472); BayObLG U. v. 13.02.2023 – 203 StRR 455/22 (Anm. Danner DAR 2023, 400; LL 2024, 20).

[34] Fischer, StGB, 71. Aufl. 2024, § 316 Rn. 35f.; aus der Rspr. vgl. BGH U. v. 15.04.2008 – 4 StR 639/07 (Anm. RÜ 2008, 441; Herzog/Laustetter JR 2009, 122).

[35] Aus der Rspr. vgl. AG Berlin-Tiergarten U. v. 31.08.2018 – (343 Cs) 3034 Js 7166/18 (112/18) (Anm. Schulz-Merkel NZV 2019, 213); BGH B. v. 02.08.2022 – 4 StR 231/22 – NStZ 2022, 741 = StV 2023, 543 (Anm. Ternig NZV 2022, 573; Koehl SVR 2022, 431; Hecker JuS 2023, 85).

[36] Zur Berechnung der Tatzeit-BAK näher Salger DRiZ 1989, 174; Schewe FS Salger 1995, 715.

[37] Hierzu Fischer, StGB, 71. Aufl. 2024, § 316 Rn. 19; näher Ponsold JZ 1963, 471; Schembecker JuS 1993, 674; Satzger Jura 2013, 345; aus der Rspr. vgl. zuletzt BGH B. v. 03.02.2021 – 4 StR 263/20 – NStZ 2022, 100 = StV 2022, 233; LG Oldenburg B. v. 07.11.2022 – 4 Qs 368/22 (Anm. Hecker JuS 2023, 275; LL 2023, 317; RÜ 2023, 313; Mitsch NZV 2023, 197; Kerkmann NZV 2023, 238; Steinert SVR 2023, 37); BayObLG B. v. 15.08.2023 – 203 StRR 317/23 (Anm. Fromm DAR 2023, 710; Koehl SVR 2023, 395).

Beispiel 222

vgl. BGH B. v. 11.12.1973 – 4 StR 130/73 – BGHSt 25, 246 = NJW 1974, 246 (Anm. Händel NJW 1974, 247; Meyer NJW 1974, 613; Mayr DAR 1974):

B hatte sich am Abend gegen 20.30 Uhr ins Bett gelegt, nachdem er vorher 1½ Flaschen Bier und ein kleines Glas Melissengeist getrunken hatte. Wieder aufgestanden, fuhr er mit seinem Pkw zu einer Gastwirtschaft und trank dort in der Zeit zwischen 01.00 Uhr und 01.20 Uhr zwei Wacholder. Von der Polizei um 01.32 Uhr auf der Heimfahrt angehalten, ergab die um 02.37 Uhr entnommene Blutprobe einen Blutalkoholspiegel von 1,00 ‰. ◄

1 h 5 min vor der Entnahme der Blutprobe muss der B folglich eine BAK von mindestens 1,1 ‰ gehabt haben.

Fehlt es überhaupt an einer Blutprobe, so ist ggf. eine Errechnung der BAK nach der Widmark-Formel anhand von Trinkmengenangaben möglich.

Ggf. ist ein sog. Nachtrunk in Abzug zu bringen.[38]

Atemalkoholgeräte sind zur Feststellung nicht ausreichend, da diese keine hinreichende Sicherheit gewährleisten, einer derartigen Messung kommt nur Indizwirkung zu, eine direkte Umrechnung von AAK zu BAK ist nach derzeitigem Erkenntnisstand nicht möglich.[39] Dies erklärt z. B. auch, warum in § 24a I StVG BAK und AAK separat aufgeführt sind.

(2) Infolge anderer berauschender Mittel, § 316 I 2. Var. StGB

Andere berauschende Mittel i. S. d. § 316 I StGB[40] sind solche, die in ihren Auswirkungen denen des Alkohols vergleichbar sind und zu einer Beeinträchtigung des Hemmungsvermögens sowie der intellektuellen und motorischen Fähigkeiten führen.[41] Dies sind insbesondere **Betäubungsmittel** nach dem BtMG,[42] aber auch eine Fahruntüchtigkeit nach Einnahme nicht durch das BtMG oder ähnlicher Normen erfasster Stoffe (z. B. freier Medikamente,[43] vgl. etwa Allergie- oder Erkältungs-Mittel) kommt in Betracht.

---

[38] Hierzu Reinhardt/Zink NJW 1982, 2108; Bonte/Rüdell/Sprung/Bilzer/Kühnholz NJW 1982, 2109; aus der Rspr. vgl. zuletzt BayObLG B. v. 15.08.2023 – 203 StRR 317/23 (Anm. Fromm DAR 2023, 710; Koehl SVR 2023, 395).

[39] Hierzu Fischer, StGB, 71. Aufl. 2024, § 316 Rn. 23; näher Arbab-Zadeh NJW 1984, 2615; Grüner/Penners NJW 1985, 1377; Iffland/Eisenmenger/Bilzer NJW 1999, 1379; Iffland/Hentschel NZV 1999, 489; Iffland DAR 2005, 198; Sandherr NZV 2016, 6.

[40] Hierzu Gerchow FS Sarstedt 1981, 1; Grohmann MDR 1987, 630; Burmann DAR 1987, 134; Salger/Maatz NZV 1993, 329; Bieniek StV 1995, 437; Mettke NZV 2000, 199; Krumm NZV 2009, 215; Krumm NZV 2014, 441; Krumm SVR 2014, 376.

[41] Fischer, StGB, 71. Aufl. 2024, § 316 Rn. 10; aus der Rspr. vgl. OLG Düsseldorf B. v. 02.05.1994 – 5 Ss 358/93 – 105/93 I – NJW 1994, 2428 = StV 1994, 376.

[42] Zu Cannabis Meininger FS Salger 1995, 535; Koehl DAR 2017, 313; Koehl DAR 2022, 6; Steinert SVR 2022, 15.

[43] Zu Medikamenten Schöch FS Miyazawa 1995, 227; Schöch DAR 1996, 452; Kauert DAR 1996, 447; Riemenschneider MedR 1998, 17.

B. Trunkenheit im Verkehr, § 316 StGB

Für die Bestimmung der Fahruntüchtigkeit gibt es keine Grenzwerte i. S. e. absoluten Fahruntüchtigkeit, sodass die **Grundsätze der relativen Fahruntüchtigkeit** gelten und es mithin auf Ausfallerscheinungen ankommt.[44] Zu beachten ist allerdings, dass nicht jede äußerliche Auffälligkeit (z. B. Pupillenstarre) aufgrund Drogenkonsums genügt.[45]

b) Subjektiver Tatbestand
Gem. § 15 StGB ist i. F. d. § 316 I StGB **Vorsatz** erforderlich.

Bisweilen ist der Nachweis des Vorsatzes problematisch, wenn sich der (ggf. alkoholgewöhnte) Täter darauf beruft, seine Alkoholisierung – vielleicht sogar gerade alkoholbedingt – falsch eingeschätzt zu haben; bei hoher Alkoholisierung oder einschlägiger Vorstrafenbelastung liegt ein Vorsatz aber nahe.[46]

3. Rechtswidrigkeit
Es gelten die allgemeinen Grundsätze.

4. Schuld
Es gelten die allgemeinen Grundsätze.

5. Rechtsfolgen
§ 316 I StGB sieht Freiheitsstrafe bis zu einem Jahr (im Minimum also ein Monat, § 38 II StGB) oder Geldstrafe (zu den Grenzen s. § 40 StGB) vor.

Bemerkt sei noch, dass die vom Täter wohl als am härtesten empfundene Sanktion von den §§ 69, 69a StGB ausgeht (Entziehung der Fahrerlaubnis und Sperre). Zu beachten ist die Regelentziehung nach § 69 II StGB i. F. d. §§ 316, 315c, 142 und diesbzgl. § 323a StGB.

> **§ 69 I, II StGB (Entziehung der Fahrerlaubnis)**
> (1) Wird jemand wegen einer rechtswidrigen Tat, die er bei oder im Zusammenhang mit dem Führen eines Kraftfahrzeugs oder unter Verletzung der Pflichten eines Kraftfahrzeugführers begangen hat, verurteilt oder nur deshalb nicht verurteilt, weil seine Schuldunfähigkeit erwiesen oder nicht auszuschließen ist, so entzieht ihm das Gericht die Fahrerlaubnis, wenn sich aus der Tat ergibt, daß er zum Führen von Kraftfahrzeugen ungeeignet ist. [...]

---

[44] Kindhäuser/Hilgendorf, LPK, 9. Aufl. 2022, § 316 Rn. 10; aus der Rspr. vgl. zuletzt BGH B. v. 02.08.2022 – 4 StR 231/22 – NStZ 2022, 741 = StV 2023, 543 (Anm. Ternig NZV 2022, 573; Koehl SVR 2022, 431; Hecker JuS 2023, 85); BGH B. v. 11.04.2023 – 4 StR 80/23 – StV 2024, 235.

[45] Problematisch, s. Fischer, StGB, 71. Aufl. 2024, § 316 Rn. 40; aus der Rspr. vgl. BGH B. v. 03.11.1998 – 4 StR 395/98 – BGHSt 44, 219 = NJW 1999, 226 = NStZ 1999, 407 = StV 1999, 19 (Anm. Geppert JK 1999 StGB § 316/6; Schreiber NJW 1999, 1770; Berz NStZ 1999, 407).

[46] Fischer, StGB, 71. Aufl. 2024, § 316 Rn. 45; aus der Rspr. vgl. zuletzt OLG Düsseldorf B. v. 21.10.2016 – III-1 RVs 93/16 – StV 2018, 444 (Anm. Kerkmann NZV 2017, 98; Preuß SVR 2017, 117); OLG Düsseldorf B. v. 08.06.2017 – III-1 RVs 18/17 – NStZ-RR 2017, 324 = StV 2018, 445 (Anm. Krumm NZV 2017, 537).

(2) Ist die rechtswidrige Tat in den Fällen des Absatzes 1 ein Vergehen
1. der Gefährdung des Straßenverkehrs (§ 315c),
1a. des verbotenen Kraftfahrzeugrennens (§ 315d),
2. der Trunkenheit im Verkehr (§ 316),
3. des unerlaubten Entfernens vom Unfallort (§ 142), obwohl der Täter weiß oder wissen kann, daß bei dem Unfall ein Mensch getötet oder nicht unerheblich verletzt worden oder an fremden Sachen bedeutender Schaden entstanden ist, oder
4. des Vollrausches (§ 323a), der sich auf eine der Taten nach den Nummern 1 bis 3 bezieht, so ist der Täter in der Regel als ungeeignet zum Führen von Kraftfahrzeugen anzusehen.

§ 69a I–III StGB (Sperre für die Erteilung einer Fahrerlaubnis)
(1) Entzieht das Gericht die Fahrerlaubnis, so bestimmt es zugleich, daß für die Dauer von sechs Monaten bis zu fünf Jahren keine neue Fahrerlaubnis erteilt werden darf (Sperre). Die Sperre kann für immer angeordnet werden, wenn zu erwarten ist, daß die gesetzliche Höchstfrist zur Abwehr der von dem Täter drohenden Gefahr nicht ausreicht. Hat der Täter keine Fahrerlaubnis, so wird nur die Sperre angeordnet.
(2) Das Gericht kann von der Sperre bestimmte Arten von Kraftfahrzeugen ausnehmen, wenn besondere Umstände die Annahme rechtfertigen, daß der Zweck der Maßregel dadurch nicht gefährdet wird.
(3) Das Mindestmaß der Sperre beträgt ein Jahr, wenn gegen den Täter in den letzten drei Jahren vor der Tat bereits einmal eine Sperre angeordnet worden ist.

6. Sonstiges
§ 316 StGB ist ausdrücklich subsidiär gegenüber §§ 315a und 315c StGB.

III. Fahrlässige Trunkenheit im Verkehr, § 316 II StGB

1. Aufbau
I. Tatbestand
  1. Tat nach Absatz 1
     a) Ein Fahrzeug
     b) Führt
     c) Im Verkehr (§§ 315 bis 315e)
     d) Obwohl er infolge des Genusses alkoholischer Getränke oder anderer berauschender Mittel nicht in der Lage ist, das Fahrzeug sicher zu führen
  2. Fahrlässig begeht (objektive Fahrlässigkeit)

II. Rechtswidrigkeit
III. Schuld
  1. Allgemeines
  2. Subjektive Fahrlässigkeit

2. Erläuterungen

§ 316 II StGB normiert ein Fahrlässigkeitsdelikt, welches bemerkenswerterweise denselben Strafrahmen wie das entsprechende Vorsatzdelikt aufweist.

Der Vorsatzmangel wird v. a. verkannte sog. Fahruntüchtigkeit betreffen, die Annahme von Fahrlässigkeit orientiert sich insbesondere an einer konsumierten Alkoholmenge.

C. Gefährdung des Straßenverkehrs, § 315c StGB

▶ **Didaktische Aufsätze**
- Geppert, Gefährdung des Straßenverkehrs (§ 315c StGB) und Trunkenheit im Straßenverkehr (§ 316 StGB), Jura 2001, 559
- Eisele, Der Tatbestand der Gefährdung des Straßenverkehrs (§ 315c StGB), JA 2007, 168
- Zimmermann, Die Straßenverkehrsgefährdung (§ 315c StGB), JuS 2010, 22

I. Allgemeines

§ 315c StGB stellt die Gefährdung des Straßenverkehrs unter Strafe.[47]

> **§ 315c StGB (Gefährdung des Straßenverkehrs)**
> (1) Wer im Straßenverkehr
>   1. ein Fahrzeug führt, obwohl er
>   a) infolge des Genusses alkoholischer Getränke oder anderer berauschender Mittel oder
>   b) infolge geistiger oder körperlicher Mängel nicht in der Lage ist, das Fahrzeug sicher zu führen, oder
>   2. grob verkehrswidrig und rücksichtslos
>   a) die Vorfahrt nicht beachtet,
>   b) falsch überholt oder sonst bei Überholvorgängen falsch fährt,
>   c) an Fußgängerüberwegen falsch fährt,
>   d) an unübersichtlichen Stellen, an Straßenkreuzungen, Straßeneinmündungen oder Bahnübergängen zu schnell fährt,

---

[47] Hierzu Stollenwerk DAR 1961, 297; Mayr FS 25 Jahre BGH 1975, 273; Geppert Jura 2001, 559; Eisele JA 2007, 168; Zimmermann JuS 2010, 22; Blum SVR 2011, 173.

> e) an unübersichtlichen Stellen nicht die rechte Seite der Fahrbahn einhält,
> f) auf Autobahnen oder Kraftfahrstraßen wendet, rückwärts oder entgegen der Fahrtrichtung fährt oder dies versucht oder
> g) haltende oder liegengebliebene Fahrzeuge nicht auf ausreichende Entfernung kenntlich macht, obwohl das zur Sicherung des Verkehrs erforderlich ist, und dadurch Leib oder Leben eines anderen Menschen oder fremde Sachen von bedeutendem Wert gefährdet, wird mit Freiheitsstrafe bis zu fünf Jahren oder mit Geldstrafe bestraft.
> (2) In den Fällen des Absatzes 1 Nr. 1 ist der Versuch strafbar.
> (3) Wer in den Fällen des Absatzes 1
> 1. die Gefahr fahrlässig verursacht oder
> 2. fahrlässig handelt und die Gefahr fahrlässig verursacht, wird mit Freiheitsstrafe bis zu zwei Jahren oder mit Geldstrafe bestraft.

Die Norm schützt die Sicherheit des Straßenverkehrs im Hinblick auf Leben, Gesundheit und fremdes Eigentum.[48]

Es handelt sich um ein aus zwei Teilen (Handlungsteil, Gefährdungsteil) zusammengesetztes konkretes Gefährdungsdelikt.[49]

Wie § 316 StGB ist auch § 315c StGB (mit Ausnahme von § 315c I Nr. 2 lit. g StGB) ein eigenhändiges Delikt.[50]

Neben einem reinen Vorsatzdelikt (§ 315c I StGB) enthält die Norm eine Vorsatz-Fahrlässigkeits-Kombination (§ 315c III Nr. 1 StGB) und ein reines Fahrlässigkeitsdelikt (§ 315c III Nr. 2 StGB).

II. § 315c I StGB

1. § 315c I Nr. 1 StGB

a) Aufbau
  I. Tatbestand
   1. Objektiver Tatbestand
     a) Im Straßenverkehr
     b) Ein Fahrzeug
     c) Führt

---

[48] Problematisch, s. Eisele, BT I, 6. Aufl. 2021, Rn. 1118; aus der Rspr. vgl. zuletzt BGH B. v. 15.09.2016 – 4 StR 90/16 – BGHSt 61, 249 = NJW 2016, 3462 (Anm. Kubiciel jurisPR-StrafR 23/2016 Anm. 1; Sandherr NZV 2016, 586; Theile ZJS 2017, 122; LL 2017, 249; RÜ 2017, 27).

[49] Kindhäuser/Hilgendorf, LPK, 9. Aufl. 2022, § 315c Rn. 1 f.; zu Reformüberlegungen Rostalski GA 2017, 585.

[50] Eisele, BT I, 6. Aufl. 2021, Rn. 1122; aus der Rspr. vgl. BGH U. v. 02.05.1995 – 4 StR 187/95 – NJW 1996, 208; BGH B. v. 09.08.2007 – 4 StR 339/07.

C. Gefährdung des Straßenverkehrs, § 315c StGB

d) Obwohl er nicht in der Lage ist, das Fahrzeug sicher zu führen
e) § 315c I Nr. 1 lit. a oder b StGB
   aa) Infolge des Genusses alkoholischer Getränke oder anderer berauschender Mittel, § 315c I Nr. 1 lit. a StGB
   bb) Infolge geistiger oder körperlicher Mängel, § 315c I Nr. 1 lit. b StGB
f) Leib oder Leben eines anderen Menschen oder fremde Sachen von bedeutendem Wert gefährdet
g) Dadurch
2. Subjektiver Tatbestand
II. Rechtswidrigkeit
III. Schuld

b) Tatbestand

aa) Objektiver Tatbestand

(1) Im Straßenverkehr
Hierzu vgl. o. bei § 316 StGB; freilich ist der Anwendungsbereich des § 315c StGB anders als der des § 316 StGB auf den *Straßen*verkehr beschränkt. Eine Erweiterung für Schienenbahnen enthält § 315e StGB.

(2) Ein Fahrzeug
Hierzu s. o. bei § 316 StGB.

(3) Führt
Hierzu s. o. bei § 316 StGB.

(4) Obwohl er nicht in der Lage ist, das Fahrzeug sicher zu führen
Hierzu s. o. bei § 316 StGB.

(5) § 315c I Nr. 1 lit. a oder b StGB

(a) Infolge des Genusses alkoholischer Getränke oder anderer berauschender Mittel, § 315c I Nr. 1 lit. a StGB
Zu § 315c I Nr. 1 lit. a StGB („infolge des Genusses alkoholischer Getränke oder anderer berauschender Mittel") s. o. bei § 316 StGB.

(b) Infolge geistiger oder körperlicher Mängel, § 315c I Nr. 1 lit. b StGB
Gem. § 315c I Nr. 1 lit. b StGB kann die Fahruntüchtigkeit – insofern über § 316 StGB hinausgehend – aufgrund (sonstiger) **geistiger oder körperlicher Mängel** eingetreten sein.

Vorausgesetzt wird, dass die Gesamtleistungsfähigkeit des Fahrzeugführers infolge des geistigen oder körperlichen Mangels soweit herabgesetzt ist, dass er nicht mehr fähig ist, sein Fahrzeug im Straßenverkehr eine längere Strecke, und zwar auch bei plötzlichem Eintritt schwieriger Verkehrslagen, sicher zu steuern; der

Begriff des geistigen oder körperlichen Mangels ist dabei umfassend zu verstehen, er erfasst sämtliche psychopathologischen und körperlichen Defektzustände, die die Gefahr einer Aufhebung der Fahrsicherheit mit sich bringen; unerheblich ist, ob der Mangel dauerhafter oder nur vorübergehender Natur ist.[51]

Geistige Mängel sind neben Geisteskrankheiten v. a. Übermüdungserscheinungen.[52]

Körperliche Mängel[53] sind Krankheiten, Verletzungen, dauerhafte und vorübergehende Behinderungen oder Abbauerscheinungen (etwa aufgrund Alters), z. B. schwache Sehkraft.

Es gilt eine gewisse Bagatellschwelle.

(6) Leib oder Leben eines anderen Menschen oder fremde Sachen von bedeutendem Wert gefährdet

(a) Gefährdet

Gefährdung i. S. d. § 315c StGB ist die Herbeiführung einer konkreten Gefahr.[54]

Dies ist eine kritische Situation, in der die Sicherheit einer bestimmten Person oder Sache so stark beeinträchtigt war, dass es nur noch vom Zufall abhing, ob das Rechtsgut verletzt wurde oder nicht.[55] I. R. d. § 315c StGB spricht man auch von einem **Beinahe-Unfall** („gerade noch einmal gut gegangen").[56]

---

[51] Vgl. aus der Rspr. BGH U. v. 12.09.2019 – 4 StR 146/19 – NStZ 2020, 297 = StV 2020, 607 (Anm. RÜ 2020, 171; Deutscher NZV 2020, 265; Ternig SVR 2020, 278).

[52] H. M., s. Wolters, in: SK-StGB, 10. Aufl. 2023, § 315c Rn. 7; näher Quarch SVR 2009, 215; aus der Rspr. vgl. zuletzt BGH U. v. 12.09.2019 – 4 StR 146/19 – NStZ 2020, 297 = StV 2020, 607 (Anm. RÜ 2020, 171; Deutscher NZV 2020, 265; Ternig SVR 2020, 278).

[53] S. Joecks/Jäger, StGB, 13. Aufl. 2021, § 315c Rn. 7; zu Krankheiten näher de Vries SVR 2012, 332; aus der Rspr. vgl. BayObLG B. v. 16.01.1996 – NJW 1996, 2045.

[54] Vgl. schon o. bei § 306a StGB.

[55] S. Joecks/Jäger, StGB, 13. Aufl. 2021, § 315c Rn. 16ff.; näher Straube NJW 1955, 407; Jagusch DAR 1955, 205; Giffhorn DAR 1955, 209; Hartung NJW 1960, 1417; von Hippel ZStW 1968, 378; Berz NZV 1989, 409; Jähnke DRiZ 1990, 425; Simmert ZStW 2016, 1141; aus der Rspr. (auch zu § 315b StGB) vgl. zuletzt BGH U. v. 18.08.2022 – 4 StR 377/21 – NStZ 2023, 108 = StV 2023, 337 (Anm. Jäger JA 2022, 1044; Preuß NZV 2022, 571; Wu ZJS 2023, 177; RÜ 2023, 97; Kulhanek NStZ 2023, 110; Steins HRRS 2023, 47; Koehl SVR 2023, 111); BGH B. v. 30.08.2022 – 4 StR 215/22 – StV 2023, 247; BGH B. v. 26.10.2022 – 4 StR 248/22 – NStZ 2023, 499 = StV 2023, 540 (Anm. Schladitz JR 2023, 483); BGH B. v. 22.11.2022 – 4 StR 112/22 – NStZ 2023, 415; BGH B. v. 06.12.2022 – 4 StR 412/22 – NStZ-RR 2023, 135 = StV 2024, 219; BayObLG U. v. 16.12.2022 – 202 StRR 110/22 (Anm. RÜ 2023, 439; Cardue NZV 2024, 97); BGH B. v. 20.12.2022 – 4 StR 377/22 – NStZ 2023, 357 = StV 2023, 463; BGH B. v. 02.02.2023 – 4 StR 293/22 – NStZ-RR 2023, 190; BGH U. v. 22.06.2023 – 4 StR 481/22 (Anm. Bosch Jura 2023, 1227; RÜ 2024, 83); OLG Koblenz B. v. 26.06.2023 – 2 ORs 4 Ss 88/23 (Anm. Fromm DAR 2023, 519; Ternig SVR 2024, 69); BGH B. v. 13.09.2023 – 4 StR 40/23 – NStZ-RR 2024, 54 = StV 2024, 231.

[56] Joecks/Jäger, StGB, 13. Aufl. 2021, § 315c Rn. 17, 19.

> **Beispiel 223**
>
> **BGH B. v. 24.09.2012 – 4 StR 324/13 (Anm. Kudlich JA 2014, 72):**
> B fuhr mit einem Pkw, in dem er etwa 800 g Haschisch und zuvor eingenommene Erlöse aus weiteren BtM-Geschäften in Höhe von 7000 € mit sich führte, im Bereich der Stadt S., obwohl er wegen des vorherigen Konsums erheblicher Mengen von Amphetamin und Cannabis nicht in der Lage war, das Fahrzeug sicher zu führen. Bedingt durch die eingenommenen Rauschmittel fuhr er mit überhöhter Geschwindigkeit und benutzte teilweise die Gegenfahrbahn, wodurch er einem mit zwei Beamten besetzten Streifenwagen der Polizei auffiel, der dem B nach rechts ausweichen musste, um eine „möglicherweise folgenschwere" Kollision mit dessen Pkw zu vermeiden. ◂

Die Sicherheit des Streifenwagens und seiner Insassen war so stark beeinträchtigt, dass es nur noch vom Zufall, nämlich der richtigen und geistesgegenwärtigen Reaktion des Fahrers, abhing, ob die Beamten oder das Eigentum am Fahrzeug verletzt würden oder nicht.

Eine bloß generelle Gefährlichkeit des Täterverhaltens genügt nicht,[57] auch nicht ein Fahrfehler.[58] Zwar war die frühere Rspr. v. a. bei Trunkenheitsfahrten sehr großzügig bei der Annahme einer konkreten Gefahr, zumindest bei längeren Fahrten mit Beifahrer, heute herrscht aber Einigkeit darüber, dass die Anforderungen an die konkrete Gefahr höher liegen.[59]

Auch bei konkreter Gefährdung mehrerer Personen verwirklicht der Täter das Delikt nur einmal (tatbestandliche Bewertungseinheit).

Erst recht verwirklicht ist der Gefahrerfolg dann, wenn tatsächlich eine Verletzung eingetreten ist.

(b) Leib oder Leben eines anderen Menschen
Eine Gefahr für Leib oder Leben erfordert die Gefahr des Todes oder einer nicht nur unerheblichen Verletzung der körperlichen Unversehrtheit.[60]

Umstritten ist, ob Tatbeteiligte taugliche Gefährdungsopfer sind; hierzu s. o. bei § 306a II StGB.[61] Richtigerweise ist dies der Fall, s. o.; während bei § 306a II StGB die Einbeziehung von Tatbeteiligten wohl h. M. ist, sieht die h. M. zu § 315c StGB dies anders – zu den auch für § 306a II StGB geltenden Sachargumenten tritt daher bzgl. § 315c StGB der Vorwurf der Inkonsequenz hinzu.

---

[57] Pegel, in: MK-StGB, 4. Aufl. 2022, § 315c Rn. 89; aus der Rspr. vgl. BGH U. v. 25.01.2012 – 4 StR 507/11 – NStZ-RR 2012, 185; BGH B. v. 26.07.2011 – 4 StR 340/11 – StV 2012, 217 (Anm. LL 2012, 28).

[58] Hecker, in: Schönke/Schröder, StGB, 30. Aufl. 2019, § 315c Rn. 33; aus der Rspr. vgl. OLG Köln U. v. 19.03.1991 – Ss 63/91 – NJW 1991, 3291 (Anm. Hassemer JuS 1992, 263).

[59] S. nur Eisele, BT I, 6. Aufl. 2021, Rn. 1134f.

[60] Pegel, in: MK-StGB, 4. Aufl. 2022, § 315c Rn. 91.

[61] Speziell zu § 315c StGB zsf. Eisele, BT I, 6. Aufl. 2021, Rn. 1130.

> **Beispiel 224**
>
> **vgl. OLG Stuttgart U. v. 17.10.1975 – 1 Ss (9) 376/75 – NJW 1976, 1904 (Anm. Hillenkamp JuS 1977, 166):**
> B1 trat als Lenker seines Pkw nach dem Besuch einer Gaststätte nachts die Heimfahrt an. Er war zu diesem Zeitpunkt bei einem Blutalkoholgehalt von ca. 2 ‰ absolut fahruntüchtig, was er billigend in Kauf nahm. Seine Ehefrau B2, die ihn in der Fahrabsicht bestärkt hatte, begleitete ihn auf dem Beifahrersitz. Infolge seiner Fahruntüchtigkeit bemerkte B1 einen ordnungsgemäß auf der rechten Straßenseite abgestellten und ausreichend beleuchteten Pkw zu spät und prallte auf das Fahrzeug auf. Dadurch wurde B2 an Leib und Leben gefährdet. Am Fahrzeug trat Totalschaden ein. ◀

B1 hat ein Fahrzeug im Straßenverkehr geführt und war mit einer BAK von 2 ‰ absolut fahruntüchtig, d. h. i. S. d. § 315 I Nr. 1 lit. a StGB infolge des Genusses alkoholischer Getränke nicht in der Lage, das Fahrzeug sicher zu führen. Er hat darüber hinaus mit dem abgestellten Pkw eine fremde Sache von bedeutendem Wert und Leib und Leben der B2 gefährdet. Fraglich ist aber, ob die B2 überhaupt taugliches Gefährdungsobjekt war. Sie hat B1 in seiner Fahrabsicht bestärkt und damit (psychische) Beihilfe zur Trunkenheit im Verkehr geleistet. Richtigerweise begibt sich aber eine Person durch die Beteiligung an einer Tat noch nicht dem Schutz ihrer Rechtsgüter. Dies ist nach den Maßstäben der Einwilligung zu beurteilen.

„Normale" Insassen sind unstrittig geschützt.[62]

(c) Fremde Sachen von bedeutendem Wert

▶ **Didaktischer Aufsatz**
- Satzger, Sach- und Vermögenswertgrenzen im StGB, Jura 2012, 786

Gefährdungsobjekte sind i. R. d. § 315c StGB auch fremde Sachen von bedeutendem Wert.[63]
Zum Sachbegriff s. § 90 BGB.

> **§ 90 BGB (Begriff der Sache)**
> Sachen im Sinne des Gesetzes sind nur körperliche Gegenstände.

Zur Fremdheit s. o. bei § 306 StGB.

---

[62] Fischer, StGB, 71. Aufl. 2024, § 315c Rn. 15b; näher Frey DAR 1956, 145; Trops DAR 1956, 183; Hoffmann NJW 1957, 211; aus der Rspr. vgl. BGH U. v. 20.10.1988 – 4 StR 335/88 – NJW 1989, 1227 = NStZ 1989, 73 = StV 1989, 154 (Anm. Geppert JK 1989 StGB § 315c/2; Sonnen JA 1989, 390; Geppert NStZ 1989, 320; Ströber DAR 1989, 414; Becker NStZ 1990, 125; Werle JR 1990, 74).

[63] Hierzu Frey DAR 1957, 87; Rengier FS Spendel 1992, 559.

Einen **bedeutenden Wert**[64] nehmen die Rspr.[65] und die h. L.[66] bereits ab 750 € an, während andere Stimmen die Grenze bei 1000 oder 1300 €[67] ziehen.

Bei der Subsumtion ist zu beachten, dass es im Grunde nicht auf tatsächlich angefallene Reparaturkosten ankommt – also auf den Schädigungserfolg, sondern eine Gefährdung genügt, sodass der Wert der gefährdeten Sache deutlich höher liegen kann. Andererseits reicht es nicht aus, wenn eine Sache von bedeutendem Wert nur in wirtschaftlich unbedeutendem Maße gefährdet wird. Vielmehr muss der konkret drohende Schaden bedeutenden Umfanges sein.[68]

Strittig ist, ob das vom Täter **geführte Fahrzeug** im Schutzbereich enthalten ist, wenn es für ihn fremd ist, s. etwa geliehene, gemietete, sicherungsübereignete oder unter Eigentumsvorbehalt stehende Wagen sowie Firmenwagen.[69]

Während Teile der Literatur dies bejahen,[70] lehnen die Rspr.[71] und die h. L.[72] dies ab.

Zwar ist zuzugeben, dass es sich in diesen Fällen um ein fremdes Fahrzeug handelt, und dass z. B. auch bei § 303 I StGB es lediglich auf die sachenrechtliche Rechtslage ankommt. Auch enthält der Wortlaut des § 315c I StGB keine Einschränkung oder Differenzierung. Überzeugender ist allerdings die h. M.: Zwar ist es eher eine Prämisse als ein Argument, wenn behauptet wird, das Tatwerkzeug könne nicht gleichzeitig das Schutzobjekt des Tatbestands sein. Auch der Hinweis, der Zufall, ob das Fahrzeug dem Täter gehöre (etwa vor bzw. nach Zahlung der letzten Leasing-Rate), dürfe über die Anwendbarkeit des § 315c StGB nicht entscheiden, ist nicht zwingend. Jedenfalls dann aber, wenn der Eigentümer den unmittelbaren Besitz am Fahrzeug bewusst übertragen hatte, mangelt es an einer für § 315c StGB zu verlangenden Schutzwürdigkeit. Aber auch i.Ü. ist Zielsetzung der Norm der Schutz vor Gefahren, die durch geführte Fahrzeuge drohen; hierfür spricht auch die Verknüpfung von Handlungs- und Gefährdungsteil in § 315c I StGB. Mit Blick auf § 315c III StGB ist auch an die Straflosigkeit fahrlässiger Sachbeschädigung zu erinnern.

---

[64] Hierzu Kindhäuser/Hilgendorf, LPK, 9. Aufl. 2022, § 315c Rn. 15; Satzger Jura 2012, 786; Trück NZV 2013, 361; aus der Rspr. vgl. zuletzt LG Heilbronn B. v. 14.08.2017 – 8 Qs 39/17 (Anm. Kudlich JA 2018, 74; Preuß NZV 2018, 197); BGH B. v. 29.01.2019 – 4 StR 593/18 – NStZ-RR 2019, 125 = StV 2021, 494.

[65] S. o.

[66] Eisele, BT I, 6. Aufl. 2021, Rn. 1132.

[67] Pegel, in: MK-StGB, 4. Aufl. 2022, § 315c Rn. 96.

[68] Eisele, BT I, 6. Aufl. 2021, Rn. 1132; aus der Rspr. vgl. zuletzt BGH B. v. 05.12.2018 – 4 StR 505/18 – NJW 2019, 615 = NStZ 2019, 346 = StV 2019, 274; BGH B. v. 10.04.2019 – 4 StR 86/19 – NStZ 2019, 677 = StV 2019, 684; BGH B. v. 17.02.2021 – 4 StR 528/20 – NStZ-RR 2021, 187 = StV 2021, 500.

[69] Hierzu Eisele, BT I, 6. Aufl. 2021, Rn. 1133; aus der Rspr. vgl. zuletzt BGH B. v. 14.09.2017 – 4 StR 177/17 – NStZ-RR 2018, 24 (Anm. Krumm NZV 2018, 145); BGH B. v. 10.04.2019 – 4 StR 86/19 – NStZ 2019, 677 = StV 2019, 684.

[70] Etwa Wolters, in: SK-StGB, 10. Aufl. 2023, vor § 306 Rn. 11.

[71] S. o.

[72] S. nur Joecks/Jäger, StGB, 13. Aufl. 2021, § 315c Rn. 20f.

Klarzustellen ist, dass die **Ladung** im Schutzbereich enthalten ist.[73]

(7) Dadurch
Durch das Wort „dadurch" bringt § 315c I StGB zum Ausdruck, dass sich im Gefahrerfolg die typische Gefährlichkeit des Verkehrsverstoßes realisieren muss (spezifischer Gefahrzusammenhang).[74]

Insbesondere bei § 315c I Nr. 1 lit. a StGB ist erforderlich, dass die **Alkoholbeeinflussung** für den Eintritt der Gefahr **ursächlich** war, woran es fehlt, wenn bei Nüchternheit die Situation ebenso eingetreten wäre; eine Mitursächlichkeit der Alkoholisierung ist allerdings ausreichend.[75]

Problematisch ist, ob der Zurechnungszusammenhang auch dann gewahrt ist, wenn die Gefährdung erst nach Beendigung der Fahrt eintritt, z. B. durch ein aufgrund Unfalls liegengebliebenes Auto.[76] Sowohl der Wortlaut als auch das Telos der Norm sprechen dafür.

bb) Subjektiver Tatbestand

▶ **Didaktischer Aufsatz**
- Göttl, Der subjektive Tatbestand der Gefährdungsdelikte, JuS 2017, 306

Gem. § 15 StGB ist Vorsatz erforderlich.

Zu beachten ist, dass, da der Taterfolg eine bloße (konkrete) Gefahr ist, also diesbzgl. sog. Gefährdungsvorsatz genügt, den die h. M. von einem sog. Verletzungsvorsatz unterscheidet.

c) Rechtswidrigkeit

aa) Allgemeines
Es gelten die allgemeinen Grundsätze.

---

[73] Pegel, in: MK-StGB, 4. Aufl. 2022, § 315c Rn. 97; aus der Rspr. vgl. OLG Celle U. v. 09.05.1963 – 1 Ss 107/63 – NJW 1963, 1839.

[74] Kindhäuser/Hilgendorf, LPK, 9. Aufl. 2022, § 315c Rn. 16; aus der Rspr. vgl. zuletzt BGH U. v. 04.02.2021 – 4 StR 403/20 – NStZ 2023, 232 (Anm. von Heintschel-Heinegg JA 2021, 521; Eisele JuS 2021, 558; LL 2021, 604; RÜ 2021, 299); BGH B. v. 08.06.2021 – 4 StR 68/21 – NStZ-RR 2021, 251; BGH B. v. 13.09.2023 – 4 StR 132/23 (Anm. Sandherr NZV 2024, 56); BGH B. v. 13.09.2023 – 4 StR 208/23 – StV 2024, 236.

[75] Eisele, BT I, 6. Aufl. 2021, Rn. 1136; näher Mühlhaus DAR 1972, 169; aus der Rspr. vgl. zuletzt BGH U. v. 04.02.2021 – 4 StR 403/20 – NStZ 2023, 232 (Anm. von Heintschel-Heinegg JA 2021, 521; Eisele JuS 2021, 558; LL 2021, 604; RÜ 2021, 299); BGH B. v. 11.05.2021 – 4 StR 535/20 – NStZ 2022, 34 = StV 2022, 290; BGH B. v. 13.09.2023 – 4 StR 132/23 (Anm. Sandherr NZV 2024, 56).

[76] Eisele, BT I, 6. Aufl. 2021, Rn. 1137; aus der Rspr. vgl. OLG Celle U. v. 12.02.1970 – 1 Ss 11/70 – NJW 1970, 1091.

bb) Einwilligung, insbesondere: Disponibilität (?)

▶ **Didaktische Aufsätze**
- Otto, Die Bedeutung der eigenverantwortlichen Selbstgefährdung im Rahmen der Delikte gegen überindividuelle Rechtsgüter, Jura 1991, 443
- Schroeder, Die Teilnahme des Beifahrers an der gefährlichen Trunkenheitsfahrt, JuS 1994, 846
- Geppert, Zu examensrelevanten Fragen im Rahmen alkoholbedingter Straßenverkehrsgefährdung durch Gefährdung von Mitfahrern, Jura 1996, 47

Umstritten ist, ob der Rechtsgutsträger des Gefährdungserfolgs rechtfertigend einwilligen kann.[77]

Beispiel 225

BGH B. v. 15.12.1998 – 4 StR 576/98 – NStZ-RR 1999, 120 = StV 1999, 317 (Anm. LL 1999, 445):

B1 fuhr mit einem eigens zu diesem Zweck bei einer Autovermietung gemieteten Pkw, Mercedes Kombi, nach vorheriger Absprache absichtlich auf einen am Straßenrand geparkten Pkw der B2 auf, damit sie als Eigentümerin dieses Fahrzeugs anschließend (unberechtigt) einen Versicherungsschaden geltend machen konnte. ◀

B2 war Eigentümerin des Pkw, der beschädigt und damit zwangsläufig konkret gefährdet wurde. Mit ihr hatte sich B1 abgesprochen. Kann B2 in die Gefährdung des Straßenverkehrs nach § 315c StGB einwilligen?

Die Rspr.[78] und die wohl h. L.[79] lehnen dies mangels Disponibilität des Rechtsguts des § 315c I StGB ab.

Die Gegenauffassung[80] hält eine Einwilligung für möglich.

Die h. M. verweist darauf, dass § 315c StGB in erster Linie das – indisponible – Rechtsgut der allgemeinen Verkehrssicherheit schütze; das Merkmal der konkreten Individualgefährdung habe lediglich eine strafbegrenzende Funktion.

---

[77] Hierzu Wolters, in: SK-StGB, 10. Aufl. 2023, § 315c Rn. 23; Hillenkamp/Cornelius, 40 Probleme aus dem Strafrecht BT, 13. Aufl. 2020, 17. Problem; O Bickelhaupt NJW 1967, 713; Otto Jura 1991, 443; Otto NZV 1992, 309; Schroeder JuS 1994, 846; Geppert Jura 1996, 47; aus der Rspr. vgl. BGH B. v. 14.05.1970 – 4 StR 131/69 – BGHSt 23, 261 = NJW 1970, 1380 (Anm. Kühl, Höchstrichterliche Rspr. BT, 2002, Nr. 82; Hassemer JuS 1970, 642; Oellers NJW 1970, 2121; Langrock MDR 1970, 982).

[78] S. o.

[79] Etwa Heger, in: Lackner/Kühl/Heger, StGB, 30. Aufl. 2023, § 315c Rn. 32.

[80] Zieschang, in: NK-StGB, 6. Aufl. 2023, § 315c Rn. 59; Wolters, in: SK-StGB, 10. Aufl. 2023, § 315c Rn. 23.

In der Tat bleibt die unbestimmte Gefahr für eine Vielzahl von Menschen und Sachen von der Einwilligung des konkret Gefährdeten unberührt. Dennoch ist der Gegenauffassung zu folgen: Das Erfordernis eines konkret gefährdeten Rechtsguts limitiert die Reichweite der Norm. Die konkrete Individualgefährdung ist eine kumulative Voraussetzung des § 315c StGB; bei deren Wegfall kann nicht von einer Unrechtsverwirklichung *sub specie* § 315c StGB ausgegangen werden. Durch die Einwilligung wird der Zurechnungszusammenhang zwischen der gefährlichen Fahrt und der Gefährdung des Einwilligenden unterbrochen. Für das verbleibende Unrecht gegenüber dem Kollektivrechtsgut „Straßenverkehr" bleibt die Strafbarkeit aus dem abstrakten Gefährdungsdelikt des § 316 StGB sowie Ordnungswidrigkeiten.

d) Schuld
Es gelten die allgemeinen Grundsätze.

e) Rechtsfolgen
§ 315c I StGB sieht Freiheitsstrafe bis zu fünf Jahren (im Minimum also ein Monat, § 38 II StGB) oder Geldstrafe (zu den Grenzen s. § 40 StGB) vor.

Zu § 69 StGB s. o.

f) Sonstiges
Der Versuch der Gefährdung des Straßenverkehrs ist nach § 315c II StGB strafbar.

2. § 315c I Nr. 2 StGB

a) Aufbau
I. Tatbestand
  1. Objektiver Tatbestand
     a) Im Straßenverkehr
     b) § 315c I Nr. 2 lit. a–g StGB
     c) Grob verkehrswidrig
     d) Leib oder Leben eines anderen Menschen oder fremde Sachen von bedeutendem Wert gefährdet
     e) Dadurch
  2. Subjektiver Tatbestand
     a) Vorsatz
     b) Rücksichtslos
II. Rechtswidrigkeit
III. Schuld

b) Tatbestand

aa) Objektiver Tatbestand

(1) Im Straßenverkehr
Hierzu s. o. bei § 316 StGB.

C. Gefährdung des Straßenverkehrs, § 315c StGB

(2) § 315c I Nr. 2 lit. a–g StGB

(a) Allgemeines
§ 315c I Nr. 2 StGB listet in lit. a bis g bestimmte verkehrswidrige Verhaltensweisen auf, sog. sieben Todsünden.[81]

(b) § 315c I Nr. 2 lit. a StGB
Zur Vorfahrt s. zunächst § 8 StVO. Vorfahrt i. S. d. § 315c I Nr. 2 lit. a StGB ist aber auch der Vorrang.[82]

(c) § 315c I Nr. 2 lit. b StGB
Zum Überholen s. zunächst § 5 StVO.
Das Überholen i. S. d. § 315c I Nr. 2 lit. b StGB beginnt jedoch bereits mit einem zu dichten Auffahren auf ein schon links fahrendes Fahrzeug.[83]

(d) § 315c I Nr. 2 lit. c StGB
Zu Fußgängerüberwegen s. § 26 StVO.
Erfasst[84] ist allein die Nichtbeachtung von „Zebrastreifen".

(e) § 315c I Nr. 2 lit. d StGB
Zum zu schnellen Fahren s. § 3 StVO.
Die herbeigeführte Gefahr muss in einem inneren Zusammenhang mit dem Risiko stehen, das bei dieser Tatbestandsalternative u. a. von unübersichtlichen Stellen oder Straßeneinmündungen ausgeht.[85]

(f) § 315c I Nr. 2 lit. e StGB
Zur Einhaltung der rechten Fahrbahnseite s. § 2 StVO.

(g) § 315c I Nr. 2 lit. f StGB
Zum Verhalten auf Autobahnen und Kraftfahrstraßen s. § 18 StVO.
Relevant sind v. a. sog. Geisterfahrer.[86]

---

[81] S. etwa Joecks/Jäger, StGB, 13. Aufl. 2021, § 315c Rn. 9; näher Pillig/Wülfing SVR 2018, 92.
[82] H. M., Fischer, StGB, 71. Aufl. 2024, § 315c Rn. 5a; aus der Rspr. vgl. BGH B. v. 20.01.2009 – 4 StR 396/08 – NStZ-RR 2009, 185.
[83] Fischer, StGB, 71. Aufl. 2024, § 315c Rn. 6; näher zum Überholen Haubrich NJW 1989, 1197.
[84] Fischer, StGB, 71. Aufl. 2024, § 315c Rn. 7; aus der Rspr. vgl. BGH U. v. 15.04.2008 – 4 StR 639/07 (Anm. RÜ 2008, 441; Herzog/Laustetter JR 2009, 122); OLG Celle B. v. 03.01.2013 – 31 Ss 50/12 (Anm. Ternig NZV 2013, 253); BGH B. v. 21.05.2015 – 4 StR 164/15 (Anm. RÜ2 2015, 157; Ternig DAR 2015, 703).
[85] Fischer, StGB, 71. Aufl. 2024, § 315c Rn. 8; aus der Rspr. vgl. zuletzt BGH U. v. 01.03.2018 – 4 StR 311/17 (Motorrad-Youtuber) – NStZ-RR 2018, 154 = StV 2018, 426 (Anm. Eisele JuS 2018, 494; Puppe JR 2018, 323; Eisele JZ 2018, 549; Momsen KriPoZ 2018, 76; Preuß NZV 2018, 345).
[86] Fischer, StGB, 71. Aufl. 2024, § 315c Rn. 10a; aus der Rspr. vgl. OLG Stuttgart U. v. 28.06.1976 – NJW 1976, 2223 (Anm. Rüth JR 1977, 255).

(h) § 315c I Nr. 2 lit. g StGB
Zu den Pflichten beim Liegenbleiben von Fahrzeugen s. § 15 StVO, ggf. auch § 17 StVO.

(3) Grob verkehrswidrig
Grob verkehrswidrig ist ein besonders schwerer Verstoß gegen die jeweilige Verkehrsvorschrift nach Maßgabe der Gefährlichkeit des Verhaltens.[87]

(4) Leib oder Leben eines anderen Menschen oder fremde Sachen von bedeutendem Wert gefährdet
S. o.

(5) Dadurch
Vgl. o.

Erforderlich ist, dass die eingetretene Gefahr in innerem Zusammenhang mit den Risiken stand, die von der betreffenden Tathandlung des § 315c I Nr. 2 StGB typischerweise ausgehen.[88]

bb) Subjektiver Tatbestand
Gem. § 15 StGB ist Vorsatz erforderlich.

Hinzu kommen muss – die in einem Atemzug mit grob verkehrswidrig genannte[89] – **Rücksichtslosigkeit**, die nach h. M. ein subjektives Tatbestandsmerkmal ist.[90]

Rücksichtslos handelt, wer sich aus eigensüchtigen Gründen über seine Pflichten gegenüber anderen Verkehrsteilnehmern hinwegsetzt (bei Vorsatz) oder aus Gleichgültigkeit von vornherein Bedenken gegen sein Verhalten nicht aufkommen lässt (bei Fahrlässigkeit).[91]

Keine Rücksichtslosigkeit liegt vor bei bloßen Fehleinschätzungen der Verkehrssituation und Unachtsamkeiten.[92]

---

[87] Kindhäuser/Hilgendorf, LPK, 9. Aufl. 2022, § 315c Rn. 4; näher Krumm DAR 2013, 669; aus der Rspr. vgl. zuletzt AG Düsseldorf U. v. 27.03.2019 – 127 Cs – 30 Js 592/18 – 812/18 (Anm. Jansen jurisPR-StrafR 20/2019 Anm. 4); KG B. v. 20.12.2019 – (3) 161 Ss 134/19 (75/19) (Anm. Winkelmann NZV 2020, 210); OLG Zweibrücken B. v. 14.06.2021 – 1 OLG 2 Ss 9/21 (Anm. Koehl SVR 2022, 235).

[88] Aus der Rspr. vgl. BGH B. v. 22.11.2022 – 4 StR 112/22 – NStZ 2023, 415.

[89] Daher ist auch aus Gründen des Darstellungszusammenhangs eine Prüfung im objektiven Tatbestand vertretbar, s. z. B. die Darstellung bei Fischer, StGB, 71. Aufl. 2024, § 315c Rn. 12ff.

[90] S. Eisele, BT I, 6. Aufl. 2021, Rn. 1130.

[91] Joecks/Jäger, StGB, 13. Aufl. 2021, § 315c Rn. 11; näher Lehmann DAR 1956, 317; Schweling ZStW 1960, 464; Koch DAR 1970, 322; Perpelitz DAR 1971, 126; Grohmann DAR 1975, 260; Peters DAR 1980, 45; Zimmermann MDR 1987, 364; Spöhr/Karst NJW 1993, 3308; Spöhr/Karst NZV 1993, 254; aus der Rspr. vgl. zuletzt OLG Zweibrücken B. v. 28.11.2022 – 2 Ss 34/22 (Anm. RÜ 2023, 585; Rinio NZV 2023, 378; Steinert SVR 2023, 262).

[92] Fischer, StGB, 71. Aufl. 2024, § 315c Rn. 14a; aus der Rspr. vgl. zuletzt OLG Stuttgart B. v. 08.08.2017 – 3 Rv 25 Ss 606/17 (Anm. Preuß NZV 2017, 494); LG Kiel B. v. 21.07.2017 – 8 Qs 73/17 – StV 2018, 452 (Anm. Preuß NZV 2018, 482).

C. Gefährdung des Straßenverkehrs, § 315c StGB

> **Beispiel 226**
>
> **BGH U. v. 04.02.1954 – 4 StR 551/53 – BGHSt 5, 298 = NJW 1954, 609:**
> B überholte als Führer eines Pkw auf der Landstraße einen Motorradfahrer. Da ihm zur selben Zeit ein Lkw begegnete, konnte er von dem Motorradfahrer lediglich einen Abstand von 30 bis 50 cm halten. Er streifte das Motorrad links an der Lenkstange; der Motorradfahrer stürzte und starb an den Folgen seiner Verletzungen. Die befestigte Fahrbahn war an der Unfallstelle 6,50 m breit; infolge eines leichten Nieselregens war die Straße schlüpfrig. ◄

Fraglich ist schon, ob i. S. d. § 5 I 1 StVO jede Behinderung des Gegenverkehrs ausgeschlossen war. Jedenfalls hat B den Motorradfahrer aber entgegen § 5 IV 2 StVO nicht mit dem erforderlichen Seitenabstand überholt, womit er i. S. d. § 315c I Nr. 2 lit. b StGB beim Überholvorgang falsch gefahren ist. Ein derart geringer Abstand, insbesondere bei durch Nieselregen schlüpfriger Straße, ist auch grob verkehrswidrig. Wenn nun B in vollem Bewusstsein des entgegenkommenden Lkw den Motorradfahrer auf diese gefährliche Weise überholt hätte, wäre dies rücksichtsloses Verhalten. Wenn er hingegen nur in einem Moment menschlichen Versagens zu spät erkannt hat, dass der Überholvorgang nicht rechtzeitig vor der Begegnung mit dem Lkw abgeschlossen sein würde, hätte er nicht rücksichtslos gehandelt.

c) Rechtswidrigkeit
S. o.

d) Schuld
Es gelten die allgemeinen Grundsätze.

e) Rechtsfolgen
S. o.

III. § 315c I i. V. m. III Nr. 1 StGB

1. § 315c I Nr. 1 i. V. m. III Nr. 1 StGB

a) Aufbau
I. Tatbestand
  1. Objektiver Tatbestand
     a) Im Straßenverkehr
     b) Ein Fahrzeug
     c) Führt
     d) Nicht in der Lage, das Fahrzeug sicher zu führen
     e) § 315c I Nr. 1 lit. a oder b StGB
        aa) Infolge des Genusses alkoholischer Getränke oder anderer berauschender Mittel, § 315c I Nr. 1 lit. a StGB
        bb) Infolge geistiger oder körperlicher Mängel, § 315c I Nr. 1 lit. b StGB
     f) Leib oder Leben eines anderen Menschen oder fremde Sachen von bedeutendem Wert gefährdet
     g) Dadurch

2. Subjektiver Tatbestand
      a) Vorsatz bzgl. 1) a)–e)
      b) Fahrlässig (objektive Fahrlässigkeit)
 II. Rechtswidrigkeit
III. Schuld
   1. Allgemeines
   2. Subjektive Fahrlässigkeit

b) Erläuterungen

§ 315c I Nr. 1 i. V. m. III Nr. 1 StGB modifiziert das reine Vorsatzdelikt dahingehend, dass (freilich nur) bzgl. des Gefahrerfolgs Fahrlässigkeit genügt (sog. Vorsatz-Fahrlässigkeits-Kombination).

§ 315c III StGB sieht Freiheitsstrafe bis zu zwei Jahren (im Minimum also ein Monat, § 38 II StGB) oder Geldstrafe (zu den Grenzen s. § 40 StGB) vor.

2. § 315c I Nr. 2 i. V. m. III Nr. 1 StGB

a) Aufbau

  I. Tatbestand
     1. Objektiver Tatbestand
        a) Im Straßenverkehr
        b) § 315c I Nr. 2 lit. a–g StGB
        c) Grob verkehrswidrig
        d) Leib oder Leben eines anderen Menschen oder fremde Sachen von bedeutendem Wert gefährdet
        e) Dadurch
     2. Subjektiver Tatbestand
        a) Vorsatz bzgl. 1) a)–c)
        b) Rücksichtslos
        c) Fahrlässig (objektive Fahrlässigkeit)
 II. Rechtswidrigkeit
III. Schuld
     1. Allgemeines
     2. Subjektive Fahrlässigkeit

b) Erläuterungen

Vgl. o.

IV. § 315c I i. V. m. III Nr. 2 StGB

1. § 315c I Nr. 1 i. V. m. III Nr. 2 StGB

a) Aufbau

  I. Tatbestand
     1. Im Straßenverkehr
     2. Ein Fahrzeug

3. Führt
4. Nicht in der Lage, das Fahrzeug sicher zu führen
5. § 315c I Nr. 1 lit. a oder b StGB
   a) Infolge des Genusses alkoholischer Getränke oder anderer berauschender Mittel, § 315c I Nr. 1 lit. a StGB
   b) Infolge geistiger oder körperlicher Mängel, § 315c I Nr. 1 lit. b StGB
6. Leib oder Leben eines anderen Menschen oder fremde Sachen von bedeutendem Wert gefährdet
7. Dadurch
8. Fahrlässig (objektive Fahrlässigkeit)
II. Rechtswidrigkeit
III. Schuld
   1. Allgemeines
   2. Subjektive Fahrlässigkeit

b) Erläuterungen
§ 315c I Nr. 1 i. V. m. III Nr. 2 StGB normiert ein reines Fahrlässigkeitsdelikt.

2. § 315c I Nr. 2 i. V. m. III Nr. 2 StGB

a) Aufbau
I. Tatbestand
   1. Im Straßenverkehr
   2. § 315c I Nr. 2 lit. a–g StGB
   3. Grob verkehrswidrig
   4. Leib oder Leben eines anderen Menschen oder fremde Sachen von bedeutendem Wert gefährdet
   5. Dadurch
   6. Fahrlässig (objektive Fahrlässigkeit)
II. Rechtswidrigkeit
III. Schuld
   1. Allgemeines
   2. Subjektive Fahrlässigkeit

c) Erläuterungen
S. o.

D. Gefährliche Eingriffe in den Straßenverkehr, § 315b StGB

▶ Didaktische Aufsätze
- Ranft, Delikte im Straßenverkehr; Die rauschmittelbedingte Verkehrsdelinquenz, Jura 1987, 608 und Jura 1988, 133
- Geppert, Der gefährliche Eingriff in den Straßenverkehr (§ 315 b StGB), Jura 1996, 639
- Kopp, Prüfungsrelevante Probleme des Straßenverkehrsstrafrechts, JA 1999, 943

- Freund, Äußerlich verkehrsgerechtes Verhalten als Straftat? JuS 2000, 754
- Saal, § 315b in der neuesten höchstrichterlichen Rechtsprechung, Jura 2003, 838

I. Allgemeines

§ 315b StGB stellt gefährliche Eingriffe in den Straßenverkehr unter Strafe.[93]

> **§ 315b StGB (Gefährliche Eingriffe in den Straßenverkehr)**
> (1) Wer die Sicherheit des Straßenverkehrs dadurch beeinträchtigt, daß er
>   1. Anlagen oder Fahrzeuge zerstört, beschädigt oder beseitigt,
>   2. Hindernisse bereitet oder
>   3. einen ähnlichen, ebenso gefährlichen Eingriff vornimmt,
>
>   und dadurch Leib oder Leben eines anderen Menschen oder fremde Sachen von bedeutendem Wert gefährdet, wird mit Freiheitsstrafe bis zu fünf Jahren oder mit Geldstrafe bestraft.
> (2) Der Versuch ist strafbar.
> (3) Handelt der Täter unter den Voraussetzungen des § 315 Abs. 3, so ist die Strafe Freiheitsstrafe von einem Jahr bis zu zehn Jahren, in minder schweren Fällen Freiheitsstrafe von sechs Monaten bis zu fünf Jahren.
> (4) Wer in den Fällen des Absatzes 1 die Gefahr fahrlässig verursacht, wird mit Freiheitsstrafe bis zu drei Jahren oder mit Geldstrafe bestraft.
> (5) Wer in den Fällen des Absatzes 1 fahrlässig handelt und die Gefahr fahrlässig verursacht, wird mit Freiheitsstrafe bis zu zwei Jahren oder mit Geldstrafe bestraft.

Die Norm schützt die Sicherheit des Straßenverkehrs im Hinblick auf Leben, Gesundheit und fremdes Eigentum.[94]

Es handelt sich um ein aus zwei Teilen (Handlungsteil, Gefährdungsteil) zusammengesetztes konkretes Gefährdungsdelikt.[95]

Neben einem reinen Vorsatzdelikt (§ 315b I StGB) enthält die Norm eine Vorsatz-Fahrlässigkeits-Kombination (§ 315b IV StGB) sowie ein reines Fahrlässigkeitsdelikt (§ 315b V StGB).

---

[93] Hierzu Mayr FS 25 Jahre BGH 1975, 273; Ranft Jura 1987, 608 und Jura 1988, 133; Geppert Jura 1996, 639; Kopp JA 1999, 943; Freund JuS 2000, 754; Saal Jura 2003, 838; König NStZ 2004, 175; Brand/Albrecht ZStW 2014, 669; zu Manipulation an Verkehrsschildern Krüger NZV 2021, 600.

[94] H. M., s. Eisele, BT I, 6. Aufl. 2021, Rn. 1143; aus der Rspr. vgl. zuletzt BGH B. v. 01.12.2020 – 4 StR 519/19 – NStZ-RR 2021, 116 (Anm. Rinio NZV 2021, 434); AG Torgau U. v. 01.03.2021 – 3 Ds 951 Js 3564/19 (3) (Anm. Kudlich JA 2021, 692; LL 2021, 690); AG Auerbach (Vogtland) U. v. 12.09.2022 – 3 Cs 440 Js 14578/21 (Anm. Deutscher NZV 2023, 189).

[95] Kindhäuser/Hilgendorf, LPK, 9. Aufl. 2022, § 315b Rn. 1f.; näher zur Tatbestandsstruktur Dencker FS Nehm 2006, 373.

II. Grunddelikte, § 315b I, IV, V StGB

1. § 315b I StGB

a) Aufbau
  I. Tatbestand
    1. Objektiver Tatbestand
      a) § 315b I Nr. 1–3 StGB
      b) Die Sicherheit des Straßenverkehrs beeinträchtigt
      c) Dadurch
      d) Leib oder Leben eines anderen Menschen oder fremde Sachen von bedeutendem Wert gefährdet
      e) Dadurch
    2. Subjektiver Tatbestand
  II. Rechtswidrigkeit
  III. Schuld
  IV. Tätige Reue, § 320 II Nr. 2 StGB

b) Tatbestand

aa) Objektiver Tatbestand

(1) § 315b I Nr. 1–3 StGB

(a) § 315b I Nr. 1 StGB
Für § 315b I Nr. 1 StGB muss der Täter Anlagen oder Fahrzeuge zerstören, beschädigen oder beseitigen.

Anlagen sind alle Vorrichtungen, die der Sicherheit des Verkehrs dienen,[96] z. B. die Straße (Fahrbahn), Verkehrszeichen, Leitplanken, Beleuchtungseinrichtungen oder Gully-Deckel.[97]

Beispiel 227

BGH U. v. 02.07.2002 – 4 StR 174/02 – NStZ 2002, 648 (Anm. LL 2003, 103):
B hob den Deckel eines am Fahrbahnrand befindlichen Gullys heraus und warf ihn in den Gullyschacht. ◄

Fahrzeuge sind Beförderungsmittel aller Art.[98]
Zu den **Tathandlungen** des Zerstörens und Beschädigens s. o. bei § 133 StGB sowie bei dem Vermögensdelikt der Sachbeschädigung (§ 303 StGB).

---

[96] Kindhäuser/Hilgendorf, LPK, 9. Aufl. 2022, § 315b Rn. 3.
[97] Zum „Gully-Deckel-Klau" näher Herold JA 2013, 344; aus der Rspr. vgl. zuletzt BGH U. v. 02.07.2002 – 4 StR 174/02 – NStZ 2002, 648 (Anm. LL 2003, 103).
[98] Hecker, in: Schönke/Schröder, StGB, 30. Aufl. 2019, § 315b Rn. 5.

Zu nennen ist z. B. das Beschädigen einer Bremsleitung.[99]

Beseitigt ist ein Tatobjekt, wenn es an einen Ort gebracht wird, wo es die ihm zugedachte Funktion nicht mehr erfüllt.[100]

Für § 315b I Nr. 1 StGB ist vorauszusetzen, dass die Sicherheit des Straßenverkehrs durch die Beschädigung usw. der Fahrzeuge beeinträchtigt worden ist; deren Beschädigung muss mithin das Mittel der Gefährdung sein, dieser also zeitlich und ursächlich vorausgehen. Wenn z. B. durch absichtliches Auffahren auf ein anderes Fahrzeug eine unbeteiligte Person gefährdet worden ist, kommt allein Nr. 3 in Betracht.[101]

(b) § 315b I Nr. 2 StGB

Ein **Bereiten von Hindernissen** ist jede Einwirkung auf den Straßenkörper, die geeignet ist, den reibungslosen Verkehrsablauf zu hemmen oder zu gefährden,[102] z. B. ein Spannen von Drähten,[103] das Verursachen einer Ölspur,[104] ein Öffnen der Tür[105] oder das Aufstellen von Straßensperren. Auch sog. Geisterfahrer sind erfasst.[106]

Zu beachten ist, dass einige Verhaltensweisen bereits § 315c I Nr. 2 lit. f und g StGB unterfallen und insofern privilegiert wurden.

Das Hinabwerfen von Steinen wird von der Rspr. allerdings bisweilen unter § 315b I Nr. 3 StGB subsumiert.[107]

Zum Einsatz des eigenen Fahrzeugs als Hindernis s.u. (Pervertierung).

Problematisch ist auch der Einsatz des eigenen Körpers:

---

[99] Kindhäuser/Hilgendorf, LPK, 9. Aufl. 2022, § 315b Rn. 3; aus der Rspr. vgl. zuletzt BGH U. v. 11.10.2018 – 4 StR 195/18 – NStZ-RR 2019, 41 = StV 2020, 116.

[100] Joecks/Jäger, StGB, 13. Aufl. 2021, § 315b Rn. 5.

[101] Kudlich, in: BeckOK-StGB, Stand 01.02.2024, § 315b Rn. 11; aus der Rspr. vgl. BGH U. v. 21.07.1998 – 4 StR 274/98 – NStZ-RR 1999, 110.

[102] Joecks/Jäger, StGB, 13. Aufl. 2021, § 315b Rn. 7; näher Hochreuther NJW 1953, 1697; aus der Rspr. vgl. zuletzt BGH B. v. 24.03.2020 – 4 StR 673/19 – NStZ-RR 2020, 183 = StV 2020, 607; AG Auerbach (Vogtland) U. v. 12.09.2022 – 3 Cs 440 Js 14578/21 (Anm. Deutscher NZV 2023, 189).

[103] Kindhäuser/Hilgendorf, LPK, 9. Aufl. 2022, § 315b Rn. 4; aus der Rspr. vgl. OLG Hamm U. v. 13.08.1965 – 1 Ss 788/65 – NJW 1965, 2167.

[104] Zieschang, in: NK-StGB, 6. Aufl. 2023, § 315b Rn. 19; aus der Rspr. vgl. OLG Stuttgart U. v. 17.10.1958 – 1 Ss 650/58 – NJW 1959, 254; BayObLG B. v. 05.04.1989 – RReg. 2 St 379/88.

[105] OLG Hamm B. v. 31.01.2017 – 4 RVs 159/16 – NStZ-RR 2017, 224 (Anm. Hecker JuS 2017, 563; LL 2017, 402; RÜ 2017, 646; Kerkmann NZV 2017, 288).

[106] H. M., Zieschang, in: NK-StGB, 6. Aufl. 2023, § 315b Rn. 20; aus der Rspr. vgl. OLG Stuttgart U. v. 28.06.1976 – NJW 1976, 2223 (Anm. Rüth JR 1977, 255); OLG Stuttgart B. v. 03.10.1979 – 2 Ss 408/79 (Anm. Kürschner JR 1980, 472).

[107] BGH U. v. 04.12.2002 – 4 StR 103/02 (Steinewerfer) – BGHSt 48, 119 = NJW 2003, 836 = NStZ 2003, 266 = StV 2004, 135 (Anm. Geppert JK 2003 StGB § 315b/9; König JA 2003, 818; Martin JuS 2003, 620; LL 2003, 340; RÜ 2003, 170; RA 2003, 128; König JR 2003, 255; Berz/Saal NZV 2003, 198); zuletzt vgl. aus der Rspr. BGH U. v. 09.12.2021 – 4 StR 167/21 – NJW 2022, 409 = NStZ 2022, 298 = StV 2022, 444 (Anm. Bosch Jura 2022, 648; Hecker JuS 2022, 462; LL 2022, 254; RÜ 2022, 171; Krumm NJW 2022, 412; Kudlich NStZ 2022, 300; Fahl JR 2022, 346; Hecker HRRS 2022, 147).

D. Gefährliche Eingriffe in den Straßenverkehr, § 315b StGB

Beispiel 228

BGH U. v. 31.08.1995 – 4 StR 283/95 – BGHSt 41, 231 = NJW 1996, 203 (Anm. Geppert JK 1996 StGB § 315b/5; Hauf JA 1996, 359; Ranft JR 1997, 210):

B betreibt seit 1988 Aktionen gegen den Autoverkehr in München. Sein erklärtes Ziel ist es, eine autofreie Stadt zu erreichen. Er begann damit, dass er über Personenkraftwagen hinwegging, die auf Gehwegen geparkt waren. Dies führte in einigen der mindestens 300 Fälle zu seiner Verurteilung wegen Sachbeschädigung. Da dem B von Polizei und Gericht immer wieder vorgehalten wurde, er dürfe nicht über, sondern nur um die Autos gehen, kam er bei seinen Überlegungen zu dem Ergebnis, dass dann die Autos um ihn herumfahren müssten. Da Autos auf dem Bürgersteig nicht wegen Nötigung belangt würden, könnten folgerichtig auch nicht Fußgänger, die sich auf der Straße bewegten, zur Rechenschaft gezogen werden. B entschloss sich deshalb dazu, ab Mai 1992 bis etwa Oktober 1993 als Fußgänger gelegentlich auf Straßen im Stadtbereich von München zu gehen, wobei er insgesamt nach eigener Schätzung ca. 450 km zurücklegte. Es ging ihm darum, dass die Autofahrer langsamer und defensiver fahren und mehr Rücksicht auf Fußgänger nehmen sollten. In Verfolgung dieser Absicht ging B am Samstag, den 02.01.1993, gegen 12.30 Uhr vom Siegestor kommend auf der Mitte des linken von zwei stadtauswärts führenden Fahrstreifen der Leopoldstraße in München. Er wollte ca. 1 km bis zur „Münchener Freiheit" auf der Fahrbahn zu Fuß gehen und dieselbe Strecke in der Gegenrichtung zurücklegen; B wollte auf diese Weise den Fahrzeugverkehr behindern und die Autofahrer zwingen, anzuhalten oder zumindest auf Schrittgeschwindigkeit abzubremsen, um so aus Umweltschutzgründen gegen den zunehmenden Verkehr zu protestieren und auf seine Ziele einer „autofreien Stadt" aufmerksam zu machen. Die Sicht war gut, der Verkehr war normal bis lebhaft. Z, der mit seinem Pkw stadtauswärts fuhr, nahm den vor ihm gehenden B wegen eines voraus fahrenden Pkw erst aus einer Entfernung von ca. 20 m wahr. B schaute sich nicht um und machte auch keine Anstalten, zur Seite zu gehen, obwohl Z ihn anhupte. Da für Z in diesem Augenblick ein Ausweichen weder nach links noch nach rechts möglich war, führte er eine Vollbremsung durch, um einen Zusammenstoß zu vermeiden. Ca. einen halben Meter hinter dem B kam er zum Stehen. ◄

Hat B i. S. d. § 315b I Nr. 2 StGB ein Hindernis bereitet, indem er schlicht auf der Fahrbahn entlanggegangen ist? § 315b StGB pönalisiert grundsätzlich den Eingriff von außen in den Straßenverkehr. Auch als Fußgänger ist B allerdings Verkehrsteilnehmer, kein Außenstehender gewesen. Dies schließt ein Hindernisbereiten, aber nicht aus, wenn es die Zwecksetzung des Täters ist. Tatsächlich lässt sich das Verhalten unter die o. a. Definition subsumieren. Ein Hindernis muss nicht notwendig vom Körper des Täters verschieden sein. Gleichwohl hat der BGH mangels hinreichenden Gewichts der Behinderung die Strafbarkeit verneint.

Nach h. M. kann das Hindernisbereiten auch durch **Unterlassen** bei Nichtbeseitigung von Hindernissen begangen werden.[108]

---
[108] Joecks/Jäger, StGB, 13. Aufl. 2021, § 315b Rn. 22f.

(c) § 315b I Nr. 3 StGB

§ 315b I Nr. 3 StGB[109] bildet als sog. innertatbestandliche Analogie[110] einen Auffangtatbestand für verkehrsfremde Eingriffe, die eine mit Nr. 1 und Nr. 2 vergleichbare Gefährlichkeit aufweisen.[111]

Beispiel 229

BGH B. v. 04.10.1988 – 4 StR 461/88 (Anm. Berz NZV 1989, 119):

B brach den Pkw des Z auf, entriegelte die Motorhaube, öffnete diese und deponierte über dem Motor in unmittelbarer Nähe der Einspritzpumpe vier, mit jeweils 3/4 bis 1 l Benzin gefüllte Plastikbeutel, versperrte das Fahrzeug wieder und entfernte sich. Er beabsichtigte hiermit, Z einen ordentlichen „Denkzettel" zu verpassen und ihn einzuschüchtern. B hielt es für möglich, dass es schon auf dem Parkplatz oder nach Verlassen desselben zu einem Unfall kommen konnte. Derartige Folgen hat er erkannt und zumindest billigend in Kauf genommen. ◄

Beispiel 230

BGH U. v. 04.12.2002 – 4 StR 103/02 (Steinewerfer) – BGHSt 48, 119 = NJW 2003, 836 = NStZ 2003, 266 = StV 2004, 135 (Anm. Geppert JK 2003 StGB § 315b/9; König JA 2003, 818; Martin JuS 2003, 620; LL 2003, 340; RÜ 2003, 170; RA 2003, 128; König JR 2003, 255; Berz/Saal NZV 2003, 198):

B verübte bei insgesamt 13 Gelegenheiten jeweils bei Dunkelheit Anschläge auf den Autobahnverkehr auf der BAB 15, indem er Gegenstände auf dort fahrende Kraftfahrzeuge warf, von Autobahnbrücken Gegenstände so herunterhängte, dass diese die Fahrzeuge in Höhe der Frontscheiben trafen, bzw. Steine und andere Gegenstände so auf der Fahrbahn aufstellte, dass Fahrzeuge dagegen stießen. In allen Fällen kam es zu Unfällen mit zumindest Sachschäden in unterschiedlicher Höhe. In zwei Fällen erlitten Insassen von Pkw auch Verletzungen. ◄

Beispiel 231

BGH B. v. 30.08.2017 – 4 StR 349/17 – NStZ-RR 2017, 356 = StV 2018, 430 (Anm. Nestler Jura 2018, 199; Kerkmann NZV 2018, 42):

B gab mit bedingtem Tötungsvorsatz einen Schuss mit seiner halbautomatischen Selbstladepistole auf den Fahrer des im Tatzeitpunkt neben ihm befindlichen Fahrzeugs der Marke BMW, den Z, ab. Der Schuss verfehlte sein Ziel und schlug in die B-Säule des von ihm gefahrenen Fahrzeugs ein. ◄

---

[109] Hierzu Isenbeck NJW 1969, 174; Fabricius GA 1994, 164.
[110] Eisele, BT I, 6. Aufl. 2021, Rn. 1157; aus der Rspr. vgl. OLG Hamm U. v. 12.11.1954 – (1) Ss 1371/54 – NJW 1955, 114; BGH U. v. 02.04.1969 – 4 StR 102/69 – BGHSt 22, 365 = NJW 1969, 1218.
[111] Eisele, BT I, 6. Aufl. 2021, Rn. 1157; aus der Rspr. vgl. BGH U. v. 02.04.1987 – 4 StR 46/87 – BGHSt 34, 324 = NJW 1987, 2027 = NStZ 1987, 373 = StV 1987, 281 (Anm. Geppert JK 1987 StPO § 261/6; Hammerstein JR 1987, 477; Meyer JR 1988, 79).

(d) Insbesondere Verhältnis von § 315b StGB und § 315c StGB

▶ **Didaktische Aufsätze**
- König, Gefährlicher Eingriff in den Straßenverkehr durch „verkehrsgerechtes Verhalten", JA 2000, 777
- Nestler, Der manipulierte Verkehrsunfall: Strafbarkeit und Konvergenz der Beweiswürdigung in Zivilprozess und Strafverfahren, Jura 2019, 590

§ 315b StGB erfasst im Lichte des bzw. anders als § 315c StGB **grundsätzlich** nicht Vorgänge des fließenden und ruhenden Verkehrs, sondern nur **Eingriffe von außen** – immerhin verwendet sowohl die gesetzliche Überschrift der Norm als auch § 315b I Nr. 3 StGB das Wort „Eingriff" (in etwas eingreifen kann man aber schon nach dem allgemeinen Sprachgebrauch nur aus externer Handlungswarte).[112] Ein bloß vorschriftswidriges **Verkehrsverhalten** fällt dagegen **grundsätzlich nicht** unter § 315b StGB, sondern – bei Vorliegen der weiteren Voraussetzungen – nur unter § 315c StGB. Insoweit kommt § 315c StGB eine „Sperrwirkung" zu.

Unter bestimmten Voraussetzungen allerdings, nämlich bei einem sog. **verkehrsfeindlichen Inneneingriff** kommt eine Anwendung des § 315b StGB in Frage, wenn der Täter einen Verkehrsvorgang zu einem Eingriff im Straßenverkehr **pervertiert**.[113]

Hierfür wird verlangt, dass der Täter

- grob und mit einigem Gewicht auf den Verkehrsablauf einwirkt
- in verkehrsfeindlicher Einstellung sein Fahrzeug bewusst zweckwidrig einsetzt und
- das Fahrzeug hierbei mit Schädigungsvorsatz missbraucht.

Erst dann liegt eine – über den Tatbestand des § 315c StGB hinausgehende – verkehrs-atypische „Pervertierung" des Verkehrsvorgangs zu einem gefährlichen „Eingriff" in den Straßenverkehr i. S. d. § 315b I StGB vor; das gilt für alle Alternativen der Vorschrift. Mit dieser Einschränkung soll nicht in Frage gestellt werden, dass für den subjektiven Tatbestand des § 315b I StGB Gefährdungsvorsatz ausreicht; es wird hierdurch lediglich die schon bisher geforderte „Absicht", den Verkehrsvorgang zu einem Eingriff in den Straßenverkehr zu „pervertieren", konkretisiert.

---

[112] Joecks/Jäger, StGB, 13. Aufl. 2021, § 315b Rn. 8, 10.
[113] Hierzu Joecks/Jäger, StGB, 13. Aufl. 2021, § 315b Rn. 11ff.; Solbach/Kugler JR 1970, 121; aus der Rspr. vgl. zuletzt BGH B. v. 19.11.2020 – 4 StR 240/20 – NStZ-RR 2021, 140 = StV 2021, 500; BGH B. v. 11.11.2021 – 4 StR 134/21 – StV 2023, 538; BGH B. v. 14.03.2023 – 4 StR 451/22 – NStZ 2023, 550 (Anm. Jäger JA 2023, 697; LL 2023, 757; RÜ 2023, 514; famos 10/2023; Habetha NStZ 2023, 551); BGH B. v. 06.06.2023 – 4 StR 70/23 – NStZ 2024, 234 = NStZ-RR 2023, 313 (Anm. RÜ 2023, 789; Ferner jurisPR-StrafR 20/2023 Anm. 1; König NStZ 2024, 234); BGH U. v. 22.06.2023 – 4 StR 481/22 (Anm. Bosch Jura 2023, 1227; RÜ 2024, 83).

Beispiel 232

BGH U. v. 24.07.1975 – 4 StR 165/75 – BGHSt 26, 176 = NJW 1975, 1934 (Anm. Kühl, Höchstrichterliche Rspr. BT, 2002, Nr. 79; Hassemer JuS 1976, 57; Meyer-Gerhards JuS 1976, 228; Küper NJW 1976, 543; Backmann MDR 1976, 969):

Am 08.11.1973, kurz nach 2 Uhr nachts, beobachteten drei Polizeibeamte, die mit der Aufnahme eines Verkehrsunfalles befasst waren, einen Pkw, der mit pfeifenden Reifen und aufheulendem Motor weiter unten in die leicht ansteigende Straße einbog. Fahrer des Wagens war B. Da den Polizeibeamten seine Fahrweise auffiel, forderten sie ihn mit Handzeichen zum Halten auf. Dabei stand der eine Beamte auf der von B aus gesehen rechten Fahrbahnseite, etwa 2,40 m vom Bordstein, der andere Beamte etwa 15 m hinter ihm auf der anderen Fahrbahnhälfte, rund 1,5 m vom anderen Bordstein entfernt. B näherte sich auf der Fahrbahnmitte. Auf die Zeichen bremste er stark und fuhr langsam weiter. Etwa 15 m vor dem ersten Beamten beschleunigte er und lenkte das Fahrzeug auf diesen zu, um ihn zum Ausweichen zu zwingen. Der Beamte sprang zwischen zwei am Straßenrand parkende Kraftwagen. B lenkte nun scharf nach links auf den zweiten Beamten zu, um auch diesen zum Ausweichen zu nötigen. Der Beamte wich auf den Gehsteig aus. Sodann entfernte sich B mit hoher Geschwindigkeit. B fuhr möglicherweise „nur" mit einer Geschwindigkeit von 30 km/h auf die Beamten zu. Es ist ferner zugunsten des B anzunehmen, dass er von vornherein nicht vorhatte, die Polizeibeamten anzufahren oder zu überfahren, dass er sie vielmehr nur durch direktes Zufahren zum Beiseitespringen zwingen wollte, um dann aber das Fahrzeug „jeweils vor Erreichen ihrer Standorte herumzureißen und die Standorte zu umfahren". ◄

Diese von der Rspr. nach und nach entwickelten Voraussetzungen der Anwendung des § 315b StGB durch einen Inneneingriff, die auch von der ganz h. L. akzeptiert werden,[114] erweisen sich als in der Fallbearbeitung nicht leicht zu handhaben – was sich auch in einer etwas schwankenden Kasuistik der Rspr. zeigt: Gerade in „klassischen" Fluchtfällen, in denen der Täter sein Fahrzeug einsetzt, um sich einen Fluchtweg zu bahnen,[115] kann es an einem Schädigungsvorsatz fehlen; da zudem die Transportfunktion des Fahrzeugs deswegen noch im Mittelpunkt steht, weil es dem Täter oft primär auf sein eigenes Fortkommen ankommt, liegt ggf. allein ein nötigend-verkehrswidriges Verhalten vor, nicht aber eine „Pervertierung" i. S. e. Zweckentfremdung des Fahrzeugs. Ein gefährlicher Eingriff in den Straßenverkehr ist dann abzulehnen.[116]

---

[114] S. nur Joecks/Jäger, StGB, 13. Aufl. 2021, § 315b Rn. 12; krit. aber Kindhäuser/Hilgendorf, LPK, 9. Aufl. 2022, § 315b Rn. 5.

[115] Insbesondere ggü. Polizeibeamten, s. etwa Fischer, StGB, 71. Aufl. 2024, § 315b Rn. 13.

[116] Fischer, StGB, 71. Aufl. 2024, § 315b Rn. 13; aus der Rspr. vgl. BGH U. v. 04.03.1997 – 4 StR 48/97 – NStZ-RR 1997, 261 (Anm. Geppert JK 1998 StGB § 315b/7); BGH U. v. 20.02.2003 – 4 StR 228/02 – BGHSt 48, 233.

Regelmäßig wird in den Fällen der „Pervertierung" die Qualifikation nach §§ 315b III i. V. m. 315 III StGB einschlägig sein; ggf. ist auch an § 113 StGB zu denken.

Umstritten ist, ob sogar bei **äußerlich korrekter Teilnahme** am Straßenverkehr eine Pervertierung anzunehmen ist, wenn der Täter absichtlich einen Unfall provoziert (insbesondere, um unberechtigterweise Versicherungsleistungen zu erlangen, s. dann auch § 263 I StGB i. V. m. § 81 VVG).[117]

Beispiel 233

BGH B. v. 25.04.2012 – 4 StR 667/11 – NStZ 2012, 700 (Anm. Hecker JuS 2013, 84):

B verursachte mit seinem Pkw am 27.03.2005 in der Absicht, seine eigenen unberechtigten Schadensersatzansprüche zu Lasten der Versicherung des Unfallgegners abzurechnen, auf einer mehrspurigen Straße in der Innenstadt von Göttingen einen Auffahrunfall. Er bremste sein Fahrzeug ohne äußeren Anlass auf der Rechtsabbiegerspur bis zum Stillstand ab, sodass der hinter ihm fahrende Z, der damit nicht gerechnet hatte, trotz sofort eingeleiteten Bremsmanövers nicht mehr rechtzeitig anhalten konnte und auf den Pkw des B auffuhr. ◄

Beispiel 234

BGH U. v. 22.07.1999 – 4 StR 90/99 – NJW 1999, 3132 = StV 2000, 22 (Anm. Kühl, Höchstrichterliche Rspr. BT, 2002, Nr. 80; Puppe, AT, 5. Aufl. 2023, § 7 Rn. 4ff.; Kopp JA 2000, 365; Freund JuS 2000, 754; LL 2000, 98; RÜ 2000, 117; famos 5/2000; Kudlich StV 2000, 23; Hecker DAR 2011, 186):

B führte absichtlich Verkehrsunfälle herbei, um von den Versicherungen der Unfallgegner unter Täuschung über den wahren Sachverhalt unberechtigte Versicherungsleistungen in Anspruch nehmen zu können: Er bremste sein Fahrzeug bei der Annäherung an eine Kreuzung, nachdem er den linken Fahrtrichtungsanzeiger gesetzt hatte, bereits an der Einfahrt zu einer vor der Kreuzung auf der linken Seite gelegenen Tankstelle ab. In diesen Fällen fuhren die nachfolgenden Verkehrsteilnehmer, wie von B vorhergesehen und beabsichtigt, auf die von ihm gefahrenen Fahrzeuge auf, weil sie annahmen, er würde erst an der Kreuzung abbiegen. ◄

Abbremsen auf einer Abbiegerspur ist verkehrstypisches Verhalten. Auch wenn grundlos bis zum vollständigen Stillstand oder schnell und unerwartet abgebremst wird, scheint es zumindest von außen noch ein Fehlverhalten innerhalb des Verkehrs zu sein. Handelt es sich aber wegen der Absicht des Beschuldigten um einen Eingriff?

---

[117] Hierzu Fleischer NJW 1976, 878; König JA 2000, 777; Nestler Jura 2019, 590; aus der Rspr. vgl. BGH U. v. 05.10.2011 – 4 StR 401/11 – NStZ-RR 2012, 185 = StV 2012, 218 (Anm. Bosch JK 2012 StGB § 315b I Nr. 3/15; RÜ 2012, 107; RA 2012, 298; Geppert DAR 2012, 372).

Rspr.[118] und h. L.[119] nehmen dies an.

Teile der Lehre[120] verlangen ein objektiv verkehrswidriges Verhalten.

Der h. M. ist zwar zuzugeben, dass der Täter in missbräuchlicher Absicht handelt und dass dies kaum dem Gedanken des § 1 II StVO entspricht. Hält sich der Täter aber an das ihm objektiv Erlaubte und nutzt nur eine zu erwartende Unaufmerksamkeit anderer aus, dann setzt er kein rechtlich missbilligtes Risiko, sodass kein gefährlicher Eingriff vorliegen kann. Subjektives kann sodann mangelnde objektive Vorwerfbarkeit beim Vollendungsdelikt nicht überwinden.

Jedenfalls an einem Schädigungsvorsatz wird es in Fällen des Autosurfens fehlen.[121]

Dies gilt wohl auch bei „ärgerndem" Verhalten im Straßenverkehr:

Beispiel 235

OLG Köln B. v. 17.09.1996 – Ss 439/96 – NJW 1997, 2396 (Anm. Fahl JA 1998, 274):

B1 befuhr am 06.10.1994 gegen 15.00 Uhr die A 61. Auf derselben Spur folgte ihm in Überholabsicht B2. Dieser verkürzte den Abstand zum Wagen des B1 auf weniger als 10 m bei einer Geschwindigkeit von 170 bis 180 km/h. Um B2 zu bedeuten, dass er mehr Abstand halten solle, hob B1 zwei Finger der Hand und tippte kurz auf das Bremspedal. Dadurch leuchtete das Bremslicht auf, ohne dass der Wagen nennenswert abgebremst wurde. B2, der ein Bremsmanöver erwartete, riss das Fahrzeug in Panik nach rechts, kam ins Schleudern und geriet gegen die Leitplanke, wo der Pkw sich drehte. Verletzt wurde niemand, jedoch entstand am Wagen des B2 ein Sachschaden in Höhe von etwa 10.000 DM. ◄

Umstritten ist, ob das Verhalten eines **Beifahrers** (z. B. Abziehen des Zündschlüssels, Ziehen der Handbremse, Griff ins Lenkrad) als Außen- oder Inneneingriff einzuordnen ist.[122]

Teile der Rspr.[123] und Lehre[124] wenden § 315b StGB ohne Weiteres an.

Andere Teile der Rspr.[125] und Lehre[126] halten die restriktiven Voraussetzungen einer „Pervertierung" für relevant.

---

[118] S. o.

[119] Z. B. Kindhäuser/Hilgendorf, LPK, 9. Aufl. 2022, § 315b Rn. 5.

[120] S. Eisele, BT I, 6. Aufl. 2021, Rn. 1156.

[121] Fischer, StGB, 71. Aufl. 2024, § 315b Rn. 12a.

[122] Hierzu zsf. Eisele, BT I, 6. Aufl. 2021, Rn. 1150; aus der Rspr. vgl. zuletzt OLG Hamm B. v. 31.01.2017 – 4 RVs 159/16 – NStZ-RR 2017, 224 (Anm. Hecker JuS 2017, 563; LL 2017, 402; RÜ 2017, 646; Kerkmann NZV 2017, 288).

[123] OLG Karlsruhe U. v. 19.01.1978 – 1 Ss 329/77 – NJW 1978, 1391.

[124] Grupp/Kinzig NStZ 2007, 132.

[125] OLG Hamm U. v. 21.03.2000 – 4 Ss 121/00 – NJW 2000, 2686.

[126] Eisele, BT I, 6. Aufl. 2021, Rn. 1150.

Letzterer Auffassung ist zwar zuzugeben, dass der Beifahrer sich im Fahrzeug befindet und insofern am Verkehrsvorgang beteiligt ist; allerdings, und daher ist der erstgenannten Auffassung zu folgen, ist ein Beifahrer am Führen nicht beteiligt, sodass der Gedanke einer Sperrwirkung des § 315c StGB nicht greift. Der Beifahrer greift von außen ein.

(2) Die Sicherheit des Straßenverkehrs beeinträchtigt; dadurch
Zwischenerfolg (durch den Eingriff verursacht: „dadurch") des § 315b StGB ist die Beeinträchtigung der Sicherheit des Straßenverkehrs. Diese ist dann eingetreten, wenn anderen Verkehrsteilnehmern eine gefahrlose Teilnahme am Straßenverkehr nicht mehr möglich ist, wobei eine erhebliche Steigerung des normalen Verkehrsrisikos zu verlangen ist.[127]

Zum **Straßenverkehr** s. o. bei § 316 StGB.[128]

(3) Leib oder Leben eines anderen Menschen oder fremde Sachen von bedeutendem Wert gefährdet; dadurch
Zum Gefahrerfolg s. o. bei § 315c StGB.

Mit dem Wort „dadurch" drückt § 315b I StGB aus, dass ein innerer Zusammenhang zwischen der auf der Tathandlung beruhenden Beeinträchtigung der Sicherheit des Straßenverkehrs und dem Gefahrerfolg erforderlich ist; die Gefährdung muss Folge des Eingriffs sein, die typische Gefährlichkeit des Fehlverhaltens muss sich realisiert haben.[129]

Es handelt sich um eine **Dreistufigkeit**: Der Eingriff als Tathandlung (1) muss zu einer (eher abstrakten) Beeinträchtigung der Sicherheit des Straßenverkehrs führen (2), aus der dann die konkrete Gefahr (3) erwächst.[130]

Insbesondere darf der Eingriff sich nicht in der durch ihn verursachten Gefahr erschöpfen.[131] Der Zwischenerfolg (Beeinträchtigung der Sicherheit des Straßenverkehrs) darf nicht aus dem Tatbestand eliminiert werden. Nicht jede Sachbeschädigung oder Körperverletzung im Straßenverkehr wird dieser Dreistufigkeit und dem Schutzzweckzusammenhang gerecht; nur verkehrsspezifische Gefahren sind rele-

---

[127] S. Eisele, BT I, 6. Aufl. 2021, Rn. 1159; aus der Rspr. vgl. OLG Düsseldorf B. v. 27.05.1982 – 5 S 206/82-162/82 I – NJW 1982, 2391.

[128] Zum Straßenverkehr im spezifischen Kontext des § 315b StGB s. Pegel, in: MK-StGB, 4. Aufl. 2022, § 315b Rn. 5ff.

[129] Fischer, StGB, 71. Aufl. 2024, § 315b Rn. 18f.; näher Brand/Albrecht ZStW 2014, 669; aus der Rspr. vgl. zuletzt BGH U. v. 09.12.2021 – 4 StR 167/21 – NJW 2022, 409 = NStZ 2022, 298 = StV 2022, 444 (Anm. Bosch Jura 2022, 648; Hecker JuS 2022, 462; LL 2022, 254; RÜ 2022, 171; Krumm NJW 2022, 412; Kudlich NStZ 2022, 300; Fahl JR 2022, 346; Hecker HRRS 2022, 147); BGH B. v. 30.08.2022 – 4 StR 215/22 – StV 2023, 247; BGH B. v. 30.08.2022 – 4 StR 267/22 – StV 2023, 233; AG Auerbach (Vogtland) U. v. 12.09.2022 – 3 Cs 440 Js 14578/21 (Anm. Deutscher NZV 2023, 189).

[130] Eisele, BT I, 6. Aufl. 2021, Rn. 1161.

[131] Eisele, BT I, 6. Aufl. 2021, Rn. 1161; aus der Rspr. vgl. BGH U. v. 13.06.2006 – 4 StR 123/06 – NStZ 2007, 34 (Anm. Bosch JA 2006, 900; RA 2006, 623; Jahn JuS 2007, 89; LL 2007, 103; Grupp/Kinzig NStZ 2007 132).

vant: Die konkrete Gefahr muss jedenfalls auch auf die Wirkungsweise der für Verkehrsvorgänge typischen Fortbewegungskräfte (Dynamik des Straßenverkehrs) zurückzuführen sein.[132]

Beispiel 236

BGH U. v. 15.11.2001 – 4 StR 233/01 (Mülltonnenvandalismus) – BGHSt 47, 158 = NJW 2002, 626 = NStZ 2002, 252 = StV 2002, 359 (Anm. Kühl, Höchstrichterliche Rspr. BT, 2002, Nr. 7; Geppert JK 2002 StGB § 142/20; Baier JA 2002, 631; Martin JuS 2002, 716; LL 2002, 393; RÜ 2002, 121; RA 2002, 184; famos 2/2002; Sternberg-Lieben JR 2002, 386; Schnabl NZV 2005, 281):

B1 und B2 beschlossen, zum Zeitvertreib und Spaß auszuprobieren, ob es möglich sei, Mülltonnen aus dem fahrenden Auto heraus zu greifen und nach einer gewissen Strecke „loszulassen" Diesen Entschluss setzten sie bei nächtlichen Fahrten um, wobei jeweils B1 seinen Pkw führte, während B2 vom Beifahrersitz aus die Mülltonnen ergriff und wieder losließ. Im ersten Fall prallte eine der Mülltonnen gegen einen abgestellten Pkw, an dem ein Reparaturschaden in Höhe von 2700 DM entstand; im zweiten Fall wurden zwei geparkte Pkw getroffen, wobei an einem ein Schaden von ca. 2000 DM verursacht wurde. In Kenntnis der von ihnen angerichteten Schäden fuhren B1 und B2 jeweils sogleich davon. ◄

B1 und B2 haben mittäterschaftlich Fahrzeuge i. S. d. § 315b I Nr. 1 StGB beschädigt. Problematisch ist zunächst, dass sie sich dabei selbst in einem Pkw befanden. § 315b erfasst grundsätzlich nur Eingriffe von außen in den Straßenverkehr. B1 und B2 handelten aber grob verkehrswidrig, hatten die Absicht, den Pkw verkehrsfremd, namentlich als Mülltonnenbeschleuniger, zu verwenden und nahmen Schäden zumindest billigend in Kauf. Insofern sind sie aus ihrer Rolle als Verkehrsteilnehmer herausgetreten und haben einen Eingriff in den Straßenverkehr verübt. Dann ist allerdings fraglich, ob sie dadurch die Sicherheit des Straßenverkehrs beeinträchtigt haben. Dass Sachen von bedeutendem Wert, namentlich Fahrzeuge, beschädigt und damit notwendig gefährdet worden sind, reicht für § 315b StGB allein nicht aus. Der Eingriff darf sich nicht in der konkreten Gefahr erschöpfen, sondern die konkrete Gefahr darf sich erst aus der Beeinträchtigung der Sicherheit des Straßenverkehrs ergeben. Dies ist zu verneinen.

Beispiel 237

BGH U. v. 04.11.2008 – 4 StR 411/08 – NStZ 2009, 100 = StV 2009, 698 (Anm. Satzger JK 2009 StGB § 315b/12; RÜ 2009, 33; RA 2009, 52; Obermann NStZ 2009, 539):

Nach Begehung eines Banküberfalls flüchteten B1 und B2 mit einem Pkw, den sie zuvor entwendet hatten. Gelenkt wurde das Fluchtfahrzeug von B1. Z, der das Tatgeschehen zufällig beobachtet hatte, nahm mit seinem Geländewagen die Verfolgung auf. Auf Grund der stärkeren Motorisierung des eigenen Fahrzeugs

---
[132] Fischer, StGB, 71. Aufl. 2024, § 315b Rn. 17a, 18.; aus der Rspr. vgl. zuletzt BGH B. v. 30.08.2022 – 4 StR 215/22 – StV 2023, 247; BGH B. v. 30.08.2022 – 4 StR 267/22 – StV 2023, 233.

hatte Z keine Schwierigkeiten, sich dicht hinter das Fluchtfahrzeug von B1 und B2 zu setzen. B1 bemerkte die Verfolgung und fasste den Entschluss, mit einer der bei dem Banküberfall verwendeten Pistolen auf das verfolgende Fahrzeug zu schießen, um es fahruntauglich zu machen und auf diese Weise dessen Fahrer an einer weiteren Verfolgung zu hindern. Er unterrichtete die B2 von seiner Absicht, die hiermit einverstanden war und ihm zur Ausführung seines Vorhabens eine Schusswaffe reichte. Z hatte zwischenzeitlich zum Überholen angesetzt. Als beide Fahrzeuge sich bei einer Geschwindigkeit von etwa 80 bis 90 km/h auf gleicher Höhe befanden, gab B1 in schneller Reihenfolge 3 Schüsse auf das etwa 1,5 m entfernte Fahrzeug Z ab. Zwei Schüsse trafen, wobei die Projektile in einer Höhe von 97 und 118 cm jeweils die Karosserie durchschlugen, ohne jedoch Z zu verletzen. Die beiden Einschüsse führten nicht zu einer Fahrzeugerschütterung. Z, der die auf sein Fahrzeug gerichtete Waffe gesehen und auch die Einschüsse akustisch wahrgenommen hatte, fühlte sich nicht in seiner Fahrsicherheit beeinträchtigt. Er ließ sich, auch weil sich zwischenzeitlich Gegenverkehr näherte, jedoch wieder hinter das von B1 und B2 zurückfallen. An dem Fahrzeug des Z entstand durch den Einschlag der Projektile ein Sachschaden i. H. v. ca. 3000 €. ◄

Auch hier liegt eine Beeinträchtigung der Sicherheit des Straßenverkehrs nicht vor. Durch die Schüsse werden allein Z und sein Geländewagen, nicht aber eine größere Menge von Verkehrsteilnehmern konkret gefährdet.

Ausreichend ist aber, wenn die Tathandlung unmittelbar zu einem bedeutenden Fremdsachschaden führt und dieser Erfolg sich als Steigerung der durch die Tathandlung bewirkten abstrakten Gefahr für die Sicherheit des Straßenverkehrs darstellt.[133]

Beispiel 238

BGH U. v. 04.12.2002 – 4 StR 103/02 (Steinewerfer) – BGHSt 48, 119 = NJW 2003, 836 = NStZ 2003, 266 = StV 2004, 135 (Anm. Geppert JK 2003 StGB § 315b/9; König JA 2003, 818; Martin JuS 2003, 620; LL 2003, 340; RÜ 2003, 170; RA 2003, 128; König JR 2003, 255; Berz/Saal NZV 2003, 198):
B verübte bei insgesamt 13 Gelegenheiten jeweils bei Dunkelheit Anschläge auf den Autobahnverkehr auf der BAB 15, indem er Gegenstände auf dort fahrende Kraftfahrzeuge warf, von Autobahnbrücken Gegenstände so herunterhängte, dass diese die Fahrzeuge in Höhe der Frontscheiben trafen, bzw. Steine und andere Gegenstände so auf der Fahrbahn aufstellte, dass Fahrzeuge dagegen stießen. In allen Fällen kam es zu Unfällen mit zumindest Sachschäden in unterschiedlicher Höhe. In zwei Fällen erlitten Insassen von Pkw auch Verletzungen. ◄

---

[133] Fischer, StGB, 71. Aufl. 2024, § 315b Rn. 17a; aus der Rspr. vgl. BGH B. v. 26.07.2011 – 4 StR 340/11 – StV 2012, 217 (Anm. LL 2012, 28).

Das Werfen von Gegenständen auf fahrende Kfz und noch deutlicher das Herunterhängen von Autobahnbrücken haben im Gegensatz zu einem gezielten Schuss auf einen Pkw einen größeren Wirkungsbereich. Ähnlich wäre es bei ungezieltem Maschinengewehrfeuer auf eine Straße. Deswegen liegt hier eine Beeinträchtigung der Sicherheit des Straßenverkehrs vor, aus der die konkreten Gefährdungen der Verkehrsteilnehmer folgen.

Mithin kann auch bei ganz schnellen zeitlichen Abläufen der Tatbestand gegeben sein, solange sich nur Eingriff, Beeinträchtigung der Sicherheit des Straßenverkehrs und Gefahrerfolg trennen lassen.[134]

bb) Subjektiver Tatbestand
Soweit § 315b I StGB aufgrund einer sog. Pervertierung eingreifen soll, ist zu beachten, dass zusätzlich Schädigungsvorsatz vorausgesetzt wird.

c) Rechtswidrigkeit
Es gelten die allgemeinen Grundsätze.

d) Schuld
Es gelten die allgemeinen Grundsätze.

e) Tätige Reue
§ 320 StGB enthält eine Regelung zur tätigen Reue.

> **§ 320 StGB (Tätige Reue)**
> (1) Das Gericht kann die Strafe in den Fällen des § 316c Abs. 1 nach seinem Ermessen mildern (§ 49 Abs. 2), wenn der Täter freiwillig die weitere Ausführung der Tat aufgibt oder sonst den Erfolg abwendet.
> (2) Das Gericht kann die in den folgenden Vorschriften angedrohte Strafe nach seinem Ermessen mildern (§ 49 Abs. 2) oder von Strafe nach diesen Vorschriften absehen, wenn der Täter in den Fällen
> […]
> 2. des § 315b Abs. 1, 3 oder 4, Abs. 3 in Verbindung mit § 315 Abs. 3 Nr. 1,
> […]
> freiwillig die Gefahr abwendet, bevor ein erheblicher Schaden entsteht.
> (3) Nach den folgenden Vorschriften wird nicht bestraft, wer 1. in den Fällen des
> […]
> b) § 315b Abs. 5,
> […]
> freiwillig die Gefahr abwendet, bevor ein erheblicher Schaden entsteht, oder
> […]
> (4) Wird ohne Zutun des Täters die Gefahr oder der Erfolg abgewendet, so genügt sein freiwilliges und ernsthaftes Bemühen, dieses Ziel zu erreichen.

---

[134] Eisele, BT I, 6. Aufl. 2021, Rn. 1162.

f) Rechtsfolgen

§ 315b I StGB sieht Freiheitsstrafe bis zu fünf Jahren (im Minimum also ein Monat, § 38 II StGB) oder Geldstrafe (zu den Grenzen s. § 40 StGB) vor.

g) Sonstiges

Der Versuch ist nach § 315b II StGB strafbar.

Im Hinblick auf die **Konkurrenzen** ist das Verhältnis von §§ 315b StGB und § 315c StGB umstritten.[135]

Die Rspr.[136] und die wohl h. L.[137] nehmen Tateinheit an.

Eine starke Auffassung in der Literatur[138] geht von einen Vorrang des § 315b StGB aus. Jedenfalls bei Klarstellungsbedürfnis hinsichtlich einer Fahruntüchtigkeit des Täters (§ 315c I Nr. 1 StGB) gilt richtigerweise § 52 StGB.

2. § 315b I i. V. m. IV StGB

a) Aufbau

I. Tatbestand
  1. Objektiver Tatbestand
     a) § 315b I Nr. 1–3 StGB
     b) Die Sicherheit des Straßenverkehrs beeinträchtigt
     c) Dadurch
     d) Leib oder Leben eines anderen Menschen oder fremde Sachen von bedeutendem Wert gefährdet
     e) Dadurch
  2. Subjektiver Tatbestand
     a) Vorsatz bzgl. 1) a)–c)
     b) Fahrlässig (objektive Fahrlässigkeit)
II. Rechtswidrigkeit
III. Schuld
  1. Allgemeines
  2. Subjektive Fahrlässigkeit
IV. Tätige Reue, § 320 II Nr. 2 StGB

b) Erläuterungen

§ 315b I i. V. m. IV StGB modifiziert das reine Vorsatzdelikt dahingehend, dass (freilich nur) bzgl. des Gefahrerfolgs Fahrlässigkeit genügt (sog. Vorsatz-Fahrlässigkeits-Kombination).

§ 315b I i. V. m. IV StGB sieht Freiheitsstrafe bis zu drei Jahren (im Minimum also ein Monat, § 38 II StGB) oder Geldstrafe (zu den Grenzen s. § 40 StGB) vor.

---

[135] Hierzu Eisele, BT I. Aufl. 2012, Rn. 1171; aus der Rspr. vgl. zuletzt BGH U. v. 04.02.2021 – 4 StR 403/20 – NStZ 2023, 232 (Anm. von Heintschel-Heinegg JA 2021, 521; Eisele JuS 2021, 558; LL 2021, 604; RÜ 2021, 299).

[136] S. o.

[137] S. Heger, in: Lackner/Kühl/Heger, StGB, 30. Aufl. 2023, § 315b Rn. 7.

[138] Kindhäuser/Hilgendorf, LPK, 9. Aufl. 2022, § 315b Rn. 19.

3. § 315b I i. V. m. V StGB

a) Aufbau
 I. Tatbestand
  1. § 315b I Nr. 1–3 StGB
  2. Die Sicherheit des Straßenverkehrs beeinträchtigt
  3. Dadurch
  4. Leib oder Leben eines anderen Menschen oder fremde Sachen von bedeutendem Wert gefährdet
  5. Dadurch
  6. Fahrlässig (objektive Fahrlässigkeit)
 II. Rechtswidrigkeit
III. Schuld
  1. Allgemeines
  2. Subjektive Fahrlässigkeit
IV. Tätige Reue, § 320 III Nr. 1 lit. b StGB

b) Erläuterungen
§ 315b I i. V. m. IV StGB normiert ein reines Fahrlässigkeitsdelikt.

§ 315b I i. V. m. IV StGB sieht Freiheitsstrafe bis zu zwei Jahren (im Minimum also ein Monat, § 38 II StGB) oder Geldstrafe (zu den Grenzen s. § 40 StGB) vor.

III. (Z. T. Erfolgs-)Qualifikation des § 315b I StGB, §§ 315b III i. V. m. § 315 III StGB

1. Allgemeines
Gem. § 315b III i. V. m. § 315 III StGB kann die Tat – nur das reine Vorsatzgrunddelikt[139] – qualifiziert werden.

> **§ 315 III StGB (Gefährliche Eingriffe in den Bahn-, Schiffs- und Luftverkehr)**
> Auf Freiheitsstrafe nicht unter einem Jahr ist zu erkennen, wenn der Täter
>   1. in der Absicht handelt,
>   a) einen Unglücksfall herbeizuführen oder
>   b) eine andere Straftat zu ermöglichen oder zu verdecken, oder
>   2. durch die Tat eine schwere Gesundheitsschädigung eines anderen Menschen oder eine Gesundheitsschädigung einer großen Zahl von Menschen verursacht.

---

[139] Fischer, StGB, 71. Aufl. 2024, § 315b Rn. 22 i. V. m. § 315 Rn. 23.

2. §§ 315b III i. V. m. § 315 III Nr. 1 StGB

a) Aufbau
I. Tatbestand
  1. Objektiver Tatbestand
  2. Handelt der Täter
  3. Subjektiver Tatbestand
     a) Vorsatz
     b) Unter den Voraussetzungen des § 315 Abs. 3
        aa) § 315 III Nr. 1 lit. a StGB
        bb) § 315 III Nr. 1 lit. b StGB
II. Rechtswidrigkeit
III. Schuld
IV. Tätige Reue, § 320 II Nr. 2 StGB

b) Erläuterungen

Unglücksfall i. S. d. § 315 III Nr. 1 **lit. a** StGB ist ein plötzlich eintretender Zustand, bei dem ein durch die Gefahr verursachter Schaden droht.[140] Aufgrund des Absichtserfordernisses muss der Wille des Täters auf eine Schadensherbeiführung (aufgrund Verwirklichung einer verkehrsspezifischen Gefahr[141]) gerichtet sein.[142] Sachschaden genügt diesbzgl.[143]

Besonders fallbearbeitungsrelevant ist § 315 III Nr. 1 **lit. b** StGB (v. a. die Verdeckungsabsicht, insbesondere in Polizeifluchtfällen); zur Ermöglichungs- und Verdeckungsabsicht s. o. bei § 211 StGB.

§§ 315b III i. V. m. § 315 III Nr. 1 StGB sieht Freiheitsstrafe Freiheitsstrafe von einem Jahr bis zu zehn Jahren vor, der in die Norm integrierte – unbenannte – minder schwere Fall Freiheitsstrafe von sechs Monaten bis zu fünf Jahren.

3. §§ 315b III i. V. m. § 315 III Nr. 2 StGB

a) Aufbau
I. Tatbestand
  1. Objektiver Tatbestand
     a) Handelt der Täter

---

[140] H. M., Eisele, BT I, 6. Aufl. 2021, Rn. 1167.

[141] Aus der Rspr. vgl. BGH U. v. 09.12.2021 – 4 StR 167/21 – NJW 2022, 409 = NStZ 2022, 298 = StV 2022, 444 (Anm. Bosch Jura 2022, 648; Hecker JuS 2022, 462; LL 2022, 254; RÜ 2022, 171; Krumm NJW 2022, 412; Kudlich NStZ 2022, 300; Fahl JR 2022, 346; Hecker HRRS 2022, 147).

[142] Fischer, StGB, 71. Aufl. 2024, § 315b Rn. 22 i. V. m. § 315 Rn. 22; aus der Rspr. vgl. zuletzt BGH U. v. 11.10.2018 – 4 StR 195/18 – NStZ-RR 2019, 41 = StV 2020, 116.

[143] Aus der Rspr. vgl. BGH U. v. 09.12.2021 – 4 StR 167/21 – NJW 2022, 409 = NStZ 2022, 298 = StV 2022, 444 (Anm. Bosch Jura 2022, 648; Hecker JuS 2022, 462; LL 2022, 254; RÜ 2022, 171; Krumm NJW 2022, 412; Kudlich NStZ 2022, 300; Fahl JR 2022, 346; Hecker HRRS 2022, 147).

            b) Unter den Voraussetzungen des § 315 Abs. 3
                - § 315 III Nr. 2 StGB
                    aa) Eine schwere Gesundheitsschädigung eines anderen Menschen oder eine Gesundheitsschädigung einer großen Zahl von Menschen
                    bb) Hinsichtlich dieser Folge wenigstens Fahrlässigkeit, § 18 StGB (objektive Fahrlässigkeit)
                    cc) Durch die Tat … verursacht
        2. Subjektiver Tatbestand
            - Vorsatz bzgl. § 315b I StGB
    II. Rechtswidrigkeit
    III. Schuld
        1. Allgemeines
        2. Hinsichtlich dieser Folge wenigstens Fahrlässigkeit, § 18 StGB (subjektive Fahrlässigkeit)
    IV. Tätige Reue, § 320 II Nr. 2 StGB

b) Erläuterungen

Zu § 315 III Nr. 2 StGB – eine Erfolgsqualifikation[144] – vgl. o. bei § 306b I StGB.

E. Verbotenes Kraftfahrzeugrennen, § 315d StGB

▶ **Didaktische Aufsätze**
- Zieschang, Zur Strafbarkeit nicht genehmigter Kraftfahrzeugrennen im Straßenverkehr, JA 2016, 721
- Neumann, Klassische und aktuelle Probleme der Strafbarkeit nicht genehmigter Kraftfahrzeugrennen, Jura 2017, 160
- Kulhanek, Verbotene Kraftfahrzeugrennen, § 315 d StGB, Jura 2018, 561
- Blanke-Roeser, Kraftfahrzeugrennen iSd neuen § 315 d StGB, JuS 2018, 18
- Gerhold/Meglalu, Verbotene Kraftfahrzeugrennen nach § 315d StGB im Lichte des Allgemeinen Teils, ZJS 2018, 321

I. Allgemeines

Der 2017 neu geschaffene § 315d StGB stellt verbotene Kraftfahrzeugrennen unter Strafe.[145]

---

[144] Pegel, in: MK-StGB, 4. Aufl. 2022, § 315 Rn. 93.
[145] Hierzu Zieschang JA 2016, 721; Kubiciel jurisPR-StrafR 16/2016 Anm. 1; Ceffinato ZRP 2016, 201; Neumann Jura 2017, 160; Jansen jurisPR-StrafR 13/2017 Anm. 1; Kubiciel jurisPR-StrafR 13/2017 Anm. 2; Dahlke/Hoffmann-Holland KriPoZ 2017, 35; Dahlke/Hoffmann-Holland KriPoZ 2017, 306; Piper NZV 2017, 70; Preuß NZV 2017, 105; Jansen NZV 2017, 214; Kusche NZV 2017, 414; Mitsch DAR 2017, 70; Kulhanek Jura 2018, 561; Stam StV 2018, 464; Blanke-Roeser JuS 2018, 18; Eisele KriPoZ 2018, 32; Walter KriPoZ 2018, 39; Preuß NZV 2018, 537; Ruhs SVR 2018, 286; Weigend FS Fischer 2018, 569; Schulz-Merkel NZV 2020, 397; Rechtsprechungsübersicht bei Nowrousian NZV 2022, 1; zu illegalen Autorennen aus verkehrspsychologischer Sicht Barthelmess NZV 2019, 289; zur Problematik etwaiger Eigenhändigkeit Zieschang GA 2021, 313.

E. Verbotene Kraftfahrzeugrennen, § 315d StGB

> **§ 315d StGB (Verbotene Kraftfahrzeugrennen)**
> (1) Wer im Straßenverkehr
>   1. ein nicht erlaubtes Kraftfahrzeugrennen ausrichtet oder durchführt,
>   2. als Kraftfahrzeugführer an einem nicht erlaubten Kraftfahrzeugrennen teilnimmt oder
>   3. sich als Kraftfahrzeugführer mit nicht angepasster Geschwindigkeit und grob verkehrswidrig und rücksichtslos fortbewegt, um eine höchstmögliche Geschwindigkeit zu erreichen, wird mit Freiheitsstrafe bis zu zwei Jahren oder mit Geldstrafe bestraft.
>
> (2) Wer in den Fällen des Absatzes 1 Nummer 2 oder 3 Leib oder Leben eines anderen Menschen oder fremde Sachen von bedeutendem Wert gefährdet, wird mit Freiheitsstrafe bis zu fünf Jahren oder mit Geldstrafe bestraft.
>
> (3) Der Versuch ist in den Fällen des Absatzes 1 Nummer 1 strafbar.
>
> (4) Wer in den Fällen des Absatzes 2 die Gefahr fahrlässig verursacht, wird mit Freiheitsstrafe bis zu drei Jahren oder mit Geldstrafe bestraft.
>
> (5) Verursacht der Täter in den Fällen des Absatzes 2 durch die Tat den Tod oder eine schwere Gesundheitsschädigung eines anderen Menschen oder eine Gesundheitsschädigung einer großen Zahl von Menschen, so ist die Strafe Freiheitsstrafe von einem Jahr bis zu zehn Jahren, in minder schweren Fällen Freiheitsstrafe von sechs Monaten bis zu fünf Jahren.

Die Norm schützt als abstraktes Gefährdungsdelikt[146] neben der Sicherheit des Straßenverkehrs[147] auch Leib, Leben und Eigentum der Verkehrsteilnehmer.[148] Dies kommt insbesondere in den Qualifikationstatbeständen der § 315d II, V StGB zum Ausdruck.

II. Grunddelikte, § 315d I StGB

1. § 315d I Nr. 1 StGB

a) Aufbau
I. Tatbestand
　1. Objektiver Tatbestand
　　a) Im Straßenverkehr
　　b) Ein Kraftfahrzeugrennen
　　c) Nicht erlaubtes (?)
　　d) Ausrichtet oder durchführt
　2. Subjektiver Tatbestand

---

[146] Kulhanek, in: BeckOK-StGB, Stand 01.02.2024, § 315d Rn. 1; Joecks/Jäger, StGB, 13. Aufl. 2021, § 315d Rn. 13; aus der Rspr. vgl. zuletzt KG B. v. 18.05.2022 – 3 Ss 16/22 – NStZ 2023, 44 (Anm. Pschorr jurisPR-StrafR 13/2022 Anm. 3).
[147] Zieschang JA 2016, 721 (722).
[148] Vgl. BT-Drs. 18/10145, 8f.; Fischer, StGB, 71. Aufl. 2024, § 315d Rn. 2.

II. Rechtswidrigkeit
- insbesondere: „nicht erlaubtes"
III. Schuld

b) Tatbestand

aa) Objektiver Tatbestand

(1) Im Straßenverkehr

Der Begriff des Straßenverkehrs ist im Ausgangspunkt entsprechend den wortgleichen Formulierungen in anderen Delikten desselben Abschnitts, namentlich in den §§ 315b, c, 316 auszulegen, s. insoweit dort.[149]

Einige Literaturstimmen sprechen sich für eine teleologische Reduktion der Norm aus, wonach die Fälle aus dem Anwendungsbereich ausscheiden, in denen der Täter die konkrete Ungefährlichkeit des Renngeschehens sichergestellt hat.[150] Unter dieser Voraussetzung seien lediglich Rechtsgüter der Rennbeteiligten gefährdet. Die Bestrafung sei daher vor dem Hintergrund des Schuldprinzips bedenklich.[151]

Dies überzeugt indes nicht: § 315d StGB trägt gerade der dem unerlaubten Kraftfahrzeugrennen immanenten Unberechenbarkeit Rechnung. Wegen dieser Unberechenbarkeit hat der Gesetzgeber bereits das missbilligte Verhalten an sich als abstraktes Gefährdungsdelikt mit Strafe belegt. Diese Entscheidung darf nicht durch das Erfordernis einer konkreten Gefährdung unterlaufen werden.[152] Eine teleologische Reduktion ist daher abzulehnen.

(2) Ein Kraftfahrzeugrennen[153]

(a) Kraftfahrzeug

Im Gegensatz zu § 315c StGB kann Tatmittel des § 315d StGB nur ein Kraftfahrzeug sein.

Eine Definition hierzu findet sich zunächst in § 248b IV StGB (s. Vermögensdelikte): „Fahrzeuge, die durch Maschinenkraft bewegt werden, Landkraftfahrzeuge nur insoweit, als sie nicht an Bahngleise gebunden sind", allerdings haben die Normen unterschiedliche Schutzrichtungen: § 248b StGB dient Eigentums-

---

[149] Pegel, in: MK-StGB, 4. Aufl. 2022, § 315d Rn. 5; Kulhanek, in: BeckOK-StGB, Stand 01.02.2024, § 315d Rn. 10; Jansen NZV 2017, 214 (215).

[150] Kulhanek, in: BeckOK-StGB, Stand 01.02.2024, § 315d Rn. 1.1; Mitsch DAR 2017, 70 (72).

[151] Blanke-Roeser JuS 2018, 18 (22); Preuß NZV 2017, 105 (111); Zieschang JA 2016, 721 (722).

[152] Pegel, in: MK-StGB, 4. Aufl. 2022, § 315d Rn. 3.

[153] Hierzu näher Blanke-Roeser JuS 2018, 18; Steinert SVR 2022, 201; aus der Rspr. vgl. zuletzt BGH B. v. 08.12.2021 – 4 StR 224/20 – StV 2022, 446 (Anm. Nowrousian NZV 2022, 292); KG B. v. 18.05.2022 – 3 Ss 16/22 – NStZ 2023, 44 (Anm. Pschorr jurisPR-StrafR 13/2022 Anm. 3); BGH B. v. 19.07.2022 – 4 StR 116/22 – NStZ-RR 2022, 373 = StV 2023, 542; OLG Oldenburg U. v. 14.11.2022 – 1 Ss 199/22 – StV-S 2023, 103.

interessen, während § 315d StGB andere Verkehrsteilnehmer vor Gefahren gerade durch den Kraftfahrzeugeinsatz schützen soll. Da insoweit ein Fokus auf die Gefährlichkeit des Kraftfahrzeugs gelegt werden muss, kann die Legaldefinition des § 248b IV StGB nicht übertragen werden.[154]

Vielmehr bietet es sich an, den straßenverkehrsrechtlichen Kraftfahrzeugbegriff des § 1 II StVG anzuwenden. Hiernach sind Kraftfahrzeuge Landfahrzeuge, die durch Maschinenkraft bewegt werden, ohne an Bahngleise gebunden zu sein. Vom straßenverkehrsrechtlichen Kraftfahrzeugbegriff ausgenommen sind gemäß § 1 III StVG bestimmte Elektrofahrräder. Ob diese Wertung auf § 315d StGB zu übertragen ist, wird uneinheitlich beurteilt.[155]

Teilweise wird eingewandt, die Ausnahme aus dem Kraftfahrzeugbegriff diene primär dazu, Elektrofahrradfahrern die Benutzung der Fahrradwege zu ermöglichen. Die Gefährlichkeit für den Straßenverkehr sei aber vergleichbar zu der (anderer) Kraftfahrzeuge.[156]

Dies ist indes zu bezweifeln: Gemäß § 1 III Nr. 1 StVG ist ein Elektrofahrrad nur dann kein Kraftfahrzeug, wenn sein Motor sich bei Erreichen einer Geschwindigkeit von 25 km/h abschaltet. Ob des geringeren Bremsweges, der längeren Reaktionsfenster bei plötzlichen Ereignissen sowie des geringeren Impulses ist das zu erzielende Gefahrpotenzial nicht mit dem eines Kraftfahrzeugs i. S. d. StVG zu vergleichen. Vielmehr kommt dem Motor eine muskelkraftunterstützende Funktion zu. Daher liegt eine Gleichbehandlung mit nicht motorisierten Fahrrädern nahe. Für die Ausklammerung der Elektrofahrräder spricht zudem, dass auch das StVG der Sicherheit des Straßenverkehrs dient. Die Anwendung des § 1 III StVG würde insoweit Wertungswidersprüche vermeiden.[157]

(b) Rennen
Nach den Gesetzgebungsmaterialien zur Norm soll der in der Rechtsprechung zu § 29 StVO a. F. etablierte Rennbegriff auf § 315d StGB übertragen werden.[158] Hiernach sind Kraftfahrzeugrennen Wettbewerbe oder Teile eines Wettbewerbs sowie Veranstaltungen zur Erzielung von Höchstgeschwindigkeiten oder höchsten Durchschnittsgeschwindigkeiten mit mindestens zwei teilnehmenden Kraftfahrzeugen, wobei es weder auf die Länge der gefahrenen Strecke ankommt noch einer vorherigen Absprache der Beteiligten bedarf.[159]

---

[154] Zieschang JA 2017, 721 (724); a.A. Jansen NZV 2017, 214 (216).

[155] Für die Anwendung des § 1 III StVG i. R. d. § 315d StGB Kulhanek, in: BeckOK-StGB, Stand 01.02.2024, § 315d Rn. 15; Stam StV 2018, 464 (465); dagegen Preuß NZV 2017, 105 (111); Zieschang JA 2016, 721 (724).

[156] Zieschang JA 2016, 721 (724).

[157] Vgl. Kulhanek, in: BeckOK-StGB, Stand 01.02.2024, § 315d Rn. 15.

[158] BT-Drs. 18/12964.

[159] Aus der Rspr. vgl. zuletzt KG B. v. 18.05.2022 – 3 Ss 16/22 – NStZ 2023, 44 (Anm. Pschorr jurisPR-StrafR 13/2022 Anm. 3); BGH B. v. 19.07.2022 – 4 StR 116/22 – NStZ-RR 2022, 373 = StV 2023, 542.

Der Wettbewerbsbegriff wird weit verstanden, es ist nicht erforderlich, dass die Kontrahenten die Strecke gleichzeitig absolvieren.[160] Nicht einmal eine Siegerermittlung ist erforderlich.[161]

Erfasst sind gemäß der Definition auch **spontane** („wilde") Rennen. Hierfür wird aber verlangt, dass die Kontrahenten die Bereitschaft des jeweils anderen erkennen.[162]

Nach Ansicht des Gesetzgebers sollen auch Fähigkeitswettbewerbe, die nicht auf die Erzielung einer möglichst hohen Geschwindigkeit abzielen (insbesondere **Geschicklichkeits- und Orientierungsfahrten**) unter den Begriff des Rennens subsumiert werden.[163] In der Rspr. zu § 29 StVO a. F. wurde die Frage uneinheitlich beurteilt. Die h. L. wendet sich gegen eine Erfassung jedenfalls i. R. d. § 315d StGB,[164] ebenso die jüngere Rspr.[165]

Der weiten Auffassung ist zuzugeben, dass auch die Ausführung bestimmter Kunststücke (etwa Burnout, Wheelies, Stoppies und Donuts) einen Kontrollverlust bewirken kann, der im innerstädtischen Verkehr zu einer erheblichen Gefährdung anderer Verkehrsteilnehmer führt.[166]

Zu folgen ist dennoch der h. L.: Im Strafrecht gilt im Gegensatz zum Straßenverkehrsrecht die Wortlautgrenze des Art. 103 II GG. Dem Begriff des Rennens ist aber gerade der Geschwindigkeitswettbewerb immanent.[167] Das Abstellen auf eine vergleichbare Gefährlichkeit wäre eine unzulässige Analogie. Erfasst sind Fähigkeitswettbewerbe also nur, soweit das Erzielen einer höchstmöglichen Geschwindigkeit zumindest eines der bewertungsrelevanten Kriterien darstellt.

Umstritten ist weiterhin, ob die **Einhaltung der geltenden Verkehrsregeln** den Renncharakter einer Veranstaltung ausschließt.[168] Entgegen einer Minderheitsauffassung[169] hält die wohl h. M. einen Verstoß gegen Verkehrsregeln nicht für notwen-

---

[160] Blanke-Roeser JuS 2018, 18 (21); Jansen NZV 2017, 214 (216); Zieschang JA 2016, 721 (723).

[161] Kulhanek, in: BeckOK-StGB, Stand 01.02.2024, § 315d Rn. 13; aus der Rechtsprechung zu § 29 StVO a. F. OLG Hamm B. v. 05.03.2013 – 1 RDs 24/13 – NZV 2013, 403; OLG Oldenburg B. v. 24.10.2016 – 2 Ss (OWi) 295/16 – DAR 2017, 93.

[162] Kulhanek, in: BeckOK-StGB, Stand 01.02.2024, § 315d Rn. 13; Pegel, in: MK-StGB, 4. Aufl. 2022, § 315d Rn. 7; für eine einseitige Eintrittsmöglichkeit i. R. d. § 29 StVO a. F. noch OLG Hamm B. v. 07.04.1997 – 2 Ss OWi 260/97 – NZV 1997, 367.

[163] Aus der Rspr. vgl. LG Koblenz B. v. 14.10.2020 – 4 Qs 60/20 (Anm. Fromm NZV 2021, 222); KG U. v. 18.01.2022 – 3 Ss 59/21, 3 Ss 60/21 – StV 2023, 603 (Anm. RÜ 2023, 21).

[164] Pegel, in: MK-StGB, 4. Aufl. 2022, § 315d Rn. 9; Blanke-Roeser JuS 2018, 18 (20); Jansen NZV 2017, 214 (216); Preuß NZV 2017, 105 (109); Zieschang JA 2016, 721 (723).

[165] S. o.

[166] BR-Drs. 362/1/16, 12.

[167] Fischer, StGB, 71. Aufl. 2024, § 315d Rn. 6; Pegel, in: MK-StGB, 4. Aufl. 2022, § 315d Rn. 8.

[168] Kulhanek, in: BeckOK-StGB, Stand 01.02.2024, § 315d Rn. 14; aus der Rspr. vgl. LG Berlin B. v. 29.01.2019 – 511 Qs 126/18 (Anm. Winkelmann NZV 2019, 541); KG B. v. 18.05.2022 – 3 Ss 16/22 – NStZ 2023, 44 (Anm. Pschorr jurisPR-StrafR 13/2022 Anm. 3).

[169] Kulhanek, in: BeckOK-StGB, Stand 01.02.2024, § 315d Rn. 14.

dig.[170] Hierfür wird vorgebracht, auch bei Einhaltung insbesondere der Geschwindigkeitsbegrenzungen bewirke das Geschwindigkeitsstreben eine Gefährdung anderer Verkehrsteilnehmer.[171]

Allerdings wäre es ein Wertungswiderspruch, wenn pönalisiert würde, was nach der StVO erlaubt ist. Auch erfordert § 3 I StVO die Anpassung an die konkrete Verkehrssituation, eine Fahrweise, bei der die Kontrolle über das Fahrzeug nicht sichergestellt werden kann, ist stets ein Verstoß gegen Straßenverkehrsrecht.

Entgegen teilweise vertretener Ansicht[172] folgt schon aus der Beschränkung auf Kraftfahrzeugrennen, dass der Einsatz von **Motorkraft** erforderlich ist. Rollen die Teilnehmer lediglich in Kraftfahrzeugen einen Berg hinunter, liegt mithin kein Rennen vor.

(3) Nicht erlaubtes (?)

Nicht erlaubt ist ein Rennen, wenn keine Genehmigung nach § 46 II StVO vorliegt.

Von der wohl h. M. wird die Unerlaubtheit nicht auf Rechtswidrigkeitsebene, sondern bereits als negatives objektives Tatbestandsmerkmal behandelt.[173] Dem ist nicht zu folgen: Kraftfahrzeugrennen sind aufgrund der Gefährdung unbeteiligter Dritter generell sozialschädlich und daher unerwünscht. Es handelt sich bei den beschränkenden Regelungen der StVO daher um ein repressives Verbot mit Befreiungsvorbehalt. Eine solche Befreiung lässt aber Sozialschädlichkeit und abstrakte Gefährlichkeit nicht vollständig entfallen, sondern ordnet lediglich andere Interessen über. Diese Interessenabwägung bei fortbestehender Sozialschädlichkeit ist aber eine Frage der Rechtswidrigkeit, nicht des Tatbestands.[174]

(4) Ausrichtet oder durchführt

(a) Ausrichtet

Ausrichter eines Kraftfahrzeugrennens ist, wer als geistiger und praktischer Urheber, Planer und Veranlasser die Veranstaltung in ihrem äußeren Rahmen vorbereitet, organisiert und eigenverantwortlich ins Werk setzt.[175]

Um eine klare Grenzziehung zur Tathandlung des Durchführens zu gewährleisten, ist eine Handlung im Vorbereitungsstadium erforderlich.[176]

---

[170] BT-Drs. 18/12964, 5; Blanke-Roeser JuS 2018, 18 (21); Preuß NZV 2017, 105 (109); Zieschang JA 2016, 721 (723).

[171] Blanke-Roeser JuS 2018, 18 (21).

[172] Zieschang JA 2016, 721 (725).

[173] Pegler, in: MK-StGB, 4. Aufl. 2022, § 315d Rn. 13.

[174] Gerhold/Meglalu ZJS 2018, 321 (324); Kulhanek, in: BeckOK-StGB, Stand 01.02.2024, § 315d Rn. 21.

[175] Kusche NZV 2017, 414; Zieschang JA 2016, 721 (723); aus der Rechtsprechung vgl. OLG Karlsruhe B. v. 24.11.2010 – 3 (4) SsBs 559/10 AK 203/10 – NStZ-RR 2011, 286.

[176] Jansen NZV 2017, 214 (217); aus der Rspr. vgl. OLG Karlsruhe B. v. 24.11.2010 – 3 (4) SsBs 559/10 AK 203/10 – NStZ-RR 2011, 286.

Die Ausrichtung ist erst mit der unmittelbaren Ausführung des konkretisierten Renngeschehens vollendet.[177] Strafbarkeitslücken entstehen angesichts der in § 315d III StGB angeordneten Versuchsstrafbarkeit für Ausrichtung und Durchführung nach § 315d I Nr. 1 StGB nicht.

(b) Durchführt
Die Durchführung bildet die zweite Hälfte des Veranstaltens eines Kraftfahrzeugrennens.[178] Erforderlich ist daher ein Ausführungsbeitrag am Ort des Rennens. Um die Vergleichbarkeit zur Tathandlung des Ausrichtens zu gewährleisten, ist richtigerweise Eigenverantwortlichkeit i. S. v. Tatherrschaft zu fordern.[179]
Durchführen ist mithin das eigenverantwortliche Umsetzen des Ausrichterplans vor Ort.[180]

bb) Subjektiver Tatbestand
Es gilt das allgemeine Vorsatzerfordernis des § 15 StGB.

c) Rechtswidrigkeit
Auf Rechtswidrigkeitsebene ist ggf. das in § 315d I Nr. 1 und 2 StGB ausdrücklich angeführte Merkmal der **Unerlaubtheit** zu thematisieren. Hierin liegt ein Verweis auf die Möglichkeit eines Erlaubnisantrags nach §§ 29 II, 46 II StVO.
Zur zutreffenden Einordnung auf Ebene der Rechtswidrigkeit s. o.
In verwaltungsrechtsakzessorischer Auslegung kommt es für die Rechtfertigung auf die **Wirksamkeit der Genehmigung** i. S. d. § 43 VwVfG an.[181] Dies entspricht der gefestigten Ansicht zum insoweit vergleichbaren § 284 StGB (Unerlaubte Veranstaltung eines Glücksspiels).[182] Schädlich ist also die Nichtigkeit, nicht aber die bloße Rechtswidrigkeit oder Anfechtbarkeit der Genehmigung.
Fraglich ist, ob auch eine abgenötigte Genehmigung in Bezug auf § 315d StGB rechtfertigend wirkt. Im Umweltstrafrecht schließt § 330d I Nr. 5 StGB eine solche rechtfertigende Wirkung aus. Bzgl. § 315d StGB fehlt eine solche Norm. Die analoge Anwendung würde die Strafbarkeit erweitern und wäre insofern täterbenachteiligend. Vor dem Hintergrund des Art. 103 II GG ist sie daher abzulehnen, sodass auch die abgenötigte Genehmigung die Strafbarkeit nach § 315d StGB ausschließt.[183]

d) Schuld
Es gelten die allgemeinen Grundsätze.

---

[177] Fischer, StGB, 71. Aufl. 2024, § 315d Rn. 21; Kulhanek, in: BeckOK-StGB, Stand 01.02.2024, § 315d Rn. 16.1f.; Pegel, in: MK-StGB, 4. Aufl. 2022, § 315d Rn. 16.
[178] So war im Gesetzgebungsverfahren zunächst eine einheitliche Tathandlung des Veranstaltens vorgesehen, BT-Drs. 18/10145, 5.
[179] Kulhanek, in: BeckOK-StGB, Stand 01.02.2024, § 315d Rn. 17.
[180] Vgl. Fischer, StGB, 71. Aufl. 2024, § 315d Rn. 9.
[181] Jansen NZV 2017, 214 (215).
[182] Schönke/Schröder, StGB, 30. Aufl. 2019, § 284 Rn. 23; Gaede, in: NK-StGB, 6. Aufl. 2023, § 284 Rn. 21b.
[183] Kulhanek, in: BeckOK-StGB, Stand 01.02.2024, § 315d Rn. 22.

e) Rechtsfolgen

§ 315d I StGB sieht Freiheitsstrafe bis zu zwei Jahren (im Minimum also ein Monat, § 38 II StGB) oder Geldstrafe (zu den Grenzen s. § 40 StGB) vor.

f) Sonstiges

Strafbar ist gemäß § 315d III StGB ausschließlich der **Versuch** des Ausrichtens oder Durchführens eines Kraftfahrzeugrennens gemäß § 315d I Nr. 1 StGB.

Mit § 315c StGB kann Tateinheit bestehen.[184]

2. § 315d I Nr. 2 StGB

a) Aufbau

I. Tatbestand
   1. Objektiver Tatbestand
      a) Im Straßenverkehr
      b) Als Kraftfahrzeugführer
      c) An einem Kraftfahrzeugrennen
      d) Nicht erlaubten (?)
      e) Teilnimmt
   2. Subjektiver Tatbestand
II. Rechtswidrigkeit
   – insbesondere: „nicht erlaubt"
III. Schuld

b) Tatbestand

aa) Objektiver Tatbestand

(1) Im Straßenverkehr
S. o.

(2) Als Kraftfahrzeugführer
Kraftfahrzeugführer i. S. d. § 315d StGB ist, wer selbst zumindest einen Teil der wesentlichen technischen Vorrichtungen zur Fortbewegung des Fahrzeugs bedient.[185]

Das Merkmal Kraftfahrzeugführer bewirkt, dass diese Tatmodalität nach h. M. ein **eigenhändiges Delikt** ist.[186]

---

[184] Vgl. aus der Rspr. AG Waldbröl U. v. 14.01.2019 – 40 Ds 536/18 (Anm. Hecker JuS 2019, 596; Bertlings jurisPR-StrafR 19/2019 Anm. 5; Krenberger NZV 2019, 317).

[185] Jansen NZV 2017, 214 (217), Zieschang JA 2016, 721 (724).

[186] Pegel, in: MK-StGB, 4. Aufl. 2022, § 315d Rn. 19; Preuß NZV 2017, 105 (109); Zieschang JA 2016, 721 (725); aus der Rspr. vgl. LG Kleve U. v. 17.02.2020 – 140 Ks – 507 Js 281/19-6/19 (Anm. Pschorr jurisPR-StrafR 15/2020 Anm. 3; Steinert SVR 2020, 234); BGH U. v. 11.11.2021 – 4 StR 511/20 – BGHSt 66, 294 = NJW 2022, 483 = NStZ 2022, 292 = StV 2022, 448 (Anm. Bosch Jura 2022, 521; LL 2022, 315; RÜ 2022, 165; Kulhanek NStZ 2022, 296; Schladitz JR 2022, 491; Zieschang JZ 2022, 101; Preuß NZV 2022, 133); BGH B. v. 08.12.2021 – 4 StR 224/20 – StV 2022, 446 (Anm. Nowrousian NZV 2022, 292); a.A. etwa Mitsch DAR 2017, 70 (71).

(3) Nicht erlaubten (?)
S. o.

(4) Teilnimmt
Der Begriff des Teilnehmens i. S. d. § 315d I Nr. 2 StGB ist missverständlich. Es besteht kein Zusammenhang zur Beteiligungsform der Teilnahme i. S. d. §§ 26ff. StGB.[187] Teilnehmen ist vielmehr das selbstständige Mitwirken am Kraftfahrzeugrennen gegen andere Wettbewerber.[188]

Nach h. M. ist das Teilnehmen bereits mit dem Fahren in die Startaufstellung vollendet.[189] Hierfür spricht der im Vergleich zum „Führen" in §§ 315c, 316 StGB weitere Wortlaut „Teilnehmen". Das Merkmal müsse zudem eigenständige Bedeutung gegenüber der Kraftfahrzeugführereigenschaft erlangen. Im Einfahren in die Startaufstellung sei bereits eine Manifestation des Teilnahmewillens zu sehen. Aus rechtspolitischer Sicht erscheine es schließlich widersinnig, dass die Polizei ein Rennen beginnen und die Gefährdung eintreten lassen müsste, um gegen die Teilnehmer strafprozessual vorgehen zu können. Der Versuch des § 315d I Nr. 2 StGB ist nämlich nicht strafbar.

Die fehlende Versuchsstrafbarkeit ist aber eine bewusste gesetzgeberische Entscheidung, die nicht aus rechtspolitischen Erwägungen unterlaufen werden darf. § 315d StGB ist ein abstraktes Gefährdungsdelikt. Beim Fahren in die Startaufstellung ist aber noch nicht einmal eine solche abstrakte Gefährdung eingetreten. Der an den Handelnden gerichtete Vorwurf, er habe mit Verletzungsvorsatz (Teilnahmewillen) eine Ausführungshandlung vorgenommen, ohne das geschützte Rechtsgut zu beeinträchtigen, beschreibt einen Versuch. Selbst wenn dieser Versuch strafbar wäre, wäre ein Rücktritt gemäß § 24 I 1 1. Var. StGB durch bloßes Stehenbleiben am Start möglich. Der frühe Vollendungszeitpunkt wäre für den Handelnden also ungünstiger als die bewusst nicht normierte Versuchsstrafbarkeit. Da auch keine Regelung zur tätigen Reue getroffen wurde, spricht schließlich das Argument der goldenen Brücke in die Legalität gegen einen derart frühen Vollendungszeitpunkt.

bb) Subjektiver Tatbestand
Es gilt das allgemeine Vorsatzerfordernis des § 15 StGB.

c) Rechtswidrigkeit
S. o.

d) Schuld
Es gelten die allgemeinen Grundsätze.

---

[187] Kulhanek, in: BeckOK-StGB, Stand 01.02.2024, § 315d Rn. 25; Pegel, in: MK-StGB, 4. Aufl. 2022, § 315d Rn. 20; Schönke/Schröder, StGB, 30. Aufl. 2019, § 315d Rn. 7.
[188] Zieschang JA 2016, 721 (724).
[189] Jansen NZV 2017, 214 (217); Zieschang JA 2016, 721 (725); Kulhanek, in: BeckOK-StGB, Stand 01.02.2024, § 315d Rn. 26; dagegen Preuß NZV 2017, 105 (109); Stam StV 2018, 464 (466).

e) Rechtsfolgen
S. o.

f) Sonstiges
Umstritten ist, ob die Kraftfahrzeugführereigenschaft ein **besonderes persönliches Merkmal** i. S. d. § 28 I StGB ist.[190]

Hiergegen wird eingewandt, die Formulierung „als Kraftfahrzeugführer" sei synonym zum „Führen eines Kraftfahrzeugs" und bilde somit unter Präzisierung des Begriffs der Teilnahme die Tathandlung des § 315d I Nr. 2 StGB.[191] Zuzugeben ist, dass die Führereigenschaft einer Person häufig wechselt und dieser nur kurzzeitig anhaftet. Regelmäßig fällt sie zeitlich weitgehend mit dem tatbestandsmäßigen Verhalten zusammen. Der Bezug zur Person des Führers ist insofern geringer als der zur Tat.

Allerdings spricht gerade die von den §§ 315c, 316 StGB abweichende Formulierung dafür, dass das Führen eines Kraftfahrzeugs nicht lediglich Teil der Tathandlung sein soll. Der Interpretation als Tathandlung steht zudem entgegen, dass sowohl § 315d I Nr. 2 StGB als auch Nr. 3, in der ebenfalls das Handeln als Kraftfahrzeugführer vorausgesetzt wird, eine andere Tathandlung benennen. Insbesondere erfordert § 315d I Nr. 3 StGB das „Fortbewegen als Kraftfahrzeugführer". Wenn aber die Führereigenschaft in ihrer Definition die Fortbewegung voraussetzt, muss ihr eine über die Tathandlung hinausgehende Bedeutung zukommen, damit das Merkmal der Fortbewegung nicht obsolet wird.

Zu § 315c StGB steht § 315d I Nr. 2 StGB in Tateinheit, um das spezifische Unrecht der vorsätzlichen Geschwindigkeitsmaximierung abzubilden.[192] Die Teilnahme am Kraftfahrzeugrennen gem. § 315d I Nr. 2 StGB verdrängt die Anstiftung oder Beihilfe zum Ausrichten oder Durchführen nach §§ 315d I Nr. 1, 26, 27 StGB.[193] Bei jeweiliger Täterschaft liegt zur Klarstellung Tateinheit zwischen § 315d I Nr. 1 und 2 StGB vor.[194]

3. § 315d I Nr. 3 StGB

a) Aufbau
I. Tatbestand
  1. Objektiver Tatbestand
     a) Im Straßenverkehr
     b) Als Kraftfahrzeugführer

---

[190] So Zieschang JA 2016, 721 (725); Kulhanek, in: BeckOK-StGB, Stand 01.02.2024, § 315d Rn. 28; dagegen Mitsch DAR 2017, 70 (71).

[191] Mitsch DAR 2017, 70 (71).

[192] Pegel, in: MK-StGB, 4. Aufl. 2022, § 315d Rn. 45; a. A. unter Berufung auf den Vorrang des konkreten vor dem abstrakten Gefährdungsdelikt bei gleichen Schutzgütern Joecks/Jäger, StGB, 13. Aufl. 2021, § 315d Rn. 13.

[193] Zieschang JA 2016, 721 (726).

[194] H. M., s. Kulhanek, in: BeckOK-StGB, Stand 01.02.2024, § 315d Rn. 79.

c) Mit nicht angepasster Geschwindigkeit fortbewegt
d) Grob verkehrswidrig
2. Subjektiver Tatbestand
a) Vorsatz
b) Rücksichtslos
c) Um eine höchstmögliche Geschwindigkeit zu erreichen
II. Rechtswidrigkeit
III. Schuld

b) Allgemeines

§ 315d I Nr. 3 StGB[195] betrifft den sog. „**Einzelraser**", erfordert also im Gegensatz zu § 315d I Nr. 2 StGB nicht die Mitwirkung mehrerer Personen. Zwar wird die in illegalen Kraftfahrzeugrennen regelmäßig praktizierte rücksichtslose Fahrweise durch gruppendynamische Prozesse in wesentlichem Maße befördert. Dennoch setzt auch der einzelne Fahrer ein erhebliches Verkehrsrisiko, wenn er um ihrer selbst willen nach hoher Geschwindigkeit strebt.[196] Nach der Intention des Gesetzgebers soll vor diesem Hintergrund auch das Nachstellen eines Rennens durch eine Einzelperson sanktioniert werden.[197] Der Norm kommt zudem eine Auffangfunktion zu, wenn die für § 315d I Nr. 2 StGB erforderliche Rennabsprache nicht nachgewiesen werden kann.[198]

Verfassungsrechtlichen Bedenken in Literatur und Teilen der Rspr. ist das BVerfG nicht gefolgt.[199]

---

[195] Hierzu Preuß NZV 2018, 537; Ruhs SVR 2018, 286; Jansen NZV 2019, 285; Mitsch JuS 2020, 924; Zopfs DAR 2020, 9; Krumm SVR 2020, 8; Schäler SVR 2022, 127.
[196] Barthelmess NZV 2019, 289.
[197] BT-Drs. 18/12936, 2.
[198] Kulhanek, in: BeckOK-StGB, Stand 01.02.2024, § 315d Rn. 32**;** Pegel, in: MK-StGB, 4. Aufl. 2022, § 315d Rn. 22.
[199] Hierzu Bülte GA 2022, 601; aus der Rspr. vgl. AG Villingen-Schwenningen B. v. 16.01.2020 – 6 Ds 66 Js 980/19 (Anm. Jahn JuS 2020, 277; Krumm SVR 2020, 146; Müller/Rebler SVR 2020, 245; Bülte GA 2022, 601); KG B. v. 20.12.2019 – (3) 161 Ss 134/19 (75/19) (Anm. Winkelmann NZV 2020, 210); OLG Köln B. v. 05.05.2020 – III-1 RVs 45/20 – NStZ-RR 2020, 224 (Anm. Quarch NZV 2020, 436); BGH B. v. 17.02.2021 – 4 StR 225/20 – BGHSt 66, 27 = NJW 2021, 1173 = NStZ 2021, 540 = StV 2021, 505 (Anm. Bosch Jura 2021, 860; Jäger JA 2021, 777; Hecker JuS 2021, 700; LL 2021, 457; RÜ 2021, 305, Hoven NJW 2021, 1176; Stam NStZ 2021, 542; Zieschang JR 2021, 282; Renzikoswki/Berndt JZ 2021, 794; Jansen HRRS 2021, 342; Krenberger NZV 2021, 318; Weidig DAR 2021, 269; Steinert SVR 2021, 190); AG Frankfurt U. v. 18.10.2021 – 975 Ds 3230 Js 217464/21 (Anm. Pschorr jurisPR-StrafR 2/2022 Anm. 4; Nowrousian NZV 2022, 235); BVerfG B.v. 09.02.2022 – 2 BvL 1/20 – NJW 2022, 1160 = NStZ-RR 2022, 151 (Anm. Schneider ZJS 2022, 460; famos 11/2022; Zieschang JR 2022, 284; Kubiciel JZ 2022, 785; Bülte GA 2022, 601; Obermann NZV 2022, 187; Steinert SVR 2022, 193).

c) Tatbestand

aa) Objektiver Tatbestand

(1) Im Straßenverkehr
S. o.

(2) Als Kraftfahrzeugführer
S. o.

(3) Mit nicht angepasster Geschwindigkeit fortbewegt

(a) Fortbewegt
Der Tatbestand setzt die Fortbewegung, also eine Ortsveränderung voraus.

(b) Mit nicht angepasster Geschwindigkeit
Ein Kraftfahrzeugführer fährt mit nicht angepasster Geschwindigkeit, wenn er entweder geltende Geschwindigkeitsbegrenzungen nicht beachtet oder die konkreten Verhältnisse, insbesondere Straßen-, Verkehrs-, Sicht- und Wetterverhältnisse sowie seine persönlichen Fähigkeiten und die Eigenschaften von Fahrzeug und Ladung nicht hinreichend berücksichtigt, mithin gegen § 3 I StVO verstößt.[200] Soweit ein solcher Verstoß als nicht allein ausreichend angesehen wird,[201] greift dies weiteren Einschränkungen im objektiven und subjektiven Tatbestand vor.[202]

(4) Grob verkehrswidrig
Die Auslegung des Merkmals „grob verkehrswidrig" erfolgt parallel zu § 315c StGB,[203] vgl. o.

---

[200] Kulhanek, in: BeckOK-StGB, Stand 01.02.2024, § 315d Rn. 35; aus der Rspr. vgl. BGH B. v. 17.02.2021 – 4 StR 225/20 – BGHSt 66, 27 = NJW 2021, 1173 = NStZ 2021, 540 = StV 2021, 505 (Anm. Bosch Jura 2021, 860; Jäger JA 2021, 777; Hecker JuS 2021, 700; LL 2021, 457; RÜ 2021, 305, Hoven NJW 2021, 1176; Stam NStZ 2021, 542; Zieschang JR 2021, 282; Renzikoswki/Berndt JZ 2021, 794; Jansen HRRS 2021, 342; Krenberger NZV 2021, 318; Weidig DAR 2021, 269; Steinert SVR 2021, 190).

[201] Jansen NZV 2019, 285 (286); Pegel, in: MK-StGB, 4. Aufl. 2022, § 315d Rn. 24.

[202] Kulhanek, in: BeckOK-StGB, Stand 01.02.2024, § 315d Rn. 35.

[203] Vgl. aus der Rspr. OLG Köln B. v. 05.05.2020 – III-1 RVs 45/20 – NStZ-RR 2020, 224 (Anm. Quarch NZV 2020, 436); BGH B. v. 17.02.2021 – 4 StR 225/20 – BGHSt 66, 27 = NJW 2021, 1173 = NStZ 2021, 540 = StV 2021, 505 (Anm. Bosch Jura 2021, 860; Jäger JA 2021, 777; Hecker JuS 2021, 700; LL 2021, 457; RÜ 2021, 305, Hoven NJW 2021, 1176; Stam NStZ 2021, 542; Zieschang JR 2021, 282; Renzikoswki/Berndt JZ 2021, 794; Jansen HRRS 2021, 342; Krenberger NZV 2021, 318; Weidig DAR 2021, 269; Steinert SVR 2021, 190); BGH B. v. 24.03.2021 – 4 StR 142/20 – StV 2021, 502; BGH B. v. 29.04.2021 – 4 StR 165/20 – NStZ 2021, 615 = StV 2021, 500 (Anm. Nestler Jura 2021, 1528; Kulhanek NStZ 2022, 48).

Die überhöhte Geschwindigkeit an sich kann keine grobe Verkehrswidrigkeit begründen, da ansonsten dem Merkmal keine eigenständige Bedeutung zukäme. Das Ausmaß der Überschreitung kann sich aber im Einzelfall als grob verkehrswidrig darstellen.[204]

Der zusätzlichen Verwirklichung einer in § 315c I Nr. 2 StGB aufgeführten Verhaltensweise (sog. sieben Todsünden des Straßenverkehrs) kommt dabei Indizwirkung zu.[205]

bb) Subjektiver Tatbestand

(1) Vorsatz
Es gilt das allgemeine Vorsatzerfordernis des § 15 StGB.

(2) Rücksichtslos
Das Merkmal der Rücksichtslosigkeit ist wie in § 315c StGB auszulegen,[206] vgl. o.

(3) Um eine höchstmögliche Geschwindigkeit zu erreichen
Diese überschießende Innentendenz in Form einer Absicht[207] (Zwischenziel genügt;[208] Motivbündel sind unschädlich[209]) in § 315d I Nr. 3 StGB soll insbesondere dem Erfordernis des Renncharakters gerecht werden.[210]

Probleme bereitet die Bestimmung der „**höchstmöglichen**" Geschwindigkeit.

Gemeint sein kann erstens nicht die absolute Höchstgeschwindigkeit: Diese wird von vielen Faktoren beeinflusst und ist daher für den Täter regelmäßig nicht feststellbar. Insofern wird sie auch in Mehrpersonenrennen nahezu niemals erreicht.[211] Zweitens wird das Merkmal durch ein Verschleifungsargument begrenzt: Die überschießende Innentendenz muss über den bloßen Vorsatz bzgl. nicht angepasster Ge-

---

[204] Kusche NZV 2017, 414 (417).
[205] Kulhanek, in: BeckOK-StGB, Stand 01.02.2024, § 315d Rn. 36.
[206] Joecks/Jäger, StGB, 13. Aufl. 2021, § 315d Rn. 7.
[207] Aus der Rspr. vgl. zuletzt BGH U. v. 24.06.2021 – 4 StR 79/20 – StV 2022, 102 (Anm. RÜ 2021, 577); OLG Oldenburg U. v. 14.11.2022 – 1 Ss 199/22 – StV-S 2023, 103.
[208] Aus der Rspr. vgl. BGH B. v. 17.02.2021 – 4 StR 225/20 – BGHSt 66, 27 = NJW 2021, 1173 = NStZ 2021, 540 = StV 2021, 505 (Anm. Bosch Jura 2021, 860; Jäger JA 2021, 777; Hecker JuS 2021, 700; LL 2021, 457; RÜ 2021, 305, Hoven NJW 2021, 1176; Stam NStZ 2021, 542; Zieschang JR 2021, 282; Renzikoswki/Berndt JZ 2021, 794; Jansen HRRS 2021, 342; Krenberger NZV 2021, 318; Weidig DAR 2021, 269; Steinert SVR 2021, 190); BGH B. v. 24.03.2021 – 4 StR 142/20 – StV 2021, 502; BGH B. v. 13.04.2021 – 4 StR 109/20 – NStZ-RR 2021, 189; BGH B. v. 29.04.2021 – 4 StR 165/20 – NStZ 2021, 615 = StV 2021, 500 (Anm. Nestler Jura 2021, 1528; Kulhanek NStZ 2022, 48); BGH U. v. 24.06.2021 – 4 StR 79/20 – StV 2022, 102 (Anm. RÜ 2021, 577); BGH B. v. 30.03.2022 – 4 StR 311/21 – NStZ-RR 2022, 258.
[209] Vgl. aus der Rspr. OLG Köln B. v. 05.05.2020 – III-1 RVs 45/20 – NStZ-RR 2020, 224 (Anm. Quarch NZV 2020, 436); BGH B. v. 24.03.2021 – 4 StR 142/20 – StV 2021, 502; BGH B. v. 29.04.2021 – 4 StR 165/20 – NStZ 2021, 615 = StV 2021, 500 (Anm. Nestler Jura 2021, 1528; Kulhanek NStZ 2022, 48).
[210] BT-Drs. 8/12964, 6.
[211] Fischer, StGB, 71. Aufl. 2024, § 315d Rn. 17.

E. Verbotene Kraftfahrzeugrennen, § 315d StGB

schwindigkeit hinausgehen.[212] Zu fordern ist mithin das subjektive Anstreben einer nicht höchstmöglichen, sondern lediglich möglichst hohen Geschwindigkeit, sog. **relative Höchstgeschwindigkeit**.[213]

Umstritten ist, ob § 315d I Nr. 3 StGB verwirklicht, wer mit einem Kraftfahrzeug vor der **Polizei flieht** und hierzu Geschwindigkeitsbegrenzungen missachtet.[214]

Teilweise wird die Verwirklichung des § 315d I Nr. 3 StGB unter Berufung auf die Gesetzgebungsmaterialien[215] verneint. Die Vergleichbarkeit zu § 315d I Nr. 2 StGB erfordere ein hedonistisches Element, die Geschwindigkeitsmaximierung müsse daher Hauptmotiv für das Rasen sein.[216]

Dem ist entgegenzuhalten, dass diese gesetzgeberische Intention sich im Gesetzestext nicht wiederfindet. „Um … zu"-Formulierungen werden im StGB regelmäßig verwendet.[217] In keinem anderen Fall wird daraus abgeleitet, dass der angestrebte Zustand Hauptbeweggrund sein müsste. Das Erzielen einer höchstmöglichen Geschwindigkeit ist ein notwendiges Zwischenziel, um eine erfolgreiche Flucht wahrscheinlicher zu machen. Dem Grunde nach ist anerkannt, dass eine Absicht nicht allein dann vorliegt, wenn der tatbestandsmäßige Erfolg Endzweck des Handelns ist, sondern es vielmehr ausreicht, dass es dem Täter auf die Verwirklichung des tatbestandsmäßigen Erfolges nur als Zwischenziel bei der Erreichung weiterer Ziele ankommt.[218]

Für § 315d I Nr. 3 StGB könnte sich hingegen nach einer historischen Auslegung etwas Anderes ergeben: So soll die Absicht dem Erfordernis des Renncharakters gerecht werden.[219] Diesem gesetzgeberischen Willen, bei § 315d I Nr. 3 allein das (auch subjektive) Nachstellen eines Rennens zu erfassen,[220] könne nur Rechnung getragen werden, wenn die Absicht, eine höchstmögliche Geschwindigkeit zu erreichen, als Hauptbeweggrund des grob verkehrswidrigen und rücksichtslosen Fortbewegens mit nicht angepasster Geschwindigkeit verstanden wird.[221] Bei Bestehen dieser gesetz-

---

[212] KG B. v. 15.04.2019 – (3) 161 Ss 36/19 (25/19) (Anm. Quarch NZV 2019, 314).
[213] Pegel, in: MK-StGB, 4. Aufl. 2022, § 315d Rn. 26; Schönke/Schröder, StGB, 30. Aufl. 2019, § 315d Rn. 9; aus der Rspr. vgl. zuletzt BGH B. v. 17.02.2021 – 4 StR 225/20 – BGHSt 66, 27 = NJW 2021, 1173 = NStZ 2021, 540 = StV 2021, 505 (Anm. Bosch Jura 2021, 860; Jäger JA 2021, 777; Hecker JuS 2021, 700; LL 2021, 457; RÜ 2021, 305, Hoven NJW 2021, 1176; Stam NStZ 2021, 542; Zieschang JR 2021, 282; Renzikoswki/Berndt JZ 2021, 794; Jansen HRRS 2021, 342; Krenberger NZV 2021, 318; Weidig DAR 2021, 269; Steinert SVR 2021, 190); BGH B. v. 29.04.2021 – 4 StR 165/20 – NStZ 2021, 615 = StV 2021, 500 (Anm. Nestler Jura 2021, 1528; Kulhanek NStZ 2022, 48); BGH B. v. 30.03.2022 – 4 StR 311/21 – NStZ-RR 2022, 258. a.A. Steinert SVR 2019, 130.
[214] Hierzu Czimek ZJS 2020, 337; Zieschang NZV 2020, 489; Obermann NZV 2021, 344; aus der Rspr. vgl. zuletzt BGH B. v. 29.04.2021 – 4 StR 165/20 – NStZ 2021, 615 = StV 2021, 500 (Anm. Nestler Jura 2021, 1528; Kulhanek NStZ 2022, 48); OLG Oldenburg U. v. 14.11.2022 – 1 Ss 199/22 – StV-S 2023, 103.
[215] BT-Drs. 8/12964, 6.
[216] Dahlke/Hoffmann-Holland KriPoZ 2017, 306 (309); Ruhs SVR 2018, 286 (289); Schönke/Schröder, StGB, 30. Aufl. 2019, § 315d Rn. 3, 9.
[217] Vgl. im Pflichtfachbereich etwa die §§ 253, 259 StGB.
[218] Pegel, in: MK-StGB, 4. Aufl. 2022, § 315d Rn. 28.
[219] BT-Drs. 18/12964, S. 6.
[220] Vgl. BT-Drs. 18/12964, S. 3, 5.
[221] Hecker, in: Schönke/Schröder, 30. Aufl. 2019, § 315d Rn. 9.

geberischen Motivation ist jedoch unklar, warum der Gesetzeber sich hier der Terminologie für ein auch notwendige Zwischenziele zulassendes Absichtskriterium („um ... zu") bedient. Eine von der üblichen Auslegung dieser Formulierung abweichende Einschränkung hat im Wortlaut der Norm keinen Niederschlag gefunden, sodass eine einheitliche Rechtsauslegung für das Erfassen auch notwendiger Zwischenziele streitet. Zudem verlöre das Tatbestandsmerkmal „rücksichtslos" seine eigenständige Bedeutung, wären notwendige Zwischenziele nicht erfasst, stellt das grob verkehrswidrige Fortbewegen mit nicht angepasster Geschwindigkeit, dessen alleiniges Ziel es ist, die relative Höchstgeschwindigkeit zu erreichen, im Regelfall ein Hinwegsetzen über die Pflichten gegenüber anderen Verkehrsteilnehmern aus eigensüchtigen Motiven bzw. ein Verdrängen der Bedenken gegenüber dem eigenen Verhalten aus Gleichgültigkeit dar. Auch ist die vorliegende Fahrweise – gekennzeichnet durch hohe Geschwindigkeiten unter Missachtung der Geschwindigkeitsbegrenzungen bei gleichzeitiger zumindest teilweise nach hinten gerichteter Aufmerksamkeit des Fahrers durch Blicke in den Rückspiegel – bei einer polizeilichen Verfolgung hinsichtlich des Gefährlichkeitsgrades vergleichbar mit der Teilnahme an einem Kraftfahrzeugrennen i. S. d. § 315d I Nr. 2 StGB, sodass auch der Rechtsgüterschutz für eine Erfassung der Polizeiflucht von § 315d I Nr. 3 StGB streitet.

d) Rechtswidrigkeit
S. o.[222]

e) Schuld
Es gelten die allgemeinen Grundsätze.

f) Rechtsfolgen
S. o.

III. Qualifikationen, § 315d II und IV; Erfolgsqualifikation, § 315d V StGB

1. § 315d II StGB

a) Aufbau
  I. Tatbestand
    1. Objektiver Tatbestand
       a) In den Fällen des Absatzes 1 Nummer 2 oder 3
       b) Leib oder Leben eines anderen Menschen oder fremde Sachen von bedeutendem Wert gefährdet
    2. Subjektiver Tatbestand
  II. Rechtswidrigkeit
  III. Schuld

---

[222] Speziell zu gerechtfertigtem Einzelrasen Mitsch JuS 2020, 924.

b) Erläuterungen

§ 315d II StGB normiert für Fälle des § 315d I Nr. 2 2 und 3 StGB eine Qualifikation in Form eines konkreten Gefährdungsdelikts[223] zum Schutz von Leib, Leben und Eigentum Dritter.

Zum Aufbau und den Merkmalen vgl. o. bei § 315c StGB.[224]

Problematisch sind i. R. d. § 315d II insbesondere mittelbare Erfolgsherbeiführungen (Problematik der Eigenhändigkeit).[225]

§ 315d II StGB sieht Freiheitsstrafe bis zu fünf Jahren (im Minimum also ein Monat, § 38 II StGB) oder Geldstrafe (zu den Grenzen s. § 40 StGB) vor.

2. § 315d IV StGB

a) Aufbau
  I. Tatbestand
    1. In den Fällen des Absatzes 2
    2. Gefahr fahrlässig verursacht (objektive Fahrlässigkeit)
  II. Rechtswidrigkeit
  III. Schuld
    1. Allgemeines
    2. Subjektive Fahrlässigkeit

b) Erläuterungen
Wird die Gefahr i. S. d. § 315d II StGB fahrlässig verursacht, greift die **Vorsatz-Fahrlässigkeits-Kombination** des § 315d IV StGB.

§ 315d IV StGB sieht Freiheitsstrafe bis zu drei Jahren (im Minimum also ein Monat, § 38 II StGB) oder Geldstrafe (zu den Grenzen s. § 40 StGB) vor.

3. § 315d V StGB

a) Aufbau
  I. Tatbestand
    1. In den Fällen des Absatzes 2
    2. Tod oder eine schwere Gesundheitsschädigung eines anderen Menschen oder eine Gesundheitsschädigung einer großen Zahl von Menschen

---

[223] Aus der Rspr. vgl. BGH U. v. 18.08.2022 – 4 StR 377/21 – NStZ 2023, 108 = StV 2023, 337 (Anm. Jäger JA 2022, 1044; Preuß NZV 2022, 571; Wu ZJS 2023, 177; RÜ 2023, 97; Kulhanek NStZ 2023, 110; Steins HRRS 2023, 47; Koehl SVR 2023, 111).

[224] Zur Übertragbarkeit der dortigen Grundsätze vgl. aus der Rspr. BGH U. v. 18.08.2022 – 4 StR 377/21 – NStZ 2023, 108 = StV 2023, 337 (Anm. Jäger JA 2022, 1044; Preuß NZV 2022, 571; Wu ZJS 2023, 177; RÜ 2023, 97; Kulhanek NStZ 2023, 110; Steins HRRS 2023, 47; Koehl SVR 2023, 111); BGH B. v. 22.11.2022 – 4 StR 112/22 – NStZ 2023, 415.

[225] Hierzu Zieschang GA 2021, 313; Wolf ZStW 2024, 6; aus der Rspr. vgl. BGH U. v. 11.11.2021 – 4 StR 511/20 – BGHSt 66, 294 = NJW 2022, 483 = NStZ 2022, 292 = StV 2022, 448 (Anm. Bosch Jura 2022, 521; LL 2022, 315; RÜ 2022, 165; Kulhanek NStZ 2022, 296; Schladitz JR 2022, 491; Zieschang JZ 2022, 101; Preuß NZV 2022, 133); BGH B. v. 08.12.2021 – 4 StR 224/20 – StV 2022, 446 (Anm. Nowrousian NZV 2022, 292).

3. Hinsichtlich dieser Folge wenigstens Fahrlässigkeit, § 18 StGB (objektive Fahrlässigkeit)
4. Verursacht ... durch die Tat
II. Rechtswidrigkeit
III. Schuld
1. Allgemeines
2. Hinsichtlich dieser Folge wenigstens Fahrlässigkeit, § 18 StGB (subjektive Fahrlässigkeit)

b) Erläuterungen

In § 315d V StGB[226] findet sich eine **Erfolgsqualifikation** i. S. d. § 18 StGB für den Fall, dass der Täter des § 315d II StGB den Tod (vgl. o. insbesondere bei § 227 StGB), eine schwere Gesundheitsschädigung eines anderen Menschen (vgl. o. u. a. bei § 221 II StGB) oder eine Gesundheitsschädigung einer großen Zahl von Menschen (vgl. o. bei § 306b I StGB) verursacht.

§ 315d V StGB sieht Freiheitsstrafe Freiheitsstrafe von einem Jahr bis zu zehn Jahren, in minder schweren Fällen Freiheitsstrafe von sechs Monaten bis zu fünf Jahren vor.

F. Unerlaubtes Entfernen vom Unfallort, § 142 StGB

▶ **Didaktische Aufsätze**
- Geppert, Unerlaubtes Entfernen vom Unfallort, Jura 1990, 78
- Bosch, Grundprobleme des Unerlaubten Entfernens vom Unfallort (§ 142), Jura 2011, 593
- Waszczynski, § 142 StGB: Struktur und Argumentation in der Falllösung, JA 2015, 507

I. Allgemeines

§ 142 StGB stellt das unerlaubte Entfernen vom Unfallort unter Strafe.[227]

---

[226] Hierzu Rengier FS Kindhäuser 2019, 779; aus der Rspr. vgl. BGH B. v. 08.12.2021 – 4 StR 224/20 – StV 2022, 446 (Anm. Nowrousian NZV 2022, 292).

[227] Hierzu Seibert DAR 1952, 145; Seibert NJW 1955, 1428; Schmidhäuser JZ 1955, 433; Berger DAR 1955, 150; Roesen NJW 1957, 1737; Dünnebier GA 1957, 33; Roth-Stielow NJW 1963, 1188; Krumme DAR 1968, 234; Jagusch NJW 1975, 1631; Hahn NJW 1976, 509; Küper NJW 1981, 853; Küper JZ 1982, 209 und 251; Volk DAR 1982, 81; Loos/Schwertdfeger DAR 1983, 209; Geppert Jura 1990, 78; Küper GA 1994, 49; Blum SVR 2007, 163; Brüning ZIS 2008, 148; Geppert FS Eisenberg 2009, 287; Bosch Jura 2011, 593; Waszczynski JA 2015, 507; Fromm SVR 2015, 87; zur Verteidigung bei unerlaubtem Entfernen vom Unfallort Janker NJW 1991, 3113; Bittmann SVR 2007, 55; zu Reformüberlegungen von Münch DAR 1957, 205; Freiherr von Schlotheim DAR 1957, 349; Spiegel DAR 1972, 291; Händel DAR 1973, 60; Beier DAR 1973, 85; Denzlinger ZRP 1982, 178; Heublein DAR 1985, 15; Wetekamp DAR 1986, 11; Scholz ZRP

> **§ 142 StGB (Unerlaubtes Entfernen vom Unfallort)**
> (1) Ein Unfallbeteiligter, der sich nach einem Unfall im Straßenverkehr vom Unfallort entfernt, bevor er
> 1. zugunsten der anderen Unfallbeteiligten und der Geschädigten die Feststellung seiner Person, seines Fahrzeugs und der Art seiner Beteiligung durch seine Anwesenheit und durch die Angabe, daß er an dem Unfall beteiligt ist, ermöglicht hat oder
> 2. eine nach den Umständen angemessene Zeit gewartet hat, ohne daß jemand bereit war, die Feststellungen zu treffen, wird mit Freiheitsstrafe bis zu drei Jahren oder mit Geldstrafe bestraft.
> (2) Nach Absatz 1 wird auch ein Unfallbeteiligter bestraft, der sich
> 1. nach Ablauf der Wartefrist (Absatz 1 Nr. 2) oder
> 2. berechtigt oder entschuldigt vom Unfallort entfernt hat und die Feststellungen nicht unverzüglich nachträglich ermöglicht.
> (3) Der Verpflichtung, die Feststellungen nachträglich zu ermöglichen, genügt der Unfallbeteiligte, wenn er den Berechtigten (Absatz 1 Nr. 1) oder einer nahe gelegenen Polizeidienststelle mitteilt, daß er an dem Unfall beteiligt gewesen ist, und wenn er seine Anschrift, seinen Aufenthalt sowie das Kennzeichen und den Standort seines Fahrzeugs angibt und dieses zu unverzüglichen Feststellungen für eine ihm zumutbare Zeit zur Verfügung hält. Dies gilt nicht, wenn er durch sein Verhalten die Feststellungen absichtlich vereitelt.
> (4) Das Gericht mildert in den Fällen der Absätze 1 und 2 die Strafe (§ 49 Abs. 1) oder kann von Strafe nach diesen Vorschriften absehen, wenn der Unfallbeteiligte innerhalb von vierundzwanzig Stunden nach einem Unfall außerhalb des fließenden Verkehrs, der ausschließlich nicht bedeutenden Sachschaden zur Folge hat, freiwillig die Feststellungen nachträglich ermöglicht (Absatz 3).
> (5) Unfallbeteiligter ist jeder, dessen Verhalten nach den Umständen zur Verursachung des Unfalls beigetragen haben kann.

Das unerlaubte Entfernen vom Unfallort ist zwar im Abschnitt der Straftaten gegen die öffentliche Ordnung geregelt, das Rechtsgut der Norm (mit erstaunlich langer Tradition[228]) ist aber ausschließlich das zivilrechtliche Interesse des Geschädigten an der Geltendmachung seiner aus der Unfallverursachung des Täters

---

1987, 7; Cramer ZRP 1987, 157; Weigend FS Tröndle 1989, 753; Park DAR 1993, 246; Zopfs DRiZ 1994, 87; Schünemann DAR 2003, 207; Schulz ZRP 2006, 149; Fromm NZV 2018, 5; Ternig NZV 2018, 10; Quarch SVR 2018, 281; Zopfs DAR 2020, 602; Walter ZRP 2023, 171; Ternig NZV 2024, 30; Mitsch DAR 2024, 15; Steinert SVR 2024, 14; zur Empirie Kruse NJW 2023, 1786.

[228] S. Zopfs, in: MK-StGB, 4. Aufl. 2021, § 142 Rn. 19.

resultierenden Schadensersatzansprüche.[229] Die fragmentarische Absicherung gerade derartiger Ansprüche erklärt sich aus der Anonymität der Tatsituation und dem daher häufig starken Fluchtanreiz.[230]

Da nur Unfallbeteiligte i. S. d. § 142 V StGB taugliche Täter sind, handelt es sich um ein Sonderdelikt.[231]

II. § 142 I StGB

1. Aufbau
I. Tatbestand
   1. Objektiver Tatbestand
      a) Unfall im Straßenverkehr
      b) Unfallbeteiligter, § 142 V StGB
      c) Sich vom Unfallort entfernt
      d) § 142 I Nr. 1 oder 2 StGB
         aa) Bevor er zugunsten der anderen Unfallbeteiligten und der Geschädigten die Feststellung seiner Person, seines Fahrzeugs und der Art seiner Beteiligung durch seine Anwesenheit und durch die Angabe, daß er an dem Unfall beteiligt ist, ermöglicht hat, § 142 I Nr. 1 StGB
         bb) Bevor er eine nach den Umständen angemessene Zeit gewartet hat, ohne daß jemand bereit war, die Feststellungen zu treffen, § 142 I Nr. 2 StGB
   2. Subjektiver Tatbestand
II. Rechtswidrigkeit
III. Schuld
IV. Sog. tätige Reue, § 142 IV StGB

---

[229] S. Fischer, StGB, 71. Aufl. 2024, § 142 Rn. 2; aus der Rspr. vgl. zuletzt OLG Hamburg B. v. 30.05.2017 – 2 Rev 35/17 – StV 2018, 438 (Anm. Krumm SVR 2017, 392; Preuß NZV 2018, 36); BGH B. v. 11.04.2018 – 4 StR 583/17 – BGHSt 63, 121 = NJW 2018, 2341 = NStZ 2018, 600 = StV 2019, 668 (Anm. Kudlich JA 2018, 709; Eisele JuS 2018, 1011; LL 2018, 744; RÜ 2018, 641; Krumm NJW 2018, 2343; Berghäuser NStZ 2018, 602; Lampe jurisPR-StrafR 16/2018 Anm. 3; Schefer/Kemper HRRS 2019, 27).

[230] Zopfs, in: MK-StGB, 4. Aufl. 2021, § 142 Rn. 1ff.; krit. zur kriminalpolitischen Legitimation Duttge JR 2001, 181; zur Verfassungsmäßigkeit Kindhäuser/Hilgendorf, LPK, 9. Aufl. 2022, § 142 Rn. 1; aus der Rspr. vgl. BVerfG B. v. 29.05.1963 – 2 BvR 161/63 – BVerfGE 16, 191 = NJW 1963, 1195; BGH B. v. 29.11.1979 – 4 StR 624/78 – BGHSt 29, 138 = NJW 1980, 896 (Anm. Geppert JK 1980 StGB § 142/3; Hassemer JuS 1980, 532; Reiß NJW 1980, 1806; Beulke JR 1980, 523; Dornseifer JZ 1980, 299).

[231] Eisele, BT I, 6. Aufl. 2021, Rn. 1174; näher Arloth GA 1985, 492; aus der Rspr. vgl. BGH U. v. 22.07.1960 – 4 StR 232/60 – BGHSt 15, 1 = NJW 1960, 2060 (Anm. Lienen NJW 1960, 2062; Ganschezian-Fingk NJW 1961, 325); OLG Köln U. v. 14.05.1991 – Ss 193/91 – NJW 1992, 703 (Anm. Geppert JK 1992 StGB § 142/18).

2. Tatbestand

a) Objektiver Tatbestand

aa) Unfall im Straßenverkehr

(1) Allgemeines
Zum (öffentlichen[232]) **Straßenverkehr** s. o. bei § 316 StGB. Das Geschehen muss sich aber nicht vollständig im öffentlichen Verkehrsraum abspielen, vgl. etwa ein Abkommen von der Straße.[233]

Unfall ist jedes plötzliche Ereignis im öffentlichen Straßenverkehr, durch das ein Mensch zu Schaden kommt oder ein nicht ganz belangloser Sachschaden verursacht wird.[234]

Die Beteiligung eines Kraftfahrzeugs ist nach ganz h. M. nicht erforderlich, sodass auch Geschehnisse zwischen Fußgängern oder Radfahrern Unfälle i. S. d. § 142 I StGB bilden können.[235] Auch der stehende oder ruhende Verkehr ist erfasst.[236]

Zum Schaden am Menschen s. o. bei § 223 StGB.

(2) Bagatellgrenze

▶ **Didaktischer Aufsatz**
  • Satzger, Sach- und Vermögenswertgrenzen im StGB, Jura 2012, 786

Ein Sachschaden ist ganz belanglos,[237] wenn vernünftigerweise nicht mit der Geltendmachung von Ersatzansprüchen zu rechnen ist, wobei die Wertgrenze unterschiedlich angegeben wird mit Beträgen von 25 €[238] über 50 €[239] bis sogar 150 €.[240]

---

[232] S. Fischer, StGB, 71. Aufl. 2024, § 142 Rn. 8f.; näher Bullert DAR 1965, 7; aus der Rspr. vgl. zuletzt OLG Oldenburg U. v. 04.06.2018 – 1 Ss 83/18 (Anm. Krumm NZV 2018, 532; Koehl SVR 2019, 30); OLG Zweibrücken B. v. 11.11.2019 – 2 Ss 77/19 (Anm. Lampe jurisPR-StrafR 25/2019 Anm. 3; LL 2020, 182).

[233] Eisele, BT I, 6. Aufl. 2021, Rn. 1180.

[234] Joecks/Jäger, StGB, 13. Aufl. 2021, § 142 Rn. 5; näher Freund GA 1987, 536; Lenhart NZV 2013, 270; Zopfs ZIS 2016, 426; aus der Rspr. vgl. zuletzt BGH B. v. 19.08.2021 – 4 StR 137/21 – StV 2022, 12.

[235] Kindhäuser/Hilgendorf, LPK, 9. Aufl. 2022, § 142 Rn. 6; zum Unfall auf Skipisten Kleppe NJW 1967, 2194.

[236] Zopfs, in: MK-StGB, 4. Aufl. 2021, § 142 Rn. 33.

[237] S. Fischer, StGB, 71. Aufl. 2024, § 142 Rn. 11; näher Himmelreich DAR 2007, 669; Satzger Jura 2012, 786; aus der Rspr. vgl. OLG Nürnberg B. v. 24.01.2007 – 2 St OLG Ss 300/06 – NStZ-RR 2008, 56.

[238] Fischer, StGB, 71. Aufl. 2024, § 142 Rn. 11.

[239] So Joecks/Jäger, StGB, 13. Aufl. 2021, § 142; OLG Nürnberg B. v. 24.01.2007 – 2 St OLG Ss 300/06 – NStZ-RR 2008, 56.

[240] Sternberg-Lieben, in: Schönke/Schröder, StGB, 30. Aufl. 2019, § 142 Rn. 9.

Angesichts dessen, dass bei erfolgreicher Unfallflucht des Verursachers der Geschädigte seine Kosten unverschuldet selbst zu tragen hat, ist es richtig, die Bagatellgrenze niedrig bei allenfalls 25 € anzusetzen.

Auf die Vermögensverhältnisse des Geschädigten kommt es nicht an.[241]

Um einen Unfall i. S. d § 142 I StGB handelt es sich nicht, wenn nur der Unfallverursacher **selbst** einen Schaden erleidet;[242] insofern ist der Tatbestand angesichts des Schutzzwecks der Norm teleologisch zu reduzieren.

Ein Unfall kann aber auch dann gegeben sein, wenn das vom Täter **geführte Fahrzeug** für diesen **fremd** ist, wenn außer ihm kein anderer Verkehrsteilnehmer an dem Unfall beteiligt ist.[243] Der Tatbestand kann aber aus anderen Gründen entfallen (mutmaßliches Einverständnis in das Entfernen, s. sogleich).

Beispiel 239

BGH U. v. 28.06.1956 – 4 StR 175/56 – BGHSt 9, 267 = NJW 1956, 1325:
In der Nacht zum 23.01.1955 fuhr B in einem dem Z gehörigen Wagen, den er gegen dessen Willen in Gebrauch genommen hatte, in Richtung U. Dort geriet der Wagen ins Schleudern und fuhr über eine niedrige Grundmauer hinweg auf ein unbebautes Grundstück, wo er schwerbeschädigt stehenblieb. Als Straßenpassanten hinzueilten, flüchteten B und auf seine Aufforderung auch seine Begleiterin. ◄

Der Wagen war schwer beschädigt. Insofern liegt grundsätzlich ein Unfall vor. Fraglich ist, ob man eine teleologische Reduktion vornehmen muss, weil außer dem B niemand am Unfall beteiligt war. § 142 I StGB schützt das zivilrechtliche Interesse des Geschädigten an der Geltendmachung seiner aus der Unfallverursachung des Täters resultierenden Schadensersatzansprüche. Wenn der Wagen dem Z gehörte, besteht für diesen keine andere Interessenlage, sodass eine teleologische Reduktion ausgeschlossen ist.

(3) Vorsätzliche Schädigungen

Umstritten ist, ob vorsätzliche Schädigungen dem Unfallbegriff des § 142 I StGB unterfallen.[244]

---

[241] Fischer, StGB, 71. Aufl. 2024, § 142 Rn. 11; aus der Rspr. vgl. OLG Karlsruhe U. v. 02.07.1959 – 1 Ss 93/59 – NJW 1960, 688.

[242] Fischer, StGB, 71. Aufl. 2024, § 142 Rn. 12; aus der Rspr. vgl. BGH U. v. 26.05.1955 – 4 StR 148/55 – BGHSt 8, 263 = NJW 1955, 1078 (Anm. Mittelbach JR 1955, 390); BGH U. v. 28.06.1956 – 4 StR 175/56 – BGHSt 9, 267 = NJW 1956, 1325; BayObLG U. v. 27.11.1957 – RReg. 1 St 792/57 – NJW 1958, 269; OLG Saarbrücken U. v. 09.07.1997 – 5 U 91/97 – 15.

[243] Zopfs, in: MK-StGB, 4. Aufl. 2021, § 142 Rn. 29; aus der Rspr. vgl. OLG Köln B. v. 12.03.2002 – Ss 54/02 – NJW 2002, 2334 (Anm. Geppert JK 2002 StGB § 142/21; RA 2002, 486); zum Car-Sharing AG Berlin-Tiergarten B. v. 21.03.2018 – (297 Gs) 3012 Js 1679/18 (47/18) – NStZ-RR 2018, 224 (Anm. Quarch NZV 2018, 437).

[244] Hierzu zsf. Joecks/Jäger, StGB, 13. Aufl. 2021, § 142 Rn. 15ff.; näher Geppert GA 1970, 1; Oppe GA 1970, 367; Hartmann-Hilter NZV 1995, 340; aus der Rspr. vgl. OLG Koblenz U. v. 21.09.1978 – 1 Ss 435/78 (Anm. Geilen JK 1979 StGB § 142/2); BayObLG B. v. 27.06.1986 – RReg. 1 St 133/86 (Anm. Geppert JK 1987 StGB § 142/12; Hentschel JR 1987, 247); BGH U. v. 15.11.2001 – 4 StR

Beispiel 240

BGH U. v. 27.07.1972 – 4 StR 287/72 – BGHSt 24, 382 = NJW 1972, 1960 (Anm. Forster NJW 1972, 2319; Hassemer JuS 1973, 118; Berz JuS 1973, 558; Eich MDR 1973, 814):

B, der keine Fahrerlaubnis besitzt, rammte mit einem kurz zuvor von ihm gestohlenen Personenkraftwagen nach Durchbrechen mehrerer Polizeisperren zweimal absichtlich den ihn verfolgenden Streifenwagen, um sich unter allen Umständen der Strafverfolgung wegen Diebstahls und Fahrens ohne Fahrerlaubnis zu entziehen. An beiden Fahrzeugen entstand erheblicher Sachschaden. B setzte seine Flucht nunmehr auch deshalb fort, weil er sich hinsichtlich der Zusammenstöße der Feststellung seiner Person und der Art seiner Beteiligung entziehen wollte. ◄

Das Rammen des Streifenwagens ist durchaus ein plötzliches Ereignis im öffentlichen Straßenverkehr, durch das ein nicht ganz belangloser Sachschaden entstanden ist. Ändert aber der Vorsatz des B etwas an der Einordnung als Unfall?

Die Rspr.[245] und die h. L.[246] nehmen einen Unfall an.
Eine Gegenauffassung[247] lehnt dies bei Absicht oder Wissentlichkeit ab.
Während die h. M. darauf verweist, dass auch bei Vorsatz des Täters ja ein ungewollter Schaden beim anderen eingetreten ist und auch nicht einzusehen ist, warum der Vorsatztäter gegenüber dem Fahrlässigkeitstäter privilegiert sein soll, hält die restriktive Auffassung entsprechende Geschehnisse für keine Realisierung typischer Verkehrsgefahr, sondern ggf. für durch § 315b StGB zu erfassende verkehrsfremde Eingriffe.

(4) Realisierung einer typischen Gefahr des Straßenverkehrs
Tatsächlich wird der Kontroverse die Schärfe weitgehend dadurch genommen, dass auch die Rspr.[248] und die h. L.[249] einen Unfall nur dann annehmen, wenn der Schadenseintritt sich als **Realisierung einer typischen Gefahr des Straßenverkehrs** darstellt.

233/01 (Mülltonnenvandalismus) – BGHSt 47, 158 = NJW 2002, 626 = NStZ 2002, 252 = StV 2002, 359 (Anm. Kühl, Höchstrichterliche Rspr. BT, 2002, Nr. 7; Geppert JK 2002 StGB § 142/20; Baier JA 2002, 631; Martin JuS 2002, 716; LL 2002, 393; RÜ 2002, 121; RA 2002, 184; famos 2/2002; Sternberg-Lieben JR 2002, 386; Schnabl NZV 2005, 281); BGH U. v. 20.02.2003 – 4 StR 228/02 – BGHSt 48, 233 = NJW 2003, 1613 = NStZ 2003, 486 = StV 2003, 338 (Anm. Martin JuS 2003, 926; Dreher JuS 2003, 1159; LL 2003, 563; RÜ 2003, 217; RA 2003, 327; famos 7/2003; Seier/Hillebrand NZV 2003, 490; Müller/Kraus NZV 2003, 559; König NStZ 2004, 175).
[245] S. o.
[246] S. nur Kindhäuser/Hilgendorf, LPK, 9. Aufl. 2022, § 142 Rn. 7.
[247] Stein, in: SK-StGB, 9. Aufl. 2019, § 142 Rn. 14.
[248] Vgl. zuletzt AG Dortmund B. v. 01.09.2020 – 723 Cs – 268 Js 1007/20 – 276/20 – StV 2022, 29 (Anm. Staub NZV 2021, 334).
[249] S. Joecks/Jäger, StGB, 13. Aufl. 2021, § 142 Rn. 13; näher Hartmann-Hilter NZV 1995, 340.

Beispiel 241

OLG Jena B. v. 18.09.2007 – 1 Ss 191/07 – NStZ-RR 2008, 74 (Anm. LL 2008, 680):

Nach einem verbalen Streit ging Z an der Fahrerseite des Kleintransporters des B auf diesen zu und wollte ihm auf die Schulter klopfen, um ihn zu beruhigen. Dabei äußerte er, dass der B mal ein bisschen ruhiger machen solle, sonst müsse man ihn aus seinem Auto herausholen. In diesem Moment gab B Vollgas. Z hielt sich daraufhin an der Kleidung des B fest. Zudem stützte er sich auf dem Außenspiegel des Fahrzeuges auf, da er ein Holzbein hatte und sich abstützen musste. Diese Behinderung war dem B jedoch nicht bekannt gewesen. Auf Grund des rasanten Starts mit durchdrehenden Rädern in Richtung Ausfahrt musste Z loslassen und kam dabei zu Fall. Z erlitt in Folge des Unfalls einen Oberschenkelhalsbruch und Hautabschürfungen. Er musste stationär behandelt werden. ◄

OLG Jena: „Für [eine deliktische Planung] und damit gegen das Vorliegen eines Unfalls i. S. d. § 142 StGB spricht hier, dass die Verletzung des Geschädigten im Zusammenhang mit dem körperlichen Übergriff eines der Beteiligten auf einen anderen stand (Hereingreifen in das Fahrzeug, Festhalten an der Kleidung des Fahrzeugführers, Androhung, den anderen Fahrzeugführer aus seinem Fahrzeug herauszuholen) und das Fahrmanöver des Angeklagten für Außenstehende ohne weiteres erkennbar dazu diente, die Auseinandersetzung zu beenden und den ‚Angreifer' abzuschütteln."

Zu unterscheiden ist dies von Konstellationen, in denen das Verhalten des Täters schon nach seinem äußeren Erscheinungsbild keine Auswirkung des allgemeinen Verkehrsrisikos, sondern einer **deliktischen Planung** ist.[250] Auch dass der Täter ggf. aus einem fahrenden Fahrzeug handelt, führt nicht zur Annahme eines Unfalls, auch wenn bei konkreter Betrachtung erst der Kontext mit dem Straßenverkehr das Verhalten kennzeichnet.

Beispiel 242

BGH U. v. 04.11.2008 – 4 StR 411/08 – NStZ 2009, 100 = StV 2009, 698 (Anm. Satzger JK 2009 StGB § 315b/12; RÜ 2009, 33; RA 2009, 52; Obermann NStZ 2009, 539):

Nach Begehung eines Banküberfalls flüchteten B1 und B2 mit einem Pkw, den sie zuvor entwendet hatten. Gelenkt wurde das Fluchtfahrzeug von B1. Z, der das Tatgeschehen zufällig beobachtet hatte, nahm mit seinem Geländewagen die Verfolgung auf. Auf Grund der stärkeren Motorisierung des eigenen Fahrzeugs hatte Z keine Schwierigkeiten, sich dicht hinter das Fluchtfahrzeug von B1 und B2 zu setzen. B1 bemerkte die Verfolgung und fasste den Entschluss, mit einer der bei dem Banküberfall verwendeten Pistolen auf das verfolgende Fahrzeug zu schießen, um es fahruntauglich zu machen und auf diese Weise dessen

---

[250] Sternberg-Lieben, in: Schönke/Schröder, StGB, 30. Aufl. 2019, § 142 Rn. 19; zur Rspr. s. o.

Fahrer an einer weiteren Verfolgung zu hindern. Er unterrichtete die B2 von seiner Absicht, die hiermit einverstanden war und ihm zur Ausführung seines Vorhabens eine Schusswaffe reichte. Z hatte zwischenzeitlich zum Überholen angesetzt. Als beide Fahrzeuge sich bei einer Geschwindigkeit von etwa 80 bis 90 km/h auf gleicher Höhe befanden, gab B1 in schneller Reihenfolge 3 Schüsse auf das etwa 1,5 m entfernte Fahrzeug Z ab. Zwei Schüsse trafen, wobei die Projektile in einer Höhe von 97 und 118 cm jeweils die Karosserie durchschlugen, ohne jedoch Z zu verletzen. Die beiden Einschüsse führten nicht zu einer Fahrzeugerschütterung. Z, der die auf sein Fahrzeug gerichtete Waffe gesehen und auch die Einschüsse akustisch wahrgenommen hatte, fühlte sich nicht in seiner Fahrsicherheit beeinträchtigt. Er ließ sich, auch weil sich zwischenzeitlich Gegenverkehr näherte, jedoch wieder hinter das von B1 und B2 zurückfallen. An dem Fahrzeug des Z entstand durch den Einschlag der Projektile ein Sachschaden i. H. v. ca. 3000 €. ◄

In Polizeiflucht-Fällen (s. o. bei § 315b StGB) wird aber von einer Realisierung einer typischen Gefahr des Straßenverkehrs auszugehen sein, da der Hauptzweck des Täterverhaltens nach wie vor die Fortbewegung ist.[251]

Ferner kann die Realisierung einer typischen Gefahr des Straßenverkehrs bei **Ereignissen im stehenden Verkehr** problematisch sein.[252]

Beispiel 243

OLG Köln BGH U. v. 19.07.2011 – 1 RVs 138/11 – NStZ-RR 2011, 354 (Anm. Hecker JuS 2011, 1038); LG Aachen U. v. 09.12.2011 – 71 Ns-607 Js 784/08-146/11 (Anm. Hecker JuS 2013, 851):

B ist selbstständiger Schrotthändler. Am 19.01.2008 führte er seinen Lkw im Bereich U, um Schrott zu sammeln. Z1 befand sich zu dieser Zeit vor dem I-Weg in U, wo er bei der Demontage einer Heizung half. Da er das „Bimmeln" des Schrotthändlers gehört hatte, stellte er diverse Bleche vor dem Haus ab und hielt B, als der mit seinem Lkw vorbeikam, an, weil dieser die Bleche mitnehmen sollte. B parkte seinen Lkw rechts auf der Straße und stieg aus, um die Blechteile aufzuladen. Rechts neben dem Lkw stand in einer Entfernung von wenigen Metern der dort ordnungsgemäß geparkte Pkw VW-Fox. Z1 reichte dem auf dem Vorplatz vor dem Haus zwischen Pkw und Lkw stehenden B die Bleche an, welche dieser sodann über die Seitenwände auf die Ladefläche des Lkw warf. Eines der Bleche warf er nicht hoch genug, sodass es nicht über die Seitenwand flog, sondern von außen gegen die Seitenwand der Ladefläche prallte und von dort zurückflog und gegen die A-Säule des geparkten Pkw

---

[251] Kindhäuser/Hilgendorf, LPK, 9. Aufl. 2022, § 142 Rn. 7.
[252] Fischer, StGB, 71. Aufl. 2024, § 142 Rn. 9; aus der Rspr. vgl. AG Berlin-Tiergarten B. v. 16.07.2008 – (290 Cs) 3032 PLs 5850/08 (145/08) – NJW 2008, 3728 (Anm. Kudlich JA 2009, 230; LL 2009, 99; RA 2010, 41).

VW-Fox der Z2 fiel und den Pkw beschädigte. Es entstand eine sichtbare Eindellung im unteren Bereich der A-Säule des Pkw. Die Reparatur des Schadens kostete ohne Mehrwertsteuer rund 1890 €.

B hatte mitbekommen, dass durch seinen Fehlwurf das geparkte Fahrzeug beschädigt worden war. Er hob die Blechplatte vom Boden auf und warf sie auf den Lkw. Er kümmerte sich nicht weiter um den Schaden, sondern beendete seine Ladetätigkeiten, obwohl noch nicht alle Bleche aufgeladen waren, und stieg in seinen Lkw mit dem Bemerken zum Z1, er müsse sofort weg, er käme aber wieder. Er fuhr sodann davon, ohne allerdings zum Unfallort zurückzukehren. ◄

Beispiel 244

LG Düsseldorf U. v. 06.05.2011 – 29 Ns 3/11 – NStZ-RR 2011, 355 (Anm. Deutscher jurisPR-StrafR 22/2011 Anm. 3); OLG Düsseldorf U. v. 07.11.2011 – 1 RVs 62/11 – NStZ 2012, 326 = NStZ-RR 2012, 218 (Anm. Terning NZV 2012, 351):

B suchte am 03.02.2009 mit einem Lkw ein Einkaufszentrum auf und begab sich nach den Einkäufen mit zwei Einkaufswagen zu dem auf dem Parkplatz abgestellten Lkw. Beim Ausladen eines der Einkaufswagen geriet der andere Einkaufswagen selbstständig ins Rollen und prallte gegen das in einer gegenüberliegenden Parklücke abgestellte Fahrzeug Alfa Romeo des Z und verursachte einen Sachschaden in Höhe von 1496,78 €. B holte den Einkaufswagen zurück, obwohl er die Beschädigung des Pkw wahrgenommen hatte und verließ den Ort des Geschehens, um sich den Feststellungen zu entziehen. ◄

bb) Unfallbeteiligter, § 142 V StGB

Nur ein Unfallbeteiligter i. S. d. § 142 I, V StGB kann tauglicher Täter sein, sodass es sich um ein Sonderdelikt (s. o.) und ein insofern eigenhändiges Delikt handelt.[253]

Bei **unmittelbaren** Verursachungen ist zu beachten, dass es auf ein verkehrswidriges Verhalten und mithin auf die Verschuldensfrage nicht ankommt.[254]

Es genügt die objektiv *ex ante* nicht fern liegende Möglichkeit einer (Mit-)Verursachung,[255] sozusagen ein sich auf Anhaltspunkte stützender Verdacht.

Problematisch ist, welche Anforderungen an eine **mittelbare** Verursachung zu stellen sind.[256]

---

[253] Näher Arloth GA 1985, 492.
[254] Kindhäuser/Hilgendorf, LPK, 9. Aufl. 2022, § 142 Rn. 8.
[255] Fischer, StGB, 71. Aufl. 2024, § 142 Rn. 15; aus der Rspr. vgl. zuletzt OLG Hamburg B. v. 30.05.2017 – 2 Rev 35/17 – StV 2018, 438 (Anm. Krumm SVR 2017, 392; Preuß NZV 2018, 36).
[256] Hierzu Fischer, StGB, 71. Aufl. 2024, § 142 Rn. 16; aus der Rspr. vgl. BayObLG B. v. 01.10.1992 – 1 St RR 161/92 – NJW 1993, 410; OLG Frankfurt B. v. 21.08.1995 – 3 Ss 222/95 – NStZ-RR 1996, 86; OLG Frankfurt B. v. 27.11.1996 – 3 Ss 364/96 – 3 Ss 364/96; BayObLG B. v. 04.10.1999 – 2 St RR 177/99 – NStZ-RR 2000, 140 (Anm. LL 2000, 634); OLG Hamburg B. v. 30.05.2017 – 2 Rev 35/17 – StV 2018, 438 (Anm. Krumm SVR 2017, 392; Preuß NZV 2018, 36).

Beispiel 245

OLG Stuttgart B. v. 22.05.2003 – 4 Ss 181/03 – NJW 2003, 3217 = NStZ-RR 2003, 278 (Anm. Geppert JK 2004 StGB § 142/22):

B arbeitet im Physiologischen Institut der Universität in der G-Straße. Am 06.03.2002 befuhr er mit seinem Pkw die H-Straße Richtung Stadtmitte. An der ampelgeregelten Kreuzung mit der G-Straße hielt er zunächst wegen Rotlichts auf der Rechtsabbiegerspur an. Hinter ihm wartete Z1 mit seinem Pkw. Sodann bog B bei Grünlicht nach rechts in die G-Straße ab. Im Abbiegen nach rechts setzte er den linken Blinker, weil er nach knapp 20 m Fahrt auf der G-Straße nach links abbiegen und über die beiden Fahrspuren für den Gegenverkehr auf den für ihn reservierten Parkplatz des Instituts fahren wollte. Nach der Fahrstrecke von ca. 20 m mit einer Geschwindigkeit von maximal 15 km/h bremste er seinen Pkw ab und hielt wegen Gegenverkehrs auf der linken Seite des etwa 2,50 m breiten Fahrstreifens der G-Straße an. Z1 achtete in dieser Situation nicht auf den linken Blinker am Fahrzeug des B. Trotz des für ihn unerwarteten Anhaltens konnte er noch rechtzeitig abbremsen. Allerdings fuhr der hinter ihm kommende Z2 mit seinem Kfz auf den Pkw des Z1 auf, wodurch an dessen Fahrzeug ein Schaden von knapp 1500 € und am Pkw des Z2 ein solcher von etwa 3000 € entstand. B hörte beim Linksabbiegen das Unfallgeräusch. Er fuhr seinen Pkw auf den Parkplatz schräg gegenüber der Unfallstelle und stellte ihn dort ab. Nachdem er ausgestiegen war, riefen ihm die beiden Pkw-Lenker Z1 und Z2 über die Straße hinweg zu, er sei schuld am Unfall. Er kam bis auf den Bordstein auf seiner Seite heran und antwortete, er sei nicht schuld und müsse ins Physiologische Institut gehen. Sodann ging er zu seiner Arbeitsstelle im angrenzenden Gebäude in der Überzeugung, zu dem Unfall nicht durch falsches Verhalten beigetragen zu haben. ◄

Ein Unfall liegt vor. Z1 und Z2, deren Fahrzeuge kollidiert sind, sind unmittelbar beteiligt. Fraglich ist, ob auch B Unfallbeteiligter i. S. d. § 142 V StGB ist, der selbst nicht physisch in den Unfall verwickelt war, sondern nur mittelbar zur Kollision beigetragen hat.

Beispiel 246

OLG Köln B. v. 14.05.1991 – Ss 193/91 – NJW 1992, 703 (Anm. Geppert JK 1992 StGB § 142/18):

B1, Sohn des B2, befuhr in dessen Pkw das Parkhaus B.-Straße. Bei einem Rangiermanöver stieß der von B1 gesteuerte Wagen gegen den Pkw des Z. An dessen Fahrzeug wurden Vorderstoßstange und Frontschürze eingedrückt. Dadurch entstand ein Sachschaden von ca. 1100 DM. Nach dem Zusammenstoß stiegen B2, der auf dem Beifahrersitz gesessen hatte, B1 sowie Z aus. Z bat B1 und B2 um ihre Personalien. B2, der am Unfallort das Wort führte, während sich B1 im Hintergrund hielt, verweigerte die Angabe der Personalien mit der wahrheitswidrigen Behauptung, durch den Anstoß sei kein Schaden entstanden, vielmehr wolle Z nur einen alten Schaden auf seine (des B2) Kosten beseitigen lassen. Anschließend stiegen B1 und B2 wieder in den Wagen und verließen damit den Unfallort. ◄

Ist auch B2 Unfallbeteiligter?

Die Rspr.[257] und die wohl h. L.[258] gehen davon aus, dass derjenige, der nicht unmittelbar Teil des schadensstiftenden Ereignisses war, nur dann i. S. d. § 142 V StGB „zur Verursachung des Unfalls beigetragen haben kann", wenn er durch **regelwidriges Verhalten** ein zusätzliches Gefahrenmoment geschaffen hat, was allerdings auch weiter im Vorfeld des eigentlichen Unfalls geschehen sein kann, z. B. durch Überlassen des Fahrzeugs an einen Betrunkenen durch den Halter.

Eine noch restriktivere Auffassung[259] verlangt für eine Erfassung mittelbarer Verursachungen ein Fehlverhalten in der aktiven Unfallsituation. Dem ist allerdings zu entgegnen, dass sich eine vorgelagerte Pflichtverletzung sehr wohl im Zeitpunkt des Unfalls auswirken und insofern genauso stark zum Schaden beitragen kann wie eine Pflichtverletzung in der aktuellen Unfallsituation; der Wortlaut steht einem solchen Verständnis auch nicht entgegen.

Jedenfalls erforderlich ist aber die **Anwesenheit** am Unfallort zur Zeit des Unfalls.[260]

Für die Ermittlung der Eigenschaft des Unfallbeteiligten ist auf den **Zeitpunkt des Entfernens** abzustellen; irrelevant ist, ob ein Verdacht später ausgeräumt wird.[261]

cc) Sich vom Unfallort entfernt
Tathandlung beider Nummern des § 142 I StGB[262] ist das Sichentfernen vom Unfallort.

Als **Unfallort**[263] ist zunächst die Stelle zu verstehen, an der sich der Unfall ereignet hat, hierzu zählt aber auch der Bereich, innerhalb dessen ein Aufenthalt feststellungsbereiter Unfallbeteiligter nach den Umständen des Einzelfalls zu vermuten ist.[264] Abhängig von der Verkehrssituation kann hierzu noch eine gewisse Umgebung gehören, sodass es z. B. tatbestandslos ist, wenn ein Autofahrer erst in eine ruhige Seitenstraße biegt und dort anhält. Immerhin normiert § 34 I Nr. 2 StVO sogar eine Pflicht, bei Unfall den „Verkehr zu sichern und bei geringfügigem Schaden unverzüglich beiseite zu fahren".

Eine Verfolgung durch den Geschädigten erweitert den Unfallort nicht.[265]

---

[257] S. o.
[258] S. nur Fischer, StGB, 71. Aufl. 2024, § 142 Rn. 16.
[259] Joecks/Jäger, StGB, 13. Aufl. 2021, § 142 Rn. 21, 25.
[260] Kindhäuser/Hilgendorf, LPK, 9. Aufl. 2022, § 142 Rn. 10; aus der Rspr. vgl. BayObLG B. v. 04.10.1999 – 2 St RR 177/99 – NStZ-RR 2000, 140 (Anm. LL 2000, 634); OLG Jena B. v. 22.06.2004 – 1 Ss 70/03.
[261] Zopfs, in: MK-StGB, 4. Aufl. 2021, § 142 Rn. 36; aus der Rspr. vgl. OLG Düsseldorf U. v. 08.12.1992 – 5 Ss 372/92 – 116/92 I.
[262] Hierzu näher Küper GA 1994, 49.
[263] Hierzu Fischer, StGB, 71. Aufl. 2024, § 142 Rn. 20; näher Rittig NZV 2012, 561; aus der Rspr. vgl. zuletzt OLG Karlsruhe U. v. 10.07.2017 – 2 Rv 10 Ss 581/16 – NStZ-RR 2017, 355 (Anm. Hecker JuS 2017, 1125; RÜ 2017, 718; Schulz-Merkel NZV 2018, 43).
[264] Kindhäuser/Hilgendorf, LPK, 9. Aufl. 2022, § 142 Rn. 15.
[265] Zopfs, in: MK-StGB, 4. Aufl. 2021, § 142 Rn. 47; aus der Rspr. vgl. zuletzt OLG Karlsruhe U. v. 10.07.2017 – 2 Rv 10 Ss 581/16 – NStZ-RR 2017, 355 (Anm. Hecker JuS 2017, 1125; RÜ 2017, 718; Schulz-Merkel NZV 2018, 43).

F. Unerlaubtes Entfernen vom Unfallort, § 142 StGB

Zur Frage einer erweiterten Auslegung des Unfallorts bei nachträglicher Kenntniserlangung s. u. Richtigerweise ist der Ort der Kenntniserlangung vom Unfall kein Unfallort.[266]

Sichentfernen ist das räumliche Verlassen des Unfallortes auf eine Entfernung, in welcher der Unfallbeteiligte nicht mehr ohne weiteres erreichbar ist.[267]

Ein Verstecken am Unfallort ist noch kein Sichentfernen.[268] Auch eine bloße Spurenverwischung am Unfallort verletzt die Anwesenheitspflicht nach h. M. nicht.[269] Derartige Verschleierungshandlungen haben lediglich ggf. Bedeutung als Strafschärfungsgrund im Falle einer anderweitig begründeten Strafbarkeit.[270]

Nur derjenige Täter entfernt sich i. S. d § 142 I StGB, dessen Verhalten **willensgetragen** ist.[271]

Hieran mangelt es etwa, wenn der Täter als Bewusstloser in ein Krankenhaus eingeliefert wird, bei staatlichen Zwangsmaßnahmen (v. a. vorläufige Festnahme nach § 127 StPO) oder *vis absoluta*.[272]

---

[266] Fischer, StGB, 71. Aufl. 2024, § 142 Rn. 20; näher Blum SVR 2010, 210; Beulke FS Maiwald 2010, 21; Blum SVR 2011, 286; Rittig NZV 2012, 561; Hillenkamp FS Beulke 2015, 449; aus der Rspr. vgl. BVerfG B. v. 19.03.2007 – 2 BvR 2273/06 – BVerfGK 10, 442 = NJW 2007, 1666 (Anm. Geppert JK 2007 StGB § 142/23; Kudlich JA 2007, 549; Jahn JuS 2007, 689; LL 2007, 540; RÜ 2007, 254; RA 2007, 286; famos 5/2007; Brüning ZIS 2007, 317; Laschewski NZV 2007, 444; Dehne-Niemann Jura 2008, 135; Küper NStZ 2008, 597; Ebner SVR 2007, 389; Kudlich FS Stöckel 2010, 93); OLG Düsseldorf B. v. 01.10.2007 – 2 Ss 142/07-69/07 III – NStZ-RR 2008, 88 (Anm. Geppert JK 2008 StGB § 142/24; RA 2008, 262; Blum NZV 2008, 495); OLG Hamburg B. v. 27.03.2009 – 3-13/09 – NJW 2009, 2074 (Anm. Brüning ZJS 2009, 442; RÜ 2009, 508; RA 2009, 449; Mühlenfeld jurisPR-StrafR 10/2009 Anm. 4); BGH B. v. 15.11.2010 – 4 StR 413/10 – NStZ 2011, 209 = StV 2011, 160 (Anm. Jahn JuS 2011, 274); LG Arnsberg B. v. 11.09.2014 – 6 Qs 81/14 (Anm. Heinz jurisPR-StrafR 23/2014 Anm. 3).

[267] Eisele, BT I, 6. Aufl. 2021, Rn. 1192; aus der Rspr. vgl. zuletzt LG Arnsberg B. v. 11.09.2014 – 6 Qs 81/14 (Anm. Heinz jurisPR-StrafR 23/2014 Anm. 3).

[268] Eisele, BT I, 6. Aufl. 2021, Rn. 1192; näher Mitsch NZV 2022, 548; aus der Rspr. vgl. OLG Hamm U. 20.09.1978 – 4 Ss 942/78 – NJW 1979, 438.

[269] Eisele, BT I, 6. Aufl. 2021, Rn. 1199; aus der Rspr. vgl. BayObLG U. 05.02.1969 – RReg. 1 b St 527/68 (Anm. Schröder JR 1969, 430).

[270] Heger, in: Lackner/Kühl/Heger, StGB, 30. Aufl. 2023, § 142 Rn. 17; aus der Rspr. vgl. BGH U. v. 09.02.1962 – 4 StR 519/61 – BGHSt 17, 143 = NJW 1962, 1829 (Anm. Baumann NJW 1962, 1793); BGH U. v. 27.07.1962 – 4 StR 215/62 – BGHSt 18, 6 = NJW 1962, 2069; OLG Oldenburg U. v. 05.03.1968 – 4 Ss 52/68 – NJW 1968, 1293.

[271] H. M. s. Joecks/Jäger, StGB, 13. Aufl. 2021, § 142 Rn. 57; näher Stein JZ 1983, 511; aus der Rspr. vgl. BGH B. v. 11.06.1981 – 4 StR 298/80 – BGHSt 30, 160 = NJW 1981, 2366 = NStZ 1981, 435 (Anm. Hassemer JuS 1982, 386; Bär JR 1982, 379); BayObLG B. v. 23.12.1981 – RReg. 1 St 295/81 – NJW 1982, 1059 (Anm. Klinkenberg/Lippold/Blumenthal NJW 1982, 2359; Schwab MDR 1983, 454; Jacob MDR 1983, 461; Klinkenberg MDR 1983, 808; Joerden JR 1984, 51); OLG Hamm B. v. 16.11.1984 – 4 Ss 986/84 – NJW 1985, 445 (Anm. Hassemer JuS 1985, 484); BayObLG B. v. 01.10.1992 – 1 St RR 161/92 – NJW 1993, 410.

[272] Problematisch, s. Fischer, StGB, 71. Aufl. 2024, § 142 Rn. 22.

Ein Entfernen nach Rückkehr an den Unfallort und nunmehr erkannter Unfallbeteiligung ist erfasst, wenn ein hinreichender räumlicher und zeitlicher Zusammenhang besteht.[273]

Bei Nichterfüllung der Pflichten nach § 142 I StGB tritt mit dem Verlassen des Unfallorts Vollendung ein; eine Nachholung i. S. d. § 142 II StGB ist dann irrelevant.[274]

dd) § 142 I Nr. 1 oder 2 StGB

(1) Bevor er zugunsten der anderen Unfallbeteiligten und der Geschädigten die Feststellung seiner Person, seines Fahrzeugs und der Art seiner Beteiligung durch seine Anwesenheit und durch die Angabe, daß er an dem Unfall beteiligt ist, ermöglicht hat, § 142 I Nr. 1 StGB

§ 142 I Nr. 1 StGB betrifft, wie sich auch *e contrario* § 142 I Nr. 2 StGB ergibt, die Situation, dass am Unfallort feststellungsbereite Personen anwesend sind.[275] Entfernen darf sich der Täter, wenn er nach § 142 I Nr. 1 StGB die dort angegebenen Feststellungen ermöglicht hat.[276] Insofern ist § 142 I Nr. 1 StGB ein verkapptes Unterlassungsdelikt. Man wirft dem Täter eigentlich nicht das Entfernen, sondern die Nichtermöglichung der Feststellungen vor.

Den Täter trifft zunächst eine – begrenzte – **aktive** Feststellungspflicht: Er muss sich als Beteiligter eines Unfalls zu erkennen geben (sog. Vorstellungspflicht), es sei denn, dies ist dem Feststellungsberechtigten ohnehin bereits bekannt.[277] Angaben zum Unfallgeschehen und rechtliche Zugeständnisse sind dabei nicht zu verlangen.[278]

I.Ü. obliegt dem Täter nur eine **passive** Feststellungspflicht (besser: Feststellungsduldungspflicht). Er hat die Verpflichtung, den anderen Beteiligten Feststellungen zu seiner Person und der Art seiner Beteiligung zu ermöglichen; eine aktive Mitwirkung ist dabei nicht erforderlich,[279] sodass es für eine Erfüllung der Pflichten genügt, auf die Polizei zu warten, welche dann Zwangsmaßnahmen ergreifen kann (vgl. §§ 111 OWiG, 163b, c StPO).[280]

---

[273] Zopfs, in: MK-StGB, 4. Aufl. 2021, § 142 Rn. 48; aus der Rspr. vgl. OLG Celle Vorlegungsb. v. 05.04.1965 – 2 Ss 81/65 – NJW 1965, 1632 und 2080; BGH B. v. 24.08.1965 – 4 StR 353/65 – BGHSt 20, 258 = NJW 1965, 2065 (Anm. Möhl JR 1965, 470).

[274] Sternberg-Lieben, in: Schönke/Schröder, StGB, 30. Aufl. 2019, § 142 Rn. 83; aus der Rspr. vgl. OLG Köln B. v. 11.01.1994 – Ss 575/93.

[275] Heger, in: Lackner/Kühl/Heger, StGB, 30. Aufl. 2023, § 142 Rn. 16; aus der Rspr. vgl. LG Saarbrücken B. v. 10.04.2018 – 8 Qs 5/18 (Anm. Schulz-Merkel NZV 2018, 436; Koehl SVR 2019, 69).

[276] Hierzu Jagusch NJW 1976, 504; Maier NJW 1976, 1190; Bringewat JA 1977, 231; Küper JZ 1988, 473; Zopfs FS Küper 2007, 747.

[277] Sternberg-Lieben, in: Schönke/Schröder, StGB, 30. Aufl. 2019, § 142 Rn. 30.

[278] Kudlich, in: BeckOK-StGB, Stand 01.02.2024, § 142 Rn. 19; aus der Rspr. vgl. OLG Frankfurt B. v. 23.08.1982 – 3 Ss 343/82 – NJW 1983, 293 (Anm. Hassemer JuS 1983, 396); BayObLG B. v. 01.10.1992 – 1 St RR 161/92 – NJW 1993, 410.

[279] Fischer, StGB, 71. Aufl. 2024, § 142 Rn. 28; aus der Rspr. vgl. OLG Hamm B. v. 10.11.1976 – 3 Ss 702/76 – NJW 1977, 207 (Anm. Hassemer JuS 1977, 342); OLG Frankfurt U. v. 14.02.1977 – 3 Ss 680/76 – NJW 1977, 1833; OLG Stuttgart U. v. 21.06.1982 – 3 Ss (12) 184/82 – NJW 1982, 2266 (Anm. Geppert JK 1983 StGB § 142/6); BayObLG B. v. 01.10.1992 – 1 St RR 161/92 – NJW 1993, 410.

[280] Kindhäuser/Hilgendorf, LPK, 9. Aufl. 2022, § 142 Rn. 12.

Gibt der Täter seine Personalien zutreffend an – der Hinweis auf die Möglichkeit, das Kennzeichen des Kraftfahrzeugs aufzuschreiben, ist allerdings nicht ausreichend[281] –, so fragt sich, ob er auf Verlangen des Feststellungsberechtigten dennoch auf die Polizei warten muss; dies betrifft insbesondere die Konstellation, dass ein alkoholisierter Täter nach Feststellung der Personalien flieht, damit ihm keine Blutprobe (§ 81a StPO) entnommen wird.[282]

Beispiel 247

OLG Köln U. v. 03.06.1981 – 3 Ss 282/81 (156) – NJW 1981, 2367 (Anm. Hassemer JuS 1982, 386; Beulke JuS 1982, 815; Dvorak MDR 1982, 804):
Am 09.08.1980 befuhr B mit seinem Pkw gegen 16.20 Uhr eine öffentliche Straße. Seine Blutalkoholkonzentration betrug zu dieser Zeit 1,3–1,4 Promille. B wurde in einen Unfall verwickelt, weil der 15-jährige Mofafahrer Z1 nicht die Vorfahrt des B beachtete. Es ist offen geblieben, ob B die Vorfahrtverletzung rechtzeitig hätte erkennen und den Unfall, bei dem der Mofafahrer leicht verletzt wurde, hätte vermeiden können. Nach dem Unfall begaben sich die Unfallbeteiligten zu der 100 bis 150 m entfernten Wohnung der Eltern des Mofafahrers. Es war bereits fast eine Einigung erzielt, als die Mutter des Jugendlichen (Z2) bemerkte, dass B unter Alkoholeinfluss stand. Sie verlangte die Hinzuziehung der Polizei. Daraufhin verließ B wegen seines Alkoholgenusses fluchtartig die Wohnung. Seine Personalien und sein Fahrzeug nebst Kennzeichen waren jedoch bereits festgestellt. Auch bestand Einigkeit, dass Z1 mit seinem Mofa die Vorfahrt verletzt hatte. ◄

Gem. § 142 I Nr. 1 StGB hatte B die Feststellung seiner Person, seines Fahrzeugs und der Art seiner Beteiligung zu ermöglichen. Seine Personalien und sein Fahrzeug nebst Kennzeichen waren auch bereits festgestellt. Fraglich ist, ob die Feststellung der BAK durch eine Blutprobe (§ 81a StPO) unter die „Art der Beteiligung" fällt, sodass sich B doch noch der vollständigen Feststellung entzogen hätte.

Die Rspr.[283] und die wohl h. L.[284] gehen von einer Verletzung der Feststellungspflicht aus, wenn eine etwaige Trunkenheit für das Bestehen des Schadensersatzanspruchs eine Rolle gespielt haben kann und die Schuld- und Haftungsfrage nicht bereits völlig geklärt ist.[285]

---

[281] Fischer, StGB, 71. Aufl. 2024, § 142 Rn. 27; näher Heidemeier FS Hamm 2008, 191; aus der Rspr. vgl. OLG Stuttgart U. v. 21.06.1982 – 3 Ss (12) 184/82 – NJW 1982, 2266 (Anm. Geppert JK 1983 StGB § 142/6); OLG Düsseldorf B. v. 22.03.1985 – 5 Ss 66/85 – 55/85 I – NJW 1985, 2725; OLG Köln B. v. 10.01.1989 – Ss 725/88 (Anm. Bernsmann NZV 1989, 198).

[282] Hierzu zsf. Joecks/Jäger, StGB, 13. Aufl. 2021, § 142 Rn. 41; näher Dvorak JZ 1981, 16; aus der Rspr. vgl. zuletzt OLG Hamburg B. v. 30.05.2017 – 2 Rev 35/17 – StV 2018, 438 (Anm. Krumm SVR 2017, 392; Preuß NZV 2018, 36); LG Saarbrücken B. v. 10.04.2018 – 8 Qs 5/18 (Anm. Schulz-Merkel NZV 2018, 436; Koehl SVR 2019, 69).

[283] S. o.

[284] S. Fischer, StGB, 71. Aufl. 2024, § 142 Rn. 27.

[285] Joecks/Jäger, StGB, 13. Aufl. 2021, § 142 Rn. 41.

Die Gegenauffassung[286] lehnt dies unter Hinweis auf den *nemo-tenetur*-Grundsatz ab.

Zu folgen ist der h. M., da die Alkoholisierung als körperlicher Zustand sich als Art der Beteiligung i. S. d. § 142 I Nr. 1 StGB verstehen lässt. Auch der Schutzzweck des § 142 I Nr. 1 StGB gebietet die Erfassung, wird doch die Beweissituation bzgl. des Schadensersatzanspruch des Geschädigten verschlechtert, wenn nicht die Alkoholisierung des Täters prozessfest erwiesen wird. Ganz allgemein sind Art und Umfang der Feststellungen von der einschlägigen zivilrechtlichen Anspruchsgrundlage abhängig.

Der Feststellungspflicht genügt jedenfalls derjenige nicht, der sich zwar zu erkennen gibt, der aber die tatsächlich gegebene Beteiligung an einem Unfall durch die unwahre Mitteilung, er sei an dem Unfall nicht beteiligt, positiv leugnet.[287]

Der **Verzicht** auf Feststellungen durch den anderen Unfallbeteiligten wirkt als Einverständnis tatbestandsausschließend.[288] Dies kann auch konkludent erfolgen,[289] z. B. durch Fortsetzung der Fahrt. Bei Befriedigung der Ansprüche durch den Täter oder Abgabe eines Schuldanerkenntnisses liegt ein konkludenter Verzicht auf Feststellungen nahe.[290]

Ferner ist eine rechtfertigende **mutmaßliche Einwilligung** möglich.[291]

Beispiel 248

OLG Köln B. v. 12.03.2002 – Ss 54/02 – NJW 2002, 2334 (Anm. Geppert JK 2002 StGB § 142/21; RA 2002, 486):

B fuhr mit dem Lkw des Z allein kurz vor 18 Uhr von J. aus in Richtung A. In A. geriet der B infolge Unachtsamkeit beim Einbiegen in die U.-Straße gegen den – aus seiner Fahrtrichtung gesehen – am rechten Straßenrand befindlichen Straßenlaternenmast und fuhr mit dem vorderen rechten Kotflügel gegen diesen Laternenmast. Sodann setzte B mit dem von ihm geführten Lkw ein kurzes Stück zurück, fuhr eilig wieder an und stieß erneut infolge Unachtsamkeit mit dem rechten vorderen Kotflügel gegen diesen Laternenmast. Hierdurch entstand

---

[286] Etwa Eisele, BT I, 6. Aufl. 2021, Rn. 1199.

[287] H. M., Fischer, StGB, 71. Aufl. 2024, § 142 Rn. 28; aus der Rspr. vgl. BayObLG B. v. 16.02.1984 – RReg. 1 St 327/83 – NJW 1984, 1365 (Anm. Sonnen JA 1984, 534; Hassemer JuS 1984, 647; Geppert JK 1985 StGB § 142/10; Loos JR 1985, 164); OLG Hamm B. v. 16.11.1984 – 4 Ss 986/84 – NJW 1985, 445 (Anm. Hassemer JuS 1985, 484).

[288] Kindhäuser/Hilgendorf, LPK, 9. Aufl. 2022, § 142 Rn. 17; näher Bernsmann NZV 1989, 49; aus der Rspr. vgl. zuletzt OLG Hamburg B. v. 30.05.2017 – 2 Rev 35/17 – StV 2018, 438 (Anm. Krumm SVR 2017, 392; Preuß NZV 2018, 36); LG Saarbrücken B. v. 10.04.2018 – 8 Qs 5/18 (Anm. Schulz-Merkel NZV 2018, 436; Koehl SVR 2019, 69).

[289] Fischer, StGB, 71. Aufl. 2024, § 142 Rn. 31; aus der Rspr. vgl. OLG Oldenburg U. v. 12.12.1994 – Ss 399/94 – NJW 1995, 1689; LG Saarbrücken B. v. 10.04.2018 – 8 Qs 5/18 (Anm. Schulz-Merkel NZV 2018, 436).

[290] Fischer, StGB, 71. Aufl. 2024, § 142 Rn. 33; aus der Rspr. vgl. OLG Düsseldorf B. v. 10.12.1985 – 5 Ss 360/85 – 295/85 I - NJW 1986, 2001 = StV 1986, 159 (Anm. Otto JK 1987 StGB § 142/11; Kuhlen StV 1987, 437; Freund GA 1987, 536).

[291] Fischer, StGB, 71. Aufl. 2024, § 142 Rn. 32.

Sachschaden an dem Lkw in Höhe von mindestens 1000 DM, nicht hingegen an der Straßenlaterne. B fuhr schnell wieder an und mit hoher Geschwindigkeit durch die U.-Straße. ◄

Dass nur B am Unfall beteiligt war, ändert nichts am Vorliegen eines Unfalles im Straßenverkehr (s. o.). Es ist aber davon auszugehen, dass Z objektiv kein Interesse daran hatte, vor Ort zu erscheinen, sondern das Vorzeigen des Schadens am Lkw genügen würde. Insofern liegt eine mutmaßliche Einwilligung des Z vor.

Eine solche ist aber nicht bereits aufgrund relativer Bagatellhaftigkeit des Schadens anzunehmen.[292]

Umstritten ist, wie es zu behandeln ist, wenn der Täter einen Verzicht des Geschädigten auf weitere Feststellungen erschleicht, z. B. durch Angabe falscher Personalien.[293]

Beispiel 249

OLG Frankfurt B. v.30.08.1989 – 5 Ss 528/88 – NJW 1990, 1189 (Anm. Geppert JK 1990 StGB § 142/16):

Am 13.09.1987 kam es auf der Landstraße zu einem Verkehrsunfall zwischen dem Pkw des B und dem Kraftfahrzeug des Zum Beispiel, und Z einigten sich darauf, die Anschriften auszutauschen um sich am nächsten Tag wegen der Schadensregulierung zu treffen. B gab beim Austausch der Adresse aber nicht den eigenen Namen und die richtige Anschrift, sondern den Namen und die Anschrift eines Bekannten an. Z bemerkte diese Täuschung nicht, hielt die angegebenen Personalien für die des B und fuhr weg. Danach verließ auch B die Unfallstelle. ◄

Z hat sich mit dem Austausch der Anschriften vorerst begnügt und auf weitere Feststellungen verzichtet. Ist der Verzicht trotz Angabe eines falschen Namens und einer falschen Adresse seitens des B wirksam?

Die Rspr.[294] und die h. L.[295] halten einen solchen Verzicht für unwirksam.

Eine Gegenauffassung[296] wendet § 142 I Nr. 1 StGB nicht an, sondern ggf. § 263 I StGB.

---

[292] Fischer, StGB, 71. Aufl. 2024, § 142 Rn. 32; aus der Rspr. vgl. OLG Frankfurt U. v. 03.01.1962 – 1 Ss 1070/61 – NJW 1962, 685 (Anm. Blechschmid JuS 1962, 239; Rutkowsky NJW 1962, 686); OLG Frankfurt U. v. 23.01.1963 – 1 Ss 1016/62 – NJW 1963, 1215 (Anm. Rutkowsky NJW 1963, 1216).

[293] Hierzu Eisele, BT I, 6. Aufl. 2021, Rn. 1200; näher Koch NJW 1961, 2195; Enskat NJW 1962, 332; Krüger NJW 1965, 142; Bauer NStZ 1985, 301; Küper JZ 1990, 510; Mitsch NZV 2022, 548; aus der Rspr. vgl. zuletzt BGH B. v. 11.04.2018 – 4 StR 583/17 – BGHSt 63, 121 = NJW 2018, 2341 = NStZ 2018, 600 = StV 2019, 668 (Anm. Kudlich JA 2018, 709; Eisele JuS 2018, 1011; LL 2018, 744; RÜ 2018, 641; Krumm NJW 2018, 2343; Berghäuser NStZ 2018, 602; Lampe jurisPR-StrafR 16/2018 Anm. 3; Schefer/Kemper HRRS 2019, 27).

[294] S. o.

[295] S. nur Eisele, BT I, 6. Aufl. 2021, Rn. 1200.

[296] Etwa Zopfs, in: MK-StGB, 4. Aufl. 2021, § 142 Rn. 58.

Zwar ist letzterer Ansicht zuzugeben, dass Strafbarkeitslücken kaum entstehen dürften, auch solle man die aktiven Pflichten des Unfallbeteiligten eher restriktiv handhaben, allerdings werden durch den täuschenden Täter die notwendigen Feststellungen vereitelt und nicht ermöglicht.

Zu beachten ist bei alledem, dass **Zumutbarkeitsgesichtspunkte**, vor allem in Gestalt drohender Strafverfolgung – insbesondere aufgrund § 316 StGB – nicht zu einem Ausschluss des Tatbestands führen. Allenfalls wenn der Täter wegen einer Vortat flieht, die nichts mit dem Unfall zu tun hat, mag man dies oder eine Rechtfertigung nach § 34 StGB im Lichte des *nemo-tenetur*-Grundsatzes annehmen.[297]

(2) Bevor er eine nach den Umständen angemessene Zeit gewartet hat, ohne daß jemand bereit war, die Feststellungen zu treffen, § 142 I Nr. 2 StGB
Ist keine feststellungsbereite Person anwesend, z. B. bei der Kollision mit einem parkenden Auto, so muss der Täter, bevor er sich entfernen darf, eine „angemessene Zeit" warten.[298]

Welche Zeitspanne angemessen ist, richtet sich nach den Gegebenheiten des Einzelfalls im Hinblick auf die Maßstäbe der Erforderlichkeit (Grad des Feststellungsbedürfnisses; Wahrscheinlichkeit des Erscheinens feststellungsbereiter Personen) und Zumutbarkeit.[299] Kriterien hierfür sind z. B. die Höhe des entstandenen Schadens, die Kompliziertheit des Geschehens, Lage des Unfallorts, Tageszeit, Witterung und Verkehrsdichte.[300] Im Durchschnittsfall mag man etwa 30 min als Richtwert annehmen.

Äußert der Unfallverursacher gegenüber nachträglich an der Unfallstelle erschienenen Personen auf deren Frage, ob sie jemanden verständigen sollen, dies sei nicht nötig, weil er dies selbst tun werde, und entfernen sich diese Personen anschließend wieder, ohne etwas zur Aufklärung des Unfalls zu unternehmen, so verlängert sich hierdurch die Zeit, die an der Unfallstelle auf das Eintreffen feststellungsbereiter Personen zu warten ist.[301]

Der Unfallbeteiligte ist auch dann gem. § 142 I Nr. 1 StGB verpflichtet, durch seine weitere Anwesenheit an der Unfallstelle und Vorstellung als Unfallbeteiligter die Feststellungen zu ermöglichen, wenn feststellungsbereite Personen erst nach

---

[297] Joecks/Jäger, StGB, 13. Aufl. 2021, § 142 Rn. 94; näher Ulsenheimer GA 1972, 1; aus der Rspr. vgl. OLG Oldenburg U. v. 02.07.1968 – 1 Ss 152/68 – NJW 1968, 2019 (Anm. Ulsenheimer JuS 1972, 24); LG Duisburg U. v. 16.01.1969 – 6 KLs 13/68 – NJW 1969, 1261 (Anm. Oppe NJW 1969, 1264; Roxin NJW 1969, 2038; Geppert GA 1970, 1; Oppe GA 1970, 367); BGH U. v. 27.07.1972 – 4 StR 287/72 – BGHSt 24, 382 = NJW 1972, 1960 (Anm. Forster NJW 1972, 2319; Hassemer JuS 1973, 118; Berz JuS 1973, 558; Eich MDR 1973, 814); OLG Karlsruhe U. v. 14.12.1972 – 2 Ss 156/72 – NJW 1973, 378.

[298] Hierzu näher Küper GA 1994, 49.

[299] Kindhäuser/Hilgendorf, LPK, 9. Aufl. 2022, § 142 Rn. 18; näher Snell NJW 1955, 659; aus der Rspr. vgl. BayObLG U. v. 06.02.1987 – RReg. 1 St 292/86 – NJW 1987, 1712 (Anm. Hassemer JuS 1987, 995; Hentschel JR 1988, 297); OLG Köln B. v. 06.03.2001 – Ss 64/01 – NJW 2002, 1359 = StV 2002, 363 (Anm. RA 2001, 413; RÜ 2002, 267).

[300] Fischer, StGB, 71. Aufl. 2024, § 142 Rn. 36.

[301] Zopfs, in: MK-StGB, 4. Aufl. 2021, § 142 Rn. 86; aus der Rspr. vgl. BayObLG U. v. 06.02.1987 – RReg. 1 St 292/86 – NJW 1987, 1712 (Anm. Hassemer JuS 1987, 995; Hentschel JR 1988, 297).

Ablauf der angemessenen Wartefrist an die Unfallstelle kommen, ihn dort aber noch antreffen.[302]

Ersatzmaßnahmen (v. a. ein Zettel an der Windschutzscheibe) sind nicht ausreichend,[303] was sich schon daraus erschließt, dass ein solcher Zettel o. Ä. verloren gehen kann.

Auch die Angabe von Personalien gegenüber Unfallzeugen[304] ist problematisch:

> **Beispiel 250**
>
> **OLG Frankfurt U. v. 03.01.1962 – 1 Ss 1070/61 – NJW 1962, 685 (Anm. Blechschmid JuS 1962, 239; Rutkowski NJW 1962, 686):**
> B hatte am 27.11.1960 seinen Pkw in der M.-Str. in Frankfurt/M. geparkt. Beim Wegfahren um 21.45 Uhr berührte er mit dem linken rückwärtigen Teil seines Wagens den hinteren rechten Kotflügel eines daneben parkenden Pkw, der hierdurch eine etwa handtellergroße Delle und einen gut zu sehenden Kratzer erhielt. Die Reparaturrechnung in Höhe von 42 DM hat B bezahlt. Da B unter Alkoholeinfluss stand – seine Blutalkoholkonzentration betrug um 21.45 Uhr 1,55 ‰ –, wollte er nicht an Ort und Stelle bleiben. Er bat die Inhaberin einer Gastwirtschaft, die hinzugekommen war, dem Geschädigten seine Adresse zu geben, und fuhr nach Hause. ◄

Hat B durch die Beauftragung der Gastwirtin die Feststellungen nach § 142 I Nr. 1 StGB ermöglicht?

Zweifelhaft ist, ob ein gänzliches Entfallen der Wartepflicht dann anzunehmen ist, wenn mit dem Eintreffen feststellungsbereiter Personen mit Sicherheit nicht zu rechnen ist; dann wäre dies eine sinnlose Formalität.[305] In der Tat sollte man eine solche teleologische Reduktion anerkennen, sodass nur noch die Zeit der Vergewisserung übrig bleibt, ob eine feststellungsbereite Person anwesend ist.[306]

Das Entfernen nach Erfüllen der Wartepflicht i. S. d. § 142 I Nr. 2 StGB löst die Feststellungspflicht nach § 142 II Nr. 1 StGB aus.

b) Subjektiver Tatbestand
Gem. § 15 StGB ist Vorsatz erforderlich.

---

[302] H. M., s. Kudlich, in: BeckOK-StGB, Stand 01.02.2024, § 142 Rn. 14; aus der Rspr. vgl. OLG Stuttgart U. v. 15.03.1982 – 2 Ss (22) 26/82 – NJW 1982, 1769.

[303] Fischer, StGB, 71. Aufl. 2024, § 142 Rn. 37; aus der Rspr. vgl. OLG Stuttgart U. v. 15.12.1980 – 3 Ss 752/80 – NJW 1981, 1107; OLG Köln B. v. 02.06.1989 – Ss 227/89 – NJW 1989, 3233; OLG Zweibrücken B. v. 15.02.1990 – 1 Ss 219/89 (Anm. Hartman/Hilter NZV 1992, 429).

[304] Hierzu Kretschmer, in: NK-StGB, 6. Aufl. 2023, § 142 Rn. 58; aus der Rspr. vgl. OLG Zweibrücken U. v. 22.03.1982 – ASs 281/81 (Anm. Bär DAR 1983, 215).

[305] Joecks/Jäger, StGB, 13. Aufl. 2021, § 142 Rn. 50; aus der Rspr. vgl. BGH U. v. 12.03.1953 – 3 StR 819/52 – BGHSt 4, 144 = NJW 1953, 1190; BGH U. v. 10.11.1953 – 1 StR 227/53 – BGHSt 5, 124 = NJW 1954, 400 (Anm. Lange JZ 1954, 329).

[306] S. auch Zopfs, in: MK-StGB, 4. Aufl. 2021, § 142 Rn. 79.

Zu beachten ist, dass der Täter insbesondere Vorsatz bzgl. des Unfalls aufweisen muss,[307] woran es etwa fehlt, wenn dem Täter die Kollision etc. verborgen geblieben ist. Einer entsprechenden Einlassung begegnet die Praxis allerdings sehr skeptisch. Zu unterscheiden ist dies von bloßen sog. Subsumtionsirrtümern, die weder unter § 16 StGB noch unter § 17 StGB fallen.

In vergleichbarer Weise kann auch der Vorsatz des Täters bzgl. seiner Unfallbeteiligung problematisch sein.[308]

3. Rechtswidrigkeit
Es gelten die allgemeinen Grundsätze.

4. Schuld
Es gelten die allgemeinen Grundsätze.

5. Sog. tätige Reue, § 142 IV StGB
§ 142 IV StGB[309] enthält eine Strafmilderung sowie ein fakultatives Absehen von Strafe, allerdings nur unter sehr engen Voraussetzungen, die kaum praxisrelevant sind.[310]

Es muss sich um einen Unfall außerhalb des fließenden Verkehrs handeln. Das sind v. a. Parkunfälle („Parkrempler").[311]

Als Folge darf ausschließlich ein nicht bedeutender Sachschaden eingetreten sein, wobei die Obergrenze unterschiedlich angesiedelt wird[312] bei Werten zwischen 750 €[313] über 1400 €[314] oder 1800 €[315] bis 2500 €.[316]

Der Täter muss innerhalb von 24 h die Feststellungen freiwillig (zur Freiwilligkeit s. im Allgemeinen Teil bei § 24 StGB) nachträglich ermöglichen.

---

[307] . Fischer, StGB, 71. Aufl. 2024, § 142 Rn. 38; näher Lessing DAR 1997, 329; Himmelreich DAR 2010, 45; Staub/Krumm/Himmelreich DAR 2014, 744; aus der Rspr. vgl. zuletzt KG B. v. 08.07.2015 – (3) 121 Ss 69/15 (47/15) (Anm. Krumm/Staub NZV 2016, 362).

[308] Hierzu Fischer, StGB, 71. Aufl. 2024, § 142 Rn. 38; aus der Rspr. vgl. OLG Koblenz B. v. 02.02.1988 – 2 Ss 24/88 – NJW 1989, 1620 (Anm. Geppert JK 1989 StGB § 142/13); BayObLG B. v. 04.10.1999 – 2 St RR 177/99 – NStZ-RR 2000, 140 (Anm. LL 2000, 634).

[309] Hierzu Seib JR 1986, 397; Berz DAR 1986, 251; Scholz ZRP 1987, 7; Cramer ZRP 1987, 157; Park DAR 1993, 246; Schulz NJW 1998, 1440; Böse StV 1998, 509; Bönke NZV 1998, 129; Janker DAR 2014, 750.

[310] Fischer, StGB, 71. Aufl. 2024, § 142 Rn. 62; Zopfs, in: MK-StGB, 4. Aufl. 2021, § 142 Rn. 130.

[311] Kindhäuser/Hilgendorf, LPK, 9. Aufl. 2022, § 142 Rn. 32.

[312] Hierzu Fischer, StGB, 71. Aufl. 2024, § 142 Rn. 64; Satzger Jura 2012, 786; aus der Rspr. vgl. zuletzt LG Nürnberg-Fürth B. v. 28.08.2018 – 5 Qs 58/18 (Anm. Krenberger NZV 2020, 55).

[313] Joecks/Jäger, StGB, 13. Aufl. 2021, § 142 Rn. 99.

[314] Für 1300 € Fischer, StGB, 71. Aufl. 2024, § 142 Rn. 64; Zopfs, in: MK-StGB, 4. Aufl. 2021, § 142 Rn. 131.

[315] So LG Hamburg B. v. 09.08.2023 – 612 Qs 75/23 (Anm. RÜ 2024, 97; Metz NZV 2024, 147).

[316] So LG Landshut B. v. 24.09.2012 – 6 Qs 242/12.

6. Rechtsfolgen
§ 142 I StGB sieht Freiheitsstrafe bis zu drei Jahren (im Minimum also ein Monat, § 38 II StGB) oder Geldstrafe (zu den Grenzen s. § 40 StGB) vor.
 Ferner ist auf § 69 II Nr. 3 StGB hinzuweisen, s. o. bei § 316 StGB.

7. Sonstiges
Der Versuch des § 142 StGB ist straflos.

III. § 142 II (i. V. m III) StGB

- Didaktische Aufsätze
- Berz, „Berechtigtes" und „entschuldigtes" Verlassen der Unfallstelle, Jura 1979, 125
- Mitsch, Unvorsätzliches Entfernen vom Unfallort, JuS 2010, 303

1. Aufbau
  I. Tatbestand
    1. Objektiver Tatbestand
      a) Unfall im Straßenverkehr
      b) Unfallbeteiligter, § 142 V StGB
      c) Sich vom Unfallort entfernt
      d) § 142 II Nr. 1 oder 2 StGB
        aa) Nach Ablauf der Wartefrist (Absatz 1 Nr. 2), § 142 II Nr. 1 StGB
        bb) Berechtigt oder entschuldigt, § 142 II Nr. 2 StGB
      e) Feststellungen nicht unverzüglich nachträglich ermöglicht
    2. Subjektiver Tatbestand
  II. Rechtswidrigkeit
  III. Schuld
  IV. Sog. tätige Reue, § 142 IV StGB

2. Allgemeines
§ 142 II i. V. m. III StGB[317] stellt ein echtes Unterlassungsdelikt dar[318] und pönalisiert das Unterlassen nachträglicher Feststellungen, wenn dem Täter in bestimmten Fällen eine straflose Entfernung vom Unfallort möglich war, bevor notwendige Feststellungen getroffen wurden; insofern besteht ein Exklusivitätsverhältnis zu § 142 I StGB.

---

[317] Hierzu Berz Jura 1979, 125; Krumm NZV 2008, 497.
[318] Eisele, BT I, 6. Aufl. 2021, Rn. 1207; aus der Rspr. vgl. BGH B. v. 30.08.1978 – 4 StR 682/77 – BGHSt 28, 129 = NJW 1979, 434 (Anm. Kühl, Höchstrichterliche Rspr. BT, 2002, Nr. 8; Geilen JK 1979 StGB § 142/1; Rudolphi JR 1979, 210; Römer MDR 1980, 89); BayObLG B. v. 07.07.1981 – RReg. 2 St 142/81 – NJW 1982, 117 (Anm. Hentschel JR 1982, 250); BayObLG B. v. 22.01.1990 – RReg. 1 St 5/90 – NJW 1990, 1861 (Anm. Hassemer JuS 1990, 1024; Herzberg NZV 1990, 375; Otto JK 1991 StGB § 27/17; Seelmann JuS 1991, 290).

3. Tatbestand

a) Objektiver Tatbestand

aa) Unfall im Straßenverkehr
S. o.

bb) Unfallbeteiligter, § 142 V StGB
S. o.

cc) Sich vom Unfallort entfernt
S. o.

dd) § 142 II Nr. 1 oder 2 StGB

(1) Nach Ablauf der Wartefrist (Absatz 1 Nr. 2), § 142 II Nr. 1 StGB
§ 142 II Nr. 1 StGB verweist auf § 142 I Nr. 2 StGB, hierzu s. o.

(2) Berechtigt oder entschuldigt, § 142 II Nr. 2 StGB
Gem. § 142 II Nr. 2 StGB besteht die Pflicht zur Nachholung der Feststellungen, wenn sich der Unfallbeteiligte „berechtigt oder entschuldigt" vom Unfallort entfernt hat.

Berechtigt ist ein Entfernen vom Unfallort insbesondere nach § 34 StGB, z. B. bei Notwendigkeit ärztlicher Behandlung oder unaufschiebbaren wichtigeren Terminen.[319]

Entschuldigt ist ein Entfernen vom Unfallort z. B. in Fällen des § 35 StGB.[320]

Umstritten ist, ob § 142 II Nr. 2 StGB auch bei **nicht willensgetragenem** Verlassen (vgl. o., z. B. Entfernen durch Polizei oder Rettungsdienst; als Mitfahrer) greift.[321]

Beispiel 251

BGH B. v. 11.06.1981 – 4 StR 298/80 – BGHSt 30, 160 = NJW 1981, 2366 = NStZ 1981, 435 (Anm. Hassemer JuS 1982, 386; Bär JR 1982, 379):

---

[319] Eisele, BT I, 6. Aufl. 2021, Rn. 1209; näher Koch DAR 1964, 208; aus der Rspr. vgl. zuletzt BGH B. v. 27.08.2014 – 4 StR 259/14 – NStZ 2015, 265 = StV 2016, 284 (Anm. Satzger Jura 2015, 542).

[320] S. Zopfs, in: MK-StGB, 4. Aufl. 2021, § 142 Rn. 102.

[321] Hierzu zsf. Joecks/Jäger, StGB, 13. Aufl. 2021, § 142 Rn. 76f.; näher Stein JZ 1983, 511; aus der Rspr. vgl. BayObLG B. v. 23.12.1981 – RReg. 1 St 295/81 – NJW 1982, 1059 (Anm. Klinkenberg/Lippold/Blumenthal NJW 1982, 2359; Schwab MDR 1983, 454; Jacob MDR 1983, 461; Klinkenberg MDR 1983, 808; Joerden JR 1984, 51); OLG Hamm B. v. 16.11.1984 – 4 Ss 986/84 – NJW 1985, 445 (Anm. Hassemer JuS 1985, 484); BayObLG B. v. 01.10.1992 – 1 St RR 161/92 – NJW 1993, 410.

F. Unerlaubtes Entfernen vom Unfallort, § 142 StGB

Nach dem Besuch einer Gastwirtschaft bat B1 seinen Bekannten B2 ihn mit dem Pkw des B1 nach Hause zu fahren. Auf der Heimfahrt geriet das Fahrzeug gegen 17.45 Uhr in M. auf die linke Fahrbahnseite und streifte den Gartenzaun des Anwesens Z, an dem ein Schaden von etwa 950 DM entstand. B1 bemerkte den Unfall und forderte B2 mehrfach, zunächst vergeblich, zum Anhalten auf. B2 hielt erst nach einer Fahrtstrecke von ca. 2 km. ◄

B1 bewegte sich im Pkw vom Unfallort in M. fort. Da B2 fuhr, hatte er aber keine Einflussmöglichkeit darauf, am Unfallort zu verbleiben. Fraglich ist, ob in dieser unwillentlichen Fortbewegung ein Sichentfernen i. S. d. § 142 I StGB liegt und ob dieses dann i. S. d. § 142 II Nr. 2 StGB berechtigt oder entschuldigt war.

Die (ältere) Rspr.[322] nahm dies an.
Die Lehre[323] lehnt dies ab.

Zu folgen ist der Lehre, da bereits nicht von einem Sichentfernen zu sprechen ist, wenn der Täter willenlos entfernt wird, vgl. o. Im Lichte der neueren Rspr. zum vorsatzlosen Entfernen ist ferner zweifelhaft, ob einer extensiven Interpretation der § 142 II Nr. 2 StGB nicht ohnehin verfassungsrechtlich (Art. 103 II GG) der Boden entzogen wurde.

Bis vor einiger Zeit war umstritten, ob durch § 142 II Nr. 2 StGB auch **unvorsätzliches** Verlassen des Unfallortes erfasst wird.[324]

Beispiel 252

BGH B. v. 30.08.1978 – 4 StR 682/77 – BGHSt 28, 129 = NJW 1979, 434 (Anm. Kühl, Höchstrichterliche Rspr. BT, 2002, Nr. 8; Geilen JK 1979 StGB § 142/1; Rudolphi JR 1979, 210; Römer MDR 1980, 89):

B hatte beim Zurückstoßen seines Lkw einen geparkten Pkw nicht unerheblich beschädigt, den Anstoß aber möglicherweise nicht bemerkt. Er fuhr weiter und stellte sein Fahrzeug nach einer Fahrtstrecke von 300 m an einer Baustelle ab, um es beladen zu lassen. Dort teilte ihm ein Kraftfahrer, der den Unfall gesehen hatte und ihm gefolgt war, mit, dass er einen Pkw beschädigt habe. B nahm das zur Kenntnis und erklärte sinngemäß, er wolle „es sich nachher ansehen". Entgegen seiner Zusage kümmerte er sich jedoch nicht um den von ihm verursachten Schaden, sondern setzte seine Fahrt nach der Beladung seines Lastkraftwagens fort. ◄

In dubio pro reo ist davon auszugehen, dass B den Anstoß nicht bemerkt und deswegen keinen Vorsatz hatte, sich von einem Unfallort zu entfernen. Handelt es sich dabei um ein berechtigtes oder entschuldigtes Entfernen i. S. d. § 142 II Nr. 2 StGB?

---

[322] S. o.

[323] Etwa Joecks/Jäger, StGB, 13. Aufl. 2021, § 142 Rn. 77.

[324] Hierz zsf. Hillenkamp/Cornelius, 40 Probleme aus dem Strafrecht BT, 13. Aufl. 2020, 19. Problem; näher Beulke NJW 1979, 400; Küper FS JurFak Heidelberg 1986, 451; Mitsch NZV 2008, 217; Mitsch JuS 2010, 303; Beulke FS Maiwald 2010, 21; Kraatz NZV 2011, 321; Zopfs DAR 2020, 602; aus der Rspr. vgl. zuletzt LG Arnsberg B. v. 11.09.2014 – 6 Qs 81/14 (Anm. Heinz jurisPR-StrafR 23/2014 Anm. 3).

> **Beispiel 253**
>
> BVerfG B. v. 19.03.2007 – 2 BvR 2273/06 – BVerfGK 10, 442 = NJW 2007, 1666 (Anm. Geppert JK 2007 StGB § 142/23; Kudlich JA 2007, 549; Jahn JuS 2007, 689; LL 2007, 540; RÜ 2007, 254; RA 2007, 286; famos 5/2007; Brüning ZIS 2007, 317: Laschewski NZV 2007, 444; Dehne-Niemann Jura 2008, 135; Küper NStZ 2008, 597; Ebner SVR 2007, 389; Kudlich FS Stöckel 2010, 93):
>
> B hatte mit seinem Pkw beim verbotswidrigen Überholen auf einem Baustellenabschnitt Rollsplitt aufgewirbelt, wodurch an dem überholten Fahrzeug Schäden in Höhe von knapp 1900 € entstanden. Der Geschädigte folgte dem B, bis dieser auf das Gelände einer circa 500 m entfernten Tankstelle einbog, wo er ihn auf den Unfall aufmerksam machte. B bestritt den Überholvorgang und entfernte sich, ohne dem Geschädigten die Feststellung der in § 142 I Nr. 1 StGB vorgesehenen Angaben zu ermöglichen. ◄

Der Unfallort ist dort, wo der Rollsplit das überholte Fahrzeug beschädigte. Dies hatte B aber nicht bemerkt und entfernte sich somit unvorsätzlich. Handelt es sich um einen Fall des § 142 II Nr. 2 StGB?

Früher bejahten fachgerichtliche Rspr.[325] und Teile der Lehre[326] dies, während die h. L. es verneinte. Das BVerfG hat die Unvereinbarkeit der ersteren Auffassung mit Art. 103 II GG festgestellt,[327] sodass heute anerkannt ist, dass § 142 II Nr. 2 StGB nicht anzuwenden ist, vgl. auch § 31 BVerfGG.

Laut BGH sind die Begriffe „berechtigt oder entschuldigt" nicht im technischen Sinne zu verstehen, sondern fänden in der Rechtssprache und ihrem natürlichen Wortsinn entsprechend auch Anwendung auf tatbestandsmäßig nicht vorsätzliche Verhaltensweisen.[328] Für die Erfassung möglichst aller Fälle des „erlaubten" Entfernens vom Unfallort durch die Vorschrift des § 142 II Nr. 2 StGB spreche zudem die *ratio legis* des Straftatbestands, die zivilrechtlichen Ansprüche der Unfallbeteiligten untereinander zu sichern. Im Schrifttum ist diese Auslegung überwiegend auf Ablehnung gestoßen. Neben dem Argument unzulässiger Analogiebildung wird gegen die Auslegung der Rspr. eingewendet, sie führe dazu, dass die Sekundärpflichten nach § 142 II StGB weiter reichten als die Primärpflichten nach § 142 I StGB, aus denen sie hergeleitet seien. Wer sich ohne Kenntnis des Unfalls vom Unfallort entferne, müsse sich später zu seiner Unfallbeteiligung allein auf Grundlage der Darstellung anderer Verkehrsteilnehmer bekennen. Wer sich hingegen gerechtfertigt oder entschuldigt vom Unfallort entferne, verstoße bewusst gegen

---

[325] S. nur BGH B. v. 30.08.1978 – 4 StR 682/77 – BGHSt 28, 129.

[326] Nachweise bei Fischer, StGB, 71. Aufl. 2024, § 142 Rn. 51.

[327] BVerfG B. v. 19.03.2007 – 2 BvR 2273/06 – BVerfGK 10, 442 = NJW 2007, 1666 (Anm. Geppert JK 2007 StGB § 142/23; Kudlich JA 2007, 549; Jahn JuS 2007, 689; LL 2007, 540; RÜ 2007, 254; RA 2007, 286; famos 5/2007; Brüning ZIS 2007, 317: Laschewski NZV 2007, 444; Dehne-Niemann Jura 2008, 135; Küper NStZ 2008, 597; Ebner SVR 2007, 389; Kudlich FS Stöckel 2010, 93).

[328] So (auch zum Folgenden) BVerfG B. v. 19.03.2007 – 2 BvR 2273/06 – BVerfGK 10, 442.

die Verbotsnorm und könne auch die Gründe dafür darlegen, weshalb ihm – anders als dem sich unvorsätzlich Entfernenden – eine die Selbstbelastungsfreiheit einschränkende Mitwirkungspflicht auferlegt werden könne. Der Auslegung des § 142 II Nr. 2 StGB, die auch das unvorsätzliche – und nicht nur das berechtigte oder entschuldigte – Sich-Entfernen vom Unfallort unter diese Norm subsumiert, steht die Grenze des möglichen Wortsinns der Begriffe „berechtigt oder entschuldigt" entgegen. Der BGH stützt sich in seiner Leitentscheidung aus dem Jahre 1978 darauf, dass die Begriffe „berechtigt oder entschuldigt" über ihre formal-dogmatische Bedeutung als Kennzeichnung strafrechtlicher Rechtfertigungs- oder Entschuldigungsgründe in der Rechtssprache auch auf nicht vorsätzliche Verhaltensweisen Anwendung fänden, ohne diese Feststellung näher zu konkretisieren. Soweit die Entscheidung des BGH im Schrifttum Zustimmung erfahren hat, wird auch dort auf die Nähe der Begriffe „entschuldigt" und „unvorsätzlich" in der Alltagssprache abgestellt. Diese Argumentation vermag nicht zu überzeugen. Schon die Umgangssprache unterscheidet zwischen unvorsätzlichen im Sinne nicht absichtlicher und berechtigten oder entschuldigten Verhaltensweisen, die „das Recht auf ihrer Seite" haben bzw. deren Konsequenzen aus höherrangigen Gründen hinzunehmen sind. Stellt man auf den – für die Auslegung maßgeblichen – möglichen Wortsinn ab, wie er sich aus dem Kontext des Gesetzes erschließt, so kennzeichnen die Begriffe „berechtigt oder entschuldigt" einen Sachverhalt, der an den in § 142 I StGB beschriebenen anschließt: Wer sich als Unfallbeteiligter an einem Unfallort befindet und also die erforderlichen Feststellungen ermöglichen muss, darf sich unter bestimmten, durch die Begriffe „berechtigt oder entschuldigt" näher gekennzeichneten Voraussetzungen entfernen; er muss dann aber die Feststellungen nachträglich ermöglichen. Das unvorsätzliche Sich-Entfernt-Haben geht über diesen Sinngehalt hinaus, da es die normative Wertung, unter welchen Voraussetzungen das Sich-Entfernen zulässig ist, zu Gunsten einer empirischen Tatsache – der Kenntnis vom Unfallgeschehen – ausblendet. Auf Grund ihres normativen Gehalts können die Begriffe „berechtigt oder entschuldigt" nicht in einem nicht-normativen Sinne ausgelegt werden. Wer sich „berechtigt oder entschuldigt" vom Unfallort entfernt, handelt objektiv und subjektiv unter ganz anderen Voraussetzungen als derjenige, der das mangels Kenntnis des Unfallgeschehens tut. Dieses Ergebnis wird durch historische, systematische und teleologische Auslegungsgesichtspunkte gestützt. Den Gesetzgebungsmaterialien lassen sich keine klaren Anhaltspunkte dafür entnehmen, dass der Gesetzgeber darauf bedacht gewesen sei, möglichst alle Fälle des „aus welchen Gründen auch immer" straflosen Sich-Entfernens vom Unfallort durch die nachträgliche Meldepflicht zu erfassen. Dem Gesetzgeber kam es vielmehr darauf an – in Erweiterung des § 142 StGB a. F. –, auch nachträgliche Feststellungen zu ermöglichen, wenn sich ein Beteiligter ausnahmsweise vom Unfallort entfernen durfte. Der Gesetzgeber begründete dies damit, dass von dem Unfallbeteiligten ein gewisses Maß an Mitwirkung gefordert werden könne, wenn ihm die Rechtsordnung das Sich-Entfernen ermögliche. Eine ausdrückliche und ausnahmsweise Erlaubnis, sich zu entfernen, verträgt sich nicht mit einer Auslegung des § 142 II StGB, die jegliches straflose Sich-Entfernen unter die Norm fasst. Auch die Tatsache, dass der historische Gesetzgeber sich in den Beratungen zur Vorfassung des § 142 StGB mit der Reichweite der Begriffe „berechtigt oder entschuldigt" – insbesondere im Zusammenhang mit ihrer Unterscheidung von anderen „triftigen" strafbefreienden Gründen und zur Unzumutbarkeit längeren Wartens, aber auch zu Fällen des vorsatzlosen Sich-Entfernens – eingehend auseinandergesetzt und die Gefahr einer erweiternden Auslegung durch die Rspr. erkannt hat, spricht gegen ein untechnisches Verständnis der in Rede stehenden Begriffe, wie es die Rspr. angenommen hat. In systematischer Hinsicht ist zu berücksichtigen, dass die nach der Rechtsanwendung der Rspr. durch § 142 II StGB begründeten Pflichten des Unfallbeteiligten weiter reichen als die Pflichten nach § 142 I StGB. Zutreffend wird im Schrifttum darauf hingewiesen, dass derjenige, der erst nachträglich durch Dritte von seiner Unfallbeteiligung erfährt, ihn selbst belastende Handlungen vornehmen müsse, deren Gebotenheit und Reichweite er nicht überblicken könne. Dass diese, durch § 142 III StGB begründeten, Pflichten zudem dem Betroffenen mehr abverlangen – insbesondere die aktive Kontaktaufnahme mit der Polizei oder anderen Unfallbeteiligten und das Bereithalten seines Fahrzeugs – als dem am Unfallort Anwesenden im Falle des § 142 I StGB, erklärt und rechtfertigt sich aus der Privilegierung desjenigen, der sich nach Ablauf der Wartefrist oder berechtigt oder entschuldigt entfernen durfte.

Fraglich ist nun, ob bei nachträglicher Erlangung der Kenntnis darüber, dass man Unfallbeteiligter war, der Ort der Kenntnisnahme zum Unfallort wird, sodass wiederum § 142 I StGB eingreifen könnte.

Das BVerfG verwies darauf,[329] dass § 142 I StGB – anders als § 142 II StGB – keinen abgeschlossenen Sachverhalt des Sich-Entfernens voraussetze und ein Entfernens-Vorsatz grundsätzlich bis zur Beendigung der Tat durch ein erfolgreiches Sich-Entfernen gebildet werden könne, sodass eine verfassungskonforme Auslegung des § 142 I StGB denkbar sei, die Fälle erfasst, in denen der Täter nachträglich auf den Unfall hingewiesen werde und sich gleichwohl – weiter – von der Unfallstelle entferne. Einer solchen Auslegung, die ähnlich bereits in der früheren Rspr. vertreten wurde, stehe nicht von vornherein entgegen, dass sich der Unfallbeteiligte seit der Neufassung des § 142 StGB durch das 13. Strafrechtsänderungsgesetz bereits strafbar macht, sobald er den Unfallort verlasse, zumal der Begriff des Unfallorts – der sich ggf. über eine durch den Verkehrsvorgang bestimmte größere Distanz erstrecke – der Konkretisierung durch die Rspr. bedürfe.

Eine entsprechende **extensive Auslegung des Unfallorts** bzw. das Erfassen einer Abstandsvergrößerung vom ursprünglichen Unfallort ist in der fachgerichtlichen Rspr.[330] und Literatur[331] umstritten.

---

[329] So (auch zum Folgenden) BVerfG B. v. 19.03.2007 – 2 BvR 2273/06 – BVerfGK 10, 442.

[330] Bejahend OLG Düsseldorf B. v. 01.10.2007 – 2 Ss 142/07-69/07 III – NStZ-RR 2008, 88 (Anm. Geppert JK 2008 StGB § 142/24; RA 2008, 262; Blum NZV 2008, 495); verneinend OLG Hamburg B. v. 27.03.2009 – 3-13/09 – NJW 2009, 2074 (Anm. Brüning ZJS 2009, 442; RÜ 2009, 508; RA 2009, 449; Mühlenfeld jurisPR-StrafR 10/2009 Anm. 4); BGH B. v. 15.11.2010 – 4 StR 413/10 – NStZ 2011, 209 = StV 2011, 160 (Anm. Jahn JuS 2011, 274); LG Arnsberg B. v. 11.09.2014 – 6 Qs 81/14 (Anm. Heinz jurisPR-StrafR 23/2014 Anm. 3).

[331] S. Eisele, BT I, 6. Aufl. 2021, Rn. 1212; Fischer, StGB, 71. Aufl. 2024, § 142 Rn. 52.

Überzeugender ist es, bei einer restriktiven Handhabung des Unfallorts zu bleiben:[332] Nach § 142 I StGB wird bestraft, wer sich nach einem Unfall im Straßenverkehr in Kenntnis seiner Unfallbeteiligung unerlaubt vom Unfallort entfernt. Unfallort ist die Stelle, an der sich das schädigende Ereignis zugetragen hat, einschließlich der unmittelbaren Umgebung, in der die beteiligten Fahrzeuge zum Halten gekommen sind bzw. hätten kommen können und in der die Unfallbeteiligten für feststellungsbereite Personen noch als warte- und auskunftspflichtig zu erkennen sind. Der Radius des Unfallorts lässt sich nicht abstrakt bestimmen, sondern hängt von den Umständen des Einzelfalls ab. Jedenfalls nicht zum Unfallort gehören Orte außerhalb von dessen Sichtweite. Für die Bestimmung der räumlichen Grenze des Unfallorts kommt es auf die Sicht feststellungsbereiter Personen an, die am Ort des Geschehens bleiben und nicht etwa die Verfolgung des Täters aufnehmen.

Allerdings soll nach teilweiser Auffassung[333] ein Unfallbeteiligter den Straftatbestand des § 142 I Nr. 1 StGB auch dann verwirklichen, wenn er den Unfall nicht bemerkt, deshalb seine Fahrt zunächst fortsetzt, aber noch innerhalb eines räumlichen und zeitlichen Zusammenhangs mit dem Unfallgeschehen von diesem erfährt. Zu folgen ist dieser Auffassung, die im Schrifttum überwiegend auf Ablehnung gestoßen ist, nicht. Es ist zwingend, den Begriff des Unfallorts i. S. d. § 142 I StGB als Teil des objektiven Tatbestands auch objektiv zu bestimmen und nicht etwa davon abhängig zu machen, ob der Unfallbeteiligte sogleich Kenntnis vom Unfall hatte oder nicht. Ebenso wenig sind Überlegungen zu einem erst nach Vollendung, aber vor Beendigung gefassten Vorsatz des Täters geeignet, eine Strafbarkeit nach § 142 I StGB zu begründen. Nach § 15 StGB muss der Täter Vorsatz zum Zeitpunkt der Tathandlung haben, ein nachträglich gefasster Vorsatz ist bedeutungslos. Ein erst nach Vollendung, aber vor Beendigung gefasster Vorsatz ist nur in Fällen sukzessiver Beihilfe oder Mittäterschaft denkbar, die aber immer eine durch einen anderen vorsätzlich begangene, vollendete Tat voraussetzen. Der Alleintäter, der vorsatzlos den objektiven Tatbestand des § 142 I StGB vollendet – hier: in Unkenntnis seiner Unfallbeteiligung den Unfallort verlässt – macht sich durch die Weiterfahrt trotz nunmehr erlangter Kenntnis vom Unfall nicht nach § 142 I StGB strafbar.

Auch im Falle des **Erlaubnistatumstandsirrtums** ist es angesichts dessen rechtlicher Behandlung analog § 16 StGB richtig, die Anwendbarkeit des § 142 II Nr. 1 StGB zu verneinen.[334]

Umstritten ist, ob § 142 II Nr. 2 StGB auch in Fällen vorübergehender (v. a. rauschbedingter) Schuldunfähigkeit nach **§ 20 StGB** eingreift.[335]

---

[332] Zum Folgenden OLG Hamburg B. v. 27.03.2009 – 3-13/09 – NJW 2009, 2074 (2074f.).

[333] OLG Düsseldorf B. v. 01.10.2007 – 2 Ss 142/07-69/07 III – NStZ-RR 2008, 88.

[334] S. z. B. Sternberg-Lieben, in. Schönke/Schröder, StGB, 30. Aufl. 2019, § 142 Rn. 54; anders aber z. B. Eisele, BT I, 6. Aufl. 2021, Rn. 1209; aus der Rspr. vgl. BGH B. v. 30.08.1978 – 4 StR 682/77 – BGHSt 28, 129 = NJW 1979, 434 (Anm. Kühl, Höchstrichterliche Rspr. BT, 2002, Nr. 8; Geilen JK 1979 StGB § 142/1; Rudolphi JR 1979, 210; Römer MDR 1980, 89).

[335] Hierzu zsf. Joecks/Jäger, StGB, 13. Aufl. 2021, § 142 Rn. 64ff.; näher Werner NZV 1988, 88; Miseré Jura 1991, 298; Satzger Jura 2013, 345; aus der Rspr. vgl. OLG Köln U. v. 01.02.1977 – Ss 661/76 – NJW 1977, 2275 (Anm. Franke JuS 1978, 456).

Die Rspr.³³⁶ und Teile der Lehre³³⁷ lehnen die Pflicht zur Nachholung von Feststellungen (v. a. bei Wiedererlangung der Nüchternheit) ab.

Die Gegenauffassung³³⁸ wendet § 142 II Nr. 2 StGB an.

Zwar ist der ersteren Ansicht zuzugeben, dass aufgrund des Schuldvorwurf des § 323a StGB kein gänzlich entschuldigtes Entfernen vorliegt und überdies eine Pflicht zu nachträglichen Feststellungen einem Zwang zur Selbstbezichtigung (bzgl. § 323a StGB) nahekommen kann; zu folgen ist aber der letzteren Ansicht: Da § 323a StGB als Auffangtatbestand konzipiert ist, steht sein Vorliegen der Anwendung des § 142 II Nr. 2 StGB nicht entgegen; der Wortlaut „entschuldigt" umfasst ferner auch die vorübergehende Schuldlosigkeit in Gestalt der Schuldunfähigkeit, weil keine Differenzierung ersichtlich ist.

ee) Feststellungen nicht unverzüglich nachträglich ermöglicht
Die **Anforderungen** an die nachträglichen **Feststellungen** regelt § 142 III StGB.

Gem. § 142 II StGB müssen diese unverzüglich nachträglich ermöglicht werden, d. h. ohne schuldhaftes Zögern, vgl. § 121 I 1 BGB.³³⁹

Bzgl. des Adressaten der Feststellungen besteht ein Wahlrecht zwischen dem Berechtigten und einer nahe gelegenen Polizeidienststelle.

Umstritten ist, ob der eingeschlagene Weg insgesamt der Unverzüglichkeit genügen muss oder ob unverzügliches Handeln innerhalb der gewählten Möglichkeit ausreicht.³⁴⁰

Teile der Lehre³⁴¹ und Rspr.³⁴² gehen von letzterem aus, die wohl herrschende Rspr.³⁴³ und Lehre³⁴⁴ von ersterem.

Zu folgen ist der strengeren h. M.: Der Wortlaut des § 142 II StGB verlangt eine insgesamt betrachtet unverzügliche Tätigkeit; zwar führt dies i. d. R. dazu, dass die Polizei aufgesucht werden muss, da sehr häufig der Feststellungsberechtigte nur deutlich später erreicht werden kann, was das in § 142 III StGB vorgesehene Wahlrecht beeinträchtigt, allerdings liegt die Minimierung der verstreichenden Zeit im Interesse des zu schützenden Unfallgeschädigten.

---

³³⁶ S. o.
³³⁷ Etwa Zopfs, in: MK-StGB, 4. Aufl. 2021, § 142 Rn. 103.
³³⁸ Eisele, BT I, 6. Aufl. 2021, Rn. 1215.
³³⁹ Fischer, StGB, 71. Aufl. 2024, § 142 Rn. 54; näher Haubrich DAR 1981, 211; aus der Rspr. OLG Hamm B. v. 10.11.1976 – 3 Ss 702/76 – NJW 1977, 207 (Anm. Hassemer JuS 1977, 342); OLG Köln B. v. 02.06.1989 – Ss 227/89 – NJW 1989, 3233; LG Zweibrücken B. v. 26.11.1997 – 1 Qs 149/97.
³⁴⁰ Hierzu zsf. Joecks/Jäger, StGB, 13. Aufl. 2021, § 142 Rn. 88f.; aus der Rspr. vgl. BGH B. v. 29.11.1979 – 4 StR 624/78 – BGHSt 29, 138 = NJW 1980, 896 (Anm. Geppert JK 1980 StGB § 142/3; Hassemer JuS 1980, 532; Reiß NJW 1980, 1806; Beulke JR 1980, 523; Dornseifer JZ 1980, 299).
³⁴¹ Z. B. Sternberg-Lieben, in: Schönke/Schröder, StGB, 30. Aufl. 2019, § 142 Rn. 65.
³⁴² OLG Düsseldorf U. v. 26.04.1977 – 5 Ss 117/77.
³⁴³ BGH B. v. 29.11.1979 – 4 StR 624/78 – BGHSt 29, 138.
³⁴⁴ S. Heger, in: Lackner/Kühl/Heger, StGB, 30. Aufl. 2023, § 142 Rn. 26.

§ 142 III 2 StGB ordnet an, dass ein Verstoß gegen die nachträgliche Feststellungspflicht vorliegt, wenn der Täter durch sein Verhalten die Feststellungen absichtlich vereitelt, z. B. durch Beseitigen von Unfallspuren oder Falschangaben zum Geschehen.[345]

b) Subjektiver Tatbestand
Gem. § 15 StGB ist Vorsatz erforderlich.

4. Rechtswidrigkeit
Es gelten die allgemeinen Grundsätze.

5. Schuld
Es gelten die allgemeinen Grundsätze.

6. Sog. tätige Reue, § 142 IV StGB
S. o.

7. Rechtsfolgen
S. o.

---

[345] Problematisch, s. Joecks/Jäger, StGB, 13. Aufl. 2021, § 142 Rn. 90.

13. Kapitel: Vollrausch, § 323a StGB

▶ **Didaktische Aufsätze**
- Puppe, Neue Entwicklungen in der Dogmatik des Vollrauschtatbestandes, Jura 1982, 281
- Ranft, Grundprobleme des Vollrauschtatbestandes (§ 323a StGB), JA 1983, 193 und 239
- Otto, Der Vollrauschtatbestand (§ 323a StGB), Jura 1986, 478
- Fahl, Der strafbare Vollrausch, JuS 2005, 1076
- Geppert, Die Volltrunkenheit (§ 323 a StGB), Jura 2009, 40

A. Allgemeines

§ 323a StGB stellt den Vollrausch unter Strafe.[1]

> **§ 323a StGB (Vollrausch)**
> (1) Wer sich vorsätzlich oder fahrlässig durch alkoholische Getränke oder andere berauschende Mittel in einen Rausch versetzt, wird mit Freiheitsstrafe bis zu fünf Jahren oder mit Geldstrafe bestraft, wenn er in diesem Zustand eine rechtswidrige Tat begeht und ihretwegen nicht bestraft werden kann, weil er infolge des Rausches schuldunfähig war oder weil dies nicht auszuschließen ist.

---

[1] Hierzu von Weber MDR 1952, 641; Seibert DAR 1953, 69; Lange JR 1957, 242; von Weber GA 1958, 257; Hardwig FS Schmidt 1961, 459; von Weber FS Stock 1966, 59; Puppe GA 1974, 98; Montenbruck GA 1978, 225; Puppe Jura 1982, 281; Wolter NStZ 1982, 54; Ranft JA 1983, 193 und 239; Paeffgen ZStW 1985, 513; Otto Jura 1986, 478; Renzikowski ZStW 2000, 475; Otto FG 50 Jahre BGH IV 2000, 111; Fahl JuS 2005, 1076; Geppert Jura 2009, 40; Rechtsprechungsübersicht bei Horn/Hoyer JZ 1987, 965; zur Verteidigung s. Krumm SVR 2007, 356; Reformüberlegungen bei Sick/Renzikowski ZRP 1997, 484; Freund/Renzikowski ZRP 1999, 497.

> (2) Die Strafe darf nicht schwerer sein als die Strafe, die für die im Rausch begangene Tat angedroht ist.
> (3) Die Tat wird nur auf Antrag, mit Ermächtigung oder auf Strafverlangen verfolgt, wenn die Rauschtat nur auf Antrag, mit Ermächtigung oder auf Strafverlangen verfolgt werden könnte.

Die Norm schützt als abstraktes Gefährdungsdelikt[2] sämtliche durch Straftatbestände geschützten Rechtsgüter vor der generellen Gefährlichkeit des Rausches und so mittelbar diejenigen Rechtsgüter, die der Täter mit seiner Rauschtat verletzt.[3]

Es handelt sich nach ganz h. M. um ein eigenhändiges Delikt,[4] was dem Wortlaut „sich ... versetzt" zu entnehmen ist.

Da ein Vollrausch sowohl als vorsätzliches als auch als fahrlässiges Delikt strafbar ist, ist eine klarstellende Differenzierung bzw. Tenorierung geboten.[5]

§ 323a StGB wurde als Auffangtatbestand geschaffen, um diejenigen Fälle zu erfassen, bei denen eine Strafbarkeit des Täters wegen einer nicht ausschließbaren Schuldunfähigkeit nach § 20 StGB scheitert.[6]

In einer **Fallbearbeitung** gibt es typischerweise folgende Bearbeitungsschritte:[7]

- Erstens ist das im Rausch begangene Verhalten zu prüfen (z. B. § 212 I StGB oder § 223 I StGB), wobei die Strafbarkeit aufgrund § 20 StGB ausscheidet.
- Zweitens ist an eine *actio libera in causa* zu denken.
- Sofern es zu der im Rausch herbeigeführten Handlung ein Fahrlässigkeitsdelikt gibt (z. B. gem. §§ 222, 229 StGB), kann drittens eine Strafbarkeit aufgrund einer Anknüpfung an das Sich-Berauschen in Betracht kommen, wenn für den Täter eine Tatbegehung vorhersehbar war.
- Erst dann ist § 323a StGB zu prüfen.

B. Vorsätzlicher Vollrausch

I. Aufbau

I. Tatbestand
  1. Objektiver Tatbestand
    a) Rausch

---

[2] Fischer, StGB, 71. Aufl. 2024, § 323a Rn. 2; näher Berster ZStW 2012, 991.
[3] S. Geisler, in: MK-StGB, 4. Aufl. 2022, § 323a Rn. 3; aus der Rspr. vgl. zuletzt BGH B. v. 16.07.2019 – 4 StR 131/19 – NStZ-RR 2019, 353; BGH B. v. 21.04.2020 – 4 StR 264/19 – NStZ-RR 2020, 250 = StV 2021, 47; BayObLG B. v. 22.10.2021 – 206 StRR 271/21 – StV-S 2022, 156.
[4] Kindhäuser/Hilgendorf, LPK, 9. Aufl. 2022, § 323a Rn. 22.
[5] Aus der Rspr. vgl. BGH U. v. 11.01.2024 – 3 StR 280/23 – NStZ-RR 2024, 104.
[6] Joecks/Jäger, StGB, 13. Aufl. 2021, § 323a Rn. 2.
[7] S. Eisele, BT I, 6. Aufl. 2021, Rn. 1227ff.; Kindhäuser/Hilgendorf, LPK, 9. Aufl. 2022, § 323a Rn. 6.

    b) Sich Versetzt
    c) Durch alkoholische Getränke oder andere berauschende Mittel
  2. Subjektiver Tatbestand
II. Wenn er in diesem Zustand eine rechtswidrige Tat begeht und ihretwegen nicht bestraft werden kann, weil er infolge des Rausches schuldunfähig war oder weil dies nicht auszuschließen ist
III. Rechtswidrigkeit
IV. Schuld
V. Ggf. Strafantrag, Ermächtigung, Strafverlangen, § 323a III StGB

II. Tatbestand

1. Objektiver Tatbestand

a) Rausch

Rausch ist ein akuter Intoxikationszustand, der die Einsichts- und Steuerungsfähigkeit zumindest erheblich vermindert.[8]

Die Rauschmotivation ist irrelevant (vgl. z. B. Heilung, Schmerzstillung, Selbsttötung).[9]

b) Sich versetzt

Der Täter muss sich in den Rausch versetzt haben. Dies ist jede Form der Selbstberauschung.[10]

c) Durch alkoholische Getränke oder andere berauschende Mittel

Der wichtigste Fall ist der alkoholbedingte Rausch,[11] ferner ist v. a. an Betäubungsmittel und Medikamente[12] zu denken. Eine Eignung zur Lustempfindung o. Ä. ist nach h. M. nicht erforderlich.[13]

---

[8] Fischer, StGB, 71. Aufl. 2024, § 323a Rn. 4; näher Forster/Rengier NJW 1986, 2869; aus der Rspr. vgl. zuletzt BGH B. v. 08.12.2021 – 2 StR 391/21 – NStZ-RR 2022, 184; BGH U. v. 11.01.2024 – 3 StR 280/23 – NStZ-RR 2024, 104.

[9] Geisler, in: MK-StGB, 4. Aufl. 2022, § 323a Rn. 17; aus der Rspr. vgl. OLG Hamm U. v. 10.06.1975 – 5 Ss 407/74 – NJW 1975, 2252; OLG Frankfurt U. v. 07.03.1979 – 2 Ss 23/79 (Anm. Geilen JK 1979 StGB § 330a/2).

[10] Joecks/Jäger, StGB, 13. Aufl. 2021, § 323a Rn. 11.

[11] Hierzu Satzger Jura 2013, 345.

[12] S. Kindhäuser/Hilgendorf, LPK, 9. Aufl. 2022, § 323a Rn. 9; aus der Rspr. OLG Hamburg U. v. 17.11.1981 – 1 Ss 114/81 (Anm. Geilen JK 1982 StGB § 323a/1; Horn JR 1982, 347); OLG Celle U. v. 02.12.1985 – 1 Ss 487/85 – NJW 1986, 2385; BayObLG B. v. 24.04.1990 – RReg. 1 St 371/89 – NJW 1990, 2334.

[13] Fischer, StGB, 71. Aufl. 2024, § 323a Rn. 4; aus der Rspr. vgl. OLG Karlsruhe B. v. 25.04.1978 – 3 Ss 75/78 – NJW 1979, 611; OLG Celle U. v. 02.12.1985 – 1 Ss 487/85 – NJW 1986, 2385; BayObLG B. v. 24.04.1990 – RReg. 1 St 371/89 – NJW 1990, 2334.

2. Subjektiver Tatbestand
Es gilt das allgemeine Vorsatzerfordernis des § 15 StGB.

Bei der Vorsatzprüfung kommt dem Grad der Alkoholisierung eine gewisse Indizfunktion zu.[14]

III. Wenn er in diesem Zustand eine rechtswidrige Tat begeht und ihretwegen nicht bestraft werden kann, weil er infolge des Rausches schuldunfähig war oder weil dies nicht auszuschließen ist

1. Sog. Rauschtat
Die Strafe wegen Vollrausches hängt davon ab, dass der Täter im Zustand des Rausches eine rechtswidrige Tat (§ 11 I Nr. 5 StGB; für Ordnungswidrigkeiten gilt § 122 OWiG) begeht, deretwegen er nur deshalb nicht bestraft werden kann, weil er sich im Rauschzustand befand.

Zu beachten ist, dass es bei der sog. **Rauschtat** (der Begriff taucht in § 323a III StGB auf) insbesondere nicht rauschbedingt an der Handlungsqualität[15] oder am Tatvorsatz[16] fehlen darf.

Auch bei mehreren Rauschtaten handelt es sich nur um einen Vollrausch (tatbestandliche Bewertungseinheit).[17]

Es ist umstritten,[18] ob die Rauschtat nach § 323a I StGB eine rein **objektive Bedingung der Strafbarkeit** ist, bzgl. derer der Täter nicht einmal Fahrlässigkeit

---

[14] Hecker, in: Schönke/Schröder, StGB, 30. Aufl. 2019, § 323a Rn. 9; aus der Rspr. vgl. zuletzt KG B. v. 04.05.2017 – (5) 121 Ss 42/17 (32/17) – StV 2019, 276.

[15] Fischer, StGB, 71. Aufl. 2024, § 323a Rn. 6; aus der Rspr. vgl. BGH U. v. 12.04.1951 – 4 StR 78/50 – BGHSt 1, 124 = NJW 1951, 533 (Anm. Kühl, Höchstrichterliche Rspr. BT, 2002, Nr. 85; Lange JZ 1951, 460); BGH U. v. 11.11.1952 – 1 StR 510/52 – BGHSt 3, 287 = NJW 1953, 111; BayObLG U. v. 07.05.1954 – RevReg. 3 St 66/54 – NJW 1954, 1579; OLG Hamm U. v. 10.06.1975 – 5 Ss 407/74 – NJW 1975, 2252.

[16] Fischer, StGB, 71. Aufl. 2024, § 323a Rn. 7; aus der Rspr. vgl. BGH U. v. 09.06.1953 – 1 StR 807/52 – NJW 1953, 1442; BayObLG U. v. 07.05.1954 – RevReg. 3 St 66/54 – NJW 1954, 1579; BGH U. v. 03.02.1960 – 2 StR 640/59 – BGHSt 14, 114 = NJW 1960, 731; BGH U. v. 05.02.1963 – 1 StR 533/62 – BGHSt 18, 235 = NJW 1963, 667 (Anm. Bruns JZ 1964, 473); BGH U. v. 13.01.1967 – 4 StR 473/66 – NJW 1967, 579; OLG Hamm U. v. 17.05.1967 – 4 Ss 218/67 – NJW 1967, 1523.

[17] Fischer, StGB, 71. Aufl. 2024, § 323a Rn. 23.

[18] Hierzu Hillenkamp/Cornelius, 40 Probleme aus dem Strafrecht BT, 13. Aufl. 2020, 19. Problem; Roeder FS Rittler 1957, 211; Schröder DRiZ 1958, 219; Bemmann GA 1961, 65; Gollner MDR 1976, 182; Berster ZStW 2012, 991; Kraatz ZStW 2013, 819; aus der Rspr. vgl. zuletzt OLG Hamm B. v. 28.04.2016 – 3 RVs 30/16; BGH U. v. 12.12.2018 – 5 StR 385/18 – StV 2019, 226; BGH B. v. 16.07.2019 – 4 StR 131/19 – NStZ-RR 2019, 353; BGH B. v. 21.04.2020 – 4 StR 264/19 – NStZ-RR 2020, 250 = StV 2021, 47; BGH B. v. 13.10.2020 – 3 StR 322/20 – NStZ-RR 2021, 77; BGH B. v. 08.12.2021 – 2 StR 391/21 – NStZ-RR 2022, 184; BGH U. v. 11.01.2024 – 3 StR 280/23 – NStZ-RR 2024, 104.

aufweisen muss (so die herrschende Rspr.[19] und Lehre),[20] oder ob doch mindestens Fahrlässigkeit hinsichtlich der im Rausch begangenen Tat erforderlich ist (so Teile der Rspr.[21] und der Lehre[22]).

> **Beispiel 254**
>
> **BGH U. v. 12.04.1951 – 4 StR 78/50 – BGHSt 1, 124 = NJW 1951, 533 (Anm. Kühl, Höchstrichterliche Rspr. BT, 2002, Nr. 85; Lange JZ 1951, 460):**
> Der bisher unbestrafte, gut beleumundete B leerte nach angestrengter Arbeit von 20 h aus Freude über einen dabei erzielten Erfolg während etwa 1½ Stunden eine volle Literflasche Schnaps und versetzte sich dadurch fahrlässig in einen Rausch, der seine Zurechnungsfähigkeit ausschloss. In diesem Zustand nötigte er seine Mitbewohnerin Z durch Gewalt, den außerehelichen Beischlaf zu dulden; zwischen beiden bestanden früher intime Beziehungen. ◄

B hatte sich bisher keine Straftaten zuschulden kommen lassen und genoss einen guten Ruf. Er hatte am Tattage hart gearbeitet und sich über einen erzielten Erfolg gefreut. Dafür, dass er im Rausch eine Straftat begehen würde, gab es keine konkreten Anzeichen. Er handelte nicht einmal fahrlässig hinsichtlich der Rauschtat. Reicht dies trotzdem für die Strafbarkeit nach § 323a StGB aus?

Der restriktiven Auffassung ist zuzugeben, dass es sich bei § 323a StGB um einen sehr weiten Tatbestand handelt, der letztlich in Gestalt des Rausches nur ein sozial übliches und toleriertes Verhalten als von Vorsatz oder Fahrlässigkeit in Bezug genommenes Tatbestandsmerkmal beinhaltet. Insofern ist die Vereinbarkeit mit dem Schuldprinzip zumindest begründungsbedürftig.

Zu folgen ist aber der h. M.: Da es zum Allgemeinwissen gehört, dass Alkohol enthemmt und daher letztlich jedermann damit rechnen muss, dass er im Rausch Straftaten begeht, ist mit einem Fahrlässigkeitserfordernis ohnehin kaum eine Restriktion zu erzielen. Angesichts der nachgewiesenen Kriminogenität von Alkoholisierung aufgrund der enthemmenden Wirkung ist es durchaus legitim, wenn der Gesetzgeber das strafwürdige Unrecht schon im Rausch sieht – als abstraktes Gefährdungsdelikt – und eine bloß objektive Bedingung der Strafbarkeit ausreichen lässt.

Nach der h. M. kommt auch eine **Unterlassungstat** (insbesondere § 323c I StGB) als Rauschtat nach § 323a StGB in Frage.[23]

Umstritten ist die Behandlung rauschbedingter **Irrtümer**.[24]

---

[19] S. o.
[20] S. Eisele, BT I, 6. Aufl. 2021, Rn. 1239.
[21] So z. B. OLG Hamm U. v. 21.08.2007 – 3 Ss 135/07 – NStZ 2009, 40 (Anm. RÜ 2008, 38; famos 5/2009; Geisler NStZ 2009, 40).
[22] S. Fischer, StGB, 71. Aufl. 2024, § 323a Rn. 19.
[23] Hierzu Kindhäuser/Hilgendorf, LPK, 9. Aufl. 2022, § 323a Rn. 17; Streng JZ 1984, 114.
[24] Hierzu zsf. Kindhäuser/Hilgendorf, LPK, 9. Aufl. 2022, § 323a Rn. 19; näher Roeder FS Rittler 1957, 211; aus der Rspr. vgl. BGH U. v. 27.02.1991 – 3 StR 449/90 – NJW 1991, 2094 = NStZ 1991, 400 (Anm. Hassemer JuS 1991, 1064); BGH B. v. 24.06.2008 – 3 StR 222/08 – NStZ-RR 2008, 334.

Die h. M.[25] hält derartige Irrtümer nach allgemeinen Regeln für beachtlich, sodass die Tatsache, dass ein Irrtum auf dem Rausch beruht, unbeachtlich ist. Hierfür spricht die Regelung des § 323a II StGB, die vermeiden soll, dass der Schuldunfähige im Vergleich zum Schuldfähigen härter bestraft wird.

Umstritten ist, ob ein **Rücktritt** vom **Versuch** der Rauschtat möglich ist.[26]

Die h. M.[27] nimmt dies analog § 24 StGB an, und zwar auch dann, wenn er erst nach Wiedererlangung der Schuldfähigkeit erfolgt.

Eine Gegenauffassung[28] sieht dies anders.

Der h. M. ist zu folgen, um eine Schlechterstellung des Rauschtäters gegenüber Nüchternen zu vermeiden.

2. Infolge des Rausches schuldunfähig oder dies war nicht auszuschließen

Erforderlich ist, dass eine **nicht ausschließbare Schuldunfähigkeit** auf den Rausch zurückzuführen ist, hierbei können auch mehrere Ursachen zusammenwirken.[29]

In Praxis und Fallbearbeitung stellt sich nicht selten das Problem, dass unklar ist, inwieweit die Schuldfähigkeit des Täters eingeschränkt wurde, insbesondere weil eine hinreichend genaue BAK für die Tatzeit nicht ermittelt werden konnte, ferner etwa bei unklarer Wirkung von Medikamenten und Betäubungsmitteln nach BtMG.

Nach h. M. jedenfalls ausreichend ist es, wenn der Täter sich **sicher im Bereich des § 21 StGB** befand, nach der Faustformel also insbesondere eine BAK von mindestens 2,0 Promille zur Tatzeit aufwies.[30]

Umstritten ist, ob 323a I StGB auch dann greift, wenn der Täter **möglicherweise unterhalb der Grenze des § 21 StGB** blieb.[31]

Beispiel 255

OLG Karlsruhe B. v. 21.09.2004 – 1 Ss 102/04 – NJW 2004, 3356 (Anm. LL 2004, 829; Geppert JK 2005 StGB § 323a/7):

---

[25] S. nur Eisele, BT I, 6. Aufl. 2021, Rn. 1241, 1243.

[26] Hierzu Eisele, BT I, 6. Aufl. 2021, Rn. 1242; näher Ranft MDR 1972, 737; aus der Rspr. vgl. BGH U. v. 07.09.1993 – 5 StR 327/93 – NStZ 1994, 131 (Anm. Otto JK 1994 StGB § 323a/5; Kusch NStZ 1994, 131); BGH B. v. 22.02.1994 – 1 StR 789/93 – StV 1994, 304; BGH U. v. 28.06.2000 – 3 StR 156/00 – NStZ-RR 2001, 15.

[27] S. nur Kindhäuser/Hilgendorf, LPK, 9. Aufl. 2022, § 323a Rn. 21.

[28] Hecker, in: Schönke/Schröder, StGB, 30. Aufl. 2019, § 323a Rn. 19: Nur solange Rausch andauert.

[29] Kindhäuser/Hilgendorf, LPK, 9. Aufl. 2022, § 323a Rn. 10; aus der Rspr. vgl. OLG Hamburg U. v. 17.11.1981 – 1 Ss 114/81 (Anm. Geilen JK 1982 StGB § 323a/1; Horn JR 1982, 347); BGH U. v. 05.03.1986 – 2 StR 28/86 – StV 1987, 246 (Anm. Neumann StV 1987, 247); BGH U. v. 26.06.1997 – 4 StR 153/97 – NJW 1997, 3101 = NStZ 1998, 296 = StV 1997, 628 (Anm. Winckler/Foerster NStZ 1998, 297; Blau JR 1998, 207); BGH B. v. 20.05.1999 – 4 StR 188/99 – NStZ-RR 2000, 80 = StV 2000, 26; BGH B. v. 10.11.2010 – 4 StR 386/10 – NStZ-RR 2011, 80.

[30] Kindhäuser/Hilgendorf, LPK, 9. Aufl. 2022, § 323a Rn. 11.

[31] Hierzu Dencker NJW 1980, 2159; Horn JR 1980, 1; Heiß NStZ 1983, 67; Schuppner/Sippel NStZ 1984, 67; Lackner FS Jescheck 1985, 645; Tröndle FS Jescheck 1985, 665; Berster ZStW 2012, 991; aus der Rspr. vgl. zuletzt BGH U. v. 11.01.2024 – 3 StR 280/23 – NStZ-RR 2024, 104.

> B nahm zu einem nicht mehr genau feststellbaren Zeitpunkt in der Nacht vom 17./18.10.2003, spätestens am 18.10.2003 kurz vor 9 Uhr morgens, mit seinem Pkw der Marke BMW in Z. auf dem M.-Weg am öffentlichen Straßenverkehr teilgenommen, wobei die ihm am 18.10.2003 um 10.15 Uhr entnommene Blutprobe eine Blutalkoholkonzentration von 1,75 ‰ ergab. B war am Morgen des 18.10.2003 gegen 9 Uhr in seinem Fahrzeug über das Lenkrad gebeugt und bei laufendem Motor fest schlafend angetroffen worden. Reste alkoholischer Getränke oder entsprechender Behältnisse im Fahrzeug und auf dessen Abstellort waren nicht aufgefunden worden. ◄

Die Blutalkoholkonzentration des B muss vor 9 Uhr morgens am 18.10.2003 höher als 1,75 ‰ gewesen sein. Der Zeitpunkt seiner Fahrt konnte aber nicht festgestellt werden. B könnte mehr als 2,0 ‰ gehabt und die Grenze des § 21 StGB überschritten haben, aber auch unterhalb der Grenze geblieben sein.

Teilweise[32] wird dies angenommen, sodass hiernach § 323a I StGB anwendbar wäre.

Zu folgen ist aber der h. M.,[33] welche erst ab einer feststehenden Minderung der Schuldfähigkeit i. S. d. § 21 StGB § 323a I StGB für anwendbar hält. Zwar kommt dem § 323a I StGB eine Auffangfunktion zu, zumal der möglicherweise schuldfähige Täter nicht besser stehen soll als der sicher schuldunfähige. Auch heißt es lediglich: „weil er infolge des Rausches schuldunfähig war oder weil dies nicht auszuschließen ist". Allerdings bedeutet dieser Wortlaut nicht, dass auf einen feststehenden Rauschzusammenhang überhaupt verzichtet werden kann. Eine einigermaßen rechtssichere Untergrenze kann hierbei die Norm des § 21 StGB bilden. Freisprüche aufgrund großer Unsicherheiten bei der Bestimmung der BAK zur Tatzeit (etwa aufgrund spät erfolgter Blutprobe) sind als Folge der Anwendung des *In-dubio-pro-reo*-Grundsatzes hinzunehmen; Sachverhaltsungewissheiten sind nicht durch extensive Auslegung des Tatbestandsmerkmals zu kompensieren, zumal es sich um das einzige objektive Tatbestandsmerkmal handelt.

IV. Rechtswidrigkeit

Es gelten die allgemeinen Grundsätze.

V. Schuld

Es gelten die allgemeinen Grundsätze.

---

[32] S. Fischer, StGB, 71. Aufl. 2024, § 323a Rn. 11c.
[33] S. nur Eisele, BT I, 6. Aufl. 2021, Rn. 1237; OLG Karlsruhe B. v. 21.09.2004 – 1 Ss 102/04 – NJW 2004, 3356 (3356f.).

VI. Rechtsfolgen

§ 323a I StGB sieht Freiheitsstrafe bis zu fünf Jahren (im Minimum also ein Monat, § 38 II StGB) oder Geldstrafe (zu den Grenzen s. § 40 StGB) vor.

Gem. § 323a II StGB[34] darf die Strafe für den Vollrausch nicht schwerer sein als die Strafe, die für die im Rausch begangene Tat angedroht ist.

VII. Sonstiges

Eine **Wahlfeststellung** zwischen der Rauschtat und dem § 323a StGB kommt nach ganz h. M. mangels rechtsethischer und psychologischer Vergleichbarkeit (angesichts der Subsidiaritätsklausel des § 323a StGB) **nicht** in Betracht,[35] selbst wenn man die Möglichkeit einer Wahlfeststellung zwischen zwei Delikten einfach- und verfassungsrechtlich anerkennt. Auch die Annahme eines **Stufenverhältnisses** mit Folge einer Verurteilung nach § 323a StGB ist **nicht** möglich.[36]

Ggf. ist mithin freizusprechen.

Umstritten ist, ob eine **Teilnahme** am Vollrausch möglich ist.[37]

Rspr.[38] und h. L.[39] halten dies unter Anwendung des § 28 I StGB (Rausch als besonderes persönliches Merkmal) für möglich.

Eine Gegenauffassung[40] lehnt dies unter Hinweis auf eine unangemessene Ausdehnung der Strafbarkeit auf Gastwirte usw. ab.

Für die h.M. spricht aber, dass auch für Gastwirte, wenn sie die Voraussetzungen der §§ 26, 27 StGB erfüllen, die Teilnehmerhaftung keineswegs unangemessen ist, zumindest ist eine sektorale Ausnahme von den allgemeinen Grundsätzen nicht angängig.

Nach § 323a III StGB gilt ggf. ein Strafantragserfordernis etc.

---

[34] Hierzu Fischer, StGB, 71. Aufl. 2024, § 323a Rn. 21, 21a.

[35] S. nur Kindhäuser/Hilgendorf, LPK, 9. Aufl. 2022, § 323a Rn. 13; näher Tröndle FS Jescheck 1985, 665; Berster ZStW 2012, 991; aus der Rspr. vgl. BayObLG v. 08.11.1977 – RReg. 1 St 351/77 – NJW 1978, 957 (Anm. Montenbruck JR 1978, 209); BGH B. v. 18.08.1983 – 4 StR 142/82 – BGHSt 32, 48 = NJW 1983, 2889 = NStZ 1984, 74 (Anm. Geppert JK 1984 StGB § 323a/2; Hassemer JuS 1984, 228; Dencker JZ 1984, 453; Paeffgen NStZ 1985, 8); OLG Karlsruhe B. v. 21.09.2004 – 1 Ss 102/04 – NJW 2004, 3356 (Anm. LL 2004, 829; Geppert JK 2005 StGB § 323a/7).

[36] Heger, in: Lackner/Kühl/Heger, StGB, 30. Aufl. 2023, § 323a Rn. 5; aus der Rspr. vgl. OLG Karlsruhe B. v. 21.09.2004 – 1 Ss 102/04 – NJW 2004, 3356 (3357).

[37] Hierzu Joecks/Jäger, StGB, 13. Aufl. 2021, § 323a Rn. 30; näher Cramer GA 1961, 97; Kulhanek JA 2011, 832; aus der Rspr. vgl. BGH U. v. 07.05.1957 – 5 StR 127/57 – BGHSt 10, 247 = NJW 1957, 996 (Anm. Heinitz JR 1957, 347; Bruns JZ 1958, 105).

[38] S. o.

[39] S. Eisele, BT I, 6. Aufl. 2021, Rn. 1226.

[40] Heger, in: Lackner/Kühl/Heger, StGB, 30. Aufl. 2023, § 323a Rn. 17.

C. Fahrlässiger Vollrausch

I. Aufbau

I. Tatbestand
  1. Rausch
  2. Sich Versetzt
  3. Durch alkoholische Getränke oder andere berauschende Mittel
  4. Fahrlässig (objektive Fahrlässigkeit)
II. Wenn er in diesem Zustand eine rechtswidrige Tat begeht und ihretwegen nicht bestraft werden kann, weil er infolge des Rausches schuldunfähig war oder weil dies nicht auszuschließen ist.
III. Rechtswidrigkeit
IV. Schuld
  1. Allgemeines
  2. Subjektive Fahrlässigkeit
V. Ggf. Strafantrag, Ermächtigung, Strafverlangen, § 323a III StGB

II. Erläuterungen

§ 323a II StGB normiert das (vorsatzgleich bestrafte) Fahrlässigkeitsdelikt.

14. Kapitel: Unterlassene Hilfeleistung; Behinderung von hilfeleistenden Personen, § 323c StGB

▶ **Didaktische Aufsätze**
- Geilen, Probleme des § 323c StGB, Jura 1983, 78 und 138
- Seelmann, Unterlassene Hilfeleistung oder: Was darf das Strafrecht? JuS 1995, 281
- Geppert, Die unterlassene Hilfeleistung (§ 323 c StGB), Jura 2005, 39

A. Allgemeines

Seit 2017[1] enthält § 323c StGB zwei Tatbestände, in Abs. 1 nämlich die bereits vorher geregelte unterlassene Hilfeleistung und nunmehr in Abs. 2 die Behinderung von hilfeleistenden Personen.

> **§ 323c StGB (Unterlassene Hilfeleistung; Behinderung von hilfeleistenden Personen)**
> (1) Wer bei Unglücksfällen oder gemeiner Gefahr oder Not nicht Hilfe leistet, obwohl dies erforderlich und ihm den Umständen nach zuzumuten, insbesondere ohne erhebliche eigene Gefahr und ohne Verletzung anderer wichtiger Pflichten möglich ist, wird mit Freiheitsstrafe bis zu einem Jahr oder mit Geldstrafe bestraft.
> (2) Ebenso wird bestraft, wer in diesen Situationen eine Person behindert, die einem Dritten Hilfe leistet oder leisten will.

---

[1] Hierzu Zöller KriPoZ 2017, 143.

B. Unterlassene Hilfeleistung, § 323c I StGB

I. Aufbau

I. Tatbestand
  1. Objektiver Tatbestand
    a) Bei Unglücksfällen oder gemeiner Gefahr oder Not
    b) Nicht Hilfe Leistet
    c) Obwohl dies erforderlich und ihm den Umständen nach zuzumuten, insbesondere ohne erhebliche eigene Gefahr und ohne Verletzung anderer wichtiger Pflichten möglich ist
  2. Subjektiver Tatbestand
II. Rechtswidrigkeit
III. Schuld

II. Allgemeines

§ 323c I StGB stellt die unterlassene Hilfeleistung unter Strafe.[2]

Die Norm schützt die in den tatbestandlich umschriebenen Situationen gefährdeten Individualrechtsgüter.[3] Grundgedanke dieses echten Unterlassungsdelikts ist die mitmenschliche Solidarität in akuten Notlagen.[4]

III. Tatbestand

1. Objektiver Tatbestand

a) Bei Unglücksfällen oder gemeiner Gefahr oder Not

aa) Unglücksfall

(1) Allgemeines
Unglücksfall ist jedes plötzlich eintretende Ereignis, das erhebliche Gefahren für Menschen oder Sachen hervorruft oder hervorzurufen droht.[5]

---

[2] Zu § 323c I StGB Gallas JZ 1952, 396; Welzel NJW 1953, 327; Naucke FS Welzel 1974, 761; Geilen Jura 1983, 78 und 138; Kargl GA 1994, 247; Seelmann JuS 1995, 281; Pawlik GA 1995, 360; Seebode FS Kohlmann 2003, 279; Geppert Jura 2005, 39; Spendel FS Seebode 2008, 377; Rechtsprechungsübersicht bei Horn/Hoyer JZ 1987, 965.

[3] Joecks/Jäger, StGB, 13. Aufl. 2021, § 323c Rn. 1; aus der Rspr. vgl. zuletzt BGH U. v. 28.01.2021 – 3 StR 279/20 – NStZ 2022, 291.

[4] Fischer, StGB, 71. Aufl. 2024, § 323c Rn. 2; näher Kühl FS Frisch 2013, 785; Frisch GA 2016, 121; aus der Rspr. vgl. OLG Neustadt U. v. 09.03.1949 – Ss 3/49 (Anm. Busch SJZ 1949, 654); OLG Oldenburg U. v. 06.06.1950 – Ss 51/50 (Anm. Erbs JR 1951, 212); BGH B. v. 10.03.1954 – GSSt 4/53 – BGHSt 6, 147 = NJW 1954, 1049 (Anm. Kühl, Höchstrichterliche Rspr. BT, 2002, Nr. 86; Heinitz JR 1954, 403; Gallas JZ 1954, 641; Schweiger NJW 1955, 816).

[5] Joecks/Jäger, StGB, 13. Aufl. 2021, § 323c Rn. 6; aus der Rspr. vgl. zuletzt LG Weiden U. v. 20.08.2021 – 1 Ks 21 Js 8059/20 (Weidener Flutkanal) (Anm. Woring ZJS 2023, 684).

Hierunter fallen z. B.[6] Verkehrsunfälle, Straftaten,[7] Verletzungen oder Erkrankungen.[8]

Ausreichend ist die bloße Gefahr, ein bereits eingetretener Schaden ist nicht erforderlich.[9] Gerade umgekehrt ist zu beachten, dass bei bereits eingetretenem Schaden – z. B. dem Tod des Verunglückten – ohne Gefahren für andere kein Unglücksfall mehr vorliegt.[10]

Umstritten ist, welche **Beurteilungsperspektive** über die Annahme eines Unglücksfalls entscheidet.[11] Relevant ist dies bei unerkannt objektiv unrettbaren Opfern.

Beispiel 256

AG Berlin-Tiergarten B. v. 02.03.1990 – (255a) 52 Js 889/89 (143/89) – NStZ 1991, 236 (Anm. Otto JK 1991 StGB § 323c/3; Rudolphi NStZ 1991, 237):

B1 und B2, zwei Polizeibeamte, leisteten am 30.07.1989 gegen 22.10 Uhr in Berlin Tiergarten einem Hilfeersuchen der Z keine Folge, obwohl die Z B1 und B2 darauf hinwies, dass in der Nähe ein Mann bewusstlos in seinem Pkw zusammengebrochen sei. B1 und B2 erklärten sich für nicht zuständig und setzten ihren Streifendienst fort. Der Mann verstarb am Ort. Der genaue Todeszeitpunkt konnte nicht festgestellt werden. Dieser kann bereits 22.05 Uhr gewesen sein. ◄

In dubio pro reo ist davon auszugehen, dass der Tod des Mannes schon um 22:05 Uhr eingetreten ist. Dann lag im Zeitpunkt des Hilfeersuchens der Z um 22:10 Uhr zwar *ex ante* ein Unglücksfall vor, der sich aber *ex post* als nicht mehr gegeben herausstellte. Welche Beurteilungsperspektive ist entscheidend?

Teile der Rspr.[12] und die wohl h. L.[13] gehen von einer Bestimmung *ex post* aus, sodass die bloß irrige Annahme einer Rettbarkeit nicht einschlägig ist.

---

[6] S. Kindhäuser/Hilgendorf, LPK, 9. Aufl. 2022, § 323c Rn. 5f.
[7] Fischer, StGB, 71. Aufl. 2024, § 323c Rn. 6; aus der Rspr. vgl. zuletzt BGH U. v. 12.08.2015 – 2 StR 115/15 – NStZ-RR 2015, 375; BGH B. v. 11.04.2017 – 2 StR 345/16 – NStZ-RR 2017, 212.
[8] Zur Verschlimmerung einer bereits bestehenden Krankheit OLG Düsseldorf B. v. 24.06.1991 – 5 Ss 206/91–68/91 I – NJW 1991, 2979 = NStZ 1991, 531 (Anm. Hassemer JuS 1992, 163; Meurer JR 1992, 38); AG Berlin-Tiergarten B. v. 02.03.1990 – (255a) 52 Js 889/89 (143/89) – NStZ 1991, 236 (Anm. Otto JK 1991 StGB § 323c/3; Rudolphi NStZ 1991, 237); OLG Düsseldorf B. v. 14.11.1994 – 5 Ss 330/94 – 127/94 I – NJW 1995, 799.
[9] Ganz h. M., s. nur Fischer, StGB, 71. Aufl. 2024, § 323c Rn. 3.
[10] S. von Heintschel-Heinegg, in: BeckOK-StGB, Stand 01.02.2024, § 323c Rn. 9; aus der Rspr. vgl. zuletzt BGH U. v. 01.09.2020 – 1 StR 373/19 – NStZ 2021, 235 = StV 2021, 494 (Anm. RÜ 2021, 31).
[11] Hierzu Freund/Koch, in: MK-StGB, 4. Aufl. 2022, § 323c Rn. 29ff.; näher Stein FS Küper 2007, 607; aus der Rspr. vgl. zuletzt BGH U. v. 01.09.2020 – 1 StR 373/19 – NStZ 2021, 235 = StV 2021, 494 (Anm. RÜ 2021, 31);
LG Weiden U. v. 20.08.2021 – 1 Ks 21 Js 8059/20 (Weidener Flutkanal) (Anm. Woring ZJS 2023, 684).
[12] AG Berlin-Tiergarten B. v. 02.03.1990 – (255a) 52 Js 889/89 (143/89) – NStZ 1991, 236.
[13] Wessels/Hettinger/Engländer BT 1, 47. Aufl. 2023, Rn. 1059.

Die herrschende Rspr.[14] und andere Teile der Lehre[15] nehmen eine Perspektive subjektiv *ex ante* an, was dazu führt, dass die irrige Annahme eines Unglücksfalls tatbestandsmäßig ist, erst bei Tod des Opfers mangelt es an einem Unglücksfall bzw. an der Erforderlichkeit einer Hilfeleistung.

Richtig ist zwar, dass man auch dann von fehlender Hilfeleistung sprechen kann, wenn der Täter im falschen Glauben untätig bleibt, eigentlich helfen zu können. Zu folgen ist dennoch der erstgenannten Auffassung: Der Gesetzgeber hat den Versuch der unterlassenen Hilfeleistung nicht für strafbar erklärt; dies darf durch eine subjektivierende Auslegung der Tatbestandsmerkmale nicht unterlaufen werden. Unrettbar verlorene Opfer drohen keine Gefahren mehr, diese haben sich bereits realisiert, auch wenn der Todeseintritt noch eine gewisse Zeit ausbleibt; insofern mangelt es auch an einer Erforderlichkeit i. S. d. § 323c StGB. Die *ex-ante*-Betrachtung wird dem objektiven Wortlaut der Tatbestandsmerkmale nicht gerecht (vgl. auch Art. 103 II GG, § 1 StGB).

Umstritten ist, ob „*bei* Unglücksfällen" etc. auch Personen verpflichtet sind, die nicht am Unglücksort sind, z. B. bei telefonischer Information.[16]

Entgegen einer teilweise vertretenen Auffassung, die nur anwesende Personen als erfasst ansieht,[17] nimmt die h. M.[18] an, dass eine Anwesenheit nicht erforderlich ist. In der Tat ermöglicht der Wortlaut „bei" nicht nur eine Auslegung i. S. e. Örtlichkeit, sondern auch i. S. v. „anlässlich des Unglücksfalls", was auch Grenzziehungsschwierigkeiten vermeidet. Die weiteren Restriktionen der Hilfeleistungspflicht genügen zur Vermeidung unangemessener Ergebnisse.

(2) Suizid(-versuch bzw. -beginn)

▶ **Didaktische Aufsätze**
- Herzberg, Beteiligung an einer Selbsttötung oder tödlichen Selbstgefährdung als Tötungsdelikt, JA 1985, 131, 177, 265 und 336
- Neumann, Die Strafbarkeit der Suizidbeteiligung als Problem der Eigenverantwortlichkeit des „Opfers", JA 1987, 244

Umstritten ist die Behandlung von **Suizidversuchen**[19]

---

[14] BGH U. v. 16.02.2000 – 2 StR 582/99 – NStZ 2000, 414 (415).
[15] Freund/Koch, in: MK-StGB, 4. Aufl. 2022, § 323c Rn. 29ff.
[16] Hierzu Joecks/Jäger, StGB, 13. Aufl. 2021, § 323c Rn. 21f.; aus der Rspr. vgl. BGH B. v. 02.03.1962 – 4 StR 355/61 – BGHSt 17, 166 = NJW 1962, 1212 und 1782 (Anm. Preuße JuS 1962, 406); BGH U. v. 22.03.1966 – 1 StR 567/65 – BGHSt 21, 50 = NJW 1966, 1172; OLG Karlsruhe B. v. 10.08.1979 – 3 Ss 90/79 – NJW 1979, 2360 (Anm. Bruns JR 1980, 297); OLG Köln B. v. 19.07.1990 – 2 Zs 126/89 (31) – NJW 1991, 764.
[17] Hilgendorf, in: Arzt/Weber/Heinrich/Hilgendorf, BT, 4. Aufl. 2021, 39/21.
[18] S. Joecks/Jäger, StGB, 13. Aufl. 2021, § 323c Rn. 21f.
[19] Hierzu Stein/Wolters, in: SK-StGB, 10. Aufl. 2023, § 323c Rn. 18f.; näher Seeler NJW 1958, 1860; Weber NJW 1959, 134; Kauczor NJW 1962, 479; Kohlhaas NJW 1973, 548; Schmidhäuser FS Welzel 1974, 801; Geilen JZ 1975, 145; Bringewat ZStW 1975, 623; Roxin FS Dreher 1977,

Entgegen der v. a. älteren Rspr.[20] sind freiverantwortliche Suizidversuche (und überhaupt bewusste Selbstgefährdungen) mangels rechtlicher Missbilligung des Verhaltens bzw. erstrebten Erfolgs richtigerweise nicht als Unglücksfall i. S. d. § 323c StGB anzusehen, jedenfalls mangelt es an einer Erforderlichkeit oder Zumutbarkeit der Hilfeleistung.[21]

bb) Gemeine Gefahr, gemeine Not
Gemeine Gefahr ist die konkrete Gefahr für Leib und Leben einer größeren Zahl von Menschen oder für erhebliche Sachwerte.[22] Hierunter fallen z. B. Überschwemmungen oder Waldbrände.[23]

Gemeine Not ist eine die Allgemeinheit betreffende Notlage von einer gewissen Erheblichkeit.[24] Zu denken ist an Hungersnöte oder Epidemien.

b) Nicht Hilfe leistet
Vom Täter wird ein Hilfeleisten verlangt, also eine Tätigkeit, die auf die Abwehr weiterer Schäden gerichtet ist.[25]

Wann ein Hilfeleisten i. S. e. Vollendung des Tatbestands unterlassen wird, ist umstritten.[26]

331; Spann/Liebhardt/Braun FS Bockelmann 1979, 487; Bottke GA 1982, 346; Herzberg JA 1985, 131, 177, 265 und 336; Dölling NJW 1986, 1011; Herzberg NJW 1986, 1635; Neumann JA 1987, 244; Schreiber FS Jakobs 2007, 615; Kutzer FS Schöch 2010, 481; Kutzer ZRP 2012, 135; Henking JZ 2015, 174; aus der Rspr. vgl. zuletzt BGH U. v. 03.07.2019 – 5 StR 132/18 – BGHSt 64, 121 = NJW 2019, 3092 = NStZ 2019, 662 = StV 2020, 106 (Anm. Kudlich JA 2019, 867; Kubiciel NJW 2019, 3033; RÜ 2019, 712; Sowada NStZ 2019, 670; Engländer JZ 2019, 1049; Hillenkamp JZ 2019, 1053; Lorenz HRRS 2019, 351; Weißer ZJS 2020, 85; Rissing-van Saan/Verrel NStZ 2020, 121; Neumann StV 2020, 126; Grünewald JR 2020, 167; Stage/Hellmann jurisPR-StrafR 4/2020 Anm. 4; Spittler MedR 2020, 101); BGH U. v. 03.07.2019 – 5 StR 393/18 – BGHSt 64, 135 = NJW 2019, 3089 = NStZ 2019, 666 = StV 2020, 111 (Anm. RÜ 2019, 706; Kubiciel NJW 2019, 3033; Sowada NStZ 2019, 670; Engländer JZ 2019, 1049; Hillenkamp JZ 2019, 1053; Lorenz HRRS 2019, 351; Bosch Jura 2020, 96; Hecker JuS 2020, 82; LL 2020, 101; Rissing-van Saan/Verrel NStZ 2020, 121; Neumann StV 2020, 126; Grünewald JR 2020, 167; Stage/Hellmann jurisPR-StrafR 4/2020 Anm. 5); BGH B. v. 28.06.2022 – 6 StR 68/21 (Insulin) – BGHSt 67, 95 = NJW 2022, 3021 = NStZ 2022, 663 = StV 2023, 9 (Anm. Bosch Jura 2022, 1507; Jäger JA 2022, 870; Hecker JuS 2022, 1073; LL 2022, 754; RÜ 2022, 638; famos 10/2022; Grünewald NJW 2022, 3025; Hoven/Kudlich NStZ 2022, 667; Walter JR 2022, 621; Franzke/Verrel JZ 2022, 1116; Murmann ZfIStW 2022, 530; Pauli HRRS 2022, 281; Ofterdinger/Kuhli ZJS 2023, 170; Ziegler StV 2023, 65; Seifert HRRS 2023, 13; Zeller/Thomas jurisPR-StrafR 17/2023 Anm. 5; Rostalski MedR 2023, 179; Saliger MedR 2023, 222; Ibold GA 2024, 16).

[20] BGH U. v. 12.02.1952 – 1 StR 59/50 – BGHSt 2, 150 = NJW 1952, 552 (Anm. Roxin, Höchstrichterliche Rspr. AT, 1998, Nr. 86; Gallas JZ 1952, 371; Dreher MDR 1952, 711; Meister GA 1953, 166).

[21] In letzterem Sinne etwa Eisele, BT I, 6. Aufl. 2021, Rn. 1252.

[22] Joecks/Jäger, StGB, 13. Aufl. 2021, § 323c Rn. 13; aus der Rspr. vgl. BGH U. v. 19.01.1954 – 1 StR 132/53 – NJW 1954, 728.

[23] Kindhäuser/Hilgendorf, LPK, 9. Aufl. 2022, § 323c Rn. 11.

[24] Joecks/Jäger, StGB, 13. Aufl. 2021, § 323c Rn. 13.

[25] Freund/Koch, in: MK-StGB, 4. Aufl. 2022, § 323c Rn. 75.

[26] Hierzu zsf. Joecks/Jäger, StGB, 13. Aufl. 2021, § 323c Rn. 19f.; näher Schaffstein FS Dreher 1977, 147; aus der Rspr. vgl. BGH B. v. 02.03.1962 – 4 StR 355/61 – BGHSt 17, 166 = NJW 1962, 1212 und 1782 (Anm. Preuße JuS 1962, 406); OLG Hamm Vorlageb. v. 11.07.1961 – 1 Ss 651/61 –

Beispiel 257

BGH U. v. 08.04.1960 – 4 StR 2/60 – BGHSt 14, 213 = NJW 1960, 1261 (Anm. Kühl, Höchstrichterliche Rspr. BT, 2002, Nr. 87):

Anfang Dezember 1958 fuhr B nach Einbruch der Dunkelheit mit einem seiner Arbeitgeberin gehörenden Opel-Kapitän-Wagen auf der östlich des Mains nach A. führenden, auf beiden Seiten von Äckern und Wiesen begrenzten Landstraße von M. in nördlicher Richtung auf G. zu. Etwa 700 m nach der Überfahrt über den beschrankten Bahnübergang M. setzte er zum Überholen des vor ihm in gleicher Richtung nicht ganz rechts fahrenden Fiat-Wagens des Angestellten Z1 an. Zu diesem Zweck fuhr er mit einer Geschwindigkeit von 50 km/h, bei Abblendlicht auf die linke Fahrbahnhälfte hinüber. Plötzlich sah er in einer gewissen Entfernung vor sich ziemlich am linken Fahrbahnrand der dort 5,40 m breiten Straße wie einen Schatten die Umrisse eines Fußgängers vor sich. Er riss seinen Wagen nach rechts, spürte aber gleich darauf einen Schlag an der linken Seite seines Wagens. Er war mit dem 51 Jahre alten Schneider G zusammengestoßen, der sich auf der linken Straßenseite in einem Abstand von weniger als einem Meter vom Fahrbahnrand mit dem Rücken zum B befand und durch den Anprall nach links auf den Acker geschleudert wurde. G. starb am nächsten Tage infolge der dabei erlittenen Verletzungen. Als B den Schlag verspürte, hielt er am rechten Fahrbahnrand an. Er ahnte, dass er mit dem von ihm als Schatten bemerkten Fußgänger zusammengestoßen sei, und sah sich hierbei den zersplitterten linken Scheinwerfer seines Fahrzeuges an. Auch Z1 war ausgestiegen, um sich seinen Wagen anzusehen. Obwohl er keine Beschädigungen an ihm feststellen konnte, schrieb er sich das Kennzeichen des Opel-Kapitän-Wagens auf. Darauf gab ihm B seine Karte mit dem Bemerken: „Sie werden doch keine Schwierigkeiten machen!" Inzwischen war ein Polizist auf seinem Fahrrad herangekommen und erkundigte sich, ob etwas zum Einschreiten sei. Als Z1 das verneinte, fuhr er weiter. Nachdem der Polizist und Z1 weggefahren waren, suchte B zunächst vergeblich nach dem Verletzten. Dann wendete er etwa 25 m nördlich der Unfallstelle an einem Feldweg und fuhr zurück. Er sah den Verunglückten im Felde liegen und bemühte sich um ihn, fuhr aber nach ganz kurzer Zeit in Richtung M. weiter, angeblich, um fernmündlich Hilfe herbeizurufen. Er fuhr an einer etwa 450 m südlich der Unfallstelle liegenden erleuchteten Tankstelle vorbei und in die etwa 180 m weiter entfernte Einfahrt einer Papierfabrik, deren Fenster ebenso wie der Hof noch erleuchtet waren. Dort machte er indes keinen Versuch zu telefonieren, sondern entfernte nur die Glassplitter von seinem Scheinwerfer, wendete dann auf dem Fabrikgelände und fuhr wieder zur Unfallstelle zurück. Dort bemühte er sich mit anderen Personen, die dort inzwischen eingetroffen waren, um den Verletzten. Er wollte ihn zuerst in seinen Wagen legen, gab dies aber wieder auf. Als ein anderer Kraftfahrer, namens Z2,

---

NJW 1961, 1648 und 1962, 1224; BGH U. v. 22.03.1966 – 1 StR 567/65 – BGHSt 21, 50 = NJW 1966, 1172; BGH U. v. 03.04.1985 – 2 StR 63/85 – NStZ 1985, 409 = StV 1987, 21 (Anm. Frellesen StV 1987, 22).

sich bereit erklärte, Hilfe zu holen, fuhr er mit demselben Vorgeben wieder in Richtung M. weg. Z2 rief dann den Sanitätskrankenwagen herbei, der G ins Krankenhaus brachte. Als die Polizei an der Unfallstelle erschien, war auch B mit seinem Wagen wieder in unmittelbarer Nähe. Er meldete sich bei den Polizeibeamten als Unfallzeuge und erklärte wahrheitswidrig, ein Borgward-Isabella-Wagen habe, in Richtung G. fahrend, den Verunglückten angefahren. Bei der Spurensicherung fand sich der Außenspiegel des Wagens des B im Acker kurz vor dem Verletzten. ◄

B hat sich sowohl, als er den G im Felde liegen sah, als auch nach seiner Rückkehr von der Papierfabrik tatsächlich um B bemüht. Dabei ist allerdings schon unklar, inwieweit dies dem Geschädigten zugute kam. Jedenfalls hat B zwischenzeitlich rund 1260 m zurückgelegt. Nach eigener Aussage hatte er fernmündlich Hilfe herbeiholen wollen, machte bei der Papierfabrik dann aber keinen Versuch, zu telefonieren. Fraglich ist, ob dieses Verhalten schon für ein Hilfeleisten ausreicht oder ob B dieses unterlassen hat.

Die Rspr.[27] und die h. L.[28] nehmen eine Vollendung bereits dann an, wenn der Täter nicht sofort auf die wirksamste Weise hilft.

Teile der Lehre[29] halten das Delikt erst für vollendet, wenn sich die Chance auf Erfolgsabwehr durch das Zögern des Täters verschlechtert hat.

Zu beachten ist der Zusammenhang mit der Frage des unmittelbaren Ansetzens zum unechten Unterlassungsdelikt. Richtigerweise sollte die Vollendung des § 323c StGB zumindest nicht früher einsetzen als der Versuch des unechten Unterlassungsdelikts, sodass der Minderheitsauffassung zu folgen ist.

c) Obwohl dies erforderlich und ihm den Umständen nach zuzumuten, insbesondere ohne erhebliche eigene Gefahr und ohne Verletzung anderer wichtiger Pflichten möglich ist

aa) Möglich
Die Hilfeleistung muss dem Täter überhaupt möglich sein[30] (*ultra posse nemo obligatur*), was von seinen Kenntnissen, Fähigkeiten und Hilfsmitteln abhängt.

Oft ist zumindest eine Schmerzlinderung möglich.[31]

---

[27] S. o.
[28] S. Eisele, BT I, 6. Aufl. 2021, Rn. 1267.
[29] Joecks/Jäger, StGB, 13. Aufl. 2021, § 323c Rn. 19f.
[30] Fischer, StGB, 71. Aufl. 2024, § 323c Rn. 11b; aus der Rspr. vgl. BGH U. v. 26.10.1982 – 1 StR 413/82 – NJW 1983, 350 = NStZ 1983, 313 (Anm. Geilen JK 1983 StGB § 323c/1; Sonnen JA 1983, 287; Hassemer JuS 1983, 474; Lilie NStZ 1983, 314; Geiger JZ 1983, 153; Ulrich MedR 1983, 137; Kreuzer JR 1984, 294).
[31] Freund/Koch, in: MK-StGB, 4. Aufl. 2022, § 323c Rn. 81; aus der Rspr. vgl. OLG Düsseldorf B. v. 24.06.1991 – 5 Ss 206/91-68/91 I – NJW 1991, 2979 = NStZ 1991, 531 (Anm. Hassemer JuS 1992, 163; Meurer JR 1992, 38).

bb) Erforderlich

Die Hilfeleistung muss ferner – nach Maßgabe einer *Ex-ante*-Prognose – **erforderlich**[32] sein, vgl. hierzu auch §§ 32, 34 StGB. Hieran mangelt es, wenn sich das Opfer ohne Weiteres selbst helfen kann oder eine andere Person[33] bereits eine gleich wirksame Hilfe leistet. Wenn für eine unteilbare Hilfeleistung mehrere in Betracht kommen, ist jeder der zur Rettung fähigen Anwesenden zur Hilfeleistung verpflichtet und wird erst dann frei, wenn einer von ihnen die Hilfe der anderen überflüssig macht.[34] Auch ein Verzicht des Hilfsbedürftigen ist möglich;[35] zu Suizidversuchen s. bereits o.

cc) Ihm den Umständen nach zuzumuten, insbesondere ohne erhebliche eigene Gefahr und ohne Verletzung anderer wichtiger Pflichten möglich

Weiteres einschränkendes Tatbestandsmerkmal[36] ist die **Zumutbarkeit** der Hilfeleistung.

Ausdrücklich erwähnt § 323c StGB die Unzumutbarkeit bei erheblicher eigener Gefahr und bei Verletzung anderer wichtiger Pflichten. Anzustellen ist eine Gesamtabwägung, in die v. a. Wahrscheinlichkeit und Schwere des drohenden Schadens sowie entsprechend die Täterinteressen einzustellen sind, ferner die Wahrscheinlichkeit einer erfolgreichen Rettung.[37]

Aus einer Verursachung der Situation durch den Täter folgt nicht die Unzumutbarkeit der Hilfe, vgl. § 35 I 2 StGB.[38]

---

[32] Eisele, BT I, 6. Aufl. 2021, Rn. 1257; näher Stein FS Küper 2007, 607; aus der Rspr. vgl. zuletzt BGH U. v. 01.09.2020 – 1 StR 373/19 – NStZ 2021, 235 = StV 2021, 494 (Anm. RÜ 2021, 31).

[33] S. Freund/Koch, in: MK-StGB, 4. Aufl. 2022, § 323c Rn. 84; aus der Rspr. vgl. OLG Karlsruhe B. v. 10.08.1979 – 3 Ss 90/79 – NJW 1979, 2360 (Anm. Bruns JR 1980, 297); BGH U. v. 08.10.1996 – 5 StR 458/96 – NStZ 1997, 127.

[34] Hecker, in: Schönke/Schröder, StGB, 30. Aufl. 2019, § 323c Rn. 15; aus der Rspr. vgl. BayObLG U. v. 30.11.1956 – RReg. 3 St 227/56 – NJW 1957, 354.

[35] Eisele, BT I, 6. Aufl. 2021, Rn. 1260.

[36] Hierzu Joecks/Jäger, StGB, 13. Aufl. 2021, § 323c Rn. 27ff.; näher Henkel FS Mezger 1954, 249; Stree FS Lenckner 1998, 393; aus der Rspr. vgl. zuletzt BGH U. v. 03.07.2019 – 5 StR 132/18 – BGHSt 64, 121 = NJW 2019, 3092 = NStZ 2019, 662 = StV 2020, 106 (Anm. Kudlich JA 2019, 867; Kubiciel NJW 2019, 3033; RÜ 2019, 712; Sowada NStZ 2019, 670; Engländer JZ 2019, 1049; Hillenkamp JZ 2019, 1053; Lorenz HRRS 2019, 351; Weißer ZJS 2020, 85; Rissing-van Saan/Verrel NStZ 2020, 121; Neumann StV 2020, 126; Grünewald JR 2020, 167; Stage/Hellmann jurisPR-StrafR 4/2020 Anm. 4; Spittler MedR 2020, 101).

[37] S. Kindhäuser/Hilgendorf, LPK, 9. Aufl. 2022, § 323c Rn. 16; aus der Rspr. vgl. BGH U. v. 14.11.1957 – 4 StR 532/57 – BGHSt 11, 135 = NJW 1958, 390 (Anm. Schröder JR 1958, 186); BGH U. v. 01.04.1958 – 1 StR 24/58 – BGHSt 11, 353 = NJW 1958, 957 (Anm. Welzel JZ 1958, 494); OLG Hamm U. v. 12.01.1959 – 2 Ss 156/58 – NJW 1959, 1504 (Anm. Hartung JZ 1960, 98); BGH U. v. 27.03.1979 – 5 StR 59/79; LG Mannheim U. v. 03.05.1990 – (12) 2 Ns 70/89 – NJW 1990, 2212 (Anm. Sonnen JA 1990, 358; Sonnen NK 1990/4, 42).

[38] Fischer, StGB, 71. Aufl. 2024, § 323c Rn. 16; aus der Rspr. vgl. BGH U. v. 29.11.1963 – 4 StR 390/63 – BGHSt 19, 167 = NJW 1964, 731 (Anm. Willms JuS 1964, 330; Schröder JR 1964, 227); BGH U. v. 23.03.1993 – 1 StR 21/93 – BGHSt 39, 164 = NJW 1993, 1871 = NStZ 1993, 441 (Anm. Kühl, Höchstrichterliche Rspr. BT, 2002, Nr. 88; Geppert JK 1993 StGB § 323c/3; Tag JR 1995, 133).

Umstritten ist, ob die **Gefahr der Strafverfolgung** für sich oder Angehörige die Zumutbarkeit ausschließt.[39]

Wohl nicht mehr vertreten wird ein umfassender Ausschluss der Zumutbarkeit. Z. T.[40] wird eine Berücksichtigung durchweg abgelehnt.

Andere nehmen eine Einzelfallabwägung vor (Schwere der drohenden Strafverfolgung für den Täter sowie der drohenden Rechtsgutsverletzung für das Opfer)[41] und/oder differenzieren danach, ob der Täter den Unglücksfall verursacht hat (wobei dann ggf. ein Begehungsdelikt oder ein unechtes Unterlassungsdelikt anzunehmen ist) oder als Zufallsbeteiligter, dem aus ganz anderem Grund eine Strafverfolgung droht, vom Unglücksfall erfährt.[42]

In der Tat überzeugt es, allenfalls bei zufällig am Unglücksort erscheinenden Tätern, die wegen nicht mit dem Unglücksfall in Zusammenhang stehender Tat verfolgt werden, dem Nemo-tenetur-Grundsatz den Vorrang vor den Rechtsgütern des Opfers einzuräumen, und auch das nur bei einer gewissen Erheblichkeit der drohenden Strafe in Relation zu den Gefahren für das Opfer.

Zu beachten ist, dass nicht selten einem Täter das anonyme Herbeirufen von Hilfe möglich sein wird, sodass dies dann ohne Weiteres zumutbar ist.[43]

Auch bei einem durch eigene Notwehr herbeigeführten Unglücksfall ist Hilfe zumutbar,[44] da § 323c StGB die allgemeine Solidarität strafbewehrt, die auch dem vorherigen Angreifer zusteht.

2. Subjektiver Tatbestand

Gem. § 15 StGB ist Vorsatz erforderlich.

Zu beachten sind insbesondere etwaige Irrtümer bzgl. der Eignung[45] und bzgl. der Erforderlichkeit[46] der Hilfeleistung.

---

[39] Hierzu Furtner NJW 1961, 1196; Ulsenheimer GA 1972, 1; aus der Rspr. vgl. zuletzt BGH U. v. 27.10.2021 – 2 StR 203/21 – NStZ 2022, 483 = StV 2022, 443 (Anm. von Heintschel-Heinegg JA 2022, 253; RÜ 2022, 583).

[40] Stein/Wolters, in: SK-StGB, 10. Aufl. 2023, § 323c Rn. 36.

[41] Eisele, BT I, 6. Aufl. 2021, Rn. 1264.

[42] S. auch insofern Eisele, BT I, 6. Aufl. 2021, Rn. 1264.

[43] Kindhäuser/Hilgendorf, LPK, 9. Aufl. 2022, § 323c Rn. 17.

[44] Fischer, StGB, 71. Aufl. 2024, § 323c Rn. 16; näher Walther FS Herzberg 2008, 503; aus der Rspr. vgl. BGH U. v. 29.07.1970 – 2 StR 221/70 – BGHSt 23, 327 = NJW 1970, 2252 (Anm. Roxin, Höchstrichterliche Rspr. AT, 1998, Nr. 93; Herzberg JuS 1971, 74; Hassemer JuS 1971, 105; Welp JZ 1971, 433); BGH U. v. 10.07.1985 – 3 StR 104/85 – NStZ 1985, 501 = StV 1986, 201 (Anm. Otto JK 1986 StGB § 221/2; Ulsenheimer StV 1986, 201).

[45] Kindhäuser/Hilgendorf, LPK, 9. Aufl. 2022, § 323c Rn. 18; aus der Rspr. vgl. AG Saalfeld B. v. 17.12.2004 – 630 Js 23573/04 – NJW 2005, 1673 = NStZ-RR 2005, 142 (Anm. Geppert JK 2005 StGB § 323c/5).

[46] Eisele, BT I, 6. Aufl. 2021, Rn. 1266; aus der Rspr. vgl. BayObLG U. v. 30.11.1956 – RReg. 3 St 227/56 – NJW 1957, 354; BGH U. v. 12.01.1993 – 1 StR 792/92.

IV. Rechtswidrigkeit

Es gelten die allgemeinen Grundsätze.

V. Schuld

Es gelten die allgemeinen Grundsätze.

VI. Rechtsfolgen

§ 323c I StGB sieht Freiheitsstrafe bis zu einem Jahr (im Minimum also ein Monat, § 38 II StGB) oder Geldstrafe (zu den Grenzen s. § 40 StGB) vor.

VII. Sonstiges

§ 323c I StGB tritt hinter eigener Vortat(beteiligung) zurück; bei Nichtnachweisbarkeit der Vortat lebt § 323c I StGB wieder auf.[47]

Beispiel 258

BGH U. v. 23.03.1993 – 1 StR 21/93 – BGHSt 39, 164 = NJW 1993, 1871 = NStZ 1993, 441 (Anm. Kühl, Höchstrichterliche Rspr. BT, 2002, Nr. 88; Geppert JK 1993 StGB § 323c/3; Tag JR 1995, 133):
B1 und B2 betraten ein Wohnhaus, in dem sich zur Tatzeit acht bis zwölf Personen aufhielten. Einer der beiden ging in den hinteren Teil des Treppenhauses im Erdgeschoss, schob einen dort abgestellten Kinderwagen neben die hölzerne Treppe, die zum Obergeschoss führte, übergoss den Kinderwagen mitsamt der Kissenauflage mit Heizöl aus einer Plastik-Ölkanne, die in einem Abstellraum deponiert gewesen war, zündete den Kinderwagen an und warf zusätzlich noch die Ölkanne darauf. Die Textilauflage des Kinderwagens brannte alsbald lichterloh. Das Feuer begann auf die Holztreppe zum Obergeschoss überzugreifen und hatte sich bereits durch die PVC-Auflage der Treppenstufen durchgefressen, als es von Hausbewohnern entdeckt und gelöscht wurde. Feste Gebäudeteile waren von dem Brand noch nicht so erfasst, dass das Feuer selbstständig hätte weiterbrennen können. Es konnte nicht festgestellt werden, welcher von den beiden oder ob beide gemeinsam den Brand legten, ob der Brandstiftung ein gemeinsamer Tatentschluss zugrundelag oder ob jeder der beiden zumindest in der Form an der Tat beteiligt war, dass er den jeweils anderen – unmittelbaren – Täter zu der Tat an-

---

[47] Fischer, StGB, 71. Aufl. 2024, § 323c Rn. 38; näher Meister MDR 1953, 649; Pfannmüller MDR 1973, 725; aus der Rspr. vgl. BGH U. v. 08.10.1996 – 5 StR 458/96 – NStZ 1997, 127; BGH B. v. 21.10.2008 – 4 StR 440/08 – NStZ 2009, 286.

gestiftet oder ihn bei der Tat – sei es auch nur durch seine bloße Anwesenheit – unterstützt und/oder in seinem Vorhaben bestärkt hätte. ◄

Hier muss *in dubio pro reo* davon ausgegangen werden, dass sowohl B1 als auch B2 weder als (Mit-)Täter (§ 25 II StGB) noch als Teilnehmer (§§ 26, 27 I StGB) an der (Haupt-)Tat (§§ 306a I Nr. 1, 22, 23, 306 I, 22, 23, 303 I StGB) beteiligt waren. Dies schließt eine Strafbarkeit wegen unterlassener Hilfeleistung aber nicht aus.

§ 323c I StGB tritt ferner hinter sog. unechten Unterlassungsdelikten zurück.[48]

Eine eigenständige Strafbarkeit aus § 323c I StGB kommt dann in Betracht, wenn ein ursprünglich vom Vorsatz des Täters nicht umfasster weiterer Schaden droht.[49]

C. Behinderung von hilfeleistenden Personen, § 323c II StGB

- Didaktischer Aufsatz
- Lenk, Die Strafbarkeit des „Gaffers" gem. § 323 c II StGB, JuS 2018, 229

I. Aufbau

I. Tatbestand
  1. Objektiver Tatbestand
    a) In diesen Situationen
    b) Eine Person, die einem Dritten Hilfe leistet oder leisten will
    c) Behindert
  2. Subjektiver Tatbestand
II. Rechtswidrigkeit
III. Schuld

II. Allgemeines

§ 323c II StGB[50] wurde 2017 geschaffen, um – neben § 115 III StGB – die ungestörte Arbeit von Rettungskräften abzusichern und insofern diejenigen Individualrechtsgüter (Leib, Leben und Eigentum[51]) zu schützen, um deren Bewahrung sich

---

[48] Kindhäuser/Hilgendorf, LPK, 9. Aufl. 2022, § 323c Rn. 20.
[49] Fischer, StGB, 71. Aufl. 2024, § 323c Rn. 38; aus der Rspr. vgl. BGH U. v. 06.05.1960 – 4 StR 117/60 – BGHSt 14, 282 = NJW 1960, 1395 (Anm. Oehler JuS 1961, 154); BGH U. v. 28.06.1961 – 2 StR 83/61 – BGHSt 16, 200 = NJW 1961, 1981; OLG Celle U. v. 14.10.1969 – 3 Ss 252/69 – NJW 1970, 341.
[50] Hierzu Schiemann NJW 2017, 1846; Magnus ZStW 2017, 530; Kubiciel jurisPR-StrafR 11/2017 Anm. 1; Lenk JuS 2018, 229; Koch GA 2018, 323; Schöch GA 2018, 510; Preuß ZIS 2019, 345.
[51] Eisele, BT I, 6. Aufl. 2021, Rn. 1268.

diese Retter bemühen. Hierbei zielt die Norm insbesondere auf „Gaffer" oder „Schaulustige" (welche nicht selten auch mit ihren Mobiltelefonen Fotos oder Videos anfertigen, vgl. auch § 201a I Nr. 3 StGB), die aufgrund ihrer Neugier vor Ort bleiben und so Rettungsbemühungen erschweren.[52]

Die Verortung im Anschluss an das unechte Unterlassungsdelikt des § 323c I StGB erscheint zweifelhaft, dasselbe gilt für die Identität des Strafrahmens.[53]

Der Charakter des Delikts ist unklar. Angesichts der Tatsache, dass eine Verletzung oder konkrete Gefährdung des zu rettenden Rechtsguts nicht erforderlich ist, ist es denkbar, in § 323c II StGB ein reines Tätigkeitsdelikt zu sehen.[54] Mehr spricht allerdings dafür, in der Behinderung, die laut Gesetzgeber „spürbar und nicht unerheblich" sein muss, einen Erfolg zu sehen.[55]

Zweifelhaft ist, ob es der Norm zum Schließen von Strafbarkeitslücken bedurft hätte. § 323c II StGB ist als Begehungsdelikt[56] ausgestaltet, insofern wird klargestellt, dass man gegen die allgemeine Hilfspflicht auch durch aktives Tun verstoßen kann.[57] Freilich war bereits vor in Krafttreten von § 323c II StGB anerkannt, dass eine unterlassene Hilfeleistung nach § 323c StGB a. F. auch durch ein der Hilfspflicht widersprechendes aktives Tun verwirklicht werden konnte.[58]

III. Tatbestand

1. Objektiver Tatbestand

a) In diesen Situationen
Diese Wendung nimmt Bezug auf § 323c I StGB, s. o.

b) Eine Person, die einem Dritten Hilfe leistet oder leisten will
„Person, die einem Dritten Hilfe leistet oder leisten will" ist jedermann (es gibt also keine Beschränkung auf professionelle Helfer oder Amtsträger[59]), der dabei ist oder sich dazu anschickt, den aus dem Unglücksfall entstandenen oder drohenden Schaden zu mindern bzw. zu verhüten.

Ein tatsächlicher Erfolg der Hilfeleistung ist dabei nicht erforderlich.[60] Es kommt zudem weder auf die konkrete Form der Hilfeleistung noch auf deren Eignung an, eine Ausnahme besteht aber dann, wenn die Hilfeleistung von vornherein offenkun-

---

[52] Näher Kubiciel jurisPR-StrafR 11/2017 Anm. 1.
[53] Kubiciel jurisPR-StrafR 11/2017 Anm. 1.
[54] Hecker, in: Schönke/Schröder, StGB, 30. Aufl. 2019, § 323c Rn. 32.
[55] Fischer, StGB, 71. Aufl. 2024, § 323c Rn. 26 (vgl. aber Rn. 2: „abstraktes Gefährdungsdelikt").
[56] Fischer, StGB, 71. Aufl. 2024, § 323c Rn. 20; Freund/Koch, in: MK-StGB, 4. Aufl. 2022, § 323c Rn. 140.
[57] Freund/Koch, in: MK-StGB, 4. Aufl. 2022, § 323c Rn. 133.
[58] Freund/Koch, in: MK-StGB, 4. Aufl. 2022, § 323c Rn. 137; Koch GA 2018, 323, 324.
[59] Joecks/Jäger, StGB, 13. Aufl. 2021, § 323c II Rn. 36a; Eisele, BT I, 6. Aufl. 2021, Rn. 1268b.
[60] Fischer, StGB, 71. Aufl. 2024, § 323c Rn. 21.

dig untauglich, fehlerhaft oder überflüssig ist.[61] Die Hilfeleistung muss noch nicht begonnen haben.[62]

Richtigerweise kann bei alledem nur dann von einer Hilfeleistung gesprochen werden, wenn die betreffende Person nur irrtümlich zum Kreis der in der konkreten Notlage betroffenen Hilfebedürftigen gezählt wurde, tatsächlich aber keiner Hilfe bedurfte: Zwar soll § 323c II StGB einen abstrakten Schutz gewährleisten, der Wortlaut setzt jedoch eine objektiv bestehende und nicht nur eingebildete Notlage und somit Hilfslage voraus.[63] Entgegen der h. L.[64] kann die Hilfeleistung dann nicht mehr verschlechtert werden, wenn die Rettung des Opfers gar nicht mehr möglich war, weil der Betroffenen zum Zeitpunkt der Hilfeleistung bereits verstorben war. Zur Kritik am *ex-ante*-Maßstab vgl. auch o. bei § 323c I StGB.

c) Behindert

Tathandlung ist das Behindern. Dies ist jedwedes spürbare und nicht ganz unerhebliche Erschweren der Hilfeleistung, wobei es nicht darauf ankommt, ob sich das Verhalten des Täters tatsächlich negativ auf den Erfolg der Hilfe ausgewirkt hat.[65] Festzustellen ist lediglich, ob sich die Rettungsmöglichkeit verschlechtert hat.[66] Neben dem bereits erwähnten „Gaffen" ist insbesondere an die Blockade von Rettungsgassen zu denken. Daneben sollen aber auch Verhaltensweisen wie das Beschädigen von technischem Gerät, das Versperren eines Weges durch Nichtbeiseitetreten oder das Beeinträchtigen von Ärzten und Krankenhauspersonal in der Notaufnahme erfasst werden.[67]

Im Falle der Gewalt oder der Drohung mit Gewalt greift § 115 III StGB.

2. Subjektiver Tatbestand

Es gilt das Vorsatzerfordernis des § 15 StGB.

Der Vorsatz muss sich dabei nicht auf die konkrete Gefährdung oder die Verletzung des Dritten infolge der Behinderung, wohl aber auf die objektive Lage und den subjektiven Willen zur Hilfeleitung des Tatopfers, beziehen.[68] Zu beachten ist dabei, dass der Täter ohne Rettungswillen handeln muss.[69]

---

[61] Fischer, StGB, 71. Aufl. 2024, § 323c Rn. 22.
[62] Eisele, BT I, 6. Aufl. 2021, Rn. 1268c.
[63] Fischer, StGB, 71. Aufl. 2024, § 323c Rn. 23.
[64] Joecks/Jäger, StGB, 13. Aufl. 2021, § 323c II Rn. 36a; Wessels/Hettinger/Engländer BT 1, 47. Aufl. 2023, Rn. 1069.
[65] Von Heintschel-Heinegg, in: BeckOK-StGB, Stand 01.02.2024, § 323c Rn. 32.
[66] Fischer, StGB, 71. Aufl. 2024, § 323c Rn. 27; Hecker, in: Schönke/Schröder, StGB, 30. Aufl. 2019, § 323c Rn. 32.
[67] Fischer, StGB, 71. Aufl. 2024, § 323c Rn. 25; Freund/Koch, in: MK-StGB, 4. Aufl. 2022, § 323c Rn. 136.
[68] Wessels/Hettinger/Engländer BT 1, 47. Aufl. 2023, Rn. 1069.
[69] Hecker, in: Schönke/Schröder, StGB, 30. Aufl. 2019, § 323c Rn. 33; vgl. auch Heger/Jahn KriPoZ 2017, 113 (116), die sogar ein Handeln aus Sensationslust für erforderlich halten.

IV. Rechtswidrigkeit

Es gelten die allgemeinen Rechtfertigungsgründe. Besondere Bedeutung kommt § 34 StGB zu, der v. a. i. F. d. Eigensicherung oder Hilfeleistung für einen Dritten zum Tragen kommen kann.[70]

V. Schuld

Es gelten die allgemeinen Grundsätze.

VI. Rechtsfolgen

S. o. („Ebenso wird bestraft").

VII. Sonstiges

§ 115 III StGB verdrängt als *lex specialis* § 323c II StGB.[71]

Wird durch die Behinderung eine Individualrechtsgut verletzt, tritt § 323c II StGB im Wege der Gesetzeskonkurrenz hinter z. B. den §§ 211ff, §§ 223ff. zurück.[72]

Hinsichtlich Handlungen, die die Behinderung verwirklichen, beispielsweise §§ 240, 241 oder 303 StGB, besteht Tateinheit gem. § 52 StGB.[73]

---

[70] Fischer, StGB, 71. Aufl. 2024, § 323c Rn. 33.
[71] Hecker, in: Schönke/Schröder, StGB, 30. Aufl. 2019, § 323c Rn. 35.
[72] Hecker, in: Schönke/Schröder, StGB, 30. Aufl. 2019, § 323c Rn. 35.
[73] Fischer, StGB, 71. Aufl. 2024, § 323c Rn. 39.

15. Kapitel: Straftaten im Amt, §§ 331ff. StGB

▶ Didaktische Aufsätze
- Maiwald, Die Amtsdelikte, JuS 1977, 353
- Geppert, Amtsdelikte (§§ 331 ff StGB), Jura 1981, 42 und 78

A. Allgemeines

Amtsdelikte[1] sind Straftatbestände, bei denen eine Amtsträgereigenschaft des Täters strafbegründend (sog. **echte** Amtsdelikte, z. B. die §§ 331, 332 StGB) oder strafschärfend wirkt (sog. **unechte** Amtsdelikte, z. B. die §§ 258a, 340 StGB).[2]

Aus Gründen des Sachzusammenhangs hat der Gesetzgeber i. R. d. Bestechungsdelikte ferner auch Jedermannsdelikte im 30. Abschnitt des Besonderen Teils des StGB geregelt (§§ 333, 334 StGB).

B. Bestechungsstraftaten, §§ 331ff. StGB

I. Allgemeines

▶ Didaktische Aufsätze
- Bock, Einführung in die „Korruptionsdelikte" bei Amtsträgern, JA 2008, 199
- Walther, Das Korruptionsstrafrecht des StGB, Jura 2010, 511

---

[1] Hierzu Maiwald JuS 1977, 353; Geppert Jura 1981, 42 und 78; Dedes FS Lackner 1987, 787; Rechtsprechungsübersicht bei Wagner JZ 1987, 594, 658 und 705.
[2] Eisele, BT I, 6. Aufl. 2021, Rn. 1600.

- Kuhlen, Die Bestechungsdelikte der §§ 331–334 StGB, JuS 2011, 673
- Löw, Korruptionsdelikte im Lichte der Compliance-Funktion, JA 2013, 88

Die §§ 331ff. StGB regeln die sog. **Korruption** im Zusammenhang mit Amtsträgern,[3] allerdings handelt es sich bei dem Begriff der Korruption nicht um einen Rechtsbegriff, sondern um eine kriminologisch-kriminalistische Umschreibung für den Missbrauch einer Stellung gegen Entgelt. Außer den §§ 331ff. StGB gehören zu den „Korruptionsdelikten" die §§ 299ff., 108b, 108e StGB,[4] aber auch Begleitdelikte[5] (z. B. die §§ 258, 263, 266, 267 StGB, 370 AO).

Obwohl diese Delikte in Lehrbüchern dargestellt werden,[6] dürfte sich ihre Examensrelevanz im Pflichtfachbereich in Grenzen halten, zeichnen sich viele Sachverhalte doch durch große Komplexität und – dem Schwerpunktstudium zugehörigen – wirtschaftsstrafrechtlichen Bezug aus.

Rechtsgüter der §§ 331ff. StGB sind die Lauterkeit des öffentlichen Dienstes, das Vertrauen der Allgemeinheit in die Sachlichkeit (Unkäuflichkeit) staatlicher Entscheidungen und das Ansehen des Rechtsstaates.[7]

---

[3] Hierzu Krönig MDR 1949, 658; Stein NJW 1961, 433; Schaupensteiner NStZ 1996, 409; Ransiek StV 1996, 446; Geerds JR 1996, 309; Kerner/Rixen GA 1996, 355; Littwin ZRP 1996, 308; Bottke ZRP 1998, 215; Ostendorf NJW 1999, 615; Bernsmann StV 2003, 521; Knauer/Kaspar GA 2005, 385; Bock JA 2008, 199; Walther Jura 2010, 511; Hauck wistra 2010, 255; Kuhlen JuS 2011, 673; Michalke StV 2011, 88; Kindhäuser ZIS 2011, 461; Löw JA 2013, 88; Greco GA 2016, 249; zu Reformüberlegungen König DRiZ 1996, 357; Volk GS Zipf 1999, 419; Kuhlen FS Schroeder 2006, 535; Schäfer/Liesching ZRP 2008, 173; zu Empfehlungen der OECD zur Bekämpfung der Auslandsbestechung Burkhart/Fratzky wistra 2019, 41; zum Entwurf der EU-Antikorruptionsrichtlinie Zimmermann ZfIStw 2023, 383; Kubiciel jurisPR-StrafR 21/2023 Anm. 1; El-Ghazi/Wegner/Zimmermann wistra 2023, 353; Michaelis/Kroner jurisPR-Compl 4/2023 Anm. 4; El-Ghazi/Wegner/Zimmermann ZRP 2023, 211.

[4] Zu § 108e StGB Schulze JR 1973, 485; Grüll ZRP 1992, 371; Barton NJW 1994, 1098; Möhrenschlager FS Weber 2004, 217; Stünker FS Meyer 2006, 589; Michalke FS Hamm 2008, 459; Jäckle ZRP 2012, 97; Hoven ZIS 2013, 33; Wolf CCZ 2013, 99; Satzger Jura 2014, 1022; Francuski HRRS 2014, 220; Kubiciel/Hoven NK 2014, 339; Hoven NStZ 2015, 553; Trips-Hebert JR 2015, 372; Braasch jurisPR-StrafR 9/2015 Anm. 1, jurisPR-StrafR 10/2015 Anm. 1 und jurisPR-StrafR 11/2015 Anm. 1; Willems CCZ 2015, 29; Momsen FS von Heintschel-Heinegg 2015, 325; Heinrich ZIS 2016, 382; Kubiciel ZRP 2023, 47; aus der Rspr. vgl. zuletzt BGH B. v. 05.07.2022 – StB 7/22, StB 8/22, StB 9/22 (Masken) – BGHSt 67, 107 = NJW 2022, 2856 = NStZ 2022, 738 = StV 2022, 729 (Anm. Zimmermann/Zimmermann NJW 2022, 2804; Kuhlen JR 2022, 658; von der Meden/Sykownik jurisPR-StrafR 14/2022 Anm. 1; Hecker JuS 2023, 179); BGH B. v. 14.12.2022 – StB 42/22 – StV 2023, 738 (Anm. Zimmermann wistra 2023, 347).

[5] Näher Nepomuck NZWiSt 2016, 409.

[6] Z. B. Eisele, BT I, 6. Aufl. 2021, Rn. 1600ff.; Krey/Hellmann/Heinrich, BT 1, 17. Aufl. 2021, Rn. 898ff.

[7] Strittig, s. Kindhäuser/Hilgendorf, LPK, 9. Aufl. 2022, § 331 Rn. 1; Deiters/Stein, in: SK-StGB, 10. Aufl. 2023, § 331 Rn. 17f.; näher Schröder GA 1961, 289; Loos FS Welzel 1974, 879; Schröder GA 1961, 289; Loos FS Welzel 1974, 879; Wachter GA 2019, 735; aus der Rspr. vgl. zuletzt BGH U. v. 21.10.2020 – 2 StR 72/20 – NStZ 2022, 170 = StV 2021, 735; BGH B. v. 01.06.2021 – 6 StR 119/21 – BGHSt 66, 130 = NJW 2021, 2522 = NStZ 2022, 114 = StV 2021, 733 (Anm. Bosch Jura 2021, 1402; Kubiciel NJW 2021, 2524; Pelz jurisPR-Compl 4/2021 Anm. 3; Hecker JuS 2022, 82; Kudlich NStZ 2022, 116; Zimmermann ZIS 2022, 89); zu einer grund- und menschenrechtlichen Dimension der Korruptionsstraftatbestände Haug NK 2024, 104.

B. Bestechungsstraftaten, §§ 331ff. StGB

Die Bestechungsdelikte der §§ 331–334 StGB sind **spiegelbildlich** aufgebaut: Die §§ 331, 332 StGB enthalten die Strafbarkeit der **passiven** Seite (Amtsträger als Vorteilsempfänger), die §§ 333, 334 StGB die Strafbarkeit der **aktiven** Seite (beliebiger Vorteilsgewährer).

Da beide Seiten des korruptiven „Geschäfts" somit täterschaftlich durch eigene Tatbestände erfasst werden, ist eine **Teilnahme** nur durch Außenstehende möglich, wobei für die Beantwortung der Frage, an welchem Delikt der Dritte sich beteiligt, darauf abzustellen ist, in wessen Interesse der jeweilige Beteiligte vorrangig (schwerpunktmäßig) handelt bzw. handeln möchte.[8]

> **Beispiel 259**
>
> BGH U. v. 24.10.1990 – 3 StR 196/90 – BGHSt 37, 207 = NJW 1991, 576 = NStZ 1991, 129 = StV 1991, 419 (Anm. Otto JK 1991 StGB § 348/5 und § 331/3; Hassemer JuS 1991, 606):
>
> B1 und B2 haben u. a. dem B3 Interessenten namhaft gemacht, denen er durch Bestechung des beim Straßenverkehrsamt der Stadt O. angestellten B4 Führerscheine „besorgte", auf die sie ohne die sonst erforderliche Fahrerlaubnisprüfung keinen Anspruch hatten. Teils handelte es sich um die „Umschreibung" italienischer Führerscheine in deutsche Führerscheine, teils um den Umtausch alter inländischer Führerscheine in neue nach dem sog. EG-Muster. ◄

B1 und B2 hatten nur mit dem B3 Kontakt und handelten vorrangig in seinem Interesse. Sie haben zur Bestechung des B3 Beihilfe geleistet (§§ 334 I, 27 I StGB), nicht aber zur Bestechlichkeit des B4.

II. Vorteilsannahme, § 331 StGB

1. Allgemeines

§ 331 StGB stellt die Vorteilsannahme unter Strafe.

> **§ 331 StGB (Vorteilsannahme)**
>
> (1) Ein Amtsträger, ein Europäischer Amtsträger oder ein für den öffentlichen Dienst besonders Verpflichteter, der für die Dienstausübung einen Vorteil für sich oder einen Dritten fordert, sich versprechen läßt oder annimmt, wird mit Freiheitsstrafe bis zu drei Jahren oder mit Geldstrafe bestraft.
>
> (2) Ein Richter, Mitglied eines Gerichts der Europäischen Union oder Schiedsrichter, der einen Vorteil für sich oder einen Dritten als Gegenleistung

---

[8] S. hierzu Kuhlen/Zimmermann, in: NK-StGB, 6. Aufl. 2023, § 331 Rn. 128ff.; Meister MDR 1949, 489; Bell MDR 1979, 719; aus der Rspr. vgl. zuletzt BGH B. v. 23.11.2015 – 5 StR 352/15 – NStZ 2016, 349 = StV 2017, 81 (Anm. Houben NZWiSt 2016, 362; Nestler wistra 2017, 190).

> dafür fordert, sich versprechen läßt oder annimmt, daß er eine richterliche Handlung vorgenommen hat oder künftig vornehme, wird mit Freiheitsstrafe bis zu fünf Jahren oder mit Geldstrafe bestraft. Der Versuch ist strafbar.
> (3) Die Tat ist nicht nach Absatz 1 strafbar, wenn der Täter einen nicht von ihm geforderten Vorteil sich versprechen läßt oder annimmt und die zuständige Behörde im Rahmen ihrer Befugnisse entweder die Annahme vorher genehmigt hat oder der Täter unverzüglich bei ihr Anzeige erstattet und sie die Annahme genehmigt.

2. § 331 I StGB

a) Aufbau
I. Tatbestand
  1. Objektiver Tatbestand
     a) Ein Amtsträger, ein Europäischer Amtsträger oder ein für den öffentlichen Dienst besonders Verpflichteter
     b) Einen Vorteil
     c) Für sich oder einen Dritten
     d) Fordert, sich versprechen läßt oder annimmt
     e) Für die Dienstausübung
  2. Subjektiver Tatbestand
II. Rechtswidrigkeit
   – vorherige Genehmigung, § 331 III 1. Var. StGB
III. Schuld
IV. Strafaufhebungsgrund: Nachträgliche Genehmigung, § 331 III 2. Var. StGB

b) Tatbestand

aa) Objektiver Tatbestand

(1) Ein Amtsträger, ein Europäischer Amtsträger oder ein für den öffentlichen Dienst besonders Verpflichteter

▶ **Didaktische Aufsätze**
  - Walther, Grundfragen zum Begriff des Amtsträgers und dem des für den öffentlichen Dienst besonderes Verpflichteten i. S. v. § 11 I Nrn. 2–4 StGB, Jura 2009, 421
  - Rönnau/Wegner, Amtsträger, JuS 2015, 505

(a) Allgemeines
§ 331 StGB ist ein echtes **Sonderdelikt**:

Täter des § 331 I StGB kann nur ein **Amtsträger**[9] gem. § 11 I Nr. 2 StGB, ein **Europäischer Amtsträger** gem. § 11 I Nr. 2a StGB (nach § 335a StGB auch **ausländische und internationale Bedienstete**)[10] oder ein für den **öffentlichen Dienst besonders Verpflichteter** gem. § 11 I Nr. 4 StGB sein.

Täter des § 331 II StGB kann nur ein Richter oder Schiedsrichter sein.

Abzustellen ist auf den Tatzeitpunkt.[11]

> **§ 11 I Nr. 2–4 StGB (Personen- und Sachbegriffe)**
> (1) Im Sinne dieses Gesetzes ist
> […]
> 2. Amtsträger:
> wer nach deutschem Recht
> a) Beamter oder Richter ist,
> b) in einem sonstigen öffentlich-rechtlichen Amtsverhältnis steht oder
> c) sonst dazu bestellt ist, bei einer Behörde oder bei einer sonstigen Stelle oder in deren Auftrag Aufgaben der öffentlichen Verwaltung unbeschadet der zur Aufgabenerfüllung gewählten Organisationsform wahrzunehmen;
> 2a. Europäischer Amtsträger:
> wer
> a) Mitglied der Europäischen Kommission, der Europäischen Zentralbank, des Rechnungshofs oder eines Gerichts der Europäischen Union ist,
> b) Beamter oder sonstiger Bediensteter der Europäischen Union oder einer auf der Grundlage des Rechts der Europäischen Union geschaffenen Einrichtung ist oder
> c) mit der Wahrnehmung von Aufgaben der Europäischen Union oder von Aufgaben einer auf der Grundlage des Rechts der Europäischen Union geschaffenen Einrichtung beauftragt ist;
> 3. Richter:
> wer nach deutschem Recht Berufsrichter oder ehrenamtlicher Richter ist;
> 4. für den öffentlichen Dienst besonders Verpflichteter:
> wer, ohne Amtsträger zu sein,

---

[9] Hierzu Fischer, StGB, 71. Aufl. 2024, § 11 Rn. 12ff.; Walther Jura 2009, 421; Welp FS Lackner 1987, 761; Walther Jura 2009, 421; Rönnau/Wegner JuS 2015, 505; Heinrich wistra 2016, 471.

[10] Hierzu Kubiciel jurisPR-Compl 2/2014 Anm. 1; Dann NJW 2016, 203; Isfen JZ 2016, 228; Papathanasiou jurisPR-StrafR 2/2016 Anm. 1; Papathanasiou wistra 2016, 175; Kappel/Junkers NZWiSt 2016, 382; Böse ZIS 2018, 119; Korte FS Fischer 2018, 401; Hoven GA 2022, 241; Magnus NZWiSt 2022, 51; Hoven NZWiSt 2022, 385.

[11] Fischer, StGB, 71. Aufl. 2024, § 331 Rn. 4; aus der Rspr. vgl. RG U. v. 17.01.1902 – 4542/01 – RGSt 35, 75; BGH U. v. 22.05.1958 – 1 StR 551/57 – BGHSt 11, 345 = NJW 1958, 1101; BGH U. v. 28.10.2004 – 3 StR 301/03 (Kremendahl I) – BGHSt 49, 275 = NJW 2004, 3569 = NStZ 2005, 509 (Anm. Otto JK 2005 StGB § 331/9; RÜ 2005, 37; LL 2005, 171; RA 2005, 33; famos 2/2005; Saliger/Sinner NJW 2005, 1073; Korte NStZ 2005, 512; Dölling JR 2005, 519; Kargl JZ 2005, 503); BGH B. v. 01.03.2004 – 5 StR 271/03 – NStZ 2004, 564 = StV 2004, 489.

> a) bei einer Behörde oder bei einer sonstigen Stelle, die Aufgaben der öffentlichen Verwaltung wahrnimmt, oder
> b) bei einem Verband oder sonstigen Zusammenschluß, Betrieb oder Unternehmen, die für eine Behörde oder für eine sonstige Stelle Aufgaben der öffentlichen Verwaltung ausführen,
> beschäftigt oder für sie tätig und auf die gewissenhafte Erfüllung seiner Obliegenheiten auf Grund eines Gesetzes förmlich verpflichtet ist.

Schiedsrichter ist nur derjenige nach den §§ 1029, 1066 ZPO,[12] keinesfalls „Schiedsrichter" im Sport.

> **§ 335a StGB (Ausländische und internationale Bedienstete)**
> (1) Für die Anwendung des § 331 Absatz 2 und des § 333 Absatz 2 sowie der §§ 332 und 334, diese jeweils auch in Verbindung mit § 335, auf eine Tat, die sich auf eine künftige richterliche Handlung oder eine künftige Diensthandlung bezieht, stehen gleich:
> 1. einem Richter:
> ein Mitglied eines ausländischen und eines internationalen Gerichts;
> 2. einem sonstigen Amtsträger:
> a) ein Bediensteter eines ausländischen Staates und eine Person, die beauftragt ist, öffentliche Aufgaben für einen ausländischen Staat wahrzunehmen;
> b) ein Bediensteter einer internationalen Organisation und eine Person, die beauftragt ist, Aufgaben einer internationalen Organisation wahrzunehmen;
> c) ein Soldat eines ausländischen Staates und ein Soldat, der beauftragt ist, Aufgaben einer internationalen Organisation wahrzunehmen.
> (2) Für die Anwendung des § 331 Absatz 1 und 3 sowie des § 333 Absatz 1 und 3 auf eine Tat, die sich auf eine eine künftige Diensthandlung bezieht, stehen gleich:
> 1. einem Richter:
> ein Mitglied des Internationalen Strafgerichtshofes;
> 2. einem sonstigen Amtsträger:
> ein Bediensteter des Internationalen Strafgerichtshofes.
> (3) Für die Anwendung des § 333 Absatz 1 und 3 auf eine Tat, die sich auf eine künftige Diensthandlung bezieht, stehen gleich:
> 1. einem Soldaten der Bundeswehr:
> ein Soldat der in der Bundesrepublik Deutschland stationierten Truppen der nichtdeutschen Vertragsstaaten des Nordatlantikpaktes, die sich zur Zeit der Tat im Inland aufhalten;

---

[12] S. nur Kindhäuser/Hilgendorf, LPK, 9. Aufl. 2022, § 331 Rn. 3.

> 2. einem sonstigen Amtsträger:
> ein Bediensteter dieser Truppen;
> 3. einem für den öffentlichen Dienst besonders Verpflichteten:
> eine Person, die bei den Truppen beschäftigt oder für sie tätig und auf Grund einer allgemeinen oder besonderen Anweisung einer höheren Dienststelle der Truppen zur gewissenhaften Erfüllung ihrer Obliegenheiten förmlich verpflichtet worden ist.

Die Amtsträgereigenschaft etc. unterfällt § 28 StGB.[13]

(b) § 11 I Nr. 2 lit. a StGB
§ 11 I Nr. 2 lit. a StGB erklärt in der 1. Var. den sog. Beamten im staats-/statusrechtlichen Sinne zum Amtsträger; dies ist, wer zur Tatzeit öffentlich-rechtlich (nach BRRG, BBG oder den Landesbeamtengesetzen) wirksam in ein Beamtenverhältnis berufen wurde.[14] Wer genau der Dienstherr ist, ist unerheblich (Bund, Länder, Gemeinden usw.), ebenso die Art des Beamtenverhältnisses (auf Lebenszeit, auf Probe, auf Widerruf, Ehrenbeamter).[15]

(c) § 11 I Nr. 2 lit. b StGB
Die Norm erfasst Personen, die in einem Dienst- und Treueverhältnis mit personaler Bindung an den Staat stehen und zumindest auch Aufgaben der öffentlichen Verwaltung wahrnehmen, z. B. der Bundespräsident, Mitglieder der Bundesregierung und der Landesregierungen, der Wehrbeauftragte sowie Notare.[16]

(d) § 11 I Nr. 2 lit. c StGB

▶ **Didaktischer Aufsatz**
- Otto, Amtsträgerbegriff innerhalb zivilrechtlich organisierter Daseinsvorsorge, Jura 1997, 47

---

[13] Kindhäuser/Hilgendorf, LPK, 9. Aufl. 2022, § 331 Rn. 2; näher Bell MDR 1979, 719; Frister FS Puppe 2011, 451; aus der Rspr. vgl. BGH U. v. 24.10.1990 – 3 StR 1967/90 – BGHSt 37, 207 = NJW 1991, 576 = NStZ 1991, 129 = StV 1991, 419 (Anm. Otto JK 1991 StGB § 348/5 und § 331/3; Hassemer JuS 1991, 606).
[14] Eisele, BT I, 6. Aufl. 2021, Rn. 1606; aus der Rspr. vgl. BGH U. v. 03.12.1987 – 4 StR 554/87 – BGHSt 35, 128 = NJW 1988, 2547 = NStZ 1988, 458 = StV 1988, 152 (Anm. Geppert JK 1988 StGB § 333/3; Sonnen JA 1988, 232; Kuhlen NStZ 1988, 433; Tenckhoff JR 1989, 33); OLG Karlsruhe B. v. 21.09.1988 – 3 Ws 13/88 – NJW 1989, 238; BGH U. v. 09.10.1990 – 1 StR 538/89 – BGHSt 37, 191 = NJW 1991, 367 = NStZ 1991, 78.
[15] Saliger, in: NK-StGB, 6. Aufl. 2023, § 11 Rn. 19f.
[16] Hierzu Fischer, StGB, 71. Aufl. 2024, § 11 Rn. 16; zu Notaren vgl. aus der Rspr. BGH U. v. 22.03.2018 – 5 StR 566/17 – BGHSt 63, 107 = NJW 2018, 1767 = StV 2019, 46 (Anm. Bosch Jura 2018, 961; RÜ 2018, 508; Hoven NJW 2018, 1768; Kuhlen JR 2018, 642; Kratz jurisPR-StrafR 15/2018 Anm. 1; Hoven StV 2019, 64).

§ 11 I Nr. 2 lit. c StGB[17] dehnt den Amtsträgerbegriff auf Personen aus, die (ohne Beamter im statusrechtlichen Sinne zu sein) zur Wahrnehmung von Aufgaben der öffentlichen Verwaltung besonders bestellt sind. Klargestellt ist im Gesetz die Unerheblichkeit der Organisationsform.

(aa) Behörde
Behörde ist eine von der Person des Amtsinhabers unabhängige, mit bestimmten Mitteln für eine gewisse Dauer ausgestattete Einrichtung, die unter staatlicher Autorität für öffentliche Zwecke tätig wird.[18]

Dies kann gem. § 11 I Nr. 7 StGB auch ein Gericht sein.

(bb) Sonstige Stelle
Sonstige Stellen sind behördenähnliche Institutionen, die berufen sind, bei der Ausführung von Gesetzen mitzuwirken.[19]

(cc) Aufgaben der öffentlichen Verwaltung
Aufgaben der öffentlichen Verwaltung sind diejenigen Tätigkeiten der öffentlichen Hand, die nach Abzug von Gesetzgebung, Rspr., Regierung und Militär verbleiben.[20]

Umstritten ist die Behandlung von kommunalen **Mandatsträgern**.[21]

Teilweise werden die Stadt- und Gemeindevertreter pauschal unter § 11 I Nr. 2 lit. c StGB subsumiert.[22]

Teilweise wird nach der konkreten Tätigkeit differenziert.[23]

Die herrschende Rspr.[24] und Lehre[25] lehnen die Amtsträgereigenschaft gänzlich ab.

Für die h. M. spricht, dass das kommunale Mandat wenig Ähnlichkeit mit einem Beamtenverhältnis aufweist, sondern vielmehr eine funktionale Vergleichbarkeit mit Land- und Bundestagsabgeordneten (freies Mandat, personengebundenes Amt, keine Vertretung bei der Stimmabgabe), für die wiederum § 108e StGB eine abschließende Sonderregelung bildet.

---

[17] Hierzu Fischer, StGB, 71. Aufl. 2024, § 11 Rn. 17ff.; Zeiler MDR 1996, 439; Otto Jura 1997, 47.

[18] Heger, in: Lackner/Kühl/Heger, StGB, § 11 Rn. 20; aus der Rspr. vgl. BVerfG U. v. 14.07.1959 – 2 BvF 1/58 – BVerfGE 10, 20 = NJW 1959, 1531.

[19] Stein/Deiters, in: SK-StGB, 9. Aufl. 2017, § 11 Rn. 59; aus der Rspr. vgl. zuletzt BGH B. v. 10.01.2019 – 3 Str 635/17 – NStZ 2019, 652 = StV 2021, 481 (Anm. Gumnior HRRS 2019, 296; Hecker JuS 2020, 178).

[20] Bock, in: Graf/Jäger/Wittig, Wirtschaftsstrafrecht, 2. Aufl. 2017, § 11 Rn. 10; aus der Rspr. vgl. zuletzt BGH B. v. 10.01.2019 – 3 Str 635/17 – NStZ 2019, 652 = StV 2021, 481 (Anm. Gumnior HRRS 2019, 296; Hecker JuS 2020, 178).

[21] Hierzu zsf. Joecks/Jäger, StGB, 13. Aufl. 2021, § 11 Rn. 6; näher Deiters NStZ 2003, 453; Marel StraFo 2003, 259; Dahs/Müssig NStZ 2006, 191; Rübenstahl HRRS 2006, 23; Verjans FS Volk 2009, 829; aus der Rspr. vgl. zuletzt BGH U. v. 17.03.2015 – 2 StR 281/14 – NJW 2015, 2678 = NStZ 2015, 451 = StV 2015, 758 (Anm. Becker NStZ 2015, 454).

[22] LG Köln B. v. 12.02.2003 – 114 Qs 5/03 – NStZ-RR 2003, 364 = StV 2003, 507.

[23] Eisele, BT I, 6. Aufl. 2021, Rn. 1609.

[24] BGH U. v. 09.05.2006 – 5 StR 453/05 – BGHSt 51, 44.

[25] Kindhäuser/Hilgendorf, LPK, 9. Aufl. 2022, § 11 Nr. 16.

Die Wahrnehmung von Aufgaben der öffentlichen Verwaltung kann auch in **privatrechtlicher Handlungsform** geschehen; erforderlich ist aber, dass diese dem Staat zurechenbar ist und das privatrechtliche Unternehmen als **verlängerter Arm des Staates** dient, insbesondere hoheitlich gesteuert wird.[26]

Z. B. ist ein Geschäftsführer einer GmbH, die sich in städtischem Alleinbesitz befindet, Amtsträger, wenn die Stadt die Geschäftstätigkeit im öffentlichen Interesse (Daseinsvorsorge) steuert.

Auf Gewinnerzielungsabsicht oder weitere Betätigungsfelder kommt es nicht an.[27]

Bzgl. der umfangreichen Kasuistik sei auf die Kommentarliteratur verwiesen.

Nur auf eine bislang kontrovers diskutierte Fallgruppe sei noch eingegangen, die der niedergelassenen **Vertragsärzte** (sog. Kassenärzte): Es ist bzw. war umstritten, ob „Kassenärzte" Amtsträger sind.[28]

Teile der Lehre[29] und der Rspr.[30] hatten die Amtsträgereigenschaft bejaht, andere Teile der Lehre[31] und der Rspr.[32] sowie nunmehr der Große Senat[33] haben sie verneint.

Die h. M. verwies hierbei zutreffend auf die freiberufliche Tätigkeit (berufsrechtlich und tatsächlich) des Arztes sowie die Therapiefreiheit, die der Annahme einer Wahrnehmung öffentlicher Aufgaben entgegensteht.

Der Gesetzgeber hat auf die Rspr. mit Schaffung der §§ 299a, b StGB reagiert.[34]

---

[26] Zsf. Eisele, BT I, 6. Aufl. 2021, Rn. 1610; näher Jessen MDR 1962, 526; Wiedemann NJW 1965, 852; Bernsmann StV 2005, 685; Becker StV 2006, 263; Radtke NStZ 2007, 57; Szesny/Brockhaus NStZ 2007, 624; Sinner HRRS 2008, 327; Zwiehoff FS Herzberg 2008, 155; Becker NStZ 2009, 306; Bernsmann StV 2009, 308; aus der Rspr. vgl. zuletzt BGH B. v. 31.07.2018 – 3 StR 620/17 – StV 2019, 42 (Anm. Hecker JuS 2019, 75; Rönnau/Begemeier NStZ 2020, 1); BGH B. v. 10.01.2019 – 3 Str 635/17 – NStZ 2019, 652 = StV 2021, 481 (Anm. Gumnior HRRS 2019, 296; Hecker JuS 2020, 178).

[27] Näher Saliger, in: NK-StGB, 6. Aufl. 2023, § 11 Rn. 32f.

[28] Hierzu Neupert NJW 2006, 2811; Geis wistra 2007, 361; Klötzer NStZ 2008, 12; Miessen FS Mehle 2009, 431; Krüger ZIS 2011, 692; Wengenroth/Meyer JA 2012, 646; Litzka WiJ 2013, 80; Cosack ZIS 2013, 226.

[29] Etwa Neupert NJW 2006, 2811.

[30] BGH B. v. 05.05.2011 – 3 StR 458/10 – NStZ 2012, 35 (Anm. Tsambikakis JR 2011, 538; Lampe jurisPR-StrafR 16/2011 Anm. 1; Schuhr NStZ 2012, 11).

[31] Klötzer NStZ 2008, 12 (16).

[32] LG Hamburg U. v. 22.03.2011 – 407 O 163/09.

[33] BGH B. v. 29.03.2012 – GSSt 2/11 – BGHSt 57, 202.

[34] Hierzu Hoven NStZ 2015, 553; Brettel/Duttge/Schuhr JZ 2015, 929; Schröder NZWiSt 2015, 321 und 361; Bittmann/Brockhaus/Rübenstahl/Schröder/Tsambikakis WiJ 2015, 176; Steenbreker MedR 2015, 660; Dann/Scholz NJW 2016, 2077; Kubiciel jurisPR-StrafR 11/2016 Anm. 1; Kubiciel WiJ 2016, 1; Geiger CCZ 2016, 172; Kubiciel jurisPR-Compl 3/2016 Anm. 1; Dann KriPoZ 2016, 169; Kubiciel MedR 2016, 1; Wissing/Cierniak NZWiSt 2016, 41; Grzesiek/Sauerwein NZWiSt 2016, 369; Damas wistra 2017, 128; Krüger NZWiSt 2017, 129; Graalmann-Scheerer MedR 2017, 601; Jäger MedR 2017, 694; Rettenmaier/Rostalski StV 2018, 313; zur vorherigen Reformdiskussion Schneider HRRS 2013, 473; Dannecker ZRP 2013, 37; Braun MedR 2013, 277.

(dd) Wahrnehmung; Bestellung

Eine „**Wahrnehmung**" setzt voraus, dass die Person aufgrund inhaltlicher Befassung mit der Aufgabe das Ergebnis mitbestimmt.[35]

Die **Bestellung**[36] hierzu verlangt einen verwaltungsrechtlich wirksamen Akt der Aufgabenübertragung; sie bedarf keines förmlichen Bestellungsaktes, sondern kann auch formfrei erfolgen.

(e) § 11 I Nr. 2a StGB

Seit 26.11.2015. regelt § 11 I Nr. 2a StGB den **Europäischen Amtsträger**.[37]

Zur zeitgleich geschaffenen Erweiterung in § 335a StGB s. schon o.[38]

(f) § 11 I Nr. 3 i. V. m. 2 lit. a StGB

Berufsrichter ist, wer wirksam gem. §§ 8ff. DRiG in ein Richterverhältnis (auf Lebenszeit, auf Probe oder kraft Auftrags) berufen ist; ehrenamtliche Richter sind gem. §§ 44ff. DRiG die dazu Ernannten, insbesondere die Schöffen gem. §§ 31ff., 77 GVG und Handelsrichter (§§ 107ff. GVG).[39]

(g) § 11 I Nr. 4 StGB

Zur Behörde etc. i. S. d. lit. a s. o.

Verband (lit. b) ist ein Zusammenschluss von natürlichen oder juristischen Personen oder Vereinigungen zur Förderung gemeinsamer Interessen.[40]

Betrieb ist jede nicht nur vorübergehende organisatorische Zusammenfassung von Personen und Sachmitteln unter einheitlicher Leitung, die zu dem arbeitstechnischen Zweck erfolgt, bestimmte Güter oder Leistungen hervorzubringen oder zur Verfügung zu stellen.[41] Unternehmen bezieht sich demgegenüber auf die rechtlich wirtschaftliche Einheit.[42]

Beschäftigt ist, wer in einem Dauerverhältnis angestellt ist; tätig für eine Behörde etc. ist man, wenn man in deren vorübergehendem Auftrag (d. h. Geschäftsbesorgungsvertrag, Werkvertrag o. Ä.) handelt.[43]

Die förmliche Verpflichtung richtet sich nach dem VerpflichtungsG.[44]

---

[35] Stein/Deiters, in: SK-StGB, 9. Aufl. 2017, § 11 Rn. 55ff.; aus der Rspr. vgl. BGH U. v. 13.01.2016 – 2 StR 148/15 – BGHSt 61, 135 = NJW 2016, 1398 = NStZ 2016, 523 = StV 2018, 15.

[36] Aus der Rspr. vgl. zuletzt BGH B. v. 10.01.2019 – 3 Str 635/17 – NStZ 2019, 652 = StV 2021, 481 (Anm. Gumnior HRRS 2019, 296; Hecker JuS 2020, 178).

[37] Hierzu Dann NJW 2016, 203; Isfen JZ 2016, 228.

[38] Näher Kubiciel jurisPR-Compl 2/2014 Anm. 1; Dann NJW 2016, 203; Papathanasiou jurisPR-StrafR 2/2016 Anm. 1; Papathanasiou wistra 2016, 175; Kappel/Junkers NZWiSt 2016, 382; Böse ZIS 2018, 119; Korte FS Fischer 2018, 401; Hoven GA 2022, 241; Magnus NZWiSt 2022, 51; Hoven NZWiSt 2022, 385.

[39] S. nur Kindhäuser/Hilgendorf, LPK, 9. Aufl. 2022, § 11 Rn. 19.

[40] Stein/Deiters, in: SK-StGB, 9. Aufl. 2017, § 11 Rn. 71.

[41] Hoyer, in: SK-StGB, 9. Aufl. 2017, § 14 Rn. 59.

[42] Hoyer, in: SK-StGB, 9. Aufl. 2017, § 14 Rn. 60.

[43] Bock, in: Graf/Jäger/Wittig, Wirtschaftsstrafrecht, 2. Aufl. 2017, § 11 Rn. 11; aus der Rspr. vgl. BGH U. v. 21.08.1996 – 2 StR 234/96 – BGHSt 42, 230 = NJW 1996, 3158 = StV 1997, 182.

[44] Aus der Rspr. vgl. zuletzt OLG Hamm B. v. 28.12.2023 – 3 ORs 70/23 – StV 2024, 256.

B. Bestechungsstraftaten, §§ 331ff. StGB

(2) Einen Vorteil

(a) Allgemeines

Der Amtsträger etc. muss gem. § 331 StGB einen Vorteil für sich oder einen Dritten fordern usw.

Vorteil ist jede Leistung, auf die der Amtsträger keinen Rechtsanspruch hat und die seine wirtschaftliche, rechtliche oder persönliche Lage objektiv verbessert.[45]

Erfasst sind zunächst **materielle** Besserstellungen wie z. B. Geld-, Sachzuwendungen, Reisen oder sonstige Einladungen, aber auch **immaterielle**,[46] z. B. sexuelle Gefälligkeiten oder die Verleihung von Titeln oder Orden.

Zu unterscheiden ist dies von bloßer Befriedigung des Ehrgeizes, der Eitelkeit oder des Geltungsbedürfnisses.[47]

Der Vorteil muss nicht aus eigenem Vermögen stammen.[48]

Vorteile können dem Täter unmittelbar, aber auch **mittelbar** zufließen.[49]

Der Vorteil für den Täter kann auch darin liegen, dass er mit der Gegenseite einen **entgeltlichen Vertrag** schließt;[50] auch wenn dem ein angemessenes synallagmatisches Verhältnis zu Grunde liegt – etwa weil der Amtsträger nebenberuflich seine geldwerte Arbeitskraft aufwendet –, liegt in der Gelegenheit zur lukrativen Nebentätigkeit bereits der Vorteil.

Irrelevant ist, ob der Empfänger den Vorteil auf andere Weise hätte erlangen können.[51]

---

[45] Fischer, StGB, 71. Aufl. 2024, § 331 Rn. 11; Deiters/Stein, in: SK-StGB, 10. Aufl. 2023, § 331 Rn. 41ff.; näher Cramer FS Roxin 2001, 945; Reinhart ZIS 2018, 330; aus der Rspr. vgl. zuletzt BGH B. v. 07.04.2020 – 6 StR 52/20 – BGHSt 64, 301 = NJW 2020, 2484 = NStZ 2020, 669 = StV 2020, 773 (Anm. RÜ 2020, 648; Bock NStZ 2020, 671; Kuhlen JR 2020, 630); BGH U. v. 24.03.2022 – 3 StR 375/20 – NJW 2022, 1759 = StV 2022, 716 (Anm. Reichling/Mönicke HRRS 2022, 328).

[46] Kindhäuser/Hilgendorf, LPK, 9. Aufl. 2022, § 331 Rn. 6; aus der Rspr. vgl. zuletzt BGH B. v. 07.04.2020 – 6 StR 52/20 – BGHSt 64, 301 = NJW 2020, 2484 = NStZ 2020, 669 = StV 2020, 773 (Anm. RÜ 2020, 648; Bock NStZ 2020, 671; Kuhlen JR 2020, 630).

[47] Problematisch, s. Eisele, BT I, 6. Aufl. 2021, Rn. 1625.

[48] Aus der Rspr. vgl. zuletzt BGH U. v. 21.10.2020 – 2 StR 72/20 – NStZ 2022, 170 = StV 2021, 735; BGH B. v. 08.02.2023 – 3 StR 167/22 – NStZ 2023, 416 = StV 2023, 760 (Anm. RÜ 2023, 581; Bittmann NStZ 2023, 418; Ofosu-Ayeh wistra 2023, 518; Oğlakcıoğlu/Becker JR 2024, 151).

[49] Eisele, BT I, 6. Aufl. 2021, Rn. 1626; aus der Rspr. vgl. OLG Zweibrücken B. v. 15.12.1981 – 1 Ss 3/81 – NJW 1982, 1471 = NStZ 1982, 204 (Anm. Geerds JR 1982, 384).

[50] Ganz h. M., s. nur Fischer, StGB, 71. Aufl. 2024, § 331 Rn. 12; aus der Rspr. vgl. zuletzt BGH U. v. 24.03.2022 – 3 StR 375/20 – NJW 2022, 1759 = StV 2022, 716 (Anm. Reichling/Mönicke HRRS 2022, 328).

[51] Fischer, StGB, 71. Aufl. 2024, § 331 Rn. 11c; aus der Rspr. vgl. BGH U. v. 14.10.2008 – 1 StR 260/08 (EnBW) – BGHSt 53, 6 = NJW 2008, 3580 = NStZ 2008, 688 = StV 2009, 28 (Anm. RÜ 2008, 786; Satzger JK 2009 StGB § 333/2; Jahn JuS 2009, 176; Deiters ZJS 2009, 578; Trüg NJW 2009, 196; Schlösser Hettinger JZ 2009, 370; Noltensmeier HRRS 2009, 151; Paster jurisPR-StrafR 1/2009 Anm. 2; wistra 2009, 155; Greeve CCZ 2009, 76; Kuhlen JR 2010, 148; Valerius GA 2010, 211; Reinhold HRRS 2010, 213).

(b) Sozialadäquanz

Um **sozialadäquate** Handlungen, die der Höflichkeit entsprechen, aus dem Tatbestand auszuschließen, gilt eine Bagatellschwelle: Geringwertige Aufmerksamkeiten aus gegebenen Anlässen werden nicht erfasst, da insofern keine Gefahr für die Sachlichkeit der Amtsführung zu befürchten ist und auch das Vertrauen der Allgemeinheit nicht auf dem Spiel steht.[52] Die Wertgrenze wird bei 50 € gezogen.[53]

(3) Für sich oder einen Dritten

Zu beachten ist, dass der heutige Tatbestand auch **Drittvorteile** erfasst auch solche, die der Anstellungskörperschaft des Amtsträgers zukommen sollen.[54]

Beispiel 260

OLG Karlsruhe B. v. 30.03.2000 – 2 Ws 181/99 – NJW 2001, 907 = StV 2001, 288 (Anm. RÜ 2000, 377; Zieschang StV 2001, 290):

Prof. Dr. nahm als Ärztlicher Direktor einer Abteilung der Universitätsklinik Z auf Grund von Vereinbarungen mit diversen Firmen im Zeitraum von September 1990 bis Anfang 1994 geldwerte Zuwendungen (kostenlose Überlassung hochwertiger medizinischer und sonstiger Geräte bzw. Übernahme der Reparaturkosten für ein solches Gerät) an die von ihm geleitete Abteilung als Gegenleistungen dafür an, dass er Bestellungen von Implantaten (Herzklappenprothesen, Herzschrittmacher und Defibrillatoren) in pflichtwidriger Weise bei diesen Vertriebsfirmen veranlasste bzw. auch künftig veranlassen werde. ◄

Die Zuwendungen in Form von medizinischen und sonstigen Geräten und deren Instandhaltung kamen nicht dem Beschuldigten, sondern der Universitätsklinik Z zugute. § 331 StGB erfasst es freilich auch, wenn der Täter einen Vorteil für einen Dritten annimmt.

(4) Fordert, sich versprechen läßt oder annimmt

Fordern ist das einseitige Verlangen einer Leistung.[55]

Dies kann konkludent erfolgen.[56]

---

[52] Kindhäuser/Hilgendorf, LPK, 9. Aufl. 2022, § 331 Rn. 8; näher Fuhrmann GA 1959, 97; Eser FS Roxin 2001, 199; Thomas FS Jung 2007, 973; Gropp FS Wolter 2013, 575; Reiff CCZ 2018, 194; aus der Rspr. vgl. zuletzt BGH U. v. 24.03.2022 – 3 StR 375/20 – NJW 2022, 1759 = StV 2022, 716 (Anm. Reichling/Mönicke HRRS 2022, 328).

[53] Eisele, BT I, 6. Aufl. 2021, Rn. 1628.

[54] S. Fischer, StGB, 71. Aufl. 2024, § 331 Rn. 13ff.; aus der Rspr. vgl. zuletzt BGH B. v. 31.07.2018 – 3 StR 620/17 – StV 2019, 42 (Anm. Hecker JuS 2019, 75; Rönnau/Begemeier NStZ 2020, 1); BGH U. v. 21.10.2020 – 2 StR 72/20 – NStZ 2022, 170 = StV 2021, 735.

[55] Joecks/Jäger, StGB, 13. Aufl. 2021, § 331 Rn. 7; aus der Rspr. vgl. BGH U. v. 11.05.2001 – 3 StR 549/00 – BGHSt 47, 22 = NJW 2001, 2560 = NStZ 2001, 479 = StV 2001, 680 (Anm. Geppert JK 2002 StGB § 332/6; Bittmann wistra 2002, 405).

[56] Fischer, StGB, 71. Aufl. 2024, § 331 Rn. 18; aus der Rspr. vgl. BGH U. v. 11.05.2006 – 3 StR 389/05 – NStZ 2006, 628 (Anm. RÜ 2006, 482).

Auch Erpressungen sind erfasst, dann besteht Tateinheit mit § 253 StGB.[57]

Sichversprechenlassen ist die Annahme eines Angebots für eine spätere Zuwendung,[58] was bereits dann gegeben ist, wenn der Amtsträger seine Bestechlichkeit nach außen ausdrücklich oder schlüssig zu erkennen gibt.[59]

Annehmen ist die tatsächliche Entgegennahme eines geforderten oder angebotenen Vorteils mit dem Willen, darüber eigenmächtig zu verfügen.[60]

Dies kann auch bei nachträglichem Erkennen der Sachlage der Fall sein.[61]

Nach wohl h. M. hat es keinen Einfluss auf die Beurteilung der Tathandlung, wenn der Amtsträger den Vorteilsgeber überführen möchte; ggf. kommt eine Rechtfertigung nach § 34 StGB in Betracht.[62]

(5) Für die Dienstausübung

Gem. § 331 I StGB muss der Täter den Vorteil „für die Dienstausübung" fordern etc.

(a) Dienstausübung

Dienstausübung ist jede Handlung, durch die ein Amtsträger die ihm übertragenen öffentlichen Aufgaben wahrnimmt.[63]

§ 336 StGB regelt das Unterlassen einer Diensthandlung.

> **§ 336 StGB (Unterlassen der Diensthandlung)**
> Der Vornahme einer Diensthandlung oder einer richterlichen Handlung im Sinne der §§ 331 bis 335a steht das Unterlassen der Handlung gleich.

---

[57] Heger, in: Lackner/Kühl/Heger, StGB, 30. Aufl. 2023, § 331 Rn. 20; aus der Rspr. vgl. BGH U. v. 15.05.1956 – 2 StR 35/56 – BGHSt 9, 245 = NJW 1956, 1526; BGH U. v. 12.09.1984 – 3 StR 333/84 – BGHSt 33, 37 = NJW 1985, 752 = StV 1985, 146 (Anm. Rengier JR 1985, 249).

[58] Eisele, BT I, 6. Aufl. 2021, Rn. 1623; aus der Rspr. vgl. BGH U. v. 30.04.1957 – 1 StR 287/56 – BGHSt 10, 237 = NJW 1957, 1078 (Anm. Bohne JZ 1957, 718); BGH U. v. 09.09.1988 – 2 StR 352/88 – NJW 1989, 914 = NStZ 1989, 223 = StV 1989, 16 (Anm. Geppert JK 1989 StGB § 332/4; Bottke JR 1989, 432).

[59] Fischer, StGB, 71. Aufl. 2024, § 331 Rn. 19; aus der Rspr. vgl. BGH U. v. 09.09.1988 – 2 StR 352/88 – NJW 1989, 914 = NStZ 1989, 223 (Anm. Geppert JK 1989 StGB § 332/4; Bottke JR 1989, 432); BGH B. v. 27.06.2002 – 4 StR 28/02 – NStZ-RR 2002, 272 = StV 2002, 604.

[60] Joecks/Jäger, StGB, 13. Aufl. 2021, § 331 Rn. 8; aus der Rspr. vgl. BGH U. v. 30.04.1957 – 1 StR 287/56 – BGHSt 10, 237 = NJW 1957, 1078 (Anm. Bohne JZ 1957, 718); BGH U. v. 28.10.1986 – 5 StR 244/86 – NJW 1987, 1340 = NStZ 1987, 326 = StV 1987, 153 (Anm. Otto JK 1987 StGB § 332/2; Hassemer JuS 1987, 662; Letzgus NStZ 1987, 309).

[61] Fischer, StGB, 71. Aufl. 2024, § 331 Rn. 20; aus der Rspr. vgl. zuletzt BGH U. v. 21.10.2020 – 2 StR 72/20 – NStZ 2022, 170 = StV 2021, 735.

[62] Umstritten, wie hier Kuhlen/Zimmermann, in: NK-StGB, 6. Aufl. 2023, § 331 Rn. 105; aus der Rspr. vgl. BGH U. v. 25.07.1960 – 2 StR 91/60 – BGHSt 15, 88 = NJW 1960, 2154 (Anm. Bähr JuS 1961, 71).

[63] Eisele, BT I, 6. Aufl. 2021, Rn. 1630; näher Sahan FS Ostendorf 2015, 765; aus der Rspr. vgl. zuletzt BGH U. v. 18.11.2020 – 2 StR 317/19 – StV 2021, 733 (Anm. RÜ 2021, 237); BGH B. v. 01.06.2021 – 6 StR 119/21 – BGHSt 66, 130 = NJW 2021, 2522 = NStZ 2022, 114 = StV 2021, 733 (Anm. Bosch Jura 2021, 1402; Kubiciel NJW 2021, 2524; Pelz jurisPR-Compl 4/2021 Anm. 3; Hecker JuS 2022, 82; Kudlich NStZ 2022, 116; Zimmermann ZIS 2022, 89).

Erfasst ist vergangenes und zukünftiges Verhalten.[64]

Nicht erforderlich ist ein Handeln innerhalb der örtlichen und sachlichen Zuständigkeit,[65] erst recht nicht, dass der Amtsträger nach der internen Geschäftsverteilung konkret zuständig war.[66]

Keine Dienstausübung sind **Privathandlungen** (auch Nebentätigkeiten), die völlig außerhalb des Aufgabenbereichs des Amtsträgers liegen.[67]

Jedoch liegt nicht bereits dann eine bloße Privathandlung vor, wenn der Täter seine Amtsstellung für eine verbotene Handlung missbraucht.[68]

(b) Für

▶ **Didaktische Aufsätze**
- Deiters, Ermöglichung der Dienstausübung als strafbare Korruption? ZJS 2008, 465
- Bock/Borrmann, Vorteilsannahme (§ 331 StGB) und Vorteilsgewährung (§ 333 StGB) durch Kultursponsoring? ZJS 2009, 625

Ein Vorteil wird „**für**" die Dienstausübung gewährt, wenn die Zuwendung in dem Bewusstsein vorgenommen wird, dass der Amtsträger hierfür irgendeine dienstliche Tätigkeit vorgenommen habe oder vornehmen werde.[69] Es handelt sich um einen wenig konkreten Zusammenhang zwischen der Vorteilsgewährung und einem vom Amtsträger erwarteten Verhalten; erfasst ist vielmehr auch die sog. Klimapflege bzw. das „Anfüttern", mit dem das allgemeine Wohlwollen des Amtsträgers gesichert werden soll.[70] Man spricht daher auch von einer (nur) **gelockerten Unrechtsvereinbarung** (genauer eigentlich: als Unrecht bewertete Vereinbarung zum Leistungsaustausch).

---

[64] Kindhäuser/Hilgendorf, LPK, 9. Aufl. 2022, § 331 Rn. 9.
[65] H. M., s. Fischer, StGB, 71. Aufl. 2024, § 331 Rn. 6; aus der Rspr. vgl. BGH U. v. 03.02.1960 – 4 StR 437/59 – BGHSt 14, 123 = NJW 1960, 971; BGH U. v. 05.10.1960 – 2 StR 427/60 – BGHSt 16, 37 = NJW 1961, 1316; OLG Hamm U. v. 26.10.1972 – 5 Ss 751/72 – NJW 1973, 716.
[66] Fischer, StGB, 71. Aufl. 2024, § 331 Rn. 6; aus der Rspr. vgl. zuletzt BGH B. v. 01.06.2021 – 6 StR 119/21 – BGHSt 66, 130 = NJW 2021, 2522 = NStZ 2022, 114 = StV 2021, 733 (Anm. Bosch Jura 2021, 1402; Kubiciel NJW 2021, 2524; Pelz jurisPR-Compl 4/2021 Anm. 3; Hecker JuS 2022, 82; Kudlich NStZ 2022, 116; Zimmermann ZIS 2022, 89).
[67] Fischer, StGB, 71. Aufl. 2024, § 331 Rn. 7; aus der Rspr. vgl. zuletzt BGH U. v. 18.11.2020 – 2 StR 317/19 – StV 2021, 733 (Anm. RÜ 2021, 237); BGH B. v. 01.06.2021 – 6 StR 119/21 – BGHSt 66, 130 = NJW 2021, 2522 = NStZ 2022, 114 = StV 2021, 733 (Anm. Bosch Jura 2021, 1402; Kubiciel NJW 2021, 2524; Pelz jurisPR-Compl 4/2021 Anm. 3; Hecker JuS 2022, 82; Kudlich NStZ 2022, 116; Zimmermann ZIS 2022, 89).
[68] Fischer, StGB, 71. Aufl. 2024, § 331 Rn. 6; aus der Rspr. vgl. zuletzt BGH U. v. 18.11.2020 – 2 StR 317/19 – StV 2021, 733 (Anm. RÜ 2021, 237).
[69] Joecks/Jäger, StGB, 13. Aufl. 2021, § 331 Rn. 14; näher Schünemann FS Otto 2007, 777; Wachter GA 2019, 735; aus der Rspr. vgl. zuletzt BGH U. v. 18.10.2017 – 2 StR 529/16 – StV 2019, 48; BGH U. v. 18.05.2021 – 1 StR 144/20 – StV 2021, 727.
[70] Eisele, BT I, 6. Aufl. 2021, Rn. 1632.

Beispiel 261

LG Karlsruhe U. v. 28.11.2007 – 3 KLs 620 Js 13113/06 – NStZ 2008, 407 (Anm. Paster/Sättele NStZ 2008, 366; Greeve CCZ 2008, 117); BGH U. v. 14.10.2008 – 1 StR 260/08 – BGHSt 53, 6 = NJW 2008, 3580 = NStZ 2008, 688 = StV 2009, 28 (Anm. RÜ 2008, 786; Satzger JK 2009 StGB § 333/2; Jahn JuS 2009, 176; Deiters ZJS 2009, 578; Trüg NJW 2009, 196; Schlösser Hettinger JZ 2009, 370; Noltensmeier HRRS 2009, 151; Paster jurisPR-StrafR 1/2009 Anm. 2; wistra 2009, 155; Greeve CCZ 2009, 76; Kuhlen JR 2010, 148; Valerius GA 2010, 211; Reinhold HRRS 2010, 213):

B war Vorstandsvorsitzender eines Energiekonzerns, der als Sponsor der Fußball WM 2006 über Freikarten verfügte. Jeweils zwei Gutscheine für solche Karten legte er den an Minister des Landes Baden-Württemberg sowie an den beamteten Staatssekretär im Bundesumweltministerium gerichteten Weihnachtsbriefen für das Jahr 2005 bei. Die Bedachten waren mit Angelegenheiten befasst, die für die Geschäftspolitik und den wirtschaftlichen Erfolg des Unternehmens von erheblicher Bedeutung waren. Die Mitglieder der Landesregierung hatten anderweitig freien Zutritt zu den Spielen. Der Ministerrat des Landes hatte beschlossen, Ehrenkarten für Veranstaltungen, deren Besuch zu den Repräsentationspflichten des betroffenen Regierungsmitglieds gehöre, nicht als Geschenke zu bewerten und nicht als genehmigungspflichtig anzusehen. ◄

Dadurch, dass B dem Minister und dem Staatssekretär zwei Gutscheine für Freikarten bei der Fußball-WM 2006 überließ, sollte keine konkrete Diensthandlung herbeigeführt werden. Vielmehr waren beide Personen nur generell mit Angelegenheiten befasst, die für die Geschäftspolitik und den wirtschaftlichen Erfolg seines Unternehmens von erheblicher Bedeutung waren, und ihr Wohlwollen gegenüber dem Unternehmen sollte befördert werden.

Bei der Unterscheidung einer solchen gelockerten Unrechtsvereinbarung von Vorteilszuwendungen, die sich nicht als Klimapflege etc. verstehen lassen, herrscht große Rechtsunsicherheit, zumal die Rspr. einen Indizienkatalog heranzieht (v. a.: Stellung des Amtsträgers, Art und Weise sowie Zahl der Vorteile, Frage nach der Heimlichkeit/Verschleierung des Vorgehens, Berührungspunkte zwischen Zuwendungsgeber zu den dienstlichen Aufgaben des Amtsträgers).

Bzgl. der Kasuistik sei auf die Kommentarliteratur verwiesen.

Beispielhaft erwähnt sei die Problematik des **Sponsoring**.[71]

---

[71] Hierzu Heine/Eisele, in: Schönke/Schröder, StGB, 30. Aufl. 2019, § 331 Rn. 45ff.; Satzger ZStW 2003, 469; Deiters ZJS 2008, 465; Lung NZWiSt 2017, 100; aus der Rspr. vgl. OLG Celle B. v. 28.09.2007 – 2 Ws 261/07 (Schulfoto) – NJW 2008, 164 = NStZ 2008, 519 = StV 2008, 251 (Anm. Ambos/Ziehn NStZ 2008, 498; Zieschang StV 2008, 253); BGH U. v. 14.10.2008 – 1 StR 260/08 (EnBW) – BGHSt 53, 6 = NJW 2008, 3580 = NStZ 2008, 688 = StV 2009, 28 (Anm. RÜ 2008, 786; Satzger JK 2009 StGB § 333/2; Jahn JuS 2009, 176; Deiters ZJS 2009, 578; Trüg NJW 2009, 196; Schlösser Hettinger JZ 2009, 370; Noltensmeier HRRS 2009, 151; Paster jurisPR-StrafR 1/2009 Anm. 2; wistra 2009, 155; Greeve CCZ 2009, 76; Kuhlen JR 2010, 148; Valerius GA 2010, 211; Reinhold HRRS 2010, 213).

Beispiel 262

BGH U. v. 26.05.2011 – 3 StR 492/10 (Schulfoto) – StV 2012, 19 (Anm. Zöller ZJS 2011, 550; Bosch JK 2012 StGB § 334/1; Hecker JuS 2012, 655; Schlösser NZWiSt 2013, 11; Beulke FS Frisch 2013, 965):
B1 und B2 handelten für die Gesellschaft für Schulfotografie (GES) und die Gesellschaft für Schul- und Kindergartenfotografie (GSK), nach dem „Geschäftsmodell der Schulfotografie". Dieses bestand darin, zu einem über die Schulleitung vereinbarten Termin einen Fotografen zu schicken, der die Schüler klassenweise und auch einzeln in einem ihm zugewiesenen Raum fotografierte. Mit Hilfe der Lehrkräfte wurden sodann die Bilder an die Schüler und deren Eltern verteilt und zum Kauf angeboten. Eine Abnahmeverpflichtung bestand dabei nicht. Soweit Aufnahmen gekauft wurden, nahmen die Lehrer das dafür zu entrichtende Entgelt entgegen, in den anderen Fällen sammelten sie die Bilder wieder ein. Geld und Bilder wurden sodann dem Schulfotografen ausgehändigt. Im Zeitraum der angeklagten Taten war es allgemein üblich, dass Schulfotografen Zuwendungen gewährten, die am Umsatz oder der Anzahl der fotografierten Schüler bemessen wurden. Diese kamen entweder den einzelnen Klassen in Form von Geld für die vom Klassenlehrer für gemeinsame Anschaffungen und Ausgaben geführte Klassenkasse oder der Schule in Form von Geld- oder Sachleistungen zu Gute. Die Zuwendungen wurden zum Teil als „Rabatt", „Sponsoring" oder „Aufwandsentschädigung" bezeichnet. B1 und B2 führten arbeitsteilig im Zeitraum vom 16.04.2002 bis zum 26.11.2004 in 14 Fällen Fotoaktionen durch, bei denen in der beschriebenen Weise Geldzuwendungen zwischen 96,07 € und 848,56 € oder Sachleistungen im Wert zwischen 346,84 € und 885,34 € gewährt wurden. Diese waren für die Auswahl des Schulfotografen nicht entscheidend. Maßgeblich waren vielmehr durchgängig die Qualität der Bilder, das Preis-/Leistungsverhältnis und die räumliche Nähe der Schule zum Fotografen. Lediglich in einem Fall spielte daneben auch die Gewährung eines „Rabattes" eine Rolle. Die Zuwendungen wurden nicht durch überhöhte Preise refinanziert. ◄

Einerseits sind staatliche Einrichtungen nicht selten dringend auf private Zuwendungen angewiesen (z. B. Theater, Museen, aber auch Schulen und Universitäten), andererseits bedarf es genauer Betrachtung, ob es auszuschließen ist, dass die Tatsache des Sponsorings ein Wohlwollen von Amtsträgern sichern soll.

Bei **Parteispenden an Amtsträger** nehmen Rspr.[72] und h. L.[73] einen Tatbestandsausschluss an, wenn nur ein unkonkreter Dienstbezug besteht. Begründet wird dies mit einer verfassungskonformen restriktiven Auslegung zur Gewährleistung der Gleichheit der Wahl. Anderenfalls wären wieder kandidierende Amtsträger benachteiligt gegenüber Bewerbern ohne Amt.

---

[72] Vgl. zuletzt BGH U. v. 04.11.2021 – 6 StR 12/20 (Wolbergs) – NStZ 2022, 282 = NStZ-RR 2022, 70 = StV 2022, 524 (Anm. Habetha NStZ 2022, 284; Narjes jurisPR-StrafR 4/2022 Anm. 3).
[73] S. Kindhäuser/Hilgendorf, LPK, 9. Aufl. 2022, § 331 Rn. 18; näher Kaiser NJW 1981, 321; Scheu NJW 1981, 1195; Rudolphi NJW 1982, 1417; Brodowski HRRS 2009, 277.

Die Grenze ist erst überschritten, wenn Spender und Amtsträger davon ausgehen, dass der Amtsträger im Laufe der künftigen Amtszeit mit Entscheidungen zu einem Vorhaben des Spenders befasst sein wird, und der unbeteiligte Beobachter den Eindruck gewinnt, dass dieser mit der Spende Einfluss auf anfallende Entscheidungen nehmen will.

Im Bereich der hochschulischen **Drittmitteleinwerbung**[74] liegt jedenfalls dann keine Unrechtsvereinbarung vor, wenn das hochschulrechtlich vorgesehene Verfahren eingehalten wurde. Überhaupt gilt allgemein, dass regelgerechtes Verhalten keine Unrechtsvereinbarung sein kann.

bb) Subjektiver Tatbestand
Gem. § 15 StGB ist Vorsatz erforderlich.

c) Rechtswidrigkeit
§ 331 III StGB normiert nach h. M. in Gestalt der vorherigen Genehmigung einen speziellen Rechtfertigungsgrund, während die nachträgliche Genehmigung einen Strafaufhebungsgrund bildet.[75]

d) Schuld
Es gelten die allgemeinen Grundsätze.

e) Strafaufhebungsgrund: Nachträgliche Genehmigung, § 331 III 2. Var. StGB
Vgl. o.

f) Rechtsfolgen
§ 331 I StGB sieht Freiheitsstrafe bis zu drei Jahren (im Minimum also ein Monat, § 38 II StGB) oder Geldstrafe (zu den Grenzen s. § 40 StGB) vor.

---

[74] Hierzu Joecks/Jäger, StGB, 13. Aufl. 2021, § 331 Rn. 15; näher Pfeiffer NJW 1997, 782; Lüderssen JZ 1997, 112; Dauster NStZ 1999, 63; Walter ZRP 1999, 292; Diettrich/Schatz ZRP 2001, 521; Kargl ZStW 2002, 763; Haeser MedR 2002, 55; Erlinger MedR 2002, 60; Ratzel MedR 2002, 63; Ulsenheimer FS Geilen 2003, 185; Bernsmann FS Leuze 2003, 59; Diettrich/Jungeblodt FS Schreiber 2003, 1015; Tag JR 2004, 50; Geis FS Rüping 2008, 195; Harriehausen NStZ 2013, 256; aus der Rspr. vgl. BGH U. v. 23.05.2002 – 1 StR 372/01 – BGHSt 47, 295 = NJW 2002, 2801 = NStZ 2002, 648 = StV 2003, 500 (Anm. RÜ 2002, 459; Michalke NJW 2002, 3381; Otto JK 2003 StGB § 266/23 und § 331/7; Rönnau JuS 2003, 232; Korte NStZ 2003, 156; Kindhäuser/Goy NStZ 2003, 291; Kuhlen JR 2003, 231; Ambos JZ 2003, 345; Tholl wistra 2003, 181; Mansdörfer wistra 2003, 211); BGH U. v. 23.10.2002 – 1 StR 541/01 – BGHSt 48, 44 = NJW 2003, 763 = NStZ 2003, 158 (Anm. Otto JK 2003 StGB § 332/8; RÜ 2003, 80; Kindhäuser/Goy NStZ 2003, 291; Kuhlen JR 2003, 231; Ambos JZ 2003, 345); BGH U. v. 25.02.2003 – 5 StR 363/02 – NStZ-RR 2003, 171 = StV 2003, 500 (Anm. Tholl wistra 2003, 464); BGH U. v. 30.09.2010 – 4 StR 150/10 – NStZ-RR 2011, 82.

[75] S. Joecks/Jäger, StGB, 13. Aufl. 2021, § 331 Rn. 22ff.; näher Bank NJW 1962, 85; Michalke FS Rieß 2002, 771; Michalke FS Müller 2008, 447; aus der Rspr. vgl. zuletzt BGH U. v. 28.11.2012 – 5 StR 412/12 – NStZ 2013, 246 = StV 2013, 512; BGH U. v. 17.03.2015 – 2 StR 281/14 – NJW 2015, 2678 = NStZ 2015, 451 = StV 2015, 758 (Anm. Becker NStZ 2015, 454).

3. § 331 II StGB

a) Aufbau
I. Tatbestand
  1. Objektiver Tatbestand
     a) Ein Richter, Mitglied eines Gerichts der Europäischen Union oder Schiedsrichter
     b) Einen Vorteil
     c) Für sich oder einen Dritten
     d) Fordert, sich versprechen läßt oder annimmt
     e) Als Gegenleistung dafür, daß er eine richterliche Handlung vorgenommen hat oder künftig vornehme
  2. Subjektiver Tatbestand
II. Rechtswidrigkeit
III. Schuld

b) Erläuterungen
Für Richter und Schiedsrichter enthält § 331 II StGB eine **Qualifikation** der Vorteilsannahme.

Für eine Schiedsrichtervergütung als Vorteil gilt § 337 StGB.

> **§ 337 StGB (Schiedsrichtervergütung)**
> Die Vergütung eines Schiedsrichters ist nur dann ein Vorteil im Sinne der §§ 331 bis 335, wenn der Schiedsrichter sie von einer Partei hinter dem Rücken der anderen fordert, sich versprechen läßt oder annimmt oder wenn sie ihm eine Partei hinter dem Rücken der anderen anbietet, verspricht oder gewährt.

§ 331 III StGB gilt nicht.

§ 331 II StGB sieht Freiheitsstrafe bis zu fünf Jahren (im Minimum also ein Monat, § 38 II StGB) oder Geldstrafe (zu den Grenzen s. § 40 StGB) vor.

III. Bestechlichkeit, § 332 StGB

1. Allgemeines
§ 332 StGB stellt die Bestechlichkeit – als Qualifikation zu § 331 StGB[76] – unter Strafe.

---

[76] Eisele, BT I, 6. Aufl. 2021, Rn. 1640; aus der Rspr. vgl. BGH U. v. 31.05.1983 – 1 StR 772/82 – NStZ 1984, 24 (Anm. Geppert JK 1984 StGB § 331/2; Sonnen JA 1984, 177).

B. Bestechungsstraftaten, §§ 331ff. StGB

> **§ 332 StGB (Bestechlichkeit)**
> (1) Ein Amtsträger, ein Europäischer Amtsträger oder ein für den öffentlichen Dienst besonders Verpflichteter, der einen Vorteil für sich oder einen Dritten als Gegenleistung dafür fordert, sich versprechen läßt oder annimmt, daß er eine Diensthandlung vorgenommen hat oder künftig vornehme und dadurch seine Dienstpflichten verletzt hat oder verletzen würde, wird mit Freiheitsstrafe von sechs Monaten bis zu fünf Jahren bestraft. In minder schweren Fällen ist die Strafe Freiheitsstrafe bis zu drei Jahren oder Geldstrafe. Der Versuch ist strafbar.
> (2) Ein Richter, Mitglied eines Gerichts der Europäischen Union oder Schiedsrichter, der einen Vorteil für sich oder einen Dritten als Gegenleistung dafür fordert, sich versprechen läßt oder annimmt, daß er eine richterliche Handlung vorgenommen hat oder künftig vornehme und dadurch seine richterlichen Pflichten verletzt hat oder verletzen würde, wird mit Freiheitsstrafe von einem Jahr bis zu zehn Jahren bestraft. In minder schweren Fällen ist die Strafe Freiheitsstrafe von sechs Monaten bis zu fünf Jahren.
> (3) Falls der Täter den Vorteil als Gegenleistung für eine künftige Handlung fordert, sich versprechen läßt oder annimmt, so sind die Absätze 1 und 2 schon dann anzuwenden, wenn er sich dem anderen gegenüber bereit gezeigt hat,
>   1. bei der Handlung seine Pflichten zu verletzen oder,
>   2. soweit die Handlung in seinem Ermessen steht, sich bei Ausübung des Ermessens durch den Vorteil beeinflussen zu lassen.

2. § 332 I (, III) StGB

a) Aufbau
I. Tatbestand
  1. Objektiver Tatbestand
     a) Ein Amtsträger, ein Europäischer Amtsträger oder ein für den öffentlichen Dienst besonders Verpflichteter
     b) Einen Vorteil
     c) Für sich oder einen Dritten
     d) Fordert, sich versprechen läßt oder annimmt
     e) Als Gegenleistung dafür, daß er eine Diensthandlung vorgenommen hat oder künftig vornehme
     f) Dadurch seine Dienstpflichten verletzt hat oder verletzen würde; ggf. § 332 III StGB
  2. Subjektiver Tatbestand
II. Rechtswidrigkeit
III. Schuld
IV. Rechtsfolgen
  1. Minder schwerer Fall, § 332 I 2 StGB
  2. Besonders schwerer Fall, § 335 I Nr. 1 lit a, II StGB

b) Tatbestand

aa) Objektiver Tatbestand

(1) Ein Amtsträger, ein Europäischer Amtsträger oder ein für den öffentlichen Dienst besonders Verpflichteter
S. o.

(2) Einen Vorteil
S. o.

(3) Für sich oder einen Dritten
S. o.

(4) Fordert, sich versprechen läßt oder annimmt
S. o.

(5) Als Gegenleistung dafür, daß er eine Diensthandlung vorgenommen hat oder künftig vornehme
Anders als bei § 331 I StGB ist Gegenstand der insoweit echten und nicht gelockerten Unrechtsvereinbarung, dass der Täter als Gegenleistung für den Vorteil eine konkrete[77] (vergangene oder zukünftige) Diensthandlung in Bezug nimmt.

Erforderlich ist, dass der Vorteil dem Empfänger um einer bestimmten geschehenen oder künftigen Diensthandlung willen zugutekommen soll, dass er nach dem ausdrücklichen oder stillschweigenden Einverständnis der beiden Beteiligten seinen Grund gerade in der Diensthandlung hat, oder dass er „Äquivalent" oder „Entgelt" für die Diensthandlung ist.[78]

Diese muss aber nicht in allen Einzelheiten feststehen (Zeitpunkt, Anlass, Ausführungsweise), sondern nur in groben Umrissen erkennbar und festgelegt sein.[79]

Nicht ausreichend ist es, wenn mit dem Vorteil lediglich das allgemeine Wohlwollen und die Geneigtheit des Amtsträgers gesichert werden sollten.[80]

---

[77] Vgl. aus der Rspr. zuletzt BGH U. v. 18.11.2020 – 2 StR 317/19 – StV 2021, 733 (Anm. RÜ 2021, 237); BGH B. v. 01.06.2021 – 6 StR 119/21 – BGHSt 66, 130 = NJW 2021, 2522 = NStZ 2022, 114 = StV 2021, 733 (Anm. Bosch Jura 2021, 1402; Kubiciel NJW 2021, 2524; Pelz jurisPR-Compl 4/2021 Anm. 3; Hecker JuS 2022, 82; Kudlich NStZ 2022, 116; Zimmermann ZIS 2022, 89).

[78] Vgl. aus der Rspr. zuletzt BGH U. v. 18.11.2020 – 2 StR 317/19 – StV 2021, 733 (Anm. RÜ 2021, 237).

[79] Fischer, StGB, 71. Aufl. 2024, § 332 Rn. 5; aus der Rspr. vgl. zuletzt BGH B. v. 07.04.2020 – 6 StR 52/20 – BGHSt 64, 301 = NJW 2020, 2484 = NStZ 2020, 669 = StV 2020, 773 (Anm. RÜ 2020, 648; Bock NStZ 2020, 671; Kuhlen JR 2020, 630); BGH U. v. 18.11.2020 – 2 StR 317/19 – StV 2021, 733 (Anm. RÜ 2021, 237).

[80] Kindhäuser/Hilgendorf, LPK, 9. Aufl. 2022, § 332 Rn. 2; aus der Rspr. vgl. zuletzt BGH B. v. 07.04.2020 – 6 StR 52/20 – BGHSt 64, 301 = NJW 2020, 2484 = NStZ 2020, 669 = StV 2020, 773 (Anm. RÜ 2020, 648; Bock NStZ 2020, 671; Kuhlen JR 2020, 630).

Zur Unterscheidung von Dienst- und Privathandlungen s. o. bei § 331 StGB.
Zum Unterlassen s. § 336 StGB.

(6) Dadurch seine Dienstpflichten verletzt hat oder verletzen würde; ggf. § 332 III StGB
Erforderlich ist ferner, dass der Täter durch die Diensthandlung seine Dienstpflichten verletzt hat oder verletzen würde.

Eine Diensthandlung ist pflichtwidrig, wenn sie gegen Gesetze im materiellen Sinne, Verwaltungsvorschriften, Richtlinien, allgemeine Dienstanweisungen oder Anweisungen des Dienstvorgesetzten verstößt.[81]

Steht dem Amtsträger **Ermessen** zu, so liegt Pflichtwidrigkeit bereits dann vor, wenn der gewährte Vorteil die Entscheidung beeinflusst.[82]

Für Fälle **künftiger** Diensthandlungen gilt § 332 III StGB: Das Vortäuschen des entsprechenden Willens ist ausreichend. Irrelevant ist es, wenn die Handlung dann doch nicht vorgenommen wird.[83]

Umstritten ist, ob eine angeblich in der **Vergangenheit** liegende Handlung tatsächlich stattgefunden haben muss.[84]

Beispiel 263

BGH U. v. 02.07.1980 – 3 StR 201/80 – BGHSt 29, 300 = NJW 1980, 2203 (Anm. Kühl, Höchstrichterliche Rspr. BT, 2002, Nr. 89; Geppert JK 1981 StGB § 331/1; Dölling JuS 1981, 570; Maiwald NJW 1981, 2777; Geerds JR 1981, 301; Gülzow MDR 1982, 802):

B1, der zur Tatzeit als StA tätig war, rief die Polizeidirektion an, nannte seinen Vor- und Zunamen und erklärte, er rufe im Auftrage seines Bekannten B2 an

---

[81] Kindhäuser/Hilgendorf, LPK, 9. Aufl. 2022, § 332 Rn. 5; aus der Rspr. vgl. BGH U. v. 23.05.2002 – 1 StR 372/01 – BGHSt 47, 295 = NJW 2002, 2801 = NStZ 2002, 648 = StV 2003, 500 (Anm. RÜ 2002, 459; Michalke NJW 2002, 3381; Otto JK 2003 StGB § 266/23 und § 331/7; Rönnau JuS 2003, 232; Korte NStZ 2003, 156; Kindhäuser/Goy NStZ 2003, 291; Kuhlen JR 2003, 231; Ambos JZ 2003, 345; Tholl wistra 2003, 181; Mansdörfer wistra 2003, 211); BGH U. v. 23.10.2002 – 1 StR 541/01 – BGHSt 48, 44 = NJW 2003, 763 = NStZ 2003, 158 (Anm. Otto JK 2003 StGB § 332/8; RÜ 2003, 80; Kindhäuser/Goy NStZ 2003, 291; Kuhlen JR 2003, 231; Ambos JZ 2003, 345); BGH U. v. 14.02.2007 – 5 StR 323/06 – NStZ-RR 2008, 13 = StV 2007, 358 (Anm. Geppert JK 2007 StGB § 331/12).

[82] Fischer, StGB, 71. Aufl. 2024, § 332 Rn. 9, 9a; näher Henkel JZ 1960, 507; Fuhrmann ZStW 1960, 534; Schröder GA 1961, 289; Bernsmann FS Rissing-van Saan 2011, 75; aus der Rspr. vgl. zuletzt BGH U. v. 09.05.2017 – 1 StR 265/16 – NJW 2017, 3798 = StV 2018, 36 (Anm. Kubiciel/Mennemann jurisPR-StrafR 22/2017 Anm. 1; Webel wistra 2017, 399; Baur/Holle wistra 2017, 499; Jenne/Martens CCZ 2017, 285; Moritz jurisPR-Compl 5/2017 Anm. 1; Wehnert StV 2018, 38; Hugger/Pasewaldt NZWiSt 2018, 388; Adick/Linke NZWiSt 2018, 391; Görtz WiJ 2018, 88).

[83] Fischer, StGB, 71. Aufl. 2024, § 332 Rn. 12; aus der Rspr. vgl. BGH U. v. 23.10.2002 – 1 StR 541/01 – BGHSt 48, 44 = NJW 2003, 763 = NStZ 2003, 158 (Anm. Otto JK 2003 StGB § 332/8; RÜ 2003, 80; Kindhäuser/Goy NStZ 2003, 291; Kuhlen JR 2003, 231; Ambos JZ 2003, 345); BGH U. v. 14.02.2007 – 5 StR 323/06 – NStZ-RR 2008, 13 = StV 2007, 358 (Anm. Geppert JK 2007 StGB § 331/12).

[84] Hierzu Kindhäuser/Hilgendorf, LPK, 9. Aufl. 2022, § 332 Rn. 6f.

und bitte um Mitteilung, ob das Ergebnis der diesem am Vortage entnommenen Blutprobe vorliege. Der angerufene Polizeibeamte teilte ihm das Untersuchungsergebnis des gerichtsmedizinischen Instituts (0,9 ‰) mit. Anschließend traf B1 sich mit B2 und erklärte ihm, er habe den Fall bearbeitet. Der Blutalkoholwert betrage 0,9 ‰. B2 könne sich den Führerschein abholen. Die Sache koste 300 DM. B2 übergab dem B1 den geforderten Betrag, ging anschließend zur Polizeidirektion, erkundigte sich dort, ohne sich auf B1 zu berufen, nach dem Führerschein und erhielt ihn zurück. ◄

Neben der zutreffenden Aussage, B2 könne seinen Führerschein wieder abholen, spiegelte B1 dem B2 vor, die Verkehrssache des B2 als Staatsanwalt bearbeitet zu haben. Dabei hatte er desgleichen nicht getan; insbesondere ist der Anruf „im Auftrage" des B2 nicht als Diensthandlung zu qualifizieren. Fraglich ist nun, ob eine Diensthandlung tatsächlich stattgefunden haben muss.

Die Rspr. und Teile der Lehre[85] nehmen dies an.
Andere Teile der Lehre[86] lehnen dies ab.
Zwar wird auch eine unter innerem Vorbehalt gemachte Zusage einer pflichtwidrigen Diensthandlung das Vertrauen in die Lauterkeit der Verwaltung erschüttern, allerdings ist der Wortlaut nun einmal objektiv formuliert („vorgenommen/verletzt hat"), sodass eine Gleichbehandlung mit § 332 III StGB nicht zu erzielen ist.

bb) Subjektiver Tatbestand
Gem. § 15 StGB ist Vorsatz erforderlich.

c) Rechtswidrigkeit
Es gelten die allgemeinen Grundsätze.

d) Schuld
Es gelten die allgemeinen Grundsätze.

e) Rechtsfolgen
aa) Allgemeines
§ 331 I 1 StGB sieht Freiheitsstrafe von sechs Monaten bis zu fünf Jahren vor.

bb) Minder schwerer Fall, § 332 I 2 StGB
§ 331 I 2 StGB normiert den – unbenannten – minder schweren Fall, welcher Freiheitsstrafe bis zu drei Jahren (im Minimum also ein Monat, § 38 II StGB) oder Geldstrafe (zu den Grenzen s. § 40 StGB) vorsieht.

cc) Besonders schwerer Fall, § 335 I Nr. 1 lit a, II StGB
§ 335 StGB normiert den besonders schweren Fall (u. a.) des § 332 I StGB.

---

[85] Korte, in: MK-StGB, 4. Aufl. 2022, § 332 Rn. 31.
[86] Eisele, BT I, 6. Aufl. 2021, Rn. 1644.

> **§ 335 (Besonders schwere Fälle der Bestechlichkeit und Bestechung)**
> (1) In besonders schweren Fällen wird
>   1. eine Tat nach
>   a) § 332 Abs. 1 Satz 1, auch in Verbindung mit Abs. 3, und
>   b) § 334 Abs. 1 Satz 1 und Abs. 2, jeweils auch in Verbindung mit Abs. 3,
>   mit Freiheitsstrafe von einem Jahr bis zu zehn Jahren und
>   2. eine Tat nach § 332 Abs. 2, auch in Verbindung mit Abs. 3, mit Freiheitsstrafe nicht unter zwei Jahren bestraft.
> (2) Ein besonders schwerer Fall im Sinne des Absatzes 1 liegt in der Regel vor, wenn
>   1. die Tat sich auf einen Vorteil großen Ausmaßes bezieht,
>   2. der Täter fortgesetzt Vorteile annimmt, die er als Gegenleistung dafür gefordert hat, daß er eine Diensthandlung künftig vornehme, oder
>   3. der Täter gewerbsmäßig oder als Mitglied einer Bande handelt, die sich zur fortgesetzten Begehung solcher Taten verbunden hat.

Zum Vorteil großen Ausmaßes, zur Gewerbsmäßigkeit und zur Bande vgl. o. bei § 267 StGB sowie bei den Vermögensdelikten.

Eine fortgesetzte Annahme von Vorteilen i. S. d. § 335 II Nr. 2 StGB setzt eine mindestens dreimalige Tatbegehung voraus.[87] Es sind nur diejenigen Fälle erfasst, in denen ein Amtsträger sich aus eigenem Antrieb ständig für die Verletzung von Diensthandlungen bezahlen lässt.[88]

f) Sonstiges
Der Versuch der Bestechlichkeit ist gem. § 332 I 3 StGB strafbar.

3. § 332 II (, III) StGB

a) Aufbau
I. Tatbestand
  1. Objektiver Tatbestand
     a) Ein Richter, Mitglied eines Gerichts der Europäischen Union oder Schiedsrichter
     b) Einen Vorteil
     c) Für sich oder einen Dritten
     d) Fordert, sich versprechen läßt oder annimmt
     e) Als Gegenleistung dafür, daß er eine richterliche Handlung vorgenommen hat oder künftig vornehme

---

[87] Fischer, StGB, 71. Aufl. 2024, § 335 Rn. 9.
[88] Aus der Rspr. vgl. zuletzt BGH B. v. 03.02.2021 – 2 StR 137/20 – NStZ-RR 2021, 109 = StV 2021, 735.

f) Dadurch seine richterlichen Pflichten verletzt hat oder verletzen würde; ggf. § 332 III StGB
   2. Subjektiver Tatbestand
II. Rechtswidrigkeit
III. Schuld
IV. Rechtsfolgen
   1. Minder schwerer Fall, § 332 II 2 StGB
   2. Besonders schwerer Fall, § 335 I Nr. 2, II StGB

b) Erläuterungen
§ 332 II StGB enthält eine Qualifikation für Richter und Schiedsrichter, vgl. o.

Die Norm sieht Freiheitsstrafe von einem Jahr bis zu zehn Jahren vor, in minder schweren Fällen (§ 332 II 2 StGB) ist die Strafe Freiheitsstrafe von sechs Monaten bis zu fünf Jahren.

§ 335 I Nr. 2, II StGB – besonders schwerer Fall – sieht eine Freiheitsstrafe nicht unter zwei Jahren vor, wobei sich ein Höchstmaß von 15 Jahren aus § 38 II StGB ergibt.

IV. Vorteilsgewährung, § 333 StGB

1. Allgemeines
§ 333 StGB stellt die Vorteilsgewährung unter Strafe.[89]

> **§ 333 StGB (Vorteilsgewährung)**
> (1) Wer einem Amtsträger, einem Europäischen Amtsträger, einem für den öffentlichen Dienst besonders Verpflichteten oder einem Soldaten der Bundeswehr für die Dienstausübung einen Vorteil für diesen oder einen Dritten anbietet, verspricht oder gewährt, wird mit Freiheitsstrafe bis zu drei Jahren oder mit Geldstrafe bestraft.
> (2) Wer einem Richter, Mitglied eines Gerichts der Europäischen Union oder Schiedsrichter einen Vorteil für diesen oder einen Dritten als Gegenleistung dafür anbietet, verspricht oder gewährt, daß er eine richterliche Handlung vorgenommen hat oder künftig vornehme, wird mit Freiheitsstrafe bis zu fünf Jahren oder mit Geldstrafe bestraft.
> (3) Die Tat ist nicht nach Absatz 1 strafbar, wenn die zuständige Behörde im Rahmen ihrer Befugnisse entweder die Annahme des Vorteils durch den Empfänger vorher genehmigt hat oder sie auf unverzügliche Anzeige des Empfängers genehmigt.

---
[89] Näher Dornseifer JZ 1973, 267.

Die Norm bildet grundsätzlich die spiegelbildliche Entsprechung zu § 331 StGB und regelt als Jedermannsdelikt die **aktive** Korruption.

2. § 333 I StGB

a) Aufbau
I. Tatbestand
  1. Objektiver Tatbestand
     a) Einem Amtsträger, einem Europäischen Amtsträger, einem für den öffentlichen Dienst besonders Verpflichteten oder einem Soldaten der Bundeswehr
     b) Einen Vorteil
     c) Für diesen oder einen Dritten
     d) Anbietet, verspricht oder gewährt
     e) Für die Dienstausübung
  2. Subjektiver Tatbestand
II. Rechtswidrigkeit
  – vorherige Genehmigung, § 333 III 1. Var. StGB
III. Schuld
IV. Strafaufhebungsgrund: Nachträgliche Genehmigung, § 333 III 2. Var. StGB

b) Tatbestand

aa) Objektiver Tatbestand

(1) Einem Amtsträger, einem Europäischen Amtsträger, einem für den öffentlichen Dienst besonders Verpflichteten oder einem Soldaten der Bundeswehr
S. o.

Allerdings handelt es sich hier nicht um eine Tätereigenschaft, sondern um eine Eigenschaft des Vorteilsempfängers.

(2) Einen Vorteil
S. o.

(3) Für diesen oder einen Dritten
S. o.

(4) Anbietet, verspricht oder gewährt
Anbieten und **Versprechen** bedeuten das Inaussichtstellen eines Vorteils.[90]

---

[90] Joecks/Jäger, StGB, 13. Aufl. 2021, § 333 Rn. 3; aus der Rspr. vgl. BGH U. v. 25.07.1960 – 2 StR 91/60 – BGHSt 15, 88 = NJW 1960, 2154 (Anm. Bähr JuS 1961, 71).

Dies muss zur Kenntnis des Amtsträgers gelangen, ein Verstehen ist nicht erforderlich.[91]

Gewähren ist die tatsächliche unmittelbare Zuwendung des Vorteils.[92]

Eine Kenntnisnahme des Amtsträgers vom Ansinnen des Täters ist nicht erforderlich.[93]

Der Vorteil muss weder *in persona* noch aus eigenem Vermögen geleistet werden; Gewährender i. S. d. § 334 StGB kann auch sein, wer sich einer Mittelsperson bedient (ggf. ist also problematisch, ob jemand lediglich als Mittelsperson tätig wird oder selbst als Gewährender anzusehen ist, was nach der Rspr. einer wertenden Gesamtbetrachtung des jeweiligen Einzelfalls bedarf).[94]

Unerheblich ist, ob sich der Amtsträger tatsächlich erkenntlich zeigt.[95]

(5) Für die Dienstausübung
S. o.

bb) Subjektiver Tatbestand
Gem. § 15 StGB ist Vorsatz erforderlich.

c) Rechtswidrigkeit
§ 333 III StGB entspricht § 331 III StGB, hierzu s. o.

d) Schuld
Es gelten die allgemeinen Grundsätze.

e) Strafaufhebungsgrund: Nachträgliche Genehmigung, § 331 III 2. Var. StGB
Vgl. o.

f) Rechtsfolgen
§ 333 I StGB sieht Freiheitsstrafe bis zu drei Jahren (im Minimum also ein Monat, § 38 II StGB) oder Geldstrafe (zu den Grenzen s. § 40 StGB) vor.

---

[91] Fischer, StGB, 71. Aufl. 2024, § 333 Rn. 4; aus der Rspr. vgl. BGH U. v. 25.07.1960 – 2 StR 91/60 – BGHSt 15, 88 = NJW 1960, 2154 (Anm. Bähr JuS 1961, 71); BGH B. v. 28.03.2000 – 1 StR 637/99 – NStZ 2000, 439 = StV 2001, 548.

[92] Joecks/Jäger, StGB, 13. Aufl. 2021, § 333 Rn. 3.

[93] Korte, in: MK-StGB, 4. Aufl. 2022, § 333 Rn. 15; aus der Rspr. vgl. BGH U. v. 05.10.1960 – 2 StR 374/60 – BGHSt 15, 184 = NJW 1961, 468; BGH B. v. 22.07.2003 – 5 StR 22/03 – NStZ 2003, 684 = StV 2004, 147.

[94] Aus der Rspr. vgl. BGH U. v. 21.10.2020 – 2 StR 72/20 – NStZ 2022, 170 = StV 2021, 735.

[95] Fischer, StGB, 71. Aufl. 2024, § 333 Rn. 9.

3. § 333 II StGB

a) Aufbau
I. Tatbestand
   1. Objektiver Tatbestand
      a) Einem Richter, Mitglied eines Gerichts der Europäischen Union oder Schiedsrichter
      b) Einen Vorteil
      c) Für diesen oder einen Dritten
      d) Anbietet, verspricht oder gewährt
      e) Als Gegenleistung dafür, daß er eine richterliche Handlung vorgenommen hat oder künftig vornehme
   2. Subjektiver Tatbestand
II. Rechtswidrigkeit
III. Schuld

b) Erläuterungen
S. o. bei den §§ 331 II und 333 I StGB.

§ 333 II StGB sieht Freiheitsstrafe bis zu fünf Jahren (im Minimum also ein Monat, § 38 II StGB) oder Geldstrafe (zu den Grenzen s. § 40 StGB) vor.

V. Bestechung, § 334 StGB

1. Allgemeines
§ 334 StGB stellt die Bestechung unter Strafe.

> **§ 334 StGB (Bestechung)**
> (1) Wer einem Amtsträger, einem Europäischen Amtsträger, einem für den öffentlichen Dienst besonders Verpflichteten oder einem Soldaten der Bundeswehr einen Vorteil für diesen oder einen Dritten als Gegenleistung dafür anbietet, verspricht oder gewährt, daß er eine Diensthandlung vorgenommen hat oder künftig vornehme und dadurch seine Dienstpflichten verletzt hat oder verletzen würde, wird mit Freiheitsstrafe von drei Monaten bis zu fünf Jahren bestraft. In minder schweren Fällen ist die Strafe Freiheitsstrafe bis zu zwei Jahren oder Geldstrafe.
> (2) Wer einem Richter, Mitglied eines Gerichts der Europäischen Union oder Schiedsrichter einen Vorteil für diesen oder einen Dritten als Gegenleistung dafür anbietet, verspricht oder gewährt, daß er eine richterliche Handlung
>   1. vorgenommen und dadurch seine richterlichen Pflichten verletzt hat oder
>   2. künftig vornehme und dadurch seine richterlichen Pflichten verletzen würde,

> wird in den Fällen der Nummer 1 mit Freiheitsstrafe von drei Monaten bis zu fünf Jahren, in den Fällen der Nummer 2 mit Freiheitsstrafe von sechs Monaten bis zu fünf Jahren bestraft. 2Der Versuch ist strafbar.
> (3) Falls der Täter den Vorteil als Gegenleistung für eine künftige Handlung anbietet, verspricht oder gewährt, so sind die Absätze 1 und 2 schon dann anzuwenden, wenn er den anderen zu bestimmen versucht, daß dieser
>   1. bei der Handlung seine Pflichten verletzt oder,
>   2. soweit die Handlung in seinem Ermessen steht, sich bei der Ausübung des Ermessens durch den Vorteil beeinflussen läßt.

Die Norm bildet – wie § 332 StGB für § 331 StGB – die Qualifikation zu § 333 StGB.

2. § 334 I (, III) StGB

a) Aufbau
I. Tatbestand
  1. Objektiver Tatbestand
     a) Einem Amtsträger, einem Europäischen Amtsträger, einem für den öffentlichen Dienst besonders Verpflichteten oder einem Soldaten der Bundeswehr
     b) Einen Vorteil
     c) Für diesen oder einen Dritten
     d) Anbietet, verspricht oder gewährt
     e) Als Gegenleistung dafür, daß er eine Diensthandlung vorgenommen hat oder künftig vornehme
     f) Dadurch seine Dienstpflichten verletzt hat oder verletzen würde; ggf. § 334 III StGB
  2. Subjektiver Tatbestand
II. Rechtswidrigkeit
III. Schuld
IV. Rechtsfolgen
  1. Minder schwerer Fall, § 334 I 2 StGB
  2. Besonders schwerer Fall, § 335 I Nr. 1 lit b, II StGB

b) Erläuterungen
Vgl. o. bei den §§ 332 und 333 I StGB.

§ 334 I 1 StGB sieht Freiheitsstrafe von drei Monaten bis zu fünf Jahren vor, in minder schweren Fällen (§ 334 I 2 StGB) Freiheitsstrafe bis zu zwei Jahren (im Minimum also ein Monat, § 38 II StGB) oder Geldstrafe (zu den Grenzen s. § 40 StGB), in einem besonders schweren Fall (§ 335 I Nr. 1 lit b, II StGB) Freiheitsstrafe von einem Jahr bis zu zehn Jahren.

3. § 334 II (, III) StGB

a) Aufbau
I. Tatbestand
  1. Objektiver Tatbestand
     a) Einem Richter, Mitglied eines Gerichts der Europäischen Union oder Schiedsrichter
     b) Einen Vorteil
     c) Für diesen oder einen Dritten
     d) Anbietet, verspricht oder gewährt
     e) § 334 II Nr. 1 oder 2 StGB: Als Gegenleistung dafür, daß er
        aa) Eine richterliche Handlung vorgenommen hat, § 334 II 1 Nr. 1 StGB
        bb) Eine richterliche Handlung künftig vornehme, § 334 II 1 Nr. 2 StGB
     f) § 334 II Nr. 1 oder 2 StGB: Dadurch
        aa) Seine richterlichen Pflichten verletzt hat, § 334 II 1 Nr. 1 StGB; ggf. § 334 III StGB
        bb) Seine richterlichen Pflichten verletzen würde, § 334 II 1 Nr. 2 StGB; ggf. § 334 III StGB
  2. Subjektiver Tatbestand
II. Rechtswidrigkeit
III. Schuld
IV. Rechtsfolgen: Besonders schwerer Fall, § 335 I Nr. 1 lit. b, II StGB

b) Erläuterungen
Vgl. o. bei den §§ 332 und 333 II StGB.

§ 334 II StGB sieht in den Fällen der Nummer 1 Freiheitsstrafe von drei Monaten bis zu fünf Jahren, in den Fällen der Nummer 2 Freiheitsstrafe von sechs Monaten bis zu fünf Jahren vor, in einem besonders schweren Fall (§ 335 I Nr. 1 lit b, II StGB) Freiheitsstrafe von einem Jahr bis zu zehn Jahren.

Der Versuch ist gem. § 334 II 2 StGB strafbar.

C. Rechtsbeugung, § 339 StGB

▶ **Didaktischer Aufsatz**
  • Behrendt, Die Rechtsbeugung, JuS 1989, 945

I. Aufbau

I. Tatbestand
  1. Objektiver Tatbestand
     a) Ein Richter, ein anderer Amtsträger oder ein Schiedsrichter
     b) Bei der Leitung oder Entscheidung einer Rechtssache

c) Einer Beugung des Rechts schuldig macht
d) Zugunsten oder zum Nachteil einer Partei
2. Subjektiver Tatbestand
II. Rechtswidrigkeit
III. Schuld

II. Allgemeines

§ 339 StGB stellt die Rechtsbeugung unter Strafe.[96]

> **§ 339 StGB (Rechtsbeugung)**
> Ein Richter, ein anderer Amtsträger oder ein Schiedsrichter, welcher sich bei der Leitung oder Entscheidung einer Rechtssache zugunsten oder zum Nachteil einer Partei einer Beugung des Rechts schuldig macht, wird mit Freiheitsstrafe von einem Jahr bis zu fünf Jahren bestraft.

Die Norm – ein Verbrechen – schützt die Rechtspflege (gegen Angriffe von innen) bei ihrer Aufgabe, unparteiisch und allein an Recht und Gesetz orientiert richtiges Recht zu sprechen.[97]

III. Tatbestand

1. Objektiver Tatbestand

a) Ein Richter, ein anderer Amtsträger oder ein Schiedsrichter
Taugliche Täter können nur Richter (§ 11 I Nr. 3 StGB), Amtsträger (§ 11 I Nr. 2 StGB) und Schiedsrichter (§§ 1025ff. ZPO) sein. Es handelt sich mithin um ein echtes Sonderdelikt.

---

[96] Hierzu Evers DRiZ 1955, 187; Schlösser NJW 1960, 943; Arndt NJW 1960, 1140; Kaiser NJW 1960, 1328; Spendel GS Radbruch 1968, 312; Mohrbotter JZ 1969, 491; Bemmann GA 1969, 65; Dellian ZRP 1969, 51; Beckenkamp ZRP 1969, 168; Marx JZ 1970, 248; Rudolphi ZStW 1970, 610; Schreiber GA 1972, 193; Sarstedt FS Heinitz 1972, 427; Spendel FS Heinitz 1972, 445; Bemmann JZ 1973, 547; Spendel FS Peters 1974, 163; Krause NJW 1976, 285; Müller NJW 1980, 2390; Behrendt JuS 1989, 945; Bemmann JZ 1995, 123; Spendel JZ 1995, 375; Spendel NJW 1996, 809; Scheffler NStZ 1996, 67; Seebode FS Lenckner 1998, 585; Lehmann NStZ 2006, 127; Marsch DRiZ 2009, 209; Hoenigs KritV 2009, 303; Kargl FS Hassemer 2010, 849; Koch ZIS 2011, 470; Giehring FS Wolter 2013, 699; zu Reformüberlegungen Bemmann/Seebode/Spendel ZRP 1997, 307; Albrecht ZRP 2004, 259; Erb FS Küper 2007, 29.

[97] Kindhäuser/Hilgendorf, LPK, 9. Aufl. 2022, § 339 Rn. 1; aus der Rspr. vgl. zuletzt BGH B. v. 29.11.2022 – 4 StR 149/22 – NStZ 2023, 738 = StV 2024, 158 (Anm. RÜ 2023, 648).

b) Bei der Leitung oder Entscheidung einer Rechtssache

▶ **Didaktischer Aufsatz**
- Otto, Der Begriff „Rechtssache" in den §§ 336, 356 StGB, Jura 1986, 221

Der Täter muss bei der **Leitung oder Entscheidung einer Rechtssache** handeln.

Dies betrifft Rechtsangelegenheiten, bei denen mehrere Beteiligte mit widerstreitenden Interessen einander gegenüberstehen können, und die in einem förmlichen Verfahren nach Rechtsgrundsätzen verhandelt und entschieden werden.[98] Unproblematisch sind alle Verfahren bei den Straf-, Zivil- und Fachgerichten sowie den Verfassungsgerichten erfasst.

Die Leitung umfasst alle Maßnahmen, die auf Erledigung der Sache hinzielen.[99]

Ein **nichtrichterlicher** Amtsträger muss nach Aufgabenkreis und Stellung mit einem Richter vergleichbar sein (Leitung, Entscheidung, gewisses Maß an Unabhängigkeit),[100] was auch der Fall sein kann, wenn er nicht vollständig unabhängig oder weisungsfrei handelt, solange er nur wie ein Richter Herr des Verfahrens ist und Entscheidungsbefugnis hat.[101]

Angehörige der **Verwaltung** sind nur erfasst, wenn sie ausschließlich die Aufgabe haben, in rechtsförmlichen Verwaltungsverfahren selbst das Recht unparteiisch und gegenüber dem Rechtsunterworfenen zu entscheiden.[102]

Auf Polizisten trifft dies nicht zu.[103]

---

[98] Joecks/Jäger, StGB, 13. Aufl. 2021, § 339 Rn. 3; näher Otto Jura 1986, 221; aus der Rspr. vgl. BGH U. v. 01.12.1959 – 1 StR 542/59 – NJW 1960, 253; BGH U. v. 14.03.1972 – 5 StR 589/71 – BGHSt 24, 326 = NJW 1972, 1059 (Anm. Bemmann JZ 1972, 599).

[99] Uebele, in: MK-StGB, 4. Aufl. 2022, § 339 Rn. 21; aus der Rspr. vgl. OLG Karlsruhe B. v. 09.12.2003 – 3 Ws 174/03 – NJW 2004, 1469 = NStZ-RR 2005, 12 (Anm. Geppert JK 2004 StGB § 339/2; Martin JuS 2004, 635); BGH U. v. 18.07.2013 – 4 StR 84/13 – NStZ 2013, 655 = StV 2014, 16 (Anm. Nestler NStZ 2013, 657; Satzger JK 2014 StGB § 339/4; Hecker JuS 2014, 85; Heghmanns ZJS 2014, 105); BGH U. v. 13.05.2015 – 3 StR 498/14 – NStZ 2015, 651 = StV 2017, 397 (Anm. RÜ 2015, 648; Bosch Jura 2016, 219).

[100] Fischer, StGB, 71. Aufl. 2024, § 339 Rn. 5; aus der Rspr. vgl. zuletzt BGH B. v. 14.09.2017 – 4 StR 274/16 – BGHSt 62, 312 = NJW 2018, 322 = NStZ 2018, 150 = StV 2018, 158 (Anm. Jahn JuS 2017, 1227; Bosch Jura 2018, 198; Wagner ZJS 2018, 81).

[101] H. M., Fischer, StGB, 71. Aufl. 2024, § 339 Rn. 5; aus der Rspr. vgl. zuletzt BGH B. v. 14.09.2017 – 4 StR 274/16 – BGHSt 62, 312 = NJW 2018, 322 = NStZ 2018, 150 = StV 2018, 158 (Anm. Jahn JuS 2017, 1227; Bosch Jura 2018, 198; Wagner ZJS 2018, 81).

[102] S. Fischer, StGB, 71. Aufl. 2024, § 339 Rn. 10f.; aus der Rspr. vgl. zuletzt LG Bremen B. v. 04.11.2020 – 2 KLs 1/20 – StV-S 2021, 45 (Anm. Müller StV-S 2021, 71).

[103] Fischer, StGB, 71. Aufl. 2024, § 339 Rn. 11.

Staatsanwaltliche[104] Einstellungen nach den §§ 153ff., 170 II StPO sind erfasst.[105]

Erfasst ist auch die Anklageerhebung,[106] nicht aber die Handhabung von Ermittlungsmaßnahmen.[107]

c) Einer Beugung des Rechts schuldig macht

Tathandlung ist die **Beugung des Rechts**. Es ist umstritten, wie dies zu definieren ist.[108]

Beispiel 264

BGH U. v. 03.12.1998 – 1 StR 240/98 – BGHSt 44, 258 = NJW 1999, 1122 = NStZ 1999, 456 (Anm. Herdegen NStZ 1999, 456; Scheffler JR 2000, 119; Seebode JZ 2000, 319):

B war als Strafrichter u.a. für die Bearbeitung von Bußgeldsachen zuständig. Im Zeitraum vom 07.11.1994 bis 20.02.1995 sah er in vier Verfahren auf die Einsprüche der Betroffenen, gegen die in Bußgeldbescheiden wegen jeweils erheblicher Überschreitung der zulässigen Höchstgeschwindigkeit im Straßenverkehr neben einer Geldbuße auch – wie in der Bußgeldkatalogverordnung (BKatVO) für die zugrunde liegenden Verstöße vorgesehen – ein einmonatiges Fahrverbot ausgesprochen worden war, von dessen Anordnung ab, erhöhte jedoch „zum Ausgleich" die Regelbußgelder. Diese Entscheidungen hob das BayObLG auf. Die Aufhebungen verband das Gericht mit dem Hinweis, dass nach den bisher getroffenen Feststellungen kein ausreichender Grund vorliege, um von der Anordnung eines Fahrverbots absehen zu können. Nachdem die zu erneuter Verhandlung und Entscheidung zurückverwiesenen Bußgeldsachen wieder bei B

---

[104] Zum Sonderfall der Aufarbeitung von Verfehlungen der DDR-Staatsanwälte Letzgus FS Helmrich 1994, 73; Amelung GA 1996, 51; Homann KJ 1996, 494; Willnow JR 1997, 221 und 265; aus der Rspr. vgl. BGH U. v. 10.12.1998 – 5 StR 322/98 (Havemann) – BGHSt 44, 275 = NJW 1999, 3347 = NStZ 1999, 420 (Anm. Schroeder NStZ 1999, 420; Spendel JR 1999, 221; Krauss FS Hamm 2008, 357); BGH U. v. 21.01.1999 – 5 StR 565/98 – NStZ 1999, 245; BGH B. v. 15.06.1999 – 5 StR 614/98 – NStZ 1999, 562; BGH U. v. 22.04.1998 – 3 StR 644/97 – NStZ-RR 1999, 43; BGH U. v. 13.10.1999 – 3 StR 297/99 – NStZ 2000, 91; BGH B. v. 20.10.1999 – 5 StR 439/99 – NStZ-RR 2000, 140; BGH U. v. 08.03.2000 – 5 StR 555/99 – NStZ-RR 2000, 302.

[105] Eisele, BT I, 6. Aufl. 2021, Rn. 1670.

[106] H. M., Fischer, StGB, 71. Aufl. 2024, § 339 Rn. 7; aus der Rspr. vgl. zuletzt BGH B. v. 14.09.2017 – 4 StR 274/16 – BGHSt 62, 312 = NJW 2018, 322 = NStZ 2018, 150 = StV 2018, 158 (Anm. Jahn JuS 2017, 1227; Bosch Jura 2018, 198; Wagner ZJS 2018, 81).

[107] Heger, in: Lackner/Kühl/Heger, StGB, 30. Aufl. 2023, § 339 Rn. 3; aus der Rspr. vgl. OLG Bremen B. v. 26.07.1985 – Ws 126/84 – NStZ 1986, 120 (Anm. Sonnen JA 1986, 285; Geppert JK 1986 StGB § 336/2); anders zu §§ 111b ff. StPO BGH U. v. 18.08.2021 – 5 StR 39/21 – NStZ-RR 2021, 378 (Anm. Weiß wistra 2022, 202).

[108] Hierzu Deiters/Stein, in: SK-StGB, 10. Aufl. 2023, § 339 Rn. 39ff.; aus der Rspr. vgl. zuletzt BGH U. v. 21.01.2021 – 4 StR 83/20 – NJW 2021, 2525 = NStZ 2021, 365 (Anm. Kudlich NStZ 2021, 368); BGH U. v. 18.08.2021 – 5 StR 39/21 – NStZ-RR 2021, 378 (Anm. Weiß wistra 2022, 202); BGH B. v. 29.11.2022 – 4 StR 149/22 – NStZ 2023, 738 = StV 2024, 158 (Anm. RÜ 2023, 648).

C. Rechtsbeugung, § 339 StGB

eingegangen waren, terminierte dieser sie am 25.07.1995 zeitlich gestaffelt jeweils auf den 13.09.1995. An diesem Tag stellte er alle vier Verfahren, ohne zuvor weitere – über die in seinen Erstentscheidungen enthaltenen hinausgehende – Feststellungen zur Person der Betroffenen oder zur Sache getroffen zu haben, am Ende einer jeweils nur kurzzeitigen Hauptverhandlung gem. § 47 II OWiG ein; ein Sitzungsvertreter der StA war jeweils nicht erschienen. ◄

B hat alle vier Bußgeldverfahren gem. § 47 II OWiG eingestellt. Zu beachten ist dabei, dass er zuvor keine weiteren Feststellungen zur Person oder zur Sache getroffen hat. Damit könnte sich B wegen Rechtsbeugung gem. § 339 StGB strafbar gemacht haben. Fraglich ist aber bereits, was unter einer „Beugung des Rechts" zu verstehen ist.

Eine subjektive Lehre[109] stellt darauf ab, ob der Richter gegen seine Rechtsüberzeugung entschieden hat.

Die Rspr.[110] und die h. L. folgen einer objektiven Lehre: Um Rechtsbeugung handelt es sich hiernach erst dann, wenn sich der Richter objektiv schwerwiegend vom Gesetz entfernt und sein Handeln als Staatsorgan nicht an Gesetz und Recht, sondern außerhalb des objektiv noch Vertretbaren an seinen eigenen Maßstäben ausgerichtet hat.[111]

Die sog. Pflicht(verletzungs)lehre[112] hält schließlich für maßgeblich, ob der Richter eine ihm obliegende Pflicht verletzt hat.

Für die restriktive h. M. spricht, dass es sich bei der Rechtsbeugung um einen Verbrechenstatbestand handelt, sodass erhebliche Anforderungen zu stellen sind, zumal es gilt, die richterliche Unabhängigkeit nicht unzulässig einzuschränken.

Eine Rechtsbeugung kann nicht nur im **materiellen Recht**, sondern auch durch die Art und Weise der Durchführung von **Verfahren**[113] begangen werden, namentlich wenn die Strafverfolgung und die Bestrafung überhaupt nicht der Verwirklichung von Gerechtigkeit, sondern der Ausschaltung des politischen Gegners gedient hat, dies betraf insbesondere die Verfahrensgestaltung in der DDR.

d) Zugunsten oder zum Nachteil einer Partei
Partei ist jeder an der Rechtssache Beteiligte.[114]

Zugunsten oder zum Nachteil einer Partei ist die Rechtsbeugung dann begangen, wenn es entweder zu einer materiell unzutreffenden Entscheidung gekommen

---

[109] Etwa Mohrbotter JZ 1969, 491 (494).
[110] S. die obigen Nachweise, zsf. auch Fischer, StGB, 71. Aufl. 2024, § 339 Rn. 15ff.
[111] S. nur Joecks/Jäger, StGB, 13. Aufl. 2021, § 339 Rn. 5.
[112] S. (wenn auch modifizierend) Deiters/Stein, in: SK-StGB, 10. Aufl. 2023, § 339 Rn. 48.
[113] Fischer, StGB, 71. Aufl. 2024, § 339 Rn. 17ff.; näher Rostalski JZ 2024, 139; aus der Rspr. vgl. zuletzt BGH U. v. 18.08.2021 – 5 StR 39/21 – NStZ-RR 2021, 378 (Anm. Weiß wistra 2022, 202); BGH B. v. 29.11.2022 – 4 StR 149/22 – NStZ 2023, 738 = StV 2024, 158 (Anm. RÜ 2023, 648); exemplarisch: zu Grenzen der Rechtsbeugung bei der Annahme von Befangenheit Hoven/Rostalski NStZ 2024, 65.
[114] Joecks/Jäger, StGB, 13. Aufl. 2021, § 339 Rn. 4.

ist oder wenn ein Verfahrensverstoß begangen wurde, der zumindest die konkrete Gefahr einer unzutreffenden Entscheidung begründet hat.[115]

2. Subjektiver Tatbestand
Gem. § 15 StGB ist Vorsatz erforderlich.

IV. Rechtswidrigkeit

Es gelten die allgemeinen Grundsätze.

V. Schuld

Es gelten die allgemeinen Grundsätze.

VI. Rechtsfolgen

§ 339 StGB sieht Freiheitsstrafe von einem Jahr bis zu fünf Jahren vor.

VII. Sonstiges

§ 339 StGB entfaltet nach ganz h. M.[116] zum Schutz des unter Entscheidungspflicht stehenden und in seiner Tätigkeit im Rahmen des Rechts unabhängigen Richters eine **Sperrwirkung**: Eine Bestrafung des Richters etc. aus anderen Delikten ist nur möglich, wenn zugleich eine Rechtsbeugung vorliegt.[117]

Beispiel 265

OLG Karlsruhe B. v. 10.11.2000 – 3 Ws 220/99 – NStZ-RR 2001, 112 (Anm. Geppert JK 2001 StGB § 339/1; LL 2001, 492; RÜ 2001, 267):
Das AG – Bezirksjugendschöffengericht – Mannheim unter dem Vorsitz des B hatte den jugendlichen Z am 10.08.1998 unter anderem wegen gemeinschaftlichen Raubes, gemeinschaftlichen schweren Diebstahls und gefährlicher Körperver-

---

[115] Hecker, in: Schönke/Schröder, StGB, 30. Aufl. 2019, § 339 Rn. 12; aus der Rspr. vgl. zuletzt BGH U. v. 18.07.2013 – 4 StR 84/13 – NStZ 2013, 655 = StV 2014, 16 (Anm. Nestler NStZ 2013, 657; Satzger JK 2014 StGB § 339/4; Hecker JuS 2014, 85; Heghmanns ZJS 2014, 105).

[116] A. A. aber Deiters/Stein, in: SK-StGB, 10. Aufl. 2023, § 339 Rn. 4ff.

[117] Eisele, BT I, 6. Aufl. 2021, Rn. 1679; näher Begemann NJW 1968, 1361; Schroeder GA 1993, 389; Wünsch StV 1997, 45; Kuhlen HRRS 2015, 492; aus der Rspr. vgl. zuletzt BVerfG B. v. 15.01.2020 – 2 BvR 1763/16 – NJW 2020, 675 = NStZ-RR 2020, 148 (Anm. Muckel JA 2020, 399; RÜ2 2020, 108; Schemmel NJW 2020, 651; Gärditz JZ 2020, 362; Linoh jurisPR-StrafR 16/2021 Anm. 3; Schmidt-Recla/Pischulti MedR 2020, 750; Schröder WiJ 2021, 23); BGH U. v. 18.08.2021 – 5 StR 39/21 – NStZ-RR 2021, 378 (Anm. Weiß wistra 2022, 202).

letzung zu der Jugendstrafe von zwei Jahren verurteilt. Die Entscheidung über die Vollstreckung der Jugendstrafe war zugleich nach § 57 I JGG ausgesetzt worden. Der Jugendliche wurde insbesondere angewiesen, an einer berufsvorbereitenden Maßnahme beim Internationalen Bund für Sozialarbeit teilzunehmen. Noch während dieser Vorbewährungszeit stach der damals 16 Jahre alte Z den Polizeibeamten G mit einem Messer nieder und fügte ihm tödliche Verletzungen im Halsbereich zu, als der Beamte den bei einem Einbruch in einem Einkaufsmarkt in Mannheim auf frischer Tat betroffenen Z festnehmen wollte. Z wurde am 17.12.1999 deshalb unter anderem wegen Mordes zu der Jugendstrafe von zehn Jahren verurteilt. Die Eltern des G erstatteten unter dem 05.01.1999 Strafanzeige „gegen alle Personen, die in strafrechtlich relevanter Weise an dem Tod ihres Sohnes schuldig sind". ◄

B könnte sich wegen fahrlässiger Tötung (§ 222 StGB) strafbar gemacht haben, indem er ausurteilte, hinsichtlich Z die Entscheidung über die Vollstreckung der Jugendstrafe nach § 57 I JGG auszusetzen. Erst durch diese Entscheidung konnte der Z den G mit einem Messer töten. Weil § 339 StGB aber eine Sperrwirkung entfaltet, kommt die Strafbarkeit nur in Betracht, wenn zugleich eine Rechtsbeugung vorliegt.

Anders ist dies, wenn ein innerer funktionaler Zusammenhang zwischen der Straftat und der Leitung oder Entscheidung einer Rechtssache fehlt.[118]

De lege ferenda wird immer wieder Kritik an der Tatbestandsfassung des § 339 StGB geübt; in der Tat bewirkt diese, dass anders als bei Ärzten (§§ 222, 229 StGB) nur eine sehr beschränkte Haftung für richterliche Kunstfehler existiert, obwohl dem zu Unrecht Verurteilen ein Verlust an freier Lebenszeit droht.[119] Andererseits kann angesichts nicht selten großer Auslegungsspielräume im Recht auch nicht jede richterliche Fehlentscheidung strafbar sein.

D. Körperverletzung im Amt, § 340 StGB

I. Allgemeines

§ 340 StGB stellt die Körperverletzung im Amt unter Strafe.

> **§ 340 StGB (Körperverletzung im Amt)**
> (1) Ein Amtsträger, der während der Ausübung seines Dienstes oder in Beziehung auf seinen Dienst eine Körperverletzung begeht oder begehen läßt, wird mit Freiheitsstrafe von drei Monaten bis zu fünf Jahren bestraft. In minder schweren Fällen ist die Strafe Freiheitsstrafe bis zu fünf Jahren oder Geldstrafe.

---

[118] Joecks/Jäger, StGB, 13. Aufl. 2021, § 339 Rn. 7; näher Kuhlen HRRS 2015, 492; aus der Rspr. vgl. zuletzt BGH U. v. 18.08.2021 – 5 StR 39/21 – NStZ-RR 2021, 378 (Anm. Weiß wistra 2022, 202).

[119] Näher Mitsch StraFo 2009, 89.

> (2) Der Versuch ist strafbar.
> (3) Die §§ 224 bis 229 gelten für Straftaten nach Absatz 1 Satz 1 entsprechend.

Bei der Norm handelt es sich um eine Qualifikation zu § 223 StGB für Amtsträger (s. jeweils o.) und mithin um ein sog. unechtes Amtsdelikt.[120]

II. Vorsätzliche Körperverletzung im Amt

1. Vorsätzliche sog. einfache Körperverletzung im Amt, §§ 340 I i. V. m. § 223 I StGB

a) Aufbau
 I. Tatbestand
  1. Objektiver Tatbestand
   a) Ein Amtsträger
   b) Eine Körperverletzung
   c) Begeht oder begehen läßt
   d) Während der Ausübung seines Dienstes oder in Beziehung auf seinen Dienst
  2. Subjektiver Tatbestand
 II. Rechtswidrigkeit
 III. Schuld

b) Tatbestand

aa) Objektiver Tatbestand

(1) Ein Amtsträger
Zum Amtsträgerbegriff s. o. und § 11 I Nr. 2 StGB. Als für eine Tatbestandserfüllung in Betracht kommende Amtsträger sind v. a. Polizisten[121] und Lehrer zu nennen.

(2) Eine Körperverletzung
§ 340 I StGB nimmt § 223 I StGB in Bezug; hierzu s. o.

(3) Begeht oder begehen läßt
Unter die Tathandlung des **Begehens** fallen alle Fälle der Allein- und Mittäterschaft.[122]

---

[120] Joecks/Jäger, StGB, 13. Aufl. 2021, § 340 Rn. 1; aus der Rspr. vgl. OLG Karlsruhe B. v. 26.10.1982 – 3 Ws 149/82 – NJW 1983, 352.
[121] Zu Reformüberlegungen bzgl. Straftaten durch Polizisten und Fehlerkultur Zühlke KriPoZ 2021, 238.
[122] Joecks/Jäger, StGB, 13. Aufl. 2021, § 340 Rn. 2.

Das **Begehenlassen** erfasst nach h. M. mittelbare Täterschaft, Teilnahme und Unterlassen.[123]

§§ 13 II, 27 II 2 StGB sind nicht anzuwenden.[124]

(4) Während der Ausübung seines Dienstes oder in Beziehung auf seinen Dienst
Während der Ausübung seines Dienstes handelt der Täter, wenn die Tat in sachlichem Zusammenhang mit einer Diensthandlung steht; ein zufälliger zeitlicher Zusammenhang reicht nicht aus.[125]

In Beziehung auf seinen Dienst handelt der Täter, wenn die Tat zwar nicht im Rahmen der Dienstausübung stattfand, aber in innerem sachlichen Zusammenhang mit ihr steht.[126]

bb) Subjektiver Tatbestand
Gem. § 15 StGB ist Vorsatz erforderlich.

c) Rechtswidrigkeit
Umstritten ist, ob eine rechtfertigende **Einwilligung** möglich ist.[127]

Dies wird z. T. bejaht,[128] z. T.[129] verneint.

Zu folgen ist ersterer Auffassung: Der Verweis in § 340 III StGB wird auch auf § 228 StGB zu beziehen sein; wenn damit auf die Beschränkung der Einwilligung verwiesen wird, muss die Einwilligung möglich sein. Auch dient § 340 StGB dem Individualschutz, sodass es sich nicht um eine Frage indisponibler Beamtenbefugnisse handelt.

d) Schuld
Es gelten die allgemeinen Grundsätze.

---

[123] Kindhäuser/Hilgendorf, LPK, 9. Aufl. 2022, § 340 Rn. 3; aus der Rspr. vgl. OGH U. v. 22.11.1949 – StS 253/49 – NJW 1950, 196; OGH U. v. 13.02.1950 – II StS 83/49 – NJW 1950, 435.

[124] Eisele, BT I, 6. Aufl. 2021, Rn. 394.

[125] Eisele, BT I, 6. Aufl. 2021, Rn. 396; aus der Rspr. vgl. KG B. v. 30.04.2008 – 1 Ss 223, 73/05 – NJW 2008, 2132 = NStZ 2008, 460 (Anm. famos 10/2008); BGH U. v. 24.09.2009 – 4 StR 347/09 – NStZ 2010, 151 (Anm. Zöller von Heintschel-Heinegg JA 2010, 308; Hecker JuS 2010, 648; ZJS 2010, 671; RA 2010, 34; Heinke HRRS 2010, 428).

[126] Eisele, BT I, 6. Aufl. 2021, Rn. 397.

[127] Hierzu Joecks/Jäger, StGB, 13. Aufl. 2021, § 340 Rn. 5; näher Amelung FS Dünnebier 1982, 487; aus der Rspr. vgl. BGH U. v. 01.07.1958 – 1 StR 326/56 – BGHSt 12, 62 = NJW 1958, 1356; BGH U. v. 04.03.1981 – 2 StR 734/80 (Betäubungsmittel im Maßregelvollzug) – NJW 1983, 462 (Anm. Geilen JK 1981 StGB § 332/1; Amelung/Weidemann JuS 1984, 595; Herzberg JuS 1984, 937); OLG Hamm B. v. 25.07.2006 – 4 Ws 172 – 188/06 – NStZ-RR 2007, 154 (Anm. RÜ 2007, 362; RA 2007, 326).

[128] Fischer, StGB, 71. Aufl. 2024, § 340 Rn. 7; Joecks/Jäger, StGB, 13. Aufl. 2021, § 340 Rn. 5.

[129] Jäger JuS 2000, 38.

e) Rechtsfolgen

§ 340 I 1 StGB sieht Freiheitsstrafe von drei Monaten bis zu fünf Jahren vor, in minder schweren Fällen (§ 340 I 2 StGB) Freiheitsstrafe bis zu fünf Jahren (im Minimum also ein Monat, § 38 II StGB) oder Geldstrafe (zu den Grenzen s. § 40 StGB).

f) Sonstiges

Der Versuch ist nach § 340 II StGB strafbar.

2. Vorsätzliche qualifizierte Körperverletzung im Amt, (§§ 340 I, III i. V. m. §§ 224–227 StGB

§ 340 III StGB normiert die entsprechende Anwendbarkeit der §§ 224 bis 229 StGB.

Zu den Qualifikationen bzw. Erfolgsqualifikationen der §§ 224–227 StGB s. o.

Im Lichte der für die Qualifikationen ebenfalls bereits außerhalb der Amtsträgerverwirklichung beträchtlichen Strafrahmen erschöpft sich die eigenständige Bedeutung des § 340 StGB diesbzgl. – abgesehen von einer Schuldspruchserweiterung – in der Tatmodalität des Begehenlassens.

III. Fahrlässige Körperverletzung im Amt

1. Aufbau

I. Tatbestand
  1. Amtsträger
  2. Eine (hier: fahrlässige) Körperverletzung; §§ 340 III i. V. m. 229 StGB
  3. Begeht oder begehen läßt
  4. Während der Ausübung seines Dienstes oder in Beziehung auf seinen Dienst
  5. Objektive Fahrlässigkeit
II. Rechtswidrigkeit
III. Schuld
  1. Allgemeines
  2. Subjektive Fahrlässigkeit

2. Erläuterungen

§ 340 III StGB nimmt ebenfalls § 229 StGB (hierzu s. o.) in Bezug. Der Strafrahmen soll aber ohnehin dem § 229 StGB zu entnehmen sein.[130]

E. Weitere Straftaten im Amt

Zu § 258a StGB s. o.
  I.Ü. dürfte die Kenntnisahme des Wortlauts genügen.

---

[130] Aus der Rspr. vgl. KG B. v. 28.01.2000 – (3) 1 Ss 406/99 (116/99) – NJW 2000, 1352.

E. Weitere Straftaten im Amt

§ 343 StGB (Aussageerpressung)
(1) Wer als Amtsträger, der zur Mitwirkung an
  1. einem Strafverfahren, einem Verfahren zur Anordnung einer behördlichen Verwahrung,
  2. einem Bußgeldverfahren oder
  3. einem Disziplinarverfahren oder einem ehrengerichtlichen oder berufsgerichtlichen Verfahren

berufen ist, einen anderen körperlich mißhandelt, gegen ihn sonst Gewalt anwendet, ihm Gewalt androht oder ihn seelisch quält, um ihn zu nötigen, in dem Verfahren etwas auszusagen oder zu erklären oder dies zu unterlassen, wird mit Freiheitsstrafe von einem Jahr bis zu zehn Jahren bestraft.

(2) In minder schweren Fällen ist die Strafe Freiheitsstrafe von sechs Monaten bis zu fünf Jahren.

§ 344 StGB (Verfolgung Unschuldiger)
(1) Wer als Amtsträger, der zur Mitwirkung an einem Strafverfahren, abgesehen von dem Verfahren zur Anordnung einer nicht freiheitsentziehenden Maßnahme (§ 11 Abs. 1 Nr. 8), berufen ist, absichtlich oder wissentlich einen Unschuldigen oder jemanden, der sonst nach dem Gesetz nicht strafrechtlich verfolgt werden darf, strafrechtlich verfolgt oder auf eine solche Verfolgung hinwirkt, wird mit Freiheitsstrafe von einem Jahr bis zu zehn Jahren, in minder schweren Fällen mit Freiheitsstrafe von drei Monaten bis zu fünf Jahren bestraft. Satz 1 gilt sinngemäß für einen Amtsträger, der zur Mitwirkung an einem Verfahren zur Anordnung einer behördlichen Verwahrung berufen ist.

(2) Wer als Amtsträger, der zur Mitwirkung an einem Verfahren zur Anordnung einer nicht freiheitsentziehenden Maßnahme (§ 11 Abs. 1 Nr. 8) berufen ist, absichtlich oder wissentlich jemanden, der nach dem Gesetz nicht strafrechtlich verfolgt werden darf, strafrechtlich verfolgt oder auf eine solche Verfolgung hinwirkt, wird mit Freiheitsstrafe von drei Monaten bis zu fünf Jahren bestraft. Satz 1 gilt sinngemäß für einen Amtsträger, der zur Mitwirkung an
  1. einem Bußgeldverfahren oder
  2. einem Disziplinarverfahren oder einem ehrengerichtlichen oder berufsgerichtlichen Verfahren

berufen ist. Der Versuch ist strafbar.

§ 345 StGB (Vollstreckung gegen Unschuldige)
(1) Wer als Amtsträger, der zur Mitwirkung bei der Vollstreckung einer Freiheitsstrafe, einer freiheitsentziehenden Maßregel der Besserung und Sicherung oder einer behördlichen Verwahrung berufen ist, eine solche Strafe, Maßregel oder Verwahrung vollstreckt, obwohl sie nach dem Gesetz nicht vollstreckt werden darf, wird mit Freiheitsstrafe von einem Jahr bis zu zehn Jahren, in minder schweren Fällen mit Freiheitsstrafe von drei Monaten bis zu fünf Jahren bestraft.
 (2) Handelt der Täter leichtfertig, so ist die Strafe Freiheitsstrafe bis zu einem Jahr oder Geldstrafe.
 (3) Wer, abgesehen von den Fällen des Absatzes 1, als Amtsträger, der zur Mitwirkung bei der Vollstreckung einer Strafe oder einer Maßnahme (§ 11 Abs. 1 Nr. 8) berufen ist, eine Strafe oder Maßnahme vollstreckt, obwohl sie nach dem Gesetz nicht vollstreckt werden darf, wird mit Freiheitsstrafe von drei Monaten bis zu fünf Jahren bestraft. Ebenso wird bestraft, wer als Amtsträger, der zur Mitwirkung bei der Vollstreckung
  1. eines Jugendarrestes,
  2. einer Geldbuße oder Nebenfolge nach dem Ordnungswidrigkeitenrecht,
  3. eines Ordnungsgeldes oder einer Ordnungshaft oder
  4. einer Disziplinarmaßnahme oder einer ehrengerichtlichen oder berufsgerichtlichen Maßnahme
 berufen ist, eine solche Rechtsfolge vollstreckt, obwohl sie nach dem Gesetz nicht vollstreckt werden darf. Der Versuch ist strafbar.
 Zu § 348 StGB s. o.

§ 352 StGB (Gebührenüberhebung)
(1) Ein Amtsträger, Anwalt oder sonstiger Rechtsbeistand, welcher Gebühren oder andere Vergütungen für amtliche Verrichtungen zu seinem Vorteil zu erheben hat, wird, wenn er Gebühren oder Vergütungen erhebt, von denen er weiß, daß der Zahlende sie überhaupt nicht oder nur in geringerem Betrag schuldet, mit Freiheitsstrafe bis zu einem Jahr oder mit Geldstrafe bestraft.
 (2) Der Versuch ist strafbar.

§ 353 StGB (Abgabenüberhebung, Leistungskürzung)
(1) Ein Amtsträger, der Steuern, Gebühren oder andere Abgaben für eine öffentliche Kasse zu erheben hat, wird, wenn er Abgaben, von denen er weiß, daß der Zahlende sie überhaupt nicht oder nur in geringerem Betrag schuldet, erhebt und das rechtswidrig Erhobene ganz oder zum Teil nicht zur Kasse bringt, mit Freiheitsstrafe von drei Monaten bis zu fünf Jahren bestraft.
 (2) Ebenso wird bestraft, wer als Amtsträger bei amtlichen Ausgaben an Geld oder Naturalien dem Empfänger rechtswidrig Abzüge macht und die Ausgaben als vollständig geleistet in Rechnung stellt.

E. Weitere Straftaten im Amt

§ 353a StGB (Vertrauensbruch im auswärtigen Dienst)
(1) Wer bei der Vertretung der Bundesrepublik Deutschland gegenüber einer fremden Regierung, einer Staatengemeinschaft oder einer zwischenstaatlichen Einrichtung einer amtlichen Anweisung zuwiderhandelt oder in der Absicht, die Bundesregierung irrezuleiten, unwahre Berichte tatsächlicher Art erstattet, wird mit Freiheitsstrafe bis zu fünf Jahren oder mit Geldstrafe bestraft.
(2) Die Tat wird nur mit Ermächtigung der Bundesregierung verfolgt.

§ 353b StGB (Verletzung des Dienstgeheimnisses und einer besonderen Geheimhaltungspflicht)
Verletzung des Dienstgeheimnisses und einer besonderen Geheimhaltungspflicht
(1) Wer ein Geheimnis, das ihm als
1. Amtsträger,
2. für den öffentlichen Dienst besonders Verpflichteten,
3. Person, die Aufgaben oder Befugnisse nach dem Personalvertretungsrecht wahrnimmt oder
4. Europäischer Amtsträger,
anvertraut worden oder sonst bekanntgeworden ist, unbefugt offenbart und dadurch wichtige öffentliche Interessen gefährdet, wird mit Freiheitsstrafe bis zu fünf Jahren oder mit Geldstrafe bestraft. Hat der Täter durch die Tat fahrlässig wichtige öffentliche Interessen gefährdet, so wird er mit Freiheitsstrafe bis zu einem Jahr oder mit Geldstrafe bestraft.
(2) Wer, abgesehen von den Fällen des Absatzes 1, unbefugt einen Gegenstand oder eine Nachricht, zu deren Geheimhaltung er
1. auf Grund des Beschlusses eines Gesetzgebungsorgans des Bundes oder eines Landes oder eines seiner Ausschüsse verpflichtet ist oder
2. von einer anderen amtlichen Stelle unter Hinweis auf die Strafbarkeit der Verletzung der Geheimhaltungspflicht förmlich verpflichtet worden ist,
an einen anderen gelangen läßt oder öffentlich bekanntmacht und dadurch wichtige öffentliche Interessen gefährdet, wird mit Freiheitsstrafe bis zu drei Jahren oder mit Geldstrafe bestraft.
(3) Der Versuch ist strafbar.
(3a) Beihilfehandlungen einer in § 53 Absatz 1 Satz 1 Nummer 5 der Strafprozessordnung genannten Person sind nicht rechtswidrig, wenn sie sich auf die Entgegennahme, Auswertung oder Veröffentlichung des Geheimnisses oder des Gegenstandes oder der Nachricht, zu deren Geheimhaltung eine besondere Verpflichtung besteht, beschränken.
(4) Die Tat wird nur mit Ermächtigung verfolgt. Die Ermächtigung wird erteilt

1. von dem Präsidenten des Gesetzgebungsorgans
   a) in den Fällen des Absatzes 1, wenn dem Täter das Geheimnis während seiner Tätigkeit bei einem oder für ein Gesetzgebungsorgan des Bundes oder eines Landes bekanntgeworden ist,
   b) in den Fällen des Absatzes 2 Nr. 1;
2. von der obersten Bundesbehörde
   a) in den Fällen des Absatzes 1, wenn dem Täter das Geheimnis während seiner Tätigkeit sonst bei einer oder für eine Behörde oder bei einer anderen amtlichen Stelle des Bundes oder für eine solche Stelle bekanntgeworden ist,
   b) in den Fällen des Absatzes 2 Nr. 2, wenn der Täter von einer amtlichen Stelle des Bundes verpflichtet worden ist;
3. von der Bundesregierung in den Fällen des Absatzes 1 Satz 1 Nummer 4, wenn dem Täter das Geheimnis während seiner Tätigkeit bei einer Dienststelle der Europäischen Union bekannt geworden ist;
4. von der obersten Landesbehörde in allen übrigen Fällen der Absätze 1 und 2 Nr. 2.

In den Fällen des Satzes 2 Nummer 3 wird die Tat nur verfolgt, wenn zudem ein Strafverlangen der Dienststelle vorliegt.

§ 353d StGB (Verbotene Mitteilungen über Gerichtsverhandlungen)
Mit Freiheitsstrafe bis zu einem Jahr oder mit Geldstrafe wird bestraft, wer
1. entgegen einem gesetzlichen Verbot über eine Gerichtsverhandlung, bei der die Öffentlichkeit ausgeschlossen war, oder über den Inhalt eines die Sache betreffenden amtlichen Dokuments öffentlich eine Mitteilung macht,
2. entgegen einer vom Gericht auf Grund eines Gesetzes auferlegten Schweigepflicht Tatsachen unbefugt offenbart, die durch eine nicht öffentliche Gerichtsverhandlung oder durch ein die Sache betreffendes amtliches Dokument zu seiner Kenntnis gelangt sind, oder
3. die Anklageschrift oder andere amtliche Dokumente eines Strafverfahrens, eines Bußgeldverfahrens oder eines Disziplinarverfahrens, ganz oder in wesentlichen Teilen, im Wortlaut öffentlich mitteilt, bevor sie in öffentlicher Verhandlung erörtert worden sind oder das Verfahren abgeschlossen ist.

§ 355 StGB (Verletzung des Steuergeheimnisses)
(1) Wer unbefugt
1. Verhältnisse eines anderen, die ihm als Amtsträger
   a) in einem Verwaltungsverfahren, einem Rechnungsprüfungsverfahren oder einem gerichtlichen Verfahren in Steuersachen,
   b) in einem Strafverfahren wegen einer Steuerstraftat oder in einem Bußgeldverfahren wegen einer Steuerordnungswidrigkeit,

c) aus anderem Anlass durch Mitteilung einer Finanzbehörde oder durch die gesetzlich vorgeschriebene Vorlage eines Steuerbescheids oder einer Bescheinigung über die bei der Besteuerung getroffenen Feststellungen
bekannt geworden sind, oder
2. ein fremdes Betriebs- oder Geschäftsgeheimnis, das ihm als Amtsträger in einem der in Nummer 1 genannten Verfahren bekannt geworden ist,
offenbart oder verwertet, wird mit Freiheitsstrafe bis zu zwei Jahren oder mit Geldstrafe bestraft. Verhältnisse eines anderen oder ein fremdes Betriebs- oder Geschäftsgeheimnis sind dem Täter auch dann als Amtsträger in einem in Satz 1 Nummer 1 genannten Verfahren bekannt geworden, wenn sie sich aus Daten ergeben, zu denen er Zugang hatte und die er unbefugt abgerufen hat.
(2) Den Amtsträgern im Sinne des Absatzes 1 stehen gleich
1. die für den öffentlichen Dienst besonders Verpflichteten,
2. amtlich zugezogene Sachverständige und
3. die Träger von Ämtern der Kirchen und anderen Religionsgesellschaften des öffentlichen Rechts.
(3) Die Tat wird nur auf Antrag des Dienstvorgesetzten oder des Verletzten verfolgt. Bei Taten amtlich zugezogener Sachverständiger ist der Leiter der Behörde, deren Verfahren betroffen ist, neben dem Verletzten antragsberechtigt.

§ 356 StGB (Parteiverrat)
(1) Ein Anwalt oder ein anderer Rechtsbeistand, welcher bei den ihm in dieser Eigenschaft anvertrauten Angelegenheiten in derselben Rechtssache beiden Parteien durch Rat oder Beistand pflichtwidrig dient, wird mit Freiheitsstrafe von drei Monaten bis zu fünf Jahren bestraft.
(2) Handelt derselbe im Einverständnis mit der Gegenpartei zum Nachteil seiner Partei, so tritt Freiheitsstrafe von einem Jahr bis zu fünf Jahren ein.

§ 357 StGB (Verleitung eines Untergebenen zu einer Straftat)
(1) Ein Vorgesetzter, welcher seine Untergebenen zu einer rechtswidrigen Tat im Amt verleitet oder zu verleiten unternimmt oder eine solche rechtswidrige Tat seiner Untergebenen geschehen läßt, hat die für diese rechtswidrige Tat angedrohte Strafe verwirkt.
(2) Dieselbe Bestimmung findet auf einen Amtsträger Anwendung, welchem eine Aufsicht oder Kontrolle über die Dienstgeschäfte eines anderen Amtsträgers übertragen ist, sofern die von diesem letzteren Amtsträger begangene rechtswidrige Tat die zur Aufsicht oder Kontrolle gehörenden Geschäfte betrifft.

SPRINGER NATURE

GPSR Compliance

The European Union's (EU) General Product Safety Regulation (GPSR) is a set of rules that requires consumer products to be safe and our obligations to ensure this.

If you have any concerns about our products, you can contact us on ProductSafety@springernature.com

In case Publisher is established outside the EU, the EU authorized representative is:

Springer Nature Customer Service Center GmbH
Europaplatz 3
69115 Heidelberg, Germany

The manufacturer's authorised representative in the EU is Springer Nature Customer Service Centre GmbH, Europaplatz 3, 69115 Heidelberg, Germany. If you have any concerns regarding our products, please contact ProductSafety@springernature.com

Printed and bound by CPI Group (UK) Ltd, Croydon, CR0 4YY

23/03/2026

02076656-0001